W9-AMV-175

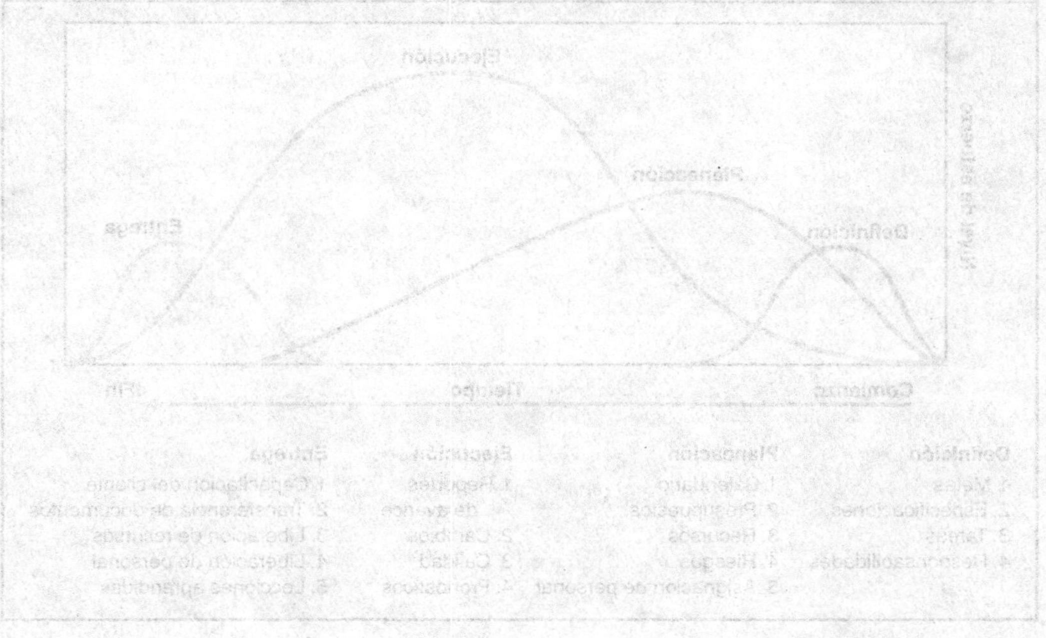

FIGURA 1.2 Ciclo de vida del proyecto

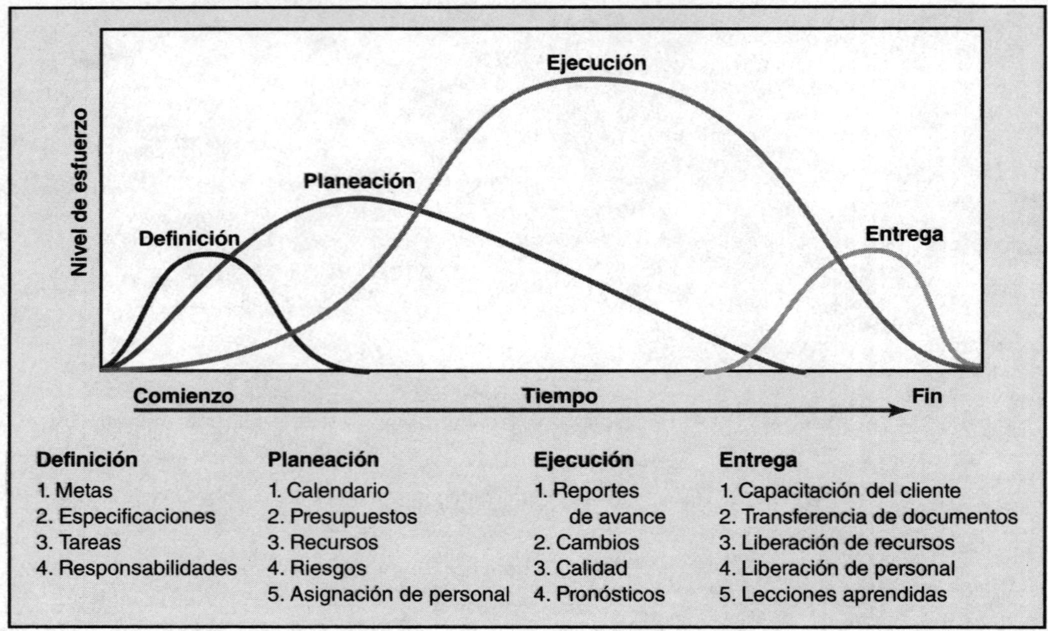

FIGURA 1.4 Dimensiones técnicas y socioculturales del proceso de administración de proyectos

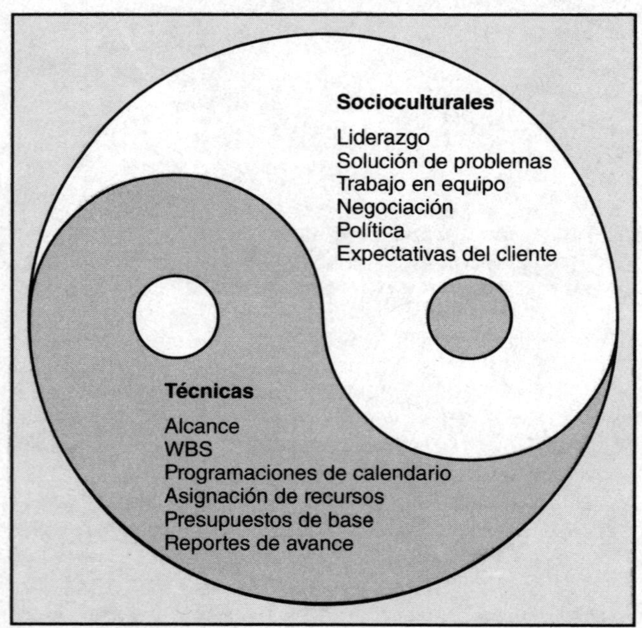

Comparación del conjunto de conocimientos de la administración de proyectos (PMBOK, por sus siglas en inglés)

Áreas de conocimiento del PMBOK	Cobertura en la obra
Administración de integración	Capítulos 1, 2, 13, 16
Administración de alcance	Capítulos 4, 8, 16
Administración del tiempo	Capítulos 5, 6, 8, 9
Administración de costos	Capítulo 13
Administración de calidad	Capítulos 14, 16
Administración de recursos humanos	Capítulos 3, 10, 11, 12
Administración de la comunicación	Capítulo 4
Administración de riesgos	Capítulo 8
Administración del abastecimiento	Capítulos 12, 14

Administración de proyectos

Administración de proyectos

Cuarta edición

Clifford F. Gray
Oregon State University

Erik W. Larson
Oregon State University

Revisión técnica:
Karla De la Torre Gloria
Instituto Tecnológico y de Estudios Superiores de Monterrey (ITESM), Campus Ciudad de México

Raúl Ruán Ortega
Instituto Tecnológico y de Estudios Superiores de Monterrey (ITESM), Campus Puebla

MÉXICO • BOGOTÁ • BUENOS AIRES • CARACAS • GUATEMALA
LISBOA • MADRID • NUEVA YORK • SAN JUAN • SANTIAGO
AUCKLAND • LONDRES • MILÁN • MONTREAL • NUEVA DELHI
SAN FRANCISCO • SINGAPUR • SAN LUIS • SIDNEY • TORONTO

Director Higher Education: Miguel Ángel Toledo Castellanos
Director editorial: Ricardo Alejandro del Bosque Alayón
Editor sponsor: Jesús Mares Chacón
Coordinadora editorial: Marcela I. Rocha Martínez
Editor de desarrollo: Edmundo Carlos Zúñiga Gutiérrez
Supervisor de producción: Zeferino García García
Traductores: María Guadalupe Cevallos Almada y Magda Elizabeth Treviño Rosales

ADMINISTRACIÓN DE PROYECTOS
Cuarta edición

Prolongación Paseo de la Reforma 1015, Torre A,
Piso 17, Col. Desarrollo Santa Fe,
Delegación Álvaro Obregón
C. P. 01376, México, D. F.
Miembro de la Cámara Nacional de la Industria Editorial Mexicana, Reg. Núm. 736

ISBN 13: 978-970-10-7235-6

Traducido de la cuarta edición de: Project Management: The Managerial Process.

ISBN 0-07-352515-4

1234567890 08765432109

Impreso en México
Impreso por Litográfica Ingramex

Printed in Mexico
Printed by Litográfica Ingramex

Acerca de los autores

Clifford F. Gray

CLIFFORD F. GRAY es profesor emérito de administración en la Escuela de Negocios de la Oregon State University. Sigue impartiendo cursos de administración de proyectos a nivel licencitura y posgrado en Estados Unidos y en el extranjero; ha dictado más de 100 talleres y seminarios de desarrollo ejecutivo. Sus intereses en la investigación y la consultoría se han dividido de manera equitativa entre la administración de operaciones y la administración de proyectos. También ha realizado investigaciones diversas con colegas suyos de la International Project Management Association (Asociación Internacional de la Administración de Proyectos). Ha sido miembro del Project Management Institute (Instituto de la Administración de Proyectos) desde 1976, y fue uno de los fundadores del capítulo de Portland, Oregon. Fue catedrático visitante en la Kasetsart University en Bangkok, Tailandia, en 2005. Ha sido presidente de Project Management International, Inc., (una firma de capacitación y consultoría que se especializa en la administración de proyectos) desde 1977. Obtuvo la licenciatura en economía y administración de la Millikin University, su maestría en negocios (MBA) de la Indiana University, y un doctorado en administración de operaciones del College of Business (Colegio de Negocios) de la University of Oregon.

Eric W. Larson

ERIC W. LARSON es profesor de administración de proyectos del Departamento de administración, comercialización y negocios internacionales del College of Business de la Oregon State University. Imparte cursos de administración de proyectos, comportamiento organizacional y liderazgo a nivel ejecutivo, de licenciatura y de maestría. Sus actividades de investigación y consultoría se centran en la administración de proyectos. Ha publicado numerosos artículos acerca de la administración matricial, el desarrollo de productos y la asociación en proyectos. Ha sido miembro del capítulo del Project Management Institute con sede en Portland, Oregon, desde 1984. En 1995 trabajó como becario Fulbright con los profesores de la Krakow Academy of Economics (Academia de Economía de Cracovia) para la modernización de la educación de negocios en Polonia. En 2005 fue profesor visitante en la Chulalongkorn University, en Bangkok, Tailandia. Obtuvo su licenciatura en psicología en el Claremont McKenna College y su doctorado en administración en la State University of New York en Buffalo. Es un profesional certificado en administración de proyectos (PMP, por sus siglas en inglés).

Para Mary, Kevin y Robert

C.F.G.

Para Ann, Mary, Rachel y Victoria

E.W.L.

Prólogo

Nuestra motivación para escribir este texto fue proporcionarle al estudiante un panorama holístico e integral de la administración de proyectos. La perspectiva holística se centra en la manera en que los proyectos contribuyen a las metas estratégicas de la organización. Los enlaces para la integración comprenden el proceso de selección de proyectos que apoyen de la mejor manera la estrategia de una organización particular, lo que a su vez puede apoyarse en los procesos técnicos y administrativos que la organización genera para concluir los proyectos. Las metas de los gerentes prospectivos de proyectos son comprender la función que un proyecto desempeña dentro de una organización y dominar las herramientas, técnicas y habilidades interpersonales de administración de proyectos que se requieren para coordinarlos de principio a fin.

La función de los proyectos en las organizaciones atrae cada vez mayor atención, pues constituyen la principal herramienta para alcanzar las metas estratégicas de una organización mediante la práctica. Ante la intensa competencia global, muchas organizaciones se han reorganizado en torno a una filosofía de innovación, renovación y aprendizaje organizacional a fin de sobrevivir. Esta filosofía sugiere una organización flexible e impulsada por sus proyectos. La administración de proyectos se ha desarrollado hasta el punto en que se ha convertido en una disciplina profesional con su propio cuerpo de conocimientos y habilidades. Hoy en día es casi imposible imaginar que una persona, en cualquier nivel de una organización, no se beneficiaría de poseer algún grado de pericia en el proceso de administración de proyectos.

Público objetivo

Esta obra se escribió para un público muy amplio. Abarca conceptos y habilidades que los gerentes utilizan para proponer, planear y garantizar recursos, presupuesto y equipos de proyectos líderes para la consecución exitosa de sus proyectos. Este texto será de utilidad tanto para estudiantes como para futuros gerentes de proyectos, pues les ayudará a comprender por qué las organizaciones han desarrollado un proceso formal de administración de proyectos para obtener una ventaja competitiva. Los lectores encontrarán que los conceptos y las técnicas se analizan con suficiente detalle para ayudarles de manera inmediata en situaciones de nuevos proyectos. Los gerentes que ya tienen esta práctica encontrarán que el texto es una guía y una referencia valiosa cuando enfrentan problemas típicos que surgen en el curso de un proyecto. También encontrarán que el texto es útil para comprender el papel que los proyectos desempeñan en las misiones de sus organizaciones. A los analistas les ayuda en la implantación de proyectos y en las operaciones de programas heredados o comprados. Los miembros del Project Management Institute descubrirán que la obra tiene una buena estructura, y que basta para satisfacer las necesidades de quienes deseen prepararse para presentar los exámenes necesarios para convertirse en Profesionales de la Administración de Proyectos (PMP, por sus siglas en inglés), o en Asociados Certificados en la Administración de Proyectos (CAPM). El texto tiene una cobertura muy amplia de los temas más críticos que se encuentran en el *Project Management Body of Knowledge* (PMBOK, o Conjunto de Conocimientos de la Administración de Proyectos) de la PMI. La gente de cualquier nivel de la organización a la que se ha asignado trabajar en un proyecto encontrará que lo que aquí se expone les servirá no solamente porque les proporciona el uso de herramientas y técnicas para la administración de proyectos, sino también por la perspectiva única que obtienen sobre la manera de aumentar su contribución al éxito de un proyecto.

No solamente hemos subrayado la manera en que funciona el proceso administrativo, sino que (y lo que es más importante) también nos hemos enfocado en *la manera* en que funciona. Los conceptos, principios y técnicas son de aplicación universal. Es decir, el texto no se especializa en tipo de industria o alcance de proyecto. En vez de eso, se ha escrito para el individuo al que se le exigirá que maneje diversos proyectos en varios escenarios organizacionales. En el caso de algunos proyectos pequeños, es posible omitir algunos de los pasos de las técnicas, pero el marco de referencia conceptual se aplica a todas las organizaciones en las que los proyectos son importantes para la supervivencia. El enfoque se puede utilizar en organizaciones que funcionan solamente a base de la ejecución de proyectos, como es el caso de las empresas de consultoría en ingeniería, las organizaciones dedicadas a la investigación o las constructoras. Pero este enfoque también beneficiará a las entidades que llevan a cabo muchos proyectos pequeños mientras se esfuerzan diaria y continuamente por entregar productos o servicios.

Contenido

En la última edición de esta obra se ha respondido a la retroalimentación que recibimos de estudiantes y maestros, la cual apreciamos mucho. Como resultado de la misma, se han realizado las siguientes modificaciones a la cuarta edición:

- Se ha ampliado el análisis de la administración de los equipos virtuales, de los planes de comunicación, de la administración de proyectos críticos en cadena, del manejo de fases, de los registros equilibrados de puntajes y de las evaluaciones de riesgos.
- Se ha corregido el capítulo 12 a fin de centrarlo en la importante tendencia de contratar trabajo de proyectos de manera externa (*outsourcing*). Se han reestructurado y actualizado los capítulos 3, 4, 5 y 7. El capítulo 8 ahora incluye programación de recursos y programación de costos, y concluye con el establecimiento de un presupuesto de base cronológico. Se ha modificado el capítulo 16 a fin de centrarlo en la supervisión de proyectos, es decir, en los métodos que las organizaciones utilizan para mejorar sus sistemas de administración de proyectos.
- Se han añadido nuevos ejercicios para el alumno y nuevos casos a la mayoría de los capítulos. Se han corregido varios ejercicios de computación.
- En los recuadros "Casos de práctica" se han incluido diversos ejemplos nuevos de administración de proyectos en acción, así como nuevos aspectos destacados de la investigación que continúan promoviendo una aplicación práctica en la administración de proyectos.

En general, el texto aborda los principales aspectos e interrogantes con los que los autores se han topado a lo largo de sus 60 años de experiencia en la enseñanza de la materia y en la asesoría a gerentes de proyecto practicantes tanto en Estados Unidos como en el extranjero. Las preguntas siguientes representan los aspectos y problemas que los gerentes de proyecto practicantes encuentran que consumen la mayor parte de su esfuerzo: ¿Cuál es el papel estratégico de los proyectos en las organizaciones contemporáneas? ¿Cómo se jerarquizan los proyectos? ¿Qué estilos de organización y administración aumentarán las posibilidades de tener éxito en los proyectos? ¿Cómo construyen los gerentes de proyectos la compleja red de relaciones que comprende a vendedores, subcontratistas, miembros de los equipos de proyectos, directivos, gerentes de función y clientes, que afecta el éxito del proyecto? ¿Qué factores contribuyen al desarrollo de un equipo de proyectos de alto desempeño? ¿Qué sistema de administración de proyectos puede establecerse para obtener alguna medida de control? ¿De qué manera se preparan los gerentes para un nuevo proyecto internacional en una cultura extranjera? ¿Cómo puede una persona seguir una carrera en la administración de proyectos?

Los gerentes de proyectos deben resolver estas dudas para ser eficaces. Todos estos aspectos y problemas representan enlaces con una perspectiva integradora de la administración de proyectos. Se ha ubicado el contenido de los capítulos de este texto en el contexto de un marco general de referencia que integra estos temas de manera holística. Se incluyen casos e imágenes tomadas de las experiencias de gerentes practicantes. El futuro parece promisorio para los gerentes de proyectos. Las carreras estarán determinadas por el éxito que se obtenga en la administración de proyectos.

Ayudas de aprendizaje para el estudiante

El CD-ROM que acompaña al texto incluye guías de estudio, videos, tutoriales en video de proyectos de Microsoft y enlaces en Internet. La versión preliminar del software de proyectos de Microsoft se ha incluido gratuitamente en su propio CD-ROM junto con el texto.

Reconocimientos

En primer lugar queremos agradecerle especialmente y expresarle nuestro aprecio a Diane Parente, quien preparó el caso ampliado SimProject que se incluye en el apéndice. Este caso comprende una serie de ejercicios que se han relacionado con los capítulos del libro. El SimProject añade una dimensión práctica y de experiencia concreta a esta obra.

Es importante advertir que el texto incluye contribuciones de numerosos estudiantes, colegas, amigos y gerentes, las cuales se extrajeron de conversaciones profesionales. Queremos que sepan que apreciamos sinceramente su asesoría y sus sugerencias. Casi todos los ejercicios, casos y ejemplos del texto se tomaron de un proyecto del mundo real. Les agradecemos especialmente a los gerentes que amablemente compartieron su proyecto actual para obtener de ahí ideas para ejercicios, temas para casos y ejemplos para el texto. Shlomo Cohen, John A. Drexler, Jim Moran, John Sloan, Pat Taylor y John Wold, cuyo trabajo está impreso, también merecen nuestro reconocimiento. Nuestras gracias también a Robert Breitbarth de Interact Management, quien compartió valiosas perspectivas sobre la jerarquización de proyectos. Los estudiantes universitarios y los gerentes merecen que los mencionemos especialmente por haber identificado problemas en los borradores anteriores del texto y de los ejercicios.

Estamos en deuda con los revisores de la primera y de la segunda ediciones, quienes compartieron nuestro compromiso por elevar la enseñanza de la administración de proyectos. Entre ellos se cuentan: Paul S. Allen, Rice University; Denis F. Cioffi, George Washington University; Joseph D. DeVoss, DeVry University; Edward J. Glantz. Pennsylvania State University; Michael Godfrey, University of Wisconsin-Oshkosh; Robert Key, University of Phoenix; Dennis Krumwiede, Idaho State University; Nicholas C. Petruzzi, University of Illinois –Urbana/Champaign; William R. Sherrard, San Diego State University; S. Narayan Bodapat, Southern Illinois University at Edwardsville; Warren J. Boe, University of Iowa; Burton Dean, San Jose State university; Kwasi Amoako-Gyampah, University of North Carolina –Greensboro; Owen P. Hall, Pepperdine University; Bruce C. Hartman, University of Arizona; Richard Irving, York University; Robert T. Jones, DePaul University; Richard L. Luebbe, Miami University of Ohio; William Moylan, Lawrence Technological College of Business; Edward Pascal, University of Ottawa; James H. Patterson, Indiana University; Art. Rogers, City University; Christy Strbiak, U.S. Air Force Academy; David A. Vaughan, City University; Y Ronald W. Witzel, Keller Graduate School of Management.

En la cuarta edición continuaremos con nuestro compromiso de mejorar el contenido del texto y la instrucción de la administración de proyectos. Estamos agradecidos con los revisores que nos proporcionaron útiles opiniones y perspectivas respecto a la tercera edición, las cuales nos ayudaron a preparar esta edición corregida. Entre ellos están: Nabil Bedewi, Georgetown University; Scott Bailey, Troy University: Michael Ensby, Clarkson University; Eldon Larsen, Marshall University; Steve Machon, DeVry University-Tinley Park; William Matthews, William Patterson University; Erin Sims, DeVry University –Pomona; Kenneth Solheim, DeVry University –Federal Way; y Oya Tukel, Cleveland State University. Les agradecemos sus muchas y cuidadosas sugerencias y el que nos hayan ayudado a que el libro fuera mejor. Por supuesto que asumimos la responsabilidad de la versión final del texto.

Además quisiéramos agradecerle a nuestros colegas del College of Business de la Oregon State University por su apoyo y ayuda para la terminación de este proyecto. En particular le reconocemos a Mark Pagel, a Prem Mathey y a Ping-Hung Hsieh sus útiles consejos y sugerencias. Nuestro agradecimiento también a los muchos estudiantes que nos ayudaron en las distintas etapas de este proyecto, en especial a Neil Young, Rebeca Beepers, Katherine Knox y Amanda Bosworth. Mary Grey merece un crédito especial por la edición de la obra y por trabajar bajo estrictos límites de tiempo en las ediciones anteriores. Gracias también a Pinyarat Sirisomboonsuk por su ayuda en la preparación de esta edición.

Finalmente deseamos expresarles nuestro agradecimiento a todas las personas dentro de McGraw-Hill-Irwin por sus esfuerzos y su apoyo. En primer lugar quisiéramos agradecerle a Scott Isenberg que continuara apoyando y proporcionándonos su dirección y orientación editorial a lo largo de las cuatro ediciones de esta obra, y a Cynthia Douglas, que se encargó de la administración del avance de la obra cuando Wanda Zeman dejó esta responsabilidad en la cuarta edición. Y también quisiéramos agradecerle a Jim Labeots, a Gina Hangos, a Jeremy Cheshareck, a Jillian Lindner, a Brian Nacik y a Elizabeth Mavetz el manejo de las fases finales de producción, diseño, inclusión de suplementos, y medios en la cuarta edición.

Clifford F. Gray
Eric W. Larson

Advertencia al estudiante

Usted encontrará que el contenido de este texto es sumamente práctico, relevante y actual. Los conceptos que en él se analizan son bastante sencillos e intuitivos. A medida que estudie cada uno de los capítulos le sugerimos que intente entender no solamente cómo funcionan las cosas, sino por qué lo hacen. Se le recomienda utilizar esta obra como libro de consulta a medida que avance a través de los tres niveles de capacidad siguientes:

Lo sé.

Lo puedo hacer.

Me puedo adaptar a situaciones nuevas.

La administración de proyectos está orientada tanto a las personas como a la técnica. Implica la compresión de las relaciones e interacciones causa-efecto entre las dimensiones sociotécnicas de los proyectos. Al aumentar la capacidad que se tenga para manejar estas tres dimensiones, crecerá mucho la ventaja personal como gerente de proyectos.

El campo de la administración de proyectos está creciendo a una tasa exponencial y en importancia. Resulta casi imposible imaginar una carrera futura en administración que no lo incluya. Pronto, los currículum vitae de los gerentes serán sobre todo una descripción de la participación y la contribución individuales a los proyectos.

Buena suerte en su recorrido a lo largo de este texto y en sus futuros proyectos.

Contenido en breve

Contenido

Capítulo 6
Desarrollo de un plan para el proyecto 133

Capítulo 7
Administración del riesgo 181

Capítulo 8
Programación de recursos y costos 215

Capítulo 9
Reducción de la duración de los proyectos 261

Capítulo 10
Liderazgo: Cómo ser un administrador de proyecto eficaz 293

Capítulo 11
Administración de equipos de proyectos 323

Capítulo 12
Contratación externa: Administración de las relaciones entre las organizaciones 359

Capítulo 13
Medición y evaluación del progreso y el desempeño 387

Capítulo 14
Auditoría y cierre de proyectos 433

Capítulo 15
Proyectos internacionales 453

Capítulo 16
Supervisión 481

Administración de proyectos

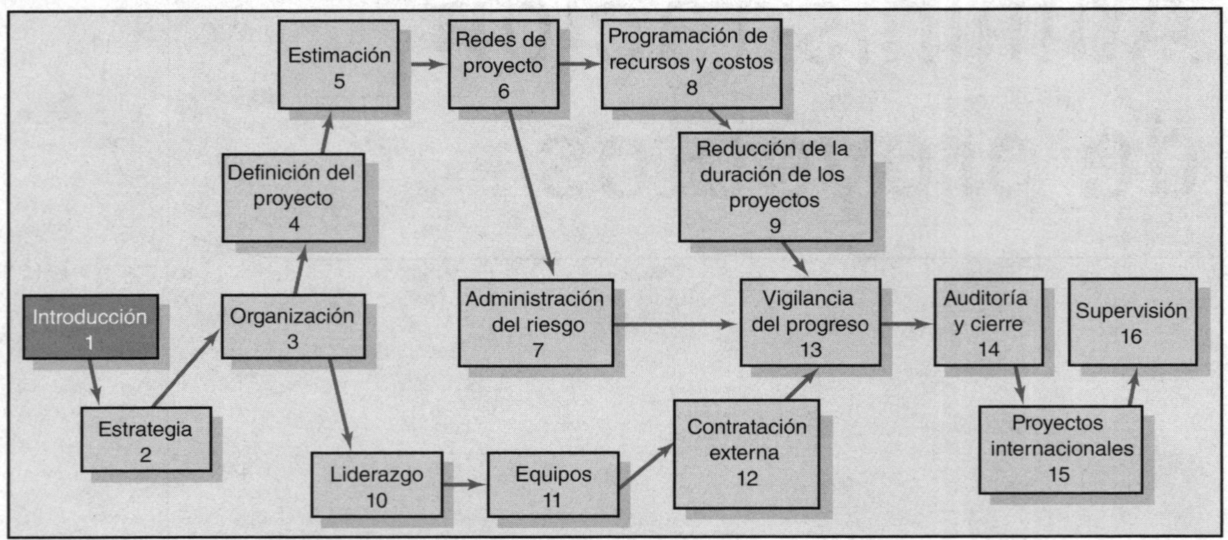

Una moderna administración de proyectos

¿Qué es un proyecto?

La importancia de la administración de proyectos

La administración de proyectos en la actualidad: un enfoque integrador

Resumen

CAPÍTULO UNO

Una moderna administración de proyectos

Todos los grandes logros de la humanidad, desde la construcción de las grandes pirámides hasta el descubrimiento de una cura para la poliomielitis o poner a un hombre en la Luna, comenzaron con un proyecto.

Éste es un buen momento para leer un libro sobre el tema de la administración de proyectos. Los líderes de negocios y los expertos han dicho que éste es un imperativo estratégico. Le proporciona a la gente un conjunto poderoso de herramientas que mejora su capacidad de planeación, implementación y manejo de actividades para alcanzar objetivos organizacionales específicos. Pero la administración de proyectos es más que un conjunto de herramientas; es un estilo de administración, orientado a resultados, que le da una importancia especial a la consolidación de relaciones de colaboración, entre una diversidad de caracteres. A la gente capacitada en la administración de proyectos le esperan grandes oportunidades.

Desde hace mucho, el enfoque de proyectos ha sido el estilo de hacer negocios en la industria de la construcción, en los contratos del Ministerio de Defensa de Estados Unidos, en Hollywood y en las grandes empresas de consultoría. Ahora se ha extendido a todas las áreas de trabajo. Hoy día existen equipos para realizar proyectos tan diversos como ampliar puertos, reestructurar hospitales o mejorar los sistemas de información. Fabricantes de automóviles como Toyota, Nissan y BMW atribuyen su capacidad para ganar un segmento importante del mercado automotriz al uso de equipos de administración de proyectos, los cuales pronto desarrollan nuevos vehículos que incorporan la última tecnología automotriz. El efecto de la administración de proyectos es más profundo en áreas de tecnologías de información (TI), donde los nuevos héroes son jóvenes profesionales cuyos grandes esfuerzos conducen al flujo constante de nuevos productos de hardware y software.

La administración de proyectos no se limita al sector privado. También es un vehículo para hacer buenas obras y resolver problemas sociales. Por ejemplo, tareas tales como llevar ayuda de emergencia al área del Golfo de México que devastó el huracán Katrina, diseñar una estrategia para reducir el crimen y el abuso de drogas en una ciudad, u organizar un esfuerzo comunitario para renovar un parque público, todo esto sería beneficiado con la aplicación de habilidades y técnicas modernas de la administración de proyectos.

Quizá el mejor indicador de la demanda de administración de proyectos pueda verse en la rápida expansión del Project Management Institute (PMI, Instituto de Administración de Proyectos), una organización profesional para gerentes de proyectos. La membresía en este organismo ha aumentado de 93 000 en el año 2000 a más de 230 000 en la actualidad. Para obtener información sobre la certificación profesional en administración de proyectos vea el PMI Snapshot from Practice (certificación instantánea a través de la práctica).

Resulta casi imposible tomar un periódico o una revista de negocios y no encontrar algo que haga referencia a un proyecto. ¡Esto no es para sorprender a nadie! Alrededor de 2.5 trillones de dólares (casi 25 por ciento del producto nacional bruto estadounidense) se dedica a proyectos anuales tan sólo en Estados Unidos. Otros países están aumentando su gasto en proyectos. Millones de personas en todo el mundo consideran que la administración de proyectos es la principal tarea de su profesión.

Caso de práctica — El Project Management Institute

El Project Management Institute (Instituto de Administración de Proyectos, PMI, por sus siglas en inglés) se fundó en 1969 como una sociedad internacional para administradores de proyecto. Hoy, el PMI tiene miembros procedentes de más de 125 países que superan los 230 000. Los profesionales del PMI vienen de casi todas las industrias importantes, entre ellas, la aeroespacial, la automotriz, la administración de negocios, la construcción, la ingeniería, los servicios financieros, la tecnología de información, la farmacéutica, la atención de la salud y las telecomunicaciones.

El PMI ofrece certificación como *Project Management Professional* (*Profesional en administración de proyectos*, o *PMP*, por sus siglas en inglés) a quienes han documentado tener suficiente experiencia en proyectos, que han estado de acuerdo en seguir el código PMI de conducta profesional y que han demostrado su dominio en el campo de la administración de proyectos, además de aprobar un examen muy amplio y profundo. En los últimos años ha crecido muchísimo el número de personas que han obtenido esta certificación. En 1996 había menos de 3 000 profesionales certificados en administración de proyectos. ¡Para fines de 2005 había más de 200 000! En la figura 1.1 se muestra el rápido crecimiento en la cantidad de personas que obtuvo una certificación como profesional en administración de proyectos entre 1995 y 2005.

De la misma manera en que el examen CPA es un estándar para los contadores, aprobarlo puede convertirse en una norma para los gerentes de proyecto. Algunas empresas exigen que todos sus gerentes de proyecto tengan dicha certificación. Además, muchos puestos de trabajo se limitan a estos profesionales. En general, las personas que buscan empleo han encontrado que cuando se cuenta con esta certificación se tiene una ventaja en el mercado del trabajo.

Hace poco que la PMI añadió una certificación denominada *Certified Associate in Project Management* (*Asistente certificado en administración de proyectos*, o *CAPM*, por sus siglas en inglés). La CAPM se ha diseñado para los integrantes de un equipo de proyecto y para los administradores de proyecto a nivel inicial, así como para estudiantes de licenciatura y posgrado que desean esta credencial como un reconocimiento de su dominio en el conocimiento de la administración de proyectos. Para obtener la CAPM no se requiere la amplia experiencia en administración de proyectos que se necesita para la PMP. Para más detalles sobre ambas certificaciones, busque PMI en Google a fin de encontrar el sitio actual de Internet del Project Management Institute.

FIGURA 1.1 **Aumento en la certificación PMP, 1995-2005**

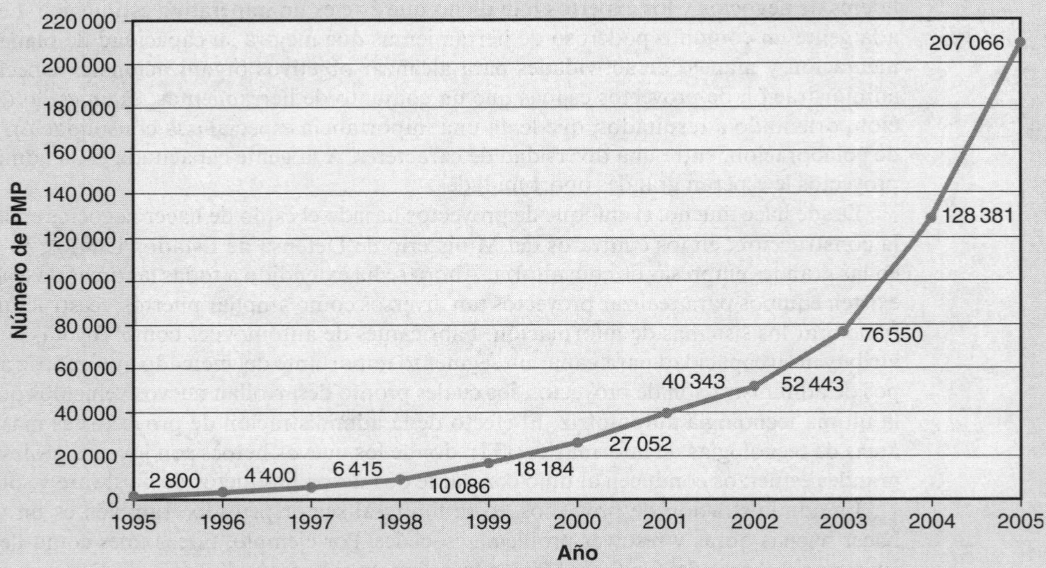

La administración de proyectos también tiene dificultades. El Standish Group ha observado los proyectos de administración de tecnología de la información (TI) durante años. Los informes periódicos de esta compañía, que son un hito en el tema, concluyen que existe una constante necesidad de mejorar la administración de proyectos. En 1994, alrededor de 16 por ciento de los proyectos de TI se terminaron a tiempo, dentro de presupuesto; para 2004, la tasa de éxito había crecido a 29 por ciento. Los proyectos que fracasaron también se redujeron de 31 por ciento en 1994 a 18 por ciento en 2004. Sin embargo, el número de proyectos que se terminaron después de lo programado, o por encima del presupuesto, no se ha modificado; estos "proyectos en grave riesgo" siguen representando 53 por ciento.

¡La tendencia a mejorar es clara, pero hay una necesidad urgente de elevar el desempeño! ¡Se calcula que el desperdicio en proyectos fracasados y desembolsos excesivos es de casi 150 mil millones de dólares!

Estas estadísticas se limitan a los proyectos de tecnología de información. De las pláticas con los gerentes de proyectos de otras industrias se desprende que la aplicación en éstas puede ser distinta, pero la gravedad de los problemas es igual.

La administración de proyectos no se limita a los especialistas. A menudo es una parte fundamental del trabajo de todos. Por ejemplo, Brian Vannoni, que trabajaba en General Electric Plastics, afirma:

> Tenemos muy pocos gerentes de proyecto especializados. A veces pueden ser ingenieros de procesos, científicos, técnicos para el control de procesos, mecánicos de mantenimiento, personas tituladas o no. Una respuesta corta para esta empresa es que cualquier persona, de cualquier nivel y función puede convertirse en gerente de proyecto.*

Las empresas reconocen que todo el personal de su organización puede beneficiarse de que se les capacite en administración de proyectos, no sólo quienes desean especializarse en el área.

El crecimiento de la administración de proyectos también puede observarse en el salón de clases. Hace diez años, las principales universidades ofrecían uno o dos cursos en administración de proyectos y éstas se destinaban en forma particular a los ingenieros. En la actualidad, muchas universidades ofrecen secciones múltiples de administración de proyectos, y al grupo central de ingenieros se le han añadido estudiantes de negocios con especialización en comercialización y mercadotecnia, en administración de sistemas de información (MIS, por sus siglas en inglés) y en finanzas, así como estudiantes de otras disciplinas, como oceanografía, ciencias de la salud, ciencias de la computación y artes liberales. Estos estudiantes están encontrando que la administración de proyectos les ofrece ventajas claras cuando se trata de buscar trabajo. Cada vez más empleadores buscan graduados que tengan habilidades en administración de proyectos. El punto lógico de inicio para desarrollarlas es comprender el carácter "único" de un proyecto y de los administradores de proyecto.

¿Qué es un proyecto?

¿Qué tienen en común los siguientes encabezados?

Nuevo videoteléfono web que llegó para quedarse
El concierto Farm Aid recauda millones para las familias de los agricultores
Nuevo sistema de transportación BritoMart de Nueva Zelanda abre antes de lo programado
Se otorga contrato para la construcción de un sitio WiFi que cubra toda la ciudad
Sistema de seguridad óptica en línea

Todos estos acontecimientos resultaron de la administración de proyectos. A un proyecto se le puede definir de la siguiente manera:

> Un proyecto es un esfuerzo complejo, no rutinario, limitado por el tiempo, el presupuesto, los recursos y las especificaciones de desempeño y que se diseña para cumplir las necesidades del cliente.

Como la mayoría de los esfuerzos de una organización, la principal meta de un proyecto es satisfacer la necesidad del cliente. Más allá de esta similitud fundamental, las características de un proyecto ayudan a diferenciarlo de otras tareas de la organización. Las principales características de un proyecto son éstas:

1. Un objetivo establecido.
2. Un ciclo de vida definido, con un principio y un fin.
3. Por lo general implica que varios departamentos y profesionales se involucren.
4. Es común hacer algo que nunca se ha realizado.
5. Tiene requerimientos específicos de tiempo, costo y desempeño.

En primer lugar, los proyectos tienen un objetivo definido, ya sea construir un complejo de apartamentos de 12 pisos antes del 1 de enero, o de lanzar lo antes posible, la versión 2.0 de un

* Harold Kerzner, *Applied Project Management* (Nueva York, John Wiley & Sons, 2000), p. 221.

paquete específico de software. El objetivo singular suele carecer de la cotidianidad de la vida organizacional, en la que los trabajadores realizan operaciones repetitivas todos los días.

En segundo orden, como existe un objetivo específico, los proyectos cuentan con un fin definido, distinto a los deberes y responsabilidades en curso de los trabajos tradicionales. En muchos casos, los individuos se mueven de un proyecto a otro y no permanecen en un solo trabajo. Después de ayudar a instalar un sistema de seguridad, es posible que se le encargue a un ingeniero en TI el desarrollo de una base de datos para un cliente distinto.

En tercer lugar, a diferencia de gran parte del trabajo organizacional que se divide de acuerdo con la especialidad funcional, es típico que los proyectos requieran los esfuerzos combinados de diversos especialistas. En lugar de trabajar en oficinas separadas, con gerentes independientes, los participantes de proyecto, ya sean ingenieros, analistas financieros, profesionales en comercialización o especialistas en control de calidad, trabajan juntos bajo la dirección de un administrador de proyecto para llevar un proyecto a su fin.

En cuarto sitio, el proyecto no es algo rutinario y cuenta con elementos únicos. Esto no es algo opcional, sino de diversa intensidad. Como es obvio, cuando se trata de lograr algo que no se ha hecho nunca antes, como construir un automóvil híbrido (eléctrico/de gasolina) o poner dos vehículos mecánicos en Marte, es necesario resolver problemas que no se habían solucionado antes y se requiere tecnología de punta. Por otro lado, incluso los proyectos básicos de construcción que implican conjuntos establecidos de rutinas y procedimientos, requieren algún grado de adaptación que los hace únicos.

Por último, los proyectos se enfrentan a limitaciones específicas de tiempo, costo y requerimientos de desempeño. Se evalúan de acuerdo con el logro, el dinero y el tiempo que se les dedicó. Esta triple restricción impone un mayor grado de responsabilidad el cual, por lo general, se encuentra en la mayoría de los trabajos. También resaltan una de las funciones fundamentales de la administración de proyectos, que es equilibrar las compensaciones entre tiempo, costo y desempeño, y satisfacer al cliente en última instancia.

Qué no es un proyecto No debe confundirse a los proyectos con las labores cotidianas. ¡Un proyecto no es un trabajo rutinario y repetitivo! El trabajo ordinario de cada día exige repetir una y otra vez la misma tarea, o una similar, mientras que un proyecto se hace una sola vez; surge un nuevo producto o un nuevo servicio cuando el proyecto se termina. Analice la lista de la tabla 1.1 en la que se hace una comparación de rutina entre trabajo repetitivo y proyectos. Es importante reconocer la diferencia porque, con demasiada frecuencia, es posible utilizar recursos en las operaciones diarias que quizá no contribuyan con las estrategias de largo plazo de la organización para las que se requieren productos innovadores.

A menudo, los términos *programa* y *proyecto* se utilizan de manera intercambiable en la práctica, lo cual suele propiciar confusiones. Ambos son similares porque se dirigen hacia la consecución de metas y necesitan planes y recursos para lograrlas. Asimismo ambos utilizan herramientas, métodos y políticas. Las diferencias residen sobre todo en el alcance y el tiempo que abarca cada uno. *Un programa es una serie de proyectos múltiples, coordinados y relacionados; se prolonga a lo largo del tiempo y busca alcanzar una meta.* Un programa es un *grupo* de proyectos de mayor nivel que se dirige a una meta común. El ejemplo clásico es el programa espacial estadounidense para colocar una estación en la Luna que sirva como trampolín para otras exploraciones cósmicas.

TABLA 1.1
Comparación entre el trabajo rutinario y los proyectos

Trabajo rutinario y repetitivo	Proyectos
Tomar notas en clase	Redactar un trabajo final
Registrar cada día los recibos de ventas en el libro de contabilidad	Establecer un quiosco de ventas para una reunión de profesionales de contabilidad
Responder a una petición en una cadena de suministro	Desarrollar un sistema de información para una cadena de suministro
Practicar escalas en el piano	Escribir una nueva pieza de piano
Fabricar de manera rutinaria un iPod de Apple	Diseñar un iPod que sea de 2 × 4 pulgadas más o menos, que tenga una interfase con una PC y que almacene 10 000 canciones
Anexar etiquetas a un producto manufacturado	Etiquetar proyectos para GE y Wal-Mart

Cada uno de los proyectos dentro de un programa cuenta con un administrador de proyecto. Dos diferencias importantes entre programa y proyecto son la escala y el alcance temporal. Ejemplos de programas y sus metas son conjuntos de proyectos que cada año buscan aumentar la velocidad de los microcomponentes de las computadoras, diversos productos farmacéuticos nuevos para la artritis y un sistema de transportación urbana en la ciudad de Denver, a un costo de 4.7 miles de millones de dólares para 12 años, que se extenderá 120 millas en seis nuevas líneas de ferrocarril.

El ciclo de vida del proyecto

Otra manera de ilustrar la naturaleza única del trabajo en un proyecto es en términos de su ciclo de vida. Algunos gerentes de proyecto encuentran útil emplearlo como la piedra angular para administrar los proyectos. El ciclo de vida reconoce que los proyectos tienen un alcance limitado de vida y que hay cambios predecibles en el nivel de esfuerzo y de enfoque a lo largo de la vida del proyecto. Existen distintos modelos de ciclo de vida en la literatura de la administración de proyectos. Muchos son únicos en una industria o tipo de proyecto específico. Por ejemplo, un proyecto de desarrollo de software nuevo puede constar de cinco etapas: definición, diseño, código, integración/comprobación y mantenimiento. En la figura 1.2 se muestra un ciclo genérico.

Por lo general, el ciclo de vida del proyecto atraviesa, en forma secuencial, cuatro etapas: definición, planeación, ejecución y entrega. El punto de partida se inicia en el momento en que arranca el proyecto. Los esfuerzos comienzan poco a poco, pero llegan a un punto máximo y luego caen hasta la entrega del proyecto al cliente.

1. **Etapa de definición:** se definen las especificaciones del proyecto; se establecen sus objetivos; se integran equipos; se asignan las principales responsabilidades.
2. **Etapa de planeación:** aumenta el nivel de esfuerzo y se desarrollan planes para determinar qué implicará el proyecto, cuándo se programará, a quién beneficiará, qué nivel de calidad debe mantenerse y cuál será el presupuesto.
3. **Etapa de ejecución:** una gran parte del trabajo del proyecto se realiza tanto en el aspecto físico como en el mental. Se elabora el producto físico (un puente, un informe, un programa de software). Se utilizan las mediciones de tiempo, costo y especificación como medios de control del proyecto. ¿El proyecto está dentro de lo programado, dentro de lo presupuestado y cumple con las especificaciones? ¿Cuáles son los pronósticos para cada una de estas medidas? ¿Qué revisiones/cambios se necesitan?

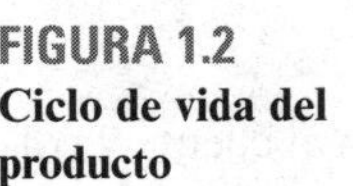

FIGURA 1.2
Ciclo de vida del producto

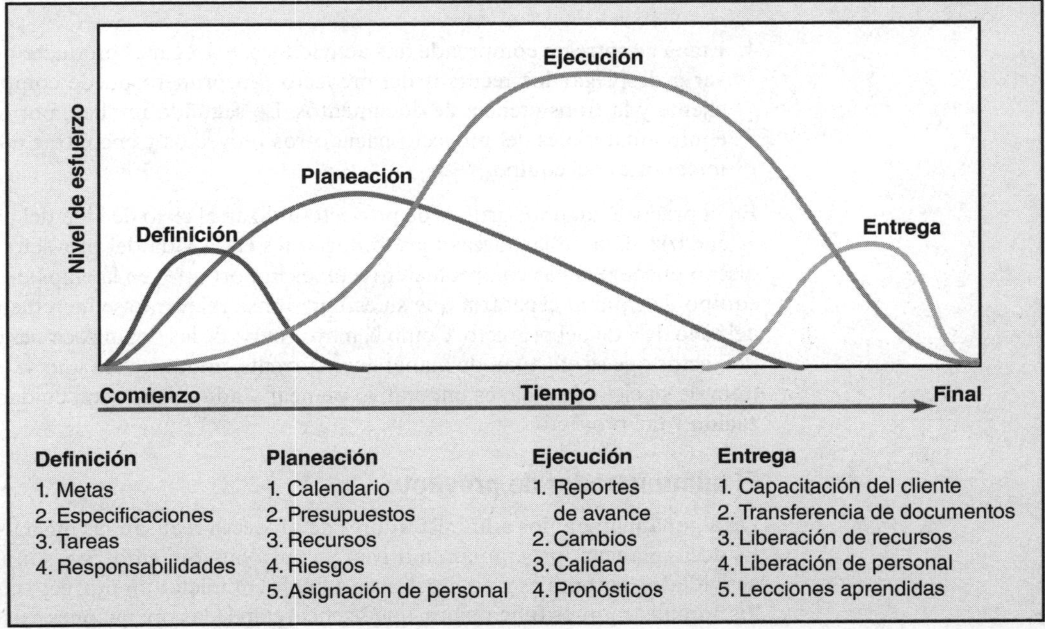

Caso de práctica La administración de proyectos en funcionamiento*

Ryan McVay/Getty Images.

Las inversiones en proyectos de tecnología de la información son indicativas de la rápida innovación que se da en las organizaciones. A continuación se hace una descripción de algunas organizaciones de alto perfil y de sus proyectos. Si bien los proyectos de tecnología de la información son importantes, existen proyectos de empresas grandes y pequeñas en industrias tan diversas como la construcción, la biotecnología, la nanotecnología, el sector aeroespacial y el transporte público.

1. **Compañía: Krispi Kreme**
   Proyecto: Conectar en red 320 tiendas para manejar sus inventarios y tomar pedidos.
   Recompensa: El nuevo sistema proporciona muchos beneficios: la coordinación informa a los gerentes de tiendas sobre el inventario que está disponible; hay una notificación expedita sobre la llegada de bienes dañados a la tienda; los pedidos problemáticos se reducen de 26 000 a menos de 3 000; los gerentes de distrito ahora

4. **Etapa de entrega:** comprende dos actividades: entregar el producto del proyecto al cliente y volver a desplegar los recursos del proyecto. Lo primero puede comprender la capacitación del cliente y la transferencia de documentos. Lo segundo implica, por lo general, la liberación del equipo/materiales del proyecto hacia otros proyectos y encontrar nuevas asignaciones para los integrantes del equipo.

En la práctica, algunos grupos de proyecto utilizan el ciclo de vida del proyecto para representar la calendarización de las tareas más importantes en la vida del proyecto. Por ejemplo, el equipo de diseño puede planear comprometer recursos importantes en la etapa de definición, mientras que el equipo de calidad esperaría que su esfuerzo más relevante se incrementara en las últimas etapas del ciclo de vida del proyecto. Como la mayor parte de las organizaciones cuenta con un portafolio de proyectos que se efectúan de manera concurrente, aunque cada uno se encuentre en una etapa distinta de su ciclo de vida, es imperativo planear y administrar con cuidado en los niveles de organización y del proyecto.

El administrador de proyecto

De alguna manera, los administradores de proyecto realizan las mismas tareas que otros gerentes. Es decir, planean, programan, motivan y controlan. Sin embargo, son únicos porque administran actividades temporales y no repetitivas a fin de completar un proyecto con vida fija. A diferencia de los administradores funcionales, que se encargan de las operaciones existentes, los administradores pueden manejar 320 tiendas, en comparación con las 144 que administraban tres años atrás.

2. **Compañía: Mattel (fabricante de juguetes)**

   Proyecto para reducir el tiempo de diseño: Hacer que el diseño y obtención de licencias del producto se hagan en línea.

   Recompensa: En lugar de que los prototipos se moldeen (por ejemplo, Hot Wheels o la muñeca Barbie), en forma electrónica se envían modelos virtuales a los lugares de fabricación. La aprobación de nuevos productos se ha reducido de 14 a cinco semanas. Se espera que los ingresos aumenten 200 millones de dólares.

3. **Compañía: Nike**

   Proyecto: Establecer un enlace en línea entre la cadena de suministro y los socios de manufactura.

   Recompensa: El tiempo necesario para desarrollar un zapato ha disminuido de nueve a seis meses. Con mejores pronósticos, la especulación de lo que hay que producir se ha reducido de 30 a 3 por ciento. Esas eficiencias han aumentado el margen bruto de Nike en 2.1 por ciento.

4. **Compañía: FBI**

   Proyecto: Digitalizar millones de tarjetas con huellas digitales y conectar las entidades que aplican la ley a la base de datos.

   Recompensa: Las instituciones locales para la aplicación de la ley pueden hacer que la FBI (Federal Bureau of Investigations, Oficina Federal de Investigaciones) verifique entre 46 millones de huellas digitales y les responda en dos horas. Además, la FBI realiza verificaciones de antecedentes para empresas privadas (por ejemplo, escuelas, industria de seguros, agencias de seguridad privada y otras). Este último servicio arrojó ingresos de 152 millones de dólares en un año.

5. **Compañía: Kinko's**

   Proyecto: Sustituir 51 lugares de capacitación con una red de aprendizaje por computadora.

   Recompensa: Hay cursos electrónicos disponibles para 20 000 empleados. Los cursos abarcan desde productos y políticas hasta catálogos de nuevos productos. Kinko's espera ahorrar alrededor de 10 millones de dólares al año en capacitación de sus empleados. Hoy, Kinko's está iniciando la capacitación de sus clientes para hacer letreros, tarjetas de felicitación y diapositivas atractivas, entre otras cosas. Las tiendas que ofrecen capacitación en línea a sus clientes vieron que sus ingresos aumentaron 27 por ciento, en comparación con 11 por ciento en el caso de los establecimientos que no contaban con este servicio.

6. **Compañía: BMW**

   Proyecto: Construir automóviles para satisfacer pedidos específicos de los clientes.

   Recompensa: Actualizar la cadena de suministro entre los proveedores y los clientes le permite al cliente (o vendedor) utilizar Internet para ordenar automóviles sin modificar la eficiencia en la línea de producción; se da una fecha de entrega en cinco segundos. Se notifica a los proveedores cuando se confirma un pedido para que las partes lleguen justo a tiempo para la producción. Los automóviles salen de la línea de producción en 11 o 12 días y pueden estar en Estados Unidos en 12 días más. De los compradores europeos, 88 por ciento diseña su propio Beemer a la medida. De los compradores estadounidenses, 30 por ciento tiene acceso al servicio a clientes y su número aumenta cada año.

7. **Compañía: Sony**

   Proyecto: Producir y asegurar un sitio en Internet para rescatar la programación de *Lord of the Rings*.

   Recompensa: Importantes efectos especiales para la película *Las dos torres* se atrasaron de acuerdo con lo programado al principio. La coordinación entre Nueva Zelanda, Londres y Estados Unidos se convirtió en una pesadilla. Un sitio en la red seguro, con un software hecho a la medida, le permitía a todos los sitios descargar y editar más de 100 escenas. Asimismo, cada uno de los sitios podía utilizar un señalador digital para analizar detalles específicos o para rescatar un pedazo particular de la filmación. El costo de un millón de dólares fue pequeño en relación con el costo potencial que se desperdició al perder las fechas límites para promoción y publicidad.

* Adaptado de Heather Green, "The Web", *Businessweek,* 24 de noviembre de 2003, pp. 82-104.

de proyecto crean un equipo y organización de proyecto donde antes no existía. Deben decidir qué y cómo hacer las cosas y no sólo administrar procesos fijos. Deben vencer los retos que surgen en cada una de las fases del ciclo de vida del proyecto e, incluso, supervisar la disolución de su operación cuando se termina el proyecto.

Los gerentes de proyecto deben trabajar con un grupo diverso de personajes para terminar su encargo. Por lo común son el enlace directo con el cliente y deben manejar la tensión entre las expectativas del cliente y lo que es factible y razonable. Los administradores de proyecto dan dirección, coordinación e integración al equipo del proyecto; a menudo, esto se hace con participantes de medio tiempo que son leales a sus departamentos funcionales. Con frecuencia deben trabajar con un grupo de personas externas: vendedores, proveedores y subcontratistas que no necesariamente comparten la filosofía de los miembros del equipo encargado del proyecto.

En última instancia son los responsables del desempeño (a veces con muy poca autoridad). Deben garantizar que se haga una compensación adecuada entre los requerimientos de tiempo, costo y desempeño del proyecto. Asimismo, a diferencia de sus contrapartes funcionales, los administradores de proyecto suelen tener un conocimiento técnico rudimentario para tomar tales decisiones. En vez de ello deben organizar la terminación del proyecto induciendo a las personas adecuadas, en el momento apropiado, a resolver los asuntos indicados y tomar las decisiones correctas.

Si bien es cierto que la administración de proyectos no es para una persona tímida, es posible obtener muchas recompensas cuando se trabaja en ellos. La vida en los proyectos rara vez es aburrida; cada día es distinto al anterior. Como la mayor parte de los proyectos se dirige a resolver algún problema tangible o a buscar alguna oportunidad útil, los administradores de proyecto encuentran que sus labores son satisfactorias y significativas en lo personal. Disfrutan el hecho de crear algo nuevo e innovador. Los administradores de proyecto y los integrantes de equipos pueden sentir mucho orgullo por sus logros, ya sea que se trate de un puente nuevo, un nuevo producto o un servicio necesario. A menudo, los administradores de proyecto son las estrellas de su organización y reciben muy buena paga por su trabajo.

Siempre hay demanda de buenos gerentes de proyecto. Cada industria está buscando personas eficientes que puedan hacer lo correcto y a tiempo. Por supuesto, la administración de proyectos es una profesión emocionante que implica muchos retos. Este libro pretende proporcionar los conocimientos, perspectiva y herramientas necesarias para permitirles a los estudiantes aceptar el desafío.

La importancia de la administración de proyectos

La administración de proyectos ya no constituye una administración para necesidades especiales. Muy pronto se ha convertido en la manera común de hacer negocios. Vea "Caso de práctica: La administración de proyectos en funcionamiento". Un porcentaje cada vez mayor del esfuerzo típico de una compañía se está dedicando a los proyectos. El futuro promete un aumento en la importancia y en la función de los proyectos para contribuir a la dirección estratégica de las organizaciones. A continuación se analizan varias razones por las que éste es el caso.

Compresión del ciclo de vida del producto

Una de las fuerzas impulsoras más importantes detrás de la demanda de la administración de proyectos es el acortamiento del ciclo de vida del producto. Por ejemplo, hoy día, en las industrias de alta tecnología el ciclo de vida del producto abarca, en promedio, de uno a tres años. Hace tan sólo 30 años, no era raro que alcanzaran de 10 a 15 años. El *tiempo para comercializar* los nuevos productos con ciclos de vida cortos se ha vuelto cada vez más importante. Una regla básica muy frecuente en el mundo del desarrollo de productos de alta tecnología, es que un retraso de seis meses en el proyecto puede ocasionar una pérdida de 33 por ciento en los ingresos que genere el producto. Por lo tanto, la velocidad se vuelve una ventaja competitiva; cada vez más organizaciones están confiando en equipos interfuncionales a los que encargan la consecución de un proyecto para llevar productos y servicios nuevos al mercado lo más pronto posible.

Competencia global

El mercado abierto de hoy exige que no nada más se cuente con productos y servicios *más baratos,* sino también *mejores.* Esto ha conducido al surgimiento de un movimiento de calidad en todo el mundo y al requerimiento de una certificación ISO 9000 para hacer negocios. El ISO 9000 es una familia de normas internacionales para la administración y el aseguramiento de la calidad. Estos estándares abarcan el diseño, la procuración, el aseguramiento de la calidad y los procesos de entrega para todo, desde servicios bancarios hasta manufactura. La administración y el mejoramiento de la calidad implican, de manera invariable, administración de proyectos. Para muchos, su primera exposición a las técnicas de administración de proyectos se ha dado en los talleres de calidad.

El aumento en la presión para reducir costos no nada más ha llevado a la migración de las operaciones de manufactura estadounidense a México y Asia —lo cual en sí mismo es ya un proyecto significativo— sino también a la transformación en la manera en que las organizaciones intentan lograr resultados. Una cantidad constantemente mayor del trabajo se clasifica como proyectos. Se les asigna responsabilidad a los individuos para que alcancen un objetivo específico dentro de un presupuesto determinado y una fecha concreta de terminación. La administración de proyectos, con su triple enfoque en tiempo, costo y desempeño, demuestra ser una forma eficaz y flexible para que se hagan las cosas.

Explosión del conocimiento

La aparición del nuevo conocimiento ha incrementado la complejidad de los proyectos debido a que éstos abarcan los más recientes avances. Por ejemplo, hace 30 años la construcción de caminos era un proceso simple. Hoy, cada área ha aumentado su complejidad, lo cual incluye materiales, especificaciones, códigos, estética, equipo y especialistas necesarios. De manera análoga, en la edad electrónica digital de hoy, resulta cada vez más difícil encontrar un producto que no contenga al menos un microchip. La complejidad de los productos ha incrementado la necesidad de integrar tecnologías divergentes. La administración de proyectos se ha convertido en una disciplina importante para lograr esta tarea.

Reducción del tamaño corporativo (downsizing)

En la última década se ha dado una reestructuración fundamental en la vida de las organizaciones. La reducción del tamaño, *downsizing* (o ajuste a un tamaño correcto, *rightsizing,* si usted todavía conserva su empleo) y el celoso cuidado de las capacidades clave se han vuelto necesarios para la supervivencia de muchas empresas. La administración media constituye un mero esqueleto del pasado. En las organizaciones actuales, más planas y simplificadas, donde el cambio es una constante, la administración de proyectos está sustituyendo a la administración media como una forma de garantizar que se hagan las cosas. El *downsizing* de la empresa también ha propiciado cambios en la manera en que las organizaciones enfocan los proyectos. Las empresas contratan por fuera importantes segmentos del trabajo en los proyectos y los gerentes de proyecto tienen que manejar, no sólo a su propia gente, sino también a sus contrapartes en distintas organizaciones.

Mayor enfoque en el cliente

El crecimiento en la competencia ha elevado la importancia de la satisfacción del cliente. Los clientes ya no se conforman con productos y servicios genéricos. Desean productos y servicios hechos a la medida que satisfagan sus necesidades específicas. Este mandato exige una relación de trabajo mucho más cercana entre el proveedor y el receptor. Los ejecutivos de cuenta y los representantes de ventas han asumido más el papel de administradores de proyecto, a medida que trabajan con su organización para satisfacer las necesidades y peticiones únicas de sus clientes.

La mayor atención a los clientes también ha impulsado el desarrollo de productos y servicios hechos a la medida. Por ejemplo, hace 10 años, comprar un paquete de palos de golf era un proceso bastante sencillo: se escogían con base en el precio y en la percepción. En la actualidad hay palos de golf para jugadores altos y de baja estatura, para quienes tienden a rebanar la pelota y para quienes la enganchan; asimismo, se fabrican con el último descubrimiento metalúrgico que garantiza aumentar la distancia del golpe y así en lo sucesivo. La administración de proyectos resulta fundamental tanto para el desarrollo de productos y servicios hechos a la medida, como para el mantenimiento de relaciones lucrativas con los clientes.

Los pequeños proyectos representan grandes problemas

La velocidad del cambio que se necesita para conservar la competitividad, o tan sólo para continuar funcionando, ha propiciado un clima organizacional en el que cientos de proyectos se realizan al mismo tiempo. Este clima ha dado lugar a un ambiente de proyectos múltiples y a una plétora de problemas nuevos. Compartir y jerarquizar recursos a lo largo de un portafolio de proyectos constituye un reto fundamental para la alta dirección. Muchas empresas no tienen idea de los problemas que se derivan de la ineficiente administración de los proyectos pequeños. Por lo común éstos implican los mismos riesgos, o más, que los proyectos de gran escala. A estos pequeños proyectos se les percibe como de escasa trascendencia en los resultados porque no exigen grandes cantidades de recursos escasos y/o de dinero. Como muchos proyectos pequeños se realizan al mismo tiempo y como la percepción del efecto en la ineficiencia es pequeña, por lo general no se hacen mediciones de la ineficacia. Desafortunadamente, a partir de muchos proyectos pequeños pronto se acumulan grandes cantidades de dinero. Cada año, organizaciones fabricantes de productos y proveedores de servicios pierden muchos clientes y millones de dólares en proyectos pequeños.

Muchos proyectos pequeños pueden consumir los recursos humanos de una empresa y representar costos ocultos que no se miden en el sistema de contabilidad. Las organizaciones con muchos proyectos pequeños, que funcionan de manera concurrente, se enfrentan a los problemas más difíciles de administración de proyectos. Una cuestión clave es cómo crear un ambiente organizacional que se convierta en un apoyo para la administración de proyectos múltiples. Se requiere un proceso para jerarquizar y desarrollar un portafolio de proyectos pequeños que apoyen la misión de la empresa.

En resumen, existe una diversidad de fuerzas ambientales que interactúan en el actual mundo de negocios y que contribuyen a incrementar la demanda de una buena administración de proyectos en todas las industrias y sectores. La administración de proyectos parece adaptarse en forma ideal a un ambiente de negocios que exige rendición de cuentas, flexibilidad, innovación, velocidad y mejora continua.

La administración de proyectos en la actualidad: un enfoque integrador

Algunos gerentes han utilizado distintas herramientas que resultan útiles para administrar proyectos. Entre otras cosas han empleado redes, gráficas de barras, costeo de tareas, fuerzas operantes, sociedades y programación, a veces con éxito y en otras ocasiones con resultados deficientes. A medida que el mundo se vuelve más competitivo, la importancia de manejar el proceso de administración de proyectos y de "hacerlo bien desde la primera vez" adquiere un significado nuevo. Los sistemas de fragmentación de los proyectos, fallan al relacionar los proyectos seleccionados con los recursos. Las herramientas y técnicas de fragmentación no se integran a lo largo de todo el ciclo de vida del proyecto. Los enfoques de fragmentación no equilibran la planeación de proyectos ni sus métodos de control con los ajustes apropiados a la cultura de la organización, apoyando así las tareas de los proyectos.

En la actualidad, el énfasis se pone en el desarrollo de un proceso integrado de administración de proyectos que centra todos los esfuerzos de los proyectos en el plan estratégico de la organización; también refuerza el dominio de las técnicas/herramientas de la administración de proyectos y las capacidades interpersonales necesarias para organizar la terminación exitosa de los proyectos. Para algunas organizaciones, integrar los proyectos con la estrategia exige someter a reingeniería todo el proceso de administración de negocios. Para otros, la integración significará establecer, de manera cuidadosa, relaciones entre los sistemas fragmentarios que ya existen y modificar el enfoque hacia un sistema total. En el plano individual, para que algunos profesionales se conviertan en administradores de proyectos eficientes se requiere mejorar sus habilidades de liderazgo y de formación de equipos, así como modernizar sus métodos de control y planeación de proyectos. Para otros será necesario complementar sus habilidades administrativas con la capacidad de inspirar y dirigir un grupo divergente de profesionales hasta la terminación del proyecto.

La integración en la administración de proyectos dirige la atención a dos áreas clave. La primera es la integración de proyectos con el plan estratégico de la organización. La segunda es lograr una integración dentro del proceso de administrar proyectos reales. A continuación se analiza cada una de estas áreas.

Integración de los proyectos con el plan estratégico

En algunas organizaciones, la selección y administración de proyectos a menudo deja de representar un apoyo para el plan estratégico de la organización. Un grupo de gerentes redacta los planes estratégicos, otro escoge los proyectos y uno más los pone en práctica. Estas decisiones independientes, a manos de distintos grupos de gerentes, dan lugar a un conjunto de condiciones que llevan al conflicto, a la confusión y, a menudo, a la insatisfacción del cliente. Bajo estas condiciones se desperdician los recursos de la organización en proyectos para actividades/proyectos que carecen de valor agregado.

Un sistema integrado para la administración de proyectos es aquél en el que todas las partes están interrelacionadas. Un cambio en alguna de ellas influirá en el total. Todas las organizaciones cuentan con un cliente al que buscan satisfacer. El cliente establece la razón de ser de la organización. La misión, los objetivos y las estrategias se establecen para satisfacer las necesidades de los clientes. El desarrollo de la misión, de los objetivos y de las estrategias de la organización depende de factores ambientales externos e internos. Por lo general, los primeros se clasifican como políticos, sociales, económicos y tecnológicos; señalan oportunidades o amenazas en el establecimiento del rumbo de la organización. Los factores ambientales internos a menudo se clasifican como fortalezas y debilidades, tales como la administración, las instalaciones y las competencias clave y la situación financiera. El resultado del análisis de todos estos factores ambientales es un conjunto de estrategias diseñadas para satisfacer mejor las necesidades de los clientes. Pero esto nada más es el primer paso (véase la figura 1.3).

La implantación de estrategias es el paso más difícil. En general, las estrategias se llevan a la práctica mediante los proyectos. Las mentes creativas siempre proponen más proyectos que los recursos existentes. La clave está en escoger, de entre las muchas propuestas, los proyectos que hagan la mayor y más equilibrada contribución a los objetivos y estrategias (y por lo tanto a los clientes) de la organización. Esto significa jerarquizar proyectos de tal modo que se asignen los escasos recursos a los proyectos adecuados. Una vez que se ha escogido un proyecto para realizarlo, la atención se centra en el proceso de administración de proyectos, que prepara el escenario para la implantación o ejecución del proyecto.

Integración dentro del proceso de administración de los proyectos reales

Existen dos dimensiones en el proceso de administración de proyectos (véase la figura 1.4). La primera es el aspecto técnico del proceso administrativo, el cual comprende las partes formal, disciplinada y de lógica pura del proyecto. Este aspecto técnico descansa en el sistema formal de información disponible. Esta dimensión incluye la planeación, programación y control de los proyectos. Se redactan declaraciones claras sobre el alcance del proyecto para vincularlo con el cliente y facilitar la planeación y el control. La creación de productos entregables y las estructuras de descomposición del trabajo facilitan la planeación y el monitoreo del avance del proyecto. La estructura de descomposición del trabajo sirve como una base de datos que relaciona todos los niveles en la organización, los principales productos y todo el trabajo, hasta las tareas en un paquete de trabajo. Es posible documentar y rastrear cualquier efecto de cambios en el proyecto. Así, cualquier modificación

FIGURA 1.3
Administración integrada de proyectos

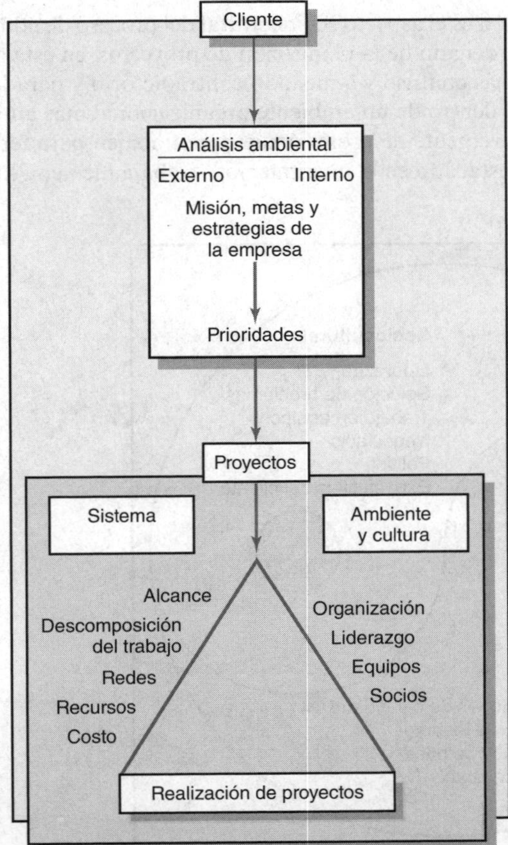

De lo más destacado en la investigación

Trabaja bien con los demás*

Durante mucho tiempo, la frase "trabaja bien con los demás" ha sido muy común en las calificaciones de primaria; ahora, en el mundo de la Tecnología de Información constituye el principal criterio para los candidatos a realizar labores de administración. En una encuesta que se efectuó en Estados Unidos en 1999, 27 por ciento de los directores generales de información (CIO, por sus siglas en inglés) dijeron que las fuertes habilidades interpersonales constituyen la cualidad más importante para llegar a niveles administrativos. Las habilidades técnicas avanzadas ocuparon el segundo lugar y obtuvieron 23 por ciento de las respuestas.

El proyecto contó con el patrocinio de RHI Consulting, empresa que proporciona profesionales de la tecnología de la información para trabajar en proyectos. Asimismo, se contrató a una empresa independiente de investigación para aplicar la encuesta. Más de 1 400 CIO respondieron el cuestionario.

A quienes respondieron a la encuesta también se les preguntó lo siguiente:

En 2005, ¿con qué frecuencia los empleados de su departamento de Tecnología de Información trabajaron en equipos dedicados a un proyecto con miembros de otros departamentos de la empresa?

Sus respuestas:		
	Con mucha frecuencia	57%
	Con frecuencia	26%
	Con poca frecuencia	10%
	Con muy poca frecuencia	6%
	Nunca	1%

Greg Scileppi, director ejecutivo de RHI Consulting, recomienda que los profesionales de Tecnologías de Información (TI) desarrollen sus habilidades interpersonales. "El predominio de los equipos de proyectos ha creado una necesidad correspondiente para comunicaciones fuertes y habilidades de juego en equipo. El personal técnico pone a prueba estas habilidades todos los días a medida que trabajan con empleados de todos los niveles para crear e implantar soluciones de TI que van desde la simple solución de problemas frecuentes hasta iniciativas para la red corporativa y actualizaciones para todo el sistema."

* Joanita M. Nellenbach, "People Skills Top Technical Knowledge, CIOs Insist", PM-Network (agosto 1999), pp. 7-8.

en una parte del proyecto puede rastrearse hasta la fuente mediante enlaces integrados en el sistema. Este enfoque integrado de información puede proporcionar a todos los gerentes de proyecto, y al cliente, la información para tomar decisiones adecuadas a su nivel y necesidades. Un exitoso administrador de proyecto tendrá la capacitación suficiente en el aspecto técnico de la administración de proyectos.

La segunda dimensión es el aspecto sociocultural del proceso de administración de proyectos. A diferencia del mundo ordenado de la planeación de proyectos, en ésta se ubica el mundo de la implementación, mucho más confuso y a menudo contradictorio y paradójico. Se centra en crear un sistema social temporal dentro de un ambiente organizacional más amplio donde se combinen los talentos de un grupo divergente de profesionales que trabajen para terminar el proyecto. Véase el recuadro "De lo más destacado en la investigación: trabaja bien con los demás". Los administra-

FIGURA 1.4
Dimensiones técnicas y socioculturales del proceso de administración de proyectos

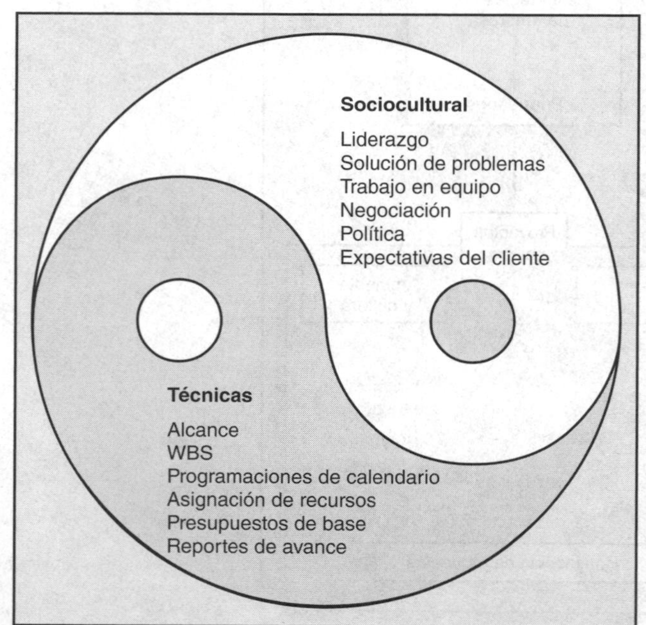

dores de proyecto deben moldear una cultura de proyectos que estimule el trabajo en equipo y altos niveles de motivación personal, así como una capacidad de identificar problemas con rapidez y de resolver los que representen una amenaza para el trabajo del proyecto. Esta dimensión también implica manejar la interfase entre el proyecto y el ambiente externo. Los gerentes deben apaciguar y moldear las expectativas de los clientes, sostener el apoyo político de la alta administración, negociar con sus contrapartes funcionales, monitorear a los subcontratistas y así en lo sucesivo. En general, el gerente debe construir una red social cooperativa entre un conjunto divergente de aliados con distintos estándares, compromisos y perspectivas.

Algunos sugieren que la dimensión técnica representa la "ciencia" de la administración de proyectos, mientras que la dimensión sociocultural representa el "arte" de administrar un proyecto. Para tener éxito, un gerente debe ser el maestro de ambas cosas. Por desgracia, algunos administradores de proyecto se preocupan por la dimensión técnica y de planeación de la administración de proyectos. A menudo, su primera exposición real a la administración de proyectos es mediante un software para eso, y se involucran demasiado con las gráficas de redes, los diagramas de Gantt y las varianzas en el desempeño, e intentan administrar un proyecto a distancia. A la inversa, otros administradores llevan los proyectos "con el cinturón bien puesto" y confían mucho en la dinámica de equipo y en la política de la organización para terminar un proyecto. Los buenos administradores de proyecto equilibran su atención entre las dimensiones técnica y sociocultural de la administración de proyectos.

Resumen

Existen poderosas fuerzas ambientales que contribuyen a la rápida expansión de los enfoques de administración de proyectos en los problemas y oportunidades de negocios. Un proyecto se define como una no rutina, un esfuerzo de una sola vez al que limitan el tiempo, los recursos y las especificaciones de desempeño que se han diseñado para satisfacer las necesidades del cliente. Una de las características distintivas de la administración de proyectos es que tiene un principio y un fin que, de manera habitual, comprende cuatro etapas: definición, planeación, ejecución y entrega. La administración eficaz de proyectos se inicia con su selección y jerarquización, de tal manera que se respalden la misión y la estrategia de la empresa. Para una implantación exitosa se necesitan habilidades técnicas y sociales. Los gerentes de proyecto tienen que planear y presupuestar proyectos, además de organizar las contribuciones de los demás.

Panorama del texto

Este texto se ha escrito para proporcionarle al lector un entendimiento completo e integrador del proceso de administración de proyectos. Se centra tanto en la ciencia de administrar proyectos como en el arte de manejarlos. Después de este capítulo introductorio, el capítulo 2 se centra en la manera en que las organizaciones evalúan y seleccionan proyectos. Se ha dedicado atención especial a la importancia de relacionar la selección de los proyectos con la misión y la estrategia de la empresa. El ambiente organizacional en el que se realizan los proyectos constituye el tema central en el capítulo 3. El análisis de la administración de matrices y de otras formas organizacionales crece con el análisis del papel que desempeña la cultura de una organización en la ejecución de proyectos.

Los siguientes seis capítulos se dedican a desarrollar un plan para el proyecto; después de todo, el éxito de un proyecto se inicia con un buen plan. El capítulo 4 se dedica a definir el alcance del proyecto y a desarrollar una estructura de descomposición del trabajo (WBS, por sus siglas en inglés). El reto de formular estimaciones de costos y tiempos es el tema del capítulo 5. El capítulo 6 se enfoca en utilizar la información de la WBS para crear un plan de proyecto en la forma de una red cronometrada y secuencial de actividades.

Los riesgos constituyen una amenaza potencial para la administración de proyectos y el capítulo 7 analiza la manera en que las organizaciones y los gerentes identifican y manejan los riesgos que se derivan del trabajo en los proyectos. La asignación de recurso se añade al plan en el capítulo 8, con atención especial a la manera en que las limitaciones en los recursos influyen en la programación del proyecto. Una vez que se ha establecido una programación de recursos, se desarrolla un presupuesto con etapas de tiempo. Por último, en el capítulo 9 se analizan las estrategias para reducir el tiempo de proyectos ("de choque") o bien antes del inicio del proyecto, o como respuesta a problemas o nuevas demandas sobre él.

En los capítulos del 10 al 12 se revisa la implementación de los proyectos y el aspecto sociocultural de su administración, comenzando con el capítulo 10, el cual se centra en el papel del administrador de proyecto como líder y subraya la importancia de administrar a todos los que tienen algún interés en el proyecto dentro de la organización. El capítulo 11 se enfoca en el equipo central del proyecto; combina la información más reciente relativa a la dinámica de equipo con técnicas y habilidades de liderazgo para desarrollar un equipo de proyecto de alto rendimiento. En el capítulo 12 se prosigue con el tema de administrar a todos los que tienen algún interés en el proyecto al analizar de qué manera se puede contratar trabajo para el proyecto por fuera y negociar con contratistas, clientes y proveedores.

El capítulo 13 se centra en los tipos de información que los gerentes utilizan para supervisar el avance en los proyectos, y se dedica especial atención al concepto clave de valor agregado. En el capítulo 14 se tratan los aspectos que se refieren a la terminación o finalización del proyecto. En el 15 se habla de la realización de la administración de proyectos en ambientes multiculturales e internacionales. Por último, en el capítulo 16 se advierte la necesidad de supervisar a la organización y se analiza cómo influye en la administración de proyectos. También se incluye un segmento especial relativo a seguir una carrera en administración de proyectos.

A lo largo de este libro, usted estará expuesto a los aspectos más importantes del sistema de administración de proyectos. Sin embargo, una comprensión cabal de la administración de proyectos no proviene de saber qué es una declaración de alcance, o una ruta crítica, o de establecer una asociación con los contratistas, sino de entender de qué manera interactúan los diversos elementos del sistema de administración de proyectos para determinar el destino de un proyecto. Si para el final de este texto usted aprecia y domina las dimensiones técnica y sociocultural de la administración de proyectos, tendrá una ventaja competitiva y clara sobre otros que aspiren a trabajar en el área de la administración de proyectos.

Términos clave

Ciclo de vida del proyecto
ISO 9000
Perspectiva sociotécnica
Profesional de la administración de proyectos (PMP, por sus siglas en inglés)
Programa
Proyecto

Preguntas de repaso

1. Defina un proyecto. ¿Cuáles son las cinco características que ayudan a diferenciar los proyectos de entre otras funciones que se efectúan dentro de las operaciones diarias de la organización?
2. ¿Cuáles con algunas de las fuerzas ambientales clave que han modificado la manera en que se administran los proyectos? ¿Cuál ha sido el efecto de estas fuerzas en la administración de proyectos?
3. ¿Por qué la implementación de proyectos es importante para la planeación estratégica y el gerente de proyectos?
4. Las dimensiones técnica y sociocultural de la administración de proyectos son los dos lados de la misma moneda. Explique.
5. ¿Qué se quiere decir con un enfoque integrador de la administración de proyectos? ¿Por qué este enfoque es importante para el ambiente de hoy?

Ejercicios

1. Revise la primera plana de su periódico local e intente identificar todos los proyectos contenidos en los artículos. ¿Cuántos pudo encontrar?
2. Identifique de manera individual cuáles considera usted que son los logros más grandes de la humanidad en las últimas cinco décadas. Ahora comparta su lista con tres o cinco estudiantes de su clase y elabore una lista más amplia. Revise estos logros en términos de la definición de un proyecto. ¿Qué le sugiere a usted su revisión acerca de la administración de proyectos?
3. Identifique en forma individual proyectos que se asignaron en periodos anteriores. ¿Los elementos socioculturales y técnicos fueron factores en el éxito o en las dificultades de los proyectos?

4. Revise la página del Project Management Institute (Instituto de la Administración de Proyectos, o PMI, por sus siglas en inglés) en *www.pmi.org.*
   a) Revise la información general acerca del PMI, así como la información para los integrantes.
   b) Investigue si hay un capítulo del PMI en el estado donde usted reside. En caso contrario, ¿dónde se ubica el más cercano?
   c) Utilice la función de "búsqueda" en la página del PMI para encontrar información sobre el Project Management Body of Knowledge (Cuerpo de conocimiento sobre la administración de proyectos, o PMBOK, por sus siglas en inglés). ¿Cuáles son las principales áreas de conocimiento del PMBOK?
   d) Explore otros enlaces que proporcione el PMI. ¿Qué le dicen esos enlaces acerca de la naturaleza y del futuro de la administración de proyectos?

   Nota: Si usted experimenta dificultades para acceder a cualquiera de las direcciones de Internet que se enlistan a continuación, o en cualquier otro lado dentro del texto, podrá encontrar direcciones actualizadas en la página del Doctor Erik Larson, coautor de este libro, en: *http//www.bus.oregonstate.edu/faculty/bio.htm?UserName=Larson*

Referencias

Benko, C. y F. W. McFarlan, *Connecting the Dots* (Boston: HBS Press, 2003).

Cohen, D. J. y R. J. Graham, *The Project Manager's MBA* (San Francisco: Jossey-Bass, 2001).

Kerzner, H. *Project Management: A Systems Approach to Planning, Scheduling and Controlling* (Nueva York: Wiley, 2003).

Larkowski, K. "Standish Group Report Shows Project Success Improves 50 Percent", *www.standinshgroup.com,* 2004, tercer trimestre.

Peters, T. *PM Network,* enero de 2004, vol. 18, núm. 1, p. 19.

Project Management Institute, *Leadership in Project Management Annual* (Newton Square, PA: PMI Publishing, 2006).

Stewart, T. A. "The Corporate Jungle Spawns a New Species: The Project Manager", *Fortune* (septiembre de 1996), pp. 14-15.

Wysocki, B. "Flying Solo: High-Tech Nomads Write New Program for Future of Work", *The Wall Street Journal* (19 de agosto de 1996), p. 1.

Caso

Un día en la vida

Rachel, gerente de proyecto de un gran plan de sistemas de información, llega a su oficina temprano para ponerse al día con sus labores antes de que lleguen sus compañeros de trabajo y su equipo de proyecto. Sin embargo, cuando entra en su oficina se encuentra con Neil, uno de sus colegas, también administrador de proyecto, quien asimismo quiere comenzar temprano su día. Neil acaba de terminar un proyecto en el extranjero. Les toma 10 minutos socializar y ponerse al tanto acerca de las noticias personales.

Rachel tarda 10 minutos en llegar a su oficina y establecerse. Luego revisa su correo de voz y enciende su computadora. Permaneció en el sitio de su cliente hasta las 7:30 p.m., del día anterior y no había revisado sus correos, electrónico y de voz, desde las 3:30 de la tarde del día anterior. Hay siete mensajes telefónicos, 16 correos electrónicos y cuatro notas en su escritorio. Dedica 15 minutos a revisar su agenda y sus listas de pendientes cotidianas antes de contestar los mensajes que exigen su atención inmediata.

Rachel pasa los siguientes 25 minutos revisando los reportes de proyecto y preparándose para la reunión semanal de revisión de avance. Su jefe, que acaba de llegar a la oficina, la interrumpe. Se quedan 20 minutos examinando el proyecto. Él le comunica un rumor respecto a un integrante del equipo que supuestamente está utilizando estimulantes en el trabajo. Ella le dice que no ha observado nada sospechoso, pero que vigilará a esa persona.

La reunión semanal de revisión de avance comienza 15 minutos tarde porque dos de los elementos del equipo deben terminar un trabajo para un cliente. Varias personas van a la cafetería por café y donas, mientras que otras comentan el juego de béisbol de la noche anterior. Llegan los miembros del equipo y en los siguientes 45 minutos de la junta se revelan aspectos del proyecto que tienen que atenderse y para los cuales hay que asignar personas que lo hagan.

Después de la reunión, Rachel camina hacia el final del pasillo para reunirse con Victoria, otra administradora de proyecto de sistemas de información (IS). Pasan 30 minutos revisando las asignaciones de los proyectos ya que ambas comparten personal. El proyecto de Victoria está atrasado y necesita ayuda. Entre ambas acuerdan que deben regularizarlo.

Rachel regresa a su oficina y hace varias llamadas y devuelve varios correos electrónicos antes de bajar las escaleras para reunirse con integrantes de su equipo de proyecto. Intenta hacer un seguimiento sobre un asunto que había surgido en la reunión de la mañana. No obstante, su sencillo saludo de "hola, muchachos, ¿cómo va todo?" provoca respuestas desganadas entre los "soldados". Después de escuchar con paciencia durante más de 20 minutos, se da cuenta de que, entre otras cosas, varios de los gerentes de los clientes están comenzando a pedir cosas que no estaban incluidas en la declaración original del alcance del proyecto. Le dice a su gente que se encargará de esto de inmediato.

Al volver a su oficina intenta llamar a John, su contraparte en la empresa del cliente, pero se le informa que no esperan que regrese de comer al menos en una hora. En este momento, Eddie llega y le pregunta si quiere acompañarlo a comer. Eddie trabaja en la oficina de finanzas y pasan la siguiente media hora en la cafetería de la empresa comentando sobre la política interna. Le sorprende escuchar que Jonah Johnson, el director de los proyectos de sistemas, quizá se cambie a otra empresa. Jonah siempre ha sido un aliado poderoso.

Vuelve a su oficina, responde algunos correos electrónicos y por último puede comunicarse con John. Dedican 30 minutos a revisar el problema. La conversación termina cuando John le promete hacer algunas investigaciones al respecto y devolverle la llamada lo antes posible.

Rachel coloca un letrero de "no molestar" en su puerta y se recuesta un momento. Escucha los movimientos tercero y cuarto del *Concierto para cuerdas en la,* de Maurice Ravel en sus audífonos.

Luego toma el elevador para bajar al tercer piso y habla con el agente de compras que se ha asignado a su proyecto. Pasan los siguientes 30 minutos explorando las maneras de lograr que el equipo necesario llegue al sitio del proyecto antes de lo planeado. Por último, autoriza un envío exprés.

Cuando regresa a su oficina, su calendario le recuerda que tiene programado participar en una conferencia telefónica a las 2:30. Se necesitan 15 minutos para que todos estén en línea. Durante este tiempo, Rachel vuelve a revisar sus correos electrónicos. La siguiente hora transcurre intercambiando información sobre los requerimientos técnicos que se derivan del uso de una nueva versión del software que están utilizando en proyectos de sistemas semejantes al de ella.

Rachel decide estirar sus piernas y camina por el pasillo donde interviene en diversas conversaciones breves con varios compañeros de trabajo. Se desvía para agradecerle a Chandra su cuidadoso análisis en la reunión de la mañana. Regresa para encontrarse con que John le ha dejado un mensaje para que le llame lo antes posible. Se pone en contacto con él, quien le informa que, de acuerdo con su gente, el representante de ventas de la empresa de Rachel había hecho algunas promesas acerca de características específicas que su sistema proporcionaría. No sabe cómo se dio esta fuga de información, pero su gente está muy molesta por este hecho. Rachel le agradece a John la información y de inmediato sube la escalera hasta donde se encuentra el grupo de comercialización.

Pide ver a Mary, gerente *senior* de comercialización. Espera 10 minutos antes de que la inviten a pasar a su oficina. Luego de una discusión acalorada, se despide 40 minutos después, una vez que Mary estuvo de acuerdo en hablar con su gente acerca de lo que prometieron y de lo que no prometieron.

Baja la escalera para encontrarse con los individuos con quienes está trabajando en el proyecto y los pone al tanto de lo que está sucediendo. Pasan 30 minutos revisando el efecto que las peticiones del cliente pueden tener en la programación del proyecto. También les informa sobre los cambios que acordaron ella y Victoria en la agenda. Después le da las buenas noches a su equipo, va escaleras arriba para entrevistarse con su jefe y pasa 20 minutos actualizándolo sobre los acontecimientos más importantes del día. Vuelve a su oficina y dedica 30 minutos a revisar correos electrónicos y documentos relativos al proyecto. Se conecta con la programación del proyecto MS y pasa los siguientes 30 minutos trabajando con escenarios de "qué pasa si". Revisa la programación del día siguiente y anota algunos recordatorios personales antes de comenzar su trayecto de 30 minutos de vuelta a casa.

1. ¿Qué tan eficiente considera usted que fue Rachel en su día?
2. ¿Qué le dice este caso acerca de qué es ser un administrador de proyecto?

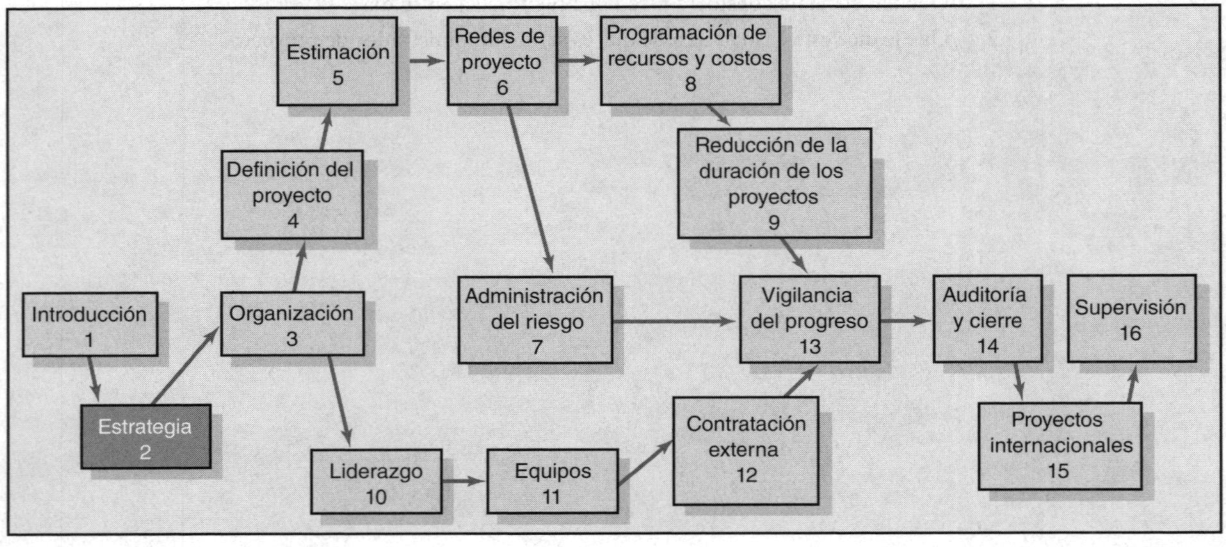

Estrategia de la organización y selección de proyectos

CAPÍTULO DOS

Estrategia de la organización y selección de proyectos

La estrategia se pone en práctica a través de proyectos. Cada uno debe tener un enlace claro con la estrategia de la organización.

Por lo general, los gerentes de proyecto se quejan de que los proyectos surgen de la nada. Comentarios como los que están a continuación son ejemplo de lo que se escucha en la práctica:

- ¿De dónde viene este proyecto?
- ¿Debería dejar de trabajar en este proyecto y comenzar uno nuevo?
- ¿Por qué estamos haciendo este proyecto?
- ¿Por qué todos estos proyectos deben ser de máxima prioridad?
- ¿De dónde vamos a obtener los recursos que necesitamos para realizar este proyecto?

Existen demasiadas organizaciones donde muchos gerentes no pueden identificar la prioridad de un proyecto y su relación con el plan estratégico. ¡Ésta no es una buena administración! Cada uno de los proyectos debe aportar valor al plan estratégico de la organización, el cual se ha diseñado para satisfacer las necesidades futuras de sus clientes. Garantizar una relación fuerte entre el plan estratégico y los proyectos constituye una tarea difícil que exige constante atención de la alta y mediana administración. Mientras mayor y más diversa sea una organización, más difícil será crear y mantener este fuerte enlace. Todavía abundan las pruebas de que muchas organizaciones no han desarrollado un proceso que ordene con claridad la selección de proyectos y el plan estratégico. El resultado es una utilización deficiente de los recursos de la organización: gente, dinero, equipo y capacidades clave. A la inversa, las empresas que cuentan con un enlace coherente entre proyectos y estrategia encontrarán más apoyo a lo largo de la organización, tendrán menos proyectos, aunque un mejor desempeño en éstos.

¿Cómo puede una organización garantizar este enlace y esta alineación? La respuesta exige integrar los proyectos con el plan estratégico. La integración supone la existencia de un plan estratégico y de un proceso para jerarquizar los proyectos de acuerdo con su contribución al plan. Un factor crucial que garantice el éxito de la integración del plan con los proyectos está en la creación de un proceso que sea abierto y público, a fin de que todos los participantes puedan revisarlo. En este capítulo se presenta un panorama general de la importancia de la planeación estratégica y del proceso para desarrollar un plan estratégico. Asimismo, se señalan los problemas típicos que se encuentran cuando la estrategia y los proyectos no están relacionados. Luego se analiza una metodología genérica que garantiza la integración mediante el establecimiento de enlaces sólidos entre los proyectos que se seleccionan y su prioridad, más el plan estratégico de la organización. El resultado que se espera es un enfoque claro de la organización, un mejor uso de los escasos recursos de ésta (tales como gente, equipo y capital) y mejorar la comunicación entre proyectos y departamentos.

Por qué los gerentes de proyecto necesitan entender de estrategia

En su plano histórico, la administración de proyectos se ha preocupado nada más de la planeación y ejecución de éstos. Se ha considerado que la estrategia debe estar bajo la supervisión de la alta dirección. Este pensamiento es de la escuela antigua. En la actualidad se reconoce que la administración de proyectos está en la parte más alta de la estrategia y de las operaciones. Aaron Shenhar se refiere a este asunto cuando afirma que "...es momento de ampliar el papel tradicional del gerente de proyecto desde tan sólo operativo a una perspectiva más estratégica. En la organización moderna en evolución, los gerentes de proyecto se centrarán en los aspectos de negocios y su función irá desde lograr que se haga el trabajo a alcanzar los resultados de la organización y ganar en el mercado".

Existen dos razones principales por las que los gerentes de proyecto deben entender la misión y la estrategia de su empresa. La primera razón es que puedan tomar decisiones adecuadas y hacer los ajustes requeridos. Por ejemplo, la manera en que un gerente de proyecto responda a una sugerencia de modificar el diseño de un producto para mejorar el desempeño, variará si su empresa se esfuerza por ser líder de producto mediante la innovación, o por alcanzar la excelencia operativa con soluciones de bajo costo. Asimismo, la forma en que debe responder un gerente de proyecto a los retrasos será diferente según sean sus preocupaciones estratégicas. Un gerente de proyecto autorizará tiempos extra si su empresa le da mucha importancia a llegar al mercado antes que nadie. Otro gerente de proyecto puede aceptar los retrasos si la velocidad no es esencial.

J. P. Descamps ha advertido que los gerentes de proyecto que no entienden el papel que su proyecto desempeña en el logro de la estrategia de su organización tienden a cometer los siguientes errores graves:

- Se centrarán en problemas o soluciones que tienen poca importancia estratégica.
- Se enfocarán en el cliente inmediato y no en todo el mercado y cadena de valor.
- Darán excesiva importancia a la tecnología como fin en sí misma, lo cual resultará en proyectos que se extravían al buscar tecnología exótica que no encaja en la estrategia o en la necesidad del cliente.
- Intentarán resolver todos los problemas que les plantee el cliente con un producto o un servicio, en lugar de centrarse en 20 por ciento con 80 por ciento del valor (Ley de Pareto).
- Se engancharán en una búsqueda interminable de la perfección por la que nadie se preocupa, excepto el equipo del proyecto.

La segunda razón por la que los gerentes de proyecto necesitan comprender la estrategia de su organización, es para que puedan ser defensores eficientes del proyecto. Deben demostrarle a la alta administración cómo su proyecto contribuye a la misión de su empresa. La protección y el apoyo continuado se derivan de estar alineado a los objetivos corporativos. Los gerentes de proyecto también necesitan ser capaces de explicarles a los miembros del equipo y a otros interesados en el proyecto por qué algunos de los objetivos y prioridades de éste son cruciales. Esto resulta esencial para obtener una posición favorable en decisiones contenciosas de compensación.

Por estas razones, los gerentes de proyecto encontrarán valioso tener un entendimiento profundo de los procesos de administración estratégica y selección de proyectos, los cuales se analizan a continuación.

El proceso de administración estratégica: una visión general

La administración estratégica es el proceso de valorar "qué somos" y de decidir e implementar "lo que intentamos ser y cómo vamos a llegar ahí". La estrategia describe cómo intenta una organización competir con los recursos disponibles en el ambiente actual y en el que se percibe hacia el futuro.

Dos dimensiones fundamentales de la administración estratégica están respondiendo a los cambios en el ambiente externo y asignando recursos escasos a la empresa para mejorar su posición competitiva.

La exploración constante del ambiente externo para cambios es un requerimiento fundamental para sobrevivir en un ambiente competitivo dinámico. La segunda dimensión son las respuestas internas a nuevos programas de acción que se dirigen a mejorar la posición competitiva de la empresa. La naturaleza de las respuestas depende del tipo de negocio, de la volatilidad del ambiente, de la competencia y de la cultura organizacional.

Caso de práctica

Un movimiento más allá de las computadoras

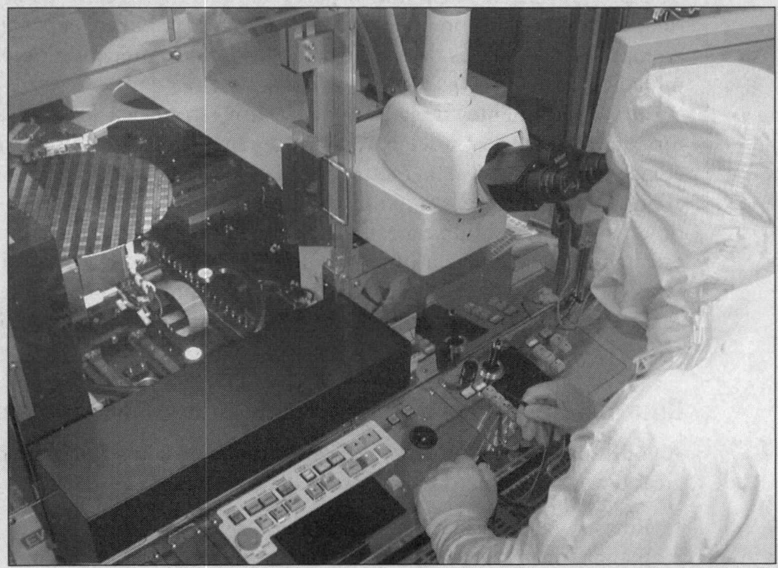

Cortesía de Intel Corporation.

El director general de Intel, Craig R. Barrett, planea su último gran proyecto apenas 15 meses antes de su retiro como presidente del consejo. Su visión para Intel es que la empresa vaya más allá de las computadoras: Intel en todas partes. Barrett dice: "Todo en el mundo se está convirtiendo en digital." Él quiere que los microprocesadores de Intel sean utilizados en todos los dispositivos digitales del planeta, más que nada en las industrias de comunicaciones, electrónica de consumo y del entretenimiento. Piénselo: teléfonos celulares, redes inalámbricas en los hogares, reproductores de video, televisores de pantalla plana; la tecnología de Intel encaja a la perfección.

Hoy, Barrett está entrando al mercado con una tecnología de microprocesamiento a la que se denomina WiMax, "la cual puede utilizarse para permitir acceso a Internet de alta velocidad en una ciudad pequeña (o 30 millas) por alrededor de 100 000 dólares, que es casi la décima parte del costo de tender líneas de fibra óptica en la actualidad". (Un competidor, WiFi, tiene un alcance de 200 pies, más o menos.) Las empresas de cable y de telefonía están muy interesadas por los bajos costos iniciales.

Algunos críticos consideran que el enfoque emprendedor de Barrett es demasiado arriesgado. Él no lo percibe así. En lugar de seguir el enfoque anterior de Intel respecto a los nuevos productos, que consistía en seguir las tendencias del mercado, él quiere que Intel tenga una relación más cercana con los clientes al diseñar productos que necesitan y no artículos que nadie pidió. Admite que acceder a los mercados de consumo será un reto enorme. Intenta proporcionar apoyo financiero y cooperación a las empresas que creen nuevos productos en los que se utilicen microprocesadores de Intel. Barrett considera que el riesgo de dar apoyo financiero a las empresas pequeñas es reducido, incluso si algunas fracasan. Si la mayor parte de los productos despega, el riesgo se minimiza porque sus mercados llevarán a una creciente demanda de PC nuevas, más grandes y rápidas, en donde la manufactura de Intel tenga dominio sobre el costo.

Implementar la nueva visión no hará que la manufactura de Intel se aleje de la vanguardia tecnológica. Para 2005, cinco nuevas plantas fabricarán tablillas de 12 pulgadas impresas con líneas de circuitos de 90 nanómetros, lo cual es tan sólo 0.1 por ciento del grueso de un cabello humano. Se espera que estas plantas reduzcan los costos de los microprocesadores a la mitad.

Hay una misión: crear microprocesadores de Intel para satisfacer las necesidades de los nuevos productos digitales. Bien o mal, todos en la organización conocen el plan de juego y pueden centrar sus esfuerzos en esta nueva dirección orientada al consumidor. Los proyectos relacionados con los productos digitales se calificarán como de alta prioridad.

* Adaptado de Cliff Edwards, "What is CEO Craig Barreto Up To?", *BusinessWeek,* 8 de marzo de 2004, pp. 56-64.

La administración estratégica proporciona el tema y el enfoque de la dirección futura de la organización. Apoya la coherencia de la acción en todos los niveles de la organización. Alienta la integración porque el esfuerzo y los recursos se comprometen en metas y estrategias comunes. Véase la Instantánea tomada de la práctica: Un movimiento más allá de las computadoras. Se trata de un proceso continuo, iterativo, que busca desarrollar un plan de acción integrado y coordinado de largo plazo. La administración estratégica posiciona a la organización a fin de que satisfaga las necesidades y los requerimientos de sus clientes en el largo plazo. Cuando se identifica la posición de largo plazo se fijan los objetivos y se desarrollan estrategias para lograr objetivos; luego se les traduce en acciones por la realización de proyectos. La estrategia puede decidir la supervivencia de una organización. La mayor parte de éstas tienen éxito en la *formulación* de estrategias para el (los) curso(s) de acción que puedan seguir. Sin embargo, el problema en muchas organizaciones es *ejecutar* estrategias, es decir, hacer que sucedan. A menudo no existe una integración entre la formulación de estrategias y su realización.

Los componentes de la administración estratégica se vinculan de manera estrecha y todos se dirigen a la obtención del éxito de la organización. La administración estratégica requiere fuertes enlaces entre la misión, la meta, los objetivos, la estrategia y la puesta en práctica. La misión otorga el objetivo general de la organización. Las metas ofrecen objetivos globales dentro de la misión. Los objetivos dan dirección específica a las metas. Los objetivos también dan lugar a la formulación de estrategias para alcanzar objetivos. Por último, las estrategias exigen la implantación de acciones y tareas. En la mayor parte de los casos, las acciones a tomar representan proyectos. En la figura 2.1 se muestra un esquema del proceso de la administración estratégica y de las principales actividades requeridas.

Cuatro actividades del proceso de administración estratégica

A continuación se plantea la secuencia típica de actividades del proceso de administración estratégica; luego sigue una descripción de cada actividad:

1. Revisar y definir la misión de la empresa.
2. Establecer metas y objetivos de largo plazo.
3. Analizar y formular estrategias para alcanzar objetivos.
4. Llevar a cabo estrategias a través de los proyectos.

FIGURA 2.1
Proceso de administración estratégica

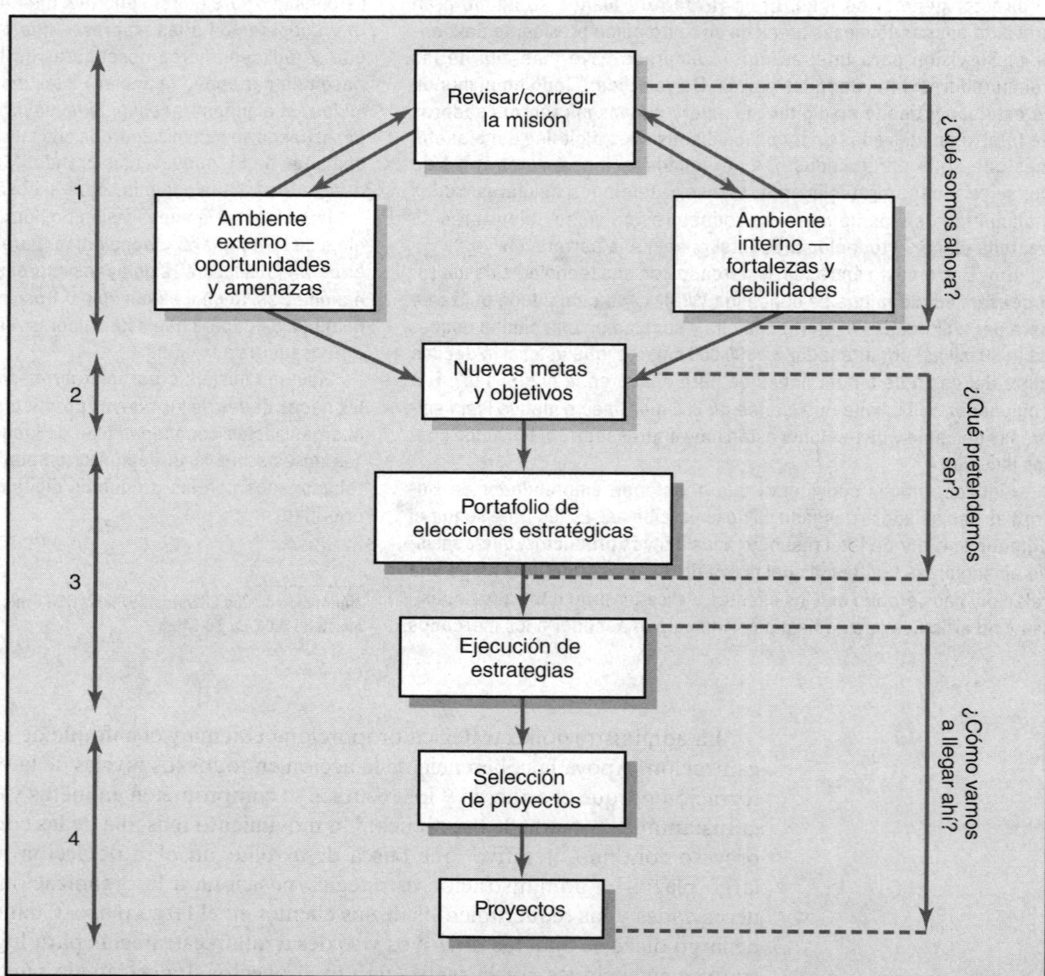

Revisar y definir la misión de la empresa

La misión identifica "aquello en lo que nos queremos convertir"; es decir, la *raison d'être.* En las declaraciones de misión se identifica el alcance de la organización en términos de su producto o servicio. En una declaración de la misión por escrito se proporciona el enfoque para la toma de decisiones cuando los gerentes de la organización y los empleados la comparten. Todos en la empresa deben estar muy conscientes de esa misión. Por ejemplo, en una gran empresa de consultoría se exige a los socios que no reciten la declaración de misión de memoria que paguen una comida. La declaración de misión comunica e identifica el objetivo de la empresa a todos los que tienen intereses en ella. Las declaraciones de misión sirven para evaluar el desempeño de la organización.

Entre los componentes tradicionales de las declaraciones de misión están los principales productos y servicios, los clientes y mercados objetivos, y el dominio geográfico. Además, a menudo incluyen la filosofía organizacional, las tecnologías clave, la imagen pública y la contribución a la sociedad. Cuando se incluyen tales factores en la declaración de misión se busca el éxito del negocio en forma directa.

Las declaraciones de la misión cambian con poca frecuencia. Sin embargo cuando la naturaleza del negocio cambia o varía, se requiere una revisión de la misión. Por ejemplo, Steve Jobs de Apple Computer tuvo una visión de usar la tecnología computacional más allá de una PC de escritorio. Su misión era buscar una tecnología computacional que sirviera como vehículo para el trabajo y el entretenimiento. Como resultado generó el iPod para venta de música y llevó a cabo el desarrollo de películas animadas, como *Encontrando a Nemo,* a través de la organización Pixar. Revise la Instántanea tomada de la práctica: La estrategia de Apple", para que observe cómo la misión de Apple da un bosquejo para producir nuevos proyectos de desarrollo.

Entre más específica se establezca la misión dará mejores resultados, ya que tendrá un foco más estricto. Los establecimientos de la misión reducen la oportunidad de que los propietarios tomen direcciones falsas. Por ejemplo, compare la frase de los siguientes establecimientos de misión:

Proveer servicios de diseño de hospitales.
Proveer servicios de diseño de voz y datos.
Proveer servicios de tecnología de información.
Incrementar el valor de las acciones.

Proveer productos para nuestros clientes de alto valor.

Es evidente que las primeras dos declaraciones dejan menos cabida a las malas interpretaciones que las demás. Una prueba definitiva para la declaración de misión es que si ésta puede aplicarse a cualquiera, no proporcionará la orientación y el enfoque buscados. La misión establece los parámetros para desarrollar objetivos.

Establecer metas y objetivos de largo plazo

Los objetivos traducen la misión de la organización en términos específicos, medibles y concretos. Los objetivos organizacionales establecen metas para todos los niveles de la empresa. Señalan la dirección que los gerentes consideran que la organización debe seguir. Responden en detalle *hacia dónde* se dirige la empresa y *cuándo* va a estar ahí. En general, los objetivos para la organización cubren mercados, productos, innovación, productividad, calidad, finanzas, utilidades, empleados y clientes. En todos los casos, los objetivos deben ser tan operativos como sea posible. Es decir, deben incluir un marco de tiempo, ser medibles, identificables y realistas. Doran creó el dispositivo de memoria que se muestra en la ilustración 2.1, el cual resulta útil cuando se trata de redactar objetivos.

ILUSTRACIÓN 2.1
Características y objetivos

S*	**Específico**	Ser específico en la dirección a un objetivo
M	**Mesurable**	Establecer indicador(es) de progreso que sean medidos
A	**Asignable**	Hacer que el objetivo pueda asignarse a una persona para su terminación
R	**Realista**	Establecer qué se puede hacer, en forma realista, con los recursos disponibles
T	**Relacionado con el Tiempo**	Establecer cuándo puede alcanzarse el objetivo, esto es, su duración

* De acuerdo con las siglas en inglés.

Caso de práctica

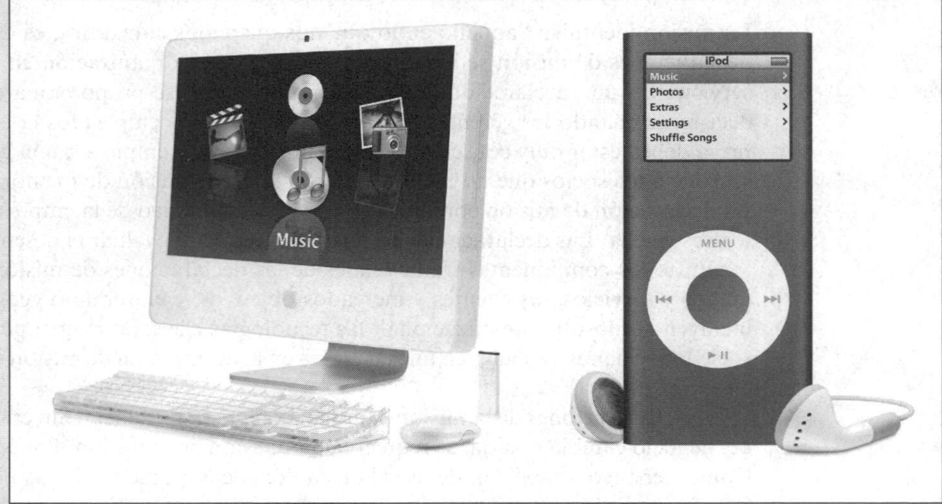

Cortesía de Apple Computer.

Desde que Steve Jobs retomó el puesto de director general de Apple en 1997, ha tenido un éxito impresionante en el desarrollo de una estrategia revolucionaria que ha dado lugar a nuevos mercados y ha aumentado la participación de mercado. Todo empieza con una adherencia estricta a la declaración de misión:

> *Apple está comprometido con llevar la mejor experiencia de computación personal a estudiantes, educadores, profesionales creativos y consumidores en todo el mundo mediante sus innovaciones en hardware, software y ofertas de Internet.*

El empuje de esta estrategia revolucionaria incluye adaptarse a las masas y dirigirse a segmentos de mercado. La principal ventaja competitiva de Apple es que controla los aspectos tanto de hardware como de software de la mayoría de sus productos. La visión, aunada a esta fuerte ventaja estratégica, permite que Apple ofrezca innovaciones en sus productos de hardware, software e Internet. A partir de su declaración de visión se anticipan muchas estrategias de producto. Por ejemplo, por primera ocasión, Jobs segmentó el mercado de Apple en dos: profesional y de consumo. Esta segmentación reduce la cantidad de productos y aquéllos con objetivos difusos para usuarios finales específicos.

Se han desarrollado varias estrategias específicas para el mercado de consumo. Por ejemplo, Jobs considera que los usuarios deben ser capaces de conectar sus reproductores de MP3, de DVD, de CD, iPod, cámaras digitales, PDA, cámaras DV y otros dispositivos a una computadora central, a la que se conoce como centro digital. El desarrollo de iTunes le permite a los usuarios mezclar y quemar discos compactos desde la comodidad y facilidad de su computadora. Además de hacer esto, los usuarios pueden utilizar iTunes para sincronizar sus archivos de música con los reproductores de MP3, tales como el iPod.

Las ventajas competitivas de Apple dan un fuerte apoyo a sus estrategias de productos. Algunas de las más evidentes se enumeran a continuación:

- Control sobre el software y el hardware, lo cual evita problemas de compatibilidad
- Alta calidad e imagen de innovación
- Arquitectura común que se adapta a la mayoría de los productos y que facilita el tiempo de desarrollo
- Software gratuito
- Facilidad de uso
- Una base de clientes leales

Durante más de diez años, la cascada de productos innovadores de Apple ha sido espectacular. No se le ve fin. Cada producto nuevo se alinea muy cerca de la declaración de misión y de las estrategias actuales. El lanzamiento de productos novedosos en mercados nuevos exige la ejecución de proyectos con limitaciones de alcance, costo y poco tiempo.

Cada nivel que está por abajo de los objetivos de la organización debe apoyar los objetivos de mayor nivel en más detalle; a esto se le llama "cascada de objetivos". Por ejemplo, si una empresa que fabrica equipaje de piel establece el objetivo de lograr un aumento de 40 por ciento en las ventas mediante una estrategia de investigación y desarrollo, este cargo se traslada a los departamentos de comercialización, producción e investigación y desarrollo. El departamento de investigación y desarrollo acepta la estrategia de la empresa como su objetivo y, entonces, su estrategia es el diseño y desarrollo de un nuevo "equipaje para jalar con ruedas replegables". En este momento el objetivo se vuelve el proyecto a llevar a cabo: desarrollar el equipaje de ruedas replegables para el mercado en los próximos seis meses con un presupuesto de 200 000 dólares. En resumen, los objetivos de la organización impulsan sus proyectos.

Analizar y formular estrategias para alcanzar objetivos

La formulación de estrategias responde a la cuestión de *qué* hay que hacer para alcanzar objetivos. La formulación de estrategias incluye determinar y valorar las opciones que apoyan los objetivos de la organización y seleccionar la mejor alternativa. El primer paso es una evaluación realista de las posiciones actual y pasada de la empresa. Por lo general, este paso comprende un análisis de "quiénes son los clientes" y de "cuáles son sus necesidades, desde cómo los conceptualiza el cliente".

El siguiente paso es una valoración de los ambientes interno y externo. ¿Cuáles son las fuerzas y debilidades internas de la empresa? Ejemplos de las debilidades o fortalezas internas pueden ser las capacidades clave, tales como tecnología, calidad del producto, talento administrativo, poca deuda y redes de distribuidores. Los gerentes pueden modificar las fuerzas y debilidades internas. Las oportunidades y amenazas suelen representar fuerzas externas para el cambio, tales como la tecnología, la estructura de la industria y la competencia. Las herramientas de parámetros de comparación con la competencia se utilizan en ocasiones para valorar las direcciones actual y futura. Las oportunidades y amenazas constituyen las contrapartes de una y otra. Es decir, una amenaza puede percibirse como oportunidad, o a la inversa. Ejemplos de amenazas externas percibidas pueden ser una recesión económica, un ciclo de vida en maduración, las tasas de cambio o las regulaciones gubernamentales. Oportunidades típicas son el aumento en la demanda, los mercados emergentes y la demografía. Los gerentes, o las empresas individuales, tienen oportunidades limitadas para influir en tales factores ambientales externos; sin embargo, en los años recientes se han hecho excepciones notables a las nuevas tecnologías, como en el caso de Apple, que utiliza el iPod para generar un nuevo mercado para la venta de música. Las claves son para intentar el pronóstico de los cambios fundamentales de la industria y permanecer en un estado proactivo en lugar de uno reactivo. A esta evaluación de los ambientes externo e interno se le conoce como análisis SWOT (acrónimo en inglés para fortalezas, debilidades, oportunidades y amenazas, o FODA).

A partir de este análisis se identifican los aspectos cruciales y un portafolio de alternativas estratégicas. Éstas se comparan con el portafolio actual y los recursos disponibles; luego se escogen las estrategias que deben apoyar la misión y los objetivos básicos de la organización. El análisis crítico de las estrategias incluye formular estas preguntas: ¿La estrategia aprovecha nuestras capacidades clave? ¿La estrategia explota nuestra ventaja competitiva? ¿La estrategia maximiza la satisfacción de las necesidades del cliente? ¿La estrategia encaja en nuestro rango aceptable de riesgo?

La formulación de estrategia termina con la cascada de objetivos, o tareas, que se asignan a las divisiones inferiores, departamentos o individuos. La formulación de la estrategia puede significar alrededor de 20 por ciento del esfuerzo de la administración, mientras que la determinación de *la manera* en que la estrategia se va a poner en práctica puede consumir 80 por ciento.

Implementar estrategias a través de los proyectos

La implementación responde a la duda de *cómo* realizar las estrategias con los recursos dados. El marco conceptual para la puesta en práctica de la estrategia carece de la estructura y disciplina que se encuentran en su formulación. La ejecución exige acción y terminar tareas; esto último a menudo implica proyectos de misión crítica. Por lo tanto, debe incluir la atención a diversas áreas clave.

En primer lugar, terminar tareas exige asignación de recursos. Por lo general, éstos representan fondos, personas, talentos administrativos, habilidades tecnológicas y equipo. A menudo, la implementación de los proyectos recibe el trato de un "añadido" y no el de una parte integral del proceso de administración estratégica. No obstante, los objetivos múltiples ponen demandas conflictivas en los recursos de la empresa. En segundo lugar, la realización necesita de una organización formal e informal que complemente y apoye la estrategia y los proyectos. La autoridad, la responsabilidad y el desempeño dependen de la estructura y cultura de la organización. En tercer lugar, deben establecerse sistemas de planeación y control para tener la certeza de que se realicen determinadas actividades del proyecto, necesarias para asegurar las estrategias. En cuarto, la motivación de quienes contribuyen al proyecto será un factor fundamental para lograr el éxito. Por último, un área que está recibiendo más atención en los años recientes es la jerarquización de los proyectos. Si bien el proceso de implementación de la estrategia no es tan claro como su formulación, todos los gerentes se dan cuenta de que, sin él, el éxito es imposible.

La necesidad de un sistema efectivo de administración del portafolio de proyectos

La implementación de proyectos que no cuenta con un sistema fuerte de prioridades relacionado con la estrategia genera problemas. Tres de los más evidentes se analizan a continuación. Un sistema de portafolio de proyectos puede ir muy lejos para reducir, o hasta eliminar, el efecto de estos problemas.

Problema 1: Una brecha hacia la implementación

En las organizaciones donde los ciclos de vida del producto son cortos, resulta interesante advertir que, con frecuencia, la concurrencia en la planeación estratégica y en la realización incluye a participantes de todos los niveles dentro de una organización. Sin embargo, en 80 por ciento de las otras organizaciones de productos y servicios, la alta administración formula la estrategia y deja su implementación a los gerentes funcionales. Éstos desarrollan estrategias y objetivos más detallados dentro de amplias limitaciones. El hecho de que los objetivos y estrategias se hacen de *manera independiente* en distintos niveles por parte de grupos funcionales dentro de la jerarquía de la organización, da lugar a infinidad de problemas.

Algunos de los síntomas que presentan las organizaciones que luchan con las desconexiones de la estrategia y prioridades confusas son lo siguientes:

- A menudo se presentan conflictos entre los gerentes funcionales, lo cual causa falta de confianza.
- Se convoca a reuniones frecuentes para establecer o renegociar prioridades.
- Es común que la gente cambie de un proyecto a otro, dependiendo de la prioridad actual. Los empleados se confunden con los proyectos que son importantes.
- Las personas trabajan en múltiples proyectos y se sienten ineficientes.
- Los recursos son inadecuados.

Debido a que no existen relaciones claras, el ambiente de la empresa se vuelve disfuncional, confuso y propicio para la inefectiva implementación de la estrategia y, por lo tanto, de los proyectos. La brecha hacia la implementación se refiere a la falta de entendimiento y de consenso respecto a la estrategia de la organización entre los gerentes de nivel alto y medio.

A continuación se describe un escenario que los autores han advertido en forma repetida. La alta administración escoge sus primeros 20 proyectos para el siguiente periodo de planeación, sin establecer prioridades. Cada departamento funcional (comercialización, finanzas, operaciones, ingeniería, tecnología de la información y recursos humanos) selecciona proyectos a partir de la lista. Por desgracia, las prioridades de los departamentos independientes respecto a los proyectos no son homogéneas. Un proyecto que obtiene una calificación muy buena en el departamento de TI puede obtener la más baja en el departamento de finanzas. La puesta en marcha de los proyectos representa conflictos de intereses y el desarrollo de animosidades en relación con los recursos de la organización.

Si éste fuera el caso, ¿cómo es posible ejecutar la estrategia de manera eficaz? El problema es grave. En un estudio se encontró que cerca de 25 por ciento de los ejecutivos de las *500 empresas de Fortune* considera que existe una unión fuerte, coherencia y/o acuerdo entre las estrategias que formulan y su realización. Los gerentes de nivel medio consideraron que la estrategia organizacional estaba bajo el mando de otros y no en su campo de influencia. Es responsabilidad de la alta administración establecer políticas que muestren una relación clara entre la estrategia y los objetivos de la organización, y los proyectos que llevan a cabo tales estrategias. Las investigaciones de Fusco sugieren que todavía existen muchas organizaciones que pasan por alto el vacío de ejecución y la jerarquización de proyectos. Este investigador analizó a 280 gerentes de proyecto y encontró que 24 por ciento de sus organizaciones no publicaba o circulaba siquiera sus objetivos; además, 40 por ciento de los entrevistados reportó que no estaban claras las prioridades entre los proyectos competidores, mientras que sólo 17 por ciento dijo lo contrario.

Problema 2: Política dentro de la organización

En todas las organizaciones hay política y ésta puede tener una influencia importante en los proyectos que reciben fondos y atención especial. Esto es más cierto cuando los criterios y el proceso para seleccionar proyectos no se han definido bien y están en discordancia con la misión de la empresa.

La selección de proyectos puede fundamentarse no tanto en los hechos y en un razonamiento sensato, sino en el poder y en la capacidad de convencimiento de las personas que defienden proyectos determinados.

El término "vaca sagrada" se utiliza para identificar un proyecto que defiende un funcionario poderoso y de alto rango. Al respecto, un consultor de comercialización dijo de manera confidencial que una vez fue contratado por el director de comercialización de una empresa grande para realizar un análisis externo e independiente para un nuevo producto que la empresa estaba interesada en desarrollar. Sus amplias investigaciones indicaron que había poca demanda para garantizar el financiamiento de este nuevo producto. El director de comercialización decidió enterrar el informe e hizo al consultor prometer que nunca compartiría esta información con nadie. El director explicó que este nuevo proyecto era la "idea consentida" del nuevo director general, quien lo concebía como su legado para la empresa. Siguió describiendo la obsesión irracional que el director general tenía por el proyecto y que se refería a él como a su "bebé". Como un padre protegiendo con furia a su hijo, el director de comercialización pensaba que perdería su trabajo si tal información crítica llegaba a conocerse.

Contar con un patrocinador del proyecto puede ser determinante en la selección y la eficacia de la ejecución de los proyectos de innovación de productos. En general, los patrocinadores del proyecto son gerentes de alto rango que defienden y dan su apoyo político a la terminación de un proyecto específico. Son instrumentos para obtener la aprobación del proyecto y protegerlo durante la delicada etapa de desarrollo. Los gerentes de proyecto sagaces reconocen la importancia de tener "amigos en altos niveles" que puedan defender su caso y proteger sus intereses.

La importancia de la política corporativa puede advertirse en el proyecto de computación ALTO, que tuvo tan mal destino en Xerox a mediados de la década de 1970. El proyecto fue un éxito tecnológico tremendo; desarrolló el primer *mouse* que funcionara, la primera impresora láser, el primer software amigable con el usuario y la primera red de área local. Todos estos desarrollos se anticipaban cinco años al competidor más cercano. En los siguientes cinco años se perdió esta oportunidad de dominar el mercado naciente de las computadoras personales debido a luchas internas en Xerox y a la ausencia de un patrocinador poderoso del proyecto.

La política puede influir no sólo en la selección de proyectos, sino también en las aspiraciones que hay detrás de ellos. Los individuos pueden aumentar su poder dentro de la organización manejando proyectos cruciales y extraordinarios. Por supuesto, el poder y el nivel rinden beneficios a los innovadores exitosos y a quienes toman riesgos y no a los productores constantes. Muchos gerentes ambiciosos buscan proyectos de alto nivel como una manera de subir pronto en la jerarquía corporativa. Por ejemplo, la carrera de Lee Iacocca se fundó en su eficaz liderazgo en el diseño y desarrollo del muy exitoso Ford Mustang. Los gerentes se vuelven héroes al dirigir proyectos que contribuyen en forma significativa a la misión de una empresa o a la solución de una crisis inminente.

Muchos sostendrán que no hay que mezclar política con administración de proyectos. Una respuesta más proactiva es que esto es inevitable y que los gerentes eficientes de proyecto reconocen que cualquier proyecto importante tiene implicaciones políticas. Asimismo, la alta administración necesita desarrollar un sistema para identificar y seleccionar proyectos que reduzca el efecto de la política interna y aliente la selección de los mejores proyectos para lograr el cumplimiento de la misión y la estrategia de la empresa.

Problema 3: Conflicto de recursos y tareas múltiples

La mayor parte de las organizaciones de proyectos existen en un ambiente de proyectos múltiples. De ahí que surjan los problemas de interdependencia entre proyectos y la necesidad de compartir recursos. Por ejemplo, ¿cuál sería el efecto en la disponibilidad de recursos de mano de obra de una empresa constructora si ganara un contrato para el que quisiera colocar una oferta? ¿La mano de obra existente sería adecuada para manejar el nuevo proyecto, dada la fecha de terminación? ¿Los proyectos actuales pueden retrasarse? ¿Ayudaría subcontratar? ¿Qué proyectos serían prioritarios? La competencia entre los gerentes de proyecto puede ser contenciosa. Todos los gerentes de proyecto buscan tener a la mejor gente de su lado. Los problemas de compartir recursos y programarlos entre los proyectos crecen en forma exponencial a medida que aumenta la cantidad de proyectos. En los ambientes multiproyectos los riesgos crecen y los beneficios o castigos por una programación buena o mala se vuelven más significativos que en la mayor parte de los proyectos independientes.

Compartir recursos también lleva a la realización simultánea de tareas múltiples. Esto último implica comenzar y detener el trabajo en una tarea para ir a trabajar en otro proyecto, y luego retomar el trabajo en la tarea original. Las personas que trabajan en distintas tareas al mismo tiempo son mucho menos eficientes, sobre todo cuando el cierre conceptual, o físico, y el inicio son importantes. La realización simultánea de tareas múltiples contribuye a los retrasos y al aumento de los costos. La modificación de prioridades exacerba los problemas que surgen en esta situación. Asimismo, la realización simultánea de tareas múltiples es más evidente en las organizaciones que cuentan con demasiados proyectos para los recursos que comandan.

El número de proyectos grandes y pequeños en un portafolio casi siempre excede los recursos disponibles (típicamente por un factor de tres a cuatro veces más). De manera inevitable, esta sobrecarga en la capacidad conduce a confusiones y a un uso ineficaz de los recursos escasos organizacionales. La presencia de una brecha hacia la implementación, de política de poder y de la realización simultánea de tareas múltiples, aumenta el problema de saber a qué proyectos se les asignarán recursos en primer lugar. La moral y la confianza de los empleados se ven afectadas porque es difícil lograr que un sistema ambiguo tenga sentido. Un ambiente de organización donde se da la realización simultánea de tareas múltiples se enfrenta a problemas importantes si no existe un sistema de prioridades que se relacione en forma palpable con el plan estratégico.

En esencia, hemos sugerido que muchas organizaciones no cuentan con un proceso significativo para resolver los problemas que hemos descrito hasta el momento. El primer cambio, y muy importante, que se dará para enfrentar éstos y otros problemas es el desarrollo y uso de un proceso significativo que establezca prioridades para la selección de proyectos.

¿Cómo puede la brecha para la implementación reducirse para que todos los niveles de administración comprendan y compartan la misma opinión sobre las estrategias de la organización? ¿Cómo puede minimizarse la política de poder? ¿Es posible desarrollar un proceso que le dé una jerarquía coherente a los proyectos que apoye las estrategias de la organización? ¿Es posible que los proyectos jerarquizados se utilicen para asignar los recursos escasos de la organización, por ejemplo, gente y equipo? ¿Es posible que el proceso fomente el inicio de abajo hacia arriba de los proyectos que apoyen objetivos organizacionales claros?

Lo que se requiere es un conjunto de criterios integradores y un proceso para evaluar y seleccionar proyectos que apoyen las estrategias y los objetivos de alto nivel. Un sistema de prioridades para un solo proyecto que clasifique a los proyectos por su contribución al plan estratégico facilitaría las cosas. Esto se dice sin problemas, pero en la práctica es difícil lograrlo. Las organizaciones que manejaban proyectos independientes y asignaban recursos *ad hoc* han cambiado su enfoque y ahora seleccionan el portafolio adecuado de proyectos para alcanzar sus objetivos estratégicos. Ésta es una tendencia que crece. Las ventajas de contar con sistemas exitosos para integrar portafolios de proyectos se están reconociendo con cada vez mayor claridad en las organizaciones que manejan proyectos en forma prioritaria. Véase la ilustración 2.2, donde se hace una lista de algunos beneficios clave, la cual podría ampliarse con facilidad.

A continuación se analiza un sistema de portafolio de proyectos donde se subrayan los criterios de selección; en él se establece el poder del sistema de portafolio.

Un sistema de administración del portafolio

En pocas palabras, el objetivo de la administración de un portafolio es asegurar que todos los proyectos se coordinen con las metas estratégicas y que se jerarquicen en forma adecuada. Como Foti lo

ILUSTRACIÓN 2.2

Beneficios de la administración del portafolio de proyectos

- Incorpora disciplina en el proceso de selección de proyectos.
- Relaciona la selección de proyectos con las mediciones estratégicas.
- Jerarquiza las propuestas de proyectos mediante un conjunto común de criterios, y no mediante política o emoción.
- Asigna recursos a proyectos que estén en línea con la dirección estratégica.
- Equilibra el riesgo entre todos los proyectos.
- Justifica la eliminación de proyectos que no apoyen la estrategia de la organización.
- Mejora la comunicación y apoya el acuerdo respecto a las metas del proyecto.

señala, la administración de un portafolio pregunta: "¿Qué es estratégico para nuestra organización?" La administración de un portafolio proporciona información que le permite a la gente tomar mejores decisiones de negocios. Como los proyectos que exigen fondos y personas por lo general superan los recursos disponibles, es importante seguir un proceso lógico y definido para seleccionar los proyectos a ejecutar.

El diseño de un sistema de portafolio de proyectos debe comprender la clasificación de un proyecto, los criterios de selección dependientes de la clasificación, las fuentes de las propuestas, la evaluación de éstas y la administración del portafolio de proyectos.

Clasificación del proyecto

Muchas organizaciones encuentran que tienen tres tipos de proyectos en su portafolio: *de cumplimiento* y emergencia (deben hacerse), *operativos* y *estratégicos.* En general, los proyectos de cumplimiento son los que se necesitan para satisfacer las condiciones regulativas que se necesitan para operar en una región; por lo tanto, se les denomina proyectos "que deben hacerse". Los proyectos de emergencia, como la reconstrucción de una fábrica de soya a la que destruyó el fuego, caben en el criterio anterior. Por lo general, los proyectos de cumplimiento y de emergencia tienen penalidades si no se les lleva a cabo. Los proyectos operativos son los que se necesitan para apoyar las operaciones presentes. Éstos se han diseñado para mejorar la eficiencia de los sistemas de entrega, reducir los costos de producto y mejorar el desempeño. Los proyectos de TQM (Total Quality Management, en español ACT, administración de la calidad total) son ejemplos de proyectos operativos. Por último, los proyectos estratégicos son aquéllos que apoyan en forma directa la misión de la empresa en el largo plazo. A menudo se dirigen al aumento de los ingresos o de la participación de mercado. Ejemplos de proyectos estratégicos son los productos nuevos, la investigación y el desarrollo. (Véase la figura 2.2.) Para un análisis adecuado y completo de los esquemas de clasificación que existen en la práctica, véanse Crawford, Hobbs y Turne.

Es necesario determinar el valor estratégico de un proyecto propuesto antes de que se deposite en el portafolio de proyectos. Rara vez hay proyectos que "se deben" escoger. Este cumplimiento de los proyectos de emergencia es de aquellos que deben llevarse a cabo, si no la empresa fracasará o sufrirá castigos y consecuencias terribles. Por ejemplo, una planta manufacturera debe instalar un filtro electrostático en la parte superior de una chimenea en un plazo de seis meses; de lo contrario, deberá cerrar. Los tribunales estadounidenses intentan obligar a Microsoft a que abra su arquitectura de software para permitirles a empresas competidoras que sean compatibles e interactúen con Microsoft. Esta decisión podría volverse un proyecto de cumplimiento para Microsoft. Cualquier proyecto que se ubique en la categoría de "obligatorio" ignora otros criterios de selección. Una regla básica para ubicar un proyecto propuesto en esta categoría es que 99 por ciento de los que tienen intereses en una organización estarían de acuerdo en que el proyecto debe realizarse; no existe una elección percibida, sino la ejecución del proyecto. Los demás proyectos se seleccionan con criterios que se relacionan con la estrategia de la empresa.

Criterios de selección

Aunque existen muchos criterios para seleccionar proyectos, en general pueden ser *financieros* y *no financieros.* A continuación se da una breve descripción de cada uno, seguida de un análisis de su uso práctico.

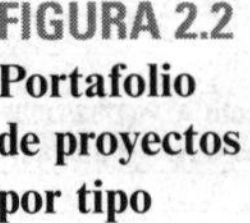

FIGURA 2.2
Portafolio de proyectos por tipo

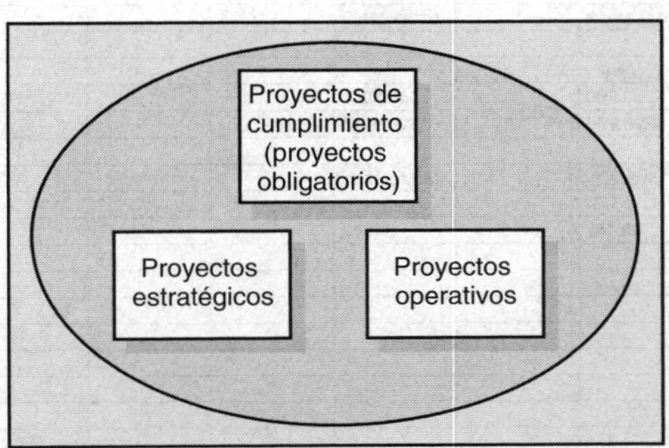

Modelos financieros La mayoría de los gerentes prefiere el método que incluye criterios financieros para evaluar proyectos. Estos modelos son adecuados cuando hay un alto nivel de confianza asociado a los cálculos de flujos futuros de efectivo. Aquí se muestran dos modelos y ejemplos: periodo de recuperación y valor presente neto (VPN).

En el **Proyecto A**, la inversión inicial es de 700 000 dólares y se han planeado entradas de efectivo por 225 000 dólares durante cinco años.

En el **Proyecto B**, la inversión inicial es de 400 000 dólares y las entradas planeadas de efectivo son de 110 000 dólares durante cinco años.

1. En el modelo de periodo de recuperación se mide el tiempo que se necesitará para recuperar la inversión del proyecto. Las devoluciones más cortas son más deseables. La devolución es el modelo más sencillo y más utilizado. La devolución enfatiza los flujos de efectivo, factor clave en los negocios. Algunos gerentes utilizan el modelo de devolución para eliminar proyectos por lo general riesgosos (aquéllos con periodos de devolución muy prolongados). Las principales limitaciones del periodo de recuperación es que ignora el valor temporal del dinero, supone entradas de efectivo para el periodo de inversión (y no más allá) y no considera la rentabilidad. La fórmula de devolución es la siguiente:

Periodo de recuperación (años) = Costo calculado del proyecto/ahorros anuales

En la ilustración 2.3 se compara la devolución en los proyectos A y B. En el primer caso es de 3.1 años y en el segundo, de 3.6. Con este método, ambos proyectos son aceptables, puesto que en am-

ILUSTRACIÓN 2.3 **Ejemplo que compara dos proyectos: valor presente neto (VPN) y método de retorno de inversión**

	A	B	C	D	E	F	G	H	I	J
1										
2				Ilustración 2.3						
3										
4			Ejemplo que compara los dos proyectos mediante el VPN							
5	Proyecto A		Año 0	Año 1	Año 2	Año 3	Año 4	Año 5	Total	Fórmulas
6	Tasa requerida de rendimiento	15%								
7	Salidas		−$700 000						−$700 000	
8	Entradas			$225 000	$225 000	$225 000	$225 000	$225 000	$1 125 000	
9	Entradas netas			$225 000	$225 000	$225 000	$225 000	$225 000	$425 000	Proyecto A: =C7+NPV(B6,D9:H9)
10	VPN	$54 235								
11										
12										
13	Proyecto B									
14	Tasa requerida de rendimiento	15%								
15	Salidas		−$400 000						−$400 000	
16	Entradas			$110 000	$110 000	$110 000	$110 000	$110 000	$550 000	
17	Entradas netas			$110 000	$110 000	$110 000	$110 000	$110 000	$150 000	Project B: =C15+NPV(B14,D17:H17)
18	VPN	−$31 263								
19										
20										
21										
22	Comparación de VPN: Aceptar el proyecto A: el VPN es positivo									
23	Rechazar el proyecto B: el VPN es negativo									
24										
25										
26										
27			Ejemplo que compara dos proyectos con el método de periodo de recuperación							
28										
29				Proyecto A		Proyecto B				
30										
31										
32		Inversión		$700 000		$400 000				Devolución del proyecto A: =(D32/D33)
33		Ahorros anuales		$225 000		$110 000				Devolución del proyecto B: =(F32/F33)
34										
35		Periodo de periodo de recuperación*		3.1 años		3.6 años				
36										
37		Tasa de retorno**		32.1%		27.5%				Proyecto A: =(D33/D32)
38										Proyecto B: =(F33/F32)
39	Proyecto A: aceptar. Menos de 5 años y excede la tasa deseada de 15%									
40										
41	Proyecto B: aceptar: Menos de 5 años.									
42										
43	* Nota: la devolución no utiliza el valor cronológico del dinero									
44	** Nota: La tasa de retorno es recíproca al periodo de recuperación.									
45										

bos casos se recupera la inversión inicial en menos de cinco años y los rendimientos sobre la inversión son de 32.1 y 27.5 por ciento, respectivamente.

2. En el modelo del valor presente neto (VPN) se utiliza la tasa mínima deseada de rendimiento (la tasa de descuento, por ejemplo, de 20 por ciento) para calcular el valor presente de todas las entradas netas de efectivo. Si el resultado es positivo (el proyecto satisface la tasa mínima deseada de rendimiento), es elegible para considerarse con mayor seriedad. Si es negativo, se rechaza el proyecto. De esta manera, se desea un VPN positivo más alto. Excel utiliza la siguiente fórmula:

$$\text{VPN del proyecto} = I_0 + \sum_{t=1}^{n} \frac{F_t}{(1+k)^t} \quad \text{donde}$$

I_0 = inversión inicial (como es una salida, el número será negativo)
F_t = entrada neta de efectivo para el periodo *t*
k = tasa requerida de rendimiento

En la ilustración 2.3 se presenta el modelo de VPN donde se utiliza el software de Microsoft Excel. En el modelo de VPN se acepta el proyecto A, el cual tiene un VPN *positivo* de 54 235 dólares. El proyecto B se rechaza puesto que en este caso el VPN es *negativo*, de 31 283 dólares. Compárense los resultados del VPN con los resultados del periodo de recuperación. El modelo de VPN es más realista porque considera el valor temporal del dinero, los flujos de efectivo y la rentabilidad.

Cuando se emplea el modelo de VPN, la tasa de descuento (rendimiento sobre la tasa de obstáculos a la inversión) puede ser distinta para proyectos diversos. Por ejemplo, la tasa de retorno (RSI) (ROI, por sus siglas en inglés) esperada de los proyectos estratégicos con frecuencia se fija en un nivel superior a los de los proyectos operativos. Asimismo, la RSI puede ser distinta para proyectos más riesgosos que para los más seguros. El criterio para establecer la tasa de obstáculo RSI debe ser claro y aplicarse en forma coherente.

Por desgracia, los modelos financieros puros no incluyen muchos proyectos donde el rendimiento financiero es imposible de medir y/u otros factores que son vitales para la decisión de aceptación o rechazo. En una investigación de Foti se encontró que las empresas que sobre todo utilizan modelos financieros para jerarquizar proyectos, obtuvieron portafolios desequilibrados y proyectos que no tenían una orientación estratégica. En otros estudios se alega algo semejante.

Criterios no financieros

Si bien el rendimiento financiero es relevante, no siempre es un reflejo de la importancia estratégica. En las décadas de 1960 y 1970 las empresas se ampliaron de más al diversificarse en exceso. Ahora, el pensamiento que prevalece es que la supervivencia en el largo plazo depende del desarrollo y la conservación de las capacidades clave. Las empresas deben tener disciplina para negarse a los proyectos con potencialidades financieras que están fuera del alcance de su misión central. Para esto se requieren otros criterios más allá del rendimiento financiero directo. Por ejemplo, una empresa puede apoyar proyectos que no tengan altos márgenes de utilidad por otras razones estratégicas; entre éstas, las siguientes:

Capturar una gran participación de mercado.
Dificultarles a los competidores la entrada al mercado.
Desarrollar un producto habilitador, por cuya introducción aumenten las ventas en otros productos más redituables.
Desarrollar tecnología de núcleo que se utilice en los productos de la siguiente generación.
Reducir la dependencia en proveedores no confiables.
Evitar la intervención y la regulación gubernamental.

También pueden aplicar criterios menos tangibles. Las empresas pueden apoyar proyectos para restaurar la imagen corporativa o mejorar el reconocimiento de marca. Muchas organizaciones se han comprometido con la ciudadanía corporativa y apoyan los proyectos que buscan el desarrollo de la comunidad.

Dado que no existe un solo criterio que refleje la importancia estratégica, en la administración del portafolio se necesitan modelos de selección de criterios múltiples. A menudo, éstos valoran los criterios individuales, de tal manera que se les dé mayor consideración a los proyectos que contribuyan a los objetivos estratégicos más importantes.

Dos modelos de selección de criterios múltiples

Dado que no hay un solo criterio que pueda reflejar la importancia estratégica, para la administración de un portafolio se necesitan criterios de selección de criterios múltiples. A continuación se describen dos modelos, el de lista de verificación y el de calificación de valoración múltiple:

Modelos de lista de verificación El método que se utiliza con mayor frecuencia en la selección de proyectos es el de la lista de verificación. Sobre todo, en éste se utiliza una lista de preguntas para revisar los proyectos potenciales y determinar su aceptación o rechazo. En la ilustración 2.4 se enumeran varias de las preguntas típicas que se encuentran en la práctica. ¡En una organización grande, con proyectos múltiples, hay 250 preguntas!

Una justificación de los modelos de lista de verificación es que permiten una gran flexibilidad al elegir entre muchos tipos de proyectos, y se les utiliza con facilidad en distintas divisiones y ubicaciones. Aunque muchos proyectos se escogen con un enfoque similar al de la lista de verificación, debe reconocerse que este último tiene muchas carencias. Las más relevantes son que no aclara cuál es la importancia relativa del valor de un proyecto potencial para la organización y no permite que se le compare con otros proyectos potenciales. Cada proyecto potencial tendrá un grupo distinto de respuestas positivas y negativas. ¿Cómo se establece la comparación? Es difícil calificar y jerarquizar los proyectos por su importancia, quizás imposible. Este enfoque también deja la puerta abierta a la oportunidad potencial de juegos de poder, política y otras formas de manipulación. A fin de superar estas importantes carencias, los expertos recomiendan el uso de un modelo calificador de valoración múltiple para seleccionar proyectos, el cual se analiza a continuación.

Modelos de calificación de valoración múltiple Por lo general, éstos utilizan varios criterios de valoración para evaluar las propuestas de proyectos. Es común que incluyan criterios cualitativos y/o cuantitativos. A cada uno se le asigna un peso. Las calificaciones se asignan a cada criterio para el proyecto, con base en su importancia para éste. Los pesos y calificaciones se multiplican para obtener una calificación total de valoración para el proyecto. Con estos criterios múltiples de selección, los proyectos pueden compararse con la calificación de valoración. Se considerará que son mejores aquellos que obtengan mayores calificaciones.

ILUSTRACIÓN 2.4
Selección de muestra de las preguntas que se utilizan en la práctica

Tema	Pregunta
Estrategia/alineación	¿Con qué estrategia específica de la organización está en línea este proyecto?
Conductor	¿Qué problema de negocios resuelve el proyecto?
Métrica del éxito	¿Cómo mediremos el éxito?
Patrocinio	¿Quién es el patrocinador del proyecto?
Riesgo	¿Cuál es el efecto de no realizar este proyecto?
Riesgo	¿Cuál es el riesgo del proyecto para nuestra organización?
Riesgo	¿Dónde encaja el proyecto propuesto en nuestro perfil de riesgo?
Beneficios, valor RSI (o ROI, por sus siglas en inglés)	¿Cuál es el valor del proyecto para esta organización?
Beneficios, valor RSI (o ROI, por sus siglas en inglés)	¿Cuándo mostrará resultados el proyecto?
Objetivos	¿Cuáles son los objetivos del proyecto?
Cultura Organizacional	¿Nuestra cultura organizacional es adecuada para este tipo de proyecto?
Recursos	¿Dispondremos de recursos internos para este proyecto?
Enfoque	¿Compraremos o construiremos?
Programación de calendario	¿Cuánto tiempo requerirá este proyecto?
Programación de calendario	¿Es realista la línea cronológica?
Capacitación/recursos	¿Se necesitará capacitación del personal?
Finanzas/portafolio	¿Cuál es el costo calculado del proyecto?
Portafolio	¿Es ésta una nueva iniciativa o parte de otra existente?
Portafolio	¿Cómo interactúa este proyecto con los proyectos actuales?
Tecnología	¿La tecnología ya es disponible o es nueva?

Los criterios de selección necesitan reflejar los factores cruciales de éxito de una organización. Por ejemplo, 3M estableció un objetivo de que 25 por ciento de las ventas de la empresa procedería de productos con menos de cuatro años de antigüedad, en vez de utilizar el viejo 20 por ciento. Su sistema de prioridad para la selección de proyectos sí refleja con fuerza este nuevo objetivo. Por otro lado, cuando no se escogen los factores correctos, el proceso de selección se volverá "inútil".

En la figura 2.3 se presenta una matriz para la calificación de un proyecto en donde se utilizan algunos de los factores que se encuentran en la práctica. En la parte superior de la matriz se muestran los criterios de selección (por ejemplo, estar dentro de las capacidades clave... RSI de 18 por ciento más). La administración valora cada criterio (un valor de 0 a un máximo de, por ejemplo, 3) por su importancia relativa para los objetivos de la empresa y para el plan estratégico. Luego se someten las propuestas de proyectos a un equipo de análisis de prioridad de los proyectos o a una oficina de proyectos.

A continuación se evalúa cada propuesta de proyecto por su contribución/valor relativo a los criterios seleccionados. Se asignan valores de 0 a un máximo de 10 a cada criterio por proyecto. El valor representa la adaptación del proyecto a los criterios específicos. Por ejemplo, parece que el proyecto 1 encaja bien en la estrategia de la organización, puesto que tiene un valor de 8. A la inversa, el proyecto 1 no hace nada para apoyar los defectos de reducción (en su valor de 0). Por último, este modelo aplica las valoraciones de la administración a cada criterio por su importancia, utilizando un valor de 1 a 3. Por ejemplo, el RSI y la adaptación estratégica tienen un peso de 3, mientras que la urgencia y las capacidades clave tienen pesos de 2. Al aplicar el peso a cada criterio, el equipo de prioridades deriva los puntos totales para cada proyecto. Por ejemplo, el proyecto 5 tiene el valor más alto de 102 $[(2 \times 1) + (3 \times 10) + (2 \times 5) + (2.5 \times 10) + (1 \times 0) + (1 \times 8) + (3 \times 9) = 102]$ y el proyecto 2 tiene un valor bajo de 27. Si los recursos disponibles crean un umbral de corte de 50 puntos, el equipo de prioridades debería eliminar los proyectos 2 y 4. (Nota: al parecer, el proyecto 4 es algo urgente, pero no se le clasifica como un proyecto "obligatorio". Por lo tanto, se le selecciona con todas las otras propuestas.) El proyecto 5 debe recibir primera prioridad, el proyecto *n,* segunda, y así en lo sucesivo. En raras ocasiones, en las que los recursos están muy limitados y las propuestas de proyectos son semejantes en rango de valoración, es procedente escoger el proyecto que tenga menos demanda de recursos. Modelos de valoración de criterios múltiples semejantes a éste se están convirtiendo muy deprisa en la elección dominante para jerarquizar proyectos.

En este momento del análisis, conviene detenerse un momento y poner las cosas en perspectiva. Si bien los modelos de selección como el de arriba pueden proporcionarle muchas soluciones a las determinaciones de selección de proyectos, los modelos no deben tomar la decisión final, sino las personas que los utilizan. No existe modelo, a pesar de su complejidad, que pueda capturar todo lo que debe representar. Los modelos son herramientas que orientan el proceso de evaluación de tal manera que los responsables de las decisiones tomen en cuenta aspectos relevantes y lleguen a una

FIGURA 2.3
Matriz para la selección de proyectos

Criterios / Peso	Permanencia dentro de las competencias centrales	Adaptación estratégica	Urgencia	25% de las ventas proceden de los productos nuevos	Reducción de los defectos a menos de 1%	Mejora la lealtad de los clientes	RSI de 18% más	Total valorado
	2.0	3.0	2.0	2.5	1.0	1.0	3.0	
Proyecto 1	1	8	2	6	0	6	5	66
Proyecto 2	3	3	2	0	0	5	1	27
Proyecto 3	9	5	2	0	2	2	5	56
Proyecto 4	3	0	10	0	0	6	0	32
Proyecto 5	1	10	5	10	0	8	9	102
Proyecto 6	6	5	0	2	0	2	7	55
⋮								
Proyecto *n*	5	5	7	0	10	10	8	83

Caso de práctica — Una visión descarrilada

AP/Wide World Photos

Se considera que el tren Transrapid Shanghai es un enorme éxito de ingeniería. El vehículo de levitación magnética viaja a 429.69 kilómetros por hora desde el Aeropuerto Internacional de Pudong a las inmediaciones del centro de negocios de Shanghai en menos de ocho minutos.

Aunque el tren súper rápido se percibe como un éxito de la técnica y la ingeniería, no lo ha sido desde el punto de vista financiero. Puede transportar 453 pasajeros en un viaje, pero los trenes van casi vacíos; tan sólo entre 500 y 600 pasajeros lo utilizan en un día. Hoy, el tren opera en un horario reducido. El costo del viaje es muy superior a lo que la mayoría de las familias chinas pueden pagar. Los boletos de segunda clase cuestan 75 yuanes (nueve dólares estadounidenses) y los de primera clase, 150 yuanes (18 dólares). El retorno de inversión ha sido muy inferior a las expectativas. La relación entre las necesidades del cliente final y el caso financiero no era una prioridad. Una fecha límite impuesta para el proyecto (se puso en operación antes de 2003), reducción de su alcance (moverse a una estación lejos del centro de la ciudad) y la falta de un conocimiento claro de las necesidades de la comunidad contribuyeron a la escasa utilización del tren. El modelo actual en realidad obliga a las personas a bajarse del tren, esperar y luego usar un transporte público al centro de Shanghai; la pérdida de tiempo y el costo no han convencido a los potenciales usuarios de los beneficios de utilizar el tren.

El proyecto demuestra un error clásico de no relacionar la necesidad del cliente con el retorno sobre la inversión. La estrategia política superó las necesidades del público.

* "Case Analysis: A Derailed Vision", *PM Network*, vol. 18, núm. 4 (abril de 2004), p. 1.

conclusión general respecto a los proyectos que deben recibir apoyo y a los que no. Éste es un proceso mucho más subjetivo de lo que los cálculos sugieren. Véase el recuadro "Caso de práctica: Una visión descarrilada".

Aplicación del modelo de selección

Clasificación de proyectos No es necesario contar con los mismos criterios para los distintos tipos de proyectos que se analizaron (estratégicos y de operaciones). Sin embargo, la experiencia demuestra que en la mayoría de las organizaciones se utilizan criterios semejantes para todos los tipos de proyectos, con quizá uno o dos criterios específicos para el tipo de proyecto; por ejemplo, avance estratégico en comparación con el operativo.

No importa cuáles sean las diferencias de criterios entre los distintos tipos de proyectos, el más importante para seleccionarlos es cómo encajan con la estrategia de la organización. Por lo tanto, este criterio debe ser coherente en todos los proyectos y es el que debe ser importante en relación con los demás. Esta uniformidad para todos los modelos de prioridades que se utilizan puede evitar que los departamentos suboptimicen los recursos de la empresa. Cualquiera que genere una propuesta de proyecto debe clasificarla por tipo, de tal manera que puedan utilizarse los criterios adecuados para evaluarla.

Selección de un modelo En el pasado se utilizaron criterios financieros a tal punto que casi se excluyeron otros. Sin embargo, en las últimas dos décadas se ha observado un cambio dramático que incluye criterios múltiples en la selección de proyectos. En pocas palabras, la rentabilidad en sí misma no es una medida adecuada de la contribución; no obstante, es un criterio importante, sobre todo para los proyectos que subrayan los ingresos y la participación de mercado, como es el caso de los proyectos de investigación y desarrollo que buscan un avance significativo.

Hoy, a la alta administración le interesa identificar la mezcla potencial de los proyectos que aprovechen mejor los recursos humanos y capitales para maximizar la recuperación de la inversión en el largo plazo. Factores como la investigación de una nueva tecnología, la imagen pública, la posición ética, la protección del ambiente, las competencias clave y la adaptación estratégica pueden constituir criterios importantes en la selección de proyectos. Los criterios de calificación de valoración parecen constituir la mejor alternativa para satisfacer esta necesidad.

Los modelos de calificación de valoración logran que los proyectos se coordinen mejor con las metas estratégicas. Si se publica el modelo de calificación y se le pone a disposición de toda la empresa, a la selección de proyectos se le da cierta disciplina y credibilidad. Asimismo, se reduce la cantidad de proyectos desperdiciados que utilizan recursos. Se exponen los proyectos de "vaca sagrada" y la política. Es más fácil identificar y comunicar las metas del proyecto cuando se confirman con los criterios de selección. Por último, cuando se utiliza un enfoque de calificación de valoración se ayuda a los gerentes de proyecto a entender cómo se seleccionó su proyecto, cómo contribuye éste a las metas de la organización y cómo se le ubica en comparación con otros proyectos. La selección de proyectos es una de las decisiones más importantes que orientan el éxito futuro de una organización.

En los criterios para la selección de proyectos el poder de su portafolio comienza a manifestarse. Los nuevos proyectos están en línea con las metas estratégicas de la organización. Si se cuenta con un método claro para seleccionar proyectos, es posible solicitar las propuestas de éstos.

Fuentes y solicitación de propuestas de proyectos

Como debe suponerse, los proyectos deben proceder de alguien con la convicción de que el suyo añadirá valor a la empresa. No obstante, muchas organizaciones limitan las propuestas a niveles o grupos específicos dentro de ellas. Ésta puede ser una oportunidad perdida. Las buenas ideas no se limitan a determinados tipos o clases de participantes en la organización. Conviene fomentar y mantener abiertas las solicitudes a todas las fuentes: a patrocinadores internos y externos.

En las figuras 2.4A y B se ejemplifica una forma de propuesta para proyectos importantes. Observe que esta forma incluye una evaluación preliminar de riesgos y también una definición del problema y los objetivos del proyecto. En el capítulo 7 se analizan los riesgos.

En algunos casos, las empresas pedirán ideas para proyectos cuando no se disponga de los requerimientos de conocimientos para el proyecto dentro de ellas. Por lo general, la organización emitirá una solicitud de propuesta de requerimientos RFP (siglas en inglés para petición de propuesta) a los contratistas o proveedores que tengan la experiencia adecuada para llevar a cabo el proyecto. Un ejemplo es el de un hospital que solicitaba una propuesta para diseñar y construir una nueva sala de operaciones donde se utilizara la tecnología más avanzada. Varias empresas de arquitectura presentaron sus propuestas al hospital. Las propuestas para el proyecto se evaluaron en forma interna frente a otros proyectos potenciales. Cuando el proyecto se aceptó se utilizaron otros criterios para seleccionar al postor más calificado. Véase el apéndice 2.1 de este capítulo para obtener una descripción completa de las RFP.

Clasificación de propuestas y selección de proyectos

Para examinar tantas propuestas e identificar las más valiosas se necesita un proceso estructurado. En la figura 2.5 se muestra un diagrama de flujo de un proceso de selección que comenzó con la creación de una idea para un proyecto.

Se recopilan datos e información diversa para determinar el valor del proyecto propuesto para la organización y como respaldo futuro. Si el patrocinador decide continuar con el proyecto con base en los datos recopilados, se le envía al equipo encargado de jerarquizar los proyectos (o a la oficina de proyectos). Observe que el patrocinador sabe qué criterios se utilizarán para aceptar o rechazar el proyecto. Dados los criterios de selección y el actual portafolio de proyectos, el equipo encargado de jerarquizarlos rechaza o acepta el proyecto. En este último caso, comienza la ejecución.

FIGURA 2.4A
Principal propuesta de proyecto

Fecha ________ Número ______

Título del proyecto ____________________

Gerente responsable ____________ Gerente de proyecto ____________

☐ ______	☐ Apoyo general	☐ Calidad	☐ Legal	☐ Producto nuevo
☐ ______	☐ ______	☐ Reducción de costos	☐ Reemplazo	☐ Capacidad
☐ ______	☐ ______	☐ ______	☐ ______	☐ ______

SÍ ☐ NO ☐ ¿El proyecto requerirá más de 500 horas de trabajo?
SÍ ☐ NO ☐ ¿El proyecto es un esfuerzo de una sola vez? (no se presentará sobre bases regulares)
SÍ ☐ NO ☐ ¿La propuesta de proyecto fue revisada por el gerente de producto?

Definición del problema

Describa el problema/oportunidad.

Definición de las metas

Describa la meta del proyecto.

Definición de los objetivos

Desempeño: cuantifique los ahorros/beneficios que usted espera del proyecto.

Costo: horas de mano de obra, materiales, métodos, equipo.

Programa: duración general en meses.

En la figura 2.6 se incluye un ejemplo parcial de una forma de evaluación que utilizó una empresa grande para jerarquizar y seleccionar proyectos nuevos. La forma distingue entre objetivos obligatorios y deseables. Si un proyecto no satisface los objetivos designados como "obligatorios", no se le toma en cuenta y se elimina. Se ha clasificado a los objetivos de la empresa (o división) y se les ha evaluado por su importancia relativa; por ejemplo, "mejorar el servicio a los clientes externos" tiene un peso relativo de 83, en comparación con otros objetivos "deseables". Estos últimos se relacionan de manera directa con los objetivos que se ubican en el plan estratégico.

Las definiciones de impacto representan un refinamiento mayor del sistema de selección. Se les desarrolla para valorar el efecto pronosticado que tendría un proyecto específico para alcanzar un objetivo en particular. Se crea un esquema numérico y se le asegura con los criterios definitorios. Para mostrar cómo funciona esto, examinemos el objetivo de 5 millones de dólares en ventas. Se asigna un "0" si el proyecto no va a tener efecto alguno en las ventas o menos de 100 000 dólares; se asigna un "1" si las ventas pronosticadas son superiores a 100 000 dólares, pero inferiores a 500 000; un "2" si superan los 500 000 dólares. Estas valoraciones de impacto se combinan con la

FIGURA 2.4B
Análisis de riesgos

¿Cuáles son los tres principales riesgos de este proyecto?			
1.			
2.			
3.			
¿Cuáles son las probabilidades de que se den los riesgos indicados arriba?	0 a 1.0 ninguna alta	Riesgo 1 por encima de	
		Riesgo 2 por encima de	
		Riesgo 3 por encima de	
¿Cuál es el efecto en el éxito del proyecto si se presentan estos riesgos?	0 a 10 ninguna alta	Riesgo 1 por encima de	
		Riesgo 2 por encima de	
		Riesgo 3 por encima de	
¿Recursos disponibles? ______ Sí ______ No			

Estado actual del proyecto

Fecha de inicio ______ Fecha calculada de terminación ______

Estado: ☐ Activo ☐ En espera

Actualización:

Acción del equipo de prioridades ☐ Aceptado ☐ Devuelto

☐ Descubrimiento: no se ha definido el proyecto ☐ Enviar copia a: ______

☐ Operativo: es una propuesta, no un proyecto Proyecto núm. ☐

☐ Se requiere más información: para darle más importancia al proyecto ☐ El proyecto concluyó

importancia relativa de cada objetivo para determinar la contribución general pronosticada de un proyecto para los objetivos estratégicos. Por ejemplo, el proyecto 26 ofrece una oportunidad para componer los problemas de campo, no tiene efecto en las ventas y tendrá un impacto fundamental en el servicio al cliente. En estos tres objetivos debe asignársele una calificación de 265 [99 + 0 + (2 × 83)]. Se obtiene el total de las calificaciones individuales de valoración para cada proyecto y se les utiliza para jerarquizar los proyectos.

Responsabilidad en el establecimiento de jerarquías

El establecimiento de jerarquías puede ser un ejercicio muy incómodo para los gerentes. Implica disciplina, rendición de cuentas, responsabilidad, limitaciones, menor flexibilidad y pérdida de poder. El compromiso de la alta administración significa más que bendecir el sistema de prioridades; expresa que la administración tendrá que clasificar y valorar, en términos concretos, los objetivos y las estrategias que se consideran como más importantes para la organización. Esta declaración

FIGURA 2.5
Proceso de selección de proyectos

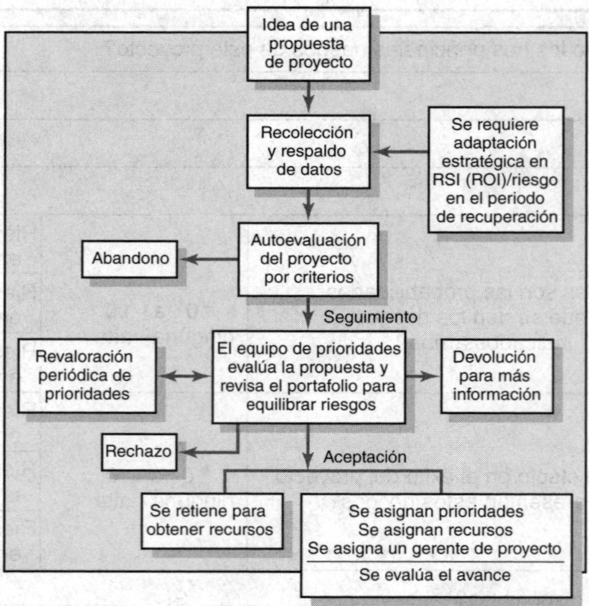

FIGURA 2.6
Análisis de prioridades

			Número de proyecto			
Objetivos obligatorios		**Deben cumplirse si impacta**	**...26**	**27**	**28**	**29**
Todas las actividades satisfacen los estándares legales, de seguridad y ambientales con vigencia		Sí – cumple el objetivo No – no cumple el objetivo N/A – no tiene impacto	**n/a**			
Todos los nuevos productos tendrán un análisis completo de mercado		Sí – cumple el objetivo No – no cumple el objetivo N/A – no tiene impacto	**sí**			
Objetivos deseables	**Importancia relativa 1-100**	**Definiciones de impacto de un solo proyecto**	**Califica-ción valorada**	**Califica-ción valorada**	**Califica-ción valorada**	**Califica-ción valorada**
Proporcionar una respuesta inmediata a los problemas de campo	**99**	0 ≤ No lo resuelve ① = Oportunidad para componer 2 ≥ Problema urgente	**99**			
Lograr 5 millones de dólares en ventas para 20xx	**88**	⓪ < $100 000 1 = $100 000–500 000 2 > $500 000	**0**			
Mejorar el servicio a los clientes externos	**83**	0 ≤ Impacto menor 1 = Impacto significativo ② ≥ Impacto importante	**166**			
Calificación valorada total						
Prioridad						

pública de compromiso puede ser arriesgada si los objetivos señalados comprueban ser elecciones deficientes, pero fijar el curso de la organización es una tarea para la alta administración. Las buenas noticias son que si la administración de veras intenta dirigir a la empresa hacia una posición futura sólida, un buen sistema de jerarquización de proyectos apoyará sus esfuerzos y favorecerá una cultura en la que todos contribuyan a las metas de la organización.

Administración del sistema de portafolio

La administración de portafolio conduce al sistema de selección a un nivel más alto donde se evalúan los méritos de un proyecto particular en el contexto de los proyectos existentes. Asimismo, implica supervisar y ajustar los criterios de selección de tal manera que reflejen el enfoque estratégico de la organización. Esto requiere un esfuerzo constante. En una empresa pequeña es posible que un pequeño grupo de empleados clave se encargue del sistema de prioridades. En una de gran tamaño, el sistema de prioridades puede manejarlo la oficina de proyecto o el grupo de administración de la empresa.

Contribuciones de la alta administración

Para administrar un sistema de portafolio se necesitan dos contribuciones fundamentales de la alta dirección. La primera es la orientación necesaria para establecer criterios de selección que se coordinen en forma definitiva con las estrategias de la organización actual. En segundo lugar está la decisión que debe tomar cada año para decidir cómo equilibrar los recursos organizacionales disponibles (humanos y de capital) entre los diferentes tipos de proyectos. La alta dirección debe tomar una decisión preliminar de equilibrio (por ejemplo, 20 por ciento de cumplimiento, 50 por ciento de estrategia y 30 por ciento de operación) antes de la selección de un proyecto; aunque el equilibrio puede cambiar cuando se revise el proyecto que se presentará. Con estas contribuciones, el equipo encargado de las prioridades, o la oficina de proyecto, puede llevar a cabo sus muchas responsabilidades, entre ellas apoyar a los patrocinadores del proyecto y representar los intereses de toda la organización.

Las responsabilidades del equipo de prioridades

El equipo de prioridades, o la oficina de proyectos, es el responsable de publicar la prioridad de cada proyecto y de garantizar que el proceso sea abierto y que no le afecte la política del poder. Por ejemplo, la mayor parte de las organizaciones que utilizan un equipo que se encargue de las prioridades, o una oficina de proyectos, utiliza un tablero electrónico de avisos para publicar el portafolio de proyectos, el estado de cada uno de ellos y los problemas actuales. Esta comunicación abierta evita los juegos de poder. Con el paso del tiempo, el equipo encargado de las prioridades evalúa el avance de los proyectos del portafolio. Si todo este proceso se administra bien, puede tener un efecto muy importante en el éxito de una organización.

Es imperativo supervisar de manera constante el ambiente externo para determinar si es necesario modificar el enfoque de la organización y/o los criterios de selección. En forma periódica hay que repasar las prioridades y los cambios para mantenerse al corriente con el ambiente, que cambia siempre, y para conservar una visión unificada del enfoque de la organización. No importa cuáles sean los criterios que se utilicen para la selección, cada proyecto debe evaluarse con ellos mismos. Si los proyectos se clasifican como obligatorios, operativos y estratégicos, cada uno debe evaluarse por los mismos criterios de cada clase. Es crucial llevar a la práctica el sistema de prioridades. Y para mantener la integridad del sistema y evitar que los ejecutivos jóvenes le den la vuelta, es importante mantener todo el sistema abierto y en un lugar visible. Por ejemplo, comunicar qué proyectos se aprueban, sus niveles, el estatus de los que están en proceso y cualquier modificación en los criterios de prioridades, desalentará a las personas a pasarlos por alto.

Equilibrar el portafolio según los riesgos y los tipos de proyectos

Una responsabilidad fundamental del equipo encargado de las prioridades es equilibrar los proyectos de acuerdo con su tipo, riesgos y demanda de recursos. Para esto es necesario contar con una perspectiva de toda la empresa. Por lo mismo, quizá no se seleccione un proyecto propuesto que tenga altas calificaciones en la mayoría de los criterios porque el portafolio de la organización ya incluye demasiados con las mismas características; por ejemplo, nivel de riesgo, utilización de recursos clave, alto costo, no producción de ingresos, larga duración. Equilibrar el portafolio de proyectos es tan importante como la selección que se haga de ellos. Las organizaciones necesitan valorar cada proyecto nuevo en términos de lo que añade a la mezcla de proyectos. Deben equilibrarse las necesidades de corto plazo con el potencial de largo plazo. Debe optimizarse el uso de recursos en todos los proyectos, no sólo en los más importantes.

En los proyectos existen dos tipos de riesgos. Primero están los que se derivan del portafolio total de proyectos, el cual debe reflejar el perfil de riesgo de la organización. Luego están los riesgos específicos que pueden inhibir la ejecución del proyecto, tales como el programa, el costo y los aspectos técnicos. En este capítulo sólo se analizará el equilibrio de los riesgos organizacionales inherentes al portafolio de proyectos, como el riesgo de mercado, la habilidad para ejecutar, el tiempo para comercializar y los adelantos tecnológicos. En el capítulo 7 se abarcarán en detalle los riesgos específicos que implican los proyectos.

David y Jim Matheson estudiaron las organizaciones de investigación y desarrollo. Así, elaboraron una matriz que puede utilizarse para evaluar un portafolio de proyectos (véase la figura 2.7). El eje vertical se refiere a la posibilidad de éxito del proyecto. El horizontal, al valor comercial potencial. La rejilla tiene cuatro cuadrantes, cada uno con diferentes dimensiones del proyecto.

> Por lo general, los proyectos de *pan y mantequilla* implican mejoras para la evolución de los productos y servicios actuales. Por ejemplo, las mejoras del software y los esfuerzos para reducir costos en manufactura.
>
> Las *perlas* representan los adelantos comerciales revolucionarios que utilizan avances técnicos comprobados. Entre los ejemplos están los circuitos integrados de la siguiente generación y las imágenes subterráneas para localizar petróleo y gas.
>
> Los *ostiones* incluyen los adelantos tecnológicos con elevada retribución comercial. Por ejemplo, los tratamientos al ADN embrionario y las nuevas clases de aleaciones metálicas.
>
> Los *elefantes blancos* son proyectos que en algún momento fueron prometedores, pero que ya no son viables. Por ejemplo, productos para un mercado saturado o una fuente poderosa de energía con efectos tóxicos colaterales.

Los Matheson informan que con frecuencia las organizaciones tienen demasiados elefantes blancos y muy pocas perlas y ostiones. Para conservar su ventaja competitiva recomiendan que las organizaciones capitalicen nada más las perlas, eliminen o reubiquen a los elefantes blancos y equilibren los recursos que dedican a los proyectos de pan y mantequilla y de ostiones, a fin de alinearse a la estrategia general. Aunque estas investigaciones se centraron en las organizaciones de investigación y desarrollo, sus observaciones parecen ser ciertas para todo tipo de empresas con proyectos.

FIGURA 2.7
Matriz del portafolio de proyectos

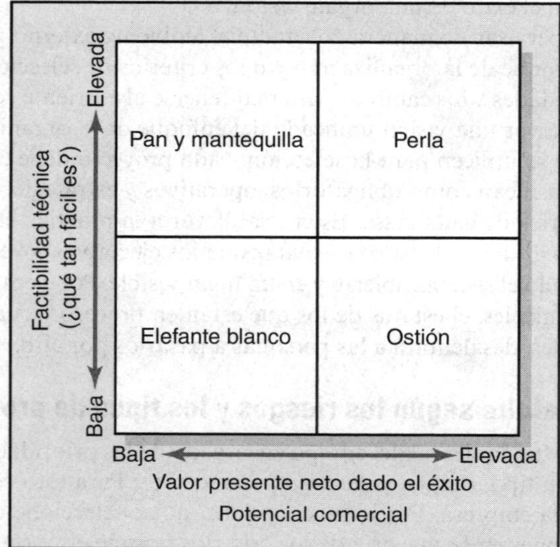

Resumen

Múltiples proyectos en competencia, recursos con capacidades limitadas, equipos virtuales dispersos, presiones del tiempo para comercializar y capital limitado son algunas de las fuerzas que han promovido el surgimiento de la administración del portafolio de proyectos, el cual proporciona la infraestructura necesaria para manejar proyectos múltiples y para relacionar la estrategia de negocios con la selección de proyectos. El elemento más importante de este sistema es la creación de un sistema de clasificación que utilice criterios múltiples que reflejen la misión y estrategia de la empresa. Es crucial comunicar los criterios de prioridades a todos los interesados en la organización, de tal manera que los criterios puedan ser la fuente de inspiración para nuevas ideas de proyectos.

Es necesario clasificar cada uno de los proyectos importantes seleccionados, así como publicar los resultados correspondientes. La alta dirección debe desempeñar un papel activo en el establecimiento de un sistema de prioridades, así como en su apoyo. Si se le da la vuelta, se destruirá su eficacia. El equipo de prioridades del proyecto debe contar con gerentes expertos capaces de formular preguntas difíciles y distinguir entre los hechos y la ficción. Los recursos (la gente, el equipo y el capital) deben asignarse con claridad, sin entrar en conflicto con las operaciones diarias y sin que se termine con un exceso de tareas por desarrollar.

El equipo encargado de las prioridades debe analizar con cuidado los proyectos importantes no sólo por su valor estratégico, sino también por cómo encajan en el portafolio de proyectos que estén en proceso en un momento determinado. Es posible retrasar los proyectos de alto nivel, o hasta rechazarlos, si afectan el equilibrio entre los riesgos, los recursos y las iniciativas estratégicas. La selección de los proyectos debe basarse no sólo en los méritos del proyecto específico, sino también en sus contribuciones a la mezcla actual del portafolio de proyectos. Para esto se necesita un enfoque holístico, a fin de coordinar los proyectos con la estrategia y los recursos de la organización.

La importancia de hacer esto último es fundamental. Se han analizado dos modelos que existen en la práctica. Los de lista de verificación son fáciles de desarrollar y se justifican sobre todo por la flexibilidad que permiten para divisiones y ubicaciones diversas. Por desgracia, los modelos de listas de verificación con cuestionarios no permiten comparar el valor relativo (nivel) de los proyectos alternativos en la contribución que hacen a la estrategia de la empresa. Ésta es la principal razón por la que los autores prefieren los modelos de selección de criterios múltiples. Estos últimos mantienen la selección de proyectos muy en línea con la estrategia de la organización. Asimismo, requieren de un mayor esfuerzo para establecer los criterios y los valores por asignar.

Términos clave

Brecha de implementación
Equipo encargado de las prioridades
Matriz para la selección de proyectos
Periodo de recuperación
Política organizacional
Portafolio de proyectos
Proceso de administración estratégica
Sistema de prioridades
Vaca sagrada
Valor presente neto

Preguntas de repaso

1. Describa los principales componentes del proceso de administración estratégica.
2. Explique el papel que los proyectos desempeñan en el proceso de administración estratégica.
3. ¿Cómo se relacionan los proyectos con el plan estratégico?
4. Por lo general, el portafolio de proyectos comprende los de cumplimiento, estratégicos y de operación. ¿Qué efecto puede tener esta clasificación en la selección de proyectos?
5. ¿Por qué el sistema de prioridades que se describe en este capítulo requiere apertura y difusión? ¿El proceso fomenta la iniciación de proyectos de abajo hacia arriba? ¿Esto desalienta la realización de algunos proyectos? ¿Por qué?
6. ¿Por qué la organización no debe basarse sólo en el RSI (ROI) para escoger proyectos?
7. Analice las ventajas y desventajas de la lista de verificación frente al método de factores de valoración múltiple para escoger proyectos.

Ejercicios

1. Usted administra un hotel en South Beach en la isla de Kauai en Hawai. Está cambiando el enfoque de su establecimiento para que ya no sea un destino tradicional de playa y se convierta en un lugar de ecoturismo. (El ecoturismo se centra en la conciencia y en la educación ambiental.) ¿Cómo clasificaría usted los proyectos siguientes en términos de cumplimiento, estrategia y operación?

   a) Cambiar el sistema eléctrico de calefacción de la alberca a uno de energía solar.
   b) Construir un camino para recorridos en la naturaleza de cuatro millas.
   c) Renovar el establo de los caballos.
   d) Sustituir la tienda de artículos de golf que por accidente se incendió después de que le cayó un rayo.
   e) Lanzar una nueva campaña promocional con Hawaii Airlines.
   f) Convertir los 12 acres adyacentes en una reserva de la vida salvaje.
   g) Actualizar los baños en los condominios que tengan 10 años de antigüedad o más.
   h) Cambiar los folletos del hotel para que den una imagen de ecoturismo.
   i) Probar y corregir el plan de respuesta a desastres naturales.
   j) Introducir un sistema de Internet inalámbrico en el café y en las áreas de descanso.

   ¿Qué tan sencillo fue clasificar los proyectos? ¿Por qué algunos son más difíciles que otros? ¿Qué sería útil para administrar proyectos en el hotel?

2. Una empresa nueva, en su etapa de inicio, recibe una propuesta para dos nuevos proyectos de software. Se necesitarían 150 000 dólares para desarrollar el proyecto Alpha y se espera que tenga un flujo anual neto de efectivo de 40 000 dólares. El proyecto Beta necesita 200 000 dólares para desarrollarse y se espera que tenga un flujo anual neto de efectivo por 50 000 dólares. A la empresa le preocupa mucho su flujo de efectivo. Si se utiliza el periodo de devolución, ¿qué proyecto es mejor desde el punto de vista del flujo de efectivo? ¿Por qué?

3. En un proyecto para cinco años se ha proyectado un flujo neto de efectivo por 15 000, 25 000, 30 000, 20 000 y 15 000 dólares para los siguientes cinco años. Costará 50 000 dólares ejecutar el proyecto. Si la tasa requerida de rendimiento es de 20 por ciento, haga un cálculo de flujo de efectivo descontado para determinar el VPN.

4. Usted trabaja para la compañía 3T, la cual espera ganar al menos 18 por ciento en sus inversiones. Debe escoger entre dos proyectos similares. Abajo se incluye la información del efectivo para cada proyecto. Su analista pronostica que la tasa de inflación será de 3 por ciento, estable en los siguientes siete años. ¿Cuál de los proyectos patrocinaría usted si la decisión se basa sólo en la información financiera? ¿Por qué?

Año Omega	Entrada	Salida	Flujo neto	Año Alfa	Entrada	Salida	Flujo neto
Y0	0	$225 000	−225 000	Y0	0	$300 000	−300 000
Y1	0	190 000	−190 000	Y1	$50 000	100 000	−50 000
Y2	$150 000	0	150 000	Y2	150 000	0	150 000
Y3	220 000	30 000	190 000	Y3	250 000	50 000	200 000
Y4	215 000	0	215 000	Y4	250 000	0	250 000
Y5	205 000	30 000	175 000	Y5	200 000	50 000	150 000
Y6	197 000	0	197 000	Y6	180 000	0	180 000
Y7	100 000	30 000	70 000	Y7	120 000	30 000	90 000
Total	1 087 000	505 000	582 000	Total	1 200 000	530 000	670 000

5. La Custom Bike Company ha elaborado una matriz de criterios de valoración múltiple para sus proyectos potenciales. A continuación están los tres proyectos considerados:

   a) Utilice la matriz que se muestra en seguida y determine qué proyecto calificaría usted más alto y cuál más bajo.

   b) Si el peso para "patrocinador poderoso" varía de 2.0 a 5.0, ¿cambiaría la selección de proyectos? ¿Cuáles son las tres calificaciones más altas con este cambio?

   c) ¿Por qué es importante que los pesos asignados reflejen factores estratégicos clave?

Matriz para la selección de proyectos

Criterio / Peso	Patrocinador poderoso	Apoya la estrategia del negocio	Urgencia	10% de las ventas proceden de los nuevos productos	Competencia	Llena un hueco en el mercado	Total valorado
	2.0	5.0	4.0	3.0	1.0	3.0	
Proyecto 1	9	5	2	0	2	5	
Proyecto 2	3	7	2	0	5	1	
Proyecto 3	6	8	2	3	6	8	
Proyecto 4	1	0	5	10	6	9	
Proyecto 5	3	10	10	1	8	0	

Referencias

Benko, C. y F. W. McFarlan, *Connecting the Dots: Aligning Projects with Objectives in Unpredictable Times*, Boston, Harvard Business School Press, 2003.

Bigelow, D., "Want to Ensure Quality? Think Project Portfolio Management", *PM Network*, vol. 16 (1) abril de 2002, pp. 16-17.

Boyer, C. "Make Profit Your Priority", *PM Network*, vol. 15 (10) octubre de 2003, pp. 37-42.

Cohen, D. y R., Graham, *The Project Manager's MBA*, San Francisco, Jossey-Bass, 2001, pp. 58-59.

Crawford, L., B. Hobbs y J. R. Turne, "Aligning Capability with Strategy: Categorizing of Projects to Do the Right Projects and Do Them Right", *Project Management Journal*, vol. 37 (2) junio de 2006, pp. 38-50.

Descamps, J. P., "Mastering the Dance of Changge: Innovation as a Way of Life", *Prism*, segundo trimestre, 1999, pp. 61-67.

Doranh, G. T., "There's a Smart Way to Write Management Goals and Objectives", *Management Review* (noviembre de 1981), pp. 35-36.

Floyd, S. W. y B. Woolridge, "Managing Strategic Consensus: The Foundation of Effectiveness Implementation", *Academy of Management Executives*, vol. 6(4), 1992, pp. 27-39.

Foti, R., "Louder Than Words", *PM Network*, diciembre de 2002, pp. 22-29.

Frank, L., "On Demand", *PM Network,* vol. 18 (4), abril de 2004, pp. 58-62.

Fusco, J. C., "Better Politics Provide the Key to Implementing Project Management", *Project Management Journal*, vol. 28 (3), 1997, pp. 38-41.

Hutchens, G., "Doing the Numbers", *PM Network*, vol. 16(4), marzo de 2002, p. 20.

Johnson, R. E., "Scrap Capital Project Evaluations", *Chief Financial Officer*, mayo de 1998, p. 14.

Kaplan, R. S., y D. P. Norton, "The Balanced Scorecard-Measures That Drive Performance", *Harvard Business Review*, enero-febrero de 1992, pp. 73-79.

Kenny, J., "Effective Project Management for Strategic Innovation and Change in an Organizational Context", *Project Management Journal*, vol. 34 (1), 2003, pp. 45-53.

Kharbanda, O. P. y J. K. Pinto, *What Made Gertie Gallop: Learning from Project Failures*, Nueva York, Van Nostrand Reinhold, 1996, pp. 106-11, 263-283.

Leifer, R., C. M., McDermott, G. C., O'Connor, L. S. Peters, M. Price y R. W. Veryzer, *Radical Innovation: How Mature Companies Can Outsmart Upstarts*, Boston, Harvard Business School Press, 2000.

Matheson, D. y J. Matheson, *The Smart Organization*, Boston, Harvard Business School Press, 1998, pp. 203-209.

Milosevic, D. Z., y S. Srivannaboon, "A Theoretical Framework for Aligning Project Management with Business Strategy", *Project Management Journal*, vol. 37 (3), agosto de 2006, pp. 98-110.

Morris, P. W. y A. Jamieson, "Moving from Corporate Strategy to Project Strategy", *Project Management Journal*, vol. 36 (4), diciembre de 2005, pp. 5-18.

Shenhar, A., "Strategic Project Leadership: Focusing Your Project on Business Success", *Proceedings of the Project Management Institute Annual Seminars & Simposium*, San Antonio, Texas, octubre 3-10, 2002, CD.

Woodward, H., "Winning in a World of Limited Project Spending", *Proceedings of the Project Managemente Institute Global Congress North America*, Baltimore, Maryland, septiembre 18-22, 2003, CD.

Caso

Hector Gaming Company

La Hector Gaming Company (HGC) es una empresa que se especializa en juegos educativos para niños pequeños. HGC acaba de terminar su cuarto año de operación. Este año ha sido muy bueno para la empresa. Recibió una gran entrada de capital para crecer al emitir acciones privadas mediante una empresa bancaria de inversión. Parece que el rendimiento sobre la inversión para este año pasado será apenas por encima de 25 por ciento sin deuda alguna. La tasa de crecimiento para los últimos dos años ha sido más o menos de 80 por ciento anual. Los padres y los abuelos de los niños pequeños han estado comprando los productos de HGC casi con la misma velocidad con la que se les ha desarrollado. Cada uno de los 56 integrantes de la empresa tiene entusiasmo y está buscando que ésta crezca para que se convierta en la compañía de juegos educativos más grande y mejor de todo el mundo. Sally Peters, fundadora de la empresa, apareció en *Young Entrepreneurs* como "la empresaria joven a tener en la mira". Ha podido desarrollar una cultura en su organización donde todos los que tienen intereses en ella se han comprometido con la innovación, con la mejora continua y con el aprendizaje de la organización.

El año pasado, 10 gerentes de alto nivel de HGC trabajaron con McKinley Consulting para desarrollar el plan estratégico de la organización. Este año, esos gerentes tuvieron un retiro en Aruba para formular el plan estratégico del año siguiente con el mismo proceso que les sugirió esta empresa de consultoría. La mayoría de los ejecutivos parece estar de acuerdo respecto a hacia dónde debiera avanzar la empresa en el mediano y el largo plazos. Pero no hay mucho consenso respecto a la manera de lograr esto. Peters, ahora presidenta de HGC, cree que está perdiendo el control. Parece ser que está aumentando la frecuencia de los conflictos. Siempre se escoge a algunas personas para cualquier proyecto nuevo que surge. Cuando se dan conflictos por recursos entre proyectos, cada gerente de proyecto considera que el suyo es más importante que el de los demás. La mayor parte de los proyectos no cumple con sus fechas de terminación y sobrepasa su presupuesto asignado. En la reunión de administración de ayer se encontró que algunos talentos sobresalientes de la empresa estaban trabajando en un juego de negocios internacionales para estudiantes universitarios. Este proyecto no encaja en la visión de la empresa ni en su nicho de mercado. Algunas veces parece que todos están marchando a su propio ritmo. Se necesita más enfoque para garantizar que todos estén de acuerdo en *la manera* en que debe ejecutarse la estrategia, dados los recursos disponibles de la organización.

La reunión de ayer alarmó a Peters. Estos problemas emergentes están llegando en un mal momento. La semana que entra, HGC aumentará el tamaño de la organización, la cantidad de productos nuevos al año y los esfuerzos de comercialización. El mes que entra, 15 nuevas personas se unirán a HGC. A Peters le preocupa que existan políticas que garanticen que se use con mayor provecho a las nuevas personas. Existe un problema más en el horizonte. Otras empresas fabricantes de juegos han advertido el éxito que HGC está teniendo en su nicho de mercado; una intentó contratar a un desarrollador clave de producto de HGC. Peters quiere que su empresa esté lista para enfrentar cualquier competencia potencial frente a frente y para desalentar cualquier nueva incursión en su mercado. También sabe que HGC impulsa proyectos; sin embargo, no confía en tener una idea clara de cómo manejar a la organización, en especial cuando la tasa de crecimiento es tan rápida y cuando la posibilidad de competencia está próxima a convertirse en realidad. La magnitud de los problemas emergentes demanda atención y solución rápidas.

Peters lo ha contratado a usted como su asesor. Le ha sugerido el siguiente formato para su contrato de consultoría. Usted está en libertad de utilizar otro si con él mejora la eficiencia de su labor de consultoría.

¿Cuál es su principal problema?
Identifique algunos síntomas del problema.
¿Cuál es su principal causa?

Aporte un plan detallado de acción que ataque el problema. Sea específico y proporcione ejemplos que se relacionen con HGC.

Caso

Jerarquización de películas

El objetivo de este caso es darle a usted experiencia en el uso de un sistema de prioridades para proyectos, el cual califica a los propuestos por su contribución a los objetivos y al plan estratégico de la organización.

PERFIL DE LA EMPRESA

La empresa es la división de películas de un gran consorcio en la industria del entretenimiento. Las oficinas centrales se ubican en Anaheim, California. Además de la división de películas, el consorcio también posee parques de diversión, videos caseros, un canal de televisión, juegos interactivos y producciones teatrales. La empresa ha disfrutado de un crecimiento constante durante los últimos 10 años. El año pasado, los ingresos totales aumentaron 12 por ciento y llegaron a 21.2 mil millones de dólares. La empresa participa en negociaciones para ampliar su imperio de parques de entretenimiento a China y Polonia. La división de películas generó 274 millones de dólares de ingresos, lo cual significó un incremento de 7 por ciento durante el año pasado. El margen de utilidad bajó 3 por ciento, a 16 por ciento, porque hubo una mala respuesta a tres de las cinco principales películas que se estrenaron en el año.

MISIÓN DE LA EMPRESA

La misión de la empresa es:

> Nuestro objetivo principal es crear valor para los accionistas al permanecer como la empresa de entretenimiento más importante del mundo desde un punto de vista creativo, estratégico y financiero.

La división de películas apoya esta misión al producir entre cuatro y seis filmes de entretenimiento familiar de alta calidad para su distribución masiva cada año. En los últimos años, el director general ha defendido que la empresa tome una posición de liderazgo en la defensa de las preocupaciones ambientales.

OBJETIVOS "OBLIGATORIOS" DE LA COMPAÑÍA

Todos los proyectos deben defender los objetivos obligatorios tal como lo determina la administración ejecutiva. Es importante que los proyectos seleccionados no violen tales objetivos de gran prioridad estratégica. Hay tres objetivos obligatorios, a saber:

1. Todos los proyectos deben cumplir los estándares legales de seguridad y ambientales.
2. Todos los proyectos de películas deben obtener la clasificación "para todo público".
3. Todos los proyectos no deben tener efectos adversos en las operaciones actuales o planeadas dentro de la totalidad de la empresa.

OBJETIVOS "DESEABLES" PARA LA EMPRESA

Se asignan pesos a los objetivos deseables según su importancia relativa. La alta dirección es la responsable de formular, calificar y valorar los objetivos para garantizar que los proyectos apoyen la estrategia y la misión de la compañía. La siguiente es una lista de los objetivos deseables para la empresa:

1. Estar nominada para un premio de la Academia, y ganarlo, para Mejor película del año.
2. Crear al menos un nuevo personaje animado cada año que pueda ser el protagonista de una caricatura o de una serie de televisión.
3. Generar ingresos adicionales por la mercancía (figuras de acción, muñecos, juegos interactivos, discos compactos de música).
4. Aumentar la conciencia pública respecto a problemas y preocupaciones ambientales.
5. Generar utilidades superiores a 18 por ciento.
6. Promover los adelantos tecnológicos en la animación cinematográfica y conservar el prestigio de la empresa.
7. Proporcionar el sustento para el desarrollo de una nueva atracción en un parque de entretenimiento propiedad de la empresa.

TAREA

Usted es integrante del equipo de prioridades a cargo de evaluar y seleccionar las propuestas de películas. Utilice la forma de evaluación que se proporciona para evaluar y calificar de manera formal cada propuesta. Prepárese para informar sobre sus calificaciones y justificar sus decisiones.

Asuma que todos los proyectos han pasado la tasa obstáculo calculada del RSI (ROI) de 14 por ciento. Además de la sinopsis de la película, las propuestas incluyen las siguientes proyecciones financieras de ventas en cines y videos: 80 por ciento de posibilidad de RSI, 50 por ciento de posibilidad de RSI y 20 por ciento de posibilidad de RSI.

Por ejemplo, para la primera propuesta (Dalai Lama) hay una probabilidad de 80 por ciento de que obtendrá al menos 8 por ciento en rendimiento sobre la inversión (RSI, o ROI, por sus siglas en inglés), una de 50 por ciento de que éste será de 18 por ciento, y otra de que será de 24 por ciento.

PROPUESTAS DE PELÍCULAS

PROPUESTA DE PROYECTO 1: MI VIDA CON EL DALAI LAMA

Recopilación animada y biográfica de la niñez del Dalai Lama en el Tíbet basada en el popular libro infantil *Tales from Nepal* (*Cuentos de Nepal*). La vida del Lama se relata a través de los ojos de "Guoda", una serpiente del campo, y otros animales locales que se hicieron amigos del Dalai y le ayudaron a entender los principios del budismo.

Probabilidad	80%	50%	20%
ROI	8%	18%	24%

PROPUESTA DE PROYECTO 2: HEIDI

Nueva versión del relato clásico para niños con música escrita por los compositores premiados Syskle y Obert. La película de alto presupuesto presentará estrellas renombradas y un escenario impresionante de los Alpes Suizos.

Probabilidad	80%	50%	20%
ROI	2%	20%	30%

PROPUESTA DE PROYECTO 3: EL AÑO DEL ECO

Documental de bajo presupuesto que celebra la carrera de una de las bandas de mayor influencia en la historia del rock and roll. La película será dirigida por el director de la nueva ola, Elliot Cznerzy y combinará grabaciones de conciertos y entrevistas tras bambalinas en las que se abarcarán los 25 años de historia del conjunto de rock denominado Los Ecos. Además de incluir muy buena música, la película se centrará en la muerte de uno de los miembros fundadores a resultas de una sobredosis de heroína y revelará el mundo subterráneo del sexo, las mentiras y las drogas en la industria de la música.

Probabilidad	80%	50%	20%
ROI	12%	14%	18%

PROPUESTA DE PROYECTO 4: ESCAPE DEL RÍO JAPUNI

Película animada que tiene lugar en la selva del Amazonas. La historia se centra en Pablo, un joven jaguar que intenta convencer a los animales de la selva a unirse para escapar de la devastación causada por la deforestación local.

Probabilidad	80%	50%	20%
ROI	15%	20%	24%

PROYECTO 5: ¡NADIA!

La historia de Nadia Comaneci, la famosa gimnasta rumana que ganó tres medallas de oro en los Juegos Olímpicos de Verano de 1976. La película de bajo costo documentará su vida como niña en Rumania y la forma en que las autoridades rumanas la eligieron para unirse a su programa atlético oficial de élite. La película pondrá de relieve la manera en que Nadia conservó su espíritu independiente y su amor por la gimnasia, a pesar de un programa de entrenamiento muy duro y militarizado.

Probabilidad	80%	50%	20%
ROI	8%	15%	20%

PROYECTO 6: KEIKO, UNA BALLENA DE HISTORIA

La historia de Keiko, la famosa ballena asesina, será relatada por su imaginario descendiente Seiko, quien en el futuro distante le está contando a sus hijos acerca de su famoso abuelo. La película de alto presupuesto integrará grabaciones reales de la ballena a un ambiente animado realista mediante la utilización de imágenes computarizadas de la más reciente tecnología. La historia descubrirá la manera en que Keiko respondió al tratamiento que le dieron los humanos.

Probabilidad	80%	50%	20%
ROI	6%	18%	25%

Forma de evaluación de la prioridad del proyecto

Objetivos obligatorios		Debe cumplirse si impacta	1	2	3	4	5	6	7
Satisface todos los estándares ambientales y de seguridad		S = sí N = no N/A = no aplicable							
Clasificación para niños o para todo público		S = sí N = no N/A = no aplicable							
No tiene un efecto adverso en otras operaciones		S = sí N = no N/A = no aplicable							
Objetivos deseables	**Importancia relativa 1-100**	**Definiciones del impacto de un solo proyecto**	**Calificación valorada**	**Calificación valorada**	**Calificación valorada**	**Calificación valorada**	**Calificación valorada**	**Calificación valorada**	**Calificación valorada**
Obtener la nominación para mejor película del año	**60**	0 = sin potencial 1 = bajo potencial 2 = alto potencial							
Generar mercancías adicionales	**10**	0 = sin potencial 1 = bajo potencial 2 = alto potencial							
Crear un personaje animado nuevo e importante	**20**	0 = sin potencial 1 = bajo potencial 2 = alto potencial							
Aumentar la preocupación ambiental	**55**	0 = sin potencial 1 = bajo potencial 2 = alto potencial							
Generar utilidades superiores a 18%	**70**	0 < 18% 1 = 18–22% 2 > 22%							
Adelantar el estado de la animación cinematográfica	**40**	0 = sin impacto 1 = algún impacto 2 = gran impacto							
Proporcionar el fundamento para una nueva atracción en un parque de entretenimiento	**10**	0 = sin potencial 1 = bajo potencial 2 = alto potencial							
		Calificación total valorada							
		Prioridad							

PROYECTO 7: GRAN ISLA

La verdadera historia de un grupo de estudiantes de biología de preparatoria que descubren que una planta de fertilizantes está vertiendo residuos tóxicos en un río cercano. La película de presupuesto moderado muestra cómo los estudiantes organizan una campaña para combatir a la burocracia local y, por último, obligar a la planta de fertilizantes a restaurar el ecosistema local (véase tabla de la página anterior).

Probabilidad	80%	50%	20%
ROI	9%	15%	20%

Apéndice 2.1

Solicitud de propuesta (SDP o RFP, por sus siglas en inglés)

Luego de que una empresa selecciona un proyecto, el cliente, o el gerente de proyecto, por lo general es el responsable de desarrollar una solicitud de propuesta (SDP)(RFP, por sus siglas en inglés) para el proyecto o segmentos de éste.

El gerente responsable de proyectos requerirá datos de todos los interesados en la empresa que tengan alguna relación con las actividades que cubre la SDP. La SDP se anunciará a los contratistas/proveedores externos que tengan la experiencia suficiente para ejecutar el proyecto. Por ejemplo, es común que los proyectos oficiales se publiciten con una "solicitud de propuesta" ante los contratistas externos, para caminos, edificios, aeropuertos, hardware militar, vehículos espaciales. Asimismo, los negocios utilizan las SDP para solicitar propuestas con el objetivo de construir un cuarto limpio, desarrollar un nuevo proceso de manufactura, entregar software para elaborar facturas de seguros o realizar una encuesta de mercado. En estos ejemplos, los requerimientos y las características deben incluirse con el suficiente detalle para que los contratistas cuenten con una descripción clara del producto final a entregar, el cual satisfará las necesidades del cliente. En la mayoría de los casos, la SDP también especifica un formato esperado para la propuesta del contratista, a fin de que se haga una evaluación justa de las respuestas de distintos contratistas. Si bien por lo general se considera que las SDP son para contratistas externos, en algunas empresas se les utiliza de manera interna; es decir, la organización envía una SDP a distintas divisiones o departamentos.

El contenido de la SDP es importante en extremo. En la práctica, el error más común es ofrecer una SDP que no tenga suficiente detalle. Esto suele causar conflictos, malos entendidos, demandas legales entre el contratista y el propietario y, además, termina con un cliente insatisfecho. Todas las SDP son distintas, pero el diagrama de la figura A2.1 es un buen punto de partida para el desarrollo de una SDP detallada. A continuación se describe de manera sucinta:

1. Resumen de necesidades y solicitud de acción. En primer lugar, se proporcionan los antecedentes y una descripción breve del proyecto final a entregar. Por ejemplo, mediante juegos de guerra simulados, la Armada estadounidense ha encontrado que sus grandes navíos del pasado eran demasiado vulnerables frente a la tecnología actual (un ejemplo son los misiles contra barcos Silkworm). Además, la misión de la Armada se ha modificado para apoyar a las fuerzas terrestres y a las misiones para conservar la paz, lo cual requiere estar más cerca de la costa. En consecuencia, la Armada está modificando sus barcos para labores cercanas a la costa. Asimismo, seleccionará tres diseños para que se les siga refinando a partir de las respuestas que obtuvo de sus SDP. En general, se espera que el nuevo barco sea capaz al menos de 55 nudos, que mida entre 80 y 250 pies de longitud y que incluya paneles que absorban el radar para desviar los misiles guiados.

2. Declaración de trabajo que describe con detalle el alcance y los principales productos a entregar. Por ejemplo, si el proyecto implica una investigación de mercado, los principales productos a entregar serían el diseño, la recopilación de datos, el análisis de éstos y las recomendaciones para el 21 de febrero de 2008, para un costo que no supere los 300 000 dólares.

3. Especificaciones/requerimientos a entregar, características y tareas. Este paso debe ser muy amplio para poder validar las propuestas de los contratistas y para fines de control posterior. Las especificaciones acostumbradas comprenden características físicas, como tamaño, cantidad, materiales, velocidad y color. Por ejemplo, el proyecto TI puede especificar requerimientos para hardware, software y capacitación en gran detalle. Asimismo, pueden incluirse las tareas para completar los productos a entregar si se les conoce.

4. Responsabilidades para el proveedor y el cliente. Si no se describen las responsabilidades para ambas partes pueden surgir problemas importantes cuando el contratista ejecuta el proyecto. Por ejemplo, ¿quién paga qué cosas? (Si el contratista debe estar en el sitio, ¿se le solicitará que pague por el espacio de oficina que ocupe?) ¿Cuáles son los límites y exclusiones para el contratista? (Por ejemplo, ¿quién proporcionará el equipo de prueba?) ¿Qué plan de comunicación utilizarán el contratista y el propietario? Si un problema debiera escalar por necesidad, ¿qué procedimientos se utilizarán? ¿Cómo se valorará el progreso? Al definir bien las responsabilidades se evitarán problemas imprevistos más adelante.

5. Programa del proyecto. Este paso se ocupa de obtener una programación "estricta" que utilice para controlar y evaluar el avance. En general, los propietarios son muy exigentes para cumplir con el programa del proyecto. En el ambiente de negocios de hoy, el momento para entrar al mercado es un asunto muy delicado que influye en la participación de mercado, en los costos y en las utilidades. El programa debe ser muy específico al indicar qué, quién y cuándo.

6. Programación de costos y pagos. La SDP debe establecer con mucha claridad cuándo, cómo y el proceso para determinar los costos y las condiciones para los pagos progresivos.

7. Tipo de contrato. En esencia, existen dos tipos de contratos: de precio fijo y de costos adicionales. En los primeros se acuerda de manera anticipada un precio o una suma fuerte y permanece mientras no haya modificaciones a lo que se ha dispuesto sobre el alcance del acuerdo. Este tipo se prefiere en los proyectos bien definidos donde los costos son predecibles y los riesgos mínimos. El contratista debe tener cuidado para calcular costos porque cualquier error en esto hará que las utilidades del contratista se reduzcan. En los contratos de costos adicionales se devuelve al contratista todos o algunos de los desembolsos en que incurra durante el desempeño del contrato. La cuota se negocia con anticipación y, en general, incluye un porcentaje de los costos totales. "Tiempo y materiales" más un factor de utilidad son propios en este tipo de contratos. Las dos clases de éstos pueden incluir cláusulas de incentivos para promover un desempeño superior en tiempo y costo o, en algunos casos, penalidades, por ejemplo, cuando no se cumple con la fecha especificada para la apertura de un nuevo estadio deportivo.

8. Experiencia y asignación de personal. La capacidad del contratista para llevar a cabo el proyecto puede depender de habilidades específicas; esta experiencia necesaria debe especificarse junto con la garantía de que el personal elegido estará listo para el proyecto.

9. Criterios de evaluación. Es necesario especificar los criterios para evaluar y otorgar el contrato del proyecto. Por ejemplo, los criterios de selección a menudo incluyen metodología, precio, programa y experiencia. En algunos casos se valoran estos criterios. El uso del diagrama de la figura A2.1 ayudará a garantizar que no se omitan los aspectos clave de la propuesta. Una SDP bien

FIGURA A2.1
Solicitud de propuesta

1. Resumen de las necesidades y solicitudes para la acción
2. Declaración de trabajo (SOW, por sus siglas en inglés) que detalla el alcance de los principales productos preterminados
3. Especificaciones/requerimientos, características y tareas de los productos preterminados
4. Responsabilidades del proveedor y el cliente
5. Programa del proyecto
6. Programa de costos y pagos
7. Tipo de contrato
8. Experiencia y trabajo de equipo
9. Criterios de evaluación

preparada ayudará a los contratistas con suficientes lineamientos para preparar una propuesta que claramente cumpla con las necesidades del proyecto y del cliente.

SELECCIÓN DEL CONTRATISTA A PARTIR DE LAS PROPUESTAS DE LICITACIÓN

Los contratistas interesados responden a una SDP con una propuesta escrita. Es probable que varios contratistas sometan su propuesta al cliente.

El paso final en el proceso de SDP es escoger al contratista que mejor cumpla con los requerimientos de la SDP. Los criterios de selección de la SDP se utilizan para evaluar al contratista que se contratará para ejecutar el proyecto. A los contratistas que no ganaron se les debe dar una explicación de los factores clave que condujeron a la selección del contratista/proveedor que ganó; también se les debe dar un reconocimiento por su participación y su esfuerzo.

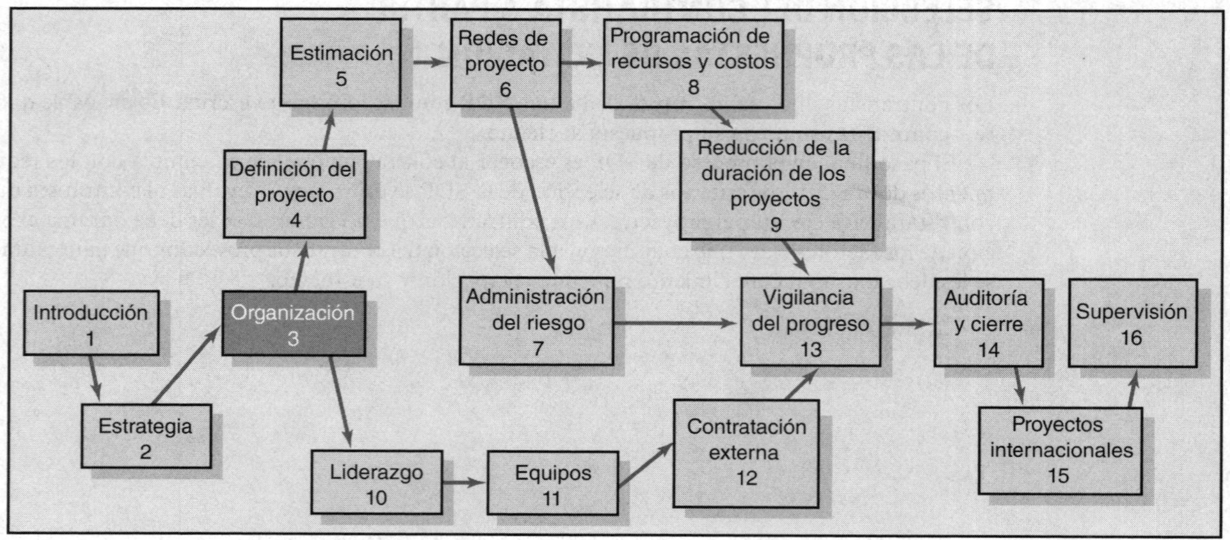

Organización: estructura y cultura

Estructuras de administración de proyectos

¿Cuál es la estructura adecuada para la administración de proyectos?

Cultura organizacional

Implicaciones de la cultura organizacional en la organización de proyectos

Resumen

CAPÍTULO TRES

Organización: estructura y cultura

La administración matricial funciona, pero de verdad es difícil en ocasiones. Todos los gerentes de matriz deben conservar su salud y tomar vitaminas para contrarrestar el estrés.

—Un administrador de proyecto

Una vez que la administración aprueba un proyecto surge la interrogante de cómo llevarlo a cabo. En este capítulo se analizan tres estructuras para la administración de proyectos que las empresas utilizan para ejecutarlos: organización funcional, equipos dedicados al proyecto y estructura matricial. Aunque no son exhaustivas, estas estructuras y sus variantes representan los enfoques más importantes para organizar proyectos. Las ventajas y desventajas más importantes de cada estructura se analizan a continuación, además de algunos factores cruciales que pueden llevar a una empresa a elegir una forma por encima de otras.

Que una empresa elija terminar proyectos dentro de la organización funcional tradicional o por alguna forma de arreglo matricial es sólo parte de la historia. Cualquiera que haya trabajado para más de una organización sabe que, a menudo, surgen diferencias importantes en la manera de administrar proyectos dentro de determinadas empresas con estructuras semejantes. Trabajar en una matriz en AT&T es distinto a hacerlo en Hewlett-Packard. Muchos investigadores atribuyen estas diferencias a la cultura organizacional en cada una de estas dos empresas. Una explicación sencilla de *cultura organizacional* es que refleja la "personalidad" de una organización. Igual que cada individuo tiene una personalidad única, cada organización tiene una cultura exclusiva. Hacia el final de este capítulo se analiza con más detenimiento el significado de cultura organizacional y la relevancia de la cultura de la corporación en la organización y administración de proyectos.

Tanto la estructura de administración de proyectos como la cultura de la organización constituyen elementos importantes del ambiente donde se realizan los proyectos. Es importante que los gerentes de proyecto y los participantes conozcan "el territorio" para que puedan evitar obstáculos y aprovechar los caminos para terminar sus proyectos.

Estructuras de administración de proyectos

Un sistema de administración de proyectos proporciona un marco de referencia para lanzar y realizar las actividades de los proyectos dentro de una empresa. Un buen sistema logra un equilibrio adecuado entre las necesidades tanto de la organización como las del proyecto, al definir la interfase entre el proyecto y la empresa en términos de autoridad, asignación de recursos y eventual integración de los resultados del proyecto a las operaciones principales.

Muchas organizaciones de negocios han luchado por crear un sistema para preparar los proyectos mientras administran las operaciones en curso. Una de las razones básicas para esta lucha es que los proyectos contradicen los principios de diseño que se relacionan con las organizaciones tradicionales. Los proyectos son esfuerzos únicos, de una sola vez, que tienen un inicio y un final definidos. En su mayor parte, las organizaciones se han diseñado para administrar con eficiencia las actividades en curso. En primer lugar, la eficiencia se logra al transformar las tareas complejas en procedimientos sencillos y repetitivos; por ejemplo, los métodos de producción de la línea de ensamble. Los proyectos no son rutinarios y, por lo tanto, pueden ser como patos fuera del agua en estos ambientes de trabajo. Con esto en mente, iniciaremos el análisis de las estructuras de administración de proyectos.

Organización de proyectos dentro de la organización funcional

Un enfoque para la organización de los proyectos consiste en tan sólo administrarlos dentro de la jerarquía funcional existente en la organización. Una vez que la administración decide llevar a cabo un proyecto, los distintos segmentos de éste se delegan a las unidades funcionales respectivas y cada una de ellas es responsable de terminar su parte del proyecto (véase la figura 3.1). La coordinación se mantiene mediante los canales normales de administración. Por ejemplo, una empresa que fabrica herramientas decide diferenciar su línea de productos al ofrecer una serie de herramientas diseñadas para individuos zurdos. La alta dirección decide realizar el proyecto y diferentes segmentos de éste se distribuyen en las áreas adecuadas. El departamento de diseño industrial es responsable de modificar las especificaciones para adaptarse a las necesidades de los usuarios zurdos. El área de producción tiene a su cargo idear los medios para producir nuevas herramientas de acuerdo con las nuevas especificaciones de diseño. El departamento de comercialización valora la demanda y el precio; asimismo, identifica las posibilidades de distribución. El proyecto general se administrará dentro de la jerarquía normal y será parte de la agenda de trabajo de la alta dirección.

La organización funcional también se utiliza de manera corriente cuando, dada la naturaleza del proyecto, un área funcional desempeña una función dominante en la terminación del proyecto o tiene un interés dominante en su éxito. En estas circunstancias, un gerente de alto nivel en esa área asume la responsabilidad de coordinar el proyecto. Por ejemplo, la transferencia de equipo y personal a una nueva oficina será administrada por un gerente de alto nivel en el departamento de instalaciones de la empresa. Asimismo, un proyecto que implique el reajuste del sistema de información de administración debe ser dirigido por el departamento de sistemas de información. En ambos casos, la mayor parte del trabajo del proyecto se realizaría dentro del departamento específico y la coordinación con otras áreas se daría por los canales establecidos.

Hay ventajas y desventajas en la utilización de la organización funcional existente para administrar y terminar proyectos. Las principales ventajas son las siguientes:

1. **No hay cambio.** Los proyectos se terminan dentro de la estructura funcional básica de la matriz. No hay alteraciones importantes en el diseño ni en la operación de ésta.
2. **Flexibilidad.** Existe una flexibilidad máxima en el uso del personal. Es posible asignar, por un tiempo, especialistas adecuados a diversas unidades funcionales en el proyecto y luego devolverlos a su trabajo normal. Con una amplia base de personal técnico disponible en cada departamento funcional, es posible cambiar a las personas a distintos proyectos con relativa facilidad.
3. **Habilidad profunda.** Si el enfoque del proyecto es reducido y se asigna la mayor responsabilidad a la unidad funcional adecuada, será posible contar con la gente que posee la mayor habilidad en los aspectos más relevantes del proyecto.
4. **Fácil transición posterior al proyecto.** Se conservan las trayectorias profesionales ordinarias dentro de una división funcional. Si bien los especialistas pueden hacer contribuciones importantes a los proyectos, su campo funcional es el hogar de su profesión y el enfoque de su crecimiento y progreso profesional.

Así como hay ventajas en la organización de proyectos dentro de las organizaciones funcionales existentes, también hay desventajas. Estas últimas son en particular singulares cuando el alcance del proyecto es amplio y un departamento funcional no asume el liderazgo gerencial y tecnológico dominante en el proyecto:

1. **Falta de enfoque.** Cada unidad funcional tiene un trabajo rutinario que desempeñar; en algunas ocasiones se hacen a un lado las responsabilidades del proyecto para cumplir con las obligaciones primarias. Esta dificultad se complica cuando el proyecto tiene distintas prioridades para unidades diversas. Por ejemplo, el departamento de comercialización puede considerar que el proyecto es urgente, mientras que la gente de operaciones le atribuye una importancia secundaria. Imagine la tensión que se da cuando aquél tiene que esperar a que éste termine su parte del proyecto antes de que puedan comenzar.

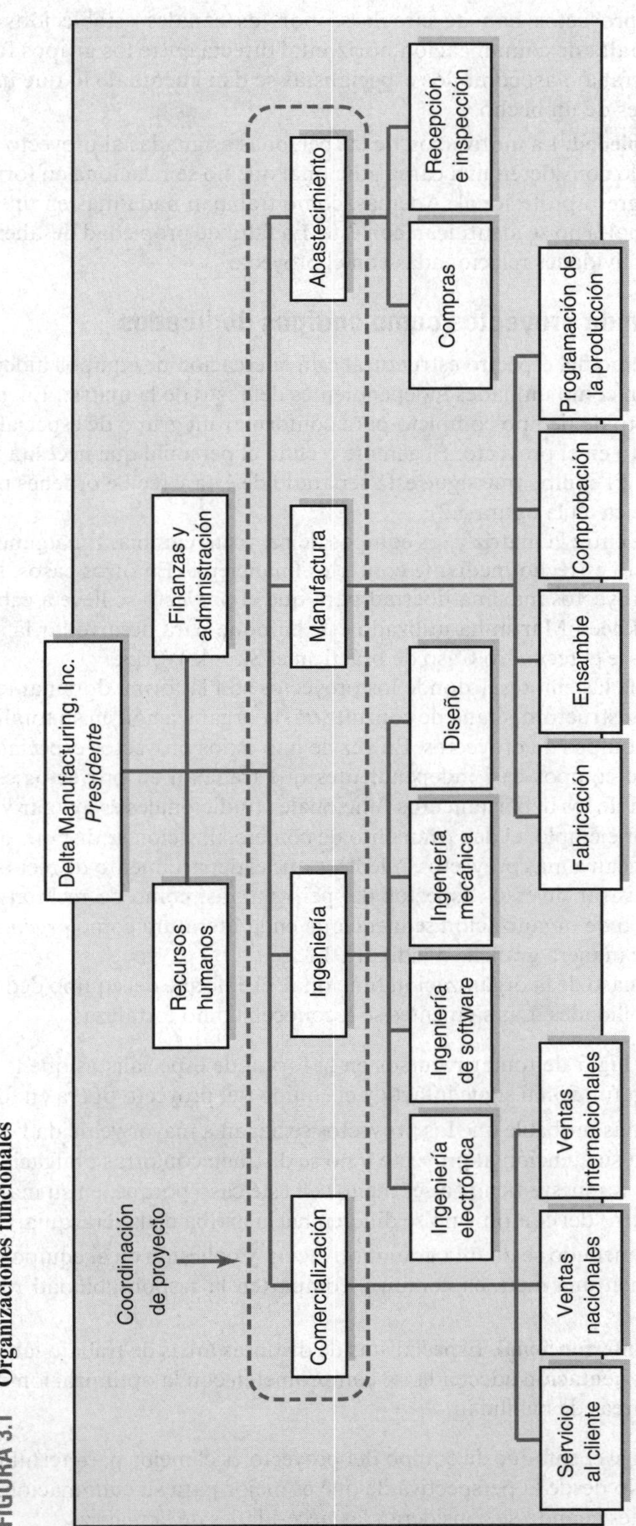

FIGURA 3.1 **Organizaciones funcionales**

2. **Mala integración.** Es posible que se dé una integración deficiente entre las unidades funcionales. A los especialistas funcionales sólo les preocupa su parte del proyecto y no lo que es mejor para su totalidad.
3. **Lentitud.** Casi siempre se necesita más tiempo para terminar proyectos con este arreglo funcional. Esto se atribuye en parte a un tiempo de respuesta corto: la información y las decisiones de los proyectos han de circularse por los canales establecidos de la administración. Además, la falta de comunicación horizontal directa entre los grupos funcionales ayuda a que se repita el trabajo así como los especialistas se dan cuenta de lo que implican las acciones de otros después de un hecho.
4. **Falta de propiedad.** La motivación de las personas asignadas al proyecto puede ser deficiente. Es posible que lo consideren una carga adicional que no se relaciona en forma directa con su desarrollo y progreso profesional. Además, como trabajan nada más en un segmento del proyecto, los profesionales no se identifican con éste. La falta de propiedad desalienta el fuerte compromiso con las actividades relacionadas con el proyecto.

Organización de proyectos como equipos dedicados

En el otro extremo del espectro estructural está la creación de equipos independientes de proyecto. Éstos funcionan como unidades independientes del resto de la matriz. En general, se asigna un gerente de proyecto de tiempo completo para conformar un grupo de especialistas clave que trabajen tiempo completo en el proyecto. El gerente recluta el personal que necesita tanto dentro como fuera de la matriz. El equipo que sigue está separado de ésta y recibe órdenes para terminar el proyecto (como se indica en la figura 3.2).

La interfase entre la matriz y los equipos de proyecto cambia. En algunos casos, la matriz mantiene un dominio estrecho mediante controles financieros. En otros casos, las empresas le otorgan al gerente de proyectos máxima libertad para que el proyecto se lleve a cabo como él lo considere adecuado. Lockheed Martin ha utilizado este enfoque para desarrollar la siguiente generación de aeroplanos. Véase el recuadro Caso de práctica: el Skunk Works.

En el caso de las empresas donde los proyectos son la forma dominante de los negocios, como una empresa constructora, o una de consultoría, la organización en su totalidad está diseñada para que apoye los equipos de proyectos. En vez de uno o dos proyectos especiales, la empresa incorpora conjuntos de equipos casi independientes que trabajan en proyectos específicos. La principal responsabilidad de los departamentos funcionales tradicionales es ayudar y apoyar a estos equipos de proyecto. Por ejemplo, el departamento de comercialización se dispone a producir nuevos negocios que conduzcan a más proyectos, mientras que el departamento de recursos humanos es responsable de administrar diversos aspectos del personal, así como de reclutar y capacitar empleados nuevos. Este tipo de organización se menciona en la literatura como *organización de proyectos* y se le representa de manera gráfica en la figura 3.3.

Como en el caso de la organización funcional, el enfoque del equipo dedicado del proyecto tiene fortalezas y debilidades. Las siguientes se reconocen como fortalezas:

1. **Sencillo.** En lugar de tomar recursos en la forma de especialistas que le asignan al proyecto, la organización funcional sigue intacta y el equipo del proyecto opera en forma independiente.
2. **Rápido.** Es más probable que los proyectos se hagan a mayor velocidad cuando los participantes dedican toda su atención al proyecto y no se distraen con otras obligaciones y deberes. Además, el tiempo de respuesta tiende a ser menor en este caso porque, en su mayor parte, las decisiones se hacen dentro del equipo y no se difieren hacia arriba de la jerarquía.
3. **Cohesivo.** A menudo se da una gran motivación y cohesión en el equipo del proyecto. Los participantes tienen una meta en común y comparten la responsabilidad respecto al proyecto y al equipo.
4. **Integración interfuncional.** Especialistas de distintas áreas de trabajo laboran juntos muy de cerca y, con la orientación adecuada, se comprometen con la optimización del proyecto, no con sus respectivas áreas de habilidad.

En muchos casos, el enfoque de equipo del proyecto es el mejor para terminar un proyecto cuando se le observa sólo desde la perspectiva de qué es mejor para su culminación. Sus debilidades se hacen más evidentes cuando se consideran las necesidades de la matriz:

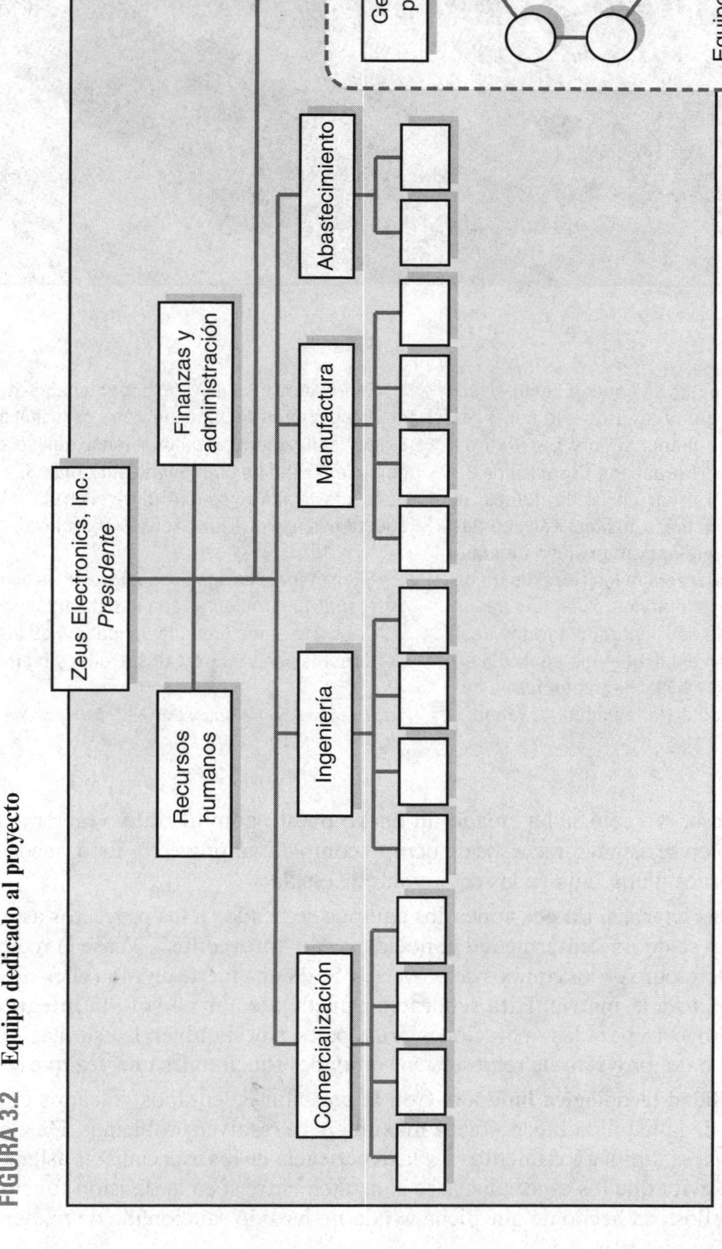

FIGURA 3.2 Equipo dedicado al proyecto

Caso de práctica — Skunk Works en Lockheed Martin*

Cortesía de Lockheed Martin

En el folclor de la administración de proyectos se conoce como *skunk works* a un equipo dedicado que se asigna a un proyecto sobresaliente. El primero se formó hace más de medio siglo y fue idea de Clarence L. *Kelly* Johnson en la Lockheed Aerospace Corporation. El proyecto de Nelly tenía dos objetivos: 1) crear un jet de guerra, el Shooting Star, y 2) hacerlo tan pronto como fuera posible. Kelly contaba con un pequeño grupo de ingenieros que operaban como un equipo dedicado sin los obstáculos de la burocracia ni los retrasos de un proceso normal de investigación y desarrollo. Irvin Culver, uno de los miembros del equipo, pensó en nombrarlo así, inspirado por una destiladora clandestina de licor escondida en el bosque que aparecía en una tira cómica muy popular, Lil'Abner. El whisky hecho en forma casera recibía el nombre eufemístico de jugo de la felicidad *kickapoo.*

El proyecto tuvo un éxito espectacular. En tan sólo 43 días, el equipo de 23 ingenieros de Johnson y otro personal de apoyo lograron armar el primer jet de guerra estadounidense que volara a más de 500 millas por hora. Lockheed ha continuado utilizando Skunk Works para desarrollar otros jets de alta velocidad, entre ellos el Stealth Fighter F117. Lockheed cuenta con una división Skunk Works oficial, cuyo lema es el siguiente:

> Skunk Works es una concentración de algunas buenas personas que resuelven problemas con mucha anticipación —y con una fracción del costo— mediante la aplicación de los métodos más sencillos y directos posibles para desarrollar y fabricar nuevos productos.

* J. Miller, *Lockheed Martin's Skunk Works,* Nueva York, Specialty Publications, 1996.

1. **Costoso.** No sólo se ha creado un nuevo puesto administrativo (gerente de proyecto), sino que también se asignan recursos de tiempo completo al proyecto. Esto puede originar duplicidad de esfuerzos y una falla en las economías de escala.
2. **Luchas internas.** En ocasiones, los equipos dedicados a los proyectos asumen una entidad como suya y se da una enfermedad conocida como "proyectitis". Véase el recuadro Caso de práctica: el lado oscuro de los equipos de proyectos. Se da una fuerte división ellos-nosotros entre el equipo de proyecto y la matriz. Esta separación puede afectar no sólo la integración de los resultados del proyecto para las operaciones principales, sino también la asimilación de los integrantes del equipo del proyecto de regreso a sus unidades funcionales una vez que se termine el proyecto.
3. **Habilidad tecnológica limitada.** Con la creación de equipos volcados en sí mismos se inhibe el flujo de la habilidad tecnológica máxima para resolver problemas. De algún modo, la habilidad técnica se limita a los talentos y a la experiencia de los especialistas asignados al proyecto. Como nada evita que los especialistas se consulten entre sí en la división funcional, el síndrome nosotros-ellos y el hecho de que dicha ayuda no ha sido sancionada de manera formal por la empresa evita que esto se dé.
4. **Difícil transición posterior al proyecto.** La asignación de personal de tiempo completo a un proyecto da lugar al dilema de qué hacer con el personal cuando el proyecto termina. Si no hay otro proyecto a la vista, es posible que se dificulte la transición a sus departamentos funcionales ori-

FIGURA 3.3 Estructura de organización de proyectos

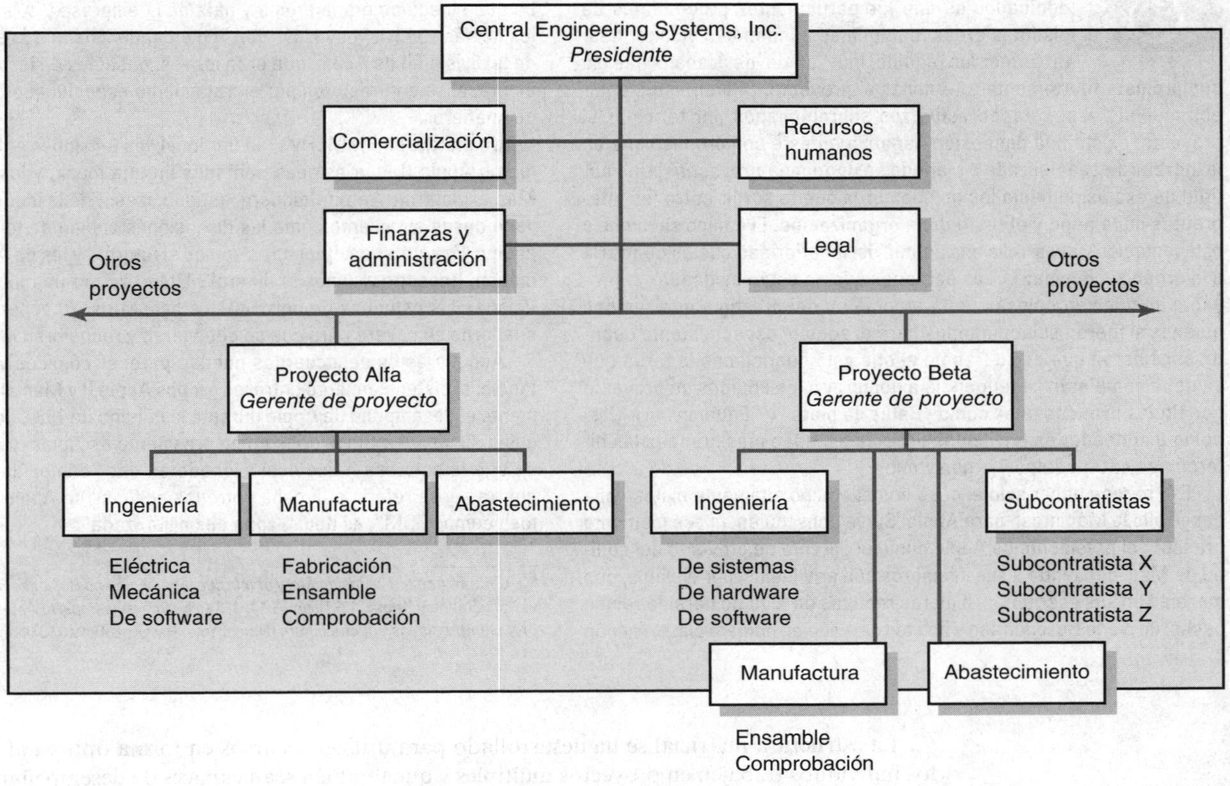

ginales, debido a la prolongada ausencia que tuvieron y por la necesidad de ponerse al tanto de los desarrollos más recientes en sus áreas funcionales.

Organización de proyectos con un arreglo matricial

Una de las innovaciones administrativas más importantes de los últimos 30 años es la organización matricial. Es una forma organizacional híbrida en la que una estructura horizontal de administración de proyectos "se sobrepone" a la jerarquía funcional normal. Por lo general, en un sistema matricial existen dos cadenas de mando: una sobre las líneas funcionales y otra sobre las del proyecto. En lugar de delegar segmentos de un proyecto a distintas unidades, o crear un equipo autónomo, los participantes en el proyecto se reportan al mismo tiempo con los gerentes funcionales y con los gerentes del proyecto.

Las empresas aplican este arreglo matricial de muy distintas maneras. Algunas organizaciones establecen un sistema matricial temporal para manejar proyectos específicos, mientras que la "matriz" puede ser un añadido permanente en otras. Primero se analizarán sus aplicaciones generales y luego se procederá con un examen más detallado de los puntos finos. Considere la figura 3.4. Hay tres proyectos en curso: A, B y C. Sus tres gerentes (PM A-C) se reportan con un director de administración de proyectos que supervisa todos los proyectos. Cada uno de éstos cuenta con un asistente administrativo, aunque el del proyecto C es de medio tiempo nada más.

El proyecto A implica el diseño y la expansión de una línea existente de producción para acomodar nuevas aleaciones metálicas. Para lograr este objetivo, al proyecto A se han asignado 3.5 personas de manufactura y seis de ingeniería. Estos individuos se asignan al proyecto por tiempo completo o medio tiempo, según las necesidades del proyecto en varias de sus fases. El proyecto B implica el desarrollo de un producto nuevo que requiere una fuerte representación de ingeniería, manufactura y comercialización. El proyecto C involucra el pronóstico de necesidades cambiantes en una base existente de clientes. Si bien estos tres proyectos, y otros más, están por concluir, las divisiones funcionales siguen desempeñando sus actividades básicas y centrales.

Caso de práctica

Proyectitis: el lado oscuro de los equipos de proyectos*

Una de las ventajas de crear equipos de proyectos dedicados es que los participantes procedentes de distintas áreas funcionales pueden evolucionar hasta formar un equipo muy unido de trabajo que se comprometa fuertemente a terminar el proyecto. Si bien estos equipos muchas veces hacen esfuerzos sobrehumanos por terminar el proyecto, existe una dimensión negativa en este compromiso que en la literatura especializada a menudo se denomina *proyectitis.* Una actitud de exclusión hacia los no miembros puede surgir entre los integrantes del equipo y el resto de la organización. El equipo sucumbe a esta tentación y desarrolla una actitud de superioridad que es contraria a la organización matriz. Las personas que no están asignadas al proyecto se vuelven celosas de la atención y del prestigio que reciben quienes sí fueron seleccionados para el equipo, especialmente cuando consideran que es su trabajo el que está financiando la tarea que se debe completar. La tendencia a nombrar a los equipos de proyecto con títulos exóticos tales como "Balas de plata" y "Equipos tigre", así como a concederles privilegios especiales, hace más grandes las diferencias entre equipo y organización.

Ese parece haber sido el caso con el equipo altamente exitoso que desarrolló la Macintosh para Apple. Steve Jobs, quien en ese momento era tanto el presidente de Apple como el gerente de proyecto del equipo de Mac, consentía a sus miembros con privilegios, por ejemplo, con masajes en sus escritorios, hieleras repletas de jugo de naranja recién hecho, un piano Bosendorfer, y boletos de avión en primera clase. Ningún otro empleado de Apple podía viajar en primera clase. Jobs consideraba que su equipo era la crema y nata de la empresa y solía referirse a los demás como a "payasos" que "no entendían nada". Los ingenieros de la división II de Apple, que eran los responsables de las ventas de la empresa, se enfurecieron por el tratamiento especial que recibían sus compañeros.

Una tarde, en Ely McFly's, un bar local, las tensiones entre los ingenieros Apple II, que estaban sentados en una mesa, y los del equipo Mac explotaron. Aaron Goldberg, antiguo asesor de la industria, observaba desde su asiento cómo las discusiones subían de tono. "Los del equipo Mac gritaban: '¡nosotros somos el futuro!', y los de Apple exclamaban: '¡nosotros somos el dinero!'. Luego se dio una lucha campal. Volaban los estuches de bolsillo y los bolígrafos. Yo esperaba que un cuaderno se cayera para que se detuvieran y recogieran los papeles."

Aunque estos desacuerdos pueden parecer cómicos vistos a distancia, el distanciamiento entre los grupos Apple II y Mac afectó gravemente el desempeño de Apple durante la década de 1980. John Sculley, quien sustituyó a Steve Jobs como presidente de Apple, se dio cuenta de que la empresa había evolucionado en dos "compañías en pie de guerra", y se refería a la calle entre los edificios de Apple II y Macintosh como "ZDM", es decir "zona desmilitarizada".

* J. Carlton, *Apple: The Inside Story of Intrigue, Egomania and Business Blunders* (Nueva York: Random House, 1997), pp.13-14; J, Scully, *Odyssey: Pepsi to Apple... A Journey of Adventure, Ideas and the Future* (Nueva York: Harper & Row, 1987), pp. 270-279.

La estructura matricial se ha desarrollado para utilizar recursos en forma óptima al hacer que los individuos trabajen en proyectos múltiples y que también sean capaces de desempeñar sus deberes funcionales ordinarios. Asimismo, el enfoque matricial intenta lograr una mayor integración al crear y legitimar la autoridad de un gerente de proyecto. En teoría, el enfoque matricial permite una perspectiva doble que abarca tanto la habilidad técnico-funcional como los requerimientos del proyecto, lo cual no existe ni en el equipo de proyecto ni en el enfoque funcional de la administración de proyectos. Este enfoque puede observarse con facilidad en el ingreso relativo de los gerentes funcionales y de proyecto relativo a decisiones clave del proyecto (véase la tabla 3.1).

En principio es necesario negociar todas las decisiones y acciones importantes del proyecto. Por ejemplo, el gerente de proyecto debe integrar las contribuciones de comercialización y supervisar la terminación del proyecto. El gerente de comercialización es el responsable de supervisar a su gente para que la producción de su departamento sea buena.

Distintas formas matriciales

En la práctica hay distintos tipos de sistemas matriciales, según la autoridad relativa del proyecto y de los gerentes funcionales. Los términos "funcional", "ligera" o "débil" se aplican a las matrices

TABLA 3.1 División de responsabilidades del administrador de proyectos y del gerente funcional en una estructura matricial

Administrador de proyecto	Asuntos negociados	Administrador funcional
¿Qué hay que hacer?	¿Quién se encargará de la tarea?	¿Cómo se realizará?
¿Cuándo hay que realizar la tarea?	¿Dónde se realizará la tarea?	
¿Cuánto dinero está disponible para realizar la tarea?	¿Por qué se realizará la tarea?	¿De qué manera influirá la participación del proyecto en las actividades funcionales normales?
¿Qué tan bien se ha llevado a cabo el proyecto total?	¿Ha concluido satisfactoriamente la tarea?	¿Qué tan bien se ha integrado la entrada funcional?

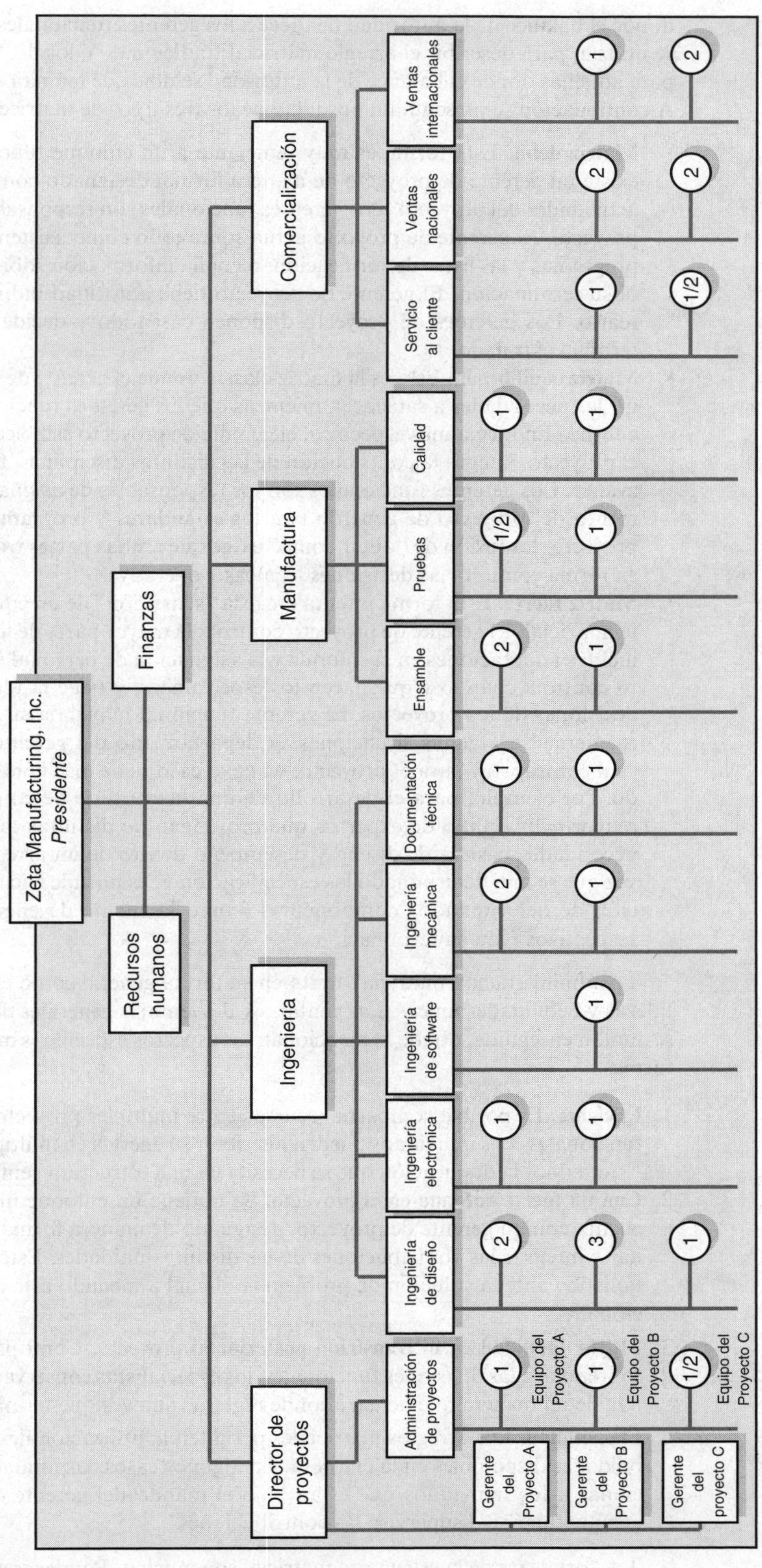

FIGURA 3.4 Estructura de una organización matricial

donde el balance de la autoridad favorece a los gerentes funcionales. "Peso medio" o "equilibrada" se utilizan para describir el arreglo matricial tradicional. Y los de "proyecto", "pesada" o "fuerte" para aquellas donde el balance de la autoridad se ubica de manera sólida en el gerente de proyecto. A continuación se presenta un bosquejo de los tres tipos de matrices mencionadas:

- **Matriz débil.** Esta forma es muy semejante a un enfoque funcional, con la excepción de que existe un gerente de proyecto de manera formal designado como responsable de coordinar las actividades del proyecto. Los gerentes funcionales son responsables de manejar su segmento del proyecto. El gerente de proyecto actúa sobre todo como asistente del personal y determina los programas y las listas de verificación, recopila información sobre el avance del proyecto y facilita su terminación. El gerente de proyecto tiene autoridad indirecta para acelerarlo y monitorearlo. Los gerentes de proyecto disponen casi todo y deciden quién hace qué y cuándo se termina el trabajo.
- **Matriz equilibrada.** Ésta es la matriz clásica donde el gerente de proyecto es responsable de definir las necesidades a satisfacer, mientras que los gerentes funcionales se ocupan de cómo se les cubrirá. En forma más específica, el gerente de proyecto establece el plan general para terminar el proyecto, integra la contribución de las distintas disciplinas, fija los programas y supervisa el avance. Los gerentes funcionales son los responsables de asignar personal y de ejecutar su segmento del proyecto de acuerdo con los estándares y programas que estableció el gerente de proyecto. La fusión de "qué y cómo" exige que ambas partes trabajen muy de cerca y aprueben en forma conjunta las decisiones técnicas y operativas.
- **Matriz fuerte.** Esta forma intenta crear la "sensación" de un equipo de proyecto en un ambiente matricial. El gerente de proyecto controla la mayor parte de los aspectos del proyecto, lo cual incluye adaptaciones en el enfoque y la asignación de personal funcional. El gerente de proyecto controla cuándo y qué hacen los especialistas, y tiene la última palabra en las principales decisiones de los proyectos. El gerente funcional maneja a su gente y se le consulta según se requiera. En algunas situaciones, el departamento del gerente funcional puede servir como "subcontratista" para el proyecto, en cuyo caso tiene más control sobre el trabajo especializado. Por ejemplo, para el desarrollo de una nueva serie de computadoras portátiles se puede requerir un equipo de expertos que provengan de distintas disciplinas y que trabajen en las necesidades básicas de diseño y desempeño dentro de un arreglo de matriz de proyecto. Una vez que se han determinado las especificaciones, es posible encargar el diseño final y la producción de determinados componentes (como la fuente de energía) a los grupos funcionales respectivos para su terminación.

La administración matricial, tanto en su forma general como en su forma específica, tiene fortalezas y debilidades únicas. Las ventajas y desventajas generales de las organizaciones matriciales se anotan enseguida, donde se mencionan los aspectos específicos más importantes de las diferentes formas:

1. **Eficiente.** Es posible compartir recursos entre múltiples proyectos, así como entre las divisiones funcionales. Los individuos pueden distribuir su energía en múltiples proyectos según se requiera. Esto reduce la duplicación que se necesita en una estructura centrada en los proyectos.
2. **Con un fuerte enfoque en el proyecto.** Se obtiene un enfoque más fuerte en los proyectos si se cuenta con un gerente de proyecto, designado de manera formal, que es responsable de coordinar e integrar las contribuciones de las distintas unidades. Esto ayuda a mantener un enfoque holístico ante la solución de problemas, el cual a menudo está ausente en la organización funcional.
3. **Mayor facilidad en la transición posterior al proyecto.** Como la organización de proyectos se sobrepone a las divisiones funcionales, los especialistas conservan sus lazos con su grupo funcional, de tal manera que tienen adónde regresar una vez que terminan el proyecto.
4. **Flexibilidad.** Los arreglos matriciales permiten la utilización flexible de los recursos y de las habilidades disponibles en la empresa. En algunos casos, las unidades funcionales pueden proporcionar a los individuos que están bajo el mando del gerente de proyecto. En otros casos, el gerente funcional supervisa las contribuciones.

Las fortalezas de la estructura matricial son muchas. Por desgracia, lo mismo pasa con las debilidades potenciales. En gran parte, esto se debe al hecho de que una estructura matricial es más compleja y la creación de muchos jefes representa un alejamiento radical del sistema jerárquico tradicional de autoridad.

Además, una estructura matricial no se instala de un día para otro. Los expertos afirman que se requieren entre tres y cinco años para que aquélla llegue a su madurez. Por esto, los problemas que se describen a continuación son normales en este proceso:

1. **Conflicto disfuncional.** El enfoque matricial se muestra en la tensión que hay entre los gerentes funcionales y los de proyecto, quienes traen su experiencia relevante y su perspectiva al proyecto. A esa tensión se le considera un mecanismo necesario para lograr un equilibrio adecuado entre aspectos técnicos complejos y requerimientos únicos del proyecto. Cuando las intenciones son nobles, el efecto se parece a abrir la caja de Pandora. El conflicto legítimo puede expandirse a un nivel más personal, lo cual se desprende de agendas y responsabilidades en conflicto. Debates importantes pueden degenerar en discusiones acaloradas que engendren animosidad entre los gerentes involucrados.
2. **Luchas internas.** Cualquier situación en la que se comparta equipo, recursos y personas entre proyectos es propicia para el conflicto y para la competencia por recursos escasos. Se pueden dar luchas internas entre los gerentes de proyecto, a quienes les interesa sobre todo lo que es mejor para su proyecto.
3. **Tensiones.** La administración matricial contraviene el principio administrativo de unidad de mando. Los participantes en proyectos tienen al menos dos jefes: el funcional y el administrador de proyecto. El trabajo en un ambiente matricial puede ser muy tenso. Imagínese lo que sería trabajar en un ambiente donde tres gerentes le están pidiendo cosas distintas y encontradas.
4. **Lentitud.** En teoría, la presencia de un administrador que coordine el proyecto debe acelerar la terminación de éste. En la práctica, la toma de decisiones puede retrasarse puesto que deben obtenerse acuerdos entre muchos grupos funcionales. Esto es en particular cierto en la matriz equilibrada.

Cuando se consideran las tres distintas formas de matrices es posible observar que las ventajas y las desventajas no son por necesidad ciertas en los tres casos. Quizá la matriz fuerte ayude a la integración del proyecto, a disminuir las luchas internas por el poder y, por último, a mejorar el control de los costos y actividades del proyecto. Por otro lado, la calidad técnica puede verse afectada debido a que las áreas funcionales tienen mejor control sobre sus contribuciones. Como conclusión, es posible que se dé la "proyectitis" a medida que los participantes desarrollen una fuerte identidad de equipo.

Es probable que la matriz débil mejore la calidad técnica y proporcione un mejor sistema para manejar el conflicto entre los proyectos, debido a que el gerente funcional asigna personal a diferentes proyectos. El problema es que el control funcional suele conservarse a expensas de una integración deficiente de los proyectos. Con la matriz equilibrada se puede lograr un mejor equilibrio entre los requerimientos técnicos y los del proyecto; aunque se trata de un sistema muy delicado para administrar que tiene mayores probabilidades de sucumbir ante los problemas que se derivan del enfoque matricial.

¿Cuál es la estructura adecuada para la administración de proyectos?

Existe suficiente evidencia empírica para afirmar que el éxito de los proyectos se relaciona en forma directa con el grado de autonomía y autoridad que los administradores de proyecto tienen sobre sus proyectos. Véase el recuadro De lo más destacado en la investigación: eficacia relativa de diferentes estructuras de administración de proyectos. Sin embargo, la mayor parte de estas investigaciones se fundamenta en lo que es mejor para el manejo de proyectos específicos. Es importante recordar lo que se dijo al comenzar el capítulo: que el mejor sistema encuentra un equilibrio entre las necesidades del proyecto y las de la matriz. Por lo tanto, ¿qué estructura de proyecto debe utilizar una organización? Ésta es una cuestión compleja que no tiene respuestas precisas. Es necesario considerar diversos aspectos tanto en el plano organizacional como del proyecto.

De lo más destacado en la investigación

Eficacia relativa de diferentes estructuras de administración de proyectos*

Larson y Gobeli estudiaron la eficacia relativa de distintas estructuras de administración de proyectos. Su trabajo está fundamentado en una muestra de más de 1 600 profesionales y gerentes que participaron en forma activa en la administración de proyectos dentro de sus organizaciones. Entre sus descubrimientos está la eficacia calificada de las distintas estructuras que se utilizan en el desarrollo de productos y en los proyectos de construcción. Estos resultados se resumen en la figura 3.5 e indican una fuerte preferencia por el equipo de proyecto o por una matriz fuerte. Tanto el enfoque funcional como la matriz débil resultaron ineficaces, y a la matriz equilibrada nada más se le consideró marginalmente eficaz.

Como estas calificaciones pudieron haber sido templadas por el interés personal, con los gerentes de proyecto defendiendo formas que les dan más autoridad formal, las calificaciones de los gerentes de proyecto se compararon con las de la alta dirección y con las de gerentes funcionales. No se encontraron diferencias básicas; se consideró que tanto la matriz débil como la organización funcional eran las menos eficaces; incluso así lo consideraron los gerentes funcionales.

Los resultados de estas investigaciones se publicaron cuando la administración matricial estaba recibiendo muchas críticas y los medios especializados en administración más populares estaban defendiendo el enfoque de los equipos dedicados de los proyectos. Un descubrimiento clave fue que la administración matricial puede ser tan eficaz como el equipo de proyectos, si se da al gerente de proyectos suficiente control sobre las actividades del proyecto. El apoyo no es incondicional, como señaló un gerente de proyecto: "La administración matricial funciona, pero por supuesto que es difícil en ciertos momentos. Todos los gerentes de matriz deben cuidar su salud y tomar vitaminas para aliviar el estrés".

* E.W. Larson y D.H. Gobeli, "Matriz Management: Contradictions and Insights", *California Management Review*, vol. 29, núm. 4, verano de 1987, p. 137.

FIGURA 3.5
Eficacia calificada de distintas estructuras de proyecto por tipo de proyecto

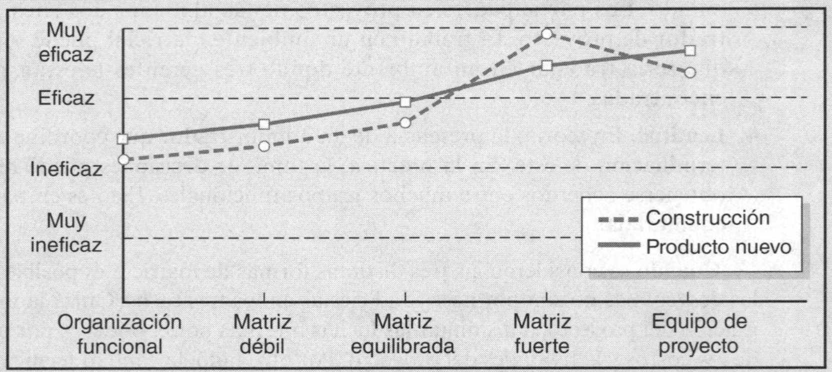

Consideraciones organizacionales

En cuanto a la organización, se puede preguntar lo siguiente: ¿Qué tan importante es la administración de proyectos para el éxito de la empresa? ¿Qué porcentaje de trabajo central se requiere en los proyectos? Si más de 75 por ciento del trabajo implica un proyecto, entonces la organización debe considerar la adopción de una estructura distinta basada en los proyectos. Si una organización cuenta tanto con productos estándar como con proyectos, entonces sería adecuado utilizar un arreglo matricial. Si una empresa tiene muy pocos proyectos, quizá necesite un arreglo menos formal. Podrían crearse equipos dedicados según se requieran y la organización podría contratar recursos externos (outsourcing) que se encarguen del trabajo en proyectos cuando aquéllos no existan internamente.

Una segunda pregunta clave es la disponibilidad de los recursos. No hay que olvidar que la estructura matricial requiere la necesidad de compartir recursos a través de diversos proyectos y dominios funcionales, mientras que al mismo tiempo crea un liderazgo legítimo para el proyecto. Para las organizaciones que no pueden darse el lujo de tener una participación individual exclusiva en proyectos, un sistema matricial sería el apropiado. Un esquema alternativo sería tener un equipo dedicado y dar en outsourcing el proyecto, sobre todo si no se cuenta internamente con los recursos.

En el contexto de las primeras dos preguntas, una organización necesita valorar las prácticas actuales y los cambios necesarios para administrar proyectos con mayor eficacia. Una matriz fuerte de proyectos no se instala de un día para otro. El cambio hacia un énfasis más grande en los proyectos tiene diversas implicaciones políticas que deben tomarse en cuenta, para lo cual hace falta tiempo y un liderazgo fuerte. Por ejemplo, se ha observado que muchas empresas que hacen la

Caso de práctica

Oficinas de proyecto (OP)

Al principio, las oficinas de proyecto (OP) se desarrollaron como respuesta al mal desempeño que muchas empresas habían tenido en la terminación oportuna de los proyectos, en hacerlo dentro del presupuesto y de acuerdo con lo planeado. A menudo se establecieron para ayudar a que los sistemas matriciales maduraran para convertirse en plataformas más eficaces para la realización de proyectos.

En la actualidad, las OP existen en muchas formas y tamaños. Un modo interesante de clasificarlas es el que propusieron Casey y Peck,* quienes describen algunas como si se tratara de 1) estaciones del clima, 2) torres de control o 3) un depósito de recursos. Cada uno de estos modelos desempeña una función muy distinta para su organización:

- **Estación del clima.** La principal función de este tipo de OP es rastrear y supervisar el desempeño de los proyectos. Por lo general se ha creado para satisfacer la necesidad de la alta dirección de mantenerse a la cabeza del portafolio de proyectos en curso dentro de la empresa. El personal realiza un pronóstico independiente del desempeño de los proyectos. Entre las preguntas que se responden para proyectos específicos están las siguientes.
  - ¿Cómo están progresando los proyectos? ¿Cuáles están al día? ¿Cuáles no?
  - ¿Qué está usted haciendo en términos de costos? ¿Qué proyectos están por encima o por debajo del presupuesto?
  - ¿Cuáles son los principales problemas a los que se enfrentan los proyectos? ¿Se han creado planes de contingencia? ¿Qué puede hacer la organización para ayudar al proyecto?
- **Torre de control.** La principal función de la OP llamada torre de control es mejorar la ejecución de los proyectos. Considera que la administración de proyectos es una profesión que hay que proteger y hacer progresar. El personal en la OP identifica las mejores prácticas y estándares para lograr la excelencia en la administración de proyectos. Funcionan como consultores e instructores para apoyar a los gerentes de proyecto y a sus equipos.
- **Depósito de recursos.** La meta de este tipo de OP es proporcionarle a la organización un grupo de profesionales y gerentes de proyecto capacitados. Opera como una academia para mejorar de manera constante las habilidades de los profesionales encargados de los proyectos en una empresa. Además de la capacitación, este tipo de OP también sirve para elevar la estatura de la administración de proyectos dentro de la empresa.

* W. Casey y W. Peck, "Choosing the Right PMO Setup", *PM Network,* vol. 15, núm. 2 (2001), pp. 40-47.

transición de una organización funcional a otra matricial comienzan con una matriz funcional débil. Esto se debe en parte a la resistencia de los gerentes funcionales y de departamento a la transferencia de autoridad a los administradores de proyecto. Con el tiempo, estas estructuras matriciales evolucionan por último a una matriz de proyectos. Muchas organizaciones han creado oficinas de administración de proyectos que les apoyen en los esfuerzos de administración de proyectos. Véase el recuadro Caso de práctica: oficinas de proyecto (OP).

Consideraciones del proyecto

En relación con el proyecto, la interrogante es cuánta autonomía necesita el proyecto para que termine con éxito. Hobbs y Ménard identifican siete factores que debieran influir en la elección de una estructura de administración de proyectos:

- Tamaño del proyecto.
- Importancia estratégica.
- Novedad y necesidad de innovación.
- Necesidad de integración (número de departamentos involucrados).
- Complejidad ambiental (número de interfases externas).
- Limitaciones presupuestales y de tiempo.
- Estabilidad de los requerimientos de recursos.

Mientras más altos sean los niveles de estos siete factores, mayores serán la autonomía y la autoridad que el gerente de proyecto y el equipo requieren para tener éxito. Esto se traduce en utilizar un equipo dedicado de proyecto o una estructura matricial. Por ejemplo, estas estructuras pueden usarse para proyectos grandes que son cruciales desde el punto de vista estratégico y que son nuevos para la empresa, con lo cual requieren mucha innovación. Estas estructuras también serían adecuadas para proyectos complejos y multidisciplinarios que requieren contribuciones de muchos departamentos, así como para los que necesitan contacto permanente con los clientes para valorar sus expectativas. También deben utilizarse equipos dedicados de proyectos para los proyectos urgentes donde la naturaleza del trabajo requiere que las personas trabajen de principio a fin.

Muchas empresas que están muy involucradas en la administración de proyectos han creado un sistema flexible de administración que organiza los proyectos de acuerdo con los requerimientos. Por ejemplo, Chaparral Steel, una fundidora pequeña que produce barras y vigas de acero a partir de desperdicios de metal, clasifica los proyectos en tres categorías: desarrollo avanzado, de plataforma e incrementales. Los primeros son de alto riesgo e implican la creación de un producto o de un proceso revolucionario. Los segundos entrañan riesgo medio y exigen actualizaciones en el sistema que dan lugar a nuevos productos y procesos. Los terceros son proyectos de bajo riego, a corto plazo, para los que se necesitan ajustes menores en los productos y procesos existentes. En cualquier momento, Chaparral puede tener entre 40 y 50 proyectos en acción, de los cuales nada más uno o dos son avanzados; de tres a cinco, de plataforma, y el resto son proyectos incrementales pequeños. Estos últimos se llevan a cabo casi en su totalidad con una matriz débil donde el gerente de proyecto coordina el trabajo de los subgrupos funcionales. Se utiliza una matriz fuerte para completar los proyectos de plataforma, mientras que se crean equipos de proyecto para terminar los proyectos de desarrollo avanzados. Cada vez más empresas están utilizando este enfoque de "combinación" para administrar proyectos.

Cultura organizacional

La decisión de combinar una discusión de las estructuras de administración de proyectos y la cultura organizacional en este capítulo se remonta a una conversación que sostuvimos, nosotros los autores, con dos administradores de proyecto que trabajan para una empresa mediana de tecnología de la información.

Ellos estaban desarrollando una nueva plataforma de operación que sería fundamental para el éxito futuro de la empresa. Cuando intentaron describir la manera en que se organizaba este proyecto, un administrador comenzó a dibujar en una servilleta una estructura compleja que involucraba 52 equipos distintos, cada uno con un líder de proyecto y un líder técnico. Como respuesta a nuestras indagatorias sobre cómo entender la manera en que funcionaba este sistema, el gerente se detuvo y exclamó: "La clave para hacer que esta estructura funcione es la cultura de nuestra empresa. Este enfoque jamás operaría en la compañía Y, donde yo trabajé antes. Pero debido a nuestra cultura aquí, podemos lograrlo".

Este comentario, nuestras observaciones de otras empresas y la investigación sugieren que existe una fuerte conexión entre la estructura de administración de un proyecto, la cultura organizacional y el éxito de un proyecto. Hemos observado empresas que llevan con éxito proyectos dentro de la organización funcional acostumbrada porque la cultura fomentaba la integración interfuncional. A la inversa, hemos visto cómo algunas estructuras matriciales se descomponen porque la cultura de la organización no apoyaba la división de autoridad entre los gerentes de proyecto y los funcionales. También hemos observado cómo algunas empresas dependen de equipos independientes que se encargan de los proyectos porque la cultura dominante no apoyaría la innovación y la velocidad necesaria para el éxito.

¿Qué es cultura organizacional?

La cultura organizacional se refiere a un sistema de normas, creencias, valores y suposiciones colectivas que une a las personas y que con ello da lugar a significados compartidos. Este sistema se manifiesta por las costumbres y los hábitos que ejemplifican los valores y las creencias de la organización. Por ejemplo, la igualdad puede expresarse en la vestimenta informal que se utiliza en una empresa de alta tecnología. A la inversa, cuando existen uniformes obligatorios en una tienda departamental, se refuerza el respeto a la jerarquía.

La cultura refleja la personalidad de la empresa y, de manera semejante al ser individual, puede permitirnos predecir las actitudes y el comportamiento de los integrantes de la organización. La cultura también constituye uno de los aspectos definitorios de una organización que la distingue de otras organizaciones, incluso dentro de la misma industria.

Por los resultados de la investigación es posible concluir que existen 10 características fundamentales que, en conjunto, entrañan la esencia de la cultura de una organización:

1. **Identidad de los integrantes.** Es el punto donde los empleados se identifican con la organización en su totalidad y no con su tipo de trabajo o su campo de habilidad profesional.
2. **Énfasis en el equipo.** Es el grado hasta el que las actividades de trabajo se organizan en torno a grupos y no individuos.

3. **Enfoque en la administración.** El punto hasta donde las decisiones administrativas consideran el efecto de los resultados en las personas dentro de la organización.
4. **Integración unitaria.** El grado hasta donde se alienta a las unidades dentro de la organización a operar en forma coordinada o interdependiente.
5. **Control.** El punto hasta donde las reglas, las políticas y la supervisión directa se utilizan para vigilar y controlar el comportamiento de los empleados.
6. **Tolerancia al riesgo.** El grado hasta el cual se alienta a los empleados a ser decididos, innovadores y buscadores de riesgos.
7. **Criterios de recompensa.** El grado hasta donde las recompensas, como promociones y aumentos de sueldo, se asignan según el desempeño de los empleados y no de acuerdo con su antigüedad, el favoritismo u otros hechos no relacionados con el desempeño.
8. **Tolerancia al conflicto.** El punto hasta donde se alienta a los empleados a ventilar de manera abierta los conflictos y las críticas.
9. **Medios frente a orientación a los fines.** El grado hasta el que la administración se centra en los resultados y no en las técnicas y los procesos que se utilizan para alcanzar esos resultados.
10. **Enfoque en los sistemas abiertos.** El punto hasta donde la organización supervisa y responde a los cambios en el ambiente externo.

Como se muestra en la figura 3.6, cada una de estas dimensiones existe en un continuo. De acuerdo con estas 10 dimensiones, la valoración de una empresa proporciona una imagen compuesta de su cultura. Esta imagen se vuelve el fundamento de los sentimientos de entendimiento compartido que los miembros tienen acerca de la organización, de cómo se hacen las cosas y de la manera en que se supone que se comportan.

La cultura desempeña varias funciones importantes en las organizaciones. La cultura de una organización *proporciona un sentido de identidad* a sus miembros. Mientras las percepciones y valores compartidos de una empresa se estipulen con mayor claridad, con mayor fuerza podrá identificarse el personal con su organización y más se sentirá una parte vital de ella. La identidad genera compromiso con la empresa y es una razón para que los miembros le dediquen su energía y lealtad.

Una segunda función relevante es que la cultura *ayuda a legitimar el sistema de administración* de la organización. La cultura ayuda a aclarar las relaciones de autoridad. Proporciona razones por las que la gente está en una posición de autoridad y por las que su autoridad debe respetarse.

De mayor importancia es que la cultura organizacional *aclara y refuerza los estándares de comportamiento.* La cultura ayuda a definir qué es un comportamiento admisible y qué no lo es. Estas normas despliegan un amplio rango de conductas que van de los códigos del vestuario y las horas de trabajo, a retar el juicio de los superiores y colaborar con otros departamentos. En última

FIGURA 3.6
Dimensiones clave que definen la cultura de una organización

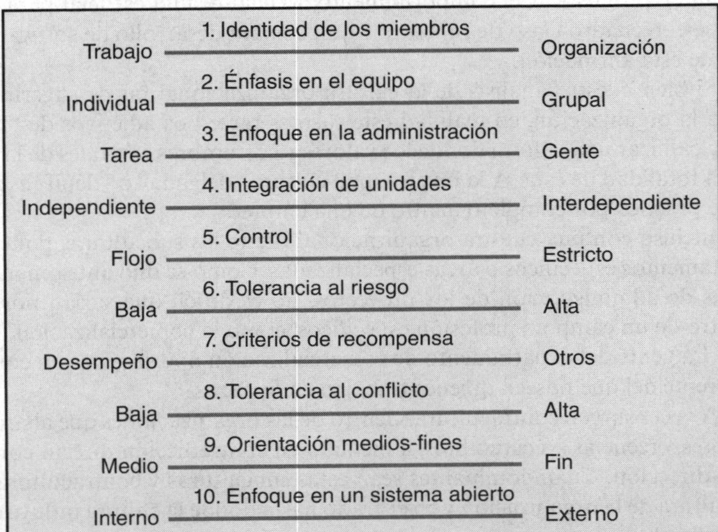

Caso de práctica

Equipos para desarrollo de software en Microsoft*

Microsoft Corporation es la empresa líder de software de computación en el mundo. En parte, su éxito se desprende de una cultura corporativa que apoya equipos de desarrolladores de software para crear y refinar nuevos productos. No importa cuán grande sea un proyecto, incluso uno tan complejo como el desarrollo del exitoso sistema operativo Windows 2000, es posible descomponerlo en partes pequeñas que pueden manejar equipos de, más o menos, 12 desarrolladores. El segmento del proyecto que se asigna a cada equipo vuelve a subdividirse para que a cada desarrollador se le asigne una parte específica del proyecto en que ha de trabajar. A los desarrolladores con más experiencia se les dan más responsabilidades que a los nuevos integrantes del equipo; pero todo el equipo sabe que el éxito del proyecto depende de la suma de sus colaboraciones individuales.

Los miembros del equipo se apoyan mucho entre sí. Esto se observa con facilidad cuando dos integrantes se inclinan frente a la pantalla de una computadora para resolver un problema. Los miembros del equipo también pueden convertirse en críticos implacables si uno de ellos no se desempeña en un nivel aceptable.

A los desarrolladores se les concede suficiente autonomía en el desempeño de su trabajo. Asimismo, el comportamiento en Microsoft está gobernado por una cultura compartida de trabajo que casi todos siguen. Un conjunto de reglas informales rige el aspecto básico de las horas laborales. Los desarrolladores están en libertad de adoptar cualquier horario de trabajo que les acomode. Si a un desarrollador le surge alguna idea ingeniosa a la mitad de la noche, no es raro que la gente trabaje hasta el amanecer. Asimismo, si el hijo de un desarrollador está enfermo, puede quedarse en casa, cuidarlo y ponerse al día con su trabajo en otro momento. Junto con estas "reglas" relativas a un horario flexible de trabajo, casi todos los desarrolladores se apegan a otra norma: dedican las horas necesarias para lograr que el trabajo se haga, incluso si esto exige trabajar toda la noche en un aspecto muy difícil de un programa.

Michael Newman/PhotoEdit

* K. Rebello, "Inside Microsoft", *Business Weekly,* 15 de julio de 1996, pp. 56-67; B. Filipczak "Beyond the Gates of Microsoft", *Training,* septiembre de 1992, pp. 37-44.

instancia, la cultura *ayuda a crear un orden social* dentro de la empresa. Imagínese qué sucedería si los integrantes no compartieran creencias, valores y suposiciones similares: ¡el caos! Las costumbres, normas e ideales que transmite la cultura de una organización proporcionan estabilidad y permiten pronosticar el comportamiento, lo cual resulta esencial para una organización eficiente. Véase el recuadro Caso de práctica: Equipos para desarrollo de software en Microsoft como ejemplo de esta afirmación.

Si bien nuestro análisis de la cultura organizacional puede sugerir que una cultura domina a toda la organización, en realidad este caso es raro. Los adjetivos de "fuerte" o "débil" se utilizan para calificar una cultura donde los valores y costumbres centrales de la organización se comparten en la totalidad de ésta. A la inversa, una cultura "delgada" o "débil" es aquella que no se comparte ni se practica por completo dentro de una empresa.

Incluso con una cultura organizacional fuerte las subculturas podrían estar alineadas con departamentos específicos o áreas especializadas. Como se dijo antes en nuestro análisis de las estructuras de administración de los proyectos, no es difícil que surjan normas, valores y costumbres dentro de un campo o profesión específicos, como la comercialización, las finanzas o las operaciones. La gente del departamento de comercialización podría tener un conjunto de normas y valores diferente del que poseen quienes trabajan en finanzas.

A veces surgen contraculturas dentro de las organizaciones que abarcan un conjunto distinto de valores, creencias y costumbres, a menudo en contradicción directa con la cultura que defiende la alta dirección. Cuán dominantes sean estas subculturas y contraculturas influye en la fortaleza de la cultura de la organización y en el grado hasta donde la cultura influye en las acciones y respuestas de los miembros.

Identificación de las características culturales

Descifrar la cultura de una organización constituye un proceso muy interpretativo y subjetivo que exige la valoración de la historia actual y pasada. El estudiante de cultura no puede confiar sólo en lo que le dice la gente acerca de su cultura. Es necesario analizar el ambiente físico donde la gente trabaja, así como la manera en que actúa y responde a los diversos acontecimientos que se le presentan. En la figura 3.7 se incluye una hoja de trabajo para diagnosticar la cultura de una organización. Aunque no es exhaustiva en lo absoluto, la lista de verificación a menudo proporciona claves acerca de las normas, costumbres y valores de una organización:

1. **Estudiar las características físicas de una organización.** ¿Cómo se ve la arquitectura externa? ¿Qué imagen transmite? ¿Es única? ¿Los edificios y las oficinas son de la misma calidad para todos los empleados? ¿O más bien resulta que los edificios modernos y las oficinas más elegantes se reservan para los ejecutivos senior o los gerentes de un departamento en particular? ¿Qué tipo de vestimenta se acostumbra? ¿Qué símbolos se usan para representar autoridad y estatus dentro de la organización? Estas características físicas pueden aclarar quién tiene verdadero poder dentro de la empresa, el grado hasta donde ésta se distingue internamente y qué tan formal es en sus tratos de negocios.
2. **Lea acerca de la organización.** Analice los informes anuales, las declaraciones de misión, los artículos en la prensa y las circulares internas. ¿De qué hablan? ¿Qué principios defienden estos documentos? ¿En los informes se le da importancia a las personas que trabajan para la organización y qué hacen para el desempeño financiero de la empresa? Cada énfasis que se hace refleja una cultura distinta. Lo primero demuestra preocupación por las personas que integran la empresa. Lo segundo puede sugerir una preocupación por los resultados.
3. **Observe cómo interactúa la gente dentro de la organización.** Cuál es su ritmo, ¿lento y metódico, o urgente y espontáneo? ¿Qué rituales existen dentro de la organización? ¿Qué valores expresan? A menudo, las reuniones pueden arrojar información reveladora. ¿Quiénes participan en esas juntas? ¿Quién habla? ¿A quién se le habla? ¿Qué tan franca es la conversación? ¿La gente habla por la empresa o por el departamento individual? ¿Cuál es el enfoque de las reuniones? ¿Cuánto tiempo se dedica a los diversos asuntos? La repetición de los mismos asuntos y la duración de la discusión son claves para determinar los valores de la cultura de la organización.
4. **Interpretar las historias y el folclor que rodean a la organización.** Busque semejanzas entre las historias que cuentan distintas personas. Los individuos que se destacan en las pláticas recurrentes a menudo reflejan lo que es importante para la cultura de una organización. Por ejemplo, muchas de las historias que se repiten en Versatec, una subsidiaria de Xerox que fabrica plóters

FIGURA 3.7
Hoja de trabajo para el diagnóstico de una cultura organizacional

I. Características físicas:
Arquitectura, disposición de las oficinas, decoración, vestimenta

____
____
____

II. Documentos públicos:
Informes anuales, circulares internas, declaraciones de visión

____
____
____

III. Comportamiento:
Ritmo, lenguaje, reuniones, temas que se examinan, estilo de toma de decisiones, patrones de comunicación, rituales

____
____
____

IV. Folclor:
Relatos, anécdotas, heroínas, héroes, villanos

____
____
____

gráficos para computadoras, se refieren a Renn Zaphiropoulos, su pintoresco cofundador. De acuerdo con el folclor de la compañía, una de las primeras cosas que hizo Renn cuando se formó la empresa fue juntar al equipo de la alta dirección en su casa. Luego dedicó el fin de semana a hacer él solo la hermosa mesa de conferencias de teca en torno a la cual se tomarían todas las decisiones futuras importantes. Esta mesa simbolizaba la importancia del trabajo en equipo y de mantener estándares elevados de desempeño, dos cualidades esenciales de la cultura en Versatec. Intente identificar quiénes son los héroes y quiénes los villanos en el folclor de la empresa. ¿Qué sugiere esto acerca de los ideales de la cultura? Al volver a la historia de Versatec, cuando Xerox por fin la compró, muchos empleados expresaron su preocupación de que la cultura informal de trabajo duro y juego fuerte de Versatec sería sepultada por la burocracia de Xerox. Renn juntó a los empleados y les pidió que mejoraran sus niveles de desempeño, alegando que si superaban las expectativas de Xerox, se les dejaría en paz. La autonomía ha permanecido como característica de Versatec, incluso mucho tiempo después del retiro de Renn.

También es importante prestar mucha atención al fundamento de las promociones y recompensas. ¿Qué considera la gente que es fundamental para avanzar dentro de la empresa? ¿Qué contribuye a los fracasos? Estas dos últimas preguntas pueden lograr importantes respuestas sobre las cualidades y los comportamientos que la organización prefiere, así como los tabúes culturales y las bombas de comportamiento que pueden descarrilar una carrera. Por ejemplo, un administrador de proyecto expresó de manera confidencial que se había enviado a uno de sus antiguos compañeros al purgatorio de la administración de proyectos poco después de que había cuestionado en público la validez de un informe de comercialización. A partir de ese momento, el gerente de proyectos tuvo especial cuidado de consultar en privado al departamento de comercialización siempre que tuviera dudas acerca de los datos que difundía.

Con la práctica, un observador puede valorar qué tan fuerte es la cultura de una empresa y la importancia de las subculturas o contraculturas. Además, quienes están aprendiendo pueden discernir e identificar dónde se ubica la cultura de una organización en las 10 dimensiones culturales que se presentaron antes y, en esencia, comenzar a construir un perfil cultural para una empresa. Con base en este perfil podrán elaborarse conclusiones sobre costumbres y normas específicas a las que hay que apegarse, y sobre los comportamientos y acciones que violan las normas de una empresa.

Implicaciones de la cultura organizacional en la organización de proyectos

Los gerentes de proyectos deben ser capaces de operar en varias culturas organizacionales, potencialmente diversas. En primer término, deben interactuar con la cultura de su organización matriz, así como con las subculturas de los diversos departamentos (por ejemplo, comercialización y contabilidad). Segundo, tienen que interactuar con el cliente del proyecto o con las organizaciones de clientes. Por último, deben hacerlo en diversos grados con muchas organizaciones que se relacionan con el proyecto. Entre ellas están proveedores, distribuidores, subcontratistas, empresas de consultoría, gobierno, agencias reguladoras y, en muchos casos, los grupos comunitarios. Es probable que muchas de estas organizaciones tengan culturas muy distintas. Los gerentes de proyecto tienen que ser capaces de leer y expresarse en la cultura donde están trabajando para desarrollar estrategias, planes y respuestas que podrían hallar comprensión y aceptación. De cualquier modo, en este capítulo se destaca la relación entre la cultura organizacional y la estructura de administración de proyectos; por esto es necesario retrasar la discusión más profunda de estas implicaciones hasta los capítulos del 10 al 12, los cuales se centran en el liderazgo, en la conformación de equipos y en la contratación de recursos por fuera de la organización (outsourcing).

Ya dijimos que consideramos que existen fuertes lazos entre la estructura de administración de proyectos, la cultura organizacional y la administración exitosa de los proyectos. A fin de explorar más a fondo estas relaciones, volveremos a las dimensiones que se pueden utilizar para caracterizar la cultura de una organización. Al examinar estas dimensiones podemos establecer la hipótesis de que algunos aspectos de la cultura de una organización podrían apoyar la administración exitosa de los proyectos, mientras que otros la obstaculizarían o retrasarían. En la figura 3.8 se muestran algunos intentos de identificar qué características culturales crean un ambiente conducente a la

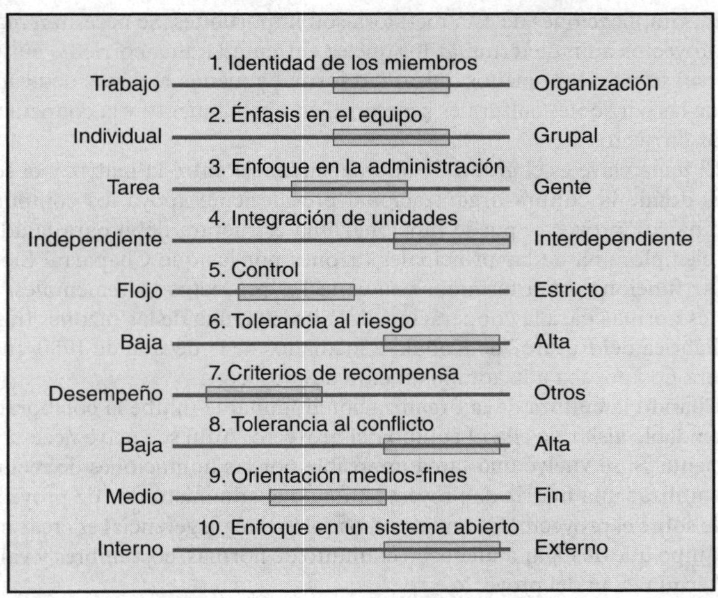

FIGURA 3.8
Dimensiones clave en una organización que apoya la administración de proyectos

terminación de los proyectos más complejos, los cuales involucran a individuos procedentes de diversas disciplinas.

En muchos casos observe que la cultura ideal no se ubica en los extremos. Por ejemplo, una cultura fértil para los proyectos sería aquélla donde la administración equilibrara su enfoque en las necesidades tanto de la tarea como de las personas. Una cultura óptima equilibraría la preocupación con los resultados (finales) y los procesos para obtenerlos (medios). En otros casos, la cultura ideal estaría en uno de los extremos de una dimensión o de la otra. Por ejemplo, como en la mayor parte de los proyectos se necesita colaboración entre las disciplinas, sería deseable que la cultura de la organización subrayara el trabajo en equipo y la identificación con ésta, y no sólo el dominio profesional. Asimismo, es importante que la cultura apoye en alguna medida la toma de riesgos y la tolerancia al conflicto constructivo.

Una organización que parece encajar en este ideal es 3M. Esta empresa ha sido elogiada por haber creado una cultura empresarial en un marco corporativo grande. La esencia de su cultura se resume en frases que los integrantes de la empresa han repetido a lo largo de su historia: "Fomenta la experimentación", "contrata a la gente adecuada y déjala sola", "si le pones bardas a las personas, haces que se conviertan en borregos. Dales el espacio que necesitan". La libertad y la autonomía para experimentar se reflejan en la "regla del 15 por ciento", la cual alienta a la gente técnica a dedicar este porcentaje de su tiempo en proyectos que haya iniciado y elegido. Esta cultura fértil ha contribuido a que 3M se diversifique en más de 60 000 productos y 35 unidades independientes de negocios.

La metáfora que utilizamos para describir la relación entre la cultura organizacional y la administración de proyectos es la de un viaje en bote. La cultura es el río y el proyecto es el bote. La organización y terminación de proyectos dentro de una empresa donde la cultura lleva a la administración de proyectos es como remar con la corriente: se necesita mucho menos esfuerzo. En muchos casos, la corriente puede ser tan fuerte que lo único que se necesita es girar. Tal es el caso de los proyectos que operan en un ambiente amigable para ellos, donde el trabajo en equipo y la cooperación interfuncional son las normas, donde existe un fuerte compromiso con la excelencia y donde se expresa el conflicto saludable, el cual se maneja en forma rápida y eficaz.

A la inversa, cuando se intenta terminar un proyecto en una cultura tóxica pareciera que se está remando contracorriente: se necesita mucho más tiempo, esfuerzo y atención para llegar al destino. Ésta sería la situación en las culturas que desalientan el trabajo en equipo y la cooperación, las cuales tienen una baja tolerancia al conflicto y donde salir adelante tiene que ver menos con el desempeño y más en el cultivo de relaciones favorables con los superiores. En tales casos, el gerente de proyecto y su gente no sólo tienen que superar los obstáculos naturales del proyecto, sino también las fuerzas negativas prevalecientes inherentes a la cultura de la organización.

Las implicaciones de esta metáfora son importantes. Se necesitan más autoridad y tiempo para los proyectos a fin de terminar los que se enfrentan a una corriente cultural fuerte y negativa. A la inversa, se requieren menos autoridad formal y menos recursos dedicados para terminar aquéllos donde las corrientes culturales generan el comportamiento y la cooperación esenciales para el éxito de los proyectos.

El tema clave es el grado de interdependencia entre la matriz y el equipo de proyectos. En los casos donde la cultura organizacional prevaleciente apoya los comportamientos esenciales para terminar un proyecto, puede funcionar una estructura débil para la administración de proyectos. Por ejemplo, una de las principales razones por las que Chaparral Steel es capaz de utilizar una matriz funcional para terminar con éxito los proyectos incrementales, es que su cultura contiene fuertes normas para la cooperación. A la inversa, una de las razones tras el fracaso del proyecto de la "Fábrica del Futuro" de Kodak, a mediados de la década de 1980, fue que en esos momentos la cultura no apoyaba a la administración de proyectos.

Cuando la cultura de la organización dominante inhibe la colaboración y la innovación, es recomendable aislar de ella al equipo del proyecto. Aquí se vuelve necesario hacer que éste sea autosuficiente. Si se vuelve una tarea imposible por las limitaciones de recursos, entonces, al menos se debe utilizar una matriz de proyectos donde el administrador de proyectos tiene un control dominante sobre el proyecto. En ambos casos, la estrategia gerencial es crear una subcultura diferenciada de equipo que dé lugar a un nuevo conjunto de normas, costumbres y valores, los cuales conducirán a la terminación del proyecto.

Bajo dichas circunstancias extremas, esta cultura de proyecto incluso representaría una contracultura puesto que muchas de las normas y valores son la antítesis de la cultura madre que domina. Tal fue el caso cuando IBM decidió desarrollar muy pronto su computadora personal en 1980. Sabían que el proyecto se ahogaría con la sobreabundancia de conocimientos de computación y la burocracia de la empresa. También se dieron cuenta de que tendrían que trabajar de cerca con los proveedores y utilizar muchas partes que no eran de IBM si querían entrar pronto al mercado. Esto no se hizo a la manera de IBM en ese entonces, por lo que IBM estableció al equipo del proyecto de PC en una bodega situada en Boca Ratón, Florida, lejos de las oficinas corporativas y de otras instalaciones de desarrollo que había dentro de la organización.

Resumen

En este capítulo se analizaron dos características importantes de la organización central, o matriz, que influyen en la ejecución y en la terminación de los proyectos. La primera es la estructura formal de la empresa y cómo elige organizar y administrar proyectos. Aunque el gerente individual de proyectos tendría poco que decir en cuanto a la forma en que escoge administrar proyectos, debe ser capaz de reconocer las alternativas disponibles y las fortalezas y debilidades inherentes a los distintos enfoques.

Estas estructuras básicas de administración de proyectos se describieron y valoraron en relación con sus debilidades y fortalezas. Sólo bajo circunstancias únicas puede defenderse la administración de un proyecto dentro de la jerarquía funcional normal. Cuando se piensa nada más en términos de qué es mejor para el proyecto, la creación de un equipo independiente de proyectos es mucho mejor. Sin embargo, el sistema más eficiente para la administración de proyectos equilibra en forma adecuada las necesidades del proyecto con las de la matriz. Las estructuras matriciales surgieron de la necesidad de la organización central de compartir personal y recursos entre múltiples proyectos y operaciones, al tiempo que crean un enfoque legítimo para el proyecto. El enfoque matricial es una forma organizacional híbrida que combina elementos tanto del equipo funcional como del de proyectos en un intento por aprovechar las ventajas de ambas cosas.

La segunda característica importante de la organización central que se analizó en este capítulo es el concepto de cultura organizacional. Ésta es el patrón de creencias y expectativas que comparten los miembros de una organización. La cultura incluye las normas de comportamiento, las costumbres, los valores compartidos y las "reglas del juego" para llevarse unos con otros y avanzar dentro de la empresa. Es importante que los gerentes de proyecto sean "sensibles a la cultura", a fin de que puedan desarrollar estrategias y respuestas adecuadas y eviten transgredir normas clave que podrían poner en riesgo su eficacia dentro de la organización.

La interacción entre la estructura de la administración de proyectos y la cultura organizacional es compleja. Hemos sugerido que, en determinadas organizaciones, la cultura fomenta la ejecución de los proyectos. En este ambiente, la estructura de administración de proyectos que se utiliza desempeña una función menos importante en el éxito del proyecto. A la inversa, para otras organizaciones donde la cultura subraya la competencia y la diferenciación lo opuesto podría ser cierto. Las normas, costumbres y actitudes prevalecientes inhiben la administración eficiente de los proyectos, y la estructura de administración de proyectos desempeña un papel determinante en la realización exitosa de los proyectos. Como mínimo, bajo condiciones culturales adversas, el gerente de proyectos necesita tener suficiente autoridad sobre el equipo de proyectos; en condiciones más extremosas, las empresas deben utilizar equipos dedicados a los proyectos para cubrir proyectos críticos. En ambos casos, la estrategia gerencial debe ser capaz de aislar de la cultura dominante el trabajo de los proyectos para que una "subcultura" más positiva pueda surgir entre los participantes en el proyecto.

La estructura de administración de proyectos y la cultura de la organización constituyen elementos fundamentales del ambiente donde se inicia un proyecto. En capítulos subsecuentes se analizará la manera en que funcionan los gerentes de proyecto y los profesionales dentro de este ambiente para la terminación exitosa de los proyectos.

Términos clave

Cultura organizacional
Equipo dedicado de proyecto
Matriz
Matriz débil
Matriz equilibrada
Matriz fuerte
Oficina de proyectos (OP)
Proyectitis

Preguntas de repaso

1. ¿Cuáles son las ventajas y desventajas relativas de los enfoques funcional, matricial y dedicado para la administración de proyectos?
2. ¿Qué diferencias hay entre una matriz débil y una fuerte?
3. ¿En qué circunstancias sería aconsejable utilizar una matriz fuerte en lugar de un equipo de proyecto dedicado?
4. ¿Por qué es importante evaluar la cultura de una organización antes de decidir qué estructura de administración de proyectos debe utilizarse para terminar un proyecto?
5. ¿Qué cree usted que es más importante para terminar un proyecto con éxito: su estructura formal de administración o la cultura de la matriz?

Ejercicios

1. Ir a la universidad es análogo a trabajar en un amiente matricial puesto que la mayoría de los estudiantes toman más de una materia y deben distribuir su tiempo entre múltiples clases. ¿Qué problemas le crea a usted esta situación? ¿Cómo afecta su desempeño? ¿Cómo podría administrarse mejor el sistema para que su vida fuera menos difícil y más productiva?
2. Usted trabaja para la Compañía LL, la cual manufactura miras ópticas de alta tecnología para rifles de caza. La empresa ha sido líder en el mercado durante los últimos 20 años y ha decidido diversificarse al aplicar su tecnología para desarrollar binoculares de la mejor calidad. ¿Qué tipo de estructura de administración de proyectos recomendaría usted para utilizar en este caso? ¿Qué información quisiera tener para hacer esta recomendación y por qué?
3. Usted trabaja para Barbata Electronics. Su gente de investigación y desarrollo considera que han obtenido una tecnología costeable que duplicará la capacidad de los reproductores MP3 y que utiliza un formato de audio superior a éstos. El proyecto tiene un nombre código KYSO (siglas de *knock your socks off*, es decir, "me impresionó mucho"). ¿Qué tipo de estructura de administración de proyectos recomendaría para el proyecto KYSO? ¿Qué información desearía usted tener para hacer esta recomendación y por qué?
4. En este capítulo se analizó el papel que los valores y las creencias desempeñan en la formación de la cultura de una organización. El tema de la cultura organizacional es muy importante en Internet. Muchas empresas utilizan sus páginas web para describir su misión, visión, valores y creencias corporativas. También hay muchas empresas de consultoría que anuncian cómo ayudan a las organizaciones a modificar su cultura. El objetivo de este ejercicio es que usted obtenga información relativa a la cultura organizacional para dos empresas. Usted puede hacer esto tan sólo buscando las palabras clave "cultura organizacional", o "visión y valores corporativos". Esta búsqueda identificará a muchas empresas que usted puede utilizar para responder las preguntas siguientes. Es posible que quiera seleccionar empresas para las que le gustaría trabajar en el futuro.

a) ¿Cuáles son los valores y las creencias de las empresas?

b) Utilice la hoja de trabajo de la figura 3.7 para evaluar la página web. ¿Qué revela ésta acerca de la cultura de esta organización? ¿Esta cultura conduciría a una eficaz administración de proyectos?

5. Utilice las dimensiones culturales que se enumeran en la figura 3.6 para evaluar la cultura de su escuela. En lugar de empleados, considere estudiantes, y en lugar de la administración, considere a los maestros. Por ejemplo, la identidad de los integrantes se refiere al grado hasta donde los estudiantes se identifican con la escuela en su totalidad y no con su especialidad o alternativa elegida. Ya sea en forma individual, o en grupos pequeños, califique la cultura de su escuela en 10 dimensiones.

   a) ¿Qué dimensiones fueron fáciles de valorar y cuáles no?

   b) ¿Qué tan fuerte es la cultura de su escuela?

   c) ¿Qué funciones desempeña la cultura en su escuela?

   d) ¿Piensa usted que la cultura de su escuela es la más conveniente para maximizar su aprendizaje? Explique su respuesta.

   e) ¿Qué tipos de proyectos pueden ser fáciles de llevar a cabo en su escuela y cuáles no, dada la estructura y la cultura de ésta? Explique su respuesta.

6. Usted trabaja como analista del departamento de comercialización de Springfield International (SI). Esta empresa utiliza una matriz débil para desarrollar servicios nuevos. La administración ha creado una cultura organizacional muy competitiva que le da importancia al logro de resultados por encima de cualquier otra cosa. Uno de los administradores de proyecto que usted ha asignado para trabajar lo ha estado presionando para que le dé a su proyecto la máxima prioridad. También quiere que usted amplíe el enfoque de su trabajo en su proyecto por encima de lo que su gerente de comercialización considera necesario o adecuado. Existe la percepción generalizada de que el administrador de proyecto es una estrella en ascenso dentro de SI. Hasta ahora, usted se ha estado resistiendo a sus presiones y ha cumplido las instrucciones de su gerente de comercialización. Sin embargo, en la charla más reciente que tuvo usted con el administrador de proyecto, éste terminó diciendo: "No estoy contento con el nivel de ayuda que estoy obteniendo de ti y lo recordaré cuando me convierta en vicepresidente de comercialización". ¿Cómo le respondería y por qué?

Referencias

Block, T. R. y J. D. Frame, *The Project Office – A Key to Managing Projects Effectively*, Menlo Park, CA, Crisp Publications, 1998.

Block, T. R. y J. D. Frame, "Today's Project Office: Gauging Attitudes", *PM Network,* agosto de 2001.

Bowen, H. K., K. B. Clark, C. A. Holloway y S. C. Wheelwright, *The Perpetual Enterprise Machine.* Nueva York, Oxford University Press, 1994.

Brown, S. y K. R. Eisenhardt, "Product Development: Past Research, Present Findings, and Future Directions", *Academy of Management Review*, 20 (2), 1995, pp. 343-378.

Cameron, K. S. y R. E. Quinn, *Diagnosing and Changing Organizational Culture: Based on the Competing Values Framework*, Upper Saddle River, NJ, Prentice Hall, 1999.

Carlton, J., *Apple: The Inside Store of Intrigue, Egomania and Business Blunders*, Nueva York, Random House, 1997, pp. 13-14.

Casey, W. y W. Peck, "Choosing the Right PMO Setup", *PM Network* 15 (2), 2001, pp. 40-47.

Collins, J. C. y J. I. Porras, *Built to Last: The Successful Habits of Visionary Companies*, Nueva York, HarperCollins, 1994, pp. 150-158.

Deal, T. E. y A. A. Kennedy, *Corporate Cultures: The Rites and Rituals of Corporate Life*, Reading, MA, Addison-Wesley, 1982.

De Laat, P. B., "Matrix Management of Projects and Power Struggles: A Case Study of an R&D Laboratory", *IEEE Engineering Management Review*, Invierno de 1995.

Filipczak, B., "Beyond the Gates of Microsoft", *Training*, septiembre de 1992, pp. 37-44.

Gallagher, R. S., *The Soul of an Organization: Understanding the Values That Drive Successful Corporate Cultures,* Chicago, Dearborn Trade Publishing, 2002.

Graham, R. J. y R. L. Englund, *Creating an Environment for Successful Proyects: The Quest to Manage Project Management*, San Francisco: Jossey-Bass, 1997.

Gray, C., S. Dworatschek, D. H. Gobeli, H, Knoepfel y E. W. Larson, "International Comparison of Project Organization Structures: Use and Effectiveness", *International Journal of Project Management*, vol. 8, núm. 1, febrero de 1990, pp. 26-32.

Harrison, M. T. y J. M. Beyer, *The Culture of Organizations*, Englewood Cliffs, NJ, Prentice Hall, 1993.

Hobbs, B. y P. Ménard, "Organizational Choices for Project Management" en Paul Dinsmore (ed.), *The AMA Handbook of Project Management*, Nueva York, AMACOM, 1993.

Hobday, M., "The Project Based Organization: An Ideal Form for Managing Complex Products and Systems?", *Research Policy*, vol. 29, núm. 17, 2000.

Jassawalla, A. R. y H. C. Sashittal, "Cultures that Support Product Innovation Processes", *Academy of Management Executive*, 15 (3), 2002, pp. 42-54.

Johnson, C. L., M. Smith y L. K. Geary, *More Than My Share in All,* Washington, D.C., Smithsonian Institute Publications, 1990.

Kerzner, H., *In Search of Excellence in Project Management*, Nueva York, Von Nostrand Reinhold, 1997.

Kerzner, H. "Strategic Planning for the Project Office", *Project Management Journal*, 34 (2), 2003, pp. 13-25.

Larson, E. W. "Project Management Structures", en *The Wiley Handbook for Managing Projects*, P. Morris y J. Pinto (eds.), Nueva York, Wiley, 2004, pp. 48-66.

Larson, E. W. y D. H. Gobeli, "Organizing for Product Development Projects", *Journal of Product Innovation Management*, vol. 5 (1988), pp. 180-190.

Larson, E. W. y D. H. Gobeli, "Matriz Management: Contradictions and Insights", *California Management Review*, vol. 29, núm. 4, verano de 1987, p. 137.

Larson, U. (ed.), *Cultures of Creativity: The Centennial Exhibition of the Nobel Prize*, Canton, MA, Science History Publications, 2001.

Laslo, Z. y A. I. Goldberg, "Matrix Structures and Performance: The Search for Optimal Adjustments to Organizational Objectives? *IEEE Transactions in Engineering Management*, vol. 48, núm. 12, 2001.

Lawrence, P. R. y J. W. Lorsch, *Organization and Environment*, Homewood, IL, Irwin, 1969.

Majchrzak, A y Q. Wang, "Breaking the Functional Mind-Set in Process Organizations", *Harvard Business Review,* septiembre-octubre de 1996, pp. 93-99.

Miller, J., *Lockheed Martin's Skunk Works*, Nueva York, Speciality Publications, 1996.

Olson, E. M., O. C. Walker Jr. y R. W. Ruekert, "Organizing for Effective New Product Development: The Moderating Role of Product Innovativeness", *Journal of Marketing*, vol. 59, enero de 1995, pp. 48-62.

O'Reilly, C. A., J. Chatman y D. F. Caldwell, "People and Organizational Culture: A Profile Comparison Approach to Assesing Person-Organization Fit", *Academy of Management Journal*, vol. 34, núm. 3, septiembre de 1991, pp. 487-516.

Pettegrew, A. M., "On Studying Organizational Culture", *Administrative Science Quarterly*, vol. 24, núm. 4, 1979, pp. 570-581.

Powell, M. y J. Young, "The Project Management Support Office", en *The Wiley Handbook for Managing Projects,* P. Morris y J. Pinto (eds.), Nueva York, Wiley, 2004, pp. 937-969.

Rebello, K., "Inside Microsoft", *Business Weekly*, 15 de julio de 1996, pp. 56-67.

Schein, E., *Organizational Culture and Leadership: A Dynamic View*, San Francisco, CA, Jossey-Bass, 1985.

Sculley, J., *Odyssey: Pepsi to Apple… A Journey of Adventure, Ideas, and the Future*, Nueva York, Harper & Row, 1987, pp. 270-279.

Shenhar, A. J., "From Theory to Practice: Toward a Typology of Project Management Styles", *IEEE Transactions in Engineering Management*, 41 (1), 1998, pp. 33-48.

Shenhar, A. J., D. Dvir T. Lechler y M. Poli, "One Size Does Not Fit All – True for Projects, True Frameworks", *Frontiers of Project Management Research and Application*, Proceedings of PMI Research Conference, Seattle, 2002, pp. 99-106.

Smith, P. G. y D. G. Reinertsen, *Developing Products in Half the Time*, Nueva York, Van Nostrand Reinhold, 1995.

Stuckenbruck, L. C., *Implementation of Project Management*, Upper Darby, PA, Project Management Institute, 1981.

Youker, R., "Organizational Alternatives for Project Management", *Project Management Quarterly*, vol. 8, marzo de 1977, pp. 24-33.

Caso

Empresa de contadores Moss and McAdams

Bruce Palmer había trabajado para Moss and McAdams (M&M) por seis años y se le acababa de ascender a gerente de cuenta. Su primera tarea fue dirigir una auditoría en Johnsonville Trucks. Estaba muy complacido con los cinco contadores que se habían asignado a su equipo, en especial con Zeke Olds, quien era un veterano del ejército que había regresado a la escuela para obtener una doble especialización en contaduría y ciencias de la computación. Se encontraba muy al tanto de los desarrollos más recientes en sistemas financieros de información y tenía fama de encontrar soluciones innovadoras para los problemas.

M&M era una empresa regional de contadores bien establecida, con 160 empleados distribuidos en seis oficinas en Minnesota y Wisconsin. La oficina principal, donde Palmer trabajaba, se ubicaba en Green Bay, Wisconsin. En realidad, uno de los miembros fundadores, Seth Moss, jugó por algún tiempo con los Empacadores de la NFL, cuya sede es esa ciudad, a fines de la década de 1950. Los servicios más importantes que proporcionaba M&M eran las auditorías corporativas y la presentación de declaraciones de impuestos. Durante los últimos dos años, los socios decidieron ser más emprendedores en su entrada al negocio de consultoría. La empresa proyectaba que la consultoría representaría 40 por ciento de su crecimiento en los siguientes cinco años.

M&M operaba dentro de una estructura matricial. A medida que se contrataba a los nuevos clientes, se asignó un gerente a la cuenta. Era posible asignar a un gerente en varias cuentas, de acuerdo con el tamaño y el alcance del trabajo. Esto resultaba en particular cierto en el caso de los proyectos de declaración de impuestos, en los que no era raro que se le asignaran entre ocho y 12 clientes a un gerente. Asimismo, se asignaban contadores senior y del personal a múltiples equipos contables. Ruby Sands era la gerente de oficina responsable de asignar personal a las distintas cuentas de la oficina de Green Bay. Ella hacía lo que mejor podía para dotar de personal a múltiples proyectos bajo el mando del mismo gerente. Esto no siempre era posible y a veces los contadores debían trabajar en proyectos liderados por distintos gerentes.

Como la mayor parte de las empresas de contadores, M&M tenía un sistema de ascensos escalonados. Los contadores públicos nuevos entraban como juniors o contadores generales. A los dos años se revisaba su desempeño y se les pedía que salieran, o bien, se les ascendía a contadores senior. En ocasiones, durante su quinto o sexto año, se tomaba la decisión de promoverlos a gerente de cuenta. Por último, después de 10 o 12 años de trabajar para la empresa, se les consideraba para convertirlos en socios. Ésta era una posición muy competitiva. Durante los últimos cinco años, sólo 20 por ciento de los gerentes de cuenta en M&M se habían hecho socios. Sin embargo, una vez que lo eran, su puesto estaba garantizado de por vida y disfrutaban de importantes aumentos de sueldo, prestaciones y prestigio. M&M tenía fama de ser una organización proclive a obtener resultados; las promociones a socios se fundamentaban en cumplir con las fechas límite, conservar a los clientes y generar ingresos. El equipo de promoción basaba su decisión en el desempeño relativo del gerente de cuenta en comparación con sus iguales.

Al cabo de una semana de participar en la auditoría de Johnsonville, Palmer recibió una llamada de Sands quien le solicitaba que la visitara en su oficina. Ahí le presentó a Ken Crosby, que recién se había unido a M&M después de trabajar durante nueve años para una de las "cinco grandes" empresas de contadores. Se contrató a Crosby para que manejara proyectos especiales de consultoría. Sands informó que Crosby acababa de asegurar un importante proyecto de consultoría con Springfield Metals. Éste era un golpe fuerte para la empresa: M&M había competido con dos de las cinco grandes empresas de contadores por el proyecto. Sands continuó y explicó que estaba trabajando con Crosby para integrar un equipo. Crosby insistía en que se asignara a Zeke Olds a su equipo. Sands le dijo que esto sería imposible porque ya se le había asignado a la auditoría de Johnsonville. Crosby perseveró, alegando que la habilidad de Olds era esencial para el proyecto Springfield. Sands decidió llegar a un acuerdo y dividir el tiempo de Olds entre ambos proyectos.

En este momento, Crosby se volvió con Palmer y le dijo: "Yo creo en mantener las cosas sencillas. ¿Por qué no acordamos que Olds trabaje para mí por las mañanas y para ti en las tardes? Estoy seguro que podemos solucionar cualquier problema que pueda presentarse. Al fin y al cabo, los dos trabajamos para la misma empresa".

SEIS SEMANAS DESPUÉS

Palmer podía gritar siempre que recordaba las palabras de Crosby. "Después de todo, ambos trabajamos para la misma empresa." La primera señal de dificultades llegó durante la primera semana del nuevo acuerdo, cuando Crosby llamó e insistió que Olds trabajara todo el jueves en su proyecto. Estaba realizando una visita muy exhaustiva al cliente y Olds era fundamental para la evaluación. Después de que Palmer aceptó a regañadientes, Crosby le dijo que le debía una. La semana siguiente, cuando Palmer le llamó a Crosby para pedirle que le devolviera el favor, Crosby se rehusó y dijo que podría hacerlo en cualquier otro momento, pero no esa semana. Palmer lo intentó de nuevo una semana después y obtuvo la misma respuesta.

En un principio Olds llegaba puntual, a las 13 horas, a la oficina de Palmer para trabajar en la auditoría. Pronto se convirtió en un hábito llegar entre 30 y 60 minutos después. Siempre había una buena razón. Estaba en una junta en Springfield y no podía salirse o una tarea urgente tomó más tiempo del planeado. Una vez el retraso se debió a que Crosby llevó a todo su equipo a comer al nuevo restaurante tailandés; entonces Olds llegó más de una hora tarde debido al servicio lento de ese negocio. En un principio, Olds compensaba el tiempo perdido trabajando horas extra, pero Palmer le decía, debido a conversaciones que escuchaba por accidente, que esto estaba creándole problemas en casa.

Lo que quizá le molestaba más a Palmer eran los correos electrónicos y las llamadas telefónicas que Olds recibía de Crosby y de los miembros de su equipo durante la tarde, cuando se suponía que estaba trabajando para Palmer. Un par de veces, Palmer pudo haber jurado que Olds estaba trabajando en el proyecto de Crosby en su oficina (la de Palmer).

Palmer se reunió con Crosby para hablar sobre el problema y expresar sus quejas. Crosby actuó sorprendido e incluso un poco dolido. Prometió que las cosas cambiarían, pero el patrón continuó.

Palmer estaba volviéndose paranoico en lo que a Crosby se refería. Sabía que Crosby jugaba golf con Olds durante los fines de semana y podría imaginárselo hablando mal del proyecto de Johnsonville y señalando lo aburrido que era el trabajo de auditoría. Lo triste era que quizá había algo de verdad en lo que decía. El proyecto de Johnsonville estaba atorándose y el equipo se retrasaba en lo programado. Uno de los factores que contribuía a eso era el desempeño de Olds. En este trabajo no había cumplido como solía hacerlo. Palmer se acercó a Olds para hablar sobre esto, y éste adoptó una actitud defensiva. Más tarde, Olds se disculpó y le confió que se le dificultaba cambiar su mente de la consultoría a la auditoría y de regreso a la consultoría. Prometió esforzarse más y hubo una ligera mejoría en su desempeño.

La gota que derramó el vaso fue cuando Olds le pidió retirarse temprano el viernes para llevar a su esposa e hijos a un juego de beisbol de los Cerveceros de Milwaukee. Resultó que Springfield Metals le había dado a Crosby sus boletos corporativos y él había decidido premiar a su equipo con asientos preferenciales en un palco justo detrás de la salida de los Cerveceros. Palmer odió hacerlo, pero tenía que negarse a la solicitud. Se sintió culpable cuando escuchó a Olds explicarle a su hijo por teléfono por qué no podían acudir al juego.

Por fin, Palmer decidió tomar el teléfono y pedir una junta urgente con Sands para resolver el problema. Tomó la fuerza suficiente para hacerlo y cuando la llamada se completó le respondieron que Sands no estaría en la oficina sino hasta una semana después. Cuando colgó, pensó que las cosas podrían mejorar.

DOS SEMANAS DESPUÉS

Sands llegó en forma inesperada a la oficina de Palmer y le dijo que tenían que hablar acerca de Olds. Palmer estaba muy complacido, pensando que ahora podía decirle lo que estaba sucediendo. Pero antes de que pudiera hablar, Sands le dijo que Olds había llegado a verla el día anterior. Le dijo que Olds le había confesado que estaba teniendo dificultades para trabajar en los proyectos de Crosby y Palmer. Se le complicaba concentrarse en el trabajo de auditoría por las tardes porque estaba pensando en algunos de los problemas de consultoría que habían surgido durante la mañana. Le estaba dedicando horas extra a cumplir con los plazos de ambos proyectos y esto le estaba originando problemas en casa. La conclusión era que estaba muy tenso y que no podía manejar la situación. Había solicitado que se le asignara tiempo completo al proyecto de Crosby. Sands continuó y dijo que Olds no culpaba a Palmer, pues en realidad tenía muchas cosas buenas que decir sobre él. Simplemente disfrutaba más el trabajo de consultoría, lo encontraba más retador. Sands concluyó diciendo: "Tuvimos otra plática hace poco y por fin estuve de acuerdo con él. Odio hacerte esto, Bruce, pero Olds es un empleado valioso y creo que ésta es la mejor decisión para la empresa".

1. Si usted fuera Palmer al final de este caso, ¿cómo respondería?
2. ¿Qué pudo haber hecho Palmer, si fuera posible, para evitar perder a Olds?
3. ¿Qué ventajas y desventajas de una organización tipo matricial son evidentes en este caso?
4. ¿Qué podría hacer mejor la administración de M&M para manejar situaciones como éstas?

Caso

ORION Systems (A)*

La oficina explotó en vítores cuando se anunció por el altavoz que acababa de concedérsele a ORION el contrato gubernamental para construir la siguiente generación de trenes ligeros de alta velocidad. Todos acudieron para estrechar la mano de Mike Rosas y felicitarlo. Se sabía que Rosas sería el gerente de proyecto de este importante objetivo, al cual se le había dado el nombre código de Jaguar. Una vez que la celebración terminó, Rosas se asomó por la ventana y pensó en lo que le esperaba.

El proyecto Jaguar tendría mucha visibilidad e influiría en la obtención de contratos futuros con el gobierno. Al aumentar la competencia lo harían también las expectativas de desempeño respecto al tiempo de terminación, calidad, confiabilidad y costo. Sabía que sería necesario hacer cambios importantes en la forma que ORION organizaba y administraba proyectos para satisfacer las expectativas del proyecto Jaguar.

ADMINISTRACIÓN DE PROYECTOS EN ORION

ORION era una de las divisiones de una gran empresa aeroespacial de 7 000 empleados. Evolucionó de ser una organización de proyectos a una estructura matricial para cuidar costos y utilizar mejor los recursos limitados con los que contaba. En general, ORION trabajaba en tres o cinco grandes proyectos, como Jaguar, y entre 30 y 50 pequeños. Los gerentes de proyecto negociaban las asignaciones de personal con el vicepresidente de operaciones, quien en última instancia decidía las asignaciones de proyectos. No era raro que un ingeniero trabajara en dos o tres proyectos durante una semana.

En la figura C3.1 se muestra la manera en que se organizaron en ORION los proyectos para el desarrollo de nuevos productos. La administración de proyectos se limitaba al diseño y desarrollo del producto nuevo. Una vez que terminaba, el diseño y el prototipo finales se enviaban a manufactura, área que se encargaría de producirlo y llevarlo al cliente. Un equipo de administración de cuatro personas supervisaba la terminación del proyecto; en seguida se describen de manera sucinta sus responsabilidades:

- *Administrador de proyecto:* responsable de todos los aspectos de diseño y desarrollo del producto.
- *Gerente de planeación y control:* responsable de construir una red general del proyecto, de la programación, de la administración del presupuesto, del control y evaluación del diseño, del programa de desarrollo y de la preparación de los reportes de avance.

FIGURA C3.1
Organización de los proyectos para el desarrollo de productos en ORION

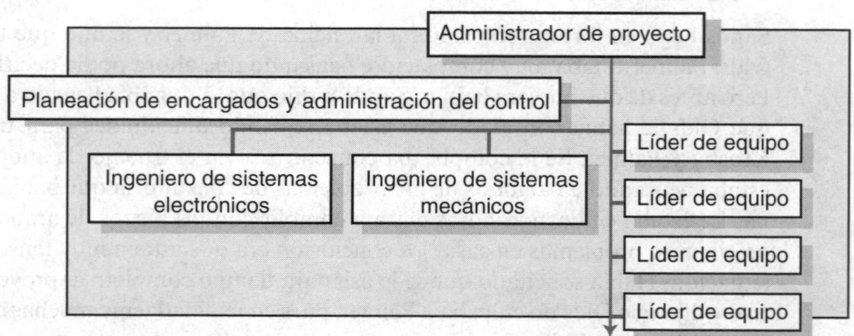

* Elaborado por Shlomo Cohen.

- *Ingeniero de sistemas electrónicos:* responsable de proporcionar habilidades técnicas en asuntos relativos a los sistemas electrónicos.
- *Ingeniero de sistemas mecánicos:* responsable de proporcionar habilidades técnicas en asuntos relativos a los sistemas mecánicos.

Entre 12 y 20 equipos de diseño terminaban el trabajo central. Cada equipo contaba con un líder, responsable del diseño, el desarrollo, la construcción y la comprobación de un sistema específico del producto. El tamaño de los equipos individuales variaba entre cinco y 15 ingenieros, según el alcance de su trabajo. Estos ingenieros dividían su tiempo entre múltiples proyectos.

Los ingenieros de diseño determinaban cómo se harían las cosas en ORION y se esperaba que comercialización, manufactura y otros grupos hicieran lo mismo en sus áreas. La posición especial de los ingenieros de diseño estaba reforzada por el hecho de que se les pagaba más que a los ingenieros de manufactura.

El proceso general de desarrollo y manufactura de productos se ha resumido en el diagrama maestro de la figura C3.2. El diseño y desarrollo de nuevos productos se da en torno a cinco inspecciones principales: revisión del diseño de sistemas (RDS), revisión del diseño preliminar (RDP), revisión del diseño crítico (RDC), revisión del cumplimiento de las pruebas (RCP) y revisión del cumplimiento de la producción (RCP).

El trabajo de diseño y desarrollo comienza en el laboratorio y avanza hasta la realización de pruebas de campo de subsistemas específicos y, por último, de prototipos finales de producto. Una vez que termina, el diseño y el prototipo se envían a manufactura, donde comienza la construcción de la línea de producción para el producto nuevo. Manufactura también desarrolla el equipo necesario para pruebas a fin de confirmar que los componentes manufacturados se desempeñan correctamente. Durante este tiempo, equipos de apoyo logístico integrado (ALI) preparan la documentación de los productos, los manuales para usuarios, los programas de mantenimiento y los programas de capacitación para los clientes que utilizarán el producto. En general, ORION requiere entre seis y siete años para desarrollar y fabricar un producto como el Jaguar.

ORION acaba de terminar una evaluación fundamental de la manera en que se administran los proyectos. A continuación se presenta una breve descripción de algunos de los problemas más importantes que se identificaron:

- *Costos de producción mayores que los esperados.* Una vez que se desarrollaron los productos, había una tendencia a "arrojárselos" a manufactura para que se encargara de producirlos. Se llevaba a cabo muy poco diseño y se complicaba la rampa de producción, que no era muy eficiente y que representaba una fuente de tensiones para la gente que trabajaba en la planta.
- *Preocupaciones de calidad.* Al aumentar la competencia lo hacían también las expectativas de los clientes en lo que se refiere a calidad. Éstos esperaban menos defectos y programas más largos de reemplazo. ORION tendía a resolver los asuntos de calidad después del hecho e iniciaba las mejoras de calidad después del establecimiento del proceso de producción. No se prestaba atención suficiente a las consideraciones de calidad en el diseño original de los productos.
- *Problemas con el apoyo de los clientes.* En ocasiones, los manuales para usuarios y los documentos técnicos fracasaban en resolver todas las preocupaciones de los clientes y la capacitación de seguimiento no siempre se preparaba de manera conveniente. Estos problemas

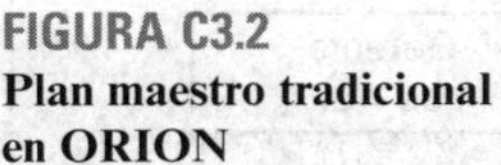
FIGURA C3.2
Plan maestro tradicional en ORION

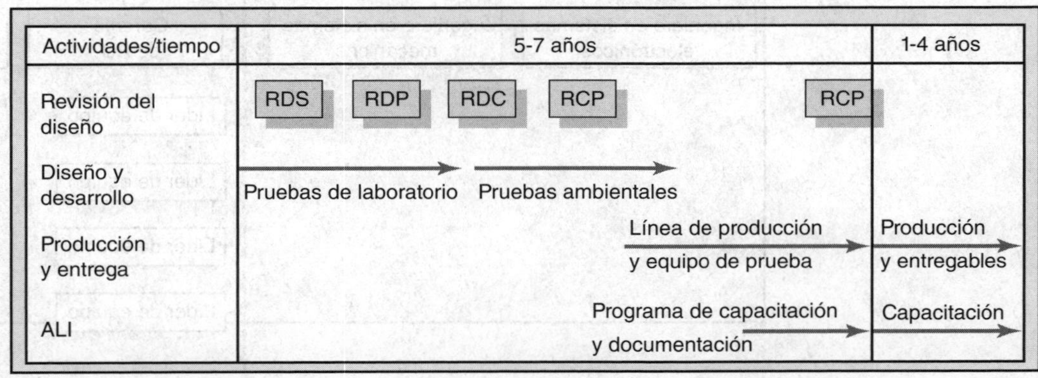

contribuían a aumentar los costos en el servicio al cliente y a una reducción en la satisfacción de los clientes.

- *Falta de una fuerte propiedad de los proyectos.* Si bien todos aceptaban que un arreglo matricial era la única forma de acomodar todos los proyectos en ORION, las idas y venidas del personal en proyectos múltiples influyeron de manera negativa en el progreso de los proyectos individuales. A menudo, los integrantes fracasaban en su identificación con éstos y no se emocionaban con ellos, lo cual iba en detrimento de un desempeño superior de su parte. El cambio de personal se convertía en otro factor adverso porque había que dedicarle más tiempo a actualizar a los miembros que regresaban para poder acelerar las acciones actuales.
- *Pérdida del alcance*. A ORION se le conocía por su habilidad en ingeniería. Sin embargo, era común que los ingenieros de diseño se adentraran tanto en la ciencia del proyecto que perdían de vista las consideraciones prácticas. Esto llevaba a retrasos costosos y a que, en ocasiones, las modificaciones de diseño no se adaptaran a los requerimientos de los clientes.

Rosas estaba al corriente de éstas y otras preocupaciones cuando se sentó con su personal a encontrar la mejor manera de organizar el proyecto Jaguar.

1. ¿Qué recomendaciones le haría usted a Rosas para organizar el proyecto Jaguar y por qué?
2. ¿Cómo cambiaría usted el organigrama y el plan maestro para que reflejaran estos cambios?

Caso

ORION Systems (B)

EL PLAN DE ROSAS

Rosas y su personal trabajaron la semana pasada para desarrollar un plan para establecer un nuevo estándar para la terminación de proyectos en ORION. El equipo de administración de proyectos Jaguar se ampliará para incluir a siete gerentes, quienes serán los responsables de terminar el proyecto, desde el diseño hasta su entrega al cliente. A continuación se hace una breve descripción de las responsabilidades de los tres nuevos cargos (véase la figura C3.3):

- *Gerente de producción:* responsable de elevar la producción durante la fase de diseño y de construir y administrar la línea de producción.

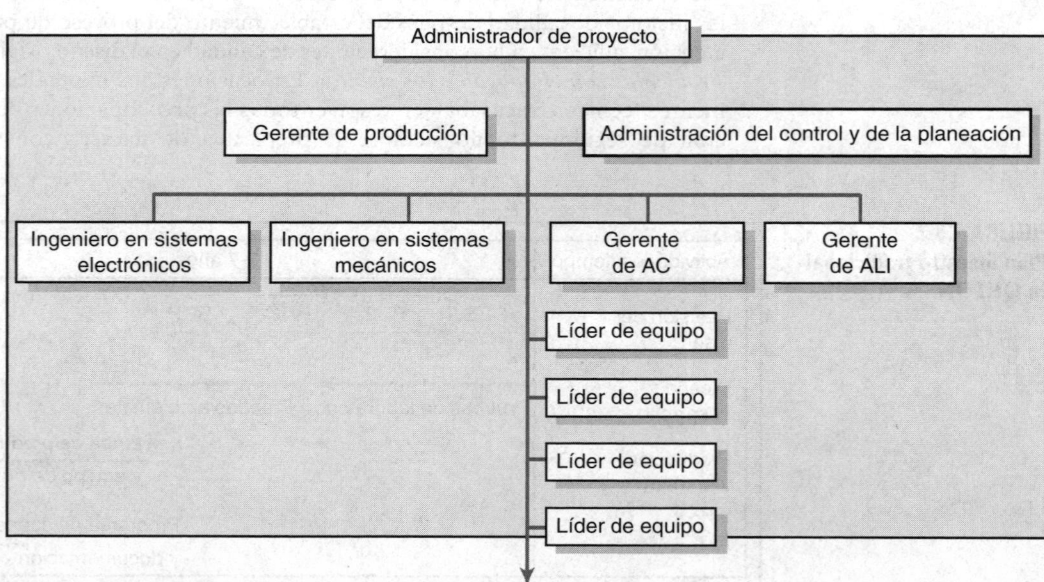

FIGURA C3.3
Organización de proyectos propuesta para el proyecto Jaguar

FIGURA C3.4
Plan maestro para Jaguar

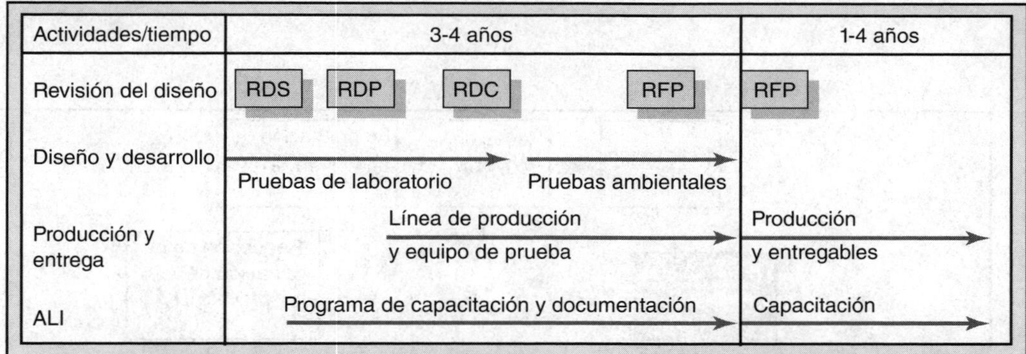

- *Gerente de ALI (apoyo logístico integrado):* responsable de todas las actividades que requieran apoyo de los proyectos y los clientes después de la entrega del producto a éstos, lo que incluye, entre otras cosas: capacitación de los clientes, documentación y comprobación del equipo.
- *Gerente de aseguramiento de la calidad (AC):* responsable de poner en práctica un programa de calidad que aumente la confiabilidad, la disponibilidad y la capacidad de darle mantenimiento al producto.

Estos siete gerentes (los tres que se describieron apenas y los cuatro que se presentaron en la parte A) coordinarán la terminación del proyecto y verán que se tome en cuenta a sus diversas disciplinas en todas las decisiones importantes. Como gerente de proyecto, Rosas trabajará en la obtención de consenso pero tendrá la autoridad de intervenir y tomar decisiones si fuera necesario.

Treinta y cinco equipos se encargarán de terminar el trabajo central. Cada uno de ellos contará con un "líder" que será responsable de diseñar, desarrollar, construir y comprobar un subsistema específico del proyecto. También serán responsables de la calidad y la productividad de los subsistemas y de hacer el trabajo a tiempo y dentro del presupuesto.

Los equipos individuales se integrarán con cinco o 12 elementos y Rosas insiste en que al menos la mitad de ellos trabaje tiempo completo en el proyecto. Esto ayudará a garantizar la continuidad y mejorará el compromiso con el proyecto.

La segunda característica clave del plan es el desarrollo del plan maestro general para el proyecto. Esto implica abandonar el enfoque secuencial tradicional para el desarrollo del producto y adoptar un enfoque concurrente de ingeniería para el proyecto (véase la figura C3.4).

Una vez que se corrija y se apruebe el diseño del sistema, distintos equipos comenzarán a trabajar en el laboratorio para diseñar, desarrollar y comprobar subsistemas y componentes específicos.

Poco después de que esto comience, el equipo ALI empezará a recopilar información y a preparar la documentación para los productos. Una vez que termine la RDP, los equipos comenzarán a diseñar las líneas de producción necesarias. La RDC incluirá no nada más la resolución de las cuestiones técnicas más importantes, sino también un plan para el área de manufactura. Una vez que la RDC termine, los equipos de proyecto comenzarán a realizar pruebas de campo en distintas condiciones ambientales, de acuerdo con las especificaciones gubernamentales. Los ajustes subsecuentes en el diseño se coordinarán muy de cerca con los equipos de manufactura y de ALI para que, de manera ideal, ORION esté listo para iniciar la producción del Jaguar en cuanto termine la RCP.

Rosas considera que al dividir en etapas el trabajo de producción y documentación, y al coordinar esto con el trabajo central de desarrollo, logrará acelerar la culminación del proyecto, reducir los costos de producción y contribuir a la satisfacción del cliente.

1. ¿Cuáles son los cambios más importantes que propone este plan respecto a la administración de proyectos que antes se realizaba en ORION?
2. ¿Qué tan bien considera usted que estos cambios podrán manejar los problemas que se identificaron en la parte A?
3. ¿Quién podría apoyar este plan? ¿Quién no lo hará?

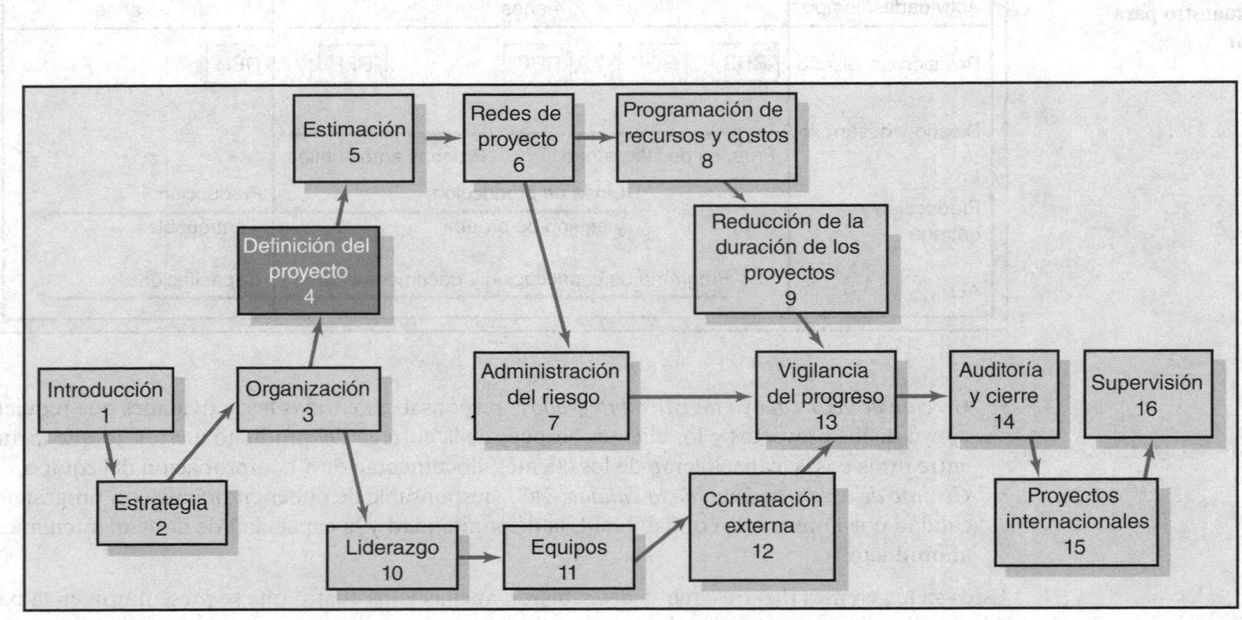

Definición del proyecto

Paso 1: Definición del enfoque del proyecto

Paso 2: Establecimiento de las prioridades del proyecto

Paso 3: Creación de una estructura de descomposición del trabajo

Paso 4: Integración de la EDT a la organización

Paso 5: Codificación de la EDT para el sistema de información

Estructura de descomposición de procesos

Matrices de responsabilidad

Plan de comunicación del proyecto

Resumen

CAPÍTULO CUATRO

Definición del proyecto

Localiza un sueño y úsalo para definir tu meta
Origina los recursos necesarios
Genera mejoras en tus habilidades y capacidades
Rendirá tu tiempo si lo usas sabiamente
Organízate y ¡comienza ya!

...se trata de uno de esos acro-lo que sean,
*dijo Winnie the Poo.**

Los administradores de proyecto que están a cargo de un proyecto pequeño y único pueden planear y programar las tareas para éste sin mucha planeación formal e información. Sin embargo, cuando el gerente de proyecto debe manejar varios proyectos pequeños o uno muy grande y complejo, llega rápido a un lugar donde ya no puede con el detalle.

En este capítulo se describe un método disciplinado y estructurado para recopilar información en forma selectiva, la cual podrá utilizarse en todas las fases del ciclo de vida del proyecto para satisfacer las necesidades de los interesados (por ejemplo, el cliente y el administrador del proyecto) y para realizar mediciones del desempeño contra el plan estratégico de la organización. El método que se sugiere es un diagrama selectivo del proyecto al que se denomina *estructura de descomposición del trabajo* (WBS, por sus siglas en inglés). Las primeras etapas de desarrollo del diagrama garantizan que se identifiquen todas las tareas y que los participantes en el proyecto comprendan lo que hay que hacer. Una vez que se han definido el diagrama y todos sus detalles, es posible desarrollar un sistema integrado de información para programar el trabajo y asignar presupuestos. Más adelante se utilizará esta información de base para mayor control. Además, en el capítulo se presentará una variante de la estructura de descomposición del trabajo a la que se denomina *estructura de descomposición del proceso* (EDP), así como matrices de responsabilidad que se utilizan para diseñar y construir proyectos. Al definir el cometido del proyecto mediante la *estructura de descomposición del trabajo*, este capítulo concluye con el proceso de crear un plan de comunicación para ayudar a coordinar las actividades del proyecto y seguir el progreso.

Los cinco pasos genéricos que se describen aquí proporcionan un enfoque estructurado para recopilar la información que necesita el proyecto para desarrollar una estructura de descomposición del trabajo. Estos pasos y el desarrollo de redes de proyecto, que se aborda en los capítulos que siguen, se dan al mismo tiempo y se necesitan varias repeticiones para obtener fechas y presupuestos que puedan utilizarse en la administración del proyecto. El viejo refrán "sólo podemos controlar lo que hemos planeado" es cierto; por lo tanto, definir el proyecto es el primer paso.

Paso 1: Definición del enfoque del proyecto

Al definir el enfoque del proyecto se prepara el escenario para desarrollar su plan. El enfoque del proyecto es una definición del resultado final o misión de su proyecto: un producto o servicio para su cliente. El principal objetivo es definir con la mayor claridad posible los productos para el usuario final y enfocarse en los planes de proyecto. La definición del alcance es cardinal, pero sucede que los líderes de proyecto de corporaciones grandes y bien administradas la dejan pasar por alto.

* Roger E. Allen y Stephen D. Allen, *Winnie-the-Pooh on Success*, Nueva York, Penguin, 1997, p. 10.

Las investigaciones demuestran con claridad que un alcance o misión mal definidos revelan una barrera importante para el éxito del proyecto. En una investigación que abarcó más de 1 400 gerentes de proyecto en Estados Unidos y Canadá, Gobeli y Larson encontraron que casi 50 por ciento de los problemas de planeación se relacionan con una definición imprecisa del alcance y las metas. En éste y otros estudios se sugiere la existencia de una firme correlación entre la definición de un enfoque claro y el éxito del proyecto. El documento del enfoque dirige su atención al objetivo del proyecto en toda la vida de éste para el cliente y los participantes en él.

El enfoque debe desarrollarse bajo la dirección del administrador de proyecto y del cliente. El administrador de proyecto es responsable de verificar que exista un acuerdo con el propietario respecto a los objetivos del proyecto, los productos a entregar en cada etapa de éste, los requerimientos técnicos y así en lo sucesivo. Por ejemplo, un producto a entregar en la primera etapa serían las especificaciones; en la segunda, tres prototipos para la producción; en la tercera, una cantidad suficiente para la introducción al mercado, y por último, promoción de comercialización y capacitación.

La definición del enfoque es un documento que se publicará y que utilizarán el propietario y los participantes del proyecto para planear y medir el éxito de éste. El *alcance* describe lo que usted espera entregarle a su cliente cuando termine el proyecto. Su enfoque debe definir los resultados a obtener en términos específicos, tangibles y que puedan ser medidos.

Uso de una lista de verificación del enfoque del proyecto

Resulta evidente que el enfoque del proyecto es clave en la interconexión de todos los elementos en un plan de proyecto. Para garantizar que esa definición de enfoque esté terminada, quizá usted desee utilizar la siguiente lista de verificación:

Lista de verificación del enfoque del proyecto

1. Objetivo del proyecto
2. Productos a entregar
3. Momentos importantes
4. Requerimientos técnicos
5. Límites y exclusiones
6. Revisiones con el cliente

1. **Objetivo del proyecto.** El primer paso en la definición del enfoque del proyecto es la descripción del objetivo general para satisfacer las necesidades del cliente. Por ejemplo, como resultado de una amplia investigación de mercado, una empresa de software decide desarrollar un programa que traduce oraciones del inglés al ruso de manera automática. El proyecto debe terminarse en tres años a un costo no superior a 1.5 millones de dólares. Otro ejemplo es diseñar y producir un sistema de tratamiento térmico portátil de desperdicios tóxicos, en 13 meses, a un costo que no supere los 13 millones de dólares. El objetivo del proyecto responde a las preguntas de qué, cuándo y cuánto.
2. **Productos a entregar.** El paso siguiente es definir los principales productos a entregar: los resultados esperados durante la vida del proyecto. Por ejemplo, entre los productos a entregar en las primeras fases de un proyecto puede estar una lista de especificaciones. En la segunda fase, los códigos del software y un manual técnico. En la siguiente, los prototipos. En la cuarta, las pruebas finales y el software aprobado.
3. **Momentos importantes.** Un hecho fundamental es significativo en un proyecto que ocurre en determinado momento. El programa de los momentos importantes sólo muestra los segmentos principales de trabajo; primero representa un cálculo aproximado del tiempo, los costos y los recursos para el proyecto. Se construye utilizando los productos a entregar como plataforma para identificar los principales segmentos de trabajo y una fecha de terminación: por ejemplo, las pruebas deben concluir el 1 de julio del mismo año. Los acontecimientos importantes deben ser puntos naturales y relevantes de control en el proyecto. Asimismo, deben ser fáciles de reconocer por todos los participantes del proyecto.

4. **Requerimientos técnicos.** Con mucha frecuencia, un producto o servicio tendrá requerimientos técnicos para garantizar un desempeño adecuado. Por ejemplo, un requerimiento técnico para una computadora personal puede ser la capacidad de aceptar una corriente alterna de 120 voltios o una corriente directa de 240 voltios sin adaptadores o interruptores para el usuario. Otro ejemplo muy conocido es la capacidad de contar con sistemas de emergencia tipo 911 para identificar los números de teléfono de las personas que llaman y la ubicación de los aparatos. Entre los ejemplos de los proyectos de sistemas de información están la velocidad y la capacidad de los sistemas de bases de datos y la conectividad con sistemas alternos. Para entender la importancia de los requerimientos clave, véase el recuadro Caso de práctica: Big Bertha.
5. **Límites y exclusiones.** Es necesario definir los límites del enfoque. De no hacerlo pueden surgir falsas expectativas y pueden dedicarse recursos y tiempo al problema equivocado. Ejemplos de límites son: la transportación local por aire de y hacia los campamentos de base se contratará con un proveedor externo; el mantenimiento y la reparación de los sistemas se hará sólo un mes antes de la inspección final; al cliente se le cobrará la capacitación adicional además de la establecida en el contrato. Las exclusiones definen mejor los límites del proyecto porque indican lo que no está incluido. Por ejemplo: el cliente recopilará los datos, no el contratista; se construirá una casa, pero no se hará jardinería ni se le colocarán dispositivos de seguridad; se instalará el software, pero no se dará capacitación para utilizarlo.
6. **Revisiones con el cliente.** La terminación de la lista de verificación del alcance termina con una revisión de su cliente, sea interno o externo. Aquí, la principal preocupación es entender las expectativas y estar de acuerdo con ellas. ¿El cliente está obteniendo lo que desea de los productos a entregar? ¿Realmente la definición del proyecto identifica logros clave, presupuestos, tiempos y requerimientos de desempeño? ¿Se cubren los aspectos de límites y exclusiones? La comunicación clara en todos estos aspectos es imperativa para evitar reclamos y malos entendidos.

La definición del enfoque debe ser tan breve como sea posible, pero también completa; lo acostumbrado es que abarque una o dos páginas para proyectos pequeños. Véase el recuadro Caso de práctica: Declaración del enfoque.

La lista que se incluye arriba es genérica. Industrias y empresas desarrollarán listas de verificación y machotes exclusivos que se adapten a sus necesidades y proyectos específicos. Muchas empresas que participan en el trabajo contratado se refieren a las declaraciones de enfoque como *declaraciones de trabajo* (DDT o SOW, por sus siglas en inglés). Otras organizaciones utilizan el término *acta para el proyecto.* No obstante, este término tiene distintos significados en el mundo de la administración de proyectos. Uno de ellos es una versión ampliada de la declaración de enfoque, ya descrita aquí, que puede incluir aspectos como límites a los riesgos, necesidades del cliente, límites de gastos y hasta composición de los equipos. Un segundo significado, quizá de mayor utilidad y que se remonta al uso original de la palabra "acta", es un documento que autoriza al gerente de proyecto a comenzarlo y dirigirlo. Este documento se genera en la alta dirección y le otorga al administrador de proyecto la autoridad, por escrito, de utilizar los recursos de la organización a fin de realizar las actividades necesarias para su proyecto.

Muchos proyectos sufren de alcances variables, que es la tendencia del enfoque del proyecto a ampliarse conforme pasa el tiempo, por lo general modificando requerimientos, especificaciones y prioridades. El alcance variable puede reducirse si se redacta con cuidado una declaración del alcance. Cuando esta última es demasiado amplia se convierte en alcance variable. Esto puede tener efectos positivos o negativos en el proyecto pero, en la mayoría de los casos, significa aumento en costos y posibles retrasos en el proyecto. En general, cualquier cambio en los requerimientos, especificaciones y prioridades da lugar a que se rebasen los costos y que haya retrasos. Existen muchos ejemplos de esto: el sistema de manejo de equipaje del aeropuerto de Denver, el nuevo sistema de carreteras de Boston ("The Big Dig"), el tren rápido de Shanghai en China y la lista sigue. En los proyectos de desarrollo de software, el *alcance variable* se manifiesta en productos inflados donde la funcionalidad supera a la facilidad de uso.

Si resulta necesario modificar el enfoque del proyecto, debe contarse con un proceso sólido para el control de cambios donde se registren los cambios y se mantenga un registro de todas las modificaciones que se hagan al proyecto. En el registro se identifica el cambio, el efecto y los responsables de aceptar o rechazar un cambio propuesto.

Caso de práctica

Big Bertha II contra los requerimientos COR de la USGA*

En 1991, Callaway Golf Equipment introdujo su palo de golf Big Bertha y revolucionó el negocio del equipo de golf. El nombre procedía de un cañón alemán de largo alcance que se utilizó en la Primera Guerra Mundial y se usaba para un palo mucho más grande que los convencionales de madera; además, carecía de "hosel" (la entrada en la cabeza donde se inserta el palo), con lo cual era posible distribuir mejor el peso en la cabeza. Este diseño innovador le dio un alcance mayor y el jugador podía golpear la pelota fuera del centro y no perder mucho en distancia o precisión. Callaway ha conservado su posición sobresaliente en la industria del golf utilizando tecnología de la era especial para ampliar la precisión y la tirada del equipo de golf.

En 2000, Callaway introdujo el Big Bertha ERC II, hecho de titanio forjado. Este palo (*driver*) era, por su tecnología, superior a cualquier otro del mercado. Sin embargo, tenía un gran problema. No se adaptaba al requisito de coeficiente de restitución (COR, por sus siglas en inglés) que había establecido la United States Golf Association (USGA, por sus siglas en inglés, o Asociación de Golf Estadounidense). Por lo tanto, los jugadores de golf de América del Norte que querían jugar de acuerdo con las reglas de la USGA lo dejaron de usar.

La USGA creía que los rápidos avances tecnológicos que lograba Callaway Golf y otros fabricantes en el equipo estaban amenazando la integridad del juego. Los jugadores mandaban mucho más lejos las pelotas y más derecho, por lo que los campos de golf de todo el mundo se estaban rediseñando para que fueran más largos y difíciles.

Así, en 1998, la USGA estableció límites de desempeño para todo equipo nuevo de golf. A fin de evitar que los fabricantes desarrollaran palos más poderosos, la USGA limitó la COR del equipo nuevo a 0.83. Esta cifra se calculaba lanzando una pelota de golf con una máquina semejante a un cañón a 175.42 kilómetros por hora. La velocidad con la que regresaba la pelota al cañón no podía superar el 83 por ciento de su velocidad inicial (145.60 km/h). La USGA llamó a la proporción entre la velocidad de entrada y la de salida coeficiente de restitución (COR, por sus siglas en inglés). La intención de la USGA al establecer esta cifra era limitar la distancia que las pelotas de golf podían alcanzar, puesto que los estudios señalaban que un aumento de 0.01 por ciento en el COR tenía como efecto 1.83 metros adicionales de llegada. El COR del Big Bertha ERC II era de 0.86.

Luego de muchos esfuerzos por hacer que la USGA modificara sus requerimientos técnicos, los ingenieros de Callaway volvieron a la mesa de dibujo e introdujeron el Great Big Bertha II, el cual sí se adaptaba a la restricción de 0.83 de COR de la USGA.

* John E. Gamble, "Callaway Golf Company: Sustaining Advantage in a Changing Industry", en A. A. Thompson, J. E. Gamble y J. Strickland, *Strategy: Winning in the Marketplace*, Boston, McGraw-Hill/Irwin, 2004, pp. C204-C228.

El control de cambios es uno de los temas del capítulo 7. Los gerentes de proyecto en funciones sugieren siempre que el manejo de los cambios en los requerimientos constituye uno de sus problemas más difíciles.

Paso 2: Establecimiento de las prioridades del proyecto

La definición tradicional de la calidad y el éxito final del proyecto es cumplir y/o superar las expectativas del cliente y/o de la alta dirección en términos de costo (presupuesto), tiempo (programa) y desempeño (alcance) (véase la figura 4.1). La interrelación entre estos criterios es cambiante. Por ejemplo, a veces es necesario comprometer el desempeño y el alcance del proyecto para que éste se lleve a cabo con rapidez o a menor costo. A menudo, mientras más tiempo se necesita para el proyecto, más costoso resulta. Sin embargo, no siempre es posible una correlación positiva entre el

Caso de práctica — Declaración del enfoque

OBJETIVO DEL PROYECTO

Edificar una casa de alta calidad a la medida, en cinco meses y a un costo no superior a 350 000 dólares.

PRODUCTOS A ENTREGAR

- Una casa terminada de 204 metros cuadrados, con dos y medio baños y tres recámaras.
- Una cochera terminada, aislada y con recubrimientos.
- Aparatos de cocina que incluyan estufa, horno, microondas y lavavajillas.
- Un horno muy eficiente de gas con termostato programable.

MOMENTOS IMPORTANTES

1. Aprobación de los permisos: 5 de marzo
2. Se colaron los cimientos: 14 de marzo
3. Se instalaron la pared, los marcos, los recubrimientos, la plomería y la electricidad, y se aprobaron las inspecciones mecánicas: 25 de mayo
4. Inspección final: 7 de junio

REQUERIMIENTOS TÉCNICOS

1. La casa debe cumplir los códigos locales de construcción.
2. Todas las ventanas y puertas deben aprobar las normas de energía clase 40 de la NFRC.
3. El aislamiento de las paredes exteriores debe cumplir con un factor "R" de 21.
4. El aislamiento de los techos debe cumplir con un factor "R" de 38.
5. El aislamiento de los pisos debe cumplir un factor "R" de 25.
6. La cochera tendrá lugar para dos automóviles grandes y para un Winnebago de seis metros.

LÍMITES Y EXCLUSIONES

1. La casa se construirá según las especificaciones y el diseño de los planos originales que el cliente proporcionó.
2. El propietario es responsable de la jardinería.
3. No se incluye al refrigerador entre los aparatos de la cocina.
4. El aire acondicionado no se incluye, pero sí el cableado previo.
5. El contratista se reserva el derecho de contratar servicios externos.
6. El contratista es responsable del trabajo contratado por fuera.
7. El trabajo en el sitio está limitado al siguiente horario: de lunes a viernes, de 8:00 a.m. a 6:00 p.m.

REVISIÓN DEL CLIENTE

John y Joan Smith

costo y el programa. Otras veces, los costos pueden reducirse con una mano de obra más barata y menos eficiente o con equipo que prolongue la duración del proyecto. De la misma manera, como se verá en el capítulo 9, muchas veces los administradores de proyecto tienen que acelerar o "forzar" algunas actividades clave contratando más mano de obra, con lo cual elevan el costo original del proyecto.

Una de las labores más importantes de un administrador de proyecto es manejar los cambios que se den en tiempo, costo y desempeño. Para lograrlo debe definir y entender la naturaleza de las prioridades del proyecto. Asimismo, necesita tener una discusión franca con el cliente del proyecto y con la alta dirección para establecer la importancia relativa de cada criterio. Por ejemplo, ¿qué sucede cuando el cliente sigue añadiendo requerimientos? O cuando se ubica a la mitad en la terminación del proyecto y tiene que hacer compensaciones entre costo y rapidez, ¿qué criterio tiene prioridad?

Una técnica que se encuentra en la práctica y que es útil para este objetivo es la terminación de una matriz de jerarquías para que el proyecto pueda identificar qué criterios están limitados, cuáles deben resaltarse y cuáles aceptarse:

Limitar. El parámetro original está fijo. El proyecto debe cumplir con la fecha de terminación, las especificaciones y el alcance del proyecto o del presupuesto.

FIGURA 4.1
Compensaciones en la administración de proyectos

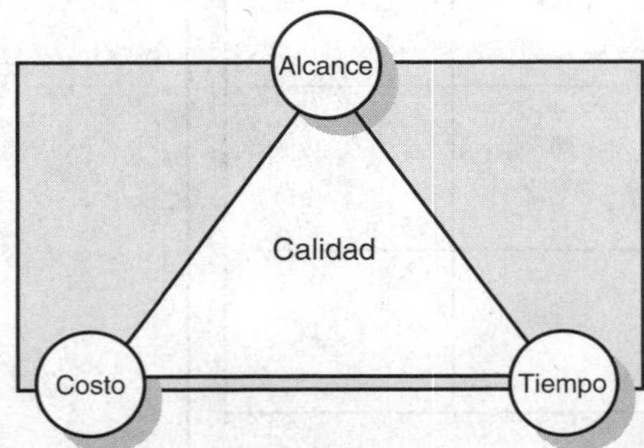

Resaltar. Dado el alcance del proyecto, ¿qué criterios deben optimizarse? En el caso del tiempo y del costo, por lo general esto significa aprovechar oportunidades para reducir costos o acortar el programa. A la inversa, en lo que a desempeño se refiere, resaltar significa añadirle valor al proyecto.

Aceptar. ¿En qué criterios es tolerable incumplir con los parámetros originales? Cuando hay que hacer compensaciones, ¿es permisible modificar el programa, reducir el alcance y el desempeño del proyecto, o superar el presupuesto?

En la figura 4.2 se muestra la matriz de prioridades para el desarrollo de un nuevo módem alámbrico. Como el *tiempo* para comercializar es importante para las ventas, se da instrucciones al administrador de proyecto para que aproveche todas las oportunidades que tenga de reducir el tiempo de terminación. Al hacerlo, superar el *presupuesto* es aceptable, pero no deseable. Asimismo, no es posible comprometer las especificaciones originales de *desempeño* para el módem ni los estándares de confiabilidad.

Las prioridades cambian en cada proyecto. Por ejemplo, en muchos proyectos de software el tiempo de comercialización es crucial, y empresas como Microsoft pueden diferir los requerimientos originales del enfoque a versiones posteriores para llegar primero al mercado. De modo opcional, en proyectos para acontecimientos especiales (conferencias, desfiles, torneos) el tiempo se restringe una vez que se han anunciado las fechas, y si el presupuesto es limitado, el administrador de proyecto sacrificará el enfoque del proyecto para terminarlo a tiempo.

Algunas personas podrían alegar que los tres criterios siempre están limitados y que los buenos gerentes de proyecto deben buscar que cada uno de ellos se optimice. Si todo va bien en un proyecto y no se encuentran dificultades o retrasos importantes, su argumento puede ser válido. Sin embargo, esta situación es poco común y los gerentes de proyecto a menudo deben tomar decisiones difíciles que beneficien a uno de los criterios y comprometan a los otros dos. El objetivo de este ejercicio es definir y acordar cuáles son las prioridades y limitaciones del proyecto para que cuando "arrecie la tormenta" puedan tomarse las decisiones correctas.

Es probable que existan límites naturales hasta el punto en que los gerentes puedan limitar, optimizar o aceptar cualquier criterio. Quizá sea aceptable que el proyecto se retrase un mes, pero no más, o que supere el presupuesto planeado hasta en 20 000 dólares. Asimismo, quizá sea deseable terminar un proyecto un mes antes, pero después de eso, mantener los costos a raya debe ser la meta más importante. Algunos gerentes de proyecto documentan estos límites como parte de la creación de la matriz de prioridades.

En resumen, el desarrollo de una matriz de prioridades para las decisiones de un proyecto, antes de que éste comience, es un ejercicio útil. Proporciona un foro para fijar con claridad las prioridades con los clientes y con la alta dirección a fin de crear expectativas comunes y evitar malos entendidos. La información de prioridades es esencial para el proceso de planeación, donde es posible hacer ajustes en el alcance, el programa y la asignación del presupuesto. Por último, la matriz resulta útil a la mitad del avance en el proyecto cuando se trata de entender un problema a resolver.

Es necesario mencionar que durante el transcurso del proyecto es posible que se modifiquen las prioridades. Quizá de repente el cliente requiera que el proyecto concluya un mes antes, o quizá la

FIGURA 4.2
Matriz de las prioridades del proyecto

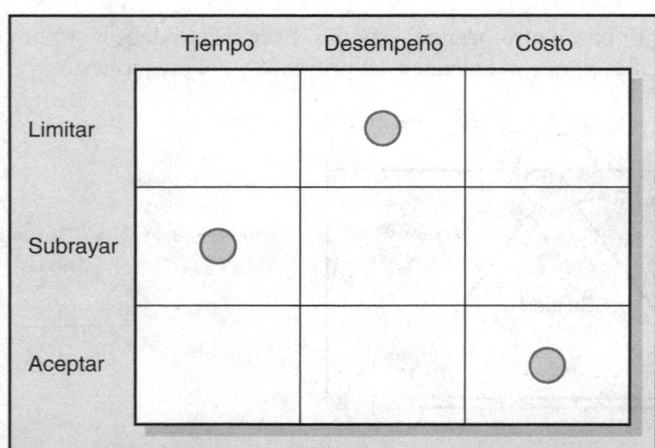

alta dirección emita nuevas instrucciones en el sentido de darle la mayor importancia a ahorrar en costos. El administrador de proyecto debe estar como constante vigilante, para anticipar y confirmar los cambios en las prioridades y hacer los ajustes adecuados.

Paso 3: Creación de una estructura de descomposición del trabajo

Principales agrupamientos en una EDT

Una vez que se han identificado el alcance y los productos a entregar, podrá subdividirse el trabajo del proyecto en elementos de trabajo cada vez más pequeños. Al resultado de este proceso jerárquico se le denomina estructura de descomposición del trabajo (EDT) (WBS, por sus siglas en inglés). Ésta es un mapa del proyecto. Cuando se le utiliza, los gerentes pueden asegurarse de identificar todos los productos y elementos del trabajo a fin de integrar el proyecto a la organización actual y establecer un fundamento de control. La EDT es un diagrama esencial del proyecto con distintos niveles de detalle.

En la figura 4.3 se muestran las principales agrupaciones que, por lo general, se utilizan en el campo para desarrollar una EDT jerárquica. La EDT comienza con el proyecto como producto final a entregar. Primero se identifican los sistemas/productos a entregar más importantes del trabajo; luego, los subproductos necesarios para llegar a éstos. El proceso se repite hasta que el detalle de los subproductos sea tan pequeño como para poder administrarse y cuando una persona pueda ser responsable. Este subproducto se subdivide todavía más en paquetes de trabajo. Como, por lo general, el subproducto más bajo incluye varios paquetes de trabajo, éstos se agrupan por tipo, es decir: hardware, programación, comprobación. Estos agrupamientos dentro de un subproducto reciben el nombre de cuentas de costos. Además, dan lugar a un sistema de monitoreo del avance del proyecto por tarea, costo y responsabilidad.

Cómo le ayuda la EDT al administrador de proyecto

La EDT define todos los elementos del proyecto en un marco jerárquico de referencias y establece su relación con el proyecto y sus aspectos. Considere al proyecto como un paquete grande de

FIGURA 4.3
Descomposición jerárquica de la EDT

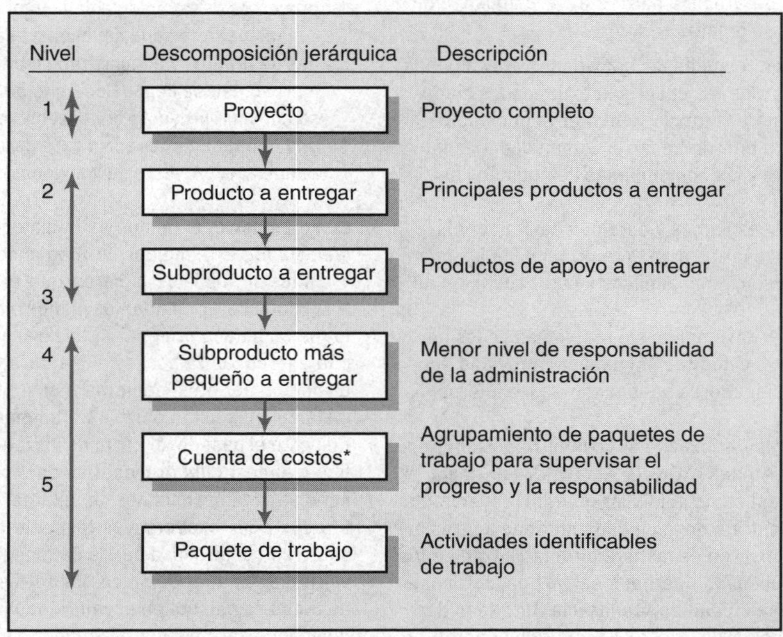

* Esta descomposición agrupa los paquetes de trabajo por tipo dentro de un producto a entregar y permite la asignación de responsabilidades a una unidad organizacional. Este paso adicional facilita un sistema para supervisar el avance del proyecto (que se examina en el capítulo 13).

AP/Wide World

En el campo de la administración de proyectos que implica un acontecimiento, los Juegos Olímpicos ocupan un lugar destacado.

DEFINICIÓN DEL PROYECTO

Objetivo: Preparar los Juegos Olímpicos de Verano de 2004 en ubicaciones específicas de Grecia a partir del 13 de agosto a un costo de 5.2 mil millones de dólares.

Cliente: El gobierno griego respalda las actividades. Hay muchos interesados y numerosos clientes del proyecto, como los ciudadanos de Atenas, los gobiernos local y nacional, la población griega, el Comité Olímpico Internacional, la comunidad mundial en su conjunto, los atletas y las comunidades de negocios griega y de otros países.

Alcance: Organizar todos los juegos y ceremonias. Colocar la tecnología y recursos necesarios para la realización de las competiciones. Manejar las relaciones públicas y la recaudación de recursos.

Criterios para el éxito: Un desempeño sin problemas de los juegos. El nivel de entusiasmo y disfrute del público. Actividad económica en Atenas y Grecia. Interés continuado en los futuros Juegos Olímpicos.

Equipo del proyecto: Por ley, se asignó al Comité Organizador de los Juegos Olímpicos de Atenas (AOCOG, Athens Organizing Committee Olympic Games) como administrador del proyecto. Se ha hecho partícipe del contrato de la ciudad anfitriona a otras organizaciones que contribuyeron de manera directa al éxito de los juegos, como el Comité Olímpico Internacional, el Comité Olímpico Griego, el Consejo de la Ciudad de Atenas y la Autoridad de Coordinación Olímpica (gobierno griego). La autoridad coordinadora es responsable de todos los proyectos de infraestructura, la mayoría de los cuales ya está en curso o se ha reprogramado para acomodarse a los juegos. La terminación puntual de estos proyectos es vital para el éxito de los Juegos Olímpicos.

EDT: La estructura de descomposición del trabajo para el proyecto comprende las siguientes áreas fundamentales: acontecimientos; instalaciones diversas, como alojamiento, transporte, instalaciones de medios y coordinación; telecomunicaciones; arreglos de seguridad; atención médica; recursos humanos, que incluyen voluntarios; olimpiada cultural; capacitación anterior a los juegos; proyectos de tecnología de la información; ceremonias de apertura y clausura; relaciones públicas; financiamiento; juegos y actividades de prueba, y administración de patrocinadores y control de mercadotecnia ilegal. Cada uno de estos aspectos podría manejarse como un proyecto por derecho propio. Será necesario procurar una coordinación precisa para garantizar que éstos y, en consecuencia, el proyecto de los juegos se terminen a tiempo.

Como es obvio, el tiempo es la dimensión más crítica en el proyecto de los Juegos Olímpicos de Atenas de 2004. Al principio, los retrasos y confusión iniciales hicieron que el Comité Olímpico Internacional (COI) considerara mudar los juegos a otra ciudad. Esta amenaza afectó los esfuerzos griegos. Al finalizar una revolución de construcción que abarcó las 24 horas del día durante tres años, los organizadores olímpicos por fin silenciaron a sus críticos al presentarles todas las instalaciones listas para la ceremonia de apertura del 13 de agosto. Como en el pasado, el costo de los juegos fue el aspecto que se sacrificó y el costo del proyecto se duplicó hasta llegar a un rango entre ocho mil y 12 mil millones de dólares. También se obligó a los griegos a reducir sus expectativas respecto al alcance de la construcción y sobre su compromiso con la calidad. Si bien se conservó el techo de vidrio del Estadio Olímpico, los retrasos causaron que se cancelara un techo semejante en el centro acuático. Los proyectos secundarios diseñados para apoyar a la ciudad tuvieron que cancelarse o reducir su alcance. El trabajo sin terminar se ocultó detrás de enormes estandartes. Se utilizaron listones y banderas para desviar la atención de las banquetas, las cuales nunca se limpiaron, o de los feos edificios de concreto que nunca se pintaron.

tareas que se descomponen con éxito en paquetes más pequeños de trabajo; la totalidad del proyecto es la suma de todos los paquetes más pequeños. Esta estructura jerárquica facilita la evaluación de los costos, tiempos y desempeño técnico en todos los niveles de la organización durante la vida del proyecto. La EDT también le da a la administración la información adecuada para cada nivel. Por ejemplo, la alta dirección utiliza primero los productos más importantes a entregar, mientras que los supervisores de primera línea se encargan de los subproductos y paquetes de trabajo menores.

Cada aspecto de la EDT necesita tiempo y un cálculo de costos. Con esta información es posible planear, programar y presupuestar su proyecto. La EDT también sirve como marco de referencia para rastrear los costos y el desempeño del trabajo.

A medida que se desarrolla la EDT, se asigna responsabilidad a las unidades organizacionales y a los individuos para que ejecuten paquetes de trabajo. Esto integra trabajo y organización. En la práctica, a veces se denomina estructura de descomposición de la organización (EDO u OBS, organization breakdown structure, por sus siglas y significado en inglés) a este proceso, el cual se analizará con mayor detalle más adelante en el capítulo.

El uso de la EDT permite "acomodar" el presupuesto y los costos reales de los paquetes más pequeños de trabajo en otros más grandes, de tal manera que sea posible medir el desempeño por unidades organizacionales y logros en el trabajo.

La EDT también se puede utilizar para definir los canales de comunicación y ayudar a comprender y coordinar muchas partes del proyecto. La estructura muestra el trabajo y las unidades organizacionales responsables; asimismo, sugiere adónde deben dirigirse las comunicaciones por escrito. Es posible enfrentar los problemas con rapidez y establecer una coordinación expedita porque la estructura integra trabajo y responsabilidad.

Desarrollo de la EDT

En la figura 4.4 se muestra una EDT simplificada para el desarrollo de un nuevo proyecto de computadora personal. En la parte alta de la gráfica (nivel 1) está el aspecto final del proyecto; es decir, el

FIGURA 4.4 **Estructura de descomposición del trabajo EDT**

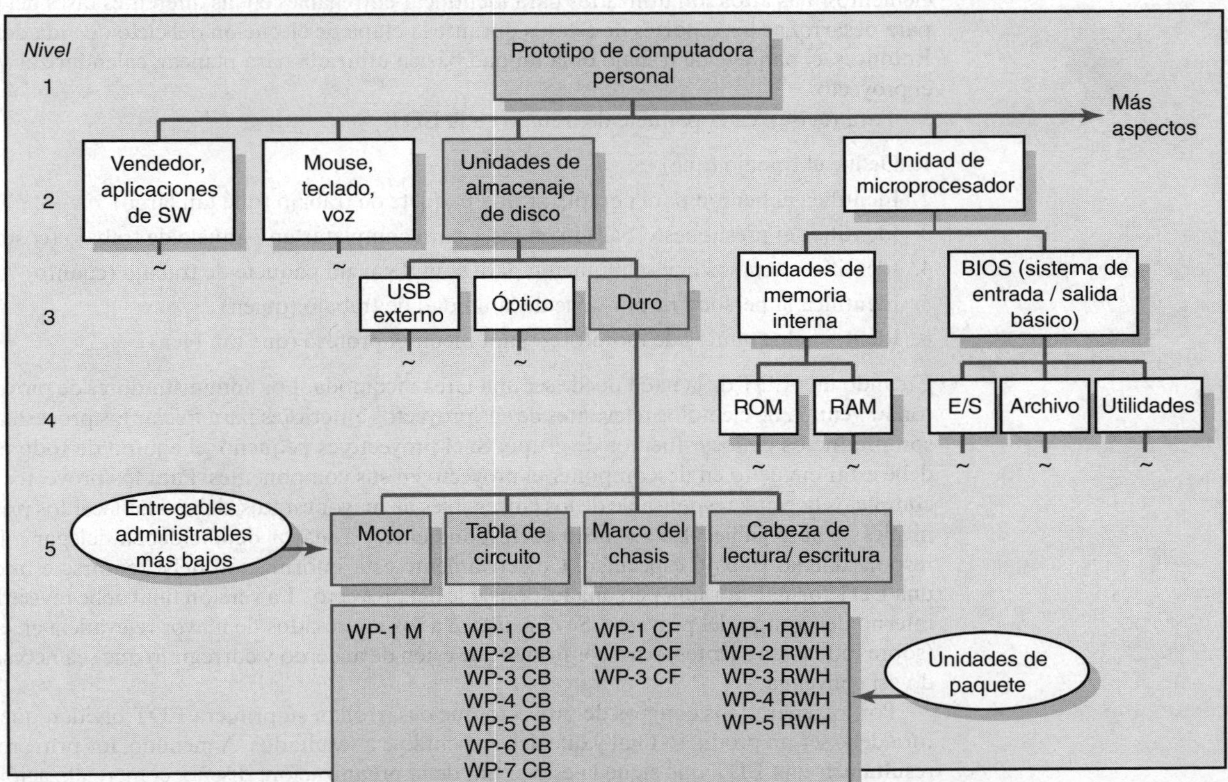

producto o servicio a entregar. Observe cómo los niveles de la estructura pueden representar la información para diferentes niveles de administración. Por ejemplo, la información del nivel 1 representa el objetivo total del proyecto y es útil para la alta dirección; los niveles 2, 3 y 4 son adecuados para la alta dirección, y el nivel 5 es para los gerentes de primera línea.

En el nivel 2 se muestra una lista parcial de productos a entregar, la cual es necesaria para desarrollar la computadora personal. Un producto a entregar es la unidad de almacenamiento en disco (sombreado) que se compone de tres subproductos: USB externo, disco óptico y disco duro. Por último, el disco duro necesita tres subproductos: motor, tablero de circuitos, chasis y cabeza lectora/escritora. Estos subproductos representan los elementos administrables de menor nivel en el proyecto. En cada subproducto se necesitan paquetes de trabajo que una unidad organizacional asignada terminará. Cada producto a entregar se dividirá con éxito de esta manera. No es necesario dividir todos los elementos de la EDT en el mismo nivel.

Al nivel más bajo de la EDT se le denomina *paquete de trabajo.* Éste constituye una tarea de poca duración que tiene un punto definido de inicio y otro de terminación, consume recursos y representa costos. Cada paquete de trabajo es un punto de control. Un gerente de paquete de trabajo es responsable de ver que el paquete se termine a tiempo, dentro del presupuesto y de acuerdo con las especificaciones técnicas. La práctica sugiere que un paquete de trabajo no debe ser superior a 10 días de trabajo o un periodo de reporte. Si un paquete de trabajo supera este parámetro, deben establecerse momentos de verificación o monitoreo cada tres o cinco días, a fin de identificar el avance y los problemas antes de que haya transcurrido demasiado tiempo. Cada paquete de trabajo en la EDT debe ser tan independiente de otros paquetes del proyecto como sea posible. En la EDT no se describe paquete alguno de trabajo en más de un subproducto.

Hay una importante diferencia de principio a fin entre el último entregable de trabajo desglosado y un paquete de trabajo. Normalmente un entregable desglosado incluye las salidas de más de un paquete de trabajo de probablemente dos o tres departamentos. Por lo tanto los subentregables no tienen una duración propia, no consumen recursos o directamente cuestan dinero. (En este sentido, por supuesto, la duración de un elemento de trabajo en particular puede ser derivado de identificar cuál paquete de trabajo debe empezar primero (temprano) y cuál paquete de trabajo debe terminar tarde; la diferencia de inicio a fin viene de la duración de los subentregables.) Los elementos más altos son utilizados para identificar entregables en las diferentes fases del proyecto y para desarrollar los reportes de estatus durante la etapa de ejecución del ciclo de vida del proyecto. Entonces, el paquete de trabajo es la unidad básica utilizada para planear, calendarizar y controlar el proyecto.

Para revisar, cada paquete de trabajo en la EDT

1. Define el trabajo (qué)
2. Identifica el tiempo para completar una paquete de trabajo (qué tan largo)
3. Identifica el presupuesto basado en fases para completar un paquete de trabajo (costo)
4. Identifica recursos que se requieren para completar un paquete de trabajo (cuánto)
5. Identifica la persona responsable de la unidad de trabajo (quién)
6. Identifica los puntos de monitoreo para medir el profeso (qué tan bien)

Creando una EDT de la nada puede ser una tarea incómoda. Los administradores de proyecto deben tomar ventaja de ejemplos relevantes de sus proyectos anteriores para iniciar los procesos. Las EDT son productos de los esfuerzos de grupo. Si el proyecto es pequeño, el equipo de todo el proyecto debe estar envuelto en descomponer el proyecto en sus componentes. Para los proyectos grandes y complejos la gente responsable de los entregables de mayor estatus, debe establecer los primeros dos niveles de entregables. En su turno correspondiente y a mayor detalle deben delegar a la persona responsable su trabajo específico. Colectivamente esta información debe reunirse e integrarse en una EDT formal por una persona responsable del proyecto . La versión final debe revisarla un nivel interno del equipo del proyecto. Se consultará a los interesados de mayor relevancia en el proyecto (sobre todo a los clientes) para confirmar que estén de acuerdo y corregir lo que sea necesario cuando así convenga.

Por lo general, los equipos de proyecto que desarrollan su primera EDT olvidan que la estructura debe ser un producto final y que debe orientarse a resultados. A menudo, los primeros intentos resultan en una EDT que sigue la estructura de la organización: diseño, comercialización, producción, finanzas. Si una EDT sigue la estructura organizacional, el enfoque estará sobre la función y

Caso de práctica

Creando la EDT

La figura 4.4 representa la clásica estructura de descomposición del trabajo, en la cual el proyecto se divide en los entregables administrables más pequeños y en los subsiguientes paquetes de trabajo. En muchas situaciones no se requiere este nivel de detalle. Esto genera la pregunta de cuánto se debe dividir el trabajo.

No hay una respuesta exacta a esta pregunta. Sin embargo aquí señalamos algunas recomendaciones para los administradores de proyecto:

Descomponer el trabajo mientras se pueda estimar lo suficientemente correcto para los propósitos del proyecto. Si se está trabajando en un parque de pelota, se debe estimar ver si el proyecto es digno de una seria consideración muy probablemente no se tenga que dividir en muchos entregables. Por otra parte, si se está cotizando un proyecto para presentar una oferta competitiva, entonces se requerirá ir al nivel de paquetes de trabajo.

La EDT debe establecer cómo se va a calendarizar el trabajo. Por ejemplo, si las asignaciones están especificadas en días, entonces las tareas deben ser limitadas lo mejor posible a uno o más días para completarse. Por el otro lado, si las horas son las unidades más bajas del calendario, el trabajo se puede dividir en incrementos de horas.

Las actividades finales deben estar claramente definidas en eventos de inicio-fin. Hay que evitar tener tareas de inicio o cierre como "investigación" o "análisis de mercado". Hay que llevarlas al siguiente nivel en donde los entrables y las salidas son más claramente definidas. En vez de terminar con un análisis de mercado incluya puntos como identificar la participación de mercado, listar los requerimientos de los usuarios o escribir la descripción del problema.

Si el rendir cuentas y controlar son actividades importantes, entonces hay que dividir el trabajo hasta que un individuo sea claramente responsable de éste. Por ejemplo, en vez de parar en el diseño del producto, hay que llevarlo al siguiente nivel e identificar los componentes específicos del diseño (por ejemplo esquemas eléctricos, fuentes de poder, etc.) en donde diferentes individuos serán los responsables. En la línea inferior es en donde la EDT debe proveer el nivel de detalle necesario para administrar exitosamente el proyecto.

los procesos de la organización, y no en los resultados o productos a entregar del proyecto. Además, una EDT con enfoque en el proceso se convertirá en una herramienta de contabilidad que registre los costos por función, en lugar de ser una herramienta para administrar las "salidas". Debe hacerse todo lo posible para desarrollar una EDT que sea un resultado orientado para poder concentrarse en los productos concretos a entregar. Véase el recuadro Caso de práctica: Creación de una EDT para tener más conocimientos sobre cómo formar una EDT. Este proceso se analiza a continuación.

Paso 4: Integración de la EDT a la organización

La EDT se utiliza para relacionar las unidades de organización responsables de efectuar el trabajo. En la práctica, el resultado de este proceso es la estructura de descomposición de la organización (EDO). Ésta constituye una representación de la manera en que la empresa se ha organizado para descargar la responsabilidad de las tareas. Los objetivos de la EDT son proporcionar un marco de referencias que resuma el desempeño del trabajo en la unidad de la organización, que identifique las unidades responsables de los paquetes de tareas y que relacione la unidad organizacional con las cuentas de control de costos. Recuerde que las cuentas de costos agrupan paquetes de trabajo semejantes (casi siempre bajo la supervisión de un departamento). La EDT define los productos a entregar de la organización en un patrón jerárquico y en unidades cada vez más pequeñas. A menudo se emplea la estructura de organización tradicional. Incluso si es un equipo el que desempeña el proyecto en su totalidad, es necesario descomponer la estructura del equipo para asignar la responsabilidad sobre presupuestos, tiempo y desempeño técnico.

Como en la EDT, la EDO asigna a la unidad organizacional más pequeña la responsabilidad de los paquetes de tareas incluidos en una cuenta de costos. Ahí reside una fortaleza fundamental del uso de la EDT y de la EDO; ambas pueden *integrarse,* como se muestra en la figura 4.5. La intersección entre los paquetes de trabajo y la unidad organizacional da lugar a un punto de control del proyecto (cuenta de costos) que integra trabajo y responsabilidad. La intersección entre la EDT y la EDO representa el conjunto de paquetes de trabajo necesarios para terminar el producto a entregar que se ubica arriba; la unidad organizacional a la izquierda es responsable de terminar los paquetes en la intersección. Más adelante se utilizará la intersección como una cuenta de costos para el control de administración de los proyectos. Por ejemplo, el elemento del tablero de circuitos necesita que se terminen los paquetes de tareas cuya principal responsabilidad incluirá a los departamentos de diseño, producción, prueba y software. Es posible verificar el control desde dos direcciones: resultados y responsabilidad. En la fase de ejecución del proyecto es posible rastrear el progreso de manera vertical en los productos a entregar (interés del cliente) y en forma horizontal por responsabilidad de la organización (interés de la administración).

Paso 5: Codificación de la EDT para el sistema de información

Para obtener la mayor utilidad posible de una estructura de descomposición se necesita un sistema de codificación. Éste sirve para definir los niveles y los elementos de la EDT, los elementos de organización, los paquetes de trabajo y la información sobre costos y presupuesto. Los códigos permiten consolidar los reportes en todos los niveles de la estructura. En la práctica, el esquema más utilizado es el marcado numérico.

Un ejemplo para el nuevo proyecto de computadora y las "unidades de almacenamiento en disco" de la figura 4.5 se presenta a continuación:

1.0 Proyecto de computadora
 1.1 Unidades de almacenamiento en disco
  1.1.1 USB externo
  1.1.2 Óptico
  1.1.3 Duro
   1.1.3.1 Motor
    1.1.3.1.1 Paquete de trabajo de enrutamiento
    .
    .
   1.1.3.4 Cabeza de lectura/escritura
    1.1.3.4.1 Cuenta de costos
    1.1.3.4.2 Cuenta de costos
     1.1.3.4.2.1 PT
     1.1.3.4.2.2 PT
     1.1.3.4.2.3 PT
    1.1.3.4.3 Cuenta de costos
    .
    .
    .
    etcétera

Observe que la identificación del proyecto es 1.0. Cada etapa sucesiva representa un elemento inferior o paquete de tareas. Por último, el esquema numérico llega al nivel del paquete de tareas y todas éstas y los elementos en la estructura tienen un código de identificación. La "cuenta de costos" es el aspecto focal porque todos los presupuestos, asignaciones, tiempos, costos y desempeño técnico se reúnen en este punto.

FIGURA 4.5 **Integración de la EDT y de la EDO**

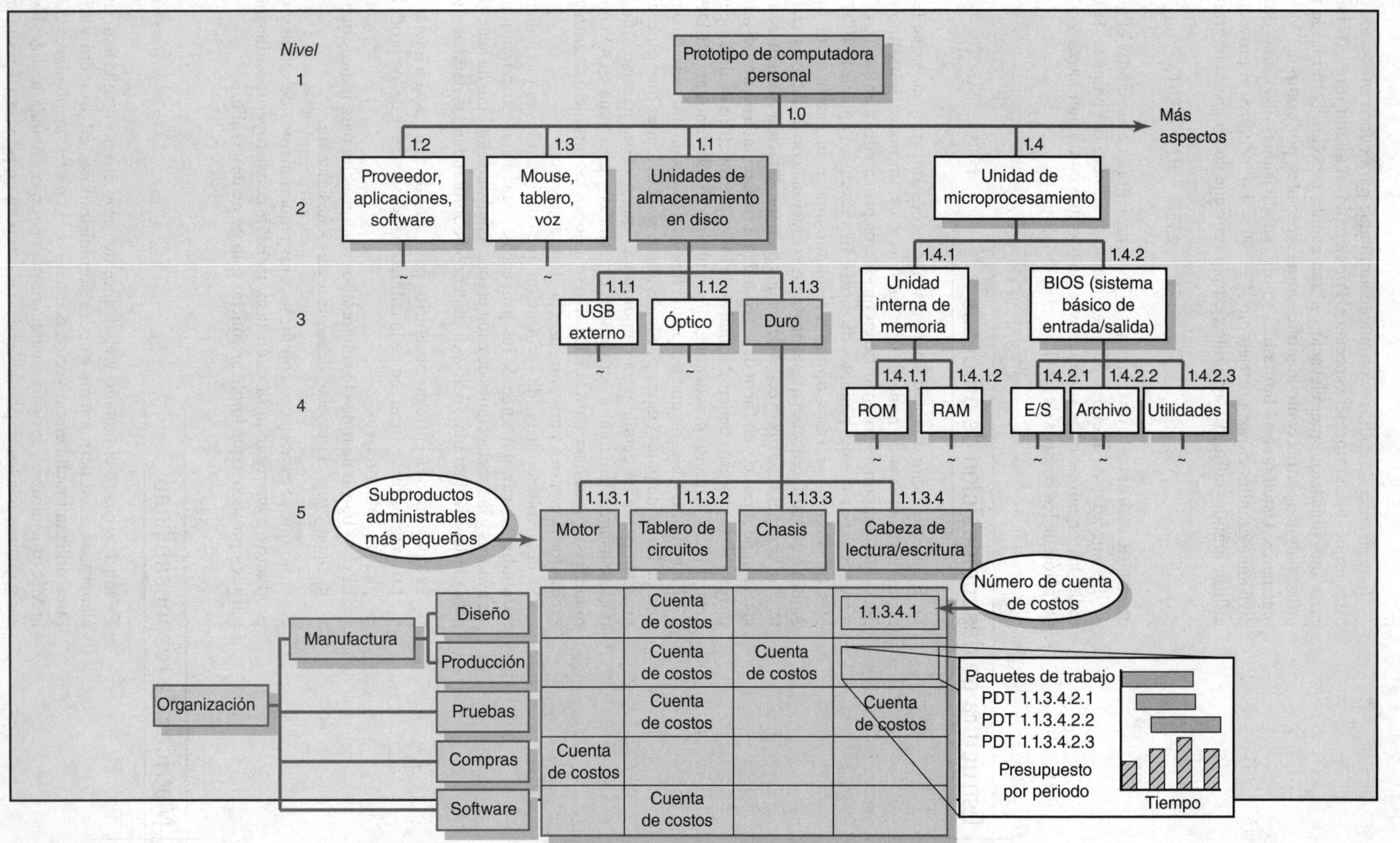

Este sistema de codificación puede ampliarse para cubrir proyectos grandes. Es posible añadir otros esquemas a informes especiales. Por ejemplo, al añadir un "−3" luego del código puede indicarse una ubicación, una elevación o una cuenta especial, como la de mano de obra. Es posible utilizar algunas letras como identificadoras especiales; por ejemplo, "M" para materiales e "I" para ingenieros. Usted no está limitado a sólo 10 subdivisiones (0-9), sino que puede ampliar cada subdivisión a grandes cifras; por ejemplo .1 − .99 o .1 − .9999. Si el proyecto es pequeño, usted puede utilizar grandes cifras. El siguiente ejemplo proviene de un proyecto grande y complejo:

3R − 237A − P2 − 33.61

donde 3R identifica la instalación, 237A representa la elevación y el área, P2 representa tubería de dos pulgadas de ancho, y 33.6 representa el número del paquete de tareas. En la práctica, casi todas las organizaciones son creativas puesto que combinan letras y números para minimizar la duración de los códigos de EDT.

Estructura de descomposición de procesos

La EDT está mejor adaptada para diseñar y construir proyectos que tengan resultados tangibles, como instalaciones de minería lejos de la costa o un nuevo prototipo de automóvil. El proyecto puede descomponerse o dividirse en productos principales a entregar, subproductos, subproductos menores y, por último, paquetes de tareas. Es más difícil aplicar la EDT a proyectos menos tangibles, *orientados a procesos,* donde el resultado final es un producto de una serie de pasos o etapas. Aquí, la gran diferencia es que el proyecto evoluciona con el tiempo y cada etapa afecta a la siguiente. Por lo general, los proyectos de sistemas de información caen en esta categoría; por ejemplo, la creación de un sitio web fuera de la red o de un sistema interno de software para bases de datos. Los proyectos de procesos tienen el impulso de los requerimientos de desempeño, no de los planes/copias heliográficas. Algunos practicantes eligen utilizar lo que conocemos EDP y no la EDT clásica.

En la figura 4.6 se da un ejemplo de una EDP para un proyecto de desarrollo de software. Cada una de las principales etapas puede dividirse en actividades más específicas hasta que se logra un nivel suficiente de detalle para comunicar lo que necesita hacerse a fin de terminar esa etapa. Es posible asignar personal a actividades específicas y crear una SDO complementaria de la misma manera en que se hace para la EDT. No se ignoran los productos a entregar, pero se les define como productos necesarios para avanzar a la etapa siguiente.

Se desarrollaron listas de verificación que contienen los requerimientos de salida de las etapas para administrar el avance de los proyectos. Estas listas proporcionan los medios para apoyar los avances y las correcciones de cada etapa. Asimismo cambian de acuerdo con el proyecto y con las actividades involucradas, pero por lo general comprenden los detalles siguientes:

- Los productos a entregar necesarios para salir de una etapa e iniciar otra.
- Los puntos de verificación de la calidad para asegurar que los productos a entregar estén completos y sean precisos.
- El visto bueno de todos los interesados responsables para indicar que se ha terminado con éxito la etapa y que el proyecto debe proseguir a la siguiente.

En tanto que se establezcan con firmeza los requerimientos de salida y se definan con claridad los productos a entregar para cada fase, la EDP constituye una alternativa adecuada a la EDT para los proyectos que implican mucho trabajo de desarrollo.

Matrices de responsabilidad

En muchos casos, el tamaño y el alcance del proyecto no justificaban una EDT o una EDO muy elaboradas. Una herramienta que los administradores de proyecto y los líderes de las fuerzas de tarea utilizan mucho en proyectos pequeños es la *matriz de responsabilidades* (MR). En ocasiones, la MR (que también se denomina diagrama de responsabilidades lineales) resume las tareas a realizar y quiénes son los responsables de qué cosas en un proyecto. En su forma más sencilla, una MR

FIGURA 4.6
EDT para el proyecto de desarrollo de software

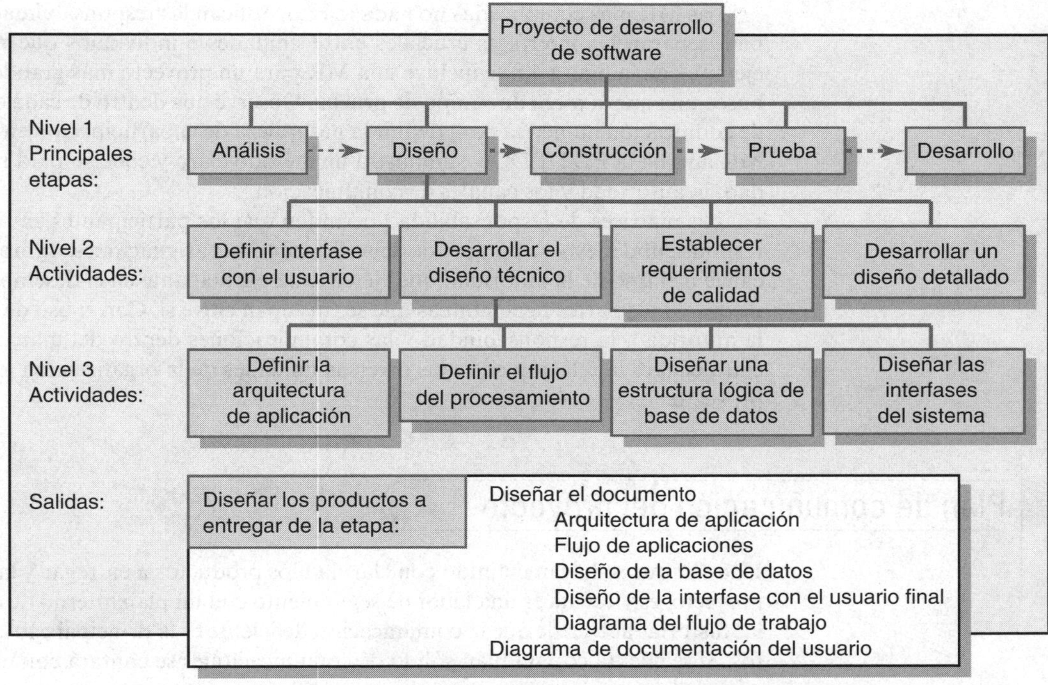

incluye un listado de todas las actividades de un proyecto y de los participantes en cada actividad. Por ejemplo, en la figura 4.7 se muestra una MR para un estudio de investigación de mercados. En esta matriz se utiliza la R para identificar al integrante de comité responsable de coordinar los esfuerzos de otros miembros del equipo que se han asignado a la tarea; también se asegura de que la tarea termine. La A sirve para indicar quiénes forman parte del equipo de cinco elementos que apoyará y/o ayudará al responsable. Las MR sencillas, como ésta, son útiles no sólo para organizar y asignar responsabilidades en proyectos pequeños, sino también para subproyectos en proyectos más grandes y complejos.

FIGURA 4.7 **Matriz de responsabilidades para un proyecto de investigación de mercados**

	Equipo del proyecto				
Tarea/Entregable	Richard	Dan	Dave	Linda	Elizabeth
Identificar quiénes son los clientes objetivo	R	A		A	
Desarrollar un borrador de cuestionario	R	A	A		
Hacerle pruebas piloto al cuestionario		R		A	
Terminar el cuestionario	R	A	A	A	
Imprimirlo					R
Preparar las etiquetas para el envío por correo ordinario					R
Enviarlos por correo					R
Recibir y monitorear los cuestionarios devueltos				R	A
Ingresar datos de respuesta			R		
Analizar resultados		R	A	A	
Preparar un borrador del reporte	A	R	A	A	
Preparar el reporte final	R		A		

R = Responsable
A = Apoya/Ayuda

Las MR más complicadas no nada más identifican las responsabilidades individuales, sino también separan las interfases cruciales entre unidades e individuos que necesitan coordinarse. Por ejemplo, en la figura 4.8 se incluye una MR para un proyecto más grande y complejo con el cual se busca una nueva pieza de equipo de prueba. Observe que dentro de cada celda se utiliza un esquema de codificación numérica para definir la naturaleza de la participación en esa tarea específica. Dicha MR amplía la EDT/EDO y suministra un método claro y conciso para representar la responsabilidad, la autoridad y los canales de comunicación.

Las matrices de responsabilidad permiten que los participantes en un proyecto consideren sus responsabilidades y se pongan de acuerdo sobre sus asignaciones. También ayudan a aclarar el alcance o el tipo de la autoridad que ejerce cada participante en el desempeño de una actividad donde dos o más partes tienen tareas que se traslapan entre sí. Con el uso de una MR y la definición de la autoridad, la responsabilidad y las comunicaciones dentro del marco de referencia, se pone en claro cuál es la relación entre las diversas unidades de la organización y el contenido de tareas del proyecto.

Plan de comunicación del proyecto

Una vez que se hayan definido con claridad los productos a entregar y las tareas involucradas en el proyecto, es vital hacer una labor de seguimiento con un plan interno de comunicaciones. Abundan las historias acerca de que la comunicación deficiente es la principal causa del fracaso en los proyectos. Si se cuenta con un plan sólido de comunicaciones se contará con una ayuda importante para mitigar los problemas en el proyecto y para asegurar que los clientes, los miembros del equipo y otros interesados tengan la información necesaria para desempeñar sus trabajos.

En general, el gerente de proyecto y/o el equipo de proyecto elaboran el plan de comunicaciones en la primera etapa de planeación.

La comunicación es un elemento clave para coordinar y rastrear los programas, problemas y acciones. El plan plantea un diagrama del flujo de información entre los diferentes participantes y se convierte en parte integral del plan general del proyecto. El objetivo de un plan de comunicaciones para el proyecto es expresar qué, quién, cómo y cuándo se transmitirá la información a los interesados en el proyecto, de tal manera que sea posible rastrear los programas, problemas y acciones.

Los planes de comunicación atienden a las siguientes preguntas fundamentales:

- ¿Qué información hay que recopilar y quién tiene que hacerlo?
- ¿Quién recibirá esta información?
- ¿Qué métodos se utilizarán para recopilar y almacenar información?
- ¿Cuáles son los límites, si hubiese alguno, para que alguien tenga acceso a determinada información?
- ¿Cuándo se comunicará la información?
- ¿Cómo se comunicará la información?

El desarrollo de un plan de comunicación que responda estas preguntas suele implicar lo siguiente:

1. **Análisis de los interesados.** Identifique los grupos objetivo. En general, éstos pueden ser el cliente, el patrocinador, el equipo del proyecto, la oficina del proyecto y cualquiera que requiera información sobre el proyecto para tomar decisiones y/o ayudar a que éste se lleve a cabo.
2. **Necesidades de información.** ¿Qué información es pertinente para los interesados que contribuyen al progreso del proyecto? Por ejemplo, la alta dirección debe saber cómo está avanzando el proyecto, si se está enfrentando a problemas críticos y hasta el punto donde se están cumpliendo las metas del proyecto. Esta información se solicita para que puedan tomar decisiones estratégicas y administrar los proyectos del portafolio. Los miembros del equipo del proyecto necesitan ver los calendarios, las listas de tareas, las especificaciones y cosas semejantes para que sepan qué necesita hacerse a continuación. Los grupos externos deben conocer cualquier cambio en el programa y los requerimientos de desempeño de los componentes que están proporcionando. En los planes de comunicación a menudo se encuentran las siguientes necesidades de información:

FIGURA 4.8 **Matriz de responsabilidades para el proyecto de la cinta transportadora**

	Organización							
Productos a entregar	Diseño	Desarrollo	Documentación	Ensamble	Pruebas	Compras	Aseguramiento de la calidad	Manufactura
Diseños arquitectónicos	1	2			2		3	3
Especificaciones de hardware	2	1				2	3	
Especificaciones para el Kernel	1	3						3
Especificaciones para las utilidades	2	1			3			
Diseño del hardware	1			3		3		3
Drivers de disco	3	1	2					
Administración de la memoria	1	3			3			
Documentación del sistema operativo	2	2	1					3
Prototipos	5		4	1	3	3	3	4
Prueba integrada de aceptación	5	2	2		1		5	5

1 Responsable
2 Apoyo
3 Consulta
4 Notificación
5 Aprobación

Reportes del avance del proyecto
Modificaciones en el alcance
Decisiones respecto al establecimiento de límites
Acciones
Aspectos a entregar
Reuniones del equipo para evaluar el avance
Modificaciones en las solicitudes aprobadas
Reportes sobre hechos sobresalientes

3. **Fuentes de información.** Cuando se identifican las necesidades de información, el siguiente paso es determinar las fuentes de ésta. Es decir, ¿dónde se encuentra? ¿Cómo se va a recopilar? Por ejemplo, la información que se refiere al informe de eventos sobresalientes, reuniones del equipo y sobre el estado del proyecto deben localizarse en las minutas y en los reportes de los diversos grupos.
4. **Modos de diseminación.** En el mundo de hoy, las reuniones tradicionales para reportar los avances se complementan con el correo electrónico, las teleconferencias, las Lotus Notes, el SharePoint y diversos programas que comparten bases de datos para circular información. En particular, muchas empresas están utilizando Internet para crear una "oficina virtual del proyecto" para almacenar la información relativa a éste. El software para la administración de proyectos introduce información de manera directa al sitio web de tal modo que distintas personas tengan acceso inmediato a información importante del proyecto. En algunos casos, se envía la información adecuada en forma automática a los interesados clave. Sin embargo, sigue siendo crucial entregar una copia de respaldo impresa sobre algunas modificaciones y acciones en el proyecto a varios interesados.
5. **Responsabilidad y oportunidad.** Determinar quién enviará la información. Por ejemplo, una práctica común es hacer que los secretarios de las reuniones envíen las minutas o la información específica a los interesados pertinentes. En algunos casos, la responsabilidad está en el administrador de proyecto o en la oficina de proyecto. Es necesario determinar la oportunidad y la frecuencia de distribución apropiada de la información.

La ventaja de establecer un plan de comunicaciones es que en lugar de responder a las solicitudes de información, usted controla el flujo de la información. Esto reduce la confusión y las interrupciones innecesarias y puede darles a los administradores de proyecto una mayor autonomía. ¿Por qué? Al informarles de manera regular cómo van las cosas y qué está sucediendo, la alta dirección puede sentirse más cómoda de dejar que el equipo termine el proyecto sin interferencias. Véase la figura 4.9 para un ejemplo: el plan de comunicaciones del proyecto de Shale Oil Research.

No se exagera cuando se pone de relieve la importancia de establecer un plan directo para transmitir información relevante sobre el proyecto. Muchos de los problemas que pueden afectarlo se remontan a dedicarle muy poco tiempo al establecimiento de un plan bien fundamentado de comunicaciones internas.

FIGURA 4.9
Plan de comunicaciones del proyecto de Shale Oil Research

Qué información	*Público objetivo*	*¿Cuándo?*	*Método de comunicación*	*Proveedor*
Reporte de los eventos importantes	Alta dirección y administrador de proyecto	Cada dos meses	Correo electrónico y copia de respaldo	Oficina de proyecto
Agendas y reportes de avance del proyecto	Personal y cliente	Cada semana	Correo electrónico y copia de respaldo	Administrador de proyecto
Reportes del estado del equipo	Administrador de proyecto y oficina de proyecto	Cada semana	Correo electrónico	Encargado del registro del equipo
Reporte de asuntos	Personal y cliente	Cada semana	Correo electrónico	Encargado del registro del equipo
Reportes de aumento	Personal y cliente	Cuando se requiera	Reunión y copia de respaldo	Administrador de proyecto
Desempeño de los proveedores externos	Personal y cliente	Cada dos meses	Reunión	Administrador de proyecto
Solicitudes aceptadas del cambio	Oficina de proyecto, alta dirección, cliente, personal y administrador de proyecto	En cualquier momento	Correo electrónico y copia de respaldo	Departamento de diseño
Decisiones de supervisión de límites	Alta dirección y administrador de proyecto	Cuando se requiera	Reporte de la reunión por correo electrónico	Grupo de supervisión u oficina de proyecto

Resumen

La definición del alcance del proyecto, las prioridades y la estructura de descomposición son clave para casi todos los aspectos relativos a su administración. La definición del alcance proporciona enfoque y enfatiza los aspectos finales del proyecto. Establecer las prioridades de éste les permite a los gerentes tomar las decisiones de compensación adecuadas. La estructura ayuda a garantizar que se identifiquen todas las tareas y suministra dos perspectivas del proyecto: una relativa a los productos a entregar y otra sobre la responsabilidad de la organización. La EDT evita que el proyecto sea dirigido por las funciones de la organización o por un sistema de finanzas. La estructura obliga a que la atención se dirija a los requerimientos realistas de personal, hardware y presupuestos. El uso de la estructura proporciona un marco poderoso de referencias para el control de los proyectos que identifica las desviaciones del plan, las responsabilidades y las áreas donde hay que mejorar el desempeño. Ningún plan bien desarrollado o sistema de control del proyecto son posibles si se carece de un enfoque disciplinado y estructurado. La EDT, la EDO y los códigos de la cuenta de costos proporcionan esta disciplina. La EDT servirá como base de datos para desarrollar la red del proyecto que establece la oportunidad del trabajo, las personas, el equipo y los costos.

A menudo se utiliza la EDP para proyectos fundamentados en procesos con productos a entregar mal definidos. Es posible utilizar matrices de responsabilidad de proyectos pequeños para aclarar las responsabilidades individuales.

La definición clara de su proyecto es el primer y más importante paso de la planeación. La carencia de un plan de proyecto definido con nitidez surge de manera constante como la principal razón para el fracaso de los proyectos. La elección de una EDT, una EDP o una matriz de responsabilidades dependerá sobre todo del tamaño y de la naturaleza de su proyecto. Cualquiera que sea el método que usted utilice, debe definir en forma apropiada su proyecto para poder controlarlo a medida que se ponga en marcha. Contar con un plan claro de comunicaciones para el seguimiento permitirá coordinar y llevar la cuenta del avance del proyecto, con lo cual se mantendrá informados a los interesados importantes y se evitarán algunos problemas potenciales.

Términos clave

Alcances variables
Cuenta de costos
Declaración del alcance
Estructura de descomposición de la organización (EDO)
Estructura de descomposición del proceso (EDP)
Estructura de descomposición del trabajo (EDT)
Hecho importante
Matriz de prioridades
Matriz de responsabilidades
Paquete de tareas

Preguntas de repaso

1. ¿Cuáles son los seis elementos de una declaración de enfoque típica?
2. ¿Qué dudas resuelve un objetivo de proyecto? ¿Cuál sería un ejemplo de un buen objetivo del proyecto?
3. ¿Qué significa si las prioridades de un proyecto incluyen limitaciones de tiempo, aceptación del enfoque y mejoramiento de los costos?
4. ¿Qué tipos de información se incluyen en un paquete de tareas?
5. ¿Cuándo sería adecuado crear una matriz de responsabilidades y no una EDT completa?
6. ¿Cómo beneficia un plan de comunicaciones a la administración de los proyectos?

Ejercicios

1. Usted está a cargo de organizar un concierto para una fiesta local de caridad. Reservó un salón donde es posible sentar a 30 parejas y contrató un grupo de jazz.
   a) Desarrolle una declaración de alcance para este proyecto que contenga ejemplos de todos los elementos. Suponga que la celebración tendrá lugar en cuatro semanas y proporcione su mejor cálculo de las fechas de los acontecimientos importantes.
   b) ¿Cuáles serían las prioridades para este proyecto?
2. En grupos pequeños, identifique ejemplos de la vida real que podrían adecuarse a cada uno de los escenarios de prioridades que están a continuación:
   a) Limitaciones de tiempo, mejoramiento del enfoque, aceptación de costos.
   b) Aceptación de tiempo, limitaciones de alcance, aceptación de costos.
   c) Limitación de tiempo, aceptación de enfoque, mejoramiento de costos.

3. Desarrolle una EDT para un proyecto en el que usted va a construir una bicicleta. Intente identificar todos los componentes importantes y proporcione tres niveles de detalle.
4. Usted es el padre o la madre en una familia de cuatro (los hijos tienen 13 y 15 años) que está planeando un viaje de campamento. Elabore una matriz de responsabilidades para el trabajo que hay que terminar antes de comenzar su viaje.
5. Desarrolle una EDT para una representación teatral de la comunidad. Asegúrese de identificar los productos a entregar y las unidades organizacionales (personas) responsables. ¿Cómo codificaría su sistema? Dé un ejemplo de los paquetes de trabajo en una de sus cuentas de costos. Desarrolle una EDO adecuada que identifique quién es responsable de qué cosa.
6. Utilice un ejemplo de un proyecto con el que usted esté familiarizado o que le interese. Identifique los productos a entregar y las unidades organizacionales (personas) responsables. ¿Cómo codificaría usted a su sistema? Dé un ejemplo de los paquetes de tareas en una de sus cuentas de costos.
7. Desarrolle un plan de comunicaciones para un proyecto de seguridad en un aeropuerto. El proyecto implica la instalación del sistema de hardware y software que 1) rastree los ojos del pasajero, 2) registre las huellas digitales del pasajero y 3) transmita la información a una ubicación central para su evaluación.
8. Vaya a una máquina buscadora de Internet (por ejemplo, Google) y mecanografíe "plan de comunicaciones del proyecto". Verifique tres o cuatro que tengan ".gov" como su fuente. ¿En qué se parecen y en qué se distinguen unos de otros? ¿Cuáles serían sus conclusiones respecto a la importancia de un plan interno de comunicaciones?

Referencias

Ashley, D. B. y cols., "Determinants of Construction Project Success", *Project Management Journal*, 18 (2), junio de 1987, p. 72.

Chilmeran, A. H., "Keeping Costs on Track", *PM Network*, 19 (2), 2004, pp. 45-51.

Gobeli, D. H. y E. W. Larson, "Project Management Problems", *Engineering Management Journal*, 2, 1990, pp. 31-36.

Ingebretsen, M., "Taming the Beast", *PM Network,* julio de 2003, pp. 30-35.

Katz, D. M., "Case Study: Beware 'Scope Creep' on ERP Projects", *CFO.com*, 27 de marzo de 2001.

Kerzner, H., *Project Management: A Systems Approach to Planning*, 8a. edición, Nueva York, Van Nostrand Reinhold, 2003.

Lewis, J. P., *Project Planning, Scheduling and Controlling*, 3a. edición, Burr Ridge, IL, McGraw-Hill, 2000.

Luby, R. E., D. Peel y W. Swahl, "Component-Based Work Breakdown Structure", *Project Management Journal*, 26 (2), diciembre de 1995, pp. 38-44.

Murch, R., *Project Management: Best Practices for IT Professionals*, Upper Darby, NJ, Prentice Hall, 2001.

Pinto, J. K. y D. P. Slevin, "Critical Success Factors Across the Project Life Cycle", *Project Management Journal*, 19 (3), junio de 1988, p. 72.

Pitagorsky, G., "Realistic Project Planning Promotes Success", *Engineer's Digest*, 29 (1), 2001.

PMI Standards Committee, *Guide to the Project Management Body of Knowledge*, Newton Square, PA, Project Management Institute, 2000.

Posner, B. Z., "What it Takes to Be a Good Project Manager", *Project Management Journal*, 18 (1), marzo de 1987, p. 52.

Raz, T. y S. Globerson, "Effective Sizing and Content Definition of Work Packages", *Project Management Journal*, 29 (4), 1998, pp. 17-23.

Tate, K. y K. Hendrix, "Chartering IT Projects", *Proceedings*, *30th Annual, Project Management Institute*, Filadelfia, PA, 1999, CD.

Zimmerman, E., "Preventing Scope Creep", *Manage*, febrero de 2000.

Caso

Manchester United Soccer Club

Nicolette Larson estaba llenando la máquina lavaplatos con su esposo, Kevin, a quien le comentaba sobre su primera reunión con el comité organizador del Torneo del Manchester United. Nicolette, que se autodenominaba "una mamá futbolera", fue electa directora del club y era la responsable de organizar el primer torneo de verano del equipo.

El Manchester United Soccer Club (MUSC), con sede en Manchester, Nueva Hampshire, se fundó en 1992 como una manera de llevar a los jugadores recreativos a un nivel más alto de competencia y prepararlos para el programa de desarrollo olímpico estatal (State Olympic Development Program) y/o para equipos de preparatoria. En ese momento, el club contaba con 24 niños y niñas (cuyas edades fluctuaban entre nueve y 16 años) de equipos afiliados a la Hampshire Soccer Association y a la Granite State Girls Soccer League. El consejo directivo del club había decidido, en otoño, que patrocinaría un torneo de verano para generar ingresos. Dado el auge del balompié entre los jóvenes, dicha competencia se había convertido en un método popular para recaudar fondos. Por lo general, los equipos del MUSC compiten en tres o cuatro torneos cada verano en distintos lugares de Nueva Inglaterra. Se ha informado que estas justas generan entre 50 000 y 70 000 dólares para el club anfitrión.

El MUSC necesita ingresos adicionales para reacondicionar y ampliar el número de canchas en el complejo de Rock Rimmon. Los fondos también se utilizarían para aumentar el programa escolar del club, el cual proporciona ayuda financiera a los jugadores que no pueden pagar los 450 dólares de cuota mensual.

Nicolette le reseñó a su marido lo que se transpiraba durante la primera reunión del comité encargado del torneo de esa noche. Ella comenzó la junta haciendo que todos los participantes se presentaran y expresó lo emocionada que estaba de que el club patrocinara un torneo propio. Luego le sugirió al comité que se hiciera una tormenta de ideas sobre todo lo que había que hacer para sacar la temporada adelante; registraría sus ideas en una libreta.

Surgió todo tipo de ideas y sugerencias. Un miembro de inmediato subrayó la importancia de tener árbitros calificados y describió en forma detallada cómo le habían robado el triunfo al equipo de su hijo en un juego de campeonato en el que los árbitros eran malos. A ésta le siguieron otras historias de injusticias en la cancha. Otro miembro sugirió que necesitaban ponerse en contacto pronto con las universidades locales para ver si podían utilizar sus campos. El comité dedicó más de 30 minutos a hablar sobre cómo supervisarían a los equipos y sobre cuánto podrían cobrar por la entrada. Surgió una discusión respecto a si deberían recompensar a los equipos ganadores con medallas o con trofeos. Muchos integrantes consideraban que las medallas eran demasiado baratas, mientras que otros pensaban que los trofeos serían demasiado caros. Alguien sugirió que buscaran patrocinadores corporativos locales que les ayudaran a patrocinar el torneo. A la propuesta de vender camisetas y sudaderas del torneo siguió una censura general a las playeras que los padres de familia habían adquirido en otros torneos. Un miembro propuso que contrataran a un artista local, que él conocía, para que desarrollara un diseño único del torneo. La reunión terminó 30 minutos tarde y sólo quedaba la mitad de los asistentes originales al final. Nicolette manejó de regreso a su casa con siete páginas de ideas y un dolor de cabeza.

A medida que Kevin le servía un vaso de agua para las dos aspirinas que Nicolette estaba a punto de ingerir, intentó reconfortarla afirmando que la organización de este torneo sería un proyecto importante, semejante a aquéllos donde él participaba en su empresa de diseño e ingeniería. Ofreció sentarse con ella la noche siguiente y ayudarle a planear el proyecto. Le sugirió que lo primero que necesitaban era desarrollar una EDT para el proyecto.

1. Haga una lista de los principales productos a entregar en el proyecto y utilícela para desarrollar un borrador de la estructura de descomposición de tareas para el torneo que incluya al menos tres niveles de detalle. ¿Cuáles son los principales productos a entregar que se relacionan con patrocinar un torneo de balompié?
2. ¿De qué manera el desarrollo de una EDT aliviaría algunos de los problemas que se presentaron durante la primera reunión y de qué manera le ayudarían a organizar y planear el proyecto?
3. ¿Dónde puede Nicolette encontrar información adicional que le ayude a desarrollar una EDT para el torneo?
4. ¿Cómo podrían Nicolette y su grupo utilizar la EDT para generar cálculos de costos para el torneo? ¿Por qué esta información sería útil?

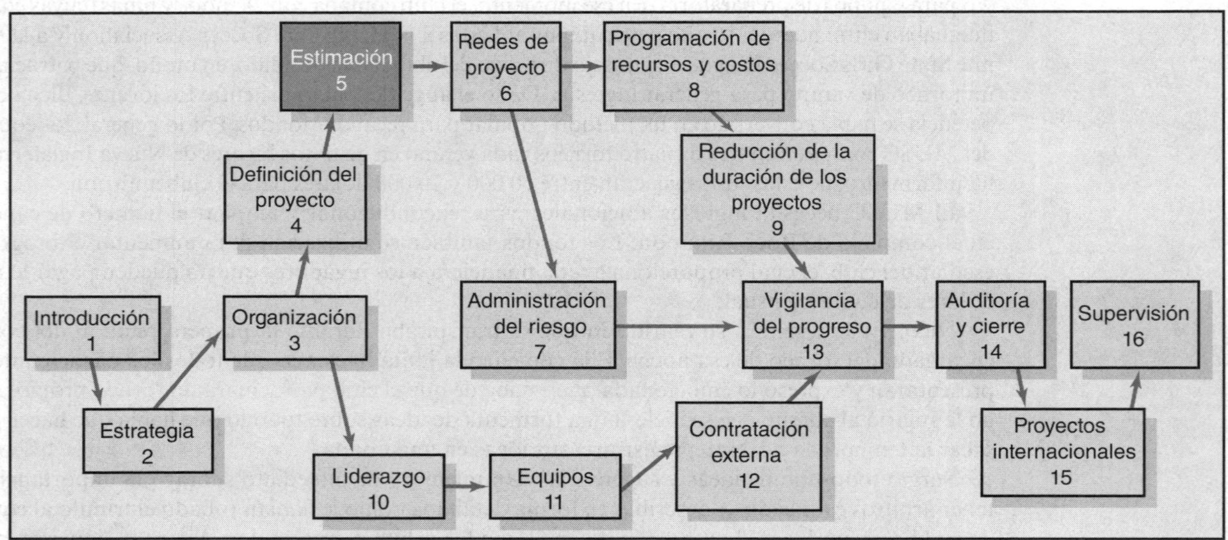

Estimación de los tiempos y costos del proyecto

Factores que influyen en la calidad de los estimados

Lineamientos a seguir en la estimación de tiempos, costos y recursos

Estimación ascendente vs. estimación descendente

Métodos para calcular los tiempos y costos del proyecto

Nivel de detalle

Tipos de costos

Refinamiento de los estimados

Creación de una base de datos para llevar a cabo los estimados

Resumen

Apéndice 5.1: Curvas de aprendizaje para la estimación

CAPÍTULO CINCO

Estimación de los tiempos y costos del proyecto

*La estimación del proyecto es en realidad una herramienta para controlar sus costos. Si resulta defectuosa, usted comienza "levantándote con el pie izquierdo"… lo exhortamos a no subestimar el estimado.**

Dada la urgencia de comenzar a trabajar en el proyecto, en ocasiones los gerentes minimizan o no llevan a cabo un estimativo de los tiempos y costos del proyecto. Esta actitud constituye un gran error y es costosa. Hay razones importantes para hacer este esfuerzo y las estimaciones para su proyecto. En la ilustración 5.1 se hace un resumen de algunas razones clave.

Estimar es el proceso de pronosticar o aproximar los tiempos y costos de terminar los productos a entregar en un proyecto. A menudo se clasifica a los procesos de estimación de dos maneras: ascendentes y descendentes. Por lo general, los primeros están a cargo de la alta dirección. A menudo, ésta los llevará a cabo a partir de analogías, consensos de grupo o relaciones matemáticas. Con frecuencia, los del primer tipo se le encargan a la gente que realiza el trabajo. Ésta se fundamenta en los estimados de los elementos que se encuentran en la estructura de descomposición del trabajo.

Todos los interesados en los proyectos prefieren realizar estimados precisos de costo y tiempo, pero también comprenden la incertidumbre inherente a todos los proyectos. Cuando los estimados son inexactos se obtienen falsas expectativas y el cliente queda insatisfecho. La precisión mejora cuando el esfuerzo es mayor, pero valen la pena el tiempo y el costo porque ¡la estimación cuesta dinero! La estimación se convierte en una compensación donde se equilibran los beneficios de una mayor precisión con relación a los costos de asegurar una mayor precisión.

Los estimados de costo, tiempo y presupuesto constituyen la línea de vida del control; sirven como estándar de comparación del actual y planean para toda la vida del proyecto. Los reportes del avance del proyecto dependen de la existencia de estimados confiables como el principal elemento para medir desviaciones y para tomar acciones correctivas. De manera ideal, el administrador de proyecto, y en la mayoría de los casos el cliente, prefieren contar con una base de datos de un presupuesto detallado y con estimados de costos para todos los paquetes de tareas del proyecto. Lo lamentable es que tal recopilación detallada de datos no siempre es posible ni práctica, y se utilizan otros métodos para desarrollar estimados del proyecto.

Factores que influyen en la calidad de los estimados

Una declaración típica en el campo es el deseo de "tener 95 por ciento de probabilidades de cumplir con los estimados de tiempo y costo". *Las experiencias precedentes* constituyen un buen punto de partida para desarrollar estimados de tiempo y costo. Pero los estimados anteriores siempre deben perfeccionarse con otras consideraciones a fin de llegar al nivel de 95 por ciento de probabilidad. Los factores que se relacionan con el carácter único del proyecto tendrán una fuerte influencia en la precisión de los estimados. También hay que considerar al proyecto, la gente y los factores externos a fin de mejorar la calidad de los estimados respecto de los tiempos y costos del proyecto.

* O. P. Kharbanda y J. K. Pinto, *What Made Gertie Gallop: Learning From Project Failures*, Nueva York, Von Nostrand Reinhold, 1996, p. 73.

ILUSTRACIÓN 5.1
Por qué la estimación de tiempos y costos es importante

- Se necesitan estimados para apoyar las buenas decisiones.
- Se necesitan estimados para programar el trabajo.
- Se necesitan estimados para determinar cuánto tiempo debe tomar el proyecto y a qué costo.
- Se necesitan estimados para determinar si vale la pena realizar el proyecto.
- Se necesitan estimados para establecer las necesidades de flujo de efectivo.
- Se necesitan estimados para determinar cómo está avanzando el proyecto.
- Se necesitan estimados para desarrollar presupuestos para proyectos de etapas cronológicas y para establecer la línea de base del proyecto.

Horizontes de planeación

La calidad del estimado depende del *horizonte de planeación;* los estimados de los acontecimientos actuales son hasta 100 por ciento precisos, pero no tanto para hechos más lejanos. La precisión de los estimados de tiempos y costos mejorará a medida que usted avance de la fase conceptual al punto en que se definen los paquetes de tareas individuales.

Duración del proyecto

El tiempo para poner en acción a la nueva *tecnología* tiende a ampliarse de manera creciente y no lineal. A veces, cuando se redactan mal las especificaciones del enfoque para la nueva tecnología, se cae en errores de estimación de tiempos y costos. Los proyectos de larga duración aumentan la incertidumbre en los estimados.

Gente

El factor *gente* también puede incorporar algunos errores en la estimación de tiempos y costos. Por ejemplo, la precisión de los estimados depende de las habilidades de las personas que los llevan a cabo. Si se empatan con éxito personas y tareas, esto tendrá un efecto positivo en la productividad y en el periodo de aprendizaje. En forma análoga, el hecho de que algunos miembros del equipo del proyecto hayan trabajado juntos en proyectos semejantes influirá en el tiempo necesario para que se consoliden en un equipo eficiente. En ocasiones, factores como la rotación del personal pueden influir en los estimados. Debe advertirse que añadir gente nueva a un proyecto aumenta el tiempo que ha de dedicarse a la comunicación. Por lo común, la gente cuenta sólo con cinco o seis horas productivas en cada día de trabajo, las otras se consumen en trabajo indirecto, como reuniones, papeleo o contestación de correos electrónicos.

Estructura del proyecto y organización

La *estructura de proyecto* que se elija para administrar el proyecto influirá en los estimados de tiempos y costos. Una de las ventajas más importantes de un equipo dedicado en un proyecto, que ya se comentó, es la velocidad que se obtiene del enfoque concentrado y de las decisiones localizadas del proyecto. Esta velocidad se da al costo adicional de asegurar al personal por tiempo completo. A la inversa, los proyectos que operan en un ambiente matricial pueden reducir costos con mayor eficiencia al compartir personal entre proyectos, pero quizá se requiera más tiempo para terminarlos dado que la atención se divide y las demandas de coordinación son mayores.

Acolchonamiento de los estimados

En algunos casos, la gente tiende a *acolchonar los estimados.* Por ejemplo, si se le pide a usted que conduzca hasta el aeropuerto, es posible que se le conceda un tiempo promedio de 30 minutos, suponiendo una probabilidad de 50/50 de llegar ahí en 30 minutos. Si se le pide que llegue lo más rápido posible, quizá usted podría reducir el tiempo a 20 minutos. Por último, si se le preguntara cuánto tiempo necesitaría para llegar si tuviera que estar ahí para reunirse con el presidente, usted aumentaría su estimado a 50 minutos para asegurarse de no llegar tarde.

En las situaciones de trabajo donde se nos pide que calculemos tiempos y costos, la mayoría nos inclinamos a acolcharlos un poco para aumentar la probabilidad de cumplir y reducir el riesgo de terminar tarde. Si todos, en los distintos niveles del proyecto, le añaden un poco a sus estimados para evitar riesgos, aumenta mucho la duración del proyecto y los costos que implica. Este fenómeno causa que algunos propietarios o gerentes reduzcan entre 10 y 15 por ciento los tiempos y/o costos del proyecto. Por supuesto, la siguiente vez que se haga lo mismo, las personas se darán un margen de 20 por ciento o más. Es obvio que estas prácticas van en contra de la obtención de estimados realistas, lo cual se necesita para ser competitivos.

Cultura de la organización

La *cultura de la organización* puede influir mucho en los estimados del proyecto. En algunas organizaciones se tolera el acolchonamiento de los estimados, incluso se le alienta en privado. Otras organizaciones le dan un valor a la precisión y desalientan con fuerza cualquier juego en la estimación. La importancia que se da a los estimados cambia en cada organización. La creencia que prevalece en algunas organizaciones es que para realizar un estimado detallado se necesita demasiado tiempo y no vale la pena el esfuerzo, o bien, es imposible predecir lo que sucederá en el futuro. Otras sostienen que los estimados precisos constituyen el fundamento de una administración eficaz de proyectos. La cultura de la organización influye en todas las dimensiones de administración de proyectos; la estimación no es inmune a esta influencia.

Otros factores

Por último, los *factores no relacionados con el proyecto* pueden influir en los estimados de tiempos y costos. Por ejemplo, el tiempo de inactividad del equipo puede modificar los estimados de tiempo. Las fiestas nacionales, las vacaciones y los límites legales pueden influir en los estimados de los proyectos. La prioridad de los proyectos puede influir en la asignación de recursos y en los tiempos y costos.

La estimación de proyectos es un proceso complejo. La calidad de los estimados de tiempos y costos puede mejorar cuando se consideran estas variables en la elaboración de estimados. La conjunción de estimados de tiempo y costo le permite al gerente desarrollar un presupuesto con etapas cronológicas, el cual es imperativo para el control del proyecto. Antes de analizar los métodos macro y micro de estimación de tiempos y costos, un repaso de los lineamientos a seguir en la estimación nos recordará algunas "reglas del juego" importantes que pueden mejorar la estimación.

Lineamientos a seguir en la estimación de tiempos, costos y recursos

Los gerentes reconocen que los estimados de tiempos, costos y recursos deben ser precisos para que la planeación, programación y control del proyecto sean eficaces. Existen muchas pruebas que sugieren que los estimados deficientes ayudan mucho al fracaso de los proyectos. Por lo tanto, deben realizarse todos los esfuerzos necesarios para ver que los estimados iniciales sean lo más precisos posible, puesto que la alternativa de no contar con estimado alguno deja mucho a la suerte y no agrada a los gerentes de proyecto serios. A pesar de que nunca se haya realizado un proyecto, el gerente puede seguir siete lineamientos para desarrollar estimaciones eficientes para paquetes de tareas.

1. **Responsabilidad.** A nivel del paquete de tareas, las personas que estén más familiarizadas con ellas deben realizar estimados. ¡Aproveche su experiencia! A excepción de las tareas supertécnicas, los responsables de que el trabajo se termine a tiempo y dentro de presupuesto suelen ser los supervisores o técnicos de primera línea que tienen la experiencia y conocen el tipo de trabajo involucrado. Estas personas no tendrán en mente una duración impuesta o preconcebida. Darán un estimado con base en su experiencia y juicio. Un segundo beneficio de utilizar a los responsables es la esperanza de que "se convenzan" de ver que el estimado se haga realidad en cuanto completen el paquete de tareas. Si no se consulta a los involucrados, será difícil responsabilizarlos de no terminar de acuerdo con el tiempo calculado. Por último, si se utiliza la experiencia de los miembros del equipo responsables será posible construir desde el principio buenos canales de comunicación.

2. **Utilización de diversas personas para realizar una estimación.** Se sabe muy bien que un estimado de costo o tiempo tiene más probabilidades de ser razonable y realista cuando se acude a varias personas con experiencia destacada y/o conocimiento de la tarea. Es cierto que las personas traen consigo distintos prejuicios que parten de su experiencia. Pero el análisis de las diferencias individuales en su estimado conduce al consenso y tiende a eliminar los errores

extremos en el estimado. Este enfoque es similar al método de estimación Delphi, que también se puede utilizar.

3. **Condiciones normales.** Cuando se definen el tiempo de la tarea, el costo y los estimados de recursos, se parte de determinadas suposiciones. *Los estimados deben fundamentarse en situaciones habituales, métodos eficientes y un nivel normal de recursos.* A veces es difícil determinar cuáles son las condiciones normales, pero es necesario tener un consenso en la organización respecto a qué significa que existan en este proyecto. Si el día normal de trabajo es de ocho horas, el estimado de tiempos debe fundamentarse en esa jornada. De igual manera, si el día normal de trabajo incluye dos turnos, el estimado de tiempo debe basarse en esto. Cualquier estimado del tiempo debe reflejar métodos eficientes para los recursos normalmente disponibles. El estimado de tiempos debe representar el nivel regular de recursos, trátese de personas o equipo. Por ejemplo, si se cuenta con tres programadores para codificar y con dos calificadores del terreno para la construcción de una carretera, los estimados de tiempo y costos deben basarse en estos niveles normales de recursos, a menos que se anticipe que el proyecto modificará lo que en ese momento se considera "normal". Además, no deben considerarse en esta etapa los conflictos que pudieran surgir en la demanda de recursos para actividades paralelas o concurrentes. La necesidad de añadir recursos se analizará en un capítulo posterior, cuando se examine la programación de recursos.

4. **Unidades de tiempo.** Al principio de la fase de desarrollo de la red del proyecto deben seleccionarse unidades específicas de tiempo. *Todos los estimados de tiempo de tareas necesitan unidades de tiempo congruentes.* Los estimados de tiempo deben considerar si el tiempo normal está representado con días de calendario, días hábiles, días de la semana, días persona, turno sencillo, horas, minutos, etc. En la práctica, el uso de días hábiles es la elección más común para expresar la duración de las tareas. Sin embargo, en proyectos como un transplante de corazón, es probable que los minutos sean la unidad de tiempo más adecuada. Un proyecto de ese tipo que utilizó los minutos como unidad de tiempo fue el traslado de pacientes de un hospital viejo a uno nuevo y elegante situado al otro lado de una ciudad. Como esto implicaba varios movimientos que arriesgaban vidas, se utilizaron minutos como unidad para garantizar la seguridad de los pacientes, a fin de que se dispusiera de sistemas adecuados de apoyo a la vida por si fueran necesarios. El punto es que para el análisis de las redes se requiere una unidad estándar de tiempo. Cuando los programas de cómputo permiten más de una opción, debe advertirse cualquier desviación de la unidad estándar de tiempo. Si ésta es una semana laboral de cinco días y la actividad estimada está en días de calendario, debe convertírsele a la primera.

5. **Independencia.** Las personas encargadas de hacer los estimados deben tratar cada tarea en forma independiente de las que puedan integrarse a la EDT. Por lo general, el uso de gerentes de primera línea hace que las tareas se consideren de manera independiente; y esto es bueno. Los gerentes de primer nivel tienden a añadir muchas tareas a un solo estimado de tiempo y luego deducen los estimados para las tareas individuales que se añaden para formar el total. Si las tareas están en cadena y las realiza el mismo grupo o departamento, es mejor que no se pidan todos los estimados de tiempo en la secuencia. Esto puede evitar la tendencia de que un planeador —o un supervisor— observe todo el terreno e intente ajustar los tiempos individuales de las tareas en secuencia, a fin de cumplir un programa impuesto de manera arbitraria o alguna "adivinanza" del tiempo total para toda la ruta o un segmento del proyecto. Esta tendencia no refleja las incertidumbres de las actividades individuales y por lo general propicia estimados optimistas de los tiempos de las tareas. En resumen, es necesario considerar en forma independiente el estimado de tiempo para cada tarea o actividad.

6. **Contingencias.** *Los estimados de los paquetes de tareas no deben considerar las contingencias.* Los estimados deben asumir condiciones normales o promedio, a pesar de que todos los paquetes de trabajo no se materializarán como se había planeado. Por esta razón, la alta dirección necesita crear un fondo adicional para contingencias, el cual se puede utilizar para cubrir sucesos no previstos.

7. **Si se añade una evaluación de riesgos al estimado se evitan sorpresas a los interesados en el proyecto.** Es obvio que algunas tareas implican mayores riesgos en costos y tiempos. Por ejemplo, una tecnología nueva suele implicar más riesgos de costos y tiempos que un proceso probado. La simple identificación del grado de riesgo les permite a los interesados en el proyecto considerar métodos alternos y modificar las decisiones relativas al proceso. Una descomposición sencilla para lo más optimista y probable y otra para lo pesimista y los tiempos de las tareas puede proporcio-

nar información valiosa sobre tiempos y costos. Véase el capítulo 7 para un análisis más profundo de los riesgos de un proyecto.

Siempre que sean aplicables, estos lineamientos ayudarán mucho a evitar las caídas que tan a menudo se encuentran en la práctica.

Estimación ascendente *vs.* estimación descendente

Los esfuerzos para obtener estimados cuestan dinero, por lo que el tiempo y el detalle que se dedican a esta tarea constituyen una decisión importante. Sin embargo, cuando se considera la elaboración de estimados, como administrador de proyectos, usted puede escuchar declaraciones como las siguientes:

El orden aproximado de la magnitud es bastante bueno. Dedicarle tiempo a realizar cálculos detallados es desperdiciar dinero.

¡El tiempo lo es todo: nuestra supervivencia depende de llegar ahí primero! La precisión en tiempos y costos no es importante.

El proyecto es interno. No necesitamos preocuparnos por los costos.

El proyecto es tan pequeño, que no tenemos que preocuparnos por los estimados. Tan sólo lo hacemos.

Nos agotamos una vez. Quiero que todas las personas responsables hagan un estimado preciso de todas las tareas.

Sin embargo, hay razones sólidas para utilizar estimados descendentes o ascendentes. En la tabla 5.1 se muestran algunas situaciones que sugieren cuándo un enfoque se prefiere por encima de otro.

Por lo común, los estimados descendentes provienen de alguien que utiliza la experiencia y/o la información para determinar la duración del proyecto y su costo total. A veces son los gerentes de primer nivel quienes hacen estos estimados, aunque no conocen los procesos que se utilizan para terminar el proyecto. Por ejemplo, en uno de sus discursos el alcalde de una ciudad importante señaló que se construiría un nuevo edificio legislativo a un costo de 23 millones de dólares y que estaría listo para ser ocupado en dos años y medio. Aunque quizá el alcalde le solicitó un estimado a alguien, éste pudo haberse realizado en un almuerzo con un contratista local que deprisa calculó (adivinó) uno y lo escribió en una servilleta. Éste es un ejemplo extremo, pero tal escenario se repite mucho en la práctica. Véase el recuadro Caso de práctica: Humo en el condado, para otro ejemplo de esto. Pero uno podría preguntarse: *¿Estos estimados representan métodos eficientes y de bajo costo?* ¿Acaso los estimados descendentes de tiempo y costo necesarios para un proyecto se convierten en una profecía que se cumple en términos del establecimiento de parámetros de tiempo y costo?

De ser práctico y posible, usted deseará llevar el proceso de estimación hasta el nivel del paquete de tareas a fin de obtener estimados ascendentes para establecer métodos eficientes y de bajo costo. Este proceso se puede dar después de que se ha hecho una definición detallada del proyecto. El sentido común sugiere que los estimados de los proyectos deben obtenerse de las personas que más saben acerca del estimado que se necesita. Si se acude a varias personas con experiencia importante en la realización de la tarea, podrá mejorarse el estimado de tiempos y costos. El enfoque ascendente a nivel del paquete de tareas puede servir como una revisión de los elementos de costos en

TABLA 5.1
Condiciones para preferir los estimados de costo y tiempo descendentes o ascendentes

Condición	Estimados descendentes	Estimados ascendentes
Toma estratégica de decisiones	X	
El costo y el tiempo son importantes		X
Alta incertidumbre	X	
Proyecto interno y pequeño	X	
Contrato de precio fijo		X
El cliente desea los detalles		X
Enfoque inestable	X	

Caso de práctica

Humo en el condado cuando se revela la historia del tranvía*

El desarrollo Willamette, frente al río de Portland, Oregon, ha detonado con siete torres de condominios y un nuevo centro de ciencias de la salud en construcción. El complejo hospitalario se ha asociado a la Oregon Health Sciences University (OHSU) y está en la parte alta de un cerro cercano donde se encuentra un tranvía de cableado aéreo.

Este último enlaza el distrito frente al río con OHSU para apoyar la expansión universitaria a fin de aumentar la investigación en biotecnología y convertirse en el icono de Portland, equivalente al Space Needle de Seattle. Toda la atención se volcó al sur cuando las noticias procedentes de una audiencia sugirieron que el verdadero presupuesto para la construcción del tranvía, que al principio se había estimado en 15 millones de dólares, sería de entre 55 y 60 millones de dólares, casi el triple del estimado original. El estimado incluso podría ser mayor. Los comisionados intentaron determinar por qué el personal de la alcaldía de la ciudad confiaba en los estimados equivocados. Mike Lindberg, presidente de Aerial Transportation Inc., reconoció: "La cifra de 15 millones de dólares no era buena. Nada más era una aproximación". El comisionado Erik Sten afirmó: "Esas cifras se presentaron como algo mucho más definitivo de lo que parece haberse hecho... Resulta que no se costeó el diseño actual. Esto es muy irregular".

* *The Dragonian,* 13 de enero de 2006, por Frank Ryan, páginas A1 y A14, y 2 de abril de 2006, página A1.

la EDT al llevar los paquetes de tareas y las cuentas de costos relacionados en sentido inverso hasta llegar a los principales productos a entregar. En forma análoga, es posible verificar los requerimientos de recursos. Más adelante se podrán consolidar los estimados de tiempos, recursos y costos de los paquetes de tareas para integrar redes con etapas cronológicas, programas de recursos y presupuestos que se utilizan para mayor control.

El enfoque ascendente también le da al cliente la oportunidad de comparar el enfoque del método eficiente de bajo costo con cualquier restricción impuesta. Por ejemplo, si se determina que el lapso para la terminación del proyecto es de uno y medio a dos años, el cliente puede considerar el cambio del método de bajo costo con la compresión del proyecto a dos años y en raras ocasiones cancelará el proyecto. Es posible comparar compensaciones semejantes para distintos niveles de recursos o incrementos en el desempeño técnico. La suposición se aplica a cualquier movimiento del método eficiente y económico que aumente los costos, por ejemplo, el tiempo extra. El enfoque preferido en la definición del proyecto es hacer estimados aproximados descendentes, desarrollar la EST/EDO, hacer estimados ascendentes, desarrollar programas y presupuestos, y conciliar las diferencias entre los estimados ascendentes y descendentes. Se espera que estos pasos se realicen *antes* de la negociación final con el cliente, interno o externo. En conclusión, el enfoque ideal es que el administrador de proyecto deje suficiente tiempo para que se lleven a cabo los estimados descendentes y ascendentes a fin de poder ofrecerle al cliente un plan completo basado en estimados confiables. De esta manera se minimizan las expectativas falsas para todos los interesados en el proyecto y se reduce el tiempo dedicado a la negociación.

Métodos para calcular los tiempos y costos del proyecto

Enfoques descendentes para estimar los tiempos y costos del proyecto

A nivel estratégico se utilizan métodos de estimación descendentes para evaluar la propuesta del proyecto. En ocasiones, gran parte de la información que se requiere para elaborar estimados precisos de tiempo y costo no está disponible en la fase inicial del proyecto; por ejemplo, cuando el diseño no se termina. En estos casos se utilizan estimados descendentes hasta definir con claridad las tareas en la EDT.

Métodos de consenso

En éstos se utiliza la experiencia compartida de gerentes de nivel alto y/o medio para calcular la duración y los costos totales del proyecto. Por lo común, esto implica una junta donde los expertos analizan, comentan y por último llegan a una decisión respecto a su mejor estimado. Las empresas que buscan mayor rigor utilizan el método Delphi para llevar a cabo estos estimados macro. Véase el recuadro Caso de práctica: el método Delphi.

Es importante reconocer que estos primeros estimados descendentes son tan sólo aproximaciones y se dan en la etapa "conceptual" del proyecto. Los estimados descendentes son útiles en el desarrollo inicial de un plan completo. Sin embargo, en ocasiones los cálculos son poco precisos porque se ha recopilado muy poca información detallada. En este nivel no se han identificado aspectos individuales del trabajo. En algunos casos puede suceder que los estimados descendentes no son realistas porque la alta dirección "quiere que el proyecto se realice". No obstante, los estimados descendentes iniciales son útiles para determinar si el proyecto amerita más planeación formal, lo cual puede comprender estimados más detallados. Tenga cuidado de que los estimados macro que llevan a cabo los gerentes de alto nivel no se les dicten a los gerentes de bajo nivel, quienes pueden sentirse obligados a aceptarlos incluso si consideran que los recursos son inadecuados.

Aunque los autores prefieren evitar el enfoque descendente siempre que sea posible, han sido testigos de una precisión sorprendente en el cálculo de la duración y los costos del proyecto en algunos casos aislados. Algunos ejemplos son la construcción de una planta manufacturera, de un almacén de distribución, el desarrollo de control de aire para rascacielos y la construcción de carreteras. Sin embargo, también hemos sido testigos de cálculos horrendos, por lo general en áreas en donde la tecnología es nueva y no ha sido probada. Los métodos descendentes pueden ser útiles si la experiencia y el juicio han sido precisos en el pasado.

Métodos de proporción

En los métodos descendentes (en ocasiones llamados paramétricos) por lo general se utilizan proporciones para calcular los tiempos o costos del proyecto. A menudo se utilizan enfoques descendentes en la fase conceptual o de "necesidad" de un proyecto para obtener un estimado inicial sobre su costo y duración. Por ejemplo, a menudo los contratistas utilizan un número de pies cuadrados para calcular el tiempo y el costo de construir una casa; es decir, una casa de 2 700 pies cuadrados puede costar 160 dólares por pie cuadrado (2 700 pies cuadrados × 160 dólares es igual a 432 000 dólares). Asimismo, si se conocen la superficie y los dólares por pie cuadrado, la experiencia sugiere que se requerirán alrededor de 100 días para terminarla. Otros dos ejemplos comunes de estimados descendentes de costo son el costo de una planta nueva que se calcula por tamaño de capacidad, o un producto de software que se calcula por sus características y su complejidad.

Métodos de distribución

Estos procedimientos son una extensión del método de proporción. La distribución se utiliza cuando los proyectos siguen de cerca proyectos anteriores en términos de características y costos. Si se cuenta con buenos datos históricos, los estimados pueden hacerse pronto, con poco esfuerzo y precisión razonable. Este método es muy común en los proyectos que son un estándar relativo, pero que tienen pequeñas variaciones o adaptaciones.

Caso de práctica — El método Delphi

El *método Delphi,* que en su origen fue desarrollado por la RAND Corporation —en 1969— para realizar pronósticos tecnológicos, es un proceso de decisiones en grupo relativas a la probabilidad de que se presenten determinados acontecimientos. Este método utiliza un panel de expertos que están familiarizados con el proyecto en cuestión. Se supone que los individuos bien informados, que utilizan su perspectiva y experiencia, están mejor equipados para calcular los tiempos/costos del proyecto que los enfoques teóricos o estadísticos. Sus respuestas a los cuestionarios relativos a los estimados son anónimas y se acompañan de un resumen de opiniones.

Luego se alienta a los expertos a que reconsideren y, si lo encuentran conveniente, a que cambien su estimado anterior a la luz de las respuestas de otros expertos. Después de una o dos vueltas se considera que el grupo se dirigirá hacia la "mejor" respuesta mediante este proceso de consenso. Se determina en forma estadística el punto medio de las respuestas por la calificación de la mediana. En cada ronda sucesiva de cuestionarios, el alcance de respuestas de los panelistas se reducirá y la mediana se moverá hacia lo que se considera el estimado "correcto".

Una ventaja clara del método Delphi es que nunca es necesario reunir agrupar a los expertos. El proceso tampoco necesita que todos los panelistas estén de acuerdo, puesto que la mediana representa la opinión de la mayoría. Como las respuestas son anónimas, se evitan las trampas del ego, de las personalidades dominantes y el "efecto de reflejo o de carro completo". Por otro lado, no siempre se pronostica de manera correcta cuáles serán los desarrollos futuros ni por el consenso iterativo ni por los expertos, sino por un pensamiento creativo y diferenciado.

Cualquiera que haya recibido un préstamo del banco para construir una casa ha estado expuesto a este proceso. Dado un costo estimado total para la casa, los bancos y la FHA (siglas en inglés de Federal Housing Authority, Autoridad Federal para la Vivienda) autorizan pagarle al contratista al terminar segmentos específicos de la casa. Por ejemplo, los cimientos pueden representar 3 por ciento del préstamo total, los marcos 25 por ciento, la electricidad, la plomería y la calefacción 15 por ciento, etc. Los pagos se hacen a medida que se concluye cada uno de estos aspectos. Un proceso análogo se utiliza en algunas empresas, el cual consiste en distribuir los costos entre los productos a entregar en la EDT, dados los porcentajes de costos promedio de proyectos anteriores. En la figura 5.1 se presenta un ejemplo semejante a uno que se encontró en la práctica. Si se asume que el costo total del proyecto se ha calculado, con un enfoque descendente, en 500 000 dólares, los costos se distribuyen como porcentaje del costo total. Por ejemplo, los costos que se distribuyen en el "documento" a entregar son 5 por ciento del total; es decir, 25 000 dólares. A los productos a entregar "Doc-I" y "Doc-II" se les destina 2 y 3 por ciento del total, esto es, 10 000 y 15 000 dólares, en cada caso.

Métodos de punto de función para proyectos de software y de sistemas

Con frecuencia, en la industria del software se hacen estimaciones para los proyectos de desarrollo de software con variables macro valoradas a las que se denomina "puntos de función" o parámetros fundamentales, como la cantidad de productos de entrada, de productos de salida, de preguntas, de archivos de datos y de interfases. Estas variables valoradas se ajustan para un factor de complejidad

FIGURA 5.1
Método de distribución para asignar los costos del proyecto mediante la estructura de descomposición del trabajo

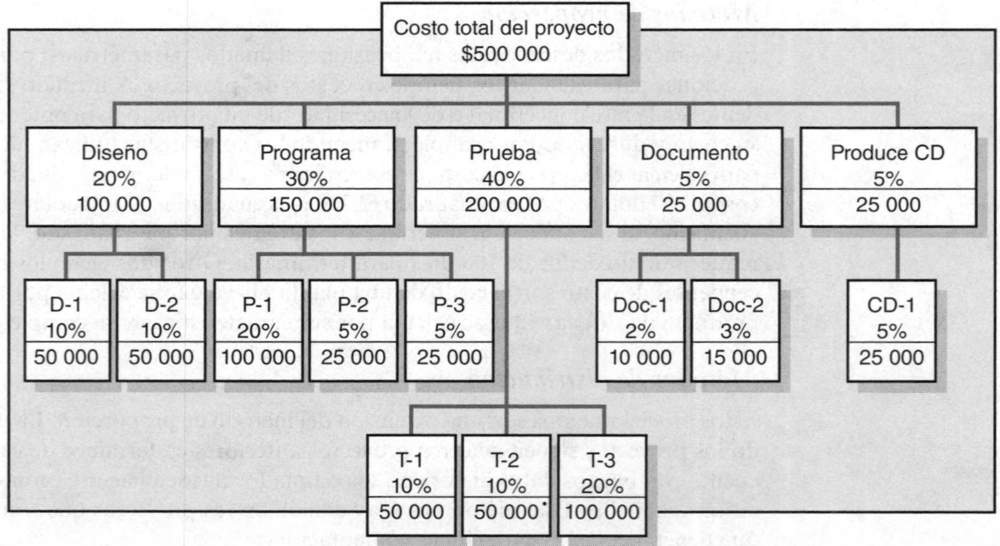

TABLA 5.2
Proceso básico simplificado de conteo de puntos de función para un proyecto prospecto o para producto a entregar

	Valoración de la complejidad			
Elemento	**Bajo**	**Promedio**	**Alto**	**Total**
Número de entradas	____ × 2 +	____ × 3 +	____ × 4	= ____
Número de salidas	____ × 3 +	____ × 6 +	____ × 9	= ____
Número de preguntas	____ × 2 +	____ × 4 +	____ × 6	= ____
Número de archivos	____ × 5 +	____ × 8 +	____ × 12	= ____
Número de interfaces	____ × 5 +	____ × 10 +	____ × 15	= ____

y se suman. El conteo total ajustado proporciona el fundamento para calcular el esfuerzo de mano de obra y los costos para un proyecto (por lo general se utiliza una fórmula de regresión que se deriva de los datos obtenidos de proyectos anteriores). Este método supone datos históricos adecuados por tipo de proyecto de software para la industria; por ejemplo, sistemas MIS. En la industria del software estadounidense, un mes de una persona representa en promedio cinco puntos de función. Una persona que trabaja durante un mes puede generar en promedio (en todo tipo de proyectos de software) de casi cinco puntos de función. Por supuesto, cada organización necesita desarrollar su propio promedio para un tipo específico de trabajo. Tales datos históricos proporcionan una base para calcular la duración del proyecto. Empresas como IBM, Bank of America, Sears Roebuck, HP, AT&T, Ford Motors, GE, Du Pont y muchas más utilizan variaciones de este enfoque descendente. Véanse las tablas 5.2 y 5.3 para tener un ejemplo simplificado de la metodología de conteo de los puntos de función.

A partir de los datos históricos la organización desarrolló el esquema de valoración de la complejidad que se encontró en la tabla 5.2. Los puntos de función se obtienen de multiplicar el número de los tipos de elementos por su complejidad valorada.

En la tabla 5.3 se muestran los datos recopilados para una tarea específica o para una tarea por realizar: admisión de pacientes y facturación: el número de entradas, salidas, preguntas, archivos e interfaces junto con las calificaciones de complejidad anticipada. Por último, se aplica el conteo de elementos, por lo que el conteo total de puntos de función es de 660. Dado este conteo y el hecho de que una persona mes ha sido históricamente igual a cinco puntos de función, el trabajo necesitará 132 meses persona (660/5 = 132). Si se supone que usted cuenta con 10 programadores que pueden trabajar en esta tarea, la duración sería casi de 13 meses. El costo se deriva con facilidad al multiplicar la tasa de mano de obra por los tiempos en meses; esto es, 132 meses persona. Por ejemplo, si la tasa mensual del programador es de 4 000 dólares, el costo estimado sería de 528 000 (132 × 4 000). Aunque la métrica de los puntos de función es útil, su precisión depende de datos

TABLA 5.3
Ejemplo: Método de función de conteo de puntos

Proyecto de software 13: Admisión de pacientes y facturación			
15	Entradas	Calificó la complejidad como baja	(2)
5	Salidas	Calificó la complejidad como promedio	(6)
10	Preguntas	Calificó la complejidad como promedio	(4)
30	Archivos	Calificó la complejidad como alta	(12)
20	Interfaces	Calificó la complejidad como promedio	(10)

Aplicación del factor de complejidad

Elemento	**Conteo**	**Bajo**	**Promedio**	**Alto**	**Total**
Entradas	15	× 2			= 30
Salidas	5		× 6		= 30
Preguntas	10		× 4		= 40
Archivos	30			× 12	= 360
Interfaces	20		× 10		= 200
				Total	600

históricos adecuados, de la actualidad de la información y de la relevancia del proyecto/producto a entregar respecto de promedios anteriores.

Curvas de aprendizaje

En algunos proyectos se requiere que la misma tarea, grupo de tareas o producto se repitan varias veces. Los gerentes saben de manera intuitiva que el tiempo necesario para desempeñar una tarea mejora con la repetición. Este fenómeno es en particular cierto con tareas intensivas en mano de obra. En estas circunstancias es posible utilizar el patrón del fenómeno de mejora para pronosticar la reducción en el tiempo necesario a fin de desempeñar la tarea. A partir de la evidencia empírica *en todas* las industrias, se ha cuantificado el patrón de esta mejora en la *curva de aprendizaje* (que también se conoce como curva de mejora, curva de experiencia y curva de progreso industrial), la cual se describe en la siguiente relación:

Cada vez que la cantidad de salida se duplica, las horas de mano de obra por unidad se reducen a una velocidad constante.

En la práctica, la proporción de mejora puede variar desde 60 por ciento, lo cual representa una mejora muy grande, hasta 100 por ciento, lo que no representa mejora alguna. En general, a medida que se reduce la dificultad de la tarea, la mejora esperada también lo hace y la proporción de mejora que se utiliza crece. Un factor importante a considerar es la proporción de mano de obra en la tarea en relación con el trabajo coordinado por una máquina. Por supuesto, un porcentaje menor de la mejora sólo se presentará en operaciones con alto contenido de mano de obra. En el apéndice 5.1 del final del capítulo se incluye un ejemplo detallado de cómo puede utilizarse el fenómeno de mejora para calcular el tiempo y el costo de las tareas repetitivas.

La principal desventaja de los enfoques descendentes en la estimación es, tan sólo, que no consideran el tiempo ni los costos necesarios para una tarea específica. Al agrupar muchas tareas en una sola canasta es más fácil cometer errores de omisión y que los tiempos y costos resulten impuestos.

En general, los métodos de microestimación son más precisos que los procedimientos macro. El enfoque ascendente a nivel del paquete de tareas puede servir como verificación de los elementos de costo en la EDT al trasladar los paquetes de tareas y las cuentas de costos relacionadas con los principales productos a entregar. Asimismo, es posible verificar los requerimientos de recursos. Más adelante podrán consolidarse los estimados de tiempo, recursos y costos que se obtienen de los paquetes de tareas en redes de etapas programadas, programas de recursos y presupuestos con fines de control.

Enfoques ascendentes para estimar los tiempos y costos de los proyectos

Métodos de plantilla

Si el proyecto es similar a los que le preceden, podrán utilizarse los costos de estos últimos como un punto de partida para aquél. Será posible advertir las diferencias en el nuevo proyecto y ajustar los tiempos y costos anteriores para reflejarlas en el presente. Por ejemplo, una empresa de reparación de navíos en un embarcadero fuera del agua cuenta con un conjunto de proyectos estándar de reparación (es decir, plantillas para transporte y trabajos eléctricos y mecánicos) que se utilizan como puntos de partida para calcular el costo y la duración de cualquier proyecto nuevo. Se registran las diferencias del proyecto estandarizado en cuestión (para tiempos, costos y recursos) y se realizan los cambios. Este enfoque le permite a la empresa desarrollar un programa potencial, estimar costos y desarrollar un presupuesto en un lapso muy corto de tiempo. El desarrollo de tales plantillas en una base de datos puede reducir pronto los errores en la estimación.

Procedimientos paramétricos que se aplican a tareas específicas

De la misma manera en que las técnicas paramétricas, como el costo por pie cuadrado, pueden ser la fuente de los estimados descendentes, la misma técnica se puede aplicar a tareas específicas. Por ejemplo, como parte de un proyecto de conversión de la oficina MS, se requería convertir 36 distintas estaciones de trabajo de cómputo. Con base en los anteriores proyectos de conversión, el administrador de proyecto determinó que, en promedio, una persona podía convertir tres estaciones de trabajo al día. Por lo tanto, la tarea de convertir las 36 estaciones de trabajo requeriría de tres técnicos durante cuatro días [(36/3)/3]. En forma análoga, para calcular la asignación al tapizado de las paredes en la remodelación de una casa, el contratista calculó un costo de cinco dólares por yarda cuadrada de papel tapiz y de dos dólares por yarda para instalarlo, lo cual sumaba un costo total de siete dólares. Al medir la longitud y la altura de todas las paredes pudo calcular el área total en yardas cuadradas y multiplicarla por siete dólares.

Estimados detallados para los paquetes de tareas de la EDT

Quizá el método más confiable para calcular el tiempo y el costo es utilizar la EDT y pedirle a la gente responsable del paquete de tareas que se encargue de los estimados. Por su experiencia, saben cómo hacerlo o dónde encontrar la información necesaria para ello, sobre todo para las tareas que dependen de las horas y los costos de la mano de obra. Cuando hay mucha incertidumbre respecto a los paquetes de tareas, lo cual se asocia con el tiempo para terminar, es prudente exigir tres estimados de tiempo: bajo, promedio y alto. En la figura 5.2 se presenta una forma de entrenamiento de plantilla en la que se utilizan tres estimados de tiempo para los paquetes de tareas con tres estimadores diferentes. En la forma se muestra cómo esta información puede identificar las grandes diferencias entre los estimadores y cómo el uso de promedios puede producir un estimado más equilibrado del tiempo. Este enfoque de estimación con base en el tiempo le da al administrador del proyecto y al propietario la oportunidad de valorar los riesgos derivados de los tiempos (y, por lo tanto, de los costos). El enfoque ayuda a reducir las sorpresas a medida que el proyecto avanza. El enfoque de estimado de tres tiempos también da un fundamento para evaluar riesgos y determinar el fondo de contingencias. (Véase el capítulo 7 para un análisis de los fondos de contingencia.)

Un híbrido: la estimación de etapas

Este enfoque se inicia con un estimado descendente del proyecto y luego refina los estimados para las fases del proyecto a medida que se realiza. Por su naturaleza, a veces no es posible definir con rigor algunos proyectos, dada la incertidumbre del diseño o del producto final. Aunque raros, tales proyectos existen. A menudo se les encuentra en la industria aeroespacial, en la TI, en la nueva tecnología y en la construcción, cuando el diseño es incompleto. En estos proyectos se utilizan los estimados de etapas o de ciclos de vida.

FIGURA 5.2 **Hoja de trabajo de estimado de costos de apoyo SB45**

Número de proyecto: *17* — **Administrador del proyecto:** *Kathleen Walling*

Descripción del proyecto: *Proyecto de desviación de carretera* — **Fecha:** 5 - 07

		Estimador 1			Estimador 2			Estimador 3			Promedio de estimadores			Proporción*
		Baja	Promedio	Alta	Baja	Promedio	Alta	Baja	Promedio	Alta	Promedio	Promedio	Promedio	Rango/
EDT	Descripción	Est.	Est.	Est.	Est.	Est.	Est.	Est.	Est.	Est.	Bajo		Alto	promedio
ID		Días	Días	Días	Días	Días	Días	Días	Días	Días	Días	Días	Días	
102	Ingeniería	95	100	105	97	100	103	93	96	100	95.0	98.7	102.7	0.08
103	Administración de proyectos	14	15	17	14	16	18	13	14	15	13.7	15.0	16.7	0.20
104	Aceptaciones de propiedad L/E (Lectura / Escritura)	44	48	52	45	50	52	43	46	49	44.0	48.0	51.0	0.15
105	Mapas de base	36	38	40	36	37	39	35	36	37	35.7	37.0	38.7	0.08
106	Utilidades de coordinación	7	8	9	7	8	9	8	9	10	7.3	8.3	9.3	0.24
107	Aceptación de la EPA	13	14	15	14	15	16	13	15	17	13.3	14.7	16.0	0.18
108	Encuestas de alineamiento	32	35	38	32	35	37	32	34	35	32.0	34.7	36.7	0.14
•														
•														
•														
•														

* Nota = SDA (Promedio bajo = Promedio alto)/Promedio
Esta proporción indica el grado de variabilidad en los estimados.

Caso de práctica — Precisión de los estimados

Mientras menor sea el elemento de un paquete de palabras, más probabilidades habrá de que el estimado general sea preciso. El alcance de esta mejora cambia según el tipo de proyecto de que se trate. Se ha desarrollado la tabla que está enseguida para reflejar esta observación. Por ejemplo, en los proyectos de tecnología de la información que determinan sus estimados de tiempo y costo en la etapa conceptual puede esperarse que sus aspectos "reales" tengan hasta 200 por ciento de error en costo y duración y, quizá, hasta 30 por ciento por debajo de los estimados. A la inversa, en los estimados para edificios, carreteras y otras cosas que se realizan después de que se han definido con claridad los paquetes de tareas, se presentan errores más pequeños en los costos y tiempos reales, de 15 por ciento sobre los estimados y de 5 por ciento por debajo de éstos. Aunque estos estimados cambian según el proyecto, pueden servir como cifras importantes para los interesados en el proyecto cuando seleccionan la manera de derivar los estimados de tiempos y costos del proyecto.

Precisión de la estimación en costo y tiempo por tipo de proyecto:

	Ladrillos y mortero	Información tecnológica
Etapa conceptual	+60% a −30%	+200% a −30%
Definición de entregables	+30% a −15%	+100% a −15%
Definición de paquetes de trabajo	+15% a − 5%	+ 50% a − 5%

La estimación de las fases se utiliza cuando una cantidad poco común de incertidumbre rodea a un proyecto y resulta poco práctico calcular sus tiempos y costos totales. La estimación de fases utiliza un sistema de dos estimados en la vida del proyecto. Se desarrolla un estimado detallado para la fase inmediata y uno macro para el resto de las fases. En la figura 5.3 se muestran las fases de un proyecto y el avance de los estimados en su vida.

Por ejemplo, cuando se determina la necesidad de un proyecto se efectúa un estimado macro del costo y de su duración a fin de derivar las especificaciones del proyecto y un macro estimado para el resto. A medida que se avanza y se solidifican las especificaciones, se realiza un estimado detallado y otro macro para el resto del proyecto. Es claro que conforme el proyecto avanza en su ciclo de vida y hay más información, la confiabilidad de los estimados debe mejorar.

Quienes trabajan en proyectos donde no se conoce el producto final y la incertidumbre es mucha, prefieren realizar estimados para cada etapa; por ejemplo, en la integración de teléfonos inalámbricos y computadoras. El compromiso con el costo y el programa sólo es necesario en la fase siguiente del proyecto y se evita comprometerse con programas futuros y costos poco realistas que se basen en información deficiente. Este método progresivo macro/micro proporciona una base más fuerte para utilizar estimados de programas y costos en la administración del progreso durante la etapa siguiente.

Por desgracia, su cliente (interno o externo) querrá un estimado preciso del programa y de los costos cuando se tome la decisión de ejecutar el proyecto. Además, el cliente, que paga por el proyecto, a menudo percibe a la fase de estimación como un cheque en blanco porque los costos y los programas no están firmes durante la mayor parte del ciclo de vida del proyecto. A pesar de que las razones para la fase de estimación son sólidas y legítimas, es necesario convencer a la mayoría

FIGURA 5.3
Estimación de etapas a lo largo de la vida del proyecto

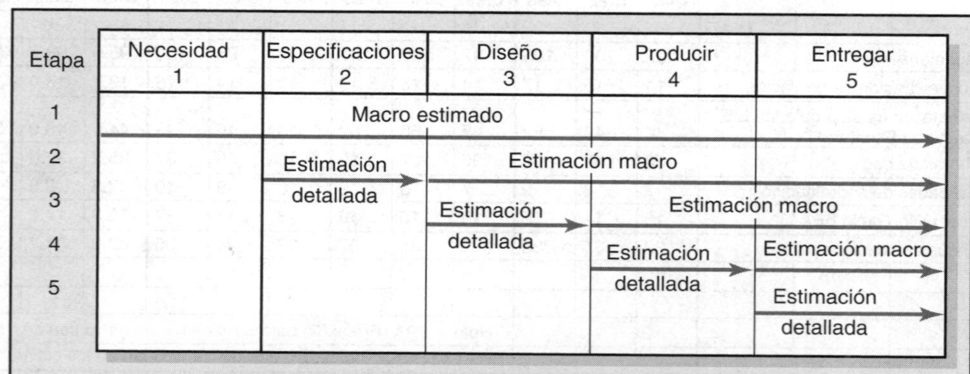

FIGURA 5.4
Estimados descendentes y ascendentes

Estimados descendentes	Estimados ascendentes
Uso pretendido Etapa conceptual/factibilidad Estimado aproximado de costos/tiempos Requerimientos de fondos Planeación de la capacidad de recursos	**Uso pretendido** Elaboración de presupuestos Calendarizar Requerimientos de recursos Cronometración de fondos
Costo de preparación de 1/10 a 3/10 del porcentaje del costo total del proyecto	**Costo de preparación** 3/10 del porcentaje a 1.0% del costo total del proyecto
Precisión Menos 20% a más de 60%	**Precisión** Menos 10% a más 30%
Método Consenso Proporción Distribución Punto de función Curvas de aprendizaje	**Método** De plantilla Paramétrico Paquetes de EDT

de los clientes de que así es. Una ventaja importante para el cliente es la oportunidad de modificar características, revalorar o hasta cancelar el proyecto en cada nueva etapa. En conclusión, la fase de estimación resulta muy útil en los proyectos que posean incertidumbre sobre su naturaleza final (forma, tamaño, características).

Véase la figura 5.4 para un resumen de las diferencias entre los estimados ascendentes y los descendentes.

Obtener estimados precisos es un reto. Las organizaciones comprometidas lo aceptan e invierten mucho al desarrollar su capacidad para cumplirlo. Los estimados precisos reducen la incertidumbre y favorecen la disciplina para una administración eficaz de los proyectos.

Nivel de detalle

El nivel de detalle es distinto en cada nivel de administración. En todos los casos, nunca debe ser más de lo necesario y suficiente. Por lo general, la alta dirección se interesa en todo el proyecto y en los sucesos más importantes que marcan los logros más grandes; por ejemplo: "construir una plataforma en el Mar del Norte" o "terminar el prototipo". La alta dirección puede centrarse en un segmento del proyecto o en un hecho importante. Los intereses de los gerentes de primera línea pueden limitarse a una tarea o a un paquete de tareas. Una de las ventajas de la EDT es la capacidad de agregar información acerca de las redes de tal manera que cada nivel de administración pueda contar con el tipo de información que requiere para tomar decisiones.

Resulta fundamental lograr el nivel de detalle necesario en la EDT para cubrir las necesidades de la administración, a fin de una implantación eficaz; aunque es difícil lograr el equilibrio delicado. Véase el recuadro Caso de práctica: Nivel de detalle: regla básica. Habrá variaciones en la EDT de acuerdo con la complejidad del proyecto, la necesidad de control, el tamaño, costo y duración del proyecto y otros factores. Si la estructura refleja un exceso de detalle existe una tendencia a descomponer el esfuerzo laboral en asignaciones departamentales. Esta tendencia puede convertirse en un obstáculo para el éxito, puesto que se enfatizan los resultados de cada uno de ellos y no los resultados a lograr. Un exceso de detalle también significa que hay más papeleo improductivo. Advierta que si se aumenta el nivel de la EDT en uno, la cantidad de cuentas de costo puede aumentar en forma geométrica. Por otro lado, si el nivel de detalle no es adecuado, una unidad de organización puede encontrar que la estructura no cumple sus necesidades. Por fortuna, la EDT tiene flexibilidad incluida. Las unidades de organización participantes pueden ampliar su parte de la estructura para satisfacer sus necesidades especiales. Por ejemplo, el departamento de ingeniería querría descomponer

Caso de práctica — Nivel de detalle: regla básica

Los administradores de proyecto en funciones están a favor de mantener el nivel de detalle en el mínimo. Sin embargo, existen límites para esta sugerencia. Uno de los errores más frecuentes de los nuevos administradores de proyecto es olvidar que el estimado del tiempo de la tarea se utilizará para controlar el programa de control y el desempeño de los costos. Una regla básica que utilizan los administradores de proyecto en funciones es que la duración de una tarea no debe ser mayor de cinco días hábiles o, como máximo, de 10 días hábiles, si éstos son las unidades que se utilizan para el proyecto. Quizá dicha regla resulte en una red más detallada, pero el detalle adicional da fruto en el control del programa y de los costos a medida que el proyecto avanza.

Suponga que la tarea es "construir la banda transportadora prototipo controlada por computadora", el estimado de tiempo es de 40 días hábiles y el presupuesto, de 300 000 dólares. Quizás sea mejor que la tarea se divida en siete u ocho operaciones más pequeñas para fines de control. Si una de éstas se retrasa por dificultades o un mal estimado del tiempo, será posible realizar acciones correctivas con rapidez y evitar retrasos en las tareas sucesivas y en el proyecto mismo. Si se utiliza una sola tarea de 40 días hábiles, es posible que no se efectúe ninguna acción correctiva hasta el día 40, puesto que muchas personas tienden a "esperar a ver qué pasa" o no admiten que se están retrasando o que están ignorando las malas noticias; el resultado puede significar un retraso muy superior a cinco días.

La regla de cinco a diez días se aplica a las metas de costo y desempeño. Si utilizarla resulta en demasiadas tareas de la red, se cuenta con una alternativa que tiene condiciones. El tiempo de la actividad puede extenderse más allá de la regla de cinco a diez días sólo SI es posible establecer puntos de verificación para monitorear el control en segmentos de la tarea, a fin de que se puedan identificar medidas claras del avance con la terminación de un porcentaje específico.

Esta información es invaluable para el proceso de control de medir el desempeño del programa y los costos; por ejemplo, los pagos por el trabajo del contrato se hacen con base en el "porcentaje terminado". Establecer una tarea con un inicio y puntos finales e intermedios definibles aumenta las probabilidades de una detección temprana de los problemas, de que se tomen acciones correctivas y de que se termine el proyecto a tiempo.

su trabajo en paquetes más pequeños: eléctricos, civiles y mecánicos. Asimismo, el departamento de comercialización querría dividir su campaña de promoción del nuevo producto en varios medios: televisión, radio, publicaciones periódicas y diarios.

Tipos de costos

Si se supone que los paquetes de tareas se definen, será posible llevar a cabo estimados detallados de los costos. A continuación se enumeran algunos tipos comunes de costos que se encuentran en un proyecto:

1. Costos directos
   a) Mano de obra
   b) Materiales
   c) Equipo
   d) Otros
2. Costos indirectos
3. Costos indirectos de administración y generales (A y G)

El estimado del costo total del proyecto se descompone de esta manera para afinar el proceso de control y mejorar la toma de decisiones.

Costos directos

Éstos se destinan en forma clara a un paquete específico de tareas. Pueden recibir la influencia del gerente de proyecto, del equipo de proyecto y de los individuos que ejecutan el paquete de tareas. Estos costos representan flujos reales de salida de efectivo y deben cubrirse a medida que el proyecto avance; por lo tanto, en general los costos directos se separan de los indirectos. Con frecuencia, las descripciones de los proyectos de niveles inferiores sólo incorporan los costos directos.

Costos indirectos

Éstos señalan más de cerca qué recursos de la organización se están utilizando en el proyecto. Los costos indirectos pueden relacionarse con los productos a entregar o con los paquetes de tareas. Algunos ejemplos son el salario del administrador de proyecto y el espacio temporal que se renta para el equipo. Si bien los gastos indirectos no constituyen un desembolso inmediato, son *reales*, y deben cubrirse en el largo plazo si la empresa ha de permanecer viable. En general constituyen una

FIGURA 5.5
Resumen de costos de la propuesta para el contrato

Costos directos	$80 000
Costos indirectos	$20 000
Costos directos totales	$100 000
Costos indirectos generales y administrativos (20%)	$20 000
Costos totales	$120 000
Utilidad (20%)	$24 000
Propuesta total	$144 000

proporción del valor en dólares de los recursos utilizados, como la mano de obra directa, los materiales y el equipo. Por ejemplo, una tasa directa de carga de mano de obra de 20 por ciento añadiría una carga de gastos indirectos de 20 por ciento al estimado del costo de mano de obra directa. Un cargo de 50 por ciento por materiales implicaría un cargo adicional de 50 por ciento para el estimado del costo de los materiales. La selección de algunos cargos indirectos permitirá calcular con mayor precisión los costos del proyecto (trabajo o paquete de tareas) y esto es mejor que aplicar una tasa general de costos indirectos a todo el proyecto.

Costos indirectos administrativos y generales (A y G)

Representan los costos de la organización que no se relacionan en forma directa con un proyecto específico. Estos costos están presentes durante todo el proyecto. Algunos ejemplos son los costos de organización para todos los proyectos y productos, como publicidad, contabilidad y alta administración, los cuales se ubican por encima del nivel del proyecto. La asignación de los costos A y G cambia de una organización a otra. Sin embargo, por lo general se aplican como porcentaje del costo directo total o del total de un costo directo específico, como mano de obra, materiales o equipo.

Una vez que se cuenta con los costos directos e indirectos de los paquetes individuales de tareas, es posible acumular costos para todos los productos a entregar o para todo el proyecto. Es posible añadir un porcentaje para utilidades si usted es un contratista. En la figura 5.5 se presenta una descomposición de costos para una licitación propuesta de contrato.

La percepción de los costos y presupuestos varía de acuerdo con sus usuarios. El administrador de proyecto debe estar muy consciente de estas diferencias cuando establece el presupuesto del proyecto y cuando comunica estas diferencias a los demás. En la figura 5.6 se muestran estas diferentes percepciones. El administrador del proyecto puede comprometer los costos meses antes de que se utilicen los recursos. Esta información resulta útil para el encargado de finanzas en la organización cuando pronostica los futuros desembolsos de efectivo. El administrador del proyecto está interesado

FIGURA 5.6
Tres aspectos de los costos

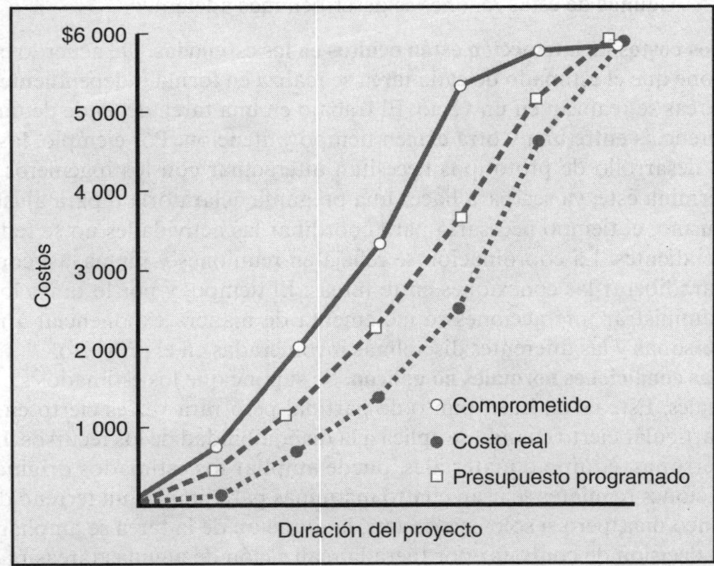

Caso de práctica ¿Cómo calcula usted el costo de una planta nuclear?

En su obra (que escribió junto con Jeffrey Pinto) *What Made Gertie Gallop: Learning from Project Failures,* O. P. Kharbanda señala en forma muy acertada que la estimación es un arte, pero también una habilidad. Por ejemplo, al comenzar su carrera (década de 1960), participó en la fabricación de un reactor nuclear en India, cuando las instalaciones locales no estaban dirigidas a realizar tales trabajos complejos. Como no se había logrado experiencia alguna en la construcción de equipo complejo y no se había (casi) escuchado sobre tolerancias ni precisión, era casi imposible crear un estimado avanzado razonable de los costos. Los estimadores hacían lo mejor que podían y luego añadían un margen un poco superior al normal antes de hacer una cotización de precios para el cliente.

Poco después, O. P. fue a una conferencia internacional de una semana sobre energía nuclear a la que asistieron expertos de este campo procedentes de todo el mundo. A media semana tuvo la fortuna de conocer al ingeniero en jefe de la empresa que había vendido a India su primer reactor, que tenía un diseño idéntico a otro que su empresa había querido adquirir. Ésta era una oportunidad única en la vida para obtener, por fin, la información interna relativa a estimar costos con precisión. En realidad, el experto confesó que su empresa había "perdido hasta la camisa" en el reactor que había vendido a India. Luego, como respuesta a la inocente pregunta "¿cómo realiza usted el estimado para un reactor nuclear?", el experto respondió con gran confianza: "Haz tus estimados con regularidad y cuidado, añade más que un margen normal y, después de un momento, ¡duplícalo!" O. P. confesó que en su ignorancia se habían saltado el último paso vital, pero esta conversación breve e informal probó ser muy valiosa. "Tuvimos una advertencia, la tomamos en serio y nos preparamos con anticipación. Esto nos ahorró varios millones de dólares."

en el momento en que esto ocurra y cuando se espera que se cargue (gane) el costo presupuestado; ambos se utilizan para medir el programa del proyecto y las variaciones en los costos.

Refinamiento de los estimados

Como se describió en el capítulo 4, los estimados detallados de los paquetes de tareas se suman y se "agregan" por producto a entregar a fin de calcular el costo directo total del proyecto. En forma análoga, se incorporan las duraciones estimadas a la red del proyecto para establecer su programa y determinar la duración total. De acuerdo con la experiencia, para muchos proyectos los estimados totales no se materializan y los costos reales y el programa de algunos proyectos superan mucho a los estimados que se basan en los paquetes originales de tareas. Véase el recuadro Caso de práctica: ¿Cómo calcula usted el costo de una planta nuclear?, donde se presenta un ejemplo dramático de esto. Para poder compensar el problema de que los costos actuales y el programa superen los estimados, algunos administradores de proyecto ajustan los costos totales por algún multiplicador (por ejemplo, los costos estimados totales × 1.20).

La práctica de ajustar los estimados originales en 20 por ciento, o hasta en 100 por ciento, se refiere a la pregunta de ¿por qué, después de invertir tanto tiempo y energía en los estimados detallados, la cifra puede resultar tan imprecisa? Existen diversas razones para esto, la mayoría de las cuales puede remontarse al proceso de estimación y a la incertidumbre inherente de pronosticar el futuro. Algunas de estas razones se describen más adelante:

- **Los costos de interacción están ocultos en los estimados.** De acuerdo con los lineamientos, se supone que el estimado de cada tarea se realiza en forma independiente. Sin embargo, rara vez las tareas se realizan en un vacío. El trabajo en una tarea depende de tareas anteriores y las transferencias entre una y otra exigen tiempo y atención. Por ejemplo, las personas que trabajan en el desarrollo de prototipos necesitan interactuar con los ingenieros de diseño una vez que se termina éste, ya sea para hacer una pregunta aclaratoria o para ajustar el diseño original. Asimismo, el tiempo necesario para coordinar las actividades no se refleja en los estimados independientes. La coordinación se refleja en reuniones y juntas, así como en el tiempo necesario para liberar las conexiones entre tareas. El tiempo, y por lo tanto los costos, que se dedican a administrar interacciones se incrementa de manera exponencial a medida que aumentan las personas y las diferentes disciplinas involucradas en el proyecto.
- **Las condiciones normales no aplican.** Se supone que los estimados se basan en condiciones normales. Éste es un buen punto de partida, pero rara vez es cierto en la vida diaria. Esto es en particular cierto cuando se aplica a la disponibilidad de los recursos. La escasez de éstos, ya sean personas, equipo o materiales, puede ampliar los estimados originales. Por ejemplo, en condiciones regulares se usan cuatro máquinas para limpiar un terreno de determinado tamaño en cinco días, pero si sólo existen tres, la duración de la tarea se ampliaría a ocho días. Asimismo, la decisión de contratar por fuera la realización de algunas tareas puede aumentar los costos y

ampliar la duración de éstas puesto que se requiere tiempo para que los empleados externos se adapten a las particularidades del proyecto y de la cultura de la organización.

- **Las cosas pueden salir mal en un proyecto.** Los defectos en el diseño surgirán una vez que se presenten condiciones climáticas extremas, accidentes y otras cosas similares. Aunque no se debe planear que sucedan estas cosas cuando se hagan los estimados de una tarea en particular, sí debe considerarse la probabilidad y el efecto de tales eventos.
- **Cambios en el alcance y en los planes del proyecto.** A medida que se avance en el proyecto, el gerente comprende mejor lo que debe hacerse para terminarlo. Esto puede conducir a cambios importantes en los planes y en los costos del proyecto. Además, si el proyecto es un comercial, a menudo hay que modificarlo para responder a las nuevas demandas del cliente y/o de la competencia. Cuando los enfoques se modifican es más probable que surjan costos inesperados. Debe hacerse todo lo posible para no cambiarlos, pero esto cada vez es más difícil en nuestro mundo tan cambiante.

La realidad es que para muchos proyectos no se cuenta con toda la información para hacer estimados precisos y es imposible pronosticar el futuro. El dilema es que sin estimados sólidos sufre la credibilidad del plan para el proyecto. Las fechas límite pierden su significado, los presupuestos se vuelven de hule y la rendición de cuentas se hace muy problemática.

Los retos semejantes a los descritos arriba influirán en los estimados finales de tiempo y costo. Incluso con los mejores esfuerzos de estimación puede ser necesario corregir los estimados con base en información relevante *antes* de establecer un programa y un presupuesto de base.

Las organizaciones eficaces ajustan los estimados de tareas específicas una vez que los riesgos, recursos y aspectos específicos de la situación se han definido con más claridad. Reconocen que los estimados añadidos que se generaron de un estimado detallado basado en la EDT son sólo el punto de partida. A medida que se adentran más en el proceso de planeación de proyectos, hacen las correcciones adecuadas tanto en el tiempo como en el costo de las actividades específicas. Incluyen la asignación final de recursos en el presupuesto y en el programa del proyecto. Por ejemplo, cuando se dan cuenta de que sólo se cuenta con tres y no con cuatro máquinas para limpiar un terreno, ajustan tanto el tiempo como el costo de esa actividad. Adaptan los estimados para considerar acciones específicas para mitigar los riesgos potenciales implícitos en el proyecto. Por ejemplo, para reducir las posibilidades de cometer errores en los códigos de diseño añaden el costo de probadores independientes al programa y al presupuesto. Por último, las organizaciones ajustan los estimados a fin de que se consideren las situaciones anormales. Por ejemplo, si en las muestras se encuentra que hay un exceso de agua en el terreno, luego ajustan los tiempos y costos de hacer los cimientos.

Siempre habrá algunos errores, omisiones y ajustes que exigirán cambios adicionales en los estimados. Por fortuna, todos los proyectos deben contar con un sistema de administración de los cambios para adaptarse a estas situaciones y a cualquier efecto en la línea de base del proyecto. En el capítulo 7 se hará un análisis de la administración de los cambios y de los fondos de contingencia.

Creación de una base de datos para llevar a cabo los estimados

La mejor manera de mejorar los estimados es recopilar y archivar los datos de los estimados y los hechos de proyectos anteriores. Esto permitirá contar con una base de conocimientos para mejorar la estimación de los costos y tiempos del proyecto. Crear una base de datos para realizar estimados es la "mejor práctica" entre las organizaciones más importantes en la administración de proyectos.

Algunas organizaciones cuentan con grandes departamentos encargados de esta tarea en los que laboran estimadores profesionales; por ejemplo, Boeing, Kodak e IBM, empresas que han desarrollado enormes bases de datos de tiempos y costos. Otras recopilan esta información mediante la oficina de proyectos. Este enfoque de base de datos le permite al estimador del proyecto seleccionar un aspecto del paquete específico de tareas en la base de datos e incluirlo. Entonces hace los ajustes necesarios acerca de los materiales, la mano de obra y el equipo. Por supuesto, cualquier aspecto que no se encuentre en la base de datos puede añadirse al proyecto y a la base de datos en última instancia, si así se desea. De nuevo, la calidad de los estimados de la base de datos depende de la experiencia de los estimadores, pero con el tiempo debe mejorar la calidad de los datos. Tales bases de datos estructuradas sirven como retroalimentación a los estimadores y como parámetros

FIGURA 5.7
Plantillas para calcular bases de datos

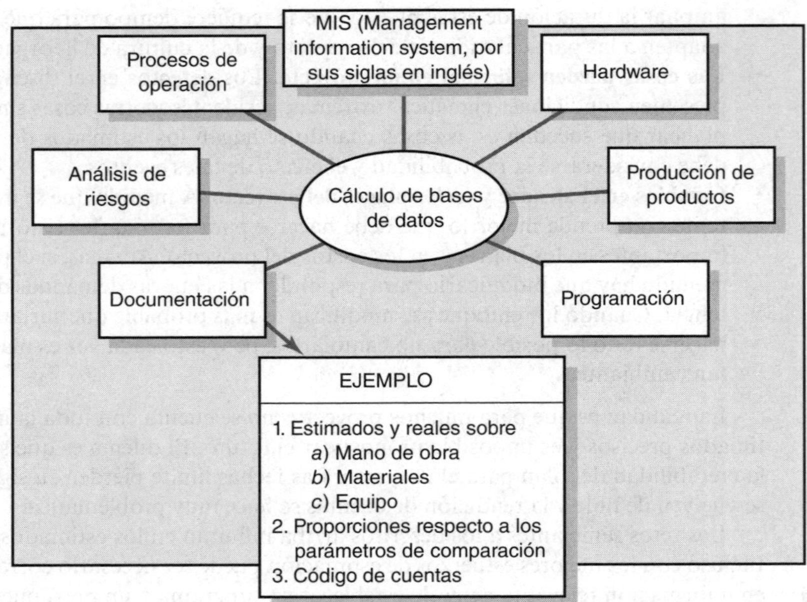

de comparación de tiempos y costos en cada proyecto. Además, la comparación de los estimados y de los hechos de distintos proyectos puede dar una idea del grado de riesgo inherente en los estimados. Véase la figura 5.7 para encontrar la estructura de una base de datos similar a las que se encuentran en la práctica.

Resumen

Los estimados de costos y tiempos de calidad son el fundamento del control en los proyectos. La experiencia precedente es el mejor punto de partida para obtenerlos. La calidad de los estimados depende de otros factores, como las personas, la tecnología y los periodos de inactividad. La clave para obtener estimados que representen tiempos y costos promedio realistas es una cultura de la organización que permita errores en los estimados sin estar señalando culpables. Si los tiempos representan un promedio, se esperaría que 50 por ciento fuera inferior a lo estimado y 50 por ciento superior. El uso de equipos muy motivados puede ayudar a mantener tiempos y costos cerca del promedio. Por esta razón es crucial hacer que el equipo se convenza de los estimados de tiempos y costos.

El uso de estimados descendentes es bueno para la toma de decisiones inicial y estratégica, o en situaciones donde los costos que se derivan de desarrollar mejores estimados tienen pocos efectos positivos. No obstante, en la mayoría de los casos se prefiere el enfoque ascendente para los estimados y se le considera también más confiable porque valora cada uno de los paquetes de tareas y no todo el proyecto, una sección o un producto a entregar de un proyecto. La estimación de los tiempos y costos de cada paquete de tareas facilita el desarrollo del programa del proyecto y de un presupuesto de etapas de tiempo, los cuales son necesarios para controlar el proyecto a medida que se le ponga en práctica. El uso de los lineamientos de estimación ayudará a eliminar muchos errores que suelen cometer quienes no están familiarizados con los tiempos y costos de estimación en el control de los proyectos. El establecimiento de una base de datos para la estimación de tiempos y costos es adecuado para una filosofía de aprendizaje en la organización.

El nivel de detalle en tiempos y costos debe adecuarse al antiguo dicho de "no más de lo que sea necesario y suficiente". Los gerentes deben recordar que deben distinguir entre los compromisos, los costos reales y los costos presupuestados. Se sabe muy bien que los esfuerzos directos para definir con claridad los objetivos, alcance y especificaciones para el proyecto mejoran de manera sustancial la precisión de los estimados de costos y tiempos.

Por último, la manera en que se recopilen los estimados y en que se les utilice puede afectar su utilidad en la planeación y el control. El clima en el equipo, la cultura de la organización y la estructura de ésta pueden afectar mucho la importancia que se le dé a los estimados de costos y tiempos y cómo se les utilice en la administración de proyectos.

Términos clave

Acolchonamiento de los estimados
Bases de datos de tiempos y costos
Costos directos
Costos indirectos
Curvas de aprendizaje
Estimación de etapas
Estimados ascendentes
Estimados descendentes
Fondos de contingencia
Método de plantilla
Método Delphi
Métodos de distribución
Métodos de proporción
Puntos de función

Preguntas de repaso

1. ¿Por qué los estimados precisos son cruciales para una administración eficiente del proyecto?
2. ¿De qué manera influye la cultura de una organización en la calidad de los estimados?
3. ¿Cuáles son las diferencias entre los enfoques descendente y ascendente de estimación? ¿En qué situaciones preferiría usted uno u otro?
4. ¿Cuáles son los principales tipos de costos? ¿Qué costos puede controlar el administrador de proyecto?

Ejercicios

1. La señora Tolstoy y su esposo, Serge, están planeando construir su casa ideal. El terreno para ésta se ubica en la parte alta de una colina y tiene una hermosa vista de los Apalaches. En los planos de la casa se indica que ésta tendrá 2 900 pies cuadrados. El precio promedio para un terreno y una casa similar a ésta ha sido de 120 dólares por pie cuadrado. Por fortuna, Serge es un plomero retirado y considera que puede ahorrar dinero si instala la plomería él mismo. La señora Tolstoy considera que ella se puede ocupar de la decoración de interiores.

   La siguiente información sobre los costos promedio está disponible en un banco local que concede préstamos a contratistas locales y les entrega pagos por avance cuando se verifica que han terminado tareas específicas.

24%	Al terminar la excavación y enmarcado
8%	Al completar el techo y la chimenea
3%	Al hacer los primeros cableados
6%	Al efectuar las primeras instalaciones de plomería
5%	Al instalar los laterales
17%	Al terminar las ventanas, el aislamiento, los pasillos, el enyesado y la cochera
9%	Al colocar el horno
4%	Al montar las piezas de plomería
10%	Al terminar la pintura exterior, instalar las lámparas y las piezas metálicas
6%	Al instalar las alfombras y molduras
4%	Con la decoración de interiores
4%	Al instalar y terminar los pisos

   a) ¿Cuál es el costo estimado para la casa de los Tolstoy si utilizan contratistas para terminar toda la casa?

   b) Calcule el costo de la casa si los Tolstoy utilizan sus talentos para encargarse ellos mismos de algunos trabajos.

2. Abajo se incluye el diagrama de una EDT donde se han asignado los costos en términos de porcentajes. Si se calcula que el costo total del proyecto es de 600 000 dólares, ¿cuáles son los costos estimados para los productos siguientes?

   a) ¿Diseño?

   b) ¿Programación?

   c) ¿Pruebas internas?

   ¿Qué debilidades son inherentes a este enfoque de estimación?

EJERCICIO 5.2
Figura EDT

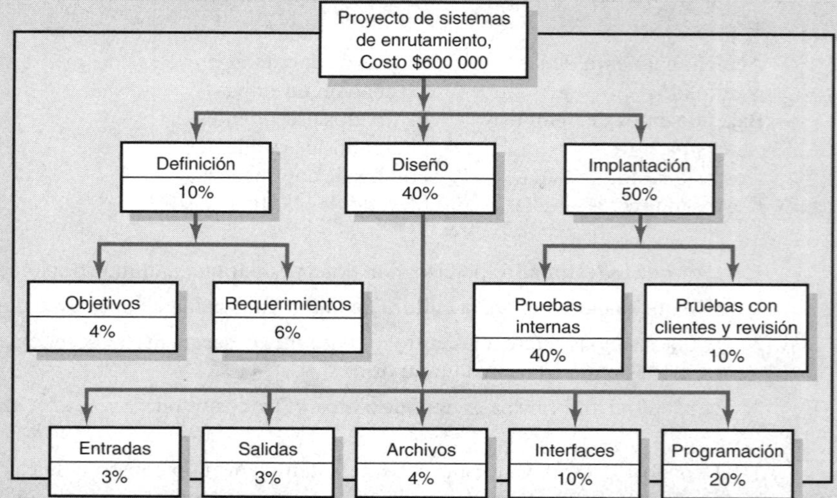

3. Proteja el proyecto XT contra riesgos. Utilice el esquema de "valoración de la complejidad" que se incluye en la tabla 5.2 y la tabla de evaluación de la complejidad de puntos de función, que se incluye a continuación, para calcular el conteo total de puntos de función. Suponga que los datos históricos sugieren que cinco puntos de función equivalen a una persona al mes y que seis personas pueden trabajar en el proyecto.

Tablas de pesos de complejidad

Número de entradas	10	Calificó complejidad baja
Número de salidas	20	Calificó complejidad promedio
Número de preguntas	10	Calificó complejidad promedio
Número de archivos	30	Calificó complejidad alta
Número de interfaces	50	Calificó complejidad alta

a) ¿Cuál es la duración estimada del proyecto?
b) Si se cuenta con 20 personas para trabajar en el proyecto, ¿cuál es su duración estimada?
c) Si el proyecto ha de terminarse en seis meses, ¿cuántas personas se necesitarán?

Referencias

Dalkey, N. C., D. L. Rourke, R. Lewis y D. Snyder. *Studies in the Quality of Life: Delphi and Decision Making*, Lexington, MA, Lexington Books, 1972.

Gray, N. S., "Secrets to Creating the Elusive 'Accurate Estimate'", *PM Network*, 15 (8), agosto de 2001, p. 56.

Jeffery, R., G. C. Low y M. Barnes, "A Comparison of Function Point Counting Techniques", *IEEE Transactions on Software Engineering,* 19 (5), 1993, pp. 529-532.

Jones, C., *Applied Software Measurement*, Nueva York, McGraw-Hill, 1991.

Jones, C., *Estimating Software Costs*, Nueva York, McGraw-Hill, 1998.

Kharbanda, O. P. y J. K. Pinto, *What Made Gertie Gallop: Learning from Project Failures*, Nueva York, Von Nostrand Reinhold, 1996.

Magne, E., K. Emhjellenm y P. Osmundsen, "Cost Estimation Overruns in the North Sea", *Project Management Journal*, 34 (1), 2003, pp. 23-29.

McLeod, G. y D. Smith, *Managing Information Technology Projects*, Cambridge, MA, Course Technology, 1996.

Milosevic, D. Z., *Project Management Toolbox,* Upper Saddle River, NJ, John Wiley, 2003, p. 229.

Pressman, R. S., *Software Engineering: A Practitioner's Approach,* 4a. edición, Nueva York, McGraw-Hill, 1997.

Symons, C. R., "Function Point Analysis: Difficulties and Improvements", *IEEE Transactions on Software Engineering*, 14 (1), 1988, pp. 2-11.

Caso

Sharp Printing, AG

Hace tres años, el grupo de administración estratégica de Sharp Printing (SP) estableció como meta poner a disposición una impresora láser a color para el mercado de consumidores individuales y pequeños negocios por menos de 200 dólares. Varios meses más tarde, la alta dirección se reunió fuera de sus oficinas para analizar el nuevo producto. Los resultados de esta junta fueron un conjunto de especificaciones técnicas generales y algunos aspectos importantes a incluir en el producto final, una fecha de lanzamiento del producto y un estimado de costos basado en experiencias anteriores.

Poco después se organizó una reunión para los gerentes de nivel medio en la cual se expusieron las metas para el proyecto, las principales responsabilidades, la fecha de inicio del proyecto y la importancia de cumplir con la fecha de lanzamiento dentro del estimado de costos. Integrantes de todos los departamentos involucrados asistieron a esta junta. Había muchas expectativas. Aunque todos sabían que los riesgos eran elevados, las recompensas prometidas para la empresa y el personal estaban grabadas en sus mentes. Algunos participantes cuestionaron la legitimidad de los estimados de costos y duración. Dos personas del departamento de investigación y desarrollo expresaron su preocupación sobre la tecnología necesaria para generar el producto de alta calidad por menos de 200 dólares. Pero dada la emoción del momento, todos estuvieron de acuerdo en que valía la pena realizar el proyecto y que éste podía hacerse una realidad. Debería tener la más alta prioridad en la empresa.

Se escogió a Lauren como administrador del proyecto. Ella tenía 15 años de experiencia en el diseño y manufactura de impresoras, lo cual incluía la administración exitosa de varios proyectos relacionados con las impresoras para mercados comerciales. Como era una de las personas disgustadas con los estimados de costos y tiempos del proyecto, consideró que su primera preocupación debía ser la obtención de buenos estimados de costos y tiempo, con el enfoque ascendente, para los productos a entregar. Pronto se reunió con los interesados más destacados en el proyecto a fin de crear una EDT en la que se identificaran los paquetes de tareas y la unidad organizacional responsable de realizar los paquetes de tarea. Lauren subrayó que, de ser posible, quería estimados de tiempo y costo de quienes harían el trabajo o tuvieran más conocimiento del asunto. Se prefería también que los estimados procedieran de más de una fuente. Tenían que estar listos en dos semanas.

Los estimados compilados se incorporaron a la EDT/EDO. El estimado correspondiente a los costos parecía estar equivocado. Éste era de 1 250 000 dólares más que el de la alta dirección; ¡esto significaba un excedente de casi 20 por ciento! El estimado de tiempos que se obtuvo de la red del proyecto desarrollado sólo era superior en cuatro meses al de la alta dirección. Se programó otra reunión con los interesados para verificar los estimados y hacer una tormenta de ideas en busca de soluciones alternas; los estimados de tiempo y costo parecían razonables. Algunas de las sugerencias para la sesión de tormenta de ideas se enumeran a continuación:

- Cambiar el enfoque.
- Contratar por fuera el diseño tecnológico.
- Utilizar la matriz de prioridades (que está en el capítulo 4) para que la alta dirección aclare sus prioridades.
- Asociarse con otra organización o construir un consorcio de investigadores para dividir costos y compartir los métodos de producción y tecnología más recientes.
- Cancelar el proyecto.
- Comisionar un estudio para determinar el punto de equilibrio para la impresora láser.

Se identificaron muy pocas cosas sobre la manera de lograr ahorros concretos, aunque hubo un consenso respecto a que podía comprimirse el tiempo para llevar el producto al mercado en la fecha predestinada para el lanzamiento, pero a un costo adicional.

Lauren se reunió con los gerentes de comercialización (Connor), producción (Kim) y diseño (Gage), quienes dieron algunas ideas sobre la reducción de costos, pero nada tan significativo como para tener un gran efecto. Gage señaló: "¡No quisiera ser yo quien tuviera que llevarle el mensaje a la alta dirección de que su estimado de costos está equivocado en 1 250 000 dólares! Buena suerte Lauren".

1. En este momento, ¿qué haría usted si fuera el administrador de proyecto?
2. ¿La alta dirección estaba actuando en forma correcta cuando desarrolló un estimado?
3. ¿Qué técnicas de estimación deben utilizarse en un proyecto de misión crítica como éste?

Apéndice 5.1

Curvas de aprendizaje para la estimación

Un estimado que pronostique el tiempo necesario para desempeñar un paquete de tareas o una tarea es una necesidad básica para programar el proyecto. En algunos casos, el administrador tan sólo utiliza su juicio y su experiencia anterior para estimar el tiempo del paquete de tareas, o quizá los registros históricos de tareas semejantes.

La mayoría de los gerentes y empleados saben intuitivamente que para mejorar la cantidad de tiempo necesaria para desempeñar una tarea, o un grupo de tareas, necesitan repetirlas muchas veces. Un trabajador puede desempeñar una tarea mejor y con mayor rapidez en la segunda ocasión y cada vez que la realice (sin cambio tecnológico alguno). Este patrón de mejoras es importante para el administrador de proyecto y el encargado de programarlo.

Esta mejora que proviene de la repetición por lo general resulta en una reducción de las horas de mano de obra para el logro de las tareas y en un menor costo para el proyecto. A partir de la evidencia empírica a través de *todas* las industrias se ha cuantificado esta mejora en la *curva de aprendizaje* (también conocida como curva de mejora, curva de experiencia y curva de avance industrial) que se describe en la siguiente relación:

Cada vez que se duplica la cantidad de salida (a producir), se reducen las horas de mano de obra unitarias a una tasa constante

Por ejemplo, suponga que un fabricante tiene un nuevo contrato para 16 unidades prototipo y que se necesita un total de 800 horas de mano de obra para la primera unidad. En las experiencias pasadas se ha advertido que en tipos similares de unidades, la tasa de mejora fue de 80 por ciento. La relación de mejora en las horas de mano de obra se muestra a continuación:

Unidad		Horas de mano de obra
1		800
2	800 × .80 =	640
4	640 × .80 =	512
8	512 × .80 =	410
16	410 × .80 =	328

Al utilizar los valores unitarios de la tabla A5.1 será posible determinar horas similares de mano de obra por unidad. Si se observa el nivel de 16 unidades y la columna de 80 por ciento, encontramos una proporción de .4096. Al multiplicar esta proporción por las horas de mano de obra para la primera unidad obtuvimos el valor por unidad:

$$.4096 \times 800 = 328 \text{ horas o } 327.68$$

Esto es, para la unidad 16 deben necesitarse cerca de 328 horas de mano de obra, si se supone una tasa de mejora de 80 por ciento.

Como es obvio, el administrador de proyecto puede requerir más que un valor unitario individual para estimar el tiempo necesario para algunos paquetes de tareas. Los valores acumulativos de la tabla A5.2 proporcionan factores para calcular la acumulación de horas totales de mano de obra de todas las unidades. En el ejemplo anterior, para las primeras 16 unidades, el total de horas de mano de obra necesarias sería

$$800 \times 8.920 = 7\,136 \text{ horas}$$

Al dividir el total acumulado de horas (7 136) entre las unidades, será posible obtener el promedio de horas de mano de obra por unidad:

7 136 horas de mano de obra/16 unidades = 446 horas de mano de obra en promedio por unidad

Advierta ahora que las horas de mano de obra para la unidad 16 (328) difieren del promedio para el total de las 16 horas (446). El administrador de proyecto, que conoce los costos promedio de mano de obra y de procesamiento, podría estimar los costos totales del prototipo. (La derivación matemática de los factores que se encuentran en las tablas A5.1 y A5.2 puede encontrarse en Jelen, F. C. y J. H. Black, *Cost and Optimization Engineering,* 2a. edición, Nueva York, McGraw-Hill, 1983.

EJEMPLO DE CONTRATO DE SEGUIMIENTO

Suponga que el administrador de proyecto obtiene un pedido de seguimiento de 74 unidades, ¿cómo debiera calcular el costo y las horas de mano de obra? Si se va a la tabla A5.2 acumulativa se encuentra la intersección entre la proporción de 80 por ciento y las 90 unidades totales, una proporción de 30.35.

800 × 30.35 =	24 280 horas de mano de obra para 90 unidades
Menos 16 unidades anteriores =	7 136
Pedido total de continuación =	17 144 horas de mano de obra
17 144/74 es igual a un promedio de 232 horas de mano de obra por unidad	

Las horas de mano de obra para la unidad 90 pueden obtenerse de la tabla A5.1: .2349 × 800 = 187.9 horas de mano de obra. (Para proporciones entre los valores dados, tan sólo haga una estimación.)

TABLA A5.1
Valores en unidades de las curvas de aprendizaje

Unidad	60%	65%	70%	75%	80%	85%	90%	95%
1	1.0000	1.0000	1.0000	1.0000	1.0000	1.0000	1.0000	1.0000
2	.6000	.6500	.7000	.7500	.8000	.8500	.9000	.9500
3	.4450	.5052	.5682	.6338	.7021	.7729	.8462	.9219
4	.3600	.4225	.4900	.5625	.6400	.7225	.8100	.9025
5	.3054	.3678	.4368	.5127	.5956	.6857	.7830	.8877
6	.2670	.3284	.3977	.4754	.5617	.6570	.7616	.8758
7	.2383	.2984	.3674	.4459	.5345	.6337	.7439	.8659
8	.2160	.2746	.3430	.4219	.5120	.6141	.7290	.8574
9	.1980	.2552	.3228	.4017	.4930	.5974	.7161	.8499
10	.1832	.2391	.3058	.3846	.4765	.5828	.7047	.8433
12	.1602	.2135	.2784	.3565	.4493	.5584	.6854	.8320
14	.1430	.1940	.2572	.3344	.4276	.5386	.6696	.8226
16	.1296	.1785	.2401	.3164	.4096	.5220	.6561	.8145
18	.1188	.1659	.2260	.3013	.3944	.5078	.6445	.8074
20	.1099	.1554	.2141	.2884	.3812	.4954	.6342	.8012
22	.1025	.1465	.2038	.2772	.3697	.4844	.6251	.7955
24	.0961	.1387	.1949	.2674	.3595	.4747	.6169	.7904
25	.0933	.1353	.1908	.2629	.3548	.4701	.6131	.7880
30	.0815	.1208	.1737	.2437	.3346	.4505	.5963	.7775
35	.0728	.1097	.1605	.2286	.3184	.4345	.5825	.7687
40	.0660	.1010	.1498	.2163	.3050	.4211	.5708	.7611
45	.0605	.0939	.1410	.2060	.2936	.4096	.5607	.7545
50	.0560	.0879	.1336	.1972	.2838	.3996	.5518	.7486
60	.0489	.0785	.1216	.1828	.2676	.3829	.5367	.7386
70	.0437	.0713	.1123	.1715	.2547	.3693	.5243	.7302
80	.0396	.0657	.1049	.1622	.2440	.3579	.5137	.7231
90	.0363	.0610	.0987	.1545	.2349	.3482	.5046	.7168
100	.0336	.0572	.0935	.1479	.2271	.3397	.4966	.7112

(*continúa*)

TABLA A5.1
(*continuación*)

120	.0294	.0510	.0851	.1371	.2141	.3255	.4830	.7017
140	.0262	.0464	.0786	.1287	.2038	.3139	.4718	.6937
160	.0237	.0427	.0734	.1217	.1952	.3042	.4623	.6869
180	.0218	.0397	.0691	.1159	.1879	.2959	.4541	.6809
200	.0201	.0371	.0655	.1109	.1816	.2887	.4469	.6757
250	.0171	.0323	.0584	.1011	.1691	.2740	.4320	.6646
300	.0149	.0289	.0531	.0937	.1594	.2625	.4202	.5557
350	.0133	.0262	.0491	.0879	.1517	.2532	.4105	.6482
400	.0121	.0241	.0458	.0832	.1453	.2454	.4022	.6419
450	.0111	.0224	.0431	.0792	.1399	.2387	.3951	.6363
500	.0103	.0210	.0408	.0758	.1352	.2329	.3888	.6314
600	.0090	.0188	.0372	.0703	.1275	.2232	.3782	.6229
700	.0080	.0171	.0344	.0659	.1214	.2152	.3694	.6158
800	.0073	.0157	.0321	.0624	.1163	.2086	.3620	.6098
900	.0067	.0146	.0302	.0594	.1119	.2029	.3556	.6045
1 000	.0062	.0137	.0286	.0569	.1082	.1980	.3499	.5998
1 200	.0054	.0122	.0260	.0527	.1020	.1897	.3404	.5918
1 400	.0048	.0111	.0240	.0495	.0971	.1830	.3325	.5850
1 600	.0044	.0102	.0225	.0468	.0930	.1773	.3258	.5793
1 800	.0040	.0095	.0211	.0446	.0895	.1725	.3200	.5743
2 000	.0037	.0089	.0200	.0427	.0866	.1683	.3149	.5698
2 500	.0031	.0077	.0178	.0389	.0606	.1597	.3044	.5605
3 000	.0027	.0069	.0162	.0360	.0760	.1530	.2961	.5530

TABLA A5.2
Valores acumulativos de las curvas de aprendizaje

Unidad	60%	65%	70%	75%	80%	85%	90%	95%
1	1.000	1.000	1.000	1.000	1.000	1.000	1.000	1.000
2	1.600	1.650	1.700	1.750	1.800	1.850	1.900	1.950
3	2.045	2.155	2.268	2.384	2.502	2.623	2.746	2.872
4	2.405	2.578	2.758	2.946	3.142	3.345	3.556	3.774
5	2.710	2.946	3.195	3.459	3.738	4.031	4.339	4.662
6	2.977	3.274	3.593	3.934	4.299	4.688	5.101	5.538
7	3.216	3.572	3.960	4.380	4.834	5.322	5.845	6.404
8	3.432	3.847	4.303	4.802	5.346	5.936	6.574	7.261
9	3.630	4.102	4.626	5.204	5.839	6.533	7.290	8.111
10	3.813	4.341	4.931	5.589	6.315	7.116	7.994	8.955
12	4.144	4.780	5.501	6.315	7.227	8.244	9.374	10.62
14	4.438	5.177	6.026	6.994	8.092	9.331	10.72	12.27
16	4.704	5.541	6.514	7.635	8.920	10.38	12.04	13.91
18	4.946	5.879	6.972	8.245	9.716	11.41	13.33	15.52
20	5.171	6.195	7.407	8.828	10.48	12.40	14.64	17.13
22	5.379	6.492	7.819	9.388	11.23	13.38	15.86	18.72
24	5.574	6.773	8.213	9.928	11.95	14.33	17.10	20.31
25	5.668	6.909	8.404	10.19	12.31	14.80	17.71	21.10
30	6.097	7.540	9.305	11.45	14.02	17.09	20.73	25.00
35	6.478	8.109	10.13	12.72	15.64	19.29	23.67	28.86
40	6.821	8.631	10.90	13.72	17.19	21.43	26.54	32.68
45	7.134	9.114	11.62	14.77	18.68	23.50	29.37	36.47
50	7.422	9.565	12.31	15.78	20.12	25.51	32.14	40.22
60	7.941	10.39	13.57	17.67	22.87	29.41	37.57	47.65
70	8.401	11.13	14.74	19.43	25.47	33.17	42.87	54.99
80	8.814	11.82	15.82	21.09	27.96	36.80	48.05	62.25
90	9.191	12.45	16.83	22.67	30.35	40.32	53.14	69.45
100	9.539	13.03	17.79	24.18	32.65	43.75	58.14	76.59
120	10.16	14.16	19.57	27.02	37.05	50.39	67.93	90.71

(*continúa*)

TABLA A5.2
(*continuación*)

140	10.72	15.08	21.20	29.67	41.22	56.78	77.46	104.7
160	11.21	15.97	22.72	32.17	45.20	62.95	86.80	118.5
180	11.67	16.79	24.14	34.54	49.03	68.95	95.96	132.1
200	12.09	17.55	25.48	36.80	52.72	74.79	105.0	145.7
250	13.01	19.28	28.56	42.08	61.47	88.83	126.9	179.2
300	13.81	20.81	31.34	46.94	69.66	102.2	148.2	212.2
350	14.51	22.18	33.89	51.48	77.43	115.1	169.0	244.8
400	15.14	23.44	36.26	55.75	84.85	127.6	189.3	277.0
450	15.72	24.60	38.48	59.80	91.97	139.7	209.2	309.0
500	16.26	25.68	40.58	63.68	98.85	151.5	228.8	340.6
600	17.21	27.67	44.47	70.97	112.0	174.2	267.1	403.3
700	18.06	29.45	48.04	77.77	124.4	196.1	304.5	465.3
800	18.82	31.09	51.36	84.18	136.3	217.3	341.0	526.5
900	19.51	32.60	54.46	90.26	147.7	237.9	376.9	587.2
1 000	20.15	34.01	57.40	96.07	158.7	257.9	412.2	647.4
1 200	21.30	36.59	62.85	107.0	179.7	296.6	481.2	766.6
1 400	22.32	38.92	67.85	117.2	199.6	333.9	548.4	884.2
1 600	23.23	41.04	72.49	126.8	218.6	369.9	614.2	1 001.
1 800	24.06	43.00	76.85	135.9	236.8	404.9	678.8	1 116.
2 000	24.83	44.84	80.96	144.7	254.4	438.9	742.3	1 230.
2 500	26.53	48.97	90.39	165.0	296.1	520.8	897.0	1 513.
3 000	27.99	52.62	98.90	183.7	335.2	598.9	1 047.	1 791.

Ejercicio A5.1

Estimados de costos de la Norwegian Satellite Development Company para el proyecto de la World Satellite Telephone Exchange

La NSDC tiene un contrato para producir ocho satélites que apoyen un sistema telefónico mundial (para Alaska Telecom, Inc.) que permite a los individuos utilizar un solo teléfono portátil en cualquier lugar de la Tierra para hacer y recibir llamadas. La NSDC desarrollará y producirá las ocho unidades. Esta empresa ha calculado que los costos de investigación y desarrollo serán de 12 000 000 de coronas noruegas. Se espera que los costos del material sean de 6 000 000 de coronas noruegas. Han calculado que para el diseño y producción del primer satélite se necesitarán 100 000 horas de mano de obra y una curva de mejora de 80 por ciento. El costo de la mano de obra calificada es de 300 coronas noruegas por hora. La utilidad deseada para todos los proyectos es de 25 por ciento de los costos totales.

a) ¿Cuántas horas de mano de obra necesitará el octavo satélite?

b) ¿Cuántas horas de mano de obra se necesitarán para todo el proyecto de ocho satélites?

c) ¿Qué precio pediría usted para el proyecto? ¿Por qué?

d) A medio camino en el proyecto la gente de diseño y producción se da cuenta de que una curva de mejora de 75 por ciento es más adecuada. ¿Qué efecto tiene esto en el proyecto? ¿Por qué?

e) Casi al final del proyecto, Deutsch Telefon AG solicitó un estimado de costos para cuatro satélites idénticos a los que usted ya ha producido. ¿Qué precio les dará entonces? Justifíquelo.

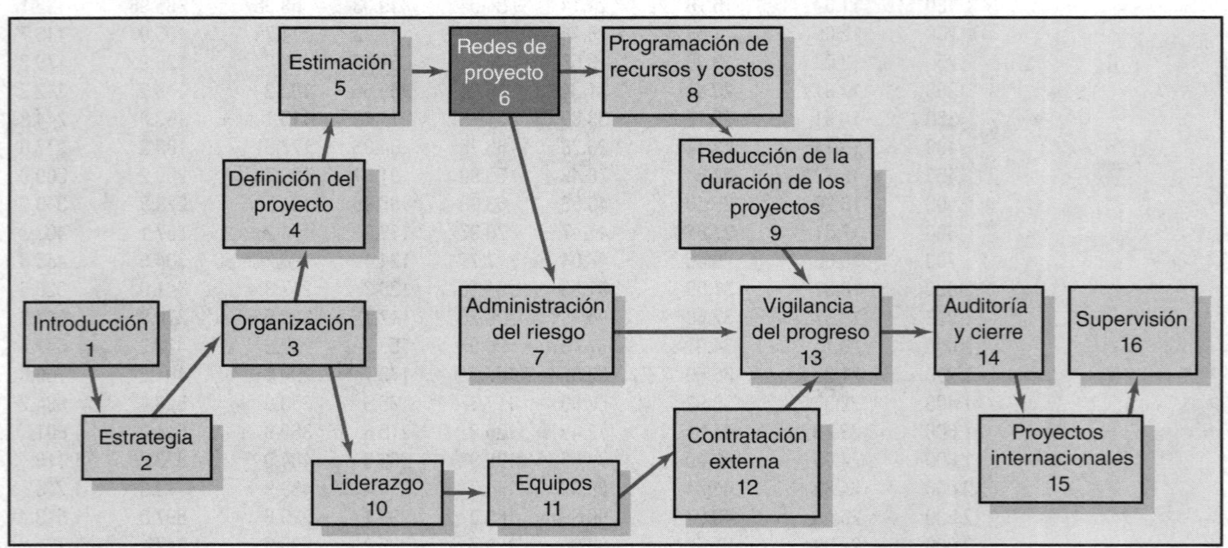

Desarrollo de un plan para el proyecto

Desarrollo de la red para el proyecto

Del paquete de tareas a la red

Construcción de una red de proyecto

Fundamentos de la actividad en el nodo (AEN)

Proceso de cálculo de la red

Uso de la información de pases hacia adelante y hacia atrás

Nivel de detalle para las actividades

Consideraciones prácticas

Técnicas ampliadas de la red para acercarse más a la realidad

Resumen

Apéndice 6.1: Método de la actividad en la flecha

CAPÍTULO SEIS

Desarrollo de un plan para el proyecto

Le doy empleo a seis hombres honestos y serviciales (ellos me enseñaron todo lo que sé); sus nombres son Qué y Por qué y Cuándo y Cómo y Dónde y Quién.

—Rudyard Kipling

Desarrollo de la red para el proyecto

La red del proyecto es la herramienta que se utiliza para planear, programar y supervisar el avance de éste. Se desarrolla a partir de la información que se recopila para la EDT y es un diagrama de flujo gráfico para el plan de trabajo. La red representa las actividades del proyecto que han de completarse y, en la mayoría de los casos, los tiempos para que las actividades terminen y comiencen junto con los caminos más largos en la red: *la ruta crítica.* La red es el marco de referencia del sistema de información del proyecto que los administradores de proyecto utilizarán para tomar decisiones relativas a tiempo, costo y desempeño del proyecto.

Para desarrollar las redes del proyecto se requiere de tiempo de desarrollo, el cual ha de provenir de una persona o de un grupo y, por lo tanto, ¡cuesta dinero! ¿En verdad las redes valen la pena el esfuerzo? En definitiva, la respuesta es sí, excepto en los casos donde se considera que el proyecto es trivial o de poca duración. Otros pueden entender con facilidad la red porque ésta presenta un despliegue gráfico del flujo y de la secuencia del trabajo a través del proyecto. Una vez que la red se desarrolla es muy fácil de modificar cuando se presentan acontecimientos inesperados a medida que el proyecto avanza. Por ejemplo, si se retrasan los materiales para una actividad, su efecto puede valorarse pronto y todo el proyecto puede revisarse en pocos minutos con la computadora. Estas revisiones pueden comunicarse a todos los participantes de manera expedita (por ejemplo, vía correo electrónico o el sitio web del proyecto).

La red del proyecto proporciona información diversa y otras perspectivas valiosas. Asimismo, ofrece el fundamento para programar la mano de obra y el equipo. Mejora la comunicación que reúne a todos los gerentes y grupos en el cumplimiento de los objetivos de tiempo, costo y desempeño del proyecto. Brinda un estimado de la duración del proyecto en vez de que se escoja una fecha de terminación al azar, o porque es la fecha que alguien prefiere. La red provee los tiempos de inicio y terminación de las actividades, y los de retraso. Otorga el fundamento para presupuestar el flujo de efectivo del proyecto. Identifica las actividades "críticas" y, por lo tanto, no se puede retrasar si es necesario terminar el proyecto para cumplir con una fecha límite.

Existen otras razones por las que las redes valen su peso en oro. Sobre todo, minimizan las sorpresas al sacar a la luz el plan desde temprano y al permitir retroalimentación correctiva. Una afirmación común entre los practicantes es que la red del proyecto representa tres cuartos del proceso de planeación. Quizás esto es una exageración, pero señala la importancia percibida de la red para los administradores de proyecto en el campo.

Del paquete de tareas a la red

Las redes de proyecto se desarrollan a partir de la EDT. Constituyen un diagrama de flujo visual de la secuencia, las interrelaciones y las dependencias de todas las actividades que hay que cumplir para terminar el proyecto. *Una actividad es un elemento en el proyecto que consume tiempo, por ejemplo, trabajo o espera.* Los paquetes de tareas de la EDT se utilizan para construir las actividades que están en la red del proyecto. Una actividad puede comprender uno o más paquetes de tareas. Las actividades se ubican en una secuencia que le dan al proyecto una conclusión ordenada. Las redes se construyen utilizando nodos (cajas) y flechas (líneas). El nodo representa una actividad y la flecha indica dependencia y flujo del proyecto.

La integración de los paquetes de tareas y la red representan un punto donde el proceso de administración a menudo fracasa en la práctica. Las explicaciones fundamentales para este fracaso son: 1) se utilizan distintos grupos (personas) para definir los paquetes de tareas y las actividades, y 2) la EDT se ha construido mal y no se ha orientado a resultados/productos a entregar. La integración de la EDT y la red del proyecto son cruciales para una administración eficiente del proyecto. El administrador de proyecto debe tener la precaución de garantizar continuidad al contar con algunas de las personas que definieron la EDT y los paquetes de tareas para que se encarguen de desarrollar las actividades de la red.

Las redes proporcionan el programa del proyecto al identificar dependencias, secuencias y puntualidad de las actividades, cosas para las que no se ha diseñado la EDT. Los principales productos de entrada para el desarrollo de un plan de red de proyecto son los paquetes de tareas. Recuerde que cada uno se define en forma independiente de otros paquetes de tareas, tiene un comienzo y un final definidos, necesita recursos específicos, incluye especificaciones técnicas y tiene estimados de costos para el paquete. Sin embargo, la dependencia, la secuencia y la puntualidad de cada factor no se incluyen en el paquete de tareas. Una actividad de red puede comprender uno o más paquetes de tareas.

En la figura 6.1 se muestra un segmento de la EDT que procede del capítulo 4 y de la manera en que se utiliza la información para desarrollar una red de proyecto. El nivel más bajo de cumplimiento de la figura 6.1 es el de "tablero de circuitos". Las cuentas de costos (diseño, producción, pruebas, software) denotan el trabajo del proyecto, la unidad de la organización que es responsable y los presupuestos con etapas cronológicas para los paquetes de tareas. Cada cuenta de costos representa uno o más paquetes de tareas. Por ejemplo, la cuenta de costos de diseño tiene dos (D-1-1 y D-1-2): especificaciones y documentación. Las cuentas de software y producción también tienen dos paquetes de tareas. Para desarrollar una red es necesario establecer la secuencia de las tareas a partir de todos los paquetes de tareas que tienen un trabajo mesurable.

En la figura 6.1 se representa la forma en que los paquetes de tareas se utilizan para desarrollar una red del proyecto. Usted puede rastrear el uso de los paquetes de tareas en el esquema de codificación. Por ejemplo, en la actividad A se utilizan los paquetes de tareas D-1-1 y D-1-2 (especificaciones y documentación), mientras que en la actividad C se utiliza el paquete de tareas S-22-1. Esta metodología de seleccionar paquetes de tareas para describir actividades se utiliza para desarrollar la red del proyecto, lo cual establece secuencias y tiempos para las actividades. Se debe tener cuidado de incluir todos los paquetes de tareas. *El gerente deriva los estimados de tiempo de las actividades de los tiempos para las tareas que se incluyen en el paquete de tareas.* Por ejemplo, la actividad B (proto 1) necesita cinco semanas; la K (prueba), tres. Al calcular los tiempos tempranos y tardíos de la actividad, el gerente puede programar recursos y presupuestos de etapas cronológicas (con fechas).

Construcción de una red de proyecto

Terminología

Todo campo tiene una jerga que les permite a los colegas comunicarse entre sí con facilidad sobre las técnicas que utilizan. Los administradores de proyecto no son la excepción. A continuación se incluyen algunos términos que se utilizan para construir redes de proyecto:

Actividad. Para los administradores de proyecto, una *actividad* es un elemento que requiere tiempo. Quizá sí o no necesite recursos. Por lo común, una actividad consume tiempo mientras la gente trabaja o espera. Ejemplos de lo anterior son los tiempos de espera para la firma de contratos, la llegada de materiales, la aprobación gubernamental de medicamentos, la liberación de un presupuesto, etc. Por lo general, las actividades representan una o más tareas a partir de un

FIGURA 6.1
EDT/Paquetes de tareas para la red

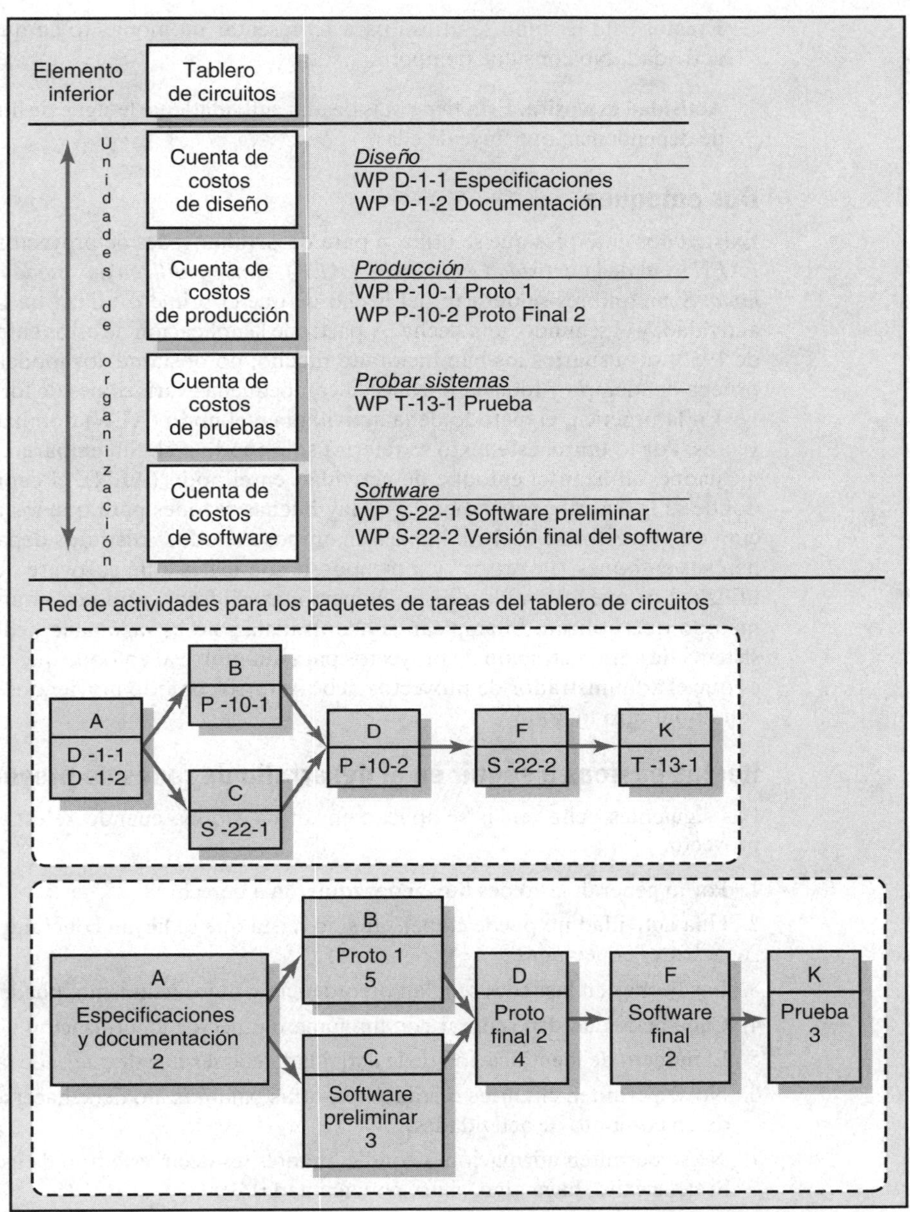

paquete de tareas. En la descripción de las actividades debe utilizarse un formato verbo/nombre: por ejemplo, desarrollar especificaciones de producto.

Actividad de fusión. Ésta es una actividad que tiene más de una actividad que le precede de inmediato (más de una flecha de dependencia que fluye hacia ella).

Actividades paralelas. Éstas son actividades que pueden realizarse al mismo tiempo, si el gerente así lo desea. Sin embargo, éste puede elegir que las actividades paralelas *no* se efectúen al mismo tiempo.

Ruta. Secuencia de actividades interconectadas y dependientes.

Ruta crítica. Cuando se utiliza este término, se hace referencia a la(s) ruta(s) de mayor duración a lo largo de la red; si se retrasa una actividad en la ruta, el proyecto se demora el mismo tiempo.

Evento. Este término se utiliza para representar un momento en que comienza o termina una actividad. No consume tiempo.

Actividad explosiva. Ésta tiene más de una actividad que le sigue de inmediato (más de una flecha de dependencia que fluye de ella).

Dos enfoques

Existen dos enfoques que se utilizan para desarrollar redes de proyectos: el de *actividad en el nodo (AEN)* y el de la *actividad en la flecha (AEF). Ambos utilizan dos fundamentos básicos: la flecha y el nodo.* Sus nombres se derivan del hecho de que el primero utiliza un nodo para representar una actividad, y el segundo, una flecha. A partir de la aplicación de estos enfoques a finales de la década de 1950, sus usuarios los han mejorado mucho; no obstante, los modelos básicos han resistido la prueba del tiempo y todavía prevalecen con pequeñas variaciones de forma.

En la práctica, el método de la actividad en el nodo (AEN) domina en la mayoría de los proyectos. Por lo tanto, este texto se referirá sobre todo a él. Sin embargo, para aquellos cuyas organizaciones utilizan el enfoque de actividad en el nodo (AEN), el capítulo incluye un segmento donde se le describe (apéndice 6.1). Hay buenas razones para que los estudiantes de administración de proyectos se vuelvan hábiles en ambos métodos. Distintos departamentos y empresas tienen sus enfoques "favoritos" y a menudo le son leales a un software que ya se ha comprado y se utiliza. Los nuevos empleados, o las personas externas, rara vez están en posición de decidir el método que utilizan. Si emplean subcontratistas, no es razonable pedirles que cambien todo su sistema de administración de proyectos para adaptarse al enfoque que usted está usando. El punto es que el administrador de proyectos debe sentirse cómodo moviéndose entre proyectos que utilizan uno u otro método.

Reglas básicas a seguir en el desarrollo de redes de proyecto

Las siguientes ocho reglas se aplican en forma amplia cuando se está desarrollando una red de proyecto.

1. Por lo general, las redes fluyen de izquierda a derecha.
2. Una actividad no puede comenzar sino hasta que se hayan concluido todas las actividades precedentes conectadas.
3. Las flechas en las redes señalan precedencia y flujo. Asimismo, pueden atravesarse unas a otras.
4. Cada actividad debe contar con un número único de identificación.
5. El número de identificación de la actividad debe ser mayor que el de la actividad que le precede.
6. No se permiten circuitos cerrados (en otras palabras, no debe hacerse reciclado alguno a través de un conjunto de actividades).
7. No se permiten afirmaciones condicionantes (es decir, este tipo de aserciones no debe aparecer. Si tiene éxito, haga algo, si no, no haga nada).
8. La experiencia sugiere que cuando hay muchos comienzos puede utilizarse un nodo común de inicio para indicar con claridad de dónde partirá el proyecto en la red. Asimismo, es posible utilizar un solo final del proyecto para indicar un final con claridad.

Lea el recuadro Caso de práctica: El enfoque amarillo pegajoso (p. 140) para observar cómo se utilizan estas reglas para crear redes de proyectos.

Fundamentos de la actividad en el nodo (AEN)

La gran disponibilidad de computadoras personales y programas gráficos ha servido como impulso para utilizar el método de actividad en el nodo (AEN, al que en ocasiones se denomina *método de diagrama de precedencia*). En la figura 6.2 se muestran algunos usos típicos de las piezas para armar la red AEN. Una **actividad** se representa con un *nodo* (caja). Éste puede tomar muchas formas, pero en los últimos años se le ha representado más que nada como un rectángulo (caja). Las dependencias entre las actividades se representan con *flechas* entre los rectángulos (cajas) en la red de AEN.

FIGURA 6.2
Fundamentos de la red actividad en el nodo

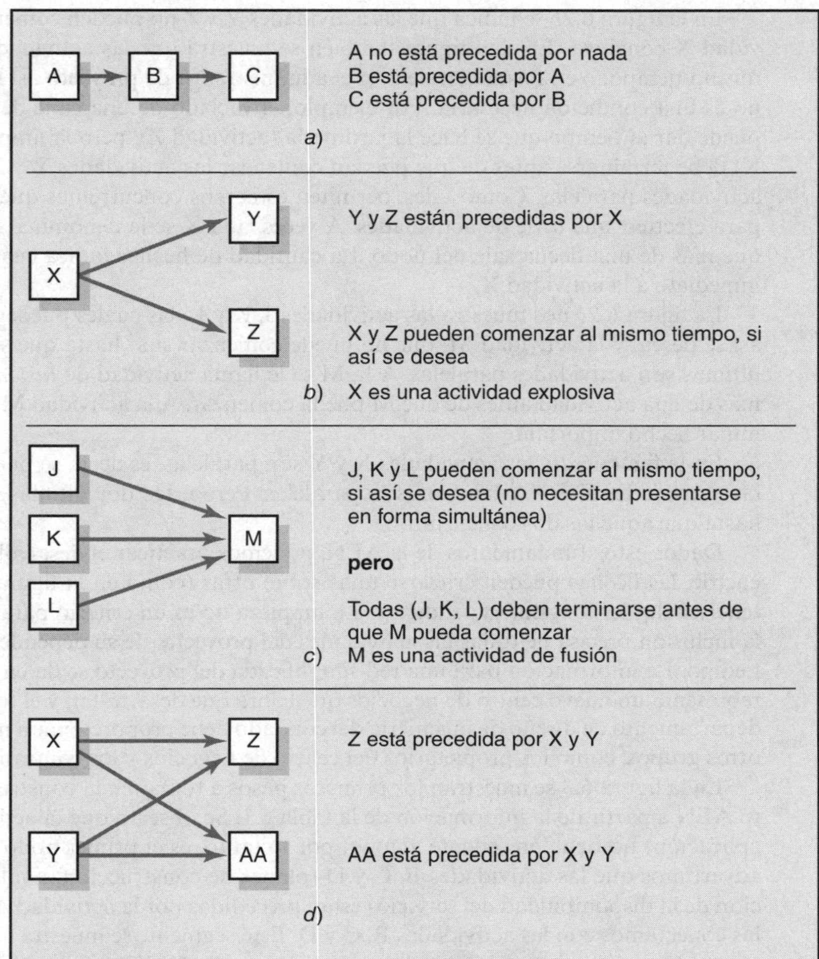

Las flechas indican la manera en que las actividades se relacionan y la secuencia en que las cosas deben lograrse. La longitud y la pendiente de la flecha son arbitrarias y se fijan por conveniencia para dibujar la red. Las letras en las cajas sirven para identificar las actividades al tiempo que usted aprende los fundamentos de la construcción y el análisis de las redes. En la práctica, las actividades tienen números de identificación y descripciones.

Hay tres relaciones básicas que deben establecerse para las actividades que se incluyen en una red de proyecto. Las relaciones pueden determinarse tras responder a las siguientes tres preguntas para cada una de las actividades:

1. ¿Qué actividades deben terminarse de inmediato *antes* de esta actividad? A éstas se les denomina actividades *antecesoras.*
2. ¿Qué actividades deben *seguir* de inmediato a esta actividad? A éstas se les denomina actividades *sucesoras.*
3. ¿Qué actividades pueden presentarse *mientras* esta actividad se lleva a cabo? A esto se le conoce como relación *concurrente o paralela.*

En ocasiones, el administrador sólo puede utilizar la primera y la tercera preguntas para establecer relaciones. Esta información le permite al analista de la red construir un diagrama de flujo gráfico de la secuencia y de la interdependencia lógica de las actividades del proyecto.

La figura 6.2*a* es análoga a una lista de cosas que hay que hacer cuando usted termina la tarea que se ubica en primer lugar en la lista y luego avanza a la segunda y así en lo sucesivo. Esta figura le indica al administrador de proyecto que la actividad A debe completarse antes de que la B pueda comenzar y que la actividad B debe terminarse antes de iniciar la C.

En la figura 6.2*b* se indica que las actividades Y y Z no pueden comenzar sino hasta que la actividad X concluya. En esta figura también se muestra que las actividades Y y Z pueden darse al mismo tiempo, o en forma paralela, si el administrador de proyecto así lo desea; sin embargo, ésta no es una condición necesaria. Por ejemplo, el vaciado de una calle de concreto (actividad Y) se puede dar al tiempo que se hace la jardinería (actividad Z), pero la limpieza del terreno (actividad X) debe terminarse antes de que puedan comenzar las actividades Y y Z. Estas dos se consideran actividades paralelas. Como tales, permiten esfuerzos concurrentes que pueden acortar el tiempo para efectuar una serie de actividades. A veces, a la X se le denomina actividad *explosiva,* puesto que más de una flecha sale del nodo. La cantidad de flechas indica cuántas actividades siguen de inmediato a la actividad X.

La figura 6.2*c* nos muestra las actividades J, K y L, las cuales pueden darse al mismo tiempo si así se desea, y la actividad M, que no puede comenzar sino hasta que se terminen J, K y L. Estas últimas son actividades paralelas. A la M se le llama actividad de *fusión* porque hay que terminar más de una actividad antes de que M pueda comenzar. A la actividad M también se le puede denominar hecho importante.

En la figura 6.2*d*, las actividades X y Y son paralelas, es decir, se pueden dar al mismo tiempo; las actividades Z y AA también son paralelas. Pero estas dos últimas no pueden comenzar sino hasta que aquéllas dos concluyan.

Dados estos fundamentos de la AEN, podemos practicar el desarrollo de una red sencilla. Recuerde, las flechas pueden cruzarse unas sobre otras (como en la figura 6.2*d*), pueden doblarse o tener cualquier longitud o pendiente. La limpieza no es un criterio para una red válida y útil, sólo la inclusión precisa de todas las actividades del proyecto, de su dependencia y de los estimados de tiempo. La información para una red simplificada del proyecto se da en la tabla 6.1. Este proyecto representa un nuevo centro de negocios que habrá que desarrollar, y el trabajo y los servicios que el departamento de diseño de ingeniería del condado debe proporcionar a medida que se coordine con otros grupos, como los propietarios del centro de negocios y los contratistas.

En la figura 6.3 se muestran los primeros pasos a tomar en la construcción de la red del proyecto AEN a partir de la información de la tabla 6.1. Se observa que la actividad A (aprobación de la aplicación) no tiene precedente alguno; por lo tanto, es el primer nodo a dibujar. A continuación advertimos que las actividades B, C y D (planes de construcción, análisis del tránsito y verificación de la disponibilidad del servicio) están precedidas por la actividad A. Dibujamos tres flechas y las conectamos con las actividades B, C y D. Este segmento le muestra al administrador de proyecto que la actividad A debe concluir antes de que B, C y D puedan comenzar. B, C y D pueden proseguir de manera concurrente luego que termina A, si así se desea. En la figura 6.4 se muestra la red completa donde se representan todas las actividades y sus precedentes.

En este momento nuestra red de proyecto nos presenta un mapa gráfico de las actividades del proyecto con secuencias y dependencias. Esta información es demasiado valiosa para los que manejan el proyecto. No obstante, el cálculo de la duración de cada actividad aumentará aún más el valor de la red. Para un plan y un programa realistas del proyecto se requieren estimados confiables de tiempo para las actividades del proyecto. La suma de tiempo a la red nos permite calcular cuánto tiempo requerirá el proyecto. Cuándo pueden o deben comenzar las actividades, cuándo deben

TABLA 6.1
Información de la red

KOLL BUSINESS CENTER
Departamento de diseño de los ingenieros del condado

Actividad	Descripción	Actividad precedente
A	Aprobación de la solicitud	Ninguna
B	Planes de construcción	A
C	Estudio del tráfico	A
D	Verificación de la disponibilidad	A
E	del servicio	
F	Reporte del personal	B, C
G	Aprobación de comisiones	B, C, D
H	Espera para la construcción	F
	Ocupación	E, G

FIGURA 6.3
Koll Business Center. Red parcial

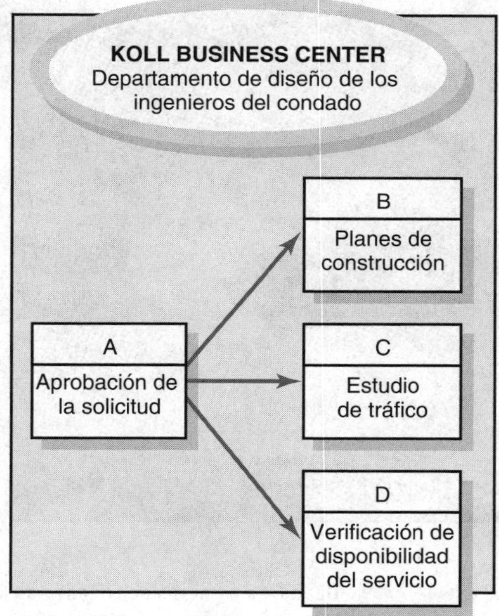

FIGURA 6.4
Koll Business Center. Red completa

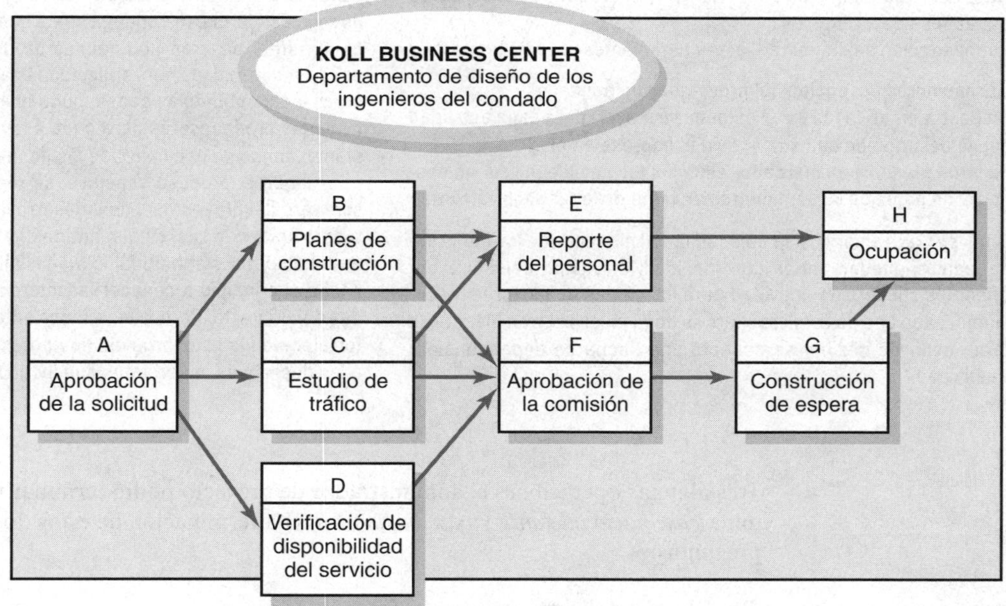

estar disponibles los recursos, qué actividades pueden retrasarse y cuándo se calcula terminar el proyecto son cosas que dependen de los tiempos asignados. Para derivar un estimado del tiempo de actividad se requiere una evaluación temprana de las necesidades de recursos en términos de material, equipo y personas. En esencia, la red de proyecto con estimados de los tiempos de actividad relaciona la planeación, la programación y el control de los proyectos.

Proceso de cálculo de la red

Cuando se dibuja la red del proyecto se ubican las actividades en la secuencia correcta para calcular los tiempos de inicio y terminación de las actividades. Los estimados de los tiempos de las actividades se toman de los tiempos de las tareas, en su paquete, y se añaden a la red (vuelva a la figura 6.2).

Caso de práctica

El enfoque amarillo pegajoso (para construir una red del proyecto)

En la práctica, las redes pequeñas de los proyectos (de 25 a 100 actividades) se desarrollan con frecuencia utilizando *stickers* amarillos de Post-it®. Los requerimientos de la reunión y el proceso para el equipo del proyecto se describen ahí.

A continuación se enumeran los requerimientos para tal proyecto.

1. Los miembros del equipo del proyecto y un facilitador.
2. Un Post-It amarillo (de 3 × 4 pulgadas o mayor) para cada actividad con la descripción de cada actividad impresa en él.
3. Pizarrón blanco y un marcador especial (es posible utilizar un bastidor con papel de 80 centímetros de largo en lugar del pizarrón).

Todos los *stickers* amarillos se colocan de tal manera que los integrantes del equipo puedan verlos con facilidad. El equipo comienza por identificar los stickers de actividad para los cuales no hay predecesores. Luego, cada uno de estos stickers se pega en el pizarrón blanco. Se dibuja un nodo de inicio y se conecta una flecha de dependencia a cada actividad.

Dadas las primeras actividades de inicio de la red, se analiza cada una para determinar cuáles son las sucesoras inmediatas. Estas actividades se pegan en el pizarrón blanco y se dibujan las flechas de dependencia. Este proceso continúa hasta que todos los papeles amarillos se pegan en el pizarrón con flechas de dependencia. (Nota: el proceso puede revertirse, comenzando con las actividades que no tienen sucesoras y conectándolas con un nodo final del proyecto. Se escogen actividades predecesoras para cada actividad y se les anexa al pizarrón blanco donde se han marcado las flechas de dependencia.)

Cuando el proceso concluye, se registran las dependencias en el software del proyecto, el cual desarrolla una red diseñada por computadora junto con la(s) ruta(s) crítica(s) y los tiempos tempranos, tardíos y de holgura. Esta metodología sensibiliza a los miembros del equipo desde el principio a conocer las interdependencias entre las actividades del proyecto. Pero lo más importante de todo es que la metodología fortalece a los miembros del equipo, pues les da información relativa a las decisiones importantes que luego tendrán que llevar a cabo.

Tras algunas operaciones el administrador de proyecto podrá terminar un proceso al que se denomina *pase hacia adelante y pase hacia atrás*. La terminación de estos dos responderá las siguientes preguntas:

Pase hacia delante: primeros tiempos

1. ¿Qué tan pronto puede comenzar una actividad? (inicio temprano [IT]) (ES por sus siglas en inglés).
2. ¿Qué tan pronto puede terminar una actividad? (terminación temprana [TT]) (EF por sus siglas en inglés).
3. ¿Qué tan pronto puede concluir el proyecto? (tiempo esperado [TE])?

Pase hacia atrás: últimos tiempos

1. ¿Qué tan tarde puede comenzar la actividad? (comienzo tardío [CT]) (LS por sus siglas en inglés).
2. ¿Qué tan tarde puede terminar la actividad? (final tardío [FT]) (LF por sus siglas en inglés).
3. ¿Qué actividades representan la ruta crítica (RC)? (CP por sus siglas en inglés) Éste es el camino más largo en la red que, cuando se demore, retrasará el proyecto.
4. ¿Cuánto puede retrasarse la actividad? (tiempo de holgura [TH])(SL por sus siglas en inglés).

TABLA 6.2
Información de la red

KOLL BUSINESS CENTER Departamento de diseño de los ingenieros del condado			
Actividad	**Descripción**	**Actividad precedente**	**Tiempo de la actividad**
A	Aprobación de la solicitud	Ninguna	5
B	Planes de construcción	A	15
C	Estudio del tránsito	A	10
D	Verificación de la disponibilidad del servicio	A	5
E	Reporte del personal	B, C	15
F	Aprobación de la comisión	B, C, D	10
G	Espera para construcción	F	170
H	Ocupación	E, G	35

Los términos que están entre paréntesis representan los acrónimos que los gerentes de proyecto utilizan en la mayoría de los textos y en los programas de computación. A continuación se presenta el proceso de los pases hacia adelante y hacia atrás.

Pase hacia delante: el comienzo

El pase hacia adelante se inicia con la(s) primera(s) actividad(es) y rastrea cada ruta (cadena de actividades secuenciales) a lo largo de la red hasta la(s) última(s) actividad(es) del proyecto. A medida que usted dibuje las etapas sucesivas de la ruta, *añade* los tiempos de actividad. La ruta más larga denota el tiempo de terminación del proyecto para el plan y recibe el nombre de ruta crítica (RC). En la tabla 6.2 se enumeran los tiempos de actividad en días de trabajo para el ejemplo del Koll Business Center que se utilizó para dibujar una red.

En la figura 6.5 se muestra la red con el estimado de tiempo de actividad que se encontró en el nodo (véase "Dur" para la duración en la leyenda). Por ejemplo, la actividad A tiene una duración de cinco días de trabajo, y la G, de 170. El pase hacia adelante comienza con el tiempo de inicio del proyecto, que por lo general es el tiempo cero. (Nota: los tiempos de calendario para el proyecto pueden calcula rse más adelante en la etapa de planeación.) En nuestro ejemplo del Koll Business Center, el tiempo de inicio temprano para la primera actividad (A) es igual a cero. Este tiempo se encuentra en la esquina superior izquierda del nodo de la actividad A de la figura 6.6. Una terminación temprana para la actividad A es 5 (IT + Dur = TT o 0 + 5 = 5). A continuación observe que la actividad A precede a B, C y D. Por lo tanto, lo más pronto que estas actividades pueden comenzar es cuando la actividad A concluye; es decir, en cinco días hábiles. Ahora puede usted observar en la figura 6.6 que las actividades B, C y D pueden comenzar cuando termina la actividad A y, por lo tanto, tienen un inicio temprano (IT) de 5. Con la fórmula IT + Dur = TT, los tiempos del inicio temprano (IT) para las actividades B, C y D son 20, 15 y 10. ¿Cuál es el IT para la actividad E, dado que es una actividad de fusión? ¿Es 15 o 20? La respuesta es 20 porque todas las actividades que la preceden de inmediato (B y C) deben concluir antes de que la actividad E pueda comenzar. Como se necesitará el mayor tiempo posible para terminar la actividad B, ésta controla el IT de la actividad E. El mismo proceso se utiliza para determinar el IT de la actividad F. A éste le preceden B, C y D. El tiempo de terminación temprana de control (TT) es la actividad B, la cual tiene la terminación temprana más larga (20 contra 15 y 10) de las predecesoras inmediatas (B, C y D) de F. Dicho de otra manera, el pase hacia adelante supone que todas las actividades comiencen cuando termine la última de sus predecesoras.

El pase hacia delante le exige que recuerde tan sólo tres cosas cuando calcule los tiempos de actividad temprana:

1. Usted *añade* tiempos de actividad a lo largo de cada una de las rutas de la red (IT + Dur = TT).
2. Usted lleva la terminación temprana a la siguiente actividad, donde se convierte en su inicio temprano (IT), *a menos que...*

FIGURA 6.5 Red de actividad en el nodo

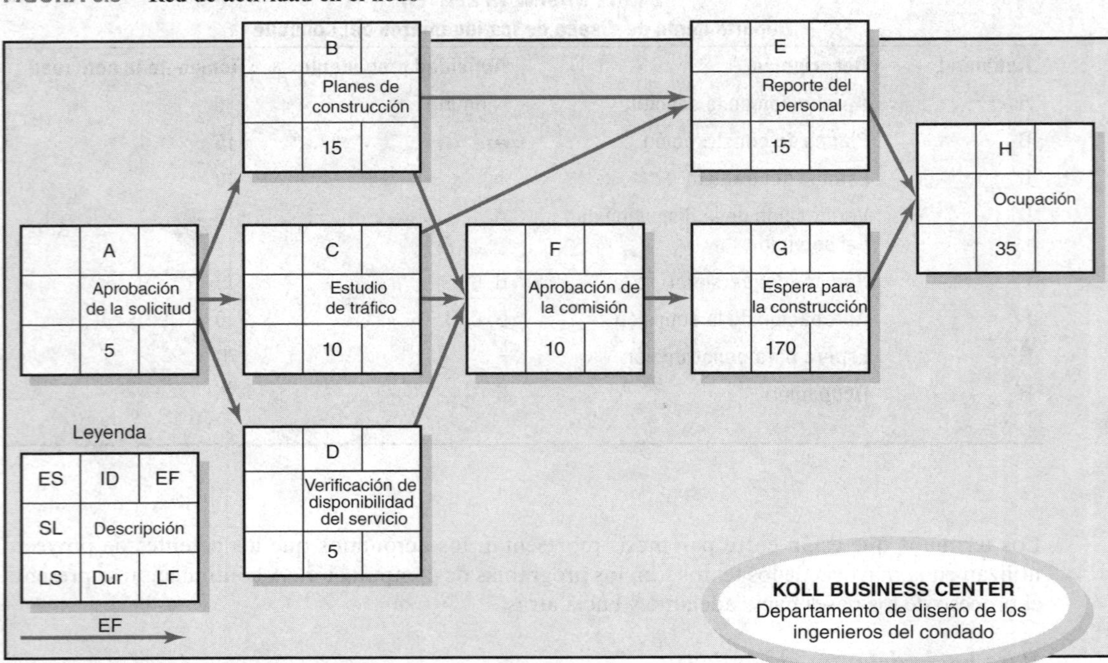

3. ...la siguiente actividad sea una actividad *de fusión, es decir, que varias actividades le precedan para poder dar inicio.* En este caso usted selecciona el número de terminación temprana (TT) *más grande de todas* sus actividades predecesoras inmediatas.

En nuestro ejemplo de la figura 6.6, la TT para la actividad F (30) se lleva a la actividad G, donde se convierte su IT (30). Vemos que la actividad H es de fusión y, por lo tanto, encontramos la TT más grande de sus predecesoras inmediatas (E y G). En este caso, la selección es entre los tiempos de TT de 35 y 200; la elección para el IT de la actividad H es 200. La TT de H (235) se convierte en lo más deseable que el proyecto pueda terminar (TE) en condiciones normales.

Se ha respondido a las tres preguntas que se derivan del pase hacia delante; es decir, se han calculado los tiempos para el inicio temprano (IT), la terminación temprana (TT) y la duración del proyecto (TE). El pase hacia atrás es el siguiente proceso a aprender.

Pase hacia atrás: últimos tiempos

El pase hacia atrás se inicia con la(s) última(s) actividad(es) del proyecto en la red. Se traza hacia atrás cada una de las rutas *restando* los tiempos de la actividad para encontrar el comienzo tardío (CT) y los tiempos de terminación (FT) de cada actividad. Antes de que se pueda calcular el pase hacia atrás, debe escogerse el final tardío para la actividad del último proyecto. En las primeras etapas de planeación, este tiempo se fija por lo general para que sea igual al inicio temprano (ET) de la última actividad del proyecto (o, en el caso de múltiples actividades de terminación, la actividad con el IT más largo). En algunos casos existe una fecha límite impuesta para la duración del proyecto y será la que se utilice. Supóngase, para fines de planeación, que podemos aceptar que la duración del proyecto TT (TE) es igual a 235 días hábiles. El FT de la actividad H se vuelve de 235 días hábiles (TT − FT) (véase la figura 6.7).

El pase hacia atrás es similar al pase hacia adelante; recuerde tres cosas:

1. Usted *resta* los tiempos de actividad en cada ruta comenzando con la actividad final del proyecto (FT − Dur = CT).
2. Usted aplica el CT a la actividad precedente sucesiva para establecer su FT, *a menos que*
3. La siguiente actividad sea una actividad *explosiva;* en este caso usted selecciona el CT *más pequeño* de todas sus actividades sucesoras inmediatas para establecer su FT.

FIGURA 6.6 **Pase hacia delante en la red de actividad en el nodo**

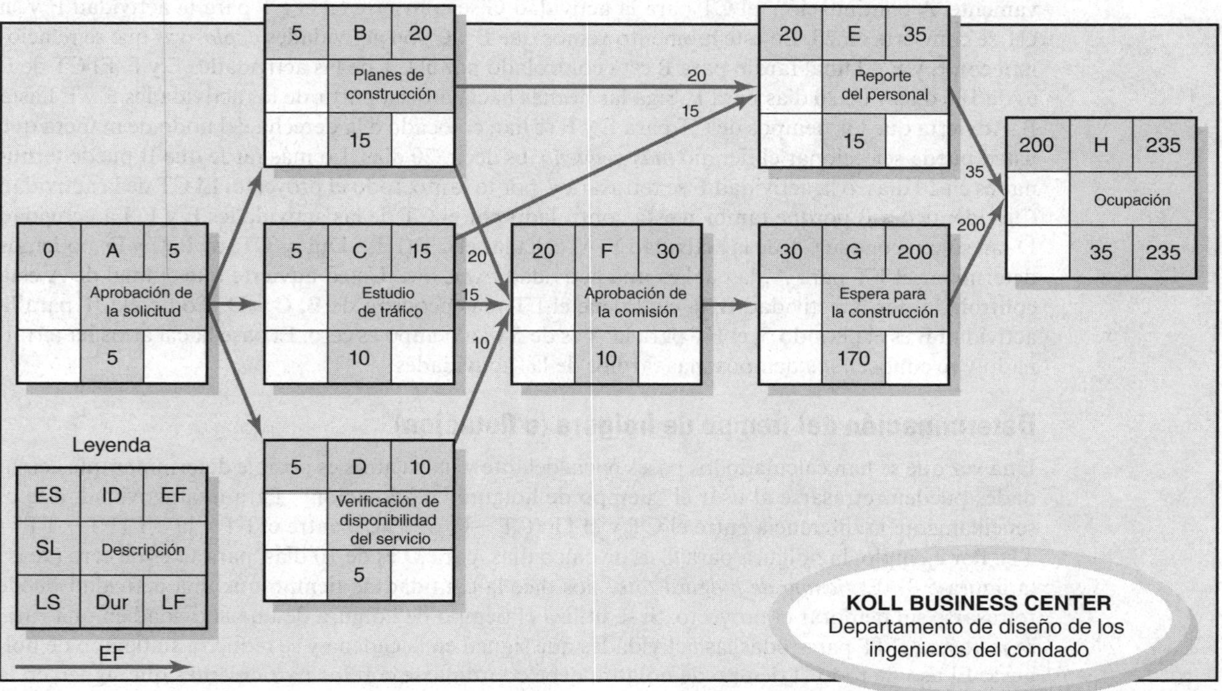

FIGURA 6.7 **Pase hacia atrás en la red de actividad en el nodo**

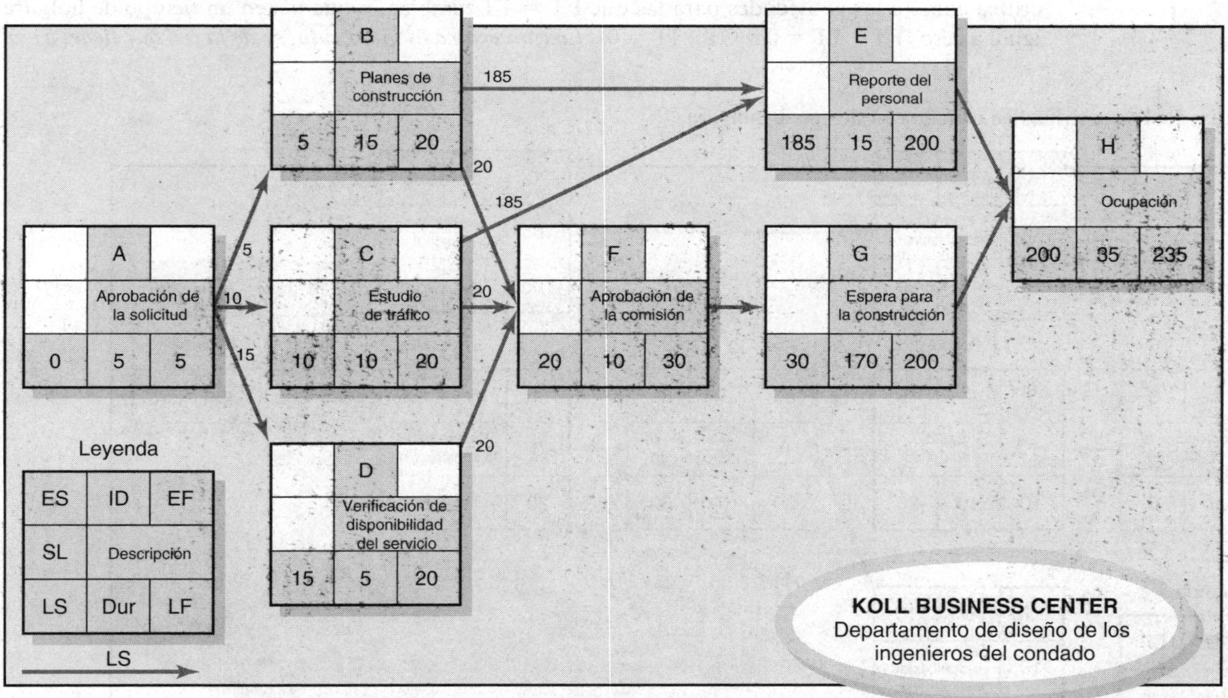

Apliquemos estas reglas al ejemplo de Koll Business Center. Si se comienza con la actividad H (ocupación) y un FT de 235 días hábiles, el CT para H es de 200 días hábiles (FT − Dur = CT o 235 − 35 = 200). El CT de H se convierte en el FT para las actividades E y G.

El CT para E y G se convierte en 185 (200 − 15) y en 30 días hábiles (200 − 170 = 30), respectivamente. A continuación, el CT para la actividad G se convierte en el FT para la actividad F y su CT se convierte en 20. En este momento vemos que B y C son actividades *explosivas* que se relacionan con E y F. El final tardío para B está controlado por el CT de las actividades E y F. El CT de E es de 185 días y de 20 días para F. Siga las flechas hacia atrás a partir de las actividades E y F hasta B. Advierta que los tiempos de CT para E y F se han colocado a la derecha del nodo de manera que usted pueda seleccionar el tiempo *más pequeño;* es decir, 20 días. Lo más tarde que B puede terminar es en 20 días, o la actividad F se retrasará y, por lo tanto, todo el proyecto. El CT de la actividad C es idéntico a B porque también está controlado por el CT de las actividades E y F. La actividad D tan sólo recoge su CT de la actividad F. Al calcular el CT (FT − Dur = CT) de B, C y D, podemos determinar el FT para A, la cual es una actividad *explosiva.* Usted advierte que el final de A está controlado por la actividad B, la cual tiene el FT más pequeño de B, C y D. Como el CT para la actividad B es el periodo 5, el FT para la A es de 5 y su tiempo es cero. El pase hacia atrás ha terminado y se conocen los tiempos más tardíos de las actividades.

Determinación del tiempo de holgura (o flotación)

Una vez que se han calculado los pases hacia delante y hacia atrás es posible determinar qué actividades pueden retrasarse al usar el "tiempo de holgura" o "flotación". Para una actividad, éste es sencillamente la diferencia entre el CT y el IT (CT − IT = TI), o entre el FT y la TT (FT − TT = TI). Por ejemplo, la holgura para C es de cinco días, para D es de 10 días, para G es de cero (véase la figura 5.8). El *tiempo de holgura total* nos dice la cantidad de tiempo que una actividad puede retrasarse sin demorar el proyecto. Si se utiliza el tiempo de holgura de una actividad en una ruta, se retrasará el IT para todas las actividades que siguen en la cadena y se reducirá su tiempo de holgura. El uso de todo el tiempo de holgura debe coordinarse con los participantes que siguen en la cadena.

Una vez que se ha calculado el tiempo de letargo de cada actividad, la ruta crítica es fácil de identificar. Cuando el FT = TT para la actividad final del proyecto, puede identificarse a la ruta crítica como a las actividades para las que FT = TT también, o que tienen un tiempo de holgura igual a cero (FT − TT = 0 o CT − IT = 0). *La ruta crítica es la(s) ruta(s) de la red que tiene(n) en*

FIGURA 6.8 **Red de actividad en el nodo con tiempo de holgura**

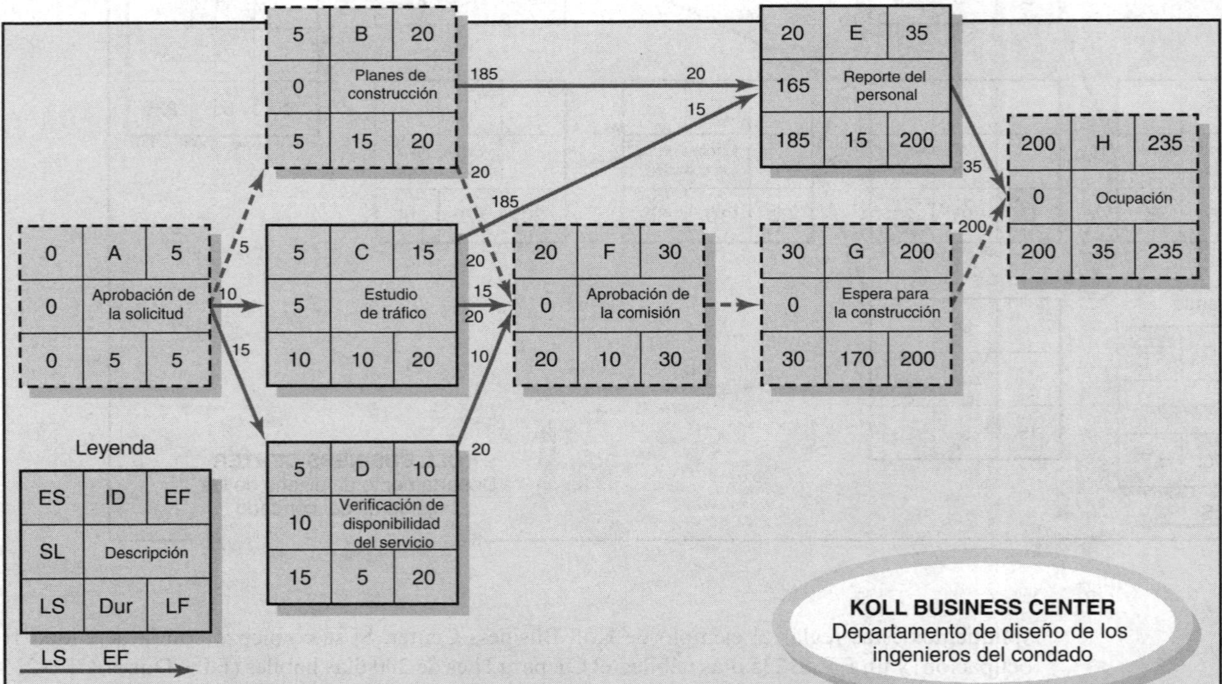

común el menor tiempo de holgura. Este extraño arreglo de palabras es necesario porque surgen problemas cuando la actividad de terminación del proyecto tiene un FT distinto del TT de la última actividad del proyecto. Por ejemplo, si el FT del proyecto es de 235 días, pero la TT impuesta o fecha objetivo se ha fijado en 220 días, todas las actividades en la ruta crítica tendrían un tiempo de holgura de menos 15 días. Por supuesto, esto resultaría en un inicio temprano (de 15 días para la primera actividad del proyecto), lo cual es un buen truco si el proyecto ha de comenzar ahora. Un tiempo de holgura negativa se da en la práctica cuando se retrasa la ruta crítica.

En la figura 6.8 la ruta crítica se indica con flechas en líneas punteadas y nodos (actividades A, B, F, G y H). El retraso en cualquiera de estas actividades demorará todo el proyecto la misma cantidad de días. Las actividades críticas suelen representar alrededor de 10 por ciento de las actividades del proyecto. Por lo tanto, los administradores de proyecto prestan mucha atención a las actividades de la ruta crítica para asegurarse de que no se retrasen. Véase el recuadro Caso de Práctica: La ruta crítica.

Utilizamos el término sensibilidad para reflejar la probabilidad de que la ruta crítica original se modifique una vez que comience el proyecto. La sensibilidad es una función de la cantidad de rutas críticas o casi críticas. Un programa de red que sólo contenga una ruta crítica y muchas actividades no críticas, con mucho tiempo de holgura, podría considerarse insensible. A la inversa, una red sensible es aquella donde una o más de las rutas críticas y/o actividades no críticas tienen muy poco tiempo de holgura. Bajo tales circunstancias, la ruta crítica original tiene más probabilidades de cambiar cuando comience el trabajo del proyecto.

¿Qué tan sensible es el programa del Koll Business Center? No mucho puesto que sólo hay una ruta crítica y cada una de las actividades no críticas tiene mucho tiempo de letargo cuando se le compara con la duración estimada.

Los administradores de proyecto valoran la sensibilidad de sus programas de red para determinar cuánta atención deben dedicarle a administrar la ruta crítica.

Libre holgura (flotación)

La libre holgura es única. Es la cantidad de tiempo que es posible retrasar una actividad sin demorar las actividades sucesoras conectadas con ella. Nunca puede ser negativa. Sólo las actividades que se presentan al final de una cadena de actividades (en general cuando usted tiene una actividad de fusión) pueden tener libre holgura. Por ejemplo, si una sola cadena (ruta) de actividades nada más tiene 14 días de amplitud, la última actividad tendrá espacio libre pero las otras no. En ocasiones, la cadena no es muy larga; puede ser de una sola actividad. Por ejemplo, en la red del Knoll Business Center (figura 6.8), la actividad E es una cadena de uno y tiene un espacio libre de 165 días hábiles (200 − 35 = 165). Las actividades C y D también tienen un espacio libre de cinco y 10 días, respectivamente.

La belleza de la libre holgura es que los cambios en los tiempos de inicio y terminación para la actividad de libre espacio requieren menos coordinación con los otros participantes en el proyecto y le dan al administrador de proyectos mayor flexibilidad que la inactividad total. Como la actividad es la última en la cadena, retrasar la actividad hasta el tiempo máximo de holgura, no tendrá efecto alguno en las actividades que le siguen. Por ejemplo, suponga una cadena de 10 actividades. El retraso de cualquiera de las otras nueve en la cadena exige que se les notifique a los gerentes de las actividades restantes en la cadena para las que habrá retrasos, a fin de que puedan ajustar sus programas porque no cuentan con tiempo de holgura.

Uso de la información de pases hacia adelante y hacia atrás

Para el administrador de proyecto, ¿qué significa un tiempo de holgura de 10 días hábiles para la actividad D (verificación del servicio)? En este caso específico significa que D puede retrasarse 10 días. En un sentido más amplio, el administrador de proyecto pronto aprende que el tiempo de extensión es importante porque le permite tener flexibilidad en la programación de los recursos escasos (personal y equipo), los cuales se utilizan en más de una actividad paralela o en otro proyecto.

Conocer los cuatro tiempos de actividad de IT, TT, CT y FT es muy valioso en las fases de planeación, programación y control del proyecto. El IT y el CT le informan al administrador de proyecto sobre el intervalo de tiempo en que la actividad debe terminarse. Por ejemplo, la actividad E

Durante mucho tiempo se ha considerado que el método de la ruta crítica es el "Santo Grial" de la administración de proyectos. A continuación se incluyen algunos comentarios de administradores de proyecto veteranos sobre la importancia de la ruta crítica en la administración de proyectos:

- Siempre que me es posible intento ubicar a mis mejores elementos en las actividades críticas o en aquellas que tienen más posibilidades de serlo.
- Al hacer una evaluación de los riesgos, pongo atención especial en la identificación de los riesgos que pueden tener un efecto en la ruta crítica, en forma directa o indirecta, al realizar una actividad no crítica tan tarde que se vuelve crítica. Cuando tengo dinero para reducir riesgos, casi siempre lo gasto en tareas críticas.
- No tengo tiempo de supervisar todas las actividades de un proyecto grande, pero me esfuerzo por estar en contacto con las personas que trabajan en actividades críticas. Cuando tengo tiempo, son a quienes visito primero para determinar cómo van las cosas. Es asombroso cuánto más puedo saber al hablar con quienes están haciendo el trabajo y al mirar sus expresiones faciales: mucho más de lo que obtengo de un reporte de avance en el que no hay más que cifras.
- Cuando recibo llamadas de otros gerentes que me piden que les "preste" personas o equipo, soy mucho más generoso cuando esto implica recursos a partir del trabajo en actividades no críticas. Por ejemplo, si otro administrador de proyecto necesita un ingeniero eléctrico al que se asigna a una tarea con cinco días de holgura, estoy dispuesto a compartir un ingeniero con otro administrador de proyecto por dos o tres días.
- La razón más obvia por la que la ruta crítica es importante es que éstas son las actividades que influyen en el tiempo de terminación. Si de repente obtengo una llamada de mis superiores para informarme que necesitan que mi proyecto termine dos semanas antes de lo planeado, la ruta crítica es donde programo el tiempo extra y donde añado recursos adicionales para lograr que el proyecto se termine más rápidamente. Asimismo, si el programa del proyecto comienza a deslizarse, me centro en las actividades críticas para volver a lo programado.

(reporte de personal) debe terminarse entre el intervalo de 20 y 200 días hábiles; la actividad puede iniciar tan temprano como el día 20 y terminar tan tarde como el 200. A la inversa, la actividad F (aprobación de comisiones) debe comenzar el día 20 o el proyecto se retrasará.

Cuando se conoce la ruta crítica es posible manejar en forma estricta los recursos de las actividades en la ruta crítica de tal manera que no se cometan errores que resulten en demoras. Además, si por alguna razón debe acelerarse el proyecto para cumplir con una fecha anterior, es posible seleccionar esas actividades, o combinación de ellas, que cuesten lo menos posible para acortar el proyecto. Asimismo, si se retrasa la ruta crítica para compensar por cualquier tiempo de holgura negativa, es posible identificar las actividades en la ruta crítica que tienen el menor costo cuando se acortan. Si hay otras rutas con poco tiempo de espacio, quizá sea necesario acortar también las actividades en esas rutas.

Nivel de detalle para las actividades

A fin de establecer las etapas cronológicas del trabajo y los presupuestos del proyecto es necesaria una definición cuidadosa de las actividades que componen la red del proyecto. En general, una actividad representa una o más tareas tomadas de un paquete de tareas. La cantidad de tareas que se incluyan en cada actividad establece el nivel de detalle.

En algunos casos es posible terminar con demasiada información por administrar y esto puede elevar los costos indirectos. Los administradores de los proyectos pequeños han sido capaces de minimizar el nivel de detalle al descartar algunos pasos preliminares para esbozar las redes. Las empresas más grandes también reconocen el costo de la sobrecarga de información y están trabajando para reducir el nivel de detalle en las redes y en la mayoría de las otras dimensiones del proyecto.

Consideraciones prácticas

Errores lógicos en la red

Las técnicas en las redes del proyecto tienen algunas reglas lógicas que deben seguirse. Una es que las afirmaciones condicionantes, como "si la prueba tiene éxito, constrúyase el prototipo, si fracasa, repítase el diseño", no están permitidas. La red no es un árbol de decisiones, es un plan de proyecto que suponemos que se materializará. Si se permitieran afirmaciones condicionantes, los pases hacia delante y hacia atrás no tendrían sentido. Aunque en la realidad un plan rara vez se materializa del todo como lo esperamos, es una suposición inicial razonable. Usted observará que una vez que se desarrolla un plan para la red se da un paso sencillo para hacer correcciones y acomodar cambios.

Otra regla que vence a la red del proyecto y al proceso de cálculo es el *establecimiento de circuitos.* Es un intento del planeador de regresar a una actividad anterior. Recuerde que los números de identificación de actividades siempre deben ser superiores para las actividades que siguen una actividad en cuestión; esta regla ayuda a evitar las relaciones ilógicas de precedencia entre las actividades. Una actividad debe darse sólo una vez; si se repite, debe tener un nombre y un número de identificación nuevos y debe colocarse en la secuencia derecha en la red. En la figura 6.9 se muestra un circuito ilógico. Si se permitiera que existiese, la ruta se repetiría a sí misma en forma perpetua. Muchos programas de computación detectan este tipo de error lógico.

Numeración de actividades

Cada actividad necesita un código único de identificación, en general, un número. En la práctica existen esquemas muy elegantes. La mayoría numera las actividades en orden ascendente, es decir, cada actividad sucesiva tiene un número mayor de tal manera que el flujo de las actividades se dé hacia la terminación del proyecto. Se acostumbra dejar huecos entre cifras (1, 5, 10, 15...). Los huecos son deseables para que usted pueda añadir actividades nuevas o faltantes más adelante. Como casi es imposible dibujar una red de proyecto perfecta, en general, la numeración de las redes no se hace sino hasta que se ha terminado la red.

En la práctica usted encontrará programas de computación que aceptarán designaciones numéricas, alfabéticas o por una combinación de actividades. A menudo, las designaciones de combinación se utilizan para identificar costos, trabajo, habilidades, departamentos y ubicaciones. Como regla general, los sistemas de numeración de actividades deben ser ascendentes y lo más sencillos posible. Se pretenden así para que los participantes en el proyecto avancen en su trabajo a través de la red y puedan localizar actividades específicas.

Uso de computadoras para desarrollar redes

Todas las herramientas y técnicas que se analizan en este capítulo pueden utilizarse con el software actual. En las figuras 6.10 y 6.11 se muestran dos ejemplos de ello. En la 6.10 se presenta una salida de computadora genérica para la AEN del proyecto de Air Control. La ruta crítica se identifica con los nodos no sombreados (actividades 1, 4, 6, 7 y 8). La descripción de actividades se muestra en la línea superior del nodo de actividad. La identificación y la duración de la actividad están al lado derecho del nodo. El inicio y la terminación tempranos se ubican a la izquierda del nodo. El proyecto comienza el 1 de enero y se ha planeado que termine el 14 de febrero.

En la figura 6.11 se presenta una gráfica de barras de Gantt para el inicio temprano. Las gráficas de barras son populares porque presentan una imagen clara y fácil de entender en un horizonte con escalas de tiempo. Se les utiliza durante la planeación, la programación de recursos y la elaboración de reportes sobre el avance. El formato es una representación en dos dimensiones del programa del proyecto, con actividades en las columnas y el tiempo a lo largo del eje horizontal. En esta salida de computadora las barras grises representan las duraciones de las actividades. Las líneas que se extienden a partir de las barras representan el tiempo de holgura. Por ejemplo, el "desarrollo del software" tiene una duración de 18 unidades de tiempo (el área sombrada de la barra) y 20 días de holgura (que están representados por la línea extendida). La barra también indica que la actividad tiene un inicio temprano el 3 de enero y que terminará el 20 de ese mes, pero que podría extenderse hasta el 9 de febrero porque tiene 20 días de extensión. Cuando se utilizan las fechas en el eje de tiempo, las gráficas de Gantt proporcionan un panorama general claro del programa del proyecto y pueden encontrarse a menudo publicadas en los tableros de las oficinas de proyectos. Por desgracia,

FIGURA 6.9
Circuito ilógico

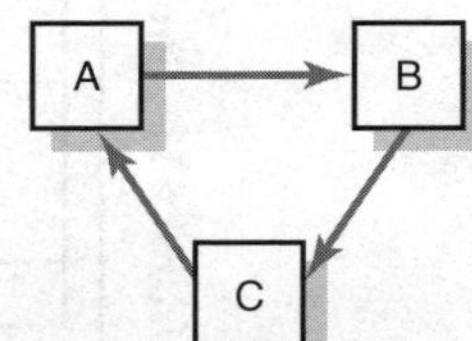

FIGURA 6.10 Proyecto de control del aire; diagrama de la red

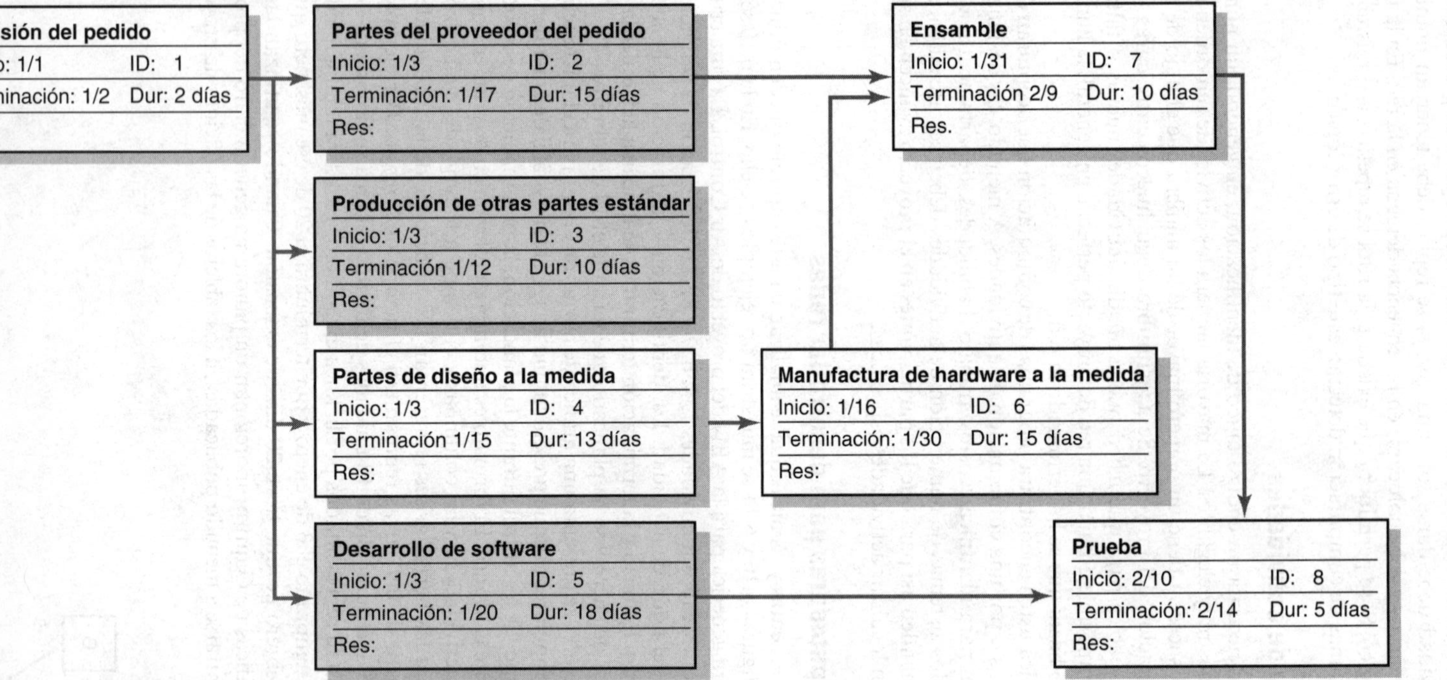

FIGURA 6.11 Proyecto de control del aire; gráfica de Gantt

ID	Duración	Nombre de la tarea	Comienzo	Terminación	Comienzo tardío	Terminación tardía	Holgura libre	Holgura total
1	2 días	Revisión del pedido	Mar 1/1	Mié 1/2	Mar 1/1	Mié 1/2	0 días	0 días
2	15 días	Partes del proveedor del pedido	Jue 1/3	Jue 1/17	Mié 1/16	Mié 1/30	13 días	13 días
3	10 días	Producir otras partes estándar	Jue 1/3	Sáb 1/12	Lun 1/21	Mié 1/30	18 días	18 días
4	13 días	Partes de diseño a la medida	Jue 1/3	Mar 1/15	Jue 1/3	Jue 1/15	0 días	0 días
5	18 días	Desarrollo de software	Jue 1/3	Dom 1/20	Mié 1/23	Sáb 2/9	20 días	20 días
6	15 días	Manufactura de hardware a la medida	Mié 1/16	Mié 1/30	Mié 1/16	Mié 1/30	0 días	0 días
7	10 días	Ensamble	Jue 1/31	Sáb 2/9	Jue 1/31	Sáb 2/9	0 días	0 días
8	5 días	Prueba	Dom 2/10	Jue 2/14	Dom 2/10	Jue 2/14	0 días	0 días

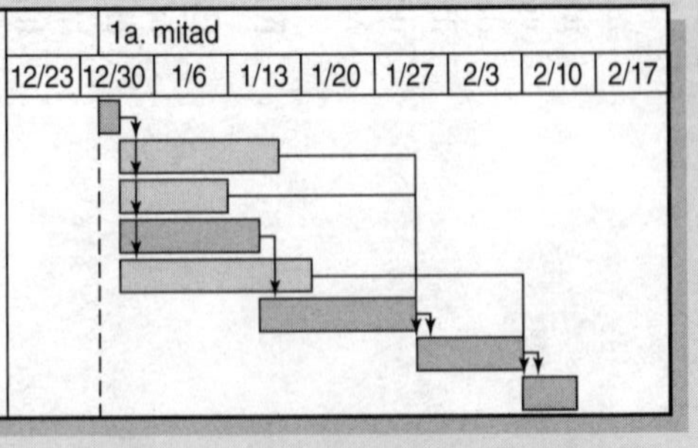

cuando los proyectos tienen muchas relaciones de dependencia, las líneas de dependencia pronto se vuelven abrumadoras y derrotan la sencillez de la gráfica de Gantt.

El software de administración de proyectos puede ser una gran ayuda en manos de quienes comprenden y están familiarizados con las herramientas y las técnicas que se analizan en este texto. Sin embargo, no hay nada más peligroso que alguien utilice el software con poco o ningún conocimiento de la manera en que éste produce información. Los errores en el ingreso de información son muy comunes y requieren de alguien que tenga habilidad con los conceptos, herramientas y sistema de información para reconocer que los errores existen y que se están evitando las acciones falsas.

Fechas de calendario

En última instancia usted querrá asignarle fechas de calendario a las actividades de su proyecto. Si no se utiliza un programa de computación, las fechas se asignan en forma manual. Extienda un calendario de días hábiles (excluya los no laborables) y numérelos. Luego relacione los días hábiles del calendario con los de su red de proyecto. La mayor parte de los programas de computadora asignarán fechas de manera automática una vez que usted haya identificado las fechas de inicio, las unidades de tiempo, los días no hábiles y otra información.

Inicios y proyectos múltiples

En algunos programas de computación se necesita un suceso común de inicio y terminación en la forma de un nodo (en general, un círculo o un rectángulo) para una red de proyecto. Incluso si éste no es un requisito, es una buena idea porque evita las rutas "confusas". Éstas dan la impresión de que el proyecto no tiene un principio o un fin claros. Si el proyecto tiene más de una actividad que puede iniciarse cuando el primero ha de comenzar, cada ruta es confusa. Lo mismo sucede si la red del proyecto termina con más de una actividad; a estas rutas no conectadas también se les denomina "*Caminos colgantes*". Pueden evitarse al relacionar las actividades con un nodo común de inicio o terminación del proyecto.

Cuando varios proyectos se relacionan unos con otros en una empresa, el uso de un nodo común de inicio o terminación ayuda a identificar el periodo total de planeación de todos los proyectos. El uso de actividades falsas o fingidas de espera a partir de un nodo común de inicio permite que existan distintas fechas de inicio para cada proyecto.

Técnicas ampliadas de la red para acercarse más a la realidad

El método que muestra relaciones entre actividades en la última sección se llama relación de inicio a terminación porque supone que todas las actividades precedentes conectadas de inmediato deben concluir antes de que pueda comenzar la siguiente actividad. En un esfuerzo por acercarse a las realidades de los proyectos se han añadido algunas extensiones útiles. El uso de *escalamientos* fue la primera extensión obvia que los practicantes consideraron muy útil.

Escalamiento

La suposición de que todas las actividades precedentes de inmediato deben terminarse al 100 por ciento es muy limitante en algunas situaciones que se dan en la práctica. La restricción ocurre con mayor frecuencia cuando una actividad se traslapa sobre el inicio de la otra y tiene una larga duración. Bajo el estándar de la relación inicio a terminación, cuando una actividad tiene larga duración y retrasará el comienzo de la actividad que le sigue de cerca, la actividad puede descomponerse en segmentos y es posible dibujar la red mediante el enfoque de *escalamiento,* de manera que la actividad que sigue comience pronto y no demore el trabajo. Esta segmentación de la actividad mayor da la apariencia de avanzar en una escalera en la red, de ahí el nombre. El ejemplo clásico que se utiliza en muchos textos y artículos es el de tubo colocado porque es fácil de visualizar. La trinchera debe excavarse, el tubo instalarse y la trinchera rellenarse. Si la tubería tiene una milla de longitud, no es necesario excavar una milla de trinchera antes de comenzar la colocación de una tubería, ni tampoco instalar una milla de tubería antes de iniciar el rellenado del terreno. En la figura 6.12 se muestra la manera en que estas actividades, que se traslapan entre sí, pueden aparecer en una red de AEN con el enfoque de inicio a terminación.

FIGURA 6.12 Ejemplo de escalamiento con una relación de final a inicio

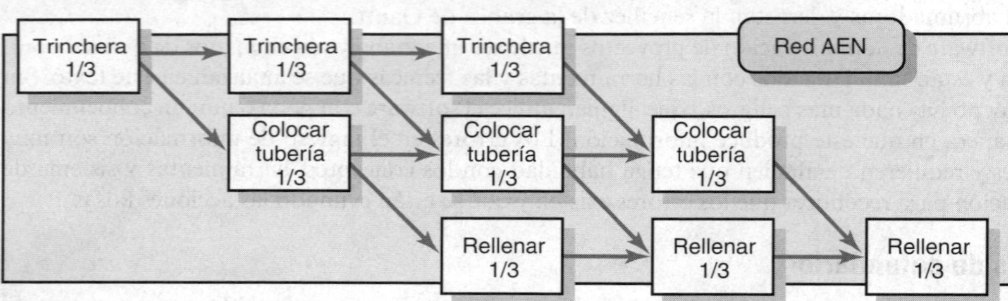

Uso de retrasos

Se ha desarrollado el uso de *retrasos* para darle mayor flexibilidad a la construcción de las redes. *Un retraso es la mínima cantidad de tiempo que una actividad dependiente debe retrasarse para comenzar o terminar.* El uso de retrasos en una red de proyecto se da por dos razones fundamentales:

1. Cuando las actividades de larga duración retrasan el inicio o la terminación de actividades sucesoras, el diseñador de la red por lo general descompone la actividad en otras más pequeñas de tal modo que se evite el retraso prolongado de la actividad sucesora. El uso de retrasos puede evitar esas tardanzas y reducir el detalle de la red.
2. Los retrasos pueden utilizarse para limitar el inicio y la terminación de una actividad.

Las extensiones de relación más utilizadas son de inicio a inicio, de final a final y una combinación de ambas. En esta sección se analizan estos patrones de relación.

Relación de final a inicio

La relación de final a inicio representa un estilo genérico y típico de red que se utiliza en la primera parte de este capítulo. Sin embargo, existen situaciones donde la siguiente actividad en una secuencia debe retrasarse, incluso cuando se termina la actividad precedente. Por ejemplo, el retiro de las formas de concreto no puede comenzar sino hasta que el cemento vaciado se haya curado durante dos unidades de tiempo. En la figura 6.13 se muestra esta relación de retraso para la red AEN. Las demoras de inicio a fin son frecuentes cuando se ordenan materiales. Por ejemplo, quizá se requiera un día para colocar pedidos, pero 19 para recibir los bienes. El uso de un enfoque final a inicio permite que la actividad dure nada más un día y el retraso, 19. Este enfoque garantiza que el costo de la actividad se relacione sólo con la colocación del pedido y no con hacer un cargo a la actividad por 20 días de trabajo. Esta relación de retraso final a inicio es útil para representar las dilaciones por transportación, trámites legales o envíos por correspondencia.

El uso de retrasos de final a inicio debe verificarse con cuidado para que se garantice su validez. Se sabe que los administradores de proyecto conservadores o los responsables de la terminación de actividades han utilizado los retrasos como una manera de introducir un factor de "atascamiento" y así reducir el riesgo de terminar tarde. Una regla sencilla a seguir es que el uso de retrasos de final a inicio debe justificarse y la debe aprobar alguien responsable de una gran sección del proyecto. En general, no es difícil determinar la legitimidad de los retrasos. El uso válido de la relación adicional puede mejorar mucho a la red al representar con mayor fidelidad las realidades del proyecto.

Relación de inicio a inicio

Una alternativa para segmentar las actividades, como se hizo antes, es utilizar una relación de inicio a inicio. Las relaciones típicas de inicio a inicio aparecen en la figura 6.14. En la figura 6.14*a* se muestra la relación de inicio a inicio con un retraso de cero, mientras que en la figura 6.14*b* se ofrece

FIGURA 6.13
Relación de final a inicio

X → Retraso 19 → Y

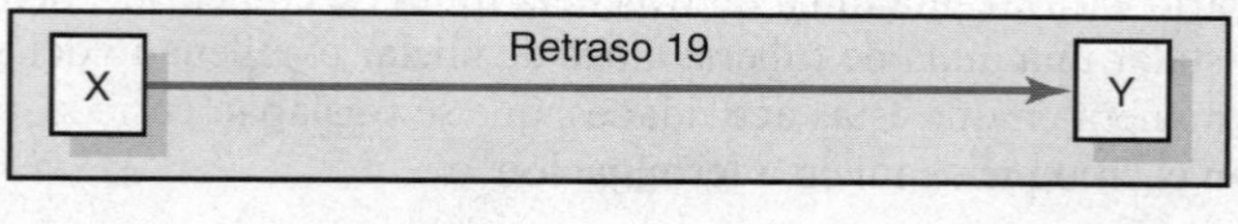

FIGURA 6.14
Relación de inicio a inicio

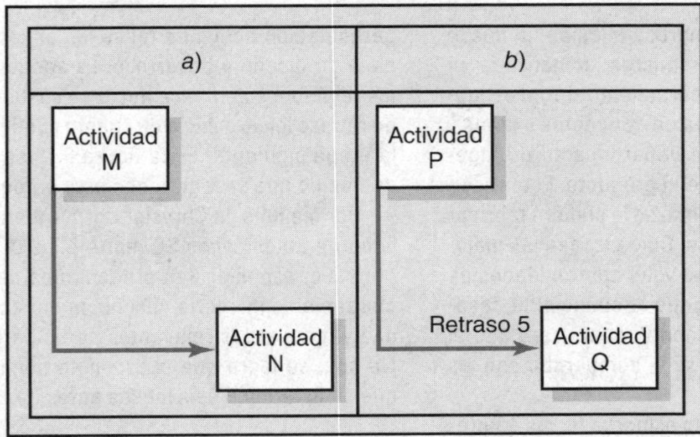

la misma relación con un retraso de cinco unidades de tiempo. Es importante advertir que se puede utilizar la relación con o sin un retraso. Si se asigna el tiempo, por lo general se le muestra en la flecha de dependencia en una red AEN.

En la figura 6.14*b*, la actividad Q no puede iniciarse sino hasta que transcurran cinco unidades de tiempo después de iniciar la actividad P. En general, este tipo de relación representa una situación donde usted puede desempeñar una parte de una actividad y comenzar una actividad de seguimiento antes de terminar la primera. Esta relación puede utilizarse en el proyecto de colocación de tubería. En la figura 6.15 se muestra al proyecto utilizando una red AEN. La relación de inicio a inicio reduce el detalle en la red y los retrasos en el proyecto mediante el uso de relaciones de retraso.

Es posible encontrar oportunidades de compresión al convertir las relaciones de final a inicio en otras de inicio a inicio. Si se analizan las actividades críticas de final a inicio pueden encontrarse oportunidades a corregir en forma paralela mediante el uso de relaciones de inicio a inicio. Por ejemplo, en lugar de una actividad de final a inicio: "diseñar casa, luego construir cimientos", se podría utilizar una relación de inicio a inicio donde pudieran comenzarse los cimientos, por decir algo, cinco días (retraso) después de que se haya iniciado el diseño, suponiendo que éste es la primera parte de toda la actividad de diseño. Esta relación de inicio a inicio con un pequeño retraso permite que se lleve a cabo una actividad secuencial paralela y que se comprima la duración de la ruta crítica. Este mismo concepto se encuentra a menudo en los proyectos donde la ingeniería concurrente se utiliza para acelerar la terminación de un proyecto. La ingeniería concurrente, que se explica en detalle en el recuadro Caso de Práctica: Ingeniería concurrente, básicamente descompone a las actividades en segmentos más pequeños de tal manera que el trabajo se pueda hacer en forma paralela y el proyecto pueda acelerarse. Las relaciones de inicio a inicio pueden representar las condiciones concurrentes de ingeniería y reducir el detalle en la red. Por supuesto, el mismo resultado puede obtenerse si se descompone una actividad en paquetes pequeños que puedan llevarse a cabo en forma paralela, pero este último enfoque aumenta de manera sustancial la red y los detalles de rastreo.

FIGURA 6.15
Uso de retrasos para reducir el detalle

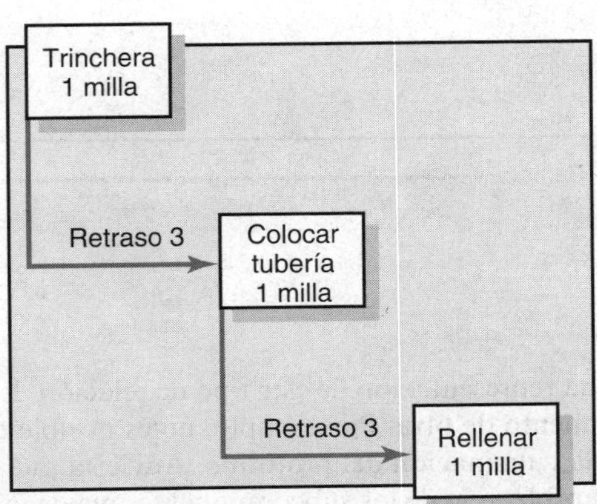

Caso de práctica

Ingeniería concurrente*

En el pasado, cuando una empresa iniciaba un nuevo proyecto de desarrollo de productos, comenzaría su camino secuencial en el departamento de investigación y desarrollo. Se trabajaba en conceptos e ideas y los resultados se pasaban al departamento de ingeniería, que en ocasiones volvía a elaborar todo el producto. Este resultado se pasaba a manufactura para garantizar que se le pudiera fabricar con la maquinaria y las operaciones existentes. Comenzaban las mejoras después de que se descubrían los defectos y las oportunidades de mejora durante la producción. Para este enfoque secuencial al desarrollo de productos se necesitaba mucho tiempo y no era raro que el producto final quedara irreconocible cuando se le comparaba con las especificaciones originales.

Dado el énfasis en la velocidad para llevarlo al mercado, las empresas han abandonado el enfoque secuencial para el desarrollo de productos y han adoptado otro, más holístico, denominado ingeniería concurrente. En pocas palabras, la *ingeniería concurrente* implica la participación activa de todas las especialidades relevantes en el proceso de diseño y desarrollo. La secuencia tradicional tipo cadena de las relaciones de final a inicio se sustituye con una serie de relaciones de retraso inicio a inicio en cuanto puede iniciar el trabajo significativo de la etapa siguiente. En la figura 6.16 se resumen los enormes ahorros de tiempo que se logran con este enfoque para llegar al mercado.

Por ejemplo, la Chrysler Corporation lo utilizó para diseñar su nueva línea de automóviles SC, entre ellos el popular sedán *Neon.* Desde el principio, especialistas procedentes de los departamentos de comercialización, ingeniería, diseño, manufactura, aseguramiento de la calidad y otras áreas relevantes participaron en cada etapa del proyecto. No sólo se logró que el proyecto cumpliera todos sus objetivos, sino que se le terminó seis meses antes de lo programado.

* O. Suris, "Competitors Blinded by Chrysler's Neon", *The Wall Street Journal,* 10 de enero de 1994.

FIGURA 6.16 Proceso de desarrollo de nuevos productos

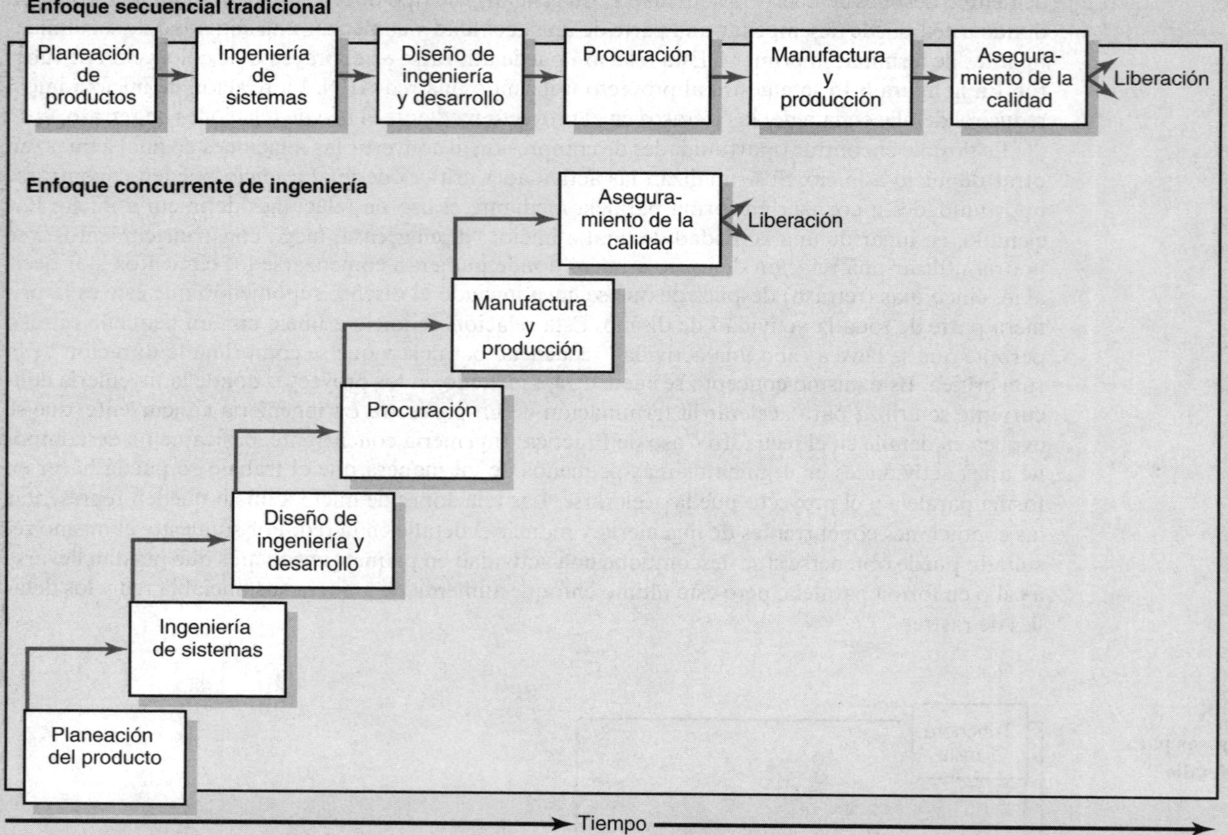

Relación de final a final

En la figura 6.17 se hace una representación de este tipo de relación. La terminación de una actividad depende del cumplimiento de otra. Por ejemplo, no es posible terminar las pruebas antes de cuatro días después de la culminación del prototipo. Advierta que ésta no es una relación de final a inicio porque la comprobación de los subcomponentes puede iniciarse antes de la acabado

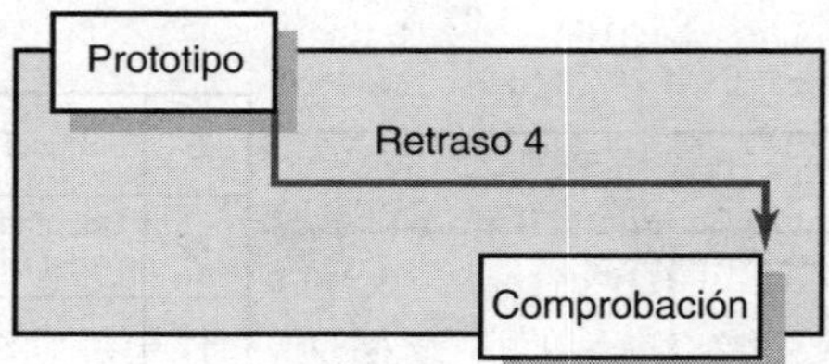

FIGURA 6.17
Relación de final a final

del prototipo, pero se requieren cuatro días de pruebas del "sistema" después de finalizado el prototipo.

Relación de inicio a final

Esta relación representa situaciones donde la terminación de una actividad depende del inicio de otra. Por ejemplo, la documentación del sistema no puede terminar sino hasta tres días después de que se han iniciado las pruebas (véase la figura 6.18). Aquí se produce toda la información relevante para terminar la documentación del sistema después de los primeros tres días de pruebas.

Combinaciones de relaciones de retrasos

Es posible asignar más de un tipo de relación de retrasos a una actividad. En general, estas relaciones son combinaciones de inicio a inicio y de final a final de dos actividades. Por ejemplo, el descifrado no puede comenzar sino hasta dos unidades de tiempo después del comienzo de la codificación. Ésta debe terminar cuatro días antes de que el descifrado concluya (véase la figura 6.19).

Un ejemplo del uso de relaciones de retrasos: los pases hacia adelante y hacia atrás

Los procedimientos de los pases hacia delante y hacia atrás son los mismos que se explicaron en el capítulo para las relaciones de final a inicio (sin retrasos). La técnica modificadora reside en la necesidad de verificar cada relación nueva para ver si modifica el tiempo de inicio o de terminación de otra actividad.

Un ejemplo del resultado de los pases hacia delante y hacia atrás se incluye en la figura 6.20. La colocación de un pedido de hardware depende del diseño del sistema (de inicio a inicio). A tres días del diseño del sistema (actividad A), es posible pedir el hardware requerido (actividad B). Se necesitan cuatro días después de colocado el pedido (actividad B) para que el hardware llegue a fin de que se le pueda instalar (actividad C). Luego de dos días de haberse instalado el sistema de software (actividad D) es posible iniciar su comprobación (actividad E). Esta última puede terminarse dos días después de la instalación del software (actividad D). La preparación de la documentación de un sistema (actividad F) puede comenzar una vez que se termina el diseño (actividad A), pero no puede terminarse sino hasta dos días después de la comprobación del sistema (actividad E). Esta relación final es un ejemplo del retraso de inicio a inicio.

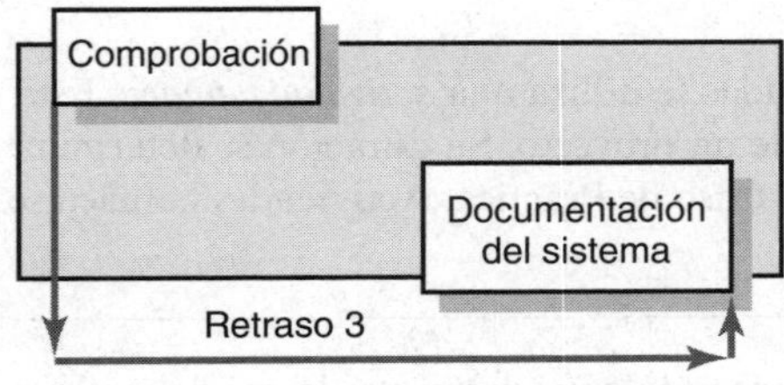

FIGURA 6.18
Relación de inicio a final

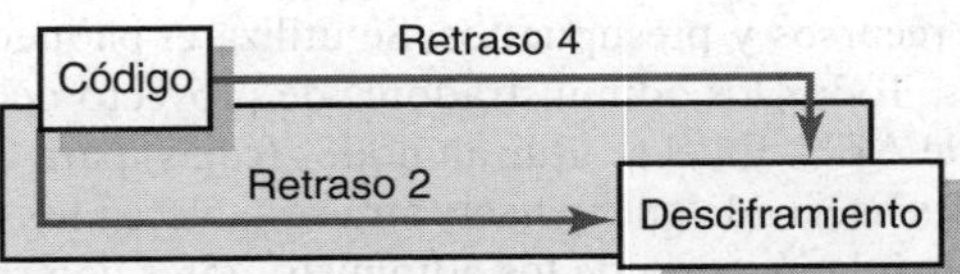

FIGURA 6.19
Relaciones de combinación

FIGURA 6.20 **Red con el uso de retrasos**

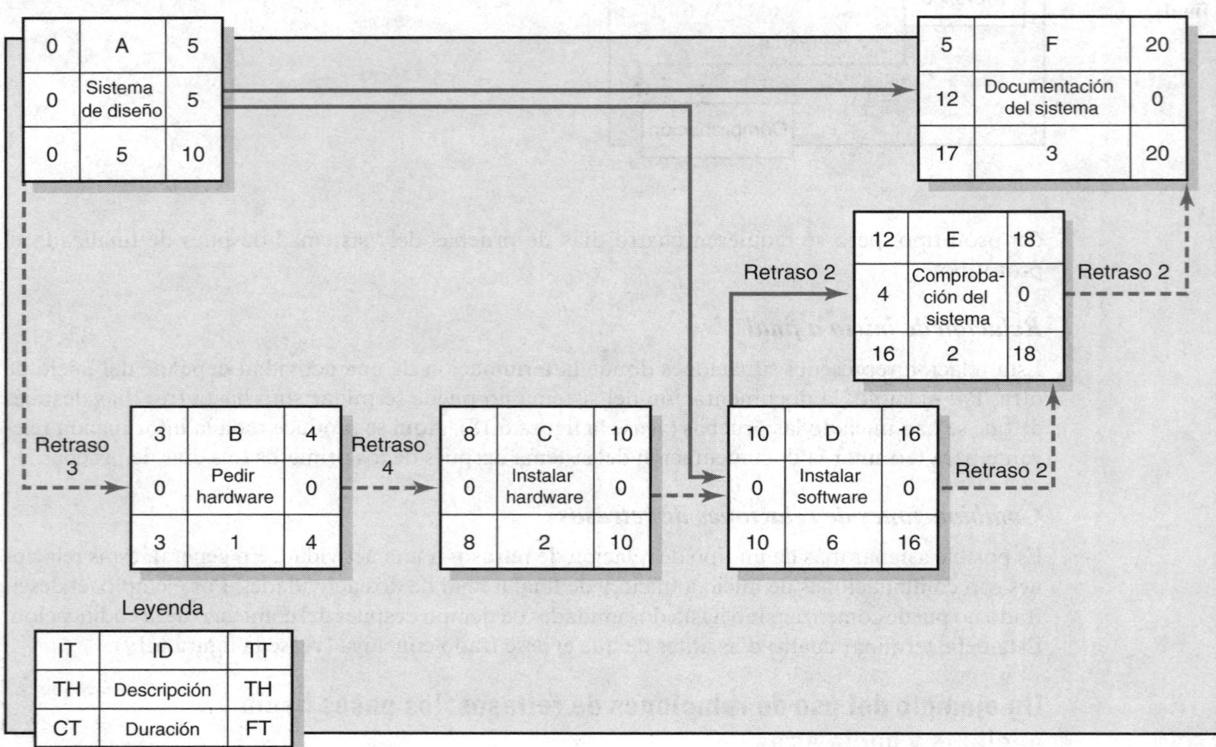

Advierta cómo una actividad puede tener una conclusión y/o final crítico. Las actividades E y F tienen terminaciones críticas (cero holgura), pero sus inicios de actividad tienen cuatro y 12 días de holgura. Sólo las terminaciones de las actividades E y F son críticas. A la inversa, la actividad A tiene un espacio de cero para iniciar, pero de cinco días para terminar. La ruta crítica sigue las limitaciones de inicio y final de las actividades que se dan por el uso de las relaciones adicionales disponibles y los retrasos impuestos. Usted puede identificar la ruta crítica de la figura 6.20 seguida de la línea punteada de la red.

Si existe una relación de retraso, es necesario verificar cada actividad para ver si se limita el inicio o el final. Por ejemplo, en el pase hacia adelante, se controla la TT de la actividad E (sistema de prueba) (18) con la terminación de la actividad D (instalación de software) y el retraso de dos unidades de tiempo (16 + retraso 2 = 18). Por último, en el pase hacia atrás, el IT de la actividad A (sistema de diseño) se controla con la actividad B (pedido del hardware) y la relación de retraso con la actividad A (3 – 3 = 0).

Actividades "hamaca"

En otra de las técnicas extendidas se utiliza una *actividad hamaca.* Ésta deriva su nombre de que se extiende sobre un segmento de un proyecto. Su duración se determina *después* de que se dibuja el plan de la red. En el recuadro Caso de Práctica: Actividades hamaca se describe su uso.

Resumen

Muchos administradores de proyecto consideran que la red del proyecto constituye el ejercicio y el documento de planeación más valiosos. Las redes del proyecto establecen una secuencia y las etapas cronológicas del trabajo, recursos y presupuestos. Se utiliza el paquete de tareas para desarrollar actividades para las redes. Todos los administradores de proyecto deben sentirse responsables de trabajar en un ambiente de AEN. En él se utilizan nodos (cajas) para las actividades y flechas para las dependencias. Los pases hacia adelante y hacia atrás establecen los tiempos tempranos y tardíos para las actividades. Aunque la mayoría de los administradores de proyecto utiliza computadoras

A menudo se utilizan las actividades hamaca para identificar el uso de recursos o costos fijos en un segmento del proyecto. Algunos ejemplos típicos de las actividades hamaca son los servicios de inspección, los consultores o los servicios de administración de la construcción. Una actividad hamaca deriva su duración del intervalo de tiempo que hay entre otras actividades. Por ejemplo, se necesita una máquina copiadora a color especial para un segmento de un proyecto para publicar una muestra comercial. Es posible utilizar una actividad hamaca para indicar la necesidad de este recurso y aplicar los costos a este segmento del proyecto. Esta hamaca se relaciona, desde el principio de la primera actividad que utiliza la copiadora a color, con el final de la última actividad que la emplea. La duración de la actividad hamaca es tan sólo la diferencia entre la TT de la última actividad y el IT de la primera. La duración se calcula después del pase hacia delante y, por lo tanto, no tiene influencia en los tiempos de las demás actividades. En la figura 6.21 se incluye un ejemplo de una actividad hamaca, dentro de una red. La duración de la actividad hamaca se deriva del inicio temprano de la actividad B y la terminación temprana de la actividad F; es decir, en la diferencia entre 13 y 15, o en ocho unidades de tiempo. La duración de la actividad hamaca se modificará si lo hace cualquier IT o TT de la cadena. Las actividades hamaca son muy útiles para asignar y controlar los costos indirectos del proyecto.

FIGURA 6.21 Ejemplo de actividad hamaca

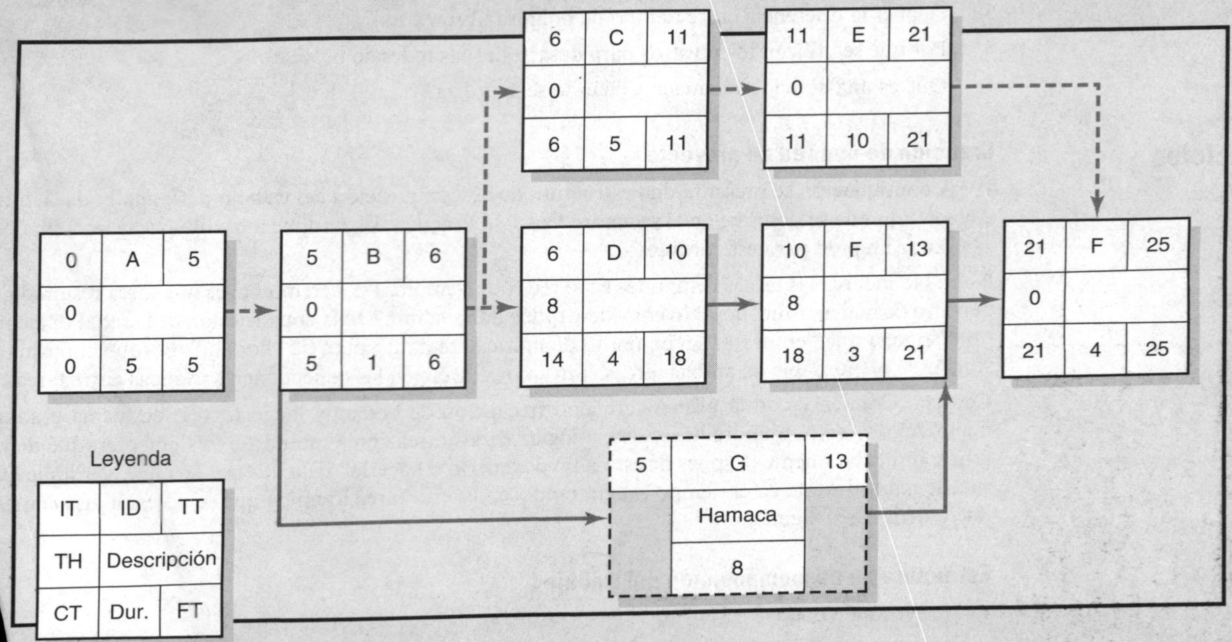

para generar redes y tiempos de actividades, encuentran un gran entendimiento del desarrollo de la red y la capacidad de calcular los tiempos de las actividades, lo cual es invaluable en el campo. Las computadoras se descomponen; los errores en las entradas de datos arrojan información falsa; hay que tomar algunas decisiones sin el análisis "condicional" de computación. Los administradores de proyecto que conocen bien el desarrollo de las redes y los métodos de AEN, y que pueden calcular los tiempos de las actividades, se toparán con menos problemas que los gerentes de proyecto menos familiarizados con esto. Las redes de proyecto ayudan a garantizar que no surjan sorpresas.

El método AEN original ha sido objeto de diversas extensiones y modificaciones. Los retrasos le permiten al administrador de proyecto reproducir más de cerca las condiciones reales que se encuentran en la práctica. El uso de retrasos puede hacer que el inicio o la terminación de una actividad se hagan críticos. En algún software de computación se califica a toda la actividad como crítica y no sólo a su inicio o terminación. Debe tenerse cuidado de garantizar que los retrasos no se utilicen como amortiguador de los posibles errores en el cálculo del tiempo. Por último, las actividades hamaca son útiles para rastrear el costo de los recursos que se utilizan en un segmento particular de un proyecto. También ayudan a reducir el tamaño de una red de proyecto al agrupar actividades para simplificación y claridad. Todos los refinamientos analizados respecto de la metodología AEN original ayudan a una mejor planeación y control de los proyectos.

Términos clave

Actividad
Actividad de fusión
Actividad en el nodo (AEN)
Actividad en la flecha (AEF)
Actividad explosiva
Actividad hamaca
Actividad paralela
Gráfica de Gantt
Ingeniería concurrente
Relación de retrasos
Ruta crítica
Sensibilidad de la red
Tiempo de holgura/flotación, total y libre
Tiempos tempranos y tardíos

Preguntas de repaso

1. ¿De qué manera la EDT se distingue de la red de proyecto?
2. ¿Cómo se interrelacionan la EDT y las redes del proyecto?
3. ¿Por qué molestarse en la creación de una EDT? ¿Por qué no ir directamente a la red del proyecto y olvidarse de la EDT?
4. ¿Por qué el tiempo de holgura es importante para el administrador de proyecto?
5. ¿Cuál es la diferencia entre tiempo de holgura libre y total?
6. ¿Por qué se utilizan los retrasos para desarrollar las redes de proyecto?
7. ¿Qué es una actividad hamaca y cuándo se le utiliza?

Ejercicios

Creación de una red de proyecto

1. A continuación se presenta una estructura de descomposición del trabajo para una boda. Utilice el método que se describe en el recuadro Caso de Práctica: El enfoque amarillo pegajoso a fin de el[...] borar una red para este proyecto.

Nota: No incluya las tareas resumidas en la red (por ejemplo, 1.3, ceremonia, es una tarea resumid[...] permiso de matrimonio, no). No considere quién haría la tarea en la construcción de la red. Por ej[...] no disponga que "contratar un conjunto de música" se da después de "florista", porque la mis[...] sona es la responsable de ambas tareas. Tan sólo céntrese en las dependencias técnicas entre t[...]

Consejo: Comience con la última actividad (recepción de bodas) y luego regrese en forma [...] inicio del proyecto. Elabore la secuencia lógica de las tareas preguntándose lo siguiente: ¿[...] grarse inmediatamente después de esto a fin de tenerlo o hacerlo? Una vez que termine, ve[...] sucede más adelante en el tiempo preguntándose: ¿es esta tarea lo único que se necesita [...] inicio de la tarea siguiente?

Estructura de descomposición del trabajo

1. Proyecto de bodas
   - 1.1 Decidir la fecha
   - 1.2 Permiso de matrimonio
   - 1.3 Ceremonia
     - *1.3.1 Rentar iglesia*
     - *1.3.2 Florista*
     - *1.3.3 Diseñar/imprimir programas*
     - *1.3.4 Contratar fotógrafo*
     - *1.3.5 Ceremonia de matrimonio*
   - 1.4 Invitados
     - *1.4.1 Elaborar una lista de invitados*
     - *1.4.2 Ordenar invitaciones*
     - *1.4.3 Rotular y enviar invitaciones*
     - *1.4.4 Hacer un seguimiento de las confirmaciones*
   - 1.5 Recepción
     - *1.5.1 Reservar un salón de fiestas*
     - *1.5.2 Alimentos y bebidas*
       - *1.5.2.1 Elegir proveedor*

1.5.2.2 Decidir el menú

1.5.2.3 Hacer el pedido final

1.5.3 Contratar conjunto de música

1.5.4 Decorar el salón de fiestas

1.5.5 Recepción de bodas

Dibujar redes AEN

2. Dibuje una red de proyecto a partir de la siguiente información:

Actividad	Predecesor
A	Ninguna
B	A
C	A
D	A, B, C
E	D
F	D, E

3. Dada la siguiente información, bosqueje una red de proyecto:

Actividad	Predecesor
A	Ninguna
B	A
C	A
D	A
E	B
F	C, D
G	E
H	G, F

4. Utilice la información que se da en seguida para dibujar una red de proyecto:

Actividad	Predecesor
A	Ninguna
B	A
C	A
D	B
E	B
F	C
G	D, E
H	F
I	F
J	G, H
K	J, I

5. Con la información que se incluye a continuación, trace una red de proyecto:

Actividad	Predecesor
A	Ninguna
B	Ninguna
C	Ninguna
D	A, B
E	C
F	D, E
G	E
H	F, G
I	H

6. A continuación se incluye información que se le pide a usted que use para dibujar una red de proyecto:

Actividad	Predecesor
A	Ninguna
B	Ninguna
C	A
D	B
E	C, D
F	E
G	E
H	E
I	F
J	G, H
K	H, I, J

Tiempos de la red AEN

7. A partir de los datos que siguen desarrolle una red de proyecto. Complete los pases hacia adelante y hacia atrás, calcule los retrasos de actividad e identifique la ruta crítica.

Actividad	Predecesor	Tiempo (semanas)
A	Ninguna	4
B	A	5
C	A	4
D	B	3
E	C, D	6
F	D	2
G	E, F	5

¿Cuál es la ruta crítica?

¿Cuántas semanas se necesitan para terminarla?

¿Cuál es el tiempo de holgura para la actividad C? ¿Y para la actividad F?

8. El departamento de comercialización de un banco está desarrollando un nuevo plan de hipotecas para contratistas de vivienda. Trace una red de proyecto con la información que se da en la tabla que sigue. Complete los pases hacia adelante y hacia atrás, calcule el tiempo de holgura e identifique la ruta crítica.

Actividad	Predecesor	Tiempo (semanas)
A	Ninguna	3
B	Ninguna	4
C	A	2
D	C	5
E	B	7
F	D, E	1
G	D	4
H	F, G	5

¿Cuál es la ruta crítica?

¿Cuántas semanas se necesitan para terminarla?

¿Cuál es el tiempo de holgura para la actividad F? ¿Y para la actividad G?

9. La información del proyecto para el proyecto hecho a la medida de la Air Control Company se presenta a continuación. Calcule los tiempos tempranos y tardíos de las actividades, así como los tiempos de holgura. Identifique la ruta crítica.

ID	Actividad	Predecesor	Tiempo
A	Pedir revisión	Ninguna	2
B	Pedir partes estándar	A	15
C	Producir partes estándar	A	10
D	Diseñar partes a la medida	A	13
E	Desarrollo de software	A	18
F	Fabricar hardware a la medida	C, D	15
G	Ensamblar	B, F	10
H	Probar	E, G	5

10. J. Wold, administrador de proyecto de Print Software, Inc., quiere que usted prepare una red de proyecto, calcule los tiempos de las actividades temprana, tardía y nula (inactividad), determine la duración planeada del proyecto e identifique la ruta crítica. Su asistente ha recopilado la información que sigue para el proyecto de software de los controladores de la impresora a color.

ID	Actividad	Predecesor	Tiempo
A	Especificaciones externas	Ninguna	8
B	Revisar las características de diseño	A	2
C	Documentar las nuevas características	A	3
D	Redactar software	A	60
E	Programar y comprobar	B	60
F	Editar y publicar notas	C	2
G	Revisar manual	D	2
H	Sitio alfa	E, F	20
I	Imprimir manual	G	10
J	Sitio beta	H, I	10
K	Manufactura	J	12
L	Liberar y embarcar	K	3

11. Una ciudad grande al este de Estados Unidos ha solicitado fondos federales para un proyecto *"Maneja y conduzca"*. Uno de los requisitos de la solicitud es un plan de red para la fase de diseño del proyecto. Catherine Walker, ingeniera en jefe, quiere que usted desarrolle una red de proyecto para cumplir con esto. Ha recopilado estimados de los tiempos de las actividades, así como sus dependencias. En la red de proyecto que elabore indique los tiempos tempranos y tardíos de las actividades, así como las holguras. Señale la ruta crítica.

ID	Actividad	Predecesor	Tiempo
A	Encuesta	Ninguna	5
B	Reporte de suelos	A	20
C	Diseño del tránsito	A	30
D	Mapeo del lote	A	5
E	Aprobación del diseño	B, C, D	80
F	Iluminación	E	15
G	Drenaje	E	30
H	Diseño de los jardines	E	25
I	Firma	E	20
J	Propuesta de licitación	F, G, H, I	10

12. Dada la red de proyecto que sigue, elabore una gráfica de barras para el proyecto. Use la línea de tiempo para alinear sus barras. Asegúrese de indicar los tiempos de holgura para las actividades no críticas.

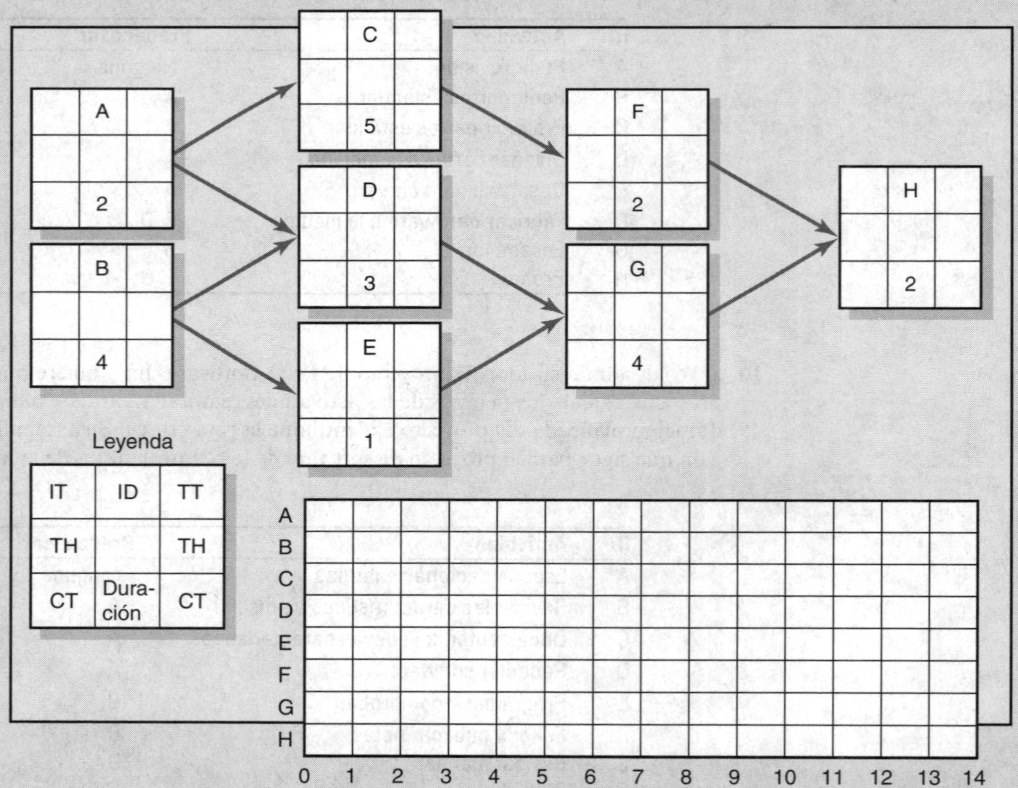

13. Dada la red de proyecto que sigue, elabore una gráfica de barras para el proyecto. Use la línea de tiempo para alinear sus barras. Asegúrese de indicar los tiempos de holgura para las actividades no críticas.

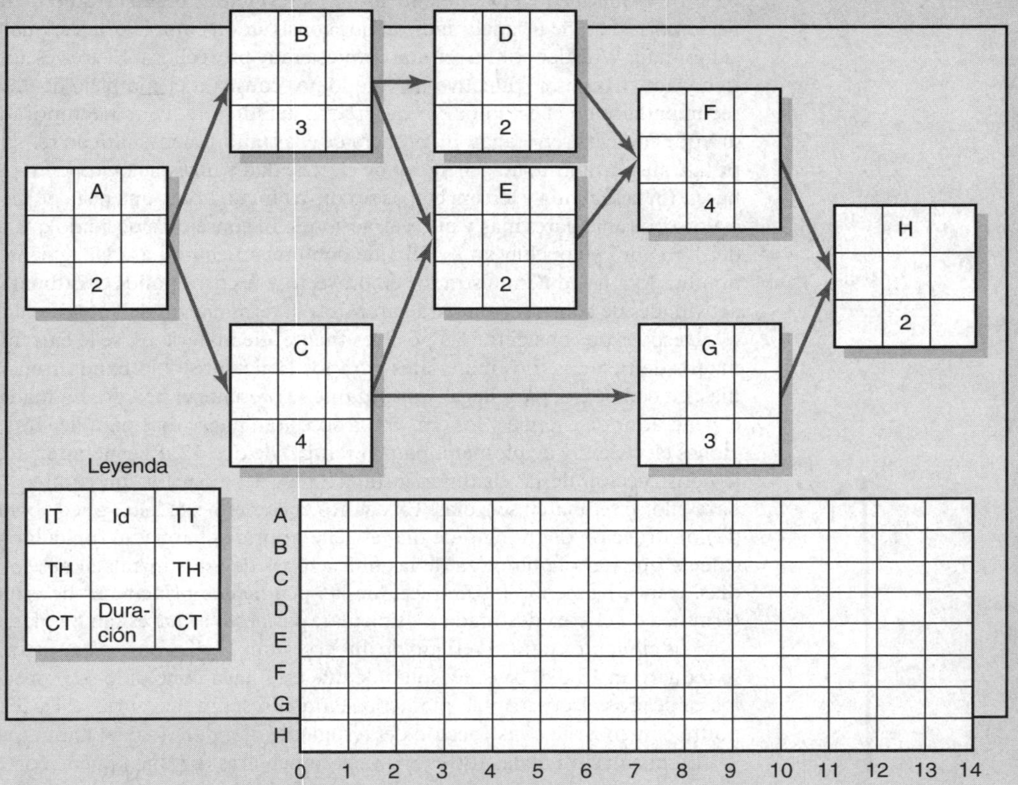

Ejercicios de computadora

14. El departamento de planeación de una empresa electrónica ha fijado las actividades para el desarrollo y producción de un nuevo reproductor de discos compactos. Con base en la información que sigue, desarrolle una red de proyecto con el Microsoft Project. Suponga una semana laboral de cinco días y que el proyecto comienza el 4 de enero de 2010.

ID de la actividad	Descripción	Actividad predecesora	Tiempo de actividad (semanas)
1	Reclutar personal	Ninguno	2
2	Desarrollar programa de mercado	1	3
3	Seleccionar canales de distribución	1	8
4	Tramitar patente	1	12
5	Hacer una producción piloto	1	4
6	Realizar pruebas de mercado	5	4
7	Contratar publicidad	2	4
8	Preparar todo para la producción	4, 6	16

El equipo de proyecto le ha pedido que elabore una red para éste y que determine si puede terminarlo en 45 días.

15. Con ayuda de Microsoft Project establezca una red y determine la ruta crítica para la etapa I del proyecto. La semana laboral para éste será de cinco días (de lunes a viernes).

Whistler Ski Resort Project

Dadas las próximas Olimpiadas de Invierto del 2010 en Vancouver y en Whistler, CB, Canadá, y el hecho de que el número de visitantes de esquí a Whistler se ha incrementado a una velocidad muy grande, la Whistler Ski Association (Asociación de Esquí de Whistler) ha considerado la construcción de otro complejo de esquí que incluya alojamiento. Los resultados de un estudio de factibilidad que integrantes del personal acaban de terminar indican que construir un complejo vacacional de invierno cerca de la base de la montaña Whistler podría ser una empresa muy provechosa. El área es accesible por automóvil, autobús, tren y aire. El consejo directivo ha votado por construir el complejo de diez millones de dólares que se ha recomendado en el estudio. Por desgracia, debido a una corta temporada de verano, el complejo tendrá que edificarse en etapas. La primera de ellas (año 1) contendrá un refugio para el día, un funicular, una pista transportadora, un generador de electricidad y un estacionamiento para 400 automóviles y 30 autobuses. En la segunda y tercera etapas se construirá un hotel, una pista de hielo, una alberca, tiendas comerciales, dos funiculares más y otras atracciones. El consejo ha decidido que la etapa 1 debe comenzar antes del 1 de abril y concluir antes del 1 de octubre, a tiempo para la siguiente temporada de esquí. Se le ha nombrado a usted administrador de proyecto y le corresponde coordinar los pedidos de materiales y las actividades de construcción para garantizar la terminación del proyecto en la fecha requerida.

Después de considerar las posibles fuentes de materiales, se le enfrenta a usted a los siguientes estimados de tiempos. Los materiales para los funiculares y la banda transportadora necesitarán 30 y 12 días, en cada caso, para llegar una vez que se presente el pedido. La madera para el alojamiento de día, el generador de energía y los cimientos necesitan nueve días para llegar. Los materiales para las instalaciones eléctricas y de plomería para el refugio de día, 12. El generador, 12. Antes de que pueda iniciarse la construcción de las distintas instalaciones, debe hacerse un camino hasta el sitio de construcción; para ello se requieren seis días. En cuanto el camino esté listo, puede comenzar la limpieza de los sitios de construcción del refugio de día, el generador de energía, el funicular y la banda transportadora. Se calcula que para la limpieza de las ubicaciones de estas instalaciones se necesitarán seis, tres, 36 y seis días, respectivamente. La limpieza de las pendientes principales de esquí puede comenzar cuando se termine con el área destinada al funicular; para esto se necesitan 84 días.

Los cimientos para el refugio de día necesitan 12 días para estar listos. Para construir la obra básica se requerirán 18 días más. Después de que ésta haya concluido se procede a instalar, al mismo tiempo, los cableados eléctricos y la plomería. Para ello serán necesarios 24 y 30 días, respectivamente. Por fin podrá comenzar la construcción del refugio de día, para lo cual habrá que considerar 36 días.

La instalación de las torres para los funiculares (67 días) puede comenzar una vez que se limpie el sitio de construcción, se entregue la madera y se terminen los cimientos (seis días). También, cuando se haya limpiado el sitio para los funiculares puede comenzar la construcción de un camino permanente hacia las torres superiores; esto requerirá 24 días. Mientras las torres se instalan, puede hacerse lo mismo con el motor eléctrico que impulsará el elevador (24 días). Una vez que se terminen ambas cosas puede tenderse el cable de arrastre en un día. El lote de estacionamiento puede limpiarse cuando esta última tarea concluya y para ello se necesitarán 18 días.

Los cimientos del generador de electricidad pueden comenzar al mismo tiempo que los del refugio de día y para ello habrá que considerar seis días. La obra básica del edificio para el generador puede empezar al terminar los cimientos y requerirá 12 días. Luego, para la instalación del generador a diésel se necesitarán 18. Finalizar este edificio, actividad que puede comenzar ya, tardará 12 días más.

Asignación:

1. Identifique la ruta crítica en su red.
2. ¿Es posible terminar el proyecto para el 1 de octubre?

Proyecto de preinstalación del disco óptico

16. El equipo del proyecto de disco óptico ha comenzado a recopilar la información necesaria para desarrollar la red del proyecto: actividades predecesoras y tiempos de cada una en semanas. En la tabla que sigue se incluye la información obtenida en su reunión:

Actividad	Descripción	Duración	Predecesor
1	Definir alcance	6	Ninguna
2	Definir problemas de los clientes	3	1
3	Definir registros y relaciones de datos	5	1
4	Requerimientos de almacenamiento masivo	5	2, 3

(*continúa*)

Actividad	Descripción	Duración	Predecesor
5	Análisis de las necesidades de consultores	10	2, 3
6	Preparar la red de la instalación	3	4, 5
7	Estimar costos y presupuesto	2	4, 5
8	Diseñar sistema de "puntos" por sección	1	4, 5
9	Redactar propuesta de solicitud	5	4, 5
10	Compilar la lista de proveedores	3	4, 5
11	Preparar sistema de control administrativo	5	6, 7
12	Preparar informe de comparaciones	5	9, 10
13	Comparar "filosofías" de sistema	3	8, 12
14	Comparar toda la instalación	2	8, 12
15	Comparar el costo del soporte	3	8, 12
16	Comparar el nivel de satisfacción del cliente	10	8, 12
17	Asignar puntos de filosofías	1	13
18	Asignar costo de instalación	1	14
19	Asignar costo de soporte	1	15
20	Asignar puntos de satisfacción del cliente	1	16
21	Seleccionar el mejor sistema	1	11, 17, 18, 19, 20
22	Ordenar el sistema	1	21

El equipo del proyecto le ha solicitado que elabore una red para el proyecto y que determine si puede terminarlo en 45 semanas.

Ejercicios con el uso de retrasos

17. A partir de la información que sigue trace una red de proyecto. Calcule los tiempos tempranos y tardíos y los de holgura para cada actividad. Identifique la ruta crítica. (Sugerencia: esboce primero la relación de inicio a final.)

ID	Duración	Predecesora de final a inicio	Retraso de final a inicio	Relaciones adicionales de retraso	Retraso
A	5	Ninguna	0	Ninguna	0
B	10	A	0	Ninguna	0
C	15	A	0	Inicio-final de C a D	20
D	5	B	5	Inicio-inicio de D a E	5
				Final-final de D a E	25
E	20	B	0	Final-final de E a F	0
F	15	D	0	Ninguna	0
G	10	C	10	Final-final de G a F	10
H	20	F	0	Ninguna	

18. Con base en la información que sigue, elabore la red del proyecto. Calcule los tiempos temprano, tardío y de holgura para la red. ¿Qué actividades de la ruta crítica sólo tienen el inicio o la terminación de la actividad en la ruta crítica?

ID	Duración	Predecesora de final a inicio	Retraso de final a inicio	Relaciones adicionales de retraso	Retraso
A	2	Ninguna	0	Ninguna	0
B	4	A	0	Ninguna	0
C	6	A	0	Final a final de C a F	7
D	8	A	0	Ninguna	0
E	18	B	0	Final a final de E a G	9
E		C	10		
F	2	D	0	Ninguna	
G	5	F	0	Inicio a inicio de G a H	10
H	5	Ninguna	0	Ninguna	0
I	14	E	0	Final a final de I a J	5
J	15	G, H	0	Ninguna	

19. Con los datos que se incluyen en los siguientes ejercicios de determinación de los retrasos calcule los tiempos tempranos, tardíos y las holguras en la red siguiente. ¿Qué actividades de la ruta crítica sólo tienen el inicio o la terminación de la actividad en la ruta crítica?

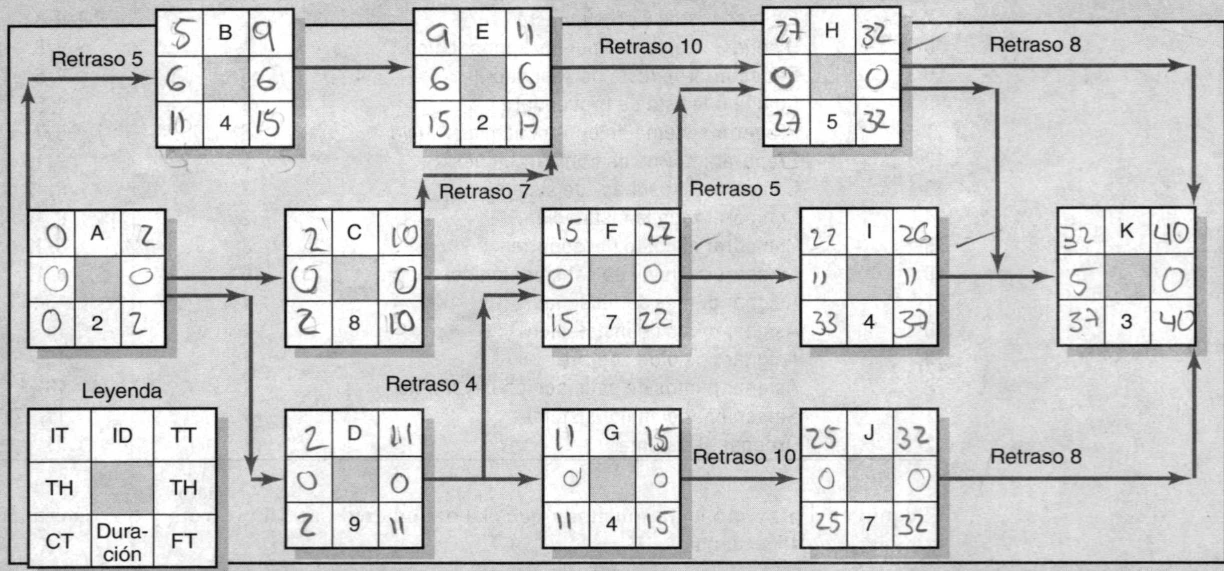

20. Dada la red que se incluye abajo, calcule el tiempo temprano, tardío y la holgura de cada actividad.

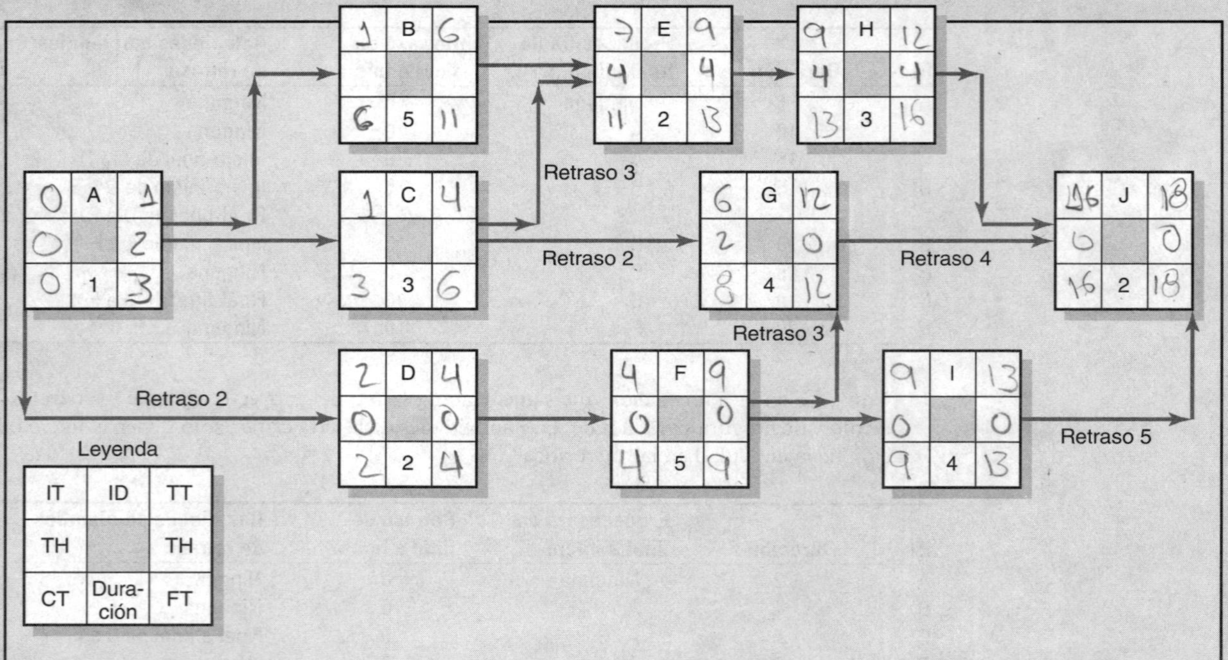

Retraso 3

Retraso 2

Retraso 4

Retraso 3

Retraso 2

Retraso 5

Leyenda

IT	ID	TT
TH		TH
CT	Duración	FT

El IT para la actividad C es de ______

La holgura para la actividad E es ______

El CT para la actividad G es ______

La holgura para el inicio de la actividad G es ______

La holgura para el inicio de la actividad B es ______

La holgura para el inicio de la actividad E es ______

La holgura para la terminación de la actividad H es ______

La holgura para la terminación de la actividad F es ______

La holgura para la terminación de la actividad G es ______

Proyecto CyClon

21. El equipo del proyecto CyClon ha comenzado a recopilar la información necesaria para desarrollar una red de proyecto, las actividades predecesoras y los tiempos de las actividades en días. Los resultados de su reunión se incluyen en la tabla siguiente:

Actividad	Descripción	Duración	Predecesora
1	***Proyecto CyClon***		
2	Diseño	10	
3	Procurar partes prototipo	10	2
4	Fabricar partes	8	2
5	Ensamblar prototipo	4	3, 4
6	Prueba de laboratorio	7	5
7	Prueba de campo	10	6
8	Ajustar diseño	6	7
9	Ordenar componentes para existencias	10	8
10	Ordenar componentes hechos a la medida	15	8
11	Ensamblar unidad de producción de prueba	10	9, 10
12	Comprobar unidad	5	11
13	Documentar resultados	3	12

Parte A. Elabore una red con base en la información anterior. ¿Cuánto tiempo se necesita para el proyecto? ¿Cuál es la ruta crítica?

Parte B. Después de revisiones posteriores, el equipo reconoce que no incluyó tres retrasos de final a inicio. Para la tarea "procurar partes prototipo" se necesitan sólo dos días de trabajo, pero ocho para que las partes se entreguen. Asimismo, para "solicitar componentes para existencias" se necesitarán dos días de trabajo y ocho para la entrega, y para "ordenar componentes hechos a la medida", dos días de trabajo y 13 para la entrega.

Reconfigure el programa CyClon e incorpore los tres retrasos de final a inicio. ¿Qué efecto tuvieron estos retrasos en el programa original? ¿Y en la cantidad de trabajo necesario para terminar el proyecto?

Parte C. La administración todavía no está contenta con el programa y desea que el proyecto se termine lo antes posible. Por desgracia, no están dispuestos a aprobar recursos adicionales. Un miembro del equipo señaló que la red contenía sólo relaciones de final a inicio y que sería posible reducir la duración del proyecto si se crearan retrasos de inicio a inicio. Después de mucho deliberar, el equipo concluyó que las siguientes relaciones podrían convertirse en retrasos de inicio a inicio:

- "Procurar partes prototipo" podría comenzar seis días después del inicio de "diseño".
- "Fabricar partes" podría comenzar nueve días después del inicio de "diseño".
- "Pruebas de laboratorio" podría comenzar un día después de "ensamblar prototipo".
- "Prueba de campo" podría comenzar cinco días después del comienzo de "prueba de laboratorio".
- "Ajustar el diseño" podría iniciar siete días después de "prueba de campo".
- "Ordenar existencias" y "ordenar componentes hechos a la medida" podrían comenzar cinco días después de "ajustar diseño".
- "Comprobar unidad" podría iniciar nueve días después de que lo hiciera "ensamblar unidad de producción de prueba".
- "Documentar resultados" podría iniciar tres días después de "probar unidad".

Reconfigure el programa CyClon incorporándole los nueve retrasos de inicio a inicio. ¿Qué efecto tuvieron estos retrasos en el programa original (parte A)? ¿Cuánto durará el proyecto? ¿Hay alguna modificación en la ruta crítica? ¿Hay algún cambio en la sensibilidad de la red? ¿Por qué a la administración le gustaría esta solución?

Caso

Migración del centro de datos del Advantage Energy Technology*

A Brian Smith, administrador de la red de Advanced Energy Technology (AET), se le ha dado la responsabilidad de poner en práctica la migración de un gran centro de datos a una nueva ubicación de las oficinas. Se necesita una planeación cuidadosa porque AET opera en la industria petrolera, la cual es muy competitiva. Ésta es una de las cinco empresas nacionales de software que proporciona un paquete de contabilidad y administración de negocios a quienes trabajan en la industria del petróleo y a los distribuidores de gasolina. Hace algunos años, AET incursionó en el mundo del "suministro de servicios de aplicación". Su gran centro de datos le suministra a los clientes acceso remoto a todo el conjunto (*suite*) de sistemas de software de aplicación. Una de las ventajas competitivas fundamentales de AET ha sido la confiabilidad característica en TI de la empresa. Debido a la complejidad de este proyecto, Brian tendrá que utilizar un método paralelo de implementación. Aunque esto aumentará los costos del proyecto, es esencial contar con un enfoque paralelo para no comprometer la confiabilidad.

Hoy día, el centro de datos de AET se localiza en el segundo piso de un edificio renovado, sede anterior de un banco, en el centro de la ciudad de Corvallis, Oregon. La empresa se mudará a un edificio nuevo, de un solo nivel, situado en el complejo industrial de reciente desarrollo en el Corvallis International Airport. El 1 de febrero, de manera formal Dan Whitmore, vicepresidente de operaciones, le asignó la tarea a Brian y le dio los siguientes lineamientos:

- De principio a fin, se espera que se requieran de tres a cuatro meses para terminar el proyecto.
- Es esencial que no haya caídas en el sistema para los 235 clientes de AET.

Whitmore le pide a Brian que asista al Comité Ejecutivo el 15 de febrero con una presentación del alcance del proyecto en la que incluya costos, tiempos aproximados iniciales e integrantes propuestos para el equipo del proyecto.

Brian tuvo varias pláticas preliminares con algunos de los gerentes y directores de AET procedentes de los departamentos funcionales y, luego, dispuso la celebración de una junta de todo un día para revisar el enfoque el 4 de febrero con algunos de los gerentes y representantes técnicos de los departamentos de operaciones, sistemas, instalaciones y aplicaciones. El equipo de enfoque determinó lo siguiente:

- Un tiempo de tres a cuatro meses para el proyecto es factible, lo mismo que un estimado inicial de costos de 80 000-90 000 dólares (esto incluye la actualización de la infraestructura en las nuevas instalaciones).
- La necesidad de apoyarse por completo en el sitio remoto para recuperación en desastres de AET es crucial para el requerimiento de "que no haya caídas en el sistema", lo cual dará funcionalidad total.
- Brian fungirá como administrador de proyecto para un equipo que consista en un miembro del equipo de cada uno de los departamentos de instalaciones, operaciones/sistemas, operaciones/telecomunicaciones, sistemas y aplicaciones, y servicio al cliente.

El Comité Ejecutivo recibió con beneplácito el reporte de Brian y, tras algunas modificaciones y recomendaciones, se le encargó la responsabilidad del proyecto. Brian reclutó a su equipo y luego programó la primera reunión (1 de marzo) como tarea inicial en su proceso de planeación del proyecto.

Una vez que se haya realizado la junta inicial, Brian podrá emplear a los contratistas para que renueven el nuevo centro de datos. Durante este tiempo, Brian dilucidará cómo diseñar la red. Asimismo, calcula que la revisión de posibilidades y recurrir a un contratista tardará alrededor de una semana y que el diseño de la red requerirá dos. El nuevo centro necesita un nuevo sistema de ventilación. Entre los requerimientos del fabricante está contar con una temperatura ambiente de seis grados para mantener todos los servidores de datos funcionando a velocidad óptima. El sistema de

* Preparado por James Moran, profesor de administración de proyectos en el College of Business de la Oregon State University.

ventilación tiene un tiempo inicial de tres semanas. Brian también necesitará ordenar nuevos estantes para sostener los servidores, interruptores y otros dispositivos de la red. Para la entrega de los estantes se necesitan dos semanas.

El supervisor del centro de datos pidió a Brian que sustituyera todos los generadores de energía y cables de datos. Brian también necesitará ordenarlos. Como Brian tiene una buena relación con el proveedor, éste le garantizó que se necesitará sólo una semana como tiempo inicial para los generadores de energía y los cables de datos. Una vez que lleguen el sistema de ventilación y los estantes, Brian puede comenzar a instalarlos. Se necesitará una semana para hacer esto con los primeros y tres para los segundos. La renovación del nuevo centro de datos puede iniciar en cuanto se contrate a los contratistas. Éstos le dicen a Brian que necesitarán 20 días para la construcción. Una vez que ésta inicia y antes de que Brian instale los sistemas de ventilación y los estantes, el inspector de la ciudad debe aprobar la construcción del piso elevado.

A éste le tomará dos días aprobar la infraestructura. Después de la inspección de la ciudad y de que se reciban los nuevos generadores de energía y los cables, Brian podrá instalar ambas cosas. Él calcula que requerirá cinco días para los primeros y una semana para tender los segundos. Antes de que pueda asignar una fecha a la desconexión de la red y la conexión del sitio remoto de apoyo, debe contar con la aprobación de cada una de las unidades funcionales ("aprobación de la transferencia"). Para las juntas con cada una de las unidades funcionales se requerirá una semana. Durante este tiempo, puede iniciar una verificación de la energía para asegurarse de que cada uno de los componentes cuente con voltaje suficiente. Para ello necesitará sólo un día.

Cuando termine la verificación de la energía podrá disponer de una semana para instalar sus servidores de prueba. Éstos comprobarán todas las funciones primarias de la red y actuarán como salvaguarda antes de que se desconecte la red. Es necesario cargar las baterías, instalar la ventilación y tener listos los servidores de prueba antes de que se le pueda garantizar a la administración que la nueva infraestructura es segura, para lo cual se necesitarán dos días. Luego firmarán la verificación de los sistemas primarios, con un día de juntas intensas. También fijarán una fecha oficial para el inicio del funcionamiento de la red.

Brian está contento porque todo ha funcionado bien hasta el momento y está convencido de que el movimiento se hará sin problemas. Ahora que se ha fijado una fecha oficial, se desconectará a la red por un día. Brian debe mover todos los componentes de ésta al nuevo centro de datos. Lo hará durante el fin de semana (dos días), cuando la actividad de los usuarios se encuentra en un punto bajo.

Tarea

1. Genere una matriz de prioridades para la mudanza del sistema de AET.
2. Desarrolle una EDT para el proyecto de Brian. Incluya duración (días) y predecesores.
3. Con una herramienta de planeación de proyectos genere un diagrama de red para este proyecto.

(**Nota**: Base su plan en los siguientes lineamientos: días de ocho horas, semanas de siete días, sin recesos por fiestas, la fecha de inicio del proyecto es el 1 de marzo de 2010.)

Caso

Greendale Stadium

La empresa G&E está preparando una licitación para construir el nuevo estadio Greendale de béisbol, con 47 000 asientos de capacidad. La construcción debe iniciarse el 1 de julio de 2006 y terminar a tiempo para el comienzo de la temporada 2009. Se ha incluido una cláusula de protección que señala una penalidad de 100 000 dólares por cada día de retraso posterior al 20 de mayo de 2009.

Ben Keith, presidente de la empresa, expresó su optimismo cuando obtuvo el contrato y reveló que la empresa se embolsaría hasta dos millones de dólares con este proyecto. También afirmó que, de tener éxito, habría excelentes prospectos para proyectos futuros, puesto que había un renacimiento en la construcción de estadios para juegos clásicos de pelota con palcos de lujo modernos.

…dale

ID	Actividad	Duración	Predecesora(s)
1	***Estadio de béisbol***		
2	Limpiar sitio del estadio	70 días	—
3	Demoler edificio	30 días	2
4	Preparar el sitio de construcción	70 días	3
5	Colocar los pilotes de soporte	120 días	2
6	Vaciar el concreto para la estructura inferior	120 días	5
7	Vaciar el edificio principal	120 días	3,6
8	Instalar el campo de juego	90 días	3,6
9	Construir la cúpula superior de acero	120 días	3,6
10	Instalar los asientos	140 días	7,9
11	Construir palcos de lujo	90 días	7,9
12	Instalar el Jumbotron	30 días	7,9
13	Infraestructura del estadio	120 días	7,9
14	Construir la estructura de acero	75 días	10
15	Instalar luces	30 días	14
16	Construir apoyos para el techo	90 días	6
17	Construir el techo	180 días	16
18	Instalar los carriles para el techo	90 días	16
19	Instalar el techo	90 días	17,18
20	Inspección	20 días	8,11,13,15,19

Tarea

Con la información de la tabla 6.3 elabore un programa de red para el proyecto del estadio y responda las preguntas siguientes:

1. ¿Será posible terminar el proyecto para la fecha límite del 20 de mayo? ¿Cuánto se requerirá?
2. ¿Cuál es la ruta crítica para el proyecto?
3. Con base en el programa, ¿recomendaría usted que G&E aceptara este contrato? Explique su respuesta. Incluya una gráfica de Gantt de una página para el programa de construcción del estadio.

APÉNDICE DEL CASO: DETALLES TÉCNICOS DEL ESTADIO DE BÉISBOL

El estadio de béisbol es una estructura externa con techo deslizable. El proyecto se inicia con la limpieza del sitio, actividad que toma 70 días. Una vez que concluye es posible comenzar a trabajar en forma simultánea en la estructura misma y en la demolición de un sitio de construcción adyacente. El derribamiento es necesario para crear una instalación donde almacenar materiales y equipo. Se necesitan 30 días para derribar los edificios y otros 70 para preparar la instalación de almacenamiento.

El trabajo en el estadio se inicia con la colocación de 160 pilotes de apoyo, lo cual requerirá 120 días. Luego viene el vaciado del recipiente inferior de concreto (120 días). Al terminar esto, cuando la preparación del sitio de construcción ha terminado sigue el vaciado del edificio principal (120 días), la instalación del campo de juego (90 días) y la construcción de la estructura superior de acero (120).

Cuando se han completado estas dos últimas tareas podrá comenzarse a trabajar en forma simultánea en la construcción de los palcos de lujo (90 días), en la instalación de los asientos (140 días), del Jumbotron (30 días) y de la infraestructura del estadio (120 días), lo cual comprende:

baños, vestidores, restaurantes, etc. Una vez que se instalen los asientos podrá edificarse la estructura de acero (75 días), a lo que seguirá la instalación de las luces (30 días).

El techo deslizable constituye el reto técnico más importante del proyecto. La construcción de los soportes (90 días) puede comenzar cuando se haya construido el recipiente inferior de concreto. En este momento podrán terminarse las dimensiones del techo e iniciarse la construcción del techo en un lugar distinto (180 días). Cuando acabe la colocación de los soportes del techo se instalará la estructura correspondiente (90 días). Y al concluir ambas cosas puede instalarse el techo y hacérsele operacional (90 días). Cuando se terminen todas las actividades se necesitarán 20 días para inspeccionar el estadio.

Para los objetivos de este caso asuma lo siguiente:

1. Se observarán los siguientes días de fiesta: 1 de enero, Día memorable (Memorial Day por su significado en inglés) (último día de mayo), 4 de julio, Día del Trabajo (primer domingo de septiembre), Día de Acción de Gracias (cuarto jueves de noviembre), diciembre 25 y 26.
2. Si una fiesta cae en sábado se dará el viernes como día libre adicional, y si cae en domingo entonces se dará el lunes.
3. El personal encargado de la construcción trabaja de lunes a viernes.

Apéndice 6.1

Método de la actividad en la flecha

DESCRIPCIÓN

En el enfoque de actividad en la flecha (AEF) también se utilizan flecha y nodo como bloques de construcción de la red. Sin embargo, en este enfoque *la flecha representa una actividad individual del proyecto que requiere tiempo.* La longitud y pendiente de la flecha no tienen importancia. *El nodo representa un evento; por lo general se le presenta como un círculo pequeño.* Los eventos representan momentos en el tiempo, pero no consumen tiempo. Cada actividad en la red tiene un nodo para el inicio y para el evento. Por ejemplo, si la actividad fuera "instalar software", el evento de inicio podría ser "comenzar la instalación del software" y su final "terminar la instalación de software". Los nodos del evento se numeran y el nodo de inicio tiene un número más pequeño que el nodo del evento final (véase la figura A6.1). Estos dos números se utilizan para identificar los nodos, desde el de inicio de actividad hasta el de un evento (79-80). Como se verá en breve, un nodo de evento puede funcionar como un nodo de inicio o de final para una o más actividades y un nodo final de evento puede servir como un nodo de inicio para una o más actividades que siguen de inmediato.

En la figura A6.2 se incluyen varios métodos para mostrar las relaciones de actividad AEF en una red de proyecto. En la figura A6.2*a* se le informa al administrador de proyecto que la actividad X debe terminar antes de que la actividad Y pueda comenzar. La actividad X también puede identificarse como una actividad 10-11. Advierta que el evento 11 es el suceso final para la actividad X y acontecimiento de inicio para la actividad Y. En todas las redes AEF se utiliza este método para relacionar actividades y establecer dependencias entre ellas.

En la figura A6.2*b* se nos dice que las actividades R, S y T son paralelas, esto es, independientes, y que pueden presentarse al mismo tiempo si el administrador de proyecto así lo desea; no obstante, las actividades R, S y T deben completarse antes de que la actividad U pueda comenzar. Observe cómo el evento 20 es un suceso común de terminación de las actividades R, S y T y acontecimiento

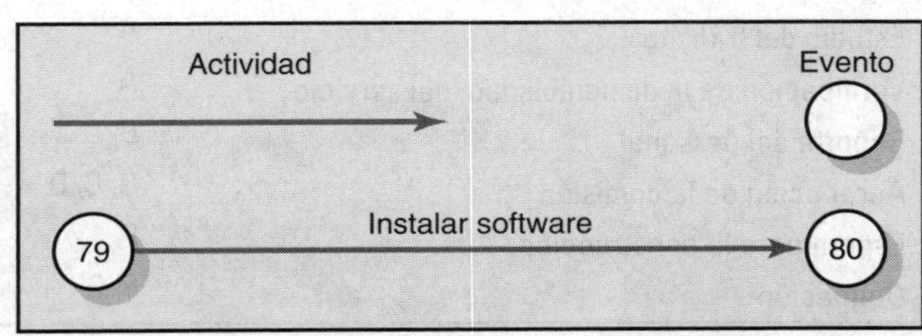

FIGURA A6.1
Bloques constructivos para la red AEF

FIGURA A6.2
Fundamentos de la red de actividad en la flecha

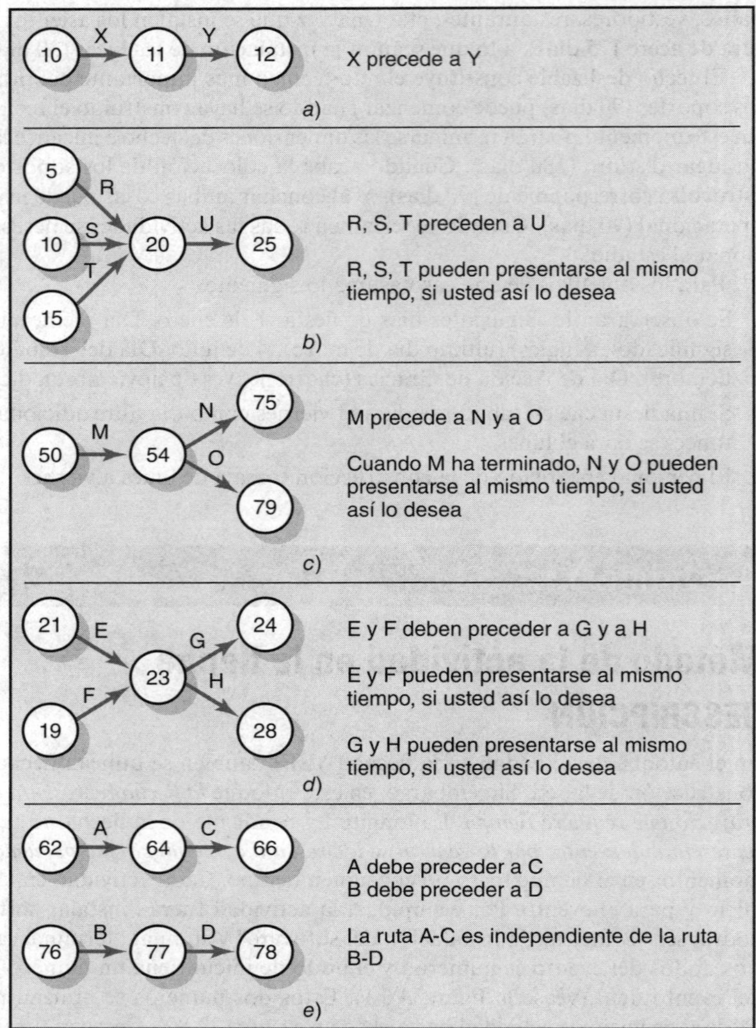

de inicio para la actividad Y. En la figura 6.2*c* se muestra que la actividad M debe terminar antes de que las actividades N y O puedan comenzar. Cuando la actividad M ha terminado, se considera que las actividades N y O son independientes y pueden presentarse en forma simultánea si así se desea. Al evento 54 se le llama explosivo porque más de una flecha de actividad sale (explota) de él. En la

TABLA A6.1
Información de la red

KOLL BUSINESS CENTER
Departamento de diseño de los ingenieros del condado

Actividad	Descripción	Actividad predecesora	Tiempo de actividad
A	Aprobación de la solicitud	Ninguna	5
B	Planes de construcción	A	15
C	Estudio del tránsito	A	10
D	Verificación de la disponibilidad del servicio	A	5
E	Reporte del personal	B, C	15
F	Aprobación de la comisión	B, C, D	10
G	Espera para la construcción	F	170
H	Ocupación	E, G	35

FIGURA A6.3
Red AEF parcial del Koll Business Center

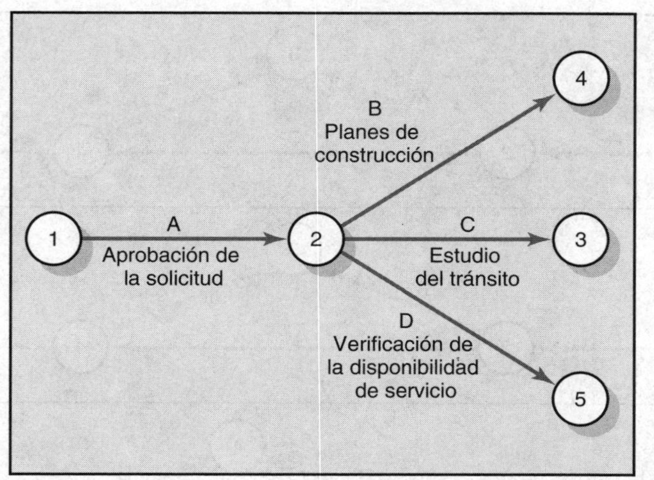

figura A6.2*d* se nos indica que las actividades E y F pueden ir juntas, pero que ambas deben terminar antes de que G y H puedan comenzar. El evento 23 es tanto de fusión como explosivo. En teoría, un evento está limitado por el número de actividades (flechas) que pueden conducir hacia (fusionarse) o salir de (explotar de) él. En la figura A6.2*e* se ilustran las rutas paralelas A-C y B-D. La actividad A debe preceder a la actividad C y B a la D. las rutas A-C y B-D son independientes una de la otra. Apliquemos estos fundamentos al proyecto sencillo del Koll Business Center.

DISEÑO DE UNA RED DE PROYECTO AEF

Ahora usted está listo para utilizar la información en la tabla A6.1 para dibujar una red AEF del Koll Business Center. A partir de la información que se da es posible dibujar las primeras cuatro actividades, como se muestra en la figura A6.3. La actividad A (1-2) (aprobación de la solicitud) debe terminarse antes de que comiencen las actividades B (2-4), C (2-3) y D (2-5).

En este momento nos encontramos con un problema común a las redes AEF. A la actividad E le preceden las actividades B y C. La inclinación natural es dibujar sus flechas de actividad para B y C a partir del evento 2 y directamente al 4, que es el evento de inicio de la actividad E. Sin embargo, el resultado sería que las actividades B y C tendrían los mismos números de identificación (2-4). En casos como éste, donde dos o más actividades son paralelas y tienen los mismos nodos de inicio y terminación, se inserta una actividad "de prueba" (*dummy*) para garantizar que cada actividad tenga su número único de identificación. Una actividad de prueba se representa con una flecha punteada y su duración es igual a cero. La actividad de prueba puede insertarse antes o después de B o C, como se indica en la figura A6.4 (véanse las partes desde A hasta D). En la figura A6.4*e*, la colocamos después de la actividad C con su propia identificación de X o 3-4.

La actividad F de la figura A6.4*e* denota otro problema de la red donde hay dependencias de actividades, pero donde no es conveniente conectar las actividades. En este caso, la actividad de prueba puede utilizarse para mantener la lógica de las dependencias de la red. A la actividad F preceden las actividades B, C y D. La actividad de prueba Y (4-5) es necesaria porque la actividad B precede tanto a E como a F. La actividad de prueba mantiene la lógica y la secuencia pretendidas. La actividad de prueba 3-5 puede eliminarse porque es redundante, es decir, su exclusión no cambia las relaciones pretendidas: el evento final 4 precede a la actividad F. Lo común es que en la primera aproximación esbozada en su red se incluyan muchas actividades de prueba. Después de varios pases hacia adelante y hacia atrás en la red, usted encontrará formas de eliminar algunas de las actividades de prueba que están ahí sólo para conservar la lógica. Sin embargo, cuando dos o más actividades paralelas tienen los mismos nodos de inicio y final, no es posible evitar la inclusión de actividades de prueba. En la figura A6.5 se presenta la red terminada del proyecto de diseño Koll.

En este sencillo proyecto de red no es posible que las redes de actividad se crucen una sobre otra, situación que es muy rara. Recuerde que la longitud y la pendiente de las flechas son arbitrarias. Las duraciones de las actividades se incluyen y se indican debajo de las flechas, cerca de su parte media.

FIGURA A6.4
Red AEF parcial del Koll Business Center

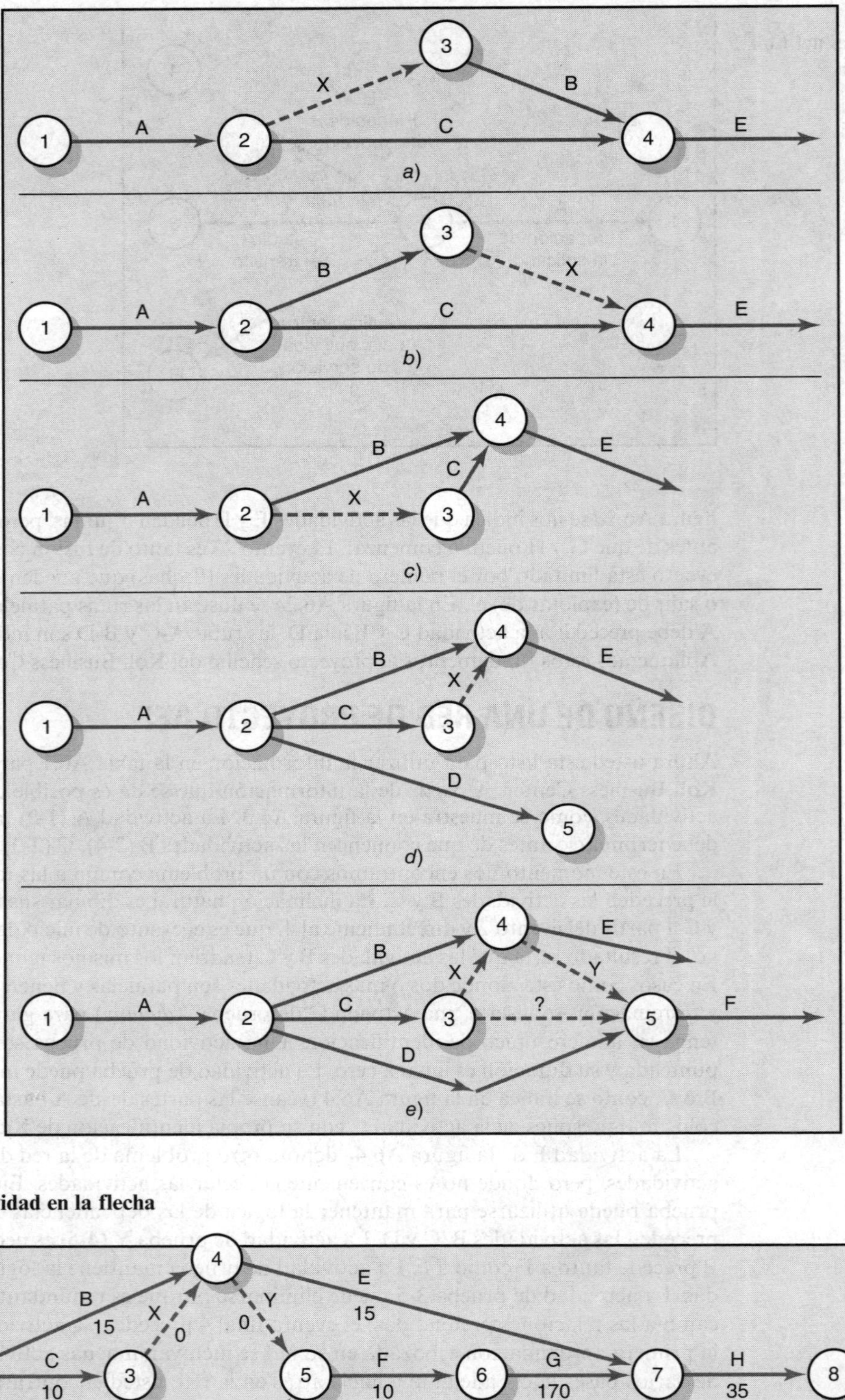

FIGURA A6.5 **Red de actividad en la flecha**

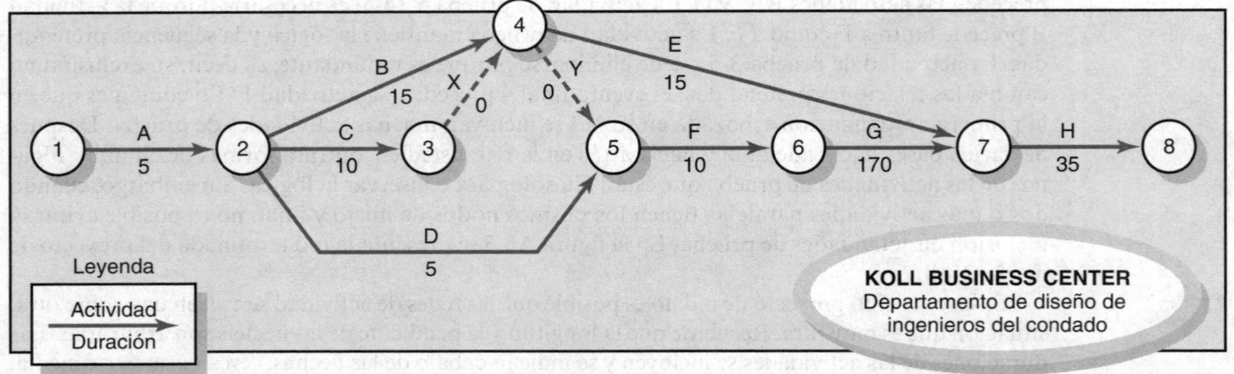

Usted debe trabajar los ejercicios de la red AEF antes de moverse a la sección siguiente. Su familiaridad con el enfoque de actividad/evento le ayudará a comprender los pases hacia adelante y hacia atrás en la red AEF.

Pase hacia delante: primeros tiempos

El pase hacia delante en la AEF utiliza los mismos conceptos del procedimiento AEN. La principal diferencia reside en el reconocimiento y el uso de los eventos para fijar los tiempos de inicio y terminación tempranos y tardíos de las actividades. En la figura A6.6 se muestra el proyecto de diseño de Knoll con todas las duraciones de las actividades y los tiempos de inicio y terminación tempranos. También, cerca de cada evento está una caja que nos permitirá recordar los tiempos de duración y de holgura de cada evento. En el campo a esta caja a veces se les llama "caja-T" porque dentro de ella se forma la letra "T". Existen muchas variantes de la caja T en el campo, pero todas utilizan el mismo formato T básico.

El pase hacia delante se inicia con la(s) primera(s) actividad(es) y sigue a cada ruta a través de la red. Como en la AEN, usted *añade* (acumula) los tiempos de actividad a lo largo de la ruta. Cuando usted llega a un evento fusión, selecciona la terminación temprana más larga (TT) de todas las actividades que se fusionan con ese evento. Trabajemos con la figura A6.6. El evento 1 es el evento de inicio del proyecto; por lo tanto, lo antes que puede presentarse es en un tiempo cero. Este tiempo temprano del evento 1 se coloca en el lado izquierdo inferior de la caja de evento. El tiempo temprano del evento también es el IT de cualquier actividad que explote de un evento. Por lo tanto, el cero en la caja para el evento 1 también es el inicio temprano de la actividad A. La terminación temprana de la actividad A es de cinco días hábiles (IT + Dur = TT o 0 + 5 = 5). La TT para la actividad se coloca en la cabeza de la flecha. Lo más pronto que puede darse el evento 2 es el instante en que se termina la actividad A, esto es, 5 días; por lo tanto, este tiempo se coloca en la caja T izquierda inferior del evento 2. De nuevo, advierta que el tiempo temprano del evento también es el IT de cualquier actividad que utilice el evento como un evento de inicio. De ahí que el IT de las actividades B, C y D sea de cinco días hábiles. La TT de la actividad B es 20 (IT + Dur = TT), para la actividad C es de 15 y para la actividad D de 10. (Véase la cabeza de la flecha para cada actividad.) El IT para la actividad de prueba (3-4) es 15 y su TT es 15 (15 + 0 = 15). Aunque la actividad de prueba tiene una duración de cero, debe incluírsele en los cálculos de pases hacia adelante y hacia atrás.

FIGURA A6.6 **Pase hacia adelante de la red de actividad en la flecha**

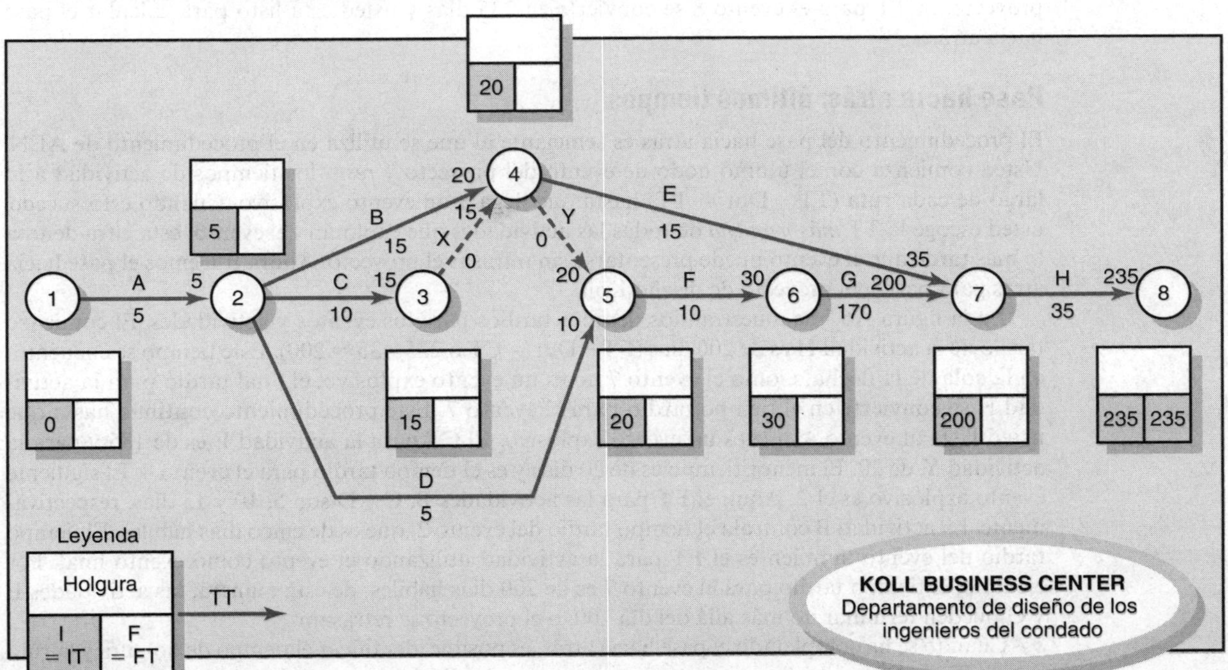

FIGURA A6.7 Pase hacia atrás de la red de actividad en la flecha

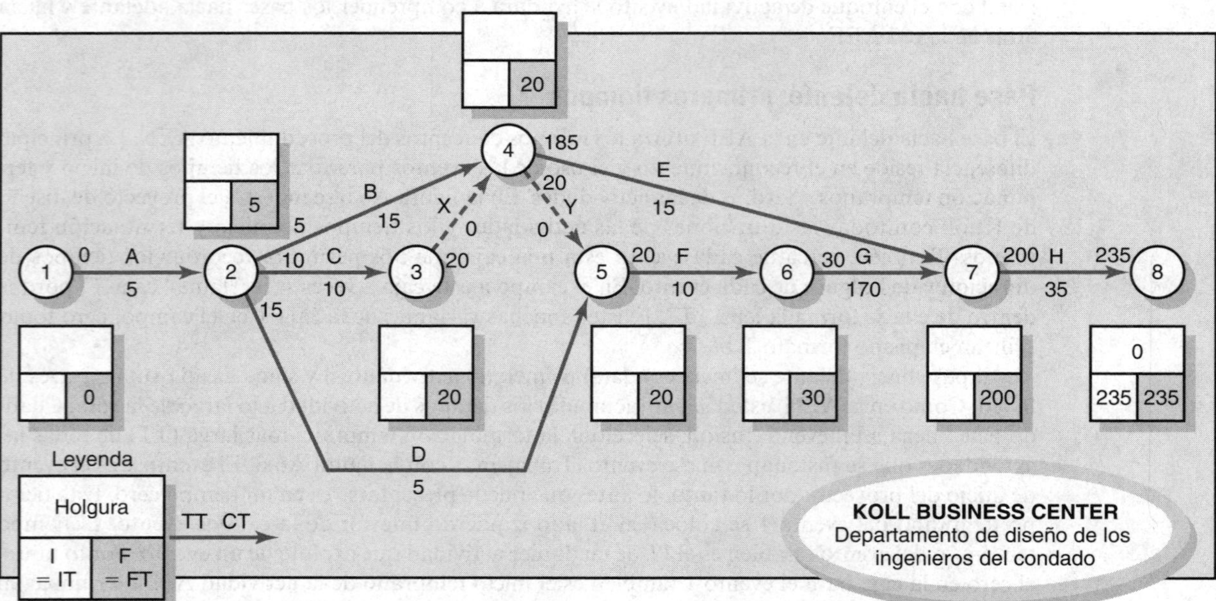

En este momento usted debe determinar los tiempos tempranos de los eventos 4 y 5. Ambos son de fusión para los cuales hay que seleccionar entre las actividades que se les incorporan. El evento 4 tiene B y X, la actividad de prueba (3-4). El IT más largo para estas dos actividades (10 y 15) es 20, el cual controla el tiempo temprano del evento para el evento 4. De manera semejante, al evento 5 lo controlan las actividades D y Y. Como la actividad Y tiene la terminación temprana más larga (20 días hábiles, contra 10 para la actividad D), establece el tiempo temprano para el evento 5 y la actividad F. Los tiempos se acumulan hasta el evento de fusión 7. Las TT para las actividades E y G son de 35 y 200 días hábiles, respectivamente. Por lo tanto, el evento 7 y la actividad H tienen tiempos tempranos de 200 días hábiles. La terminación temprana para el proyecto es de 235 días hábiles. Si se supone que aceptamos esta duración planeada de 235 días para el proyecto, la TT para el evento 8 se convierte en 235 días y usted está listo para calcular el pase hacia atrás.

Pase hacia atrás: últimos tiempos

El procedimiento del pase hacia atrás es semejante al que se utiliza en el procedimiento de AEN. Usted comienza con el último nodo de evento del proyecto y *resta* los tiempos de actividad a lo largo de cada ruta (TT − Dur = TT) hasta que llega a un evento explosivo. Cuando esto sucede, usted escoge la TT *más pequeña* de todas las actividades que explotan del evento; esta cifra denota lo más tarde que el evento puede presentarse sin retrasar el proyecto. Ahora tracemos el pase hacia atrás para parte del proyecto de diseño Koll.

En la figura A6.7 se muestran los tiempos tardíos para los eventos y actividades. El comienzo tardío de la actividad H es de 200 días (FT − Dur = CT o 235 − 35 = 200). Este tiempo se encuentra en la cola de la flecha. Como el evento 7 no es un evento explosivo, el final tardío para la actividad H se convierte en el tiempo tardío para el evento 7. Este procedimiento continúa hasta que usted llega al evento 4, que es un evento explosivo. El CT para la actividad E es de 185 y para la actividad Y, de 20. El menor tiempo es de 20 días y es el tiempo tardío para el evento 4. El siguiente evento explosivo es el 2. Aquí, el FT para las actividades B, C y D son 5, 10 y 15 días, respectivamente. La actividad B controla el tiempo tardío del evento 2, que es de cinco días hábiles. El tiempo tardío del evento también es el FT para la actividad utilizando el evento como evento final. Por ejemplo, el tiempo tardío para el evento 7 es de 200 días hábiles; de esta manera, las actividades E y G pueden terminar no más allá del día 200, o el proyecto se retrasará.

Cuando se ha completado el pase hacia atrás, es posible identificar el tiempo de holgura y la ruta crítica. En la figura A6.8 se presenta la red terminada. El tiempo de holgura se ingresa sobre la T

FIGURA A6.8 **Pase hacia atrás, pase hacia adelante y holgura de la red de actividad en la flecha**

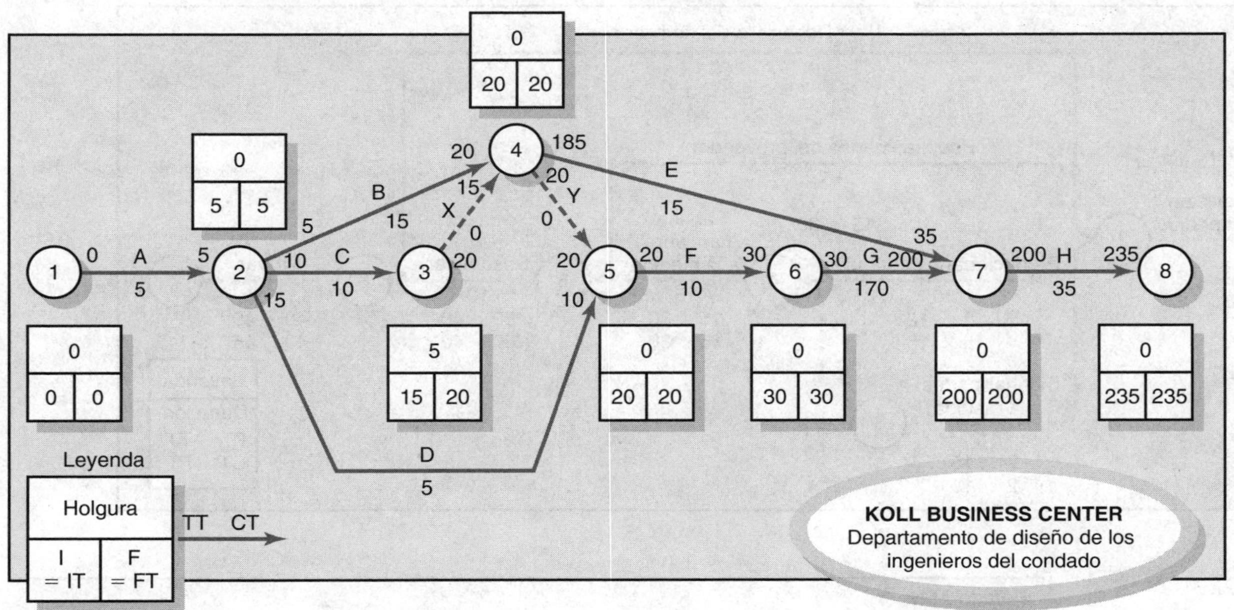

en la caja del evento. Es la diferencia entre el CT y el IT o entre la TT y el FT. Por ejemplo, el tiempo de holgura en la actividad E es de 165 días: CT – IT (185 – 20 = 165) o TT – FT (200 – 35 = 165). ¿Cuál es el tiempo de holgura para las actividades B, C y D? Las respuestas son cero días hábiles (5 – 5 = 0 o 20 – 20 = 0), 5 días hábiles (10 –5 =5 o 20 – 15 = 5) y 10 días hábiles (15 – 5 = 10 o 20 – 10 = 10), respectivamente. La ruta crítica es A, B, Y, F, G, H.

Compare las redes que se encuentran en las figuras A6.8 y 6.8 del capítulo para advertir las diferencias entre los métodos AEN y AEF. Como en el procedimiento AEN, si el tiempo temprano y tardío para el proyecto final es el mismo (FT = TT), el tiempo de holgura en la ruta crítica será igual a cero. Si los tiempos no son iguales, el tiempo de holgura en la ruta crítica será igual a la diferencia (FT – TT).

Redes generadas por computadora

En la figura A6.9 se presenta una salida genérica de computadora AEF para el proyecto del pedido a la medida. La red AEF identifica las actividades con los nodos de inicio y terminación; por ejemplo, la actividad de desarrollo de software se identifica como actividad 2-6. Su duración es de 18 unidades de tiempo; IT = 2; TT = 20; TT = 22; y FT = 40 unidades de tiempo. La ruta crítica es 1-2-3-4-5-6-7. Compare la salida de computadora AOF de la figura A6.9 con la que se incluye en la figura 6.10 del capítulo. Las gráficas de barras son idénticas a las desarrolladas para las redes AEF; véase la figura 6.11 del capítulo.

METODO DE ELECCION: AEN O AEF

Su método de elección depende de la importancia de las diversas ventajas y desventajas de cada método. La tabla A6.2 le ayudará a elegir.

RESUMEN

En las redes AEF, las actividades de prueba cumplen con dos necesidades. Primero, cuando dos actividades paralelas tienen los mismos nodos de inicio y terminación, debe insertarse una actividad de prueba para darle a cada actividad un número único de identificación (véase la actividad X de la figura A6.8). Luego, las actividades de prueba pueden utilizarse para aclarar las relaciones de dependencia (véase la actividad Y de la figura A6.8). Las actividades de prueba son muy útiles

FIGURA A6.9 Diagrama de la red AEF = Proyecto de pedido a la medida de Air Control, Inc.

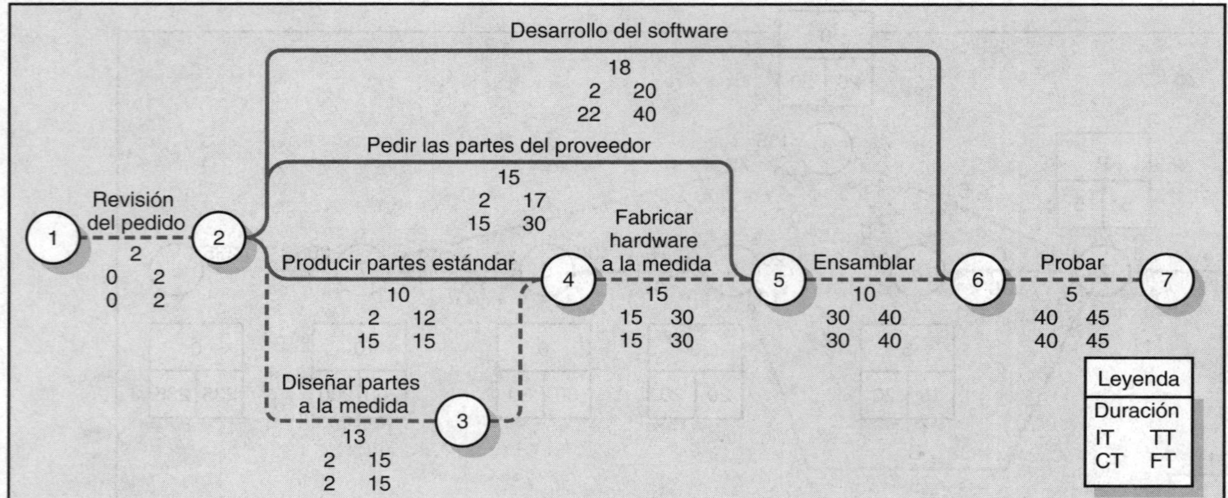

TABLA A6.2 Comparación de los métodos AEN y AEF

Método AEN
Ventajas
1. No se utilizan actividades de prueba.
2. No se utilizan eventos.
3. La AEN es fácil de dibujar si las dependencias no son intensas.
4 Los gerentes de primer nivel entienden con claridad el énfasis en las actividades
5. El enfoque COM utiliza tiempos deterministas para construir redes.
Desventajas
1. Es difícil rastrear la ruta por número de actividad. Si no se cuenta con una red, las salidas de computadora deben enumerar las actividades predecesora y sucesora de cada actividad.
2. Es más difícil dibujar y comprender la red cuando las dependencias son numerosas.
Método AEF
Ventajas
1. Se simplifica el rastreo de la ruta por esquema de numeración de actividad/evento.
2. Es más sencillo dibujar la AEF si las dependencias son intensas.
3. Los eventos clave o importantes son fáciles de identificar.
Desventajas
1. El uso de actividades de prueba aumenta los requerimientos de datos.
2. El énfasis en los eventos puede afectar en forma negativa a las actividades. Los retrasos en éstas causan que los eventos y los proyectos se retrasen.

cuando las dependencias de las actividades están muy alejadas en la red. En las redes AEF, el tiempo temprano del evento es el IT de cualquier actividad que emane del suceso. A la inversa, el tiempo tardío del evento es la TT de cualquier actividad que se incorpore a éste. La principal ventaja del método AEF es evitar tener que enumerar todas las actividades predecesoras y sucesoras de cada una de las actividades de la red de tal manera que la secuencia y la dependencia de la actividad pueda rastrearse cuando la red no está disponible o cuando comprende información incompleta. La salida de computadora se reduce muchas veces.

PREGUNTAS DE REPASO

1. ¿De qué manera se distinguen los bloques constructivos de la AEN y la AEF?
2. ¿Cuáles son los objetivos de las actividades de prueba o de las seudoactividades?
3. ¿Cómo difieren las actividades de los eventos?

EJERCICIOS DE LOS APÉNDICES

1. Utilice la información que se encuentra en los ejercicios 3 y 4 (página 173) para dibujar redes AEF.
2. Utilice la información que se encuentra en el ejercicio del texto 11 para dibujar una red AEF. Incluya los tiempos de las actividades y los nodos de los eventos en la red tal como aparecen en la figura A6.5.
3. Dada la red de proyecto que sigue, calcule los tiempos temprano, tardío y de holgura del proyecto. Asegúrese de mostrar los tiempos de terminación temprana y tardía.

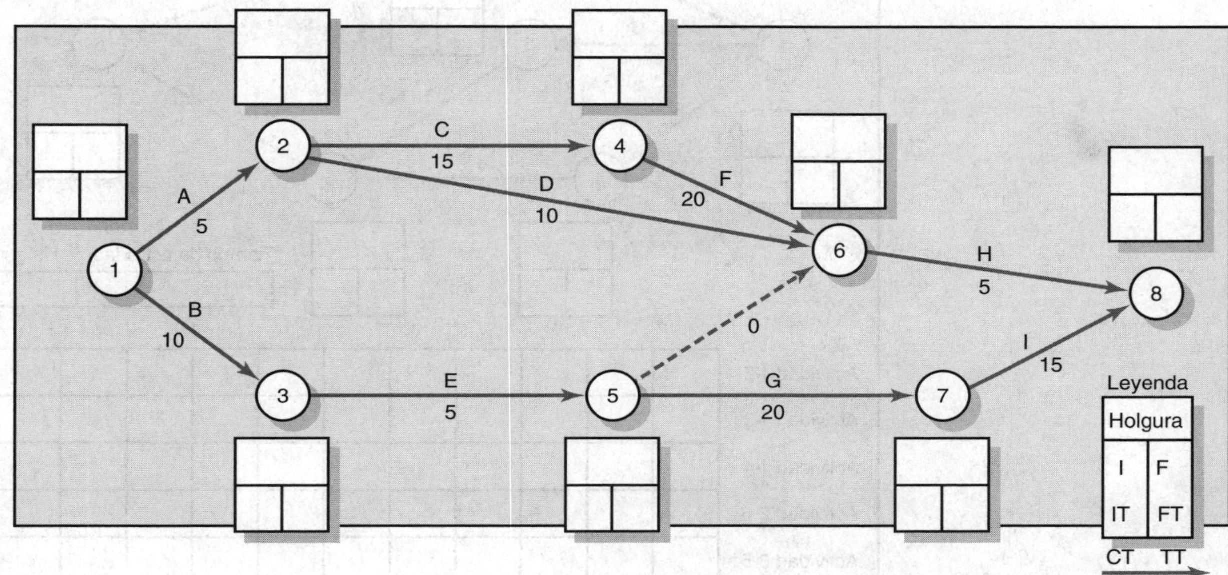

4. Dada la red de proyecto que sigue, calcule los tiempos temprano, tardío y de holgura para el proyecto. Asegúrese de mostrar los tiempos de terminación tardía y temprana.

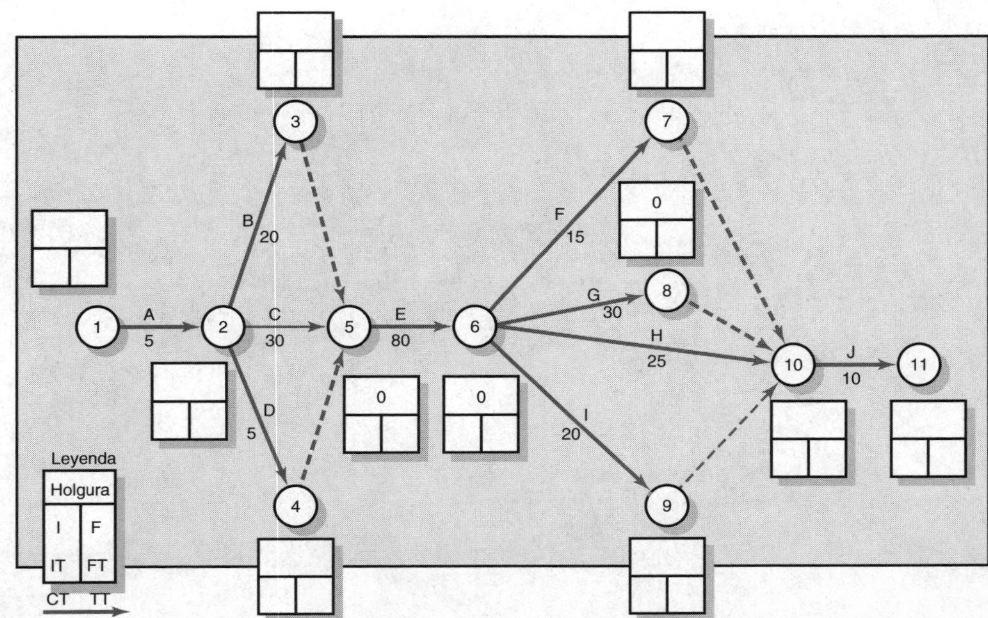

5. En la red de proyecto que sigue, complete la gráfica de barras. Use la línea de tiempo para alinear las barras. Asegúrese de utilizar la leyenda para mostrar los tiempos de holgura en las actividades no críticas.

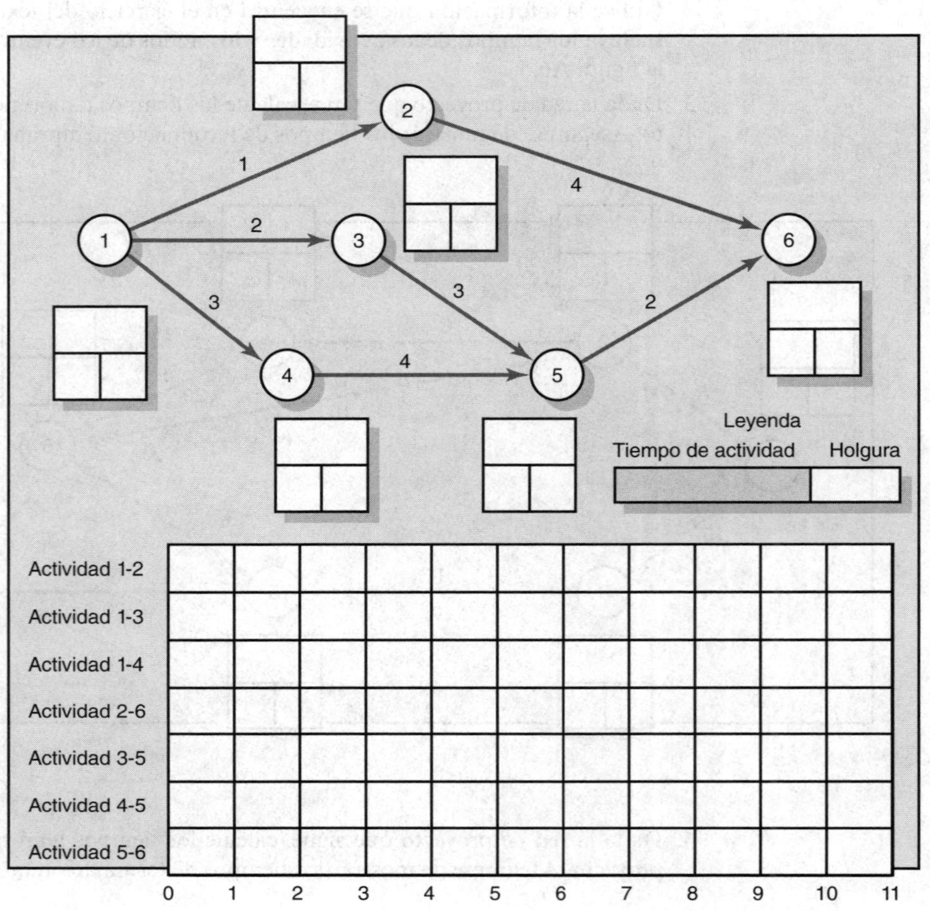

6. Dada la red de proyecto que sigue, dibuje una gráfica de barras. Utilice la línea de tiempo para alinear sus barras. Asegúrese de mostrar los tiempos de holgura para las actividades no críticas.

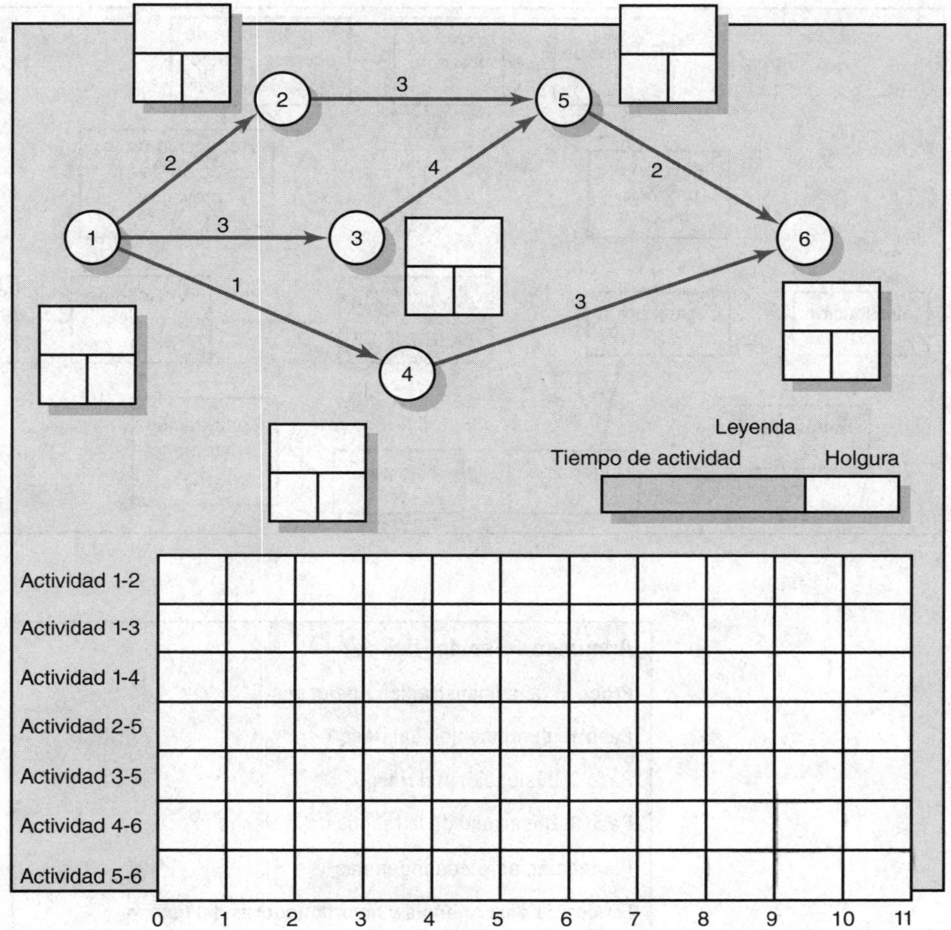

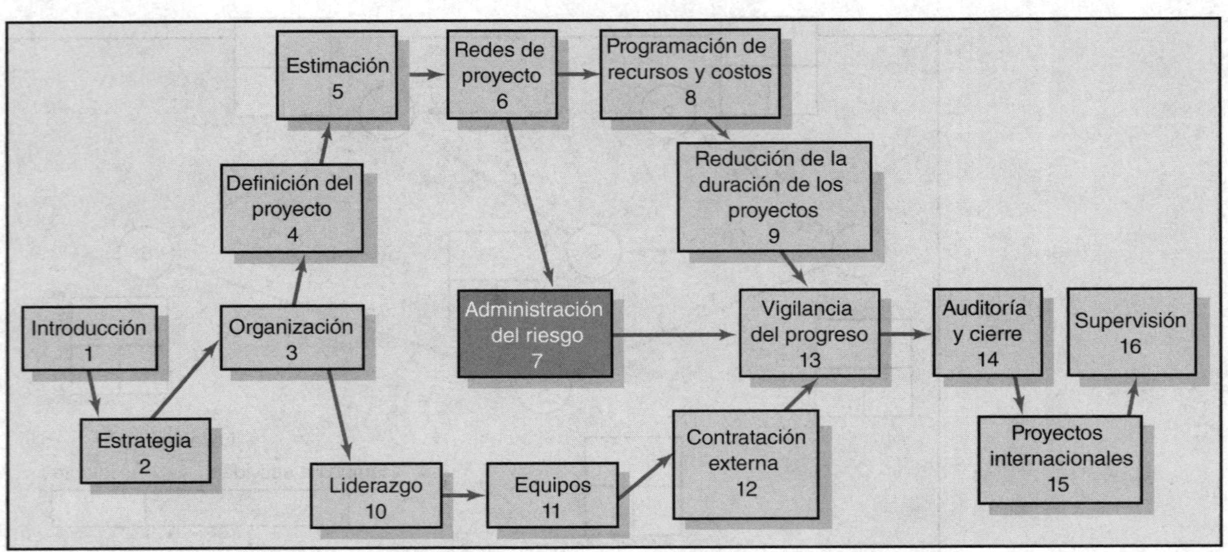

Administración del riesgo

Proceso de administración de riesgos

Paso 1: Identificación del riesgo

Paso 2: Evaluación del riesgo

Paso 3: Desarrollo de la respuesta al riesgo

Planeación para contingencias

Fondos de contingencia y amortiguadores del tiempo

Paso 4: Control de respuesta al riesgo

Administración del control de cambios

Resumen

Apéndice 7.1: PERT y simulación PERT

CAPÍTULO SIETE

Administración del riesgo

No habrá acción valiosa que se deba a hombres que fallan y que piden certidumbre.

—*George Eliot*

Todo administrador del proyecto entiende que hay riesgos inherentes a un proyecto. Ninguna cantidad de planeación puede superar un *riesgo* o a la incapacidad de controlar sucesos fortuitos. En el contexto de los proyectos, el riesgo es un acontecimiento o condición incierta que, de presentarse, tiene un efecto positivo o negativo en los objetivos del proyecto. El riesgo tiene una causa y, si ocurre, una consecuencia. Por ejemplo, una causa puede ser un virus de influenza o un cambio en los requerimientos del enfoque. El evento es que los miembros del equipo se enferman, o bien, hay que rediseñar el producto. Si cualquiera de estos hechos inciertos se presenta, repercutirá en el costo, el programa y la calidad del proyecto.

Es posible identificar algunos eventos que en potencia implican un riesgo antes de que se inicie el proyecto, como un mal funcionamiento del equipo o una modificación en los requerimientos técnicos. Los riesgos pueden ser consecuencias anticipadas, como faltas de cumplimiento del programa o costos excesivos. Los riesgos pueden ir más allá de lo imaginable, como el ataque a las Torres Gemelas de Nueva York el 11 de septiembre del 2001.

Si bien los riesgos pueden tener consecuencias positivas, como una reducción inesperada en los precios de los materiales, este capítulo pone de relieve lo que puede ir mal y enfatiza el proceso de administración del riesgo.

La administración de riesgos pretende reconocer y manejar aspectos problemáticos potenciales e imprevistos que pueden darse cuando el proyecto se lleva a la práctica. La administración de riesgos identifica tantos eventos de riesgo como es posible (lo que puede ir mal), minimiza su efecto (lo que se puede hacer con respecto al evento antes de que el proyecto se inicie), maneja las respuestas a los eventos que sí se materializan (planes de contingencia) y suministra fondos de contingencia para cubrir eventos de riesgo que se materializan.

Para un ejemplo humorístico, aunque embarazoso, de una mala administración del riesgo véase el recuadro Caso de práctica: Un gran mantecado echado a perder.

Proceso de administración de riesgos

En la figura 7.1 se presenta un modelo gráfico del reto que implica la administración de riesgos. Las probabilidades de que se dé un evento de riesgo (por ejemplo, un error en los cálculos de tiempo, en los estimados de costo o en la tecnología de diseño) son mayores en las etapas de conceptuación, planeación y comienzo del proyecto. El resultado de los costos sobre un evento de riesgo en el proyecto es menor si el suceso se presenta antes y no después de lo esperado. Las primeras etapas del proyecto representan el periodo en que existe una oportunidad para minimizar el impacto o para trabajar en torno a un riesgo potencial. A la inversa, a medida que el proyecto sobrepasa la marca de realización de avance medio, el costo de que suceda un evento de riesgo aumenta muchísimo. Por ejemplo, el evento de riesgo de que se dé un defecto de diseño antes de la elaboración de un prototipo tiene un costo —o un efecto— mayor en el tiempo que si el evento se hubiera presentado en la etapa inicial del proyecto. Por supuesto, es más prudente identificar los eventos de riesgo en un proyecto y darles una respuesta antes de que el proyecto se inicie que ni siquiera administrarlos.

El costo de un control de riesgos mal administrado desde el inicio del proyecto se magnifica en el caso del Mars Climate Orbiter (Orbitador del Clima en Marte) de la NASA, proyecto que se

Caso de práctica

Un gran mantecado echado a perder

El intento por erigir el mantecado más grande del mundo en la ciudad de Nueva York terminó con una escena sacada de una película de desastres, pero muy pegajosa.

El dulce de 7.62 metros de altura y 17 toneladas y media de jugo congelado se derritió más rápido de lo esperado e inundó Union Square, en el centro de Manhattan, con un fluido sabor kiwi-fresa.

La Snapple Company, fabricante líder de refrescos, había intentado promover una nueva línea de dulces congelados a fin de implantar un récord con el mantecado más grande del mundo, pero canceló el acto justo antes de que la golosina gigante fuera levantada por una grúa de construcción.

Las autoridades afirmaron que les preocupaba que el mantecado de dos pisos y medio de altura se colapsara.

Los organizadores no estaban seguros de por qué se derritió con tanta rapidez: "Lo planeamos todo. No esperábamos que sucediera tan pronto", dijo Lauren Radcliffe, portavoz de la empresa. Además, aseguró que la empresa cubriría los costos de limpieza en la ciudad.

* Associated Press, 23 de junio de 2005.

realizó en 1999. Las investigaciones revelaron que Lockheed Martin inició el diseño de un crítico software de navegación. Mientras las computadoras de vuelo en tierra hicieron cálculos con base en las libras de empuje por segundo, el software de la computadora de la nave utilizó unidades métricas denominadas newtons (cuyo símbolo es *N* y es una unidad de fuerza del Sistema Internacional, SI). Nunca se verificó si los valores eran compatibles.

"Nuestros procesos de verificación y equilibrio no detectaron un error como éste y debieron haberlo hecho", afirma Ed Weiler, administrador asociado de ciencia espacial de la NASA. "Ésa es la conclusión. No se siguieron los procesos existentes." (*Orlando Sentinel,* 1999.) Tras la jornada de nueve meses al planeta rojo, la nave de 125 millones de dólares llegó a Marte a una altitud muy baja y se quemó en la atmósfera de dicho planeta.

La administración de riesgos es un enfoque proactivo y no reactivo. Es un proceso preventivo diseñado para garantizar que las sorpresas se reduzcan y que se minimicen las consecuencias negativas que se derivan de eventos indeseables. También prepara al administrador de proyectos a aceptar riesgos cuando es posible tener una ventaja técnica, o en tiempos y/o costos. La administración exitosa de los riesgos de un proyecto le permite al administrador del proyecto controlar mejor el futuro y mejorar en forma significativa las probabilidades de cumplir a tiempo con los objetivos del proyecto, dentro del presupuesto, y en cumplimiento del desempeño técnico (funcional) requerido.

Las fuentes de los riesgos del proyecto son ilimitadas. Hay fuentes externas a la organización, como la inflación, la aceptación en el mercado, las tasas de cambio y las regulaciones gubernamentales. En la práctica, a estos eventos de riesgo se les denomina como "amenazas" para diferenciarlos

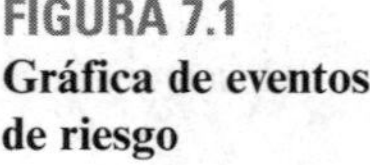

FIGURA 7.1
Gráfica de eventos de riesgo

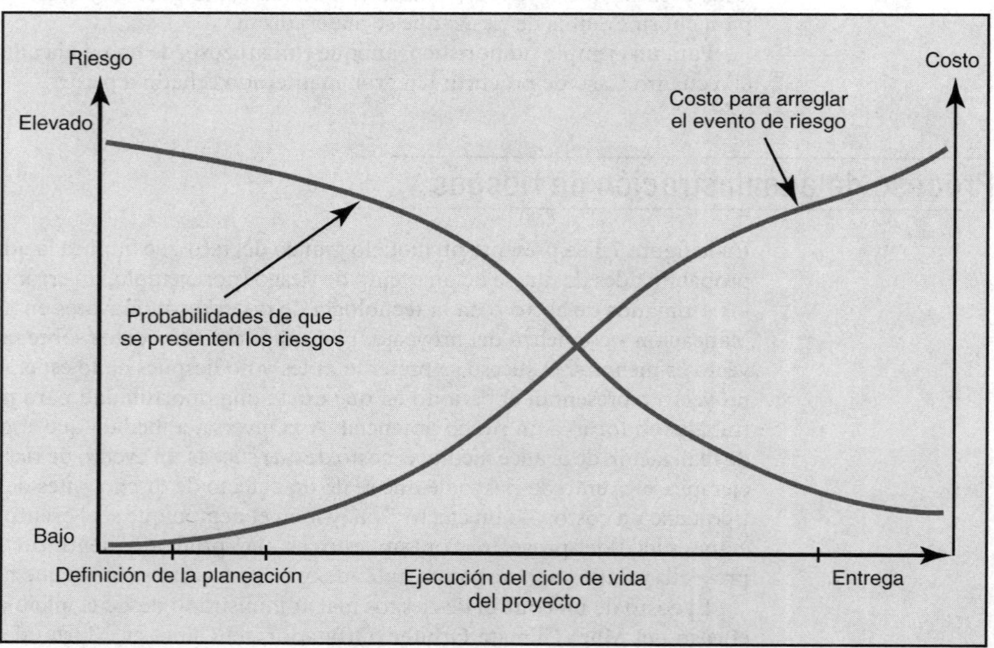

FIGURA 7.2
El proceso de administración de riesgos

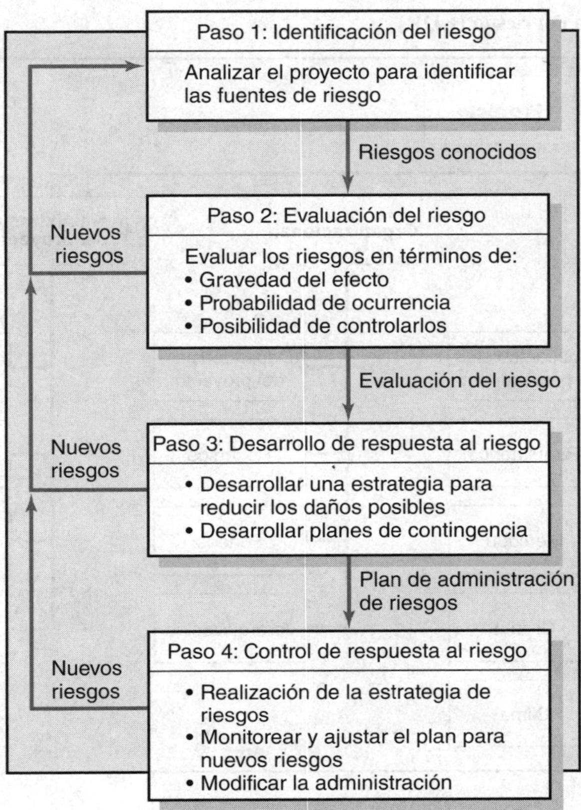

de los que no están dentro del área de responsabilidad del equipo o del gerente del proyecto. (Más adelante estudiaremos cómo se incluyen presupuestos para tales eventos de riesgo en un presupuesto para contingencias de "reserva para la administración".) Como en general tales riesgos externos se toman en cuenta antes de poner en marcha el proyecto, se les excluirá de la discusión de los riesgos del proyecto. Sin embargo, los riesgos externos son muy importantes y debe considerárseles.

Los principales componentes del proceso de administración de riesgos se representan en la figura 7.2. En el resto del capítulo se analizará con más detalle cada uno de los pasos que comprende.

Paso 1: Identificación del riesgo

El proceso de administración del riesgo se inicia con el intento de generar una lista de todos los posibles riesgos que podrían afectar al proyecto. En general, durante la fase de planeación, el administrador del proyecto reúne a un equipo de administración del riesgo que comprende a los miembros clave del equipo y otros interesados importantes. El equipo recurre a la tormenta de ideas y otras técnicas de identificación de problemas para distinguir las dificultades potenciales. Se alienta a los participantes a mantener la mente abierta y generar tantos riesgos probables como sea posible. Más de un proyecto ha fracasado por un evento que los miembros del equipo consideraron inconcebible al principio. Más adelante, durante la fase de evaluación, los participantes podrán analizar y filtrar los riesgos irracionales.

Un error frecuente al comienzo del proceso de identificación de riegos es centrarse en los objetivos y no en los eventos que podrían tener consecuencias. Por ejemplo, los miembros del equipo pueden identificar como un riesgo importante el incumplimiento del programa. Deben centrarse en los eventos que podrían causar esto (digamos, estimados deficientes, clima negativo, retrasos en los embarques, etc.). Sólo si se centran en los sucesos reales podrán encontrar soluciones potenciales.

Las organizaciones utilizan estructuras de descomposición del riesgo (EDR) junto con otras de descomposición del trabajo (EDT) para ayudar a los equipos a identificar y, por último, analizar los

FIGURA 7.3 **La estructura de descomposición del riesgo (EDR)**

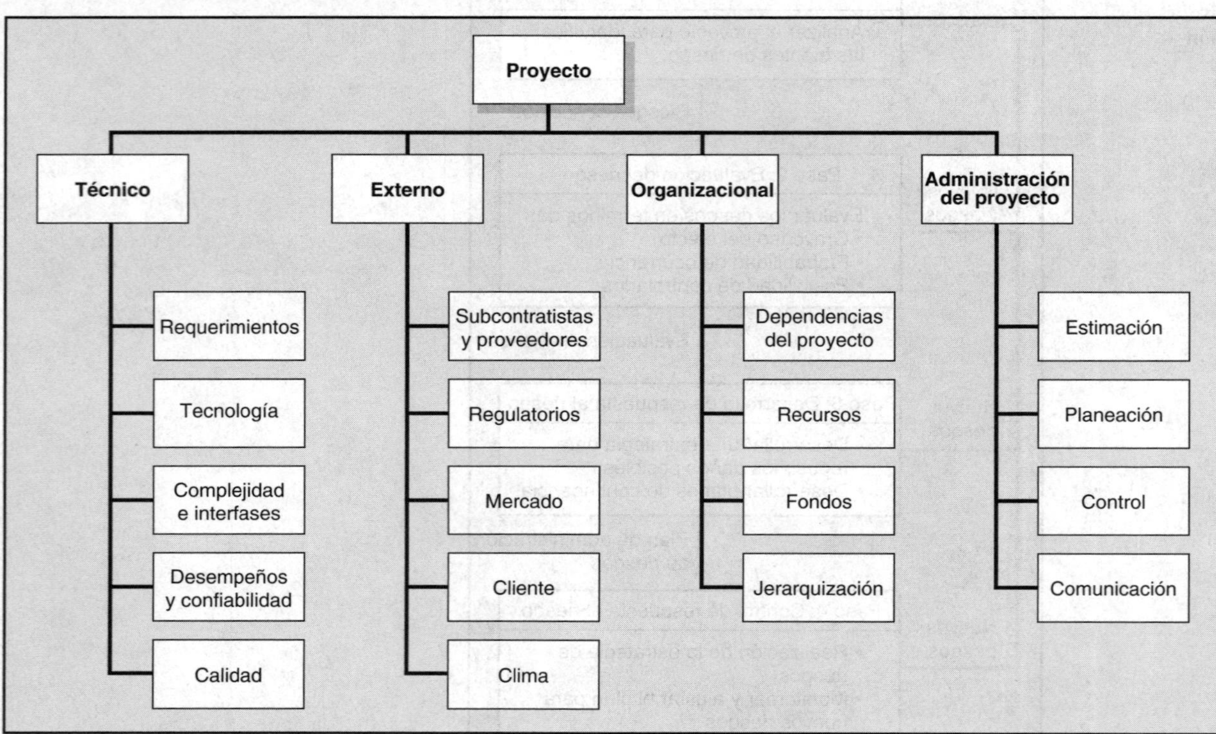

riesgos. En la figura 7.3 se da un ejemplo genérico de una EDR. Al principio, el enfoque debe estar en los riesgos que afectan a todo el proyecto y no a una red o sección específica de éste.

Después de que se han identificado los riesgos más importantes será posible verificar áreas específicas. Una herramienta eficaz para reconocer riesgos específicos es la estructura de descomposición del trabajo (EDT). Su uso reduce las probabilidades de perder de vista un evento de riesgo. En los proyectos grandes se organizan múltiples equipos de proyectos en torno a productos específicos a entregar y se someten sus reportes de administración del riesgo al administrador del proyecto.

Un perfil de riesgos es otra herramienta útil. Éste consiste en una lista de preguntas que cubre áreas tradicionales de incertidumbre en un proyecto. Las preguntas se han desarrollado y perfeccionado a partir de lo sucedido en proyectos similares. En la figura 7.4 se da un ejemplo parcial de un perfil de riesgos.

Cuando éste es bueno, como las EDR, se ajustan al tipo de proyecto en cuestión. Por ejemplo, construir un sistema de información es distinto a fabricar un automóvil nuevo. Son específicos para la organización. Los perfiles de riesgo reconocen las fortalezas y debilidades únicas de la empresa. Por último, comprenden riesgos tanto técnicos como administrativos. Por ejemplo, en el perfil que se muestra en la figura 7.4 se hacen preguntas sobre el diseño (*¿El diseño depende de suposiciones poco realistas?*) y el ambiente de trabajo (*¿La gente coopera más allá de las fronteras funcionales?*).

En general, el personal de la oficina de proyectos es la que genera y mantiene los perfiles de riesgo. Éstos se actualizan y perfeccionan durante la auditoría posterior al proyecto (véase el capítulo 14). Cuando estos perfiles se mantienen actualizados pueden constituir un recurso poderoso en el proceso de administración de riesgos. La experiencia colectiva de los proyectos anteriores de la empresa reside en sus cuestionamientos.

Los registros históricos pueden servir de complemento o utilizarse cuando no existen perfiles formales del riesgo. Los equipos del proyecto pueden investigar qué sucedió en proyectos similares en el pasado para identificar los riesgos potenciales. Por ejemplo, un administrador de proyecto puede revisar con puntualidad el desempeño de vendedores seleccionados para valorar la amenaza de los retrasos en los envíos. Los gerentes de proyecto de TI pueden acudir a los documentos de "mejores prácticas", donde se dan detalles de las experiencias de otras empresas en la conversión de sistemas de software. Las solicitudes no deben limitarse a los datos registrados. Los administradores

FIGURA 7.4
Perfil de riesgo parcial para el proyecto de desarrollo del producto

Requerimientos técnicos
¿Todos los requerimientos son estables?

Diseño
¿El diseño depende de suposiciones poco realistas u optimistas?

Pruebas
¿El equipo de prueba estará disponible cuando se le requiera?

Desarrollo
¿El proceso de desarrollo tiene el apoyo de un conjunto compatible de procedimientos, métodos y herramientas?

Programa
¿El programa depende de la terminación de otros proyectos?

Presupuesto
¿Qué tan confiables son los estimados de costos?

Calidad
¿Se han incorporado consideraciones de calidad al diseño?

Administración
¿La gente sabe quién tiene la autoridad para cada cosa?

Ambiente de trabajo
¿La gente puede trabajar cooperando más allá de los límites funcionales?

Reclutamiento de personal
¿El personal no tiene experiencia o es insuficiente?

Cliente
¿El cliente entiende qué se requerirá para terminar el proyecto?

Contratistas
¿Existen ambigüedades en las definiciones de las tareas de los contratistas?

de proyecto inteligentes aprovechan la sabiduría de otros al buscar el consejo de administradores de proyecto veteranos.

El proceso de identificación de riesgos no debe limitarse al equipo central. Debe solicitarse la opinión de los clientes, patrocinadores, subcontratistas, proveedores y otros individuos interesados en el proyecto. Entre éstos, es posible entrevistar de manera formal a los más importantes o incluirlos en el equipo de administración de riesgos. Estos jugadores no sólo tienen una perspectiva valiosa, sino que al involucrarlos en el proceso administrativo también se comprometerán más con el éxito del proyecto.

Una de las claves para tener éxito en la identificación de riesgos es la actitud. Si bien es cierto que una actitud de "es posible hacerlo" es esencial en la práctica, los administradores de proyecto deben fomentar un pensamiento crítico cuando se trate de identificar los riesgos. La meta es reconocer problemas potenciales antes de que éstos se presenten.

La EDR y los perfiles de riesgo constituyen herramientas útiles para asegurarse de que no se deje nada sin verificar. Asimismo, cuando esto se hace bien, la cantidad de riesgos identificados puede ser pesada y un poco desalentadora. El optimismo inicial puede sustituirse con desazón y exclamaciones de "¿en qué nos metimos?" Es importante que los administradores de proyecto fijen el tono adecuado y completen el proceso de administración de riesgos para que los miembros recuperen la confianza en sí mismos y en el proyecto.

Paso 2: Evaluación del riesgo

En el paso 1 se produce una lista de los riesgos potenciales. Y no todos merecen que se les preste atención. Algunos son triviales y puede ignorárseles, mientras que otros representan amenazas importantes para el bienestar del proyecto. Los administradores de proyecto deben desarrollar métodos para discriminar algunos de los riesgos enumerados, eliminar los redundantes y los que no tienen consecuencias, y ordenar a los importantes en términos de su importancia y su necesidad de atención.

El **análisis de escenarios** constituye la técnica más sencilla y de uso más común en el análisis de riesgos. Los miembros del equipo valoran la importancia de cada evento de riesgo en términos de lo siguiente:

- Probabilidad del evento.
- Impacto del evento.

En pocas palabras, es necesario evaluar los riesgos en términos de la probabilidad de que éste se presente y en su impacto o consecuencias. El riesgo de que a un administrador de proyecto le caiga un rayo en el sitio de trabajo tendría un efecto negativo importante en el proyecto, pero la probabilidad de que esto ocurra es tan baja que no vale la pena considerarlo. A la inversa, las personas cambian de trabajo, por lo que un evento como la pérdida de personal clave tendría no sólo una consecuencia adversa, sino también una alta probabilidad de presentarse en algunas organizaciones. Si así sucediera, entonces sería inteligente que la organización fuera proactiva y mitigara este riesgo al desarrollar esquemas de incentivos para conservar especialistas y/o promover capacitación cruzada para reducir el efecto de una rotación de personal.

La calidad y credibilidad del proceso de análisis de riesgos exige que se definan los distintos niveles de probabilidades de riesgo e impacto. Estas definiciones cambian y se les debe adaptar a la naturaleza y necesidades específicas del proyecto. Por ejemplo, una escala sencilla que vaya de "muy poco probable" a "casi seguro" puede bastar en un proyecto, mientras que en otro quizá se utilicen probabilidades numéricas más precisas (como por ejemplo, 0.1, 0.3, 0.5, ...).

Las escalas de impacto pueden ser un poco más problemáticas puesto que los riesgos adversos tienen distintos efectos en los objetivos del proyecto. Por ejemplo, una falla en un componente puede causar un ligero retraso en el programa del proyecto, pero un aumento importante en su costo. Si el control de costos tiene alta prioridad, entonces la repercusión será grave. Si, por otro lado, el tiempo es más crítico que el costo, entonces el impacto sería menor.

Como en última instancia el impacto necesita valorarse en términos de las prioridades del proyecto, se utilizan distintos tipos de escalas de impacto. En algunas tan sólo se utilizarán elementos descriptivos de rango-orden, como "bajo", "moderado", "alto", "muy alto", mientras que en otras se utilizan pesos numéricos (por ejemplo, del 1 al 10). Algunos pueden centrarse en el proyecto en general, mientras que otros lo harán en objetivos específicos del proyecto. El equipo de administración de riesgos debe diferenciar el 1 del 3, desde el principio, o a un impacto "moderado" de uno "grave". En la figura 7.5 se proporciona un ejemplo de la manera en que las escalas de impacto pueden definirse dados los objetivos de costo, tiempo, enfoque y calidad del proyecto.

La documentación de los análisis de escenario puede analizarse en las diversas formas de evaluación de riesgos que utilizan las empresas. En la figura 7.6 se incluye un ejemplo parcial de la forma de evaluación de riesgos que se utilizó en un proyecto IS que involucraba actualizar el Windows Office a Windows Vista.

FIGURA 7.5 **Condiciones definidas para las escalas de impacto de un riesgo en los objetivos más importantes de un proyecto (sólo se incluyeron ejemplos para los impactos negativos)**

	Escala relativa o numérica				
Objetivo del proyecto	1 Muy bajo	2 Bajo	3 Moderado	4 Elevado	5 Muy elevado
Costo	Aumento insignificante en los costos	Aumento < 10% en el costo	Aumento en costos de 10 a 20%	Aumento en costos de 20 a 40%	Aumento en costos > 40%
Tiempo	Aumento insignificante en el tiempo	Aumento < 5% en el tiempo	Aumento en tiempos de 5 a 10%	Aumento en tiempos de 10 a 20%	Aumento en tiempos > 20%
Alcance	Reducción apenas notable en el alcance	Áreas menores del enfoque afectadas	Principales áreas del enfoque afectadas	Reducción del enfoque inaceptable para el patrocinador	El artículo final del proyecto es en verdad inútil
Calidad	Degradación apenas notable en la calidad	Sólo se afectaron las aplicaciones muy demandantes	La reducción de la calidad requiere la aprobación del patrocinador	Reducción de calidad inaceptable para el patrocinador	El artículo final del proyecto es en verdad inútil

FIGURA 7.6
Forma de evaluación del riesgo

Evento de riesgo	Probabilidad	Impacto	Dificultad de detección	Momento
Problemas con la interfaz	4	4	4	Conversión
Congelamiento del sistema	2	5	5	Inicio
Respuesta negativa del usuario	4	3	3	Después de la instalación
Mal funcionamiento del hardware	1	5	5	Instalación

Observe que, además de evaluar la gravedad y la probabilidad de los eventos de riesgo, el equipo debe valorar también cuándo puede presentarse el evento y cuáles serán las dificultades para detectarlo. Esto último constituye una medida de qué tan fácil sería detectar que el evento iba a presentarse en términos de tomar acciones para mitigarlo, es decir, ¿cuánto cuidado debiéramos tener?

A menudo las organizaciones encuentran útil categorizar la gravedad de los diversos riesgos en alguna forma de matriz de evaluación de los riesgos. La matriz se estructura en forma típica en torno al impacto y a la probabilidad de un evento de riesgo. Por ejemplo, la que se presenta en la figura 7.7 es una disposición 5 × 5 de los elementos, donde cada uno representa un conjunto distinto de valores de impacto y probabilidad.

La matriz se divide en las zonas roja, amarilla y verde que representan riesgos importantes, moderados y menores, respectivamente. La zona roja se ha centrado en la esquina derecha superior de la matriz (alto impacto/alta probabilidad), mientras que la verde se centra en la esquina izquierda inferior (bajo impacto/baja probabilidad). El riesgo moderado, la zona amarilla, se extiende hacia abajo en la parte central de la matriz. Como suele considerarse que el impacto es más importante que la probabilidad (cuando es 10 por ciento de perder 1 millón de dólares en general se considera un riesgo más grave que una probabilidad de 90 por ciento de perder 1 000 dólares), la zona roja (mayor riesgo) se extiende hacia debajo de la columna de alto impacto.

FIGURA 7.7
Matriz de gravedad del riesgo

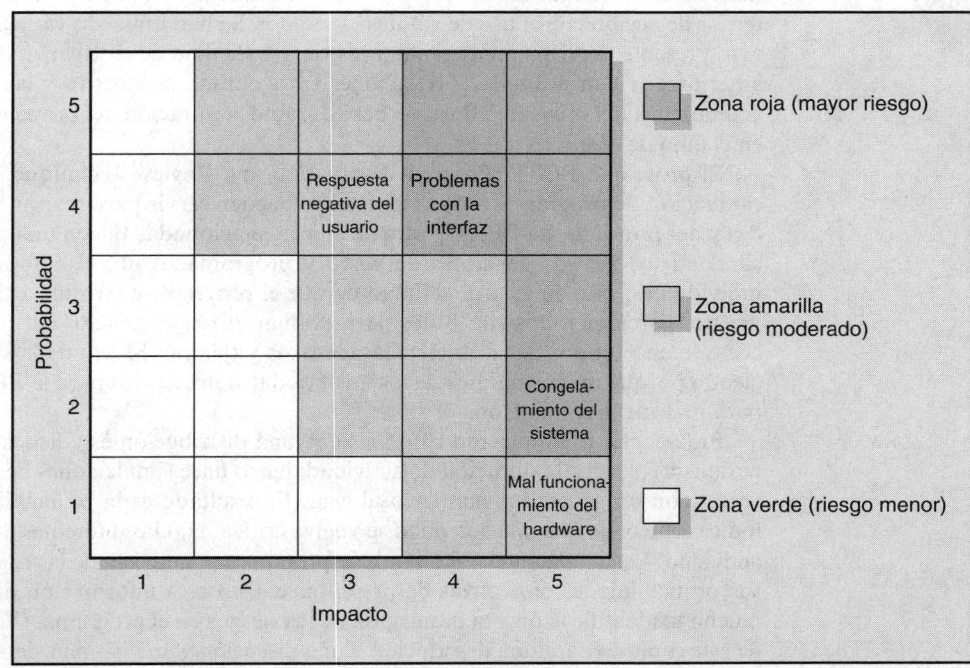

Si volvemos al ejemplo del Windows Vista, debiera ubicarse a los problemas de interfaz y congelamiento del sistema en la zona roja (mayor riesgo), mientras que los errores del usuario y el mal funcionamiento del hardware estarían en la zona amarilla (riesgo moderado).

La matriz de la gravedad del riesgo da un fundamento para jerarquizar los riesgos a evaluar. Los riesgos de la zona roja tienen la mayor prioridad seguidos por los de la amarilla. Los de la zona verde se consideran sin consecuencia y se les ignora a menos que cambie su situación.

El *Análisis de los efectos y del modo de falla* (FMEA: Failure Mode and Effects Analysis) amplía la matriz de gravedad de los riesgos incluyendo la facilidad de detección en la ecuación:

$$\text{Impacto} \times \text{probabilidad} \times \text{detección} = \text{valor del riesgo}$$

Cada una de las tres dimensiones se califica de acuerdo con una escala de cinco puntos. Por ejemplo, se define a la detección como la capacidad que tiene el equipo del proyecto para discernir que el evento del riesgo es inminente. Se daría una calificación de 1 a éste si incluso un chimpancé pudiera detectar la probabilidad del riesgo. La calificación más alta de detección, 5, se daría a los eventos que sólo se descubrirían después de que fuera demasiado tarde (por ejemplo, congelamiento del sistema). Se aplicarían escalas ancladas similares a la gravedad del impacto y a la probabilidad de que el evento se presente. Entonces, la evaluación de los riesgos se basa en su calificación general. Por ejemplo, un riesgo con un impacto en la zona "1", con una muy baja calificación de probabilidad y de facilidad de detección podría llegar a 1 ($1 \times 1 \times 1 = 1$). A la inversa, un riesgo de alto impacto con elevada probabilidad y dificultad de detección obtendría 125 ($5 \times 5 \times 5 = 125$). Esta amplia variedad de calificaciones numéricas permite la fácil estratificación de los riesgos de acuerdo con su importancia general.

No existe un esquema de evaluación que sea por completo a prueba de fallas. Por ejemplo, la debilidad del enfoque FMEA es que un evento de riesgo con una calificación de impacto = 1, de probabilidad = 5 y de detección = 5 recibiría la misma calificación valorada de un evento donde el impacto = 5, la probabilidad = 5 y la detección = 1. Esto ignora el justo valor de la importancia de *no* considerar a la evaluación del riesgo tan sólo como un ejercicio matemático. No hay sustituto para el análisis cuidadoso de los eventos de riesgo clave.

Análisis de probabilidad

Hay muchas técnicas estadísticas para el administrador del proyecto que pueden ayudar en la evaluación de los riesgos del proyecto. Se han utilizado árboles de decisión para evaluar los cursos alternos de acción con el uso de valores esperados. Se han utilizado variaciones estadísticas del valor neto presente (VNP) a fin de evaluar los riesgos de flujo de efectivo en los proyectos. En proyectos anteriores se han utilizado correlaciones entre el flujo de efectivo y las curvas S (curva de costos acumulativa del proyecto –línea de base durante la duración del proyecto) para valorar los riesgos en el flujo de efectivo.

El programa PERT (Program Evaluation and Review Technique: Técnica de revisión de la evaluación de programas), y su simulación pueden servir para revisar los riesgos de las actividades y del proyecto. La PERT y otras técnicas relacionadas tienen una perspectiva mayor al enfocarse en los riesgos generales de costo y programa. Aquí, el enfoque no está en los hechos individuales, sino en la probabilidad de que el proyecto se termine a tiempo y dentro del presupuesto. Estos métodos son útiles para evaluar el riesgo general del proyecto y la necesidad de cosas, como fondos de contingencia, recursos y tiempo. El uso de la simulación PERT está creciendo porque utiliza algunos de los mismos datos necesarios para la PERT y ya existe el software para realizar la simulación.

En esencia, la simulación PERT asume una distribución estadística (que va entre optimista y pesimista) para cada duración de actividad; luego hace simulaciones de la red (quizá más de 1 000 veces) con un generador numérico al azar. El resultado es la probabilidad relativa, denominada índice crítico, de que una actividad se vuelva crítica bajo las diferentes duraciones posibles de cada actividad. La simulación PERT también proporciona una lista de las rutas críticas potenciales y de sus probabilidades respectivas de presentarse. Con esta información disponible puede facilitarse mucho la identificación y la evaluación de los riesgos en el programa. (Véase el apéndice 7.1 al final de este capítulo para una descripción y una discusión y análisis más detallados.)

Caso de práctica

Del domo a la nada*

El 26 de marzo de 2000, la más grande estructura cupular del mundo se redujo a un montón de escombros en una dramática explosión que duró menos de 20 segundos. De acuerdo con Mark Loizeaux, cuya empresa, Controlled Demolition, Inc., con sede en Maryland, fue contratada para derribar el domo Seattle Kingdome, el cual tenía 24 años de antigüedad: "No hacemos explotar las cosas. Aunque usamos los explosivos como un motor, la gravedad es el catalizador que lo derrumbará."

La destrucción del Kingdome fue la más complicada de las 7 000 demoliciones que la empresa de Loizeaux ha realizado. Casi tres meses de preparativos se necesitaron para hacer que el domo explotara a un costo total de 9 millones de dólares. Se consideraba que el Kingdome era una de las estructuras más fuertes del mundo y que contenía más de 25 000 toneladas de concreto, donde cada una de sus costillas curvas incorporaba siete longitudes de dos pulgadas y cuarto de barra de acero reforzado.

Pedazos de cuerda naranja detonante, sobre todo dinamita en cordón que explota a la velocidad de la luz de 7 315 metros por segundo, conectaban seis divisiones con forma de pastel del Kingdom con un centro de control cercano.

En cada sección, los trabajadores de Controlled Demolition perforaron casi 1 000 orificios y los rellenaron con explosivos gelatinosos de alta velocidad del tamaño de una salchicha. Se colocaron grandes cargas casi a un tercio del camino hacia arriba de cada costilla del domo y otras más pequeñas más arriba. Cuando se oprimió el botón detonador, los tapones explosivos desencadenaron una reacción en cadena en cada sección con lo que el estadio se redujo a escombros.

Mientras que la implosión real fue un gran esfuerzo técnico, la administración de riesgos constituyó una parte crucial del éxito del proyecto. A fin de minimizar el daño en los edificios que le rodeaban, las cargas explosivas se envolvieron en una capa de malla metálica cubierta con gruesas hojas de polipropileno geotextil para detener el concreto volátil. Se protegió a los edificios cercanos de distintas maneras, de acuerdo con su estructura y proximidad al domo. Algunas medidas que se tomaron fueron el sellado de las unidades de manejo de aire, el recubrimiento de las uniones de puertas y ventanas, el tapiado de pisos y ventanas y el revestimiento exterior con capas de polietileno reforzado.

Para absorber el impacto se apilaron las unidades de aire acondicionado que se desmontaron del interior con otro material para crear una barrera alrededor del área de trabajo.

Se utilizaron cientos de elementos policiacos y de seguridad para acordonar un área que se extendía a 305 metros del domo, lejos de los espectadores ansiosos. Se cerró el tránsito en una gran área. Se les proporcionó alojamiento a las personas y a las mascotas que vivían en la zona restringida.

Inmediatamente después de la explosión se desplegaron ocho camiones de agua, ocho unidades barredoras y más de 100 trabajadores a fin de controlar el polvo y comenzar la limpieza.

Como nota aparte, un tercio del concreto se pulverizará y se utilizará para los cimientos de un nuevo estadio abierto de fútbol, en el mismo lugar, cuya construcción costará 430 millones de dólares. El resto del concreto se trasladará en camiones a otro sitio y se le utilizará para los lechos de carreteras y en cimientos de otras edificaciones en el área de Seattle.

* *New York Times*. Edición dominical, 19 de marzo de 2000, *Seattle Times*, 27 de marzo de 2000, sitio de Internet.

Paso 3: Desarrollo de la respuesta al riesgo

Cuando se identifica y se evalúa un evento de riesgo, debe tomarse una decisión acerca de la respuesta adecuada para el suceso específico. La respuesta al riesgo puede clasificarse como mitigado-ra, de omisión, de transferencia, de distribución o de retención.

Mitigación del riesgo

En general, la reducción del riesgo es la primera alternativa considerada. Sobre todo hay dos estrategias para mitigar el riesgo: 1) reducir la probabilidad de que el evento se presente y/o 2) disminuir el efecto que el evento adverso podría tener en el proyecto. La mayoría de los equipos de riesgo se centran primero en reducir la probabilidad de los eventos de riesgo ya que, de tener éxito, pueden eliminar la necesidad de considerar la segunda estrategia, potencialmente costosa.

A menudo, la comprobación y la elaboración de un prototipo pueden utilizarse para evitar que surjan problemas más adelante en un proyecto. Un ejemplo de comprobación puede encontrarse en un proyecto de sistemas de información. El equipo del proyecto era el responsable de instalar un nuevo sistema operativo en su empresa matriz. Antes de poner el proyecto en práctica, el equipo probó el nuevo sistema en una red aislada más pequeña. Al hacerlo descubrieron una diversidad de problemas y pudieron obtener soluciones antes de la ejecución. El equipo todavía se topó con algunos problemas de instalación, pero su cantidad y gravedad se redujeron mucho.

A menudo resulta útil identificar las causas más profundas de un evento. Por ejemplo, el miedo de que un proveedor no pueda proporcionar a tiempo los componentes hechos a la medida puede atribuirse a: 1) malas relaciones con proveedores, 2) mala comunicación del diseño y 3) falta de motivación. Como resultado de este análisis, el administrador del proyecto puede decidir llevar a su contraparte a comer para limar asperezas, invitar al proveedor a asistir a las juntas de diseño y reestructurar el contrato para que incluya incentivos para la entrega a tiempo.

Caso de práctica

¿WAP o JAVA?*

Ellipsus Systems, AB, situada en Vaxjo, Suiza, es una empresa de diseño de software cuyos productos relacionan los sistemas corporativos de computación con los teléfonos celulares. Para el éxito de la empresa es importantísimo tomar las decisiones tecnológicas correctas, sobre todo las que se toman en torno a los estándares y protocolos que utiliza su software. A medida que los dispositivos inalámbricos y celulares continúan ganando terreno, hay dos estándares técnicos emergentes principales. Uno es el WAP (Wireless Application Protocol: Protocolo inalámbrico de aplicación). El segundo estándar, Java, se basa en los estándares de programación de Internet que creó Sun Microsystems.

Rikard Kjellberg, uno de los fundadores de Ellipsus, se enfrentaba a un dilema: ¿qué estándar debía utilizar? En uno, Java dominaba, en el otro, WAP lo hacía. Este último fue el primero en salir al mercado. Generó enorme entusiasmo y a medida que Nokia se preparaba para lanzar el primer teléfono celular, en 1999, los ingenieros de toda Europa dejaron trabajos seguros para formar empresas dedicadas al WAP. Al mismo tiempo, surgían algunas percepciones negativas acerca de los sistemas basados en el estándar WAP. Debido al bajo tiempo de respuesta, un periódico sueco publicó un artículo titulado "El WAP es basura". Java, por otro lado, todavía tenía que establecerse sin que en ese momento hubiera aparatos comerciales disponibles.

La solución de Kjellberg era tener proyectos en el portafolio de su empresa que se fundamentaran en ambos estándares. Ellipsus construyó prototipos tempranos de los dos sistemas y los llevó a una exposición del ramo donde se ubicaron uno al lado del otro. "En una hora sabremos por cuál inclinarnos", dijo Douglas Davies, director de operaciones. Ellipsus comenzó por asegurar contratos de millones de dólares para suministrar su sistema basado en Java a los operadores líderes de Estados Unidos.

* David Pringle, "How the U.S. took the wireles lead away from Europe", *The Wall Street Journal Europe*, 20 de febrero de 2002. http://www.network365.com/news.jsp?id=145 (consultado el 10 de noviembre de 2003).

Otros ejemplos para la reducción de la probabilidad de que los riesgos se presenten son la programación de trabajo en exteriores durante los meses de verano, la inversión en capacitación en seguridad de primera y la elección de materiales y equipo de alta calidad.

Cuando las preocupaciones son un mal cálculo de la duración y los costos, los gerentes aumentarán los estimados para compensar las incertidumbres. Es común utilizar una proporción entre un proyecto nuevo y otro antiguo para ajustar tiempos y costos. En general, tal proporción sirve como constante. Por ejemplo, si en el proyecto anterior se han necesitado 10 minutos por línea de código de computadora, se utilizaría una constante de 1.10 (que representa un aumento de 10 por ciento) para los estimados propuestos para el tiempo del proyecto porque el nuevo proyecto es más difícil que los anteriores.

Una estrategia alterna de mitigación consiste en reducir el efecto del riesgo si éste se presentara. Por ejemplo, un proyecto de construcción de un puente ilustra la reducción de riesgos. En un proyecto de edificación de un puente nuevo para un puerto en la costa se utilizaría un proceso innovador de vaciado continuo de cemento que desarrolló una empresa australiana, a fin de ahorrar grandes cantidades de tiempo y dinero. El riesgo más importante era que no podría interrumpirse el proceso de vaciado continuo de cada sección importante del proyecto. Cualquier suspensión exigiría que se destruyera toda la sección de cemento (cientos de metros cúbicos) y que se comenzara de nuevo. Una evaluación de los riesgos posibles ubicaba la entrega de cemento de la fábrica que lo producía. Los camiones podrían retrasarse y la fábrica podría fracasar. Tales riesgos causarían retrasos y grandes costos por el trabajo repetido. El riesgo se redujo al instalar dos plantas portátiles de cemento que se construyeron en varias carreteras cercanas, a 20 millas del proyecto en cuestión, en caso de que se interrumpiera el suministro de la fábrica principal. Dichas plantas acarrearon materia prima para toda una sección del puente y había camiones listos para cada ocasión que se requería un vaciado continuo. Escenarios semejantes para la reducción de riesgos se dan en los proyectos de desarrollo de software y sistemas en los que se utilizan procesos paralelos de innovación en caso de que alguno falle.

En el recuadro Caso de práctica: Del domo a la nada se detallan los pasos que siguió Controlled Demolition para reducir el daño cuando derribó el Kingdome de Seattle.

Omisión del riesgo

Omitir el riesgo es modificar el plan del proyecto para eliminar la contingencia o situación. Aunque resulta imposible eliminar todos los eventos de riesgo, es posible evitar algunos peligros específicos antes de iniciar el proyecto. Por ejemplo, la adopción de tecnología probada y no la experimental puede excluir las fallas técnicas. Elegir un proveedor australiano y no uno de Indonesia descartaría casi por completo las posibilidades de que una crisis política interrumpa el suministro de materiales básicos. Véase el recuadro Caso de ráctica: ¿WAP o JAVA? para conocer cómo Ellipsus Systems evitó un riesgo técnico potencialmente crítico.

Transferencia del riesgo

Es común transferir el riesgo a otra parte; este traslado no cambia el riesgo. Hacerlo casi siempre resulta en que se paga una prima por esta exención. Los contratos de precio fijo son el ejemplo clásico de transferir el riesgo de un propietario a un contratista. Este último entiende que su empresa pagará cualquier evento de riesgo que se materialice; por lo tanto, se añade un factor de riesgo monetario al precio de la licitación. Antes de decidir la transferencia del riesgo, el propietario debe determinar qué partido puede controlar mejor las actividades, lo cual conduciría al riesgo. Además, ¿puede el contratista absorberlo? Es imperativo identificar y documentar la responsabilidad para la absorción del riesgo.

Una manera más obvia de transferir el riesgo es un seguro. Sin embargo, en general esto es poco práctico porque resulta difícil y caro definir el evento de riesgo del proyecto y esto lo condiciona a que un corredor de seguros, que no conoce el proyecto, lo haga. Por supuesto, es más fácil definir y obtener un seguro para los eventos de riesgo de poca probabilidad y grandes consecuencias. Otros instrumentos financieros para trasladar riesgos son los bonos por desempeño y las garantías de diversos tipos.

Distribución del riesgo

Al distribuirlo se asignan proporciones del riesgo a distintas partes. Un ejemplo de distribución del riesgo se dio con el Airbus A340. Se repartieron riesgos para investigación y desarrollo a países europeos como Gran Bretaña y Francia. Por otro lado, la industria del entretenimiento formó un consorcio para definir un formato común de operación para el disco de video digital (DVD, Digital Video Disk) a fin de garantizar la compatibilidad entre productos. Están surgiendo otras formas de distribuir riesgos.

En proyectos de construcción internacionales grandes, como plantas petroquímicas y refinerías petroleras, los países anfitriones insisten en que los contratos pongan en práctica las provisiones para construir-poseer-operar-transferir (BOOT, Build-Own-Operate-Transfer). Aquí se espera que la organización primaria del proyecto no sólo construya las instalaciones, sino que también se convierta en propietaria hasta que se haya probado su capacidad de operación y se haya dado todo el desciframiento de las operaciones, antes de la transferencia final de la propiedad al cliente. En tales casos, el país anfitrión y la empresa encargada del proyecto se ponen de acuerdo en compartir el riesgo financiero de la propiedad hasta que se termine el proyecto y se comprueben las capacidades.

También se ha usado la distribución del riesgo para reducir los costos de los proyectos y fomentar la innovación. La creación de sociedades (véase capítulo 12) entre el propietario y los contratistas ha desencadenado el desarrollo de procedimientos de mejora continua para fomentar a los contratistas a que sugieran formas innovadoras para la puesta en práctica del proyecto. Quizá el nuevo método implique costos adicionales para el inicio y el riesgo de que el nuevo proceso no funcione. En general, los costos del riesgo y los beneficios del proceso mejorado se comparten 50/50 entre el propietario y las empresas contratistas.

Retención del riesgo

En algunos casos se toma una decisión de aceptar el riesgo de que ocurra un evento. Algunos riesgos son tan grandes que no es posible considerar una transferencia o una reducción del evento (por ejemplo, un terremoto o una inundación). El propietario del proyecto asume el riesgo porque las probabilidades de que un evento así se presente son escasas. En otros casos, los riesgos que se identifican en la reserva del presupuesto pueden absorberse si se materializan. El riesgo se retiene al desarrollar un plan de contingencia para el momento en que el primero se realice. En algunos casos es posible ignorar un evento de riesgo y aceptar un excedente en los costos si el evento se presenta.

Mientras mayor esfuerzo se haga para responder al riesgo antes de que el proyecto se inicie, mayores serán las posibilidades de minimizar sorpresas en el proyecto. Al saber que la respuesta a un evento se retendrá, transferirá o compartirá, se elimina mucho estrés e incertidumbre cuando se presenta el evento de riesgo. De nuevo, es posible mantener el control con este enfoque estructurado.

Planeación para contingencias

Un plan de contingencias es una alternativa que se utilizará si un evento de riesgo previsto y posible se convierte en realidad. Asimismo, representa acciones que reducirán o mitigarán el efecto negativo del evento de riesgo. Como todos los planes, responde a los cuestionamientos de qué, dónde, cuándo y cuánta acción se llevará a cabo. La falta de un plan de contingencia, cuando se presenta un evento de riesgo, puede propiciar que un gerente retrase o posponga la decisión de poner en práctica un remedio. Cuando lo hace puede producir pánico y la aceptación de la primera componenda que se sugiera. Tomar una decisión así, posterior al evento y bajo presión, puede ser muy peligrosa y costosa. En la planeación para contingencias se evalúan soluciones alternas para eventos previstos antes de que se presenten y se escoge el mejor plan entre las opciones disponibles. Esta planeación temprana para contingencias facilita una transición fácil a la solución o al plan de trabajo en torno a la dificultad. Cuando se cuenta con un plan de contingencias aumentan mucho las probabilidades de que el proyecto tenga éxito.

Es necesario decidir y documentar con claridad las situaciones en las que debe activarse el plan de contingencias. Esto debe incluir un estimado de costos e identificar la fuente de financiamiento. Todas las partes afectadas deben estar de acuerdo con él y tener la autoridad necesaria para hacer compromisos. Como la puesta en práctica de un plan de contingencias afecta en forma negativa la secuencia normal de las tareas a realizar, debe informársele de su existencia y contenido a los integrantes del equipo, de tal manera que las sorpresas y la resistencia sean mínimas.

He aquí un ejemplo: una empresa de computación de alta tecnología de nicho pretende introducir un nuevo producto "plataforma" en una fecha designada muy específica. Los 47 equipos que trabajan en el proyecto están de acuerdo en que los retrasos son inaceptables. Sus planes de contingencia para dos grandes proveedores de componentes demuestran la seriedad con la que se maneja la administración de riesgos. Una de las plantas proveedoras se ubica en la falla de San Andrés. El plan de contingencia prevé un proveedor alterno, a quien se le mantiene informado de manera constante, que produce una réplica del componente en otra planta. Otro proveedor con sede en Toronto, Canadá, implica riesgos en la entrega debido a un potencial mal clima. Este plan de contingencias exige contar con un avión charter (al que ya se ha contratado para que permanezca en espera), si la transportación general presenta retrasos. Para los externos estos planes pueden parecer un poco extremos, pero en las industrias de alta tecnología, donde el tiempo de comercialización es el rey, los riesgos de eventos identificados se toman muy en serio.

Las matrices de respuesta a los riesgos, como la que se muestra en la figura 7.8 son útiles para resumir de qué manera el equipo del proyecto planea manejar los riesgos que se han identificado. De nuevo se utiliza el proyecto Windows Vista para ilustrar este tipo de matriz. Lo primero es identificar si hay que reducir, compartir, transferir o aceptar el riesgo. El equipo decidió reducir las probabilidades de que el sistema se congele al experimentar con un prototipo del sistema. La experimentación con los prototipos no sólo les permite identificar y fijar "virus" de conversión antes de la instalación real, sino que también produce información que podría ser útil para aumentar la aceptación de los usuarios finales. Entonces el equipo del proyecto podrá identificar y documentar cambios entre el antiguo y el nuevo sistema, los cuales se incorporarán a la capacitación que se da a los usuarios. El riesgo de un mal funcionamiento del equipo se transfiere cuando se elige un proveedor confiable con un programa de garantías sólido.

El siguiente paso consiste en identificar planes de contingencia en caso de que aún haya riesgo. Por ejemplo, si los problemas de la interfaz prueban no tener solución, entonces el equipo debiera buscar cómo trabajar en otras cosas hasta que los expertos del proveedor lleguen para solucionar el problema. Si el sistema se congela después de la instalación, el equipo intentará primero reinstalar el software. Si el usuario está muy insatisfecho, entonces el departamento de SI le proporcionará más personal para que lo apoye. Si el equipo no puede obtener herramientas confiables del proveedor original, colocará un pedido de una marca distinta con un segundo proveedor. El equipo también necesita analizar y estar de acuerdo en que "desataría" la ejecución del plan de contingencias. En el caso de que el sistema se congele, el disparador no puede descongelarlo en una hora o, en el caso de un reclamo violento del usuario, una llamada iracunda de la alta dirección. Por último, es necesario asignar a una persona como responsable de supervisar los riesgos potenciales y de iniciar el plan de contingencia. Los administradores de proyecto inteligentes establecen protocolos para respuestas de contingencia antes de que se les necesite. Para un ejemplo de la importancia de establecer protocolos véase el recuadro Caso de práctica: Administración de riesgos en la cima del mundo.

A continuación se analizan algunos de los métodos más comunes para la administración de riesgos.

FIGURA 7.8
Matriz de respuesta al riesgo

Evento de riesgo	Respuesta	Plan de contingencia	Desencadenante	Quién es el responsable
Problemas con la interfaz	Reducir	Darle la vuelta hasta que llegue ayuda	No se resuelve en 24 horas	Nils
Congelamiento del sistema	Reducir	Reinstalar el SO	Sigue congelado después de una hora	Emmylou
Respuesta negativa del usuario	Reducir	Aumentar el soporte del personal	Se recibe una llamada de la alta dirección	Eddie
Mal funcionamiento del equipo	Transferir	Ordenar una marca distinta	El reemplazo no funciona	Jim

Riesgos técnicos

Los riesgos técnicos son problemáticos; a menudo pueden propiciar la cancelación del proyecto. ¿Qué pasa si el proceso o el sistema no funcionan? Se elaboran planes de contingencia o respaldo para esas posibilidades impredecibles. Por ejemplo, Carrier Transicold participó en el desarrollo de una nueva unidad Phoenix de refrigeración para aplicaciones en camiones y tractocamiones. Esta nueva unidad tendría que utilizar paneles redondos hechos de metales especiales, lo que en ese momento era una nueva tecnología para Transicold. Además, uno de sus competidores había intentado, sin éxito, incorporar metales especiales similares en sus productos. El equipo de proyecto estaba dispuesto a lograr que la nueva tecnología funcionara, pero no fue sino hasta el final del proyecto que pudieron lograr que los nuevos adhesivos pegaran de manera adecuada para completar el proyecto. En el proceso, el equipo mantuvo un enfoque de fabricación de paneles soldados, en caso de que no tuvieran éxito. Si se hubiera necesitado este enfoque de contingencias, los costos de producción se hubieran incrementado; pero, de cualquier manera, el proyecto se hubiera terminado a tiempo.

Además de las estrategias de respaldo, los administradores de proyectos necesitan desarrollar métodos para valorar pronto si se pueden resolver las incertidumbres técnicas. El uso de programas complejos de CAD ha ayudado mucho a solucionar problemas de diseño. Asimismo, Smith y Reinersten, en su libro *Developing Products in Half the Time*, sostienen que no hay sustitutos para hacer algo y ver cómo funciona, cómo se siente o cómo se ve. Sugieren que uno debe primero identificar las áreas de alto riesgo, luego construir modelos o diseñar experimentos para resolver el riesgo lo más pronto posible. Al aislar y comprobar las cuestiones técnicas clave pronto en un proyecto, es posible determinar con rapidez cuál es la factibilidad del proyecto y hacer los ajustes necesarios, como reestructurar el proceso o, en algunos casos, cancelar el proyecto. Por lo general, las decisiones relativas a los riesgos técnicos competen al propietario y al administrador del proyecto.

Riesgos de programación

Muchas veces, las organizaciones difieren la amenaza de retrasos en el proyecto hasta que ésta se hace evidente. Aquí se apartan los fondos de contingencia para acelerar o "forzar" el proyecto a fin de que éste "vuelva al redil". Lo segundo, que es reducir la duración del proyecto, se logra acortando (comprimiendo) una o más actividades en la ruta crítica. Esto viene con costos y riesgo adicionales. Las técnicas para manejar esta situación se analizan en el capítulo 9. Algunos planes de contingencia pueden evitar procedimientos costosos. Por ejemplo, es posible modificar los programas si se trabaja al mismo tiempo en las actividades o si se utilizan relaciones de retraso de inicio a inicio. Además, cuando se utiliza a los mejores elementos para tareas de alto riesgo es posible aliviar o reducir las probabilidades de que se presenten algunos eventos de riesgo.

Riesgos de costos

En los proyectos de larga duración es necesario tener alguna contingencia para los cambios de precio, que por lo general son al alza. El aspecto importante a recordar cuando se revisan los precios es evitar la trampa de utilizar una suma fuerte para cubrir el riesgo de que éstos aumenten. Por ejemplo, si la inflación ha estado cerca de 3 por ciento, algunos gerentes añaden 3 por ciento a todos

Administración de riesgos en la cima del mundo*

Bobby Model/National Geographic Image Collection

Into Thin Air, el emocionante relato de Jon Krakauer de su fallido intento de escalar el Monte Everest, donde murieron seis alpinistas, es un testimonio de los riesgos del montañismo extremo. Trece días después de la tragedia, David Breashears llevó con éxito a un equipo de filmación a la montaña. El resultado puede verse en la espectacular película de IMAX, *Everest.*

Los relatos sobre las expediciones al monte Everest proporcionan una perspectiva muy valiosa de la administración de riesgos en un proyecto. En primer lugar, la mayoría de los alpinistas aguardan más de tres semanas para aclimatarse a las condiciones de las grandes alturas. Los sherpas llevan suministros y establecen los cuatro campamentos que se utilizarán como bases durante las etapas finales de la expedición. Para reducir los efectos de la hipoxia, la ligereza de cabeza y la desorientación que propicia la escasez de oxígeno, la mayoría de los escaladores utilizan máscaras y botellas de oxígeno durante el ascenso final. Si se tiene suerte de no ser una de las primeras expediciones de la temporada, la ruta a la cima debe estar preparada con estacas y cuerdas de los anteriores escaladores. Los guías reciben reportes meteorológicos de último momento por radio para confirmar si las condiciones climáticas son propicias para la expedición. Por último, para mayor seguridad, la mayoría de los escaladores se unen a sus sherpas en un complejo ritual *puja* para invocar el apoyo de los dioses antes de iniciar el ascenso.

Todos estos esfuerzos palidecen al acercarse a los rigores físicos y mentales de hacer la escalada final desde el campamento base IV hasta la cima. A esto los alpinistas le llaman la "zona de muerte", porque a más de 7 925 metros de altura la mente y el cuerpo comienzan a deteriorarse con rapidez, a pesar del oxígeno complementario. En condiciones normales, se requieren alrededor de 18 horas para hacer el viaje a la cima y regresar al campamento. Los escaladores salen incluso a la 1:00 a. m., para poder regresar antes de que anochezca y estén por completo agotados.

El mayor peligro al escalar el Everest no es llegar a la cima, sino regresar al campamento. Uno de cada cinco escaladores que llegan a la cima muere durante su descenso. La clave está en establecer un plan de contingencia en caso de que a los escaladores se les dificulte ir, o de que el clima cambie. Los guías prevén un tiempo de regreso (por decir algo, a las 2:00 p. m.) para garantizar un regreso seguro sin importar qué tan cerca estén los escaladores de la cima. Aceptar el tiempo requiere una gran disciplina. El escalador solitario Goran Krupp fue atrapado por el tiempo. ¡Recorrió 305 metros desde la cima después de haber viajado en bicicleta 12 875 kilómetros de Estocolmo a Katmandú!

Muchas vidas se han perdido cuando no hay un cumplimiento estricto del tiempo de regreso y cuando se quiere seguir avanzando hasta la cima. En palabras de un escalador: "Con suficiente determinación, cualquier idiota puede llegar a la cima. El truco está en regresar vivo."

* Jon Krakahuer, *Into Thin Air*, Nueva York, Doubleday, 1997, p. 190; Broughton Coburn, *Everest Mountain without Mercy*, Nueva York, National Geographic Society, 1997.

los recursos que se utilizan en el proyecto. Este enfoque no cubre en forma directa los aspectos donde se necesita protección de precios y no considera el rastreo ni el control. Los riesgos de precios deben evaluarse artículo por artículo. Algunas compras y contratos no se modificarán durante la vida del proyecto. Es necesario identificar los que puedan variar y calcular la magnitud del cambio. Este enfoque garantiza el control de los fondos de contingencia a medida que el proyecto se pone en práctica.

Riesgos de fondeo

¿Qué pasa si el fondeo para el proyecto se reduce 25 por ciento o las proyecciones para la terminación señalan que los costos superarán mucho a los fondos disponibles? ¿Cuáles son las probabilidades de que el proyecto se cancele antes de que concluya? Los administradores de proyecto con experiencia reconocen que en una evaluación completa de los riesgos se debe incluir una evaluación del suministro de fondos. Esto es en particular cierto para los proyectos que se financian con fondos públicos. Un ejemplo es el helicóptero Comanche RAH-66, que tan mala suerte encontró y que estaban desarrollando la Sikorsky Aircraft Corp., y la Boeing Co., para la armada estadounidense. Se habían invertido 8 000 millones de dólares para desarrollar un helicóptero de combate y reconocimiento de avanzada cuando, en febrero de 2004, el Departamento de Defensa recomendó que el proyecto fuera cancelado. Esta situación reflejaba la necesidad de reducir costos y un cambio en el uso de aeronaves no tripuladas para las misiones de reconocimiento y ataque.

Así como los proyectos del gobierno están sujetos a modificaciones de estrategia y agenda política, las empresas de negocios a menudo experimentan cambios en sus prioridades y en la alta dirección. Los proyectos predilectos del nuevo director general sustituyen a los del anterior. Los recursos se hacen escasos y una forma de financiar proyectos nuevos es cancelando otros.

Recortes severos de presupuestos o carencia de fondos adecuados pueden tener un efecto terrible en un proyecto. Lo común es que cuando tales cosas suceden hay una necesidad de reducir el alcance del proyecto a lo que es posible. Los "proyectos de todo o nada" son muy atractivos para los encargados de recortar gastos. Éste fue el caso del helicóptero Comanche una vez que se decidió retirarse de las aeronaves tripuladas de reconocimiento. Aquí lo atractivo del proyecto puede convertirse en una ventaja. Por ejemplo, quizá los proyectos de carreteras no cubran las intenciones originales, pero aún pueden añadir valor por cada milla que se completa.

En una escala mucho menor puede haber riesgos similares para fondear proyectos más mundanos. Por ejemplo, un contratista de la construcción puede encontrar que, debido a una baja repentina en el mercado de valores, los propietarios ya no pueden costear la casa de sus sueños. También puede ser que una empresa de consultoría IS se quede con las manos vacías cuando un cliente se declara en bancarrota. En el primer caso, el contratista puede tener como plan de contingencia la venta de la casa en el mercado abierto, mientras que, por desgracia para la empresa consultora, tendrá que incorporarse a la larga fila de acreedores.

Fondos de contingencia y amortiguadores del tiempo

Los fondos de contingencia se establecen para cubrir los riesgos identificados y desconocidos de un proyecto. No se sabe cuándo, dónde y cuánto dinero se gastará hasta que se presente el evento de riesgo. A menudo, los "propietarios" del proyecto no están dispuestos a designar fondos de contingencia para un proyecto que impliquen que el plan de éste puede ser deficiente. Algunos perciben que el fondo de contingencia añade una carga más. Otros afirman que permitirá hacerle frente al riesgo cuando éste se materialice. En general, dicha renuencia a establecer reservas para contingencias puede superarse al documentar la identificación del riesgo, su valoración, los planes de contingencia y para el desembolso de los fondos.

El tamaño y la cantidad de las reservas de contingencia dependen de la incertidumbre inherente al proyecto. La incertidumbre se refleja en lo nuevo del proyecto, en estimados poco precisos de tiempo y costos, en información técnica desconocida, en un enfoque inestable y en problemas que no se anticiparon. En la práctica, las contingencias representan entre 1 y 10 por ciento en proyectos similares a proyectos anteriores. Sin embargo, en los proyectos únicos y de alta tecnología no es difícil encontrar que las contingencias están en un rango que va de 20 a 60 por ciento. Es necesario supervisar y controlar muy de cerca el uso y la tasa de consumo de las reservas. Si sólo se escoge un porcentaje de la línea de base, por ejemplo 5 por ciento, y se llama a esto reserva de contingencia no se estará abordando las cosas con solidez. Además, si se añaden todas las asignaciones de contingencia y se les coloca en un solo fondo, tampoco se tendrá un control sólido de los fondos de reserva.

En los hechos, el fondo de reserva de contingencia se divide casi siempre, para fines de control, en fondos de reserva para presupuesto y administración. Se establecen reservas presupuestarias para cubrir riesgos identificados; éstas se asignan a segmentos específicos o a productos a entregar del proyecto. Se establecen reservas administrativas para cubrir riesgos no identificados y se les asigna a riesgos que se asocian con todo el proyecto. Los riesgos se separan porque, para utilizarlos, se necesita la aprobación de los distintos niveles de autoridad que intervienen en el proyecto. Como todos los riesgos son probabilísticos, las reservas no se incluyen en la línea de base para cada paquete de trabajo o actividad; sólo se les activa cuando el riesgo se presenta. Si un riesgo identificado no se da y esta posibilidad ha pasado, el fondo que se asigna al riesgo debe deducirse de la reserva presupuestaria. (Así se elimina la tentación de utilizar ésta para otros aspectos o problemas.) Por supuesto, si el riesgo se da, los fondos se retiran de la reserva y se añaden a la línea base de costos.

Es importante que las asignaciones para contingencia sean independientes de los estimados originales de tiempo y costo. Estos retiros deben diferenciarse con claridad para evitar juegos con el tiempo y el presupuesto.

Reservas presupuestarias

Estas reservas se identifican para paquetes específicos de tareas o segmentos de un proyecto; se ubican en el presupuesto de base o en la estructura de descomposición del trabajo. Por ejemplo, quizás sea posible añadir una cantidad de reserva a la "programación de código de computadora" para cubrir el riesgo de que la "ejecución del programa" muestre un problema de código. La cantidad de reserva se determina costeando la contingencia aceptada o plan de recuperación. La existencia de una reserva presupuestaria debe comunicársele al equipo del proyecto. Esta apertura sugiere confianza y alienta un buen desempeño de los costos. No obstante, la distribución de las reservas presupuestarias debe ser responsabilidad tanto del administrador del proyecto como de los miembros del equipo responsables de ejecutar el segmento específico del proyecto. Si el riesgo no se materializa, los fondos se eliminan de la reserva presupuestaria. Así, ésta se reduce a medida que el proyecto avanza.

Reservas de administración

Se necesitan fondos de reserva para cubrir los principales riesgos no previstos y, de esta manera, se aplican a todo el proyecto. Por ejemplo, quizá sea necesario modificar el enfoque a medio camino. Como no se anticipó ni identificó este cambio, está cubierto con la reserva de administración. Las reservas de administración se establecen *después* de que se identifican las reservas presupuestarias y se establecen los fondos. Las primeras son independientes de las reservas presupuestarias y están controladas por el administrador y el "propietario" del proyecto. Éste puede ser interno (alta dirección) o externo a la organización del proyecto. La mayoría de las reservas administrativas se establecen con datos históricos y juicios relativos al carácter único y a la complejidad del proyecto.

La introducción de contingencias técnicas en la reserva administrativa es un caso especial. A menudo se relaciona la identificación de posibles riesgos técnicos (funcionales) con un proceso, o producto nuevo, no comprobado e innovador. Como hay una posibilidad de que la innovación no funcione, se necesita un plan de respaldo. Este tipo de riesgo está más allá del control del administrador del proyecto. Por lo tanto, las reservas técnicas se incluyen en la reserva de la administración y las controla el titular o la alta dirección. El propietario y el administrador del proyecto deciden cuándo se pondrá en práctica el plan de contingencia y los fondos de reserva que se utilizan. Se supone que hay muchas probabilidades de que estos fondos nunca se utilicen.

En la tabla 7.1 se muestra el desarrollo de un estimado de un plan de contingencia para un proyecto hipotético. Advierta cómo se mantienen aparte las reservas presupuestarias y de administración; el control se facilita con este formato.

Amortiguadores de tiempo

Así como se establecen fondos de contingencia para absorber costos no previstos, los gerentes utilizan los amortiguadores de tiempo para prepararse ante retrasos potenciales en el proyecto. Y al

TABLA 7.1
Estimado del fondo de contingencia (en miles de dólares)

Actividad	Línea de base del presupuesto	Reserva presupuestaria	Presupuesto del proyecto
Diseño	$500	$15	$515
Código	900	80	980
Prueba	20	2	22
Subtotal	$1 420	$97	$1 517
Reserva de la administración	—	—	50
Total	$1 420	$97	$1 567

igual que los fondos de contingencia, la cantidad de tiempo depende de la incertidumbre inherente al proyecto. Mientras mayor sea la incertidumbre del proyecto, más tiempo deberá reservarse para el programa. La estrategia consiste en asignar tiempo extra en los momentos críticos del proyecto. Por ejemplo, se añaden amortiguadores a

a) Actividades con riesgos graves.

b) Actividades de fusión que están expuestas a retrasos debido a que alguna o varias de las actividades precedentes terminan después de lo programado.

c) Actividades no críticas para reducir la probabilidad de que den origen a otra ruta crítica.

d) Actividades que necesitan recursos escasos para garantizar que éstos existan cuando se les necesita.

Ante toda la incertidumbre a que está sujeto el programa, a veces se añaden amortiguadores al final del proyecto. Por ejemplo, un proyecto de 300 días hábiles puede contar con un amortiguador de 30 días. Si bien este tiempo adicional no aparecerá en el programa, está disponible si se le necesita. Como en el caso de las reservas administrativas, para éstas también se necesita, en general, licencia de la alta dirección. En el apéndice del capítulo 8 se hace una aproximación más sistemática al uso de amortiguadores en la administración de proyectos de cadena crítica.

Paso 4: Control de respuesta al riesgo

El último paso en el proceso de administración de riesgos es el control de éstos; es decir, ejecutar la estrategia de respuesta al riesgo, supervisar los eventos que lo desatan, iniciar planes de contingencia y estar preparado para nuevos riesgos. El establecimiento de un sistema de administración del cambio para manejar los eventos que necesitan modificaciones formales de alcance, presupuesto y/o programación del proyecto es un elemento esencial en el control de riesgos.

Los administradores de proyectos deben supervisar los riesgos de la misma manera en que vigilan el avance del proyecto. La evaluación de los riesgos y la actualización de las necesidades deben ser parte de todas las reuniones de estado y del sistema de reporte de avance. El equipo del proyecto necesita estar siempre alerta para detectar riesgos nuevos e imprevistos. La administración debe ser sensible a que los demás no omitan riesgos y problemas nuevos. Cuando se admite que puede haber un virus en el código de diseño o que los distintos componentes no son compatibles afecta negativamente el desempeño individual. Si la cultura prevaleciente en la organización castiga con severidad los errores, entonces es del todo humano protegerse a sí mismo. Del mismo modo, si las malas noticias se reciben con aspereza y hay la tendencia de "matar al mensajero", los participantes no estarán dispuestos a hablar con libertad. La propensión a eliminar las malas noticias se complica cuando la responsabilidad individual es vaga y el equipo del proyecto está sujeto a mucha presión de la alta gerencia para que el proyecto se termine pronto.

Los administradores de proyecto han de establecer un ambiente donde los participantes se sientan a gusto cuando expresan preocupaciones y admiten errores. La norma debe ser que los errores son aceptables y que esconderlos es intolerable. Hay que enfrentar los problemas, no negarlos. Es necesario alentar a los participantes a identificar problemas y riesgos nuevos. Aquí, la actitud positiva del administrador del proyecto es clave.

En proyectos grandes y complicados quizá sea prudente repetir el ejercicio de identificación/valoración del riesgo con información fresca. Es necesario revisar los perfiles de riesgo para probar que las respuestas originales mantuvieron su validez. Hay que incorporar al análisis a los interesados relevantes. Quizá esto no sea práctico siempre, pero los gerentes deben estar en contacto con ellos en forma regular, o bien, realizar juntas especiales con ellos para revisar el estado de los riesgos en el proyecto.

Una segunda clave para controlar el costo de los riesgos es la documentación de la responsabilidad. Esto puede resultar problemático en proyectos que incluyen muchas organizaciones y contratistas. A menudo se traslada la responsabilidad por los riesgos a otros al decir "eso no me preocupa". Esta mentalidad es peligrosa. Todos los riesgos identificados deben asignarse (o compartirse) por acuerdo mutuo del propietario, del administrador del proyecto y del contratista o persona que tiene la responsabilidad directa del paquete de tareas o de ese segmento del proyecto. Es mejor hacer que la persona responsable en línea apruebe el uso de los fondos de la reserva presupuestaria y supervise su tasa de utilización. Si se necesitan fondos de reserva administrativa, la persona en línea debe desempeñar un papel activo en el cálculo de los costos y los fondos adicionales para terminar el proyecto. Cuando el personal en línea participa en el proceso la atención se centra en la reserva de la administración, el control de su tasa de utilización y en una advertencia temprana de los potenciales eventos de riesgo. Si no se formaliza la administración del riesgo, nadie asumirá la responsabilidad o responderá al riesgo: *no es mi área.*

La línea de base es que los administradores de proyecto y los miembros del equipo deben estar atentos para supervisar riesgos potenciales e identificar nuevas minas de tierra oculta que podrían descarrilar un proyecto. La evaluación de riesgos debe ser parte de la agenda de trabajo de las reuniones de evaluación del avance y cuando surjan nuevos riesgos, es necesario analizarlos e incorporarlos al proceso de administración de riesgos.

Administración del control de cambios

Un elemento importante en el proceso de control de riesgos es la administración del cambio. Quizá no se materialicen, como se esperaba, todos los detalles del plan de un proyecto. El manejo y control de los cambios en el proyecto implican un reto formidable para la mayoría de los gerentes de proyecto. Los cambios proceden de muchas fuentes: el cliente del proyecto, el propietario, el administrador del proyecto, los miembros del equipo y el surgimiento de eventos de riesgo. La mayoría de los cambios caen en tres categorías:

1. Los cambios de enfoque en la forma de diseño o adiciones representan cambios importantes; por ejemplo, las solicitudes de los clientes de una nueva característica o de un nuevo diseño que mejore el producto.
2. Cuando se presentan los eventos de riesgo, la puesta en marcha de planes de contingencia implican cambios en los costos de base y en los programas.
3. La mejora de los cambios que sugieren los miembros del equipo del proyecto se incluyen en otra categoría.

Dado que el cambio es inevitable, al inicio del ciclo de planeación del proyecto es necesario implantar un proceso bien definido de control y revisión de cambios.

Los sistemas de control de cambios implican elaborar reportes, controlar y registrar los cambios a la línea de base del proyecto. (Nota: algunas organizaciones consideran que los sistemas de control de cambios son parte de la administración de la configuración.) En la práctica, la mayoría de los sistemas de control de cambios está diseñada para cumplir con lo siguiente:

1. Identificar cambios propuestos.
2. Enumerar los efectos esperados de los cambios propuestos en el programa y en el presupuesto.
3. Revisar, evaluar y aprobar, o no, los cambios y hacerlo de manera formal.
4. Negociar y resolver conflictos de cambio, condiciones y costo.
5. Comunicar los cambios a las partes afectadas.
6. Asignar la responsabilidad de la ejecución del cambio.

FIGURA 7.9
Proceso de control de cambios

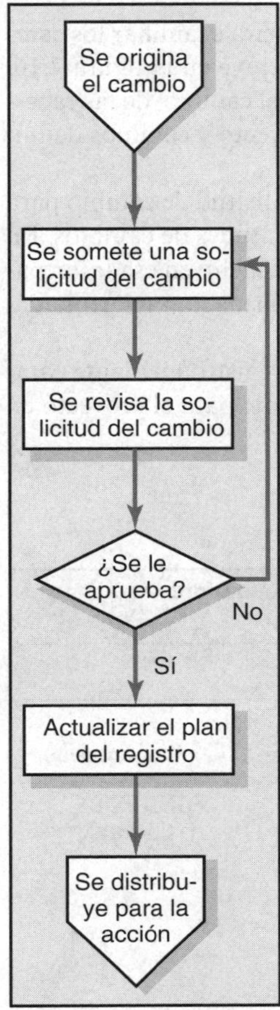

7. Ajustar el programa y el presupuesto maestros.
8. Rastrear todos los cambios por ejecutar.

Como parte del plan de comunicaciones del proyecto, los interesados definen desde el principio el proceso de toma de decisiones y de comunicación que se utilizará para evaluar y aceptar los cambios. El proceso se puede capturar en un diagrama de flujo como el que se presenta en la figura 7.9. En los proyectos pequeños este proceso puede involucrar la aprobación de un grupo pequeño de accionistas. En procesos más grandes se establecen procedimientos más elaborados para la toma de decisiones y se utilizan otros para cambios diferentes. Por ejemplo, las modificaciones en los requerimientos de desempeño pueden exigir cancelaciones múltiples que incluyan al patrocinador del proyecto y al cliente, mientras que el cambio de proveedores puede ser autorizado por el administrador de proyecto. No importa cuál sea la naturaleza del proyecto, el objetivo es establecer el proceso para introducir los cambios necesarios en el proyecto en forma oportuna y eficaz.

Es muy importante valorar el efecto de los cambios en el proyecto. A menudo, las soluciones a problemas inmediatos tienen consecuencias negativas en otros aspectos de un proyecto. Por ejemplo, para superar un problema con el sistema de escape de gases de un automóvil híbrido, los ingenieros de diseño contribuyeron al prototipo y superaron los parámetros de pesos. Es importante

FIGURA 7.10 **Solicitud de cambio de la muestra**

Nombre del proyecto *Intercambio cultural sinoirlandés* Patrocinador del proyecto *Embajada de Irlanda*
Solicitud número *12* Fecha *6 de junio de 2xxx*
Creadora *Jennifer McDonald* Cambio solicitado por *Oficina de cultura de China*

Descripción del cambio solicitado

1. Solicitud para que los bailarines ribereños sustituyan a un pequeño grupo de danza irlandesa.
2. Solicitud de una danza combinada entre los bailarines ribereños y el grupo de ballet chino.

Razones para el cambio

Los bailarines ribereños mejorarán la calidad del espectáculo. El grupo es conocido y los chinos los adoran.

Áreas de impacto del cambio propuesto – describa cada uno en una hoja por separado

[X] Alcance [X] Costo [ ] Otro ______
[ ] Calendario [ ] Riesgo

Disposición	Prioridad	Fuente de financiamiento
[ ] Aprobar	[ ] Emergencia	[ ] Reserva de la administración
[X] Aprobar con corrección	[X] Urgente	[ ] Reserva presupuestaria
[ ] No aprobar	[ ] Baja	[X] Cliente
[ ] Diferir		[ ] Otro

Firmas de autorización

Administrador de proyecto	*William O'Mally*	Fecha	*12 de junio de 2xxx*
Patrocinador de proyecto	*Kenneth Thompson*	Fecha	*13 de junio de 2xxx*
Cliente del proyecto	*Hong Lee*	Fecha	*18 de junio de 2xxx*
Otro		Fecha	

que las personas con la experiencia y la perspectiva adecuadas valoren las implicaciones de los cambios. En los proyectos de construcción esto es, por lo general, responsabilidad de la empresa de arquitectura, mientras que los "arquitectos del software" desempeñan una función similar en los esfuerzos de desarrollo de sistemas.

Las organizaciones utilizan formatos de solicitud de cambios y registros para examinar los cambios propuestos. Un ejemplo de solicitud simplificada para el cambio se incluye en la figura 7.10. Por lo común, las formas de solicitud de cambios incluyen una descripción del cambio, de las repercusiones de no aprobarlo, de su efecto en el alcance/programa/costo del proyecto y caminos definidos para revisar y rastrear un número de lote.

En la figura 7.11 se presenta una versión modificada del registro de una solicitud de cambio para un proyecto de construcción. Estos registros se usan para supervisar las solicitudes de cambios. En general resumen el estado de todas las solicitudes sobresalientes de cambio e incluyen esa información útil como fuente y fecha del cambio, documentan los códigos para información relacionada, los estimados de costos y el estado actual de la solicitud.

Todos los cambios aprobados deben identificarse e integrarse al plan de registro mediante cambios en la EDT y en el programa de base. El plan de registro es oficial y vigente para el proyecto en

FIGURA 7.11 Registro de las solicitudes de cambios

Informe de avance de los cambios solicitados por el propietario: Aspectos abiertos							**OSO: Weatherford**
			Fechas				
RC#	**Descripción**	**Documento de referencia**	**Fecha de recepción**	**Fecha de presentación**	**Cantidad**	**Estado**	**Comentarios**
51	Interrupción del trabajo en el alcantarillado				–188 129	ABIERTA	FONDOS DE OTRA FUENTE
52	Placas inoxidables en las válvulas de las regaderas de los baños	IAA 56	1/5/2008	3/30/2008	9 308	APROBADA	
53	Opciones de impermeabilización	IAA 77	1/12/2008		169 386	ABIERTA	
54	Cambiar las especificaciones de la caja del piso	SDI 133	12/5/2008	3/29/2008	2 544	SOMETER	
55	Opción VE para estilo y puertas corredizas	Muestras de puertas	1/14/2008		–20 000	MAO	
56	Lavado a presión en la torre C	Solicitud del propietario	3/15/2008	3/30/2008	14 861	SOMETER	
57	Vidrio Fire Lite en las escaleras	Solicitud del propietario			8 000	COTIZACIÓN	MAO BASADA EN LA FIRELITE NT
58	Adición de un cibercafé con equipo tele/OFOI	IAA 65	1/30/2008		4 628	APROBADA	
59	Aparatos adicionales en el ala C	IAA 68	2/4/2008	3/29/2008	1 085	SOMETER	
60	Revisar los techos del corredor	IAA 72	2/13/2008	3/31/2008	–3 755	SOMETER	

ABIERTA: Requiere estimado
MAO: Magnitud aproximada de la orden
COTIZACIÓN: Cotizaciones del subcontratista
SOMETER: Se sometió una carta RC
APROBADA: Se aprobó una carta RC
REVISAR: Hay que revisar una carta RC
IAA: Instrucciones adicionales del arquitecto
SDI: Solicitud de información

términos de alcance, presupuesto y programa. Asimismo, sirve como un parámetro de comparación de la administración de los cambios para solicitudes futuras de cambios, así como línea de base para evaluar el avance en el proyecto.

Si el sistema de control de cambios no se integra a la EDT y a la línea de base, los planes para el proyecto y su control pronto se autodestruirán. De esa manera, una de las claves para tener éxito en el proceso de control de cambios es documentarlo todo. Los beneficios que se derivan de los sistemas de control de cambios son los siguientes:

1. Se desalienta la realización de cambios sin consecuencia en el proceso formal.
2. Se mantienen los costos de los cambios en un registro.
3. Se conserva la integridad de la EDT y de las medidas de desempeño.
4. Es posible rastrear la asignación y el uso del presupuesto y los fondos de la reserva administrativa.
5. No hay dudas sobre la responsabilidad de la realización.
6. El efecto de los cambios es visible para todas las partes involucradas.
7. Se supervisa la realización del cambio.
8. Los cambios en el enfoque se reflejarán pronto en la línea de base y en las medidas de desempeño.

Por supuesto, el control de cambios es importante y requiere que una persona, o grupo, tome la responsabilidad de aprobarlos, mantener el proceso actualizado y que los comunique al equipo del proyecto y a los interesados más importantes. El control del proyecto depende mucho de que se mantenga al día el proceso de control de cambios. Este registro histórico puede utilizarse para satisfacer las dudas de los clientes, identificar problemas en las auditorías posteriores al proyecto y calcular los costos de proyectos futuros.

Resumen

A fin de analizar los procesos que se estudiaron en este capítulo con la perspectiva correcta, es necesario reconocer que la esencia de la administración de proyectos es la administración de riesgos. Todas las técnicas que se incluyen en este libro son en realidad para la administración de riesgos. A su manera, cada una de ellas intenta evitar que algo suceda. Los sistemas de selección de proyectos constituyen una herramienta para reducir la probabilidad de que el proyecto deje de contribuir a la misión de la empresa. Las declaraciones del alcance del proyecto, entre otras cosas, se han diseñado para evitar malos entendidos costosos y para reducir la brecha entre un alcance real y uno aparente. Con las estructuras de descomposición del trabajo se reduce la probabilidad de que se omita alguna parte vital del proyecto, o bien, de que los estimados de presupuestos no sean realistas. La conformación de un equipo reduce la probabilidad de un conflicto disfuncional, o de rupturas en la coordinación. Todas las técnicas intentan aumentar la satisfacción de los interesados en el proyecto y aumentan las posibilidades de que éste tenga éxito.

Desde esta perspectiva, los gerentes participan en actividades administrativas para compensar la incertidumbre inherente a la administración de proyectos y el hecho de que las cosas nunca son como se planean. La administración de riesgos es proactiva, no reactiva. Reduce el número de sorpresas y conduce a una mejor comprensión de los resultados más probables de sucesos negativos.

Aunque muchos gerentes creen que, en el análisis final, la administración de riesgos y las contingencias dependen de un juicio subjetivo, todos los proyectos deben incluir algún método estándar para identificar, valorar y responder a los riesgos. El mero proceso de identificar los riesgos de un proyecto obliga a que se implante algún tipo de disciplina en todos los niveles de la administración del proyecto; asimismo, mejora el desempeño de éste.

Los planes de contingencia aumentan las probabilidades de terminar el proyecto a tiempo y dentro del presupuesto. Los planes de contingencia pueden ser simples "rodeos" o procedimientos muy detallados. Es necesario identificar y documentar con claridad en quiénes está la responsabilidad de los riesgos. Es deseable y prudente mantener una reserva como defensa ante riesgos del proyecto. Las reservas presupuestarias se relacionan con la EDT y deben comunicarse al equipo del proyecto. El control de las reservas de la administración debe mantenerse en manos del propietario, del administrador de proyecto y de la persona en línea responsable. El uso de las reservas de contingencia debe supervisarse, controlarse y revisarse de cerca durante el ciclo de vida del proyecto.

La experiencia indica con claridad que el uso de un proceso formal y estructurado para manejar los eventos de riesgo, previstos e imprevistos, en un proyecto reduce las sorpresas, los costos, los retrasos, la tensión y los malos entendidos. La administración de riesgos constituye un proceso iterativo que se da en la vida del proyecto. Cuando los eventos de riesgo se presentan, o los cambios son necesarios, el uso de un procedimiento eficaz de control de cambios para aprobar y registrar pronto los cambios facilitará la medición del desempeño con respecto al programa y los costos. En última instancia, una administración exitosa de los riesgos exige una cultura donde las amenazas se acepten y no se nieguen, y los problemas se identifiquen y no se oculten.

Términos clave

Amortiguador de tiempo
Análisis de escenarios
Distribución del riesgo
Estructura de descomposición del riesgo (EDR)
Evitar riesgos
Matriz de gravedad de los riesgos
Mitigación del riesgo
Perfil de riesgos
Plan de contingencias
Reserva de la administración
Reserva presupuestaria
Riesgo
Sistema de administración del cambio
Transferencia del riesgo

Preguntas de repaso

1. Los riesgos del proyecto pueden, o no, eliminarse si el proyecto se planea con cuidado. Explique.
2. Las probabilidades de que se presenten eventos de riesgo y que aumenten sus costos respectivos cambian en el ciclo de vida del proyecto. ¿Cuál es la importancia de este fenómeno para un administrador de proyecto?
3. ¿Cuál es la diferencia entre evitar un riesgo y aceptarlo?
4. ¿Cuál es la diferencia entre mitigar un riesgo y un plan de contingencias?
5. ¿Cuál es la diferencia entre las reservas presupuestarias y las reservas de la administración?
6. ¿Cómo se relacionan la estructura de descomposición del trabajo y el control de cambios?
7. ¿Cuáles son los resultados probables si no se utiliza un proceso de control de cambios? ¿Por qué?

Ejercicios

1. Reúna un grupo pequeño de estudiantes. Piense en un proyecto que la mayoría comprendería; el tipo de tareas también debe ser familiar. Identifique y valore los riesgos importantes y los riesgos menores inherentes al proyecto. Decida un tipo de respuesta. Desarrolle un plan de contingencias para dos o cuatro de los riesgos identificados. Calcule los costos. Asigne reservas de contingencia. ¿Cuánta reserva debe calcular su equipo para todo el proyecto? Justifique sus elecciones y sus cálculos.
2. Se le ha asignado a formar parte del equipo de riesgos de un proyecto, el cual está integrado por cinco personas. Como ésta es la primera vez que su organización ha establecido de manera formal un equipo de riesgo para el proyecto, se espera que su equipo desarrolle un proceso que pueda utilizarse en todos los proyectos futuros. La primera reunión de su equipo es el siguiente lunes por la mañana. Se le ha pedido a cada uno de los integrantes del equipo que se prepare para la reunión y que desarrolle, con el mayor detalle posible, un diagrama donde describa cómo debiera proceder el equipo para manejar los riesgos del proyecto. Cada uno de los miembros manejará su diagrama propuesto al principio de la reunión, el cual debe incluir la siguiente información, aunque no se limite a ella:
   a) Objetivos del equipo.
   b) Proceso para manejar los eventos de riesgo.
   c) Actividades del equipo.
   d) Resultados del equipo.
3. El equipo del proyecto del torneo de balompié del Manchester United (vuelva al caso correspondiente al final del capítulo 4) ha identificado los siguientes riesgos potenciales para su proyecto:
   a) Los árbitros no se presentan a los juegos programados.
   b) Los equipos pelean entre sí.
   c) Un árbitro comete un error muy grande que determina el resultado del juego.
   d) Los padres tienen un comportamiento abusivo fuera de la cancha de juego.

e) El estacionamiento es inapropiado.

f) No hay suficientes equipos inscritos en los distintos grupos de edad.

g) Una lesión grave.

¿Cómo recomendaría usted que respondieran a estos riesgos (por ejemplo: aceptarlos, evitarlos, etc.) y por qué?

4. Busque en Internet lo siguiente: "mejores prácticas, administración de proyectos" (en inglés, *best practices, project management*). ¿Qué encontró? ¿De qué le sirve esta información a un administrador de proyecto?

Referencias

Atkinson, W., "Beyond the Basics", *PM Network,* mayo de 2003, pp. 38-43.

Baker, B. y R. Menon, "Politics and Project Performance: The Fourth Dimension of Project Management", *PM Network,* 9 (11) noviembre de 1995, pp. 16-21.

Carr, M. J., S. L. Konda, I. Monarch, F. C. Ulrich y C. F. Walker, "Taxonomy-Based Risk Identification", *Technical Report CMU/SEI-93-TR-6, Software Engineering Institute,* Carnegie Mellon University, Pittsburgh, 1993.

Ford, E. C., J. Duncan, A.G. Bedeian, P. M. Ginter, M. D. Rousculp y A. M. Adams, "Mitigating Risks, Visible Hands, Inevitable Disasters, and Soft Variables: Management Research that Matters to Managers", *Academy of Management Executive,* 19 (4) noviembre de 2005, pp.24-38.

Graves, R., "Qualitative Risk Assessment", *PM Network,* 14 (10) octubre de 2000, pp. 61-66.

Gray, C.F., y R. Reinman, "PERT Simulation: A Dynamic Approach to the PERT Technique", *Journal of Systems Management,* marzo de 1969, pp. 18-23.

Hamburger, D. H., "The Project Manager: Risk Taker and Contingency Planner", *Project Management Journal* 21 (4), 1990, pp. 11-16.

Hulett, D. T., "Project Schedule Risk Assessment", *Project Management Journal,* 26 (1) 1995, pp. 21-31.

Ingebretson, M., "In No Uncertain Terms", *PM Network,* 2002, pp. 28-32.

Levine, H. A., "Risk Management for Dummies: Managing Schedule, Cost and Technical Risk, and Contingency", *PM Network,* 9 (10) octubre de 1995, pp. 31-33.

"Math Mistake Proved Fatal to Mars Orbiter", *The Orlando Sentinel,* 23 de noviembre de 1999.

Pavlik, A., "Project Troubleshooting: Tiger Teams for Reactive Risk Management", *Project Management Journal,* 35 (4) diciembre de 2004, pp. 5-14.

Pinto, J. K., *Project Management: Achieving Competitive Advantage,* Upper Saddle River, NJ, Pearson, 2007.

Pritchard, C. L., "Advanced Risk-How Big Is Your Crystal Ball?" Proceedings of the 31st Annual Project Management Institute 2000 Seminars and Symposium, Houston, TX, 2000, CD, pp. 933-36.

Project Management Body of Knowledge, Newton Square, PA, Project Management Institute, 2000, pp. 127-46.

Schuler, J. R., "Decision Analysis in Projects: Monte Carlo Simulation", *PM Network,* 7 (1) enero de 1994, pp. 30-36.

Smith, P. G., y G. M. Merritt, *Proactive Risk Management: Controlling Uncertainty in Product Development,* Nueva York, Productivity Press, 2002.

Smith, P. G., y D. G. Reinersten, *Developing Products in Half the Time,* Nueva York, Van Nostrand Reinhold, 1995.

Caso

Expedición de pesca a Alaska*

Usted está sentado frente al hogar de una cabaña en Dillingham, Alaska, comentando sobre una expedición de pesca que está planeando con sus colegas en Great Alaska Adventures (GAA). Más temprano, usted recibió un fax del presidente de BlueNote, Inc. Él desea recompensar a su equipo de alta dirección llevándolos a un a aventura de pesca en Alaska con todos los gastos pagados. Quisiera que GAA organizara y dirigiera la expedición.

* Este caso fue preparado con la ayuda de Stuart Morigeau.

Usted acaba de terminar una declaración preliminar del alcance del proyecto (lea en seguida). Ahora realiza una tormenta de ideas sobre los riesgos potenciales que este proyecto implica.

1. Realice una tormenta de ideas sobre los riesgos potenciales que este proyecto implica. Intente obtener al menos cinco riesgos potenciales.
2. Utilice una evaluación de riesgos semejante a la de la figura 7.6 para analizar los riesgos identificados.
3. Desarrolle una matriz de respuesta al riesgo semejante a la de la figura 7.8 para delinear cómo se enfrentaría usted a cada uno de los riesgos.

DECLARACIÓN DEL ENFOQUE DEL PROYECTO

OBJETIVO DEL PROYECTO

Organizar y dirigir una expedición de pesca de cinco días a lo largo del río Tikchik, situado en Alaska, del 21 al 25 de junio, a un costo no superior a 27 000 dólares.

PRODUCTOS A ENTREGAR

- Proporcionar transportación por aire desde Dillinghan, Alaska, al Campamento I y del Campamento II de regreso a Dillingham.
- Suministrar transportación pluvial con ocho embarcaciones para ocho tripulantes con motores fuera de borda.
- Servir tres comidas al día durante los cinco días que permanezcan en el río.
- Dar cuatro horas de instrucciones para pescar con moscas.
- Conseguir alojamiento en el hotel de Dillingham durante una noche y tres tiendas para cuatro personas con catres, ropa blanca y linternas.
- Contratar cuatro guías experimentados en el río que también sean pescadores diestros en esta técnica.
- Conseguir permisos de pesca para todos los invitados.

ACONTECIMIENTOS IMPORTANTES

1. Contrato firmado – 22 de enero.
2. Llegada de los invitados a Dillingham – 20 de junio.
3. Salida en avión al Campamento base I – 21 de junio.
4. Salida en avión al Campamento base II de regreso a Dillingham – 25 de junio.

REQUERIMIENTOS TÉCNICOS

1. Transportación por aire de ida y de regreso a los campamentos.
2. Transportación en embarcaciones dentro del río Tikchik.
3. Dispositivos de comunicación celular digital.
4. Los campamentos y la pesca se adaptarán a los requerimientos oficiales del estado de Alaska.

LÍMITES Y EXCLUSIONES

1. Los invitados se encargarán de arreglar su viaje de ida y vuelta a Dillingham, Alaska.
2. Los invitados se responsabilizarán de su equipo y ropa de pesca.
3. La transportación local por aire de ida y vuelta a los campamentos se contratará con proveedores externos.
4. Los guías no son responsables de la cantidad de salmón rey que los invitados pesquen.

REVISIÓN DEL CLIENTE

El presidente de BlueNote, Inc.

Caso

Silver Fiddle Construction

Usted es el presidente de la Silver Fiddle Construction (SFC), empresa que se especializa en la construcción de casas a la medida, de alta calidad, en el área de Grand Junction, Colorado. La familia Czopek acaba de contratarlo para que construya la casa de sus sueños. Usted opera como contratista general y emplea un solo tenedor de libros de tiempo parcial. Asimismo, subcontrata profesionales locales para realizar los trabajos. La construcción de vivienda en Grand Junction se encuentra en un muy buen momento. Usted tiene programado terminar, en forma tentativa, 11 casas este año. Le ha prometido a los Czopek que el costo final será entre 450 000 y 500 000 dólares. Esta familia está dispuesta a que el proyecto se retrase para ahorrar costos.

Usted acaba de elaborar una declaración preliminar del enfoque del proyecto (lea en seguida). Ahora efectúa una tormenta de ideas para identificar los riesgos potenciales que se asocian al proyecto.

1. Identifique los riesgos potenciales que este proyecto implica. Intente obtener al menos cinco riesgos potenciales.
2. Utilice una evaluación de riesgos semejante a la de la figura 7.6 para analizar los riesgos identificados.
3. Desarrolle una matriz de respuesta al riesgo semejante a la de la figura 7.8 para delinear cómo se enfrentaría usted a cada uno de los riesgos.

DECLARACIÓN DEL ENFOQUE DEL PROYECTO

OBJETIVO DEL PROYECTO

Construir una casa hecha a la medida, de alta calidad, en un plazo de cinco meses sin exceder 500 000 dólares.

PRODUCTOS A ENTREGAR

- Una casa terminada de 233 metros cuadrados, dos baños y medio, y tres recámaras.
- Una cochera terminada, aislada y con chapa de cantera.
- Aparatos de cocina tales como estufa, horno, microondas y lavavajillas.
- Un horno a gas de alta eficiencia con termostato programable.

ACONTECIMIENTOS IMPORTANTES

1. Aprobación de permisos: 5 de julio.
2. Vaciado de los cimientos: 12 de julio.
3. Inspecciones para aprobar marcos, recubrimientos, instalaciones eléctricas, plomería y elementos mecánicos: 25 de septiembre.
4. Inspección final: 7 de noviembre.

REQUERIMIENTOS TÉCNICOS

1. Una casa debe cumplir con los códigos locales de construcción.
2. Todas las ventanas y puertas deben aprobar las calificaciones de energía de la NFRC clase 40.
3. El aislamiento de las paredes exteriores debe cumplir un factor “R” de 21.
4. El aislamiento de los techos debe cumplir un factor “R” de 38.
5. El aislamiento de los pisos debe cumplir un factor “R” de 25.
6. La cochera tendrá espacio para dos automóviles y una camioneta Winnebago de 8.5 metros de largo.
7. La estructura debe aprobar los códigos de estabilidad sísmica.

LÍMITES Y EXCLUSIONES

1. La casa se construirá de acuerdo con las especificaciones y el diseño de los planos originales que el cliente proporcionó.
2. El propietario se encargará del diseño de las áreas verdes.
3. El refrigerador no se incluye entre los aparatos de cocina.
4. No se incluye el aire acondicionado, pero sí se instalaron los cables para conectarlo.
5. SFC se reserva el derecho de subcontratar servicios.

REVISIÓN DEL CLIENTE

"Bolo" e Izabella Czopek.

Caso

Proyecto de Red de Área Local (LAN) de Peak

Peak Systems es una empresa pequeña de consultoría en sistemas de información situada en Meridian, Luisiana. Se le acaba de contratar para diseñar e instalar una red de área local (LAN: Local Area Network) para la agencia de seguridad social de la ciudad de Meridian. Usted es el administrador del proyecto, el cual incluye a un profesionista de la empresa y a dos practicantes de una universidad local. Acaba de terminar una declaración preliminar del enfoque del proyecto (lea en seguida). Ahora está realizando una tormenta de ideas sobre los riesgos potenciales que el proyecto implica.

1. Identifique los riesgos potenciales que este proyecto implica. Intente obtener al menos cinco riesgos potenciales.
2. Utilice una evaluación de riesgos semejante a la de la figura 7.6 para analizar los riesgos identificados.
3. Desarrolle una matriz de respuesta al riesgo semejante a la de la figura 7.8 para delinear cómo enfrentaría cada uno de los riesgos.

DECLARACIÓN DEL ENFOQUE DEL PROYECTO

OBJETIVO DEL PROYECTO

Diseñar e instalar una red de área local (LAN) en un mes con un presupuesto no mayor a 90 000 dólares para la agencia de servicio social de Meridian.

PRODUCTOS A ENTREGAR

- Veinte estaciones de trabajo y 20 computadoras portátiles.
- Un servidor con procesadores de doble núcleo (*dual core*).
- Dos impresoras láser a color.
- Un servidor Windows Vista y un sistema operativo para estación de trabajo.
- Cuatro horas de capacitación introductoria para el personal del cliente.
- Dieciséis horas de capacitación para el administrador de la red del cliente.
- Un sistema LAN en operación total.

ACONTECIMIENTOS IMPORTANTES

1. Hardware: 22 de enero.
2. Establecimiento de las prioridades de los usuarios y autorización: 26 de enero.
3. Fin de la comprobación de toda la red instalada: 1 de febrero.
4. Terminación de la prueba en la ubicación del cliente: 2 de febrero.
5. Capacitación terminada: 16 de febrero.

REQUERIMIENTOS TÉCNICOS

1. Estaciones de trabajo con pantalla plana de 17 pulgadas, procesadores de doble núcleo, 1 GB de RAM, 8X DVD+RW, tarjeta inalámbrica, tarjeta Ethernet, disco duro de 80 GB.
2. Computadoras portátiles con pantalla de 12 pulgadas, procesadores de doble núcleo, 512 MB de RAM, 8X DVD+RW, tarjeta inalámbrica, tarjeta Ethernet, disco duro de 60 GB y un peso menor a cuatro libras y media.
3. Tarjetas inalámbricas de interfaz con la red y conexiones de Ethernet.
4. El sistema debe soportar la plataforma Windows Vista.
5. El sistema debe proporcionar un acceso externo seguro a los trabajadores de campo.

LÍMITES Y EXCLUSIONES

1. Mantenimiento y reparación del sistema sólo hasta un mes después de la inspección final.
2. Las garantías se trasladan al cliente.
3. Sólo se es responsable de instalar el software que el cliente diseñó dos semanas antes del inicio del proyecto.
4. Al cliente se le cobrará la capacitación adicional más allá de lo prescrito en el contrato.

REVISIÓN DEL CLIENTE

El director de la agencia de servicio social de Meridian.

Caso

Concierto de primavera XSU

Usted es miembro del comité de entretenimiento de la comunidad estudiantil de la X State University (XSU). Su comité ha acordado patrocinar un concierto de primavera. El motivo es ofrecer una alternativa segura al Fin de Semana Hasta. Éste es un festejo de primavera en el que los estudiantes de la XSU rentan botes y organizan una fiesta muy desenfrenada. Es tradicional que se haga el último fin de semana de mayo. Por desgracia, tiene una larga historia de salirse de control y, en ocasiones, de propiciar accidentes fatales. Después de una tragedia ocurrida la primavera pasada, su comité quiere ofrecerle una experiencia alterna a quienes están ansiosos de celebrar el cambio de clima y el próximo final del año escolar.

Usted acaba de terminar la declaración preliminar del alcance del proyecto (lea en seguida). Ahora está realizando una tormenta de ideas sobre los riesgos potenciales que el proyecto implica.

1. Identifique los riesgos potenciales que este proyecto implica. Intente obtener al menos cinco riesgos potenciales.
2. Utilice una evaluación de riesgos semejante a la de la figura 7.6 para analizar los riesgos identificados.
3. Desarrolle una matriz de respuesta al riesgo semejante a la de la figura 7.8 para delinear cómo se enfrentaría usted a cada uno de los riesgos.

DECLARACIÓN DEL ENFOQUE DEL PROYECTO

OBJETIVO DEL PROYECTO

Organizar y llevar a cabo un concierto de ocho horas en el Wahoo Stadium a un costo que no supere los 50 000 dólares el último domingo de mayo.

PRODUCTOS A ENTREGAR

- Publicidad local.
- Seguridad para el concierto.
- Un jardín de cerveza separado (donde se permite beberla).
- Ocho horas de música y entretenimiento.
- Puestos de comida.
- Camisetas de recuerdo del concierto.
- Cubrir todos los permisos y licencias.
- Asegurar patrocinadores.

ACONTECIMIENTOS IMPORTANTES

1. Asegurar todos los permisos y aprobaciones: 15 de junio.
2. Contratar artistas de renombre: 15 de febrero.
3. Completar el programa de apariciones de los artistas: 1 de abril.
4. Asegurar los contratos de los proveedores: 15 de abril.
5. Terminar los preparativos: 27 de mayo.
6. Realizar el concierto: 28 de mayo.
7. Terminar la limpieza: 31 de mayo.

REQUERIMIENTOS TÉCNICOS

1. Sistema y escenario de sonido profesional.
2. Al menos un artista de renombre.
3. Al menos siete actos en el espectáculo.
4. Instalaciones sanitarias para al menos 10 000 personas.
5. Estacionamiento disponible para 1 000 automóviles.
6. Cumplimiento de los requerimientos y normas de la XSU y de la ciudad.

LÍMITES Y EXCLUSIONES

1. Los artistas son responsables de los arreglos de viaje de ida y vuelta a la XSU.
2. Los proveedores contribuyen con un porcentaje fijo de las ventas.
3. El concierto debe terminar para las 11:30 p.m.

REVISIÓN DEL CLIENTE

El presidente del cuerpo estudiantil de la XSU.

Apéndice 7.1

PERT y simulación PERT

TÉCNICA DE REVISIÓN DE LA EVALUACIÓN DE PROGRAMAS: PERT

En 1958, la oficina especial de la Armada de Estados Unidos y la empresa de consultoría Booze, Allen y Hamilton desarrollaron la PERT (es decir, técnica de revisión de evaluación de programas) para programar a los más de 3 300 contratistas del proyecto de submarino Polaris y para cubrir la incertidumbre de los estimados de tiempo de las actividades.

La PERT es casi idéntica a la técnica del método de la ruta crítica (MRC) con la diferencia de que supone que la duración de cada actividad tiene un alcance que sigue una distribución estadística. La PERT utiliza tres estimados de tiempo para cada actividad. En esencia, esto significa que cada actividad puede durar desde un tiempo pesimista hasta uno optimista y que es posible calcular un promedio valorado para cada actividad. Como en general las actividades del proyecto representan trabajo, y como el trabajo tiende a estancarse una vez que empieza a retrasarse, los desarrolladores de la PERT escogieron una aproximación de la *distribución beta* para que representara la duración de las actividades. Esta distribución es conocida por su flexibilidad y puede acomodar datos empíricos que no siguen una distribución normal. Las duraciones de las actividades pueden inclinarse más hacia el extremo superior o inferior del rango de datos. En la figura A7.1*a* se muestra una *distribución beta* de las duraciones de actividades con tendencia a la derecha que representa el trabajo que tiende a estar rezagado una vez que se retrasa. La distribución para la duración del proyecto se representa por una distribución normal (simétrica), la cual se muestra en la figura A7.1*b*. La distribución del proyecto representa la suma de los promedios valorados de las actividades en la(s) ruta(s) crítica(s).

Si se conocen el promedio valorado y las varianzas de cada actividad, el planeador del proyecto podrá calcular la probabilidad de que se cumplan las distintas duraciones del proyecto. Síganse los pasos que se describen en el ejemplo hipotético que aparece a continuación. (La jerga es difícil para quienes no están familiarizados con la estadística, pero el proceso es muy sencillo una vez que se trabaja con un par de ejemplos.)

El tiempo de la actividad promedio valorada se calcula con la fórmula siguiente:

$$t_e = \frac{a + 4m + b}{6} \qquad \textbf{(7.1)}$$

donde t_e = tiempo valorado de actividad promedio
a = tiempo optimista de la actividad (probabilidad de 1 en 100 de terminar antes la actividad en condiciones *normales*)
b = tiempo pesimista de la actividad (probabilidad de 1 en 100 de terminar después la actividad en condiciones *normales*)
m = tiempo más probable de la actividad

Cuando se han especificado los tres estimados, se utiliza la ecuación para calcular la duración valorada promedio de cada actividad. El valor promedio (determinista) se ubica en la red del proyecto como en el método MRC y los tiempos temprano, tardío, de inactividad y de terminación del proyecto se calculan como están en el método MRC.

La variabilidad en los estimados de tiempo de actividad se aproxima con las siguientes ecuaciones: la ecuación 7.2 representa la desviación estándar para la *actividad.* La ecuación 7.3 representa la desviación estándar para el *proyecto.* Observe que la desviación estándar de la actividad se ha

FIGURA A7.1 Distribuciones de frecuencia del proyecto y de la actividad

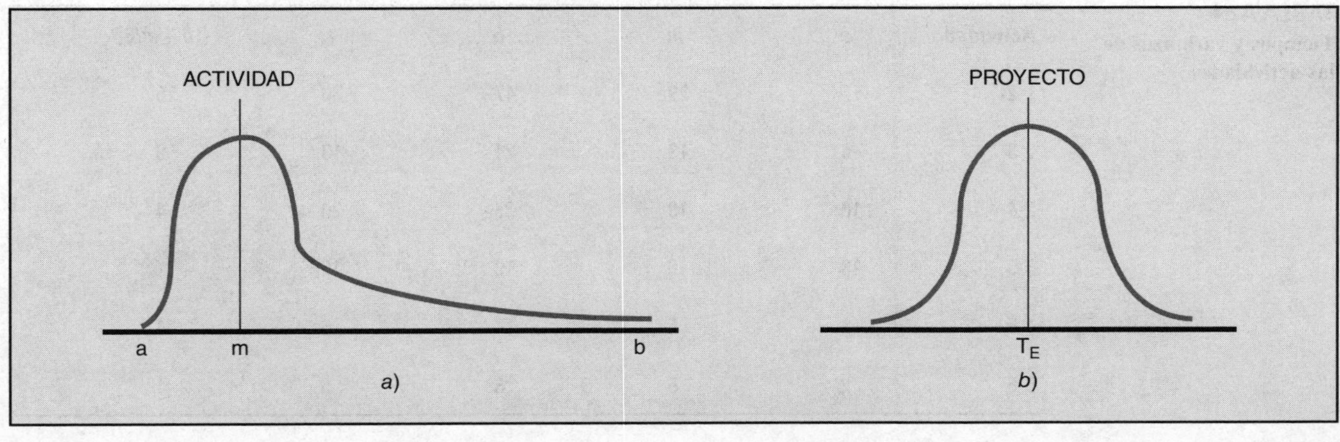

elevado al cuadrado en esta ecuación; a esto también se le denomina varianza. Esta suma incluye sólo las actividades en la ruta crítica o en la ruta que se está revisando.

$$\sigma_{t_e} = \left(\frac{b-a}{6}\right) \tag{7.2}$$

$$\sigma_{T_E} = \sqrt{\Sigma \sigma {t_e}^2} \tag{7.3}$$

Por último, la duración promedio del proyecto (T_E) es la suma de todos los tiempos promedio de actividad en la ruta crítica (suma de t_e) y sigue una distribución normal.

Si se conocen la duración promedio del proyecto y las varianzas de las actividades, se tiene la probabilidad de terminar el proyecto (o un segmento) en un tiempo específico que se calcula con tablas estadísticas estándar. La ecuación de abajo (7.4) se utiliza para calcular el valor "Z" que se encuentra en las tablas estadísticas (Z = número de desviaciones estándar de la media) que, a su vez, indica la probabilidad de completar el proyecto en el tiempo especificado.

$$Z = \frac{T_S - T_E}{\sqrt{\Sigma \sigma {t_e}^2}} \tag{7.4}$$

donde T_E = duración de la ruta crítica
T_S = duración programada del proyecto
Z = probabilidad (de cumplir la duración programada) que se encuentra en la tabla estadística A7.2.

UN EJEMPLO HIPOTÉTICO EN EL QUE SE UTILIZA LA TÉCNICA PERT

Los tiempos de las actividades y las varianzas se dan en la tabla A7.1. La red del proyecto se presenta en la figura A7.2. Esta figura muestra la red del proyecto como AEF y AEN. La red AEN se presenta como recordatorio de que en la PERT es posible utilizar ambas.

La duración esperada del proyecto (T_E) tiene 64 unidades de tiempo; la ruta crítica es 1, 2, 3, 5, 6. Con esta información puede calcularse fácilmente la probabilidad de terminar el proyecto en una fecha específica con los métodos estadísticos estándar. Por ejemplo, ¿cuál es la probabilidad de que el proyecto se termine antes de un tiempo programado (T_S) de 67? La curva normal para el proyecto sería como se muestra en la figura A7.3.

TABLA A7.1
Tiempos y varianzas de las actividades

Actividad	*a*	*m*	*b*	t_e	$[(b-a)/6]^2$
1-2	17	29	47	30	25
2-3	6	12	24	13	9
2-4	16	19	28	20	4
3-5	13	16	19	16	1
4-5	2	5	14	6	4
5-6	2	5	8	5	1

Al utilizar la fórmula para el valor de Z, la probabilidad se puede calcular como sigue:

$$
\begin{aligned}
Z &= \frac{T_S - T_E}{\sqrt{\Sigma \sigma t_e^2}} \\
&= \frac{67 - 64}{\sqrt{25 + 9 + 1 + 1}} \\
&= \frac{+3}{\sqrt{36}} \\
&= +0.50 \\
P &= 0.69
\end{aligned}
$$

FIGURA A7.2
Red hipotética

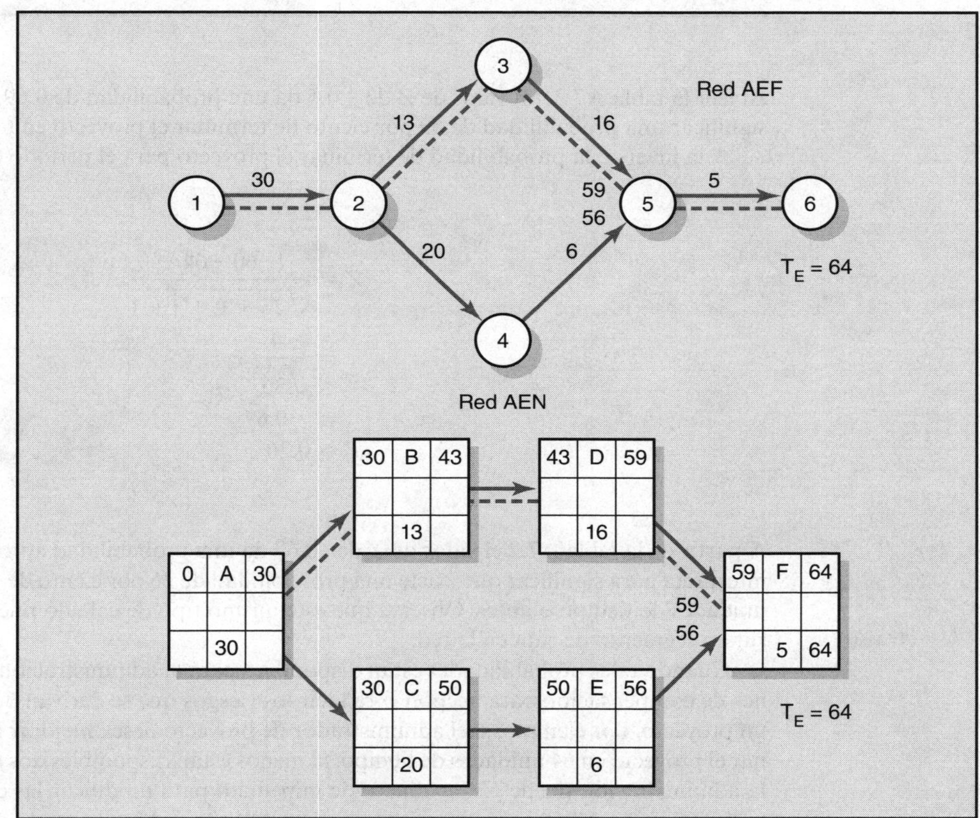

FIGURA A7.3
Duraciones posibles del proyecto

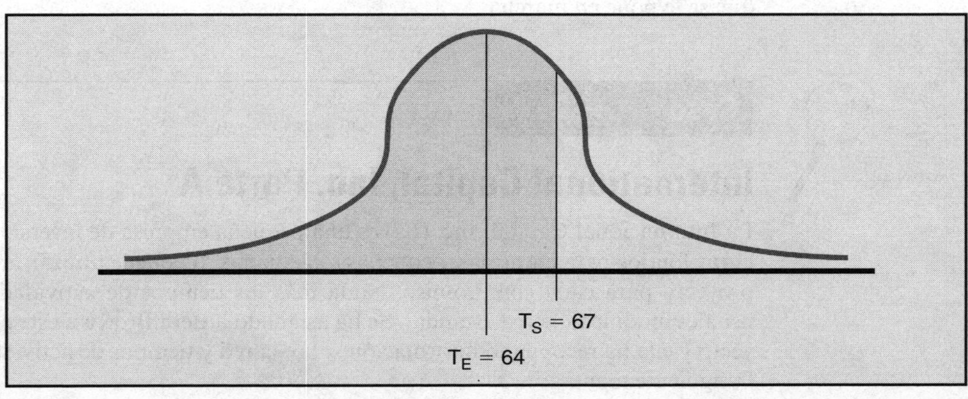

TABLA A7.2

Valor z	Probabilidad	Valor z	Probabilidad
–2.0	0.02	+2.0	0.98
–1.5	0.07	+1.5	0.93
–1.0	0.16	+1.0	0.84
–0.7	0.24	+0.7	0.76
–0.5	0.31	+0.5	0.69
–0.3	0.38	+0.3	0.62
–0.1	0.36	+0.1	0.54

Al leer la tabla A7.2, un valor de Z de +0.5 da una probabilidad de 0.69, la cual se interpreta para significar una probabilidad de 69 por ciento de terminar el proyecto en 67 unidades o antes.

A la inversa, la probabilidad de terminar el proyecto para el periodo 60 se calcula como sigue:

$$
\begin{aligned}
Z &= \frac{60 - 64}{\sqrt{25 + 9 + 1 + 1}} \\
&= \frac{-4}{\sqrt{36}} \\
&= -0.67 \\
P &\approx 0.26
\end{aligned}
$$

A partir de la tabla A7.2 el valor de Z de –0.67 da una probabilidad aproximada de 0.26, lo cual se interpreta para significar que existe una probabilidad de 26 por ciento de terminar el proyecto en 60 unidades de tiempo o antes. Observe que este mismo tipo de cálculo puede hacerse para cualquier ruta o segmento de ruta en la red.

Cuando tales probabilidades están disponibles para la administración, es posible tomar decisiones de compensación para aceptar o reducir los riesgos que se derivan de la duración específica de un proyecto. Por ejemplo, si el administrador de proyecto desea mejorar las posibilidades de terminar el proyecto en 64 unidades de tiempo, al menos están disponibles dos opciones. En primer lugar, la administración puede gastar dinero de inmediato para modificar las condiciones que reducirán la duración de una o más actividades en la ruta crítica. Una segunda alternativa, más prudente, sería asignar dinero a un fondo de contingencias y observar cómo avanza el proyecto a medida que se le pone en marcha.

Caso

International Capital, Inc. Parte A

La Internacional Capital, Inc. (IC) es una pequeña empresa de inversión que se especializa en asegurar fondos para empresas pequeñas y medianas. IC puede utilizar un formato estandarizado de proyecto para cada compromiso. Nada más los tiempos de actividad y las circunstancias poco usuales modifican la red estándar. Se ha asignado a Beth Brown a este cliente como gerente de proyecto y ella ha recopilado información sobre la red y tiempos de actividad para el último cliente de la siguiente manera:

Actividad	Descripción	Predecesora inmediata
A	Comenzar el borrador de la historia con plantilla	—
B	Investigar la firma del cliente	—
C	Crear un borrador aproximado de "diligencia debida"	A, B
D	Coordinar la propuesta de necesidades con el cliente	C
E	Calcular la demanda futura y los flujos de efectivo	C
F	Elaborar un borrador para los planes futuros para la empresa cliente	E
G	Crear y aprobar documentos legales	C
H	Integrar todos los borradores en la propuesta del primer borrador	D, F, G
I	Alinear las fuentes potenciales de capital	G, F
J	Verificar, aprobar e imprimir la propuesta legal final	H
K	Firmar los contratos y los fondos de transferencia	I, J

	Tiempo en días hábiles		
Actividad	Optimista	Más probable	Pesimista
A	4	7	10
B	2	4	8
C	2	5	8
D	16	19	28
E	6	9	24
F	1	7	13
G	4	10	28
H	2	5	14
I	5	8	17
J	2	5	8
K	17	29	45

INFORME ADMINISTRATIVO

Brown y otros socios corredores tienen una política de pasar su plan a la revisión de un comité de colegas. Por lo general, este comité verifica que se cubran todos los detalles, que los tiempos sean realistas y que los recursos estén disponibles. Brown desea que usted desarrolle un reporte donde presente un programa planeado y el tiempo esperado para la terminación del proyecto en días hábiles. Incluya una red de proyecto en su reporte. La duración promedio para canalizar un proyecto de capital es de 70 días hábiles. Los socios de IC han acordado que es un buen negocio tener proyectos que tengan una probabilidad de 95 por ciento de que el plan se cumple. ¿Cómo se añade este proyecto al proyecto promedio? ¿Cuál tendría que ser el promedio para garantizar una probabilidad de 95 por ciento de que el proyecto se termine en 70 días hábiles?

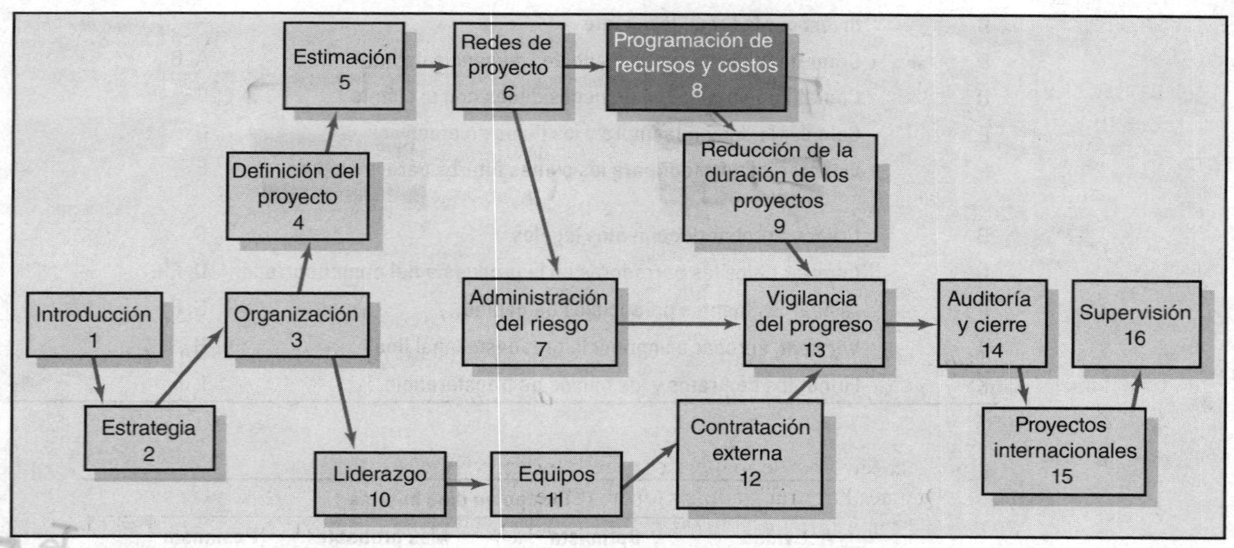

Programación de recursos y costos

Panorama general del problema de programación de recursos

Tipos de limitantes de recursos

Clasificación de un problema de programación

Métodos de asignación de recursos

Demostración computarizada de programación con limitantes de recursos

División de actividades

Beneficios de programar los recursos

Asignación de trabajo de proyectos

Programas de recursos multiproyectos

Uso del programa de recursos para desarrollar una línea de base de costos del proyecto

Resumen

Apéndice 8.1: El enfoque de la cadena crítica

CAPÍTULO OCHO

Programación de recursos y costos

Los tiempos de la red de proyectos no son calendarizados sino hasta que se hayan asignado los recursos. Los cálculos de estimación de costos no son un presupuesto sino hasta que se les haya asignado una cronología.

Hemos enfatizado de manera consistente que la planeación anticipada ofrece grandes rendimientos. Quienes han trabajado en forma diligente a lo largo de los capítulos anteriores de procesos de planeación, estarán casi listos para lanzar su proyecto. En este capítulo se terminan las dos tareas finales de planeación que se convirtieron en el plan maestro de su proyecto: programación de costos y recursos. (Véase la figura 8.1.) En este proceso se utiliza la programación de recursos para asignar costos con una *cronología* que brinde la *línea de base* del presupuesto del proyecto. Dada esta cronología de base, es posible hacer comparaciones entre los programas, los costos reales y los planeados. En este capítulo primero se analiza el proceso para desarrollar el programa de recursos del proyecto. Este programa se utilizará para asignar valores presupuestados cronológicos para crear la línea de base del presupuesto del proyecto.

En un proyecto siempre hay más propuestas que recursos disponibles. El sistema de prioridades debe elegir los proyectos que mejor contribuyan a los objetivos de la organización, dentro de los límites de los recursos disponibles. Si todos los proyectos y sus respectivos recursos están programados en computadora, la factibilidad y el efecto de agregar un nuevo proyecto a los que están en proceso se puede evaluar con rapidez. Con esta información, el equipo de prioridad de proyectos agregará un proyecto nuevo sólo si hay recursos para comprometerlos de manera formal con ese proyecto particular. En este capítulo se analizan métodos para programar recursos de manera que el equipo pueda realizar evaluaciones realistas de la disponibilidad de recursos y las duraciones de proyectos. El administrador de proyecto utiliza el mismo programa para llevar a cabo el proyecto. Si ocurren cambios durante la realización del proyecto, el programa de cómputo se actualiza con facilidad y los efectos se evalúan sin problemas.

Panorama general del problema de programación de recursos

Después de asignar personal y otros recursos a su proyecto, un administrador de proyecto preparó las siguientes preguntas que es necesario atender:

- ¿La mano de obra o el equipo serán los adecuados y estarán disponibles para manejar mi proyecto?
- ¿Se tendrán que utilizar contratistas externos?
- ¿Hay dependencia de recursos imprevistos? ¿Existe una nueva ruta crítica?
- ¿Cuánta flexibilidad tenemos al utilizar recursos?
- ¿Es realista la fecha de vencimiento original?

Es claro que el director de proyecto entiende bien los problemas que enfrenta. Cualquier sistema de programación de proyecto debe facilitar respuestas rápidas y fáciles a estas preguntas.

Los tiempos planeados de la red y las actividades del proyecto que se encontraron en los capítulos anteriores no tratan con el uso y la disponibilidad de proyectos. Los cálculos de tiempo para los

FIGURA 8.1
Proceso de planeación de proyecto

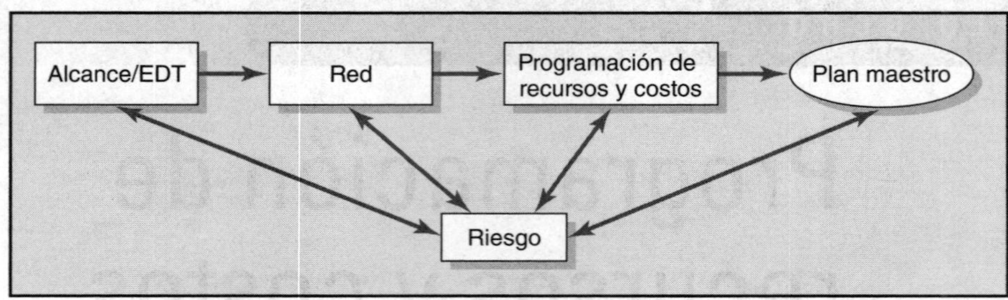

paquetes de trabajo y los tiempos de red se hicieron de manera independiente con la suposición implícita de que los recursos estarían disponibles. Esto puede o no ser el caso.

Si los recursos son adecuados, pero la demanda varía en forma amplia durante la vida del proyecto, puede ser deseable emparejar la demanda de recursos al retrasar las actividades no críticas (por medio de un periodo de poca actividad) para disminuir la demanda pico y, así, aumentar la utilización de recursos. Este proceso se llama *nivelación de recursos* o *facilitación*.

Por otro lado, si los recursos no son los adecuados para cumplir con las demandas pico, el inicio tardío de algunas actividades se debe retrasar y la duración del proyecto puede aumentar. Este proceso se llama *programación con limitaciones de recursos*. En un estudio de investigación que hizo este autor de más de 50 proyectos se encontró que la duración de las redes de proyecto planeadas aumentó 38 por ciento cuando se programaron los recursos.

Las consecuencias de no programar los recursos limitados constituyen una actividad costosa y, por lo general, los retrasos de proyecto se manifiestan a la mitad del proyecto cuando es difícil una acción correctiva rápida. Una consecuencia adicional de no programar los recursos es ignorar los picos y los valles en el uso de recursos durante el proyecto. Debido a que los recursos del proyecto suelen estar comprometidos en exceso y porque los recursos rara vez están alineados por disponibilidad y necesidad, es necesario seguir los procedimientos para manejar estos problemas. En este capítulo se abordan métodos disponibles para los administradores de proyecto a fin de manejar el uso y disponibilidad de recursos mediante la nivelación de recursos y la programación de los recursos limitados.

Hasta ahora, el inicio y la secuencia de las actividades se han basado sólo en consideraciones técnicas o lógicas. Por ejemplo, una red de proyecto para la estructuración de una casa podría mostrar tres actividades en una secuencia: 1) poner los cimientos, 2) construir el marco y 3) cubrir el techo. Una red de proyecto de software nuevo podría poner las actividades en la red, como una secuencia de: 1) diseño, 2) codificación y 3) prueba. En otras palabras, no se puede realizar en forma lógica la actividad 2 sino hasta que se haya terminado la actividad 1 y así en lo sucesivo. En la red de proyecto se describen las limitaciones técnicas. (Véase la figura 8.2*a*.) En la red se asume que el equipo y el personal están disponibles para el trabajo requerido. Con frecuencia, éste no es el caso.

La ausencia o escasez de recursos puede alterar en forma drástica las restricciones técnicas. Un planeador de red de proyecto puede suponer recursos adecuados y mostrar actividades que ocurren en forma paralela. Sin embargo, las actividades paralelas tienen un potencial de conflictos de recursos. Por ejemplo, suponga que usted planea una recepción de boda que incluye cuatro actividades: 1) planeación, 2) contratación de una banda, 3) decoración de un salón y 4) compra de refrigerios. Cada actividad toma un día. Las actividades 2, 3 y 4 pueden hacerse de manera paralela por distintas personas. No hay una razón técnica o dependencia de uno sobre otro (véase la figura 8.2*b*). No obstante, si una persona debe realizar todas las actividades, la restricción de recursos requiere que las actividades se realicen en secuencia o en serie. Es claro que la consecuencia es un retraso de estas actividades y un conjunto muy distinto de relaciones de red (véase la figura 8.2*c*). Nótese que la dependencia de recursos tiene prioridad sobre la dependencia tecnológica, *pero no viola la dependencia tecnológica*; es decir, quizá contratación, decoración y compra tengan que realizarse en secuencia y no en forma simultánea, pero todo debe completarse antes de efectuar la recepción.

Las interrelaciones e interacciones entre las limitaciones de tiempo y de recursos son complejas incluso para redes de proyectos pequeños. Algún esfuerzo por analizar estas interacciones, antes de que el proyecto comience, con frecuencia revela problemas sorprendentes. Los administradores de proyecto que no consideran la disponibilidad de recursos en los proyectos moderadamente complejos, por lo general se enteran del problema cuando es demasiado tarde para corregirlo. Un déficit

FIGURA 8.2
Ejemplos de restricción

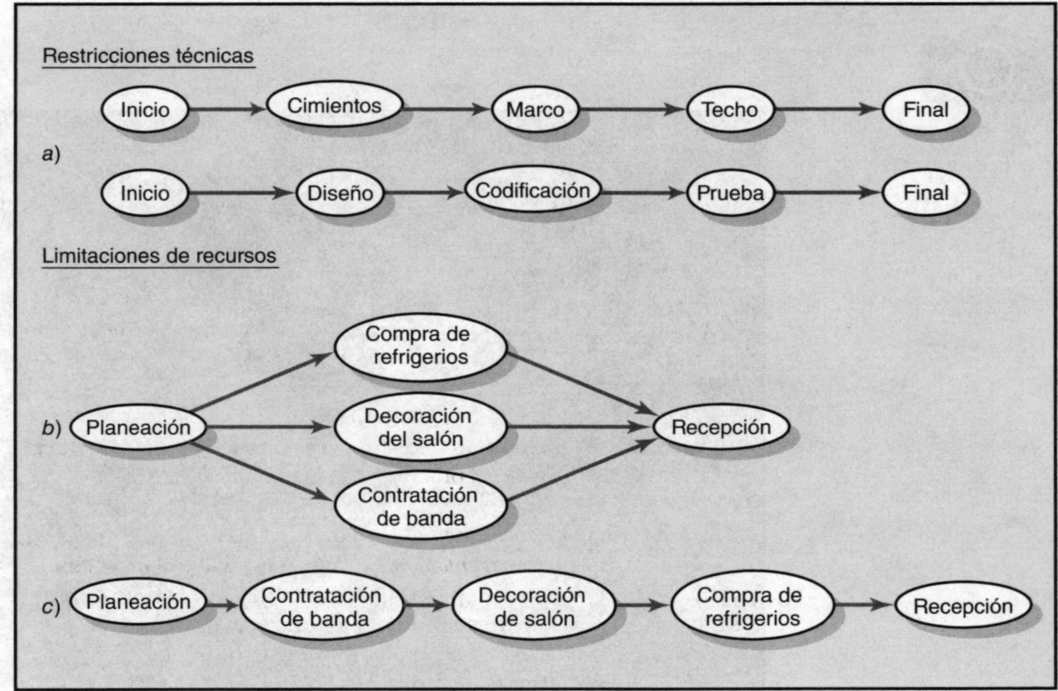

de recursos puede alterar de manera significativa las relaciones de dependencia del proyecto, las fechas de cumplimiento y los costos. Los administradores de proyecto deben ser cuidadosos al programar los recursos para asegurar la disponibilidad en las cantidades correctas y el tiempo adecuado. Por fortuna, hay programas de cómputo que pueden identificar los problemas de recursos durante la fase de planeación inicial del proyecto, cuando se pueden considerar cambios correctivos. Estos programas sólo requieren necesidades de recursos de actividades e información de disponibilidad para programar los recursos.

Véase el recuadro Caso de práctica: Trabajar en lugares estrechos, para ver una tercera limitación que afecta la programación del proyecto.

Tipos de limitantes de recursos

Los recursos son personas, equipo y material de los que se puede disponer para lograr algo. En los proyectos, la disponibilidad o carencia de recursos con frecuencia influirá en la forma en que se manejan los proyectos.

1. *Personas* Éste es el recurso del proyecto más evidente e importante. Los recursos humanos por lo general se clasifican por las habilidades que aportan al proyecto; por ejemplo, programador, ingeniero mecánico, soldador, inspector, director de marketing, supervisor. En raras ocasiones, algunas destrezas son intercambiables, pero casi siempre con una pérdida de productividad. Las diversas habilidades de los recursos humanos se suman a la complejidad de la programación de proyectos.

2. *Materiales* Los materiales de proyecto abarcan un espectro grande: por ejemplo, químicos para un proyecto científico, concreto para la construcción de un camino, datos de encuestas para un proyecto de marketing.

Los factores que se consideran causantes del retraso de muchos proyectos son la disponibilidad o faltantes de material. Cuando se sabe que una carencia de materiales es importante y probable, se deben incluir los materiales en el plan de red y el programa del proyecto. Por ejemplo, la entrega y colocación de una torre en una plataforma de un campo petrolero de Siberia tiene una ventana de tiempo muy pequeña durante un mes de verano. Cualquier demora en la entrega significa un retraso

Caso de práctica

Trabajar en lugares estrechos

Digital Vision/Punchstock.

En situaciones raras, los factores físicos ocasionan que las actividades que por lo general ocurrirían en forma paralela estén restringidas por condiciones contractuales o ambientales. Por ejemplo, en teoría, la renovación de un compartimiento de un velero podría incluir cuatro o cinco tareas que se pueden hacer de manera independiente. Sin embargo, como el espacio permite que sólo una persona trabaje a la vez, todas las tareas se tienen que realizar en forma secuencial. De igual modo, en un proyecto de minería puede ser físicamente posible que sólo dos mineros trabajen en un hueco de ascensor a la vez. Otro ejemplo sería la construcción de una torre de comunicación y el trabajo circundante. Por consideraciones de seguridad, el contrato prohíbe un trabajo de tierra dentro de 2 000 pies de la torre de construcción.

Los procedimientos para manejar los factores físicos son similares a los que se utilizan para limitaciones de recursos.

costoso de un año. Otro ejemplo en el que el material fue el recurso programado más importante, fue el recubrimiento y reemplazo de algunas estructuras del puente Golden Gate de San Francisco. El trabajo en el proyecto estuvo limitado a las horas entre la media noche y las cinco de la mañana con una multa de 1 000 dólares por minuto por cualquier trabajo que se realizara después de las cinco de la mañana. La programación de la llegada de las estructuras de reemplazo fue algo demasiado importante para la administración de la ventana de tiempo de trabajo de cinco horas del proyecto. La programación de los materiales también se ha vuelto relevante para el desarrollo de productos donde el tiempo del mercado puede ocasionar una pérdida de participación de mercado.

3. *Equipo* Por lo general, el equipo se presenta por tipo, tamaño y cantidad. En algunos casos, el equipo se puede intercambiar para mejorar los programas, pero esto no es típico. Con frecuencia, al equipo se considera limitante. La omisión más común es asumir que la fuente de recursos es más que adecuada para el proyecto. Por ejemplo, si un proyecto necesita un tractor removedor de tierra dentro de seis meses y la empresa posee cuatro, es común asumir que el recurso no retrasará el proyecto pendiente. Sin embargo, cuando el tractor se necesita en el sitio en seis meses, las cuatro máquinas de la fuente podrían estar ocupadas en otros proyectos. En los ambientes de proyectos múltiples es prudente utilizar un conjunto de recursos comunes para todos los proyectos. Este enfoque requiere de una revisión de disponibilidad de recursos a través de todos los proyectos y reserva el equipo para necesidades específicas del proyecto, en el futuro. Reconocer las limitaciones de equipo antes de que comience el proyecto puede evitar costos elevados de fallas o retrasos.

Clasificación de un problema de programación

La mayor parte de los métodos de programación disponibles en la actualidad requieren que el administrador del proyecto clasifique el proyecto como *limitante de tiempo* o *limitante de recursos*. Los administradores de proyecto necesitan consultar su matriz de prioridades (véase la figura 4.2) para determinar en qué caso encaja su proyecto. Una simple prueba para determinar si el proyecto tiene limitante de tiempo o de recursos es preguntar: "Si la ruta crítica se retrasa, ¿se agregarán recursos para recuperar el tiempo perdido?" Si la respuesta es sí, asuma que el proyecto tiene limitante de tiempo; si la respuesta es no, asuma que el proyecto tiene limitante de recursos.

Un *proyecto con limitante de tiempo* es aquel que debe estar finalizado para una fecha impuesta. Si se requiere, se pueden agregar recursos para asegurar que el proyecto se complete para una fecha específica. Aunque el tiempo sea un factor crítico, la utilización de recursos no debe ser más de la necesaria y suficiente.

Un *proyecto con limitación de recursos* es el que asume que el nivel de recursos disponible no puede excederse. Si los recursos son inadecuados, será aceptable retrasar el proyecto, pero lo mínimo posible.

En términos de programación, limitación de tiempo significa que el tiempo (la duración del proyecto) es fijo y los recursos son flexibles, mientras que limitación de recursos significa que los recursos son fijos y el tiempo es flexible. En la siguiente sección se presentan los métodos para programar estos proyectos.

Métodos de asignación de recursos

Suposiciones

La facilidad para demostrar los métodos de asignación disponibles requiere que algunas suposiciones limitantes mantengan la atención en el corazón del problema. El resto del capítulo depende por completo de las suposiciones señaladas aquí. Primero, no se permitirá dividir las actividades. Esto significa que una vez que una actividad se coloca en el programa, se asume que se trabajará en ella de manera continua hasta que esté terminada; por lo tanto, una actividad no puede iniciarse, detenerse por un tiempo y luego terminarse. Segundo, el nivel de recursos utilizado para una actividad no se puede cambiar. Estas suposiciones de limitantes no existen en la práctica, pero simplifican el aprendizaje. Es fácil para los nuevos administradores de proyecto manejar la realidad de dividir las actividades y cambiar el nivel de recursos cuando los enfrentan en el trabajo.

Proyectos con limitaciones de tiempo: demanda niveladora de recursos

La programación de los proyectos con limitaciones de tiempo se enfoca en la *utilización* de recursos. Cuando la demanda de un tipo de recurso particular es errática, es difícil de manejar y la utilización puede ser muy mala. Los practicantes han atacado el problema de la utilización mediante técnicas de nivelación de recursos que equilibran o nivelan la demanda de un recurso. En lo fundamental, todas las técnicas de nivelación retrasan las actividades no críticas utilizando un tiempo de tolerancia para reducir la demanda pico y llenar los valles de los recursos. Un ejemplo demostrará el procedimiento básico para un proyecto con limitaciones de tiempo. Véase la figura 8.3.

Para el propósito de demostración, el jardín botánico utiliza sólo un recurso (excavadoras); todas las excavadoras son intercambiables. La gráfica de barras situada arriba muestra las actividades en una escala de tiempo. Las dependencias se muestran con las flechas de conexión verticales. Las flechas horizontales que siguen a las actividades representan el tiempo de tolerancia de la actividad (por ejemplo, la irrigación requiere seis días para completarse y tiene seis días de tolerancia). El número necesario de excavadoras para cada tarea se muestra en el bloque sombreado de duración de la actividad (rectángulo). Después de escarificar la tierra y establecer un plan el trabajo puede empezar, en forma simultánea, en los pasillos, la irrigación, las cercas y las paredes de carga. El diagrama de en medio muestra el perfil de recursos de las excavadoras. Para los periodos 4 al 10 se necesitan cuatro excavadoras.

FIGURA 8.3 Jardín botánico

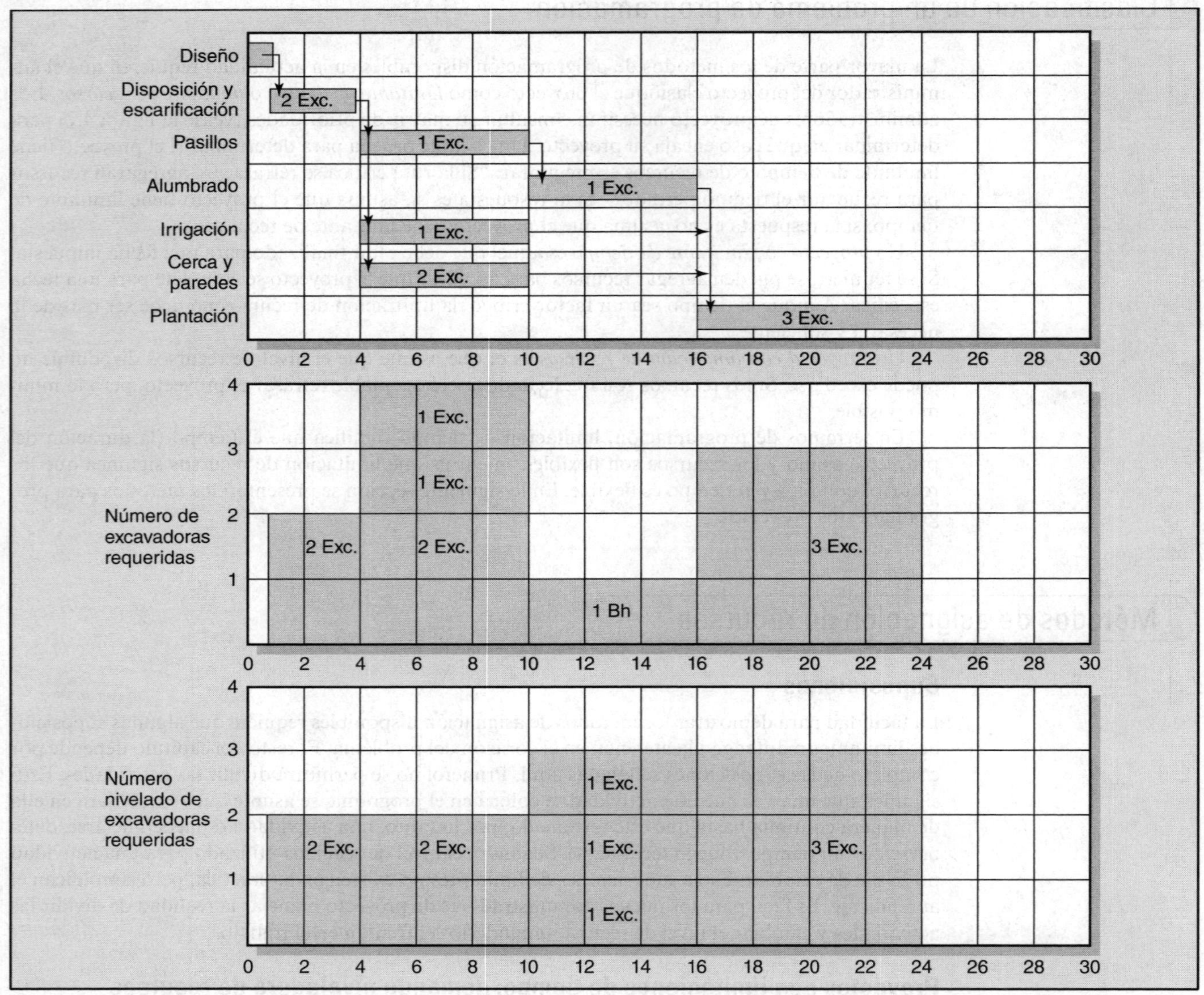

Dado que este proyecto se declaró con limitaciones de tiempo, la meta será reducir el requisito pico de los recursos y, así, aumentar la utilización del recurso. Un examen rápido del diagrama de carga de recursos de inicio anticipado (ES, por sus siglas en inglés) sugiere que sólo dos actividades tienen un tiempo de tolerancia que se puede utilizar para reducir el pico; la cerca y las paredes son la mejor opción para nivelar las necesidades de recursos. Otra opción podría ser la irrigación, pero ocasionaría un perfil de recursos de altas y bajas. Es probable que la opción se centre en la actividad que se percibe como de tener un menor riesgo de retrasarse. El diagrama de carga de recursos nivelado muestra los resultados de retrasar las actividades de la cerca y de la pared. Observe las diferencias en los perfiles de recursos. El punto importante es que los recursos necesarios a lo largo de la vida del proyecto se han reducido de cuatro a tres (25 por ciento). Además, el perfil se ha nivelado, lo cual deberá ser más fácil de manejar.

El programa del proyecto del jardín botánico alcanzó las tres metas de la nivelación:

- Se redujo la demanda pico del recurso.
- Disminuyeron los recursos en la vida del proyecto.
- Se minimizaron las fluctuaciones en la demanda de recursos.

El último punto mejora la utilización de recursos. Las excavadoras no se mueven con facilidad de una locación a otra. Hay costos asociados con el cambio del nivel de los recursos que se necesitan. La misma analogía se aplica al movimiento de la gente entre un proyecto y otro. Es bien sabido que la gente es más eficiente si enfoca su esfuerzo en un proyecto más que si hace múltiples tareas entre tres proyectos, por ejemplo.

La desventaja de la nivelación es una pérdida de flexibilidad que ocurre por la reducción del tiempo de tolerancia. El riesgo de que las actividades retrasen el proyecto también se incrementa debido a que la reducción del tiempo de tolerancia puede crear actividades más críticas o casi críticas. Llevar la nivelación demasiado lejos para lograr un perfil de recursos perfectamente nivelado es riesgoso. En ese caso, cada actividad se vuelve crítica.

El ejemplo del jardín botánico da una idea del problema con limitaciones de tiempo y el enfoque de nivelación. No obstante, en la práctica, la magnitud del problema es muy compleja incluso para pequeños proyectos. Las soluciones manuales no son prácticas. Por fortuna, los paquetes de software disponibles en la actualidad tienen muy buenas rutinas para nivelar los recursos de proyecto. Por lo general, utilizan actividades que tienen el mayor tiempo de tolerancia para nivelar los recursos del proyecto. La justificación es que esas actividades con más tiempo de tolerancia plantean el menor riesgo. Aunque esto suele ser verdad, otros factores de riesgo, como la reducción de la flexibilidad para utilizar recursos reasignados en sus demás actividades o la naturaleza de la actividad (fácil y compleja), no se enfrentan con una justificación tan simple. Es fácil experimentar con muchas opciones para encontrar la que mejor encaje en su proyecto y minimice el riesgo de retrasar el proyecto.

Proyectos con limitaciones de recursos

Cuando el número de personas o el equipo no son los adecuados para satisfacer las necesidades de demanda pico y es imposible obtener más, el administrador de proyecto enfrenta un problema con limitaciones de recursos. Se tiene que hacer algo. El truco es priorizar y asignar recursos para minimizar el retraso del proyecto sin exceder el límite de recursos o alterar las relaciones de redes técnicas.

La cuestión de programación de recursos es un problema combinatorio grande. Esto significa que incluso una red de proyecto de tamaño modesto con pocos tipos de recursos podría tener varios miles de soluciones factibles. Algunos investigadores han demostrado soluciones matemáticas *óptimas* al problema de asignación de recursos, pero sólo para redes pequeñas y muy pocos tipos de recursos. Las necesidades de datos masivos para problemas más grandes (por ejemplo, programación lineal) hacen poco prácticas las soluciones matemáticas puras. Un enfoque alternativo al problema ha sido el uso de la heurística (reglas prácticas) para resolver los problemas combinatorios grandes. Estas reglas prácticas de decisión o de prioridad han existido durante muchos años.

La heurística no siempre arroja un programa óptimo, sino que puede impulsar un programa "bueno" para redes muy complejas con muchos tipos de recursos. La eficiencia de las distintas reglas y combinaciones de reglas ha sido bien documentada. Sin embargo, como cada proyecto es único, es inteligente probar varios conjuntos distintos de heurística en una red para determinar las reglas de asignación de prioridades que minimicen el retraso del proyecto. Hoy, el software de cómputo disponible facilita mucho que el administrador de proyecto pueda crear un buen programa de recursos para el proyecto. Un ejemplo simple del enfoque heurístico se ilustra aquí.

La heurística asigna recursos a las actividades para reducir el atraso del proyecto; es decir, la heurística prioriza qué actividades reciben asignación de recursos y cuáles se retrasan cuando los recursos no son adecuados. Se ha encontrado que la siguiente heurística de programación disminuye, en forma consistente, el retraso del proyecto a lo largo de una gran diversidad de proyectos. Programe las actividades con base en las siguientes reglas de heurística prioritarias en el orden que se presenta:

1. Tiempo de tolerancia mínimo.
2. Menor duración.
3. Número de identificación de actividad más bajo.

El método paralelo es el enfoque que más se utiliza para aplicar la heurística. El método paralelo es un proceso iterativo que empieza en el primer periodo del proyecto y programa en cada periodo cualquier actividad elegible para iniciar. En cualquier periodo, cuando dos o más actividades

El método paralelo:

Periodo	Acción
0-1	Sólo la actividad 1 es elegible. Requiere de dos programadores.
	Cargar la actividad 1 en el calendario.
	Véase la figura 8.4
1-2	Ninguna actividad es elegible para ser calendarizada.
2-3	Las actividades 2, 3 y 4 son elegibles para ser calendarizadas. La actividad 3 tiene el menor tiempo de tolerancia (0); se aplica la regla 1.
	Cargar la actividad 3 en el calendario.
	La actividad 2 está a continuación, con un tiempo de tolerancia de 2; sin embargo, la actividad 2 requiere dos programadores y sólo hay 1 disponible.
	Retrasar la actividad 2. Actualización: ES = 3, tiempo de tolerancia = 1.
	La siguiente actividad elegible es la actividad 4, ya que sólo requiere de un programador.
	Cargar la actividad 4 en el programa.
	Véase la figura 8.5
3-4	La actividad 2 es elegible, pero excede el límite de tres programadores en el grupo.
	Retrasar la actividad 2. Actualización: ES = 4, tiempo de tolerancia = 0.
4-5	La actividad 2 es elegible, pero excede el límite de 3 programadores en la fuente.
	Retrasar la actividad 2. Actualización: ES = 5, LF = 11, tiempo de tolerancia = –1.
	Retrasar la actividad 7. Actualización: ES = 11, LF = 13, tiempo de tolerancia = –1.
5-6	La actividad 2 es elegible, pero excede el límite de 3 programadores en el grupo.
	Retrasar la actividad 2. Actualización: ES = 6, LF = 12, tiempo de tolerancia = –2.
	Retrasar la actividad 7. Actualización: ES = 12, LF = 14, tiempo de tolerancia = –2.
6-7	Las actividades 2, 5 y 6 son elegibles con un tiempo de tolerancia de –2, 2 y 0, respectivamente.
	Cargar la actividad 2 en el programa (regla 1).
	Como la actividad 6 tiene un tiempo de tolerancia de 0, es la siguiente actividad elegible.
	Cargar la actividad 6 en el programa (regla 1).
	Se llega al límite de programador de 3.
	Retrasar la actividad 5. Actualización: ES = 7, tiempo de tolerancia = 1.
7-8	Se llega al límite. No hay programadores disponibles.
	Retrasar la actividad 5. Actualización: ES = 8, tiempo de tolerancia 0.
8-9	Se llega al límite. No hay programadores disponibles.
	Retrasar la actividad 5. Actualización: ES = 9, LF = 11, tiempo de tolerancia = –1.
9-10	Se alcanza el límite. No hay programadores disponibles.
	Retrasar la actividad 5. Actualización: ES = 10, LF = 12, tiempo de tolerancia = –2.
10-11	La actividad 5 es elegible.
	Cargar la actividad 5 en el programa.
	(Nota: La actividad 6 no tiene tiempo de tolerancia porque no hay programadores disponibles: 3 máximo.)
11-12	No hay actividades elegibles.
12-13	La actividad 7 es elegible.
	Cargar la actividad 7 en el programa.

requieren el mismo recurso, se aplican las reglas de prioridad. Por ejemplo, si en el periodo 5, tres actividades son elegibles para iniciar (por ejemplo, tienen el mismo inicio anticipado, ES, por sus siglas en inglés) y requieren el mismo recurso, la primera actividad que se coloca en el programa es la que tiene menor tiempo de tolerancia (regla 1). No obstante, si todas las actividades tienen el mismo tiempo de tolerancia, se aplicaría la siguiente regla (regla 2) y la actividad con la menor duración se colocaría primero en el programa. En muy pocos casos, cuando todas las actividades posibles tienen el mismo tiempo de tolerancia y la misma duración, el desempate viene por el número de identificación de actividad más bajo (regla 3), ya que cada actividad tiene un número de identificación único.

Cuando se ha alcanzado el límite de recursos, el inicio anticipado (ES, por sus siglas en inglés) para las actividades subsecuentes que aún no están en el programa se debe retrasar (y todas las actividades posteriores que no tengan un tiempo de tolerancia libre) y su tiempo de tolerancia se debe reducir. En los periodos posteriores, el procedimiento se repite hasta que se programa el proyecto.

El procedimiento se demuestra a continuación, véase la figura 8.4. Las áreas sombreadas en el diagrama de carga de recursos representa el "intervalo de programación" del programa con *limitaciones de tiempo* (ES hasta LF). Puede programar el recurso en cualquier lugar *dentro* del intervalo y no retrasar el proyecto. Programar la actividad más allá del LF retrasará el proyecto.

Los programadores están limitados a tres. Siga las acciones descritas en las figuras 8.4 y 8.5. Observe cómo el límite de tres programadores empieza a retrasar el proyecto.

Observe qué tanto se necesita actualizar cada periodo para reflejar cambios en el inicio anticipado de la actividad y los tiempos de tolerancia para que la heurística pueda reflejar las prioridades cambiantes. Cuando se utiliza el método de programación paralela, la red en la figura 8.5 en la página 225 refleja la nueva fecha de programa de 14 unidades, más que la duración del proyecto con limitaciones de tiempo de 12 unidades. La red también ha sido revisada para reflejar nuevos tiempos de inicio, terminación y tolerancia para cada actividad. Nótese que la actividad 6 es todavía crítica y que tiene un tiempo de tolerancia de 0 unidades de tiempo porque no hay recursos disponibles (se utilizan en las actividades 2 y 5). Compare el tiempo de tolerancia de cada actividad que se encuentra en las figuras 8.4 y 8.5; se ha reducido el tiempo de tolerancia en forma significativa. Nótese que la actividad 4 tiene sólo 2 unidades de tiempo de tolerancia en lugar de lo que parece ser 6 unidades de tiempo de tolerancia. Esto ocurre debido a que sólo hay tres programadores disponibles y son necesarios para satisfacer las necesidades de los recursos de las actividades 2 y 5. Observe que el número de actividades críticas (1, 2, 3, 5, 6, 7) ha aumentado de cuatro a seis.

Este pequeño ejemplo demuestra el escenario de la programación de recursos en proyectos reales y el aumento del riesgo de tener un retraso. En la práctica, éste no es un problema trivial. Los administradores que fracasan en la programación de recursos por lo general enfrentan este riesgo de programación cuando es demasiado tarde para encontrar una solución, lo cual ocasiona un retraso en el proyecto.

Dado que resulta poco práctico utilizar en forma manual el método paralelo en proyectos del mundo real debido al tamaño, los administradores de proyecto dependerán de los programas de software para programar los recursos del proyecto.

Demostración computarizada de programación con limitantes de recursos

Por fortuna, el software de administración de proyectos es capaz de evaluar y resolver programas complicados con limitaciones de recursos mediante la heurística en forma similar a lo que se describió antes. Utilizaremos el proyecto EMR para demostrar cómo se hace esto por medio de la solución de Software MS Project. Es importante señalar que el software no "administra" el proyecto. El software es sólo una herramienta que el administrador del proyecto utiliza para ver el proyecto desde distintas perspectivas y condiciones. Véase el recuadro Caso de práctica de la página 233 para más consejos sobre la evaluación de los problemas de recursos.

EMR es el nombre que se le da al desarrollo de una guía de referencia médica electrónica y manual que se utiliza por técnicos de emergencia médica y paramédica. En la figura 8.6 se encuentra una red con limitaciones de tiempo para la fase de diseño del proyecto. Para fines de este ejemplo, asumimos que sólo se necesitan ingenieros de diseño para las tareas y que éstos son intercambiables. El número de ingenieros necesarios para realizar cada tarea se señala en la red, donde 500 por ciento significa que se necesitan cinco ingenieros de diseño para la actividad. Por ejemplo, la actividad 5, especificaciones de características, requiere cuatro ingenieros de diseño (400 por ciento). El proyecto comienza el 1 de enero y termina el 14 de febrero, una duración de 45 días laborales. La gráfica de barras de limitaciones de tiempo para el proyecto se muestra en la figura 8.7. Esta gráfica de barras incorpora la misma información utilizada para desarrollar la red del proyecto, pero presenta el proyecto en la forma de gráfica de barras a lo largo de una línea en el tiempo.

Por último, se presenta un diagrama de uso de recursos para un segmento del proyecto, del 15 al 23 de enero; véase la figura 8.8A. Observe que el proyecto con limitaciones de tiempo requiere de 21 ingenieros de diseño el 18 y el 19 de enero (168 horas/8 horas por ingeniero = 21 ingenieros). Este segmento representa la necesidad pico de ingenieros de diseño para el proyecto. Sin embargo, debido a la escasez de ingenieros de diseño y compromisos con otros proyectos, sólo ocho ingenieros

FIGURA 8.4 Programa con limitaciones de recursos a lo largo del periodo 2-3

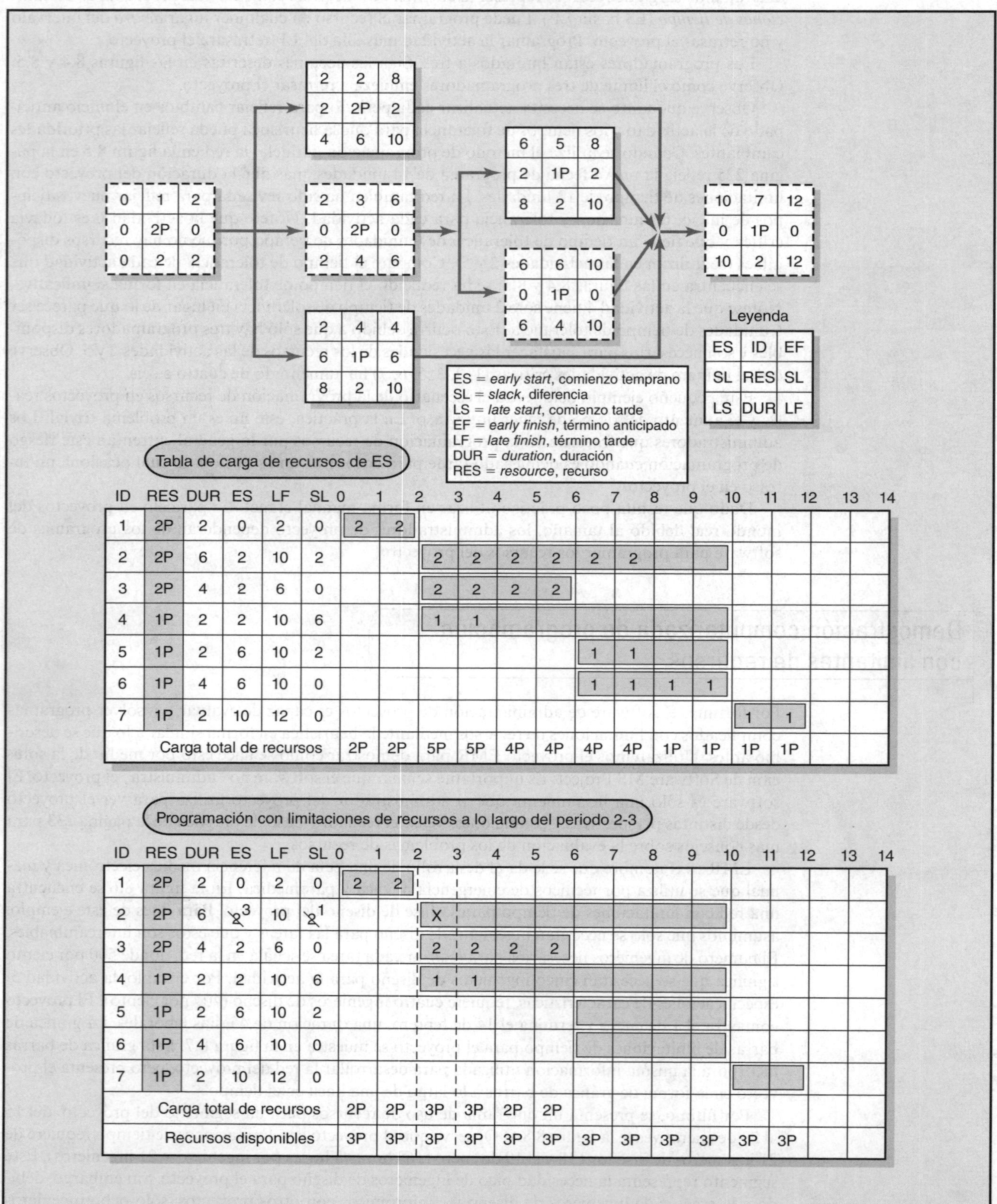

Tabla de carga de recursos de ES

ID	RES	DUR	ES	LF	SL	0	1	2	3	4	5	6	7	8	9	10	11	12	13	14
1	2P	2	0	2	0	2	2													
2	2P	6	2	10	2			2	2	2	2	2	2							
3	2P	4	2	6	0			2	2	2	2									
4	1P	2	2	10	6			1	1											
5	1P	2	6	10	2							1	1							
6	1P	4	6	10	0							1	1	1	1					
7	1P	2	10	12	0											1	1			
Carga total de recursos						2P	2P	5P	5P	4P	4P	4P	4P	1P	1P	1P	1P			

Programación con limitaciones de recursos a lo largo del periodo 2-3

ID	RES	DUR	ES	LF	SL	0	1	2	3	4	5	6	7	8	9	10	11	12	13	14
1	2P	2	0	2	0	2	2													
2	2P	6	~~2~~ 3	10	~~2~~ 1			X												
3	2P	4	2	6	0			2	2	2	2									
4	1P	2	2	10	6			1	1											
5	1P	2	6	10	2															
6	1P	4	6	10	0															
7	1P	2	10	12	0															
Carga total de recursos						2P	2P	3P	3P	2P	2P									
Recursos disponibles						3P	3P	3P	3P	3P	3P	3P	3P	3P	3P	3P	3P			

FIGURA 8.5 Programa con limitantes de recursos a lo largo del periodo 5-6

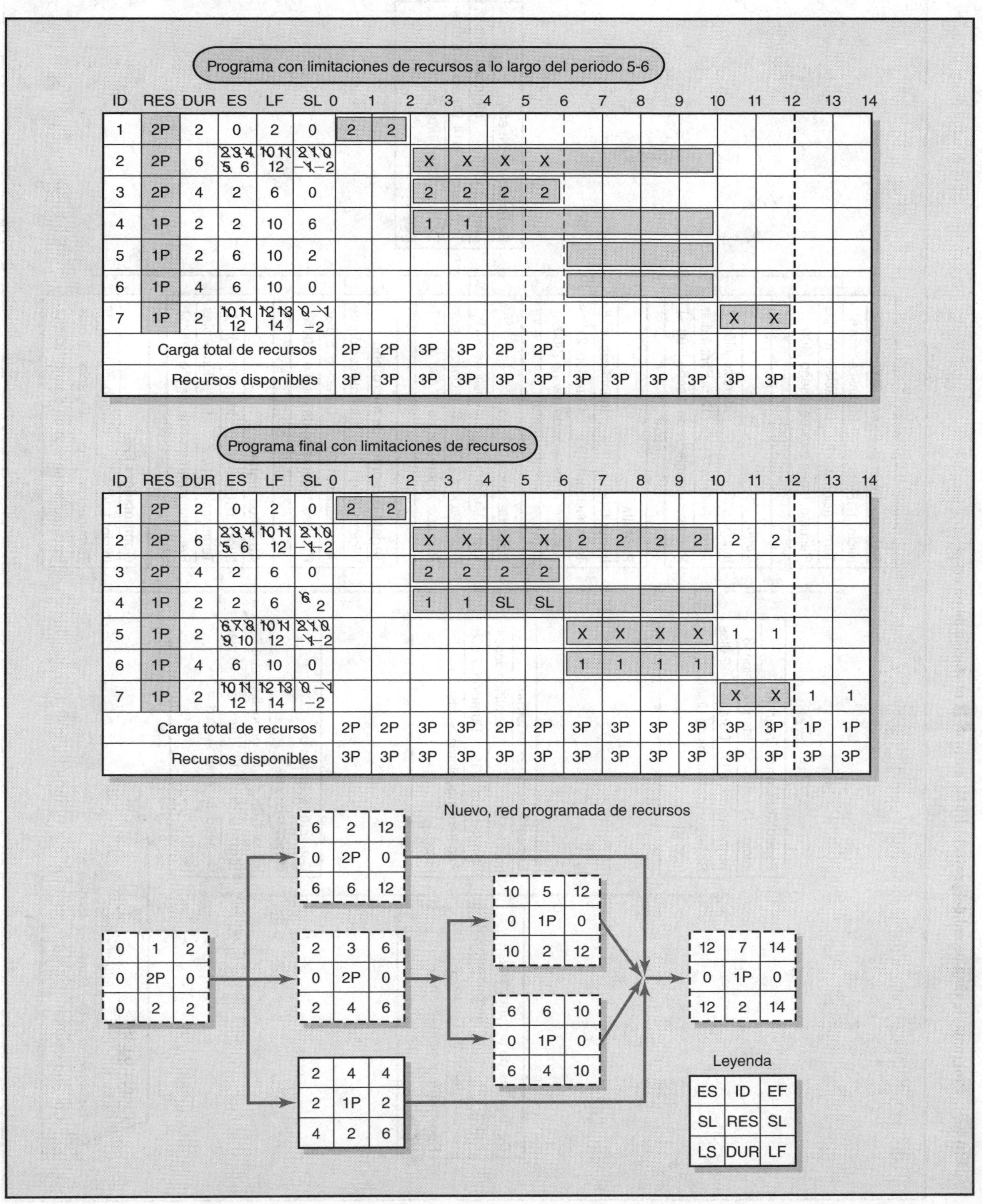

FIGURA 8.6 **Programa de vista de red del proyecto EMR antes de la nivelación de recursos**

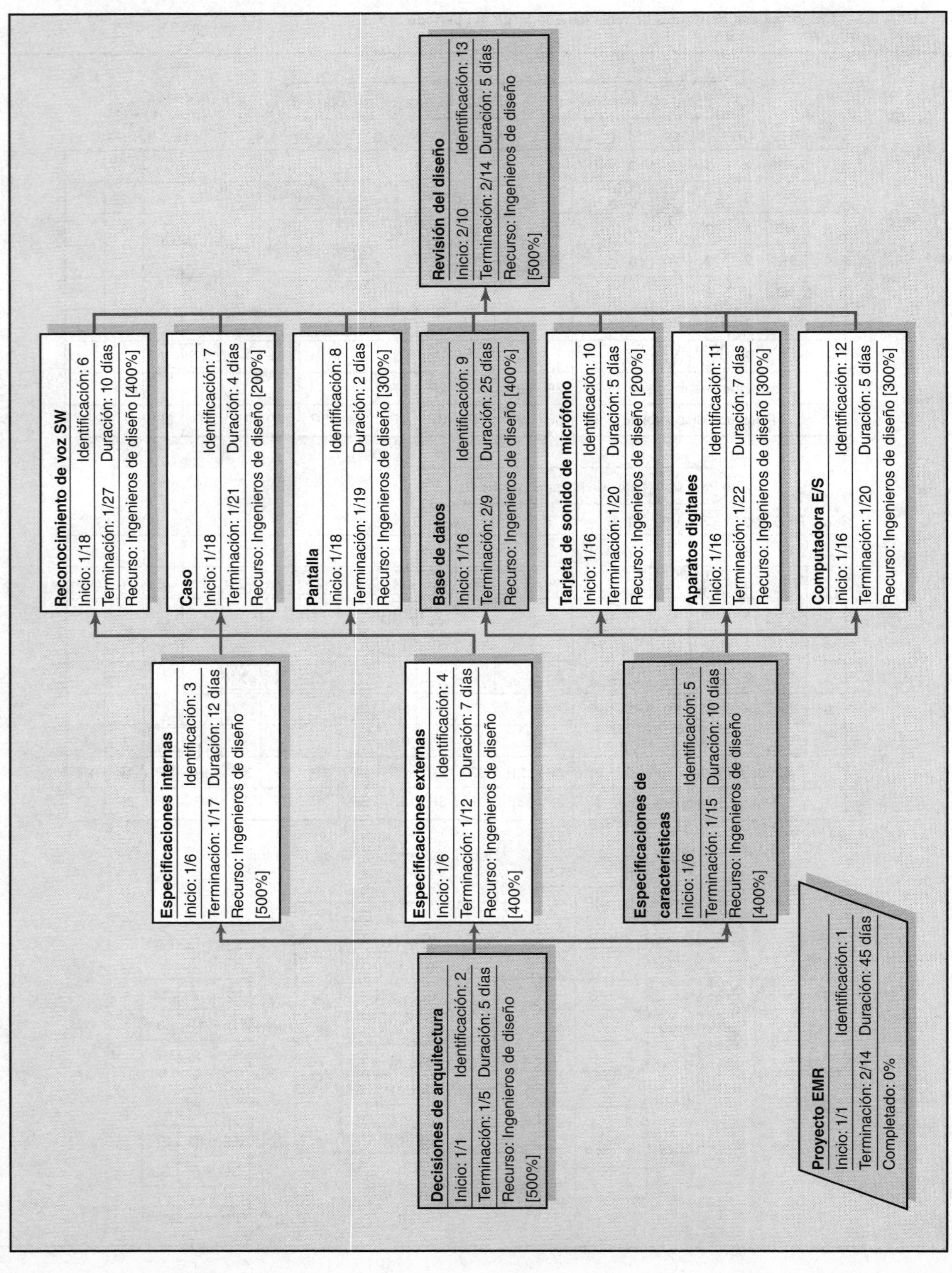

FIGURA 8.7 Proyecto EMR antes de agregar recursos

ID	Nombre de tarea	Inicio	Terminación	Inicio tardío	Terminación tardía	Tiempo de tolerancia libre	Tiempo de tolerancia total
1	**Proyecto EMR**	**Mar 1/1**	**Jue 2/14**	**Mar 1/1**	**Jue 2/14**	**0 días**	**0 días**
2	Decisiones de arquitectura	Mar 1/1	Sáb 1/5	Mar 1/1	Sáb 1/5	0 días	0 días
3	Especificaciones internas	Dom 1/6	Jue 1/17	Sáb 1/19	Miér 1/30	0 días	13 días
4	Especificaciones externas	Dom 1/6	Sáb 1/12	Jue 1/24	Miér 1/30	5 días	18 días
5	Especificaciones de características	Dom 1/6	Mar 1/15	Dom 1/6	Mar 1/15	0 días	0 días
6	Reconocimiento de voz SW	Vie 1/18	Dom 1/27	Jue 1/31	Sáb 2/9	13 días	13 días
7	Caso	Vie 1/18	Lun 1/21	Miér 2/6	Sáb 2/9	19 días	19 días
8	Pantalla	Vie 1/18	Sáb 1/19	Vie 2/8	Sáb 2/9	21 días	21 días
9	Base de datos	Miér 1/16	Sáb 2/9	Miér 1/16	Sáb 2/9	0 días	0 días
10	Tarjeta de sonido de micrófono	Miér 1/16	Dom 1/20	Mar 2/5	Sáb 2/9	20 días	20 días
11	Aparatos digitales	Miér 1/16	Mar 1/22	Dom 2/3	Sáb 2/9	18 días	18 días
12	Computadora E/S	Miér 1/16	Dom 1/20	Mar 2/5	Sáb 2/9	20 días	20 días
13	Revisión del diseño	Dom 2/10	Jue 2/14	Dom 2/10	Jue 2/14	0 días	0 días

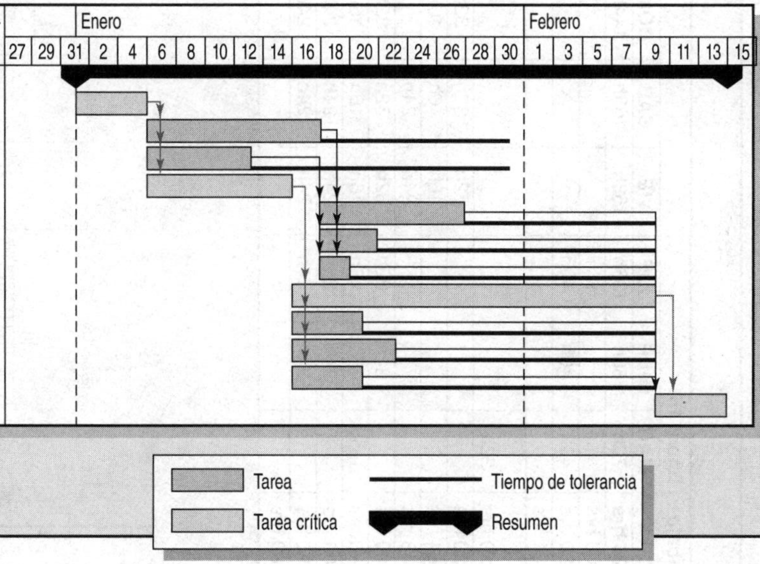

FIGURA 8.8A **Proyecto EMR, visión de uso de recursos con limitaciones de tiempo, del 15 al 23 de enero**

Nombre del recurso	Trabajo	Enero 15						Enero 21		
		MAR	MIÉR	JUE	VIE	SÁB	DOM	LUN	MAR	MIÉR
Ingenieros de diseño	**3 024 hrs**	72h	136h	136h	168h	168h	144h	104h	88h	64h
Decisiones de arquitectura	200 hrs									
Especificaciones internas	480 hrs	40h	40h	40h						
Especificaciones externas	224 hrs									
Especificaciones de características	320 hrs	32h								
Reconocimiento de voz SW	320 hrs				32h	32h	32h	32h	32h	32h
Caso	64 hrs				16h	16h	16h	16h		
Pantalla	48 hrs				24h	24h				
Base de datos	800 hrs		32h	32h	32h	32h	32h	32h	32h	32h
Tarjeta de sonido de micrófono	80 hrs		16h	16h	16h	16h	16h			
Aparatos digitales	168 hrs		24h	24h	24h	24h	24h	24h	24h	
Computadora E/S	120 hrs		24h	24h	24h	24h	24h			
Revisión del diseño	200 hrs									

FIGURA 8.8B
Diagrama de carga de recursos para el proyecto EMR, del 15 al 23 de enero

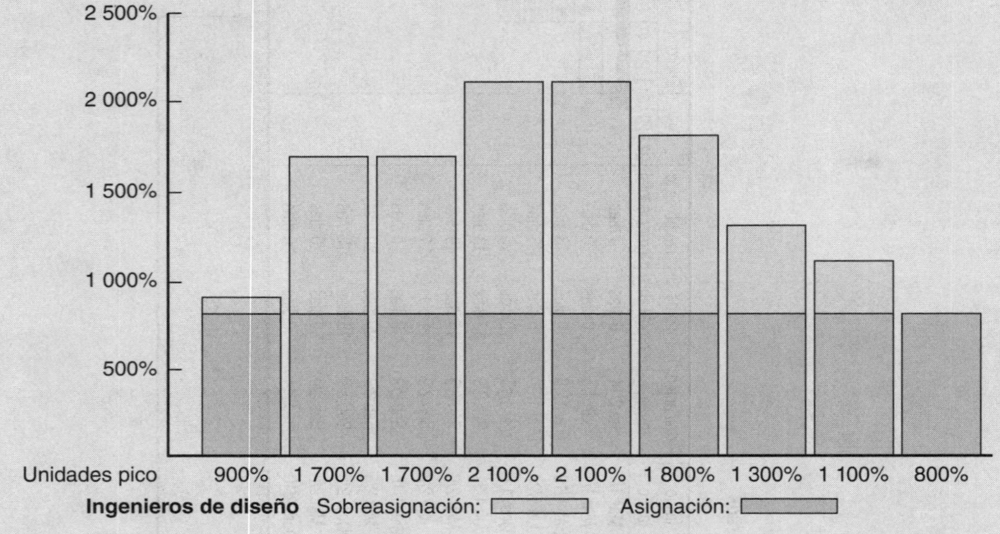

2 500%
2 000%
1 500%
1 000%
500%

Unidades pico 900% 1 700% 1 700% 2 100% 2 100% 1 800% 1 300% 1 100% 800%

Ingenieros de diseño Sobreasignación: Asignación:

pueden asignarse al proyecto. Esto crea problemas de asignación excesiva, los cuales se detallan con mayor claridad en la figura 8.8B, que es un diagrama de carga de recursos de ingenieros de diseño. Advierta que el pico es de 21 ingenieros y el límite de ocho ingenieros se muestra por la zona sombreada en gris.

Para resolver este problema utilizamos la herramienta de "nivelación" (*leveling*) dentro del software y primero trataremos de resolver el problema al nivelar sólo dentro del tiempo de tolerancia. Esta solución preservaría la fecha de terminación final. No obstante, como se puede esperar, esto no resuelve todos los problemas de asignación. La siguiente opción es permitir que el software aplique la heurística de programación y nivele fuera del tiempo de tolerancia. El nuevo programa está contenido en el diagrama de red revisado con limitaciones de recursos que se presenta en la figura 8.9. La red de proyecto con limitaciones de recursos indica que la duración del proyecto ahora se ha extendido a 2/26 o 57 días de trabajo (frente a una limitación de 45 días). La ruta crítica es ahora de 2, 3, 9, 13.

En la figura 8.10 se presenta la gráfica de barras de proyecto y los resultados de nivelar el programa del proyecto para reflejar la disponibilidad de sólo ocho ingenieros de diseño. La aplicación de la heurística puede verse en la programación de las actividades internas, externas y de especificación de características. Las tres actividades se programaron al principio para iniciar decisiones de arquitectura apenas acabada la actividad 1.

Esto es imposible porque, en forma colectiva, las tres actividades requieren 14 ingenieros. El software elige programar la actividad 5 primero porque esta actividad está en la ruta crítica original y tiene un tiempo de tolerancia de cero (heurística # 1). Después, y al mismo tiempo, se elige la actividad 4 por encima de la actividad 3 porque la actividad 4 tiene una menor duración (heurística # 2); especificaciones internas, la actividad 3 se retrasa debido a la limitante de 8 ingenieros de diseño. Nótese que la ruta crítica original ya no se aplica debido a las dependencias de recursos creadas al tener sólo ocho ingenieros de diseño.

Compare la gráfica de barras en la figura 8.10 con la gráfica de barras con limitación de tiempo en la figura 8.7. Por ejemplo, observe las distintas fechas de inicio para la actividad 8 (pantalla). En el plan con limitación de tiempo (figura 8.7), la fecha de inicio de la actividad 8 es de 1/18, mientras que la fecha de inicio en el programa con limitaciones de recursos (figura 8.10) es 2/16, ¡casi un mes más tarde!

Mientras que las gráficas de barras de recursos se utilizan por lo general para ilustrar los problemas de sobreasignación, preferimos ver las tablas de uso de recursos, como la que se presenta en la figura 8.8A. Esta tabla le dice cuando usted tiene un problema de sobreasignación e identifica las actividades que la ocasionan.

Los efectos de una programación con limitaciones de recursos

Al igual que los programas de nivelación, el programa con limitantes de recursos suele reducir el tiempo de tolerancia, disminuye la flexibilidad al utilizar la tolerancia para asegurarse que se minimice el retraso y aumenta el número de actividades críticas y casi críticas. La complejidad de la programación aumenta porque se agregan limitaciones de recursos a las limitaciones técnicas; los tiempos de inicio pueden ahora tener dos limitantes. El concepto de ruta crítica tradicional de actividades secuenciales del inicio al fin del proyecto ya no es significativo. Las restricciones de recursos pueden romper la secuencia y dejar la red con un conjunto de actividades críticas desarticuladas. Por el contrario, las actividades paralelas pueden volverse secuenciales. Las actividades con un tiempo de tolerancia en una red con limitaciones de tiempo pueden cambiar de lo crítico a lo no crítico.

División de actividades

La división de las tareas es una técnica de programación que se usa para obtener un mejor programa de proyecto y/o aumentar el uso de recursos. Un planeador divide el trabajo continuo incluido en una actividad al interrumpir el trabajo y mandar el recurso a otra actividad durante un periodo y luego hace que el recurso termine el trabajo en la actividad original. La división puede ser una herramienta útil si el trabajo de que se trata no incluye costos fuertes de inicio y de cierre; por ejemplo, mover equipo de un lugar de actividad a otro. El error más común es interrumpir el "trabajo de la gente", donde hay algunos costos conceptuales de inicio y cierre. Por ejemplo, si hacemos que un diseñador de puentes tome tiempo libre para trabajar en el problema de diseño de otro proyecto puede ocasionar que este individuo pierda cuatro días en cambiar sus mecanismos conceptuales dentro y fuera de dos actividades. El costo puede estar oculto, pero es real. En la figura 8.11 se describe la naturaleza del problema de la división. La actividad original se ha dividido en tres actividades separadas: A, B y C. Los tiempos de cierre e inicio prolongan el tiempo de la actividad original.

Algunos han alegado que la propensión a tratar con los faltantes de recursos mediante la división es una razón importante por la que los proyectos no cumplen con el programa. Estamos de acuerdo. Los planeadores deben evitar el uso de la división tanto como sea posible, excepto en situaciones donde se sepa que la división de costos será pequeña o donde no hay alternativa para resolver el problema de recursos. El software de cómputo ofrece la opción de la división para cada actividad; se debe usar con moderación. Véase el recuadro de Caso de práctica: Evaluación de la asignación de recursos.

FIGURA 8.9 Programa de visión de red de proyecto EMR después de la nivelación de recursos

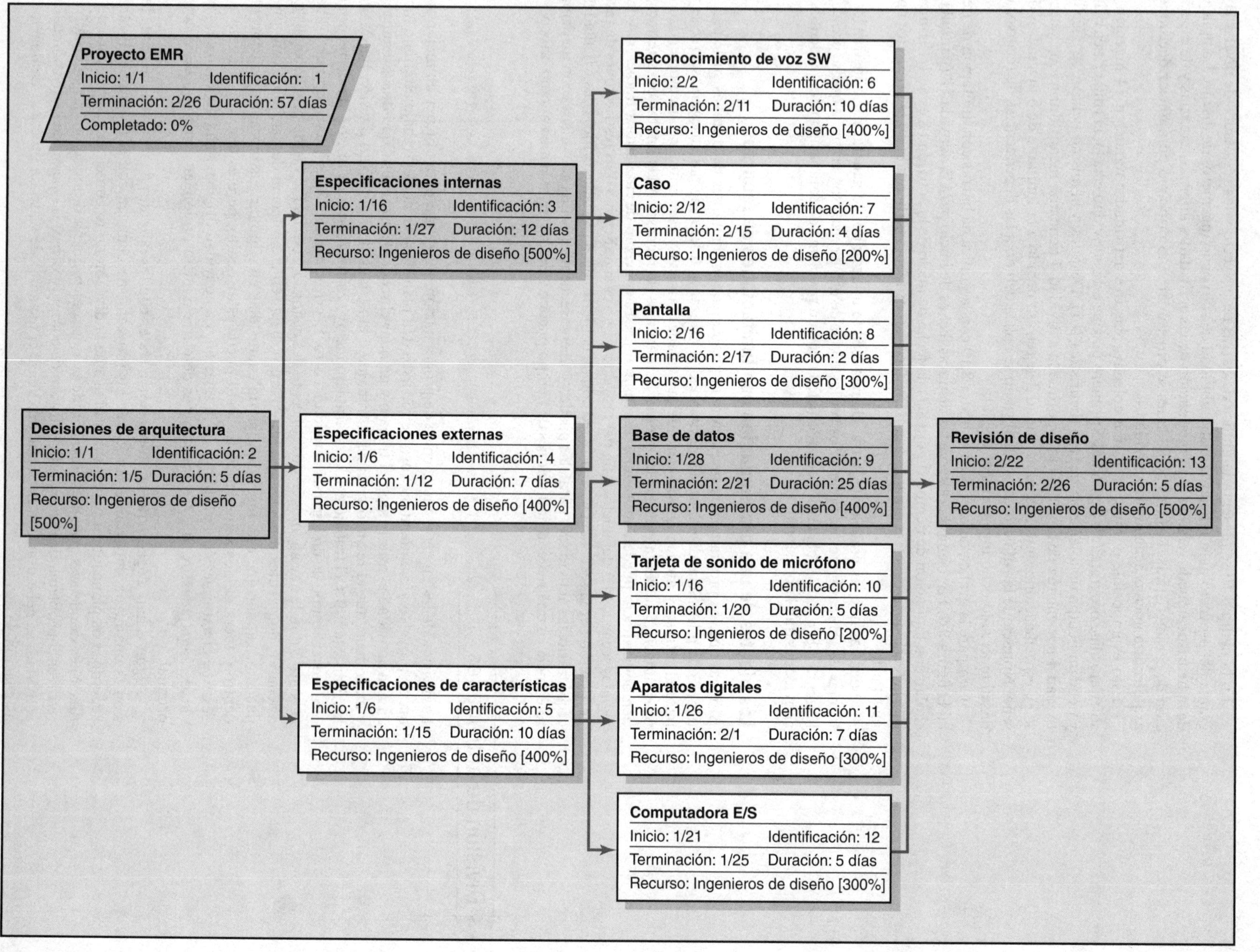

FIGURA 8.10 Proyecto EMR con recursos nivelados

ID	Nombre de tarea	Inicio	Terminación	Inicio tardío	Terminación tardía	Tiempo de tolerancia libre	Tiempo de tolerancia total
1	**Proyecto EMR**	**Mar 1/1**	**Jue 2/26**	**Mar 1/1**	**Mar 2/26**	**0 días**	**0 días**
2	Decisiones de arquitectura	Mar 1/1	Sáb 1/15	Mar 1/1	Sáb 1/5	0 días	0 días
3	Especificaciones internas	Miér 1/16	Dom 1/27	Dom 1/20	Jue 1/31	0 días	4 días
4	Especificaciones externas	Dom 1/6	Sáb 1/12	Vie 1/25	Jue 1/31	15 días	19 días
5	Especificaciones de características	Dom 1/6	Mar 1/15	Dom 1/6	Mar 1/15	0 días	0 días
6	Reconocimiento de voz SW	Sáb 2/2	Lun 2/11	Mar 2/12	Jue 2/21	10 días	10 días
7	Caso	Mar 2/12	Vie 2/15	Lun 2/18	Jue 2/21	6 días	6 días
8	Pantalla	Sáb 2/16	Dom 2/17	Miér 2/20	Jue 2/21	4 días	4 días
9	Base de datos	Lun 1/28	Jue 2/21	Lun 1/28	Jue 2/21	0 días	0 días
10	Tarjeta de sonido de micrófono	Miér 1/16	Dom 1/20	Dom 2/17	Jue 2/21	32 días	32 días
11	Aparatos digitales	Sáb 1/26	Vie 2/1	Vie 2/15	Jue 2/21	20 días	20 días
12	Computadora E/S	Lun 1/21	Vie 1/25	Dom 2/17	Jue 2/21	27 días	27 días
13	Revisión del diseño	Vie 2/22	Mar 2/26	Vie 2/22	Mar 2/26	0 días	0 días

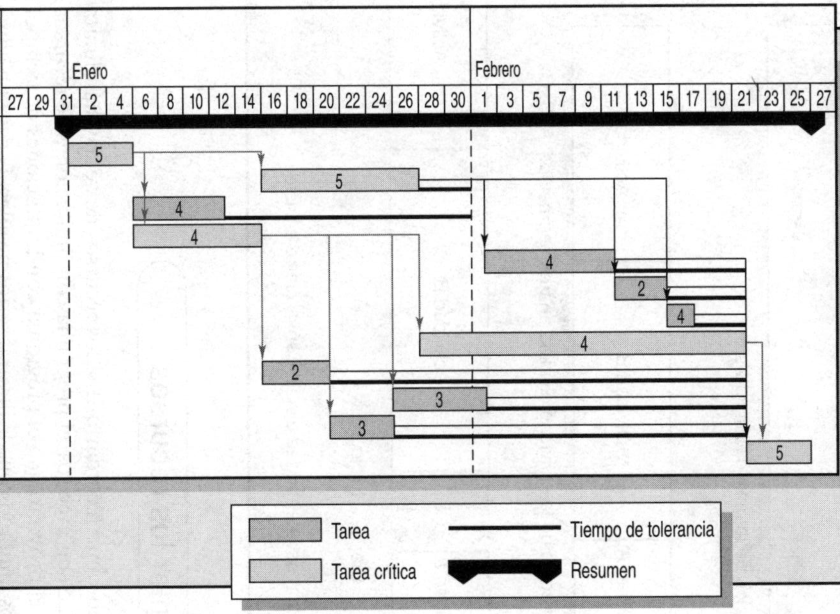

FIGURA 8.11
División de actividades

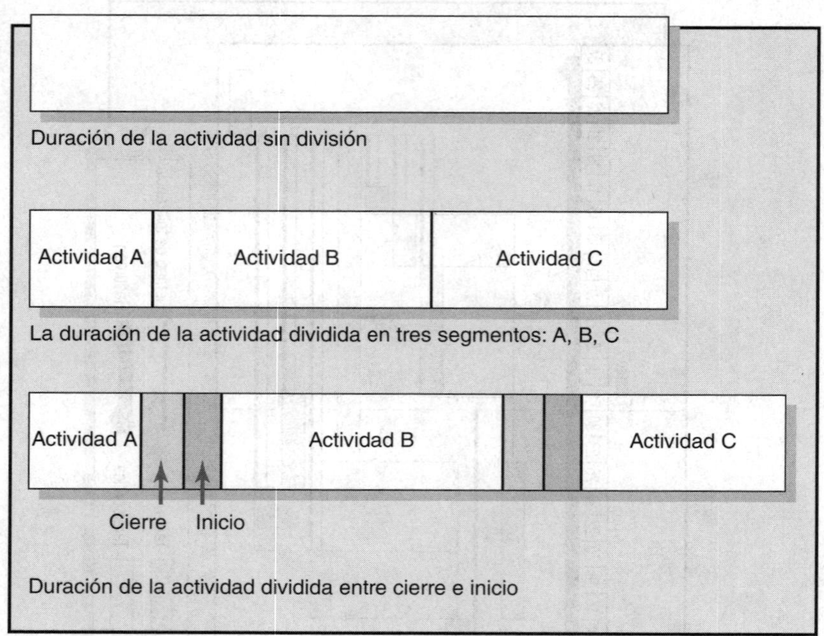

Beneficios de programar los recursos

Es importante recordar que si los recursos de veras están limitados y los cálculos de tiempo de la actividad son precisos, el programa con limitaciones de recursos se materializará conforme se lleve a cabo el proyecto, ¡*no* el programa con limitaciones de tiempo! Por lo tanto, el no programar los recursos limitados puede llevar a serios problemas para un administrador de proyecto. El beneficio de crear este programa *antes* de que comience el proyecto es que deja tiempo para considerar opciones razonables. Si el retraso en el programa es inaceptable o el riesgo de que se retrase es muy elevado, la suposición de tener limitaciones de recursos puede ser reevaluada. Se pueden considerar concesiones de tiempo-costo. En algunos casos se pueden cambiar prioridades. Véase el recuadro de Caso de práctica: Escasez de recursos del Servicio Forestal estadounidense.

Los programas de recursos brindan la información necesaria para preparar presupuestos de paquetes de trabajo con cronología. Una vez establecidos, proporcionan un medio rápido para que un administrador de proyecto evalúe el efecto de sucesos no previstos, como rotación, descomposturas del equipo o transferencia de personal del proyecto. Los programas de recursos también permiten que los administradores de proyecto evalúen cuánta flexibilidad tienen sobre ciertos recursos. Esto es útil cuando reciben solicitudes por parte de otros administradores para pedir prestados recursos o compartirlos. Acceder a esas solicitudes crea buena voluntad y una "deuda" que se puede cobrar en tiempos de necesidad.

Asignación de trabajo de proyectos

Cuando se efectúan las asignaciones individuales, los administradores deben compaginar lo mejor que puedan las demandas y necesidades de un trabajo específico con las capacidades y la experiencia de los participantes disponibles. Al hacerlo, hay una tendencia natural a asignar la mejor gente a las tareas más difíciles. Los administradores de proyecto necesitan ser cuidadosos de no exagerar en esto. Con el paso del tiempo, estas personas pueden molestarse por recibir siempre las tareas más difíciles. Asimismo, los participantes menos experimentados pueden resentir el hecho de que nunca reciben la oportunidad de expandir su base de habilidades/conocimiento. Los administradores de proyecto necesitan equilibrar el desempeño de las tareas con la necesidad de desarrollar los talentos de la gente asignada al proyecto.

Caso de práctica

Evaluación de la asignación de recursos

Una de las fortalezas del software actual de la administración de proyectos es su capacidad de identificar y proporcionar opciones para solucionar problemas de asignación de recursos. Un administrador de proyecto que utiliza MS Project para planear proyectos nos compartió la siguiente lista de revisión para manejar conflictos de recursos después de realizar una asignación preliminar de recursos.

1. Evaluar si usted tiene problemas de sobreasignación (véase Rojo "Red" en la vista de hoja de recursos).
2. Identificar dónde y cuándo ocurren los conflictos al examinar la vista de uso de recursos.
3. Resolver el problema al:
   a) Remplazar los recursos sobreasignados con recursos apropiados que estén disponibles. Luego preguntarse si esto resuelve el problema.
   Si no:
   b) Utilice la herramienta de nivelación y elija el nivel dentro de la opción de tiempo de tolerancia (slack).
      i) ¿Esto resuelve el problema? (¿Todavía hay recursos que estén sobreasignados?)
      ii) Revise la sensibilidad de la red y pregúntese si esto es aceptable.
   Si no:
   c) Considere dividir las tareas.
      i) Asegúrese de reajustar las duraciones de tareas para considerar tiempo adicional de inicio y de cierre.
4. Si el 3 no funciona, entonces:
   a) Utilice la opción de dejar el nivel en "default tool level" y pregúntese si puede vivir con la nueva fecha de terminación.
   Si no:
   b) Negocie recursos adicionales para terminar el proyecto.
   Si no es posible:
   c) Considere reducir el alcance del proyecto para cumplir con el vencimiento.

Mientras que esta lista hace referencias específicas a MS Project, se pueden utilizar los mismos pasos con la mayoría de los programas de administración de proyectos.

Los administradores de proyecto no sólo necesitan decidir quién hace qué, sino también quién trabaja con quién. Se deben considerar varios factores al decidir quiénes trabajarán juntos. Primero, para aminorar la tensión innecesaria, los administradores deben elegir personas con hábitos de trabajo y personalidades compatibles, pero que se complementen entre sí (por ejemplo, la debilidad de una persona puede ser la fortaleza de otra). Por ejemplo, una persona puede ser brillante al resolver problemas complejos, pero muy descuidada para documentar su progreso. Sería bueno nivelar a esta persona con un individuo que sea bueno para prestar atención a los detalles. La experiencia es otro factor. Los veteranos pueden hacer trabajo conjunto con las nuevas contrataciones; no sólo pueden compartir su experiencia, sino también pueden ayudar a socializar a los recién llegados con las costumbres y las normas de la organización. Por último, se deben considerar las necesidades futuras. Si los gerentes tienen algunas personas con las que nunca han trabajado antes, pero que lo harán más adelante en el proyecto, sería inteligente que aprovecharan las oportunidades para hacer que estas personas trabajen juntas desde el principio para que se familiaricen entre ellas. Por último, véase Caso de práctica: Fanáticos de la tecnología administrativa, para ver algunas ideas interesantes acerca de cómo Novell, Inc., reúne los equipos.

Programas de recursos multiproyectos

Para mayor claridad hemos analizado los temas de asignación de recursos clave dentro del contexto de un solo proyecto. En la realidad, la asignación de recursos suele ocurrir en un ambiente de multiproyectos donde las demandas de un proyecto tienen que conciliarse con las necesidades de otros proyectos. Las organizaciones deben desarrollar y administrar sistemas para manejar en forma eficiente la asignación y la programación de recursos mediante diversos proyectos con diferentes prioridades, requisitos de recursos, conjuntos de actividades y riesgos. El sistema debe ser dinámico y capaz de acomodar nuevos proyectos, así como la reasignación de recursos una vez que el trabajo del proyecto esté terminado. Mientras que los mismos temas de recursos y principios que se aplican a un solo proyecto también se aplican a este ambiente de multiproyectos, la aplicación y las soluciones son más complejas, dada la interdependencia entre los proyectos.

A continuación se mencionan tres de los problemas más comunes que se encuentran en la administración de programas de recursos de multiproyectos. Observe que éstas son macromanifestaciones de problemas de un solo proyecto que ahora se magnifican en un ambiente de multiproyectos:

Caso de práctica **Escasez de recursos del Servicio Forestal estadounidense**

Un segmento importante de trabajo en la administración de los bosques del Servicio Forestal estadounidense (USFS, por sus siglas en inglés) vende madera madura a empresas taladoras que obtienen madera bajo condiciones contractuales vigiladas por el servicio. Las ganancias se regresan al gobierno federal. El presupuesto asignado a cada bosque depende de un plan de dos años enviado al Departamento de Agricultura estadounidense.

La casa matriz de Olympic Forest en Olympia, Washington, desarrolló un plan de dos años como base para recaudar fondos. Todos los distritos en el bosque enviaron sus proyectos de venta de madera (eran más de 50) a la casa matriz, donde se recopilaron y se sumaron a un plan de proyecto para el bosque completo. La primera tarea de computadora fue revisada por un pequeño grupo de administradores senior para determinar si el plan era razonable y "factible". La administración estaba complacida y aliviada de señalar que todos los proyectos parecían factibles en un marco de dos años, hasta que surgió una pregunta relacionada con la impresión de cómputo. "¿Por qué todas las columnas en estos proyectos tenían la etiqueta de 'recursos' en blanco?" La respuesta de un ingeniero fue: "No utilizamos esa parte del programa".

La discusión que siguió reconoció la importancia de que los recursos completen el plan de dos años y terminó con una solicitud de "manejar el programa con los recursos incluidos". La nueva producción fue sorprendente. El programa de dos años se convirtió en un plan de tres años y medio debido a la escasez de habilidades de mano de obra específicos tales como ingeniero de campo y especialista de impacto ambiental. Los análisis mostraron que agregar sólo tres personas hábiles permitiría que el plan de dos años se completara a tiempo. Además, un análisis posterior mostró que con la contratación de varias personas capacitadas, más de tres, permitiría que se comprimiera un año adicional de proyectos dentro del plan de dos años. Esto ocasionaría un ingreso adicional de más de tres millones. El Departamento de Agricultura pronto aprobó el dinero extra que se requería para que el personal agregado generara los ingresos adicionales.

1. **Demoras generales de programa.** Debido a que los proyectos suelen compartir recursos, los retrasos en un proyecto pueden tener un efecto dominó y retrasar otros. Por ejemplo, el trabajo en un proyecto de desarrollo de software puede llegar a detenerse porque los codificadores programados para la siguiente tarea crítica van atrasados en la terminación de su trabajo en otro proyecto de desarrollo.
2. **Uso ineficiente de recursos.** Debido a que los proyectos tienen diferentes programas y necesidades, hay picos y valles en demandas generales de recursos. Por ejemplo, una empresa puede tener un personal de 10 electricistas para cumplir con las demandas pico cuando, bajo condiciones normales, sólo se requieren cinco.
3. **Cuellos de botella de recursos.** Los retrasos y los programas se extienden como resultado de faltantes de recursos críticos que se requieren para múltiples proyectos. Por ejemplo, en una instalación de Lattice Semiconductor, los programas de los proyectos se retrasaron debido a la competencia sobre el acceso a probar equipo necesario para limpiar los programas. De igual manera, varios proyectos en un área de bosque de Estados Unidos se extendieron porque nada más había un silvicultor en el personal.

Para enfrentar estos problemas, cada vez más empresas crean oficinas o departamentos de proyectos para vigilar la programación de recursos en múltiples proyectos. Un enfoque para la programación de recursos de proyectos múltiples es utilizar la regla del que llega primero se atiende primero. Se crea un sistema de proyectos en cola de espera en el que los proyectos que están vigentes en la actualidad tienen preferencia sobre los proyectos nuevos. Los programas de proyectos nuevos se basan en la proyección de disponibilidad de los recursos. Esta fila de espera tiende a llevar a estimados de cumplimiento más confiables y se prefiere en los proyectos contratados que tienen multas rígidas por terminar tarde. Las desventajas de este enfoque en apariencia simple son que no utiliza los recursos en forma óptima ni considera la prioridad del proyecto. Véase el recuadro Caso de práctica: Programación de recursos de multiproyectos.

Muchas empresas utilizan procesos más elaborados para la programación de recursos a fin de aumentar la capacidad de la organización de iniciar proyectos. La mayoría de estos métodos abordan el problema al tratar los proyectos individuales como parte de un proyecto grande y adaptar la heurística de programación que se presentó con anterioridad a este "megaproyecto". Los programadores de proyecto vigilan el uso de los recursos y proporcionan programas actualizados con base en el progreso y la disponibilidad de recursos a través de todos los proyectos. Una mejora importante en el software de administración de proyectos en los años recientes es la capacidad de dar prioridades a la asignación de recursos de los proyectos específicos. Los proyectos se pueden priorizar en orden ascendente (por ejemplo: 1, 2, 3, 4, …) y estas prioridades tienen preferencia sobre la heurística de programación para que los recursos vayan al proyecto que se encuentre más arriba en la lista de prioridades. (Nota: esta mejora encaja a la perfección con las organizaciones que utilizan

Caso de práctica

Fanáticos de la tecnología administrativa*

Eric Schmidt, luego de una carrera exitosa en Sun Microsystems, se hizo cargo de Novell, Inc., cuando pasaba por dificultades y ayudó a revertir esa situación en dos años. Una de las claves de su éxito fue su capacidad de administrar a los fanáticos de la tecnología que desarrollan los sistemas sofisticados, hardware y software, que son la columna vertebral de las empresas basadas en la electrónica. Utiliza el término "fanático de la tecnología" (y puede hacerlo, ya que él es uno de ellos, con un doctorado en ciencia de cómputo) para describir a este grupo de tecnólogos que dirigen el mundo cibernético.

Schmidt tiene algunas ideas interesantes acerca de la asignación de los fanáticos de la tecnología a los proyectos. Cree que reunirlos en equipos de proyecto con otros como ellos crea una presión productiva de compañeros. A los fanáticos de la tecnología les importa mucho cómo los perciben los demás. Son buenos para juzgar la calidad del trabajo técnico y son rápidos para elogiar y criticar el trabajo del otro. Algunos fanáticos de la tecnología son intolerablemente arrogantes, pero Schmidt afirma que hacerlos trabajar juntos en proyectos es la mejor forma de controlarlos, al dejar que ellos se controlen entre sí.

Asimismo, Schmidt afirma que demasiados fanáticos de la tecnología echan a perder la sopa. Con esto quiere decir que, cuando hay demasiados en un equipo de desarrollo, hay una tendencia al egocentrismo técnico intenso. Los miembros pierden de vista los vencimientos y los retrasos se vuelven inevitables. Para combatir esta tendencia, él recomienda utilizar fanáticos de la tecnología sólo en grupos pequeños. Exhorta a dividir los proyectos grandes en otros más pequeños y manejables para que se les puedan asignar pequeños equipos de fanáticos de la tecnología. Esto mantiene el proyecto a tiempo y hace que los equipos sean responsables entre ellos.

* Mitchel Russ, "How to Manage Geeks", *Fast Company*, junio de 1999, pp. 175-180.

modelos de prioridad de proyectos similares a los que se describen en el capítulo 2.) La programación de proyectos centralizada también facilita la identificación de cuellos de botella que impiden el progreso de los proyectos. Una vez identificados, el efecto de los cuellos de botella se puede documentar y utilizar para justificar la adquisición de equipo adicional, reclutamiento de personal crítico o retraso del proyecto.

Por último, muchas empresas utilizan las contrataciones externas (outsourcing) como medio para manejar sus problemas de asignación de recursos. En algunos casos, una compañía reducirá el número de proyectos que tiene que manejar en forma interna a sólo proyectos centrales y con contratación externa los proyectos no críticos, mediante contratistas y empresas de consultoría. En otros casos, los segmentos específicos de proyectos se contratan en forma externa para superar las deficiencias de recursos y los problemas de programación. Las empresas pueden contratar empleados temporales para acelerar ciertas actividades que se estén retrasando en el programa o contratar trabajo de proyecto durante los periodos pico cuando los recursos internos son insuficientes para cumplir con las demandas de todos los proyectos. Hoy día, la capacidad de manejar en forma más eficiente los puntos bajos y los flujos del trabajo de proyecto es una de las fuerzas impulsoras detrás de la contratación externa.

Uso del programa de recursos para desarrollar una línea de base de costos del proyecto

Una vez que finalizan las asignaciones de recursos, podemos desarrollar un programa de presupuesto de línea de base para el proyecto. Mediante su programa de proyecto, usted puede establecer *fases de tiempo* a paquetes de trabajo y asignarlos a sus actividades respectivas para desarrollar un programa de presupuesto sobre la vida de su proyecto. Entender la razón de la cronología de su presupuesto es muy importante. Sin un presupuesto cronológico es imposible tener un buen programa de proyecto y control de costos.

¿Por qué se necesita una línea base de presupuesto cronológica?

La necesidad de una línea de base en el presupuesto cronológico se demuestra en el siguiente escenario. El desarrollo de un producto nuevo se terminará en 10 semanas con un costo estimado de 400 000 dólares por semana para un costo total de cuatro millones de dólares. La administración quiere un informe del estatus al terminar cinco semanas. Se ha recopilado la siguiente información:

- Los costos planeados para las primeras cinco semanas son 2 000 000 de dólares.
- Los costos reales para los primeros cinco meses son 2 400 000 dólares.

Caso de práctica

Programas de recursos multiproyectos

El caso de que una fuente central vigile la programación de recursos del proyecto es bien conocido por los practicantes. Aquí tenemos una conversación con un gerente medio.

Entrevistador: Felicitaciones por aceptar su propuesta de programación de multiproyectos. Todos me dicen que usted fue muy convincente.

Gerente medio: Gracias. Ganar la aceptación fue fácil en este momento. El consejo reconoció que no tenemos elección si se pretende permanecer al frente de la competencia al colocar nuestros recursos en los proyectos correctos.

Entrevistador: ¿Le ha presentado esto al consejo con anterioridad?

Gerente medio: Sí, pero no a esta empresa. Hace dos años le presenté el mismo discurso a la empresa para la que trabajaba. Para su reunión de revisión anual me encargaron presentar una propuesta que sugiriera la necesidad y beneficios de planeación de recursos de capacidad central para administrar los proyectos de la empresa.

Traté de preparar un caso para reunir los proyectos bajo el mismo techo con el propósito de estandarizar las prácticas y pronosticar y asignar a las personas clave a las misiones de los proyectos críticos. Expliqué en qué forma se tendrían beneficios, como que las demandas de recursos se alinearan con los proyectos críticos de la misión, que se lograría una planeación de recursos proactiva y se tendría una herramienta para detectar los cuellos de botella en los recursos y resolver los conflictos.

Casi todos estuvieron de acuerdo en que la idea era buena. Yo me sentí bien acerca de la presentación y tenía confianza en que algo iba a suceder. Pero la idea nunca despegó; se diluyó poco a poco.

En retrospectiva, los administradores no confiaban en sus colegas de otros departamentos, así que sólo dieron su respaldo a medias a la planeación central de recursos. Los administradores querían proteger su territorio y asegurarse de que no tendrían que ceder poder. La cultura ahí era demasiado inflexible para el mundo en el que vivimos en la actualidad. Aún luchan con conflictos constantes entre proyectos.

Me alegra haberme cambiado a esta empresa. La cultura aquí está mucho más orientada a los equipos. La administración está comprometida a mejorar el desempeño.

¿Cómo vamos? Sería fácil concluir que hay un exceso en el presupuesto de 400 000 de dólares. Pero en realidad no tenemos manera de saberlo. Los 400 000 dólares pueden representar dinero gastado para adelantar el proyecto en el programa. Asuma otro conjunto de datos al final de cinco semanas:

- Los costos planeados durante las primeras cinco semanas son 2 000 000 de dólares.
- Los costos reales durante las primeras cinco semanas son 1 700 000 de dólares.

¿El proyecto cuesta 300 000 dólares menos de lo que esperábamos? Tal vez. Pero los 300 000 pueden representar el hecho de que el proyecto está retrasado en el programa y el trabajo no ha comenzado. ¿Podría ser que el proyecto esté retrasado en el programa y excedido en el costo? No podemos saber con estos datos. Los muchos sistemas que se encuentran en el mundo real que utilizan sólo fondos planeados (una tasa constante de capital nuevo antes de generar utilidades) y los costos reales, proporcionan información falsa y engañosa. No hay forma de estar seguros de cuánto del trabajo físico se ha logrado. *Estos sistemas no miden cuánto trabajo se ha logrado por el dinero gastado. Por lo tanto, sin un costo cronológico con el cual comparar el programa de su proyecto es imposible tener información confiable para fines de control.*

Crear un presupuesto con fases de tiempo

Con información de su WBS y programa de recursos, usted puede crear una línea de base de costos cronológica. Recuerde el WBS del proyecto PC en los capítulos 4 y 5, integramos la estructura desglosada de WBS y OBS para que los paquetes de trabajo se pudieran rastrear por el responsable del producto final y de la organización. Véase la figura 8.12 para tener un ejemplo del PC Prototype Project arreglado por el responsable de la organización y por producto preterminado. Para cada punto de intersección de la matriz WBS/OBS, verá presupuestos de paquetes de trabajo y el costo total. El costo total en cada intersección se llama cuenta de costo o de control. Por ejemplo, en la intersección del producto preterminado de cabeza de lectura/escritura y el departamento de producción, vemos que hay tres paquetes de trabajo con un presupuesto total de 200 000 dólares. La suma de todas las cuentas de costos en una columna deben representar el total de costos del producto preterminado. Por el contrario, la suma de las cuentas de costos en una fila debe representar los costos o presupuesto del responsable de la unidad organizacional para terminar el trabajo. Puede continuar la "disminución de costos" en WBS/OBS a los costos del proyecto total. Este WBS brinda información que usted puede utilizar para poner las fases de tiempo en los paquetes de trabajo y asignarlos a sus respectivas actividades programadas durante la vida del proyecto.

FIGURA 8.12 Disminución del presupuesto de mano de obra directa (miles de dólares)

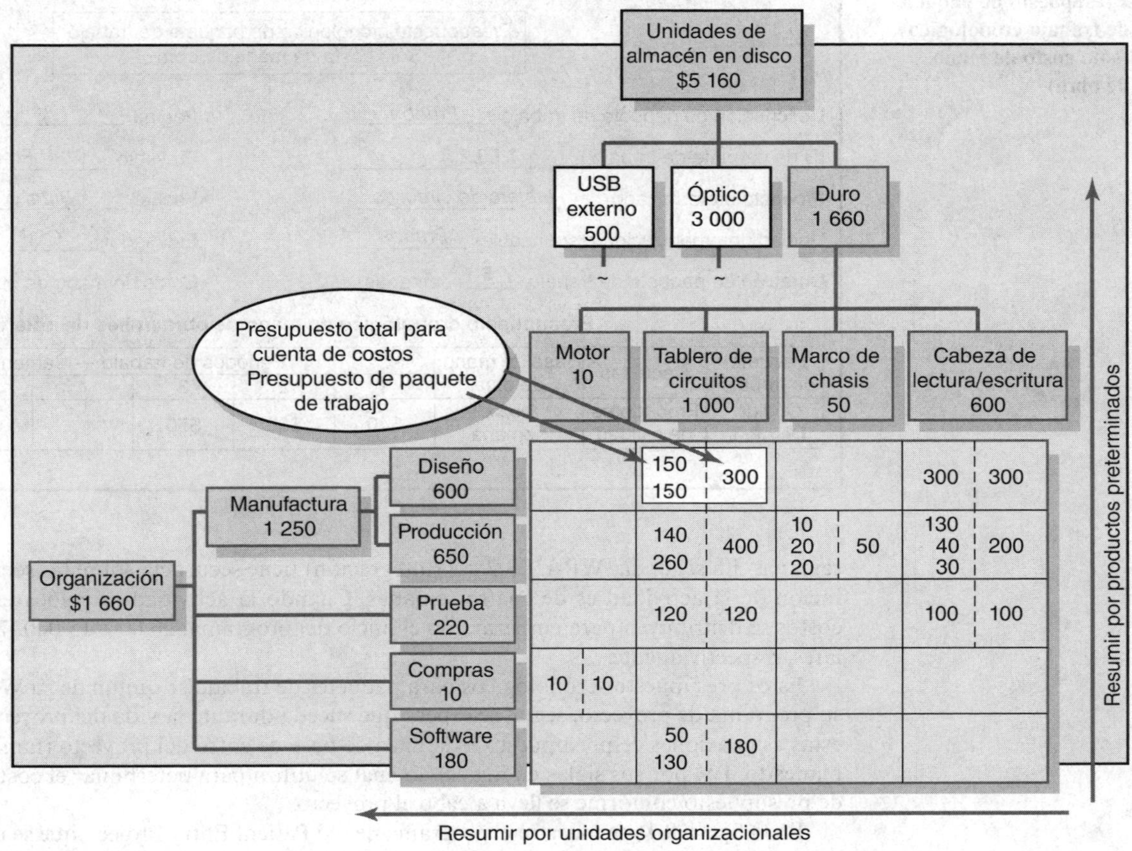

Recuerde, de la evolución de su estructura de desglose de cada paquete de trabajo se debe desarrollar la siguiente información:

1. Definir el trabajo (qué).
2. Identificar el tiempo para completar un paquete de trabajo (cuánto tiempo).
3. Determinar un presupuesto cronológico para completar un paquete de trabajo (costo).
4. Identificar los recursos necesarios para completar un paquete de trabajo (cuánto).
5. Reconocer una sola persona responsable por las unidades de trabajo (quién).
6. Establecer puntos de monitoreo para la medición del progreso (qué tan bien).

Número tres, es crucial poner fases de tiempo al paquete de trabajo para el paso final de crear su línea de base del presupuesto. El proceso de poner una cronología a los paquetes de trabajo, como se ilustra a continuación, se demuestra en la figura 8.l3. El paquete de trabajo tiene una duración de tres semanas. Si asumimos que la mano de obra, los materiales y el equipo se rastrean en forma separada, los costos de paquete de trabajo para la mano de obra se distribuyen durante tres semanas como se espera que ocurran: 40 000, 30 000 y 50 000 dólares para cada semana. Cuando el paquete de trabajo de tres semanas se coloca en el calendario de red, los costos se distribuyen en el presupuesto cronológico por las mismas tres semanas programadas. Por fortuna, la mayor parte de los WP se vuelve una actividad y el proceso de distribuir los costos es relativamente simple. Es decir, la relación es de uno por uno. Esa oportunidad en el presupuesto va del paquete de trabajo a la actividad en forma directa.

En algunos ejemplos una actividad incluirá más de un paquete de trabajo, donde los paquetes se asignan a una persona o departamento responsable y producto preterminado. En este caso los paquetes de trabajo se consolidan en una actividad. Como se ve en la figura 8.14, esta actividad incluye dos WP. La primera, WP-1.1.3.2.4.1 (codificación), se distribuye sobre las primeras tres

FIGURA 8.13
Presupuesto de paquete de trabajo cronológico (sólo costo de mano de obra)

Presupuesto cronológico de paquete de trabajo
Sólo costo de mano de obra

Descripción de paquete de trabajo *Prueba* — Página *1* de *1*
ID de paquete de trabajo ***1.1.3.2.3*** — Proyecto *Prototipo PC*
Producto preterminado *Tablero de circuitos* — Fecha *3/24/xx*
Unidad de organización responsable *Prueba* — Estimador *CEG*
Duración de paquete de trabajo *3* semanas — Costo de mano de obra total *$120*

Presupuesto cronológico de mano de obra (miles de dólares)

Paquete de trabajo	Recursos	Tasa de mano de obra	Periodos de trabajo — Semanas					
			1	2	3	4	5	Total
Código ***1.1.3.2.3***	Probadores de calidad	$xxxx/ semana	$40	$30	$50			$120

semanas. La segunda, WP-1.1.3.2.4.2 (integración) tiene secuencia sobre las semanas 3 y 4. La duración de la actividad es de cuatro semanas. Cuando la actividad se coloca en el programa, los costos se distribuyen para empezar con el inicio del programa: 20 000, 15 000, 75 000 y 70 000 dólares, respectivamente.

Estos presupuestos cronológicos para paquetes de trabajo se quitan de su WBS y se colocan en su programa de proyecto, según se espera que suceda durante la vida del proyecto. El resultado de estas asignaciones de presupuesto es la línea de base de costo del proyecto (también llamada valor planeado, PV, por sus siglas en inglés), lo cual se utiliza para determinar el costo y las variaciones de presupuesto conforme se lleva a cabo el proyecto.

En la figura 8.15 se muestra el programa de red Patient Entry Project, que se utiliza para colocar los presupuestos de paquetes de trabajo cronológicos en la línea de base. En la figura 8.16 se presenta el proyecto del presupuesto cronológico para el Patient Entry Project y la gráfica acumulativa de

FIGURA 8.14
Dos paquetes de trabajo cronológicos (sólo costo de mano de obra)

Presupuesto cronológico de paquete de trabajo
Sólo costo de mano de obra

Descripción del paquete de trabajo *Software* — Página *1* de *1*
ID de paquete de trabajo ***1.1.3.2.4.1 y 1.1.3.2.4.2*** — Proyecto *Prototipo de PC*
Producto preterminado *Tablero de circuito* — Fecha *3/24/xx*
Unidad organizacional responsable *Software* — Estimador *LGG*
Duración de paquete de trabajo *4* semanas — Costo de mano de obra total *180 dólares*

Presupuesto cronológico de mano de obra (miles de dólares)

Paquete de trabajo	Recurso	Tasa de mano de obra	Periodos de trabajo — semanas					
			1	2	3	4	5	Total
Código ***1.1.3.2.4.1***	Programadores	2 000 dólares/ semana	$20	$15	$15			$50
Integración ***1.1.3.2.4.2***	Sistema/programadores	2 500 dólares/ semana			$60	$70		$130
Total			$20	$15	$75	$70		$180

FIGURA 8.15 **Red de proyecto de entrada de pacientes**

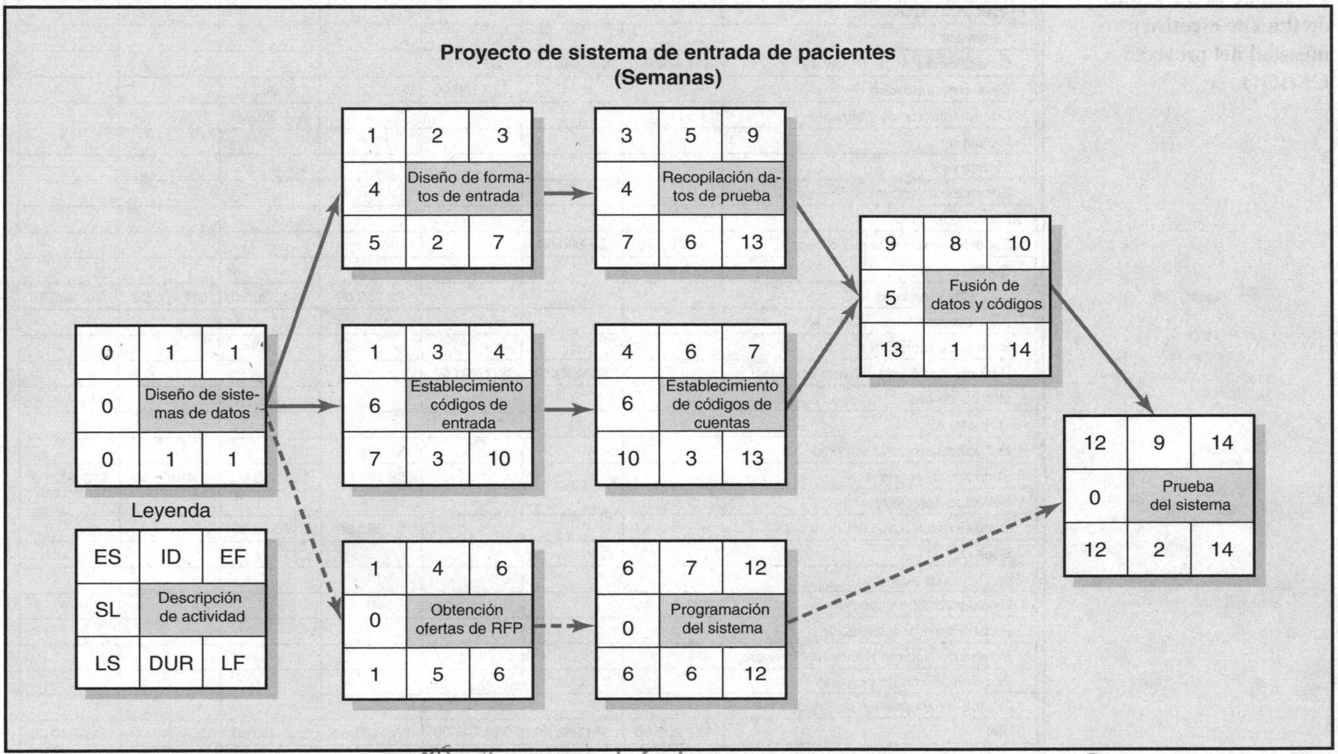

FIGURA 8.16 **Paquetes de trabajo cronológicos asignados de entrada de pacientes**

(000 dólares) Semana

ID	Duración	Tarea	Budget	1	2	3	4	5	6	7	8	9	10	11	12	13	14
1	1	Diseño de sistema de datos	5	5													
2	2	Diseño de formatos de entrada	4		2	2											
3	3	Establecimiento de códigos de entrada	6		2	2	2										
4	5	Obtención de ofertas RFP	3		2				1								
5	6	Recopilación de datos de prueba	6				1	1	1	1	1	1					
6	3	Establecimiento de códigos de cuentas	5					2	2	1							
7	6	Programación del sistema	12							2		4	2		4		
8	1	Fusión de datos y códigos	4										4				
9	2	Prueba del sistema	7													4	3
		Total semanal	52	5	6	4	3	3	4	4	1	5	6	0	4	4	3
		Acumulativo		5	11	15	18	21	25	29	30	35	41	41	45	49	52

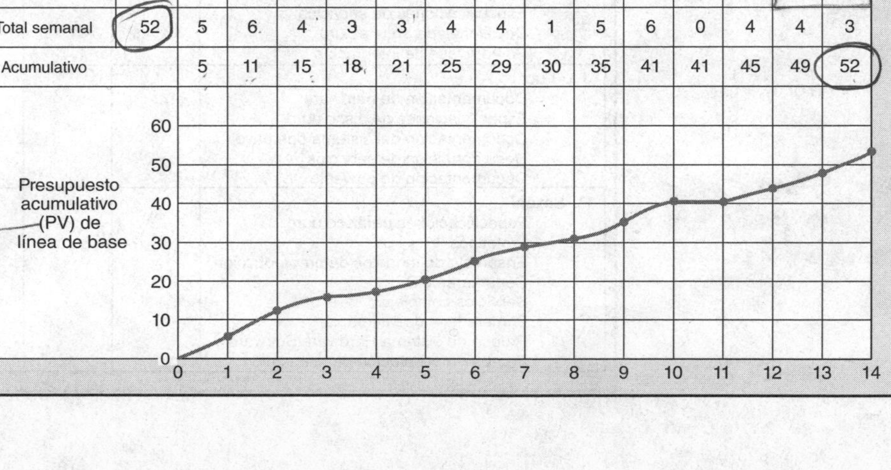

FIGURA 8.17
Estado de declaración de flujo de efectivo mensual del proyecto CEBOO

	Enero	Febrero	Marzo	Abril	Mayo	Junio	Julio
Proyecto CEBOO							
Hardware							
Especificaciones de hardware	$11 480.00	$24 840.00	$3 360.00				
Diseño de hardware			$23 120.00	$29 920.00	$14 960.00		
Documentación de hardware					$14 080.00	$24 320.00	
Prototipo							
Pedido de GX							
Ensamble de modelos de preproducción							
Sistema operativo							
Especificaciones de disco duro	$5 320.00	$9 880.00					
Controladores							
Controladores OC				$3 360.00	$12 320.00	$11 760.00	$12 880.00
Controladores VO en serie							
Manejo de memoria							
Documentación de sistema operativo		$10 240.00	$21 760.00				
Interfaz de red							
Servicios							
Especificaciones de servicio				$8 400.00			
Servicios de rutina				$5 760.00	$21 120.00	$20 160.00	$10 560.00
Servicios complejos							
Documentación de servicios				$7 680.00	$17 920.00		
Shell							
Integración de sistema							
Decisiones de arquitectura	$20 400.00						
Primera fase de integración							
Prueba de sistema Hardware/Software							
Documentación de proyecto							
Prueba de aceptación de integración							
Total	$37 200.00	$44 960.00	$48 240.00	$55 120.00	$80 400.00	$56 240.00	$23 440.00

FIGURA 8.18
Programa semanal de uso de recursos del proyecto CEBOO

	12/30/07	1/6/08	1/13/08	1/20/08	1/27/08	2/03/08
I. Suzuki	24 hrs	40 hrs	40 hrs	40 hrs	40 hrs	40 hrs
Especificaciones de hardware				24 hrs	40 hrs	40 hrs
Diseño de hardware						
Documentación de hardware						
Documentación de sistema operativo						
Documentación de servicios						
Decisiones de arquitectura	24 hrs	40 hrs	40 hrs	16 hrs		
J. López	24 hrs	40 hrs	40 hrs	40 hrs	40 hrs	40 hrs
Especificaciones de hardware				12 hrs	20 hrs	20 hrs
Diseño de hardware						
Prototipos						
Especificaciones de disco duro				12 hrs	20 hrs	20 hrs
Especificaciones de servicios						
Decisiones de arquitectura	24 hrs	40 hrs	40 hrs	16 hrs		
Primera fase de integración						
J.J. Putz				24 hrs	40 hrs	40 hrs
Documentación de hardware						
Especificaciones de disco duro				24 hrs	40 hrs	40 hrs
Documentación del sistema operativo						
Documentación de servicios						
Documentación de proyecto						
R. Sexon				24 hrs	40 hrs	40 hrs
Especificaciones de disco duro				24 hrs	40 hrs	40 hrs
Prototipos						
Ensamble de modelos de preproducción						
Controlares OC						
Servicios complejos						
Primera fase de integración						
Prueba de sistema Hardware/Software						
Prueba de aceptación de integración						

la línea de base del presupuesto del proyecto. En esta figura usted puede ver cómo se colocaron los costos del paquete de trabajo cronológico en la red y cómo se desarrolla la gráfica del presupuesto del proyecto acumulativo para un proyecto. Observe que los costos no tienen que distribuirse en forma lineal, sino que deben colocarse conforme se espera que ocurran.

Ahora usted ha desarrollado planes completos de tiempo y costos para su proyecto. Estas líneas de base para su proyecto se utilizarán para comparar el programa y los costos planeados por medio de un sistema integrador llamado *valor ganado*. La aplicación y uso de las líneas de base del proyecto para medir el desempeño se analizan con detalle en el capítulo 13. Con la línea de base establecida del presupuesto de su proyecto, usted también puede generar estados de flujo de efectivo para su proyecto, como el que se presenta en la figura 8.17. Dichas declaraciones preparan a la empresa para cubrir costos en la vida del proyecto. Por último, con asignaciones de recursos finalizadas usted puede generar programas de uso de recursos para su proyecto (véase la figura 8.18). Estos programas hacen una gráfica del despliegue completo del personal y el equipo, y se pueden utilizar para generar programas de trabajo individuales.

Resumen

El uso y la disponibilidad de los recursos son áreas de problemas importantes para los administradores de proyecto. Al desarrollar un programa de proyecto, la atención a estas áreas puede señalar los cuellos de botella de recursos antes de que comience el proyecto. Los administradores de proyecto deben entender las ramificaciones de no programar los recursos. Con frecuencia, los resultados de la programación de recursos son en forma significativa diferentes de los resultados del método estándar CPM.

Con los cambios rápidos en tecnología y el énfasis en el tiempo al mercado, detectar el uso de los recursos y los problemas de disponibilidad antes de que comience el proyecto puede ahorrar los costos de tener que intervenir en las actividades del proyecto más adelante. Cualquier desviación de recursos del plan y el programa que ocurre cuando el proyecto se lleva a cabo puede registrarse con rapidez y es posible notar el efecto. Sin esta capacidad de actualización inmediata, el efecto negativo real de un cambio puede ser desconocido hasta que suceda. Al vincular la disponibilidad de recursos a un multiproyecto, el sistema de multirrecursos respalda un proceso de prioridad de proyecto que selecciona los proyectos por su contribución a los objetivos de la organización y plan estratégico.

Es posible que la asignación de los individuos a los proyectos no encaje bien con los asignados por las rutinas de software de cómputo. En estos casos, casi siempre la mejor opción es invalidar la solución de la computadora para acomodar las diferencias individuales y las habilidades.

El programa de recursos del proyecto es importante porque le sirve a usted como línea de base temporal, la cual se utiliza para medir las diferencias de tiempo entre el plan y lo real. El programa de recursos sirve como base para desarrollar su línea de base del presupuesto de costos del proyecto cronológico. La línea de base (valor planeado, PV, por sus siglas en inglés) es la suma de las cuentas de costos y cada cuenta de costos es la suma de los paquetes de trabajo en la cuenta de costo. Recuerde, si sus costos de presupuesto no tienen fases de tiempo, en realidad usted no tiene forma de medir el desempeño. Aunque hay varios tipos de costos de proyecto, por lo general, la línea de base de costo está limitada a los costos directos (tales como mano de obra, materiales, equipo) que están bajo el control del administrador de proyecto; otros costos indirectos se pueden agregar a los costos de proyecto en forma separada.

Términos clave

División
Heurística
Línea de base de cronología
Nivelación
Perfil de recursos
Proyectos con limitaciones de tiempo
Proyectos con limitantes de recursos
Valor planeado (PV, siglas en inglés de *planned value*)

Preguntas de repaso

1. ¿Cómo se vincula la programación de recursos con la prioridad del proyecto?
2. ¿En qué forma la programación de recursos reduce la flexibilidad en la administración de proyectos?

3. Presente seis razones por las que la programación de recursos es una tarea importante.
4. ¿Cómo puede la contratación externa del trabajo de proyecto aliviar los tres problemas más comunes asociados con la programación de recursos multiproyecto?
5. Explique los riesgos asociados con la nivelación de recursos, compresión o intervención de los proyectos y las duraciones impuestas o de "alcance" conforme el proyecto se lleva a cabo.
6. ¿Por qué es crucial desarrollar una línea de base cronológica?

Ejercicios

1. Dado el plan de red que se encuentra a continuación, calcule sus tiempos anticipado, tardío y de tolerancia. ¿Cuál es la duración del proyecto? Por medio del método que usted prefiera (por ejemplo, prueba y error), desarrolle un diagrama de carga de recursos, ingenieros mecánicos (EE, siglas en inglés de *electrical engineer*) y recurso, ingenieros eléctricos (ME, siglas en inglés de Mechanical Engineers). Suponga que existe sólo uno de cada recurso. Dado su programa de recursos, calcule tiempos anticipados, tardíos y de tolerancia para su proyecto. Ahora, ¿qué actividades son cruciales? ¿Cuál es la duración del proyecto? ¿Podría pasar algo como esto en los proyectos reales?

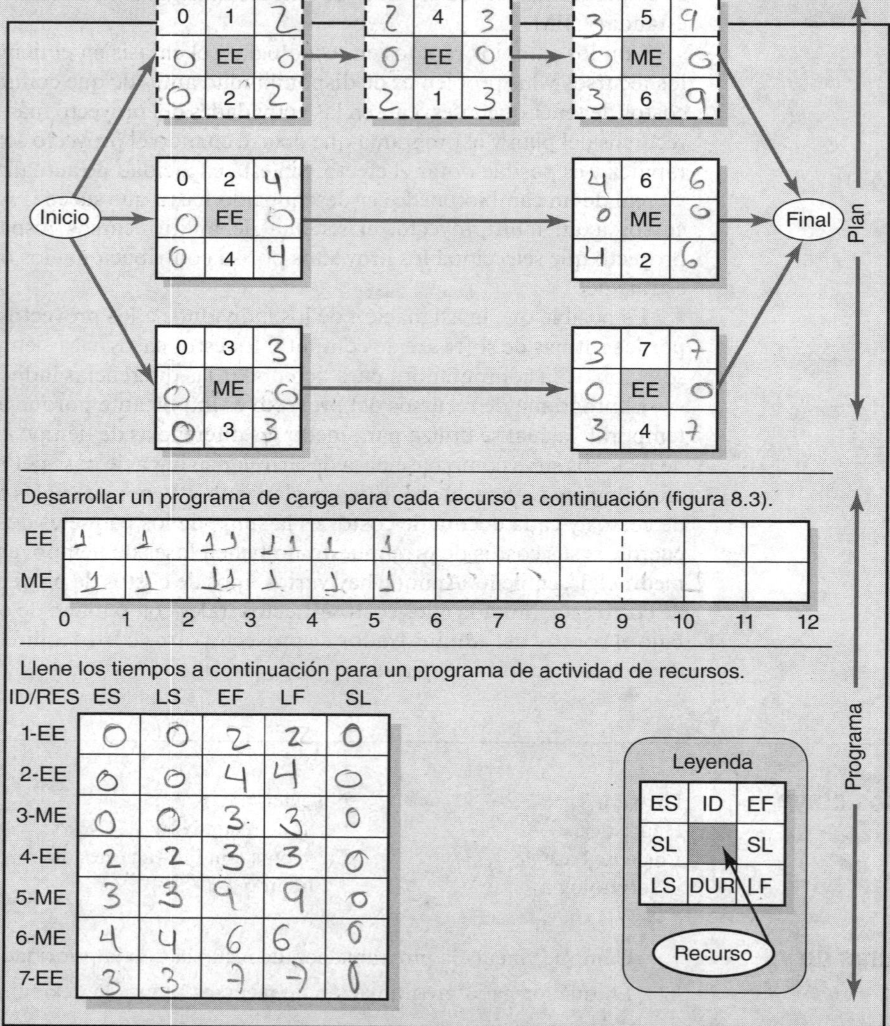

2. Dado el plan de red a continuación, calcule los tiempos anticipados, tardíos y de tolerancia. ¿Cuál es la duración del proyecto? Por medio del enfoque que prefiera (por ejemplo, prueba y error), desarrolle un diagrama de carga para los recursos carpinteros (C) y electricistas (E). Suponga que sólo hay un carpintero disponible y dos electricistas. Dado su programa de recursos, calcule los tiempos anticipados, tardíos y de tolerancia para su proyecto. Ahora, ¿qué actividades son cruciales? ¿Cuál es la duración del proyecto?

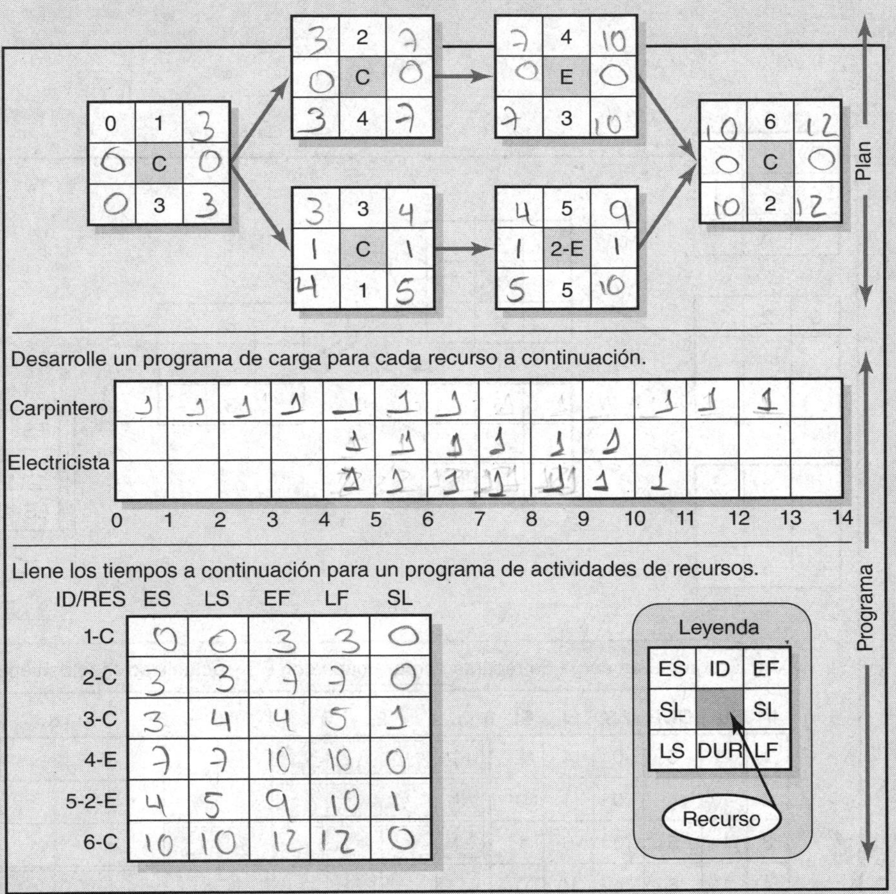

3. Calcule los tiempos anticipados, tardíos y de tolerancia para las actividades en la red que sigue y suponga que se trata de una red con limitaciones de tiempo. ¿Qué actividades son cruciales? ¿Cuál es la duración del proyecto con limitaciones de tiempo?

Nota: Recuerde, en el diagrama de carga de recursos del programa se ha sombreado el intervalo de programación (ES a LF). Cualquier recurso programado más allá del área sombreada retrasará el proyecto.

Suponga que usted tiene sólo tres recursos y que usa una computadora que utiliza un software que programa proyectos por el método paralelo y sigue la heurística. Programe un periodo a la vez.

Tiempo de tolerancia mínimo
Duración mínima
Número de identificación más bajo

Mantenga una bitácora de cada cambio de actividad y actualización que usted haga en cada periodo; por ejemplo, periodo 0-1, 1-2, 2-3, etc. (Utilice un formato similar al que se encuentra en la página 222.) La bitácora debe incluir cualquier cambio o actualización en ES y tiempos de tolerancia en cada periodo, actividades programadas y retrasadas. (Sugerencia: recuerde mantener las dependencias técnicas de la red.) Use el diagrama de carga de recursos para ayudarle en la programación (véanse las páginas 224-225).

Liste el orden en el que usted programó las actividades del proyecto. ¿Qué actividades de su programa son ahora críticas?

Recalcule su tiempo de tolerancia para cada actividad dado su nuevo programa. ¿Cuál es el tiempo de tolerancia de las actividades 1, 4 y 5?

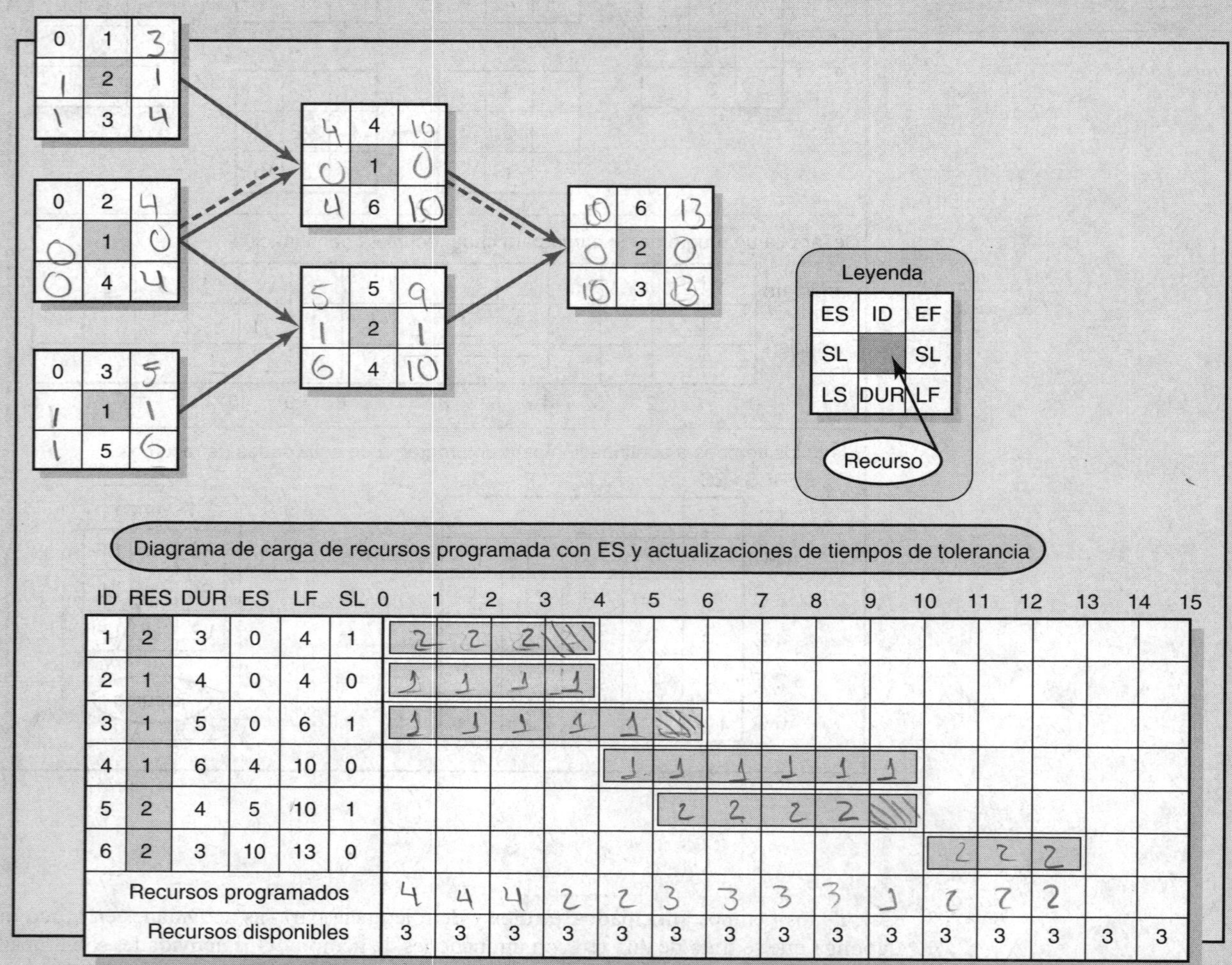

4. Desarrolle un programa de recursos en el diagrama de carga que sigue. Use el método paralelo y la heurística dada. Asegúrese de actualizar cada periodo como lo haría la computadora. Nota: las actividades 2, 3, 5 y 6 utilizan dos de las habilidades de recursos. Tres de las habilidades de recursos están disponibles.

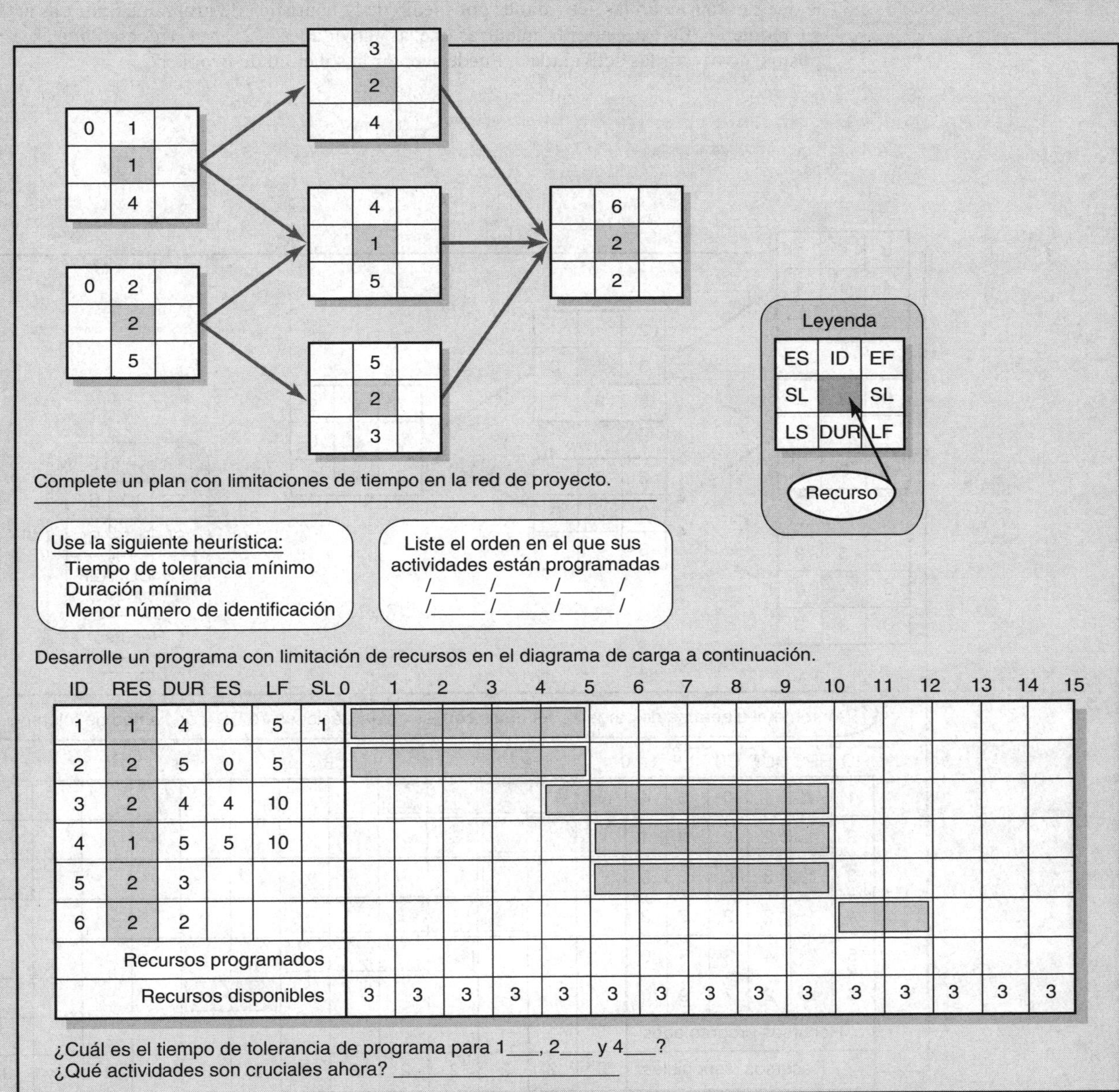

ID	RES	DUR	ES	LF	SL
1	1	4	0	5	1
2	2	5	0	5	
3	2	4	4	10	
4	1	5	5	10	
5	2	3			
6	2	2			

	0	1	2	3	4	5	6	7	8	9	10	11	12	13	14
Recursos programados															
Recursos disponibles	3	3	3	3	3	3	3	3	3	3	3	3	3	3	3

¿Cuál es el tiempo de tolerancia de programa para 1___, 2___ y 4___?
¿Qué actividades son cruciales ahora? ____________________

5. Usted ha preparado el siguiente programa para un proyecto en el que el recurso clave es una excavadora. Este programa depende de tener tres excavadoras. Usted recibe una llamada de su socio, Brooker, quien necesita en forma desesperada una de sus excavadoras. Usted le dice a Brooker que estaría dispuesto a dejarle usar la excavadora si usted pudiera terminar su proyecto en 11 meses.

   A continuación desarrolle un programa de recursos en el diagrama de carga para ver si es posible completar el proyecto en 11 meses con sólo dos excavadoras. Asegúrese de registrar el orden en el que se programan las actividades por medio de la heurística de programación. Las actividades 5 y 6 requieren dos excavadoras, mientras que las actividades 1, 2, 3 y 4 requieren una excavadora. Es posible no dividir las actividades. ¿Puede aceptar la solicitud de Brooker?

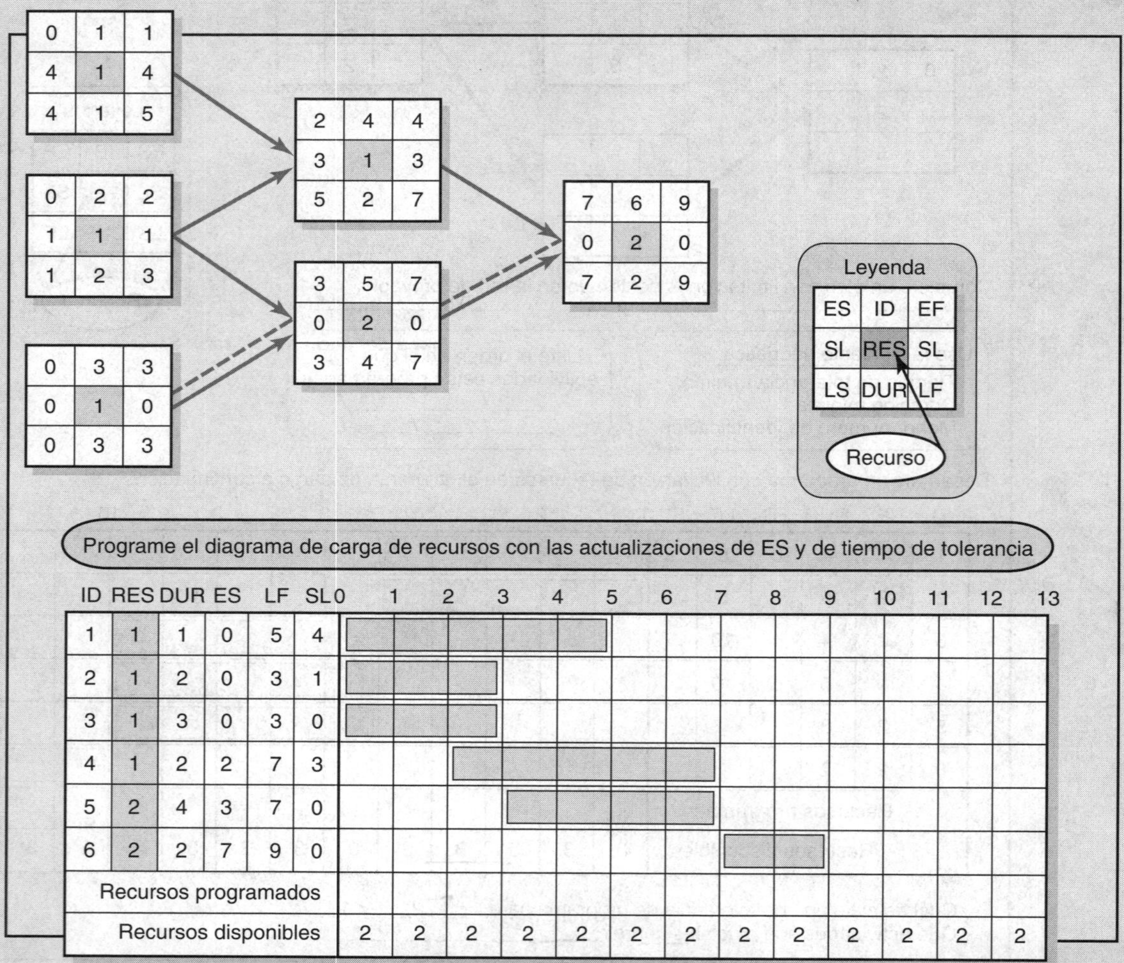

ID	RES	DUR	ES	LF	SL
1	1	1	0	5	4
2	1	2	0	3	1
3	1	3	0	3	0
4	1	2	2	7	3
5	2	4	3	7	0
6	2	2	7	9	0
Recursos programados					

	0	1	2	3	4	5	6	7	8	9	10	11	12
Recursos disponibles	2	2	2	2	2	2	2	2	2	2	2	2	2

6. Dados los paquetes de trabajo con cronología, complete el presupuesto de la línea de base del proyecto.

Presupuesto con cronología (miles de dólares)

Tarea	Presupuesto	Semana 0–1	1–2	2–3	3–4	4–5	5–6	6–7	7–8	8–9	9–10
Actividad 1	4	4									
Actividad 2	6		1	3	2						
Actividad 3	10		2	4	2	2					
Actividad 4	8						2	3	3		
Actividad 5	3									2	1
Total	31										
Acumulativo											

7. Dados los paquetes de trabajo cronológicos y la red, complete el formato de presupuesto de línea de base para el proyecto.

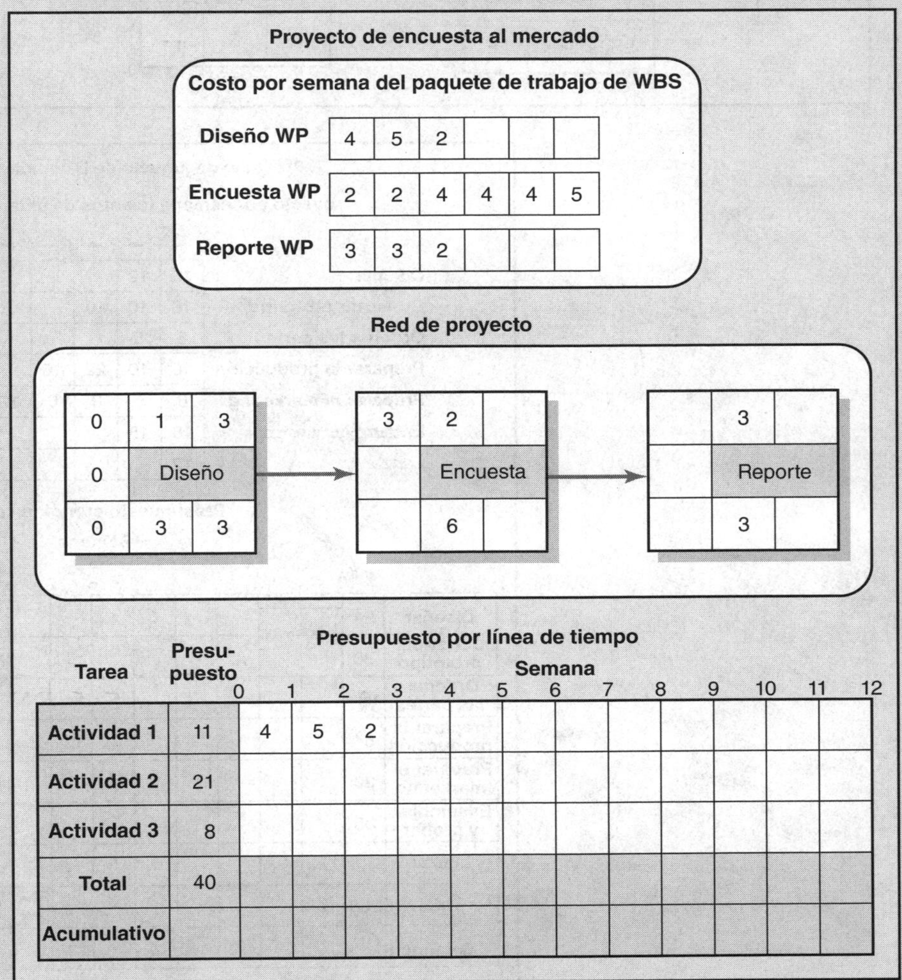

Proyecto de encuesta al mercado

Costo por semana del paquete de trabajo de WBS

Diseño WP	4	5	2			
Encuesta WP	2	2	4	4	4	5
Reporte WP	3	3	2			

Presupuesto por línea de tiempo

Tarea	Presupuesto	Semana 0–1	1–2	2–3	3–4	4–5	5–6	6–7	7–8	8–9	9–10	10–11	11–12
Actividad 1	11	4	5	2									
Actividad 2	21												
Actividad 3	8												
Total	40												
Acumulativo													

8. Dados los paquetes de trabajo cronológicos y la red, complete el formato de presupuesto de línea de base para el proyecto.

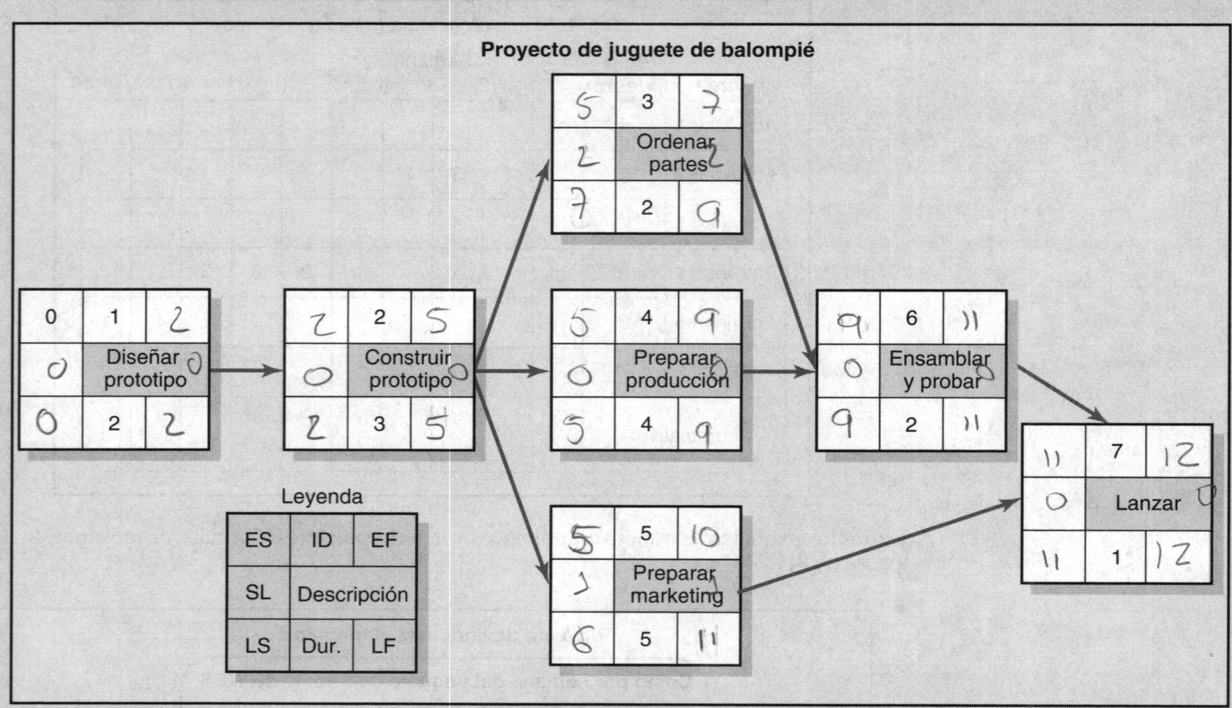

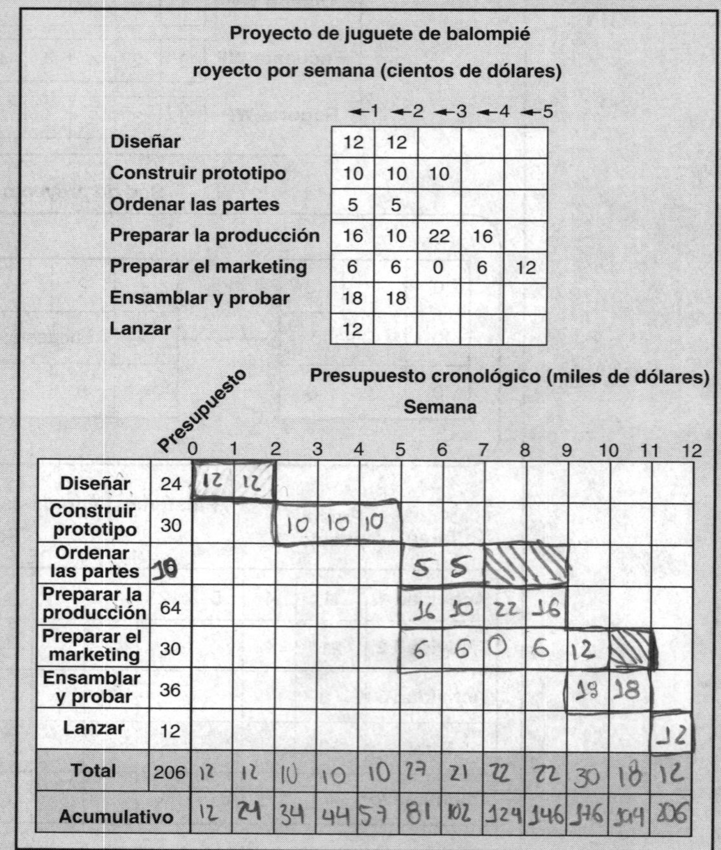

Proyecto de juguete de balompié

royecto por semana (cientos de dólares)

	←1	←2	←3	←4	←5
Diseñar	12	12			
Construir prototipo	10	10	10		
Ordenar las partes	5	5			
Preparar la producción	16	10	22	16	
Preparar el marketing	6	6	0	6	12
Ensamblar y probar	18	18			
Lanzar	12				

Presupuesto cronológico (miles de dólares)

Semana

	Presupuesto	0	1	2	3	4	5	6	7	8	9	10	11	12
Diseñar	24													
Construir prototipo	30													
Ordenar las partes	10													
Preparar la producción	64													
Preparar el marketing	30													
Ensamblar y probar	36													
Lanzar	12													
Total	206													
Acumulativo														

Referencias

Arrow, K. J. y L. Hurowicz, *Studies in Resource Allocation Process*, Nueva York, Cambridge University Press, 1997.

Brucker, P., A. Drexl, R. Mohring, L. Newmann y E. Pesch, "Resource-constrained Project Scheduling: Notation, Classification, Models and Methods", *European Journal of Operational Research*, vol. 112, 1999, pp. 3-42.

Burgess, A. R. y J. B. Kellebrew, "Variations in Activity Level on Cyclical Arrow Diagrams", *Journal of Industrial Engineering*, vol. 13, marzo-abril de 1962, pp. 76-83.

Charnes, A. y W. W. Cooper, "A Network Interpretation and Direct Sub Dual Algorithm for Critical Path Scheduling", *Journal of Industrial Engineering*, julio-agosto de 1962.

Demeulemeester, E. L. y W. S. Herroelen, *Project Scheduling: A Research Handbook*, Norwell, Mass, Kluwer Academic Publishers, 2002.

Fendly, L. G., "Towards the Development of a Complete Multi Project Scheduling System", *Journal of Industrial Engineering*, vol. 19, 1968, pp. 505-515.

Reinersten, D., "Is It Always a Bad Idea to Add Resources to a Late Project?" *Electric Design*, 30 de octubre de 2000, pp. 17-18.

Talbot, B. F. y J. H. Patterson, "Optimal Methods for Scheduling Under Resource Constraints", *Project Management Journal*, diciembre de 1979.

Wiest, J. D., "A Heuristic Model for Scheduling Large Projects with Unlimited Resources", *Management Science*, vol. 18, febrero de 1967, pp. 359-377.

Woodworth, B. M. y C. J. Willie, "A Heuristic Algorithm for Resource Leveling in Multiproject, Multiresource Scheduling", *Decision Sciences*, vol. 6, julio de 1975, pp. 525-540.

Woodworth, B. M. y S. Shanahan, "Identifying the Critical Sequence in a Resource Constrained Project", *International Journal of Project Management*, vol. 6, 1988, pp. 89-96.

Caso

Power Train, Ltd.

Tenemos sistemas geniales para reporte, rastreo y control de costos en los proyectos de diseño. Nuestra planeación de proyectos es mejor que cualquiera que se haya visto en otras empresas. Nuestra programación parecía funcionar bien cuando éramos pequeños y teníamos sólo algunos proyectos. Ahora que tenemos muchos proyectos y que programamos con un software de multiproyectos, hay demasiadas ocasiones cuando la gente correcta no se asigna a los proyectos considerados importantes para nuestro éxito. Esta situación nos cuesta mucho dinero, dolores de cabeza y estrés.

Claude Jones, vicepresidente de diseño y operaciones

HISTORIA

Power Train, Ltd. (PT), fue fundada en 1960 por Daniel Gage, un hábil ingeniero mecánico y maquinista. Antes de fundar PT, trabajó durante tres años como ingeniero de diseño para una empresa que diseñó y construyó transmisiones para tanques y camiones militares. Fue una transición natural para Dan, iniciar una compañía de diseño y construcción de trenes de potencia para empresas de tractores de granjas. En la actualidad, Dan ya no está activo en la administración de PT, pero aún es reconocido como su fundador. Él y su familia aún son dueños de 25 por ciento de la empresa, lo cual se hizo público en 1988. PT ha crecido a una tasa de 6 por ciento durante los últimos cinco años, pero esperan que el crecimiento de la industria se nivele cuando el suministro supere a la demanda.

Hoy, PT continúa su orgullosa tradición de diseño y construcción de trenes de poder de la mejor calidad para fabricantes de tractores y equipo de granja. La empresa emplea 178 ingenieros de diseño y tiene alrededor de 1 800 trabajadores de producción y soporte. Los proyectos de diseño de contrato para fabricantes de tractores representan una gran porción de los ingresos de PT. En un momento dado, entre 45 y 60 proyectos de diseño transcurren al mismo tiempo. Una pequeña parte de su trabajo de diseño es para vehículos militares. PT sólo acepta contratos militares que incluyen tecnología muy avanzada y nueva, y con costos muy convenientes.

Un nuevo fenómeno ha atraído a la administración de PT para buscar un mercado más grande. El año pasado, un fabricante de camiones sueco se aproximó a PT para considerar el diseño de trenes de poder para sus camiones. Conforme se consolida la industria, las oportunidades para PT deben aumentar debido a que estas empresas grandes realizan más contrataciones externas para reducir los costos de infraestructura y mantenerse más flexibles. Tan sólo hace algunas semanas, un ingeniero de diseño de PT habló con un gerente alemán de manufactura de camiones en una conferencia. Este gerente estaba explorando la contratación externa de trenes de conducción con Porsche y estaba muy complacido de que le recordaran la experiencia de PT en el área. Se concertó una cita para el mes siguiente.

CLAUDE JONES

Claude Jones se unió a PT en 1989 como nuevo MBA de la Universidad de Edimburgo. Trabajó como ingeniero mecánico para U. K. Hydraulics durante cinco años antes de regresar a la escuela por su maestría en administración (MBA, por sus siglas en inglés). "Sólo quería ser parte del equipo administrativo y de la acción." Jones se movió con rapidez a lo largo del escalafón. En la actualidad es vicepresidente de diseño y operaciones. Detrás de su escritorio, Jones considera los conflictos y la confusión que parece aumentar al programar las personas a los proyectos. Se emociona con la idea de diseñar trenes de poder para camiones grandes; sin embargo, dados sus problemas de programación de proyecto actuales, un aumento grande en el negocio sólo complicaría sus problemas. De alguna manera estos conflictos en programación tienen que ser resueltos antes de que se pueda dar cualquier pensamiento serio acerca de la expansión del diseño de transmisiones de poder para los fabricantes de camiones.

Jones piensa en los problemas que PT tuvo el año anterior. El proyecto MF es el primero que le viene a la mente. El proyecto no era demasiado complejo y no requería a sus mejores ingenieros de diseño. Por desgracia, el software de programación asignó a uno de los ingenieros más creativos y caros al proyecto MF. Una situación similar, pero invertida, sucedió en el proyecto Deer. Este proyecto incluyó a un cliente grande y tecnología hidrostática nueva para tractores pequeños. Asimismo, el software de programación asignó ingenieros que no estaban familiarizados con transmisiones de tractores pequeños. Después de reflexionar, este problema con la programación ha ido en aumento desde que PT comenzó con la programación multiproyectos. Tal vez se necesita una oficina de proyectos para mantenerse atentos a estos problemas.

Una junta con el equipo de tecnología de información y proveedores de software resultó positiva, pero no muy útil porque estas personas en realidad no están involucradas en los problemas de programación detallados. Los proveedores brindaron toda clase de pruebas que sugerían que la heurística utilizada —el tiempo mínimo de tolerancia, duración mínima y número de identificación— es por completo eficiente para programar personas y minimizar retrasos de proyecto. Un proveedor de software de proyectos, Lauren, decía una y otra vez que su software permitiría a PT personalizar la programación de los proyectos y las personas en casi cada variación seleccionada. Lauren repetía sin cesar que "si la heurística estándar no cumple con sus requerimientos, cree una heurística propia que funcione". Lauren incluso se ofreció como voluntaria para ayudar a instalar el sistema. Pero ella no está dispuesta a dedicar tiempo al problema sino hasta que PT pueda describirle con precisión qué criterio se utilizará (y la secuencia) para elegir y programar las personas a los proyectos.

¿QUÉ SIGUE?

La expansión potencial hacia el negocio de trenes de poder de camiones no será factible sino hasta que se resuelva la confusión en la programación de proyectos, o que se haya reducido en forma significativa. Jones está listo para atacar este problema, pero no está seguro por dónde comenzar.

Apéndice 8.1

El enfoque de la cadena crítica

En la práctica, los administradores de proyecto manejan el tiempo de tolerancia con cuidado en los proyectos sensibles con limitaciones de recursos. Si es posible, agregarán tiempo de tolerancia al final del proyecto al comprometerse con una fecha de cumplimiento que vaya más lejos de la fecha programada. Por ejemplo, los planes dicen que el proyecto debe terminarse el 1 de abril, aunque la fecha de cumplimiento oficial es el 1 de mayo. Otros administradores toman un enfoque más emprendedor para administrar el tiempo de tolerancia dentro del programa. Usan un programa de inicio anticipado y prohíben el empleo de tiempo de tolerancia en cualquier actividad o paquete de trabajo que se vaya a utilizar, a menos que esté autorizado por el administrador del proyecto. El progreso por porcentaje completo y por el tiempo restante se vigila con cuidado. Las actividades que van por delante de los tiempos de cumplimiento se reportan para que las actividades siguientes puedan empezar en forma anticipada. Esto asegura que se gane tiempo para empezar antes una actividad posterior y no se desperdicie el tiempo. La intención general es crear y ahorrar tiempo de tolerancia como colchón para completar antes el proyecto o para cubrir los problemas de retrasos que puedan escalar hasta las actividades o rutas críticas.

Eliyahu Goldratt, quien dirigió la "teoría de limitantes" en su conocido libro *The Goal*, defiende un enfoque alternativo para manejar el tiempo de tolerancia. Ha señalado el término "cadena crítica" para reconocer que la red del proyecto puede estar restringida tanto por dependencias de recursos como técnicas. Cada tipo de limitante puede crear dependencias de tareas y en el caso de limitaciones de recursos se pueden crear dependencias de tareas; y en cuanto a las limitaciones de recursos, se pueden crear nuevas dependencias de tareas. ¿Recuerda usted cómo las limitantes de recursos cambiaron la ruta crítica? Si no, repase la figura 8.5 de nuevo. La cadena crítica se refiere a la cadena más larga de dependencias que existen en el proyecto. Se usa cadena en lugar de ruta, ya que esta última tiende a asociarse sólo con dependencias técnicas y no dependencias de recursos. Goldratt utiliza el concepto de cadena crítica para desarrollar estrategias para acelerar el cumplimiento de los proyectos. Estas estrategias se basan en sus observaciones acerca de los cálculos de tiempo de las actividades individuales.

CÁLCULOS DE TIEMPO

Goldratt asevera que hay una tendencia natural para que las personas agreguen tiempo de seguridad (por si acaso) a sus cálculos. Se cree que quienes calculan los tiempos de las actividades proporcionan un estimado que tiene entre 80 y 90 por ciento de probabilidad de completarse en el tiempo calculado o antes. Por lo tanto, el tiempo medio (probabilidad de 50/50) se calcula en exceso alrededor de 30 y 40 por ciento. Por ejemplo, un programador puede calcular que hay una probabilidad de 50/50 de que pueda terminar una actividad en seis días. Sin embargo, para asegurar el éxito y protegerse contra posibles problemas, agrega tres días de seguridad e informa que le tomará nueve días completar la tarea. En este caso, la media de tiempo (50/50) se calcula en exceso en casi 50 por ciento. Él ahora tiene una probabilidad de 50/50 de terminar el proyecto tres días antes del programa. Si esta contingencia es dominante a lo largo de un proyecto, en teoría, la mayor parte de las actividades debería terminarse antes de tiempo.

No sólo los trabajadores agregan seguridad, sino que los administradores de proyecto gustan de asegurarse de que serán capaces de llevar el proyecto con anticipación al programa. Agregarán un mes a un proyecto de nueve meses para abarcar cualquier retraso o riesgo que pueda surgir. Esta situación presenta una paradoja interesante:

¿Por qué, si hay una tendencia a sobrecalcular las duraciones de actividades y agregar seguridad al final de un proyecto, tantos proyectos se retrasan en el programa?

La administración de proyectos de la cadena crítica (CCPM, por sus siglas en inglés) ofrece diversas explicaciones:

- *La ley de Parkinson*: El trabajo llena el tiempo disponible. ¿Por qué apurarse a terminar una tarea hoy que se debe entregar mañana? No sólo el ritmo del trabajo se dictará por el vencimiento, sino que los trabajadores aprovecharán el tiempo libre percibido para ponerse al día con otras cosas. Esto es en particular verdadero en ambientes de matrices donde los trabajadores usan este tiempo para limpiar el trabajo retrasado en otros proyectos y tareas.
- *Autoprotección*: Los participantes no informan terminaciones anticipadas por miedo a que la administración ajuste sus estándares futuros y demande más la próxima vez. Por ejemplo, si un miembro del equipo considera que una tarea le tomará siete días y la entrega en cinco, la próxima vez que se le pida un cálculo, el administrador de proyecto podría tomarlo en base a un desempeño pasado. Aquí, la presión de los colegas también puede ser un factor: para evitar la etiqueta de ser un "rompetiempos", es posible que los integrantes no informen de terminaciones anticipadas.
- *Estafeta tirada:* Goldratt utiliza la metáfora de proyecto de una carrera de relevos para ilustrar las consecuencias de una mala coordinación. Del mismo modo en que se desperdicia el tiempo de un corredor si el siguiente no está listo para recibir la estafeta, también se pierde el tiempo ganado al completar una tarea en forma anticipada si el siguiente grupo no está listo para recibir el trabajo del proyecto. Una mala comunicación y programas de recursos inflexibles impiden el progreso.
- *Exceso de tareas múltiples*: La norma en la mayoría de las organizaciones es hacer que el personal de proyectos trabaje al mismo tiempo en varios proyectos, actividades o asignaciones. Esto lleva a costosas interrupciones y división excesiva de tareas. Como se señaló en la página 229, esto suma tiempo a cada actividad. Cuando se ve en forma aislada, la pérdida de tiempo puede parecer mínima, pero cuando se toma como un todo, los costos de transición pueden ser elevados.
- *Cuellos de botella de recursos*: En las organizaciones de multiproyectos los proyectos suelen retrasarse debido a que el equipo de pruebas u otros recursos necesarios se comprometen en el trabajo de otro proyecto.
- *Síndrome del estudiante (desidia)*: Goldratt asevera que tal como los estudiantes retrasan la redacción de un ensayo hasta el último minuto, los trabajadores demoran el comienzo de las tareas cuando perciben que tienen tiempo más que suficiente para completarlas. El problema con atrasar el inicio de una tarea es que los obstáculos en ocasiones no se detectan sino hasta que la tarea se ha iniciado. Al posponer el inicio de la tarea, se compromete la oportunidad de enfrentar estos obstáculos y completar la tarea a tiempo.

CADENA CRÍTICA EN ACCIÓN

La solución de CCPM para reducir los retrasos de tiempo del proyecto es insistir en que la gente use los cálculos de tiempo de actividad de 50/50 (más que usar un cálculo que tenga una probabilidad entre 80 y 90 por ciento de ser acabado antes del tiempo esperado); los cálculos de 50/50 ocasionan una duración de proyecto más o menos de la mitad del riesgo bajo de cálculos de 80 a 90 por ciento. Esto requiere una cultura corporativa que valore los cálculos precisos y evite culpar a la gente por no cumplir con los vencimientos. De acuerdo con CCPM, usar los cálculos de 50/50 desalentará la ley de Parkinson, el síndrome del estudiante y la autoprotección de entrar en la jugada porque hay menos "tiempo libre" disponible. La productividad aumentará conforme los individuos traten de cumplir con vencimientos más estrechos. En forma análoga, el programa de tiempo comprimido reduce la probabilidad del efecto de estafeta tirada.

CCPM recomienda insertar secciones de tiempo en el programa que actúen como "absorbentes de golpes" para proteger la fecha de cumplimiento del proyecto en contra de las duraciones de tareas que toman más que el cálculo de 50/50. En esencia, la justificación es que usar cálculos de 50/50 quita la "seguridad" de las tareas individuales. CCPM también recomienda el uso de porciones de esta seguridad en forma estratégica al insertar amortiguadores de tiempo donde haya posibilidad de que surjan problemas. Hay tres tipos de amortiguadores en CCPM:

- *Amortiguador de proyecto*: Primero, como todas las actividades a lo largo de la cadena crítica tienen una *incertidumbre* inherente que es difícil de pronosticar, la duración del proyecto es incierta. Por lo tanto, se agrega un amortiguador de tiempo de proyecto a la duración de proyecto esperada. CCPM recomienda utilizar apenas 50 por ciento de la seguridad agregada. Por ejemplo, si el programa modificado reduce la duración del proyecto en 20 días, de 50 a 30, entonces se utilizaría un amortiguador de proyecto de 10 días.

- *Amortiguador del alimentador*. Se agregan amortiguadores a la red donde se unen rutas no críticas con la cadena crítica. Estos amortiguadores protegen de retrasos a la cadena crítica.
- *Amortiguadores de recursos:* Los amortiguadores de tiempo se insertan donde se necesitan recursos escasos para una actividad. Los amortiguadores de tiempo de recursos vienen al menos en dos formas. Una es un amortiguador de tiempo unido a un recurso crítico para asegurar que el recurso esté disponible cuando se necesite. Esto preserva la carrera de relevos. La segunda forma de amortiguador de tiempo se suma a las actividades antes del trabajo de un recurso escaso. Este tipo de amortiguador protege en contra de los cuellos de botella de recursos al aumentar la probabilidad de que la actividad anterior se termine cuando el recurso esté disponible.

Todos los amortiguadores reducen el riesgo de que se retrase la duración del proyecto y de que aumente la probabilidad de una terminación anticipada del proyecto.

ENFOQUE DE CADENA CRÍTICA FRENTE A PROGRAMACIÓN TRADICIONAL

Para ilustrar cómo afecta la programación CCPM comparémosla con el enfoque tradicional de programación de proyecto. Primero resolveremos los problemas de recursos en la forma en que se describen en el capítulo 8 y luego con el método CCPM. En la figura A8.1A se muestra la red de proyecto *planeada* Control de aire sin ninguna preocupación por los recursos. Es decir, se asume que las actividades son independientes y que los recursos estarán disponibles o que son intercambiables. En la figura A8.1B se describe la gráfica de barras para el proyecto. Las barras azules representan las duraciones de las actividades críticas; las barras claras representan las duraciones de las actividades no críticas; las barras gris claro representan tiempo de tolerancia. Observe que la duración es de 45 días y la ruta crítica se representa por las actividades 1, 4, 6, 7 y 8.

Las actividades paralelas tienen potencial para los recursos con conflictos. Éste es el caso en este proyecto. Ryan es el recurso para las actividades 3 y 6. Si se inserta a Ryan en la gráfica de barras de la figura A8.1B para las actividades 3 y 6, se puede apreciar que la actividad 3 se sobrepone a la 6 por cinco días, lo cual es imposible. Debido a que Ryan no puede trabajar en forma simultánea en dos actividades, y nadie más puede tomar su lugar, se da una dependencia de recursos. El resultado es que dos actividades (3 y 6) que se suponían independientes se vuelven dependientes. ¡Hay que dar algo! La figura A8.2A muestra la red de proyecto Control de aire con los recursos incluidos. Se ha agregado una flecha seudopunteada a la red para indicar la dependencia de recursos. La gráfica de barras en la figura A8.2B refleja la programación revisada que soluciona la asignación excesiva de Ryan. Dada la nueva programación, el tiempo de tolerancia para algunas actividades ha cambiado. Y más importante, la ruta crítica ha variado. Ahora es 1, 3, 6, 7 y 8. El programa de recursos señala que la nueva duración del proyecto será de 50 días, no de 45.

Apliquemos ahora el enfoque CCPM al proyecto Control de aire. En la figura A8.3 se detallan muchos de los cambios. Primero, observe que los cálculos de tareas ahora representan aproximaciones de la regla 50/50. Segundo, no todas las actividades en la cadena crítica están vinculadas en forma técnica. Las refacciones personalizadas de manufactura están incluidas debido a la dependencia de recursos definida con anticipación. Tercero, se agrega un amortiguador de tiempo de proyecto al final del programa. Por último, se insertan amortiguadores de alimentador en cada punto donde surge una actividad no crítica con la cadena crítica.

El efecto que tiene el CCPM en el programa del proyecto puede verse mejor en el diagrama de Gantt presentado en la figura A8.4. Primero observe los tiempos de inicio tardío para cada una de las tres actividades no críticas. Por ejemplo, bajo el método de ruta crítica, el pedido de las refacciones a los proveedores y el desarrollo de software estarían programados para empezar tan pronto termine la revisión del pedido. En lugar de eso, se programan más adelante en el proyecto. Se han agregado amortiguadores del alimentador de tres días a cada una de estas actividades para absorber cualquier retraso que pudiera ocurrir en estas actividades. Por último, en lugar de tomar 50 días,

FIGURA A8.1A Proyecto de Control de aire: Plan de tiempo sin recursos

Revisión de pedido
Inicio anticipado: 0 Identificación: 1
Terminación anticipada: 2 Duración: 2 días
Ordenar refacciones de proveedores
Inicio anticipado: 2 Identificación: 2
Terminación anticipada: 17 Duración: 15 días
Producir refacciones estándar
Inicio anticipado: 2 Identificación: 3
Terminación anticipada: 20 Duración: 18 días
Diseñar refacciones a la medida
Inicio anticipado: 2 Identificación: 4
Terminación anticipada: 15 Duración: 13 días
Desarrollo de programas
Inicio anticipado: 2 Identificación: 5
Terminación anticipada: 20 Duración: 18 días
Manufactura de refacciones personalizadas
Inicio anticipado: 15 Identificación: 6
Terminación anticipada: 30 Duración: 15 días
Ensamblado
Inicio anticipado: 30 Identificación: 7
Terminación anticipada: 40 Duración: 10 días
Prueba
Inicio anticipado: 40 Identificación: 8
Terminación anticipada: 45 Duración: 5 días
Duración del proyecto 45 días

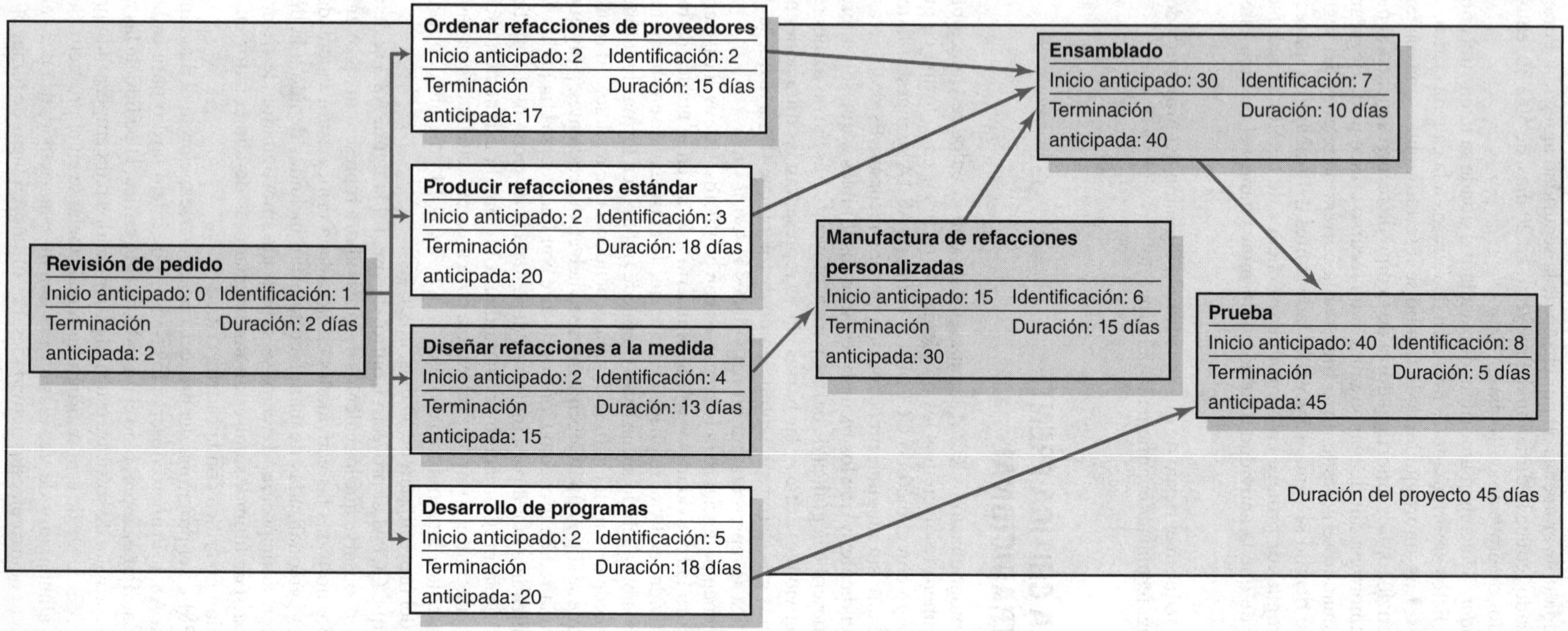

FIGURA A8.1B Proyecto de Control de aire: Plan de tiempo sin recursos

1. Revisión de pedido 2
2. Ordenar refacciones de proveedores 15
3. Producir refacciones estándar 18
4. Diseñar refacciones a la medida 13
5. Desarrollo de software 18
6. Manufactura de partes personalizadas 15
7. Ensamblado 10
8. Prueba 5
0 5 10 15 20 25 30 35 40 45 50
Crítica
No crítica
Tiempo de tolerancia

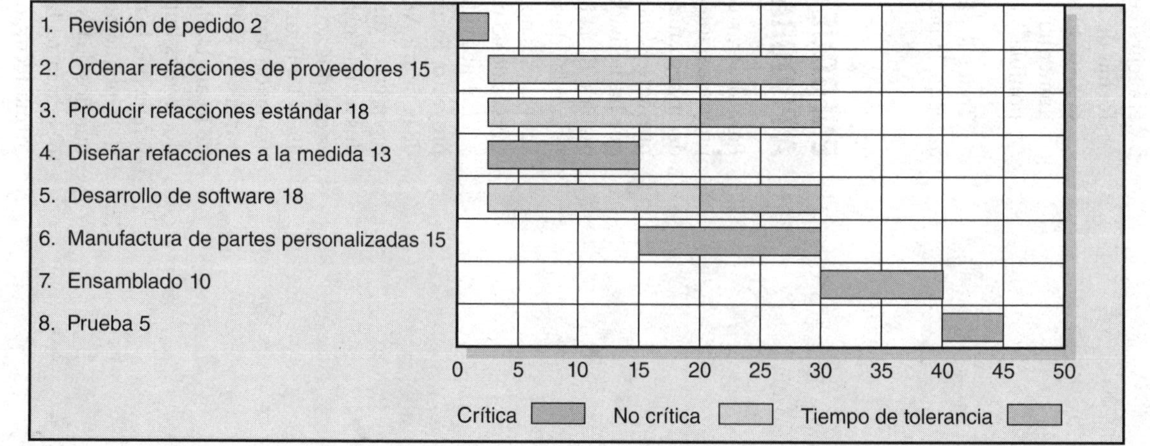

ahora el proyecto está calculado para realizarse en sólo 27 días con un amortiguador de proyecto de 10 días.

Este ejemplo brinda una oportunidad para explicar las diferencias entre los amortiguadores y el tiempo de tolerancia. Este último es tiempo libre inherente en el programa de las actividades no críticas y puede determinarse por diferencias entre el inicio anticipado y el inicio tardío de una actividad específica. Por otro lado, los amortiguadores son bloques de tiempo dedicados a cubrir las contingencias más probables y se vigilan de cerca para que, si no se requieren, las actividades posteriores puedan proseguir dentro del programa. Se necesitan los amortiguadores porque los estimados están basados en aproximaciones de 50/50 y, por lo tanto, más o menos la mitad de las actividades tomará más de lo planeado. Para protegerse de las duraciones de actividades extendidas, se insertan los amortiguadores para minimizar el efecto en el programa. Los amortiguadores no son parte del programa del proyecto y se utilizan sólo cuando lo dicta la administración.

Aunque no se describe en las figuras, un ejemplo de un amortiguador de recursos sería agregar seis días al programa de Ryan (recuerde que él es el recurso crítico que ocasionó que el programa se extendiera). Esto aseguraría que continúe trabajando en el proyecto más allá del día 18, en caso de que la producción de refacciones estándar o la fabricación de refacciones personalizadas tarde más de lo planeado. El progreso en estas dos tareas se vigilaría de cerca y su programa se ajustaría según lo necesario.

CCPM Y DIVISIÓN DE TAREAS

Los amortiguadores no abordan el efecto insidioso de la división de tareas penetrantes, sobre todo en un ambiente multiproyectos donde los trabajadores hacen malabares entre diferentes asignaciones de proyectos. CCPM tiene tres recomendaciones que le ayudarán a reducir el efecto de la división de actividades:

1. Reducir el número de proyectos para que a las personas no se les asignen demasiados proyectos al mismo tiempo.
2. Controlar las fechas de inicio de los proyectos para acomodar los faltantes de recursos. No ponga en marcha los proyectos sino hasta que tenga suficientes recursos para trabajar de tiempo completo en ellos.
3. Contratar (asegurar) los recursos *antes* de que comience el proyecto.

VIGILAR EL DESEMPEÑO DEL PROYECTO

El método CCPM utiliza amortiguadores para vigilar el desempeño de tiempo del proyecto. Recuerde que, como se mostró en la figura A8.3, un amortiguador de proyecto se utiliza para monitorear el proyecto en contra de retrasos en la cadena crítica. Para vigilar los propósitos, este amortiguador por lo general se divide en tres zonas: listo (OK), observar / planear y actuar, respectivamente (véase la figura A8.5). Conforme el amortiguador comience a disminuir y se mueva hacia la segunda zona, se disparan las alarmas para buscar una acción correctiva. Para ser de veras eficaces, el manejo de los amortiguadores requiere comparar el uso del amortiguador con el progreso real en el proyecto. Por ejemplo, si el proyecto está terminado en 75 por ciento y usted sólo ha utilizado 50 por ciento del amortiguador del proyecto, entonces el proyecto está en muy buena forma. Por el contrario, si el proyecto está sólo terminado en 25 por ciento y se ha utilizado ya 50 por ciento del amortiguador, usted está en problemas y se necesita una acción correctiva. En el capítulo 13 se describe un método para calcular el porcentaje completo.

EL MÉTODO CCPM EN LA ACTUALIDAD

El CCPM ha generado un debate considerable dentro de la comunidad de administración de proyectos. Aunque en teoría es fuerte, el respaldo en este momento es limitado pero en aumento. Por ejemplo, Harris Semiconductor pudo construir una nueva instalación de fabricación de microplaquetas automatizada en 13 meses con métodos CCPM cuando el estándar en la industria para una

FIGURA A8.2A Proyecto de Control de aire: Programa con recursos limitados

Revisión de pedido
Inicio anticipado: 0 Identificación: 1
Terminación anticipada: 2 Duración: 2 días
Recurso: Ryan

Ordenar refacciones de proveedores
Inicio anticipado: 2 Identificación: 2
Terminación anticipada: 17 Duración: 15 días
Recurso: Carly

Producir refacciones estándar
Inicio anticipado: 2 Identificación: 3
Terminación anticipada: 20 Duración: 18 días
Recurso: Ryan

Diseñar refacciones a la medida
Inicio anticipado: 2 Identificación: 4
Terminación anticipada: 15 Duración: 13 días
Recurso: Lauren

Desarrollo de programas
Inicio anticipado: 2 Identificación: 5
Terminación anticipada: 20 Duración: 18 días
Recurso: Connor

Manufactura de refacciones personalizadas
Inicio anticipado: 20 Identificación: 6
Terminación anticipada: 35 Duración: 15 días
Recurso: Ryan

Ensamblado
Inicio anticipado: 35 Identificación: 7
Terminación anticipada: 45 Duración: 10 días
Recurso: Dawn

Prueba
Inicio anticipado: 45 Identificación: 8
Terminación anticipada: 50 Duración: 5 días
Recurso: Kevin

Duración del proyecto 50 días

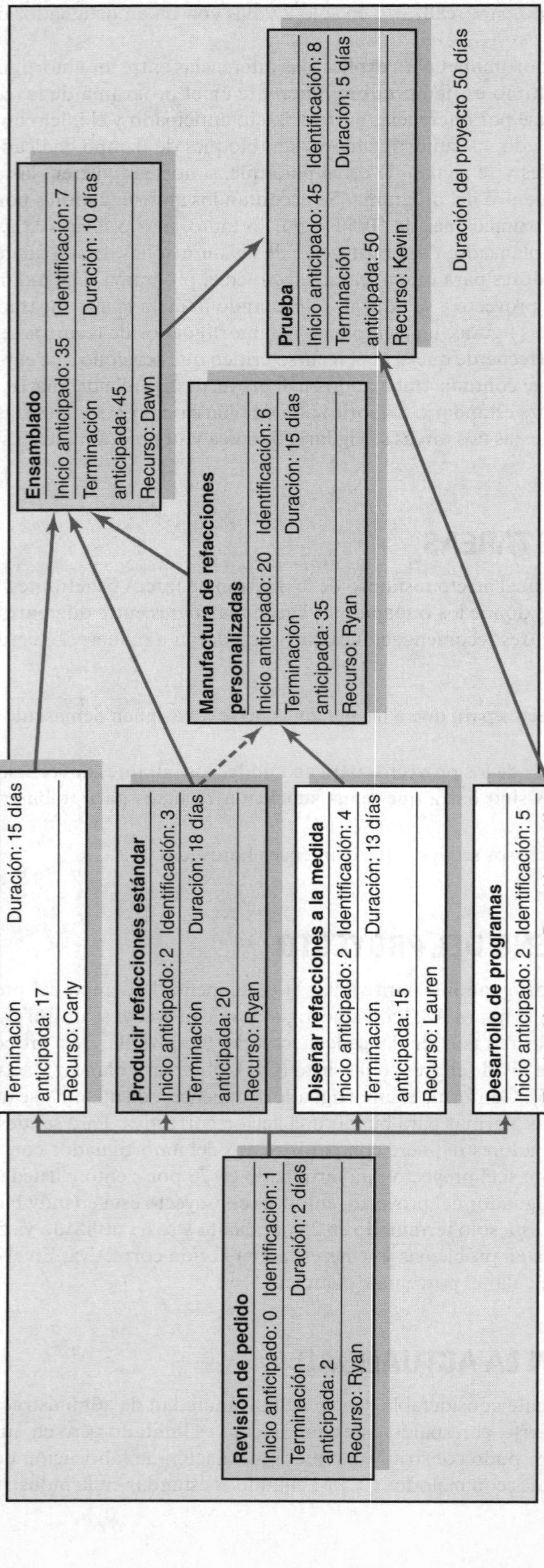

FIGURA A8.2B Proyecto de Control de aire: Programa con recursos limitados

1. Revisión de pedido 2 — Rob
2. Ordenar refacciones de proveedores 15 — Carly
3. Producir refacciones estándar 18 — Ryan
4. Diseñar refacciones a la medida 13 — Lauren
5. Desarrollo de software 18 — Connor
6. Manufactura de partes personalizadas 15 — Ryan
7. Ensamblado 10 — Dawn
8. Prueba 5 — Kevin

0 5 10 15 20 25 30 35 40 45 50

Crítica No crítica Tiempo de tolerancia

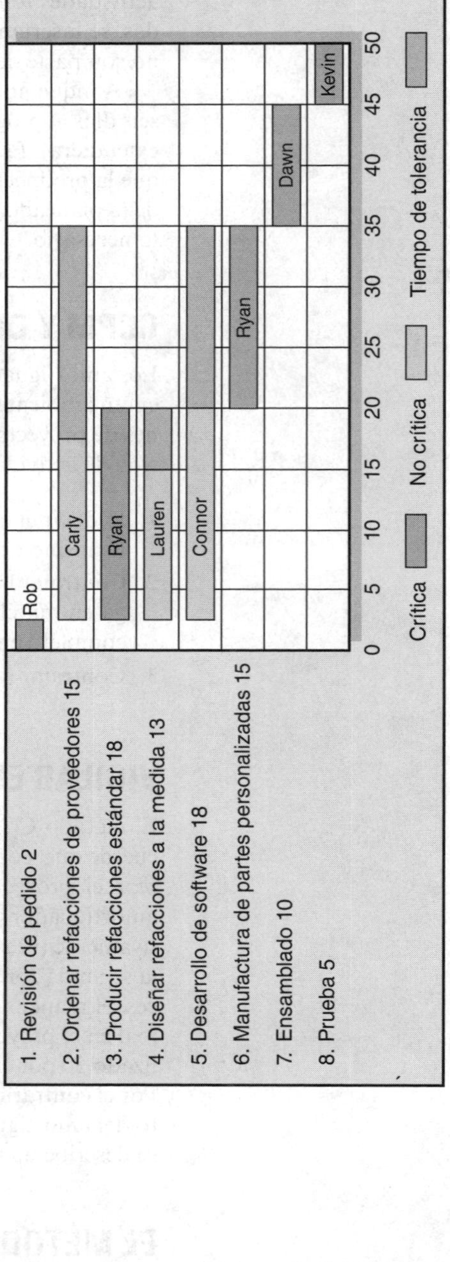

FIGURA A8.3 **Proyecto de Control de aire: Red CCPM**

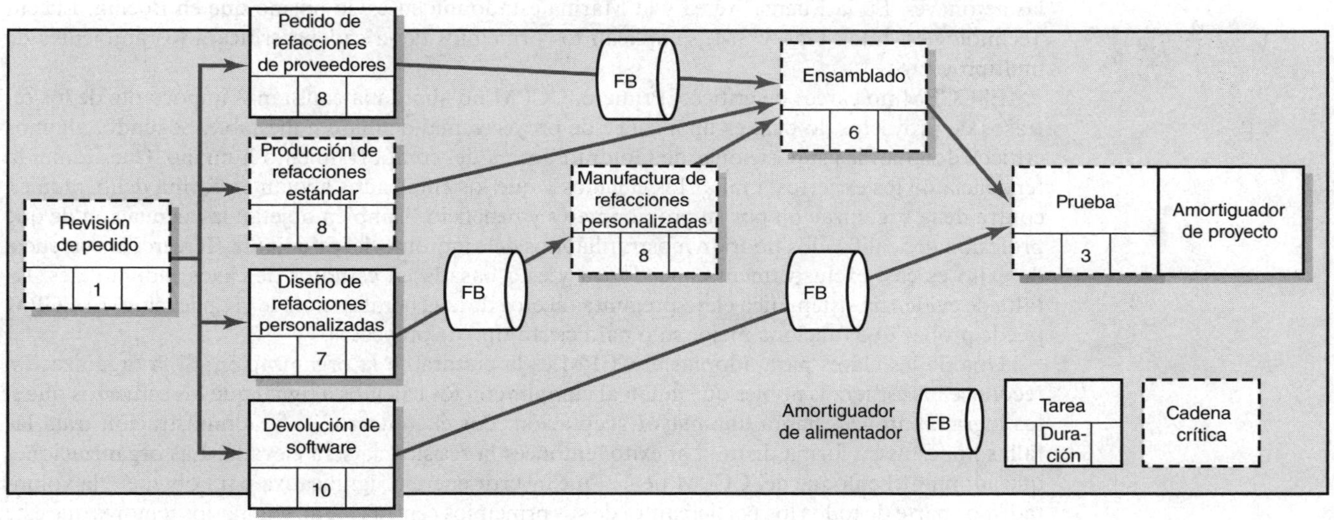

FIGURA A8.4
Proyecto de Control de aire
Diagrama de Gantt: Red CCPM

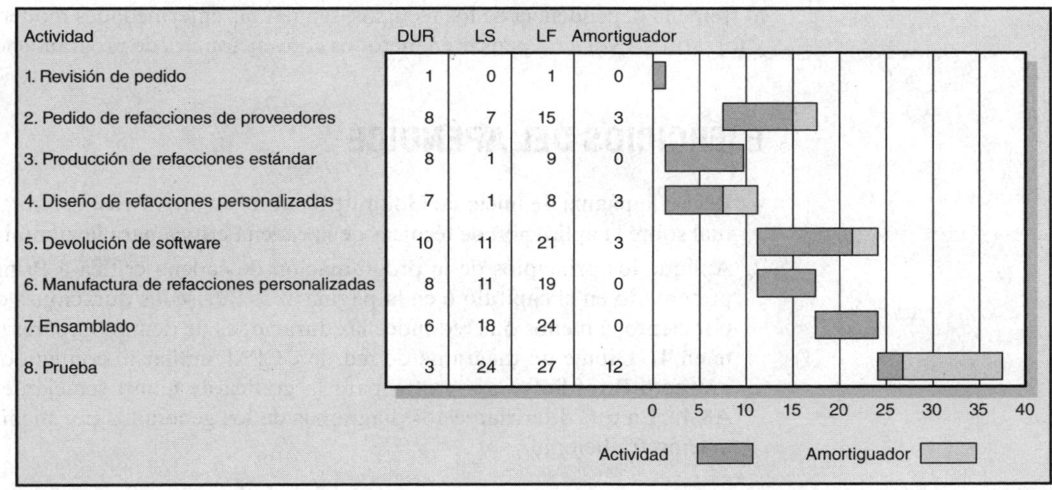

FIGURA A8.5
Control de proyecto
Administración de amortiguadores

Región III	Región II	Región I
OK	Observar y planear	Actuar

100% Tiempo restante de amortiguador completo — 0% Tiempo restante sin amortiguador

instalación semejante es de entre 26 y 36 meses. La industria aeronáutica israelí ha utilizado técnicas de CCPM para reducir, de dos meses a dos semanas, el trabajo de mantenimiento promedio en las aeronaves. En la Fuerza Aérea y la Marina estadounidenses, lo mismo que en Boeing, Lucent Technologies, Intel, GM y 3M, se aplican los principios de la cadena crítica a los ambientes de multiproyectos.

El CCPM no carece de críticos. Primero, CCPM no aborda la causa más importante de los retrasos de proyectos, lo cual es un alcance de proyecto mal definido e inestable. Segundo, algunos críticos desafían las suposiciones de Goldratt acerca del comportamiento humano. Cuestionan la tendencia de los expertos a inflar los cálculos y que los empleados actúan en forma deliberada en contra de la organización por su propio interés y beneficio. También objetan la insinuación de que profesionales calificados podrían mostrar hábitos del síndrome del estudiante. Tercero, la evidencia de éxito es casi exclusivamente anecdótica y está basada en estudios de casos individuales. La falta de evidencia sistemática eleva preguntas acerca de la generalización de la aplicación. El CCPM puede probar que funciona mejor sólo para cierto tipo de proyectos.

Una de las claves para adoptar el CCPM es la cultura de la organización. Si la organización reconoce los esfuerzos nobles que fallan al cumplir con los cálculos al igual que los esfuerzos que sí los logran, entonces habrá una mayor aceptación. Por el contrario, si la administración trata las fallas honestas en forma distinta al éxito, entonces la resistencia será elevada. Las organizaciones que adoptan el enfoque del CCPM tienen que invertir energía significativa para obtener "la voluntad" por parte de todos los participantes de sus principios centrales y apaciguar los temores que este sistema puede generar.

RESUMEN DEL APÉNDICE

Sin importar dónde nos encontremos en el debate, el enfoque CCPM se merece el crédito de traer al frente la dependencia de los recursos, señalar las enfermedades modernas de las tareas múltiples y forzarnos a volver a pensar en métodos convencionales de programación de proyectos.

EJERCICIOS DEL APÉNDICE

1. Revise la página de inicio de Goldratt Institute en *http://www.goldratt.com* para información actual sobre la aplicación de técnicas de la cadena crítica para la administración de proyectos.
2. Aplique los principios de la programación de cadena crítica a Print Software, Inc., proyecto presentado en el capítulo 6 en la página 175. Revise las duraciones de tiempo calculado en 50 por ciento, a menos que redondee las duraciones de tiempo impares (por ejemplo, 3 se convierte en 4). Dibuje un diagrama de red de CCPM similar al contenido en la figura A8.3 para el proyecto Print Software, y otro para la gráfica de Gantt semejante al que contiene la figura A8.4. ¿En qué diferirían estos diagramas de los generados por medio de la técnica de programación tradicional?

REFERENCIAS DEL APÉNDICE

Goldratt, *Critical Chain*, Great Barrington, MA, North River Press, 1997.

Herroelen, W., R. Leus y E. Demeulemeester, "Critical Chain Project Scheduling: Do Not Oversimplify", *Project Management Journal*, vol. 33, 4, 2002, pp. 48-60.

Leach, L. P., "Critical Chain Project Management", *Proceedings of 29th Annual Project Management Institute, 1998, Seminars and Symposiums*, Newtown, PA, Project Management Institute, 1998, pp. 1239-1244.

Levine, H. A., "Shared Contingency: Exploring the Critical Chain", *PM Network*, octubre de 1999, pp. 35-38.

Newbold, R. C., *Project Management in the Fast Lane: Applying the Theory of Constraints*, Boca Raton, FL, St. Lucie Press, 1998.

Noreen, E., D. Smith y J. Mackey, *The Theory of Constraints and Its Implication for Management Accounting*, Great Barrington, MA, North River Press, 1995.

Raz, T., R. Barnes y D. Dvir, "A Critical Look at Critical Chain Project Management", *Project Management Journal*, diciembre de 2003, pp. 24-32.

Sood, S., "Taming Uncertainty: Critical-Chain Buffer Management Helps Minimize Risk in the Project Equation", *PM Network*, marzo de 2003, pp. 57-59.

Zalmanson, E., "Readers Feedback", *PM Network*, vol. 15, 1, 2001, p. 4.

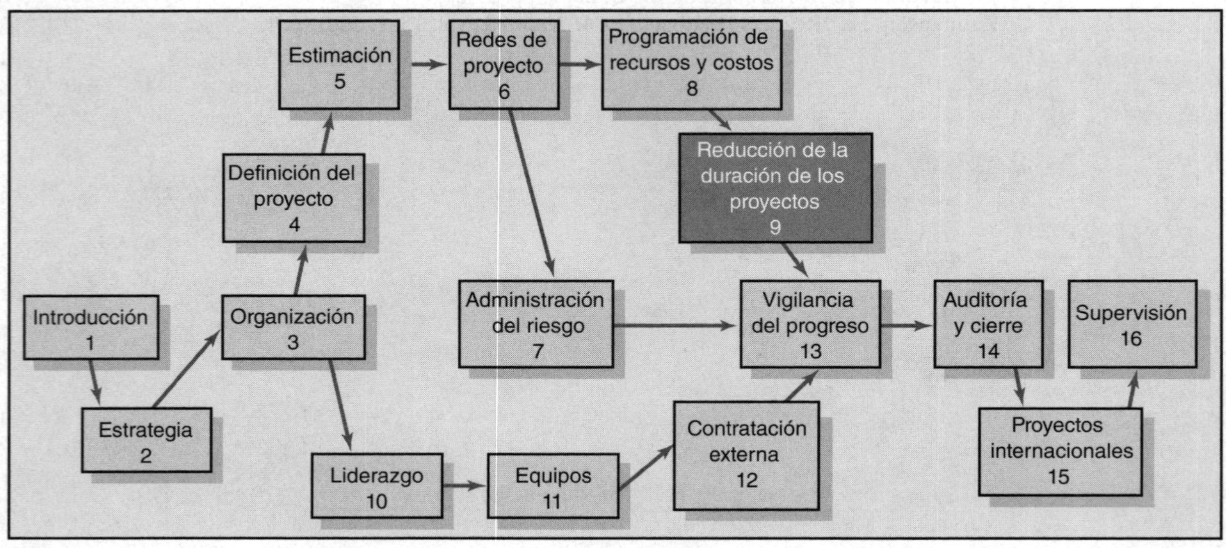

Reducción de la duración de los proyectos

Razones para la reducción de la duración de los proyectos

Alternativas para acelerar la terminación de los proyectos

Gráfica de costo y duración del proyecto

Construcción de una gráfica de duración y costo del proyecto

Consideraciones prácticas

¿Qué pasa cuando el costo, y no el tiempo, es el problema?

Resumen

CAPÍTULO NUEVE

Reducción de la duración de los proyectos

Al patinar sobre hielo delgado, nuestra seguridad radica en la velocidad.

— Ralph Waldo Emerson

Imagine los siguientes escenarios:

- Después de finalizar su programa del proyecto, se da cuenta de que la fecha calculada del cumplimiento es de dos meses más tarde de lo que su jefe prometió en forma pública a un cliente importante.
- Cinco meses después de haber iniciado el proyecto, usted se da cuenta de que tiene un retraso de tres semanas con respecto a la fecha del proyecto, ya de por sí muy presionada.
- Cuatro meses después de haber iniciado un proyecto, la administración superior cambia sus prioridades y ahora le dice que el dinero no es problema. ¡Termine el proyecto lo más pronto posible!

¿Qué hacer?

En este capítulo se abordan estrategias para reducir la duración del proyecto, ya sea antes de establecer la línea de base del proyecto o a la mitad de su ejecución. La elección de las opciones se basa en las limitantes que rodean al proyecto. Aquí entra en juego la matriz de prioridad del proyecto que se presentó en el capítulo 4. Por ejemplo, hay muchas opciones para reducir el tiempo del proyecto si usted no tiene limitaciones de recursos, lo mismo que si no puede gastar más de su presupuesto original. Empezaremos por examinar las razones para reducir la duración del proyecto y después analizaremos las distintas opciones para acelerar su terminación.

El capítulo concluirá con el marco de referencia clásico de tiempo y costo para elegir las actividades que deben acortarse. El acortamiento es un término que ha surgido en el léxico de la administración de proyectos para abreviar la duración de una actividad o proyecto más allá de lo que se puede hacer en forma normal.

Razones para la reducción de la duración de los proyectos

Existen algunas circunstancias en las que un administrador o dueño de un proyecto no desearía reducir el tiempo para terminar un proyecto. La disminución del tiempo de una actividad crítica en un proyecto se puede hacer, pero casi siempre ocasiona un costo directo más elevado; así, el administrador enfrenta un problema de decisión entre costo y tiempo. ¿La reducción en tiempo vale el costo adicional? Las situaciones de costo y tiempo se enfocan en la reducción de la ruta crítica que determina la fecha de terminación del proyecto.

Hay muchas buenas razones para intentar reducir la duración de un proyecto. Una de las más importantes en la actualidad es el tiempo al mercado. Una competencia global intensa y los avances tecnológicos rápidos han hecho de la velocidad una ventaja competitiva. Para tener éxito, las empresas tienen que detectar nuevas oportunidades, lanzar equipos de proyecto y traer nuevos productos o servicios al mercado en un abrir y cerrar de ojos. Tal vez en ninguna industria importa tanto la velocidad como en la de electrónica. Por ejemplo, una regla práctica para las empresas de tecnología moderada a elevada es que un retraso de seis meses en llevar un producto al mercado puede ocasionar una pérdida de utilidad bruta de participación de mercado en más o menos 35 por ciento.

Guerras de teléfonos celulares*

© Lars A. Niki

La velocidad ha sido crucial en los negocios desde la fiebre del oro de California. La industria de teléfonos celulares es un buen ejemplo de un negocio muy competitivo que pone en primer plano la velocidad. En 2005 Motorola sacó el RAZR, su teléfono celular ultradelgado con cámara y reproductor de música. Samsung Group respondió siete meses después con el Blade. Luego, el 1 de febrero de 2006, Motorola lanzó SLVR, un teléfono que es más esbelto que su predecesor. Nokia entró a la disputa con N80, que agregó navegación Wi-Fi Web a la mezcla del producto. "Es como tener un club nocturno popular. Tienes que seguir abriendo sitios nuevos. Para seguir siendo popular, debes acelerarte", dice Michael Greeson, presidente de la empresa de investigación de mercado Diffusion Group, Inc.

Con el propósito de sobrevivir, Motorola, Nokia y otros fabricantes de teléfonos celulares se han vuelto expertos en la administración de proyectos. Han sido capaces de recortar el tiempo de lanzamiento al mercado de los nuevos teléfonos de entre 12 y 18 meses a entre seis y nueve meses. Por tales motivos, más de 500 millones en ventas pronosticadas de nuevos teléfonos celulares por año están en juego.

* Steve Hamm, "Is Your Company Fast Enough?", *BusinessWeek*, 27 de marzo de 2006, pp. 68-76.

En estos casos, las empresas de alta tecnología suelen suponer que los ahorros en tiempo y evitar las pérdidas de utilidades valen cualquier costo adicional para reducir el tiempo sin ningún análisis formal. Véase el recuadro de Caso de práctica: Guerras de teléfonos celulares, para abundar acerca de este tema.

Otra razón común para la reducción del tiempo del proyecto ocurre cuando los retrasos imprevistos, como un clima adverso, fallas de diseño y descomposturas de equipo, ocasionan demoras sustanciales a la mitad del proyecto. Por lo general, ponerse al día en el programa requiere comprimir el tiempo en algunas de las actividades críticas. Los costos adicionales de actualizarse en el programa se deben comparar con las consecuencias de estar retrasado. Esto es en particular verdadero cuando el tiempo es una de las prioridades.

Los contratos de incentivos pueden hacer que la reducción del tiempo del proyecto sea gratificante, tanto para el contratista del proyecto como para el dueño. Por ejemplo, un contratista terminó 18 meses antes un puente que cruza un lago y recibió más de seis millones de dólares por la terminación anticipada. La disponibilidad del puente para la comunidad vecina, con 18 meses de anticipación para reducir las congestiones de tránsito, hizo que el costo del incentivo por parte de la comunidad pareciera pequeño para los usuarios. Otro ejemplo: en un arreglo de mejora continua, el esfuerzo conjunto del dueño y el contratista resultó en una terminación anticipada de una esclusa de río y una división de 50/50 de los ahorros para el dueño y el contratista. Véase el recuadro de Caso de práctica: Respuesta al terremoto de Northridge, para ver una situación en la que un contratista recorrió grandes distancias para terminar un proyecto lo más pronto posible.

Caso de práctica

Respuesta al terremoto de Northridge*

David Butow/Corbis

El 17 de enero de 1994, un terremoto de magnitud 6.8 sacudió la cuenca de Los Ángeles, cerca de la zona suburbana de Northridge, con un saldo de 60 muertos, miles de heridos y miles de millones de dólares en daños a la propiedad. En ningún otro lugar fue más evidente el poder destructivo de la naturaleza que en las secciones colapsadas del sistema de carreteras, hecho que interrumpió el traslado cotidiano de un millón de ciudadanos. El terremoto de Northridge planteó uno de los mayores desafíos al Departamento de Transporte de California (CalTrans, acrónimo de California Department of Transportation) en su historia de casi 100 años. Para acelerar el proceso de recuperación, el gobernador Pete Wilson firmó una declaración de emergencia que le permitió a CalTrans acelerar los procedimientos de contratación y ofrecer atractivos incentivos para terminar el trabajo antes de tiempo. Por cada día en que se adelantara el programa, se entregaría un bono considerable. No obstante, por cada día después de la fecha de vencimiento, el contratista sería penalizado con la misma suma. La cantidad (entre 50 000 y 200 000 dólares) variaba según la importancia del trabajo.

El esquema de incentivos demostró ser un motivador poderoso para los contratistas de reconstrucción de la carretera. C.C. Myers, Inc., de Rancho Cordova, California, ganó el contrato para la reconstrucción de los 10 puentes de la interestatal. En forma sorprendente, Myers quitó todos los obstáculos para terminar en un ritmo vertiginoso de 66 días, 74 días antes del programa, y ganó un bono de 14.8 millones de dólares. Myers aprovechó todas las oportunidades para ahorrar tiempo y acelerar las operaciones. Se expandió mucho la fuerza de trabajo. Por ejemplo, se emplearon 134 herreros en lugar de los 15 normales. Se estableció un equipo especial de alumbrado para que el trabajo se pudiera realizar 24 horas al día. De igual manera, se prepararon los sitios y se utilizaron materiales especiales para que el trabajo pudiera continuar a pesar del inclemente clima que, por lo general, hubiera cerrado la construcción. El trabajo se programó en gran medida como una línea de ensamblado para que las actividades críticas fueran continuadas por las siguientes actividades críticas. Se ideó un esquema generoso de incentivos para recompensar el trabajo en equipo y llegar a las metas con anticipación. Los equipos de carpinteros y herreros competían para ver cuál terminaría primero.

Aunque C.C. Myers recibió un bono sustancial por terminar antes, gastaron mucho dinero en tiempo extra, bonos, equipo especial y otras recompensas para mantener el trabajo en movimiento. CalTrans respaldó los esfuerzos de Myers. Con el trabajo de reconstrucción de 24 horas continuas, incluido el uso de taladros neumáticos y grúas mecánicas, CalTrans dio hogar temporal a muchas familias en moteles locales. CalTrans incluso erigió, de manera temporal, una pared acústica de plástico para ayudar a reducir el ruido que llegaba a un complejo cercano de apartamentos. La cortina de doble capa, de 450 pies de largo por 20 de alto, se diseñó para aminorar el ruido en 10 decibeles.

A pesar de las dificultades y los gastos incurridos por la construcción de la carretera, de día y de noche, la mayor parte de Los Ángeles vitoreó los esfuerzos de recuperación del terremoto por parte de CalTrans. La Oficina de Planeación e Investigación del Gobernador emitió un informe que concluyó que cada día que la carretera de Santa Mónica estuviera cerrada le costaba a la economía local más de un millón de dólares.

* Jerry B. Baxter, "Responding to the Northridge Earthquake", *PM Network*, noviembre de 1994, pp. 13-22.

Las "fechas especificadas" son otra razón para acelerar la terminación del proyecto. Por ejemplo, un político que hace una declaración pública de que un nuevo edificio de abogados estará disponible en dos años. O el presidente de una empresa de software señala en un discurso que un nuevo software avanzado estará listo en un año. Con mucha frecuencia, esas declaraciones se convierten en fechas impuestas de la duración de un proyecto, sin ninguna consideración de los problemas o el costo de cumplir con el plazo. El tiempo de duración del proyecto se establece cuando éste llega a su fase de "concepto" antes o sin ningún programa detallado de todas las actividades del proyecto. Este fenómeno se repite mucho en la práctica. Por desgracia, esta práctica casi siempre lleva a un proyecto tener un costo más elevado que uno que se establece por medio de una planeación detallada y a bajo costo. Además, en ocasiones se compromete la calidad para cumplir con los vencimientos. Lo que es más importante, estos costos más elevados de fechas de duración impuestas rara vez se reconocen o se señalan por los participantes del proyecto.

A veces los gastos generales demasiado elevados se reconocen antes de que comience el proyecto. En estos casos es prudente examinar los costos directos de acortar la ruta crítica en comparación con los ahorros en los gastos generales. Por lo general, hay oportunidades para abreviar algunas actividades críticas en menos de la tasa diaria de gastos generales. Bajo condiciones específicas (que no son raras), es posible tener grandes ahorros con poco riesgo.

Por último, hay ocasiones cuando es importante reasignar equipo o personas fundamentales a nuevos proyectos. Bajo estas circunstancias, el costo de comprimir el proyecto se puede comparar con los costos de no liberar el equipo o las personas fundamentales.

Alternativas para acelerar la terminación de los proyectos

Los administradores tienen varios métodos eficaces para acortar las actividades específicas de los proyectos cuando los recursos no están restringidos. Varios de éstos se resumen a continuación.

Alternativas cuando no hay limitación de recursos

Agregar recursos

El método más común para abreviar el tiempo de proyecto es asignar personal y equipo adicional a las actividades. Sin embargo, hay límites en cuanto a qué velocidad se puede obtener al agregar personal. Duplicar la fuerza de trabajo no reducirá el tiempo de terminación a la mitad. La relación sería correcta sólo cuando las tareas se pudieran dividir de forma que se necesite una comunicación mínima entre los trabajadores, como al cosechar una semilla a mano o repavimentar una carretera. La mayoría de los proyectos no se establecen de esa forma; trabajadores adicionales aumentan las necesidades de comunicación para coordinar sus esfuerzos. Por ejemplo, duplicar un equipo al agregar dos trabajadores requiere seis veces de intercomunicación en pares más de la que se precisa en el equipo original de dos personas. No sólo se necesita más tiempo para coordinar y administrar un equipo más grande; está el retraso adicional de capacitar a las nuevas personas y hacerlas que aceleren el proyecto. El resultado final se captura en la ley de Brooks: agregar elemento humano a un proyecto de software retrasado lo atrasa más.

Frederick Brooks elaboró este principio a partir de su experiencia como administrador de proyecto del software System/360 de IBM al comienzo de la década de 1960. La investigación posterior concluyó que agregar más personas a un proyecto atrasado no necesariamente causa que se atrase más. La clave es si el personal nuevo se agrega con anticipación para que haya tiempo de recuperar el terreno perdido, dado que los nuevos miembros han sido asimilados por completo.

Contratación externa (outsourcing) del trabajo de proyecto

Un método común para abreviar el tiempo de proyecto es subcontratar una actividad. El subcontratista puede tener acceso a una tecnología superior o experiencia que acelere la terminación de la actividad. Por ejemplo, contratar una excavadora puede lograr en dos horas lo que un equipo de trabajadores puede hacer en dos días. De igual manera, por contratar una empresa consultora que se especialice en programación ADSI, una empresa puede ser capaz de ocupar la mitad del tiempo que le llevaría a programadores internos, menos experimentados, hacer el trabajo. La subcontratación también libera recursos que se pueden asignar a una actividad crítica y que en forma ideal resultarán en una menor duración del proyecto. Véase el recuadro de Caso de práctica: Contratación externa (outsourcing) en Bio-Tech. La contratación externa (outsourcing) se abordará con mayor detalle en el capítulo 12.

Programación del tiempo extra

La forma más fácil de añadir más mano de obra a un proyecto no es agregar más personas, sino programar tiempo extra. Si un equipo trabaja 50 horas a la semana en lugar de 40, podría lograr 25

Caso de práctica

Contratación externa (outsourcing) en Bio-Tech aumenta la velocidad*

Al enfrentar las presiones por el aumento del tiempo al mercado, muchas empresas de biotecnología ahora emplean contratación externa (outsourcing) para acelerar el proceso del desarrollo de las drogas medicinales. Panos Kalaritis, vicepresidente de operaciones de Irix Pharmaceuticals, dice que la contratación externa (outsourcing) del proceso de desarrollo puede acelerar la evolución de una droga medicinal al permitir a la empresa farmacéutica continuar su investigación mientras que un contratista trabaja en la optimización del proceso. Susan Dexter, de Lonza Biologics, identificó distintos tipos de contratación externa (outsourcing) que incluyen contratos para el desarrollo de producto, suministros de pruebas clínicas, abastecimiento del mercado o comerciales y transferencia de tecnología. Dijo que, con frecuencia, un proyecto dado puede incluir más de una de las etapas anteriores en un periodo de varios años.

Usar un contratista, dijo Paul Henricks, gerente de negocios de Patheon Inc., da acceso a la compañía cliente al conocimiento especializado e infraestructura, al igual que a recursos y capacidad flexibles. La empresa que patrocina también puede manejar los riesgos al compartir las responsabilidades mediante la contratación externa.

"La comunicación es clave para una relación exitosa de contratación externa", dijo Dan Gold, vicepresidente de desarrollo de proceso de Covance, que antes era Corning Bio. "Los contratistas y los patrocinadores deben asignar administradores de proyectos y deben trabajar juntos para mantener, rastrear y documentar la terminación del proyecto. Debe haber un esfuerzo concertado de las dos partes para trabajar como socios a fin de terminar el proyecto."

* Mathew Lerner, "Outsourcing in Bio-Technology Picks Up Speed", *Chemical Market Reporter*, vol. 251, núm. 14, 2002, p. 17.

por ciento más. Al programar tiempo extra, usted evita costos adicionales de coordinación y comunicación que se enfrentan cuando se agrega personal nuevo. Si la gente que participa son trabajadores asalariados, quizá no haya un costo adicional real por el trabajo extra. Otra ventaja es que hay menos distracciones cuando la gente labora fuera del horario normal.

El tiempo extra tiene sus desventajas. Primero, a los trabajadores por hora por lo general se les paga un tiempo y medio por el trabajo extra y doble por los fines de semana y los días festivos. El trabajo en tiempo extra realizado por los empleados asalariados puede derivar en cotos intangibles, como divorcio, extenuación y rotación. Esto último es una preocupación organizacional básica cuando hay escasez de trabajadores. Además, es una simplificación excesiva asumir que durante un periodo extendido, una persona es tan productiva durante su undécima hora en el trabajo que durante la tercera. Hay límites naturales respecto a lo que es humanamente posible y un tiempo extra amplio en realidad puede llevar a una declinación general en la productividad cuando se presenta la fatiga.

El tiempo extra y trabajar más horas constituyen la opción que se prefiere cuando se trata de acelerar la terminación del proyecto, en especial cuando el equipo es asalariado. La clave es usar el tiempo extra en forma juiciosa. ¡Recuerde que un proyecto es un maratón y no una carrera rápida (*sprint*)! No quiere quedarse sin energía antes de llegar a la meta.

Establecimiento de un equipo de proyecto central

Como se analizó en el capítulo 3, una de las ventajas de crear un equipo central dedicado a terminar un proyecto es la velocidad. Asignar profesionales de tiempo completo a un proyecto evita el costo oculto de las tareas múltiples, en las que la gente se ve forzada a hacer malabares con las demandas de diversos proyectos. A los profesionales se les permite dedicar su atención completa a un proyecto específico. Este enfoque singular crea una meta compartida que une a un conjunto diverso de profesionales en un equipo altamente cohesivo y capaz de acelerar la terminación del proyecto. Los factores que contribuyen al surgimiento de equipos de proyecto de alto desempeño se analizarán con detalle en el capítulo 11.

Hacerlo dos veces, rápido y bien

Si usted tiene prisa, trate de construir una solución "rápida y sucia" de corto plazo y luego regrese y hágalo bien. Por ejemplo, se suponía el estadio Rose Garden en Portland, Oregon, tenía que estar terminado a tiempo para el inicio de la temporada 1995-1996 de la NBA (Asociación Nacional de Baloncesto). Los retrasos hicieron que esto fuera imposible, así que el equipo fijó gradas temporales para recibir a la multitud la noche de apertura. Con frecuencia, los costos adicionales de hacerlo dos veces se compensan en exceso a cambio de los beneficios de cumplir con la fecha de vencimiento.

Alternativas cuando hay limitación de recursos

Un gerente de proyecto tiene menos opciones para acelerar el cumplimiento del proyecto cuando no hay recursos adicionales o cuando el presupuesto está severamente restringido. Esto es en particular cierto una vez que se ha establecido el programa. A continuación tenemos algunas de estas alternativas.

Aceleración

A veces es posible reacomodar la lógica de la red del proyecto para que las actividades críticas se hagan en forma paralela (al mismo tiempo) más que de manera secuencial. Esta alternativa es buena si la situación del proyecto es adecuada. Cuando se le da una atención seria a esta opción, es sorprendente observar qué tan creativos pueden resultar los miembros del equipo para encontrar formas de reestructurar actividades secuenciales paralelamente. Como se señaló en el capítulo 6, uno de los métodos más comunes para reestructurar las actividades es cambiar una relación de "terminar para empezar" por una de "empezar para empezar". Por ejemplo, en lugar de esperar a que el diseño final esté aprobado, los ingenieros de manufactura pueden comenzar a construir la línea de producción tan pronto como se hayan establecido las especificaciones clave. Por lo general, cambiar las actividades de secuenciales a paralelas requiere una coordinación más cercana entre los responsables de las actividades afectadas, aunque pueden producir tremendos ahorros de tiempo.

Cadena crítica

La administración de proyecto de la cadena crítica (CCPM, por sus siglas en inglés) está diseñada para acelerar la terminación de los proyectos. Como se analizó en el capítulo 8, todavía está en tela de juicio en términos de su aplicación. Todavía los principios de CCPM parecen firmes y dignos de experimentación si la velocidad es esencial. Asimismo, sería difícil aplicar en forma inesperada la CCPM en un proyecto. La CCPM requiere capacitación considerable y un cambio en hábitos y perspectivas que toman tiempo para adoptarse. Aunque ha habido informes de ganancias inmediatas, en especial en términos de tiempos de cumplimiento, quizá sea necesario un compromiso de administración de largo plazo para cosechar los beneficios completos. Véase el recuadro de Caso de práctica: La casa más rápida del mundo para tener un ejemplo extremo de la aplicación de la CCPM.

Reducción del alcance del proyecto

Quizá la respuesta más común para cumplir con los vencimientos inalcanzables sea reducir o volver a evaluar el alcance del proyecto. En forma invariable, esto lleva a una reducción en la funcionalidad del proyecto. Por ejemplo, el nuevo automóvil va a promediar sólo 25 millas por galón en lugar de 30, o el producto de software tendrá menos características que las planeadas al principio. Mientras que volver a evaluar el alcance del proyecto puede llevar a tener grandes ahorros tanto en tiempo como en dinero, puede llegar a un costo de reducir el valor del proyecto. Si el automóvil obtiene menos kilometraje por litro gasolina, ¿estará a la altura con los modelos competitivos? ¿Los clientes aún querrán el software con menos características?

La clave para reducir el alcance de un proyecto sin disminuir su valor es volver a evaluar las especificaciones reales del proyecto. Con frecuencia se agregan requisitos bajo los mejores escenarios de cielo azul y representan las cosas deseables pero no esenciales. Aquí es importante hablar con el cliente o los patrocinadores del proyecto y explicar la situación; puedes hacerlo a tu manera, pero no hasta febrero. Esto puede forzarlos a aceptar una extensión o agregar dinero para acelerar el proyecto. Si no, se debe tener entonces una discusión sana de lo que son los requisitos esenciales y qué cosas se pueden comprometer para cumplir con las necesidades de las fechas límite que se deben respetar. En realidad, una nueva revisión de los requisitos puede mejorar el valor del proyecto al hacerlo con mayor rapidez y a un menor costo.

El cálculo de los ahorros del alcance de proyecto reducido comienza con la estructura de desglose del trabajo (WBS, por sus siglas en inglés). Disminuir la funcionalidad significa que ciertas tareas, productos preterminados o requisitos pueden acortarse o eliminarse. Se deben encontrar estas tareas y ajustar el programa. El enfoque tiene que ser en los cambios de las actividades en la ruta crítica.

Compromiso de la calidad

Reducir la calidad es siempre una opción, pero rara vez se acepta o se usa. Si se sacrifica la calidad, es posible reducir el tiempo de una actividad en la ruta crítica.

Caso de práctica

La casa más rápida del mundo*

AP/Wide World

El 13 de marzo de 1999, Hábitat para la Humanidad de Nueva Zelanda construyó una casa de cuatro habitaciones por completo operacional en Auckland en tres horas, 44 minutos y 59 segundos de piso a techo, acabada, con cortinas, regaderas listas, pasto y cerca. Al hacerlo, se convirtieron en los constructores más rápidos del mundo.

"Hicimos estragos significativos con el récord", dijo Graeme Lee, director ejecutivo de Hábitat en Nueva Zelanda. "El registro previo de cuatro horas, 39 minutos, ocho segundos, que tenían en Hábitat de Nashville, Estados Unidos, se hizo con una casa de tres recámaras y nosotros construimos una de cuatro recámaras, y sólo utilizamos 140 voluntarios en el sitio." Las reglas establecen que la construcción debe comenzar en una plataforma de piso establecida. La casa está completa cuando cumple con el código de construcción local y la familia se puede cambiar.

El proyecto tardó 14 meses en planearse. Los principios de la CCPM se aplicaron al utilizar ProChain Software para finalizar el programa del proyecto. La cadena crítica se recalculó entre 150 y 200 veces, y luego se analizó para optimizar la nueva secuencia resultante de las operaciones. Este proceso reiterativo se utilizó para desarrollar en forma progresiva el plan más rápido.

Una de las claves para la eficiencia fue el uso de paredes prefabricadas "Laserbilt" hechas de aglomerado de 36 milímetros con tecnología que inventó una empresa de Nueva Zelanda. Otro ahorrador de tiempo fue el uso de una grúa que bajó el marco del techo de madera (construido en un terreno adyacente) en las cuatro paredes.

Una vez que el techo estuvo sobre las paredes, se puso un techo de metal. Mientras tanto, el revestimiento de las paredes se colocó en los muros externos y se colocaron las ventanas, con operarios casi pintando los martillos mientras se completaba el clavado del revestimiento. Dentro se colocó vinilo en las áreas de servicio mientras que los pintores comenzaban en las habitaciones. Después del vinilo se colocaron los baños y las cortinas. En la parte externa, mientras se instalaba el techo, se construyeron las cubiertas y los escalones; se colocaron un camino frontal, el buzón y los tendederos, se construyó una cerca de madera alrededor del perímetro; se plantaron tres árboles y se nivelaron y sembraron los jardines.

Una evaluación posterior al proyecto reveló que pudo haberse ganado todavía más tiempo. La regla de la administración era "un trabajador capacitado por habitación a la vez", pero el entusiasmo se apoderó de las personas y la gente hacía lo que podía siempre que había oportunidad, en especial casi al final. El administrador del proyecto calculó que si se hubiera ejercido una mayor disciplina y si la gente se hubiera salido de la casa al terminar su tarea, se hubieran podido recortar otros 15 minutos del récord.

Hábitat para la Humanidad es una organización caritativa internacional que construye casas simples y accesibles, y las vende en una base sin intereses y sin utilidades a familias necesitadas.

* "A Four Bedroom House in Three Hours, 44 Minutes & 59 Seconds", Avraham y Goldratt Institute, *www.goldratt.com*, "Fastest House in the World", Habitat for Humanity International, *www.habitat.org*.

En la práctica, los métodos más utilizados para acortar los proyectos son la programación de tiempo extra, la contratación externa (outsourcing) y la suma de recursos. Cada uno de ellos mantiene la esencia del plan original. Las opciones que surgen del plan de proyecto original incluyen hacerlo dos veces y en forma acelerada. Repensar el alcance del proyecto, las necesidades de los clientes y la oportunidad, se vuelven consideraciones importantes para estas técnicas.

Gráfica de costo y duración del proyecto

Nada en el horizonte sugiere que cambiará la necesidad de acortar el tiempo del proyecto. El reto para el administrador del proyecto es utilizar un método rápido y lógico para comparar los beneficios de reducir el tiempo del proyecto con el costo. Cuando no hay métodos firmes y lógicos, es difícil aislar esas actividades que tendrán el mayor efecto en la reducción del tiempo del proyecto a menor costo. En esta sección se describe un procedimiento para identificar los costos de la reducción del tiempo del proyecto, a fin de que se puedan hacer comparaciones con los beneficios de hacer que el proyecto se termine antes. El método requiere obtener los costos directos e indirectos para duraciones específicas de proyecto. Se busca entre las actividades críticas para encontrar las que tengan el costo directo más bajo que reduzca la duración del proyecto. Se calcula el costo total de las duraciones de proyecto y luego se compara con los beneficios de disminuir el tiempo del proyecto, antes de que éste comience o mientras está en progreso.

Explicación de los costos de los proyectos

La naturaleza general de los costos de los proyectos se ilustra en la figura 9.1. El costo total por cada duración es la suma de los costos indirectos y directos. Los costos indirectos continúan durante la vida del proyecto. Por lo tanto, cualquier reducción en la duración del proyecto significa una disminución en costos indirectos. Los costos directos en la gráfica crecen a una tasa en aumento conforme la duración del proyecto se reduce en su duración planeada original. Con la información de una gráfica como ésta para un proyecto, los administradores pueden juzgar con rapidez cualquier alternativa como el cumplimiento de un vencimiento de tiempo al mercado. Es necesaria una mayor discusión de costos indirectos y directos antes de demostrar un procedimiento, a fin de desarrollar la información de una gráfica similar a la que se describe en la figura 9.1.

Costos indirectos de los proyectos

Los costos indirectos por lo general representan gastos generales como supervisión, administración, consultores e intereses. Los costos indirectos no pueden asociarse con un paquete o actividad de trabajo en particular, de ahí el término. Los costos indirectos varían en forma directa con el tiempo. Es decir, cualquier disminución en tiempo debe resultar en una reducción de costos indirectos. Por ejemplo, si los costos diarios de la supervisión, administración y los consultores son por 2 000 dólares, cualquier reducción en la duración de un proyecto representaría un ahorro de 2 000

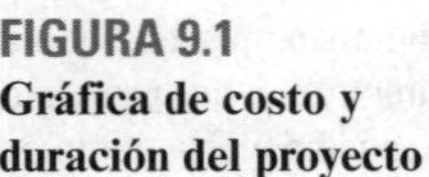

FIGURA 9.1
Gráfica de costo y duración del proyecto

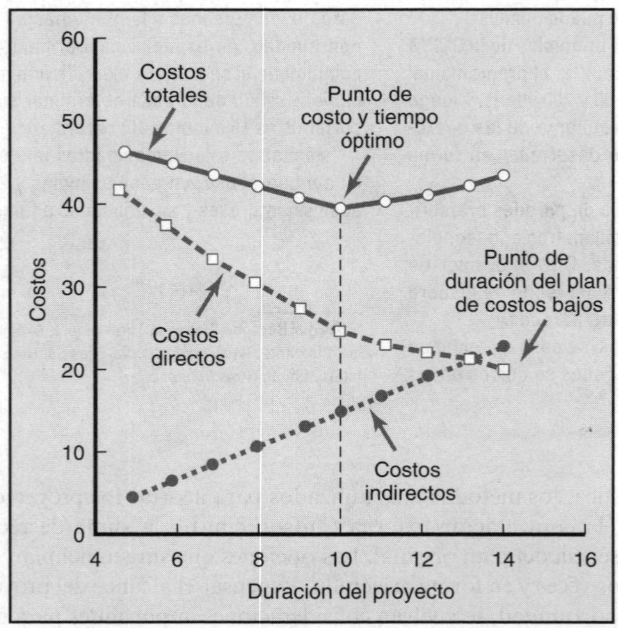

dólares al día. Si los costos indirectos son un porcentaje significativo del total de los costos del proyecto, las reducciones en el tiempo del proyecto pueden representar ahorros muy reales (si suponemos que los recursos indirectos se pueden utilizar en cualquier parte).

Costos directos de los proyectos

De manera habitual, los costos directos representan mano de obra, materiales, equipo y a veces subcontratistas. Los costos directos se asignan en forma directa a un paquete y actividad de trabajo, de ahí el término. La suposición ideal es que los costos directos de cualquier tiempo de actividad representan costos normales, que por lo general significan métodos eficientes de bajo costo para un tiempo normal. Cuando las duraciones de proyecto son impuestas, los costos directos ya no pueden representar métodos eficientes de bajo costo. Los costos para la fecha de duración impuesta serán más altos que para la duración del proyecto desarrollada de tiempos normales, ideales para las actividades. Como se asume que los costos directos se desarrollarán a partir de métodos y tiempo normales, cualquier reducción en tiempo de actividad debe sumarse a los costos de la actividad. La suma de los costos de todos los paquetes de trabajo o actividades representan el total de costos directos del proyecto.

El mayor aprieto que se enfrenta al crear la información para una gráfica similar a la de la figura 9.1 es calcular el costo directo de abreviar las actividades críticas individuales y, luego, encontrar el costo directo total para cada duración de proyecto conforme se comprime el tiempo del proyecto; el proceso requiere elegir las actividades críticas que son menos costosas de acortar. (Nota: la gráfica implica que siempre hay un punto óptimo de costo y tiempo. Eso sólo es verdadero si acortar un programa tiene ahorros de costos indirectos que exceden el costo directo ascendente en que se incurre. Sin embargo, en la práctica casi siempre hay diversas actividades donde los costos directos de la abreviación del proyecto son menores que los costos indirectos.)

Construcción de una gráfica de duración y costo del proyecto

Hay tres pasos importantes que se requieren para construir una gráfica de costo y duración del proyecto:

1. Encontrar los costos directos totales para las duraciones de proyecto seleccionadas.
2. Encontrar los costos indirectos totales para las duraciones de proyecto seleccionadas.
3. Sumar los costos directos e indirectos para las duraciones seleccionadas.

Entonces, la gráfica se utiliza para comparar opciones adicionales de costos para obtener un beneficio. Los detalles de estos pases se presentan a continuación.

Determinación de las actividades que se van a acortar

La tarea más difícil en la construcción de una gráfica de costo y duración es encontrar los costos directos totales para duraciones específicas del proyecto sobre un alcance relevante. La preocupación central es decidir qué actividades se van a acortar y qué tan lejos se llevará el proceso de acortamiento. Básicamente, los administradores necesitan buscar las actividades críticas que se puedan acortar con el *menor aumento en costo por unidad de tiempo*. La justificación para elegir las actividades críticas depende de la identificación de los tiempos normales y del acortamiento de las actividades y los costos correspondientes. El *tiempo normal* de una actividad representa métodos eficientes, realistas y de bajo costo para completar la actividad bajo condiciones normales. Al hecho de abreviar una actividad se le llama *acortamiento (crashing)*. Al menor tiempo posible en que una actividad puede completarse en forma realista se le llama *tiempo de acortamiento (crash time)*. Al costo directo para completar una actividad en su tiempo de acortamiento se le llama *costo de acortamiento (crash cost)*. Los costos y tiempos normales y de acortamiento se obtienen del personal más familiarizado con la terminación de la actividad. En la figura 9.2 se describe una gráfica de costo y duración hipotética para una actividad.

El tiempo normal para la actividad es de 10 unidades de tiempo y el costo correspondiente es de 400 dólares. El tiempo de acortamiento de la actividad es de cinco unidades de tiempo y de 800 dólares. La intersección del tiempo normal y el costo representa el programa de inicio anticipado original de bajo costo. El punto de acortamiento representa el tiempo máximo en que una actividad se puede comprimir. La línea pesada que conecta los puntos normales y de acortamiento representa la pendiente, la cual asume que el costo de reducir el tiempo de la actividad es constante *por unidad de tiempo*. Las suposiciones que son la base del uso de esta gráfica son como sigue:

1. La relación costo y tiempo es lineal.
2. El tiempo normal asume métodos eficientes de bajo costo para terminar la actividad.
3. Los tiempos de acortamiento representan un límite, la mayor reducción de tiempo posible bajo condiciones realistas.
4. La pendiente representa el costo por unidad de tiempo.
5. Todas las aceleraciones deben ocurrir dentro de los tiempos normales y de acortamiento (*crash times*).

Conocer la pendiente de las actividades permite a los administradores comparar qué actividades críticas se van a abreviar. Entre menos inclinada esté la pendiente de costos de una actividad, menos cuesta abreviar un periodo; entre más inclinada esté la pendiente, costará más abreviar una unidad de tiempo. El costo por unidad de tiempo o pendiente para cualquier actividad se calcula por la siguiente ecuación:

$$\text{Pendiente de costo} = \frac{\text{aumento}}{\text{corrida}} = \frac{\text{costo de acortamiento (}\textit{crash cost}\text{)} - \text{costo normal}}{\text{tiempo normal} - \text{tiempo de acortamiento (}\textit{crash time}\text{)}}$$

$$= \frac{\text{CI} - \text{CN}}{\text{TN} - \text{TI}} = \frac{\$800 - \$400}{10 - 5}$$

$$= \frac{\$400}{5} = \$80 \text{ por unidad de tiempo}$$

En la figura 9.2 el aumento es el eje *y* (costo) y la corrida es el eje *x* (duración). La pendiente de la línea de costos es de 80 dólares por cada ocasión que se reduce la unidad de tiempo; la reducción límite del tiempo de actividad es de cinco unidades de tiempo. La comparación de las pendientes de todas las actividades críticas nos permite determinar qué actividades se van a abreviar para minimizar el costo directo total. Dado el programa de proyecto preliminar (o uno en progreso) con todas las actividades establecidas para sus tiempos de inicio anticipado, el proceso de búsqueda de actividades críticas como candidatas para la reducción puede comenzar. Se debe encontrar el costo directo total de cada duración del proyecto comprimido específico.

FIGURA 9.2
Gráfica de actividad

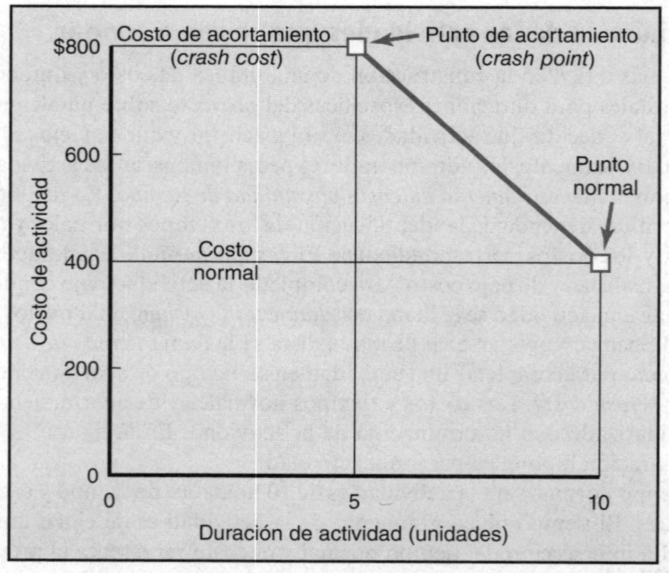

Un ejemplo simplificado

En la figura 9.3*a* se presentan los tiempos normales y de acortamiento y los costos de cada actividad, la pendiente calculada y el límite de reducción de tiempo, el costo directo total y la red de proyecto con una duración de 25 unidades de tiempo. Observe que el costo directo total de la duración de 25 periodos es de 450 dólares. Éste es un punto de referencia para comenzar el procedimiento de abreviar las rutas críticas y encontrar los costos directos totales para cada duración específica inferior a 25 unidades de tiempo. La reducción de tiempo máxima de una actividad es tan sólo la diferencia entre los tiempos normales y de acortamiento para una actividad. Por ejemplo, la actividad D puede reducirse de un tiempo normal de 11 unidades a un tiempo de acortamiento de siete unidades o a un máximo de cuatro unidades de tiempo. La inclinación positiva de la actividad D se calcula de la siguiente forma:

$$\text{Pendiente} = \frac{\text{costo de acortamiento } (\textit{crash cost}) - \text{costo normal}}{\text{tiempo normal} - \text{tiempo de acortamiento } (\textit{crash time})} = \frac{\$150 - \$50}{11 - 7}$$

$$= \frac{\$100}{4} = \$25 \text{ por periodo reducido}$$

FIGURA 9.3
Ejemplo de concesiones de costo y duración

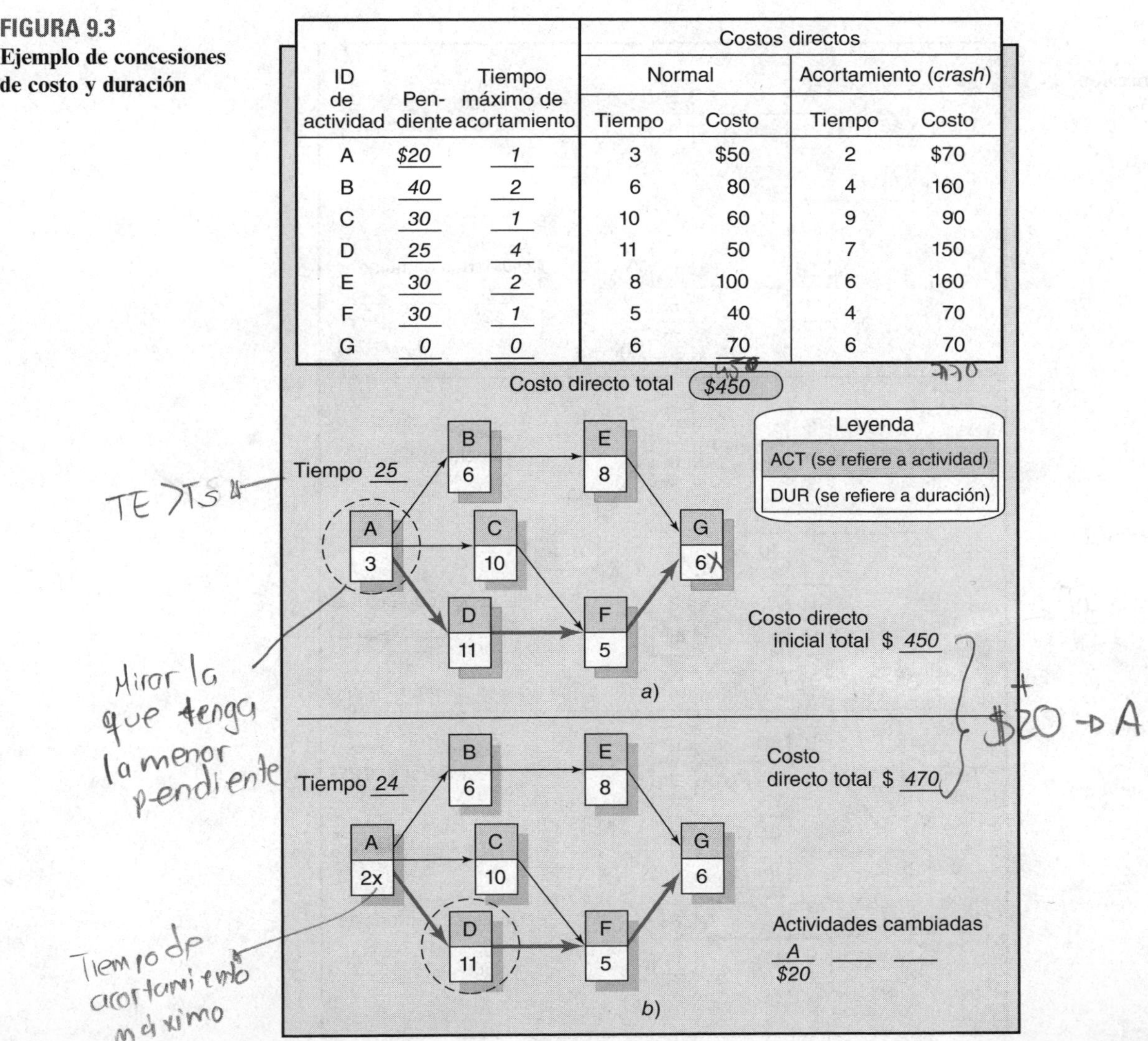

ID de actividad	Pendiente	Tiempo máximo de acortamiento	Costos directos: Normal Tiempo	Normal Costo	Acortamiento (*crash*) Tiempo	Acortamiento (*crash*) Costo
A	*$20*	*1*	3	$50	2	$70
B	*40*	*2*	6	80	4	160
C	*30*	*1*	10	60	9	90
D	*25*	*4*	11	50	7	150
E	*30*	*2*	8	100	6	160
F	*30*	*1*	5	40	4	70
G	*0*	*0*	6	70	6	70
			Costo directo total	*$450*		

La red muestra que la ruta crítica serán las actividades A, D, F, G. Como es imposible abreviar la actividad G, la actividad A se circula porque es la candidata de menor costo; es decir, su pendiente (20 dólares) es inferior a la pendiente de las actividades D y F (25 y 30 dólares). Reducir la actividad A en una unidad de tiempo recorta la duración del proyecto a 24 unidades de tiempo, pero aumenta el total de los costos directos a $470($450 + $20 = $470). En la figura 9.3*b* se reflejan estos cambios. La duración de la actividad. A se ha reducido a dos unidades de tiempo; la "x" indica que la actividad no puede reducirse más. La actividad D está circulada porque es la que menos cuesta (25 dólares) para abreviar el proyecto a 23 unidades de tiempo. Compare el costo de la actividad F. El costo directo total por una duración de proyecto de 23 unidades de tiempo es de 495 dólares (véase la figura 9.4*a*).

Observe que ahora la red de proyecto en la figura 9.4 tiene dos rutas críticas: A, C, F, G y A, D, F, G. Disminuir el proyecto a 22 unidades de tiempo requerirá que la actividad F se reduzca; por lo tanto, está circulada. Este cambio se refleja en la figura 9.4*b*. El costo directo total por 22 unidades de tiempo es de 525 dólares. Esta reducción ha creado una tercera ruta crítica: A, B, E, G; todas las actividades son críticas. El método de menor costo para reducir la duración del proyecto a 21 unidades de tiempo es la combinación de las actividades circuladas C, D, E, que cuestan 30, 25 y 30 dólares, respectivamente, y aumentan los costos directos totales a 610 dólares. Los resultados de estos cambios se describen en la figura 9.4*c*. Aunque algunas actividades pueden reducirse todavía (aquéllas sin la "x" junto al tiempo de actividad), ninguna actividad o combinación de actividades resultará en una reducción en la duración del proyecto.

FIGURA 9.4
Ejemplo de concesión costo y duración (*continuación*)

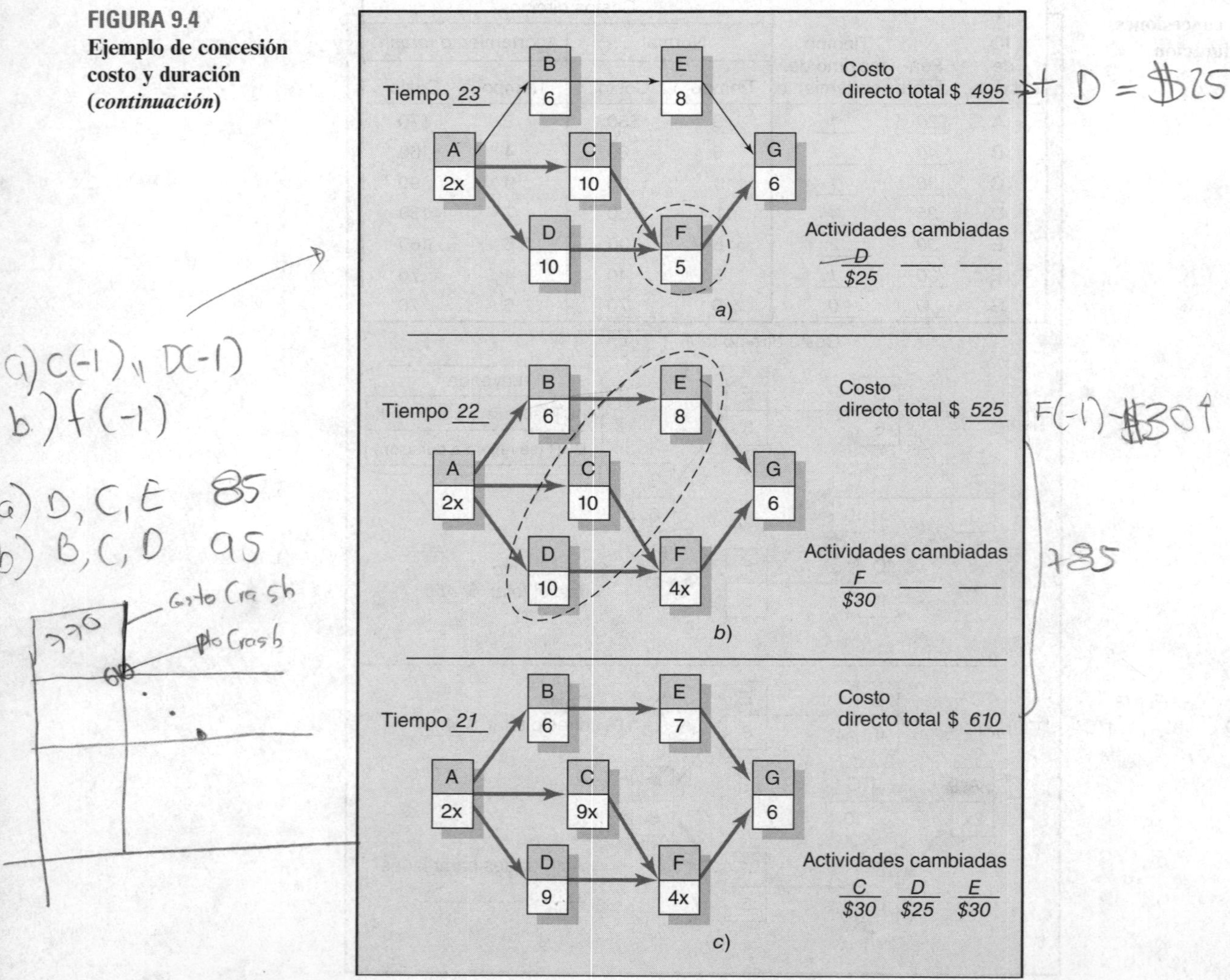

FIGURA 9.5
Costos de resumen por duración

Duración de proyecto	Costos directos	+	Costos indirectos	=	Costos totales
25	*450*		400		*$850*
24	*470*		350		*820*
23	*495*		300		*795*
22	*525*		250		*775*
21	*610*		200		*810*

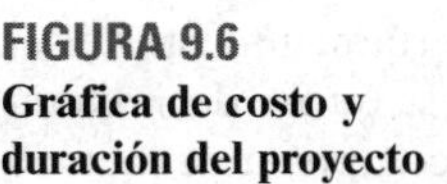

FIGURA 9.6
Gráfica de costo y duración del proyecto

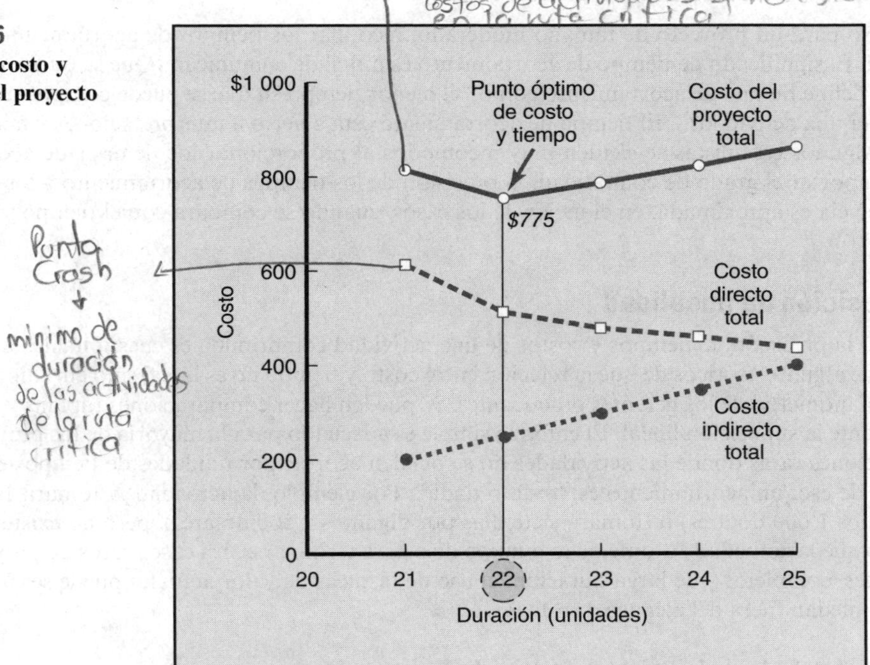

Con los costos directos totales para el conjunto de duraciones de proyecto específicas que se encontraron, el siguiente paso es recopilar los costos indirectos para estas mismas duraciones. Por lo general, estos costos son una tasa por día y se obtienen con facilidad del departamento de contabilidad. En la figura 9.5 se presenta el total de los costos directos, costos indirectos totales y costos de proyecto totales. Estos costos están graficados en la figura 9.6. Esta gráfica muestra que la duración óptima de costo y tiempo es de 22 unidades de tiempo y 775 dólares. Si asumimos que el proyecto en realidad se va a materializar según lo planeado, cualquier movimiento lejos de esta duración de tiempo aumentará los costos del proyecto. El movimiento de 25 a 22 unidades de tiempo ocurre debido a que, en este rango, las pendientes absolutas de los costos indirectos son mayores que las pendientes de costos directos.

Consideraciones prácticas

Utilización de la gráfica de duración y costo del proyecto

Esta gráfica, como se presenta en las figuras 9.1 y 9.6, es valiosa para comparar cualquier alternativa propuesta o cambio con el costo y tiempo óptimo. Más importante, la creación de dicha gráfica mantiene la relevancia de los costos indirectos en el primer plano de la toma de decisiones. Con frecuencia se olvidan los costos indirectos en el campo cuando la presión de la acción es intensa. Por último, esa gráfica se puede utilizar antes de que comience el proyecto o mientras está en progreso. La primera opción es crear la gráfica en la fase de planeación del preproyecto sin una duración impuesta porque el tiempo normal es más significativo. Crear la gráfica en la fase de planeación del proyecto con una duración impuesta es menos deseable porque el tiempo normal se hace para encajar en la fecha impuesta y quizá no sea un costo bajo. Crear la gráfica después de que el proceso ha iniciado es lo menos deseable, ya que algunas alternativas pueden quedar fuera del proceso de decisión. Los administradores pueden elegir no utilizar el procedimiento formal demostrado. No obstante, sin importar el método que se utilice, los principios y conceptos inherentes en el procedimiento formal son altamente aplicables en la práctica y se deben considerar en cualquier decisión de concesiones de duración-costo.

Tiempos de acortamiento (*crash times*)

Incluso para un proyecto de tamaño moderado, recopilar los tiempos de acortamiento puede ser difícil. El significado de tiempo de acortamiento es difícil de comunicar. ¿Qué se quiere decir cuando se define tiempo de acortamiento como "el menor tiempo en que se puede completar de manera realista una actividad?". El tiempo de acortamiento está abierto a interpretaciones y juicios distintos. Algunos calculistas se sienten muy incómodos al proporcionar los tiempos de acortamiento. Sin importar el grado de comodidad, la precisión de los tiempos de acortamiento y los costos con frecuencia es aproximada, en el mejor de los casos, cuando se compara con el tiempo y costo normales.

Suposición de linealidad

Como la precisión de tiempos y costos de una actividad comprimida es cuestionable, la preocupación de algunos teóricos de que la relación entre costo y tiempo no es lineal sino curvilínea, rara vez es una inquietud de los gerentes practicantes. Se pueden hacer comparaciones rápidas y razonables mediante la suposición lineal. El enfoque simple es adecuado para la mayoría de los proyectos. Hay situaciones raras donde las actividades no se pueden acortar por unidades de tiempo sencillas. En lugar de eso, un acortamiento es "todo o nada". Por ejemplo, la actividad A tomará 10 días (por digamos 1 000 dólares) o (tomará siete días por digamos 1 500 dólares), pero no existen opciones en las que la actividad A tome ocho o nueve días para terminarse. En casos raros de proyectos muy grandes, complejos y de larga duración, el uso de técnicas de valor actuales puede ser útil; aunque éstas quedan fuera del alcance de este texto.

Revisión de la selección de actividades que se van a acortar

El método de acortamiento de costo y tiempo confía en elegir el método más económico para la reducción de la duración del proyecto. Hay otros factores que deben evaluarse más allá del simple costo. Primero, se deben considerar los riesgos inherentes incluidos en el acortamiento de actividades especiales. Algunas actividades son más riesgosas de acortar que otras. Por ejemplo, acelerar el cumplimiento de un código de diseño de software puede ser insensato si aumenta la probabilidad de errores que salen a la superficie más adelante. Por el contrario, el acortamiento de una actividad más cara puede ser inteligente si hay pocos riesgos inherentes involucrados.

Segundo, se debe considerar la sincronización de las actividades. Acortar una actividad crítica al principio del proyecto puede resultar en dinero desperdiciado si alguna otra actividad crítica se termina antes o si alguna ruta no crítica se vuelve la nueva ruta crítica. En esos casos, el dinero gastado primero se ha ido y no se obtiene ningún beneficio de una terminación anticipada al acortar la actividad. Por el contrario, puede ser inteligente acortar una actividad crítica al principio cuando las actividades posteriores podrían retrasarse y absorber el tiempo ganado. Entonces, el administrador aún tendría la opción de acortar las actividades finales para volver a estar dentro del programa.

Por último, se debe evaluar el efecto que el acortamiento tendría en la moral y la motivación del equipo de proyecto. Si el método del menor costo señala en forma repetida un subgrupo para acelerar el progreso, podrían darse fatiga y resentimiento. Por el contrario, si existe pago del tiempo extra, otros integrantes del equipo podrían enojarse por no recibir este beneficio. Esta situación puede provocar tensión dentro del equipo completo del proyecto. Los buenos administradores de proyecto evalúan la respuesta que tendrán las actividades acortadas en el equipo completo del proyecto. Véase el recuadro de Caso de práctica: Te apuesto..., a fin de ver un enfoque nuevo para motivar a los empleados a trabajar más rápido.

Michael Newman/Photoedit

El enfoque de este capítulo ha sido la forma en que los administradores de proyecto suelen acortar las actividades al asignar mano de obra y equipo adicionales para abreviar tiempo significativo de las tareas programadas. Con frecuencia, los administradores de proyecto encuentran situaciones en las que necesiten motivar a los individuos para acelerar la terminación de una tarea crítica particular. Imagine el siguiente escenario.

Brue Young acaba de recibir una asignación prioritaria de la oficina matriz corporativa. Los bocetos de ingeniería preliminares que tenían que estar listos mañana deben enviarse hoy a la costa oeste a las 4:00 p.m., para que el taller de modelos pueda comenzar la construcción de un prototipo que le presentará a la administración superior. Young se acerca a Danny Whitten, el dibujante responsable de la tarea, quien respondió al principio "es imposible". Mientras coincide en que será muy difícil, no cree que sea imposible como Danny sugiere o que de veras éste lo crea. ¿Qué debe hacer?

Le dice a Danny que va a ser un trabajo muy apresurado, aunque confía en que puede hacerlo. Cuando Danny se rehúsa, le responde: "Te diré algo, voy a apostar contigo. Si logras terminar el diseño antes de las 4:00 p.m., me aseguraré de que obtengas dos boletos de la empresa para el juego de baloncesto de mañana por la noche entre los Celtics y los Knicks". Danny acepta el reto, trabaja en forma febril para terminar la tarea y logra llevar a su hija a su primer juego de baloncesto profesional.

Conversaciones con administradores de proyectos revelan que muchos utilizan apuestas como ésta para motivar un trabajo extraordinario. Las apuestas van desde boletos para encuentros deportivos y espectáculos hasta certificados de regalo en restaurantes elegantes o una bien merecida tarde libre. Para que las apuestas funcionen deben sujetarse a los principios de una teoría expectante de motivación. Dicho en pocas palabras, la teoría de la expectación reside en tres preguntas:

1. ¿Puedo hacerlo?, ¿es posible cumplir con el reto?
2. ¿Lo obtendré?, ¿me es posible demostrar que cumplí con el reto y puedo confiar en que el administrador entregará su parte del trato?
3. ¿Vale la pena?, ¿la paga es de suficiente valor personal para garantizar el riesgo y el esfuerzo adicional?

Si en la mente del participante la respuesta a cualquiera de estas tres preguntas es no, entonces tiene pocas probabilidades de aceptar el desafío. No obstante, si la respuesta fuera afirmativa, el individuo podría aceptar la apuesta y se motivaría para cumplir con el reto.

Las apuestas pueden ser herramientas de motivación y agregar entusiasmo y diversión al trabajo del proyecto. Pero hay que considerar los siguientes consejos prácticos:

1. La apuesta tiene un mayor significado si también beneficia a los miembros de la familia o seres queridos. Poder llevar a un hijo a un juego de baloncesto profesional permite que el individuo "haga puntos" en casa gracias al trabajo. Estas apuestas también reconocen y recompensan el respaldo que los integrantes del proyecto reciben de sus familias y refuerza la importancia de su trabajo con los seres queridos.
2. Las apuestas se deben usar con moderación; de otra forma, todo se puede volver negociable. Deben utilizarse sólo bajo circunstancias especiales que requieran un esfuerzo adicional.
3. Las apuestas individuales deben entrañar un esfuerzo individual muy reconocible; de otra forma, los demás se pondrían celosos y podría surgir la discordia en el grupo. Siempre y cuando los demás lo vean como un esfuerzo de veras sorprendente "más allá del llamado del deber", lo considerarán justo y merecido.

Decisiones sobre la reducción del tiempo y la sensibilidad

¿El dueño o administrador del proyecto debe intentar obtener el costo y tiempo óptimos? La respuesta es sí, "depende". Se debe considerar el riesgo. Recuerde de nuestro ejemplo que el punto de tiempo óptimo de un proyecto representaba un costo de proyecto reducido y era menor al tiempo del proyecto normal original (revise la figura 9.6). Por lo general, la línea de costo directo del proyecto cerca del punto normal es relativamente plana. Como los costos indirectos del proyecto suelen ser mayores en el mismo grado, el punto óptimo de costo y tiempo es menor al punto de tiempo normal. La lógica del procedimiento de costo y tiempo sugiere que los administradores deben reducir la duración del proyecto al punto de costo total y duración más bajos.

Qué tanto reducir el tiempo del proyecto del tiempo normal hacia el óptimo depende de la *sensibilidad* de la red del proyecto. Una red es sensible si tiene varias rutas críticas o casi críticas. En nuestro ejemplo, el movimiento del proyecto hacia un tiempo óptimo requiere gastar dinero para reducir las actividades críticas, lo cual ocasiona la reducción del tiempo de tolerancia o rutas y actividades más críticas. La disminución de la tolerancia en un proyecto con varias rutas casi críticas aumenta el riesgo de terminar tarde. El resultado práctico puede ser un costo de proyecto total más alto si se retrasan algunas actividades casi críticas y se vuelven críticas; el dinero gastado al reducir las actividades en la ruta crítica original se desperdiciaría. Las redes sensibles requieren de un análisis cuidadoso. La línea de fondo es que la compresión de proyectos con varias rutas casi críticas reduce la flexibilidad de programación y aumenta el riesgo de retrasar el proyecto. El resultado de ese análisis quizás indique sólo un movimiento parcial del tiempo normal hacia el tiempo óptimo.

Hay una situación positiva donde moverse hacia un tiempo óptimo puede resultar en ahorros reales muy grandes; esto ocurre cuando la red es *insensible*. Una red de proyecto es insensible si tiene una ruta crítica dominante; es decir, sin rutas casi críticas. En esta circunstancia de proyecto, el movimiento del punto de tiempo normal hacia el tiempo óptimo *no* creará actividades nuevas o casi críticas. Aquí, la línea de fondo es que la reducción del tiempo de tolerancia de las actividades no críticas aumenta el riesgo de que se conviertan en críticas sólo un poco cuando se comparan con el efecto en una red sensible. Las redes insensibles tienen el mayor potencial para ahorros reales y en ocasiones grandes, con un mínimo riesgo de que las actividades no críticas se vuelvan reales.

Las redes insensibles no son una rareza en la práctica; ocurren en, tal vez, 25 por ciento de todos los proyectos. Por ejemplo, un equipo de proyecto de alumbrado de ferrocarril observó desde su red una ruta crítica dominante y costos indirectos relativamente altos. Pronto quedó claro que al gastar algunos dólares en ciertas actividades críticas se podían obtener ahorros muy grandes de costos indirectos. Los ahorros de varios millones de dólares se gastaron al extender la línea del ferrocarril y agregar otra estación. La lógica que se encuentra en este ejemplo es tan aplicable a los proyectos pequeños como a los grandes. Las redes insensibles con los costos indirectos altos pueden producir ahorros grandes.

Por último, decidir si deben acortarse las actividades, y cuáles, es asunto de sentido común que requiere una consideración cuidadosa de las opciones disponibles, de los costos y riesgos que participan y de la importancia de cumplir con un vencimiento.

¿Qué pasa cuando el costo, y no el tiempo, es el problema?

En el mundo acelerado de hoy, parece haber un gran énfasis en hacer las cosas pronto. De cualquier modo, las organizaciones siempre buscan hacer las cosas en forma más económica. Esto es verdadero para los proyectos de ofertas fijas, donde el margen de utilidad se deriva de la diferencia entre la oferta y el costo real del proyecto. Cada dólar ahorrado se queda en su bolsa. A veces, con el fin de asegurar un contrato, las ofertas son muy cerradas, lo cual ejerce una presión adicional en la contención del costo. En otros casos, hay incentivos financieros vinculados con la contención del costo.

Incluso en situaciones donde el costo se transfiere a los clientes hay presión para reducir el costo. Los excedentes en los costos causan el descontento de los clientes y pueden dañar las futuras oportunidades de negocios. Los presupuestos pueden ser fijos o recortados y cuando se terminan los fondos de contingencia, los excedentes en los costos deben compensarse en las actividades restantes.

Como se analizó con anterioridad, abreviar la duración del proyecto puede hacerse a costa del tiempo extra, agregar personal adicional y utilizar equipo o materiales más costosos. Por el contrario, a veces pueden generarse ahorros de costos al extender la duración de un proyecto. Esto puede permitir una fuerza de trabajo más pequeña, mano de obra menos especializada (y costosa) y hasta equipo y materiales más baratos que se puedan utilizar. A continuación tenemos algunas de las opciones más utilizadas para recortar los costos.

Reducir el alcance del proyecto

Así como evaluar de nuevo el alcance del proyecto puede ganar tiempo, entregar menos de lo que estaba planeado al principio también produce ahorros significativos. Una vez más, calcular los ahorros del alcance de un proyecto reducido comienza con la estructura de desglose de trabajo (WBS). Sin embargo, como el tiempo no es el tema, no es necesario enfocarse en las actividades críticas.

Hacer que el dueño tome mayor responsabilidad

Una forma de reducir el costo del proyecto es identificar las tareas que los clientes pueden hacer por ellos mismos. Con frecuencia, los casatenientes utilizan este método para reducir costos en los proyectos de mejoras del hogar. Por ejemplo, para reducir el costo de una remodelación de baño, el propietario podría estar de acuerdo en pintar el baño en lugar de que el contratista lo haga. En un proyecto IS, un cliente puede estar de acuerdo en tomar parte de la responsabilidad de probar el equipo o de proporcionar capacitación interna. Como es natural, este arreglo se negocia mejor antes de que el proyecto comience. Los clientes son menos receptivos a esta idea si, de pronto, usted llega con ella. Una ventaja de este método es que al tiempo que los costos disminuyen, se mantiene el alcance original. Es claro que esta opción está limitada a áreas en las que el cliente tiene experiencia y la capacidad de hacer las tareas.

Contratación externa (outsourcing) de las actividades del proyecto o hasta del proyecto completo

Cuando los cálculos exceden el presupuesto, no sólo tiene sentido volver a analizar el alcance, sino también buscar formas más baratas de completar el proyecto. Tal vez, en lugar de confiar en los recursos internos, sería más eficaz en costos contratar en forma externa segmentos, o hasta el proyecto completo, abriendo el trabajo a la competencia externa de precios. Los subcontratistas especializados con frecuencia disfrutan de ventajas únicas, como descuentos por materiales en grandes cantidades y equipo que no sólo hace el trabajo con mayor rapidez, sino también en forma menos costosa. Asimismo, pueden tener menores gastos fijos y costos de mano de obra. Por ejemplo, para reducir los costos de proyectos de software, muchas empresas estadounidenses contratan el trabajo en forma externa con empresas que operan en la India, donde el salario de un ingeniero de software es una tercera parte del de su colega estadounidense. Sin embargo, la contratación externa (outsourcing) significa tener menos control sobre el proyecto y necesitará tener productos preterminados muy definidos.

Lluvia de ideas de opciones de ahorros de costos

Tal como los miembros de un equipo de proyecto pueden ser una rica fuente de ideas para acelerar las actividades del proyecto, también pueden ofrecer maneras tangibles para la reducción de costos del proyecto. Por ejemplo, un administrador de proyecto reportó que su equipo pudo conseguir un valor de 75 000 dólares en sugerencias de ahorros de costos sin poner en peligro el alcance del proyecto. Los gerentes de proyecto no deben subestimar el valor de sólo preguntar si hay una forma mejor y más barata de hacer las cosas.

Resumen

La necesidad de reducir la duración del proyecto ocurre por muchas razones, como fechas de duración impuestas, consideraciones de tiempo al mercado, contratos de incentivos, necesidades de recursos clave, gastos indirectos elevados o tan sólo retrasos imprevistos. Estas situaciones son muy comunes en la práctica y se les conoce como decisiones de concesiones costo y tiempo. En este capítulo se presentó un proceso lógico y formal para evaluar las implicaciones de contextos que incluyen abreviar la duración del proyecto. Acortar la duración del proyecto aumenta el *riesgo* de terminar tarde. Cuánto, depende de la *sensibilidad* de la red del proyecto a la reducción de la duración del proyecto del tiempo normal al óptimo. Una red sensible es aquélla que tiene varias rutas críticas o casi críticas. Se debe tener mucho cuidado cuando se abrevian redes sensibles para no aumentar los riesgos del proyecto. Por el contrario, las redes insensibles representan oportunidades de ahorrar costos de proyectos potencialmente grandes al eliminar algunos gastos fijos con poca desventaja de riesgo.

Se analizaron estrategias alternativas para reducir el tiempo de proyecto dentro del contexto de si el proyecto tenía limitaciones de recursos o no. Por lo general, la aceleración del proyecto tiene el costo de gastar dinero para más recursos o comprometer el alcance del proyecto. Si este último es el caso, entonces es esencial consultar a todos los interesados importantes para que acepten los cambios se deben efectuar. Otro punto clave es la diferencia de poner en marcha las actividades de reducción de tiempo en medio de la ejecución del proyecto o incorporarlas al plan del proyecto. Por lo general, usted tiene muchas menos opciones una vez que el proyecto está en progreso que antes de su arranque. Esto es en particular cierto si usted quiere aprovechar las nuevas metodologías de programación, como aceleración y cadena crítica. El tiempo empleado en la consideración de opciones y en el desarrollo de planes de contingencia llevará a ahorros de tiempo al final.

Términos clave

Aceleración
Contratación externa (outsourcing)
Costos directos
Costos indirectos
Gráfica de costo y duración del proyecto
Punto de acortamiento (*crash point*)
Tiempo de acortamiento (*crash time*)

Preguntas de repaso

1. ¿Cuáles son las cinco razones comunes para acortar un proyecto?
2. ¿Cuáles son las ventajas y desventajas de reducir el alcance de un proyecto para acelerarlo? ¿Qué se puede hacer para reducir las desventajas?
3. ¿Por qué la programación del tiempo extra es una elección popular para hacer que los proyectos regresen al programa? ¿Cuáles son los problemas potenciales para confiar en esta opción?
4. Identifique cuatro costos indirectos que pueda encontrar en un proyecto no muy complejo. ¿Por qué estos costos se clasifican como indirectos?
5. ¿Cómo puede utilizarse una gráfica de costo y duración por parte del administrador del proyecto? Explique.
6. Reducir la duración del proyecto aumenta el riesgo de terminar tarde. Explique.
7. Es posible acortar la ruta crítica y ahorrar dinero. Explique cómo.

Ejercicios

1. Dibuje una red de proyecto con la siguiente información.

Actividad	Predecesor	Duración
A	Ninguno	2
B	A	4
C	A	3
D	A	2
E	B	3
F	C	6
G	C, D	5
H	E, F	6
I	G	5
J	H, I	5

Las actividades B y H se pueden abreviar a un mínimo de dos semanas. ¿Qué actividad recortaría usted para reducir la duración del proyecto en dos semanas? ¿Por qué?

2. Suponga la red y datos que sigue. Calcule el costo directo total para cada duración del proyecto. Si los costos indirectos de cada duración de proyecto son de 400 dólares (19 unidades de tiempo), 350 dólares (18 unidades), 300 dólares (17 unidades) y 250 dólares (16 unidades), calcule el costo total del proyecto para cada duración. Grafique los costos totales directos, indirectos y de proyecto para cada una de estas duraciones en una gráfica de costo y tiempo. ¿Cuál es el programa óptimo de costo y tiempo para el proyecto? ¿Qué es este costo?

Actividad	Costo de acortamiento (pendiente)(*crash cost*)	Tiempo de acortamiento máximo (*crash time*)	Tiempo normal	Costo normal
A	20	1	3	50
B	60	2	5	60
C	40	1	3	70
D	0	0	10	50
E	50	3	6	100
F	100	3	7	90
G	70	1	5	50
				$470

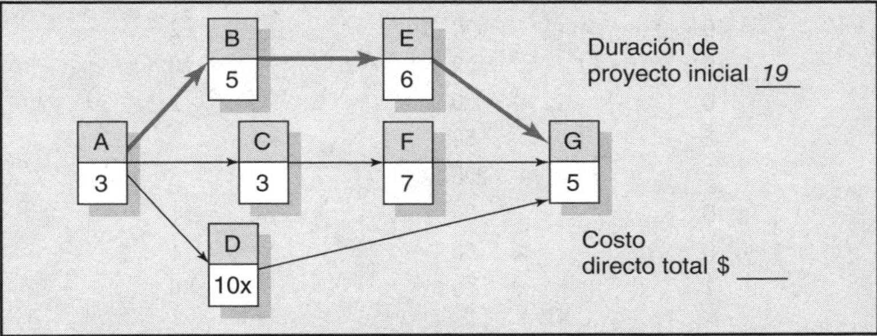

3. Dados los datos e información que siguen, calcule el costo directo total de cada duración del proyecto. Si los costos indirectos de cada duración del proyecto son 90 dólares (15 unidades de tiempo), 70 dólares (14 unidades), 50 dólares (13 unidades), 40 dólares (12 unidades) y 30 dólares (11 unidades), calcule el costo de proyecto total para cada duración. ¿Cuál es el programa óptimo de tiempo costo del proyecto? ¿Cuál es este costo?

Actividad	Costo de acortamiento (pendiente) (*crash cost*)	Tiempo de acortamiento máximo (*crash time*)	Tiempo normal	Costo normal
A	20	1	5	50
B	60	2	3	60
C	0	0	4	70
D	10	1	2	50
E	60	3	5	100
F	100	1	2	90
G	30	1	5	50
H	40	0	2	60
I	200	1	3	200
				$730

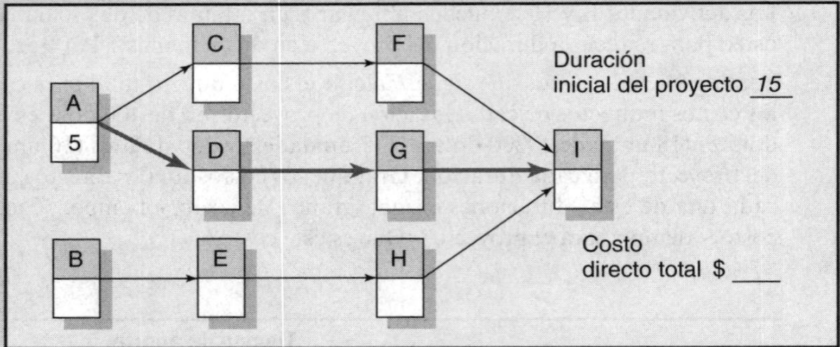

4. Si los costos indirectos de cada duración son 1 200 dólares por 16 semanas, 1 130 dólares por 15 semanas, 1 000 dólares por 14 semanas, 900 dólares por 13 semanas, 860 dólares por 12 semanas, 820 dólares por 11 semanas y 790 dólares por 10 semanas, calcule los costos totales de cada duración. Grafique estos costos. ¿Cuál es el programa óptimo de costo y tiempo?

Actividad	Costo de acortamiento (pendiente) (*crash cost*)	Tiempo de acortamiento máximo (*crash time*)	Tiempo normal	Costo normal
A	10	1	4	30
B	70	2	7	60
C	0	0	1	80
D	20	2	4	40
E	50	3	5	110
F	200	3	5	90
G	30	1	2	60
H	40	1	2	70
I	0	0	2	140
				$680

Unidad de tiempo = 1 semana

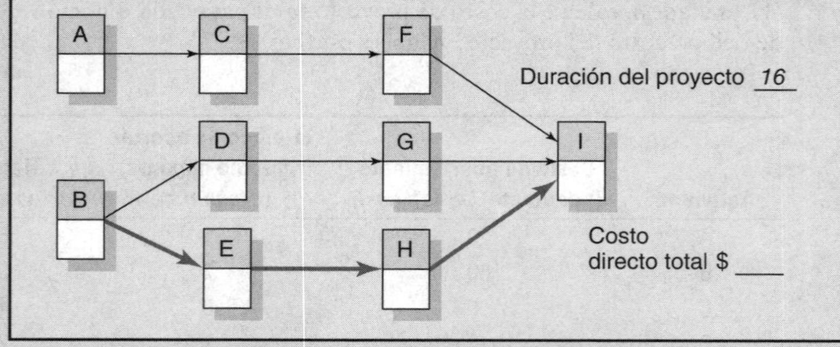

5. Si los costos indirectos de cada duración son 300 dólares por 27 semanas, 240 dólares por 26 semanas, 180 dólares por 25 semanas, 120 dólares por 24 semanas, 60 dólares por 23 semanas y 50 dólares por 22 semanas, calcule los costos directos, indirectos y totales de cada duración. ¿Cuál es el programa óptimo de costo y tiempo? El cliente le ofrece 10 dólares por cada semana que usted acorte el proyecto en su red original. ¿Lo tomaría? En caso afirmativo, ¿por cuántas semanas?

Actividad	Costo de acortamiento (pendiente) (*crash cost*)	Tiempo de acortamiento máximo (*crash time*)	Tiempo normal	Costo normal
A	80	2	10	40
B	30	3	8	10
C	40	1	5	80
D	50	2	11	50
E	100	4	15	100
F	30	1	6	20
				$300

Unidad de tiempo = 1 semana

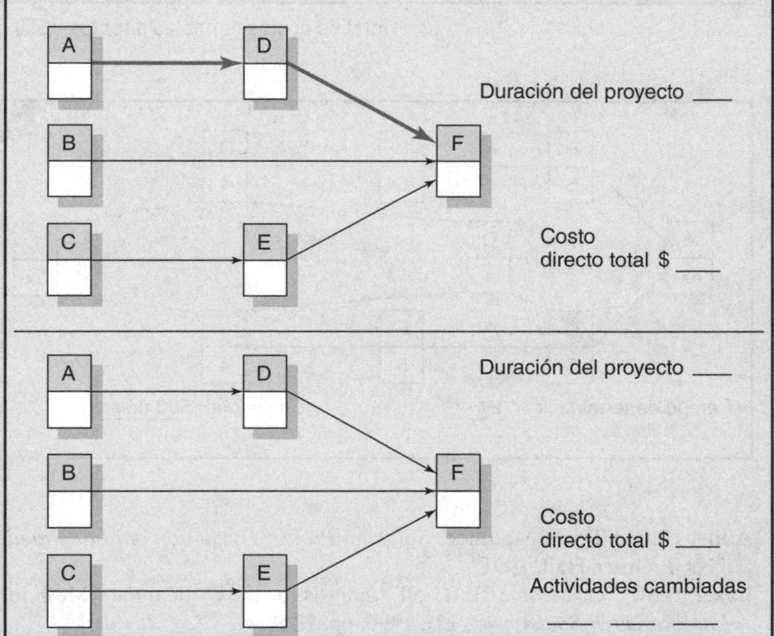

6. Utilice la información contenida más adelante para comprimir una unidad de tiempo por movimiento mediante el método de costo menor. Reduzca el programa hasta que usted alcance el punto de acortamiento de la red. Para cada movimiento identifique qué actividades se acortaron, el costo total ajustado y explique su elección si tiene que elegir entre actividades que cuestan lo mismo.

   Nota: el punto de acortamiento de la red es el punto donde la duración no se puede reducir aún más.

			Costos directos			
			Normal		Acortamiento (*crash*)	
ID de actividad	**Pendiente**	**Tiempo de acortamiento máximo (*crash time*)**	**Tiempo**	**Costo**	**Tiempo**	**Costo**
A	—	0	4	$50	0	—
B`	$40	3	5	70	2	$190
C	40	1	5	80	4	40
D	40	2	4	40	2	120
E	40	2	5	60	3	140
F	40	1	5	50	4	90
G	30	1	4	70	3	160
H	30	1	4	80	3	110
I	—	0	3	50	0	—

Total de costos normales directos – 550 dólares

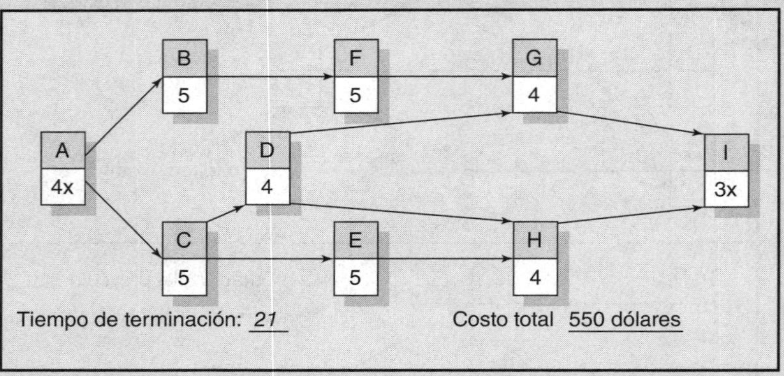

Referencias

Abdel-Hamid T. y S. Madnick, *Software Project Dynamics: An Integrated Approach*, Englewood Cliffs, NJ, Prentice Hall, 1991.

Baker, B.M., "Cost/Time Trade-off Analysis for the Critical Path Method", en *Journal of the Operational Research Society*; 48 (12), 1997, pp. 1241-44.

Brooks, F.P., Jr., *The Mythical Man-Month: Essays on Software Engineering Anniversary Edition*, Reading, MA, Addison-Wesley Longman, Inc., 1994, pp. 15-26.

DeMarco, T., *Slack: Getting Past Burnout, Busywork, and the Myth of Total Efficiency*, Nueva York, Broadway, 2002.

Ibbs, C.W., S.A. Lee y M.I. Li, "Fast-Tracking's Impact on Project Change", *Project Management Journal*, 29, 4, 1988, pp. 35-42.

Khang, D.B. y M. Yin, "Time, Cost and Quality Tradeoff in Project Management", en *International Journal of Project Management*, 17 (4), 1999, pp. 249-56.

Perrow, L.A., *Finding Time: How Corporations, Individuals and Families Can Benefit from New Work Practices*, Ithaca, NY, Cornell University Press, 1997.

Roemer, T.R., R. Ahmadi y R. Wang, "Time-Cost Trade-offs in Overlapped Product Development", *Operations Research*, 48, 6, 2000, pp. 858-65.
Smith, P.G. y D.G. Reinersten, *Developing Products in Half the Time*, Nueva York, Van Nostrand Reinhold, 1995.
Verzuh, E., *The Fast Forward MBA in Project Management*, Nueva York, John Wiley, 1999.
Vroom, V.H., *Work and Motivation*, Nueva York, John Wiley & Sons, 1964.

Caso

International Capital, Inc. Parte B

Dada la red del proyecto derivada en la parte A del caso del capítulo 7, Brown también quiere estar preparado para responder cualquier pregunta acerca de la compresión de la duración del proyecto. Esta pregunta casi siempre se planteará por el departamento de contabilidad, el comité de revisión y el cliente. A fin de estar listos para la pregunta de comprensión, Brown ha preparado los siguientes datos en caso de que sea necesario acortar el proyecto. (Use sus tiempos de promedio ponderado (t_e) calculados en la parte A del caso International Capital que se encontró en el capítulo 7.)

Actividad	Costo normal	Tiempo de acortamiento máximo (*crash time*)	Costo de acortamiento/ día (*crash cost*)
A	$ 3 000	3	$ 500
B	5 000	2	1000
C	6 000	0	—
D	20 000	3	3 000
E	10 000	2	1 000
F	7 000	1	1 000
G	20 000	2	3 000
H	8 000	1	2 000
I	5 000	1	2 000
J	7 000	1	1 000
K	12 000	6	1 000
Costos normales totales = 103 000 dólares			

Mediante los datos proporcionados determine las decisiones de acortamiento de actividades y la mejor duración de costo tiempo del proyecto. Dada la información que usted ha desarrollado, ¿qué sugerencias le daría a Brown para asegurarse de que está bien preparada para el comité de revisión del proyecto? Suponga que los gastos fijos de este proyecto son 700 dólares por día de trabajo. ¿Esto alteraría sus sugerencias?

Caso

Whitbread World Sailboat Race

Cada año, algunos países entran a la carrera de veleros de nueve meses llamada Round the World Whitbread Sailboat Race. En los últimos años, 14 países mandaron veleros a la competencia. La participación de los veleros cada año representa las tecnologías más recientes y las habilidades humanas que cada país puede lograr.

Bjorn Ericksen ha sido elegido como administrador de proyecto debido a su experiencia como maestro timonel y por su fama reciente como el "mejor diseñador de veleros de competencia en el mundo". Bjorn está complacido y orgulloso de tener la oportunidad de diseñar, construir, probar y capacitar a la tripulación para el velero del siguiente año de Whitbread para su país. Bjorn ha elegido a Karin Knutsen (como ingeniero de diseño en jefe) y a Trygve Wallvik (como maestro timonel) para liderar el equipo, así como hacerse responsables de tener listo el velero de entrada del año siguiente para el desfile tradicional de todas las entradas en el río Támesis, en Reino Unido, lo cual señala el inicio de la carrera.

Conforme Bjorn comienza a pensar en un plan de proyecto, ve dos rutas paralelas que van a lo largo del proyecto: diseño y construcción, y entrenamiento de la tripulación. Para aprender las tareas de mantenimiento, el bote del año anterior se utilizará para capacitación hasta que el nuevo velero pueda tener la tripulación a bordo. Bjorn llama a Karin y a Trygve para desarrollar juntos un plan de proyecto. Los tres acuerdan en que la meta principal es tener un bote ganador y la tripulación lista para participar en la competencia del año siguiente a un costo de 3.2 millones de dólares. Una marca en el calendario de Bjorn indica que tiene 45 semanas antes de que el velero del año siguiente tenga que salir hacia el Reino Unido para empezar la carrera.

LA REUNIÓN DE SALIDA

Bjorn le pide a Karin empezar por describir las actividades importantes y la secuencia requerida para diseñar, construir y probar el bote. Karin comienza por señalar que el diseño del casco, cubierta, mástil y accesorios debe tomar sólo seis semanas, de acuerdo con los planes de diseño de los participantes de carreras pasadas y algunos planos de los participantes de otros países. Luego de que el diseño esté completo, se podrá construir el casco, ordenar el mástil, y pedir las velas y los accesorios. El casco requerirá 12 semanas para terminarse. Se puede ordenar el mástil y requerirá un proceso de ocho semanas; se pueden ordenar las siete velas y tomará seis semanas poderlas obtener; se pueden pedir los accesorios y tardará 15 semanas recibirlos. Tan pronto como el casco esté terminado, se pueden instalar los tanques de lastre, lo cual tomará dos semanas. Luego se puede construir la cubierta, lo que tardará cinco semanas. Asimismo, el casco puede tratarse con un sellador especial y un recubrimiento resistente a la fricción, que tomará tres semanas. Cuando se termine la cubierta y se hayan recibido el mástil y los accesorios, se puede instalar el mástil y las velas, lo cual llevará dos semanas; se pueden instalar los accesorios, lo que tomará seis semanas. Cuando todas estas actividades se hayan completado, el barco puede probarse en el mar, lo que debe tomar sólo cinco semanas. Karin cree que puede tener cálculos de costos firmes para el barco en dos semanas.

Trygve cree que puede empezar a elegir a los 12 hombres o mujeres de la tripulación y a reservar su estancia de inmediato. Considera que le tomará seis semanas tener una tripulación comprometida en el sitio y tres semanas para asegurarle hospedaje. Trygve le recuerda a Bjorn que el barco del año anterior debe estar listo para la capacitación cuando la tripulación esté en el sitio, hasta que el nuevo barco esté listo para pruebas. Mantener en operación el barco anterior costará 4 000 dólares por semana, siempre y cuando esté en uso. Una vez que la tripulación esté en el sitio y hospedada, podrán desarrollar y poner en marcha un programa de capacitación rutinario de navegación y mantenimiento, lo cual tomará 15 semanas (con el viejo barco). De nuevo, una vez que se haya elegido a la tripulación y esté en el sitio, se puede seleccionar al equipo de tripulación, lo que tomará sólo dos semanas. Luego se puede pedir el nuevo equipo de la tripulación; tomará cinco semanas en llegar. Cuando el equipo de tripulación y el programa de capacitación de mantenimiento estén completos, puede comenzar el programa de mantenimiento de la tripulación en el nuevo barco; esto debe tomar 10 semanas. Pero el mantenimiento de la tripulación en el nuevo barco no puede empezar sino hasta que la cubierta esté completa y el mástil, velas y accesorios hayan llegado. Una vez que comience el mantenimiento del nuevo velero, costará 6 000 dólares por semana hasta que la capacitación en el mar esté completa. Luego de que el mantenimiento de barco esté completo y mientras que el bote se prueba, se puede llevar a cabo la capacitación de veleo inicial; la capacitación debe tomar siete semanas. Por último, cuando se haya probado el velero y se haya terminado el entrenamiento inicial, se puede efectuar la capacitación regular en el mar, si el clima lo permite; el adiestramiento regular en el mar requiere de ocho semanas. Trygve cree que puede reunir los cálculos de costo en una semana, dados los gastos del año anterior.

Bjorn está complacido con la experiencia mostrada por sus líderes de equipo. Pero piensa que necesitan que alguien desarrolle una red de ruta crítica para ver si pueden cumplir con seguridad la fecha de inicio de la carrera. Karin y Trygve están de acuerdo. Karin sugiere que los cálculos de costos deben incluir costos de acortamiento para cualquier actividad que se pueda comprimir y los costos resultantes del acortamiento. Karin también sugiere que el equipo complete la siguiente matriz de prioridad para la toma de decisiones de proyecto:

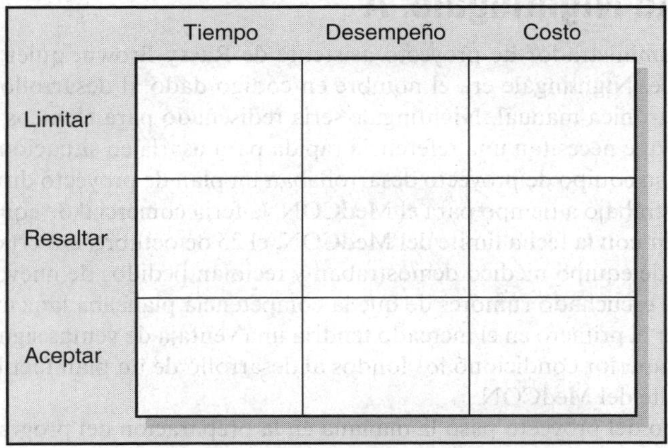

FIGURA C9.1
Prioridad de proyecto Matriz: Proyecto Whitbread

DOS SEMANAS MÁS TARDE

Karin y Trygve envían los siguientes cálculos de costos de cada actividad y los costos correspondientes al acortamiento a Bjorn (los costos están en miles de dólares):

	Actividad	Tiempo normal	Costo normal	Tiempo de acortamiento (*crash time*)	Costo de acortamiento (*crash cost*)
A	Diseño	6	$ 40	4	$ 160
B	Construcción del casco	12	1 000	10	1 400
C	Instalación de tanques de lastre	2	100	2	100
D	Pedido del mástil	8	100	7	140
E	Pedido de las velas	6	40	6	40
F	Pedido de los accesorios	15	600	13	800
G	Construcción de la cubierta	5	200	5	200
H	Recubrimiento del casco	3	40	3	40
I	Instalación de los accesorios	6	300	5	400
J	Instalación del mástil y las velas	2	40	1	80
K	Prueba	5	60	4	100
L	Pruebas en el mar	8	200	7	450
M	Selección de la tripulación	6	10	5	20
N	Reserva de hospedaje	3	30	3	30
O	Elección del equipo de la tripulación	2	10	2	10
P	Pedido del equipo de la tripulación	5	30	5	30
Q	Navegación y mantenimiento rutinario	15	40	12	130
R	Capacitación de mantenimiento de la tripulación	10	100	9	340
S	Capacitación de veleo inicial	7	50	5	350

Bjorn revisa los materiales y se pregunta si el proyecto quedará dentro del presupuesto de 3.2 millones de dólares y dentro de 45 semanas. Aconseje al equipo Whitbread acerca de su situación.

Caso

Proyecto Nightingale. A

Usted es administrador de proyecto asistente de Rassy Brown, quien está a cargo del proyecto Nighhtingale. Nightingale era el nombre en código dado al desarrollo de una guía de referencia médica electrónica manual. Nightingale sería rediseñado para técnicos médicos y paramédicos de emergencia que necesitan una referencia rápida para usarla en situaciones de urgencia.

Rassy y su equipo de proyecto desarrollaban un plan de proyecto dirigido a la producción de 30 modelos de trabajo a tiempo para el MedCON, la feria comercial de equipo médico más grande del año. Cumplir con la fecha límite del MedCON, el 25 de octubre, era crucial para el éxito. Todos los fabricantes de equipo médico demostraban y recibían pedidos de nuevos productos en MedCON. Rassy había escuchado rumores de que la competencia planeaba lanzar un producto similar y ella sabía que ser el primero en el mercado tendría una ventaja de ventas significativa. Además, la administración superior condicionó los fondos al desarrollo de un plan factible para realizarse antes de la fecha límite del MedCON.

El equipo del proyecto pasó la mañana en la preparación del programa de Nightingale. Empezaron con el WBS, enseguida desarrollaron la información para una red y agregaron actividades cuando se necesitaban. Luego, el equipo añadió cálculos de tiempo que habían recopilado para cada actividad. A continuación se encuentra la información preliminar para las actividades con tiempo de duración y predecesores:

Actividad	Descripción	Duración	Predecesor
1	Decisiones de arquitectura	10	Ninguno
2	Especificaciones internas	20	1
3	Especificaciones externas	18	1
4	Especificaciones de características	15	1
5	Reconocimiento de voz	15	2,3
6	Caja	4	2,3
7	Pantalla	2	2,3
8	Enchufes de salida de bocina	2	2,3
9	Mecanismo de grabación	2	2,3
10	Base de datos	40	4
11	Micrófono/tarjeta de sonido	5	4
12	Localizador	4	4
13	Lector de código de barras	3	4
14	Reloj de alarma	4	4
15	Computadora E/S	5	4
16	Revisión de diseño	10	5,6,7,8,9,10,11,12,13,14,15
17	Componentes de precio	5	5,6,7,8,9,10,11,12,13,14,15
18	Integración	15	16,17
19	Diseño de documento	35	16
20	Obtención de componentes prototipo	20	18
21	Ensamblado de prototipos	10	20
22	Pruebas de laboratorio de prototipos	20	21
23	Pruebas de campo de prototipos	20	19,22
24	Ajuste de diseño	20	23
25	Pedido de refacciones de existencias	15	24
26	Pedido de refacciones personalizadas	2	24
27	Ensamblado de la primera unidad de producción	10	25, FS: 8 unidades de tiempo 26, FS: 13 unidades de tiempo
28	Unidad de pruebas	10	27
29	Producción de 30 unidades	15	28
30	Capacitación de los representantes de ventas	10	29

Utilice cualquier programa de cómputo de red de proyectos disponible para desarrollar el calendario de actividades (véase el Apéndice de casos para más instrucciones), señale los tiempos anticipados y tardíos, la ruta crítica y la terminación calculada del proyecto.

Prepare un comunicado breve que aborde las siguientes preguntas:

1. ¿El proyecto como está planeado cumplirá con la fecha límite del 25 de octubre?
2. ¿Qué actividades se encuentran en la ruta crítica?
3. ¿Qué tan sensible es la red?

Caso

Proyecto Nightingale. B

Rassy y el equipo estaban preocupados por los resultados de su análisis. Pasaron la tarde con lluvia de ideas para encontrar formas alternativas a fin de abreviar la duración del proyecto. Rechazaron la contratación externa (outsourcing) de actividades porque la mayor parte del trabajo era de naturaleza evolutiva y sólo podía hacerse en forma interna. Consideraron alterar la pendiente del proyecto al eliminar algunas de las características propuestas del producto. Luego de mucho debate, pensaron que no podían comprometer ninguna de las características centrales y tener éxito en el mercado. Luego cambiaron su atención a la aceleración del cumplimiento de las actividades mediante tiempo extra y agregar mano de obra técnica. Rassy había puesto en su propuesta un fondo discrecional de 200 000 dólares. Ella estaba dispuesta a invertir hasta la mitad de este fondo para acelerar el proyecto, pero quería mantener al menos 100 000 dólares para el manejo de problemas inesperados. Luego de una larga discusión, su equipo concluyó que las siguientes actividades se podían reducir a un costo específico:

- El desarrollo de un sistema de reconocimiento de voz se podía reducir de 15 a 10 días, a un costo de 15 000 dólares.
- La creación de la base de datos se podía disminuir de 40 a 35 días, a un costo de 35 000 dólares.
- El diseño del documento se podía reducir de 35 a 30 días, a un costo de 25 000 dólares.
- Las especificaciones externas se pueden aminorar de 18 a 12 días, a un costo de 20 000 dólares.
- La obtención de componentes prototipo se podría reducir de 20 a 15 días, a un costo de 30 000 dólares.
- El pedido de refacciones del inventario se puede reducir de 15 a 10 días, a un costo de 20 000 dólares.

Ken Clark, un ingeniero de desarrollo, señaló que la red contenía sólo relaciones de "terminar para comenzar" y que sería posible reducir la duración del proyecto al crear retrasos de "iniciar para iniciar". Por ejemplo, dijo que su gente no tendría que esperar a que todas las pruebas de campo se terminaran para empezar a hacer ajustes finales al diseño. Podrían empezar a hacer los ajustes luego de los primeros 15 días de pruebas. El equipo del proyecto pasó el resto del día en el análisis de cómo podrían introducir retrasos a la red para esperar acortar el proyecto. Concluyeron que las siguientes relaciones de "terminar para empezar" podrían convertirse en retrasos:

- El diseño del documento podría empezar cinco días después del inicio de la revisión del diseño.
- El ajuste del diseño podría empezar 15 días después del comienzo de los prototipos de pruebas de campo.
- El pedido de refacciones del inventario podría empezar cinco días después del inicio del ajuste del diseño.
- El pedido de refacciones a la medida podría empezar cinco días después del inicio del ajuste del diseño.
- La capacitación de los representantes de ventas podría empezar cinco días después del inicio de la prueba de unidad y terminarse cinco días después de la producción de 30 unidades.

Cuando la reunión está por terminar, Rassy se dirige a usted y le dice que evalúe las opciones presentadas y trate de desarrollar un programa que cumpla con la fecha límite del 25 de octubre. Usted debe preparar un informe que se presentará al equipo del proyecto y que responda las siguientes preguntas:

1. ¿Es posible cumplir con el vencimiento?
2. Si es así, ¿cómo recomendaría cambiar el programa original (parte A) y por qué? Evalúe el efecto relativo de acortar las actividades o introducir retrasos para abreviar la duración del proyecto.
3. ¿Cómo se vería el nuevo programa?
4. ¿Qué otros factores deberían considerarse antes de terminar el programa?

APÉNDICE DEL CASO: DETALLES TÉCNICOS

Elabore su programa de proyecto y evalúe sus opciones con base en la siguiente información:

1. El proyecto comenzará el primer día hábil de enero.
2. Se consideran los siguientes días festivos: 1 de enero, día memorable (último lunes de mayo), 4 de julio, día del trabajo (primer lunes de septiembre), acción de gracias (cuarto jueves de noviembre), diciembre 25 y 26.
3. Si un día de fiesta cae en sábado, entonces el viernes se dará como un día libre adicional; si cae en domingo, el lunes se da como día libre.
4. El equipo del proyecto trabaja de lunes a viernes.
5. Si elige reducir la duración de cualquiera de las actividades mencionadas, entonces debe ser por el tiempo y costo específico (por ejemplo, no puede elegir reducir la base de datos a 37 días a un costo reducido; usted sólo puede disminuirlo a 35 días, a un costo de 35 000 dólares).
6. Usted sólo puede gastar hasta 100 000 dólares para reducir las actividades del proyecto; los retrasos no contienen ningún costo adicional.

Caso

La boda "ahora". Parte A*

El 31 de diciembre del año pasado, Lauren entró a la sala familiar y anunció que ella y Connor (su novio de la universidad) se iban a casar. Luego de recuperarse de la impresión, su madre la abrazó y le preguntó: "¿Cuándo?" y resultó la siguiente conversación:

Lauren: 21 de enero

Mamá: ¿Qué?

Papá: La boda deberá ser el acontecimiento social más importante del año. Espera un minuto. ¿Por qué tan pronto?

Lauren: Porque el 30 de enero Connor, que está en la Guardia Nacional, se embarcará al extranjero y queremos una semana de luna de miel.

Mamá: Pero, querida, no es posible que terminemos todas las cosas que se tienen que hacer para ese entonces. ¿Recuerdas todos los detalles que se tuvieron que ver para la boda de tu hermana? Incluso si empezamos mañana, tarda un día la reservación de la iglesia y el salón de fiestas, y ellos necesitan que se haga al menos con 14 días de anticipación. Eso se tiene que hacer antes de empezar a decorar, lo cual se lleva tres días. No obstante, 200 dólares adicionales este domingo quizá nos puedan recortar ese aviso de 14 días de anticipación a siete.

Papá: ¡Oh, Dios!

Lauren: Quiero que Jane Summers sea mi dama de honor.

Papá: Pero ella está en los cuerpos de paz en Guatemala, le tomaría 10 días alistarse y llegar en automóvil hasta acá.

Lauren: Pero podríamos pagarle el avión, llegaría en dos días y sólo costaría 1 000 dólares.

Papá: ¡Oh, Dios!

Mamá: ¡Y los servicios de banquetes! Toma dos días elegir el pastel y la decoración y Jack's Catering quiere al menos cinco días de anticipación. Además, tendríamos que tener ya esas cosas antes de empezar a decorar.

---

* Este caso fue adaptado de un caso que originalmente escribió el profesor D. Clay Whybark, Universidad of North Carolina, Chapel Hill, N. C.

Lauren: Mamá, ¿puedo usar tu vestido de boda?

Mamá: Bueno, tendríamos que remplazar algunos encajes, pero sí podrías usarlo. Podríamos encargar los encajes a Nueva York cuando ordenemos el material de los vestidos de las damas. Toma ocho días ordenar y recibir el material. El diseño se tiene que elegir primero y eso se lleva tres días.

Papá: Podríamos tener aquí el material en cinco días si pagamos 20 dólares adicionales por el envío en avión. ¡Oh, Dios!

Lauren: Quiero que la señora Jacks trabaje en los vestidos.

Mamá: Pero ella cobra 48 dólares al día.

Papá: ¡Oh, Dios!

Mamá: Si nosotras mismas cosiéramos, podríamos terminar los vestidos en 11 días. Si la señora Jacks ayuda, podríamos recortar eso a seis días con un costo de 48 dólares diarios menor a los 11 días. También, ella es muy buena.

Lauren: No quiero a nadie más que ella.

Mamá: Tomaría otros dos días para las pruebas finales y dos días más para limpiar y planchar los vestidos. Tendrían que estar listos para la noche del ensayo. Debemos tener el ensayo la noche antes de la boda.

Papá: Todo tiene que estar listo para la noche del ensayo.

Mamá: Hemos olvidado algo. ¡Las invitaciones!

Papá: Debemos pedir las invitaciones del taller de impresión de Bob y eso por lo general toma siete días. ¡Apuesto a que lo haría en seis días si le diéramos 20 dólares adicionales!

Mamá: Nos tomaría dos días elegir el estilo de la invitación antes de pedirlas y queremos que los sobres se impriman con nuestra dirección.

Lauren: ¡Oh!, eso será muy elegante.

Mamá: Las invitaciones deben enviarse al menos 10 días antes de la boda. Si las enviamos después de eso, algunos de los parientes recibirían las suyas demasiado tarde para venir y eso los haría enojar. Apuesto a que si no las enviamos antes de ocho días de la boda, la tía Ethel no podría venir y reduciría su regalo en 200 dólares.

Papá: ¡Oh, Dios!

Mamá: Tendríamos que llevarlas al correo y eso toma un día. Rotularlas requeriría tres días, a menos que contratemos algunas chicas de tiempo parcial, y no podremos empezar sino hasta que el impresor haya terminado. Si contratáramos a las chicas quizás ahorraremos dos días si usamos 40 dólares por cada día que nos ahorremos.

Lauren: Necesitamos comprar regalos para las damas de honor. Podría emplear un día en hacer eso.

Mamá: Antes de que podamos empezar a escribir esas invitaciones, necesitamos una lista de invitados. Dios, nos tomará cuatro días hacer eso y sólo yo puedo entender nuestro archivo de direcciones.

Lauren: Mamá, estoy tan emocionada. Podemos encargarle a cada pariente un trabajo distinto.

Mamá: Querida, no sé cómo vamos a poder hacerlo. Porque tengo que elegir las invitaciones y diseños y reservar la iglesia y…

Papá: ¿Por qué no tomas los 3 000 dólares y huyes con el novio? La boda de tu hermana me costó 2 400 dólares y no tuvo que volar gente de Guatemala ni contratar chicas extras ni a la señora Jacks, ni usar paqueterías aéreas ni nada de eso.

1. Mediante el enfoque amarillo pegajoso (véase la página 140), desarrolle una red de proyecto para la boda "Ahora".
2. Elabore un programa para la boda por medio del MS Project. ¿Puede cumplir con la fecha límite del 21 de enero para la boda Ahora? Si no se puede, ¿cuánto costaría llegar al vencimiento del 21 de enero y qué actividades cambiaría?

Caso

La boda "Ahora". Parte B

Surgieron diversas complicaciones durante el proceso de tratar de cumplir con la fecha límite del 20 de enero para el ensayo de la boda Ahora. Como Lauren permaneció inflexible acerca de tener la boda el 21 de enero (al igual que Connor por obvias razones), las implicaciones de cada una de estas dificultades tienen que ser asesoradas:

1. El 1 de enero el presidente del consejo de la sacristía de la iglesia permaneció impasible por la donación adicional y dijo que no reduciría el periodo de aviso de 14 a siete días.
2. La madre se enfermó de influenza durante tres días cuando empezó a trabajar en la lista de invitados el 2 de enero.
3. El taller de impresión de Bob estuvo cerrado un día, el 5 de enero, para reparar cepillos defectuosos y el motor eléctrico.
4. Se perdieron el encaje y el material del vestido en el camino. El aviso de la pérdida se recibió el 10 de enero.

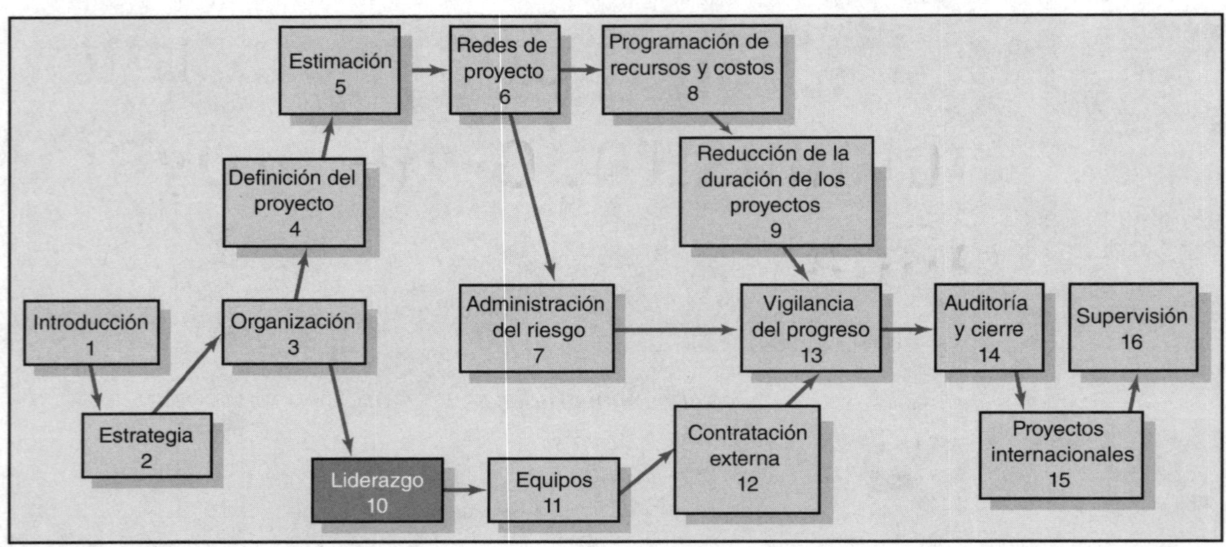

Liderazgo: Cómo ser un administrador de proyecto eficaz

Administrar o dirigir un proyecto

Administración de los interesados del proyecto

Influencia como intercambio

Construcción de una red social

Ética y la administración de proyectos

Construcción de la confianza: La clave para ejercer influencia

Cualidades de un administrador de proyectos eficaz

Resumen

CAPÍTULO DIEZ

Liderazgo: Cómo ser un administrador de proyecto eficaz

No podía esperar a ser el administrador de mi propio proyecto y manejarlo como yo pensara que se debía hacer. ¡Vaya si tenía mucho que aprender!

— Administrador de proyecto primerizo

Este capítulo está basado en la premisa de que una de las claves para ser un administrador de proyecto eficiente es construir relaciones de cooperación entre los distintos grupos de personas para terminar los proyectos. El éxito del proyecto no sólo depende del desempeño del equipo del proyecto. Con frecuencia, el éxito o el fracaso dependen de las contribuciones de la alta administración, los administradores funcionales, clientes, proveedores, contratistas y otros.

El capítulo comienza con un breve análisis de las diferencias entre dirigir y administrar un proyecto. Después se presenta la importancia de administrar a los interesados del proyecto. Los administradores requieren de una amplia base de influencia para ser eficientes en esta área. Asimismo, se analizan distintas fuentes de influencia y se utilizan para describir la forma en que los administradores de proyecto construyen el capital social. Este estilo de administración necesita una interacción constante con distintos grupos de personas de quienes dependen los administradores de proyectos. Se dedica especial cuidado a la administración de la relación crítica con la alta administración y a la importancia de dirigir mediante el ejemplo. Se enfatiza la importancia de obtener cooperación en formas que construyen y sostienen la confianza de los demás. El capítulo concluye al identificar los atributos personales asociados con ser un administrador de proyecto efectivo. Los capítulos subsiguientes profundizarán en estas ideas mediante el análisis de la administración del equipo del proyecto y el trabajo con personas fuera de la organización.

Administrar o dirigir un proyecto

En un mundo perfecto, el administrador de proyecto tan sólo ejecutaría el plan del proyecto y el proyecto se terminaría. El administrador del proyecto trabajaría con otros para elaborar un calendario, organizar un equipo de proyecto, mantener un registro del progreso y anunciar lo que se tiene que hacer en seguida y todos pondrían manos a la obra. Desde luego que nadie vive en un mundo perfecto y rara vez las cosas salen de acuerdo con lo planeado. Los participantes del proyecto se vuelven irritables; no se complementan entre ellos; otros departamentos son incapaces de cumplir con sus compromisos; surgen problemas técnicos; el trabajo toma más tiempo de lo esperado. El trabajo del administrador del proyecto es hacer que el proyecto retome el rumbo. Un administrador acelera ciertas actividades; piensa en formas de resolver problemas técnicos; sirve como pacificador cuando surgen las tensiones y hace las concesiones apropiadas entre tiempo, costo y alcance del proyecto.

Sin embargo, los gerentes de proyecto hacen más que apagar fuegos y mantener en curso el proyecto. También innovan y se adaptan a circunstancias de constante cambio. Con frecuencia tienen que desviarse de lo planteado y presentan cambios significativos en el alcance del proyecto y programa para responder a las amenazas imprevistas o a oportunidades. Por ejemplo, las necesidades de los clientes pueden cambiar, lo cual requiere cambios de diseño significativos a la mitad del proyecto. Los competidores pueden lanzar productos nuevos que obligan a acortar los vencimientos del proyecto. Las relaciones de trabajo entre los participantes del proyecto pueden romperse, lo cual requeriría una reorganización del equipo del proyecto. A fin de cuentas, lo que se planeó o se esperó en un principio puede ser muy distinto de lo que se logra al final del proyecto.

Los administradores de proyecto son responsables de la integración de los recursos asignados para terminar el proyecto de acuerdo con el plan. Asimismo, necesitan iniciar cambios en los planes y programas así como afrontar que los problemas persistentes hagan que los planes sean imposibles de trabajar. En otras palabras, los administradores quieren mantener el proyecto en curso mientras hacen los ajustes necesarios a lo largo del camino. De acuerdo con Kotter, estas dos actividades representan la distinción entre la administración y el liderazgo. La administración debe lidiar con la complejidad, mientras que el liderazgo se enfrenta al cambio.

Una buena administración aporta orden y estabilidad al formular planes y objetivos, diseñar estructuras y procedimientos, vigilar los resultados frente a los planes y tomar acciones correctivas cuando es necesario. El liderazgo incluye reconocer y articular la necesidad de alterar en forma significativa la dirección y la operación del proyecto, alinear a las personas con la nueva dirección, motivarlas a trabajar juntas para superar los obstáculos producidos por el cambio y a darse cuenta de los nuevos objetivos.

Un liderazgo fuerte, aunque por lo general es deseable, no siempre se necesita para terminar con éxito un proyecto. Los proyectos bien definidos que no encuentran sorpresas significativas requieren poco liderazgo; por ejemplo, la construcción de un edificio de apartamentos convencional donde el administrador del proyecto tan sólo administra el plan del proyecto. Por el contrario, mientras más alto sea el grado de incertidumbre que se encuentra en un proyecto, ya sea en términos de cambios en el alcance del proyecto, los estancamientos tecnológicos, fallas en la coordinación entre las personas y demás, mayor será el liderazgo requerido. Por ejemplo, se necesitaría un liderazgo fuerte para un proyecto de desarrollo de software en el que los parámetros estén en constante cambio para satisfacer las tendencias en la industria.

Se requiere de una persona especial para desempeñar de manera correcta ambas funciones. Algunos individuos son grandes visionarios con destreza para animar a las personas acerca del cambio. Aunque con demasiada frecuencia, estas personas carecen de la disciplina o paciencia para enfrentar cada día el trabajo arduo de la administración. De igual manera, hay otros individuos que son muy organizados y metódicos, pero que carecen de la capacidad de inspirar a los demás.

Los líderes fuertes pueden compensar sus debilidades administrativas cuando tienen asistentes de confianza que vigilan y administran los detalles del proyecto. Por el contrario, un líder débil puede complementar sus fortalezas al tener asistentes que sean buenos para sentir la necesidad de cambio y animar a los participantes del proyecto. No obstante, una de las cosas que hace que los administradores de proyecto sean tan valiosos para la organización es que tienen la capacidad de administrar y dirigir un proyecto. Al hacerlo, reconocen la necesidad de administrar las interfaces del proyecto y construir una red social que les permita averiguar qué se debe hacer y obtener la cooperación necesaria para lograrlo.

Administración de los interesados del proyecto

Los administradores de proyecto primerizos están ansiosos por aplicar sus ideas y administrar a su gente para terminar con éxito su proyecto. Lo que pronto averiguan es que el éxito del proyecto depende de la cooperación de una amplia gama de individuos, muchos de los cuales no les reportan directamente a ellos.

Por ejemplo, durante el curso de un proyecto de integración de sistemas, un administrador de proyecto estaba sorprendido por cuánto tiempo pasaba en la negociación y trabajo con proveedores, consultores, especialistas técnicos y otros administradores funcionales:

> En lugar de trabajar con mi gente para terminar el proyecto, me vi constantemente arrastrado y absorbido por demandas de distintos grupos que no participaban en forma directa en el proyecto, pero que tenían un interés personal en el resultado.

Con demasiada frecuencia, cuando por fin los administradores de proyecto encuentran tiempo para trabajar en forma directa en el proyecto, adoptan un enfoque participativo para administrarlo. Eligen este estilo no porque sean ególatras hambrientos de poder, sino porque están ansiosos de obtener resultados. Pronto se frustran por lo lento que operan las cosas, el número de personas que se han tenido que incluir y la dificultad para obtener cooperación. Por desgracia, conforme se da esta frustración, la tentación natural es ejercer más presión e involucrarse mucho más en el proyecto. Estos administradores de proyecto pronto ganan la reputación de una "microadministración" y comienzan a perder de vista el papel real que tienen como guías del proyecto.

Algunos administradores nuevos nunca salen de este círculo vicioso. Otros, pronto se dan cuenta, de que la autoridad no es igual a la influencia y que ser un administrador de proyecto eficaz incluye administrar un conjunto de interfaces mucho más complejo y extenso de lo que habían anticipado. Encuentran un sistema de redes de relaciones que requieren un espectro de influencia mucho más amplio de lo que pensaban que fuera necesario o incluso posible.

Por ejemplo, un proyecto significativo, cómo renovar un puente, crear un producto nuevo o instalar un nuevo sistema de información quizá incluya, en una u otra forma, trabajar con varios grupos de interesados. Primero está el grupo central de especialistas asignado para terminar el proyecto. Es posible que este grupo se complemente en diferentes ocasiones con profesionales que trabajan en segmentos específicos del proyecto. Segundo, están los grupos de personas dentro de la organización principal que participan en forma directa o indirecta con el proyecto. El más notable es la administración superior, frente a quien es responsable el administrador del proyecto. También hay otros administradores que brindan recursos o pueden ser responsables de segmentos específicos del proyecto y servicios de respaldo administrativos, como recursos humanos, finanzas, etc. Según la naturaleza del proyecto, hay una cantidad de grupos distintos fuera de la organización que influyen en el éxito del proyecto; el más importante es el cliente para quien se diseña el proyecto (véase la figura 10.1).

Cada uno de estos grupos de individuos aporta diferente experiencia, estándares, prioridades y agendas al proyecto. La cobertura pura y la complejidad de las relaciones que se deben administrar distinguen a la administración del proyecto de la administración regular. Para ser eficiente, un administrador de proyecto debe entender cómo pueden afectar estos grupos al proyecto y desarrollar métodos para administrar esa dependencia. La naturaleza de estas dependencias se identifica aquí:

- El **equipo del proyecto** administra y completa el trabajo del proyecto. La mayoría de los participantes quieren hacer un buen trabajo, pero también están preocupados por sus demás obligaciones y en la forma en que su participación en el proyecto contribuirá a sus metas y aspiraciones personales.
- Los **administradores de proyecto** compiten en forma natural entre ellos por otros recursos y el respaldo de la administración superior. Asimismo, con frecuencia tienen que compartir recursos e intercambiar información.
- Los grupos de **respaldo administrativo**, como recursos humanos, sistemas de información, agentes de compras y mantenimiento, brindan servicios de respaldo valioso. También imponen restricciones y requisitos en el proyecto, como la documentación de gastos y la entrega oportuna y precisa de la información.
- Los **administradores funcionales**, según la forma en que el proyecto se organice, pueden tener un papel menor o mayor para el éxito del proyecto. En los arreglos de matriz pueden ser responsables de la asignación del personal del proyecto, solución de dilemas técnicos y supervisión de la terminación de segmentos significativos del trabajo del proyecto. Incluso en los equipos de proyecto dedicados, la aportación técnica de los administradores funcionales puede ser útil y la aceptación del trabajo de proyecto terminado puede ser crucial para los proyectos internos. Los administradores funcionales quieren cooperar hasta cierto punto, pero nada más. También les preocupa conservar su estatus dentro de la organización y minimizar las interrupciones que el proyecto pueda tener dentro de sus operaciones.
- La **administración superior** aprueba los fondos del proyecto y establece prioridades dentro de la organización. Define el éxito y adjudica recompensas por los logros. Por lo general, los ajustes significativos a los presupuestos, alcance y calendarización necesitan su aprobación. Tiene un interés natural en el éxito del proyecto, pero también debe ser sensible a lo que es mejor para la organización.

FIGURA 10.1
Red de interesados

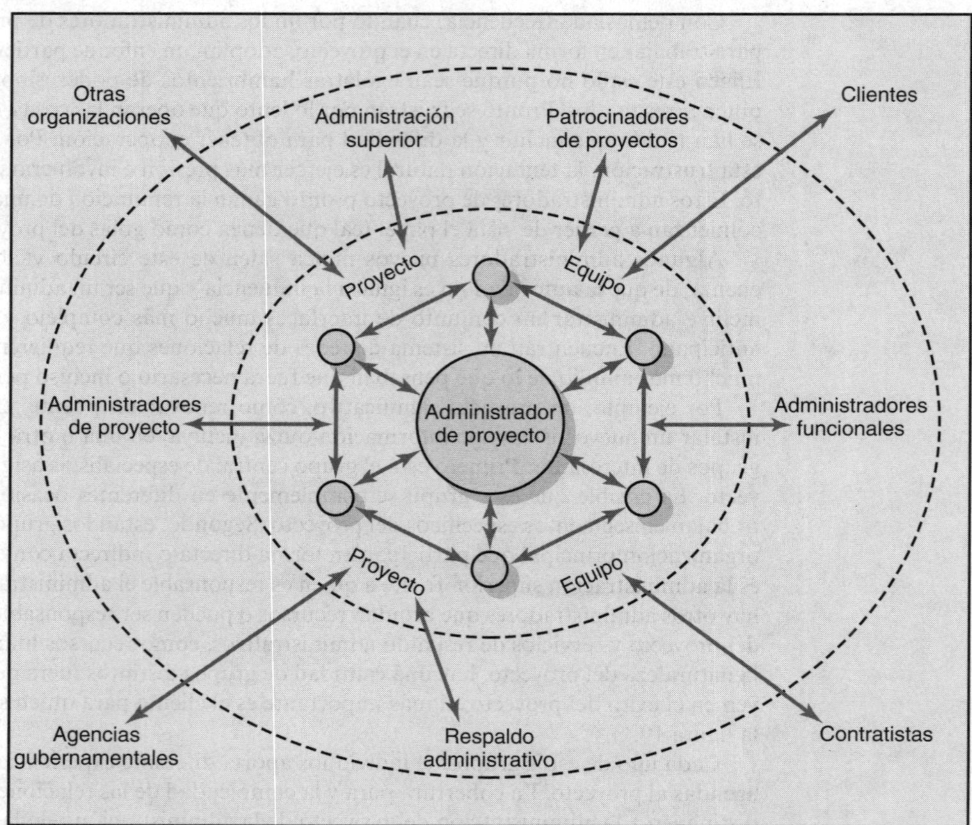

- Los **patrocinadores del proyecto** abogan por el proyecto y utilizan su influencia para obtener la aprobación. Su reputación está vinculada al éxito del proyecto y necesitan mantenerse informados de cualquier suceso importante. Defienden el proyecto cuando es atacado y son su aliado clave.
- Los **contratistas** pueden hacer todo el trabajo real, en algunos casos, y el equipo del proyecto sólo coordina sus contribuciones. En otros casos, son responsables por segmentos secundarios del alcance del proyecto. Un mal trabajo y fallas en el programa pueden afectar el núcleo del equipo del proyecto. Aunque las reputaciones de los contratistas se basan en hacer un buen trabajo, deben equilibrar sus contribuciones con sus márgenes de utilidades y sus compromisos con otros clientes.
- Las **agencias gubernamentales** imponen limitantes al trabajo del proyecto. Es necesario obtener permisos. El trabajo de construcción debe hacerse de acuerdo con el código. Los nuevos medicamentes tienen que pasar por una rigurosa serie de pruebas realizada por la FDA (Food and Drug Administration: Ministerio de Drogas y Alimentos) estadounidense. Otros productos tienen estándares de seguridad, por ejemplo, los estándares de la Occupational Safety and Health Administration (Administración de Salud y Seguridad Ocupacional).
- **Otras organizaciones**, según la naturaleza del proyecto, pueden afectar el proyecto en forma directa o indirecta. Por ejemplo, los proveedores proporcionan los recursos necesarios para la terminación del trabajo del proyecto. Los retrasos, faltantes y la mala calidad pueden estancar un proyecto. Los grupos de interés público pueden aplicar presión en las agencias gubernamentales. Los clientes suelen contratar consultores o auditores para proteger sus intereses en un proyecto.
- Los **clientes** definen el alcance del proyecto y el éxito final de éste reside en su satisfacción. Los administradores de proyecto necesitan ser sensibles a las necesidades y requisitos cambiantes de los clientes y al cumplimiento de sus expectativas. Los clientes están preocupados sobre todo por obtener un *buen trato* y, como se analizará en el capítulo 11, es natural que esto genere tensión en el equipo del proyecto.

Administrador de proyecto como director de orquesta

Photodisc Green/Getty Images

Las metáforas transmiten un significado que va más allá de las palabras. Por ejemplo, una reunión puede ser descrita como difícil o como "atravesando la melaza". Una metáfora popular para la función de un administrador de proyecto es la de ser *director de orquesta*. Éste integra los sonidos divergentes de distintos instrumentos para interpretar una composición dada y hacer música hermosa. En forma similar, el administrador del proyecto integra los talentos y contribuciones de diferentes especialistas para terminar el proyecto. Ambos tienen que ser buenos para entender cómo contribuyen los distintos participantes al desempeño del todo. Asimismo, dependen casi por completo de la experiencia y conocimientos de los participantes. El director no domina todos los instrumentos. De igual forma, el administrador del proyecto sólo tiene una pequeña proporción del conocimiento técnico para tomar decisiones. Como tal, el director de orquesta y el administrador de proyecto facilitan el desempeño de los demás, más que actuar en realidad.

Los directores usan sus brazos, batuta y gestos para influir en el ritmo, intensidad y participación de los músicos. De igual forma, los administradores de proyecto organizan la terminación del proyecto al administrar la participación y la atención de los integrantes del proyecto. Los administradores de proyecto equilibran el tiempo y el proceso e inducen a los participantes a tomar decisiones adecuadas en el momento, tal como el director induce a los instrumentos de viento a tocar en el momento adecuado con un ademán. Cada uno controla el ritmo y la intensidad del trabajo al administrar el tiempo y participación de los integrantes. Por último, cada uno tiene una visión que trasciende a la partitura o al plan del proyecto. Para tener éxito, deben ganarse la confianza, el respeto y la fe de los integrantes.

Estas relaciones son interdependientes ya que la capacidad de un administrador de proyecto de trabajar en forma eficiente con un grupo afectará su habilidad de manejar otros grupos. Por ejemplo, es probable que los administradores funcionales cooperen menos si perciben que el compromiso de la administración principal va declinando con el proyecto. Por el contrario, la capacidad del administrador del proyecto para resguardar al equipo de las interferencias excesivas del cliente quizá refuerce su posición ante el equipo del proyecto.

La estructura de la administración de proyecto que se utiliza influirá en el número y grado de dependencias externas que deban manejarse. Una ventaja de crear un equipo de proyecto dedicado es que reduce las dependencias, en especial dentro de la organización, porque la mayoría de los recursos se asigna al proyecto. Por el contrario, una estructura de matriz funcional aumenta las dependencias, con el resultado de que el administrador del proyecto depende mucho más de los colegas funcionales en cuanto al trabajo y el personal.

El punto de vista antiguo de la administración de proyectos enfatizaba la dirección y el control de los subordinados; la nueva perspectiva enfatiza como tareas más importantes administrar a los interesados del proyecto y anticipar el cambio. Los administradores de proyecto deben ser capaces de apaciguar las preocupaciones de los clientes, mantener el respaldo al proyecto en los niveles más altos de la organización, identificar pronto los problemas que amenazan al trabajo del proyecto y, al mismo tiempo, defender la integridad del proyecto y los intereses de sus participantes.

Dentro de esta red de relaciones, el administrador del proyecto debe averiguar lo que se debe hacer para alcanzar las metas y construir una red cooperativa para lograrlo. Los administradores de proyecto deben hacerlo sin la autoridad que implica esperar o exigir cooperación. Hacer esto requiere habilidades de comunicación, ser hábil en las políticas y tener una base de influencia amplia. Véase el recuadro de Caso de práctica: Administrador de proyecto como director de orquesta para mayor información acerca de por qué es especial un administrador de proyecto.

Influencia como intercambio

Para administrar con éxito un proyecto, un administrador debe construir en forma hábil una red de cooperación entre aliados divergentes. Las redes son alianzas benéficas que suelen gobernarse por la ley de reciprocidad. El principio básico es que "una buena acción merece otra y, del mismo modo, una mala acción merece otra". La forma principal de obtener cooperación es brindar recursos y servicios a los demás a cambio de recursos y servicios futuros. Ésta es la antigua máxima: "*Quid pro quo* (algo a cambio de algo)". O de manera coloquial: "Rasca mi espalda y yo rasco la tuya".

Cohen y Bradford describieron el punto de vista de intercambio de influencias como "monedas". Si usted quiere hacer negocios en un país dado, debe estar preparado para utilizar la moneda apropiada y las tasas de cambio pueden variar con el paso del tiempo conforme se modifican las condiciones. En forma análoga, lo que es valioso para un gerente de mercadotecnia puede ser distinto de lo que es valioso para un ingeniero de proyectos veterano, y quizá usted tenga que utilizar diferentes monedas de influencia para obtener la cooperación de cada individuo. Aunque esta analogía está demasiado simplificada, la premisa clave se mantiene verdadera en cuanto a que, a la larga, las cuentas de "débito" y "crédito" deben equilibrarse para que las relaciones de cooperación funcionen. En la tabla 10.1 se presentan las monedas organizacionales más utilizadas que identificaron Cohen y Bradford y, luego, se analizan con mayor detalle en las siguientes secciones.

Monedas relacionadas con las tareas

Esta forma de influencia viene de la capacidad del administrador de proyecto de contribuir a que los demás cumplan con su trabajo. Quizá la forma más significativa de esta moneda sea la capacidad de responder a las solicitudes de los subordinados de mano de obra adicional, dinero o tiempo para completar un segmento de un proyecto. Este tipo de moneda también se hace evidente al compartir recursos con otro administrador de proyecto que lo necesite. En un nivel más personal, tan sólo puede significar que se le da ayuda directa a un colega para resolver un problema técnico.

Dar una buena opinión a la propuesta o recomendación de un colega es otra forma de esta moneda. Dado que podría surgir oposición a la mayor parte del trabajo de relevancia, la persona que trata de obtener aprobación para un plan o propuesta puede recibir una gran ayuda al tener "un amigo en la cancha".

Otra forma de esta moneda incluye un esfuerzo extraordinario. Por ejemplo, satisfacer una solicitud de emergencia para terminar un documento de diseño en dos días, en lugar de los normales cuatro días, es probable que cause gratitud. Por último, compartir información valiosa que sería útil para otros administradores es otra forma de esta moneda.

Monedas relacionadas con la posición

Esta forma de influencia se deriva de la capacidad del administrador de resaltar las posiciones de los demás dentro de la empresa. Un administrador de proyecto puede hacer esto al dar a alguien una asignación desafiante que pueda ayudar a su avance mediante el desarrollo de sus habilidades y capacidades. Por supuesto, el hecho de recibir la oportunidad de demostrar las capacidades propicia un fuerte sentido de gratitud. El compartir los logros otenidos así como indicar a los altos mandos los esfuerzos y logros individuales de los participantes, genera un ambiente de buena voluntad entre ellos.

Los administradores de proyecto confían en que una estrategia clave y útil para obtener la cooperación de los profesionales en otros departamentos y organizaciones, es buscar la forma de que estas personas queden bien con sus jefes. Por ejemplo, un administrador de proyecto trabajó con un subcontratista cuya organización estaba muy comprometida con la administración total de la calidad

TABLA 10.1
Monedas organizacionales comúnmente intercambiadas

Fuente: Adaptado de A. R. Cohen y David L. Bradford, *Influence without Authority*, Nueva York, John Wiley & Sons, 1990, reimpreso con autorización de John Wiley & Sons, Inc.

Monedas relacionadas con las tareas	
Recursos	Prestar o dar dinero, aumentos de presupuesto, de personal, etcétera.
Asistencia	Ayudar con proyectos existentes o asumir tareas no deseadas.
Cooperación	Dar respaldo en tareas, brindar tiempo de respuesta más rápido o ayudar a la ejecución.
Información	Proporcionar conocimiento organizacional igual que técnico.
Monedas relacionadas con la posición	
Avance	Dar una tarea o asignación que pueda resultar en una promoción.
Reconocimiento	Reconocer el esfuerzo, logros o habilidades.
Visibilidad	Dar la oportunidad de ser conocidos por los jefes o personas significativas en la organización.
Redes/contactos	Dar oportunidades de vinculación con los demás.
Monedas relacionadas con la inspiración	
Visión	Participar en una tarea que tiene un significado mayor para la unidad, organización, cliente o sociedad.
Excelencia	Tener la oportunidad de hacer cosas importantes excelentemente bien.
Rectitud ética	Hacer lo que es "correcto" por un estándar más alto que la eficiencia.
Monedas relacionadas con las relaciones	
Aceptación	Proporcionar cercanía y amistad.
Respaldo personal	Dar respaldo personal y emocional.
Comprensión	Escuchar las preocupaciones y los problemas de los demás.
Monedas relacionadas con las personas	
Desafío/aprendizaje	Compartir tareas que aumentan las habilidades y capacidades.
Propiedad/participación	Dejar que los demás tengan propiedad e influencia.
Gratitud	Expresar apreciación.

(TQM: Total Quality Management). En las reuniones informativas con la administración superior, el administrador del proyecto se hizo el propósito de resaltar cómo los procesos de mejora de calidad, iniciados por el contratista, contribuyeron al control de costos y a la prevención de problemas.

Otra variación del reconocimiento es resaltar la reputación de los demás dentro de la empresa. Una "buena prensa" puede allanar el camino para muchas oportunidades, mientras que una "mala prensa" puede aislar a una persona y dificultarle el avance. Esta moneda también es evidente cuando se ayuda a preservar el prestigio de alguien al salir en defensa suya porque que se le ha culpado, en forma injusta, por retrasos en el proyecto.

Por último, una de las formas más fuertes de esta moneda es compartir contactos con otras personas. Por supuesto, ayudar a los individuos a expandir sus redes al presentarlos con personas clave causa gratitud. Por ejemplo, sugerir a un gerente funcional que debe contactar a Sally X si quiere averiguar lo que de veras sucede en ese departamento u obtener que una solicitud se acelere, es probable que dé lugar a una sensación de deuda.

Monedas relacionadas con la inspiración

Tal vez la forma más poderosa de influencia está basada en la inspiración. La mayoría de las fuentes de inspiración se derivan del ardiente deseo de hacer una diferencia y agregar sentido a la vida. Formarse una visión emocionante y atrevida de un proyecto puede crear un compromiso extraordinario.

Por ejemplo, muchos de los descubrimientos tecnológicos asociados con la introducción de la computadora Macintosh original se le atribuyeron a la sensación de que los miembros del proyecto tenían la oportunidad de acercar a la gente a las computadoras. Una variante de la visión es dar la oportunidad de hacer algo en verdad bueno. Ser capaz de enorgullecerse de su trabajo es lo que impulsa a muchas personas.

Con frecuencia, la misma naturaleza del proyecto brinda una fuente de inspiración. Descubrir la cura para una enfermedad devastadora, presentar un nuevo programa social que ayude a los necesitados o tan sólo la construcción de un puente que reduzca un importante cuello de botella vehicular pueden brindar oportunidades a las personas de sentirse bien con lo que realizan y saber que hacen la diferencia. La inspiración opera como un imán; es decir, atraer a las personas en lugar de empujarlas para que hagan algo.

Monedas relacionadas con las relaciones

Estas monedas tienen más que ver con el fortalecimiento de la relación con alguien que cumple con las tareas del proyecto en forma directa. La esencia de esta forma de influencia es formar la relación que trasciende las fronteras profesionales y se extiende al área de la amistad. Estas relaciones se desarrollan al dar respaldo personal y emocional. Animar a las personas cuando están deprimidas, impulsar su confianza y brindar aliento, por supuesto dan paso a la buena voluntad. Compartir el sentido del humor y hacer divertidos los tiempos difíciles es otra forma de esta moneda. En forma análoga, participar en actividades no relacionadas con el trabajo, como deportes y salidas familiares, es otra forma en que las relaciones se mejoran en forma natural.

Quizá la forma más básica de esta moneda sea tan sólo escuchar a los demás. Los psicólogos sugieren que la mayoría de las personas tienen un fuerte deseo a ser entendidas y que las relaciones se rompen porque las partes dejan de escucharse entre sí. Compartir secretos y ambiciones personales, así como ser un confidente sabio, también crea un vínculo especial entre los individuos.

Monedas relacionadas con las personas

Esta última forma de moneda trata con las necesidades individuales y un predominante sentido de autoestima. Algunas personas afirman que la autoestima es una necesidad psicológica primaria; en la medida que podamos ayudar a los demás a tener un sentido de importancia y valía personal, se propiciará buena voluntad. Un administrador de proyecto puede poner de relieve la sensación de valor de un colega al compartir tareas que aumentan las habilidades y capacidades, delegar autoridad sobre el trabajo para que los demás experimenten el sentido de propiedad y permitir que los individuos se sientan cómodos al emplear sus habilidades. Esta forma de moneda puede también verse en expresiones sinceras de gratitud por las contribuciones de los demás. Sin embargo, se debe tener cuidado al expresar la gratitud, ya que se devalúa con facilidad si se utiliza en exceso. Es decir, es probable que el primer *gracias* se valore más que el vigésimo.

La línea de fondo es que el administrador del proyecto tendrá influencia hasta el punto en que pueda ofrecer algo que los demás valoren. Es más, dado el diverso grupo de personas de que depende el administrador del proyecto, es importante que sea capaz de adquirir y ejercer distintas monedas de influencia. La capacidad de hacerlo estará restringida, en parte, por la naturaleza del proyecto y por la forma en que se organiza. Por ejemplo, un administrador de proyecto que está a cargo de un equipo dedicado tiene mucho más que ofrecer a sus integrantes que un administrador que recibe la responsabilidad de coordinar las actividades de distintos profesionales en varios departamentos y organizaciones. En esos casos, el administrador quizá tenga que confiar más en las bases personales y de relación de influencia para ganar la cooperación de los demás.

Construcción de una red social

Elaboración de mapas de dependencias

El primer paso para construir una red social es identificar a las personas de quienes depende el éxito del proyecto. El administrador del proyecto y sus asistentes clave necesitan hacerse las siguientes preguntas:

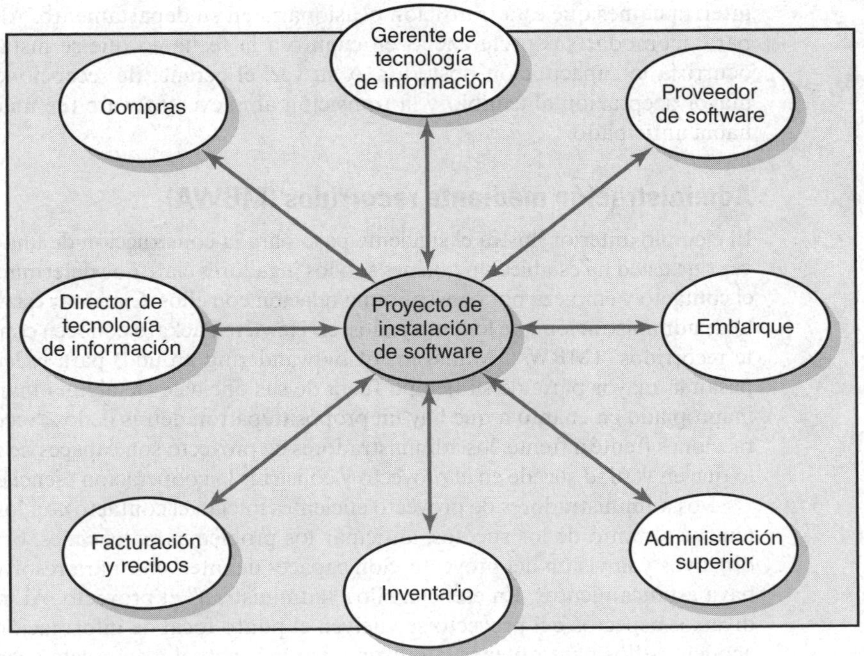

FIGURA 10.2
Dependencias del proyecto de instalación de software financiero

- ¿De quién necesitaremos la cooperación?
- ¿De quién necesitaremos el acuerdo o la aprobación?
- ¿La oposición de quién nos evitaría cumplir con el proyecto?

Muchos administradores de proyecto encontrarán útil elaborar un mapa de estas dependencias. Por ejemplo, en la figura 10.2 se encuentran las dependencias identificadas por un administrador de proyecto responsable de la instalación de un nuevo programa cibernético financiero en su empresa.

Siempre es mejor sobreestimar que subestimar a las dependencias. Con demasiada frecuencia, los administradores de proyecto talentosos y exitosos han sido saboteados porque los tomó por sorpresa alguien cuya posición o poder no habían anticipado. Después de identificar de quién dependerá, usted está listo para "ponerse en sus zapatos" y ver el proyecto desde su perspectiva:

- ¿Qué diferencias hay entre yo y la persona de la que dependo (metas, valores, presiones, estilos de trabajo, riesgos)?
- ¿Cómo ven el proyecto estas distintas personas: partidarios, indiferentes, antagonistas?
- ¿Cuál es el estatus actual de la relación que tengo con las personas de las que dependo?
- ¿Qué fuentes de influencia tengo en relación con las personas de las que dependo?

Una vez que usted comience este análisis, puede empezar a apreciar lo que los demás valoran y qué monedas tendría que ofrecer como base para construir una relación de trabajo. Usted empieza a darse cuenta dónde residen los problemas potenciales, relaciones en las que usted tiene una deuda actual o no tiene una moneda intercambiable. Es más, diagnosticar el punto de vista de otra persona, así como la base para sus posiciones, le ayudará a anticipar sus reacciones y sentimientos respecto de sus decisiones y acciones. Esta información es vital para elegir la estrategia de influencia apropiada y la táctica para conducir negociaciones de ganar-ganar.

Por ejemplo, después de elaborar un mapa de su red de dependencias, la administradora de proyectos que estaba a cargo de instalar el software se dio cuenta de que podría tener serios problemas con el gerente del departamento de recepciones, quien sería uno de los usuarios principales del software. Ella no tenía ningún antecedente de haber trabajado con este individuo, pero escuchó rumores de que el gerente estaba molesto con la opción de software y que consideraba que este proyecto era otra interrupción innecesaria en la operación de su departamento. Antes del inicio del proyecto, la administradora de proyecto arregló una comida con el gerente y se sentó, pacientemente, a escuchar sus preocupaciones. Invirtió tiempo adicional y atención para instruirlo, a él y a su personal, acerca de los beneficios que traería este nuevo software. Trató de minimizar las interrupciones que esta transición ocasionaría en su departamento. Alteró la agenda de arranque para acomodar sus preferencias en cuanto a la fecha en que se instalaría el software y cuándo ocurriría la capacitación posterior. A su vez, el gerente de recepciones y su gente actuaron con mayor aceptación al cambio y la transición al nuevo software fue mucho más grata de lo que se había anticipado.

Administración mediante recorridos (MBWA)

El ejemplo anterior ilustra el siguiente paso para la construcción de una red social de respaldo. Una vez que usted ha establecido quiénes son los jugadores clave que determinarán el éxito, entonces inicia el contacto y empieza por construir una relación con ellos. Cimentar esta relación requiere de un estilo de administración que los empleados, en Hewlett-Packard conocen como "administración mediante recorridos" (MBWA: Management by wandering around) para reflejar que los administradores pasan la mayor parte de su tiempo fuera de sus oficinas. De alguna manera, MBWA es un nombre inapropiado en cuanto a que hay un propósito/patrón detrás de los "recorridos". Mediante las interacciones frente a frente, los administradores de proyecto son capaces de mantenerse en contacto con lo que en verdad sucede en el proyecto y construir la cooperación esencial para el éxito de éste.

Los administradores de proyecto eficientes inician el contacto con los jugadores clave para mantenerse al tanto de los sucesos, anticipar los problemas potenciales, brindar aliento y reforzar los objetivos y la visión del proyecto. Son capaces de intervenir para resolver conflictos y prevenir que haya estancamientos. En esencia, ellos "administran" el proyecto. Al mantenerse en contacto con diversos aspectos del proyecto se vuelven el punto focal de información de éste. Los participantes acuden a ellos para obtener la información más actual y completa acerca del proyecto, lo cual refuerza su papel central como administrador del proyecto.

También hemos observado administradores de proyecto menos capaces que evitan MBWA e intentan administrar los proyectos desde sus oficinas y terminales de cómputo. Dichos administradores anuncian con orgullo una política de puertas abiertas y alientan a los demás a ir a verlos cuando haya un problema o cuestión. Para ellos, no tener noticias significa buenas noticias. Esto permite que sus contactos estén determinados por la agresividad relativa de los demás. Quienes toman la iniciativa y buscan al administrador del proyecto obtienen una proporción muy elevada de la atención del administrador. Las personas menos disponibles (físicamente retiradas) o más pasivas son ignoradas. Este comportamiento contribuye al adagio "sólo la rueda chirriante es aceitada", lo cual genera resentimiento entre el equipo del proyecto.

Los administradores de proyecto eficientes también encuentran el tiempo para interactuar en forma regular con los interesados más distantes. Se mantienen en contacto con los proveedores, vendedores, administración superior y otros administradores funcionales. Al hacerlo, mantienen la familiaridad con distintas partes, sostienen amistades, descubren oportunidades de hacer favores y entienden los motivos y las necesidades de los demás. Le recuerdan a la gente los compromisos y defienden la causa de su proyecto. También dan forma a las expectativas de la gente (véase el recuadro de Caso de práctica: Manejo de las expectativas). Mediante la comunicación frecuente alivian las preocupaciones de la gente acerca del proyecto, aclaran los rumores, advierten a las personas de los posibles problemas y establecen los cimientos para tratar con los obstáculos en una forma más eficiente.

A menos que los administradores de proyecto tomen la iniciativa de construir una red de relaciones de respaldo, quizá vean a un gerente (o a algún otro interesado) sólo cuando se trate de malas noticias o cuando necesiten un favor (por ejemplo, no tienen la información que prometieron o el proyecto se ha retrasado en el programa). Sin interacciones previas y frecuentes de dar y recibir en torno de temas no decisivos, es probable que el encuentro acelerado por el problema ocasione un exceso de tensión. Es más probable que las partes actúen en forma defensiva, se interrumpan entre ellas y pierdan de vista el problema común.

Los administradores de proyecto experimentados reconocen la necesidad de construir relaciones antes de necesitarlas. Inician el contacto con los interesados sólo cuando no hay temas ni problemas sobresalientes y, por lo tanto, no hay ansiedades ni sospechas. En estas ocasiones sociales participan en conversaciones sin trascendencia y bromas mutuas. Responden a las solicitudes de ayuda de los demás, brindan consejos de apoyo e intercambian información. Al hacerlo le otorgan certidumbre a esa relación, lo cual les permitirá tratar con problemas más serios en el futuro. Cuando una persona ve a otra como agradable, útil y con credibilidad, con base en contactos anteriores,

Caso de práctica

Manejo de las expectativas*

Dorothy Kirk, consultora administrativa de proyectos y gerente de programa en Financial Solutions Group of Mynd, ofrece varias ideas inteligentes acerca del arte de manejar las expectativas de los interesados:

> ... las expectativas son duras. Todo lo que necesitan para arraigarse es la ausencia de evidencia en sentido contrario. Una vez que se implantan, la palabra no pronunciada alienta el crecimiento. Pueden desarrollarse y progresar sin tener una base en la realidad. Por esta razón, los administradores de proyecto batallan todos los días con expectativas poco realistas.

Ella ofrece varios consejos para manejar las expectativas:

- La forma en la que usted presenta la información puede aclarar o enturbiar las expectativas. Por ejemplo, si usted considera que una tarea tomará 317 horas, establece expectativas elevadas mediante su precisión. Es muy probable que el interesado esté inconforme si toma 323 horas. El interesado no estará a disgusto si usted señala un cálculo de entre 300 y 325 horas.
- Reconozca que es de humanos interpretar una situación con un enfoque de mayor interés personal. Por ejemplo, si le dice a alguien que terminará un proyecto en enero, usted estará inclinado a interpretarlo para su beneficio y asumir que tiene hasta el final de enero, mientras que la otra persona pensará que estará terminado el 1 de enero.
- Aproveche cada oportunidad para realinear las expectativas con la realidad. Con demasiada frecuencia evitamos las oportunidades para ajustar las expectativas debido a que nos aferramos a una falsa esperanza de que las cosas se arreglarán de una manera o de otra.
- No pida al interesado sugerencias para mejorar, si usted no tiene la intención de hacer lo que sugiera. Pedir sus aportaciones eleva sus expectativas.
- A firme lo evidente. Lo que es evidente para usted, puede ser poco claro para los demás.
- No evite dar malas noticias. Comuníquese de manera abierta y en persona. Espere el enojo y la frustración. No se vuelva defensivo. Esté preparado para explicar el resultado de los problemas. Por ejemplo, nunca diga que el proyecto estará tarde si no es capaz de dar una nueva fecha. Explique lo que usted está haciendo para ver que esto deje de suceder.

Todos los interesados tienen expectativas acerca del programa, costo y beneficios del proyecto. Los administradores de proyectos necesitan escuchar, entender y manejar estas expectativas.

* D. Kirk, "Managing Expectations", *PM Network*, agosto de 2000, pp. 59-62.

es mucho más probable que sea sensible a las solicitudes de ayuda y menos confrontante cuando surjan problemas.

Administración de las relaciones ascendentes

La investigación señala, de manera consistente, que el éxito del proyecto está muy afectado por el grado de respaldo que tiene de la administración superior. Dicho apoyo se refleja en un presupuesto apropiado, sensibilidad a las necesidades inesperadas y una clara señal a los demás en la empresa de la importancia de la cooperación.

El respaldo visible de la administración superior es crucial no sólo para asegurar el apoyo de los demás administradores dentro de una organización, sino que también es un factor clave en la capacidad del administrador del proyecto para motivar al equipo. Nada establece el derecho de un administrador a ser líder más que su capacidad de defender. Para ganar la lealtad de los integrantes del equipo, los administradores de proyecto deben ser abogados eficaces de sus proyectos. Asimismo, deben ser capaces de hacer que la administración superior abandone las demandas irrazonables, brinde recursos adicionales y reconozca los logros de los integrantes del equipo. Esto es más fácil de decir que de hacer.

Las relaciones de trabajo con la administración superior son una fuente común de consternación. Con frecuencia se escuchan lamentos como los siguientes por parte de los administradores de proyectos acerca de la administración superior:

> No saben cuánto nos retrasa perder a Neil para otro proyecto.
> Me gustaría verlos hacer este proyecto con el presupuesto que nos dieron.
> Desearía que se decidieran acerca de lo que es en verdad importante.

Mientras que parecería ilógico que un subordinado "maneje" a un superior, los administradores de proyecto inteligentes dedican tiempo y atención considerables para influir y recabar apoyo de la administración superior. Los administradores de proyecto tienen que aceptar diferencias profundas en perspectiva y volverse muy hábiles en el arte de persuadir a los superiores.

Muchas de las tensiones que surgen entre la administración superior y los administradores de proyectos resultan de las diferencias en perspectiva. Los administradores de proyecto se vuelven, de manera natural, absortos con lo que es mejor para su proyecto. Para ellos lo más importante en el mundo es su proyecto. La administración superior debe tener un conjunto distinto de prioridades.

De lo más destacado en la investigación

Mejorar el desempeño de los equipos de nuevos productos*

Ancona y Caldwell estudiaron el desempeño de 45 equipos de nuevos productos en cinco empresas de alta tecnología y obtuvieron algunos resultados sorprendentes. Los más significativos fueron que la dinámica de equipo interna no estaba relacionada con el desempeño. Es decir, los equipos de alto desempeño no se distinguían por metas claras, por un flujo de trabajo más suave entre los miembros o por una mayor capacidad para satisfacer las metas individuales de los integrantes del equipo. Lo que se relacionaba con el desempeño del equipo eran el nivel y la intensidad de las relaciones externas entre el equipo del proyecto y el resto de la organización. Ancona y Caldwell identificaron cuatro patrones clave de actividad que contribuían a crear un equipo de alto desempeño:

1. Las actividades de *embajador* están dirigidas a representar al equipo frente a los demás y protegerlo de interferencias. Por lo general, el administrador del proyecto asume esta responsabilidad, que incluye aislar al equipo de presiones políticas y construir respaldo para el proyecto dentro de la jerarquía de la empresa.
2. Las actividades de *coordinador de tareas* están dirigidas a coordinar los esfuerzos de los equipos con otras unidades y organizaciones. A diferencia del papel del embajador, que se enfoca en forma ascendente, éstas son actividades más laterales e incluyen negociar e interactuar con las partes interesadas dentro de la empresa.
3. Los *exploradores* actúan como un explorador en una expedición; es decir, salen del equipo y traen información acerca de lo que sucede en otras partes de la organización. Ésta es una tarea mucho menos enfocada que la de coordinador de tareas.
4. Las actividades de *guardia* difieren de otras en cuanto que tienen la intención de guardar información y recursos dentro del equipo y evitan que haya fugas fuera del grupo. Una actividad clave de un guardia es mantener en secreto la información necesaria hasta que sea adecuado compartirla.

Ancona y Caldwell encontraron que la importancia de estas actividades varía durante el ciclo de vida de desarrollo del producto, si se pretende que el equipo del proyecto tenga éxito. Por ejemplo, las actividades de exploración son más críticas durante la fase creativa, cuando se formula la idea del producto y se desarrolla el equipo. Las actividades de embajador son en particular cruciales durante la fase de desarrollo, cuando se han acordado las especificaciones del producto y la tarea principal es desarrollar un prototipo.

Ancona y Caldwell advierten que sus resultados no significan que el trabajo de equipo y las operaciones internas de un equipo de proyecto no sean importantes para el éxito del proyecto. Se requiere una dinámica de equipos eficaz para integrar con éxito información desde fuentes externas y coordinar actividades entre los grupos. Su investigación respalda el adagio de que los problemas y las oportunidades con frecuencia residen en las fronteras de los proyectos y que una de las principales tareas del administrador de proyectos es manejar la interfaz entre su equipo y el resto de la organización.

* D. G. Ancona y D. Caldwell, "Improving the Performance of New-Product Teams", *Research Technology Management*, vol. 33, núm. 2, marzo-abril de 1990, pp. 25-29.

Están preocupados por lo que sea mejor para la organización en su conjunto. Resulta natural que en ocasiones estos dos intereses entren en conflicto. Por ejemplo, un administrador de proyecto puede abogar en forma intensa para recibir personal adicional, sólo para ser rechazado porque la administración superior cree que los demás departamentos no pueden permitirse una reducción de personal. Aunque la comunicación frecuente puede minimizar las diferencias, el administrador del proyecto debe aceptar el hecho inevitable de que la administración superior va a ver el mundo de manera diferente.

Una vez que los administradores de proyectos acepten que los malos entendidos con los superiores son más una cuestión de perspectiva que de sustancia, pueden enfocar más su energía en el arte de persuadir a la administración superior. Pero antes de que puedan lograrlo, deben demostrar primero su lealtad. En tal contexto, esto significa que la mayor parte del tiempo los administradores de proyecto deben mostrar que se apegan de manera consistente a las solicitudes y que se adhieren a los parámetros establecidos por la administración general sin demasiadas quejas o alborotos. Una vez que los administradores han probado su lealtad a la administración superior, ésta será mucho más receptiva a sus desafíos y solicitudes.

Los administradores de proyecto tienen que cultivar vínculos fuertes con los administradores superiores que patrocinan el proyecto. Como se señaló con anterioridad, éstos son oficiales de alto rango que defendieron la aprobación y fondos del proyecto; como tal, su prestigio está alineado con el proyecto. Los patrocinadores también son quienes defienden el proyecto cuando está bajo ataque en los círculos superiores de la administración. También protegen el proyecto de una interferencia excesiva (véase la figura 10.3). Los administradores de proyecto deben mantener *siempre* informadas a esas personas de cualquier problema que pueda ocasionar decepciones o situaciones embarazosas. Por ejemplo, si los costos están comenzando a exceder el presupuesto o si un problema técnico amenaza con retrasar el cumplimiento del proyecto, los administradores se aseguran de que los patrocinadores sean los primeros en enterarse.

La sincronización lo es todo. Pedir un presupuesto adicional un día después de que se ha informado de ingresos decepcionantes en el tercer trimestre será mucho más difícil que hacer una solicitud

Caso de práctica

Ser líder al extremo*

En 1914 el intrépido explorador Ernest Shackleton se embarcó en el *Endurance* con su equipo de hombres de mar y científicos, en un intento por cruzar el continente antártico inexplorado. Lo que sucedió en los dos años entre su salida y su increíble rescate final rara vez ha sido igualado en los anales de la supervivencia: un barco aplastado por un témpano de hielo en expansión…, una tripulación varada en los hielos flotantes del congelado Mar de Weddell…, dos viajes peligrosos en barcos abiertos a través del violento océano del sur…, un equipo abandonado a su suerte sin esperanza en la salvaje Isla Elefante, llevados al límite de la resistencia humana.

Topham/The Image Works

La aventura proporcionó la base para el libro *Leading at the Edge: Leadership Lessons from the Extraordinary Saga of Shackleton's Antartic Expedition*, escrito por Dennis Perkins. Perkins informa de cómo el ejemplo personal de Shackleton influyó en el comportamiento de su acosada tripulación. Por ejemplo, desde el principio de la expedición trasatlántica hasta el final, Shackleton alentó de manera consistente un comportamiento que enfatizaba el cuidado y el respeto:

> Después de la destrucción del *Endurance*, Shackleton calentaba leche para la tripulación e iba de tienda en tienda con la bebida "vital". Luego de zarpar hacia la isla del sur de Georgia, cuando la exhausta tripulación había tocado tierra, Shackleton tomó el primer turno de vigía, que mantuvo por tres horas en lugar del normal de una hora.

Los miembros de la tripulación emulaban el comportamiento de cuidados que Shackleton mostraba. Un buen ejemplo de esto ocurrió durante uno de los momentos más dramáticos de la aventura del *Endurance*. En forma peligrosa, el suministro de comida había disminuido. Quedaba menos de una semana de suministros y la pequeña ración de filete de foca, que por lo general se servía en el desayuno, fue eliminada. El desperdicio de carne que se usaba para alimentar a los perros fue inspeccionado en busca de residuos comestibles.

Bajo estas condiciones miserables, y luego de una noche mojada y sin dormir, surgió una pelea entre algunos integrantes del equipo. Atrapado en medio, uno de los miembros de la tripulación (Greenstreet) derramó su pequeña ración de leche en polvo y gritó al biólogo (Clark). Alfred Lansing describió lo que sucedió de este modo:

> Greenstreet se detuvo a recuperar el aliento y en ese instante se terminó su enojo; de pronto se quedó callado. Todos los demás en la tienda también se quedaron en silencio y miraron a Greenstreet, con el cabello enmarañado, barbudo y sucio, cubierto de hollín, con su tarro vacío en su mano y miraba con aspecto indefenso la nieve que había absorbido su preciada leche. La pérdida era tan trágica que parecía estar al borde del llanto. Sin hablar, Clark se acercó y sirvió algo de leche en la taza de Greenstreet. Luego lo hicieron también Worseley, Macklin, Rickerson, Kerr, Orde-Lees y por último Blackborrow. Todos terminaron en silencio.

* Adaptado de Dennis N. T. Perkins, *Leading at the Edge: Leadership Lessons from the Extraordinary Saga of Shackleton's Antarctica Expedition*, Nueva York, AMACOM Press, 2000, pp. 94-95, y Alfred Lansing, *Endurance: Shackleton's Incredible Voyage*, Nueva York, Carroll y Graf, 1988, p. 127.

similar cuatro semanas antes. Los buenos administradores de proyecto eligen el tiempo óptimo para apelar a la administración superior. Enlistan a sus patrocinadores de proyectos para que aboguen por la causa. También se dan cuenta de que hay límites para las adaptaciones de la administración. Aquí es apropiada la analogía con el Llanero Solitario: usted tiene sólo tantas balas de plata, úselas con sabiduría.

Los administradores de proyecto necesitan adaptar su patrón de comunicación al del grupo superior. Por ejemplo, una administradora de proyecto reconoció que la administración superior tenía la tendencia a utilizar metáforas deportivas para describir situaciones de negocios, así que enmarcó el siguiente comentario en el programa al admitir que "perdimos cinco yardas, pero aún tenemos dos jugadas para lograr el primero y diez". Los administradores de proyectos inteligentes aprenden el lenguaje de la administración superior y lo utilizan en su beneficio.

Por último, unos cuantos administradores de proyecto admiten que ignoran las cadenas de mando. Si están seguros de que la administración superior rechazará una solicitud importante y saben que lo que quieren realizar beneficiará al proyecto, lo hacen sin pedir permiso. Mientras que reconocen que esto es muy riesgoso, afirman que los jefes no discutirán con el éxito.

FIGURA 10.3
El significado de un patrocinador de proyecto

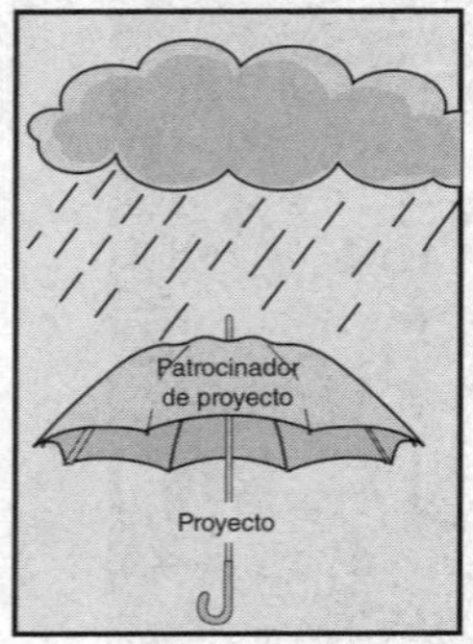

Dirigir por medio del ejemplo

Un estilo administrativo interactivo muy notorio no es sólo esencial para construir y sostener relaciones de cooperación, sino que permite que los administradores de proyecto usen su herramienta de liderazgo más poderosa: su propio comportamiento. Con frecuencia, cuando se enfrentan con la incertidumbre, la gente observa a los demás en busca de señales de cómo responder y demostrar una propensión a imitar el comportamiento de los superiores. El comportamiento de un administrador de proyecto simboliza cómo deben trabajar otras personas en el proyecto. Mediante su comportamiento, el administrador del proyecto puede influir en la forma en que los demás actúan y responden a una diversidad de temas relacionados con el proyecto. (Véase el recuadro de Caso de práctica: Ser líder al extremo, para tener un ejemplo dramático de esto.)

Para ser eficientes, los administradores de proyecto deben "hacer lo que predican" (véase la figura 10.4). A continuación se analizan seis aspectos de cómo dirigir por medio del ejemplo.

Prioridades

Las acciones hablan más fuerte que las palabras. Los subordinados y los demás distinguen las prioridades de los administradores de proyectos por la forma en que emplean su tiempo. Si un administrador de proyecto afirma que su proyecto es crítico y luego se percibe que dedica más tiempo a otros proyectos, entonces todas sus demostraciones verbales podrían caer en oídos sordos. Por el contrario, un administrador que se da tiempo de observar una prueba crítica en lugar de sólo esperar un informe afirma la importancia de los examinadores y su trabajo. De igual modo, los tipos de preguntas que plantean los administradores de proyecto comunican las prioridades. Al preguntar en forma repetida cómo se relacionan los temas específicos para satisfacer al cliente, un administrador de proyecto puede reforzar la importancia de la satisfacción de los clientes.

Urgencia

Mediante sus acciones, los administradores de proyecto pueden comunicar un sentido de urgencia, que puede penetrar en las actividades del proyecto. En parte, esta urgencia puede comunicarse a través de vencimientos rígidos, reuniones frecuentes de informes de estatus y soluciones emprendedoras para acelerar el proyecto. El administrador del proyecto utiliza estas herramientas como un metrónomo para levantar el ritmo del proyecto. Asimismo, esos aparatos serían ineficaces si no hay un cambio correspondiente en el comportamiento del administrador del proyecto. Si quieren que los demás trabajen más deprisa y solucionen los problemas con mayor celeridad, entonces necesitan trabajar más rápido. Necesitan acelerar el paso de su comportamiento. Deben apresurar la frecuencia de sus interacciones, hablar y caminar con mayor rapidez y ponerse a trabajar antes y salir del trabajo más tarde. Con sólo aumentar el ritmo de sus patrones diarios de interacción, los administradores de proyecto pueden reforzar un sentido de urgencia en los demás.

FIGURA 10.4
Dirigir mediante el ejemplo

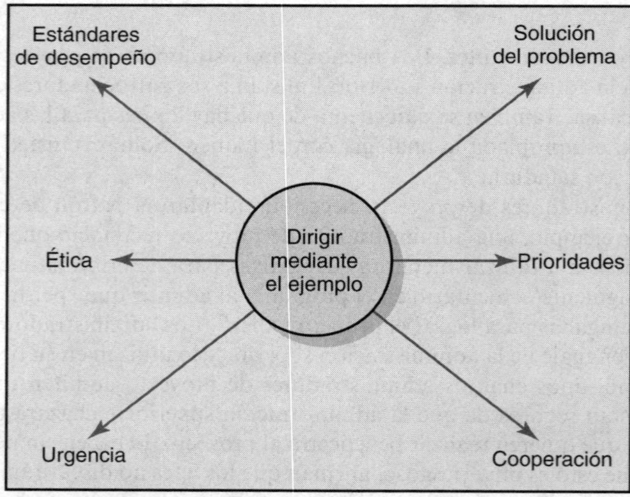

Solución de problemas

La forma en que los administradores de proyecto responden a los problemas establece la tónica para que otros ataquen los problemas. Si las malas noticias se reciben con ataques verbales, entonces los demás estarán renuentes a ser sinceros. Si el administrador del proyecto está más preocupado por encontrar a quién culpar en lugar de cómo prevenir que los problemas se repitan, los demás tenderán a cubrir sus faltas y lanzar la culpa a otra parte. Si, por otro lado, los administradores de proyecto se enfocan más en cómo pueden transformar un problema en una oportunidad o lo que se puede aprender de un error, entonces es más probable que los demás adopten un enfoque más proactivo para la solución de problemas.

Cooperación

La forma en que los administradores de proyectos actúan ante los extraños influye en cómo los miembros del equipo interactúan con los desconocidos. Si un administrador de proyectos hace un comentario despectivo sobre los "idiotas" del departamento de mercadotecnia, entonces esto con frecuencia se vuelve el punto de vista compartido por parte de todo el equipo. Si los administradores de proyecto establecen la norma de tratar a los extraños con respeto y ser sensible a sus necesidades, entonces es más probable que los demás hagan lo mismo.

Estándares de desempeño

Los administradores de proyecto veteranos reconocen que si quieren que los participantes excedan las expectativas de los proyectos, entonces tienen que exceder las perspectivas de los demás acerca de un buen administrador de proyectos. Establecen un estándar elevado para el desempeño del proyecto mediante la calidad de sus interacciones diarias. Responden con rapidez a las necesidades de los demás, preparan con cuidado y dirigen reuniones claras, se mantienen al tanto de todos los temas cruciales, facilitan la solución eficaz de problemas y se mantienen firmes en los asuntos importantes.

Ética

La forma en que los demás respondan a dilemas éticos que surjan en el curso de un proyecto estará influida por la manera en que el administrador de proyectos ha respondido a disyuntivas similares. En muchos casos, los integrantes del equipo basan sus acciones en la forma en que creen que el administrador de proyecto respondería. Si los administradores de proyecto distorsionan a propósito o retienen información vital de los clientes o de la administración superior, mandan la señal a los demás de que ese comportamiento es aceptable. La administración del proyecto crea una diversidad de dilemas éticos todo el tiempo; éste sería el momento apropiado para explorar el tema con mayor detalle.

Ética y la administración de proyectos

Las cuestiones de ética han surgido en los capítulos anteriores que hablan sobre el amortiguamiento de los costos y los cálculos de tiempo, la exageración de los dividendos de las propuestas de proyectos y demás. Los dilemas éticos incluyen situaciones donde resulta difícil determinar si la conducta es correcta o equivocada. ¿Es aceptable engañar a los clientes de que todo está en orden cuando, en realidad, sólo lo hace para evitar que entren en pánico y que empeoren las cosas?

En una encuesta entre administradores de proyectos, 81 por ciento reportó que encuentra temas éticos en su trabajo. Estos dilemas van desde ser presionados para alterar los informes de estatus, poner firmas prefechadas u oscurecer la información para maquillar la realidad del progreso del proyecto, falsificar cuentas de costos, comprometer estándares de seguridad para acelerar el progreso y aprobar un trabajo de mala calidad.

La administración de proyectos es un trabajo complicado y, como tal, la ética siempre incluye áreas grises de juicio e interpretación. Por ejemplo, es difícil distinguir entre la falsificación deliberada de cálculos y errores genuinos, o la exageración consciente de los dividendos de un proyecto y un optimismo auténtico. Se vuelve problemático determinar si las promesas no cumplidas fueron un engaño deliberado o una respuesta apropiada a las circunstancias cambiantes.

Para brindar una mayor claridad a la ética de negocios, muchas empresas y grupos profesionales publican un código de conducta. Los cínicos ven estos documentos como una simple decoración de ventana, mientras que sus defensores afirman que son pasos importantes aunque limitados. En la práctica, la ética personal no reside en los estatutos formales sino en la intersección del trabajo, la familia, la educación, la profesión, creencias religiosas e interacciones diarias de una persona. La mayoría de los administradores de proyecto informan que confían en su propio sentido del bien y el mal, lo que un administrador de proyecto llamó su "brújula interna". Una regla de sentido común para probar si una respuesta es ética sería preguntar: "Imagine que lo que usted haga se informe en la página principal de su periódico local. ¿Qué le parecería? ¿Se sentiría cómodo?"

Por desgracia los escándalos en Enron, Worldcom y Arthur Andersen han demostrado la disposición de profesionales muy capacitados a abdicar la responsabilidad personal por acciones ilegales y obedecer a directivos o superiores (véase el recuadro Caso de práctica: El colapso de Arthur Andersen). La administración superior y la cultura de una organización desempeñan un papel decisivo para moldear las creencias de los miembros acerca de lo que está bien y lo que está mal. Muchas organizaciones alientan las transgresiones éticas al crear una mentalidad de "ganar a toda costa". Las presiones para tener éxito oscurecen la consideración de que el fin justifica los medios. Otras organizaciones recompensan el "juego limpio" y dirigen una posición de mercado por la virtud de ser dignos de confianza.

Muchos administradores de proyectos afirman que el comportamiento ético es su propia recompensa. Al seguir su propia brújula interna, su comportamiento expresa sus valores personales. Otros sugieren que el comportamiento ético es reconfortante por partida doble. No sólo puede dormir en la noche, sino que desarrolla una reputación firme y admirable. Como se explorará en la siguiente sección, ese prestigio es esencial para establecer la confianza necesaria para ejercer la influencia en forma eficaz.

Construcción de la confianza: La clave para ejercer influencia

Todos conocemos personas que tienen influencia, pero que no son dignos de confianza; con frecuencia, a estos individuos se les conoce como "animales políticos" o "combatientes de la selva". Mientras que estos sujetos suelen ser muy exitosos a corto plazo, el sentido prevaleciente de la falta de confianza prohíbe la eficacia en el largo plazo. Los administradores de proyectos exitosos no sólo necesitan tener influencia, también deben ejercer influencia de una manera tal que construya y sostenga la confianza de los demás.

El significado de la confianza puede discernirse por su ausencia. Imagine qué diferente sería una relación de trabajo cuando se desconfía de la otra parte: con frecuencia desperdician mucho tiempo y energía en tratar de discernir las agendas ocultas y el verdadero significado de las comunicaciones y, luego, asegurar las garantías de las promesas. Son mucho más cautelosos entre ellos y dudan en cooperar. Aquí tenemos lo que un gerente de línea tenía que decir acerca de cómo reaccionó ante un administrador de proyecto en el que no confiaba:

> Siempre que Jim se me acercaba para algo, me encontraba leyendo entre líneas para descifrar lo que sucedía en realidad. Cuando hacía una solicitud, mi respuesta inicial era "no" hasta que él lo probara.

Por el contrario, la confianza es el "lubricante" que mantiene suaves y eficientes a las interacciones. Cuando usted confía, la gente tiene más probabilidad de tomar sus acciones e intenciones por lo que son cuando las circunstancias son ambiguas. Por ejemplo, aquí tenemos lo que un administrador funcional tenía que decir acerca de una administradora de proyecto en quien confiaba:

> Si Sally necesitaba algo, no se le hacían preguntas. Yo sabía que era importante o no me lo hubiera pedido.

La confianza es un concepto evasivo. Es difícil precisar por qué algunos administradores son confiables y otros no. Una forma popular de entender la confianza es verla como una función de carácter y competencia. El carácter se enfoca en motivos personales (por ejemplo, ¿alguien quiere hacer lo correcto?), mientras que la competencia se enfoca en habilidades necesarias para percatarse de los motivos (por ejemplo, ¿alguien sabe las cosas correctas que se deben hacer?).

Caso de práctica

El colapso de Arthur Andersen*

"Piensa con franqueza y habla con franqueza" fue el principio sobre el cual Arthur E. Andersen construyó su empresa contable a principios de 1900. Fue una frase que su madre le enseñó y se convirtió en el lema de su empresa. El compromiso con la integridad y un enfoque sistemático y planeado sobre el trabajo fueron básicos para que Arthur Andersen se convirtiera en una de las empresas contables más grandes y conocidas en el mundo.

> Trabajar en Arthur Andersen no era para todos. Podía ser una cultura dura. Era demasiado jerárquica y descendente para las personas de espíritu libre. Muchas personas se iban antes de cumplir dos años, ya que creían que las recompensas no valían las demandas que se les exigían. Otros aprendieron las reglas y algunos hasta progresaron. Para permanecer en la empresa se esperaba que los miembros del personal trabajaran duro, respetaran la autoridad de los rangos y mantuvieran un alto nivel de conformidad. A cambio eran recompensados con respaldo, promociones y la posibilidad de convertirse en socio. Esos individuos que hacían una carrera con la empresa envejecieron juntos, en forma profesional y personal, y la mayoría no había trabajado en ninguna otra parte. Para estos sobrevivientes, Andersen era su segunda familia y desarrollaron fuertes lealtades con la empresa y su cultura (p. 133).

El 23 de octubre de 2001, David Duncan le dijo a su equipo del proyecto de Enron que necesitaban empezar a cumplir con la nueva política de Andersen para el manejo de documentos de auditoría. La política había sido instituida para asegurarse de que los papeles de trabajo externos a la empresa no pudieran utilizarse en la Corte. Aunque la política de retención de documentos requería que se quedaran los papeles que respaldaban las opiniones de la empresa y las auditorías, permitía que una amplia categoría de documentos secundarios fuera destruida. El equipo reaccionó con sorprendido silencio a la instrucción de Duncan. Luego todos se levantaron y se apresuraron a hacer lo que se les había indicado. Nadie le pidió a Duncan mayores explicaciones. Nadie preguntó si lo que hacían estaba mal. Nadie preguntó si lo que efectuaban era ilegal. El personal de Andersen en Houston siguió las instrucciones sin preguntar.

El 9 de noviembre de 2001, un día después de que la llamada Securities Exchange Commission (SEC) emitió una citación legal a Andersen, la destrucción de papeles se detuvo. Más de una tonelada de documentos habían sido destruidos y 30 000 correos electrónicos y archivos relacionados con Enron habían sido borrados. De acuerdo con la defensa legal del equipo de Andersen, la trituración de papeles era normal en el negocio. Los abogados afirmaron que triturar los papeles era una práctica estándar para eliminar archivos innecesarios. Para la SEC parecía el inicio de una profunda operación de encubrimiento. Después de eso, una de las empresas contables más respetadas cerró sus puertas.

* Susan E. Squires, Cynthia J. Smith, Lorna McDougall y William R. Yeak, *Inside Arthur Andersen: Shifting Values, Unexpected Consequences*, Upper Saddle, NJ, Prentice Hall, 2004.

Stephen Covey resucitó el significado del carácter en la literatura de liderazgo con 7 Hábitos de la Gente Altamente Efectiva (*Seven Habits of Highly Effective People*), su libro exitoso en ventas. Covey criticaba a la literatura de administración popular por enfocarse en las relaciones humanas superficiales y técnicas de manipulación, que él etiquetó como ética de personalidad. Afirma que en el centro de las personas hay una ética de carácter que está arraigada en lo más hondo de los valores y principios personales, como dignidad, servicio, justicia, búsqueda de la verdad y respeto.

Una de las características distintivas del carácter es la coherencia. Cuando las personas se guían por un conjunto central de principios son más predecibles porque sus acciones son coherentes con sus principios. Otra característica del carácter es la apertura. Cuando las personas tienen un sentido claro de quiénes son y lo que valoran, son más sensibles hacia los demás. Este rasgo les da la capacidad para enfatizar y el talento para construir consenso entre las personas que son distintas. Por último, otra cualidad del carácter es un sentido de propósito. Los administradores con carácter son impulsados no sólo por las ambiciones personales, sino también por el bien común. Su preocupación principal es lo que sea mejor para su organización y el proyecto, no lo que sea mejor para ellos solos. Esta disposición a subordinar los intereses a un propósito más elevado consigue el respeto, la lealtad y la confianza de los demás.

El significado de carácter se resume por los comentarios hechos por dos integrantes del equipo acerca de dos administradores de proyecto muy distintos.

> Al principio, Joe les agradaba a todos y estaba emocionado con el proyecto. Pero después de un tiempo, la gente empezó a sospechar de sus motivos. Tenía una tendencia a decir diferentes cosas a distintas personas. La gente comenzó a sentirse manipulada. Pasó demasiado tiempo con la administración superior. La gente empezó a creer que sólo pensaba en sí mismo. Era SU proyecto. Cuando el proyecto comenzó a declinar, él saltó del barco y dejó a los demás con los compromisos. No volveré a trabajar para ese tipo.

> Mi primera impresión de Jack no fue nada especial. Tenía un estilo de administrar callado y sin pretensiones. Con el tiempo aprendí a respetar su juicio y capacidad de hacer que las personas trabajaran juntas. Cuando te dirigías a él con un problema o solicitud siempre escuchaba con mucha atención. Si no podía hacer lo que se le pedía, se daba tiempo para explicar las razones. Cuando surgían desacuerdos siempre pensaba en lo que era mejor para el proyecto. Trataba a todos con las mismas reglas, nadie recibía un trato especial. No perdería la oportunidad de trabajar con él en un proyecto otra vez.

El carácter por sí mismo no da confianza. Debemos tener seguridad acerca de la competencia de los individuos antes de confiar en ellos de verdad. Todos conocemos administradores bien intencionados que nos agradan, pero que no confiamos en ellos porque tienen un historial de quedar cortos en sus promesas. Aunque seamos sus amigos no nos gusta trabajar con o para ellos.

La competencia se refleja en muchos niveles. Primero, hay un conocimiento relacionado con las tareas y las habilidades que se reflejan en la capacidad de responder a las preguntas, solucionar problemas técnicos y ser muy bueno en ciertos tipos de trabajo. Segundo, hay una competencia en un nivel interpersonal que se demuestra al ser capaz de escuchar en forma atenta, de comunicarse con claridad, resolver disputas, brindar aliento y demás. Por último, hay una competencia organizacional. Esto incluye ser capaz de efectuar reuniones eficaces, establecer objetivos significativos, reducir las ineficacias y construir una red social. Con demasiada frecuencia hay una propensión a que los ingenieros jóvenes y otros profesionales sobrevaloren la competencia técnica o las tareas. Subestiman el significado de las habilidades organizacionales. Por otro lado, los profesionales veteranos reconocen la importancia de la administración y valoran más las habilidades organizacionales e interpersonales.

Un problema que experimentan los nuevos administradores de proyectos es que toma tiempo establecer un sentido de carácter y competencia. Por lo general, el carácter y la competencia se demuestran cuando se ponen a prueba, como cuando se tiene que tomar una decisión difícil o cuando es necesario resolver problemas difíciles. Los administradores veteranos de proyectos tienen la ventaja de su prestigio y su registro de éxitos. Aunque el respaldo de patrocinadores con credibilidad puede ayudar a un administrador de proyectos joven a crear una primera impresión favorable, deberá demostrar su carácter y competencia durante el curso de las negociaciones con los demás a fin de ganar su confianza.

Hasta ahora, este capítulo ha abordado la importancia de construir una red de relaciones para terminar el proyecto con base en la confianza y la reciprocidad. En la siguiente sección se examina la naturaleza del trabajo de la administración de proyectos y las cualidades personales que se requieren para ser muy bueno en ello.

Cualidades de un administrador de proyectos eficaz

La administración de proyectos es, a primera vista, una disciplina engañosa en cuanto a que hay una lógica inherente en la progresión de elaborar una afirmación del alcance del proyecto, crear un WBS, desarrollar una red, agregar recursos, finalizar un plan y cumplir con las fechas de vencimiento. Sin embargo, cuando de veras se trata de poner en marcha y completar los proyectos, esta lógica desaparece pronto y los administradores de proyecto encuentran un mundo mucho más desastroso, lleno de inconsistencias y paradojas. Los administradores de proyectos eficientes deben ser capaces de tratar con la naturaleza contradictoria de su trabajo. Algunas de estas contradicciones se listan a continuación:

- **Innovar y mantener la estabilidad.** Los administradores de proyecto tienen que apagar incendios, restablecer el orden y hacer que el proyecto retome el curso. Asimismo, deben ser innovadores y desarrollar nuevas y mejores formas de hacer las cosas. Las innovaciones esclarecen rutinas estables y encienden nuevos alborotos que se tienen que manejar.
- **Ver la imagen completa mientras se ensucia las manos.** Los gerentes de proyecto tienen que ver la imagen completa y la forma en que su proyecto encaja con la estrategia más grande de la empresa. También hay ocasiones en deben participar a fondo en el trabajo del proyecto y la tecnología. Si no se preocupan por los detalles, ¿quién lo hará?
- **Alentar a los individuos pero estimular al equipo.** Los administradores de proyectos deben motivar, adular y persuadir a los trabajadores y, al mismo tiempo, mantener el trabajo en equipo. Deben procurar que se les considere justos y coherentes en su forma de tratar a los integrantes del equipo y, asimismo, tratar a cada uno como un individuo especial.
- **Manos fuera/manos dentro.** Los administradores de proyectos tienen que intervenir, resolver estancamientos, solucionar problemas técnicos e insistir en enfoques distintos. También deben reconocer el momento apropiado para observar desde afuera y dejar que las demás personas descifren lo que se debe hacer.

De lo más destacado en la investigación

Inteligencia emocional*

La inteligencia emocional (EQ) describe la capacidad o habilidad de percibir, evaluar y manejar las emociones de uno mismo y de los demás. Aunque la noción de la EQ surgió en 1920, no fue sino hasta que Daniel Goleman publicó su libro *Emotional Intelligence* que el concepto captó la atención de la gente de negocios y el público por igual.

Goleman dividió la EQ en las siguientes cinco competencias:

- **Conciencia de uno mismo.** Conocer sus emociones, reconocer los sentimientos conforme ocurren y comprender el vínculo entre sus emociones y su comportamiento. La conciencia de uno mismo se refleja en la confianza, evaluación realista de las fortalezas y debilidades personales, y la capacidad de reírse de uno mismo.
- **Autorregulación.** Ser capaz de controlar impulsos y humores dañinos y responder de manera apropiada a situaciones. La autorregulación se refleja en la valía personal y la apertura al cambio.
- **Automotivación.** Ser capaz de reunir los sentimientos y buscar las metas con energía, pasión y persistencia. El sello personal de la automotivación involucra un fuerte deseo de desear y lograr el optimismo interno.
- **Empatía.** Ser capaz de reconocer los sentimientos de los demás y de sintonizarse con sus señales verbales y no verbales. La empatía se refleja en la capacidad de sostener relaciones y en la sensibilidad intercultural.
- **Habilidades sociales.** Ser capaz de construir redes sociales y entendimiento mutuo con diferentes tipos de personas. Las habilidades sociales incluyen el ser capaz de dirigir el cambio, resolver los conflictos y organizar equipos eficaces.

No se necesita demasiada imaginación para ver cómo la EQ contribuiría al logro de ser un administrador de proyecto eficiente.

Desde el punto de vista de Goleman, estas competencias se construyen una sobre otra en una jerarquía. En el fondo de la jerarquía está la autoconciencia. Se necesita cierto nivel de autoconciencia para moverse hacia la autorregulación. Por último, las habilidades sociales necesitan las cuatro competencias restantes para que uno comience a ser eficiente como líder de los demás. Los expertos creen que la mayoría de las personas puede aprender en forma significativa a aumentar su EQ. Han surgido muchos programas de capacitación y materiales para ayudar a los individuos a percatarse de su potencial de EQ.

* T. Bradberry y J. Graves, *The Emotional Intelligence Quick Book: How to Put Your EQ to Work*, Nueva York, Simon y Schuster, 2005; J. Cabanis-Brewin, "The Human Task of a Project Leader: Daniel Goleman on the Value of High EQ", *PM Network*, noviembre de 1999, pp. 38-42.

- **Flexible pero firme.** Los administradores de proyectos deben ser adaptables y sensibles a los sucesos y resultados que se dan en el proyecto. En ocasiones tienen que resistir la presión y ser perseverantes cuando hay dificultades y los demás se quieren rendir.
- **Lealtades de equipo frente a lealtades organizacionales.** Los administradores de proyectos necesitan lograr un equipo de proyecto unificado cuyos integrantes se estimulen entre ellos para lograr un desempeño extraordinario. Pero, al mismo tiempo, deben contrarrestar el exceso de cohesión y la resistencia del equipo a las ideas externas. Tienen que cultivar lealtades para el equipo y también para la organización principal.

El manejo de éstas y otras contradicciones requieren de delicadeza y equilibrio. La delicadeza incluye un movimiento oscilante entre los patrones de comportamiento opuestos. Por ejemplo, la mayor parte del tiempo los administradores de proyecto incluyen a los demás, se mueven por incrementos y buscan consenso. En otras ocasiones, los administradores de proyectos deben actuar como autócratas y realizar acciones decisivas y unilaterales. El equilibrio incluye reconocer el peligro de los extremos y que cuando hay demasiado de una cosa buena invariablemente se vuelve mala. Por ejemplo, muchos administradores tienden a delegar siempre las tareas más estresantes y difíciles a sus mejores elementos del equipo. Este hábito propicia resentimiento entre los elegidos ("¿por qué yo siempre tengo que hacer el trabajo duro?") y nunca permite que los integrantes más débiles desarrollen sus talentos.

No hay un estilo o fórmula de administración para ser un administrador de proyectos eficiente. El mundo de la administración de proyectos es demasiado complicado como para tener fórmulas. Los administradores de proyectos exitosos tienen un talento natural para adaptar estilos a circunstancias específicas de la situación.

Así, ¿qué debería uno buscar en un administrador de proyectos eficiente? Muchos autores han abordado esta cuestión y han formulado una lista tras otra de habilidades y atributos asociados con ser un administrador eficiente. Cuando se revisan estas listas, uno a veces tiene la impresión de que ser un administrador de proyectos eficiente requiere de alguien con poderes sobrehumanos. Aunque estamos de acuerdo en que no todos tienen lo necesario para ser un administrador de proyectos eficiente, hay algunas características centrales y habilidades que se pueden desarrollar para desempeñar con éxito el trabajo. Ocho de estos rasgos se señalan a continuación.

1. **Pensador de sistemas.** Los administradores deben ser capaces de tomar un enfoque integral más que reduccionista para los proyectos. En lugar de descomponer un proyecto en piezas individuales

(planeación, presupuesto) y administrarlo al entender cada parte, una perspectiva de sistemas se enfoca en tratar de entender cómo interactúan en su conjunto los factores de proyecto relevantes para producir los resultados del proyecto. Entonces, la clave del éxito se convierte en manejar la interacción entre las distintas partes y no las partes mismas.

2. **Integridad personal.** Antes de que usted pueda dirigir y administrar a otros, debe ser capaz de dirigir y administrarse a sí mismo. Comience por establecer un sentido firme de quién es usted, lo que defiende y cómo debe comportarse. Esta fortaleza interna proporciona seguridad para soportar los altibajos de los ciclos del proyecto y la credibilidad esencial para sostener la confianza de los demás.
3. **Ser proactivo.** Los buenos administradores de proyecto realizan acciones antes de que sean necesarias para prevenir que las pequeñas preocupaciones se conviertan en problemas importantes. Pasan la mayor parte de su tiempo trabajando dentro de su esfera de influencia para solucionar problemas y no permanecer en cosas sobre las que tienen poco control. Los administradores de proyectos no pueden ser quejumbrosos.
4. **Elevada inteligencia emocional (EQ).** La administración de proyectos no es para la gente débil. Los administradores de proyectos deben controlar sus emociones y ser capaces de responder en forma constructiva a los demás cuando las cosas se salen de control. Véase el recuadro De lo más destacado en la investigación: Inteligencia emocional, para leer más acerca de este concepto.
5. **Perspectiva general de negocios.** Como la función principal de un administrador de proyectos es integrar las contribuciones de distintos negocios y disciplinas técnicas, es importante que tenga una idea general de los fundamentos de negocios y cómo interactúan las distintas disciplinas para contribuir a un negocio exitoso.
6. **Administración eficaz del tiempo.** El tiempo es el recurso más escaso de un administrador. Los administradores de proyectos deben ser capaces de planear su tiempo en forma sabia y ajustar sus prioridades con rapidez. Necesitan equilibrar sus interacciones para que nadie se sienta ignorado.
7. **Político hábil.** Los administradores de proyecto deben ser capaces de administrar en forma eficiente una amplia gama de personas y ganar su respaldo para el proyecto. Necesitan ser capaces de vender las virtudes de su proyecto sin comprometer la verdad.
8. **Optimista.** Los administradores de proyecto deben mostrar una actitud de puede hacerse. Tienen que ser capaces de encontrar rayos de sol en un día nublado y mantener positiva la atención de la gente. Con frecuencia, un buen sentido del humor y una actitud juguetona son la mejor fortaleza de un administrador de proyectos.

¿Así que cómo puede alguien desarrollar estos rasgos? Talleres, estudio personal y cursos pueden mejorar la perspectiva general de los negocios y la capacidad para un pensamiento de sistemas. Los programas de capacitación pueden mejorar la inteligencia emocional y las habilidades políticas. A las personas también se les puede enseñar técnicas de manejo de estrés y de tiempo. Sin embargo, no conocemos ningún taller ni poción mágica que pueda transformar a un pesimista en optimista o brindar un sentido de propósito cuando no hay ninguno. Estas cualidades vienen del alma o ser de cada persona. El optimismo, la integridad y hasta el ser proactivo no se desarrollan con facilidad si no hay una predisposición a mostrarlo.

Resumen

Para tener éxito, los administradores de proyecto deben construir una red de cooperación entre un conjunto diverso de aliados. Comienzan por identificar quiénes son los interesados en un proyecto, seguidos del diagnóstico de la naturaleza de las relaciones y la base para ejercer influencia. Los administradores de proyectos eficientes son hábiles para adquirir y ejercer una amplia gama de influencia. Utilizan esta influencia y un estilo interactivo de alto grado para vigilar el desempeño del proyecto e iniciar los cambios apropiados en los planes y dirección de éste. Hacen esto en una forma que genera confianza, lo cual está basado en las demás percepciones de su carácter y competencia.

A los administradores de proyecto se les alienta a tener en mente las siguientes sugerencias:

- *Construir relaciones antes de necesitarlas.* Identificar a los jugadores clave y lo que se puede hacer para ayudarle antes de necesitar su asistencia. Siempre es más fácil recibir un favor después de haber hecho uno. Esto requiere que el administrador del proyecto vea el proyecto en términos de sistemas y aprecie cómo afecta otras actividades y agendas dentro y fuera de la organización. Desde esta perspectiva pueden identificar oportunidades para hacer buenas obras y obtener el respaldo de los demás.

- *La confianza se sostiene mediante un contacto habitual frente a frente.* La confianza se marchita con la negligencia. Esto es en particular verdadero bajo condiciones reales de cambio rápido e incertidumbre que engendran duda, sospechas y hasta ataques momentáneos de paranoia. Los administradores de proyecto deben mantener un contacto frecuente con los interesados para mantenerse al tanto de los acontecimientos, apaciguar las preocupaciones, participar en pruebas reales y enfocar la atención en el proyecto. Las interacciones habituales frente a frente afirman el respeto mutuo y la confianza en el otro.

Por último, ejercer influencia de manera eficaz y ética comienza y termina con la forma en que usted ve a los otros partícipes. ¿Los ve como socios potenciales o como obstáculos para sus metas? Si son obstáculos, entonces usted esgrime su influencia para manipular y ganar cumplimiento y cooperación. Si los ve como socios, usted ejerce influencia para lograr su compromiso y respaldo. La gente que ve la construcción de redes sociales como la formación de sociedades, ve cada interacción con dos metas: solucionar la preocupación o problema inmediato y mejorar la relación de trabajo para que la siguiente vez sea más eficaz. Los administradores de proyectos experimentados se percatan de que "se recibe lo que se da" e intentan, por todos los medios, evitar el antagonismo con los demás participantes para un éxito rápido.

Términos clave

Administración mediante recorridos (MBWA)
Construcción de una red social
Dirigir mediante el ejemplo
Inteligencia emocional (EQ)
Interesado
Ley de reciprocidad
Monedas organizacionales
Patrocinador del proyecto
Pensamiento de sistemas
Proactivo

Preguntas de repaso

1. ¿Cuál es la diferencia entre dirigir un proyecto y administrarlo?
2. ¿Por qué ser el director de una orquesta es una metáfora apropiada de ser el administrador de un proyecto? ¿Qué aspectos de la administración de proyectos no se reflejan en esta metáfora? ¿Puede pensar en otras metáforas que serían apropiadas?
3. ¿Qué sugiere el modelo de intercambio de influencias que usted hace para construir relaciones de cooperación a fin de terminar un proyecto?
4. ¿Qué diferencias esperaría ver entre los tipos de monedas de influencias que utilizaría un administrador de proyectos en una matriz funcional y la influencia que utilizaría un administrador de proyectos de un equipo de proyecto dedicado?
5. ¿Por qué es importante construir una relación antes de necesitarla?
6. ¿Por qué es crucial mantener informado al patrocinador del proyecto?
7. ¿Por qué la confianza es una función de carácter y de competencia?
8. ¿Cuál de las ocho habilidades o características asociadas con ser un administrador de proyecto eficiente es la más importante? ¿Y la menos importante? ¿Por qué?

Ejercicios

1. Busque en Internet el cuestionario llamado Keirsey Temperament Sorter Questionnaire y encuentre un sitio que parezca tener un cuestionario respetable de autoevaluación. Responda el cuestionario para identificar su tipo de temperamento. Lea documentos de apoyo asociados con su tipo. ¿Qué tipos de proyectos serían los mejores para usted, según este material? ¿Cuáles son sus fortalezas y debilidades como administrador de proyecto, de acuerdo con dicho material? ¿Cómo puede compensar sus debilidades?
2. Ingrese al sitio de Internet de Project Management Institute y revise los estándares contenidos en la sección PMI Member Ethical Standards. ¿Qué tan útil es la información para ayudar a alguien a decidir qué comportamiento es apropiado y cuál inapropiado?
3. Usted organiza un concierto a beneficio del sida en su localidad con la actuación de conjuntos de rock pesado y oradores invitados. Dibuje un mapa de dependencias que identifique a los grupos

importantes de personas que podrían afectar el éxito de este proyecto. ¿Quién cree usted que será el más cooperador? ¿Quién será el menos cooperador? ¿Por qué?

4. Usted es el administrador de proyecto responsable de la construcción general de un nuevo aeropuerto internacional. Dibuje un mapa de dependencia que identifique a los grupos importantes de personas que podrían afectar el éxito de este proyecto. ¿Quién cree usted que será el más cooperador? ¿Quién será el menos cooperador? ¿Por qué?
5. Identifique una relación importante (compañero de trabajo, jefe, amigo) en la que usted tenga problemas para obtener cooperación. Evalúe la relación con base en el modelo de monedas de influencia. ¿Qué tipos de monedas de influencia ha intercambiado usted en esta relación? ¿La "cuenta bancaria" de esta relación está en "rojo" o en "negro"? ¿Qué tipos de influencia serían apropiados para construir una relación más fuerte con esa persona?
6. Cada uno de los siguientes seis escenarios de casos pequeños incluyen dilemas éticos asociados con la administración de proyectos. ¿Cómo respondería a cada situación y por qué?

Jack Nietzche

Usted regresa de una reunión de personal de proyectos en la que se finalizaron las futuras asignaciones de proyectos. A pesar de sus mejores esfuerzos, usted no pudo persuadir al director de administración de proyectos de promover a uno de sus mejores asistentes, Jack Nietzche, a una posición gerencial. Usted se siente un poco culpable porque manejó la posibilidad de esta promoción para motivar a Jack. Éste respondió con trabajar horas extra para asegurarse de que sus segmentos en el proyecto terminaran a tiempo. Usted se pregunta cómo reaccionará Jack frente a esta decepción. Lo que es más importante, se pregunta cómo esta reacción podría afectar su proyecto. Le quedan cinco días para cumplir con un vencimiento crucial para un cliente muy importante. Aunque no será fácil, usted se considera capaz de terminar a tiempo el proyecto. Ahora no está tan seguro. Jack está a la mitad de la fase de documentación, que es la última actividad crítica. Jack es muy emotivo en ocasiones y usted está preocupado de que explote cuando averigüe que no obtendrá la promoción. Cuando usted vuelve a su oficina, se pregunta qué debe hacer. ¿Decirle a Jack que no será promovido? ¿Qué debe contestar si él pregunta si se ya hicieron las nuevas asignaciones?

Proyecto de construcción Seaburst

Usted es el siguiente administrador del proyecto de construcción de Seaburst. Hasta ahora, el proyecto está adelantado en el programa y por debajo del presupuesto. En parte, usted atribuye esto a la buena relación de trabajo que tiene con los carpinteros, plomeros, electricistas y operadores de máquinas que trabajan para su organización. Más de una vez les ha pedido que den el 110 por ciento y ellos han respondido.

Un domingo por la tarde usted decide manejar por el sitio para mostrárselo a su hijo. Mientras le señala diversas partes del proyecto, descubre que faltan varias piezas de equipo costoso del cobertizo de almacenamiento. Cuando usted empieza a trabajar el lunes, está a punto de discutir el asunto con un supervisor cuando se da cuenta de que todo el equipo faltante regresó al cobertizo. ¿Qué debe hacer? ¿Por qué?

Reunión de informe del estatus del proyecto

Usted se dirige a una reunión de informe del estatus del proyecto con su cliente. Encontró un problema técnico significativo en el proyecto que lo ha retrasado en el programa. Éstas no son buenas noticias porque el tiempo de terminación es la prioridad máxima del proyecto. Usted confía en que su equipo puede resolver el problema si tiene la libertad de ponerle toda su atención al asunto y que con trabajo arduo pueden regresar al programa. También cree que si le dice a su cliente acerca del problema, éste exigirá una reunión con su equipo para discutir las implicaciones del atraso. También puede esperar que su cliente mande a su personal a supervisar la solución del problema. Estas interrupciones podrían retrasar más el proyecto. ¿Qué debe decirle al cliente acerca del estatus actual del proyecto?

Proyecto Gold Star LAN

Usted trabaja para una empresa grande y se le asignó el proyecto Gold Star LAN. El trabajo está casi terminado y parece que sus clientes en Gold Star están complacidos con su desempeño. Durante el curso del proyecto, se tuvieron que hacer cambios en el alcance original para satisfacer necesidades específicas de los administradores en Gold Star. Los costos de estos cambios se documentaron, así como los gastos fijos, y se enviaron al departamento de contabilidad centralizado. Sus clientes procesaron la información y enviaron una nota de cambio para su firma. Usted se sorprende de ver que la nota es 10 por ciento más alta de lo que usted envió. Usted contacta a Jim Messina en la oficina de contabilidad y le pregunta si ha habido un error. Él contesta en forma brusca que no hay falla y que la administración ajustó la nota. Le recomienda que usted firme esa nota. Usted habla con otro administrador de proyecto sobre el asunto y le dice de manera extraoficial que cobrar de más a los clientes en las notas de cambio es una práctica común en su empresa. ¿Firmaría el documento? ¿Por qué sí o por qué no?

Cape Town Bio-Tech

Usted es responsable de instalar la nueva línea de producción Doble E. Su equipo ha recopilado cálculos y utilizó el WBS para generar un programa de proyecto. Usted confía en el programa y el trabajo que su equipo ha hecho. Le informa a la administración superior que considera que el proyecto le tomará 110 días y se terminará para el 5 de marzo. Las noticias se reciben de manera positiva. De hecho, el patrocinador del proyecto confía en que los pedidos no tienen que enviarse sino hasta el 1 de abril. Usted deja la reunión y se pregunta si debe compartir esta información con el equipo de proyecto o no.

Ryman Pharmaceuticals

Usted es un ingeniero de pruebas en el proyecto Bridge en Ryman Pharmaceuticals en Nashville, Tennessee. Ha terminado las pruebas de conductividad de un compuesto electroquímico nuevo. Los resultados exceden las expectativas. Este nuevo compuesto debe revolucionar a la industria. Se pregunta si debe llamar a su agente de bolsa y pedirle que compre 20 000 dólares en acciones de Ryman antes de que los demás se enteren de estos resultados. ¿Qué debe hacer y por qué?

Referencias

Ancona, D. G. y D. Caldwell, "Improving the Performance of New-Product Teams", *Research Technology Management*, 33, 2, marzo-abril de 1990, pp. 25-29.

Anand, V., B. E. Ashforth y M. Joshi, "Business as Usual: The Acceptance and Perpetuation of Corruption in Organizations", *Academy of Management Executive*, 19, 4, 2005, pp. 9-23.

Badaracco, J. L. Jr., y A. P. Webb, "Business Ethics: A View from the Trenches", *California Management Review*, 37, 2, invierno de 1995, pp. 8-28.

Baker, B., "Leadership and the Project Manager", *PM Network*, diciembre de 2002, p. 20.

Baker, W. E., *Network Smart: How to Build Relationships for Personal and Organizational Success*, Nueva York, McGraw-Hill, 1994.

Bennis, W., *On Becoming a Leader*, Reading, MA, Addison-Wesley, 1989.

Bradberry, T. y J. Graves, *The Emotional Intelligence Quick Book: How to Put Your EQ to Work*, Nueva York, Simon & Schuster, 2005.

Cabanis, J., "A Question of Ethics: The Issues Project Managers Face and How They Resolve Them", *PM Network*, diciembre de 1996, pp. 19-24.

Cabanis-Brewin, J., "The Human Task of a Project Leader: Daniel Goleman on the Value of High EQ", *PM Network*, noviembre de 1999, pp. 38-42.

Cohen, A. R. y D. L. Bradford, *Influence Without Authority*, Nueva York, John Wiley & Sons, 1990.

Covey, S. R., *The Seven Habits of Highly Effective People*, Nueva York, Simon & Schuster, 1989.

Dinsmore, P. C., "Will the Real Stakeholders Please Stand Up?", *PM Network*, diciembre de 1995, pp. 9-10.

Gabarro, S. J., *The Dynamics of Taking Charge*, Boston, Harvard Business School Press, 1987.

Hill, L. A., *Becoming a Manager: Mastery of a New Identity*, Boston, Harvard Business School Press, 1992.

Kaplan, R. E., "Trade Routes: The Manager's Network of Relationships", *Organizational Dynamics*, 12, 4, primavera de 1984, pp. 37-52.

Kirk, D., "Managing Expectations", *PM Network*, agosto de 2000, pp. 59-62.

Kotter, J. P., "What Leaders Really Do", *Harvard Business Review*, 68, 3, mayo-junio de 1990, pp. 103-11.

Kouzes, J. M. y B. Z. Posner, *The Leadership Challenge*, San Francisco: Jossey-Bass, 1987.

Kouzes, J. M. y B. Z. Posner, *Credibility: How Leaders Gain and Lose It. Why People Demand It.* San Francisco: Jossey-Bass, 1993.

Larson, E. W. y J. B. King, "The Systemic Distortion of Information: An Ongoing Management Challenge", *Organizational Dynamics*, 24, 3, invierno de 1996, pp. 49-62.

Lewis, M. W., M. A. Welsh, G. E. Dehler y S. G. Green, "Product Development Tensions: Exploring Contrasting Styles of Project Management", *Academy of Management Journal*, 45, 3, 2002, pp. 546-64.

Peters, L. H., "A Good Man in a Storm: An Interview with Tom West", *Academy of Management Executive*, 16, 4, 2002, pp. 53-63.

Peters, L. H., "Soulful Ramblings: An Interview with Tracy Kidder", *Academy of Management Executive*, 16, 4, 2002, pp. 45-52.

Peters, T., *Thriving on Chaos: Handbook for a Management Revolution*, Nueva York, Alfred A. Knopf, 1988.

Pinto, J. K. y S. K. Mantel, "The Causes of Project Failure", *IEEE Transactions in Engineering Management*, 37, 4, 1990, pp. 269-76.

Pinto, J. K. y D. P. Sleven, "Critical Success Factors in Successful Project Implementation", *IEEE Transactions in Engineering Management*, 34, 1, 1987, pp. 22-27.

Posner, B. Z., "What It Takes to Be an Effective Project Manager", *Project Management Journal*, marzo de 1987, pp. 51-55.

Project Management Institute, *Leadership in Project Management Annual*, Newton Square, PA, PMI Publishing, 2006.

Robb, D. J., "Ethics in Project Management: Issues, Practice and Motive", *PM Network*, diciembre de 1996, pp. 13-18.

Sayles, L. R., *Leadership: Managing in Real Organizations*, Nueva York, McGraw-Hill, 1989, pp. 70-78.

Sayles, L. R., *The Working Leader*, Nueva York, Free Press, 1993.

Senge, P. M., *The Fifth Discipline*, Nueva York, Doubleday, 1990.

Shenhar, A. J. y B. Nofziner, "A New Model for Training Project Managers", *Proceedings of the 28th Annual Project Management Institute Symposium*, 1997, pp. 301-6.

Shtub, A., J. F. Bard y S. Globerson, *Project Management: Engineering Technology and Implementation*, Englewood Cliffs, NJ, Prentice Hall, 1994.

Caso

Western Oceanography Institute

Ya estaban a 72 grados cuando Astrid Young llegó al estacionamiento de Western Oceanography Institute (WOI). El locutor de radio le recordaba al auditorio que dejaran fuera agua adicional para sus mascotas porque la temperatura estaría cerca de 96 grados por tercer día consecutivo. Young hizo una nota mental para llamar a su esposo, Jon, cuando llegara a la oficina a fin de que se asegurara de dejar suficiente agua afuera para su gato, Fígaro. Young llevaba un avance de tres cuartos del proyecto de conversión de Microsoft NT. Ayer había sido un desastre y estaba determinada a retomar el dominio de las cosas.

ASTRID YOUNG

Astrid Young tenía 27 años, graduada de Western State University (WSU) con un título de la escuela de negocios en administración de sistemas de información. Después de la graduación trabajó durante 5 años en Evergreen Systems, en Seattle, Washington. Mientras estuvo en WSU trabajó medio tiempo para el profesor de oceanografía Ahmet Green; su trabajo era crear una base de datos personalizada para un proyecto de investigación que él realizaba. Hace poco, Green fue designado director de WOI y Young confiaba en que su experiencia previa era clave para obtener el puesto como directora de servicios de información en el Instituto. Aunque tomó una reducción de sueldo significativa, se emocionó por la oportunidad de regresar a su *alma mater.* Su puesto en Evergreen Systems había sido muy demandante. Las horas extra y largos viajes habían creado tensión en su matrimonio. Tenía la esperanza de encontrar un trabajo normal con horario razonable. Además, Jon estaría ocupado trabajando en su MBA en Western State. Mientras estuvo en Evergreen, Young trabajó en proyectos Y2000 e instaló servidores NT. Estaba segura de tener la experiencia técnica que se requería para ser muy eficiente en su nuevo empleo.

Western Oceanography Institute era una instalación de investigación de fondos independientes alineada con Western State University. Alrededor de 60 personas de tiempo completo y tiempo parcial trabajaban en el Instituto. Trabajaban en becas de investigación con fondos de National Science Foundation (NSF) y las Naciones Unidas (ONU), así como en investigaciones financiadas por la industria privada. Por lo general había entre siete y ocho proyectos de investigación importantes a la vez, así como entre 20 y 25 proyectos más pequeños. Un tercio de los científicos del Instituto tenían asignaciones de enseñanza de medio tiempo en WSU y utilizaban el instituto para realizar sus investigaciones básicas.

CUATRO PRIMEROS MESES EN WOI

Young trabajó en el Instituto durante cuatro meses antes de iniciar el proyecto de conversión NT. Hizo hincapié en presentarse con los diversos grupos cuando llegó al Instituto. Es más, su contacto con el personal había sido limitado. Había pasado la mayor parte del tiempo en familiarizarse con el sistema de información WOI, en la capacitación de su personal, en la respuesta a problemas inesperados y en la planeación del proyecto de conversión. Young sufrió de alergias a ciertos alimentos y se abstuvo de participar en comidas informales con el personal en los restaurantes circundantes. Dejó de atender en forma regular las juntas de personal dos veces por semana con el fin de dedicar más tiempo a su trabajo. Ahora sólo asistía a las reuniones cuando había algún asunto específico de la agenda que se relacionaba con su operación.

El mes pasado, un virus que entró por Internet dañó el sistema. Ella dedicó un fin de semana completo a restablecerlo para la operación. Uno de los servidores con nombre de código "Poncho" era un dolor de cabeza recurrente, el cual de vez en cuando se descomponía sin razón aparente. En lugar de reemplazarlo, decidió atender a Poncho hasta que fuera sustituido por el nuevo sistema NT. Su trabajo era interrumpido con frecuencia por llamadas frenéticas de investigadores de personal que necesitaban ayuda inmediata en una diversidad de problemas relacionados con la computadora. Estaba impresionada por ver qué ignorantes eran algunos investigadores sobre cuestiones de cómputo y cómo ella tenía que guiarlos desde lo básico de la administración de correo electrónico y la configuración de bases de datos. Tuvo tiempo para ayudar a la asistente de profesor, Amanda Johnson, en un proyecto. Johnson era la única investigadora que respondió al correo electrónico de Young que anunciaba que el personal de sistemas de información estaba disponible para ayudarles en los proyectos. Young creó una oficina de proyecto virtual en Internet para que Johnson pudiera colaborar con sus colegas de institutos en Italia y Tailandia en una beca de investigación de las Naciones Unidas. Ella esperaba con ansia el día en que pudiera pasar más tiempo en proyectos divertidos como ése.

Young tenía un equipo de medio tiempo de cinco estudiantes asistentes del departamento de ciencias de cómputo. Al principio no estaba segura de con qué libertad podría delegar trabajo en los estudiantes y los supervisaba muy de cerca. Pronto se dio cuenta de que todos eran trabajadores competentes y muy inteligentes que estaban ansiosos por impulsar su experiencia de trabajo hacia una carrera lucrativa después de la graduación. Admitió que a veces le costaba trabajo relacionarse con los estudiantes que estaban preocupados por las juergas de las fraternidades y los juegos extremos. Sólo una vez perdió los estribos y fue con Samantha Eggerts por no establecer un sistema de filtro de virus adecuado que hubiera evitado la infección de Internet que sucedió. Mantuvo una vigilancia cercana en el trabajo de Eggerts después de eso; pero, con el tiempo, Eggert demostró su valor. Young veía mucho de ella misma en los hábitos de trabajo de Eggert.

PROYECTO DE CONVERSIÓN NT DE MICROSOFT

Young estableció la infraestructura del proyecto de conversión NT en su entrevista de reclutamiento con el director al afirmar que la conversión era una habilidad crucial que ella aportaría al puesto. Una vez contratada, pudo vender el proyecto al director y a su personal inmediato, pero no sin cierta resistencia. Algunos directores asociados preguntaron si era necesario pasar por otra conversión tan pronto después de la conversión a Windows 95, 16 meses antes. Algunos de los investigadores alegaban que el dinero mejor debería gastarse en instalar un nuevo sistema de aire acondicionado en WOI. Al final, el director respaldó el problema luego de que Young le aseguró que la conversión sería relativamente indolora y que el instituto tendría entonces un sistema de información de lo más moderno.

Se programó que la conversión tomara ocho semanas para terminarse y consistía en cuatro fases importantes: establecimiento del servidor, instalación de la red, migración de los datos y conversión a la estación de trabajo. El proyecto se completaría durante el verano para que los estudiantes asistentes pudieran trabajar de tiempo completo en el proyecto. Young y su equipo de estudiantes primero tendrían que comprar y establecer siete nuevos servidores de NT. Luego crearían una nueva red de área local (LAN). Al siguiente día migrarían la información a la nueva base de datos de Oracle NT. Por último, convertirían las 65 computadoras cliente existentes en estaciones de trabajo NT capaces de funcionar en el nuevo sistema. Young había participado en forma activa en cuatro conversiones similares cuando trabajó en Evergreen Systems y confiaba en que ella y su equipo terminarían el proyecto con el mínimo de problemas técnicos. Asimismo, creía que esta conversión no sería traumática para el personal en el instituto porque la interfaz NT era muy similar a la de Windows 95.

Young sabía que con el fin de que el proyecto fuera considerado exitoso, se necesitaba que hubiera un mínimo de interrupciones de las funciones diarias del personal. Sostuvo una junta de información de personal para delinear el alcance del proyecto y el efecto que tendría en las operaciones del instituto. Estaba decepcionada por la poca asistencia a la reunión. Un problema eran las horas irregulares en que trabajaba el personal en WOI. Muchos de los investigadores preferían trabajar de noche. Otra parte del personal viajaba con mucha frecuencia. Terminó por realizar otras dos reuniones de información, incluida la de esa tarde. Incluso, la asistencia fue menor que lo esperado.

Las principales preocupaciones del personal eran la cantidad de tiempo ocioso que se tendría y si el software, así como las bases de datos que usaban en la actualidad, funcionarían en el sistema nuevo. Young aseguró que la mayor parte del tiempo ocioso ocurriría los fines de semana y se avisaría con mucha anticipación. La única interrupción sería de dos horas, necesarias para convertir su computadora existente en una estación de trabajo. Young hizo trabajo adicional en la investigación de la compatibilidad y envió un correo electrónico a todos listando el software que no funcionaría con el nuevo sistema NT. Los únicos problemas de software que había se relacionaban con DOS v2.1 o programas más antiguos que no funcionarían en el nuevo ambiente operativo de NT. En un caso, le ordenó a un estudiante reescribir y resaltar el programa actual para un investigador. En otro caso, ella pudo persuadir al elemento del personal de utilizar un programa nuevo y mejor.

Young envió un segundo correo electrónico y pidió a los integrantes del personal que limpiaran sus discos duros y que se deshicieran de archivos viejos y obsoletos porque el nuevo software NT ocuparía mucho más espacio que el sistema operativo de Windows 95. En ciertos casos, reemplazó los discos duros existentes por otros más grandes para que esto no planteara problemas. Hizo circular un programa de conversión de estación de trabajo por correo electrónico para que el personal eligiera un horario para que se cerrara su computadora y para que sus asistentes actualizaran la computadora para convertirla en una estación de trabajo. Setenta por ciento de las personas respondieron a la solicitud vía correo electrónico; luego, ella y su equipo contactaron al resto del personal para programar la conversión.

Las primeras seis semanas del proyecto transcurrieron sin problema. Los servidores NT llegaron a tiempo y se instalaron y configuraron con puntualidad. La terminación de la red se retrasó tres días cuando se presentó el oficial de bomberos para inspeccionar los cables eléctricos. Young no conocía al inspector y se sorprendió al ver lo quisquilloso que era. Reprobaron la inspección y les tomó tres días reprogramar y ser aprobados. El rumor de haber reprobado la inspección de incendios circuló en los pasillos del instituto. Un bromista puso un letrero del Oso Smokey en la puerta de la oficina de sistemas de información. Después, Young supo que como resultado de un incendio reciente en el pueblo, los cinco oficiales de bomberos habían recibido instrucciones de ser demasiado cautelosos en sus inspecciones.

El traslado de información a la nueva base de datos de Oracle tomó un poco más de lo planeado, pues la nueva versión no era compatible con la antigua como lo habían anunciado. De todos modos, esto sólo agregó tres días al proyecto. El proyecto entraba en la cuarta y última fase; es decir, la conversión de las computadoras cliente a estaciones de trabajo NT. Esta fase incluía que su personal borrara el viejo sistema operativo e instalara el nuevo software en cada computadora del instituto. Young había programado dos horas por máquina y organizó una carga de trabajo diaria de 10 computadoras para que el respaldo adecuado se pudiera hacer sólo en caso de que algo saliera mal.

Young eligió convertir la oficina del director en primer lugar y le dijo a Green que todo iba de acuerdo con lo planeado. Pronto el proyecto empezó a experimentar problemas continuos. Primero, algunos de los empleados olvidaron cuándo estaban programados para la conversión. El equipo tenía que esperar a que ellos abandonaran sus tareas para poder convertir la computadora. Segundo, los controladores de algunas computadoras no eran compatibles y el equipo tuvo que dedicar tiempo extra para descargar nuevos controladores de Internet. Tercero, algunos empleados no pudieron crear un espacio adecuado en el disco duro para acomodar el nuevo software de NT. En la mayoría de los casos, el equipo trabajó con el empleado para borrar o comprimir archivos innecesarios. En cierta ocasión no pudieron localizar a un empleado y Young tuvo que decidir qué archivos borrar. Esto no era un problema, ya que el disco duro contenía juegos de computadora y algunos archivos antiguos de Word Perfect. Para complicar las cosas, a mediados del tercer día, a uno de los asistentes estudiantes, Steve Stills, se le diagnosticó un caso moderado de síndrome de túnel carpiano y se le ordenó descansar del trabajo en computadora.

Luego de tres días, sólo 22 computadoras habían sido convertidas a estaciones de NT. Al final de la jornada, Young envió un correo electrónico a los demás usuarios para disculparse por las tardanzas y les presentó un programa revisado de la configuración del sistema.

LA LLAMADA

Young y su personal hacían un trabajo cuidadoso para convertir las computadoras en estaciones de NT cuando recibió una llamada urgente de la secretaria del director, quien le solicitaba que dejara todo y bajara a una reunión de personal. La voz de la secretaria parecía tensa y Young se preguntó qué sucedía. Cuando recogía sus cosas, la estudiante asistente Eggerts le confió que podía haber problemas con algunos sitios web del instituto. Ayer descubrió que algunos de los vínculos de las páginas web creadas mediante Netscape no trabajaban en el ambiente de Microsoft. Young exigió saber por qué no le informaron antes de esto. Eggerts confesó que creyó haber arreglado el problema la noche anterior. Young le dijo que hablarían de esto cuando regresara y se fue.

Young entró a la sala de juntas y de inmediato se percató de que había más personas de lo habitual en la reunión. El director le dio la bienvenida y dijo: "Nos alegra que haya encontrado el tiempo de visitarnos. Mi reunión de personal ha explotado con una serie de quejas acerca de su proyecto de conversión NT. Resulta que el doctor Phillips, aquí presente, no puede obtener sus documentos porque su archivo de Word Perfect desapareció en forma misteriosa. El programa de evaluación geotérmica del doctor Simon, que ha utilizado durante los últimos siete años, parece que ya no funciona. Ahora parece que el sitio de Internet que utilizamos para coordinar nuestra investigación con el Oslo Institute es un desorden. Todos se quejan de que el programa de instalación revisado va a interrumpir el trabajo. Quiero saber por qué no fui informado de estos problemas. ¡Estos tipos me quieren linchar por haber aprobado su proyecto!"

1. ¿Qué le respondería usted al director?
2. ¿Qué errores cometió Young que contribuyeron a los problemas al final del caso?
3. ¿Cómo pudo haber manejado mejor el proyecto de conversión?

Caso

Tom Bray

Tom Bray reflexionaba en el programa de trabajo de hoy mientras miraba la tormenta que se formaba sobre la bahía. Era el segundo día oficial del proyecto Pegasus y ahora el trabajo real estaba por comenzar.

Pegasus era un proyecto de renovación de dos meses de AtlantiCorp, una institución financiera importante con oficina matriz en Boston, Massachusetts. El grupo de Tom era responsable de la instalación de muebles y equipo en el recién renovado departamento de cuentas por cobrar en el tercer piso. El proyecto Pegasus era un equipo de proyecto formado en el departamento de instalaciones de AtlantiCorp con Tom como líder.

Tom estaba emocionado porque era su primer proyecto de *ligas mayores* y esperaba poder practicar un nuevo estilo administrativo: MBWA, es decir, administración mediante recorridos. Él había conocido MBWA en una clase de negocios en la universidad, pero no fue sino hasta que asistió a un seminario de capacitación de liderazgo, en AtlantiCorp, que decidió cambiar la forma en que administraba a las personas. El encargado de la capacitación era un defensor devoto de la MBWA ("¡No se puede administrar a las personas desde una computadora!"). Además, los testimonios de sus compañeros reforzaron la diferencia que puede hacer la MBWA cuando se trata de trabajar en los proyectos.

Un lustro atrás, Tom se había unido al grupo de instalaciones en AtlantiCorp después de trabajar para EDS durante seis años. Muy pronto demostró habilidades técnicas y buenos hábitos de trabajo. Fue alentado a cursar todos los talleres de administración de proyectos internos que ofrecía AtlantiCorp. En sus últimos dos proyectos trabajó como asistente del administrador de proyectos responsable de las compras y la administración de contratos.

Había leído libros sobre el aspecto "suave" de la administración de proyectos y la MBWA tenía sentido; después de todo, son las personas y no las herramientas quienes hacen los proyectos. Su jefe le había dicho que necesitaba refinar sus habilidades con las personas y trabajar en desarrollar un entendimiento mutuo con los integrantes del equipo. MBWA parecía la solución perfecta.

Tom revisó la lista de los integrantes del equipo; algunos de los nombres extranjeros eran verdaderos trabalenguas. Por ejemplo, uno de sus mejores trabajadores era de Tailandia y su nombre era Pinyarat Sirisomboonsuk. Practicó la pronunciación "Pin-ya-rat See-re-som-boon-sook". Se levantó, se fajó la camisa, salió de su oficina y fue al piso donde su personal estaba descargando equipo.

Tom saludó a los primeros operarios que vio hasta que se encontró con Jack y otros tres trabajadores. Jack estaba ocupado sacando herramientas de una caja mientras sus compañeros de equipo se la pasaban platicando. Tom les dijo en forma brusca "vamos chicos, tenemos trabajo que hacer". Se separaron de prisa y comenzaron a descargar cajas.

Al parecer, el resto de la visita estuvo bien. Ayudó a Shari a descargar una caja pesada y procuró sacarle una sonrisa de aprobación a Pinyarat cuando pronunció su nombre casi en forma correcta. Satisfecho, Tom regresó a su oficina y pensó que MBWA no sería tan difícil de llevar a la práctica.

Después de contestar un correo electrónico y llamar a algunos proveedores, Tom volvió a salir para ver cómo iban las cosas abajo. Cuando llegó, había un extraño en el piso. La gente estaba ocupada en su trabajo y sus intentos por sacar conversación recibieron respuestas forzadas. Se fue y pensó que MBWA sería más difícil de lo que había pensado.

1. ¿Qué cree usted que sucede al final de este caso?
2. ¿Qué debe hacer Tom a continuación y por qué?
3. ¿Qué se puede aprender de este caso?

Caso

Cerberus Corporation*

Cerberus es un productor exitoso de químicos especializados. Opera nueve sitios de campus grandes en Estados Unidos, con varias unidades de negocio distintas en cada lugar. Estas unidades de negocio operan en forma independiente, con informes directos a la oficina matriz corporativa. Las funciones del sitio, como seguridad, medio ambiente y administración de instalaciones, se reportan a una organización base, por lo general la unidad de negocios que es el usuario más grande de sus servicios.

SUSAN STEELE

Susan Steele ha trabajado en el grupo Instalaciones en el sitio Cerberus Richmond durante los dos últimos años. El gerente de Instalaciones, Tom Stern, reporta al gerente general de la unidad de negocios más grande del sitio, la muy rentable división de adhesivos y selladores. Susan inició con Cerberus cuando se graduó en la Awsum University con un título en negocios. Estaba emocionada por su nueva asignación, dirigir un proyecto por primera vez. Recordó a Tom decir: "Tenemos muebles de oficina de la década de 1980. ¡Están esos horribles escritorios de cubierta verde que parecen sobrantes del ejército! Estoy muy preocupado por la ergonomía de las estaciones de trabajo; es un tema importante que debemos arreglar por completo. Quiero que dirijas un proyecto de transición de nuestros muebles de oficina hacia el nuevo estándar corporativo."

* Cortesía de John Sloan, Oregon State University.

Susan ensambló su equipo de proyecto: Jeff, el ingeniero del sitio de seguridad/ergonomía; Gretchen, planeadora de espacio; Cindy, coordinadora de mudanza, y Kari, el contacto contable de Instalaciones. En su primera reunión, todos estuvieron de acuerdo en que la ergonomía era la preocupación más importante. Las cinco unidades de negocios respondieron a una encuesta de la estación de trabajo que identificaba cuestiones de ergonomía como causantes de lesiones. El equipo desarrollaba un plan para reemplazar los viejos escritorios con muebles ergonómicos ajustables y nuevos para el final del año. Susan le preguntó a Kari acerca del presupuesto y ésta respondió: "Instalaciones no debe pagar por esto. Queremos que las unidades de negocios individuales paguen para que los costos se muestren en el lugar donde se generan."

Gretchen habló: "Ustedes saben que tenemos muchos movimientos de departamentos en forma constante. Todos siempre luchan por espacio y ubicación conforme cambian sus necesidades de negocios. Además de la ergonomía, ¿podríamos decir que sólo se mudan los muebles corporativos estándar? Eso obligaría a cambiar algo de las cosas que son simplemente feas." Todos estuvieron de acuerdo en que esto era una buena idea.

Susan presentó el plan del proyecto y obtuvo luz verde para proceder.

JON WOOD

Jon Wood es gerente de planeación, con 22 años de experiencia en Cerberus. Su unidad de negocios, la división de químicos fotográficos (PCD: Photographic Chemicals Division) pierde dinero. La fotografía digital reduce su tamaño en el mercado todos los días y PCD tiene problemas para igualar los recortes de precios sin fin de la competencia. Hace poco, Jon fue transferido a Richmond desde las oficinas corporativas, donde manejaba un grupo de pronósticos económicos. Es considerado una nueva escoba y está determinado a barrer muy bien.

Una de las primeras acciones de Jon fue negociar con su gerente general una mudanza de departamento. El dinero era escaso y la función de instalaciones del sitio cobraba un brazo y una pierna por las mudanzas (abarcaba sus gastos fijos completos y la gente de operaciones se quejó). Sin embargo, Jon pensaba que era importante moverse del edificio 4, donde estaban junto a Producción, al edificio 6, donde podían estar cerca de Marketing, Pronósticos y Contabilidad. Su gerente general estuvo de acuerdo y había mucha emoción en su equipo sobre su próxima mudanza. Jon asignó a uno de sus planeadores, Richard, para trabajar con el equipo de Instalaciones en la disposición y plan de mudanza del grupo. Las cosas parecían ir bien. Jon vio a Richard sentado con el nuevo coordinador y parecían estar de acuerdo.

Un día antes de la mudanza, Jon colgó el teléfono después de una teleconferencia muy tensa con un subcontratista canadiense. La producción no iba bien y la disponibilidad del producto sería escasa por el resto del trimestre. Agrupados alrededor de su escritorio estaban Richard, Cindy y una persona que aún no había conocido, Susan. Después de las presentaciones apresuradas, Susan le dijo a Jon que sus gabinetes de archivo no podían ser mudados. Los gabinetes eran archivos laterales grandes, de cinco pies de ancho y dos pies de profundidad, una combinación de los dos gabinetes de archivo y repisas. Jon los trajo del corporativo porque pensó que se veían bien con sus lados de acero gris oscuro y cubiertas de madera. Susan le dijo que tendría que reemplazarlos por nuevos gabinetes estándar corporativos, casi del mismo tamaño. Jon dijo: "¿Quiere decir que usted desea que tire gabinetes de archivo en perfecto estado y gaste otros 2 000 dólares en nuevos, sólo para que combinen? No lo haré."

Susan replicó: "Entonces no autorizaré la mudanza de los viejos gabinetes."

Jon dijo: "Usted bromea, estos gabinetes son grises, los nuevos son grises, la única diferencia es la cubierta de madera. ¿Tiraría 2 000 dólares por nada?"

Susan respondió en forma rígida: "Lo siento, ésa es la política."

Jon dijo: "No me importa cuál sea la política. Si los tengo que cargar yo mismo, esos gabinetes no van a la basura. Mi división está perdiendo dinero y no voy a tirar el dinero. Si a usted no le gusta, tendrá que convencer a su gerente general de que convenza al mío de obligarme a hacerlo. ¿Ahora se puede retirar para que yo pueda hacer mi trabajo?"

1. Si usted fuera Steele ¿qué haría?
2. ¿Qué debió hacer Steele diferente para evitar este problema?
3. ¿Qué puede hacer la administración de Cerberus para manejar situaciones como ésta en forma más eficiente?

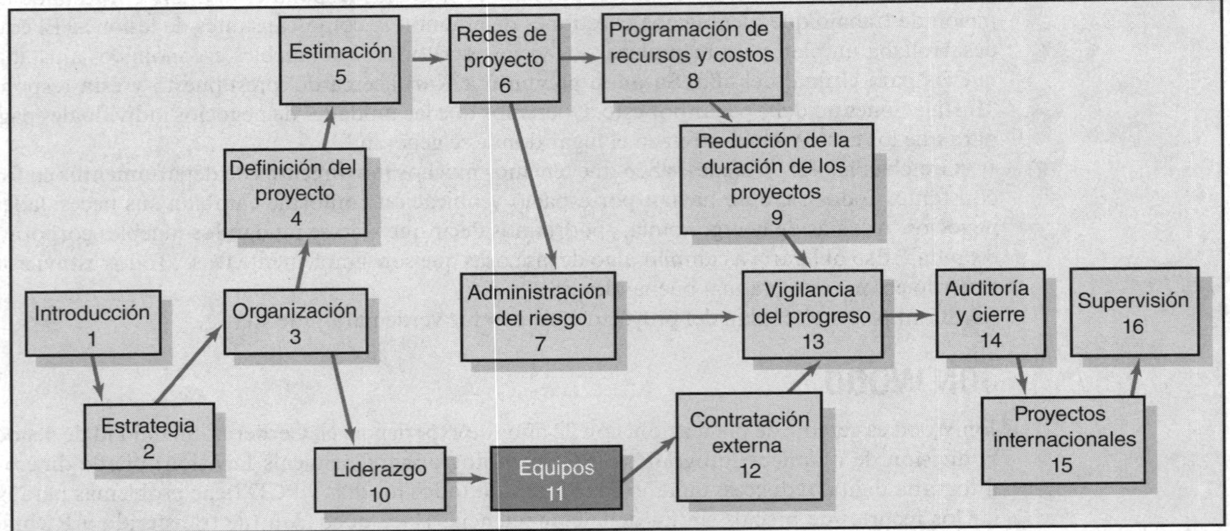

Administración de equipos de proyectos

Modelo de desarrollo de equipos de cinco etapas

Factores situacionales que influyen en el desarrollo de los equipos

Construcción de equipos de proyecto de alto rendimiento

Administración de los equipos virtuales del proyecto

Trampas de los equipos de proyectos

Resumen

CAPÍTULO ONCE

Administración de equipos de proyectos

La diferencia en productividad entre un equipo promedio y uno entusiasmado y de alto rendimiento no es 10 por ciento, 20 por ciento o 30 por ciento, sino 100 por ciento, 200 por ciento, ¡incluso 500 por ciento!

—*Tom Peters, consultor administrativo y escritor*

La magia y el poder de los equipos se incluyen en el término "sinergia", que se deriva de la palabra griega *sunergos*: "trabajar juntos". Hay una sinergia positiva y negativa. La esencia de la sinergia positiva se puede encontrar en la frase "El todo es mayor que la suma de sus partes". Por el contrario, la sinergia negativa ocurre cuando el todo es menor que la suma de sus partes. En matemáticas, estos dos estados se pueden simbolizar por las siguientes ecuaciones:

$$\text{Sinergia positiva } 1 + 1 + 1 + 1 + 1 = 10$$
$$\text{Sinergia negativa } 1 + 1 + 1 + 1 + 1 = 2 \text{ (o hasta } -2)$$

Tal vez pueda verse mejor la sinergia en una cancha de baloncesto, un partido de balompié o en el diamante del béisbol. Por ejemplo, en 2006 el equipo de béisbol de Oregon State University (OSU) se convirtió en el primer equipo fuera del cinturón del Sol en ganar la serie mundial colegial luego de 45 años. El equipo de OSU Beavers, aceptado en su mayoría como talento local de ciudad pequeña, sin ningún prospecto de ligas mayores, logró una marca de seis juegos eliminatorios consecutivos para coronarse campeón. La sinergia positiva se puede ver en la forma en que los Beavers ejecutaron toques de sacrificio, registraron *double plays* estelares, asestaron *hits* oportunos y superaron la adversidad. "Jugamos como uno", dijo el primera base Bill Rowe, "cuando alguno caía, alguien lo levantaba". El titular del periódico tal vez capturó la esencia: "Ganó el mejor equipo."

Aunque menos visibles que en los deportes, las sinergias positiva y negativa también pueden observarse y sentirse en las operaciones diarias de los equipos de proyectos. Aquí hay una descripción de un integrante del equipo que entrevistamos:

> En lugar de operar como un equipo grande, lo fraccionamos en una serie de subgrupos. La gente de mercadotecnia se unió, como lo hizo la de sistemas. Se desperdició mucho tiempo en chismes y quejas de los demás. Cuando el proyecto comenzó a atrasarse, todos empezaron a cubrir sus huellas y a tratar de culpar a los demás. Después de un tiempo, evitábamos las conversaciones y recurríamos al correo electrónico. Por último, la administración nos canceló y trajo a otro equipo para salvar el proyecto. Fue una de las peores experiencias de administración de proyectos en mi vida.

Por fortuna, esta persona fue capaz de contar una experiencia más positiva:

> Había una emoción contagiosa dentro del equipo. Claro que teníamos nuestros problemas y obstáculos, pero tratábamos con ellos de frente y, en ocasiones, éramos capaces de hacer lo imposible. A todos nos importaba el proyecto y nos cuidábamos entre nosotros. Asimismo, desafiábamos a los demás a hacerlo mejor. Fue uno de los sucesos más emocionantes en mi vida.

A continuación se presenta un conjunto de características que se asocian a los equipos de alto rendimiento que muestran una sinergia positiva:

1. El equipo comparte un sentido de propósito común y cada integrante está dispuesto a trabajar por el logro de los objetivos del proyecto.
2. El equipo identifica los talentos y experiencias individuales y los utiliza según las necesidades del proyecto en un momento dado. En esas ocasiones, el equipo acepta de manera voluntaria la influencia y el liderazgo de los elementos cuyas habilidades son relevantes para la tarea inmediata.
3. Las funciones se equilibran y comparten para facilitar el cumplimiento de las tareas y los sentimientos de cohesión de grupo y moral.
4. El equipo aplica energía para solucionar problemas más que agotarse por conflictos interpersonales o luchas competitivas.
5. Se fomentarán las diferencias de opinión y se expresarán con libertad.
6. Para estimular la toma de riesgos y la creatividad, los errores se tratan como oportunidades de aprendizaje más que como razones para castigos.
7. Los integrantes establecen elevados estándares personales y se alientan entre ellos a cumplir con los objetivos del proyecto.
8. Los integrantes se identifican con el equipo y lo consideran una fuente importante de crecimiento profesional y personal.

Los equipos de alto rendimiento se vuelven campeones, crean productos innovadores, exceden las expectativas de los clientes y logran que los proyectos terminen antes de lo planeado y dentro del presupuesto. Se vinculan mediante una interdependencia mutua y una meta o visión común. Confían en ellos y muestran un elevado nivel de colaboración.

Modelo de desarrollo de equipos de cinco etapas

Tal como los niños se desarrollan de ciertas formas durante sus primeros meses de vida, muchos expertos afirman que los grupos se desarrollan de manera predecible. Uno de los modelos más populares identifica cinco etapas (véase la figura 11.1) a través de las cuales los grupos evolucionan hasta convertirse en equipos eficaces:

1. **Formación.** Durante esta etapa inicial los integrantes se familiarizan y entienden el alcance del proyecto. Comienzan por establecer las reglas básicas y tratan de averiguar qué comportamientos son aceptables en relación con el proyecto (qué papel tendrán, cuáles son las expectativas de desempeño, etc.) y las relaciones interpersonales (quién está a cargo en realidad). Esta etapa se termina una vez que los elementos se ven como parte de un grupo.
2. **Tormenta.** Como el nombre lo sugiere, esta etapa está marcada por un alto grado de conflicto interno. Los miembros aceptan que son parte de un grupo de proyecto, pero resisten las limitaciones que el proyecto y el grupo imponen a su individualidad. Hay un conflicto sobre quién controlará al grupo y cómo se tomarán las decisiones. Conforme se resuelven estos conflictos, se acepta el liderazgo del administrador del proyecto y el grupo pasa a la siguiente etapa.
3. **Normatividad.** En la tercera etapa se desarrollan relaciones cercanas y el grupo demuestra cohesión. Se resaltan los sentimientos de camaradería y responsabilidad compartida. La fase de normatividad está completa cuando la estructura del grupo se consolida y el grupo establece un conjunto de expectativas comunes sobre cómo los integrantes deben permanecer unidos.
4. **Desempeño.** En este punto, la estructura operativa del equipo es funcional y se acepta por completo. La energía de grupo se ha movido de conocerse entre ellos a cómo el grupo trabajará unido para lograr las metas del proyecto.
5. **Cierre.** Para los grupos de trabajo convencionales el desempeño es la última etapa de su desarrollo. Sin embargo, para los equipos de proyecto hay una fase de terminación. Durante esta etapa, el equipo se prepara para su dispersión. El alto rendimiento ya no es una prioridad principal. En lugar de eso, la atención se concentra en concluir el proyecto. En esta etapa las respuestas de los integrantes varían. Algunos están optimistas, disfrutan los logros del equipo de proyectos. Otros pueden estar deprimidos por la pérdida de la camaradería y las amistades que hicieron durante la vida del proyecto.

FIGURA 11.1
Modelo de desarrollo de equipos de cinco etapas

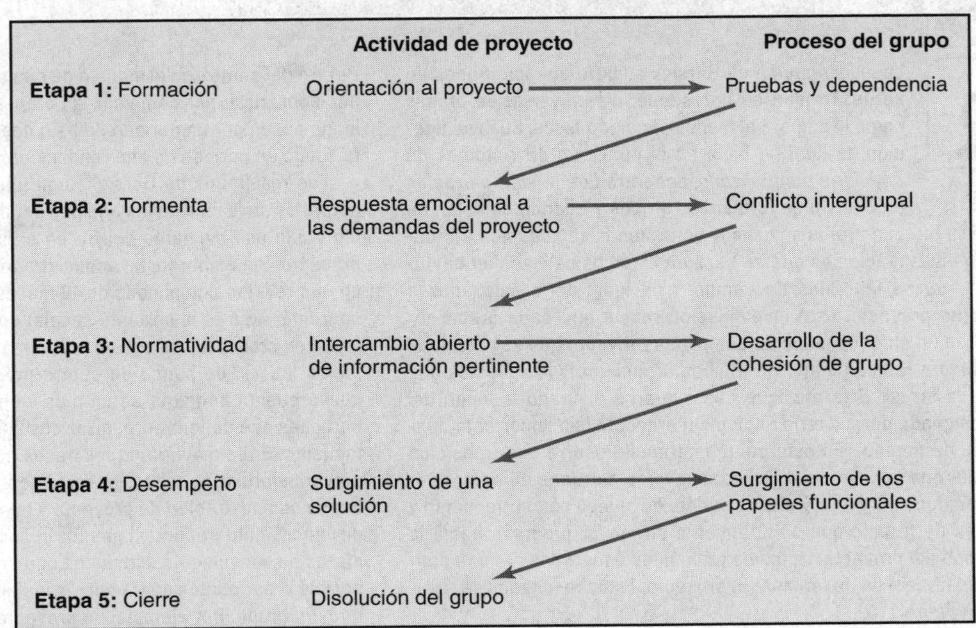

Este modelo tiene varias implicaciones para quienes trabajan en los equipos de proyectos. La primera es que éste brinda un marco de referencia para que el grupo entienda su desarrollo. A los administradores de proyectos les ha resultado útil compartir el modelo con sus equipos. Ayuda a los integrantes a aceptar las tensiones de la fase de tormenta y dirige su enfoque a moverse hacia las fases más productivas. Otra implicación es que enfatiza la importancia de la etapa normativa, lo cual contribuye en forma significativa al nivel de productividad experimentado durante la fase de desempeño. Como veremos, los administradores de proyectos deben tener una función activa en la conformación de las normas del grupo que contribuirán para el éxito final del proyecto. Para un modelo alternativo de desarrollo de grupo véase el recuadro de De lo más destacado de la investigación acerca del modelo de equilibrio puntualizado.

Factores situacionales que influyen en el desarrollo de los equipos

La experiencia y la investigación indican que los equipos de proyectos de alto rendimiento tienen una mayor probabilidad de desarrollarse bajo las siguientes condiciones:

- Hay 10 integrantes o menos por equipo.
- Los integrantes se ofrecen en forma voluntaria para servir en el equipo de proyecto.
- Los integrantes sirven en el proyecto de principio a fin.
- Los integrantes están asignados al proyecto de tiempo completo.
- Los integrantes son parte de una cultura organizacional que fomenta la cooperación y la confianza.
- Los integrantes se reportan nada más con el administrador del proyecto.
- Todas las áreas funcionales importantes están representadas en el equipo.
- El proyecto incluye un objetivo urgente.
- Los miembros se ubican dentro de una distancia conversacional entre ellos.

En realidad, es raro que un administrador de proyecto sea asignado a un proyecto que cumpla con todas estas condiciones. Por ejemplo, muchos requisitos de los proyectos dictan la participación activa de más de 10 integrantes y puede consistir en un conjunto complejo de equipos entrelazados que comprenden más de 100 profesionales. En muchas organizaciones, los administradores funcionales o la oficina de fuerza laboral central asignan integrantes de proyecto los cuales no dependen directamente del administrador del proyecto en su trabajo de rutina. Para optimizar el uso de los

De lo más destacado en la investigación

El modelo de equilibrio puntualizado del desarrollo de grupos*

La investigación de Gersick sugiere que los grupos no se desarrollan en una secuencia universal de etapas como lo sugiere el modelo de cinco fases. Su investigación, la cual se basa en el concepto de sistemas de *equilibrio puntualizado*, encontró que la *sincronización* de cuando se forman los grupos y cuando cambian en realidad su forma de trabajar, es muy consistente. Lo que hace atractiva a esta investigación es que se basa en estudios de más de una docena de fuerzas laborales de campo y de laboratorio asignadas a terminar un proyecto. Esta investigación revela que cada grupo comienza con un enfoque único de cumplir su proyecto que se establece en su primera reunión e incluye el comportamiento y los papeles que dominan la fase I. Ésta prosigue hasta que ha expirado la mitad del tiempo asignado para la terminación del proyecto (sin importar la cantidad real de tiempo). En este punto intermedio ocurre una transición importante que incluye dejar las normas y los patrones de comportamiento antiguos del grupo y el surgimiento del nuevo comportamiento y relaciones de trabajo que contribuyen a un mayor progreso hacia la terminación del proyecto. La última reunión está marcada por una actividad acelerada a fin de terminar el proyecto. Estos resultados se resumen en la figura 11.2.

El descubrimiento sorprendente en estos estudios fue que cada grupo experimentó su transición en el mismo punto de su calendario, precisamente a medio camino entre la primera reunión y la fecha límite de cumplimiento, a pesar de que algunos grupos pasaron tan poco como una hora en su proyecto, mientras que los demás pasaron seis meses. Fue como si los grupos experimentaran en forma universal una crisis de media vida en este punto. El punto medio parecía funcionar como un reloj de alarma, resaltó la conciencia de los integrantes de que el tiempo era limitado y que necesitaban ponerse en movimiento. Dentro del contexto del modelo de cinco etapas se sugiere que los grupos comienzan por combinar las etapas de formación y normatividad, luego pasan por un periodo de bajo desempeño, seguido de la tormenta, luego un periodo de alto rendimiento y por último el cierre.

Los resultados de Gersick sugieren que hay puntos de transición naturales en la vida de los equipos donde el grupo es receptivo al cambio y que ese momento ocurre en el punto medio programado de un proyecto. Sin embargo, un administrador no quiere esperar seis meses en un proyecto complicado de 12 meses para que al final un equipo se coordine. Aquí es importante señalar que los grupos de Gersick trabajaban en proyectos de escala más o menos pequeña; por ejemplo, una fuerza laboral de banco de cuatro personas a cargo de diseñar una nueva cuenta bancaria en un mes y una fuerza laboral médica de 12 personas que deben reorganizar dos unidades de instalaciones de tratamiento. En la mayoría de los casos no se estableció ningún plan de proyecto formal. Si acaso, los resultados señalan la importancia de una buena administración de proyecto y la necesidad de establecer plazos de vencimiento y acontecimientos importantes. Al imponer una serie de plazos de vencimiento asociados con acontecimientos importantes, es posible crear puntos de transición múltiple para un buen desarrollo natural de grupo. Por ejemplo, un proyecto de construcción de 12 meses puede dividirse en seis u ocho acontecimientos importantes con el desafío de cumplir con cada plazo de vencimiento al producir la tensión de requisito previo para elevar el desempeño del equipo.

* Connie J. Gersick, "Time and Transition in Work Teams: Toward a New Model of Group Development", en *Academy of Management Journal*, volumen 31, número 1, marzo de 1988, pp. 9-41; y Connie J. Gersick, "Making Time Predictable Transitions in Task Groups", en *Academy of Management Journal*, volumen 32, número 2, junio de 1989, pp. 274-309.

FIGURA 11.2
Modelo de equilibrio puntualizado del desarrollo de grupo

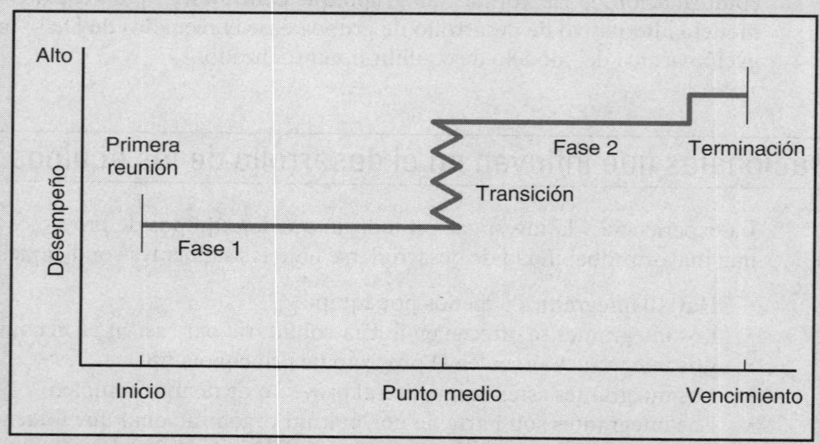

recursos, la participación del miembro del equipo puede ser de medio tiempo o los participantes pueden moverse dentro y fuera del equipo de proyecto con base en las necesidades. En el caso de fuerzas *ad hoc*, ningún miembro del equipo trabaja tiempo completo en el proyecto. En muchas corporaciones existe una cultura NIH (no inventada aquí, por sus siglas en inglés) que desalienta la colaboración entre los frentes funcionales.

Los integrantes del equipo suelen reportarse con distintos administradores y, en algunos casos, el administrador del proyecto no tiene una participación directa sobre las evaluaciones de desempeño y las oportunidades de avance de los miembros del equipo. Las áreas funcionales pueden carecer de representación durante la duración completa del proyecto, pero pueden sólo participar en forma secuencial. No todos los proyectos tienen un objetivo cautivador. Puede ser difícil hacer que los integrantes se emocionen con proyectos mundanos como una simple extensión de producto o un complejo convencional de apartamentos. Por último, los miembros de equipos con frecuencia se dispersan a lo largo de distintas oficinas y edificios corporativos o, en el caso de un proyecto virtual, a través del mundo entero.

Es importante que los administradores de proyecto y los integrantes del equipo reconozcan las restricciones situacionales bajo las que operan y hagan su mejor esfuerzo. Sería ingenuo creer que todos los equipos de proyecto tienen el mismo potencial de evolucionar hacia un equipo de alto rendimiento. El cumplir con los objetivos del proyecto, bajo condiciones menos que ideales, puede ser una gran lucha. La ingenuidad, la disciplina y la sensibilidad son dinámicas de equipo esenciales para maximizar el desempeño de un equipo de proyecto.

Construcción de equipos de proyecto de alto rendimiento

Los administradores de proyecto tienen una función clave en el desarrollo de equipos de proyecto de alto rendimiento. Reclutan a los elementos, realizan reuniones, establecen la identidad del equipo, crean un sentido común de propósito o una visión compartida, manejan un sistema de recompensas que alienta el trabajo en equipo, organizan la toma de decisiones, resuelven conflictos que surgen dentro del equipo y lo rejuvenecen cuando declina la energía (véase la figura 11.3). Los administradores de proyectos aprovechan los factores situacionales que, de manera natural, contribuyen al desarrollo del equipo mientras improvisan alrededor de los factores que inhiben el desarrollo del equipo. Al hacerlo muestran un estilo administrativo muy interactivo que ejemplifica el trabajo en equipo y, como se analizó en el capítulo anterior, administran la interfaz entre el equipo y el resto de la organización.

Reclutamiento de los miembros del proyecto

El proceso de selección y reclutamiento de los miembros del proyecto variará entre las organizaciones. Dos factores importantes que afectan el reclutamiento son la importancia del proyecto y la estructura administrativa que se utiliza para concluirlo. Con frecuencia, para los proyectos de alta prioridad, que son cruciales para el futuro de la organización, el administrador de proyecto recibirá una carta blanca virtual para elegir a quien considere necesario. Para los proyectos menos significativos, el administrador de proyecto tendrá que persuadir al personal de otras áreas dentro de la administración para que se unan a ellos.

En muchas estructuras de matriz, el administrador funcional controla quién está asignado al proyecto; el administrador del proyecto tendrá que trabajar con el administrador funcional para obtener el personal necesario. Incluso en un equipo de proyecto donde se seleccionan los integrantes y se asignan de tiempo completo al proyecto, el administrador del proyecto debe ser sensible a

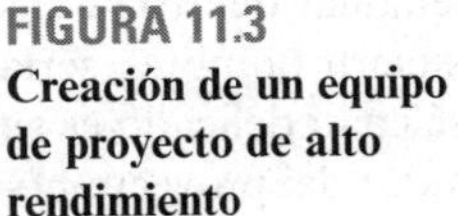
FIGURA 11.3
Creación de un equipo de proyecto de alto rendimiento

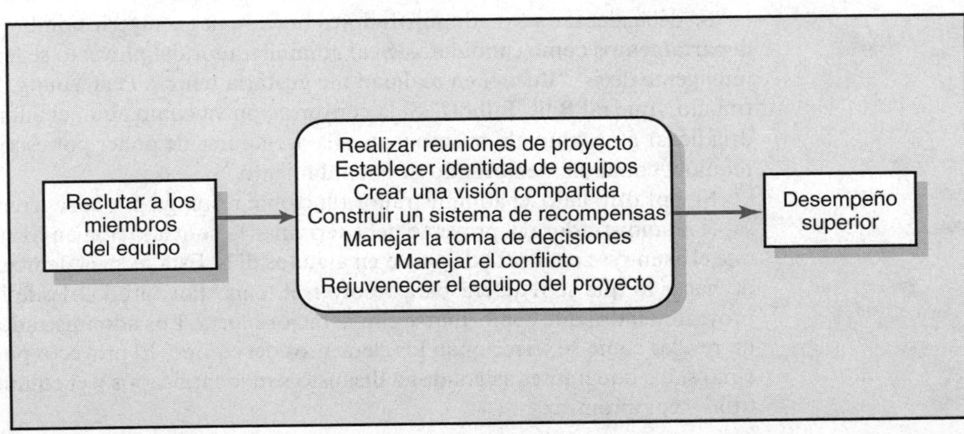

las necesidades de los demás. No hay mejor forma de ganarse enemigos en una organización que se piense que uno roba, de manera innecesaria, al personal indispensable de otros departamentos.

Los administradores de proyectos experimentados enfatizan la importancia de pedir voluntarios. Sin embargo, este paso deseable con frecuencia está fuera del control del administrador. De cualquier forma, el valor de hacer que los miembros del equipo se ofrezcan como voluntarios del proyecto, en contraste con ser asignados, no se puede pasar por alto. Estar de acuerdo con trabajar en un proyecto es el primer paso hacia la construcción de un compromiso personal con el proyecto. Dicho compromiso será esencial para mantener la motivación cuando el proyecto llegue a tiempos difíciles y se requiera de un esfuerzo adicional.

Al seleccionar y reclutar a los integrantes del equipo, los administradores de proyectos, de manera natural, buscan individuos con la experiencia necesaria, las habilidades y conocimiento técnicos que sean cruciales para la terminación del proyecto. Asimismo, hay consideraciones menos evidentes que se deben tener en cuenta en el proceso de reclutamiento:

- *Capacidad de solución de problemas.* Si el proyecto es complejo y poco claro, entonces un administrador quiere personas que sean buenas para trabajar bajo incertidumbre y que tengan una fuerte habilidad para identificar y solucionar problemas. Es probable que estas personas se aburran y sean menos productivas si trabajan en proyectos simples que se apegan a las reglas.
- *Disponibilidad.* En ocasiones, las personas que están más disponibles no son las deseables para el equipo. Por el contrario, si los elementos reclutados ya tienen demasiados compromisos, podrían ser incapaces de ofrecer mucho.
- *Experiencia tecnológica.* Los administradores deben ser cautelosos con las personas que saben demasiado acerca de una tecnología particular. Pueden ser amantes de la tecnología que les gusta estudiar, pero que les cuesta trabajo establecerse y hacer el trabajo.
- *Credibilidad.* La credibilidad del proyecto se resalta por el prestigio de la gente que participa en el proyecto. Reclutar un número suficiente de "ganadores" da confianza al proyecto.
- *Contactos políticos.* Los administradores son inteligentes cuando reclutan personas que tienen buenas relaciones laborales con los interesados. Esto es en particular cierto para los proyectos que operan en un entorno de matriz, donde una parte significativa del trabajo se realiza bajo el dominio de un departamento funcional específico y no del equipo de proyecto principal.
- *Ambición, iniciativa y energía.* Estas cualidades pueden compensar muchas deficiencias en otras áreas y no deben subestimarse.

Después de revisar las habilidades necesarias, el administrador debe averiguar en los rumores corporativos quién es bueno, quién está disponible y quién quisiera trabajar en el proyecto. Algunas organizaciones pueden permitir entrevistas directas. Con frecuencia, un administrador tendrá que utilizar su capital político para conseguir que se incluyan personas muy valoradas en el proyecto.

En los ambientes de matriz, el administrador de proyecto deberá solicitar citas con los administradores funcionales para analizar los requisitos del proyecto en relación con el personal. Los siguientes documentos deben estar disponibles en estas discusiones: una definición general del alcance del proyecto, apoyos de la administración superior y una descripción de las tareas y el programa general que se relacionan con las personas de sus departamentos. Los administradores deben ser precisos en cuanto a qué atributos buscan y por qué son importantes.

Se debe alentar a los administradores funcionales a sugerir nombres de personas dentro de sus departamentos como candidatos. Si al administrador del proyecto se le pide sugerir nombres, sería inteligente decir: "Bueno, en realidad me gustaría tener a Pegi Young, pero sé cuán delicado es su trabajo, ¿qué tal Billy Talbot?" Si la conversación va como aquí, el administrador del proyecto podría llegar a un trato ahí mismo y querría asegurarse de poner por escrito el acuerdo después de la reunión, como un memorando de entendimiento.

Si, por otro lado, el administrador funcional respinga por la sugerencia y la reunión no progresa, el administrador del proyecto debe terminar la conversación en forma hábil, en el entendido de que el asunto se analizará de nuevo en algunos días. Esta técnica demuestra persistencia y un deseo de hacer lo que se requiera para resolver el tema. Por último, desde luego, el administrador del proyecto tendrá que conformarse con la mejor oferta. Los administradores deben tener cuidado de no revelar cómo se seleccionan los elementos del equipo. El proyecto podría paralizarse en un principio si los integrantes asignados a disgusto son identificados y el equipo percibe diferencias en actitud y compromiso.

Realización de reuniones del proyecto

La primera reunión del equipo del proyecto

La investigación sobre el desarrollo del equipo confirma lo que hemos escuchado de los administradores de proyecto: la primera reunión de lanzamiento del proyecto es decisiva para el funcionamiento inicial del equipo del proyecto. De acuerdo con un administrador de proyecto veterano:

> La primera reunión del equipo establece el tono de qué tan unido trabajará el equipo. Si está desorganizado o abrumado con poco sentido de cierre, con frecuencia esto se puede convertir en una profecía de autocumplimiento para el trabajo posterior del grupo. Por otro lado, si se maneja de manera bien delineada, si el enfoque está en los temas reales y las preocupaciones en una forma honesta y directa, los integrantes se emocionan por ser parte del equipo del proyecto.

Por lo general, hay tres objetivos que los administradores de proyecto intentan lograr durante la primera reunión del equipo del proyecto. El primero es brindar una visión general del proyecto, incluidos el alcance, los objetivos, el programa general, el método y los procedimientos. El segundo es comenzar por abordar algunas de las preocupaciones interpersonales contenidas en el modelo de desarrollo del equipo: ¿Quiénes son los demás miembros del equipo? ¿Cómo encajaré? ¿Podré trabajar con estas personas? El tercer objetivo, el más importante, es comenzar a modelar cómo va a trabajar junto el equipo para terminar el proyecto. El administrador del proyecto debe reconocer que las primeras impresiones son importantes; los integrantes del equipo vigilarán con esmero su comportamiento y lo interpretarán. Esta reunión debe servir como un modelo ejemplar para las siguientes juntas y reflejar el estilo del líder.

La reunión misma puede darse en una diversidad de figuras y formas. No es raro en los proyectos importantes que la reunión de lanzamiento tome uno o dos días, con frecuencia en un sitio remoto lejos de las interrupciones. Este retiro brinda tiempo suficiente para una introducción preliminar para comenzar a establecer reglas básicas y a definir la estructura del proyecto. Una ventaja de las reuniones de lanzamiento fuera del sitio es que brindan una oportunidad amplia para que se dé una interacción informal entre los elementos del equipo durante los descansos, los alimentos y las actividades nocturnas; esas interacciones informales son relevantes para formar relaciones.

Sin embargo, muchas organizaciones no se pueden dar el lujo de realizar retiros confeccionados. En otros casos, el alcance del proyecto y el nivel de participación de los distintos integrantes no garantizan ese tipo de inversión de tiempo. En estos casos, el principio operativo principal debe ser mantenerlo simple y fácil (keep it simple stupid, KISS, por sus siglas y significado en inglés). Con mucha frecuencia, cuando hay limitaciones de tiempo, los administradores de proyectos tratan de lograr demasiadas cosas durante la primera reunión; al hacerlo, los temas no se resuelven por completo y los miembros se van con un dolor de cabeza de tanta información.

La meta principal es realizar una reunión productiva y los objetivos deben ser realistas dado el tiempo disponible. Si la sesión es nada más de una hora, entonces el administrador del proyecto debe tan sólo revisar el alcance del proyecto, analizar la forma en que está conformado el equipo y brindar la oportunidad de que sus elementos se presenten con los demás.

Establecimiento de las reglas básicas

Ya sea como parte de una primera reunión elaborada o durante las reuniones de seguimiento, el administrador del proyecto debe comenzar pronto a establecer las reglas básicas de operación acerca de la forma en que el equipo trabajará unido. Estas normas fundamentales incluyen no sólo temas organizacionales y de procedimiento, sino también temas de normatividad acerca de la forma en que interactuará el equipo. Aunque los procedimientos específicos variarán entre las organizaciones y los proyectos, algunos de los temas más importantes que se deben abordar son los siguientes:

Decisiones de planeación:

- ¿Cómo se desarrollará el plan del proyecto?
- ¿Qué herramientas se utilizarán para respaldar el proyecto?
- ¿Se utilizará un paquete de software de administración de proyectos? Si es así, ¿cuál?
- ¿Quién ingresará la información de planeación?

Caso de práctica

Administración de marcianos*

Cortesía de la NASA

La carrera de 35 años de Donna Shirley como ingeniera aeroespacial llegó a su apogeo en julio de 1997 cuando el Sojourner, el explorador autoguiado de energía solar con el tamaño de un horno de microondas, fue visto cuando exploraba el terreno marciano en las imágenes espectaculares de la superficie del planeta rojo enviadas por el Pathfinder. El suceso marcó un hit en la exploración espacial: ningún otro vehículo había recorrido la superficie de otro planeta. Shirley, administradora del programa de exploración marciana del laboratorio de propulsión jet, dirigió el equipo —compuesto en su mayoría por hombres— que diseñó y construyó el Sojourner. En sus reveladoras memorias, *Managing Martians*, que escribió junto con Danelle Morton, hace la siguiente observación acerca de la administración de equipos creativos:

> Cuando administras a personas en verdad brillantes y creativas, en cierto punto te das cuenta de que es imposible dirigirlos o controlarlos porque no puedes entender lo que hacen. Una vez que han rebasado tu capacidad de entenderlos, tienes que hacer una elección como administradora. Puedes limitarlos, a ellos y al proyecto, con tu inteligencia, lo cual creo que es la forma equivocada de hacerlo. O puedes confiar en ellos y utilizar tus habilidades administrativas para mantenerlos enfocados en la meta.

Muchos malos administradores se sienten amenazados cuando sus "subordinados" saben más que ellos. O contratan personas con menos conocimiento que ellos para poder siempre sentir el control, o hacen cuellos de botellas con las personas que saben algo que ellos no para mantenerlo. El proyecto completo sufre de las inseguridades de los administradores.

* Donna Shirley y Danelle Morton, *Managing Martians*, Nueva York, Broadway Books, 1998, pp. 88-89.

- ¿Cuáles son las funciones y responsabilidades específicas de los integrantes?
- ¿Quiénes necesitan estar informados de las decisiones? ¿Cómo se les mantendrá informados?
- ¿Cuál es la importancia relativa de costo, tiempo y desempeño?
- ¿Cuáles son los entregables del proceso de planeación del proyecto?
- ¿Cuál es el formato apropiado para cada entregable?
- ¿Quién aprobará y concluirá la terminación de cada entregable?
- ¿Quién recibe cada entregable?

Decisiones de registro:

- ¿Cómo se evaluará el progreso?
- ¿En qué nivel de detalle se registrará el proyecto?
- ¿Cómo obtendrán información los miembros del equipo por parte de los demás integrantes?
- ¿Con qué frecuencia obtendrán estos datos?
- ¿Quién va a generar y distribuir los informes?
- ¿Quién necesita mantenerse informado acerca del progreso del proyecto y cómo lo harán?
- ¿Qué contenido o formato es apropiado para cada receptor?
- Reuniones de Seguimiento
  - ¿Dónde se realizarán las reuniones de seguimiento?
  - ¿Qué tipo de reuniones se llevarán a cabo?
  - ¿Quién dirigirá estas reuniones?

- ¿Cómo se generarán las agendas?
- ¿Cómo se registrará la información?

Manejo de las decisiones de cambio

- ¿Cómo se van a instituir los cambios?
- ¿Quién tendrá autoridad para aprobar los cambios?
- ¿Cómo se van a documentar y evaluar los cambios de plan?

Decisiones de relación

- ¿Con qué departamentos u organizaciones necesitará interactuar el equipo durante el proyecto?
- ¿Cuáles son las funciones y responsabilidades de cada organización (revisor, aprobador, creador, usuario)?
- ¿Cómo se mantendrán informadas las partes involucradas acerca de los productos preterminados, fechas de programas, expectativas, etcétera?
- ¿Cómo se comunicarán los integrantes del equipo entre sí?
- ¿Qué información se va a intercambiar y cuál no?

Las listas de revisión como éstas son sólo una guía; los temas se deben agregar o eliminar según sea necesario. Muchos de estos procedimientos ya estarán establecidos por precedente y sólo tendrán que revisarse en forma breve. Por ejemplo, *Microsoft Project* o *Primavera* puede ser la herramienta de software estándar para la planeación y el registro. De igual forma, es probable que una empresa específica tenga un formato establecido para reportar la información del estatus. El equipo de proyecto tendrá que definir la forma de manejar los demás temas. Cuando sea apropiado, el gerente de proyecto debe solicitar de manera activa las aportaciones de los elementos del equipo de proyecto y basarse en su experiencia y hábitos de trabajo preferidos. Este proceso también contribuye a que estén comprometidos con las decisiones operativas. Las decisiones se deben registrar y circular entre todos los integrantes.

Durante el establecimiento de estos procedimientos operativos, el administrador del proyecto, mediante palabras y acciones, debe empezar a trabajar con los integrantes a fin de establecer las normas para la interacción del equipo. En seguida se reseñan ejemplos de algunas normas que los investigadores han encontrado que están asociadas con los equipos de alto rendimiento.

- Se mantiene la confidencialidad; no se comparte información fuera del equipo a menos que todos estén de acuerdo con ello.
- Es aceptable estar en problemas, pero es inadmisible sorprender a los demás. Comunique al resto cuando no se lograrán los plazos de vencimiento o los acontecimientos importantes.
- Hay tolerancia cero para salir de un problema a empujones.
- Acepten la discrepancia, pero cuando se haya tomado una decisión, sin importar los sentimientos personales, muévanse hacia delante.
- Respete a la gente de fuera, no haga alarde de su posición en el equipo de proyecto.
- El trabajo duro no está peleado con la diversión.

Una manera de hacer más tangibles estas normas es crear una cédula del equipo de proyecto que vaya más allá de la declaración de alcance y que establezca en términos explícitos las normas y valores del equipo. Esta cédula debe ser un esfuerzo de colaboración del equipo central. Los administradores de proyecto pueden guiar mediante la propuesta de ciertos principios, pero necesitan estar abiertos a las sugerencias del equipo. Cuando ya existe un acuerdo general para las reglas de conducta, cada integrante firma el documento final para simbolizar el compromiso con los principios que contiene.

Por desgracia, en algunos casos las cédulas se vuelven rituales sin sentido porque la cédula se firma y se archiva y nunca se vuelve a discutir. Para tener un efecto duradero, la cédula debe ser una parte legítima del sistema de vigilancia del proyecto. Tal como el equipo revisa el progreso hacia los objetivos del proyecto, el equipo evalúa el grado en que los miembros se adhieren a los principios en la cédula.

Los administradores de proyectos tienen un papel importante al establecer las normas del equipo mediante el ejemplo personal. Si admiten los errores con libertad y comparten lo que han aprendido de ellos, los demás elementos del equipo harán lo mismo. Asimismo, los administradores de

Proyecto de Mattel, Platypus*

AP/Wide World

Mattel es la empresa fabricante de juguetes más grande en el mundo con líneas de producto que incluyen las muñecas Barbie, los juguetes Fisher-Price y Hot Wheels. Mattel tuvo un tropiezo cuando dejó pasar la oportunidad de la tendencia de empoderamiento de las niñas a finales de la década de 1990. Al prometerse que esto no se repetiría, Mattel hizo una reingeniería de sus procesos de desarrollo de productos al instituir el proyecto Platypus.

El proyecto Platypus se formó con personas de diversas áreas funcionales que dejan sus empleos ordinarios durante tres meses y se trasladan a la casa matriz de Mattel para trabajar de manera conjunta sobre nuevas ideas de productos en una ubicación separada. En ocasiones, los miembros del equipo del proyecto Platypus de Mattel pasan sus días dejando caer huevos de una escalera de 14 pies o lanzándose animales de peluche. Es parte de las actividades de construcción de equipos diseñadas para hacer que la gente piense diferente y se le ocurran ideas creativas para juguetes nuevos.

De acuerdo con Ivy Ross, jefa de la división de diseño de niñas de Mattel, ejercicios como idear un método para evitar que un huevo se rompa al dejarlo caer de una escalera de 14 pies o lanzar conejos de peluche a los compañeros de trabajo para liberar las inhibiciones, son formas de hacer que la gente piense fuera de la caja y descubra las tendencias del consumidor y los cambios en el mercado. "Otras empresas tienen equipos especiales", dice Ross, "nosotros tenemos Platypus. Busqué la definición y decía 'una mezcla poco común de distintas especies'".

La fuerza de Platypus reside en la capacidad de sus integrantes de construir sobre las ideas creativas de los demás. Una norma clave de grupo es que nadie es dueño de una idea. Todo pertenece al equipo, lo cual ayuda a eliminar la competitividad.

El proyecto Platypus también está diseñado para fomentar los vínculos del equipo, para que la gente comparta ideas y colabore una vez que éstas avanzan al desarrollo y fabricación del producto. Antes, el desarrollo de producto en Mattel manejaba muchos "cambios de estafeta", como lo plantea Ross. Mattel ahora quiere que todos colaboren en un proceso de diseño y desarrollo donde haya un sentido común de propiedad y logro. Los participantes en el proyecto trabajan en un espacio abierto enorme sin paredes ni cubículos. Los escritorios tienen ruedas para alentar las actitudes de compartir y colaborar. Los participantes en el proyecto pueden poner los esbozos de sus ideas en las paredes e invitar a otros a recibir sugerencias.

El primer esfuerzo del proyecto Platypus es ahora un nuevo juguete llamado Ello, un híbrido entre un juego de construcción y un estuche de actividades. Los juegos de Ello consisten en piezas interconectadas que permiten a los niños explorar su imaginación y construir cualquier cosa, desde joyería hasta edificios. Los equipos de proyectos de Platypus trabajan en forma continua para desarrollar entre dos y tres ideas de productos nuevos cada año.

* Chuck Salter, "Ivy Ross Is Not Playing Around", en *Fast Company*, Issue 64, noviembre de 2002, p. 104.

proyecto necesitan intervenir cuando creen que esas normas se han violado. Deben hablar con los ofensores en privado y declarar sus expectativas de manera firme. Lo sorprendente acerca de los grupos es que una vez que un grupo es cohesivo, con las normas bien establecidas, sus integrantes se vigilarán en forma mutua para que el administrador no tenga que ser el duro. Por ejemplo, un administrador de proyecto confió que su equipo tenía la práctica de tener una pequeña bolsa de frijoles en cada reunión. Si algún integrante pensaba que un colega disparaba aire caliente o maquillaba la verdad, estaba obligado a lanzar la bolsa de frijoles al orador.

Administración de reuniones de proyecto subsiguientes

La reunión de lanzamiento del proyecto es una de varias clases de reuniones que se requieren para completar un proyecto. Otras sesiones incluyen el informe del estatus, reuniones de solución de problemas y juntas de auditoría. Los temas únicos de estas reuniones se analizarán en los siguientes capítulos.

Por ahora, presentamos algunos lineamientos generales para manejar reuniones eficaces. Se habla de manera directa con la persona que dirige la junta:

- Empezar las reuniones a tiempo sin importar si todos están presentes.
- Preparar y distribuir una agenda antes de la reunión.
- Identificar un tiempo de terminación.
- En forma periódica, tomar el tiempo para revisar qué tan eficaces han sido las reuniones previas.
- Solicitar recomendaciones y hacer cambios.
- Asignar un buen mantenimiento de registros.
- Revisar la agenda antes de comenzar y asignar un tiempo tentativo para cada tema.
- Establecer prioridades con los temas para que se puedan hacer ajustes en caso de limitaciones de tiempo.
- Alentar la participación activa de todos los integrantes al hacer preguntas en lugar de hacer afirmaciones.
- Resumir las decisiones y revisar las asignaciones para la siguiente reunión.
- Preparar y distribuir un resumen de la reunión con la gente apropiada.
- Reconocer los logros y el comportamiento positivo.

Con frecuencia, las reuniones se consideran una censura para la productividad (anatema), pero éste no tiene que ser el caso. La queja más común es que las reuniones duran demasiado. Establecer una agenda y un tiempo de terminación ayuda a los participantes a presupuestar el tiempo de discusión y brinda una base para acelerar los procedimientos. Mantener un registro puede ser una tarea no bienvenida y tediosa. El uso de *laptops* para registrar las decisiones y la información en tiempo real puede facilitar el proceso de comunicación. Una preparación cuidadosa y una aplicación coherente de estos lineamientos pueden hacer que las reuniones sean una parte vital de los proyectos.

Establecimiento de una identidad de equipo

Uno de los desafíos que los administradores de proyecto enfrentan con frecuencia en la construcción de un equipo es la falta de participación de tiempo completo de cada integrante. Los especialistas trabajan en distintas fases del proyecto y ocupan la mayor parte de su tiempo y energía en otro lugar. En ocasiones, son miembros de equipos múltiples y cada uno compite por su tiempo y lealtad. El experto en proyectos David Frame señala que para muchos de estos especialistas un proyecto determinado es una abstracción; como consecuencia, su nivel de motivación sufre. El administrador de proyectos debe intentar que, en la medida de lo posible, el equipo de proyecto sea tangible para los participantes al desarrollar una identidad de equipo única con la cual puedan unirse de manera emocional. Las reuniones del equipo, la ubicación de los miembros del equipo, los nombres y los rituales de éste son vehículos comunes para lograrlo.

- *Uso eficaz de las reuniones.* Las reuniones periódicas del equipo de proyectos proporcionan un foro importante para comunicar la información del proyecto. Una función menos evidente de las reuniones de proyecto es ayudar a establecer una identidad concreta del equipo. Durante las reuniones de proyecto, los integrantes ven que no trabajan solos. Son parte de un equipo de proyecto más grande y el éxito del proyecto depende de los esfuerzos colectivos del equipo. Las reuniones oportunas de los participantes del proyecto ayudan a definir la participación del equipo y refuerzan la identidad colectiva.
- *Reubicación de los integrantes del equipo.* La forma más evidente de hacer tangible al equipo del proyecto es lograr que los integrantes trabajen juntos en un espacio común. Esto no siempre es posible en los ambientes de matriz donde la participación es de tiempo parcial y los miembros trabajan para otros proyectos y actividades. Un sustituto de la reubicación que vale la pena es la creación de una oficina de proyecto, a veces llamada bunker o casa club del proyecto. Esas oficinas son el lugar de reunión común y contienen la documentación más significativa del

Caso de práctica

"El fax de la rata" impulsa al equipo ELITE en periódico*

El *Tallahassee Democrat* de Knight-Ridder, como muchos periódicos estadounidenses al final de la década de 1980, luchaba por sobrevivir en vista de la baja en los ingresos. Fred Mott, gerente general del *Democrat,* estaba convencido de que la clave del futuro del diario era volverse más enfocado en los clientes. A pesar de sus mejores esfuerzos, se avanzaba poco para convertirse en un periódico orientado a los clientes. Un área que resultaba en particular problemática era la publicidad, donde los ingresos perdidos a causa de errores podían ser hasta de 10 000 dólares por mes.

Fred Mott decidió crear un equipo con 12 de sus mejores trabajadores de todas las áreas del periódico. Se volvieron conocidos como el equipo ELITE (acrónimo de *ELIminate The Errors)* porque su misión era "eliminar los errores". Al principio, el equipo pasaba mucho tiempo en señalar culpables más que en asumir los errores dentro del diario. Un punto de cambio clave llegó cuando un miembro produjo lo que se conoció como "el fax de huellas de rata" y contó la historia de éste. Resulta que un anuncio preparado en forma descuidada llegó a través de una máquina de fax y parecía que "una rata hubiera corrido por la página". Sin embargo, el fax pasó por las manos de siete empleados y quizá se hubiera mandado a imprimir si no hubiese sido por completo ilegible. La presentación de este fax rompió el hielo y el equipo empezó a admitir que todos (no todos los demás) estaban equivocados. Luego, recuerda un integrante, "tuvimos algunas discusiones muy fuertes. Y hubo lágrimas en esas reuniones".

Las respuestas emocionales impulsaron al grupo hacia la tarea cercana y lo unió. El equipo ELITE observó con cuidado el proceso completo por el que un anuncio se vendía, se creaba, imprimía y facturaba. Cuando se analizó el proceso, descubrió patrones de errores, la mayoría de los cuales podía atribuirse a una mala comunicación, presiones de tiempo y mala actitud. Se hizo una serie de recomendaciones que transformaron por completo el proceso de anuncios en el *Democrat.* Bajo el liderazgo de ELITE, la precisión de los anuncios se elevó de manera drástica y permaneció arriba de 99 por ciento. Los ingresos perdidos a causa de errores bajaron a casi cero. Las encuestas mostraron un cambio positivo en la satisfacción del anunciante.

Sin embargo, el alcance de ELITE fue más allá de los números. La marca propia de responsabilidad del equipo ELITE se expandió a otras partes del periódico. En efecto, este equipo, compuesto en su mayoría por trabajadores de la línea del frente, encabezó una transformación cultural en el diario que enfatizó un servicio a clientes de primera calidad.

* Jon R. Katzenbach y Douglas K. Smith, *The Wisdom of Teams,* Boston, Harvard Business School Press, 1993, pp. 67-72, Copyright McKinsey & Co., Inc.

proyecto. Con frecuencia, sus paredes están cubiertas con diagramas de Gantt, gráficas de costos y otros resultados asociados con la planeación y el control del proyecto. Estas oficinas sirven como una señal tangible del esfuerzo del proyecto.

- *Creación del nombre del equipo de proyecto.* El desarrollo de un nombre de equipo tal como "Equipo-A" o "Los paladines de Casey" es una manera común de hacer que un equipo sea más tangible. Con frecuencia, también se crea un logo asociado al equipo. De nuevo, el administrador del proyecto debe confiar en la ingenuidad colectiva del equipo para idear un nombre y un logo apropiados. Esos símbolos pueden ponerse en la papelería, playeras, tazas de café, etc., para ayudar a dar significado a la pertenencia al equipo.
- *Hacer que el equipo construya o haga algo desde el principio.* Nada refuerza más un sentido de equipo que trabajar en algo juntos. En el caso de un proyecto internacional, el administrador organizó una cena informal en su casa donde cada integrante llevó un platillo que fuera famoso en su país.
- *Rituales del equipo*. Tal como los rituales corporativos ayudan a establecer la identidad de una empresa, las acciones simbólicas similares a nivel del proyecto pueden contribuir a una subcultura exclusiva del equipo. Por ejemplo, en un proyecto los integrantes recibieron corbatas con rayas que correspondían al número de sucesos importantes dentro del proyecto. Luego de alcanzar cada suceso de relevancia, los miembros se reunían y cortaban una raya de sus corbatas, lo cual significaba el progreso. Ralph Katz informa que en Digital Equipment se premiaba con una cucaracha de juguete fosforescente a las personas que encontraban una falla (*bug*, bicho) en el diseño, lo cual era una práctica común del equipo de diseño de chips alfa. Cuanto más grande era la falla descubierta, más grande era la cucaracha que se recibía. Estos rituales ayudan a separar el trabajo del proyecto de las operaciones regulares y refuerzan un estatus especial.

Creación de una visión compartida

A diferencia de las declaraciones del alcance del proyecto, que incluyen un costo específico, fechas de cumplimiento y requisitos de desempeño, una *visión* abarca aspectos menos tangibles del desempeño del proyecto. Se refiere a una imagen que un equipo de proyecto tiene en común acerca de cómo se verá el proyecto al completarse, cómo trabajarán juntos y cómo aceptarán los clientes el proyecto. En su nivel más simple, una visión compartida es la respuesta a la pregunta "¿qué queremos crear?" No todos tendrán la misma visión, pero las imágenes deben ser similares. Las visiones vienen en una diversidad de formas y figuras; pueden capturarse en un lema o un símbolo y pueden escribirse como una declaración formal de visión.

Lo que es una visión, no es tan importante como lo que hace. Una visión inspira a los integrantes a dar su mejor esfuerzo. (Véase el recuadro de Caso de práctica: Un buen hombre en la tormenta). Además, una visión compartida une profesionales con distintos antecedentes y agendas para una aspiración común. Los integrantes se motivan al subordinar sus agendas individuales y hacer lo que es mejor para el proyecto. De acuerdo con el psicólogo Robert Fritz, "en presencia de la grandeza, las pequeñeces desaparecen". Las visiones también brindan enfoque y ayudan a comunicar prioridades menos tangibles, lo cual facilita a los miembros hacer juicios apropiados. Por último, la visión compartida de un proyecto fomenta el compromiso de largo plazo y desalienta las respuestas convenientes que diluyen en forma colectiva la calidad del proyecto.

Las visiones pueden ser simples de manera sorprendente. Por ejemplo, la visión de un automóvil nuevo puede expresarse como un "cohete de bolsillo". Compare esta visión con la descripción más tradicional del producto "automóvil deportivo de precio intermedio". La visión "cohete de bolsillo" da una imagen mucho más clara de lo que debe ser el producto final. Los ingenieros de diseño deben entender pronto que el automóvil será pequeño y rápido, de arranque inmediato, ágil en las vueltas y muy veloz en las rectas. Es evidente que tendrían que trabajarse muchos detalles, pero la visión ayudaría a establecer un marco de referencia común para la toma de decisiones.

Parece haber cuatro cualidades esenciales de una visión eficaz (véase la figura 11.4): primero, sus cualidades esenciales deben tener la capacidad de ser comunicadas. Una visión es inútil si sólo reside en la cabeza de alguien. Segundo, las visiones deben ser desafiantes, pero también realistas. Por ejemplo, para la fuerza laboral que supervisa el currículo en la escuela de negocios de una universidad estatal, resultaría extraño que el rector anunciara que su visión es competir con la escuela de negocios de Harvard. Por el contrario, desarrollar el mejor programa de diplomados de negocios en el estado sí podría ser una visión realista. Tercero, el administrador del proyecto debe creer en la visión. La pasión por la visión es un elemento esencial para que ésta sea eficaz. Por último, debe ser una fuente de inspiración para los demás.

Una vez que un administrador de proyecto acepta la importancia de la construcción de una visión compartida, la siguiente pregunta es cómo lograr una visión para un proyecto en particular. Primero, los administradores de proyectos no obtienen las visiones. Actúan como catalizadores e intermediarios para la formación de una visión compartida de un equipo de proyecto. En muchos casos, las visiones son inherentes al alcance y objetivos del proyecto. Por supuesto, las personas se emocionan cuando son las primeras en llevar una tecnología al mercado o resolver un problema que amenaza a su organización. Incluso con proyectos mundanos, suele haber amplias oportunidades para establecer una visión atractiva. Una forma es hablar con los distintos participantes y averiguar desde el principio qué les emociona del proyecto. Para algunos, superar el trabajo del proyecto más reciente o ver la satisfacción en los ojos de los clientes cuando el proyecto ha terminado. Muchas visiones evolucionan en forma reactiva como respuesta a la competencia. Por ejemplo, al equipo de Kodak responsable del desarrollo de la cámara desechable FunSaver lo impulsó la visión de ganar la llegada al mercado de un artículo similar de Fuji.

Algunos expertos defienden la participación en reuniones formales de construcción de visión. Por lo general, estas juntas incluyen varios pasos, empezar a identificar con los miembros los distintos

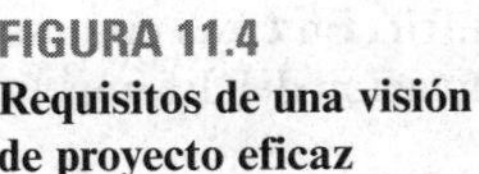
FIGURA 11.4
Requisitos de una visión de proyecto eficaz

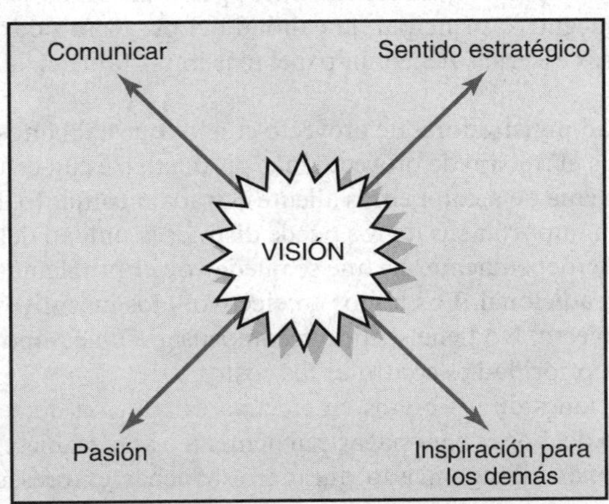

aspectos del proyecto y generar escenarios ideales para cada aspecto. Por ejemplo, en un proyecto de construcción, los escenarios pueden incluir "ningún accidente", "ninguna demanda", "ganar un premio" o "cómo vamos a emplear nuestro bono por terminar el proyecto antes de tiempo". El grupo revisa y elige los escenarios que son más atractivos y los convierte en declaraciones de visión para el proyecto. El siguiente paso es identificar estrategias para alcanzar las declaraciones de la visión. Por ejemplo, si una de estas declaraciones es que no habrá demandas, los integrantes identificarán cómo tendrán que trabajar con el dueño y los subcontratistas para evitar un litigio. Después, los miembros se ofrecen como voluntarios para mantener al día cada declaración. La visión, estrategias y el nombre del elemento del equipo responsable se publican y distribuyen a los interesados del proyecto.

En la mayoría de los casos, las visiones compartidas emergen de manera informal. Los administradores de proyecto recopilan información sobre lo que emociona a los participantes en el proyecto. Prueban partes de su visión de trabajo durante conversaciones con integrantes del equipo para evaluar el grado de emoción que las primeras ideas causan en los demás. Hasta cierto punto, participan en una investigación de mercados básica. Toman las oportunidades para impulsar al equipo, como el comentario despectivo de un ejecutivo de que el proyecto nunca se realizará a tiempo o la amenaza de una empresa competidora que lanzará un proyecto similar. Al principio, el consenso no es esencial. Lo sustantivo es un grupo central de al menos un tercio del equipo del proyecto que esté comprometido en forma genuina con la visión. Proporcionarán la masa crítica que subirá a los demás a bordo. Una vez que se ha elaborado el lenguaje para comunicar la visión, la declaración tiene que ser una parte básica de todas las agendas de trabajo y el administrador de proyecto debe estar preparado para dar un discurso de campaña casi sin aviso previo. Cuando surgen problemas o desacuerdos, todas las respuestas deben ser coherentes con la visión.

Mucho se ha escrito sobre las visiones y el liderazgo. Los críticos afirman que la visión es un sustituto glorificado de las metas compartidas. Otros afirman que es una de las cosas que separan a los líderes de los administradores. Las claves son descubrir qué emociona a la gente en un proyecto, ser capaz de articular esta fuente de emoción de una manera atractiva y, por último, proteger y nutrir esta fuente de emoción mediante la duración del proyecto.

Manejo de sistemas de recompensa para el proyecto

Los administradores del proyecto son responsables del manejo del sistema de recompensas que alienta el desempeño del equipo y su esfuerzo adicional. Una ventaja de esto es que con frecuencia el trabajo del proyecto es satisfactorio en forma inherente, ya sea que se manifieste en una visión inspiradora o por un simple sentido de logro. Los proyectos brindan a los participantes un cambio de escenario y la oportunidad de aprender nuevas habilidades y salir de su capullo departamental. Otra recompensa inherente es lo que se menciona en *The Soul of the New Machine* como "pinball": por lo general, el éxito del proyecto da a los miembros del equipo una opción de emprender otro juego emocionante.

De cualquier modo, se subestiman muchos proyectos, son aburridos, interfieren con otras prioridades más significativas y se consideran como una carga adicional. En algunos casos, la mayor recompensa es terminar el proyecto para que los miembros del equipo puedan regresar a lo que de veras disfrutan hacer y lo que arrojará rendimientos personales más elevados. Por desgracia, cuando esta actitud es el incentivo principal, la calidad del proyecto podría sufrir. En estas circunstancias, las recompensas externas tienen un papel más importante en la motivación del desempeño del equipo.

La mayoría de los administradores de proyecto con los que hablamos defienden el uso de recompensas de grupo. Como el trabajo de proyecto más productivo es un esfuerzo de colaboración, sólo tiene sentido que el sistema de recompensas aliente el trabajo conjunto. Reconocer a los integrantes en forma individual sin importar sus logros puede distraer la unidad del equipo. El trabajo del proyecto es demasiado interdependiente, así que se puede volver problemático distinguir quién en verdad merece un crédito adicional. Los bonos en efectivo y los incentivos tienen que vincularse con las prioridades del proyecto. No tiene sentido recompensar a un equipo por terminar su trabajo en forma anticipada, si la prioridad es controlar los costos.

Una de las restricciones de los bonos en efectivo es que con demasiada frecuencia se gastan dentro del presupuesto del hogar para pagarle al dentista o al mecánico. Para tener mayor valor, las recompensas deben tener un significado duradero. Muchas empresas convierten el efectivo en

Caso de práctica — Un buen hombre en la tormenta*

Érase una vez, allá en 1976, Data General Corporation necesitaba conseguir pronto una minicomputadora de 32 bits de precio razonable para competir con la VAX de Digital Equipment Corporation. El presidente y director ejecutivo de Data General, Edson de Castro, lanzó el proyecto Fountainhead y le dio la mejor gente y amplios recursos para completar su iniciativa de 32 bits. Como respaldo para Fountainhead, Data General creó el proyecto Eagle dentro del grupo Eclipse bajo el liderazgo de Tom West. El trabajo en ambos proyectos comenzó en 1978.

En 1980, Data General anunció su nueva computadora, que ofrecía simplicidad, potencia y bajo costo. Esta computadora no era la Fountainhead del grupo de "los mejores" de DG con muchos fondos, sino la Eagle del equipo Eclipse con pocos fondos de Tom West. Tracy Kidder vio pasar todo esto y contó la historia en *The Soul of a New Machine,* que ganó un Premio Pulitzer en 1982. Este libro, que Kidder pensó que sería de interés para un grupo de científicos de cómputo, se ha convertido en un clásico de la administración de proyectos.

Al principio de este libro, Kidder presenta al protagonista de la historia, Tom West, con él navegando en un yate a través de los salvajes mares de la costa de Nueva Inglaterra. El título de Kidder para el prólogo es "A Good Man in a Storm" (un buen hombre en la tormenta).

Veinte años después de que se publicara el libro de Kidder, Tom West fue entrevistado por Lawrence Peters para la *Academy of Management Executive.* A continuación se presentan algunos extractos que contienen el punto de vista de Tom acerca de la administración de proyectos innovadores:

Al seleccionar a los integrantes del equipo:

> Se le explica a un tipo cuál es el desafío y ves si sus ojos se iluminan.

Al motivar a los miembros del equipo:

> El desafío era todo. La gente, en especial las personas técnicas creativas que en verdad quieren hacer la diferencia, harán todo lo posible o todo lo necesario. He hecho esto más de una vez y lo he repetido una y otra vez. Parece funcionar.

Acerca de la importancia de tener una visión:

> ...hay que encontrar un grito de guerra. Es necesario tener algo que se pueda describir en forma muy simple y que tenga ese tipo de halo de verdad para un ingeniero que diga "sí, eso es lo que quiero hacer en este momento". De otra forma, usted rodará piedras hacia arriba de la montaña todo el tiempo.

En el papel de ser un administrador de proyecto:

> Tiene que actuar como un porrista. Debe desempeñarse como el instructor. Debe tener en mente de manera constante cuál es el propósito y lo que mueve la pelota hacia el poste de la meta, y lo que corre por los lados y tiene que tomar muchas batallas por ellos. Quiero decir que en realidad no quiere que su ingeniero de diseño discuta con el tipo del taller de bosquejos sobre por qué debe hacerlo como el diseñador quiere. Yo puedo hacer eso, yo también puedo valerme de mi rango y, a veces, eso hice.

* Tracy Kidder, *The Soul of a New Machine*, Nueva York, Avon Books, 1981; Lawrence H. Peters, "A Good Man in a Storm': An Interview with Tom West", en *Academy of Management Executive,* vol. 16, núm. 4, 2002, pp. 53-60.

recompensas de vacaciones, algunas veces con el tiempo de descanso correspondiente. Por ejemplo, hay una empresa que recompensó al equipo del proyecto por hacer el trabajo antes de tiempo con un viaje de cuatro días, todo pagado, a Walt Disney World para las familias completas de los integrantes. Esas vacaciones no sólo serán recordadas durante años, sino que también premian a los cónyuges y a los hijos, que en cierto sentido también contribuyeron al éxito del proyecto. En forma análoga, se sabe que otras empresas dan a los miembros computadoras para la casa y centros de entretenimiento. Los administradores de proyecto inteligentes negocian un presupuesto discrecional para que puedan recompensar a los equipos que sobrepasan los acontecimientos importantes con certificados de regalos para restaurantes populares o boletos para encuentros deportivos. También se utilizan fiestas con pizzas y barbacoas improvisadas para celebrar logros clave.

Algunas veces, los administradores de proyecto deben utilizar el refuerzo negativo para motivar el desempeño del proyecto. Por ejemplo, Ritti cuenta la historia de un administrador de proyecto que estuvo a cargo de la construcción de una nueva planta de manufactura con los últimos avances. Su equipo de proyecto trabajaba con varias empresas de contratación. El proyecto se empezó a retrasar, sobre todo por una falta de cooperación entre las partes. El gerente de proyecto no tenía autoridad directa sobre muchas personas clave, en especial sobre los contratistas de las otras empresas. Sin embargo, él tenía la libertad de convocar a reuniones según su conveniencia. Así que el administrador del proyecto instituyó "reuniones de coordinación" diarias que requerían que los principales participantes estuvieran presentes a las 6:30 a.m. Las reuniones continuaron por casi dos semanas hasta que el proyecto regresó a su curso. En ese momento, el administrador del proyecto anunció que la siguiente junta quedaba cancelada y ya no se programaron más sesiones al amanecer.

Aunque los administradores de proyecto tienden a enfocarse en las recompensas de grupo, hay ocasiones en que necesitan premiar el desempeño individual. Esto se hace no sólo para compensar un esfuerzo extraordinario, sino también para mostrar a los demás lo que es un comportamiento ejemplar. En forma más específica, entre las recompensas que utilizan para motivar y reconocer las contribuciones individuales se encuentran las siguientes:

- **Cartas de recomendación.** Aunque los administradores de proyecto no tengan la responsabilidad de las evaluaciones de desempeño de los miembros de su equipo, pueden hacer cartas de recomendación sobre su desempeño en el proyecto. Estas cartas se pueden enviar a los supervisores de los trabajadores para que las coloquen en sus archivos personales.

- **Reconocimiento público por un trabajo sobresaliente.** Los trabajadores brillantes deben reconocerse en forma pública por sus esfuerzos. Algunos administradores de proyecto comienzan cada reunión de revisión de estatutos con una breve mención de los trabajadores de proyecto que han excedido las metas.
- **Asignaciones de trabajo.** Los buenos administradores de proyecto reconocen que, aunque no pueden tener mucha autoridad de presupuesto, sí tienen un control sustancial sobre quién hace qué con quién, cuándo y dónde. Un buen trabajo se debe recompensar con asignaciones de trabajo deseables. Los administradores deben estar conscientes de las preferencias de los integrantes y, cuando sea apropiado, satisfacerlas.
- **Flexibilidad.** Estar dispuesto a hacer excepciones a las reglas, si se hace de manera juiciosa, puede ser una recompensa poderosa. Permitir que los miembros trabajen en casa cuando un niño está enfermo o disculpar un asunto menor puede propiciar una lealtad de larga duración.

Reiteramos que las recompensas individuales deben utilizarse en forma juiciosa y el énfasis principal debe estar en los incentivos de grupo. Nada puede minar más la cohesión de un equipo que cuando los miembros empiezan a sentir que los demás reciben un trato especial o que ellos son tratados de manera injusta. La camaradería y la colaboración pueden desvanecerse con rapidez sólo para ser reemplazadas por riñas y preocupación obsesiva por la política del grupo. Esas distracciones pueden absorber una tremenda cantidad de energía que de otra forma estaría dirigida a completar el proyecto. Las recompensas individuales deben utilizarse sólo cuando todo el equipo reconoce que un miembro merece un reconocimiento especial.

Orquestación del proceso de toma de decisiones

La mayoría de las decisiones de un proyecto no requieren una reunión formal para discutir alternativas y determinar soluciones. En lugar de eso, las soluciones se realizan en tiempo real como parte de los patrones de interacción cotidiana entre los administradores de proyecto, interesados y miembros del equipo. Por ejemplo, como resultado de la pregunta rutinaria "¿cómo va todo?", un administrador de proyecto descubre que un ingeniero mecánico está atrapado tratando de cumplir con el criterio de desempeño para un prototipo que debe construir. El administrador del proyecto y el ingeniero van por el pasillo para hablar con los diseñadores, explicar el problema y preguntar qué se puede hacer, si es que hay algo. Los diseñadores distinguen qué criterios son esenciales y cuáles pueden comprometerse. Luego, el administrador del proyecto verifica con el grupo de marketing para asegurarse de que las modificaciones son aceptables. Ellos están de acuerdo con todas menos con dos modificaciones. El administrador del proyecto regresa con el ingeniero mecánico y pregunta si los cambios propuestos ayudarían a resolver el problema. El ingeniero está de acuerdo. Antes de autorizar los cambios él llama al patrocinador del proyecto, revisa los sucesos y hace que el patrocinador firme los cambios. Éste es un ejemplo de cómo, al practicar la WBWA (administración por recorridos por sus siglas en inglés), los administradores consultan a los miembros del equipo, solicitan ideas, determinan soluciones óptimas y crean un sentido de participación que crea confianza y compromiso con las decisiones.

De todos modos, los proyectos encuentran problemas y decisiones que requieren de la sabiduría colectiva de los integrantes del equipo, así como de los interesados pertinentes. La toma de decisiones grupal debe utilizarse cuando se mejore la calidad de las decisiones importantes. Con frecuencia, éste es el caso con los problemas complejos que requieren la aportación de una diversidad de especialistas. La toma de decisiones en grupo también se debe utilizar cuando se necesita un fuerte compromiso con la decisión. La participación se utiliza para reducir la resistencia y asegurar el respaldo de la decisión. La toma de decisiones conjuntas se solicitaría para problemas controversiales que tengan un efecto importante en las actividades de proyecto o cuando la confianza sea baja dentro del equipo del proyecto. A continuación se proporcionan algunos lineamientos para administrar la toma de decisiones grupales.

Facilitación de la toma de decisiones en grupo

Los administradores de proyecto tienen una función esencial al guiar al grupo en la toma de decisiones. Ellos deben recordar que su trabajo no es tomar una decisión, sino facilitar la discusión

Caso de práctica — Administración de proyectos de baja prioridad

Hasta ahora el análisis de la construcción de equipos ha estado dirigido sobre todo a los proyectos significativos que demandan la atención y participación de los integrantes asignados. Pero, ¿qué pasa con los proyectos que tienen baja prioridad para los miembros del equipo? ¿Una tarea superficial los fuerza a unirse a regañadientes? ¿El trabajo del comité es que se asigne a la gente a hacer? ¿Los proyectos de tiempo parcial que retiran a los miembros del trabajo crucial qué podrían estar haciendo en su lugar? ¿Los proyectos que causan que los miembros se cuestionen en privado por qué están haciendo eso?

No hay una varita mágica disponible que transforme a los equipos de proyecto de medio tiempo en equipos de alto rendimiento. Entrevistamos a varios administradores de proyecto acerca de esos escenarios. Todos estuvieron de acuerdo en que pueden ser tareas muy difíciles y muy frustrantes y que hay límites para lo que es posible. De todos modos, ofrecen consejos prácticos para sacar lo mejor de la situación. La mayoría de estas sugerencias se enfoca en la construcción de compromiso con el proyecto cuando no existe de manera natural.

Un administrador de proyecto defendía la puesta en marcha de una inversión de mucho "tiempo" por adelantado en dichos proyectos, ya sea en forma de una reunión muy larga o una asignación demasiado temprana. Él veía esto como una forma de enganche que los integrantes perderían si no llevaban el proyecto a la terminación.

Otros enfatizan la mezcla de tanta diversión en las actividades como fuera posible. Aquí pueden entrar en juego los rituales analizados bajo la construcción de la identidad del equipo. Las personas se comprometen porque disfrutan trabajar juntas en el proyecto. Incluso, un administrador de proyecto dijo que la asistencia perfecta a sus reuniones de proyectos se debía sobre todo a la calidad de las donas que ofrecía.

Otra estrategia es hacer que los beneficios del proyecto sean tan reales como sea posible para los miembros del equipo. Un administrador de proyecto incrementó el compromiso de una fuerza de tareas de prevención de accidentes autorizada, al llevar a las víctimas de accidentes a una reunión del proyecto. Otro administrador de proyecto trajo al patrocinador de alto nivel del proyecto para robustecer al equipo al reforzar la importancia del proyecto para la empresa.

La mayoría de los administradores de proyectos ponderaron la importancia de construir una fuerte relación personal con cada uno de los miembros del equipo. Cuando ocurre esta conexión, los integrantes trabajan duro no tanto porque les importe el proyecto, sino porque no quieren decepcionar al administrador del proyecto. Aunque no recibieron instrucción en los términos monetarios, estos administradores hablaban acerca de conocer a cada miembro, compartir contactos, ofrecer estímulo y extender una mano de ayuda cuando fuera necesario.

Por último, todos los administradores de proyectos advirtieron que nada se debía tomar por seguro en los proyectos de baja prioridad. Sugirieron recordarle a la gente sobre las reuniones y llevar copias adicionales de los materiales para quienes los hayan olvidado o no los encuentren. Los administradores de proyecto deben permanecer en contacto frecuente con los miembros del equipo y recordarles sus asignaciones. Un administrador lo resumió mejor cuando dijo: "A veces todo se reduce a ser un buen regañón."

dentro del grupo para que se llegue a un consenso sobre la mejor solución posible. El consenso dentro de este contexto no significa que todos respalden la decisión al 100 por ciento, sino que todos estén de acuerdo en que es la mejor solución en esas circunstancias. En esencia, facilitar la toma de decisiones en grupo incluye cuatro pasos importantes. Cada uno se describe a continuación de manera concisa con sugerencias de cómo administrar el proceso.

1. **Identificación del problema.** El administrador del proyecto necesita ser cuidadoso de no afirmar el problema en términos de opciones (por ejemplo, ¿debemos hacer X o Y?). En lugar de eso, debe identificar el problema subyacente para el que estas alternativas, y quizás otras, sean soluciones potenciales. Esto permite a los miembros del grupo generar opciones, no sólo elegir entre ellas. Una forma útil de definir los problemas es considerar la brecha entre dónde está un proyecto (por ejemplo, el estado actual) y dónde debe estar (estado deseado). Por ejemplo, el proyecto puede tener un retraso de cuatro días en el programa o el prototipo pesa dos libras más que lo estipulado. Ya sea que la brecha sea pequeña o grande, el objetivo es eliminarla. El grupo debe encontrar uno o más cursos de acción que cambiarán el estado existente por el deseado.

   Si uno detecta una postura defensiva durante el análisis para identificar el problema, entonces sería inteligente, si es posible, posponer la solución del problema. Esto permite que las emociones bajen y los integrantes obtengan una perspectiva fresca de los temas relacionados.

2. **Generación de alternativas.** Una vez que hay un acuerdo general en cuanto a la naturaleza del problema, el siguiente paso es generar soluciones alternativas. Si el problema requiere creatividad, se recomienda una tormenta de ideas. Aquí el equipo genera una lista de soluciones posibles en un rotafolios o un pizarrón. Durante ese tiempo el administrador del proyecto establece una prórroga para criticar las ideas en evaluación. Se alienta a los miembros a tomar las ideas de los demás, extenderlas o combinarlas para formar una idea nueva. El objetivo es crear tantas alternativas como sea posible, sin importar lo extrañas que puedan parecer. Algunos administradores de proyectos informan que para problemas de verdad fuertes han encontrado beneficioso realizar esas sesiones fuera del ambiente de trabajo normal; el cambio de escenario estimula la creatividad.

3. **Llegar a una decisión.** El siguiente paso es evaluar y considerar los méritos de las soluciones alternas. Durante esta fase es útil tener un conjunto de criterios para evaluar los méritos de las

distintas soluciones. En muchos casos, el administrador del proyecto puede tomar las prioridades del proyecto y hacer que el grupo evalúe cada alternativa en términos de su repercusión en costo, programa y desempeño, así como la reducción de la brecha del problema. Por ejemplo, si el tiempo es crucial, entonces la solución que resuelve el problema tan pronto como sea posible sería la elegida.

En el curso de la discusión, el administrador del proyecto intenta lograr consenso entre el grupo. Y puede ser un proceso complicado. Los administradores de proyecto necesitan ofrecer resúmenes periódicos para ayudar al grupo a mantener un registro de su progreso. Ellos deben proteger a los integrantes que representan el punto de vista de la minoría y asegurar que esos puntos de vista obtengan una atención justa. Necesitan garantizar que todos tengan la oportunidad de compartir sus opiniones y que ningún individuo o grupo domine la conversación. Puede ser útil llevar un cronómetro para regular el uso del tiempo al aire. Cuando se dan los conflictos, los administradores deben aplicar algunas de las técnicas analizadas en la siguiente sección.

Los administradores de proyecto necesitan participar en pruebas de consenso que determinen en qué puntos el grupo está de acuerdo y cuáles son aún las fuentes de conflicto. Tienen cuidado de no interpretar el silencio como un pacto; confirman el acuerdo mediante preguntas. Por último, a través de una cuidadosa interacción, el equipo llega a una "reunión de mentes" en cuanto a qué solución es la mejor para el proyecto.

4. **Seguimiento.** Una vez que se toma la decisión y se lleva a cabo, es importante para el equipo encontrar el tiempo para evaluar la eficacia de la decisión. Si ésta no proporciona la solución anticipada, entonces deben explorarse las razones y aprender las lecciones para el banco de memoria colectivo del equipo del proyecto.

Manejo del conflicto dentro del proyecto

Es natural que los desacuerdos y los conflictos surjan dentro de un equipo durante la vida del proyecto. Los participantes estarán en desacuerdo sobre las prioridades, asignación de recursos, la calidad de un trabajo en específico, las soluciones a los problemas descubiertos y demás. Algunos conflictos respaldan las metas del grupo y mejoran el desempeño de un proyecto. Por ejemplo, dos integrantes pueden engancharse en un debate acerca de una decisión de concesión de diseño que incluye distintas características de un producto. Ambos alegan que su característica preferida es lo que el cliente principal quiere en realidad. Este desacuerdo puede forzarlos a hablar o a obtener más información sobre el cliente, con el resultado de que se percatan de que ninguna de las dos características es muy valorada y que, en lugar de eso, el cliente quiere algo más. Por otro lado, los conflictos también pueden obstaculizar el desempeño del grupo. Los desacuerdos iniciales pueden escalar hasta llegar a disputas acaloradas y ambas partes dejan en forma abrupta la oficina y se niegan a trabajar juntas.

La investigación de Thamhain y Wilemon reveló que las fuentes de conflicto cambian conforme los proyectos progresan durante el ciclo de vida del proyecto. En la figura 11.5 se resumen las fuentes importantes de conflicto en cada fase.

Durante la definición del proyecto las fuentes más significativas de conflicto son las prioridades, los procedimientos administrativos, programas y fuerza laboral. Las disputas ocurren por la importancia relativa del proyecto comparado con otras actividades, qué estructura administrativa utilizar (en especial cuánto control debería tener el administrador del proyecto), el personal que se va a asignar y la programación del proyecto en cargas de trabajo existentes.

En la fase de planeación la fuente principal de conflicto siguen siendo las prioridades, seguidas de los programas, procedimientos y requisitos técnicos. Las disputas se presentan al revisar la importancia del proyecto contra otras actividades que los administradores de proyectos acostumbran utilizar (especialmente cuánto control debe tener él), el personal que será asignado y la programación del proyecto en las cargas de trabajo normales. Durante la fase de planeación, los conflictos para el jefe siguen siendo las prioridades, seguidas de la programación, procedimientos y rquerimientos técnicos. Ésta es la fase donde el proyecto se mueve de un concepto general a un conjunto detallado de planes. Con frecuencia surgen los desacuerdos por un programa final, la disponibilidad de recursos, la comunicación y los procedimientos de la toma de decisiones y los requisitos técnicos del proyecto.

En el curso de la fase de ejecución surge la fricción por las fallas en la candelarización, los problemas técnicos y los temas de personal. Los acontecimientos importantes son más difíciles de

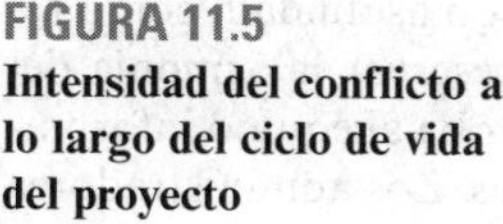

FIGURA 11.5
Intensidad del conflicto a lo largo del ciclo de vida del proyecto

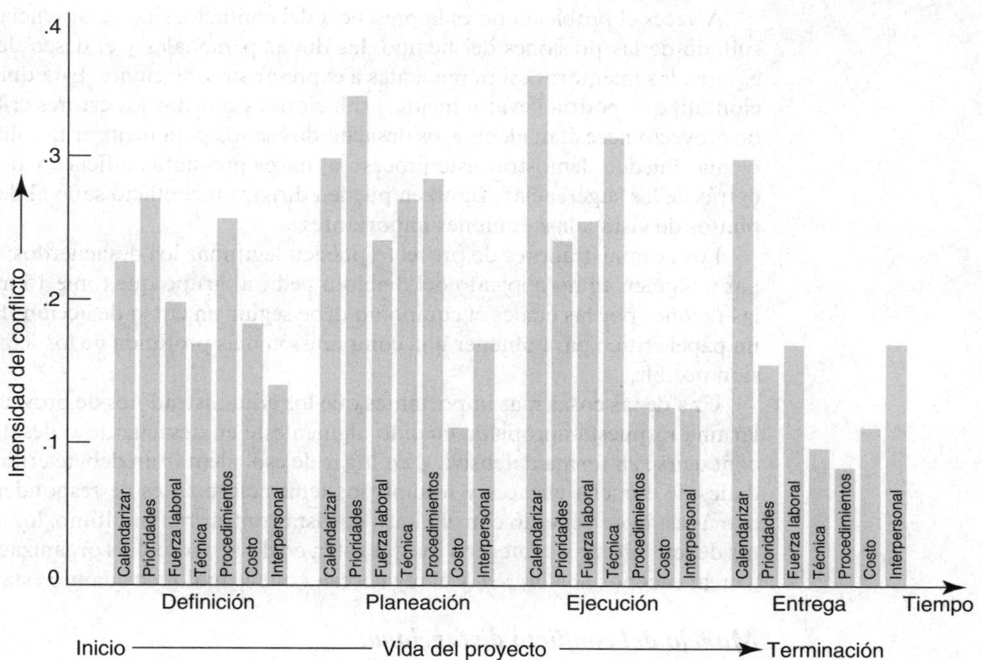

alcanzar debido a una acumulación de errores en la calendarización. Esto lleva a una tensión dentro del equipo, ya que los retrasos evitan que los demás empiecen o terminen su trabajo. Administrar las concesiones de tiempo, costo y desempeño se vuelve vital. Los administradores de proyecto deben decidir entre dejar pasar el error del programa, invertir fondos adicionales para regresar a éste o volver a evaluar el alcance del proyecto para ahorrar tiempo. Los problemas técnicos incluyen encontrar soluciones a problemas inesperados e integrar las contribuciones de diferentes personas. La tensión del proyecto se puede expresar en conflictos interpersonales, así como en presiones por usar los recursos en forma más eficaz.

Durante la fase de entrega la calendarización continúa siendo la principal fuente de conflicto, ya que los errores de ésta dificultan el cumplimiento con las fechas de vencimiento. Las presiones por cumplir con los objetivos, aunadas a la ansiedad creciente por las asignaciones futuras, aumentan las tensiones interpersonales. Los problemas técnicos son raros, ya que la mayoría de ellos se han resuelto en las primeras fases.

Estimulación del conflicto funcional

La demarcación entre el conflicto funcional y el disfuncional no es clara ni precisa. En un equipo, sus integrantes pueden intercambiar una diatriba de improperios y más adelante resolver sus diferencias. Sin embargo, en otro equipo de proyecto ese comportamiento crearía divisiones irreconciliables y evitaría que las partes trabajaran juntas de manera productiva en otra ocasión. El criterio de distinción es la forma en que el conflicto afecta el desempeño del proyecto, no la forma en que se sienten los individuos. Los miembros pueden estar molestos e insatisfechos con el intercambio, pero siempre y cuando los desacuerdos impulsen los objetivos del proyecto; entonces el conflicto es funcional. Los administradores de proyecto deben reconocer que el conflicto es una parte inevitable y hasta deseable en el trabajo del proyecto; la clave es alentar el conflicto funcional y manejar el conflicto disfuncional.

Una visión compartida puede trascender a las incongruencias de un proyecto y establecer un propósito común para canalizar el debate en forma constructiva. Sin metas compartidas no hay un terreno común para arreglar las diferencias. En el ejemplo anterior que aborda la decisión de concesión de diseño, cuando ambas partes acordaron que la meta principal era satisfacer al cliente, había una base para resolver la disputa en forma más objetiva. Por lo tanto, acordar con anticipación qué prioridad es la más importante (costo, programa o alcance), puede ayudar a un equipo de proyecto a decidir qué respuesta es la más apropiada.

A veces el problema no es la presencia del conflicto, sino su ausencia. Con asiduidad, como resultado de las presiones del tiempo, las dudas personales y el deseo de preservar la armonía del equipo, los miembros están renuentes a expresar sus objeciones. Esta duda roba al equipo información útil que podría llevar a mejores soluciones y a evitar los errores críticos. Los administradores de proyecto necesitan alentar los desacuerdos sanos para mejorar la solución e innovación del problema. Pueden demostrar este proceso al hacer preguntas difíciles y desafiar las razones que hay detrás de las sugerencias. También pueden dirigir un conflicto sano al llevar personas con distintos puntos de vista a las reuniones importantes.

Los administradores de proyecto pueden legitimar los desacuerdos dentro del equipo al designar a alguien como abogado del diablo o pedir al grupo que tome 15 minutos para aportar todas las razones por las cuales el equipo no debe seguir un curso de acción. El conflicto funcional tiene un papel crítico para obtener una comprensión más profunda de los temas y obtener la mejor decisión posible.

Una de las cosas más importantes que los administradores de proyectos pueden hacer es modelar una respuesta apropiada cuando alguien esté en desacuerdo o desafíe sus ideas. Se debe evitar conducirse en forma defensiva y, en lugar de eso, alentar un debate crítico. Se deben exhibir habilidades de escucha eficaces y resumir los temas clave antes de responder. También, verificar si los demás están de acuerdo con el punto de vista contrario. Por último, los administradores de proyectos deben valorar y proteger a los que estén en desacuerdo. Las organizaciones tienen una tendencia a crear muchos *hombres-sí,* y el rey necesita que le indiquen cuando está desnudo.

Manejo del conflicto disfuncional

Manejar el conflicto disfuncional es una tarea mucho más desafiante que alentar el conflicto funcional. Primero, el conflicto disfuncional es difícil de identificar. Un administrador podría tener profesionales muy talentosos que se odian entre ellos, pero al calor de la competencia producen resultados meritorios. ¿Es una situación agradable? No. ¿Es funcional? Sí, siempre que contribuya al desempeño del proyecto. Por el contrario, en ocasiones el conflicto funcional degenera en un conflicto disfuncional. Este cambio ocurre cuando los desacuerdos técnicos evolucionan en choques de personalidad irracionales o cuando se fracasa en resolver un tema que ocasiona retrasos innecesarios en el trabajo de proyecto crítico.

La segunda dificultad importante que enfrentan los administradores es que, con frecuencia, no hay una solución fácil al conflicto disfuncional. Los administradores de proyectos deben decidir entre diversas estrategias distintas para enfrentarlo; aquí hay cinco posibilidades:

1. **Mediar el conflicto.** El administrador interviene y trata de negociar una solución mediante el razonamiento y la persuasión, lo cual sugiere alternativas. Una de las claves es tratar de encontrar un terreno común. En algunos casos el administrador del proyecto puede alegar que el intercambio de ganar-perder ha escalado al punto en que se ha convertido en perder-perder para todos y que ahora llegó el momento de hacer concesiones.
2. **Arbitrar el conflicto.** El administrador impone una solución al conflicto después de escuchar a cada parte. La meta es no decidir quién gana, sino hacer que el proyecto gane. Al hacer eso, es importante buscar una solución que permita que cada parte salve su integridad; de otra manera la decisión puede brindar sólo un alivio momentáneo. Una administradora de proyectos admite que ha tenido un gran éxito con el enfoque del rey Salomón para resolver el conflicto. Reveló que ofrece una solución que a ninguna parte le agradará y a los oponentes les da dos horas para que regresen con una mejor solución en la que estén de acuerdo.
3. **Controlar el conflicto.** Reducir la intensidad del conflicto al suavizar las diferencias o intercalar el humor son estrategias eficaces. Si los sentimientos suben de nivel, el administrador puede suspender la interacción y esperar que al día siguiente prevalezcan las cabezas frías. Si el conflicto continúa en ascenso, podría ser necesario que las asignaciones del proyecto se vuelvan a arreglar, en lo posible, para que las dos partes no tengan que trabajar juntas.
4. **Aceptarlo.** En algunos casos el conflicto seguirá más allá del proyecto y, aunque sea una distracción, el administrador debe aprender a vivir con eso.
5. **Eliminar el conflicto.** A veces el conflicto ha escalado al punto en que ya no es tolerable. En este caso el administrador retira del proyecto a los involucrados. Si hay un villano claro, sólo éste debe ser retirado. Si, como pasa con frecuencia, ambas partes están equivocadas, sería más inteligente

eliminar a los dos individuos. Esta separación dará una señal clara al equipo de que este tipo de comportamiento es inaceptable.

En resumen, los administradores de proyectos establecen la base para un conflicto funcional al designar roles y responsabilidades claros, desarrollar metas comunes o una visión compartida y utilizar incentivos de grupo que recompensen la colaboración. Los administradores de proyecto deben ser hábiles para leer el lenguaje corporal e identificar los desacuerdos tácitos. También deben mantenerse en contacto con lo que sucede en un proyecto para identificar pequeños problemas que puedan evolucionar a grandes conflictos. El humor oportuno y una redirección del enfoque hacia lo que es mejor para el proyecto pueden aliviar las tensiones personales que podrían surgir en un equipo de proyecto.

Rejuvenecimiento del equipo de proyecto

A veces, en un proyecto largo un equipo se sale del curso y pierde fuerza. El administrador del proyecto debe entrar en acción para realinear al equipo dentro de los objetivos del proyecto y pisar el acelerador. Hay maneras formales e informales de hacer esto. De manera informal, el administrador del proyecto puede instituir nuevos rituales como "las cucarachas de juguete" para reenergizar al equipo. En un equipo que experimentaba momentos difíciles, el administrador del proyecto detuvo el trabajo y llevó a los integrantes al boliche para relajar las tensiones. En otro proyecto, un administrador mostró a su equipo la película *The Shawshank Redemption* para reavivar la esperanza y el compromiso con el éxito.

Otra opción es hacer que el patrocinador del proyecto les dé una plática energizante a las "tropas". En otros casos, un desafío amistoso puede revigorizar a un equipo. Por ejemplo, un patrocinador de proyecto ofreció una comida de cinco tiempos si el proyecto regresaba a su curso y llegaba con puntualidad a su siguiente acontecimiento importante.

En ocasiones, hay que tomar acciones más formales. El administrador del proyecto puede reconocer la necesidad de una sesión de construcción de equipo dedicada a mejorar los procesos de trabajo del equipo. Esta reunión es muy apropiada si siente que el equipo llega a un punto de transición en su desarrollo. La meta de dicha sesión es mejorar la eficacia del equipo del proyecto mediante una mejor administración de las demandas del proyecto y los procesos de grupo. Es una introspección del equipo sobre su desempeño, comportamiento y cultura para eliminar los comportamientos disfuncionales y fortalecer los funcionales. El equipo del proyecto critica su propio desempeño, analiza su forma de hacer las cosas e intenta desarrollar estrategias para mejorar su operación.

Con frecuencia se contrata un consultor externo o se asigna un especialista interno del personal para facilitar la sesión. Este proceso trae una perspectiva externa más objetiva a la mesa, libera al administrador de proyecto para ser parte del proceso y brinda un especialista capacitado en dinámica de grupo. Además, si se recopila información preliminar, los miembros del equipo pueden ser más cándidos y abiertos con alguien externo.

Una advertencia acerca del uso de consultores externos es que con demasiada frecuencia los administradores recurren a este método para tratar con un problema que han sido incapaces de resolver o que no han estado dispuestos a hacerlo. La orden para el consultor es "arréglame el equipo". Los administradores fallan en reconocer que una de las claves para arreglar el equipo es mejorar la relación de trabajo entre ellos y el resto del equipo. Para que dichas sesiones sean eficaces, los administradores de proyecto deben estar dispuestos a que su función quede bajo escrutinio y ser receptivos a cambiar su comportamiento y hábitos de trabajo con base en los comentarios y sugerencias del equipo de proyecto.

Los consultores utilizan una amplia variedad de técnicas de construcción de equipo para elevar el desempeño. Aquí tenemos una breve descripción de los métodos más comunes. El primer paso es recopilar información y hacer un diagnóstico del desempeño del equipo. Ya sea mediante entrevistas individuales o en un foro de grupo, el consultor hace preguntas generales sobre el desempeño del equipo del proyecto; es decir, ¿qué obstáculos impiden que el equipo tenga un mejor desempeño? Esta información se resume en términos de temas. Cuando todos han entendido los temas, el grupo lo clasifica por su importancia y el grado al que el equipo tiene propiedad sobre ellos. Esta última dimensión es crucial. La propiedad se refiere a si el equipo tiene influencia directa sobre el tema. Por ejemplo, quizás un equipo tenga poca influencia sobre la entrega de suministros contratados, pero sus integrantes sí controlan la rapidez con la que se informan entre ellos de cambios súbitos en los planes.

Si el grupo se preocupa por temas fuera de su control, la reunión puede evolucionar con rapidez hacia una sesión desmoralizadora de quejas. Por lo tanto, los temas más importantes sobre los que tienen control directo entran en la agenda. Durante el curso de la reunión se generará gran parte de la información interpersonal y del proceso del grupo, y eso se analizará también. Así, el grupo trabaja en dos conjuntos de temas: los de la agenda y los que surjan de la interacción de los participantes. Aquí es donde la experiencia del facilitador externo se vuelve relevante para identificar los patrones de interacción y sus implicaciones para el desempeño del equipo.

Conforme se discuten los problemas importantes, se desarrollan las alternativas de acción. La sesión de construcción de equipo concluye al decidir sobre los pasos de acción específica para remediar los problemas y establecer las fechas objetivo para quién hará qué y cuándo. Estas asignaciones se pueden revisar en las reuniones de estatus de proyecto o en una junta especial de seguimiento.

Está de moda vincular las tareas de construcción de equipo con actividades al aire libre. La experiencia al aire libre, ya sea que se trate de navegar en los rápidos del río Rogue en Oregon o escalar rocas en Colorado, coloca a los miembros del equipo en una diversidad de situaciones físicamente desafiantes que se deben dominar mediante el trabajo conjunto, no por el esfuerzo individual. Al tener que trabajar juntos para superar los obstáculos difíciles, se supone que los participantes experimentarán un aumento en la confianza personal, más respeto por las capacidades de los demás y un mayor compromiso con el trabajo de equipo. No hay datos empíricos disponibles para respaldar esas iniciativas exóticas más que el apoyo entusiasta de los participantes. Es probable que esas actividades brinden una experiencia común intensa que pueda acelerar el desarrollo social del equipo. Dicha inversión de tiempo y dinero comunica la importancia del trabajo en equipo y se considera por algunos una gratificación por pertenecer al proyecto. Asimismo, a menos que las lecciones de estas experiencias puedan transferirse de inmediato al trabajo del proyecto real, es probable que su significación se desvanezca.

Administración de los equipos virtuales del proyecto

Construir un equipo de proyecto de alto rendimiento entre una mezcla de miembros de medio tiempo y de tiempo completo es una tarea provocadora. Considere cuánto más desafiante es construir un equipo cuando los integrantes no pueden participar en interacciones frente a frente. Ése sería el caso de un equipo virtual de proyecto en el que los miembros del equipo están situados de manera que rara vez pueden encontrarse frente a frente como equipo, si es que lo hacen alguna vez. Por ejemplo, la oficina matriz de negocios de circuitos integrados de Hewlett Packard y una porción de las instalaciones de R&D están ubicadas en Palo Alto, California; las dos operaciones de fabricación de microplaquetas están ubicadas en Corvallis, Oregon, y Fort Collins, Colorado; y el proceso de ensamblado de empaque está sobre todo en Singapur y Corea. No es poco común que los profesionales en cada una de estas ubicaciones participen en el mismo proyecto. Cuando los miembros del equipo se diseminan en distintas zonas horarias y continentes, la oportunidad de una comunicación directa queda muy limitada. La comunicación electrónica —como Internet, correo electrónico y teleconferencias— tiene una mayor importancia en los proyectos virtuales porque éste es el medio principal de comunicación. Véase el recuadro de Caso de práctica: Administración de equipos globales para tener un ejemplo de cómo funciona esto.

Dos de los mayores desafíos incluidos en la administración de un equipo de proyecto virtual son el desarrollo de la confianza y los patrones eficaces de comunicación. La confianza es difícil de establecer en la administración de proyectos virtuales. A diferencia de trabajar como un equipo tradicional, donde los miembros pueden ver si alguien de verdad ha realizado lo que dice, los integrantes del equipo virtual dependen de la palabra de los miembros distantes. Asimismo, puede ser difícil confiar en alguien a quien ni siquiera se conoce o que se le ha visto en una o dos ocasiones. La separación geográfica también impide las interacciones sociales informales que con frecuencia son esenciales para construir camaradería entre los miembros del equipo. Como lo dijo un elemento del equipo virtual: "No se pueden tomar juntos una cerveza a través de Internet."

Así que ¿cómo puede un administrador de proyectos facilitar el desarrollo de la confianza dentro de un equipo virtual? Primero, si es imposible mantener una reunión frente a frente al principio, los administradores necesitan propiciar el intercambio de información social, quién es quién, y alguna información de antecedentes personales durante el intercambio electrónico inicial. Segundo,

Caso de práctica

Administración de equipos globales*

Carl A. Singer, administrador de programas sénior en IBM Global Services, describió cómo se utilizan las zonas de tiempo globales para completar un proyecto intensivo de tiempo. El proyecto requirió que expertos en la materia (SME, por sus siglas en inglés) documentaran las mejores prácticas existentes en el dominio de mantenimiento para convertirlas en una herramienta de administración del conocimiento. Los SME más competentes estaban en lados opuestos del globo: Australia y Escocia. La revisión y control del proyecto se hicieron desde Estados Unidos.

La administración se percató de que con sólo trabajar más duro y en forma más inteligente no se iba a cumplir con los objetivos de tiempo y calidad. Para este proyecto utilizaron la dimensión de tiempo en su beneficio. Al aplicar los principios de administración lógicos, así como aprovechar los sistemas de comunicación electrónicos, el equipo fue capaz de crear un día de trabajo virtual de 24 horas para respuestas rápidas y revisiones aceleradas.

Cada equipo se formó con profesionales veteranos familiarizados con los rigores de proyectos de consulta con presiones de tiempo. Asimismo, se identificó una persona de punto local para cada equipo y se establecieron objetivos, terminología y procesos mutuamente acordados.

Se organizó una reunión de lanzamiento en la que todos los participantes pudieron socializar, entender las limitaciones locales y de todo el proyecto, y finalizar un plan acordado. La reunión se realizó en un hotel corporativo con reservaciones para la cena. La instalación era considerada una "comunidad de vida asistida para consultores de IBM". Esto aceleró la recuperación del desfase horario y brindó un ambiente de trabajo libre de interrupciones.

Después de regresar a sus bases locales, cada equipo creó la mayoría de sus productos preterminados en forma independiente con llamadas de conferencia tripartitas para mantener la coordinación. Se estableció un libro electrónico de control de proyecto para que todos los participantes tuvieran acceso a los documentos más recientes del proyecto.

La fase final del proyecto requirió una interfaz rápida y revisiones entre los equipos. Éstas necesitaron cambios para manejar las preocupaciones, las diferencias entre los subproyectos y otros temas. Fue aquí donde se niveló la naturaleza mundial del proyecto mediante un "enfoque de tintorería" (dentro para las 5 p.m., y fuera para las 9 a.m.) los miembros del equipo en Australia y Escocia pudieron abordar los temas generados durante las revisiones externas con base en Estados Unidos y brindar respuestas concretas para el inicio del siguiente día laborable. Las conferencias a las 6:00 a.m. (tiempo del este de Estados Unidos) se utilizaron para coordinar las respuestas y resolver los temas. Las conferencias al final del día de trabajo estadounidense se utilizaban para concluir los temas y las asignaciones. En la figura 11.6 (página 346) se describe el reloj de 24 horas que se utilizó para alinear los programas de comunicación.

Se usaron las conferencias telefónicas en lugar de las videoconferencias debido al tiempo de proceso de la configuración y porque éstas obligaban a los participantes a dejar sus oficinas. Se utilizó el correo electrónico de manera extensa para la comunicación general. Se empleó una central de depósito electrónico para coordinar la participación global. En la práctica, un participante podía esbozar el borrador de un documento y depositarlo en forma electrónica sólo para encontrarlo al día siguiente con las anotaciones de sugerencias de revisiones. De igual forma, se podía iniciar el día con una charola de entrada llena de documentos para revisar y temas por atender. Con el paso del tiempo, los términos "G'day" y "Cheers" entraron al vocabulario estadounidense como claro indicador de la cohesión del equipo.

Singer identificó varias lecciones aprendidas del proyecto. Éstas incluyeron:

- La reunión de lanzamiento de participación total fue crucial para establecer las metas y procedimientos, así como las "reglas de cortesía".
- Se soltaron las riendas, se establecieron los productos preterminados claros y luego salieron del camino y dejaron que los profesionales hicieran su trabajo.
- Establecieron y aplicaron los estándares de la calidad acordada y los formatos de productos preterminados.
- Mantuvieron un programa regular de llamadas de conferencias, aunque fuera sólo para decir "hola, no tenemos nada de que hablar hoy". Las conferencias telefónicas debían guiarse por las agendas preestablecidas, procedimientos de toma de notas y revisiones.

* Carl A. Singer, "Leveraging a Worldwide Project Team", *PM Network*, abril de 2001, pp. 36-40.

necesitan establecer funciones claras para cada integrante del equipo. En forma ideal, se deben asignar las tareas específicas a cada miembro para que pueda hacer una contribución inmediata al proyecto. La confianza en los proyectos virtuales depende de la confiabilidad de los miembros del equipo, su consistencia y sensibilidad. Por último, el administrador de proyecto debe mostrar entusiasmo en forma convincente y una orientación a la acción en todos los mensajes; se espera que este espíritu se extienda a los demás integrantes del equipo.

El segundo desafío importante para administrar un equipo de proyecto virtual es establecer patrones eficaces de comunicación. Los correos electrónicos y los faxes son maravillosos para comunicar acontecimientos, pero no los sentimientos detrás de los hechos; tampoco permiten una comunicación en tiempo real. Las conferencias telefónicas y salas de chateo del proyecto pueden ayudar, pero también tienen sus restricciones. Las videoconferencias también son una mejora significativa sobre las formas electrónicas no visuales de comunicación. De cualquier forma, es un medio muy costoso y la interacción en tiempo real está disponible sólo en los sistemas más avanzados y caros. La máxima es empatar la tecnología con la necesidad de comunicación. Aquí tenemos algunos lineamientos desarrollados por 3M para usar en sus proyectos distribuidos:

- *Cuándo enviar un correo electrónico*. Para distribuir información importante y noticias en un marco de referencia de uno a uno, o uno a muchos.

FIGURA 11.6
Reloj global de 24 horas

Estados Unidos (Costa Este)	Australia	Escocia	Comentarios
12 medianoche	2 p.m.	5 a.m.	
1 a.m.	3 p.m.	6 a.m.	
2 a.m.	4 p.m.	7 a.m.	
3 a.m.	5 p.m.	8 a.m.	
4 a.m.	6 p.m.	9 a.m.	Transferencia de Australia para revisión fuera de turno
5 a.m.	7 p.m.	10 a.m.	
6 a.m.	8 p.m.	11 a.m.	Ventana de conferencia de 3 vías (primaria)
7 a.m.	9 p.m.	12 medio día	Ventana de conferencia de 3 vías (primaria)
8 a.m.	10 p.m.	1 p.m.	Ventana de conferencia de 3 vías (primaria)
9 a.m.	11 p.m.	2 p.m.	
10 a.m.	12 media noche	3 p.m.	
11 a.m.	1 a.m.	4 p.m.	
12 medio día	2 a.m.	5 p.m.	Transferencia de Escocia para revisión fuera de turno
1 p.m.	3 a.m.	6 p.m.	
2 p.m.	4 a.m.	7 p.m.	
3 p.m.	5 a.m.	8 p.m.	
4 p.m.	6 a.m.	9 p.m.	Ventana de conferencia de 3 vías (secundaria)
5 p.m.	7 a.m.	10 p.m.	Ventana de conferencia de 3 vías (secundaria)
6 p.m.	8 a.m.	11 p.m.	Transferencia de Estados Unidos para revisión fuera de turno
7 p.m.	9 a.m.	12 media noche	
8 p.m.	10 a.m.	1 a.m.	
9 p.m.	11 a.m.	2 a.m.	
10 p.m.	12 medio día	3 a.m.	
11 p.m.	1 p.m.	4 a.m.	
12 media noche	2 p.m.	5 a.m.	

Tiempo principal — Tiempo secundario — Tiempo fuera

- *Cuándo utilizar tableros de boletines electrónicos*. Para alentar la discusión y liberar la diversidad de opiniones sobre los temas.
- *Cuándo usar videoconferencias*. Cuando hay necesidad de verse las caras y expresiones. Esto es importante durante las primeras fases de un proyecto, cuando usted construye relaciones y desarrolla un entendimiento común de lo que se debe hacer. Úsela otra vez cuando tenga que trabajar en decisiones cruciales o temas polémicos.
- *Cuándo usar llamadas en conferencia*. Cuando las personas en las distintas ubicaciones trabajan con documentos comunes, presentaciones, bosquejos y modelos. Úselas para reuniones de informe de estatus y para sostener la camaradería social.
- *Cuándo volar*. Vuele para construir o reparar la confianza. Use el presupuesto de viajes para reunir a todos los jugadores clave desde el principio, a fin de para producir compromiso con las metas del proyecto y participar en actividades de construcción de equipos.

Incluso con el mejor sistema de comunicación, los administradores tienen que superar el problema de las diferencias en las zonas horarias y matices culturales; además, encontrar un tiempo conveniente para que las personas se reúnan en conferencias.

A continuación presentamos consejos adicionales para aliviar los problemas de comunicación y resaltar el desempeño de los equipos virtuales:

1. **Mantener a los miembros informados acerca de cómo va el proyecto en general.** Use programas compartidos o desarrolle un punto de acceso central, como un sitio web o una cuenta LAN, para brindar a los integrantes programas de proyecto actualizados. Los miembros del equipo necesitan saber dónde encajan en la visión global.
2. **No permitir que los miembros desaparezcan.** Los equipos virtuales suelen experimentar problemas para contactarse entre ellos. Utilice un software de programación de Internet para almacenar los calendarios de los miembros.
3. **Establecer el código de conducta para evitar retrasos.** Los integrantes del equipo necesitan acordar no sólo en qué, cuándo y cómo la información se va a compartir, sino también en cómo y cuándo responderán a ella. Desarrolle un sistema de prioridades para distinguir entre los mensajes que requieren de respuesta inmediata y aquéllos con marcos temporales más grandes.
4. **Establezca normas claras y protocolos para suposiciones y conflictos en formación.** Como la mayor parte de la comunicación es no visual, los administradores de proyecto no pueden observar el lenguaje corporal ni las expresiones faciales para desarrollar un juicio de lo que sucede. Necesitan explorar más profundo al comunicarse con los miembros para forzarlos a explicar sus puntos de vista, acciones y preocupaciones con más claridad; deben dar una doble revisión a la comprensión.
5. **Compartir el dolor.** No pida que todos se adapten a su zona horaria y preferencias. Rote los horarios de reunión para que todos los integrantes puedan tener una oportunidad de trabajar de acuerdo con su reloj.

Hasta cierto grado, la administración de un equipo de proyecto virtual no difiere de la administración de un equipo de proyecto regular. La clave es trabajar dentro de las restricciones de la situación para desarrollar formas eficaces con el propósito de que los integrantes del equipo interactúen y combinen sus talentos para completar el proyecto.

Trampas de los equipos de proyectos

Los equipos de proyecto de alto rendimiento pueden producir resultados dramáticos. Sin embargo, como cualquier cosa buena, hay un lado oscuro en los equipos de proyecto del que los administradores deben estar conscientes. Nos referimos a este fenómeno como *proyectitis* en el capítulo 3. En esta sección analizamos con mayor detalle algunas de las patologías que pueden derribar a los equipos de proyectos de alto rendimiento; también enfatizamos lo que los administradores de proyecto pueden hacer para reducir la probabilidad de que ocurran estos problemas.

Pensamiento grupal

Janis primero identificó el *pensamiento grupal* que influyó en la frustrada invasión Bahía de Cochinos a Cuba en 1961. Su término se refiere a la tendencia de los miembros de los grupos altamente cohesivos a perder sus capacidades de evaluación crítica. Esta afección aparece cuando las presiones de conformidad se combinan con una ilusión de invencibilidad para suspender la discusión crítica de las decisiones. Como resultado, las decisiones se toman rápido con poca consideración de las alternativas; con frecuencia la práctica lleva a fiascos que, después del hecho, parecen del todo improbables. Algunos de los síntomas del pensamiento grupal incluyen los siguientes:

- *Ilusión de invulnerabilidad.* El equipo se siente invencible. Está marcado por un alto grado de espíritu corporativo, una fe implícita en su sabiduría y un optimismo excesivo que permite a los miembros del grupo sentirse complacientes acerca de la calidad de sus decisiones.
- *Enmascaramiento del pensamiento crítico.* Los miembros del grupo analizan sólo algunas soluciones, pues ignoran las alternativas; fallan en examinar las consecuencias adversas que podrían seguir su curso preferido de acción; y también desechan con rapidez cualquier alternativa que, en la superficie, parezca insatisfactoria.
- *Estereotipos negativos de la gente externa.* Los estereotipos de "tipo malo" y "tipo bueno" surgen en lo que el grupo considera los extraños que se oponen a sus decisiones; son los tipos malos que se perciben como incompetentes y maliciosos y cuyos puntos son indignos de una consideración seria.

Caso de práctica — Técnica de grupo nominal*

GE Appliances, U.S. West, Marriott Corp. y Hewlett-Packard están entre las muchas empresas que utilizan una técnica de grupo nominal (NGT, por sus siglas en inglés) para guiar las decisiones en los proyectos. La NGT comienza por reunir a los miembros del equipo de proyectos y a los interesados alrededor de una mesa e identificar el problema del proyecto que se enfrenta. Cada miembro entonces escribe sus soluciones. Después, cada miembro presenta sus soluciones al grupo y el líder escribe esas soluciones en un diagrama. No se permiten críticas. Este proceso continúa hasta que se han expresado todas las ideas. Entonces el grupo analiza y aclara cada solución. Después de que todas las ideas se han analizado, los miembros del grupo califican en privado sus soluciones elegidas. Se cuenta la votación para crear una clasificación ordenada de cada solución. Estos pasos se repiten si es necesario afinar más la lista con la finalidad de obtener la solución adecuada.

NGT proporciona un proceso ordenado para tratar con problemas potencialmente incendiarios. También evita que ocurra un pensamiento de grupo. NGT desalienta cualquier presión por conformarse a los deseos de los miembros de alto estatus y poderosos, ya que todas las ideas se analizan y las preferencias se expresan en privado. Se debe mejorar la creatividad ya que los miembros son capaces de ofrecer una solución basada en su área de experiencia y en su punto de vista. Finalmente, se pueden tomar decisiones importantes en forma oportuna. NGT trabaja mejor cuando hay un problema bien definido.

* Andrew Delbeeq, Andrew H. Van de Ven y D.H. Gustafson, Group Techniques for Program Planning, Glenview, IL, Scott Foresman, 1975.

- *Presión directa.* Cuando un miembro del equipo protesta o cuestiona a la dirección que dirige al equipo, se le aplica presión directa por ser disidente. En seguida se le recuerda que la velocidad es importante y que la meta es estar de acuerdo y no discutir.

Síndrome del bypass burocrático

Con frecuencia, los equipos de proyectos tienen autorización para hacer las cosas sin tener que pasar por los protocolos normales de la organización principal. Los canales burocráticos del *bypassing* son atractivos y vigorizantes. Sin embargo, si el bypass se convierte en una forma de vida, ocasiona el rechazo de las políticas y procedimientos burocráticos que brindan el pegamento para la organización en general. Un equipo que opera fuera de la organización puede alejar a los demás trabajadores que están limitados por las normas y procedimientos de la organización; eventualmente, estos burócratas externos encontrarán formas de poner obstáculos y estorbar al equipo del proyecto.

El espíritu de equipo se convierte en obsesión por el equipo

Los equipos de proyecto de alto rendimiento pueden ser una fuente tremenda de satisfacción personal. La emoción, el caos y la alegría generada por trabajar en un proyecto desafiante puede ser una experiencia vigorizante. Leavitt y Lipman-Blumen incluso dicen que los integrantes del equipo se comportan como personas enamoradas. Se obsesionan con el desafío del proyecto y el talento a su alrededor. Esta preocupación total por el proyecto y el equipo del proyecto, aunque contribuye en gran medida al éxito sorprendente del proyecto, puede dejar como consecuencia relaciones profesionales y personales rotas que contribuyen a un agotamiento y desorientación cuando concluye el proyecto.

Convertirse en nativo

Convertirse en nativo es una frase utilizada primero por el British Foreign Service durante los tiempos coloniales para describir agentes que asumieron las costumbres, valores y prerrogativas de su asignación en un país extranjero. Hicieron eso hasta el punto en que ya no representaban los intereses del gobierno británico, sino los de los nativos. Este mismo fenómeno puede ocurrir dentro de los equipos de proyecto que trabajan en el extranjero o en aquellos que se identifican muy de cerca con sus clientes. En esencia, los intereses de los clientes toman precedencia sobre los intereses de la empresa matriz. Esta variación en el punto de vista puede llevar a cambios no controlados en el alcance del proyecto y a un desafío abierto de la política y los intereses corporativos.

Tratar con estos males es problemático porque, en su mayoría, son una distorsión de algo bueno, más que algo malo. La conciencia es el primer paso de la prevención. El siguiente paso es tomar una acción preventiva para reducir la probabilidad de que ocurran estos peligros. Por ejemplo, los administradores pueden reducir el aislamiento del equipo del proyecto al crear conexiones relacionadas con el trabajo fuera del equipo. Por supuesto, estas interacciones ocurren en un ambiente de matriz donde los miembros trabajan en proyectos múltiples y mantienen vínculos con su departamento de origen. De igual forma, el aislamiento de los equipos dedicados de proyecto puede reducirse mediante la participación oportuna de especialistas externos. En cualquier caso, la participación activa de los miembros pertinentes de la organización principal en las reuniones de estatus del proyecto pueden ayudar a mantener el vínculo entre el proyecto y el resto de la organización. Si el equipo parece sufrir el pensamiento de grupo, entonces el administrador del proyecto puede alentar el conflicto funcional al representar el papel de abogado del diablo para alentar el desacuerdo o utilizar un enfoque estructurado de solución de problemas como la técnica de grupo nominal (véase el recuadro de Caso de práctica). Por último, las sesiones formales de construcción de equipos pueden revelar las normas disfuncionales y reenfocar la atención del equipo en los objetivos del proyecto.

Resumen

Los administradores de proyectos deben trabajar muy seguido bajo condiciones menos que ideales para desarrollar un equipo cohesivo comprometido en trabajar unido y completar el proyecto con lo mejor de sus capacidades. Asimismo, tienen que reclutar personal de otros departamentos y manejar la participación temporal de los integrantes del equipo. Asimismo, deben reunir extraños y establecer con rapidez un conjunto de procedimientos operativos que unan sus esfuerzos y contribuciones. Deben ser hábiles en el manejo de reuniones para que no se vuelvan una carga sino un vehículo de progreso. Los administradores de proyectos necesitan forjar una identidad de equipo y una visión compartida, lo cual requiere la atención y lealtad de los participantes. Necesitan usar los incentivos de grupo para alentar el trabajo en equipo al tiempo que reconocen cuando es apropiado señalar a los individuos para una recompensa individual. Los administradores de proyecto tienen que alentar el conflicto funcional que contribuye a soluciones superiores, al tiempo que se mantienen en guardia contra el conflicto disfuncional que puede romper un equipo. Al hacer estas cosas, tienen que ser cuidadosos de no hacer un trabajo demasiado bueno y evitar los peligros de una cohesión de grupo excesiva.

Aunque las agendas, cartas de privilegios, visiones, recompensas y demás son herramientas y técnicas importantes, se ha enfatizado tanto en este capítulo —como en el 10— que la herramienta más importante que tiene un administrador de proyectos para construir un equipo de proyecto es su comportamiento. Tal como los fundadores de una organización moldean la cultura de ésta, el administrador del proyecto da forma e influye en la cultura interna del equipo de proyecto. Un ejemplo positivo puede definir cómo responden los integrantes del equipo a los cambios, qué tan bien manejan las nuevas tareas y cómo se relacionan entre ellos y con el resto de la organización. No hay una forma fácil de dirigir mediante el ejemplo. Requiere de una convicción personal, disciplina y sensibilidad a la dinámica del equipo y a una conciencia permanente de cómo los demás perciben las acciones personales.

Términos clave

Conflicto disfuncional
Conflicto funcional
Construcción del equipo
Equipo virtual de proyecto
Pensamiento grupal
Reunión de lanzamiento del proyecto
Rituales del equipo
Sinergia positiva
Técnica nominal de grupo (TNG)
Tormenta de ideas
Visión del proyecto

Preguntas de repaso

1. ¿Cuáles son las diferencias entre el modelo de cinco etapas del desarrollo de equipos y el modelo de equilibrio puntualizado?
2. ¿Cuáles son los elementos de una visión de proyecto eficaz? ¿Por qué son importantes?
3. ¿Por qué debe enfatizar el administrador de proyectos las recompensas de grupo sobre las individuales?
4. ¿Cuál es la diferencia entre un conflicto funcional y uno disfuncional en un proyecto?
5. ¿Cuándo resultaría apropiado sostener una sesión formal de construcción de quipo en un proyecto?
6. ¿Cuáles son los desafíos únicos para administrar un equipo virtual de proyectos?
7. ¿Qué puede hacer un administrador de proyectos para evitar algunos de los peligros de un equipo de proyecto muy cohesivo?

Ejercicios

1. Las siguientes actividades se basan en un proyecto de grupo recién completado en el que usted participó. Este proyecto pudo haber sido un proyecto de estudiante, un proyecto de trabajo o un proyecto extracurricular.

   a) Analizar el desarrollo del equipo en términos del modelo de cinco fases y el modelo del equilibrio puntualizado. ¿Qué modelo hace mejor trabajo para describir la forma en que evoluciona el equipo?

   b) Analizar al grupo en términos de los nueve factores situacionales que influyen en el desarrollo del equipo. ¿Qué factores contribuyeron en forma positiva para el desempeño del grupo? ¿Qué factores contribuyeron en forma negativa para el desempeño del grupo? ¿Cómo trató el grupo de superar los factores negativos? ¿Qué se pudo hacer diferente para superar estos factores negativos?

   c) Analizar con cuánta eficiencia el grupo manejó las reuniones. ¿Qué hizo bien el grupo? ¿Qué no hizo bien? Si el grupo se formara de nuevo, ¿qué recomendaciones específicas haría acerca de la forma en que el grupo debe manejar las reuniones?

2. Asuma que usted tiene las siguientes alternativas de toma de decisiones: 1) decidir solo, con la información disponible, 2) consultar a los demás antes de tomar una decisión y 3) convocar a una reunión y alcanzar un consenso, lograr una decisión final en la que todos estén de acuerdo. ¿Qué enfoque utilizaría usted para tomar cada una de las siguientes decisiones y por qué?

   a) Usted es el líder del proyecto para la noche de casino en el campus, un acto de caridad organizado por su grupo para obtener dinero para la gente sin hogar. La celebración fue un gran éxito y reunió una utilidad de 3 500 dólares. Antes, su equipo investigó a las organizaciones cercanas que ayudan a la gente sin hogar y a quienes se les entregaría el dinero. Usted redujo las opciones a "Chunk of Coal House" y "St. Mary's Soup Kitchen". Luego, su grupo decidió que los fondos se donaran a Chunk of Coal. Usted está a punto de enviarle un cheque a su director, cuando lee en el periódico local que Chunk of Coal ha terminado sus operaciones. ¿Qué debe hacer con el dinero?

   b) Usted es un diseñador de campos de golf contratado por Trysting Tree Golf Club para renovar su campo. Ha trabajado muy de cerca con el consejo directivo del club para desarrollar una nueva disposición que sea desafiante y agradable en términos estéticos. Todos están emocionados por los cambios. El proyecto lleva un avance de 75 por ciento cuando usted encuentra problemas en el hoyo 13. El hoyo 13 en Trysting Tree es un par tres de 125 yardas en el que los golfistas tienen que golpear sus tiros del tee por arriba de un lago a un green modulado. Durante la construcción de la nueva zona de tee, los trabajadores descubrieron un arroyo subterráneo que pasa por debajo de esta zona hacia el lago. Usted inspeccionó el sitio y estuvo de acuerdo con el supervisor de la construcción que esto podría crear serios problemas, en especial durante los meses de invierno lluvioso. Luego de revisar el área, usted cree que la única opción viable sería extender el hoyo a 170 yardas y crear tees elevados en la loma adyacente.

   c) Usted es el líder de un nuevo proyecto de desarrollo de producto. Su equipo ha trabajado duro para desarrollar un producto de tercera generación que incorpora nueva tecnología y cumple con las demandas de los clientes. El proyecto apenas tiene 50 por ciento de avance. Usted acaba de recibir un informe del departamento de marketing que le detalla un producto similar que está a punto de ser lanzado por la competencia. El producto parece que utiliza principios de diseño nuevos radicales que expanden la funcionalidad del producto. Esto representa una seria amenaza para el éxito de su proyecto. La administración superior considera cancelar su proyecto y comenzar de nuevo. Quieren que usted haga una recomendación.

3. Las siguientes actividades se basan en un proyecto de grupo recién terminado o actual en el que usted ha participado. Puede tratarse de un proyecto de estudiante, uno de trabajo o uno extracurricular.

   a) ¿Qué tan fuerte es la identidad del equipo en este proyecto y por qué?

   b) ¿Qué podrían hacer los participantes para fortalecer la identidad del equipo?

   c) ¿Qué tipo de actividades informales se podrían utilizar para rejuvenecer al equipo? ¿Por qué podrían funcionar estas actividades?

Referencias

Cleland, D. I., "Team Building: The New Strategic Weapon", *PM Network*, vol. 11, 1, 1997.

Coutu, D. L., "Organization Trust in Virtual Teams", en *Harvard Business Review*, vol. 76, 3, 1998, pp. 20-21.

DeMarco, T. y T. Lister, *Peopleware: Productive Projects and Teams*, 2a. ed., Nueva York, Dorsett House, 1999.

Foti, R., "The Virtual Handshake", *PM Network*, marzo de 2004, pp. 28-37.

Frame, J. D., *Managing Projects in Organizations*, San Francisco: Jossey-Bass, 1995.

Janis, I. L., *Groupthink*, Boston, Houghton Mifflin, 1982.

Katz, R., "How a Team at Digital Equipment Designed the 'Alpha' Chip", *The Human Side of Managing Technological Innovation*, 2a. ed., Ralph Katz, Nueva York, Oxford University Press, 2004, pp. 121-133.

Katzenbach, J. R. y D. K. Smith, *The Wisdom of Teams*, Boston, Harvard Business School Press, 1993.

Kidder, T., *The Soul of a New Machine*, Nueva York, Avon Books, 1981.

Kirkman, B. L., B. Rosen, C. B. Gibson, P. E. Tesluk y S. O. McPherson, "Five Challenges to Virtual Team Success: Lessons From Sabre, INC.", en *Academy of Management Executive*, 16, 2, 2002, pp. 67-79.

Leavitt, H. J. y J. Lipman-Blumen, "Hot Groups", en *Harvard Business Review*, vol. 73, 1995, pp. 109-116.

Linetz, B. P. y K. P. Rea, *Project Management for the 21st Century*, San Diego Academic Press, 2001.

Maier, N. R. F., *Problem Solving and Creativity in Individuals and Groups*, Belmont, CA, Brooks-Cole, 1970.

Maznevski, M. L. y K. M. Chudoba, "Bridging Space over Time: Global Virtual Team Dynamics and Effectiveness", en *Organization Science*, vol. 11, 5, septiembre-octubre de 2000, pp. 473-492.

Peters, T., *Thriving on Chaos: Handbook for a Management Revolution*, Nueva York, Knopf, 1988.

Ritti, R. R., *The Ropes to Skip and the Ropes to Know: Studies in Organizational Behavior*, Nueva York, Wiley, 1982.

Senge, P. M., *The Fifth Discipline*, Nueva York, Doubleday, 1990.

Thamhain, H. J. y D. L. Wilemon, "Conflict Management in Project Life Cycle", *Sloan Management Review*, vol. 16, 3, 1975, pp. 31-41.

Thoms, P., "Creating a Shared Vision With a Project Team", *PM Network*, enero de 1997, pp. 33-35.

3M, "Leading a Distributed Team", *www.3m.com/meetingnetwork/readingroom/meetingguide_distribteam.html*. Accesado el 6 de junio de 2006.

Townsend, A. M., S. DeMarie y A. R. Hendrickson, "Virtual Teams: Technology and the Workplace of the Future", en *Academy of Management Executive*, vol. 12, 3, 1998, pp. 17-29.

Tuchman, B. W. y M. C. Jensen, "Stages of Small Group Development Revisited", *Group and Organizational Studies*, vol. 2, 1997, pp. 419-27.

Vroom, V. H. y A. G. Jago, *The New Leadership*, Englewood Cliffs, NJ, Prentice Hall, 1988.

Caso

Kerzner Office Equipment

Amber Briggs observó nerviosa su reloj mientras se sentaba al frente de una larga mesa en la cafetería en Kerzner Office Equipment. Ya eran las 3:10 y sólo 10 de los 14 miembros habían llegado para la primera reunión de la fuerza de tareas del aniversario de Kerzner. En ese momento dos miembros más se sentaron deprisa y murmuraron disculpas por llegar tarde. Briggs se aclaró la garganta y empezó la junta.

KERZNER OFFICE EQUIPMENT

Kerzner Office Equipment está ubicado en Charleston, Carolina del Sur. Se especializa en la manufactura y ventas de prestigiosos muebles y equipo de oficina. Kerzner disfrutó de un crecimiento constante durante sus primeros cinco años de existencia con una marca de empleo elevada de más de 1 400 trabajadores. Luego hubo una recesión nacional que obligó a Kerzner a despedir a 25 por ciento de sus empleados. Éste fue un periodo traumático para la empresa. Llevaron a Justin Tubbs como nuevo presidente y director ejecutivo y las cosas comenzaron a cambiar con lentitud. Tubbs estaba comprometido con la participación de los empleados y rediseñó las operaciones alrededor del concepto de equipos autoadministrados. Pronto, la empresa presentó una línea innovadora de muebles ergonómicos diseñados para reducir la tensión de la espalda y el túnel carpiano. Esta línea de equipo demostró ser un gran éxito y Kerzner se convirtió en un líder conocido en la industria.

Hoy, la empresa cuenta con 1 100 trabajadores y ha sido seleccionada por segunda ocasión consecutiva por el *Charleston Post y Courier* como una de las 10 mejores empresas locales para trabajar en Carolina del Sur.

AMBER BRIGGS

Amber Briggs, de 42 años, es una especialista de recursos humanos que ha trabajado para Kerzner durante los últimos cinco años. En ese tiempo, ella ha realizado una diversidad de actividades que incluyen el reclutamiento, capacitación, compensación y construcción de equipos. David Brown, vicepresidente de recursos humanos, asignó a Briggs la responsabilidad de organizar la celebración del décimo aniversario de Kerzner. Estaba emocionada por el proyecto porque reportaría de manera directa a la administración superior.

El presidente y director ejecutivo Tubbs le dio los detalles del propósito y los objetivos de la celebración. Tubbs enfatizó que éste debía ser un acontecimiento memorable y que era importante festejar el éxito de Kerzner desde los oscuros días de los despidos. Además, confesó que acababa de leer un libro acerca de las culturas corporativas y creía que esos actos eran importantes para comunicar los valores en Kerzner. Dijo que quería que ésta fuera una fiesta de los empleados, no una celebración conjurada por la administración superior. Como tal, se le asignaría una fuerza de tareas de 14 empleados de cada uno de los departamentos importantes para organizar y planear el festejo. Su equipo tenía que presentar un plan y un presupuesto preliminar a la administración superior dentro de tres meses. Al discutir los presupuestos, Tubbs le reveló que él creía que el costo total debía estar en alrededor de 150 000 dólares. Concluyó la reunión al ofrecerse a ayudar a Briggs en cualquier cosa que pudiera para lograr que el acontecimiento fuera exitoso.

FIGURA C11.1
Fuerza de tareas de celebración

Agenda

3:00	Presentaciones
3:15	Visión general del proyecto
3:30	Reglas básicas
3:45	Horarios de reunión
4:00	Cierre

Pronto, Briggs recibió la lista de nombres de los miembros de la fuerza de tareas y ella los contactó por teléfono o por correo electrónico para arreglar la junta de hoy. Tuvo que luchar por conseguir un sitio de reunión. Su cubículo en recursos humanos era demasiado pequeño para acomodar un grupo de ese tamaño y todas las salas de reuniones en Kerzner estaban reservadas o en remodelación. Se conformó con la cafetería porque, por lo general, estaba desierta en las tardes. Antes de la reunión ella publicó la agenda en un rotafolios junto a la mesa (véase la figura C11.1). Dados los ocupados horarios de todos, la reunión se había limitado a una hora.

LA PRIMERA REUNIÓN

Briggs comenzó la junta con: "Bienvenidos. Para los que no me conocen, soy Amber Briggs, de recursos humanos, y me han asignado para administrar el proyecto de la celebración del décimo aniversario de Kerzner. La administración superior quiere que éste sea un festejo especial, y también quieren que sea nuestro evento. Ésa es la razón por la que ustedes están aquí. Cada uno de ustedes representa uno de los departamentos más importantes y nuestro trabajo es planear y organizar esta celebración." Luego revisó la agenda y le pidió a cada miembro que se presentara. La mujer alta, pelirroja a la derecha de Briggs rompió el silencio momentáneo al decir: "Hola, soy Cara Millar, de plásticos. Supongo que mi jefe me eligió para esta fuerza de tareas porque tengo la reputación de hacer excelentes fiestas."

A su vez, cada miembro hizo lo propio. A continuación tenemos una muestra de sus presentaciones:

"Hola, soy Mike Wales, de mantenimiento. No estoy seguro de por qué estoy aquí. Las cosas han ido un poco lentas en mi departamento, así que mi jefe me dijo que viniera a esta reunión."

"Soy Megan Plinski, de ventas nacionales. En realidad yo me ofrecí como voluntaria para esta asignación. Creo que será muy divertido planear una gran fiesta."

"Todos, mi nombre es Nick Psias de contabilidad. Mi jefe dijo que uno de nosotros tenía que estar en esta fuerza de tareas y supongo que me tocaba a mí."

"Hola, soy Rick Fennah. Soy el único de compras que ha estado aquí desde el principio. Hemos pasado por tiempos muy difíciles y creo que es importante tomar el tiempo y celebrar lo que hemos logrado."

"Hola, soy Ingrid Hedstrom, de ventas internacionales. Creo que ésta es una gran idea, pero les debo advertir que estaré fuera del país casi todo el mes siguiente."

"Soy Abby Bell, de ingeniería. Una disculpa por llegar tarde, pero las cosas están un poco desquiciadas en mi departamento."

Briggs circuló los nombres de las dos personas ausentes y pasó una lista para que todos pudieran revisar si sus teléfonos y correos electrónicos eran los correctos. Luego resumió su reunión con Tubbs y le dijo a los asistentes que esperaba que le hicieran una presentación formal a la administración superior dentro de 10 semanas. Ella reconoció que eran personas muy ocupadas y que su trabajo era administrar el proyecto en forma tan eficiente como fuera posible. Asimismo, reiteró la importancia del proyecto y que éste sería un suceso muy público: "Si nos equivocamos, todos se van a enterar."

Briggs repasó las reglas básicas y enfatizó que de ahora en adelante las reuniones empezarían a tiempo y que esperaba que le avisaran con anticipación si alguien estaría ausente. Resumió la primera parte del proyecto centrándola en cinco preguntas: ¿cuándo?, ¿dónde?, ¿qué?, ¿quién?, y ¿cuánto? Causó revuelo en el grupo cuando les respondió a una pregunta acerca del costo y les informó que la administración superior estaba dispuesta a pagar hasta 150 000 dólares por la celebración. Megan dijo en broma: "Ésta será una tremenda fiesta."

Briggs pidió la atención del grupo para identificar un tiempo de reunión común. Luego de discutir durante 15 minutos, terminó la discusión al solicitar que cada integrante enviara un programa del tiempo libre que tendrían durante el siguiente mes, a más tardar el viernes. Ella utilizaría esta información y un nuevo software de planeación para identificar los tiempos óptimos. Terminó la reunión con su agradecimiento a los miembros por su asistencia y les dijo que pidieran ideas a sus compañeros de trabajo acerca de cómo debería celebrarse este aniversario. Ella anunció que se reuniría con cada uno para discutir su función en el proyecto. La reunión terminó a las 4:00 p.m.

1. Critique el manejo de Briggs de la primera reunión. ¿Qué considera usted que debió hacer diferente, si es que hay algo?
2. ¿Qué barreras podría encontrar ella al terminar este proyecto?
3. ¿Qué puede hacer ella para superar estas barreras?
4. ¿Qué debe hacer ella entre ahora y la siguiente reunión?

Caso

Proyecto Ajax

Tran llevaba a su perro Callie en su paseo vespertino cuando el Sol se puso sobre la cordillera de la costa. Él esperaba con ilusión este momento del día. Era una oportunidad de disfrutar de un poco de paz y silencio. También era el momento de revisar los sucesos en el proyecto Ajax y planear sus siguientes movimientos.

Ajax es el nombre en código dado por CEBEX a un proyecto de sistema de seguridad de alta tecnología con fondos del Departamento de Defensa de Estados Unidos (DOD, siglas de Department of Defense). Tran es el administrador del proyecto y su equipo central estaba compuesto por 30 ingenieros de tiempo completo de hardware y software.

Tran y su familia escaparon de Camboya cuando él tenía cuatro años. Se unió a la Fuerza Aérea Estadounidense cuando tenía 18 años y utilizó la remuneración educativa para asistir a la Washington State University. Se unió a CEBEX después de gruaduarse con un doble título en ingeniería mecánica y eléctrica. Luego de trabajar en una diversidad de proyectos durante 10 años, Tran decidió que quería ingresar a la administración. Fue a la escuela nocturna de la Universidad de Washington para obtener una maestría en administración de negocios.

Tran se convirtió en administrador de proyectos por el dinero. También creía que era bueno en eso. Disfrutaba trabajar con la gente y hacer que sucedieran las cosas correctas. Éste era su quinto proyecto hasta ahora y tenía un promedio de bateo de 0.500, con la mitad de sus proyectos terminados antes de tiempo. Tran estaba orgulloso de que ahora podía permitirse mandar a su hijo mayor a Stanford University.

Ajax era uno de muchos proyectos de defensa que CEBEX Corporation tenía contratados con el DOD. CEBEX es una enorme empresa de defensa con ventas anuales que exceden los 30 000 millones de dólares y más de 120 000 empleados en todo el mundo. Las cinco áreas de negocios más importantes de CEBEX son aeronáutica, sistemas electrónicos, servicios de información y tecnología, sistemas y soluciones integradas, y sistemas espaciales. Ajax era uno de varios proyectos patrocinados por la división de sistemas y soluciones integradas enfocada en los negocios de seguridad nacional. CEBEX confiaba en que podría nivelar su experiencia técnica y sus conexiones políticas para convertirse en un jugador importante en este mercado creciente. Ajax era uno de los diversos proyectos dirigidos al diseño, desarrollo e instalación de un sistema de seguridad en una instalación gubernamental importante.

Tran tenía dos preocupaciones importantes cuando inició el proyecto Ajax. El primero eran los riesgos técnicos inherentes al proyecto. En teoría, los principios de diseño tenían sentido y el proyecto utilizaba tecnología probada. Es más, la tecnología nunca se había aplicado al campo en esta área. Por experiencias pasadas, Tran sabía que había una gran diferencia entre el laboratorio y el mundo real. También sabía que integrar los subsistemas de audio, ópticos, táctiles y de láser probarían la paciencia y la ingenuidad de su equipo.

La segunda preocupación incluía a su equipo. Éste estaba dividido por la mitad entre los ingenieros de hardware y de software. No sólo estos ingenieros tenían diferentes conjuntos de habilidades y tendían a ver los problemas en forma diferente, sino que los contrastes generacionales entre los dos grupos también eran evidentes. Los ingenieros de hardware eran casi todos antiguos militares, hombres de familia con vestimentas y creencias conservadoras. Los ingenieros eléctricos formaban una pandilla más variada. Tendían a ser jóvenes, solteros y en ocasiones muy engreídos. Mientras que los ingenieros de hardware hablaban de los Marineros de Seattle, criar adolescentes e ir a Palm Desert a jugar golf, los ingenieros de software hablaban de Vapor, el concierto más reciente en el anfiteatro Gorge, y practicar ciclismo de montaña en Perú.

Para empeorar las cosas, la tensión entre estos dos grupos dentro de CEBEX giraba alrededor de los temas salariales. Los ingenieros eléctricos eran muy escasos y los ingenieros de hardware resentían los paquetes salariales de las nuevas contrataciones, que eran comparables a lo que ellos percibían después de 20 años de trabajar para CEBEX. De todas formas, el dinero real se lograba con los incentivos asociados al desempeño del proyecto. Éstos dependían de alcanzar los acontecimientos importantes del proyecto y la fecha de cumplimiento final.

Antes de que el trabajo real empezara en el proyecto, Tran organizó un retiro de dos días de construcción de equipos en una cabaña en la península olímpica para su equipo completo, así como para el personal clave de la instalación gubernamental. Utilizó este tiempo para repasar los objetivos importantes del proyecto y develar el plan de proyecto básico. Un consultor interno facilitó diversas actividades de construcción de equipos que resaltó los temas intergeneracionales. Tran sentía un ambiente real de camaradería dentro del equipo.

Los buenos sentimientos que se generaron en el retiro se traspasaron al inicio del proyecto. El equipo completo estaba comprometido con la misión del proyecto y los desafíos técnicos que representaba. Ingenieros de hardware y eléctricos trabajaron juntos para solucionar problemas y construir subsistemas.

El plan de proyecto se construyó alrededor de una serie de cinco pruebas, con cada una como la verificación más rigurosa del desempeño del sistema total. Aprobar cada prueba representaba un hecho clave para el proyecto. El equipo estaba emocionado por realizar la primera prueba alfa una semana antes, para luego decepcionarse por una serie de fallas imprevistas técnicas que tomaron dos semanas para que el problema fuera resuelto. El equipo trabajó extrafuerte para compensar el tiempo perdido. Tran estaba orgulloso del equipo y de la forma en que los integrantes habían trabajado juntos.

La prueba Alpha II se realizaba a tiempo con el programa, pero de nuevo el sistema no funcionó. Esta vez se requirieron tres semanas de limpieza antes de que el equipo recibiera luz verde para moverse a la siguiente fase del proyecto. Para este momento ya se había puesto a prueba la buena voluntad del equipo y las emociones estaban un poco desgastadas. Una nube de decepción cayó sobre el equipo conforme las esperanzas de los bonos desaparecían al tener el proyecto retrasado en el programa. Esto aumentó por los cínicos que pensaban que el programa original era injusto y que los plazos de vencimiento eran imposibles de cumplir desde un principio.

Tran respondió con una reunión de personal diaria, donde el equipo revisaba lo que se había logrado el día anterior y establecía nuevos objetivos para ese día. Él creía que esas sesiones eran útiles para establecer un impulso positivo y reforzar la identidad del equipo entre los ingenieros. También hizo un gran esfuerzo para pasar más tiempo con las "tropas", ayudó a resolver problemas, ofreció aliento y una palmada de felicitación sincera en la espalda cuando se merecía.

Era cuidadosamente optimista cuando llegó el momento de la prueba Alpha III. Era el final del día cuando se encendió el interruptor, pero nada sucedió. En pocos minutos, todo el equipo había escuchado la noticia. Se oían gritos por el pasillo. Tal vez el momento más contundente fue cuando Tran volteó al estacionamiento de la empresa y vio a la mayor parte de su equipo de proyecto caminando hacia sus automóviles.

Mientras Callie perseguía algunos conejos silvestres, Tran se preguntaba qué debía hacer a continuación.

1. ¿Qué tan eficaz ha sido Tran como administrador de proyectos? Explique.
2. ¿Qué problemas enfrenta Tran?
3. ¿Cómo los resolvería usted? ¿Por qué?

Caso

Franklin Equipment, Ltd.*

Franklin Equipment, Ltd. (FEL), con casa matriz e instalaciones de fabricación principal en Saint John, New Brunswick, se fundó hace 75 años para fabricar máquinas grandes personalizadas para negocios de construcción en las provincias marítimas. Al paso de los años, su línea de productos se enfocó de manera estratégica en la creación de equipo triturador de rocas para construcción de presas y carreteras y para otros mercados que requerían el procesamiento de mezcla. FEL ahora diseña, fabrica y ensambla papelería y plantas portátiles de trituración de rocas y da servicio a sus propios productos y los de sus competidores.

En la década de 1970, FEL comenzó a expandir su mercado de las provincias marítimas al resto de Canadá. En la actualidad, FEL tiene varias oficinas e instalaciones de fabricación a lo largo del país. Hace poco, FEL hizo un esfuerzo concertado por comercializar sus productos en el ámbito internacional.

El último mes, FEL firmó un contrato para diseñar y fabricar una planta trituradora de rocas para un proyecto de construcción del Medio Oriente llamado Abu Dhabi. Charles Gatenby aseguró este contrato y fue designado administrador del proyecto. Este proyecto es visto como una hazaña porque FEL había querido abrir mercados en esta área durante mucho tiempo y había tenido dificultad para hacer que los posibles clientes se dieran cuenta de que FEL es una empresa canadiense y no estadounidense. De alguna manera, estos clientes ven de igual forma a todos los proveedores de Norteamérica y están renuentes a emplearlos por consideraciones políticas internacionales.

Por lo general, un proyecto de este alcance inicia con la selección de un equipo de administradores responsables de diversos aspectos del diseño, fabricación, entrega e instalación del producto. La selección del administrador es importante porque el diseño del producto y la fabricación varían con las necesidades únicas de cada cliente. Por ejemplo, el terreno, las características de las rocas, las condiciones climáticas y las preocupaciones de logística crean problemas especiales para todas las fases del diseño y operación de la planta. Además, las preocupaciones ambientales y las condiciones de mano de obra varían con cada cliente y de una región a otra.

Además del administrador de proyecto, todos los proyectos incluyen un ingeniero de diseño, un gerente de operaciones que vigile la fabricación y el ensamblado en el sitio, y un contador de costos que cuide todos los asuntos financieros y de reporte de costos del proyecto. Cada una de estas personas debe trabajar muy de cerca si se pretende entregar una planta con buen funcionamiento, a tiempo y dentro de las limitaciones de costos. Debido a que con frecuencia los contratos internacionales requieren que el FEL utilice personal del país para el ensamblado de la planta y que se le capacite para las operaciones, se asignó también un gerente de recursos humanos al equipo del proyecto. En esos casos, el gerente de recursos humanos debe entender las especificaciones de la planta y luego utilizar este conocimiento para diseñar los procedimientos de selección y evaluar las necesidades particulares de capacitación. El gerente de recursos humanos también necesita aprender las leyes laborales pertinentes del país del cliente.

FEL designa administradores a los equipos de proyecto con base en su experiencia y su capacidad para trabajar en un proyecto específico dados sus demás compromisos. Por lo general, esto

* Cortesía de John A. Drexler, Jr., Oregon State University.

significa que los administradores sin muchos proyectos actuales ni complicados se asignarán a los nuevos proyectos. Por ejemplo, es posible que se asigne un administrador que termina un proyecto a una posición administrativa en un nuevo equipo de proyectos. En ocasiones, el administrador de proyecto tiene poco que decir acerca de quién es asignado a su equipo.

Como él aseguró el proyecto de Abu Dhabi y ha establecido relaciones de trabajo positivas con el cliente de Abu Dhabi, Gatenby fue designado como administrador de proyecto. Gatenby ha administrado con éxito proyectos similares. Los demás administradores asignados al proyecto Abu Dhabi son Bill Rankins, un brillante ingeniero de diseño; Rob Perry, un administrador de operaciones responsable de la fabricación e instalación; Elaine Bruder, gerente de contabilidad de costos y finanzas, y Sam Stonebreaker, gerente de recursos humanos. Estos administradores han trabajado juntos en muchos proyectos pasados.

Hace algunos años, FEL comenzó a contratar servicios de facilitación de equipos a diversas empresas de consultoría para ayudar a los nuevos equipos de proyecto a operar en forma eficaz. El mes pasado, FEL reclutó a Carl Jobe, de una de estas empresas de consultoría, para ser consultor interno de tiempo completo. Varios administradores, incluido Gatenby, quedaron tan impresionados por las habilidades de Jobe que convencieron a la administración superior de FEL de la necesidad de contratar un facilitador interno permanente y Job, por supuesto, fue la elección.

Como Gatenby fue clave para contratar a Jobe en FEL, estaba emocionado por la posibilidad de utilizarlo para facilitar la construcción del equipo entre los miembros del proyecto Abu Dhabi. Gatenby estaba muy orgulloso de haber conseguido este proyecto y esperaba ser designado su administrador. Sabía que el éxito en este proyecto sería básico para avanzar en su carrera.

Gatenby le dijo a Jobe: "Este proyecto es de veras importante para FEL y para mí en lo personal. En realidad necesito que nos ayude a desarrollar un equipo que haga un buen trabajo conjunto para lograr las metas del proyecto, dentro del presupuesto. He observado su éxito en desarrollar equipos en otros proyectos y espero que haga lo mismo para el proyecto Abu Dhabi. Yo me encargaré de cuidarlo si usted me ayuda a hacer que esto funcione."

Jobe delineó a Gatenby cómo procedería. Jobe empezaría por entrevistar en forma individual a los miembros del equipo para conocer sus percepciones de los demás y de las promesas y peligros de participar en este proyecto. Luego se harían reuniones del equipo completo con la información que él recopiló para ayudar a establecer una identidad de equipo y una visión compartida.

Jobe entrevistó primero a Bruder. Ella expresó escepticismo acerca de si el proyecto podría tener éxito. Durante la charla, Bruder parecía distante y Jobe no podía entender por qué no había podido establecer una buena comunicación con ella. Bruder le confió que esperaba que hubiera muchos excesos de gastos y que no se cumplieran muchos plazos de producción. Pero al no conocer bien a Jobe, Bruder estaba renuente a identificar las barreras específicas para el éxito del proyecto. Aunque Bruder no lo decía en forma directa, estaba claro para Jobe que Bruder no deseaba ser parte del proyecto Abu Dhabi. Jobe dejó esta entrevista confundido y preguntándose qué sucedía.

La siguiente entrevista de Jobe fue con Perry, el gerente de operaciones. Perry había trabajado en FEL durante 15 años y fue al grano: "Este proyecto no va a funcionar. No entiendo por qué la administración superior se empeña en asignarme a trabajar en proyectos con Rankins. Simplemente no podemos trabajar juntos y no nos llevamos bien. Me desagrada desde el primer día. Siempre menciona el hecho de que ha ganado todos sus títulos avanzados en Purdue. Y siempre nos dice cómo se hacen las cosas ahí. Yo sé que tiene más estudios que yo y que es inteligente. Pero yo también soy inteligente y soy bueno en lo que hago. No hay necesidad de que Rankins me haga sentir como idiota porque yo no tengo un título. Jobe, voy a ser honesto contigo. Rankins sólo ha estado aquí por cinco años; pero, de manera directa, lo hago responsable de mi problema con el alcohol y por el efecto que ha ocasionado en mi matrimonio. Me divorcié el año pasado y fue por culpa de Rankins."

Después, Jobe habló con Rankins, quien dijo: "No me importa lo que hagas. Perry y yo simplemente no podemos trabajar de cerca durante los nueve meses que tomará realizar el proyecto. Uno de nosotros matará al otro. Desde que llegué a FEL, Perry me ha odiado y hace todo lo que puede por sabotear mis diseños. Por lo general, nos preocupamos porque los clientes generan cambios en los pedidos; aquí es el gerente de fabricación y operaciones el responsable de ellos. Perry cuestiona todo lo que hago y cambia los diseños por su cuenta y éstas son siempre malas decisiones. Está fuera de control. Juro que se queda despierto toda la noche para pensar en formas de arruinar mis diseños. No tengo este problema con ningún otro administrador."

Jobe salió de estas entrevistas muy desalentado y no podía imaginar lo que vendría en su entrevista con Stonebreaker. Pero Stonebreaker fue bastante positivo: "Disfruto estos proyectos internacionales donde viajo al extranjero y aprendo sobre diferentes culturas. No puedo esperar por comenzar este proyecto."

Jobe le preguntó a Stonebreaker sobre la capacidad de los integrantes del equipo para trabajar juntos. Stonebreaker replicó: "No hay problema. Todos hemos trabajado juntos antes y no hemos tenido problemas. Seguro, ha habido discusiones y sentimientos heridos entre Rankins y Perry. Rankins puede ser arrogante y Perry terco, pero nunca ha sido algo con lo que no podamos trabajar. Además, los dos son buenos en lo que hacen, los dos son profesionales. Mantendrán sus cabezas en su sitio."

Jobe estaba aún más desconcertado. Gatenby decía que el éxito de este proyecto residía en las habilidades de facilitación de Jobe. El gerente de finanzas quiere quedar fuera de este proyecto. El ingeniero de diseño y el gerente de operaciones admiten que se detestan y que no quieren trabajar juntos.

Y el gerente de recursos humanos, que ya ha trabajado en proyectos con Perry y Rankins, espera una relación de trabajo prometedora y no anticipa problemas.

Jobe tuvo una segunda reunión con Gatenby. Antes de analizar el diseño de las sesiones de construcción de equipo, hizo preguntas para saber lo que Gatenby pensaba sobre la capacidad de los miembros del equipo para trabajar juntos. Gatenby admitió que se había dado muy mala vibra entre Perry y Rankins, pero agregó: "Por eso lo contratamos a usted. Es su trabajo asegurarse de que la historia entre esos dos no interfiera con el éxito del proyecto Abu Dhabi. Es su trabajo hacerlos que trabajen bien y juntos. Hágalo."

Su diálogo hacia el final de la reunión fue de la siguiente forma:

Jobe: "¿Por qué espera que Rankins y Perry trabajen bien y juntos, dado su historial? ¿Qué incentivos tienen para hacerlo?"

Gatenby: "Como usted debe saber, FEL requiere de un establecimiento formal de metas entre los administradores de proyecto y los administradores funcionales antes del inicio de cada proyecto. Ya he hecho esto con Bruder, Stonebreaker, Perry y Rankins. Perry y Rankins tienen metas explícitas que establecen que deben hacer un buen trabajo conjunto y cooperar entre ellos."

Jobe: "¿Qué pasa si no cumplen con estas metas?"

Gatenby: "Ya he analizado esto con la administración superior. Si después de dos meses me parece que las cosas no están funcionando entre Perry y Rankins, FEL despedirá a Ranking."

Jobe: "¿Perry sabe esto?"

Gatenby: "Sí."

1. Evalúe el criterio que FEL utiliza para asignar a los administradores a los equipos de proyecto. ¿Qué eficiencias crea este criterio? ¿Cuáles son los problemas que resultan?
2. ¿Por qué es más importante que los miembros del equipo trabajen juntos en proyectos internacionales como el proyecto Abu Dhabi?
3. Analice el dilema que ahora enfrenta Jobe.
4. ¿Qué debe recomendar Jobe a Gatenby?

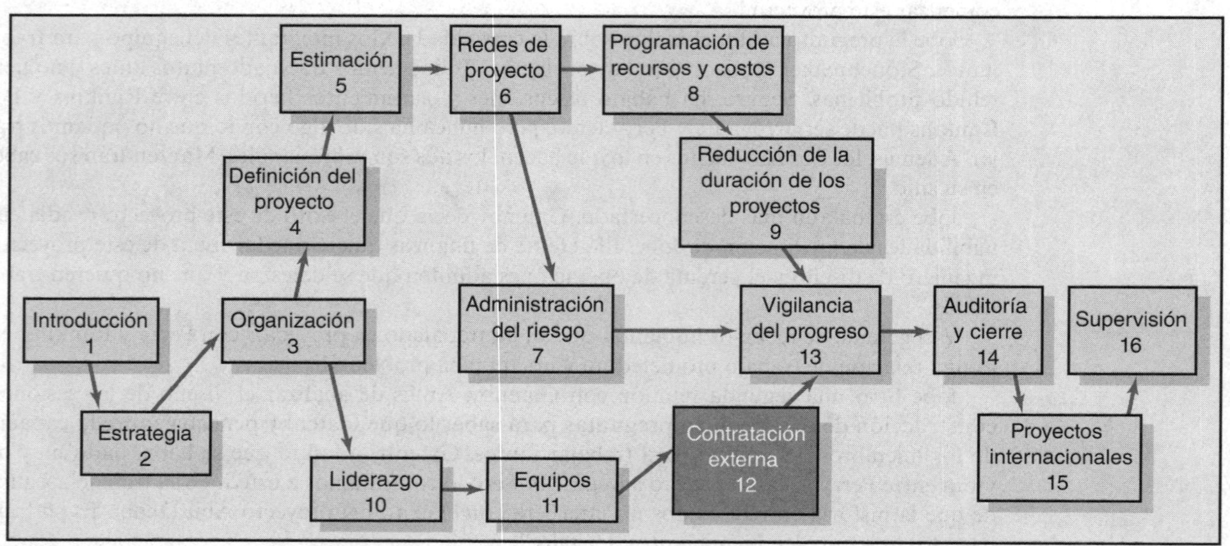

Contratación externa: Administración de las relaciones entre las organizaciones

CAPÍTULO DOCE

Contratación externa: Administración de las relaciones entre las organizaciones

... ser un buen socio se ha vuelto un activo corporativo clave. Yo le llamo ventaja de colaboración de la empresa. En la economía global, la capacidad bien desarrollada de crear y sostener colaboraciones fructíferas proporciona a las empresas una ayuda competitiva sustancial.

—*Rosabeth Moss Kanter, profesora de la Harvard Business School*

Es raro en el mundo plano de hoy encontrar proyectos importantes que se terminen por completo en casa. La contratación externa de segmentos significativos del trabajo del proyecto con otras empresas es algo común. Por ejemplo, nueve estados que intentan unificar la contabilidad de todas sus agencias estatales no tenían los recursos internos para llevar a cabo un proyecto tan grande. Por lo tanto, se formaron equipos de proyectos con personal de software, hardware y empresas contables para poner en marcha los proyectos. Las empresas pequeñas de alta tecnología contratan de manera externa la investigación para determinar qué características valoran los clientes en los nuevos productos que ellas están desarrollando. Incluso los gigantes de la industria, como Microsoft e Intel, suelen contratar empresas independientes para probar los nuevos productos que generan.

La contratación del trabajo de proyecto ha sido la norma desde hace mucho en la industria de la construcción, donde las empresas emplean contratistas generales que, a su vez, contratan y administran grupos de expertos de subcontratistas para crear nuevos edificios y estructuras. Por ejemplo, el proyecto Chunnel, que creó un túnel de transportación entre Francia e Inglaterra, incluyó a más de 250 organizaciones. La contratación no se limita a los proyectos grandes. Por ejemplo, una compañía de seguros trabajó con un contratista externo para desarrollar un servicio de contestación telefónica que dirige a los clientes hacia los departamentos y empleados específicos. La tendencia sugiere que en el futuro cada vez más proyectos incluirán trabajar con personas de distintas organizaciones.

En este capítulo se extiende el análisis de los dos capítulos anteriores acerca de la construcción y administración de relaciones al enfocarse, de manera específica, en los temas que rodean el trabajo con personas de otras empresas para terminar un proyecto. Primero se presentan las ventajas y desventajas de un proyecto de contratación externa. A esto le sigue una discusión sobre las *mejores prácticas* de las empresas para contratar y colaborar entre ellas en los proyectos. Luego el enfoque cambia al arte de la negociación, que está en el corazón de la colaboración eficaz. Después se presentan las habilidades de negociación y las técnicas para resolver los desacuerdos y lograr soluciones óptimas. El capítulo se cierra con algunos comentarios breves sobre la administración de las relaciones con los clientes. Además, se incluye un apéndice acerca de la administración de contratos para aumentar nuestro análisis de la forma en que las organizaciones trabajan juntas en los proyectos.

Contratación externa del trabajo del proyecto

El término *outsourcing*, o contratación externa, se ha aplicado a la transferencia de funciones o procesos de negocios (por ejemplo, respaldo a los clientes, tecnología de la información, contabilidad) a otras empresas, con frecuencia extranjeras. Por ejemplo, cuando usted llama a su proveedor de Internet para solucionar un problema técnico es probable que hable con un técnico en Bangalore, India, o en Bucarest, Rumania. La contratación externa se aplica ahora a la contratación de segmentos relevantes del trabajo del proyecto. Por ejemplo, HP y Dell trabajan muy de cerca con fabricantes de discos duros para desarrollar las laptops de la siguiente generación. Toyota y DaimlerChrysler colaboran con los fabricantes para desarrollar nuevas plataformas de automóviles.

El cambio a una contratación externa ya es evidente en la industria cinematográfica. Durante la época de oro de Hollywood, las grandes corporaciones de integración vertical hacían las películas. Estudios como MGM, Warner Brothers y 20th Century-Fox eran dueños de grandes lotes de películas y empleaban miles de especialistas de tiempo completo: diseñadores de escenografías, camarógrafos, editores de películas y directores. Estrellas como Humphrey Bogart y Marilyn Monroe tenían contratos exclusivos por un número determinado de películas (por ejemplo, seis filmes en tres años). Hoy, la mayoría de las películas se hace por un conjunto de individuos y pequeñas empresas que se reúnen para hacer las películas, proyecto por proyecto. Esta estructura permite que cada proyecto tenga el personal más adecuado a sus demandas, más que elegir de entre sólo las personas que el estudio emplea. Este mismo enfoque se aplica a la creación de nuevos productos y servicios. Por ejemplo, véase la figura 12.1.

En la figura 12.1 se describe una situación en la que se desarrolla una silla reclinable de gravedad cero. El origen de la silla está en la cochera de un ingeniero mecánico, quien desarrolló la idea en ese lugar. El inventor negocia un contrato con una empresa de catálogos para desarrollar y fabricar la silla. A su vez, la compañía de catálogos crea un equipo de proyecto de fabricantes, proveedores y empresas de marketing para crear la nueva silla. Cada participante agrega la experiencia requerida para el proyecto. La empresa de catálogos lleva su nombre y canales de distribución al proyecto. Las empresas de herramientas y moldes aportan refacciones personalizadas que se entregan a una empresa de manufactura que producirá la silla. Las empresas de marketing refinan el diseño, desarrollan la empaquetadura y prueban los nombres potenciales en el mercado. La empresa de catálogos

FIGURA 12.1
Proyecto de silla reclinable

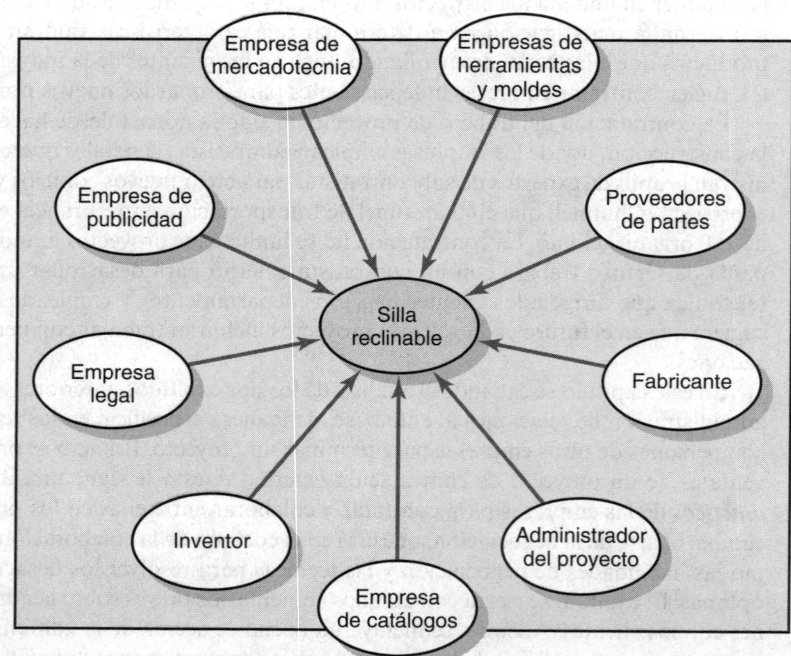

asigna un administrador de proyectos para que trabaje con el inventor y las demás partes para terminar el proyecto.

Muchos proyectos contratados en forma externa operan en un ambiente virtual donde las personas están vinculadas por computadoras, faxes y sistemas de diseño asistidos por computadora, así como teleconferencias de video. Rara vez, si acaso, se ven frente a frente. En otros proyectos, los participantes de distintas organizaciones trabajan muy de cerca, por ejemplo, en un sitio de construcción o en un espacio compartido de oficinas. En cualquier caso, la gente va y viene conforme se necesitan los servicios, en gran medida como en las estructuras de matriz, pero no son miembros formales de una organización, sólo expertos técnicos que forman alianzas temporales con una organización satisfacen sus obligaciones contractuales y luego se mueven al siguiente proyecto.

Las ventajas de la contratación externa de un trabajo de proyecto son muchas:

1. *Reducción de costos.* Las empresas pueden asegurar precios competitivos para servicios contratados, en especial si el trabajo puede contratarse en el extranjero. Además, los gastos fijos se reducen en forma dramática porque la compañía ya no tiene que mantener de manera interna los servicios contratados.
2. *Terminación más rápida del proyecto.* No sólo el trabajo se puede hacer más barato, sino más rápido. Los precios competitivos significan más resultados por dólar. Por ejemplo, usted puede contratar tres ingenieros de software indios por el precio de uno estadounidense. Además, la contratación externa puede brindar acceso al equipo que puede acelerar una terminación de las tareas de proyectos. Por ejemplo, al contratar un operador de una retroexcavadora usted puede hacer en cuatro horas lo que le tomaría a una cuadrilla de jardinería 4 días en terminar.
3. *Alto nivel de experiencia.* Dentro del proyecto se puede llevar un alto nivel de experiencia y tecnología. Una empresa ya no tiene que mantenerse al día con los avances tecnológicos. En lugar de eso, puede enfocarse en desarrollar sus competencias centrales y contratar empresas que posean el conocimiento para trabajar en los segmentos relevantes del proyecto.
4. *Flexibilidad.* Las organizaciones ya no están limitadas por sus recursos, pero pueden buscar una amplia gama de proyectos al combinar sus recursos con los talentos de otras empresas. Las pequeñas compañías pueden volverse globales al trabajar con socios extranjeros.

Las desventajas de contratar un trabajo de proyecto no están documentadas de manera suficiente:

1. *Fallas de coordinación.* La coordinación de los profesionales de distintas organizaciones puede ser desafiante, en especial si el trabajo del proyecto requiere una colaboración cercana y un ajuste mutuo. Las fallas se exacerban por la separación física con las personas que trabajan en diferentes edificios, distintas ciudades, si no es que en otros países.
2. *Pérdida de control.* Hay una pérdida potencial del control sobre el proyecto. El equipo central depende de las demás organizaciones sobre las que no tiene autoridad directa. Mientras que, en el largo plazo, la supervivencia de las organizaciones participantes depende del desempeño, un proyecto puede vacilar cuando uno de los socios no cumple con su parte.
3. *Conflicto.* Los proyectos son más propensos a conflictos interpersonales porque los distintos copartícipes no comparten los mismos valores, prioridades y cultura. La confianza, que es esencial para el éxito del proyecto, puede ser difícil de forjar cuando las interacciones están limitadas y las personas vienen de distintas empresas.
4. *Temas morales internos.* La contratación foránea del trabajo es una papa caliente política. La moral de los empleados puede sufrir cuando el trabajo del proyecto que se ha hecho en casa se transfiere a las demás empresas.

Pocas personas discrepan de que la reducción de costos es el motivo principal de la contratación externa del trabajo del proyecto. Sin embargo, las encuestas recientes de la industria indican un cambio en la consecución del mejor trato a bajo costo para garantizar los servicios de empresas que brindan el mejor valor en términos de costo y desempeño. El desempeño no está limitado a sólo la calidad de un trabajo determinado, sino también a la capacidad de colaborar y trabajar juntos. Las empresas hacen su tarea para determinar "¿podemos trabajar con estas personas?".

Caso de práctica — Competir con los gigantes*

SATT Control (SC) es una empresa sueca que vende productos electrónicos y sistemas de control en todo el mundo. Tiene 550 empleados en Suecia y casi el mismo número en el extranjero. ¿Cómo SC apuesta con éxito contra gigantes de la electrónica como ABB, Siemens y Hewlett-Packard en contratos importantes para equipo que no ha vendido antes? En palabras de Hedberg y sus coautores, SC lo hace al actuar como integrador del sistema. En esta función, SC recluta un sindicato empresarial de contratación al preparar una descripción del sistema y dividirlo en diversos subsistemas con cada socio potencial que apuesta por una parte del sistema. Dos competencias centrales de SC son la capacidad para describir el sistema y dividirlo en subsistemas que se pueden subcontratar.

Otra facultad central de SC es la administración de proyectos. Luego de que la empresa recibe el pedido de un proyecto, una de las primeras acciones que realizan es trabajar con el cliente para desarrollar una especificación clara de las funciones. Aunque toma mucho tiempo, este proceso es crucial para tener éxito. El primer paso es especificar lo que se supone que el sistema debe hacer, antes de decidir cómo. Esto se conoce como diseño de la arquitectura de sistemas. Es crucial que las especificaciones sean correctas desde el inicio o, de otra forma, los errores reaparecerán en todo el camino. SC trabaja fuerte para desarrollar un acuerdo entre todos los socios en cuanto a lo que es el concepto básico.

Asimismo, SC es hábil para establecer una atmósfera de colaboración entre todos los socios. La clave es infundir un sentido de "lo que es bueno para ti también lo es para mí". Esto viene de una historia de tratarse con respeto de manera recíproca y de la elaboración de contratos que comparten los riesgos, lo cual no aísla los riesgos.

* B. Hedberg, G. Dahlgren, J. Hansson y N-G. Olve, *Virtual Organizations and Beyond*, Nueva York, Wiley, 1997, pp. 82-84.

Las mejores prácticas de la contratación externa del trabajo del proyecto

Esta sección describe algunas de las mejores prácticas que utilizan las empresas que son muy buenas en la administración de proyectos (vea la figura 12.2). Aunque de ninguna manera la lista está completa, refleja las estrategias utilizadas por las organizaciones con una gran experiencia en contratación externa. Estas prácticas revelan un tema subyacente en cómo las empresas enfrentan el trabajo contratado en los proyectos. En lugar de la relación tradicional de amo y esclavo entre el dueño y el proveedor o el comprador y el vendedor, las partes trabajan como socios y comparten la meta final de un proyecto exitoso. Vea el recuadro de Caso de práctica: Competir con los gigantes, para tener un ejemplo de cómo una empresa pequeña nivela este enfoque para tener éxito en una industria muy competitiva.

Las diferencias entre un enfoque tradicional y la perspectiva de sociedad para administrar las relaciones contratadas se resumen en la tabla 12.1. Las sociedades necesitan más que un solo apretón de manos. Por lo general, esto implica un compromiso significativo de tiempo y energía para forjar y sostener relaciones de colaboración entre las partes. Este compromiso se refleja en las siete mejores prácticas que se pueden discutir a continuación.

Requisitos y procedimientos bien definidos

Es difícil convencer a la gente de diferentes profesiones, organizaciones y culturas que trabajen en forma conjunta. Si las expectativas y los requisitos no están claros o si están abiertos a debate, es aún más complicado. Las empresas exitosas son muy cuidadosas en la selección del trabajo que se va a contratar. Con frecuencia contratan sólo trabajo con productos preterminados, muy definidos y con resultados mensurables. Por ejemplo, los contratistas emplean compañías electrónicas para instalar los sistemas de calefacción o de aire acondicionado, las firmas electrónicas utilizan empresas de diseño para fabricar las empaquetaduras de sus productos y equipos de desarrollo de software

FIGURA 12.2
Las mejores prácticas en la contratación externa del trabajo del proyecto

- Requisitos y procedimientos bien definidos
- Capacitación extensa y actividades de construcción de equipos
- Procesos de manejo de conflictos bien establecidos
- Revisión frecuente y actualizaciones de estatus
- Ubicación compartida cuando sea necesaria
- Contratos justos y repletos de incentivos
- Relaciones de contratación externa de largo plazo

TABLA 12.1
Diferencias clave entre el enfoque de sociedad y el tradicional de la administración de relaciones contractuales

Enfoque de sociedad	Enfoque tradicional
La *confianza mutua* es la base de relaciones de trabajo sólidas.	Sospecha y desconfianza; cada parte está alerta a los motivos de las acciones del otro.
Las *metas y objetivos compartidos* aseguran una dirección común.	Las metas y objetivos de cada parte, aunque son similares, están orientados a lo que es mejor para ellos.
Un *equipo de proyecto conjunto* existe con un mayor nivel de interacción.	Equipos de proyecto independientes; en su espacio, los equipos están separados con interacciones manejadas.
Las *comunicaciones abiertas* evitan una dirección equivocada y refuerzan relaciones de trabajo eficaces.	Las comunicaciones son estructuradas y cautelosas.
El *compromiso de largo plazo* brinda la oportunidad de conseguir una mejora continua.	La contratación de un solo proyecto es normal.
La *crítica objetiva* está orientada a la evaluación sincera del desempeño.	La objetividad está limitada debido al temor de represalias y a la falta de una oportunidad de mejora continua.
El *acceso* a los recursos de la otra organización está disponible.	El acceso está restringido por los procedimientos estructurados y la autopreservación que toma prioridad sobre la optimización total.
Una *participación total de la compañía* requiere un compromiso del presidente y director ejecutivo con los miembros del equipo.	Por lo general, la participación está limitada al personal de nivel proyecto.
Se da una *integración* del equipo de sistemas administrativos.	Hay una duplicación o traslación de los costos relacionados y los retrasos.
Los socios *comparten el riesgo,* lo cual alienta la innovación y la mejora continua.	El riesgo se transfiere a la otra parte.

contratan las pruebas de las versiones de sus programas. En todos estos casos, los requisitos técnicos se describen con detalle. Aun así, los requisitos de comunicación pueden ser problemáticos, en especial con los proveedores extranjeros (vea el recuadro de Caso de práctica: Cuatro estrategias para comunicarse con los contratistas externos) y se debe tener cuidado adicional para asegurar que las expectativas sean entendidas.

No sólo se deben especificar los requisitos, sino que se tienen que integrar los sistemas de administración del proyecto de la empresa. Deben establecerse los procedimientos y la terminología comunes de modo que las distintas partes puedan trabajar juntas. Esto puede ser problemático cuando se tienen empresas con sistemas de administración de proyectos más avanzados que trabajan con organizaciones menos desarrolladas. Es sorprendente que, con frecuencia, éste es el caso cuando las empresas estadounidenses contratan el trabajo de software en la India. Hemos escuchado informes de que los proveedores de la India se sorprenden de lo poco sistemáticas que son sus contrapartes estadounidenses en su enfoque para administrar los proyectos de software.

Las mejores empresas abordan el tema desde un principio, en lugar de esperar a que surjan problemas. Primero, evalúan la "compaginación" entre los métodos de administración de los proveedores del proyecto y su sistema de administración de proyectos. Ésta es una consideración principal para elegir proveedores. Los requerimientos y los productos preterminados se detallan en el proceso de ejecución. Ellos invierten mucho tiempo y energía en el establecimiento de los sistemas de comunicación del proyecto, a fin de respaldar la colaboración eficaz.

Por último, la seguridad es un asunto vital en cualquier momento que se trabaje en proyectos con otras empresas. La seguridad va más allá de los secretos y la tecnología competitivos que incluyen el acceso a los sistemas de información. Las empresas deben establecer protecciones sólidas para prevenir el acceso a la información y la introducción de virus debido a los sistemas menos seguros de los proveedores. La seguridad de la información de tecnología es un costo adicional y un riesgo que deben atenderse antes de la contratación externa del trabajo para el proyecto.

Caso de práctica

Cuatro estrategias para comunicarse con los contratistas externos*

El doctor Adam Kolawa ofrece cuatro estrategias para superar la mala comunicación con los socios de proyectos en el extranjero.

ESTRATEGIA 1: RECONOCER LAS DIFERENCIAS CULTURALES

Percatarse de que no todas las personas con las que usted se comunica comparten sus suposiciones. Lo que es evidente para usted no lo es por necesidad para su socio. Esto es en particular verdadero con contratistas extranjeros. Como estadounidense, a usted le gusta asumir que las leyes se obedezcan. Aunque usted no lo crea, por lo general esto no es verdad en la mayor parte del mundo, donde las leyes son lineamientos que no se siguen con rigor. Esto puede llevar a problemas de comunicación importantes. Usted cree que si escribe un contrato, todos van a adherirse a él. Para mucha gente, un contrato es una mera sugerencia.

ESTRATEGIA 2: ELIJA LAS PALABRAS CORRECTAS

Cuando usted explique sus requisitos a un contratista externo, la elección de las palabras es crucial. Para muchos contratistas externos, el inglés es una lengua extranjera, incluso en la India, donde la contratación externa es tan común como el inglés. No importa si el inglés se ha vuelto muy común, su contratista externo puede tener una comprensión básica de cada palabra que usted diga, pero quizá no tenga del todo claro el significado exacto del mensaje que usted trata de comunicar. Ésta es la razón por la que usted debe hablar en forma directa por medio de oraciones cortas compuestas por palabras básicas y simples.

ESTRATEGIA 3: CONFIRME SUS REQUISITOS

Usted debe tomar los siguientes pasos para confirmar que el contratista externo entiende a cabalidad sus requisitos:

1. *Documente sus requisitos.* Deles seguimiento a sus conversaciones por escrito. Comprometa sus requisitos en papel para el contratista externo. Mucha gente entiende mejor el lenguaje escrito que el hablado, quizá porque tiene más tiempo para procesar el mensaje.
2. *Insista en que el contratista vuelva a documentar sus requisitos.* No deje nada a la casualidad. Pida a los contratistas que escriban los requisitos en sus propias palabras. Si los contratistas no pueden explicarle lo que usted les ha explicado, es que no han entendido.
3. *Solicite un prototipo.* Después de que los requisitos se han escrito, pida al contratista que le fabrique un prototipo. Ésta es una red para asegurar que sus necesidades y deseos se han entendido en forma positiva. Pida al proveedor que bosqueje la forma en que usted quiere que se vea el producto final o que construya un programa rápido y simple que refleje cómo se verá el producto final.

ESTRATEGIA 4: ESTABLEZCA PLAZOS DE VENCIMIENTO

Otra diferencia cultural importante se relaciona con los programas y los vencimientos. Para la mayoría de los estadounidenses, un plazo es una fecha de terminación establecida. En muchas otras culturas, un plazo es una sugerencia de que tal vez algo se termine para la fecha indicada. Para asegurarse de que el trabajo contratado esté terminado a tiempo, es imperativo agregar una cláusula de penalización a su contrato o aplicar cuotas por tardanza.

Aunque estas estrategias están dirigidas para trabajar con contratistas extranjeros, usted se sorprendería de saber cuántos administradores de proyecto las utilizan para trabajar con sus contrapartes estadounidenses.

* Adam Kolawa, "Four Strategies for Communicating with Outsourcers", *Entrerprise Systems Journal* en www.esj.com, consultada el 13 de septiembre de 2005.

Capacitación extensa y actividades de construcción de equipos

Con demasiada frecuencia, los administradores se preocupan por los planes y desafíos técnicos del proyecto y suponen que los temas de las personas se arreglarán solos con el paso del tiempo. Las empresas inteligentes reconocen que los asuntos de las personas son tan importantes, y quizá más, que los temas técnicos. Capacitan a su personal para trabajar en forma eficaz con gente de otras organizaciones y países. Esta instrucción es dominante. No está limitada a la administración, sino que incluye a todas las personas, en todos los niveles donde interactúan con los contratistas y que dependen de ellos. Ya sea en una clase general en una negociación o en una situación específica al trabajar con programadores chinos, los miembros del equipo reciben una comprensión teórica de las barreras para la colaboración, así como para que las habilidades y procedimientos tengan éxito.

La capacitación aumenta mediante sesiones de construcción de equipo entre las organizaciones diseñadas para forjar relaciones sanas antes de que comience el proyecto. Los talleres de construcción de equipos incluyen jugadores clave de las diferentes empresas; por ejemplo, ingenieros, arquitectos, abogados, especialistas y otro tipo de personal. En muchos casos, las empresas encuentran útil la contratación de un consultor externo que diseñe y facilite las sesiones. Por lo general, un consultor como esos está muy bien documentado en la construcción de equipos entre organizaciones y puede brindar una perspectiva imparcial al taller.

La duración y el diseño de las sesiones de construcción de equipos dependerán de la experiencia, compromiso y habilidad de los participantes. Por ejemplo, un proyecto en el que el dueño y los contratistas eran relativamente inexpertos para trabajar juntos utilizó un taller de tres días. El primer día lo dedicaron a actividades para romper el hielo y establecer las razones de la sociedad. La base conceptual se respaldó con ejercicios y minidiscursos sobre el trabajo en equipo, la sinergia, ganar-ganar y la retroalimentación constructiva. El segundo día comenzó con el análisis de los problemas y las barreras que evitaron la colaboración en el pasado. Los representantes de las distintas organizaciones se separaron y a cada uno se le preguntó lo siguiente:

- ¿Qué acciones realizó el otro grupo que nos crearon problemas?
- ¿Qué acciones realizamos nosotros que pensamos que les hayan creado problemas?
- ¿Qué recomendaciones haríamos para mejorar la situación?

Los grupos compartieron sus respuestas e hicieron preguntas en los puntos que necesitaban una aclaración. Los acuerdos y las disparidades en las listas se señalaron y se identificaron problemas específicos. Una vez que se señalaron las áreas problemáticas, a cada grupo se le asignó la tarea de identificar sus intereses específicos y metas del proyecto. Los objetivos se compartieron entre los grupos y se dedicó una atención especial a establecer las metas que tenían en común. El reconocimiento de metas compartidas es crucial para transformar los distintos grupos en un equipo cohesivo.

Las sesiones de construcción de equipos suelen culminar con la creación de una cédula del proyecto firmada por todos los participantes. En esta cédula se establecen sus metas comunes para el proyecto, así como los procedimientos que se utilizarán para alcanzar los objetivos (vea la figura 12.3 para tener un ejemplo de la primera página de una cédula de proyecto).

Ubicación de los procesos bien establecidos de manejo de conflictos

El conflicto es inevitable en un proyecto y, como se señaló en el capítulo anterior, los desacuerdos que se manejan en forma eficaz pueden elevar el desempeño. No obstante, el conflicto disfuncional puede incendiar y minar de manera severa el éxito del proyecto. Los proyectos contratados en forma extensa son susceptibles a conflictos, ya que las personas no están acostumbradas a trabajar juntas y tienen distintos valores y perspectivas. Las empresas exitosas invierten tiempo y energía significativos en un principio para establecer las "reglas de participación", a fin de que los desacuerdos se manejen de manera constructiva.

El ascenso es el mecanismo de control primario para tratar y resolver los problemas. El principio es que los problemas deben resolverse en el nivel más bajo dentro de un límite de tiempo establecido (digamos, 24 horas) o si no, son "ascendidos" al siguiente nivel administrativo. Si es así, los involucrados tienen el mismo límite de tiempo para resolver el problema o, si no, se escalará al nivel superior. La inacción no es alternativa. Tampoco un participante puede forzar concesiones del otro con sólo retrasar la decisión. No es vergonzoso impulsar los problemas significativos hacia arriba en la jerarquía; asimismo, los administradores deben ser rápidos para indicarles a los subordinados los problemas o cuestiones que deben resolver por sí mismos.

Si es posible, el personal clave de las organizaciones respectivas se reúne para discutir los problemas y las respuestas potenciales. Por lo general, esto es parte de una serie coordinada de actividades de construcción de equipos analizadas con anterioridad. Se dedica particular atención a establecer el sistema de control de la administración de cambios donde con frecuencia surgen los problemas. Las personas que dependen de las demás tratan de identificar los problemas potenciales que pueden ocurrir y acuerdan con anticipación cómo se deben resolver. Vea el recuadro de Caso de práctica: "Sociedades", una vacuna contra la influenza de los proyectos, para ver los beneficios de hacer esto.

Por último, la negociación con principios es la norma para resolver problemas y llegar a acuerdos. Este enfoque, que enfatiza la solución de colaboración de problemas, se analiza con mayor detalle más adelante en este capítulo.

Revisiones frecuentes y actualizaciones del estado de avance

Los administradores de proyecto y demás personal clave de todas las organizaciones participantes se reúnen de manera regular para revisar y evaluar el desempeño del proyecto. La colaboración como socios se considera una prioridad del proyecto legítima que se evalúa junto con el tiempo, costo y desempeño. Se evalúan el trabajo en equipo, la comunicación y la resolución oportuna de problemas. Esto proporciona un foro para identificar los problemas no sólo con el proyecto, sino también con las relaciones de trabajo para que se puedan resolver en forma rápida y apropiada.

Cada vez, más empresas utilizan las encuestas en línea para recopilar datos de todos los participantes del proyecto respecto a la calidad de las relaciones de trabajo (vea la figura 12.4 para tener un ejemplo parcial). Con estos datos uno puede medir el "pulso" del proyecto e identificar los temas que se deben abordar. La comparación de las respuestas de encuestas en cada periodo permite registrar las áreas de mejora y los problemas potenciales. En algunos casos se utilizan sesiones de

FIGURA 12.3 Cédula de sociedad de un proyecto

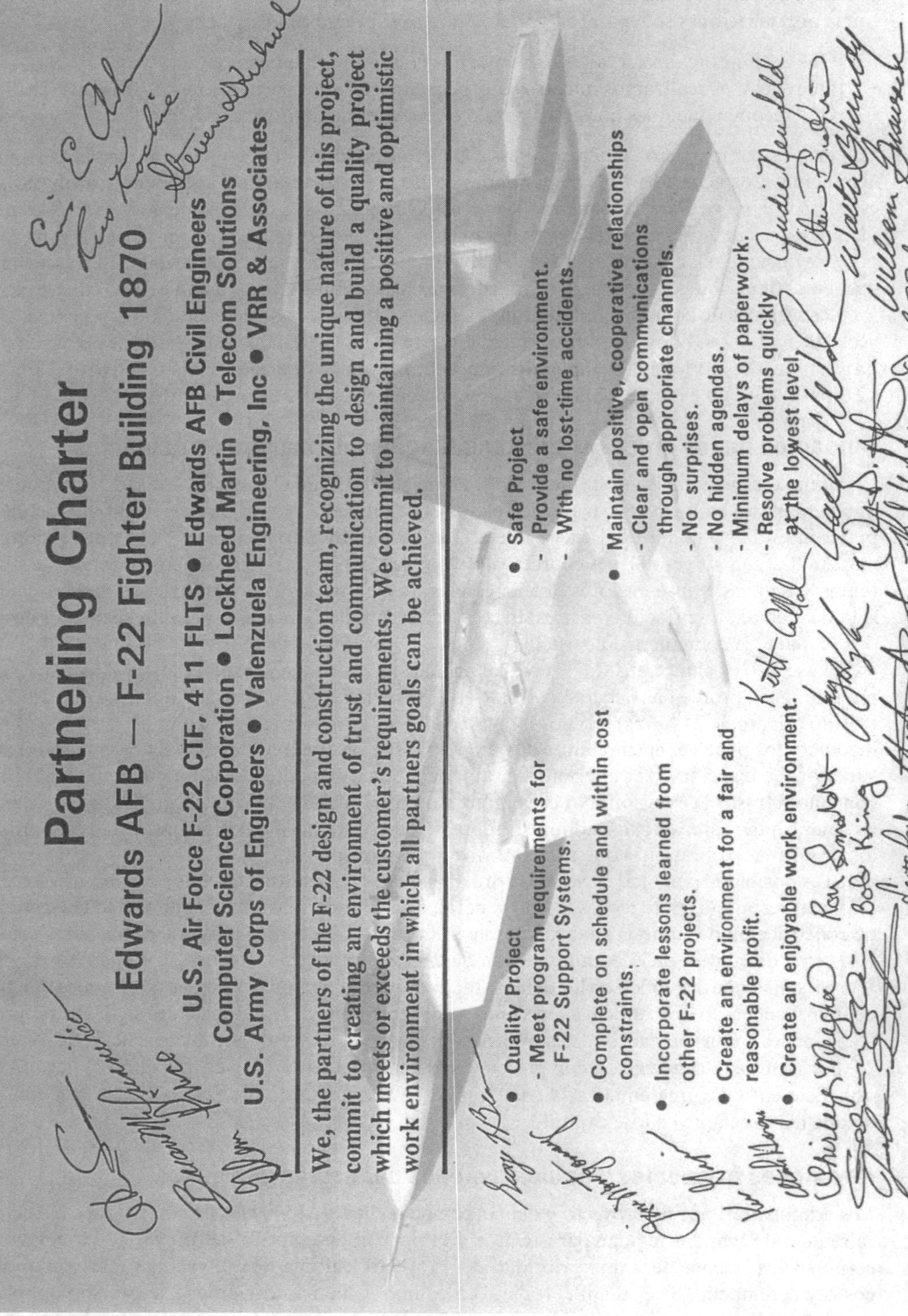

Partnering Charter

Edwards AFB – F-22 Fighter Building 1870

U.S. Air Force F-22 CTF, 411 FLTS • Edwards AFB Civil Engineers
Computer Science Corporation • Lockheed Martin • Telecom Solutions
U.S. Army Corps of Engineers • Valenzuela Engineering, Inc • VRR & Associates

We, the partners of the F-22 design and construction team, recognizing the unique nature of this project, commit to creating an environment of trust and communication to design and build a quality project which meets or exceeds the customer's requirements. We commit to maintaining a positive and optimistic work environment in which all partners goals can be achieved.

- Quality Project
  - Meet program requirements for F-22 Support Systems.
- Complete on schedule and within cost constraints.
- Incorporate lessons learned from other F-22 projects.
- Create an environment for a fair and reasonable profit.
- Create an enjoyable work environment.
- Safe Project
  - Provide a safe environment.
  - With no lost-time accidents.
- Maintain positive, cooperative relationships
  - Clear and open communications through appropriate channels.
  - No surprises.
  - No hidden agendas.
  - Minimum delays of paperwork.
  - Resolve problems quickly at the lowest level.

The Partnering concept is a team relationship that promotes the achievement of mutually beneficial goals. This Partnering Charter does not create any legally enforceable rights or duties. Any changes to the contracts must be made by the contracting officers under the terms of the written contracts.

Caso de práctica

"Sociedades", una vacuna contra la influenza de los proyectos*

Antes de empezar un proyecto de construcción de escuela financiada con bonos, Ohio hace lo mismo que una compañía de teatro antes del estreno: realiza ensayos generales. Dirigidos por Project Management Consultants, con sede en Cleveland, los oficiales escolares estatales y locales, los administradores de construcción y los arquitectos trabajan juntos antes de que comience la edificación para descifrar cómo hablarse entre ellos y cómo manejar los problemas.

Tal como el ensayo general en el teatro le permite a la compañía encontrar y arreglar fallas imprevistas que podrían arruinar su espectáculo, en la preconstrucción una sociedad puede encontrar soluciones tempranas a los problemas antes de que se conviertan en demandas.

"Esto funciona porque de manera tradicional todos hacen su trabajo en un proyecto, detrás de sus paredes", dijo Jeffrey Applebaum, abogado de construcción y director general de Project Management Consultants, una subsidiaria de propiedad total del bufete de abogados Thompson, Hine & Flory. "Quitamos las paredes. Esto es más eficaz".

"No podríamos estar más complacidos con este proceso", dijo Randy Fischer, director ejecutivo de Ohio School Facilities Commission, que distribuye el dinero estatal a los proyectos de construcción de escuelas. "En la actualidad administramos 3 000 millones de dólares de construcción y no tenemos mayores problemas."

Crystal Canan, jefe de administración de contratos de la comisión, ofreció una metáfora médica que comparaba la sociedad con una "vacuna contra la influenza" que evita los efectos debilitantes de litigios, suspensión del trabajo y fallas en la comunicación. "Cada proyecto de construcción de edificios es candidato para la influenza", dijo Canan. "Vemos a la sociedad como una vacuna".

* Mary Wisneiski, "Partering Used to Curb Costs in Ohio School Construction", *Bond Buyer*, 11/22/2000, 334, 31023, 3/4p, 2bw.

seguimiento de construcción de equipos para enfocarse en problemas específicos y recargar la colaboración.

Por último, cuando llega el momento de celebrar un acontecimiento importante de relevancia, sin importar quién sea el responsable, todas las partes se reúnen para celebrar el éxito, si les fuera posible. Esto refuerza un fin común y la identidad del proyecto. También establece un impulso positivo en el camino hacia la siguiente fase del proyecto.

Ubicación compartida cuando es necesario

Una de las mejores formas de superar la fricción entre las organizaciones es hacer que las personas de cada organización trabajen una al lado de la otra en el proyecto. Las empresas inteligentes rentan o disponen los arreglos necesarios para que todo su personal clave pueda trabajar de manera conjunta. Esto permite el alto grado de interacción personal necesario para coordinar las actividades, resolver problemas difíciles y formar un vínculo común. Esto es en particular importante para los proyectos complejos que requieren una colaboración cercana de las partes para tener éxito. Por ejemplo, el gobierno estadounidense brinda hospedaje y espacio de oficina común a todos los contratistas clave responsables del desarrollo de planes de respuesta al desastre.

Nuestra experiencia dice que la ubicación compartida es crucial y que el gasto y los inconvenientes adicionales valen la pena. Cuando la creación de esto no es posible en la práctica, el presupuesto de viaje del proyecto debe contener amplios fondos para respaldar los viajes oportunos a las distintas organizaciones.

La ubicación compartida es menos relevante en el trabajo independiente que no requiere una coordinación continua entre los profesionales de distintas organizaciones. Este sería el caso si usted contratara en forma externa productos preterminados discretos e independientes, como pruebas beta o una campaña de marketing. Aquí, los canales normales de comunicación pueden manejar los temas de coordinación.

Contratos justos y repletos de incentivos

En la negociación de contratos la meta es llegar a un trato justo para todos los participantes. Los administradores reconocen que la cohesión y la cooperación se socavan si una de las partes piensa que se le trata en forma injusta por los demás. También se dan cuenta de que negociar el mejor trato en términos de precio puede regresar a agobiarlos con un trabajo de mala calidad y estafas en los cambios de pedidos.

Los contratos basados en el desempeño, donde se establecen incentivos significativos con base en las prioridades del proyecto, se vuelven cada vez más populares. Por ejemplo, si el tiempo es crítico, entonces los contratistas acumulan rendimientos por terminar antes de los plazos establecidos; si el alcance es crítico, entonces se emiten bonos por exceder las expectativas del desempeño. Asimismo, los contratistas son responsables con cláusulas de penas convencionales por no tener un desempeño estándar, no cumplir los plazos de vencimiento o con los costos de control. En el apén-

FIGURA 12.4
Muestra de encuesta en línea

Evaluación del proceso de sociedades: actitudes, trabajo en equipo, proceso. (Recopilados por separado del dueño y los contratistas participantes, comparados y acumulados.)

1. Las comunicaciones entre el dueño y el personal del contratista son

1	2	3	4	5
Difíciles, cautelosas				Fáciles, abiertas, honestas

2. El respaldo de la administración superior al proceso de sociedad es

1	2	3	4	5
No evidentes o inconsistentes				Evidentes y coherentes

3. Los problemas, los asuntos o las preocupaciones son

1	2	3	4	5
Ignorados				Atacados con rapidez

4. La cooperación entre el dueño y el personal del contratista es

1	2	3	4	5
Tranquila, desapegada, insensible, retirada				Genuina, sin reservas, completa

5. Las respuestas a los problemas, los asuntos o las preocupaciones se vuelven

1	2	3	4	5
Asuntos personales				Tratados como problemas del proyecto

dice de este capítulo se presenta información más específica sobre los distintos tipos de contratos acerca de la administración de contratos.

Las empresas reconocen que los contratos pueden desalentar la mejora continua y la innovación. En lugar de intentar alguna técnica nueva y prometedora que pueda reducir los costos, los contratistas evitarán los riesgos y aplicarán métodos probados y reales para cumplir con los requisitos contratados. Las empresas que tratan a los contratistas como socios consideran la mejora continua como un esfuerzo conjunto por eliminar el desperdicio y buscar oportunidades de ahorros de costos. Los riesgos, al igual que los beneficios, se comparten en 50/50 entre las partes principales y el dueño se adhiere a una revisión rápida de los cambios propuestos.

La forma en que el Departamento de Defensa estadounidense obtiene los beneficios de la mejora continua mediante la ingeniería de valor, se resalta en el recuadro de Caso de práctica: Value Engineering Awards.

Relaciones de contratación externa de largo plazo

Muchas empresas reconocen que se puede disfrutar de beneficios importantes cuando los arreglos de contratación externa se extienden entre proyectos múltiples y son de largo plazo. Por ejemplo, Corning y Toyota están entre las muchas empresas que han forjado una red de sociedades estratégicas de largo plazo con sus proveedores. Un estudio reciente indica que en la actualidad la corporación grande promedio participa en alrededor de 30 alianzas, en comparación con menos de tres a principios de la década de 1990. Entre las muchas ventajas para establecer una sociedad de largo plazo están las siguientes:

Value Engineering Awards del Departamento de Defensa Estadounidense*

Fotografía por el Sgt. Ken Hammond, U.S. Air Force.

Como parte de un esfuerzo por recortar costos, el Departamento de Defensa Estadounidense (DOD) otorga los reconocimientos llamados *Value Engineering Awards*. Ingeniería de valor es un proceso sistemático para analizar las funciones a fin de identificar las acciones que reduzcan el costo, aumenten la calidad y mejoren las capacidades de la misión a través del espectro completo de los sistemas, procesos y organizaciones del DOD. El programa Value Engineering Awards es un reconocimiento a los logros sobresalientes y alienta los proyectos adicionales para mejorar la productividad interna y de los contratistas.

En 2002, HBA Architecture, Engineering and Interior Design, una empresa con sede en Virginia Beach, fue seleccionada como "contratista de marina sobresaliente". El trabajo de HBA en tres proyectos se mencionó en el reconocimiento:

- Diseño de la instalación de mantenimiento y operaciones para el segundo batallón de reconocimiento de la división marítima en Camp Lejeune, en Carolina del Norte. Algo único del proyecto fue una pared de vidrio curvo diseñada para prevenir la infiltración de aparatos convencionales de espionaje y una torre de secado de paracaídas de 80 pies de altura, la cual se duplicará como plataforma de rapel para entrenamiento.
- Renovación de un hangar de mantenimiento de aeronaves que se construyó en 1954 en Cherry Point, Carolina del Norte. Un segmento importante del trabajo se dedicó al sistema de supresión de incendios de espuma acuosa contra incendios bajo el piso a lo largo de las bahías de los hangares.
- Adición de la instalación de desmantelado de aeronaves en el departamento de aviación naval en Cherry Point, Carolina del Norte. Se diseñó una nueva instalación de hangares PMB (explosión de medios plásticos por sus siglas en inglés) y espacios de entrenamiento para permitir que la marina desmantelara aviones tan grandes como el V-22 (Ospry). PMB es un proceso de explosión abrasivo seco, diseñado para reemplazar las operaciones de desmantelamiento químicas y la explosión de arena convencional.

HBA fue reconocido por el uso de tecnologías electrónicas de última generación para producir alternativas de diseño funcionales y comunicar la mejora de valor del proyecto que el cliente podía evaluar en forma eficaz. Estos esfuerzos ahorraron 20 millones de dólares en costos de diseño y 1.6 millones de dólares en costos del ciclo de vida.

Durante el año fiscal de 2001, más de 2 100 propuestas de ingeniería de valor internas y propuestas de cambio de ingeniería de valor iniciadas por los contratistas fueron aceptadas por el Departamento de Defensa con ahorros proyectados por arriba de 768 millones de dólares.

* http://www.defenselink.mil/news/Nov2002/b11222002_bt596-02.html

- **Costos administrativos reducidos.** Se eliminan los costos asociados con la oferta y selección de un contratista. Se reducen los costos de la administración de contratos, ya que los socios conocen a fondo las preocupaciones legales de sus contrapartes.
- **Uso más eficiente de los recursos.** Los contratistas tienen un pronóstico conocido de trabajo, mientras que los dueños pueden concentrar su fuerza laboral en el negocio central y evitan los cambios demandantes de respaldo del proyecto.
- **Comunicación mejorada.** Conforme los socios obtienen experiencia mutua, desarrollan un lenguaje y perspectivas comunes que disminuyen los malos entendidos y resaltan la colaboración.

- **Innovación mejorada.** Los socios pueden discutir la innovación y los riesgos asociados en una forma más abierta y comparten de manera justa los riesgos y las recompensas.
- **Desempeño mejorado.** Con el paso del tiempo, los socios se familiarizan más con los estándares y las expectativas del otro y son capaces de aplicar las lecciones aprendidas en los proyectos anteriores a los actuales.

Trabajar como socios es un esfuerzo consciente por parte de la administración para formar relaciones de colaboración con el personal de distintas organizaciones para terminar un proyecto. A fin de que la contratación externa funcione, los individuos que participan necesitan ser negociadores capaces de fusionar los intereses y descubrir las soluciones a los problemas que contribuyen con el proyecto. La siguiente sección aborda algunas de las habilidades y técnicas clave que se asocian con la negociación eficiente.

El arte de la negociación

La negociación eficaz es crucial para una colaboración exitosa. Todo lo que se requiere es que un problema clave explote para convertir un sentido de "nosotros" en "nosotros contra ellos". Asimismo, la negociación es dominante a través de todos los aspectos del trabajo administrativo del proyecto. Los administradores de proyecto deben negociar el respaldo y los fondos de la administración superior. También tienen que negociar las aportaciones del personal y técnicas con los administradores funcionales. Deben coordinar con los demás administradores de proyecto y negociar las prioridades y compromisos del proyecto. Deben negociar dentro de su equipo de proyecto para determinar las asignaciones, plazos de vencimiento, estándares y prioridades. Los administradores de proyecto deben negociar precios y estándares con vendedores y proveedores. Una comprensión firme del proceso de negociación, las habilidades y las tácticas es esencial para el éxito del proyecto.

Mucha gente aborda la negociación como si fuera una competencia. Cada negociador trata de ganar tanto como pueda para su lado. El éxito se mide por cuánto se gana en comparación con la otra parte. Aunque esto puede ser aplicable al negociar la venta de una casa, no es verdadero para la administración de proyectos. *La administración de proyectos no es un concurso.* Primero, la gente que trabaja en el proyecto, ya sea que representen a diferentes empresas o a distintos departamentos de la misma organización, no son enemigos ni competidores sino aliados o socios. Han formado una alianza temporal para completar un proyecto. Para que esta alianza funcione, se requiere de cierto grado de confianza, cooperación y honestidad. Segundo, aunque las partes en esta alianza pueden tener diferentes prioridades y estándares, están unidas por el éxito del proyecto. Si el conflicto escala al punto donde las negociaciones se rompen y el proyecto se detiene, todos pierden. Tercero, a diferencia de hacer trueques con un vendedor callejero, las personas que participan en el trabajo del proyecto tienen que continuar su labor juntas. Por lo tanto, les compete resolver los desacuerdos en una forma que contribuya a la eficacia a largo plazo de su relación de trabajo. Por último, como se señaló en el capítulo anterior, el conflicto en un proyecto puede ser bueno. Cuando se trata con eficacia, puede llevar a la innovación, mejores decisiones y una solución de problemas más creativa.

Los administradores de proyecto aceptan este punto de vista no competitivo de negociación y se dan cuenta de que la negociación es en esencia un proceso de dos partes: la primera trata con el alcance de un acuerdo; la segunda es la realización de ese acuerdo. Es la fase de ejecución, no el acuerdo mismo, lo que determina el éxito de las negociaciones. Con demasiada frecuencia, los administradores llegan a un acuerdo con alguien sólo para averiguar después que fracasaron en hacer lo que habían acordado o que su respuesta real quedó corta en relación con las expectativas. Los administradores de proyecto experimentados reconocen que la ejecución está basada en la satisfacción no sólo con el resultado, sino también con el proceso por el cual se llegó al acuerdo. Si alguien se siente atacado o engañado para hacer algo, este sentimiento se reflejará, de manera invariable, en un cumplimiento a medias y una resistencia pasiva.

Los administradores de proyecto veteranos hacen lo mejor que pueden para fusionar los intereses individuales con lo que es mejor para el proyecto y se les ocurren soluciones eficaces para los problemas. Fisher y Ury, de Harvard Negotiation Project, defienden un enfoque de la negociación que incluye estas metas. Enfatizan el desarrollo de las soluciones ganar-ganar al tiempo que usted se protege de quienes tomarían ventaja de su franqueza. Su enfoque se llama *negociación con principios* y está basada en cuatro puntos clave listados en la tabla 12.2 y se analizan en las siguientes secciones.

Separar a la gente del problema

Con mucha frecuencia, las relaciones personales se enredan con los temas sustantivos que están en consideración. En lugar de atacar los problemas, las personas se atacan entre ellas. Una vez que la gente se siente atacada o amenazada, es natural que su energía sirva para defenderse y no para solucionar el problema. Entonces, la clave es enfocarse en el problema y no en la otra persona durante la negociación. Evite personalizar la negociación y enmarcarla como un concurso. En lugar de eso, trate de mantenerse enfocado en el problema que debe resolver. En palabras de Fisher y Ury: *Sea duro con el problema, suave con las personas.*

Al mantener el enfoque en los asuntos y no en las personalidades, los negociadores son más capaces de dejar que la otra persona se desahogue. En los problemas importantes no es raro que la gente se moleste, se frustre y se enoje. Sin embargo, un ataque de enojo produce un contraataque de cólera y la discusión escala con rapidez a una pelea acalorada, una reacción en cadena emocional.

En algunos casos, la gente usa el enojo como medio para intimidar y forzar concesiones porque la otra persona desea preservar la relación. Cuando las personas se vuelven emocionales, los negociadores deben mantener la cabeza fría y recordar el viejo proverbio alemán: "Deje que el enojo vuele por la ventana". En otras palabras, en vista de una explosión emocional, imagine que abre una ventana y deja que el calor del enojo salga por ahí. Evite tomar las cosas de manera personal y devuelva los ataques personales a la cuestión que se enfrenta. No reaccione a la explosión emocional, pero trate los asuntos que la dispararon. Los negociadores hábiles mantienen la cabeza fría en los momentos de tensión y, al mismo tiempo, construyen un vínculo con los demás al mostrar empatía y reconocer las fuentes comunes de frustración y enojo.

Aunque es importante separar a las personas de los problemas durante las negociaciones reales, es benéfico tener una comunicación amistosa con la otra persona antes de la negociación. Una comunicación amistosa es coherente con el principio de red social que se presentó en el capítulo 10 acerca de la construcción de una relación, antes de necesitarla. Reduzca la probabilidad de malos entendidos y de un mal comienzo al tener una historia de interacción en una forma amistosa y sensible con la otra persona. Si en el pasado la relación ha estado marcada por un toma y daca sano, en el que ambas partes han demostrado una disposición de acomodar los intereses de la otra, entonces quizá ningún individuo adopte una perspectiva inmediata de ganar-perder. Además, una relación positiva suma un interés común más allá de los puntos específicos de contención. No sólo ambas partes quieren alcanzar un acuerdo que sirva a sus intereses individuales, sino que también quieren hacerlo en una forma que preserve su relación. Por lo tanto, cada uno tiene una mayor probabilidad de buscar soluciones que sean mutuamente benéficas.

El enfoque en los intereses, no en las posiciones

Las negociaciones suelen estancarse cuando las personas se enfocan en las posiciones:

> Estoy dispuesto a pagar 10 000 dólares. No, costará 15 000 dólares.
> Lo necesito terminado para el lunes. Eso es imposible, no podremos tenerlo listo sino hasta el miércoles.

Aunque esos intercambios son comunes durante las discusiones preliminares, los administradores deben evitar que estas posturas iniciales se polaricen. Cuando esas posiciones se declaran, se atacan y se defienden, cada parte traza en forma figurativa una línea que no cruzará. Esta línea crea un escenario de ganar-perder en el que alguien tiene que perder al cruzar la línea para alcanzar un

TABLA 12.2
Negociación con principios

1. Separar a las personas del problema
2. Enfocarse en los intereses, no en las posiciones
3. Inventar opciones para una ganancia mutua
4. Cuando sea posible, usar un criterio objetivo

acuerdo. Como tal, las negociaciones se pueden convertir en una guerra de voluntades y las concesiones son vistas como una pérdida de la dignidad.

La clave es enfocarse en los intereses de sus posiciones (lo que usted trata de conseguir) y separar estas metas de su ego lo más posible. No sólo debe usted actuar por el impulso de sus intereses, sino que debe tratar de identificar los intereses de la otra parte. Pregunte por qué costará tanto o por qué no puede hacerse para el lunes. Asimismo, haga que sus intereses cobren vida. No sólo mencione la importancia de que algo quede hecho para el lunes; explique qué sucederá si no se hace para ese día.

A veces, cuando se revelan los intereses reales de ambas partes, no hay una base de conflicto. Tome, por ejemplo, la discusión del lunes en comparación con la del miércoles. Esta discusión podría aplicarse a un escenario que incluye al administrador de proyecto y al administrador de producción de una empresa local pequeña que se contrató para fabricar prototipos de una nueva generación de ratones de cómputo. El administrador del proyecto necesita los prototipos el lunes para mostrárselo a un grupo de enfoque de los usuarios. El administrador de producción dijo que sería imposible. El administrador del proyecto señaló que sería una situación embarazosa porque marketing había empleado mucho esfuerzo y tiempo para coordinar esta demostración. El administrador de producción negó, otra vez, la solicitud y agregó que ya había tenido que programar tiempo extra para cumplir con la fecha de entrega del miércoles. No obstante, cuando el administrador de proyecto reveló que el propósito del grupo de enfoque era medir las reacciones de los consumidores al color y la forma de los nuevos aparatos y no al producto terminado, el conflicto desapareció. El administrador de producción le dijo al administrador del proyecto que podía pasar por las muestras ese día si quería, ya que producción tenía un excedente de suministros de las cubiertas.

Al enfocarse en los intereses, es importante practicar el hábito de la comunicación: *buscar primero el entendimiento y luego ser entendido*. Esto incluye lo que Stephen Covey llama escucha de empatía, la cual permite a una persona entender por completo el marco de referencia de otra persona, no nada más lo que la otra persona dice, sino también cómo se siente. Covey afirma que las personas tienen una necesidad inherente de ser entendidas. Continúa y puntualiza que las necesidades satisfechas no motivan el comportamiento humano, sólo las necesidades insatisfechas. La gente trata de ir a dormir cuando está cansada, no cuando está descansada. El punto clave es que hasta que las personas crean que son entendidas, repetirán sus puntos y reformularán sus argumentos. Si, por otro lado, usted satisface esta necesidad al buscar primero entender, entonces la otra parte estará libre para entender sus intereses y enfocarse de manera directa en los temas que se tratan. Buscar el entendimiento requiere de disciplina y compasión. En lugar de responder a la otra persona con reiterar su agenda, responda con un resumen de los hechos y los sentimientos acerca de lo que la otra persona ha dicho y revise la exactitud de la comprensión.

Inventar alternativas para una ganancia mutua

Una vez que los individuos que participan han identificado sus intereses, pueden explorar las opciones para una ganancia mutua. Esto no es fácil. Las negociaciones tensas inhiben la creatividad y el libre intercambio. Lo que se requiere es una tormenta de ideas de colaboración, en la que las personas trabajen juntas para resolver el problema de manera que lleve a un escenario de ganar-ganar. La clave para una tormenta de ideas es separar la invención de la decisión. Comience por tomar 15 minutos para generar tantas alternativas como sea posible. No importa qué tan extraña sea una opción, no debe estar sujeta a críticas o a un rechazo inmediato. La gente debe alimentar las ideas de los demás para generar ideas nuevas. Cuando se agoten todas las opciones posibles, busque entre las ideas que se generaron para enfocarse en las que tienen mayores posibilidades.

Aclarar los intereses y explorar las opciones mutuas crean la oportunidad de compenetrar los intereses. Compenetrar significa que una persona identifique las opciones que sean de bajo costo para ellos, pero que sean de un interés elevado para la otra parte. Esto sólo es posible si cada parte conoce las necesidades de la otra. Por ejemplo, al negociar el precio con un proveedor de refacciones, un administrador de proyecto se enteró en la discusión de que el proveedor estaba en un aprieto de flujo de efectivo después de haber comprado una máquina de fabricación muy costosa. El efectivo necesario era la principal razón por la que el proveedor había tomado una posición tan rígida en el precio. Durante la sesión de tormenta de ideas, una de las opciones presentadas fue pagar el pedido por anticipado, en lugar de utilizar el pago normal a la entrega. Ambas partes tomaron esta alternativa y llegaron a un acuerdo amistoso en el que el administrador del proyecto pagaría al proveedor por el trabajo completo en forma anticipada, a cambio de un tiempo de proceso mucho más rápido y una reducción significativa en el precio. Esas oportunidades de hacer acuerdos de ganar-ganar con frecuencia se ignoran porque los negociadores tienen una fijación en solucionar sus problemas y no en las oportunidades de resolver los problemas de los demás.

Cuando sea posible, utilice criterios objetivos

La mayoría de las industrias y las profesiones establecidas han desarrollado estándares y reglas que ayudan a tratar con las áreas comunes de controversia. Tanto los compradores como los vendedores confían en el libro azul para establecer los parámetros de un automóvil usado. La industria de la construcción tiene códigos de construcción y políticas de prácticas justas para resolver la prueba de calidad y los procedimientos de trabajo seguro. La profesión legal utiliza los precedentes para adjudicar las afirmaciones de una transgresión.

Siempre que sea posible, usted debe insistir en el uso de criterios externos y objetivos para arreglar los desacuerdos. Por ejemplo, surgió una discrepancia entre una empresa de aerolíneas regional y el equipo contable independiente encargado de la preparación del estado financiero anual. La aerolínea hizo una inversión significativa al rentar varios aviones usados de una compañía más grande. La disputa consistía en que si este arrendamiento debía clasificarse como operativo o de capital. Esto era importante para la aerolínea porque si la compra se clasificaba como un arrendamiento operativo, entonces la deuda asociada no tendría que registrarse en el estado financiero. No obstante, si la compra se clasificaba como un arrendamiento de capital, entonces la deuda se factorizaría en el estado financiero y la proporción deuda/equidad sería mucho menos atractiva para los accionistas y los posibles inversionistas. Las dos partes resolvieron esta desavenencia al referirse a las fórmulas establecidas por el Consejo de Estándares Contables y Financieros. Como resultó, el equipo contable estaba en lo correcto, pero al referirse a los estándares objetivos pudieron desviar la decepción de los administradores de la aerolínea del equipo contable y preservar una relación profesional con esa empresa.

Tratar con personas irracionales

En su mayoría, las personas que trabajan en los proyectos se dan cuenta de que a la larga es beneficioso trabajar en pro de soluciones mutuamente satisfactorias. De todas formas, en ocasiones se encontrará a alguien que tiene una actitud de ganar-perder acerca de la vida y con quien será difícil tratar. Fisher y Uri recomiendan que use la negociación jujitsu al tratar con ese tipo de personas. Es decir, cuando la otra persona lo empuje, no lo haga usted también. Como en las artes marciales, evite enfrentar sus fortalezas en forma directa con las de otra persona; en lugar de eso, use su capacidad para hacerse a un lado y convierta la fuerza de esa persona para su beneficio. Cuando alguien establezca una posición en forma obstinada no la rechace ni la acepte. Trátela como una opción y luego busque los intereses que hay detrás de ella. En lugar de defender sus ideas, invite a la crítica y al consejo. Pregunte por qué es una mala idea y descubra el interés subyacente de la otra persona.

Quienes utilizan la negociación jujitsu confían en dos armas primarias. Preguntan en lugar de afirmar. Las preguntas permiten que los intereses salgan a la superficie y no le dan al oponente algo para atacar. La segunda arma es el silencio. Si la otra persona hace una propuesta poco razonable o lo ataca en forma personal, sólo permanezca ahí y no diga nada. Espere a que la otra parte rompa el estancamiento al responder a su pregunta o que haga una nueva sugerencia.

La mejor defensa contra los negociadores irrazonables de ganar-perder es tener lo que Fisher y Ury llaman un fuerte BATNA (mejor alternativa para un acuerdo negociado, por sus siglas en inglés). Dicen que la gente trata de llegar a un acuerdo para producir algo mejor que el resultado de no negociar con esa persona. Lo que serían esos resultados (BATNA) es el verdadero punto de referencia para determinar si usted debe aceptar un acuerdo. Un fuerte BATNA le da el poder de irse y decir "no habrá acuerdo a menos que lo hagamos en un escenario de ganar-ganar".

Su BATNA refleja qué tanto depende usted de la otra parte. Si usted negocia el precio y las fechas de entrega y puede elegir entre varios proveedores con buena reputación, entonces usted tiene un BATNA fuerte. Si por otro lado, sólo hay un proveedor que le puede suministrar material importante y específico a tiempo, usted tiene un BATNA débil. Bajo estas circunstancias, usted puede verse forzado a conceder las demandas del proveedor. Asimismo, usted debe comenzar a explorar las formas de aumentar su BATNA para negociaciones futuras. Esto se puede hacer al reducir su dependencia de ese proveedor. Comience por encontrar material sustituible o por negociar mejores tiempos de proceso con otros proveedores.

La negociación es un arte. Participan muchos intangibles. En esta sección se han revisado algunos principios, probados por el tiempo, de negociación eficaz con base en el trabajo innovador de Fisher y Ury. Dado el significado de la negociación, le alentamos a leer este libro, así como otros relacionados con las negociaciones. Además, los talleres de capacitación pueden brindar la oportunidad de practicar estas habilidades. Usted debe aprovechar las interacciones diarias para afilar la perspicacia de negocios.

Comentarios sobre el manejo de las relaciones con los clientes

En el capítulo 4 se enfatizó que el éxito final no se determina por si el proyecto se termina a tiempo, dentro del presupuesto o de acuerdo con las especificaciones, sino por si el cliente está satisfecho con lo logrado. La satisfacción de los clientes es la línea de fondo. Las malas noticias viajan rápido y más lejos que las buenas. Por cada cliente feliz que comparte su satisfacción por un producto o servicio en particular con otra persona, un cliente insatisfecho puede comunicar su insatisfacción a ocho personas más. Los administradores de proyecto necesitan cultivar relaciones de trabajo positivas con los clientes para asegurar el éxito y conservar su prestigio.

La satisfacción es un fenómeno complejo. Una forma simple pero útil de ver la satisfacción de los clientes es en términos de las expectativas cumplidas. De acuerdo con este modelo, la satisfacción de los clientes es una función del grado al que el desempeño percibido (o resultado) excede las expectativas. En lenguaje matemático, esta relación se puede representar como la razón entre el desempeño percibido y el esperado (vea la figura 12.5). Cuando el desempeño queda corto en las expectativas (razón < 1), el cliente está insatisfecho. Si el desempeño empata las expectativas (razón $= 1$), el cliente está satisfecho. Si el desempeño excede las expectativas (razón > 1), el cliente está muy satisfecho y hasta encantado.

La elevada satisfacción de los clientes es la meta de la mayoría de los proyectos. Sin embargo, la rentabilidad es otra de las preocupaciones importantes. Por lo general, exceder las expectativas acarrea costos adicionales. Por ejemplo, terminar un proyecto de construcción con dos semanas de anticipación respecto del programa puede incluir gastos significativos de tiempo extra. En forma similar, exceder las necesidades de confiabilidad para un nuevo componente electrónico puede incluir, en forma considerable, más diseño y esfuerzo de depuración. Bajo la mayoría de las circunstancias, el arreglo más rentable ocurre cuando las expectativas de los clientes se exceden sólo un poco. De vuelta al modelo matemático, con las demás cosas iguales se debe luchar por una razón de satisfacción de 1.05, no 1.5.

El modelo de las expectativas cumplidas de la satisfacción de los clientes señala el punto de que si un cliente está insatisfecho o encantado con un proyecto no se basa en hechos reales y datos objetivos, sino en percepciones y expectativas. Por ejemplo, un cliente puede estar insatisfecho con un proyecto que concluyó antes de tiempo y dentro del presupuesto si piensa que el trabajo fue de mala calidad y que sus temores y preocupaciones no se abordaron en forma adecuada. Por el contrario, un cliente puede estar muy satisfecho con un proyecto que quedó por arriba del presupuesto y por detrás del programa si considera que el equipo de proyecto protegió sus intereses e hizo el mejor trabajo posible bajo circunstancias adversas.

Los administradores de proyecto deben ser hábiles para administrar las expectativas y las percepciones de los clientes. Con mucha frecuencia tratan con estas expectativas después del hecho, cuando intentan aliviar la insatisfacción de los clientes mediante la explicación cuidadosa de por qué el proyecto costó más o tomó más tiempo de lo planeado. Un enfoque más proactivo es comenzar a moldear las expectativas apropiadas desde el inicio y aceptar que éste es un proceso continuo en la vida del proyecto. Los administradores de proyecto necesitan dirigir su atención a las expectativas básicas de los clientes, el estándar por el cual se evaluará el desempeño percibido y a las percepciones del cliente sobre el desempeño real. La meta final es educar a los clientes para que puedan hacer un juicio válido en cuanto al desempeño del proyecto.

FIGURA 12.5
Modelo de las expectativas cumplidas de la satisfacción de los clientes

$$\underset{\text{insatisfecho}}{0.90} = \frac{\text{desempeño percibido}}{\text{desempeño esperado}} = \underset{\text{muy satisfecho}}{1.10}$$

De lo más destacado en la investigación

Doble función de los administradores de proyecto de tecnologías de la información como ejecutivos de cuentas de clientes*

Webber y Torti estudiaron las funciones múltiples que tienen los administradores de proyecto en los proyectos de tecnologías de la información. Con base en un conjunto exhaustivo de entrevistas con los administradores de proyectos y los clientes en tres diferentes organizaciones de servicio de tecnología de información, identificaron cinco funciones cruciales para ejecutar con éxito los proyectos de tecnologías de información en las organizaciones cliente: emprendedor, político, amigo, mercadólogo y entrenador. Se describen en forma parcial en la tabla 12.3.

Webber y Torti observaron que en lugar de mantener una relación bien definida con el cliente, los administradores de proyecto se volvieron parte de la organización cliente. Informan que los administradores de proyecto intentan "vestirse como el cliente, actuar como el cliente y participar en las actividades de la organización cliente (por ejemplo, reuniones sociales, campañas de donación de sangre, etc.)". Se volvieron una parte integral de su existencia al grado que muchos empleados clientes, con el paso del tiempo, olvidan que el administrador del proyecto no es un empleado de la organización cliente. Esto ayuda a establecer un grado de confianza esencial para la colaboración eficaz.

* S.S. Webber y M.T. Torti, "Project Managers Doubling as Client Account Executives", *Academy of Management Executive*, volumen 18, número 1, pp. 60-71, 2004.

TABLA 12.3
Funciones, desafíos y estrategias del proyecto

Funciones del administrador del proyecto	Desafíos	Estrategias
Emprendedor	Navegar por alrededores no familiares	Usar la persuasión para influir en los demás
Político	Entender dos culturas diversas (organización principal y organización cliente)	Alinearse con individuos poderosos
Amigo	Determinar las relaciones importantes que se deben construir y sostener fuera del equipo mismo	Identificar los intereses comunes y las experiencias para crear un puente de amistad con el cliente
Mercadólogo	Entender los objetivos estratégicos de la organización cliente	Alinear ideas y propuestas nuevas con los objetivos estratégicos de la organización cliente
Entrenador	Motivar a los miembros del equipo cliente sin una autoridad formal	Brindar tareas desafiantes para construir las habilidades de los miembros del equipo

La administración de las expectativas de los clientes comienza en la fase de aprobación preliminar de las negociaciones del proyecto. Es importante evitar la tentación de exagerar las cualidades de un proyecto para ganar aprobación, porque esto puede crear expectativas poco realistas que pueden ser demasiado difíciles, si no es que imposibles de lograr. Asimismo, se ha sabido que los proponentes del proyecto bajan las expectativas de los clientes al malvender los proyectos. Si el tiempo de terminación calculado está entre 10 y 12 semanas, ellos prometerán tener el proyecto terminado entre 12 y 14 semanas; por lo tanto, aumentan las oportunidades de exceder las expectativas de los clientes al terminar con anticipación el proyecto.

Una vez que el proyecto se autoriza, su administrador y el equipo deben trabajar de cerca con la organización cliente para desarrollar una declaración de alcance del proyecto que establezca con claridad los objetivos, parámetros y límites del trabajo del proyecto. La declaración de alcance del proyecto es esencial para establecer las expectativas de los clientes en relación con el proyecto. Es crucial que todas las partes estén de acuerdo en cuanto a lo que se va a lograr y que las personas lean tanto como sea posible el mismo guión. También es importante compartir los riesgos significativos que podrían interrumpir la ejecución del proyecto. A los clientes no les gustan las sorpresas y si están conscientes de los problemas potenciales, la probabilidad de que acepten las consecuencias es mayor.

Una vez que el proyecto ha comenzado es importante mantener informados a los clientes de su progreso. Los días cuando sólo se tomaban los pedidos de los clientes y se les decía que volvieran cuando el proyecto estuviera terminado quedaron atrás. Cada vez más organizaciones y sus administradores de proyectos tratan a sus clientes como miembros de facto del equipo del proyecto y los incluyen en forma activa en los aspectos clave del trabajo. En el caso de consultar las asignaciones, los administradores de proyecto a veces se *mimetizan* en miembros de la organización cliente (vea el recuadro De lo más destacado en la investigación: Doble función de los administradores de proyecto de tecnologías de la información como ejecutivos de cuentas de clientes).

Los administradores de proyecto necesitan mantener a los clientes informados de los desarrollos de proyecto para que puedan hacer ajustes en sus planes. Cuando las circunstancias dictan un cambio en el alcance o las prioridades del proyecto, los administradores de proyecto deben ser rápidos para describir, lo mejor que puedan, las implicaciones de estos cambios con los clientes para que puedan tomar una decisión informada. La participación activa de los clientes les permite ajustar sus expectativas en forma natural, de acuerdo con las decisiones y los sucesos que se dan en un proyecto y, al mismo tiempo, su presencia mantiene al equipo de proyecto enfocado en los objetivos del cliente.

La participación activa del cliente también brinda una base más firme para evaluar el desempeño del proyecto. No sólo ve los resultados del proyecto, sino que también adquiere vistazos del esfuerzo y las acciones que produjeron esos resultados. Es natural que los administradores de proyectos quieran asegurarse de que esos vistazos se reflejen en forma favorable en sus equipos de proyectos, así que tienen un cuidado adicional en que las interacciones con los clientes se manejen de manera competente y profesional. En algunos casos, las percepciones que los clientes tienen del desempeño están moldeadas más por lo bien que el equipo de proyecto trata con la adversidad que por el desempeño real. Los administradores de proyecto pueden impresionar a los clientes con la forma diligente en que enfrentan los problemas y contratiempos inesperados. De igual forma, los analistas de la industria han señalado que la insatisfacción de los clientes se puede transformar en satisfacción al corregir los errores con rapidez y en ser muy sensibles a sus preocupaciones.

La administración de las relaciones con los clientes es un tema amplio; sólo hemos señalado algunos de los temas centrales que participan. Este breve segmento concluye con dos consejos transmitidos por administradores de proyectos veteranos:

Hable con una voz. Nada erosiona más la confianza en un proyecto que un cliente reciba mensajes contradictorios de distintos miembros del proyecto. El administrador del proyecto debe recordar este hecho a los integrantes y trabajar con ellos para asegurarse de que se comparta la información apropiada con los clientes.

Hable el lenguaje del cliente. Con mucha frecuencia los miembros del proyecto responden a las preguntas de los clientes con jerga técnica que excede el vocabulario del cliente. Los administradores y los integrantes deben describir los problemas, las concesiones y las soluciones de tal modo que el cliente los comprenda.

Resumen

La contratación externa se ha convertido en una parte integral de la administración de proyectos. Cada vez más empresas colaboran entre ellas en los proyectos para competir en el mundo de negocios de hoy. Las ventajas de la contratación externa incluyen la reducción de costos, tiempos de cumplimiento más rápidos, mayor flexibilidad y un nivel superior de experiencia. Las desventajas incluyen problemas de coordinación, pérdida de control, conflictos y moral baja.

Han surgido mejores prácticas proactivas entre las empresas que han dominado el proceso de contratación externa. Estas prácticas incluyen el establecimiento de requisitos y procedimientos bien definidos, así como el uso de contratos justos y repletos de incentivos. Las sesiones de construcción de equipos se sostienen antes de que el proyecto comience a forjar relaciones entre el personal de distintas empresas. Se han establecido lineamientos de ascenso para la resolución de conflictos, al igual que las provisiones para una mejora de procesos y riesgos compartidos. En un trabajo de gran relevancia se hacen arreglos para que el personal clave trabaje junto, frente a frente. Las evaluaciones conjuntas de la buena colaboración de la gente es la norma durante las sesiones informativas del estado del proyecto. Por último, muchas empresas se dan cuenta de los beneficios de formar alianzas de largo plazo en los proyectos. La meta final es trabajar como socios.

Las habilidades de negociación eficaz son esenciales para trabajar en los proyectos como socios. Las personas necesitan resolver las diferencias en el nivel más bajo posible a fin de mantener el proyecto en orden. Los administradores de proyectos veteranos se dan cuenta de que la negociación no es un juego competitivo y trabajan en las soluciones de colaboración de los problemas. Esto lo logran al separar a las personas del problema, enfocarse en los intereses y no en las posiciones, crear opciones para una ganancia mutua y confiar en un criterio objetivo, siempre que sea posible, para resolver los desacuerdos. También reconocen la importancia de desarrollar un fuerte BATNA, el cual les da la nivelación necesaria para buscar soluciones de colaboración.

La satisfacción de los clientes es la prueba determinante de un proyecto exitoso. Los administradores de proyectos deben tomar un enfoque proactivo para administrar las expectativas y las percepciones de los clientes. Necesitan incluir a los clientes en forma activa en las decisiones clave y mantenerlos al corriente de los desarrollos importantes. La participación activa de los clientes mantiene al equipo enfocado en los objetivos del proyecto y reduce los malos entendidos y la insatisfacción.

Términos clave

Ascenso
Cédula de sociedad
Contratación externa
Mejor alternativa para un acuerdo negociado (BATNA)
Modelo de las expectativas cumplidas
Negociación con principios
Ubicación compartida

Preguntas de repaso

1. ¿Por qué las empresas contratan en forma externa el trabajo del proyecto?
2. ¿Cuáles son las mejores prácticas utilizadas por las empresas para contratar el trabajo del proyecto en forma externa?
3. ¿A qué se refiere el término "ascenso" y por qué es esencial para el éxito del proyecto?
4. ¿Por qué se recomienda el enfoque de la negociación con principios para negociar los acuerdos de los proyectos?
5. ¿Qué significa el acrónimo BATNA y por qué es importante ser un negociador importante?
6. ¿Cómo puede influir un administrador de proyecto en las expectativas y percepciones de los clientes?

Ejercicios

1. Hagan grupos de cuatro a cinco estudiantes. Asignen a la mitad de los grupos el papel de Dueño y a la otra mitad el papel de Contratista.

   Dueños: Después de ahorrar durante muchos años usted está a punto de emplear un contratista para construir su "casa de ensueño". ¿Cuáles son sus objetivos para este proyecto? ¿Qué preocupaciones o asuntos tiene usted al trabajar con un contratista general para que construya su casa?

   Contratistas: Usted se especializa en construir casas personalizadas. Está a punto de reunirse con los dueños prospecto para comenzar la negociación de un contrato para construir su "casa de ensueño". ¿Cuáles son sus objetivos para este proyecto? ¿Qué preocupaciones o temas tiene usted respecto de trabajar con los dueños para edificar su casa?

   Cada grupo de Dueños se reúne con su contraparte de Contratistas para compartir sus objetivos, preocupaciones y temas.

   Identifiquen qué objetivos, temas y preocupaciones tienen en común y cuáles son únicos. Analicen en qué forma podrían trabajar juntos para realizar sus objetivos. ¿Cuáles serían las claves para trabajar como socios en este proyecto?
2. Ingrese la palabra "outsourcing" (contratación externa) en un motor de búsqueda de Internet y navegue por distintos sitios web. ¿Quién parece estar interesado en la contratación externa? ¿Cuáles son las ventajas de la contratación externa? ¿Cuáles son sus desventajas? ¿La contratación externa significa lo mismo para diferentes personas? ¿Cuáles son las tendencias futuras en la contratación externa?

Referencias

Cowan, C., C. F. Gray y E. W. Larson, "Project Partnering", en *Project Management Journal*, vol. 12, núm. 4, diciembre de 1992, pp. 5-15.

Covey, S. R., *The Seven Habits of Highly Effective People*, Nueva York, Simon and Schuster, 1990.

DiDonato, L. S., "Contract Disputes: Alternatives for Dispute Resolution, (Part 1)", *PM Network*, mayo de 1993, pp. 19-23.

Drexler, J. A. y E. W. Larson, "Partnering: Why Project Owner-Contractor Relationships Change", en *Journal of Construction Engineering and Management*, vol. 126, núm. 4, Julio-agosto de 2000, pp. 293-397.

Dyer, S., *Partner Your Project*, Warwickshire, Reino Unido, Pendulum Pub., 1997.

Economy, P., *Business Negotiating Basics*, Burr Ridge, IL, Irwin Professional Publishing, 1994.

Fisher, R. y W. Ury, *Getting to Yes: Negotiating Agreement without Giving In*, 2a. Ed., Nueva York, Penguin Books, 1991.

Hedberg, B., G. Dahlgren, J. Hansson y N. Olve, *Virtual Organizations and Beyond*, Nueva York, Wiley, 1997.

Hoang, H. y F. T. Rothaermel, "The Effect of General and Partner-Specific Alliance Experience on Joint R&D Project Performance", *Academy of Management Journal*, vol. 48, núm. 2, 2005, pp. 332-45.

Kanter, R. M., "Collaborative Advantage: The Art of Alliances", en *Harvard Business Review*, julio-agosto de 1994, pp. 92-113.

Kezsbom, D. S., D. L. Schilling y K. A. Edward, *Dynamic Project Management*, Nueva York, Wiley, 1989.

Larson, E. W., "Project Partnering: Results of a Study of 280 Construction Projects", *Journal of Management Engineering*, vol. 11, núm. 2, marzo-abril de 1995, pp. 30-35.

Larson, E. W., "Partnering on Construction Projects: A Study of the Relationship between Partnering Activities and Project Success", *IEEE Transactions in Engineering Management*, vol. 44, núm. 2, mayo de 1997, pp. 188-95.

Larson, E. W. y J. A. Drexler, "Barriers to Project Partnering: Report from the Firing Line", *Project Management Journal*, vol. 28, núm. 1, marzo de 1997, pp. 46-52.

Magenau, J. M. y J. K. Pinto, "Power, Influence and Negotiation in Project Management", en *The Wiley Guide to Managing Projects*, P. W. G. Morris y J. K. Pinto, comps., Nueva York, Wiley, 2004, pp. 1033-60.

Nambisan, S., "Designing Virtual Customer Environments for New Product Development: Toward a Theory", en *Academy of Management Review*, vol. 27, núm. 3, 2002, pp. 392-413.

Nissen, M. E., "Procurement: Process Overview and Emerging Project Management Techniques", en *The Wiley Guide to Managing Projects*, P. W. G. Morris y J. K. Pinto, comps., Nueva York, Wiley, 2004, pp. 643-54.

Quinn, R. E., S. R. Faerman, M. P. Thompson y M. R. McGrath, *Becoming a Master Manager: A Competency Framework*, Nueva York, Wiley, 1990.

Schultzel, H. J. y V. P. Unruh, *Successful Partnering: Fundamentals for Project Owners and Contractors*, Nueva York, Wiley, 1996.

Shell, G. R., *Bargaining for Advantage: Negotiation Strategies for Reasonable People*, Nueva York, Penguin, 2000.

Caso

El proyecto de instalación de software de contabilidad

Sentada en su oficina, Karin Chung revisa los pasados cuatro meses del proyecto de instalación de software de contabilidad corporativa que ha administrado. Todo parecía tan bien antes de que iniciara el proyecto. Cada división de la empresa tenía una fuerza de tareas que aportaba a la instalación propuesta junto con los problemas potenciales. Las demás divisiones habían sido capacitadas y asesoradas sobre la forma exacta en que su división interactuaría y en el uso del futuro software contable. Los seis contratistas, que incluían una de las Cinco Grandes empresas consultoras, ayudaron a desarrollar la estructura de desglose del trabajo, los costos, las especificaciones y el tiempo.

Karin contrató un consultor para realizar un taller de "sociedad" por un día al que asistieron la mayoría de los jefes contables, un miembro de cada grupo de fuerza de tareas y los representantes clave de cada uno de los contratistas. En el taller se utilizaron varios ejercicios de construcción de equipos para ilustrar la importancia de la colaboración y la comunicación eficaz. Todos se rieron cuando Karin cayó a un pozo imaginario de ácido durante un ejercicio de construcción de puentes humanos. El taller terminó en una nota alta cuando todos firmaron una cédula de sociedad que expresaba su compromiso a trabajar juntos para terminar el proyecto.

DOS MESES DESPUÉS

Un miembro de la fuerza de tareas vino con Karin para quejarse de que el contratista que trataba con la facturación no escuchaba sus preocupaciones sobre los problemas que podrían ocurrir en la división Virginia al consolidar la facturación. El contratista le había dicho al miembro de la fuerza de tareas que tenía problemas más grandes que la garantía de la facturación en la división Virginia. Karin replicó: "Tú puedes arreglar el problema con el contratista. Ve con él y explícale qué tan serio es tu problema y dile que se tendrá que arreglar antes de que el proyecto concluya".

Más tarde en el comedor ella escuchó una conversación de un contratista consultor que hablaba mal del trabajo de otro: "Nunca a tiempo, la codificación de interfase no se revisa". El mismo día, en el pasillo, un supervisor del departamento de contabilidad le dijo que las pruebas mostraban que el nuevo programa nunca sería compatible con las prácticas de contabilidad de la división Georgia.

Aunque estaba preocupada, Karin consideraba que estos problemas eran típicos del tipo que ella había encontrado en proyectos de software más pequeños.

CUATRO MESES MÁS TARDE

El proyecto parecía derrumbarse. ¿Qué pasó con la actitud positiva fomentada en el taller de construcción de equipos? Un contratista escribió una carta formal donde se quejaba de que otro contratista no atendía una decisión de codificación que retrasaba su trabajo. La carta continuó: "No se nos puede hacer responsables o tener obligación legal por los retrasos ocasionados por los demás." El proyecto ya llevaba dos meses de retraso, así que los problemas se volvían muy reales y serios. Por fin, Karin decidió llamar a una reunión de todas las partes del proyecto y del acuerdo de sociedad.

Empezó por preguntar sobre los problemas que la gente encontraba mientras trabajaba en el proyecto. Aunque los participantes estaban renuentes a ser los primeros, por temor a que se les percibiera como quejosos, no pasó mucho tiempo antes de que las acusaciones y los temperamentos se salieran de control. Siempre era un grupo el que se quejaba de otro. Varios participantes lamentaron que otros retenían las decisiones que ocasionaban que su trabajo se retrasara. Un consultor dijo: "Es imposible saber quién está a cargo de qué". Otro participante se quejó de que aunque el grupo se reunía en forma separada para abordar los pequeños problemas, nunca se reunía como grupo total para evaluar las nuevas situaciones de riesgo que surgían.

Karin pensaba que la reunión había degenerado hacia una situación irrecuperable. El compromiso con el proyecto y la sociedad parecían haber decaído. Con rapidez decidió detener la reunión y enfriar las cosas. Habló con los interesados del proyecto: "Es claro que tenemos serios problemas y que el proyecto está en peligro. El proyecto debe reactivarse y deben dejar de atacarse por la espalda. Quiero que todos nos reunamos el viernes por la mañana con sugerencias concretas de lo que se requiere para regresar el proyecto a su curso y acciones específicas de cómo se hará. Necesitamos reconocer nuestra interdependencia y llevar nuestras relaciones de vuelta a un ambiente de ganar-ganar. Cuando las cosas vuelvan a la normalidad, tenemos que encontrar la forma de no volver a salir del curso."

1. ¿Por qué este intento de sociedad de proyectos parece fallar?
2. Si usted fuera Karin, ¿qué haría para regresar este proyecto a su curso?
3. ¿Qué acción tomaría para mantener el proyecto en su curso?

Caso

Ejercicio de negociación de Goldrush Electronics

OBJETIVO

El propósito de este caso es brindarle la oportunidad de practicar las negociaciones.

PROCEDIMIENTO

PASO 1

La clase se divide en cuatro grupos, cada uno comprendido por el grupo administrativo del proyecto para uno de los cuatro proyectos en Goldrush Electronics.

PASO 2

Lea la sección a continuación de "información de antecedentes" de Goldrush Electronics. Luego lea las instrucciones del proyecto que usted representa. Pronto se encontrará con la administración de los otros proyectos para intercambiar personal. Planee cómo quiere realizar esas reuniones.

INFORMACIÓN DE ANTECEDENTES

Goldrush Electronics (GE) produce una amplia gama de artículos electrónicos. GE tiene un fuerte compromiso con la administración de proyectos. GE opera como una organización de proyectos, con cada proyecto organizado como un equipo dedicado por completo. El sistema de compensación está basado en una fórmula de 40 + 30 + 30. El 40 por ciento sale de su salario base, 30 por ciento de su desempeño de proyecto y 30 por ciento del desempeño general de la empresa.

Se han autorizado cuatro proyectos de desarrollo de productos nuevos. Tienen nombre en código: Alpha, Beta, Theta y Zeta. La asignación de personal preliminar se lista a continuación. A usted se le asigna representar a la administración de uno de estos proyectos.

La política en GE es que una vez que se han hecho las asignaciones preliminares, los administradores de proyecto tienen la libertad de intercambiar personal siempre y cuando ambas partes estén de acuerdo en la transición. Usted tendrá la oportunidad de ajustar su equipo con otros administradores de proyecto.

El personal se puede cambiar por uno o más integrantes.

PASO 3

Reúnase y negocie con los demás administradores de proyecto.

PASO 4

Las calificaciones de proyecto individuales se suman y se publican.

PASO 5

PREGUNTAS DE DISCUSIÓN

1. ¿Cuál fue su estrategia inicial antes de empezar con las negociaciones reales? ¿Cómo vio a los demás grupos?
2. ¿Su estrategia inicial cambió cuando comenzaron las negociaciones? Si fue así, ¿cómo y por qué?
3. ¿Qué podría haber hecho la administración superior en GE para facilitar el alcance de un acuerdo con los demás grupos?

Proyecto Alpha		
Ingeniero de software	**Ingeniero de hardware**	**Ingeniero de diseño**
Jill	Cameron	Mitch
John	Chandra	Marsha
Proyecto Beta		
Ingeniero de software	**Ingeniero de hardware**	**Ingeniero de diseño**
Jake	Casey	Mike
Jennifer	Craig	Maria
Proyecto Theta		
Ingeniero de software	**Ingeniero de hardware**	**Ingeniero de diseño**
Jack	Chuck	Monika
Johan	Cheryl	Mark
Proyecto Zeta		
Ingeniero de software	**Ingeniero de hardware**	**Ingeniero de diseño**
Jeff	Carlos	Max
Juwoo	Chad	Maile

Apéndice 12.1

Administración de contratos

Como la mayor parte del trabajo externo es de naturaleza contractual, en este apéndice se analizan los distintos tipos de contratos que se utilizan, sus fortalezas y debilidades y la forma en que los contratos dan forma a los motivos y las expectativas de los distintos participantes. La administración de contratos es un elemento clave de cualquier sistema de administración de compras de proyectos. La descripción de este sistema está fuera del alcance de este texto. Sin embargo, los procesos básicos se listan aquí para poner en perspectiva la administración de contratos y los temas relacionados como RFP (vea el apéndice 2.1). Seis pasos principales comprenden la administración de compras:

- La **planeación de compras y adquisiciones** incluye determinar qué comprar, cuándo y cómo. Esto implica el análisis clásico de construir o comprar, así como la determinación del tipo de contrato que se debe utilizar.
- La **planeación de la contratación** incluye la descripción de los requisitos de productos o servicios deseados de contratación externa y la identificación de los proveedores o vendedores potenciales. Los resultados contienen documentos de compras, como una solicitud de propuesta (RFP por sus siglas en inglés) y un criterio de selección.
- La **solicitud de las respuestas de los vendedores** incluye obtener información, cotizaciones, ofertas o propuestas de los vendedores y proveedores. Los principales resultados de este proceso son una lista de vendedores calificados y propósitos específicos.
- La **selección de los vendedores** incluye elegir entre proveedores potenciales mediante un proceso de evaluación de éstos y la negociación de un contrato.
- La **administración del contrato** incluye la administración de la relación con el vendedor o proveedor.
- El **cierre del contrato** incluye la terminación y acuerdo del contrato.

La mayoría de las empresas tiene departamentos de compras que se especializan en este tema. Con frecuencia se asignan agentes de compras a los equipos de proyecto y trabajan con los demás miembros del equipo para idear soluciones óptimas para el proyecto. Incluso si los equipos de proyecto no participan de manera directa en las negociaciones de los contratos y en la decisión de contratar en forma externa el trabajo del proyecto, es importante que el equipo entienda el proceso de compras y la naturaleza de los distintos tipos de contratos.

CONTRATOS

Un contrato es un acuerdo formal entre dos partes en donde una (el contratista) se obliga a realizar un servicio y la otra (el cliente) se obliga a hacer algo a cambio, por lo general en forma de un pago al contratista. Por ejemplo, una compañía de seguros contrató a una empresa consultora la reprogramación de segmentos de su sistema de información para que concordara con MS Vista.

Un contrato es más que sólo un acuerdo entre las partes. Un contrato es una codificación de la ley privada que gobierna la relación entre las partes con ella. Por esto, define las responsabilidades, describe las condiciones de sus operaciones, establece los derechos de las partes en relación con otras y otorga soluciones a una parte si es que la otra incumple sus obligaciones. Un contrato intenta describir en términos específicos las obligaciones de transacciones de las partes incluidas, así como las contingencias asociadas con la ejecución del contrato. Un contrato ambiguo o inconsistente es difícil de entender y aplicar.

En esencia hay dos tipos de contratos. El primero es el de "precio-fijo", donde se acuerda un precio por adelantado y permanece fijo siempre y cuando no haya cambios al alcance o provisiones del acuerdo. El segundo es un contrato de "costo-plus" en el que al contratista se le reembolsa todo o parte de los gastos en que incurre durante el desempeño del contrato. A diferencia del contrato de precio fijo, el precio final no se conoce sino hasta que el proyecto concluye. Dentro de estos dos tipos de contratos existen diversas variaciones.

CONTRATOS DE PRECIO FIJO

Bajo un acuerdo de precio fijo (PF), o cantidad establecida, el contratista acuerda realizar todo el trabajo especificado en el contrato a un precio fijo. Los clientes pueden obtener un precio mínimo al poner el contrato en un concurso de ofertas competitivas. Por lo general anunciar una invitación de ofertas (IFB por sus siglas en inglés) que lista los requisitos del cliente resulta en ofertas bajas. Los posibles contratistas pueden obtener notificaciones de IFB mediante diversos canales. En el caso de las organizaciones de negocios grandes y de las agencias gubernamentales, los contratistas potenciales pueden solicitar que se les incluya en la lista de los proponentes en el área de interés. En otros casos, se puede encontrar a los IFB si se busca en los medios apropiados de la industria, como periódicos, diarios de comercio y páginas web. En muchos casos, el dueño puede poner restricciones a los proponentes potenciales, tal como requerir que tengan la certificación ISO 9000.

Con las ofertas de contratos de precios fijos, el contratista debe ser cuidadoso al calcular el costo objetivo y el programa de terminación porque una vez que se haya acordado el precio, no se puede ajustar. Si los contratistas sobreestiman el costo del objetivo en la etapa de las ofertas, pueden perder el contrato con un competidor de menor precio; si el cálculo es demasiado bajo, pueden ganar el trabajo pero no lograrán ninguna utilidad o tendrán muy poca.

Los dueños y los contratistas prefieren los contratos de precio fijo cuando el alcance del proyecto está bien definido con costos predecibles y riesgos de ejecución bajos. Tal como sería el caso para la producción de partes o componentes con las especificaciones, ejecutar programas de capacitación u organizar un banquete. Con los contratos de precio fijo, los clientes no tienen que estar preocupados por los costos de proyecto y se pueden enfocar en vigilar el progreso del trabajo y las especificaciones de desempeño. De igual forma, los contratistas prefieren los contratos de precio fijo porque el cliente tiene menos probabilidad de solicitar cambios o adiciones al contrato. Menos cambios potenciales reducen la incertidumbre del proyecto y permiten que los contratistas administren en forma más eficiente sus recursos a través de múltiples proyectos.

Para los dueños, la desventaja de un contrato de precio fijo es que es más difícil y costoso de preparar. Para ser eficaces, las especificaciones de diseño se deben describir con suficiente detalle para dejar poca duda de lo que se debe alcanzar. Como la utilidad del contratista está determinada por la diferencia entre la oferta y los costos reales, hay cierto incentivo para que los contratistas utilicen materiales más económicos, realicen un trabajo marginal o extiendan la fecha de cumplimiento para reducir los costos. El cliente puede contraatacar esto al estipular especificaciones rígidas del producto final y la fecha de terminación, y al supervisar el trabajo. En muchos casos, el cliente contratará un consultor que sea experto en el campo para supervisar el trabajo del contratista y proteger los intereses de los clientes.

La principal desventaja de un contrato de precio fijo para los contratistas es que éstos corren el riesgo de subestimar. Si el proyecto se mete en problemas serios, los excedentes de costos pueden hacer que el proyecto no sea rentable y, en algunos casos, los puede llevar a la bancarrota. Para evitar esto, los contratistas deben invertir tiempo y dinero significativo para asegurar que sus cálculos sean precisos.

Los contratos con largos tiempos de proceso, como los proyectos de construcción y de producción, pueden incluir un aumento en las provisiones que protegen al contratista en contra de aumentos externos de los costos en materiales, tasas de mano de obra o gastos fijos. Por ejemplo, el precio puede estar vinculado a un índice inflacionario, a fin de que se pueda ajustar a aumentos súbitos en mano de obra y precios de materiales, o puede calcularse de nuevo conforme se conocen los costos. Se utiliza una diversidad de contratos redeterminados. Algunos establecen un precio techo para un contrato y permiten sólo ajustes a la baja, otros permiten ajustes al alza y a la baja; algunos establecen un periodo de reajuste al final del proyecto y otros usan más de un periodo. Los contratos redeterminados son convenientes donde los esfuerzos de ingeniería y diseño son difíciles de calcular o cuando el precio final no se puede calcular por una falta de datos de costos precisos.

Aunque en principio los contratos redeterminados se utilizan para hacer los ajustes apropiados en las incertidumbres de costos, son proclives al abuso. Un contratista puede ganar un contrato de oferta inicial baja, empezar el trabajo contratado y luego "descubrir" que los costos son mucho más elevados de lo esperado. El contratista puede tomar ventaja de las provisiones de redeterminación y la ignorancia de un cliente para justificar el aumento del costo real del contrato. El contrato evoluciona hacia un contrato de costo plus.

Para aliviar algunas de las desventajas de un contrato de precio fijo, al tiempo que se mantiene cierta certidumbre en cuanto al costo final, muchos contratos de precio fijo contienen cláusulas de incentivos diseñadas para motivar a los contratistas a reducir los costos y mejorar la eficiencia. Por ejemplo, un contratista negocia para desempeñar el trabajo por un precio objetivo, basado en un costo objetivo y una utilidad del objetivo. También se establecen un precio máximo y una utilidad máxima. Si el costo total termina abajo del costo objetivo, el contratista tiene una utilidad más elevada, hasta el máximo de utilidad. Si hay un excedente en el costo, el contratista absorbe parte del excedente hasta que se alcance un piso de utilidad.

La utilidad se determina de acuerdo con una fórmula basada en una razón de costo compartido (CSR, por sus siglas en inglés). Un CSR de 75/25, por ejemplo, indica que por cada dólar gastado arriba de los costos objetivo, el cliente paga 75 centavos y el contratista, 25 centavos. Esta provisión motiva a los contratistas a mantener los costos bajos, ya que pagan 25 centavos por cada dólar gastado arriba del costo esperado y ganan 25 centavos más de cada dólar ahorrado por debajo del costo esperado. Los contratos de incentivos de precios fijos tienden a utilizarse para los proyectos de larga duración con cálculos de costos bastante predecibles. La clave es ser capaz de negociar un cálculo de costo objetivo que sea razonable. Se sabe que los contratistas sin escrúpulos aprovechan la ignorancia del cliente para negociar un costo objetivo alto que es poco realista y utilizan los incentivos de desempeño para lograr utilidades excesivas.

CONTRATOS DE COSTO PLUS

Bajo un contrato de costo plus, al contratista se le reembolsan todos los costos permisibles directos (materiales, mano de obra, viaje) más una cuota adicional para abarcar los gastos fijos y las utilidades. Esta cuota se negocia con anticipación y, por lo general, incluye un porcentaje de los costos totales. En los proyectos pequeños, este tipo de contrato viene bajo la rúbrica "contrato de tiempo y materiales" en el que el cliente acuerda reembolsar al contratista el costo de la mano de obra y los materiales. Los costos de mano de obra se basan en una tasa por hora, o por día, que incluye costos directos e indirectos, así como la utilidad. El contratista es responsable de documentar los costos de mano de obra y de materiales.

A diferencia de los contratos fijos, los contratos de costo plus ponen la carga del riesgo en el cliente. El contrato no indica lo que el proyecto vaya a costar sino hasta el final del proyecto. Se supone que los contratistas hacen el mejor esfuerzo para satisfacer los requisitos técnicos específicos del contrato, pero no se pueden considerar responsables, a pesar de sus mejores esfuerzos, si el trabajo no se produce dentro del costo y el marco de referencia considerados. Con frecuencia, estos contratos se critican porque hay poco incentivo formal para que los contratistas controlen los costos o terminen a tiempo, ya que se les paga sin importar el costo final. El factor más importante que motiva a los contratistas a controlar los costos y el tiempo es el efecto que los excedentes tengan en su prestigio y su capacidad de obtener negocios futuros.

La debilidad inherente de los contratos de costo plus se ha compensado con una diversidad de cláusulas de incentivos dirigidas a proporcionar estímulos a los contratistas para controlar los costos, mantener el desempeño y evitar los excedentes en el programa. A los contratistas se les reembolsan los costos, pero en lugar de que la cuota sea fija, se basa en una fórmula de incentivo y está sujeta a provisiones adicionales. Esto es muy similar a los contratos de incentivo de precios fijos, pero en lugar de estar basada en un costo objetivo, la cuota se basa en un costo real mediante una fórmula de costos compartidos.

La mayoría de los contratos tienen que ver con el costo negociado del proyecto. Sin embargo, dada la importancia de la velocidad y la oportunidad en el mundo de negocios actual, cada vez más contratos incluyen cláusulas concernientes a las fechas de cumplimiento. Hasta cierto grado, los incentivos del programa brindan algunas mediciones de control de costos porque los tropezones en el programa, aunque no siempre, incluyen excedentes en los costos. Las penas/incentivos del programa se estipulan de acuerdo al significado del tiempo de terminación para el dueño. Por ejemplo, es probable que el contrato de la construcción de un nuevo estadio de béisbol contenga penas rígidas si el estadio no está listo para la inauguración de la temporada. Por el contrario, los proyectos con limitaciones de tiempo en el que la máxima prioridad es terminar el proyecto tan pronto como sea posible, podrían incorporar incentivos atractivos para terminar antes el proyecto.

Un buen ejemplo de esto se puede ver en el recuadro Caso de práctica del terremoto de Northridge (capítulo 9) en el que una empresa de construcción quitó todos los obstáculos para reparar el sistema de carreteras dañado 74 días antes del plazo. La empresa recibió un bono de 14.8 millones de dólares por sus esfuerzos.

En la figura A12.1 se resume el espectro de riesgo para el comprador y el proveedor en distintos tipos de contratos. Los compradores tienen el menor riesgo con los contratos de precio fijo de la empresa porque saben con exactitud lo que deben pagar al proveedor. Los compradores tienen el mayor riesgo con los contratos de porcentaje de costo plus porque no saben con anticipación cuál será el costo del proveedor y los proveedores pueden estar motivados a incrementar los costos. Desde la perspectiva del proveedor, el contrato de costo plus ofrece el menor riesgo y el contrato de precio fijo de la empresa acarrea el mayor riesgo.

SISTEMA DE CONTROL DE CAMBIO DE CONTRATO

Un sistema de control de cambio de contrato define el proceso que permite modificar el contrato. Incluye el papeleo, los sistemas de registro, los procedimientos de resolución de disputas y niveles de aprobación necesarios para autorizar los cambios. Hay varias razones por las que un contrato puede requerir cambios. Los clientes pueden desear alterar el diseño o el alcance original del proyecto cuando éste ha comenzado. Esto es muy común conforme el proyecto se mueve del concepto a la realidad. Por ejemplo, un dueño desearía agregar ventanas después de inspeccionar el sitio de la casa terminada a medias. Los cambios en el mercado pueden dictar la suma de nuevas características o el aumento de los requisitos de desempeño del equipo. Una baja en los recursos financieros puede dictar que el dueño recorte el alcance del proyecto. El contratista puede iniciar los cambios en el contrato, en respuesta a los problemas legítimos imprevistos. Un contratista de construcción

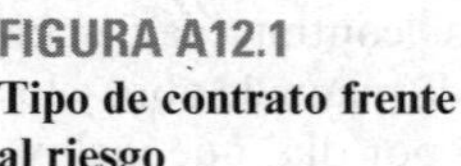

FIGURA A12.1
Tipo de contrato frente al riesgo

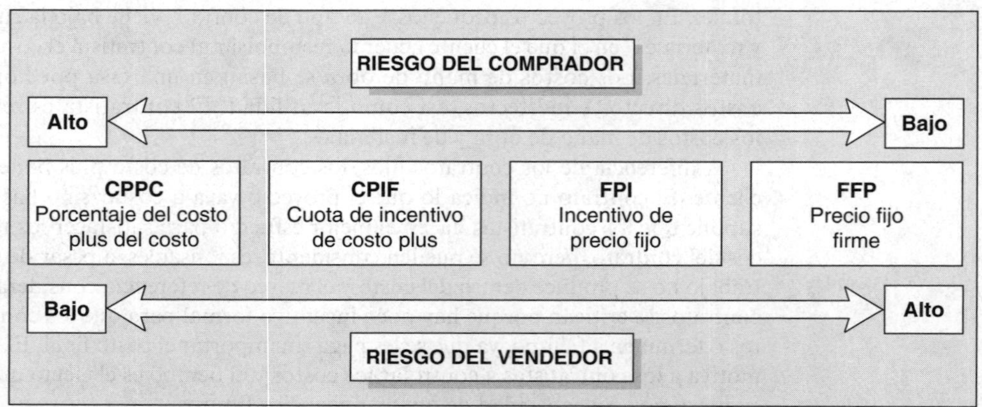

puede necesitar que se vuelva a negociar el contrato en vista de un exceso de agua subterránea o la falta de disponibilidad de materiales específicos. En algunos casos, las fuerzas externas pueden dictar cambios de contrato, tales como la necesidad de cumplir con nuevos estándares de seguridad ordenados por el gobierno federal.

Debe haber procedimientos formales acordados para iniciar los cambios en el contrato original. Los pedidos de cambio de contrato están sujetos a abuso. En ocasiones, los contratistas se aprovechan de la ignorancia de los dueños para inflar los costos de los cambios a fin de reponerse de la pérdida de utilidades de una oferta baja. Por el contrario, se sabe que los dueños "se desquitan" de los contratistas al retrasar la aprobación de los cambios al contrato, lo cual demora el trabajo del proyecto y aumenta los costos para el contratista.

Es necesario que las partes acuerden con anticipación las reglas y procedimientos para iniciar y hacer cambios en los términos originales del contrato.

LA ADMINISTRACIÓN DE CONTRATOS EN PERSPECTIVA

La administración de contratos no es una ciencia exacta. Durante décadas, el gobierno federal ha tratado de desarrollar un sistema de administración de contratos más eficaz. A pesar de sus mejores esfuerzos, los abusos se exponen de manera repetida en los medios de información. La situación se parece al intento de quitar una arruga de un tapete oriental. Los esfuerzos por eliminar una arruga en una parte del tapete, invariablemente crearán una arruga en otra parte. De forma análoga, cada nueva revisión en los procedimientos del gobierno parece generar una nueva laguna legal que se puede explotar. No hay un sistema de administración de contratos perfecto. Dada la incertidumbre inherente incluida en la mayor parte del trabajo del proyecto, ningún contrato puede manejar todos los temas que surgen. Los contratos formales no pueden reemplazar o eliminar la necesidad de desarrollar relaciones de trabajo eficaces entre las partes que se basan en metas mutuas, confianza y cooperación. Por esta razón, es muy importante la discusión anticipada de las mejores prácticas en la contratación externa y la negociación eficaz.

PREGUNTAS DE REVISIÓN DEL APÉNDICE

1. ¿Cuáles son las diferencias fundamentales entre los contratos de precio fijo y los de costo plus?
2. ¿Para qué tipos de proyecto recomendaría que se utilizara un contrato de precio fijo?
3. ¿Para qué tipos de proyectos recomendaría que se utilizara un contrato de costo plus?

REFERENCIAS DEL APÉNDICE

Angus, R. B., N. A. Gundersen y T. P. Cullinane, *Planning, Performing, and Controlling Projects*, Upper Saddle River, NJ, Prentice Hall, 2003.

Cavendish, J. y M. Martin, *Negotiating and Contracting for Project Management*, Upper Darby, PA, Project Management Institute, 1982.

Fleming, Q. W, *Project Procurement Management: Contracting, Subcontracting, Teaming*, Tustin, CA, FMC Press, 2003.

Fraser, J., *Professional Project Proposals*, Aldershot, Reino Unido, Gower/Ashgate, 1995.

Lowe, D., "Contract Management" en *The Wiley Guide to Managing Projects*, P. W. G.

Morris y J. K. Pinto, comps., Nueva York, Wiley, 2004, pp. 678-707.

Schwalbe, K., *Information Technology Project Management*, 4a. ed., Boston, Thomson Course Technology, 2006.

Worthington, M. M. y L. P. Goldsman, *Contracting with the Federal Government*, 4a. ed., Nueva York, Wiley, 1998.

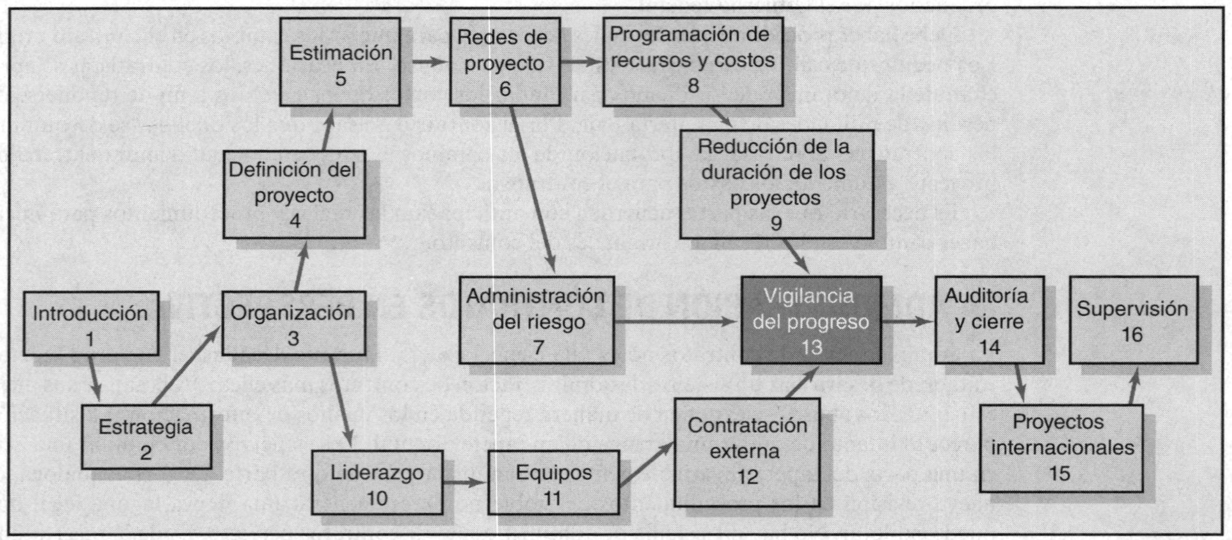

Medición y evaluación del progreso y el desempeño

Estructura de un sistema de información para la supervisión de un proyecto

El proceso de control del proyecto

Supervisión del desempeño del tiempo

Desarrollo de un sistema de costo y programa de valor adquirido

Desarrollo de un informe de avance: un ejemplo hipotético

Índices para la supervisión del progreso

Pronóstico del costo final del proyecto

Otros aspectos de control

Resumen

Apéndice 13.1: La aplicación de reglas adicionales de valor adquirido

Apéndice 13.2: Acopio de información del desempeño del proyecto a partir del software MS Project

CAPÍTULO TRECE

Medición y evaluación del progreso y el desempeño

¿Cómo puede un proyecto retrasarse un año?
... Un día a la vez.

—Frederick P. Brooks, The Mythical Man Month, p. 153

La evaluación y el control son parte del trabajo de todo administrador de proyectos. El control por medio de "recorridos" y/o la "participación" puede superar la mayor parte de los problemas en los proyectos pequeños. Pero los proyectos grandes necesitan algún tipo de control formal. El control hace que la gente se haga responsable, evita que los pequeños problemas se multipliquen y se hagan grandes; además, mantiene el enfoque. Excepto para problemas de contabilidad, el control del proyecto no se realiza bien en la mayoría de las organizaciones. El control es una de las áreas más descuidadas de la administración de proyectos. Por desgracia, no es raro encontrar resistencia para controlar los procesos. En esencia, quienes minimizan la importancia del control dejan pasar una gran oportunidad de ser administradores eficientes evitando que la organización obtenga una ventaja competitiva. Descuidar el control en las organizaciones con múltiples proyectos es mucho más serio. Para un control eficaz, el administrador de proyectos necesita un solo sistema de información para recopilar los datos e informar del progreso en costos, programa y especificaciones. A continuación se analiza la estructura general de dicho sistema.

Estructura de un sistema de información para la supervisión de un proyecto

Un sistema de supervisión de un proyecto incluye *determinar qué tipo* de datos se van a recopilar; *cómo*, *cuándo* y *quién* recopilará los datos; el *análisis* de los datos, y el *informe* del progreso actual.

¿Qué datos se recopilan? El acopio de datos se determina por la métrica que se vaya a utilizar en el control del proyecto. Los datos clave típicos que se recopilan son los tiempos de duración de actividad real, el uso y tasas de recursos y los costos reales que se comparan con los tiempos, los recursos y los presupuestos planeados. Como una parte importante del sistema de supervisión se enfoca en los costos y programa, es crucial brindar a la administración y a los interesados los datos para responder preguntas como:

- ¿Cuál es el avance actual del proyecto en términos del programa y costos?
- ¿Cuánto costará terminar el proyecto?
- ¿Cuándo se terminará el proyecto?
- ¿Hay problemas potenciales que se deben abordar ahora?
- ¿Qué, quién y dónde están las causas de un excedente en los costos o en el programa?

- ¿Qué obtuvimos por los dólares gastados?
- Si hay un exceso en los costos a la mitad del proyecto, ¿podemos pronosticar de cuánto será el excedente a la terminación?

La métrica del desempeño que usted necesita conseguir debe respaldar la respuesta a estas preguntas. Más adelante en este capítulo se analizarán con mayor detalle los ejemplos de métrica específica y herramientas para recolectar datos.

Recolección de datos y análisis Con la determinación de los datos que se van a recolectar, el siguiente paso es establecer quién, cuándo y cómo se ensamblarán los datos. ¿El equipo del proyecto, el contratista, los ingenieros de costos independientes y el gerente de proyecto reunirán los datos? ¿O éstos se derivarán en forma electrónica de alguna forma de datos secundarios, como flujo de efectivo, horas de maquinaria, horas de mano de obra o materiales en el sitio? ¿El periodo de reporte será de una hora, un día, una semana o cuánto? ¿Acaso hay un depósito central para los datos recabados y alguien responsable de su distribución?

Los medios electrónicos de recopilación de datos han mejorado mucho el ensamblado, el análisis y la distribución de éstos. Muchos proveedores de software tienen programas y herramientas para analizar los datos, personalizarlos y presentarlos en una forma que facilite la supervisión del proyecto, identifique las fuentes de los problemas y actualice su plan.

Informes y reporte Primero, ¿a quién se le mandan los informes de progreso? Ya hemos sugerido que distintos interesados y niveles de administración necesitan diferentes tipos de información de proyecto. Por lo general, el principal interés de la administración superior es: "¿Estamos a tiempo y dentro del presupuesto? Si no es así, ¿qué acción correctiva se está realizando?". Asimismo, un administrador de tecnologías de la información que trabaja en el proyecto está preocupado, sobre todo, por su producto preterminado y los paquetes de trabajo específicos. Los informes deben estar diseñados para el público correcto.

Es habitual que los informes de progreso se diseñen y comuniquen por escrito o en forma oral. A continuación presentamos un formato común de temas para informes de progreso:

- Progreso desde el último informe
- Estado actual del proyecto
  1. Programa
  2. Costo
  3. Alcance
- Tendencias acumulativas
- Problemas y asuntos desde el último informe
  1. Acciones y solución de problemas anteriores
  2. Nuevas variaciones y problemas identificados
- Acciones correctivas planeadas

Dada la estructura de su sistema de información y la naturaleza de sus productos, podemos utilizar el sistema para la interfaz y facilitar el proceso de control del proyecto. Estas interfaces deben ser adecuadas y transparentes para que el control sea eficaz.

El proceso de control del proyecto

El control es el proceso de comparar el desempeño tangible con el plan para identificar las desviaciones, evaluar los cursos de acción alternos existentes y tomar las acciones correctivas posibles. Los pasos de control del proyecto para medir y evaluar el desempeño de éste se presentan a continuación

1. Establecer un plan de línea base.
2. Medir el progreso y el desempeño.
3. Comparar el plan con lo tangible.
4. Actuar.

En los siguientes párrafos se describen los pasos del control.

Paso 1: Establecer un plan de línea base

El plan de línea base nos proporciona los elementos para medir el desempeño. La línea base se deriva de la información de costos y duración encontrada en la base de datos de la estructura de división del trabajo (WBS, por sus siglas en inglés), los datos de secuencia de tiempo de la red y las decisiones de programación de recursos. De la WBS, el programa de recursos del proyecto se utiliza para establecer fases de tiempo en todo el trabajo, los recursos y los presupuestos en un plan de línea base. Vea el capítulo 8.

Paso 2: Medir el progreso y el desempeño

El tiempo y los presupuestos son mediciones cuantitativas del desempeño que se ajustan pronto al sistema de información integrado. Las mediciones cualitativas, como cumplir con las especificaciones técnicas de los clientes, y la función del producto se determinan con mayor frecuencia por una inspección en el sitio o el uso real. Este capítulo está limitado a mediciones cuantitativas de tiempo y presupuesto. La medición del desempeño del tiempo es más o menos fácil y evidente. Es decir, ¿la ruta crítica va anticipada al programa, de acuerdo con el programa o va retrasada en el programa? ¿El tiempo de tolerancia de las rutas casi críticas que disminuyen ocasionará nuevas actividades críticas? Medir el desempeño en contraste con el presupuesto (por ejemplo, dinero, unidades en el sitio, horas de mano de obra) es más difícil y *no* se trata sólo de comparar lo real con el presupuesto. El valor adquirido es necesario para brindar un cálculo realista del desempeño en comparación con un presupuesto cronológico. El valor adquirido (EV por sus siglas en inglés) se define como el costo presupuestado del trabajo realizado.

Paso 3: Comparar el plan con lo real

Como los planes rara vez se materializan de acuerdo con lo esperado, se vuelve imperativo medir las desviaciones del plan para determinar si la acción es necesaria. La supervisión periódica y la medición del avance del proyecto permiten comparaciones de los planes reales con lo esperado. Es crucial que el envío de los informes de avance sea oportuno y con suficiente frecuencia para detectar a tiempo las variaciones del plan y corregir las causas. Por lo general, los informes de avance deben realizarse cada semana, o cada cuatro, para que resulten útiles y permitan una corrección proactiva.

Paso 4: Actuar

Si las desviaciones de los planes tienen relevancia, se necesitarán acciones correctivas para regresar el proyecto en línea al plan original o al revisado. En algunos casos, las condiciones o el alcance pueden cambiar, lo que a su vez requerirá de un cambio en el plan de línea base para reconocer la nueva información.

En el resto de este capítulo se describen e ilustran los sistemas de supervisión, las herramientas y los componentes para respaldar a la administración y al control de los proyectos. Varias de las herramientas que usted desarrolló en los capítulos de planeación y programación ahora sirven como aporte para su sistema de información a fin de supervisar el desempeño. Primero se analiza la supervisión del ejercicio del tiempo y después el desempeño de los costos.

Supervisión del desempeño del tiempo

Una meta importante de los informes del progreso es detectar cualquier variación negativa del plan, tan pronto como sea posible, para determinar si se requiere alguna acción correctiva. Por fortuna, supervisar el desempeño del programa es más o menos fácil. El programa de red del proyecto, derivado de WBS/OBS, sirve como línea de partida con la que se puede comparar el desempeño real.

Los diagramas de Gantt (gráficas de barras) y los diagramas de control son las herramientas típicas que se usan para comunicar el avance del programa del proyecto. Como se sugirió en el capítulo 6, el diagrama de Gantt es el preferido, el más utilizado y el mejor entendido. Este tipo de esquema se conoce como diagrama de Gantt de rastreo. Los diagramas de Gantt y de control son un medio para rastrear y registrar el desempeño del proyecto. Sus formatos visuales, de fácil comprensión, los convierten en las herramientas favoritas para comunicar el avance del programa del proyecto, en especial a la administración superior, que por lo general no tiene tiempo para los detalles. Agregar los cálculos de tiempo reales y los revisados a la gráfica de Gantt da un panorama general expedito del avance del proyecto a la fecha del informe.

Gráfica de Gantt de rastreo

En la figura 13.1 se presenta un diagrama de Gantt de línea base y uno de rastreo para un proyecto al final del periodo 6. La barra sólida bajo la barra del programa original representa los tiempos reales de inicio y terminación para las actividades terminadas o cualquier porción de una actividad completada (véanse las actividades A, B, C, D y E). Por ejemplo, el tiempo de inicio real de la actividad C es el periodo 2; el tiempo de terminación real es el periodo 5; la duración real es tres unidades de tiempo, en lugar de los cuatro periodos programados. Las actividades en proceso muestran el tiempo de inicio real hasta el presente; la barra extendida representa la duración programada restante (véanse las actividades D y E). La duración esperada restante de las actividades D y E se muestra con la barra sombreada. La actividad F, que no ha empezado, muestra un tiempo calculado real revisado (9) y un tiempo de terminación real revisado (13).

Observe cómo las actividades pueden tener duraciones que difieren del programa original, como en las actividades C, D y E. Ya sea que la actividad esté completa y que la real sea conocida, o la nueva información sugiera que el cálculo del tiempo se revise y se refleje en el informe del avance. En la actividad D se espera que la duración verificada sea de cuatro unidades de tiempo, que es un periodo más largo que el programa original. Aunque a veces el diagrama de Gantt no muestra las dependencias, cuando se utiliza con una red éstas se identifican con facilidad si se necesita hacer un registro.

Diagrama de control

Este diagrama es otra herramienta que se utiliza para supervisar el desempeño del programa del proyecto y su desempeño actual; también calcula las tendencias futuras del programa. En la figura 13.2 se desglosa un diagrama de control del proyecto. Se utiliza para graficar la diferencia entre el tiempo programado en la ruta crítica, en la fecha del informe, con su punto real. Aunque en la figura 13.2 se muestra que el proyecto ya iba con retraso desde su puesta en marcha, la gráfica sugiere que una acción correctiva lo regresó al programa. Si la tendencia se sostiene, el proyecto llegará

FIGURA 13.1
Diagrama de Gantt de línea base

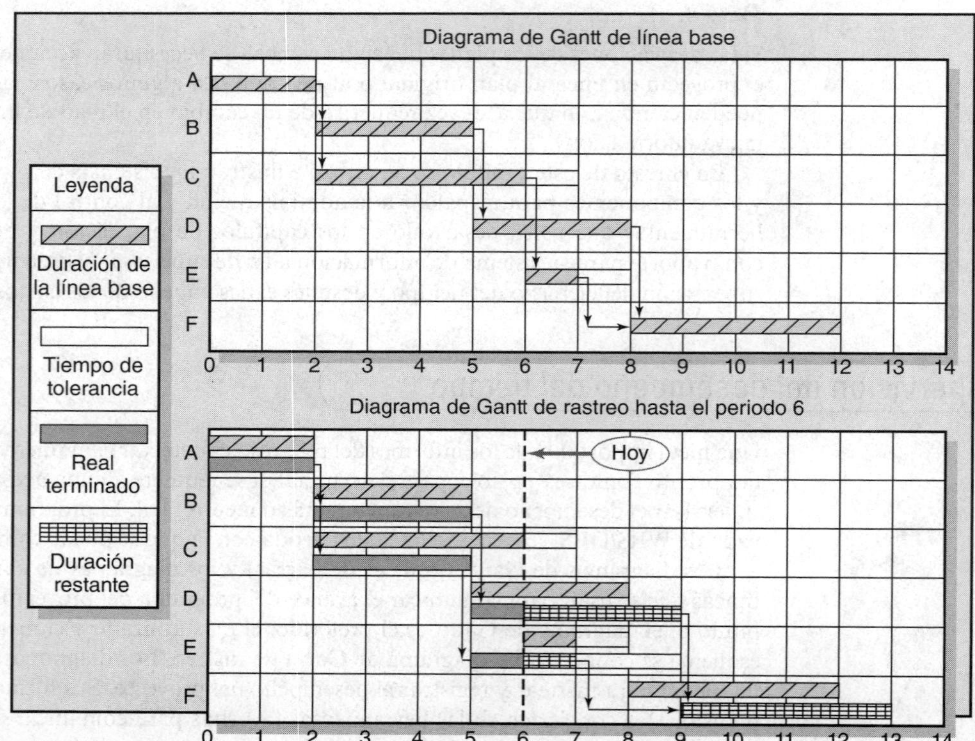

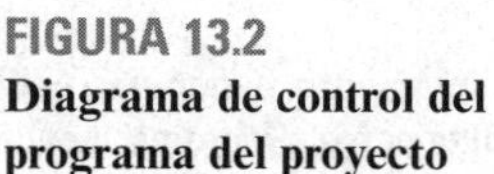

FIGURA 13.2
Diagrama de control del programa del proyecto

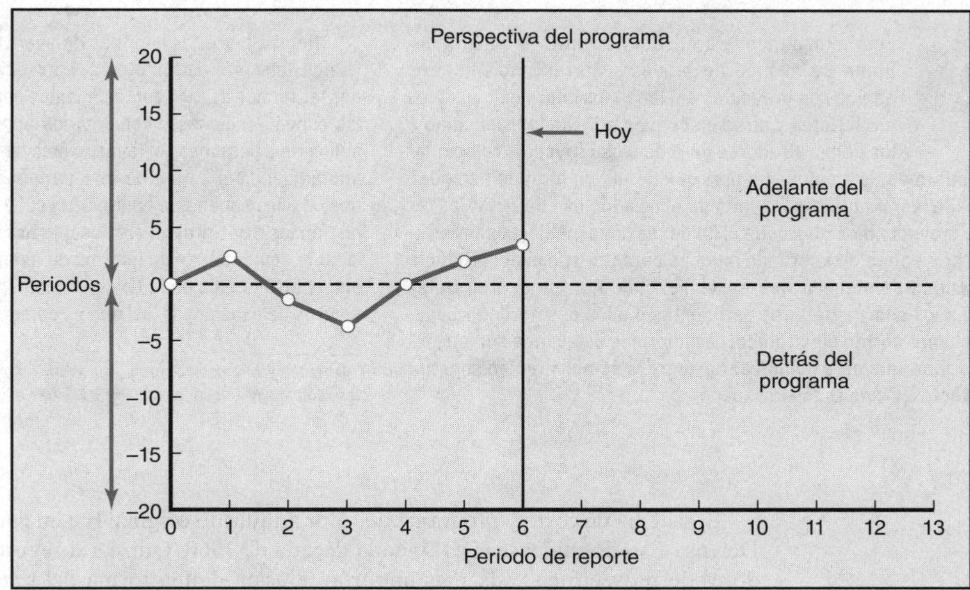

adelantado en el programa. Como los tiempos programados de actividad representan duraciones promedio, dos observaciones con tendencia a una dirección indican una elevada probabilidad de que haya una causa identificable. Ésta debe ser localizada para tomar medidas en caso necesario. Las tendencias de la gráfica de control son muy útiles para advertir problemas potenciales a fin de que se actúe de manera apropiada si fuera preciso.

Los diagramas de control también se usan con frecuencia para supervisar el avance hacia los acontecimientos importantes, los cuales marcan los eventos y como tales tienen una duración cero. Los acontecimientos importantes son eventos significativos en los proyectos que marcan logros importantes. Para ser eficaces, los acontecimientos importantes deben ser concretos, específicos y mensurables. Asimismo, deben ser identificables con facilidad por todos los interesados en el proyecto; por ejemplo, la prueba del producto completa. Las actividades de fusión crítica son buenas candidatas para ser acontecimientos importantes. Con frecuencia se utilizan diagramas de control muy similares al ejemplo mostrado en la figura 13.2 para registrar y comunicar el avance del proyecto hacia un acontecimiento importante.

Un retraso en el programa de un día rara vez recibe mucha atención. Sin embargo, un día aquí y otro allá pronto se suman hasta convertirse en fuertes problemas de retraso. Es bien sabido que una vez que el trabajo se retrasa, tiene la tendencia a permanecer rezagado porque es difícil de compensar. Algunos ejemplos de las causas de atrasos en el programa serían las estimaciones no reales de tiempo, un rediseño menor, un alcance aparente y falta de recursos. El incurrir en una demora al principio de la ruta puede crearle un problema a alguien responsable de una actividad posterior; se reducen la flexibilidad y las oportunidades potenciales. Por estas razones, tener puntos de supervisión frecuentes y bien definidos para los paquetes de trabajo puede mejorar en forma sustancial las oportunidades de detectar pronto los retrasos en el proyecto. Una detección temprana reduce la probabilidad de que los retrasos pequeños se vuelvan grandes, lo cual reduciría las oportunidades de que una acción correctiva logre regresar el proyecto al programa. Vea el recuadro Caso de práctica Visión global instantánea de la práctica: Informes de avance en Microsoft.

Desarrollo de un sistema de costo y programa de valor adquirido

El valor adquirido no es nuevo; aunque su uso inicial fue en los contratos militares, en los años recientes el sector privado ha venido a depender del sistema para administrar los proyectos grandes y múltiples.

Caso de práctica

Visión global instantánea de la práctica: Informes de avance en Microsoft*

En Microsoft, cada producto de software tiene un informe de avance de proyecto correspondiente. Los equipos de proyectos envían estos informes cada mes a Bill Gates y otros ejecutivos principales, así como a los administradores de todos los proyectos relacionados. Los informes de avance son breves y tienen un formato estándar. Gates puede leer de prisa la mayoría de ellos e incluso detectar los retrasos de proyecto o cambios que él no desea. En especial busca retrasos en el proyecto o el recorte de muchas características del producto o la necesidad de cambiar una especificación. Por lo general, Gates responde a los administradores pertinentes o a los desarrolladores directamente por correo electrónico. Los informes de avance son un mecanismo importante para comunicarse entre la administración superior y los proyectos. Como Gates lo explica:

"Recibo todos los informes de avance. Ahora podría haber cien proyectos activos... (Los informes de avance) contienen el programa, incluidas las fechas de los acontecimientos importantes y cualquier cambio en las especificaciones y comentarios como 'mire, no podemos contratar suficientes personas', o 'rayos, si este lanzamiento de OLE (Object Linking and Embedding) 2 Mac no está terminado, vamos a tener que retrasarnos...' Ellos saben que [su reporte] sube a todas las personas que administran los otros grupos con los que tienen dependencia. De este modo, si no lo comentan en su informe de avance y luego de dos meses dicen algo, hay una falla en la comunicación... El grupo interno recibe copias enteras de esas cosas, así que es como el consenso del grupo".

---

* Tomado de *Microsoft Secrets: The World's Most Powerful Software Company Creates Technology.* Copyright © 1995 de Michael A. Cusumano y Richard W. Selby.

El sistema de costo y programa de valor adquirido original fue iniciado por el Departamento de Defensa Estadounidense (DOD) en la década de 1960. Quizá sea seguro decir que los administradores de proyecto en cada país importante usan alguna forma del sistema. Éste se utiliza en los proyectos internos de las industrias de manufactura, farmacéuticas y de alta tecnología. Por ejemplo, las organizaciones como EDS, NCR, Levi Strauss, Tektronics y Disney han empleado sistemas de valor adquirido para registrar los proyectos. El marco de referencia básico del sistema de valor adquirido es pasar la prueba del tiempo. La mayoría de los programas de administración de proyecto incluye el marco de referencia original; muchos sistemas han agregado variaciones específicas de la industria para registrar con mayor exactitud el avance y los costos. En este capítulo se presenta el "centro" genérico de un sistema de información integrado de costo y programa.

El sistema de valor adquirido inicia con los costos con fases de tiempo que proporcionan la *línea base* del presupuesto del proyecto, que se llama valor presupuestado planeado del trabajo programado (PV). Dada esta línea base cronológica, se hacen comparaciones con el programa real y el planeado y los costos que utilizan un valor adquirido. El enfoque del valor adquirido proporciona los vínculos que no se encuentran en los sistemas convencionales de costo y presupuesto. En cualquier punto del tiempo se puede desarrollar un informe de avance para el proyecto.

El sistema de costo y programa de valor adquirido utiliza varios acrónimos y ecuaciones para el análisis. En la tabla 13.1 se presenta un glosario de estos acrónimos. Usted lo necesitará como referencia. En los años recientes los acrónimos han sido acortados para volverlos más amigables con la fonética. Este movimiento se refleja en el material del Project Management Institute, en el software de administración de proyectos y por la mayoría de los practicantes. En esta edición se sigue la tendencia actual. Los acrónimos que están entre corchetes son los más antiguos y con frecuencia se encuentran en los programas de software. Para los no iniciados, los términos que se emplean en la práctica parecen horrendos e intimidantes. Sin embargo, una vez que se entienden algunos términos básicos, el índice intimidatorio desaparece.

Seguir con cuidado cinco pasos asegura la integración del sistema costo/programa. Aquí los delineamos. Se cumplen los pasos 1, 2 y 3 en la etapa de planeación. Los pasos 4 y 5 se terminan en forma secuencial durante la etapa de ejecución del proyecto.

1. Defina el trabajo que utiliza una WBS. Este paso incluye el desarrollo de documentos que incorporan la siguiente información (véanse los capítulos 4 y 5):
   a) Alcance.
   b) Paquetes de trabajo.
   c) Productos a entregar.
   d) Unidades de organización.
   e) Recursos.
   f) Presupuestos para cada paquete de trabajo.
2. Desarrolle el programa de trabajo y recursos.
   a) Programe los recursos con las actividades (vea el capítulo 8).
   b) Establezca una cronología para los paquetes de trabajo dentro de una red.

TABLA 13.1
Glosario de términos

EV	El valor adquirido de una tarea es tan sólo el porcentaje de terminación por su presupuesto original. Dicho de otra forma, el EV es el porcentaje del presupuesto original que se ha adquirido por el trabajo real completado. [El acrónimo más antiguo para este valor fue BCWP, costo presupuestado del trabajo realizado.]
PV	La línea base cronológica planeada del valor del trabajo programado. Es un cálculo de costo aprobado de los recursos programados en una línea base cronológica acumulativa. [BCWS, costo presupuestado del trabajo programado.]
AC	Costo real del trabajo completado. Es la suma de los costos en que se incurrió para cumplir con el trabajo. [ACWP, costo real del trabajo realizado.]
CV	Varianza de costo es la diferencia entre el valor adquirido y los costos reales del trabajo completado a la fecha donde CV = EV – AC.
SV	La varianza del programa es la diferencia entre el valor adquirido y la línea base a la fecha donde SV = EV – PV.
BAC	Costo presupuestado a la terminación. Es el costo presupuestado total de la línea base o cuentas de costo de proyecto.
CET	Costo calculado a la terminación.
ETC	Costo calculado para terminar el trabajo restante.
VAC	Varianza de costo a la terminación. VAC indica costo esperado real superior o inferior a la terminación.

3. Desarrolle un presupuesto cronológico por medio de paquetes de trabajo incluidos en una actividad. Los valores acumulativos de estos presupuestos se volverán la línea base y se llamarán costo presupuestado planeado del programa de trabajo (PV). La suma debe ser igual a las cantidades presupuestadas para todos los paquetes de trabajo en las cuentas de costos (vea el capítulo 8).
4. Al nivel del paquete de trabajo acopie los costos reales del trabajo realizado. A éstos se les llamará costo real del trabajo terminado (AC). Recopile el porcentaje de terminación y multiplíquelo por la cantidad presupuestada original para el valor del trabajo que se terminó en realidad. Esto se llamará valor adquirido (EV).
5. Calcule la varianza del programa (SV = EV – PV) y la varianza del costo (CV = EV – AC). Prepare los informes de avance jerárquico para cada nivel de mantenimiento, del administrador del paquete de trabajo al cliente o al administrador del proyecto. Los informes también deben incluir recortes en el proyecto por parte de la unidad organizacional y los productos a entregar. Además, el tiempo real de desempeño se debe revisar comparándolo con el programa de red del proyecto.

En la figura 13.3 se presenta un panorama general del sistema de información integrado, el cual incluye las técnicas y sistemas presentados en los capítulos anteriores. ¡Quienes trabajaron con tenacidad en los primeros capítulos pueden sonreír! Los pasos 1 y 2 se desarrollaron en forma cuidadosa. Observe que los datos de control se pueden rastrear en retrospectiva hacia los productos a entregar específicos y la unidad organizacional responsable.

Las principales razones para crear una línea base son supervisar e informar el progreso y calcular el flujo de efectivo. Por lo tanto, es crucial integrar la línea base con el sistema de medición del desempeño. Los costos se colocan (con una cronología) en la línea base, exactamente como los administradores esperan que sean "adquiridos". Este enfoque facilita el rastreo de los costos hasta su punto de origen. En la práctica, la integración se logra al utilizar las mismas reglas en la asignación de costos para la línea base que las utilizadas para medir el progreso mediante el valor adquirido. Usted puede encontrar varias reglas en la práctica, pero el porcentaje de terminación es la herramienta confiable más utilizada. Alguien familiarizado con las tareas calcula qué porcentaje de ellas se ha terminado o cuánto queda por hacer.

Regla de porcentaje de terminación

Esta regla es el corazón de cualquier sistema de valor adquirido. El mejor método para asignar, bajo esta regla, los costos a la línea base es establecer puntos de revisión frecuentes a lo largo de la duración del paquete de trabajo y asignar los porcentajes de cumplimiento en términos de dólares.

FIGURA 13.3
Panorama general del sistema de información de la administración del proyecto

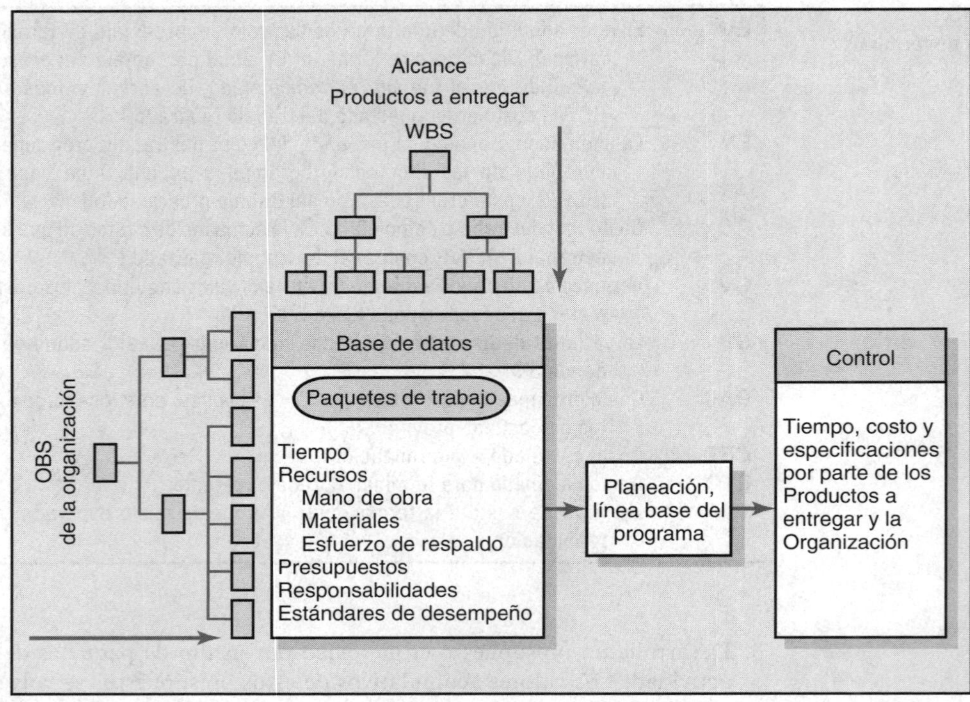

Por ejemplo, las unidades terminadas podrían utilizarse para asignar los costos de la línea base y más tarde medir el avance. Las unidades podrían ser líneas de código, horas, dibujos terminados, yardas cúbicas de concreto en su lugar, días de trabajo, prototipos completos, etc. Este enfoque al porcentaje de terminación agrega "objetividad" a los enfoques de observación subjetivos que suelen usarse. Al medir el porcentaje de terminación en la fase de supervisión del proyecto, es común limitar la cantidad ganada de 80 a 90 por ciento hasta que el paquete de trabajo se completa en 100 por ciento.

¿Qué costos se incluyen en las líneas base?

La línea base (PV) es la suma de las cuentas de costos y cada cuenta de costos es la suma de los paquetes de trabajo en ésta. Por lo general se incluyen tres costos directos en las líneas base: mano de obra, equipo y materiales. La razón: éstos son costos directos que el administrador del proyecto puede controlar. Por costumbre, los procesos contables agregan más adelante los gastos fijos y la utilidad. La mayoría de los paquetes de trabajo deben ser discretos, de un marco de tiempo breve y con resultados mensurables. Si los materiales o el equipo son una porción significativa del costo de los paquetes de trabajo, pueden presupuestarse en paquetes de trabajo y cuentas de costos separados.

Métodos de análisis de varianza

Por lo general, el método para medir los logros se centra en dos cálculos fundamentales:

1. Comparar el valor adquirido con el valor de programa esperado.
2. Comparar el valor adquirido con los costos reales.

Estas comparaciones se pueden hacer a nivel proyecto o más abajo hasta el nivel de cuenta de costos. El avance del proyecto puede determinarse para el último periodo, todos los periodos hasta la fecha y los calculados hasta el final del proyecto.

La evaluación del estado actual de un proyecto mediante el sistema de costos y programa del valor adquirido necesita tres elementos de datos: costo planeado del trabajo programado (PV), costo presupuestado del trabajo terminado (EV) y costo real del trabajo terminado (AC). De estos datos, la varianza programada (SV) y la varianza de costo (CV) se calculan cada periodo de reporte.

Una varianza positiva indica una condición deseable, mientras que una varianza negativa sugiere que han sucedido problemas o cambios.

La varianza de costos nos dice si el trabajo terminado cuesta más o menos de lo planeado en cualquier punto durante la vida del proyecto. Si no se separaron la mano de obra y los materiales, la varianza de costo debe revisarse con cuidado para aislar la causa a la mano de obra o los materiales, o ambos.

La varianza en programa presenta una evaluación general de *todos* los paquetes de trabajo en el proyecto programados a la fecha. Es importante señalar que la varianza de programa no contiene *ninguna* información de ruta crítica. Mide el progreso en dólares más que en unidades de tiempo. Por lo tanto, es poco probable que cualquier mutación de dólares a tiempo arroje información precisa que diga si cualquier acontecimiento importante o ruta crítica va con anticipación, a tiempo o con retraso (incluso si el proyecto se realiza tal como fue planeado). *El único método preciso para determinar el progreso en tiempo real del proyecto es comparar el programa de red de proyecto con el programa de red real para medir si el proyecto está a tiempo* (referirse a la figura 13.1). Sin embargo, la SV es muy útil en la evaluación de la dirección que toma todo el trabajo en el proyecto, después de que se ha completado 20 por ciento del proyecto o más.

En la figura 13.4 se presenta una muestra de gráfica de costos y programa con variaciones identificadas para un proyecto en la fecha del informe del avance real. Observe que la gráfica también se enfoca en lo que resta por realizar y en cualquier tendencia favorable o adversa. La etiqueta de "hoy" marca la fecha del informe (periodo 25) de dónde ha estado el proyecto y hacia dónde se dirige. Como nuestro sistema es jerárquico, se pueden desarrollar gráficas de la misma forma para distintos niveles de administración. En la figura 13.4 la línea superior representa los costos reales (AC) en que se incurrió para el trabajo del proyecto hasta la fecha. La línea intermedia es la línea base (PV) y termina en la duración de proyecto programada (45). La línea de fondo es el valor presupuestado del trabajo que en realidad se terminó a la fecha (EV) o el valor adquirido. La línea punteada que se extiende a los costos reales de la fecha del informe a la nueva fecha de terminación estimada representa los cálculos revisados o esperados de los costos reales; es decir, la información adicional sugiere que los costos en la terminación del proyecto diferirán de lo que se planeó. Observe que la duración del proyecto se ha extendido y la varianza en la terminación (VAC) es negativa (BAC-CET).

FIGURA 13.4
Gráfica de costo y programa

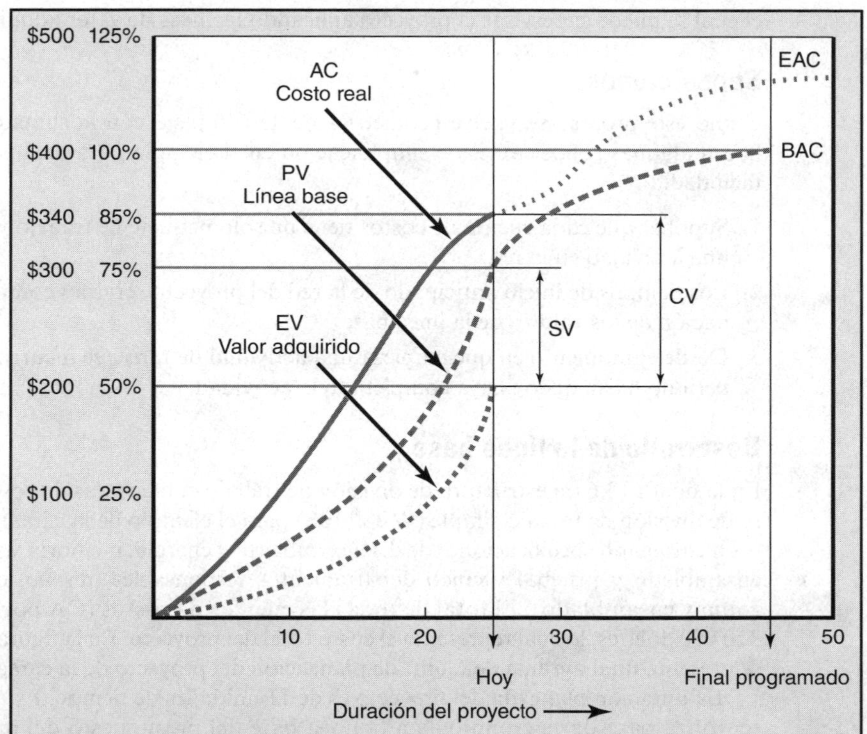

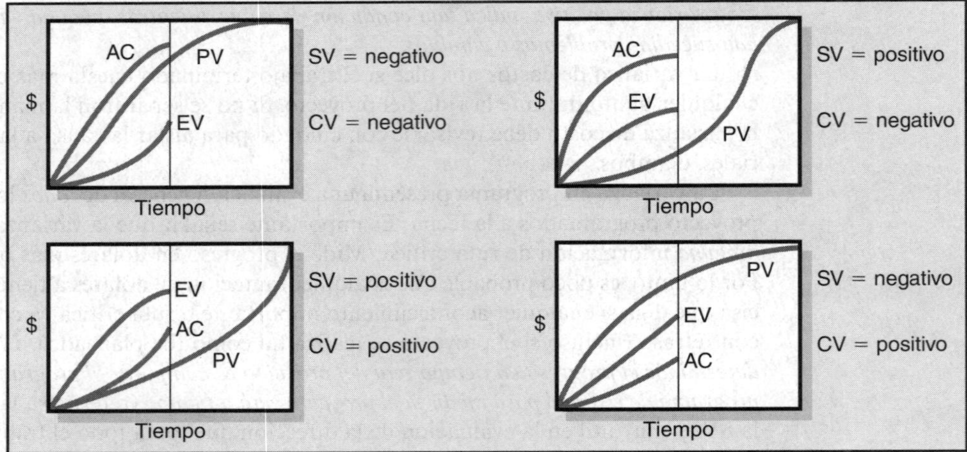

FIGURA 13.5
Ejercicio de revisión de valor adquirido

Otra interpretación de la gráfica utiliza porcentajes. Al final del periodo 25 se programó 75 por ciento del trabajo para efectuarse. Al final del periodo 25, el valor del trabajo terminado es de 50 por ciento. El costo real del trabajo terminado a la fecha es de 340 dólares u 85 por ciento del excedente de costos y estará atrasado cinco unidades de tiempo. El avance real del proyecto muestra la varianza de costos (CV) que está por arriba del presupuesto en 140 dólares (EV − AC = 200 − 340 = −140). La varianza del programa (SV) es 100 dólares negativos (EV − PV = 200 − 300 = −100) y sugiere que el proyecto está retrasado en el programa. Antes de ir a otro ejemplo, consulte la figura 13.5 para practicar la interpretación de los resultados de las gráficas de costos y programa. Recuerde que el PV es su línea base y punto de apoyo.

Desarrollo de un informe de avance: un ejemplo hipotético

Trabajar mediante un ejemplo demuestra cómo la línea base sirve como punto de referencia desde el cual se puede supervisar el proyecto aplicando técnicas de valor adquirido.

Suposiciones

Como este proceso se vuelve geométricamente complejo con la suma del detalle de proyecto, se hacen algunas suposiciones de simplificación en el ejemplo para demostrar el proceso con mayor facilidad:

1. Suponer que cada cuenta de costos tiene un solo paquete de trabajo y que se representará como una actividad en la red.
2. Los tiempos de inicio anticipado de la red del proyecto servirán como fundamento para la asignación de los valores de la línea base.
3. Desde el momento en que empieza una actividad de tarea, se incurrirá en costos reales en cada periodo hasta que se haya completado la actividad.

Desarrollo de la línea base

En la figura 13.6 (la estructura de división de trabajo con cuentas de costos) describe una estructura de división de trabajo simple (WBS/OBS) para el ejemplo de la cámara digital. Hay seis productos a entregar (especificaciones de diseño, cubierta y energía, memoria y software, sistema de zoom, ensamblado y prueba) y cinco departamentos responsables (diseño, cubierta, almacenamiento, zoom y ensamblado). El total de todas las cuentas de costos (CA por sus siglas en inglés) es de 320 000 dólares, lo cual representa el costo total del proyecto. En la figura 13.7, derivada de la WBS, se presenta un diagrama de Gantt de planeación del proyecto de la cámara digital.

La duración planeada del proyecto es de 11 unidades de tiempo. Esta información del proyecto se utiliza para darle cronología a la línea base del presupuesto del proyecto. En la figura 13.8

FIGURA 13.6 **Estructura de división del trabajo con cuentas de costos**

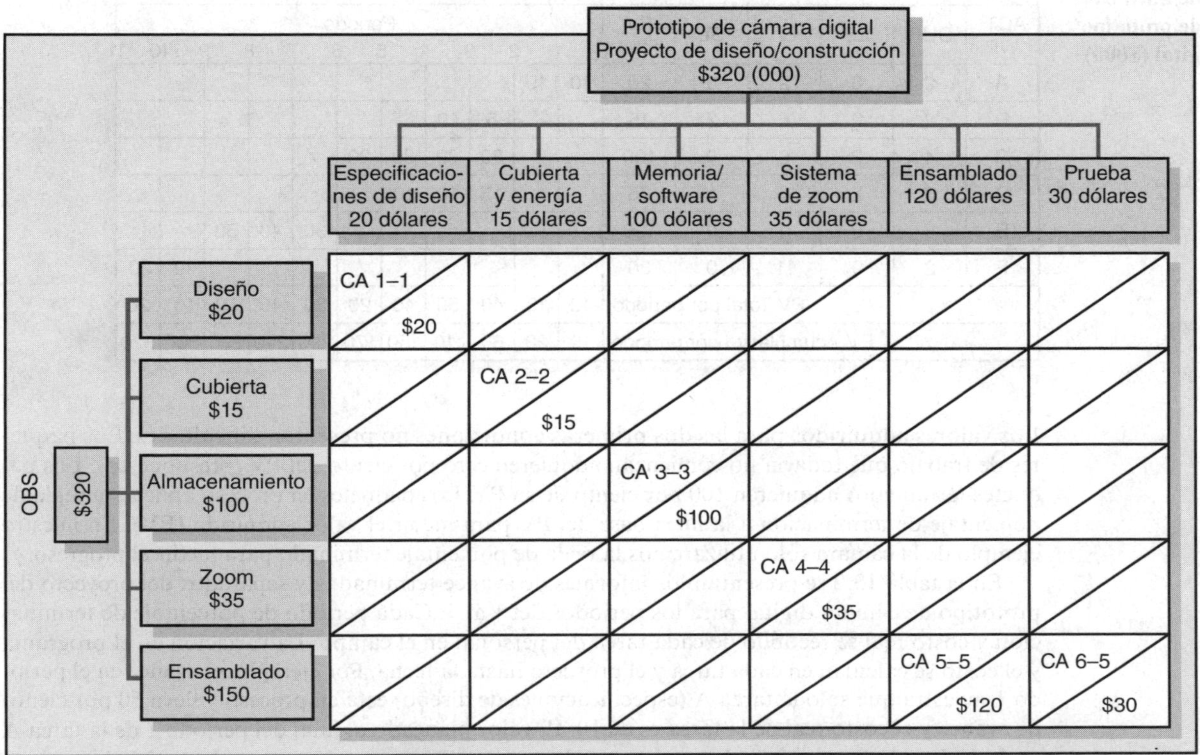

FIGURA 13.7
Prototipo de proyecto de cámara digital, diagrama de Gantt de línea base

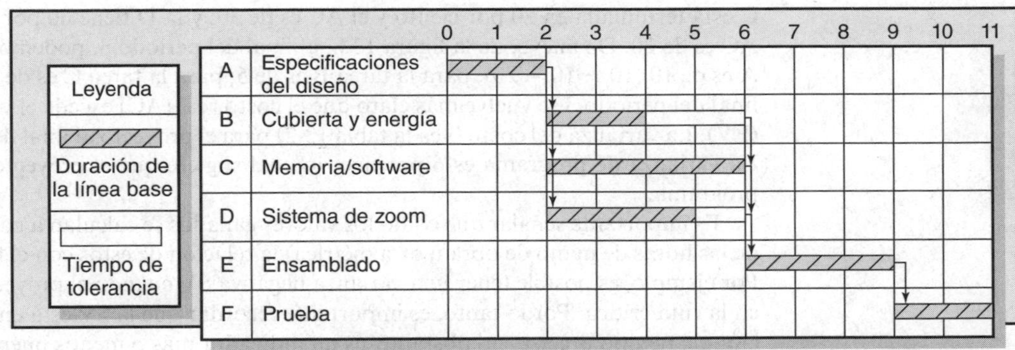

(presupuesto de línea base del proyecto) se presenta una hoja de trabajo con una línea base de inicio anticipado desarrollada con los costos asignados. Se determinan "exactamente" como los administradores planean supervisar y medir el desempeño del costo y el programa.

Desarrollo del informe de avance

Un informe de avance es análogo a la instantánea fotográfica de un proyecto en un punto específico del tiempo. El informe de avance utiliza un valor adquirido para medir el desempeño del programa y el costo. La medición del valor adquirido comienza en el nivel del paquete de trabajo. Los paquetes de trabajo están en una de tres condiciones en una fecha de informe:

1. No ha empezado aún.
2. Terminado.
3. En proceso o terminado en parte.

FIGURA 13.8
Presupuesto de línea base del proyecto de prototipo de cámara digital ($000)

Información de programa						Necesidades del presupuesto de la línea base										
						Periodo										
ACT/ WP	DUR	ES	LF	SL	PV Total	0 1	2	3	4	5	6	7	8	9	10	11
A	2	0	2	0	20	10	10									
B	2	2	6	2	15			5	10							
C	4	2	6	0	100			20	30	30	20					
D	3	2	6	1	35			15	10	10						
E	3	6	9	0	120							30	40	50		
F	2	9	11	0	30										10	20
PV Total por periodo						10	10	40	50	40	20	30	40	50	10	20
PV Acumulativo por periodo						10	20	60	110	150	170	200	240	290	300	320

Los valores adquiridos para las dos primeras condiciones no presentan dificultades. Los paquetes de trabajo que todavía no comienzan adquieren cero por ciento del PV (presupuesto). Los paquetes terminados adquieren 100 por ciento de su PV. Los paquetes en proceso aplican la regla de porcentaje de terminación a la línea base del PV para medir el valor adquirido (EV). En nuestro ejemplo de la cámara sólo utilizaremos la regla de porcentaje terminado para medir el progreso.

En la tabla 13.2 se presentan los informes de avance terminados y separados del proyecto del prototipo de cámara digital para los periodos del 1 al 7. Cada periodo de porcentaje de terminación y costo real se recopiló de cada tarea del personal en el campo. La variación en el programa y el costo se calculan en cada tarea y el proyecto hasta la fecha. Por ejemplo, el avance en el periodo 1 muestra que sólo la tarea A (especificaciones de diseño) está en proceso y lleva 50 por ciento de avance y el costo real de la tarea es de 10. El valor planeado al final del periodo 1 de la tarea A es de 10 (vea la figura 13.8). La varianza del costo y del programa son cero, lo cual indica que el proyecto está dentro del presupuesto y del programa. Al final del periodo 3, la tarea A está terminada. La tarea B (cubierta y energía) tiene 33 por ciento de terminación y el AC es de 10; la tarea C está terminada en 20 por ciento y el AC es de 30; y la D tiene 60 por ciento de terminación y el AC es de 20. De nuevo, de la figura 13.8, al final del periodo 3, podemos ver que el PV de la tarea A es de 10 (10 + 10 = 20), para la tarea B es de 5, para la tarea C es de 20 y para la D es de 15. Al final del periodo 3 se vuelve más claro que el costo real (AC) excede el valor del trabajo terminado (EV). La varianza del costo (vea la tabla 13.2) para el proyecto al final del periodo 3 es 24 negativo. La varianza de programa es 6 positivo, lo cual sugiere que el proyecto puede estar adelante del programa.

Es importante señalar que como los valores ganados se calculan a partir de los costos (o a veces de las horas de mano de obra u otra métrica) la relación de éstos con el tiempo no es de uno a uno. Por ejemplo, es posible tener una varianza negativa SV cuando el proyecto en realidad va adelante en la ruta crítica. Por lo tanto, es importante recordar que la SV está en dólares y no es una medición de tiempo precisa; no obstante, es un indicador más o menos bueno del avance completo del proyecto en términos de ir con anticipación o con retraso en el programa después de que el proyecto lleva un avance de 20 por ciento. Sólo la red del proyecto o diagrama de Gantt de rastreo y el trabajo terminado real pueden dar una valoración precisa del desempeño del programa hasta el nivel del paquete de trabajo.

Al estudiar los informes de avance separados de los periodos 5 al 7, usted puede ver que el proyecto quedará por arriba del presupuesto y detrás del programa. Para el periodo 7 las tareas A, B y D se terminan, pero todas están por arriba del presupuesto, 10, 5 y 25 negativos. La tarea C (memoria y software) tiene 90 por ciento de terminación. La tarea E tiene retraso y no ha iniciado porque la tarea C no está terminada. El resultado es que, al final del periodo 7, el proyecto de la cámara digital está arriba del presupuesto en 70 000 dólares, con un presupuesto de programa de más de 40 000 dólares.

En la figura 13.9 se muestran los resultados graficados de todos los informes del avance hasta el periodo 7. Esta gráfica representa los datos de la tabla 13.2. Los costos reales acumulativos (AC) a la fecha y los costos presupuestados de valor adquirido hasta la fecha (EV) se grafican en contraste con la línea base del proyecto original (PV). El AC acumulativo a la fecha es de 230 dólares; el EV

TABLA 13.2
Informes de estatus de prototipo de cámara digital, periodos del 1 al 7

Varianza de costos CV = EV − AC
Varianza de programa SV = EV − PV

Tarea	% de terminación	EV	AC	PV	CV	SV
Informe de avance: Final del periodo 1						
Tarea	**% de terminación**	**EV**	**AC**	**PV**	**CV**	**SV**
A	50%	10	10	10	0	0
Totales acumulativos		**10**	**10**	**10**	**0**	**0**
Informe de avance: Final del periodo 2						
Tarea	**% de terminación**	**EV**	**AC**	**PV**	**CV**	**SV**
A	Terminado	20	30	20	−10	0
Totales acumulativos		**20**	**30**	**20**	**−10**	**0**
Informe de avance: Final del periodo 3						
Tarea	**% de terminación**	**EV**	**AC**	**PV**	**CV**	**SV**
A	Terminado	20	30	20	−10	0
B	33%	5	10	5	−5	0
C	20%	20	30	20	−10	0
D	60%	21	20	15	+1	+6
Totales acumulativos		**66**	**90**	**60**	**−24**	**+6**
Informe de avance: Final del periodo 4						
Tarea	**% de terminación**	**EV**	**AC**	**PV**	**CV**	**SV**
A	Terminado	20	30	20	−10	0
B	Terminado	15	20	15	−5	0
C	50%	50	70	50	−20	0
D	80%	28	30	25	−2	+3
Totales acumulativos		**113**	**150**	**110**	**−37**	**+3**
Informe de avance: Final del periodo 5						
Tarea	**% de terminación**	**EV**	**AC**	**PV**	**CV**	**SV**
A	Terminado	20	30	20	−10	0
B	Terminado	15	20	15	−5	0
C	60%	60	100	80	−40	−20
D	80%	28	50	35	−22	−7
Totales acumulativos		**123**	**200**	**150**	**−77**	**−27**
Informe de avance: Final del periodo 6						
Tarea	**% de terminación**	**EV**	**AC**	**PV**	**CV**	**SV**
A	Terminado	20	30	20	−10	0
B	Terminado	15	20	15	−5	0
C	80%	80	110	100	−30	−20
D	Terminado	35	60	35	−25	0
Totales acumulativos		**150**	**220**	**170**	**−70**	**−20**
Informe de avance: Final del periodo 7						
Tarea	**% de terminación**	**EV**	**AC**	**PV**	**CV**	**SV**
A	Terminado	20	30	20	−10	0
B	Terminado	15	20	15	−5	0
C	90%	90	120	100	−30	−10
D	Terminado	35	60	35	−25	0
E	0%	0	0	30	0	−30
F	0%	0	0	0	0	0
Totales acumulativos		**160**	**230**	**200**	**−70**	**−40**

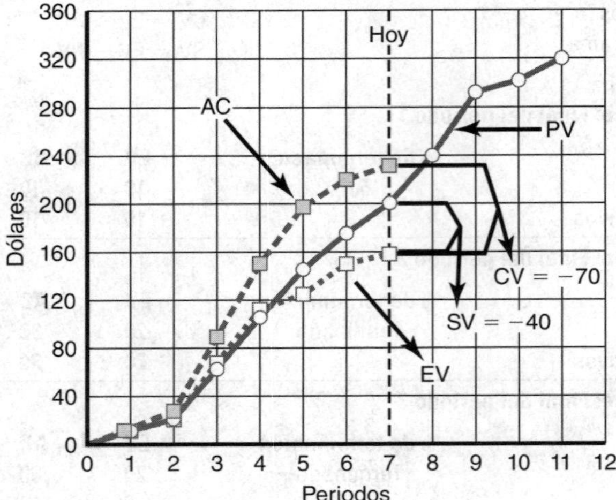

FIGURA 13.9
Gráfica de resumen del prototipo de cámara digital

acumulativo a la fecha es de 160 dólares. Dados estos valores acumulativos, la varianza en el costo (CV = EV − AC) es 70 dólares negativos (160 − 230 = −70).

La varianza del programa (SV = EV − PV) es de 40 dólares negativos (160 − 200 = −40). De nuevo, recuerde que sólo la red de proyecto o el diagrama de Gantt de rastreo pueden dar una valoración precisa del desempeño del programa hasta el nivel de paquete de trabajo.

En la figura 13.10 se muestra una gráfica de barras de Gantt de rastreo del prototipo de cámara digital. Desde esta figura usted puede ver la tarea C (memoria/software) que tenía una duración original de cuatro unidades de tiempo, ahora se espera que requieran seis unidades de tiempo. Esta demora de dos unidades de tiempo para la tarea C también va a retrasar las tareas E y F dos unidades de tiempo y ocasionará que el proyecto se aplace dos periodos.

En la figura 13.11 se muestra un recorte de proyecto muy simplificado al final del periodo 7. El recorte es de productos a entregar y unidades organizacionales. Por ejemplo, el producto a entregar memoria y software tiene una SV de −10 dólares y un CV de −30. El departamento responsable del "almacenamiento" debe tener una explicación para estas variaciones. En forma similar, el departamento de ensamblado, responsable de los productos a entregar ensamblado y prueba, tiene una SV de −30 dólares debido al retraso de la tarea C (vea la figura 13.10). La mayoría de los productos a entregar se ven desfavorables en la varianza del programa y de costo.

En proyectos más complejos, las tablas de variables de las cuentas de costos por producto preterminado y unidades organizacionales pueden ser muy reveladoras y más profundas. Este ejemplo contiene lo fundamental para desarrollar un informe de avance, desarrollo de la línea base y la

FIGURA 13.10
Diagrama de Gantt de rastreo del proyecto de cámara digital que muestra el estatus hasta el periodo 7

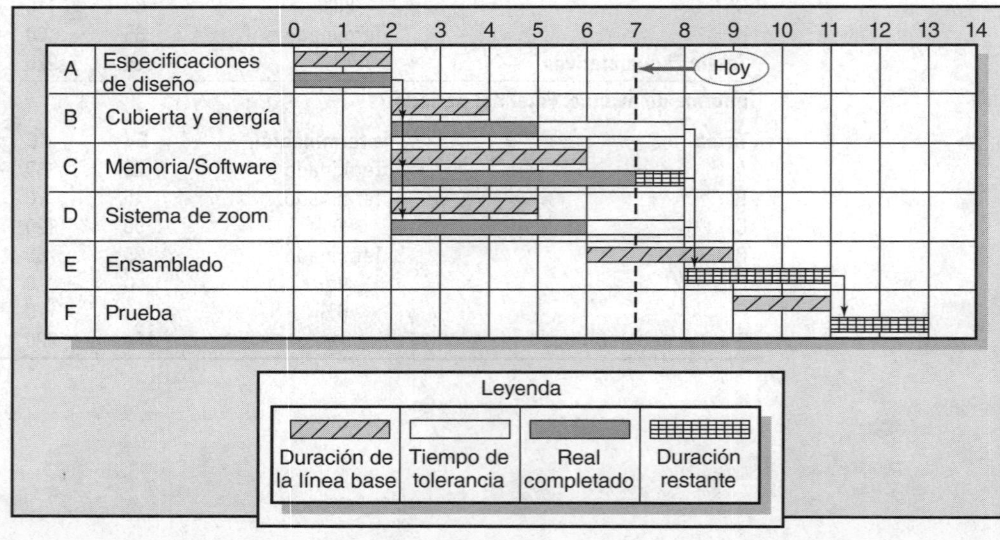

FIGURA 13.11 **Recorte del proyecto final del periodo 7**

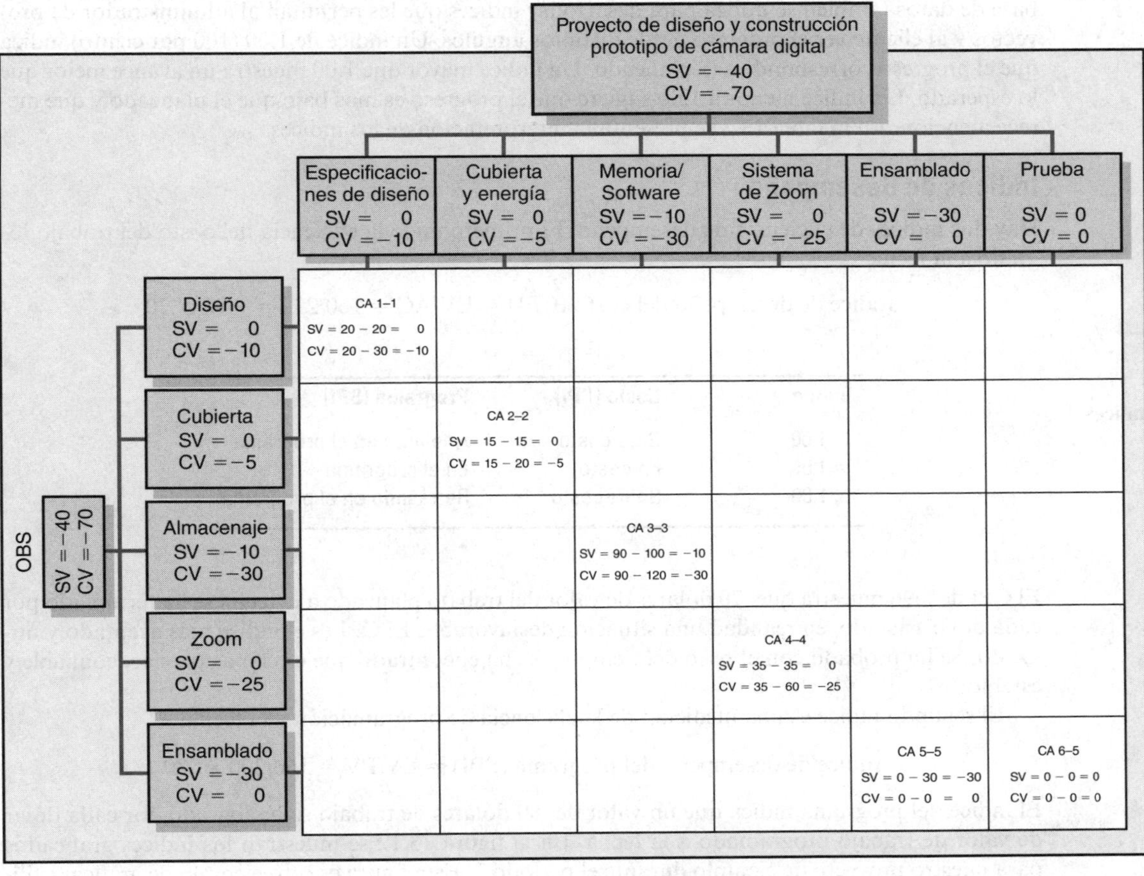

medición de la varianza de programa y del costo. Como todos los datos se derivan de la base de datos detallada, es más o menos fácil determinar el estado del progreso en todos los niveles de las estructuras de desglose del trabajo y la organización. Por fortuna, esta misma base de datos actual puede proporcionar puntos de vista adicionales del estado actual del proyecto y los costos del pronóstico a la terminación del proyecto. A continuación se presentan los enfoques para derivar información adicional de la base de datos.

Para los no iniciados tenemos una advertencia. En la práctica, quizá los presupuestos no se expresen en dólares totales por una actividad. Con frecuencia, los presupuestos tienen una cronología de materiales y mano de obra por separado para tener un control más eficaz sobre los costos. Otro enfoque común en la práctica es el uso de horas de mano de obra en lugar de los dólares en el sistema de valor adquirido. Más tarde, las horas de mano de obra se convierten a dólares. El uso de las horas de mano de obra en el sistema de valor adquirido es el *modus operandi* para la mayor parte del trabajo de construcción. Las horas de mano de obra son fáciles de entender y con frecuencia constituyen la forma en que se desarrollan muchos cálculos de tiempo y costos. La mayor parte del software de valor adquirido acomoda con facilidad el uso de las horas de mano de obra para el desarrollo de los cálculos de costos.

Índices para la supervisión del progreso

En ocasiones, los practicantes prefieren usar índices de programa y de costos sobre los valores absolutos de SV y CV, pues los índices pueden considerarse como proporciones de eficiencia. Los índices graficados sobre el ciclo de vida del proyecto pueden ser muy ilustrativos y útiles. Las tendencias se identifican con facilidad para los productos a entregar y el proyecto completo.

Por lo general, los índices se utilizan en el nivel de cuenta de costos y superior. En la práctica, la base de datos también se utiliza para desarrollar índices que les permitan al administrador de proyectos y al cliente ver el progreso desde distintos ángulos. Un índice de 1.00 (100 por ciento) indica que el progreso corresponde a lo planeado. Un índice mayor que 1.00 muestra un avance mejor que lo esperado. Un índice menor a 1.00 sugiere que el progreso es más bajo que el planeado y que merece atención. En la tabla 13.3 se presenta la interpretación de los índices.

Índices de desempeño

Hay dos índices de eficiencia de desempeño. El primero mide la eficiencia del costo del trabajo logrado a la fecha:

$$\text{Índice de desempeño del costo (CPI)} = EV/AC = 160/230 = .696 \text{ o } .70$$

TABLA 13.3
Interpretación de índices

Índice	Costo (CPI)	Programa (SPI)
> 1.00	Bajo costo	Adelante en el programa
= 1.00	En costo	En el programa
< 1.00	Sobrecosto	Retrasado en el programa

El CPI de .696 muestra que .70 dólares de valor del trabajo planeado a la fecha se ha terminado por cada dólar gastado, en realidad una situación desfavorable. El CPI es el índice más aceptado y utilizado. Se ha probado con el paso del tiempo y se ha encontrado que es el más preciso, confiable y estable.

El segundo índice es una medición de la eficiencia de programación a la fecha:

$$\text{Índice de desempeño del programa (SPI)} = EV/PV = 160/200 = .80$$

El índice del programa indica que un valor de .80 dólares de trabajo se ha logrado por cada dólar de valor de trabajo programado a la fecha. En la figura 13.12 se muestran los índices graficados para nuestro proyecto de ejemplo durante el periodo 7. Esta figura es otro ejemplo de gráficas utilizadas en la práctica.

Índices de porcentaje de terminación del proyecto

Se utilizan dos índices de porcentaje de terminación de proyecto, según el que usted considere que es el más representativo de su proyecto. El primer índice hace suponer que el presupuesto original de trabajo completo es la información más confiable para medir el porcentaje de terminación del proyecto. El segundo índice asume que los costos a la fecha y el costo esperado a la terminación son los más confiables para medir el porcentaje de terminación del proyecto. Estos índices comparan el avance a la fecha hasta el final del proyecto. Las implicaciones subyacentes en el uso de estos índices son que las condiciones no cambiarán, no se realizará ninguna mejora ni se tomará ninguna acción, y la información en la base de datos es precisa. El primer índice toma el porcentaje de terminación en términos de cantidades de *presupuesto*:

$$\text{Índice de porcentaje de terminación PCIB} = EV/BAC = 160/320 = .50\ (50\%)$$

Este PCIB indica que el trabajo terminado representa 50 por ciento del total de dólares presupuestados a la fecha (BAC). Observe que este cálculo no incluye los costos reales incurridos. Debido a que los dólares reales gastados no garantizan el progreso del proyecto, muchos administradores de proyecto favorecen este índice cuando hay un alto nivel de confianza en los cálculos de presupuesto originales.

El segundo índice visualiza el porcentaje de terminación en términos de dólares *reales* gastados para cumplir con el trabajo a la fecha y los dólares esperados reales para el proyecto terminado (CET). Por ejemplo, al final del periodo 7, el personal reconsidera que el CET será de 575 en lugar de 320. La aplicación de este punto de vista se escribe en la siguiente forma:

$$\text{Índice de porcentaje de terminación PCIC} = AC/CET = 230/575 = .40\ (40\%)$$

FIGURA 13.12
Índices periodos del 1 al 7

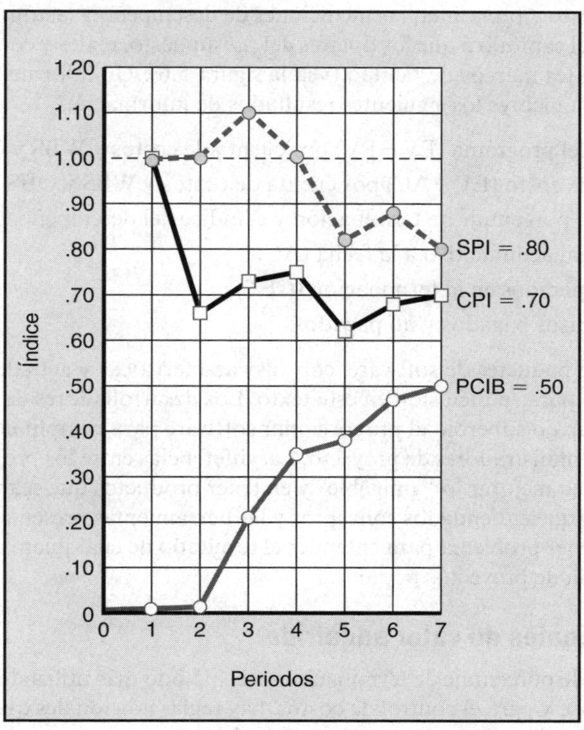

Algunos administradores favorecen este índice porque contiene estimados reales y revisados que incluyen información reciente y más completa.

Estos dos puntos de vista de porcentaje de terminación presentan perspectivas alternativas del porcentaje de terminación "real". Estos porcentajes pueden ser muy diferentes a los que se muestran arriba. (Nota: el índice PCIC no se graficó en la figura 13.12. Las nuevas figuras para CET se derivarán cada periodo por estimadores en el campo.)

Medición del desempeño técnico

La medición del desempeño técnico es tan importante como la valoración del desempeño del programa y del costo. Aunque con frecuencia el desempeño técnico se asume, lo opuesto también puede ser verdad. Las ramificaciones de un mal desempeño técnico suelen ser más profundas; algo funciona o no funciona si no se siguieron las especificaciones técnicas.

Con frecuencia, la evaluación del desempeño técnico de un sistema, instalación o producto se logra al examinar los documentos encontrados en la declaración de alcance o en la documentación del paquete de trabajo. Estos documentos deben especificar el criterio y los límites de tolerancia con los cuales se puede medir el desempeño. Por ejemplo, el desempeño técnico de un proyecto de software sufrió debido a que la característica de arrastrar y dejar se eliminó en el producto final. Por el contrario, el prototipo de un automóvil experimental excedió las millas por galón de la especificación técnica y, por lo tanto, su desempeño técnico. Por costumbre se realizan las pruebas en distintas dimensiones de desempeño. Estos ensayos se vuelven una parte integral del programa de proyecto.

Es muy difícil especificar cómo medir el desempeño técnico porque depende de la naturaleza del proyecto. Basta decir que se debe llevar a cabo la medición del desempeño técnico. Con frecuencia, éste se halla donde se necesitan y se utilizan los procesos de control de calidad. Los administradores de proyectos deben ser creativos para encontrar formas de controlar esta área tan importante.

Programas para los sistemas de costo y programación del proyecto

Los desarrolladores de software han creado sofisticados sistemas de programa y costos para proyectos que registran e informan sobre los valores de presupuesto, reales, ganados, comprometidos e índices. Éstos pueden ser horas de mano de obra, materiales o dólares. La información respalda el progreso de costo y programa, las mediciones de desempeño y la administración de flujo de efectivo. Recuerde del capítulo 5 que los dólares del presupuesto, reales y comprometidos por lo general corren en diferentes marcos de tiempo (vea la figura 5.6). Un informe típico del avance generado por computadora incluye los siguientes resultados de información:

1. La varianza del programa (EV – PV) por cuenta de costos y WBS y OBS.
2. La varianza de costo (EV – AC) por cuenta de costos y WBS y OBS.
3. Los índices, el porcentaje de terminación y el índice del desempeño.
4. Costo total real acumulativo a la fecha (AC).
5. Los costos esperados en la terminación (CET).
6. Los compromisos pagados y no pagados.

La diversidad de paquetes de software, con sus características y actualizaciones constantes, es demasiado extensa para su inclusión en este texto. Los desarrolladores de software y los proveedores han hecho un trabajo soberbio al proporcionar software para cumplir con las necesidades de información de los administradores de proyecto. Las diferencias entre los programas en la última década se han centrado en mejorar lo "amigable" y en tener productos que sean claros y de fácil comprensión. Cualquiera que entienda los conceptos y las herramientas presentadas en los capítulos 4, 5, 6, 8 y 13 no debe tener problema para entender el resultado de cualquiera de los paquetes de software de administración de proyectos populares.

Reglas adicionales de valor adquirido

Aunque la regla de porcentaje de terminación es el método más utilizado para asignar presupuestos a las líneas de base y para el control de costos, hay reglas adicionales que son muy útiles para reducir los gastos fijos de acopio de datos precisos del porcentaje de terminación de los paquetes de trabajo individuales. (Una ventaja adicional de estas reglas es que remueve los juicios, muchas veces subjetivos, de los contratistas o estimadores en cuanto a la cantidad de trabajo que se ha terminado en realidad.) Las primeras dos reglas por lo general se utilizan para actividades de corta duración o de bajo costo. La tercera regla emplea puertas antes de que el valor presupuestado total de una actividad pueda ser reclamado.

- **Regla 0/100.** Esta regla asume que el crédito se adquiere por haber realizado el trabajo una vez que se ha terminado. Por lo tanto, el 100 por ciento del presupuesto se adquiere cuando el paquete de trabajo ha concluido. Esta regla se usa para los paquetes de trabajo que tienen duraciones muy cortas.
- **Regla 50/50**. Este enfoque permite que 50 por ciento del valor del presupuesto del paquete de trabajo se gane cuando se inicia y que 50 por ciento se gane cuando el paquete esté terminado. Esta regla es popular para los paquetes de trabajo de corta duración y pequeños costos totales.
- **Porcentaje de terminación con puertas de supervisión ponderada**. Esta regla más reciente utiliza un porcentaje de terminación calculado en combinación con puntos fuertes y tangibles de supervisión. Este método funciona bien en actividades de larga duración que se pueden dividir en paquetes de trabajo pequeños y discretos de no más de uno o dos periodos de informes. Estos paquetes discretos limitan los valores estimados subjetivos. Por ejemplo, suponga una actividad de larga duración con un presupuesto total de 500 dólares. La actividad se recorta en tres paquetes discretos secuenciales con puertas de supervisión que representan 30, 50 y 100 por ciento del presupuesto total. La cantidad adquirida de cada puerta de supervisión no puede exceder 150, 250 y 500 dólares. Estos puntos fuertes de supervisión sirven como una revisión de los cálculos demasiado optimistas.

Observe que la única información necesaria para las dos primeras reglas es que el paquete de trabajo ha empezado y, luego, ha concluido. Para quienes desean explorar la aplicación de estas dos reglas, o que estudian para una certificación, en el apéndice 13.1 se presentan dos ejercicios que aplican estas reglas junto con la regla de porcentaje de terminación.

La tercera regla se utiliza más que nada para autorizar los pagos de progreso a los contratistas. Asimismo, respalda el registro cuidadoso y el control de pagos; también desalienta el pago a los contratistas por trabajo que aún no han terminado. (Véase a Fleming y Koppelman para un magnífico análisis de la aplicación de las reglas de valor adquirido.)

Pronóstico del costo final del proyecto

Hay dos métodos fundamentales que se utilizan para revisar los estimados de los costos de proyectos futuros. En muchos casos, ambos se utilizan en segmentos específicos del proyecto. El resultado es la confusión de los términos en los textos, en software y entre los practicantes en el campo. Hemos elegido señalar las diferencias entre los métodos.

El primer método permite a los expertos en el campo cambiar las duraciones originales de la línea base y los costos porque la nueva información les dice que los estimados originales no fueron precisos. Hemos utilizado CET_{re} para representar las revisiones hechas por expertos y practicantes asociados al proyecto. Las revisiones de los especialistas del proyecto casi siempre se utilizan en proyectos más pequeños.

La ecuación para calcular el costo estimado revisado en la terminación (CET_{re}) es como sigue:

$$CET_{re} = AC + ETC_{re}$$

donde:
CET_{re} = costo estimado revisado a la terminación.
AC = costo real acumulativo del trabajo terminado a la fecha.
ETC_{re} = costo estimado revisado para completar el trabajo restante.

Un segundo método se utiliza en los proyectos grandes donde el presupuesto original es menos confiable. En este método se utilizan los costos reales a la fecha más un índice de eficiencia (CPI = EV/AC) aplicado al resto del trabajo del proyecto. Cuando el estimado de la terminación utiliza el CPI como base para pronosticar el costo a la terminación, utilizamos el acrónimo CET_f.

La ecuación para este modelo de pronóstico (CET_f) es como sigue:

$$CET_f = ETC + AC$$

$$ETC = \frac{\text{Trabajo restante}}{CPI} = \frac{BAC - EV}{EV/AC}$$

donde:
CET_f = costo total estimado a la terminación.
ETC = costo estimado para completar el trabajo restante.
AC = costo real acumulativo del trabajo completado hasta la fecha.
CPI = índice de costo real acumulativo a la fecha.
BAC = presupuesto total de la línea base.
EV = costo presupuestado acumulativo del trabajo completado a la fecha.

La siguiente información está disponible en nuestro ejemplo anterior; el costo estimado a la terminación (CET_f) se calcula como sigue:

Presupuesto de línea base total (BAC) para el proyecto	320 dólares
Valor adquirido acumulativo (EV) a la fecha	160 dólares
Costo real acumulativo (AC) a la fecha	230 dólares

$$CET_f = \frac{320 - 160}{160/230} + 230 = \frac{160}{.7} + 230 = 229 + 230$$

$$CET_f = 459$$

El pronóstico de costos previsto del proyecto final es de 450 000 dólares frente a 320 000 dólares planeados al principio.

Otro índice popular es el índice de desempeño para completar (TCPI, por sus siglas en inglés), que es útil como suplemento al estimado en el cálculo completo (CET_f). Esta razón mide la cantidad de valor que cada dólar restante en el presupuesto debe ganar para mantenerse dentro del proyecto. El índice se calcula para el proyecto de cámara digital al final del periodo 7.

$$TCPI = \frac{BAC - EV}{BAC - AC} = \frac{320 - 160}{320 - 230} = \frac{160}{90} = 1.78$$

ANEXO 13.1
Informe de avance mensual

Número de proyecto: 163 **Administrador del proyecto:** Connor Gage
Prioridad del proyecto ahora: 4
Estatus al: 1 de abril de 2007
Cifras de valor adquirido

PV	EV	AC	SV	CV	BAC
586 240	566 064	596 800	−22 176	−30 736	1 051 200
EAC	**VAC**	**EAC_f**	**CPI**	**PCIB**	**PCIC**
1 090 640	−39 440	1 107 469	.95	.538	.547

Descripción del proyecto: Banda transportadora controlada por computadora que moverá y colocará los artículos en la banda con una precisión inferior a un milímetro.
Resumen de estatus: El proyecto está retrasado casi 25 días en el programa. El proyecto tiene una varianza de costo de (30 736 dólares).
Explicaciones: La varianza del programa se ha movido de actividades no críticas a aquéllas en la ruta crítica. La primera fase de integración, programada para empezar en 3/26, se espera que ahora empiece en 4/19, lo cual significa con casi 25 días de retraso en el programa. Esta demora se rastrea a la pérdida del segundo equipo de diseño, lo cual hizo imposible empezar la documentación de servicio en 2/27 como estaba planeado. Esto ilustra el efecto de la pérdida de recursos valiosos en el proyecto. La varianza de costo a la fecha es enorme debido a un cambio en el diseño que cuesta 21 000 dólares
Cambios importantes desde el último informe: El cambio importante fue la pérdida de un equipo de diseño en el proyecto.
Costo total de los cambios de diseño aprobados: 21 000 dólares. La mayor parte de esta cantidad se atribuye al diseño mejorado de los controladores seriales I/O.
Costo proyectado a la terminación: Se calcula que CETt sea de 1 107 469 dólares. Esto representa un excedente de −56 269 dólares, dado un CPI de .95. El CPI de .95 ocasiona que el pronóstico sea mayor que el VAC −39 440 dólares.
Observación de riesgo: Nada sugiere que el nivel de riesgo de ningún segmento haya cambiado.

El índice de 1.78 indica que cada dólar restante en el presupuesto debe ganar 1.78 dólares en valor. Hay más trabajo por efectuar que presupuesto restante. Es claro que sería difícil aumentar la productividad tanto para llegar al presupuesto. El trabajo que se va a realizar se tendrá que reducir o usted deberá aceptar excederse en el presupuesto. Si el TCPI es inferior a 1.00, usted debe ser capaz de completar el proyecto sin utilizar el resto del presupuesto. Una razón menor a 1.00 abre la posibilidad de otras oportunidades, como mejorar la calidad, aumentar la utilidad o expandir el alcance.

Los datos de investigación indican que en los proyectos grandes que tienen más de 15 por ciento de avance, el modelo se desempeña bien con un error menor a 10 por ciento. Este modelo también se puede emplear para las cuentas de costos de WBS y OBS que se han utilizado para pronosticar los costos restantes y totales. Es importante señalar que este modelo asume que las condiciones no van a cambiar, la base de datos de costos es confiable, EV y AC son acumulativos y el progreso del proyecto pasado es representativo de un avance futuro. Este pronóstico objetivo representa un buen punto de inicio o de referencia que la administración puede utilizar para comparar otros pronósticos que incluyan diferentes condiciones y juicios subjetivos.

En la figura 13.1 se presenta un informe del estado mensual abreviado, similar al utilizado por una organización de proyectos. El formato se emplea para todos los proyectos en su portafolio de proyecto. (Observe que la varianza del programa de −22 176 dólares no se convierte en forma directa a días. Los 25 días se derivaron de un programa de red.)

Otro informe del resumen se muestra en el recuadro Caso de práctica: Proyecto de cierre de Trojan. Compare las diferencias en el formato.

Otros aspectos de control

Cambios inesperados en el alcance

Los cambios grandes en el alcance se identifican con facilidad. Son las "pequeñas modificaciones" que eventualmente se suman y se convierten en cambios de alcance importantes que pueden ocasionar

Caso de práctica

Proyecto de cierre de Trojan*

Brendan McDermid/EPA/Landov

A Portland General Electric Company se le ha encargado el cierre de la planta nuclear Trojan. Éste es un proyecto largo y complejo que se extiende por más de dos décadas. El primer segmento del proyecto de mover los reactores utilizados a un lugar de almacenamiento está completo y recibió el reconocimiento Project of the Year 2000 del Project Management Institute (PMI). El resto del proyecto (la descontaminación de las estructuras restantes y el desperdicio) está en curso.

En el cuadro de la página 409 se muestra el informe de avance de valor adquirido hasta diciembre del 2000. Este reporte mide el desempeño del programa y del costo para la supervisión del proyecto. Asimismo, sirve como una base para obtener fondos para la solicitud de tasas con la Public Utilities Commission.

El SPI (0.94) sugiere que el programa del proyecto va retrasado. La solución de los asuntos con un proveedor importante y las soluciones para problemas técnicos deben resolver estos inconvenientes de atrasos. El CPI (1.14) del proyecto es positivo. Algo de este buen desempeño de costos se atribuye a las sociedades y los arreglos de incentivos con proveedores y sindicatos de trabajadores.

* Entrevista con Michael B. Lackey, gerente general, Trojan, PGE, septiembre de 2001.

problemas. A estas pequeñas modificaciones se les conoce en el campo como *cambios inesperados en el alcance*. Por ejemplo, el cliente de un desarrollador de software solicitó pequeños cambios en la estructura de un paquete de software contable. Luego de varias modificaciones pequeñas, se volvió evidente que los cambios representaron un agrandamiento significativo del alcance del proyecto original. El resultado fue un cliente insatisfecho y una empresa de desarrollo que perdió dinero y prestigio.

Aunque los cambios en el alcance por lo general se ven en forma negativa, hay situaciones donde los cambios en el alcance ocasionan recompensas positivas. Las variaciones en el alcance pueden representar oportunidades significativas. En los ambientes de desarrollo de productos agregar una pequeña característica a un producto puede resultar en una gran ventaja competitiva. Un pequeño cambio en la producción puede hacer que el producto llegue al mercado un mes antes o que se reduzca el costo de fabricación.

Los cambios inesperados en el alcance son comunes al principio de los proyectos, en especial en los de desarrollo de nuevos productos. Las necesidades de los clientes de características adicionales, nueva tecnología, malas suposiciones de diseño, etc., manifiestan presiones para las variaciones en el alcance. Con frecuencia, éstas son pequeñas y pasan inadvertidas hasta que se observan retrasos de tiempo o excedentes de costos. Los cambios inesperados en el alcance afectan a la organización, al equipo del proyecto y a sus proveedores. Los cambios en el alcance alteran los requisitos de flujo de efectivo de la organización, en forma de menos o más recursos disponibles que también pueden afectar otros proyectos. Los cambios frecuentes eventualmente desgastan la motivación y la cohesión del equipo. Se alteran las metas claras del equipo, se vuelven menos enfocadas y dejan de ser el punto focal de la acción del equipo. Empezar de nuevo es molesto y desmoralizador para el equipo del proyecto porque interrumpe el ritmo y baja la productividad. Los proveedores resienten los cambios frecuentes porque representan costos más altos y tienen el mismo efecto en su equipo que en el equipo del proyecto.

La clave para manejar los cambios inesperados en el alcance es una administración del cambio. Un administrador de proyectos de una empresa de arquitectura contó que tales variaciones eran los mayores riesgos que su empresa enfrentaba en los proyectos. La mejor defensa frente a los cambios inesperados en el alcance es una declaración de alcance bien definida. Las declaraciones de alcance deficientes son una de las principales causas de los cambios inesperados del alcance.

Una segunda defensa frente a los cambios inesperados de alcance es afirmar lo que no es el proyecto, lo cual puede evitar malas interpretaciones en el futuro. (En el capítulo 7 se analiza el proceso. Vea la figura 7.9 para revisar las variables clave para documentar los cambios en el proyecto.) Primero, la línea base original debe estar bien definida y acordada con el cliente del proyecto. Antes de que el proyecto comience, es necesario que se establezcan procedimientos claros para la autorización y documentación de los cambios de alcance por parte del cliente o el equipo de proyecto. Si es necesario un cambio en el alcance, el efecto en la línea base debe estar documentado con claridad; por ejemplo, costo, tiempo, dependencias, especificaciones, responsabilidades, etc. Por último, el cambio en el alcance se debe agregar con rapidez a la línea base original para reflejar el cambio en el presupuesto y el programa; asimismo, de todo esto y sus efectos se debe informar a los interesados del proyecto.

Cambios en la línea base

Los cambios durante el ciclo de vida en los proyectos son inevitables y van a ocurrir. Algunos cambios pueden ser muy benéficos para los resultados del proyecto; pero los que tienen un efecto negativo son los que deseamos evitar. Una definición cuidadosa del proyecto puede minimizar la necesidad de cambios. El precio de una mala definición de proyecto puede derivar en cambios que arrojarán excedentes de costos, programas retrasados, baja moral y una pérdida del control. El cambio viene de fuentes externas o internas. En forma externa, por ejemplo, el cliente puede solicitar cambios que no estaban incluidos en la declaración de alcance original y que requerirán variaciones significativas al proyecto y, por lo tanto, a la línea base. O el gobierno puede emitir requisitos que no eran parte del plan original y que exigen una revisión del alcance del proyecto. En forma interna, los interesados pueden identificar problemas no previstos o mejoras que modifican el alcance del proyecto. En casos raros, los cambios en el alcance pueden venir de distintas fuentes. Por ejemplo, el sistema de manejo automático de equipaje en el aeropuerto internacional de Denver fue una idea posterior que respaldaron varios interesados del proyecto, entre ellos el gobierno de la ciudad de Denver, consultores y al menos un cliente de las aerolíneas. Los 2 000 millones de dólares adicionales en costos fueron alarmantes y la apertura del aeropuerto se retrasó 16 meses. Si esta variación en el alcance del equipaje automático hubiera estado en el plan original, los costos hubieran sido sólo una fracción de los costos excedentes y los retrasos se habrían reducido en forma significativa. Cualquier cambio en el alcance o en la línea base deben ser registrados por el sistema de control de cambios que se estableció durante la planeación del control de riesgos (vea el capítulo 7).

Por lo general, los administradores de proyecto vigilan los cambios en el alcance con sumo cuidado. Deben permitir los cambios en el alcance sólo si queda claro que el proyecto va a fallar sin éstos, si el proyecto mejorará en forma significativa o si el cliente lo quiere y está dispuesto a pagar por ello. Esta afirmación es exagerada, pero establece el tono para abordar los cambios a la línea base. El cliente del proyecto debe aceptar y firmar el efecto del cambio en el alcance. En la figura 13.13 se describe el efecto del costo de un cambio en el alcance sobre la línea base en un punto del tiempo, "hoy". La línea A representa un cambio de alcance que ocasiona un aumento en el costo. La línea B representa un cambio en el alcance que disminuye el costo. Registrar pronto los cambios en el alcance a la línea base mantiene válidos los valores adquiridos calculados. No hacer esto ocasiona un costo engañoso y variaciones en el programa.

Se debe tener cuidado de no utilizar cambios a la línea base para disfrazar un mal desempeño en el trabajo pasado o actual. Una señal común de este tipo de cambio en la línea base es una línea

Desempeño de costo y presupuesto	Costos acumulativos del paro total					Dólares del año nominal				
Portland General Electric Co., Planta nuclear Trojan	Corrida del informe: 23 de enero de 2001, 8:13 A.M.					Número del informe: DECT005			Página:	1 de 1
	Diciembre de 2000			Año a la fecha			YTD Varianza	2000	CPI	SPI
Descripción	PV	EV	AC	PV	EV	AC	EV-AC	PV	EV/AC	EV/PV
ISFSI	193 014	182 573	162 579	3 655 677	3 586 411	3 263 995	322 416	3 655 677	1.10	0.98
RVAIR	0	0	0	0	0	399	(399)	0	0.00	0.00
Remoción del equipo: AB/FB	79 083	79 649	73 899	497 197	504 975	308 461	196 514	497 197	1.64	1.02
Remoción del equipo: otro	0	0	0	0	(36 822)	519	(37 341)	0	0.00	0.00
Tuberías empotradas: AB/FB	3 884	0	2 118	532 275	540 232	515 235	24 997	532 275	1.05	1.01
Tuberías empotradas: otros	0	0	3 439	175 401	210 875	79 235	131 640	175 401	2.66	1.20
Descontaminación de la superficie: AB/FB	29 935	23 274	21 456	1 266 685	1 293 315	1 171 712	121 603	1 266 665	1.10	1.02
Descontaminación de la superficie: otros	2 875	2	11 005	308 085	199 853	251 265	(51 412)	308 085	0.80	0.65
Descontaminación de la superficie: contención	680 502	435 657	474 427	5 271 889	4 950 528	4 823 338	127 190	5 271 889	1.03	0.94
Manejo de los desechos radioactivos	884 873	453 032	(28 675)	10 680 118	8 276 616	10 807 916	(2 531 300)	10 880 118	0.77	0.77
Encuesta final	58 238	57 985	27 091	780 990	780 990	700 942	80 048	780 990	1.11	1.00
Áreas no radiológicas	92 837	91 956	58 538	2 471 281	2 376 123	834 643	1 541 480	2 471 281	2.85	0.96
Personal	714 806	714 509	468 858	9 947 775	9 947 775	8 241 383	1 706 392	9 947 775	1.21	1.00
ISFSI: opciones de largo plazo	85 026	85 028	19 173	2 004 398	2 004 398	337 206	1 667 192	2 004 398	5.94	1.00
Cargas de mano de obra	258 289	258 289	240 229	3 216 194	3 216 194	2 755 604	460 590	3 216 194	1.17	1.00
Cargas de materiales	17 910	17 910	(95 128)	211 454	211 454	136 973	74 481	211 454	1.54	1.00
Autoridad corporativa	153 689	228 499	228 521	1 814 523	1 814 523	1 814 520	3	1 814 523	1.00	1.00
Costos no distribuibles	431 840	401 720	242 724	5 541 679	5 575 879	4 007 732	1 567 947	5 541 679	1.39	1.01
Paro total	3 688 481	3 008 081	1 905 084	48 375 399	45 453 119	40 051 079	5 402 040	48 375 399	1.13	0.94
Total (menos ISFSI y RVAIR)	3 493 467	2 845 508	1 743 485	44 719 720	41 886 710	36 788 680	5 080 024	44 719 720	1.14	0.94

FIGURA 13.13
Cambios de alcance a la línea base

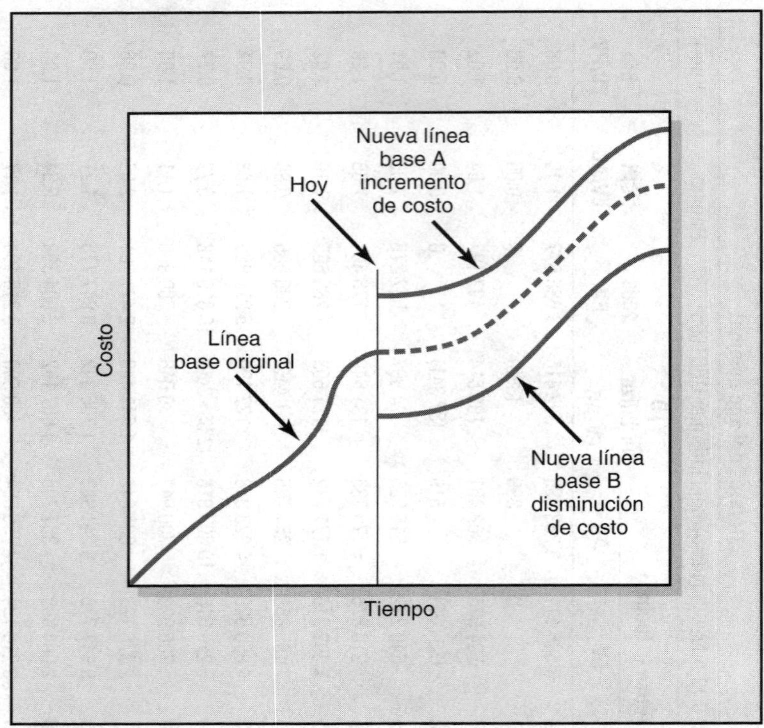

base revisada en todo momento que parece empatar los resultados. Los practicantes llaman a esto una "línea base de goma" porque se estira para empatar los resultados. La mayoría de los cambios no ocasionarán desviaciones serias en el alcance y deben absorberse como variaciones positivas o negativas. Los cambios retroactivos del trabajo ya logrado no se deben permitir. La transferencia de dinero entre cuentas de costos no se debe permitir después de que el trabajo esté terminado. Los cambios imprevistos se pueden manejar mediante una reserva de contingencia. Por lo general, el administrador del proyecto toma esta decisión. En algunos proyectos grandes, una sociedad de "equipo de revisión del cambio", constituida por los miembros de los equipos de proyecto y del cliente, toman todas las decisiones acerca de los cambios del proyecto.

Costos y problemas de la adquisición de datos

La adquisición de datos consume tiempo y es costosa. El Caso de práctica: Enfoque de seudoporcentaje de valor adquirido contiene parte de los temas frecuentes que rodean la resistencia a la recopilación de datos de porcentaje de terminación de los sistemas de valor adquirido. Otros han utilizado sistemas de seudoporcentaje de terminación similares. Éstos parecen funcionar bien en los ambientes de proyectos múltiples que incluyen varios proyectos pequeños y medianos. Si suponemos un periodo de reporte de una semana, se debe tener cuidado al desarrollar paquetes de trabajo de una semana, más o menos, para que los problemas se identifiquen con rapidez. Para los proyectos grandes no hay un sustituto para usar un sistema de porcentaje de terminación que dependa de los datos recopilados mediante la observación en puntos de supervisión definidos con claridad.

En algunos casos existen datos, pero no se envían a los interesados que necesitan la información relacionada con el avance del proyecto. Es claro que si la información no llega a las personas adecuadas en forma oportuna, usted puede esperar problemas serios. El plan de comunicación que se desarrolló en la etapa de planeación de proyecto puede mitigar en gran medida este problema al hacer un mapa del flujo de información y mantener a los interesados informados en todos los aspectos del progreso y los asuntos del proyecto. Vea la figura 13.14 para ver un plan de comunicación interna para un proyecto WiFi. La información que se desarrolla en este capítulo contribuye con datos significativos para respaldar su plan de comunicación y asegurar la distribución correcta de los datos.

Caso de práctica

Enfoque de seudoporcentaje de valor adquirido

Un consultor del servicio forestal estadounidense sugirió el uso del valor adquirido para supervisar los 50 o más proyectos de venta de madera actuales en el distrito. Conforme se completaban los proyectos, iniciaban nuevos. El valor adquirido se probó durante nueve meses. Después de esto, una fuerza de tareas revisaría el proceso. De este modo, se llegó a la conclusión de que el sistema de valor adquirido proporcionaba buena información para supervisar y pronosticar el progreso del proyecto; sin embargo, los costos y los problemas de recabar los datos de porcentaje de terminación oportuna eran inaceptables porque no había fondos para recopilar esos datos.

El nivel de dilema del detalle se analizó, pero ninguna sugerencia resolvió el problema. La discusión reconoció que muy pocos datos no ofrecen un buen control, mientras que un informe excesivo requiere de papeleo y personas, que son costosos. La fuerza de tareas concluyó que el progreso y el desempeño se podrían medir mediante una seudoversión del porcentaje de terminación sin ceder demasiada precisión para el proyecto total. Este enfoque modificado al porcentaje de terminación requirió que paquetes de trabajo muy grandes (entre 3 y 5 por ciento de todos los paquetes de trabajo en un proyecto) fueran divididos en paquetes de trabajo más pequeños para un control más cercano e identificación de problemas con mayor anticipación. Se decidió que los paquetes de trabajo con una semana de duración serían ideales. La seudoversión requería sólo una llamada telefónica y respuestas de "sí o no" a una de las siguientes preguntas para asignar el porcentaje de terminación:

¿Ha iniciado el trabajo en el paquete de trabajo?	No = 0%
¿Se trabaja en el paquete?	Sí = 50%
¿Se ha completado el paquete de trabajo?	Sí = 100%

Se recopilaron datos para el sistema de porcentaje de terminación de valor seudoadquirido para los 50 proyectos, o más, por un interno que trabajaba menos de ocho horas por semana.

FIGURA 13.14
Plan de comunicación del proyecto WiFi del centro de conferencias

¿Qué información?	¿Cuándo?	¿Modo?	¿Responsable?	¿Receptor?
Informe de acontecimiento importante	Bimensual	Correo electrónico	Oficina del proyecto	Administración superior
Informe de tiempo y costo	Semanal	Correo electrónico	Oficina del proyecto	Personal y clientes
Informe de riesgo	Semanal	Correo electrónico	Oficina del proyecto	Personal y clientes
Asuntos	Semanal	Correo electrónico	Cualquiera	Personal y clientes
Tiempos de reunión del equipo	Semanal	Reunión	Administrador del proyecto	Personal y clientes
Desempeño de las contrataciones externas	Bimensual	Reunión	Administrador del proyecto	Oficina del proyecto, personal y clientes
Solicitudes de cambio	En cualquier momento	Documento	Administrador del proyecto, cliente, diseño	Oficina del proyecto, personal y clientes
Decisiones de puertas de etapas	Mensual	Reunión	Oficina del proyecto	Administración superior

Resumen

El mejor sistema de información no ocasiona un buen control. Éste requiere que el administrador de proyectos utilice la información para mover el proyecto en aguas agitadas. Los diagramas de control y de Gantt son vehículos útiles para supervisar el desempeño del tiempo. El sistema de costo y programa permite al administrador tener una influencia positiva en el costo y el programa de manera oportuna. La capacidad de influir en el costo disminuye con el tiempo; por lo tanto, los informes oportunos que identifican las tendencias adversas de costos pueden ayudar en gran medida al administrador de proyectos para regresar al presupuesto y al programa. El modelo integrado de costos y programa proporciona al administrador del proyecto y a los demás interesados una instantánea del estatus actual y futuro del proyecto. Los beneficios del modelo de costo y programa son los siguientes:

1. Mide los logros en contraste con el plan y los productos a entregar.
2. Proporciona un método para rastrear de manera directa hasta un paquete de trabajo problemático y el responsable de la unidad organizacional.
3. Alerta a todos los interesados para una identificación expedita de los problemas y permite una acción correctiva rápida y proactiva.
4. Mejora la comunicación porque todos los interesados utilizan la misma base de datos.
5. Mantiene al cliente informado del progreso y alienta su confianza en que el dinero gastado propicia el avance esperado.
6. Brinda confiabilidad sobre los segmentos individuales del presupuesto general para cada unidad organizacional.

Con su sistema de información establecido, necesita utilizar su plan de comunicación para mantener informados a los interesados para la toma de decisiones oportunas a fin de asegurar que el proyecto se maneje de manera eficaz.

Términos clave

Cambios inesperados en el alcance
Costo estimado en la terminación (CET)
Diagrama de control
Diagrama de gantt de rastreo
Índice de desempeño del costo (CPI)
Índice de desempeño del programa (SPI)
Índice de desempeño para completar (TCPI)
Índice de porcentaje de terminación
Presupuesto de la línea base
Valor adquirido (EV)
Varianza de costos (CV)
Varianza de programa (SV)
Varianza en la terminación (VAC)

Preguntas de repaso

1. ¿Cómo puede ayudar un diagrama de rastreo de Gantt a comunicar el progreso del proyecto?
2. ¿En qué forma el valor adquirido da una imagen más clara del programa del proyecto y del estatus de costos que un plan simple frente a un sistema real?
3. La varianza en el programa (SV) está en dólares y no representa el tiempo de manera directa. Pero, ¿por qué resulta útil?
4. ¿Cómo utilizaría el CPI un administrador de proyecto?
5. ¿Cuáles son las diferencias entre BAC y CET?
6. ¿Por qué es importante que los administradores de proyecto se resistan a cambios en la línea base del proyecto? ¿Bajo qué condiciones debe un administrador de proyectos hacer cambios a una línea base? ¿Cuándo un administrador de proyectos no debería permitir cambios a la línea base?

Ejercicios

1. En el mes 9 está disponible la siguiente información: el costo real es de 2 000 dólares, el valor adquirido es de 2 100 dólares y el costo planeado es de 2 400 dólares. Calcule la SV y el CV del proyecto.
2. En el día 51 un proyecto tiene un valor adquirido de 600 dólares, un costo real de 650 dólares y un costo planeado de 560 dólares. Calcule la SV, CV y CPI del proyecto. ¿Cuál es su evaluación del proyecto en el día 51?
3. Dada la red del proyecto y la información siguiente de la línea base, complete el formato para desarrollar un informe del avance para el proyecto al final de los periodos 4 y 8. De todos los datos que usted ha recopilado y calculado para los periodos 4 y 8, ¿qué información tiene usted lista para entregarle al cliente acerca del avance del proyecto al final del periodo 8?

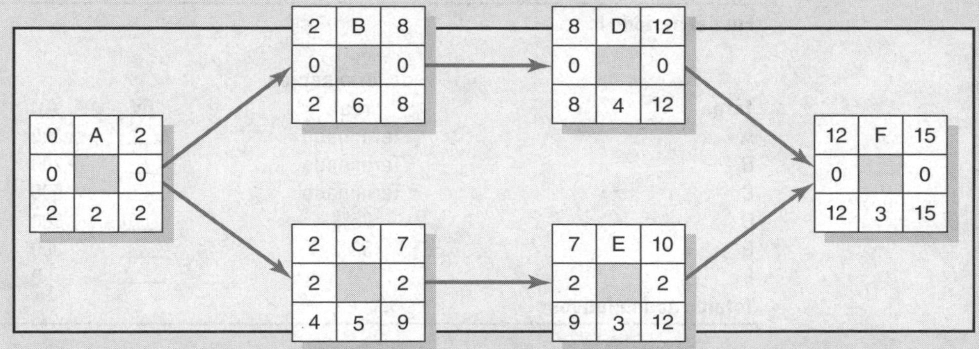

Línea base del proyecto (PV) (en dólares)																					
Tarea	Dur.	ES	LF	SL	Presupuesto (PV)	0	1	2	3	4	5	6	7	8	9	10	11	12	13	14	15
A	2	0	2	0	400	200	200														
B	6	2	8	0	2400			200	600	200	600	200	600								
C	5	2	9	2	1500			200	400	500	100	300									
D	4	8	12	0	1600									400	400	400	400				
E	3	7	12	2	900								300	400	200						
F	3	12	15	0	600													200	100	300	
PV del periodo total						200	200	400	1000	700	700	500	900	800	600	400	400	200	100	300	
PV acumulativo total						200	400	800	1800	2500	3200	3700	4600	5400	6000	6400	6800	7000	7100	7400	

Fin del periodo 4

Tarea	Porcentaje de terminación real	EV	AC	PV	CV	SV
A	Terminado	___	300	400	___	___
B	50%	___	1 000	800	___	___
C	33%	___	500	600	___	___
D	0	___	0	___	___	___
E	0	___	0	___	___	___
Totales acumulativos						

Fin del periodo 8

Tarea	% de terminación real	EV	AC	PV	CV	SV
A	Terminado	___	300	400	___	___
B	Terminado	___	2 200	2 400	___	___
C	Terminado	___	1 500	1 500	___	___
D	25%	___	300	0	___	___
E	33%	___	300	___	___	___
F	0	___	0	___	___	___
Totales acumulativos						

4. Dada la siguiente red de proyecto, línea base e información de avance, desarrolle los informes de avance de los periodos del 1 al 4 y termine la gráfica de resumen del proyecto (o una similar). Reporte los SV, CV, CPI y PCIB finales. Con base en sus datos, ¿cuál es su evaluación del estatus actual del proyecto? ¿Y en la terminación?

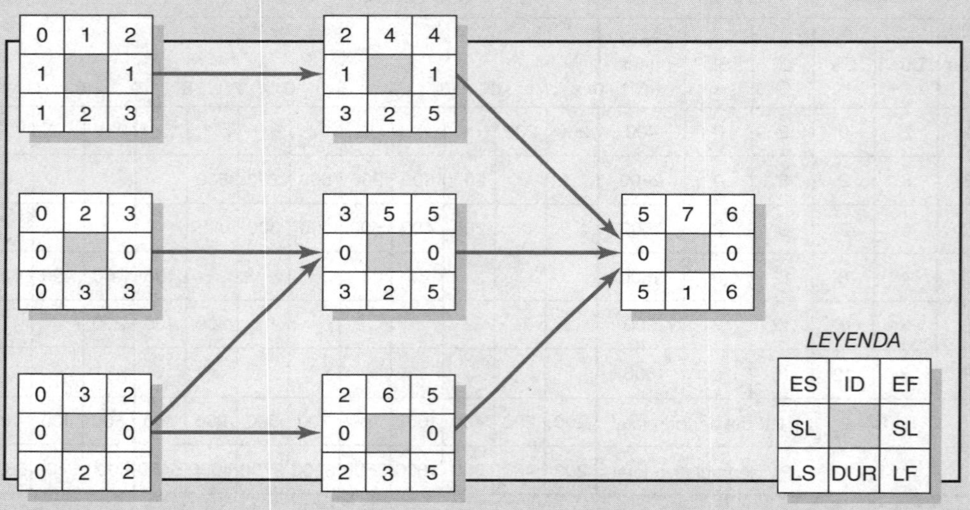

Información del programa						El presupuesto de la línea base necesita ($000)					
ACT/WP	DUR	ES	LF	SL	PV Total	Período 0 1 2 3 4 5 6					
1	2	0	3	1	12	4	8				
2	3	0	3	0	15	3	7	5			
3	2	0	2	0	8	4	4				
4	2	2	5	1	6			3	3		
5	2	3	5	0	10				6	4	
6	3	2	5	0	9			3	3	3	
7	1	5	6	0	5						5
PV total por periodo						11	19	11	12	7	5
PV acumulativo por periodo						11	30	41	53	60	65

Informe de avance: Final del periodo 1

Tarea	% de terminación	EV	AC	PV	CV	SV
1	50%	___	6	4	___	___
2	40%	___	8	3	___	___
3	25%	___	3		___	___
Totales acumulativos		___	17	___	___	___

Informe de avance: Final del periodo 2

Tarea	% de terminación	EV	AC	PV	CV	SV
1	Terminado		13			
2	80%	___	14	___	___	___
3	75%	___	8	___	___	___
Totales acumulativos		___	**35**	___	___	___

Informe de avance: Final del periodo 3

Tarea	% de terminación	EV	AC	PV	CV	SV
1	Terminado	12	13			
2	80%		15	___	___	___
3	Terminado	___	10	___	___	___
4	50%	___	4	___	___	___
5	0%	___	0	___	___	___
6	33.3%	___	4	___	___	___
Totales acumulativos		___		___	___	___

Informe de avance: Final del periodo 4

Tarea	% de terminación	EV	AC	PV	CV	SV
1	Terminado	12	13			
2	Terminado	15	18	___	___	___
3	Terminado		10	___	___	___
4	Terminado	___	8	___	___	___
5	30%	___	3	___	___	___
6	66.7%	___	8	___	___	___
7	0%	___	0	___	___	___
Totales acumulativos		___		___	___	___

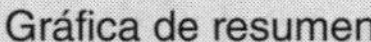

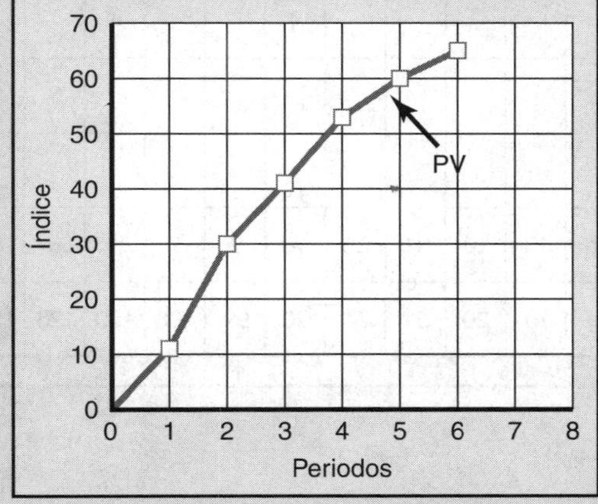

5. Los siguientes datos de horas de mano de obra han sido recolectados para un proyecto de nanotecnología para los periodos del 1 al 6. Calcule la SV, CV, SPI y CPI para cada periodo. Grafique el EV y el AC en la gráfica de resumen que se proporciona (o en una similar). Grafique el SPI, CPI y PCIB en la gráfica de índice que se proporciona (o en una similar). ¿Cuál es su evaluación del proyecto al final del periodo 6?

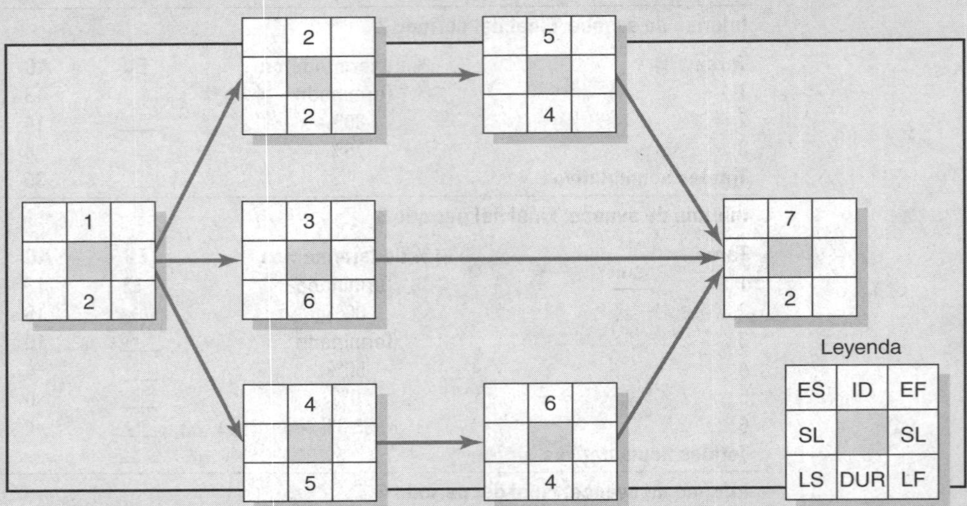

Información del programa						Necesidades del presupuesto de línea base, horas de mano de obra (00)														
						Periodo														
ACT/ WP	DUR	ES	LF	SL	Total PV	0	1	2	3	4	5	6	7	8	9	10	11	12	13	14
1	2	0	2	0	20	10	10													
2	2	2	7	3	24			16	8											
3	6	2	11	3	30			5	5	10	3	2	5							
4	5	2	7	0	25			10	10	2	2	1								
5	4	4	11	3	16					4	4	4	4							
6	4	7	11	0	20								5	5	6	4				
7	2	11	13	0	10												5	5		
PV total por periodo						10	10	31	23	16	9	7	14	5	6	4	5	5		
PV acumulativo por periodo						10	20	51	74	90	99	106	120	125	131	135	140	145		

Informe de avance: Final del periodo 1

Tarea	% de terminación	EV	AC	PV	CV	SV
1	50%	____	500	1 000	____	____
Totales acumulativos		____	**500**	**1 000**	____	____

Informe de avance: Final del periodo 2

Tarea	% de terminación	EV	AC	PV	CV	SV
1	Terminado	____	1 500	2 000	____	____
Totales acumulativos		____	**1 500**	**2 000**	____	____

Informe de avance: Final del periodo 3

Tarea	% de terminación	EV	AC	PV	CV	SV
1	Terminado	2 000	1 500	2 000	____	____
2	0%	____	0	____	____	____
3	10%	____	200	____	____	____
4	20%	____	500	____	____	____
Totales acumulativos		____	**2 200**	____	____	____

Informe de avance: Final del periodo 4

Tarea	% de terminación	EV	AC	PV	CV	SV
1	Terminado	2 000	1 500	2 000	____	____
2	50%	____	1 000	____	____	____
3	30%	____	800	____	____	____
4	40%	____	1 500	____	____	____
Totales acumulativos		____	**4 800**	____	____	____

Informe de avance: Final del periodo 5

Tarea	% de terminación	EV	AC	PV	CV	SV
1	Terminado	2 000	1 500	2 000	____	____
2	Terminado	____	2 000	____	____	____
3	50%	____	800	____	____	____
4	60%	____	1 500	____	____	____
5	25%	____	400	____	____	____
Totales acumulativos		____	**6 200**	____	____	____

Informe de avance: Final del periodo 6

Tarea	% de terminación	EV	AC	PV	CV	SV
1	Terminado	2 000	1 500	2 000	____	____
2	Terminado	____	2 000	____	____	____
3	80%	____	2 100	____	____	____
4	80%	____	1 800	____	____	____
5	50%	____	600	____	____	____
Totales acumulativos		____	**8 000**	____	____	____

Periodo	PV	CV	SV
1	___	___	___
2	___	___	___
3	___	___	___
4	___	___	___
5	___	___	___
6	___	___	___

SPI = EV/PV
CPI = EV/AC
PCIB = EV/BAC

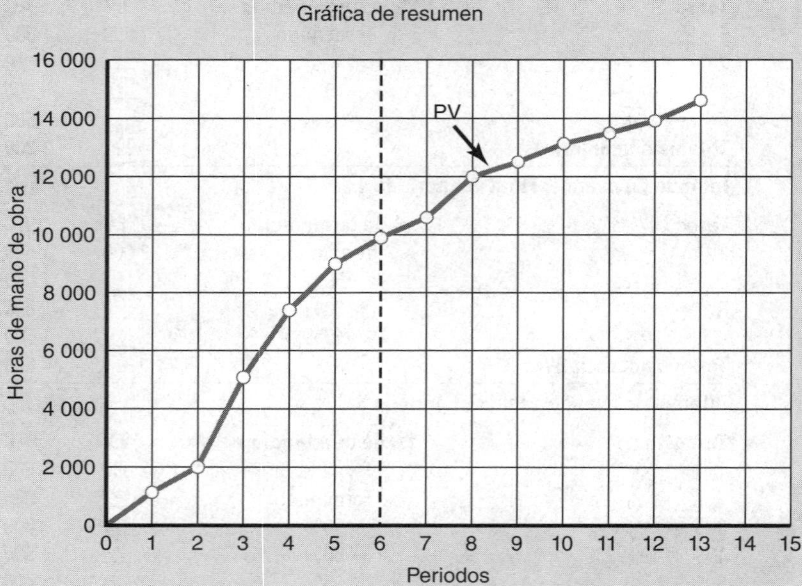

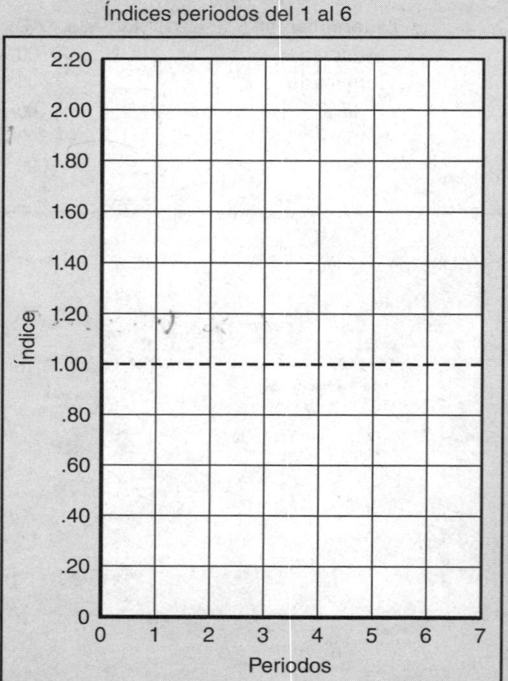

6. Los siguientes datos se han recopilado para un proyecto de tecnologías de la información de cuidados médicos británico por periodos de reporte de dos semanas del 2 al 12. Calcule la SV, CV, SPI y CPI, para cada periodos. Grafique el EV y el AC en la gráfica de resumen que se proporciona. Grafique el SPI, CPI y PCIB en la gráfica de índice que se proporciona (puede utilizar sus propias gráficas). ¿Cuál es su evaluación del proyecto al final del periodo 12?

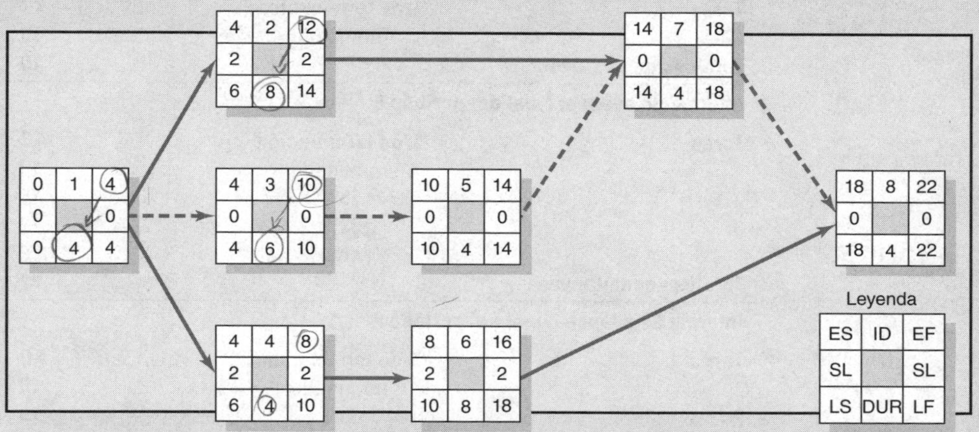

Tarea	Duración.	ES	LF	Tiempo de tolerancia	PV ($00)	Línea base (PV) ($00) 0–2	2–4	4–6	6–8	8–10	10–12	12–14	14–16	16–18	18–20	20–22
1	4	0	4	0	8	4	4									
2	8	4	14	2	40			10	10	10	10					
3	6	4	10	0	30			10	15	5						
4	4	4	10	2	20			10	10							
5	4	10	14	0	40						20	20				
6	8	8	18	2	60					20	20	10	10			
7	4	14	18	0	20								10	10		
8	4	18	22	0	30										20	10
					PV total del periodo	4	4	30	35	35	50	30	20	10	20	10
					PV total acumulativo	4	8	38	73	108	158	188	208	218	238	248

Informe de avance: Final del periodo 2

Tarea	% de terminación	EV	AC	PV	CV	SV
1	50%	___	4	___	___	___
Totales acumulativos		___	4	___	___	___

Informe de avance: Final del periodo 4

Tarea	% de terminación	EV	AC	PV	CV	SV
1	Terminado	___	10	___	___	___
Totales acumulativos		___	10	___	___	___

Informe de avance: Final del periodo 6

Tarea	% de terminación	EV	AC	PV	CV	SV
1	Terminado	___	10	___	___	___
2	25%	___	15	___	___	___
3	33%	___	12	___	___	___
4	0%	___	0	___	___	___
Totales acumulativos		___	37	___	___	___

Informe de avance: Final del periodo 8

Tarea	% de terminación	EV	AC	PV	CV	SV
1	Terminado	___	10	___	___	___
2	30%	___	20	___	___	___
3	60%	___	25	___	___	___
4	0%	___	0	___	___	___
Totales acumulativos		___	55	___	___	___

Informe de avance: Final del periodo 10

Tarea	% de terminación	EV	AC	PV	CV	SV
1	Terminado	___	10	___	___	___
2	60%	___	30	___	___	___
3	Terminado	___	40	___	___	___
4	50%	___	20	___	___	___
5	0%	___	0	___	___	___
6	30%	___	24	___	___	___
Totales acumulativos		___	124	___	___	___

Informe de avance: Final del periodo 12

Tarea	% de terminación	EV	AC	PV	CV	SV
1	Terminado	___	10	___	___	___
2	Terminado	___	50	___	___	___
3	Terminado	___	40	___	___	___
4	Terminado	___	40	___	___	___
5	50%	___	30	___	___	___
6	50%	___	40	___	___	___
Totales acumulativos		___	210	___	___	___

Periodo	PV	CV	SV
2	___	___	___
4	___	___	___
6	___	___	___
8	___	___	___
10	___	___	___
12	___	___	___

SPI = EV/PV
CPI = EV/AC
PCIB = EV/BAC

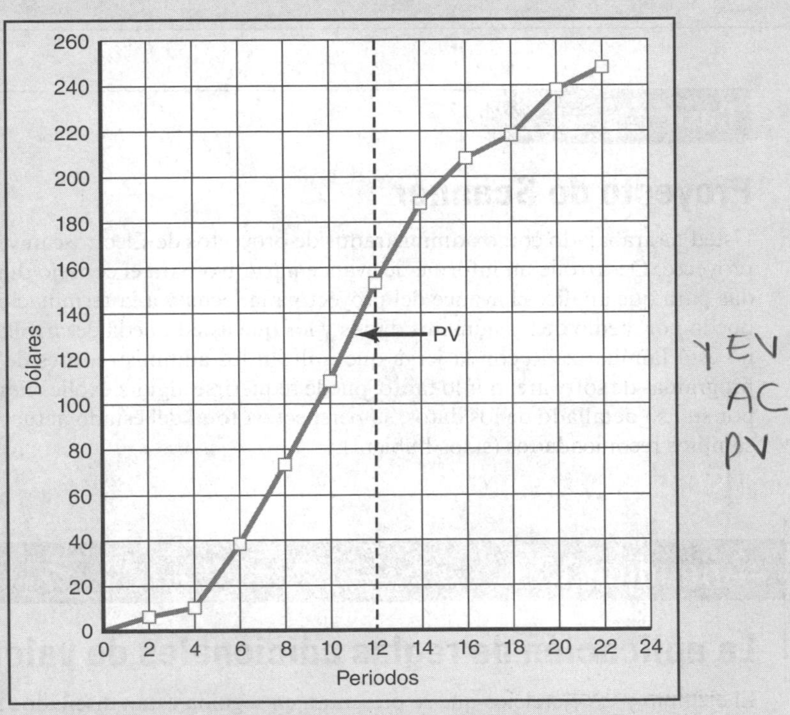

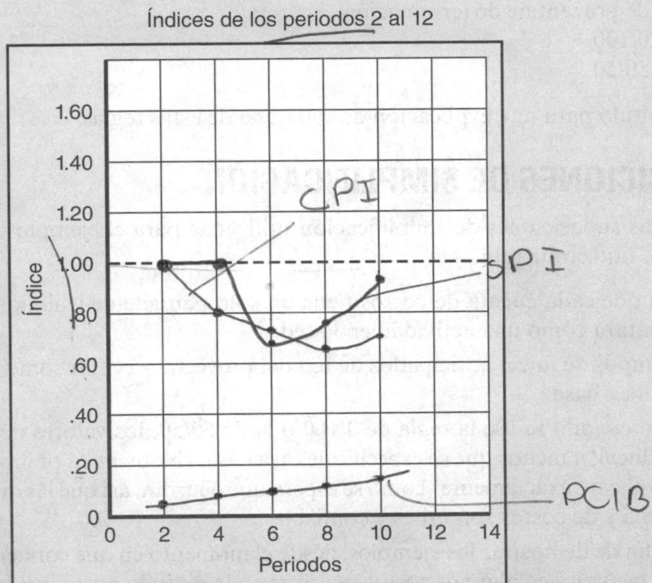

Referencias

Abramovici, A. "Controlling Scope Creep", *PM Network*, vol. 14, núm. 1, enero de 2000, pp. 44-48.

Anbari, F.T., "Earned Value Project Management Method and Extensions", *Project Management Journal*, vol. 34, núm. 4, diciembre de 2003, pp. 12-22.

Brandon, D.M. Jr., "Implementing Earned Value Easily and Effectively", en *Project Management Journal*, vol. 29, núm. 3, junio de 1998, pp. 11-17.

Fleming, Q. y Joel M. Koppelman, *Earned Value Project Management*, 3a. edición, *Project Management Institute*, Newton Square, PA, 2006.

Kerzner, H. "Strategic Planning for a Project Office", *Project Management Journal*, vol. 34, núm. 2, junio de 2003, pp. 13-25.

Webb, A., *Using Earned Value: A Project Manager's Guide*, Gower Publishing Co., Aldershot, Reino Unido, 2003.

Caso

Proyecto de Scanner

Usted ha trabajado como administrador de proyectos de Electroscan y ahora ya ha avanzado en el proyecto. Desarrolle un informe de avance narrativo para el consejo directivo de la cadena de tiendas para que analice el avance del proyecto a la fecha y a la terminación. Sea tan específico como pueda por medio de los números dados y los que usted pueda desarrollar. Recuerde que su público no está familiarizado con la jerga que utilizan los administradores de proyectos y el personal de programas de software; por lo tanto, puede requerirse alguna explicación. Su informe será evaluado por su uso detallado de los datos, su perspectiva total del estado actual y futuro del proyecto y sus cambios recomendados (si los hubiera).

Apéndice 13.1

La aplicación de reglas adicionales de valor adquirido

El ejemplo y los ejercicios que se presentan en seguida están diseñados para proporcionar práctica en la aplicación de las siguientes tres reglas de valor adquirido:

- Regla de porcentaje de terminación
- Regla 0/100
- Regla 50/50

Vea el capítulo para una explicación de cada una de estas reglas.

SUPOSICIONES DE SIMPLIFICACIÓN

Las mismas suposiciones de simplificación utilizadas para el ejemplo del capítulo y los ejercicios también se utilizarán aquí.

1. Asuma que cada cuenta de costos tiene un solo paquete de trabajo y cada cuenta de costos se representará como una actividad en la red.
2. Los tiempos de inicio anticipados de red del proyecto servirán como base para asignar los valores de línea base.
3. Excepto cuando se use la regla de 0/100 o la de 50/50, los valores de línea base se asignarán en forma lineal, a menos que se especifique otra cosa. (Nota: en la práctica, los costos calculados se deben aplicar "exactamente" como se espera que ocurran, así que las mediciones del desempeño de programa y de costos son útiles y confiables.)
4. Con el fin de demostrar los ejemplos, desde el momento en que comienza el trabajo en una actividad, se incurrirá en algunos costos reales en cada periodo hasta que la actividad esté terminada.

Electroscan, Inc. 555 Acorn Street, Suite 5 Boston, Massachusetts			Proyecto de escáner en 29 tiendas (miles de dólares) Progreso real al 1 de enero				
Nombre	PV	EV	AC	SV	CV	BAC	EAC_f
Proyecto de escáner	420	395	476	–25	–81	915	1103
H 1.0 Hardware	92	88	72	–4	16	260	213
H 1.1 Especificaciones de hardware (DS)	20	20	15	0	5	20	15
H 1.2 Diseño de hardware (DS)	30	30	25	0	5	30	25
H 1.3 Documentación de hardware (DOC)	10	6	5	–4	1	10	8
H 1.4 Prototipos (PD)	2	2	2	0	0	40	40
H 1.5 Prototipos de pruebas (T)	0	0	0	0	0	30	30
H 1.6 Ordenar tableros de circuitos (PD)	30	30	25	0	5	30	25
H 1.7 Modelos de preproducción (PD)	0	0	0	0	0	100	100
OP 1.0 Sistema operativo	195	150	196	–45	–46	330	431
OP 1.1 Especificaciones del módulo central del sistema operativo (DS)	20	20	15	0	5	20	15
OP 1.2 Controladores	45	55	76	10	–21	70	97
OP 1.2.1 Controladores de disco (DEV	25	30	45	5	–15	40	60
OP 1.2.2 Controladores I/O (DEV)	20	25	31	5	–6	30	37
OP 1.3 Software de código	130	75	105	–55	–30	240	336
OP 1.3.1 Software de código (C)	30	20	40	–10	–20	100	200
OP 1.3.2 Software de documentos (DOC)	45	30	25	–15	5	50	42
OP 1.3.3 Interfaces de código (C)	55	25	40	–30	–15	60	96
OP 1.3.4 Software de prueba Beta (T)	0	0	0	0	0	30	30
U 1.0 Servicios	87	108	148	21	–40	200	274
U 1.1 Especificaciones de servicios (DS)	20	20	15	0	5	20	15
U 1.2 Línea de rutina de servicios (DEV)	20	20	35	0	–15	20	35
U 1.3 Servicios complejos (DEV)	30	60	90	30	–30	100	150
U 1.4 Documentación de servicios (DOC)	17	8	8	–9	0	20	20
U 1.5 Gastos de pruebas Beta (T)	0	0	0	0	0	40	40
S 1.0 Integración de sistemas	46	49	60	3	–11	125	153
S 1.1 Decisiones de arquitectura (DS)	9	9	7	0	2	10	8
S 1.2 Integración hardware/software (DEV)	25	30	45	5	–15	50	75
S 1.3 Prueba de sistema de hardware/software (T)	0	0	0	0	0	20	20
S 1.4 Documentación del proyecto (DOC)	12	10	8	–2	2	15	12
S 1.5 Prueba de aceptación de integración (T)	0	0	0	0	0	30	30

5. Cuando se utiliza la regla 0/100, el costo total de la actividad se coloca sobre la línea base en la fecha anticipada de terminación.
6. Cuando se emplea la regla de 50/50, el 50 por ciento del costo total se coloca sobre la línea base en la fecha de inicio anticipado y 50 por ciento en la fecha anticipada de terminación.

EJERCICIOS DEL APÉNDICE

1. Dada la información proporcionada para el desarrollo de un proyecto de garantía de producto para los periodos del 1 al 7, calcule la SV, CV, SPI y CPI para cada periodo. Bosqueje el EV y el AC en la gráfica de PV que se proporciona. Explique al dueño su evaluación del proyecto al final del periodo 7 y el estatus esperado futuro del proyecto en la terminación. En la figura A12.1.1A se presenta la red del proyecto. En la figura A13.1.1B se presenta la línea base del proyecto y se señalan las actividades que utilizan las reglas 0/100 (regla 3) y 50/50 (regla 2). Por ejemplo, la actividad 1 utiliza la regla 3: de 0/100. Aunque el tiempo de inicio anticipado es el periodo 0, el presupuesto no se coloca en la línea base cronológica sino hasta el periodo 2, cuando la actividad está planeada para su terminación (EF). Este mismo procedimiento ha sido utilizado para asignar costos para las actividades 2 y 7. Las actividades 2 y 7 utilizan la regla de 50/50. De este modo, 50 por ciento del presupuesto de cada actividad se asigna en su fecha respectiva de inicio anticipado (periodo 2 para la actividad 2 y periodo 11 para la actividad 7) y 50 por ciento para sus fechas respectivas de terminación. Recuerde, al asignar el valor adquirido

FIGURA A13.1.1A

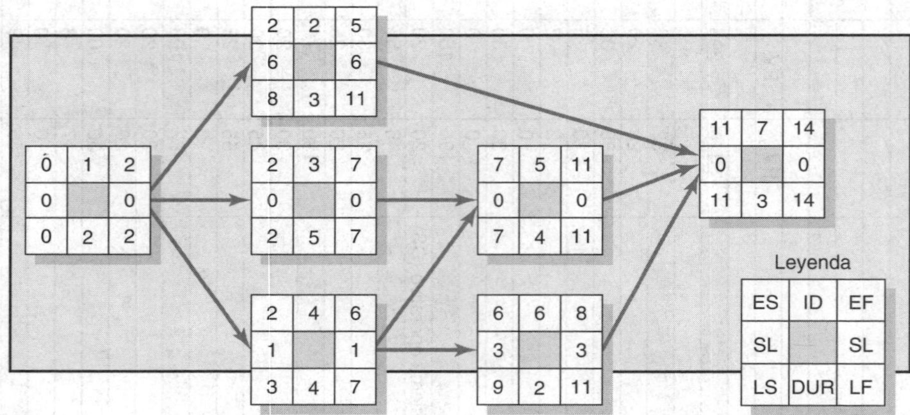

FIGURA A13.1.1B

Información del programa							Necesidades de presupuesto de la línea base														
							Periodo														
Regla EV	ACT/ WP	DUR	ES	LF	SL	PV Total	0	1	2	3	4	5	6	7	8	9	10	11	12	13	14
3	1	2	0	2	0	6		6													
2	2	3	2	11	6	20			10		10										
1	3	5	2	7	0	30			9	6	6	6	3								
1	4	4	2	7	1	20			8	2	5	5									
1	5	4	7	11	0	16								4	4	4	4				
1	6	2	6	11	3	18							9	9							
2	7	3	11	14	0	8												4		4	
PV total por periodo							0	6	27	8	21	11	12	13	4	4	4	4	0	4	
PV acumulativo por periodo							0	6	33	41	62	73	85	98	102	106	110	114	114	118	

Regla
1 = % de terminación
2 = 50/50
3 = 0/100

conforme se realiza el proyecto, si una actividad en realidad empieza temprano o tarde, los valores ganados deben cambiar con los tiempos reales. Por ejemplo, si la actividad 7 en realidad empieza en el periodo 12 en lugar del 11, no se adquiere el 50 por ciento sino hasta el periodo 12.

Informe de avance: Final del periodo 1

Tarea	% de terminación	EV	AC	PV	CV	SV
1	0%	___	3	0	___	___
Totales acumulativos		___	**3**	**0**	___	___

Informe de avance: Final del periodo 2

Tarea	% de terminación	EV	AC	PV	CV	SV
1	Terminado	6	5	___	___	___
Totales acumulativos		**6**	**5**	___	___	___

Informe de avance: Final del periodo 3

Tarea	% de terminación	EV	AC	PV	CV	SV
1	Terminado	6	5	___	___	___
2	0%	___	5	___	___	___
3	30%	___	7	___	___	___
4	25%	___	5	___	___	___
Totales acumulativos		___	**22**	___	___	___

Informe de avance: Final del periodo 4

Tarea	% de terminación	EV	AC	PV	CV	SV
1	Terminado	6	5	___	___	___
2	0%	___	7	___	___	___
3	50%	___	10	___	___	___
4	50%	___	8	___	___	___
Totales acumulativos		___	**30**	___	___	___

Informe de avance: Final del periodo 5

Tarea	% de terminación	EV	AC	PV	CV	SV
1	Terminado	6	5	___	___	___
2	50%	___	8	___	___	___
3	60%	___	12	___	___	___
4	70%	___	10	___	___	___
Totales acumulativos		___	**35**	___	___	___

Informe de avance: Final del periodo 6

Tarea	% de terminación	EV	AC	PV	CV	SV
1	Terminado	6	5	___	___	___
2	50%	___	10	___	___	___
3	80%	___	16	___	___	___
4	Terminado	___	15	___	___	___
Totales acumulativos		___	**46**	___	___	___

Informe de avance: Final del periodo 7

Tarea	% de terminación	EV	AC	PV	CV	SV
1	Terminado	6	5	___	___	___
2	Terminado	___	14	___	___	___
3	Terminado	___	20	___	___	___
4	Terminado	___	15	___	___	___
5	0%	___	0	___	___	___
6	50%	___	9	___	___	___
Totales acumulativos		___	**63**	___	___	___

Periodo	SPI	CPI	PCIB
1	___	___	___
2	___	___	___
3	___	___	___
4	___	___	___
5	___	___	___
6	___	___	___
7	___	___	___

SPI = EV/PV
CPI = EV/AC
PCIB = EV/BAC

FIGURA A13.1.1C

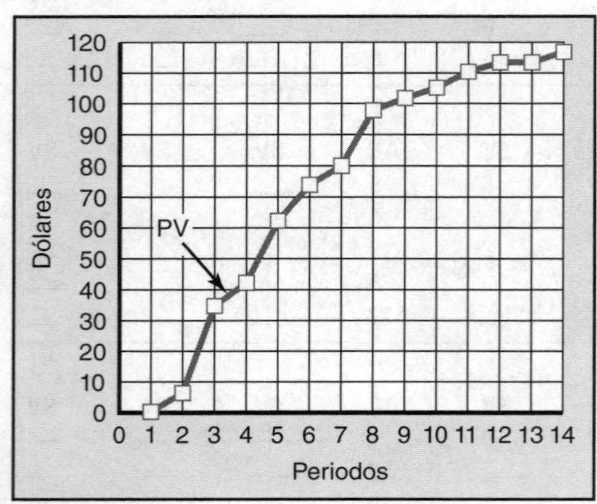

FIGURA A13.1.1D

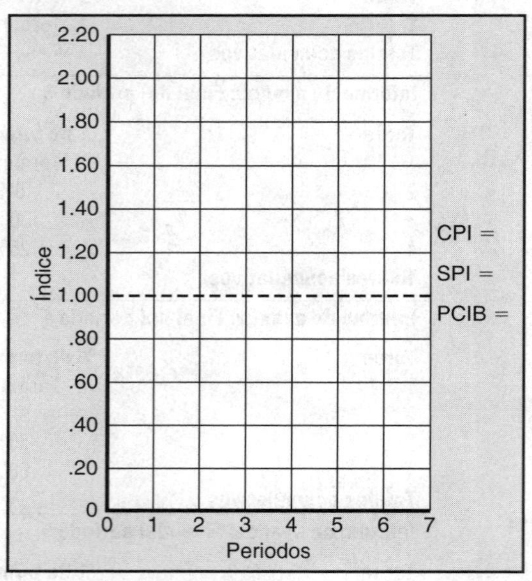

2. Dada la información proporcionada para el desarrollo de un proceso de devolución de productos de catálogo para los periodos del 1 al 5, asigne los valores PV (por medio de reglas) para desarrollar una línea base para el proyecto. Calcule la SV, CV, SPI y CPI para cada periodo. Explique al dueño su evaluación del proyecto al final del periodo 5 y el estatus futuro esperado del proyecto en la terminación.

FIGURA A13.1.2A

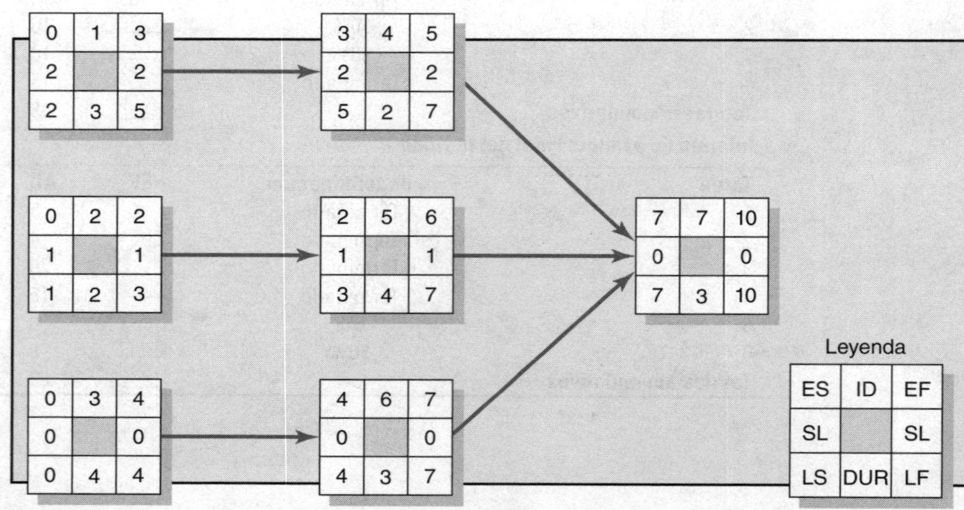

FIGURA A13.1.2B

Información de programa							Necesidades del presupuesto de línea base									
Regla EV	ACT/WP	DUR	ES	LF	SL	PV Total	Periodo 0 1 2 3 4 5 6 7 8 9 10									
②	1	3	0	5	2	30										
③	2	2	0	3	1	20										
②	3	4	0	4	0	30										
③	4	2	3	7	2	10										
②	5	4	2	7	1	40										
①	6	3	4	7	0	30										
①	7	3	7	10	0	60										
PV Total por periodo																
PV acumulativo por periodo																

Regla EV
1 = % de terminación
2 = 50/50
3 = 0/100

Informe de avance: Final del periodo 1

Tarea	% de terminación	EV	AC	PV	CV	SV
1	40%	___	8	___	___	___
2	0%	___	12	___	___	___
3	30%	___	10	___	___	___
Totales acumulativos		___	**30**	___	___	___

Informe de avance: Final del periodo 2

Tarea	% de terminación	EV	AC	PV	CV	SV
1	80%	___	20	___	___	___
2	Terminado	___	18	___	___	___
3	50%	___	12	___	___	___
Totales acumulativos		___	**50**	___	___	___

Informe de avance: Final del periodo 3

Tarea	% de terminación	EV	AC	PV	CV	SV
1	Terminado	___	27	___	___	___
2	Terminado	___	18	___	___	___
3	70%	___	15	___	___	___
4	0%	___	5	___	___	___
5	30%	___	8	___	___	___
Totales acumulativos		___	**73**	___	___	___

Informe de avance: Final del periodo 4

Tarea	% de terminación	EV	AC	PV	CV	SV
1	Terminado	___	27	___	___	___
2	Terminado	___	18	___	___	___
3	Terminado	___	22	___	___	___
4	0%	___	7	___	___	___
5	60%	___	22	___	___	___
Totales acumulativos		___	**96**	___	___	___

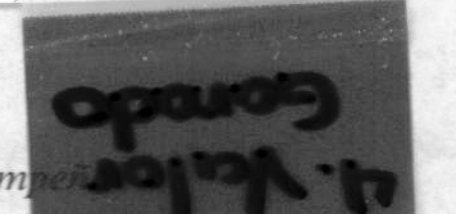

Informe de avance: Final del periodo 5						
Tarea	**% de terminación**	**EV**	**AC**	**PV**	**CV**	**SV**
1	Terminado	___	27	___	___	___
2	Terminado	___	18	___	___	___
3	Terminado	___	22	___	___	___
4	Terminado	___	8	___	___	___
5	70%	___	24	___	___	___
6	30%	___	10	___	___	___
Totales acumulativos		___	**109**	___	___	___

Periodo	SPI	CPI	PCIB
1	___	___	___
2	___	___	___
3	___	___	___
4	___	___	___
5	___	___	___

SPI = EV/PV
CPI = EV/AC
PCIB = EV/BAC

FIGURA A13.1.2C

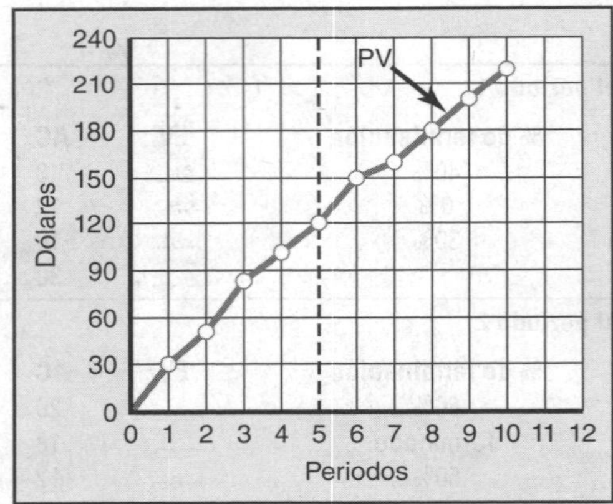

Apéndice 13.2

Acopio de información del desempeño del proyecto a partir del software MS Project

El objetivo de este apéndice es mostrar cómo se puede obtener la información del desempeño analizada en el capítulo 13 a partir del software MS Project. Una de las grandes fortalezas del software MS Project es su flexibilidad. El software proporciona diversas opciones para ingresar, calcular y presentar la información del proyecto. Asimismo, la flexibilidad es la mayor debilidad del software en cuanto a que hay tantas opciones, que trabajar con el software puede ser frustrante y confuso. Aquí, la intención es mantenerlo simple y presentar pasos básicos para obtener información del desempeño. A los estudiantes con agendas más ambiciosas se les aconseja trabajar con el tutorial de software o consultar uno de los muchos libros de instrucción en el mercado.

Para fines de este ejercicio, utilizaremos el proyecto de cámara digital que se presentó en el capítulo 13. En este escenario, el proyecto inició según lo planeado el 1 de marzo y hoy es 7 de marzo. Hemos recibido la siguiente información del trabajo terminado a la fecha:

Las especificaciones de diseño tomaron dos días en terminarse a un costo total de 20 dólares.
Las cubiertas y la energía tomaron tres días en terminarse a un costo total de 25 dólares.
La memoria y el software están en progreso, con cuatro días de avance y dos días restantes. El costo a la fecha es de 100 dólares.
El sistema de zoom tomó dos días para terminarse a un costo de 25 dólares.

Todas las tareas comenzaron a tiempo.

PASO 1: INGRESAR LA INFORMACIÓN DEL PROGRESO

Ingresamos esta información de progreso en la opción llamada TRACKING TABLE de GANTT CHART VIEW ► TABLE:

FIGURA A13.2A Tabla de rastreo

ID	Nombre de la tarea	Inicio real	Terminación real	% de terminación	Duración real	Duración Rem.	Costo real	Trabajo real
1	**Prototipo de cámara digital**	**3/1**	**NA**	**61%**	**6.72 días**	**4.28 días**	**$170.00**	**272 hrs**
2	Especificaciones de diseño	3/1	3/2	100%	2 días	0 días	$20.00	32 hrs
3	Cubierta y energía	3/3	3/7	100%	3 días	0 días	$25.00	40 hrs
4	Memoria/software	3/3	NA	67%	4 días	2 días	$100.00	160 hrs
5	Sistema de zoom	3/3	3/4	100%	2 días	0 días	$25.00	40 hrs
6	Ensamblado	NA	NA	0%	0 días	3 días	$0.00	0 hrs
7	Prueba	NA	NA	0%	0 días	2 días	$0.00	0 hrs

Observe que el software calcula en forma automática el porcentaje de terminación, costo y trabajo reales. En algunos casos usted tendrá que corregir estos cálculos si resultan incoherentes con lo que sucedió en realidad. **Asegúrese de revisar** que la información en esta tabla se muestra como usted la desea.

El paso final es ingresar la fecha del estatus actual (7 de marzo). Se hace al dar clic en PROJECT, ► PROJECT INFORMATION e insertar la fecha en la ventana de fecha de estatus.

PASO 2: INGRESAR A LA INFORMACIÓN DEL PROGRESO

MS Project proporciona diversas opciones para obtener la información de progreso. La información más básica se puede obtener de VIEW ► REPORTS ► COSTS ► EARNED ► VALUE.

FIGURA A13.2B Tabla de valor adquirido

ID	Nombre de la tarea	PV	EV	AC	SV	CV	EAC	BAC	VAC
2	Especificaciones de diseño	$20.00	$20.00	$20.00	$0.00	$0.00	$20.00	$20.00	$0.00
3	Cubierta y energía	$15.00	$15.00	$25.00	$0.00	($10.00)	$25.00	$15.00	($10.00)
4	Memoria/software	$100.00	$70.00	$100.00	($30.00)	($30.00)	$153.85	$100.00	($53.85)
5	Sistema de zoom	$35.00	$35.00	$25.00	$0.00	$10.00	$25.00	$35.00	$10.00
6	Ensamblado	$0.00	$0.00	$0.00	$0.00	$0.00	$120.00	$120.00	$0.00
7	Prueba	$0.00	$0.00	$0.00	$0.00	$0.00	$30.00	$30.00	$0.00
		$170.00	$140.00	$170.00	($30.00)	($30.00)	$373.85	$320.00	($53.85)

Cuando usted escala esta tabla al 80 por ciento, puede obtener toda la información básica de CV, SV y VAC en una página conveniente.

Nota: Las versiones más antiguas del MS Project utilizan los acrónimos anteriores:

BCWS = PV
BCWP = EV
ACWP = AC

y el CET se calcula con el CPI; esto es lo que en el texto se indica como CET_f.

PASO 3: INGRESAR A LA INFORMACIÓN DE CPI

Para obtener información de costo adicional, como CPI y TCPI, dé clic en la vista de GANTT CHART, luego en TABLE ▶ MORE TABLES ▶ EARNED VALUE COST INDICATORS, que mostrarán la siguiente información:

FIGURA A13.2C **Tabla de indicadores de costos de valor adquirido**

ID	Nombre de la tarea	PV	EV	CV	CV%	CPI	BAC	EAC	VAC	TCPI
1	**Prototipo de cámara digital**	**$170.00**	**$140.00**	**($30.00)**	**−21%**	**0.82**	**$320.00**	**$373.85**	**($53.85)**	**1.2**
2	Especificaciones de diseño	$20.00	$20.00	$0.00	0%	1	$20.00	$20.00	$0.00	
3	Cubierta y energía	$15.00	$15.00	($10.00)	−66%	0.6	$15.00	$25.00	($10.00)	
4	Memoria/software	$100.00	$70.00	($30.00)	−42%	0.7	$100.00	$153.85	($53.85)	
5	Sistema de Zoom	$35.00	$35.00	$10.00	28%	1.4	$35.00	$25.00	$10.00	
6	Ensamblado	$0.00	$0.00	$0.00	0%	0	$120.00	$120.00	$0.00	
7	Prueba	$0.00	$0.00	$0.00	0%	0	$30.00	$30.00	$0.00	

PASO 4: INGRESAR A LA INFORMACIÓN DE SPI

Para obtener información de un programa adicional como SPI desde la vista GANTT CHART, dé clic en TABLE ▶ MORE TABLES ▶ EARNED VALUE SCHEDULE INDICATORS, que mostrarán la siguiente información:

FIGURA 13.2D **Tabla de indicadores de programa de valor adquirido**

ID	Nombre de la tarea	PV	EV	SV	SV%	SPI
1	**Prototipo de cámara digital**	**$170.00**	**$140.00**	**($30.00)**	**−18%**	**0.82**
2	Especificaciones de diseño	$20.00	$20.00	$0.00	0%	1
3	Cubierta y energía	$15.00	$15.00	$0.00	0%	1
4	Memoria/software	$100.00	$70.00	($30.00)	−30%	0.7
5	Sistema de Zoom	$35.00	$35.00	$0.00	0%	1
6	Ensamblado	$0.00	$0.00	$0.00	0%	0
7	Prueba	$0.00	$0.00	$0.00	0%	0

PASO 5: CREAR UN DIAGRAMA DE GANTT DE RASTREO

Usted puede crear un diagrama de Gantt de rastreo, como el que se presenta en la página 431, con sólo dar un clic en VIEW ▶ TRACKING GANTT.

FIGURA 13.2E Diagrama de Gantt de rastreo

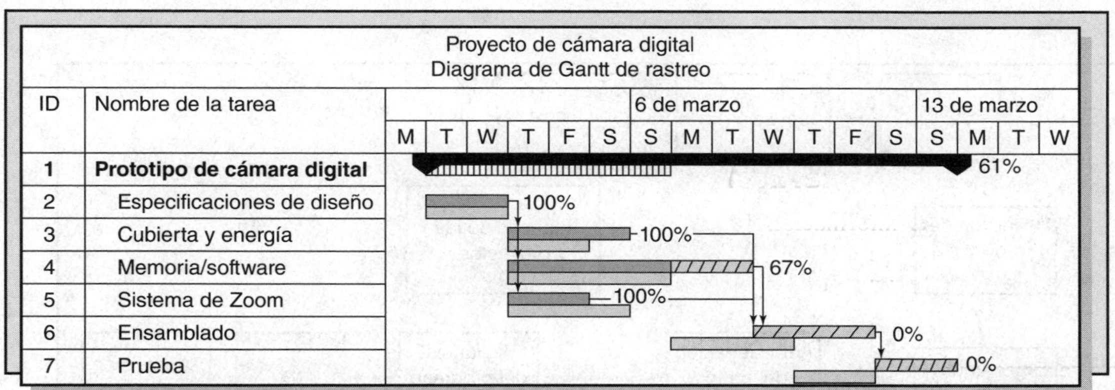

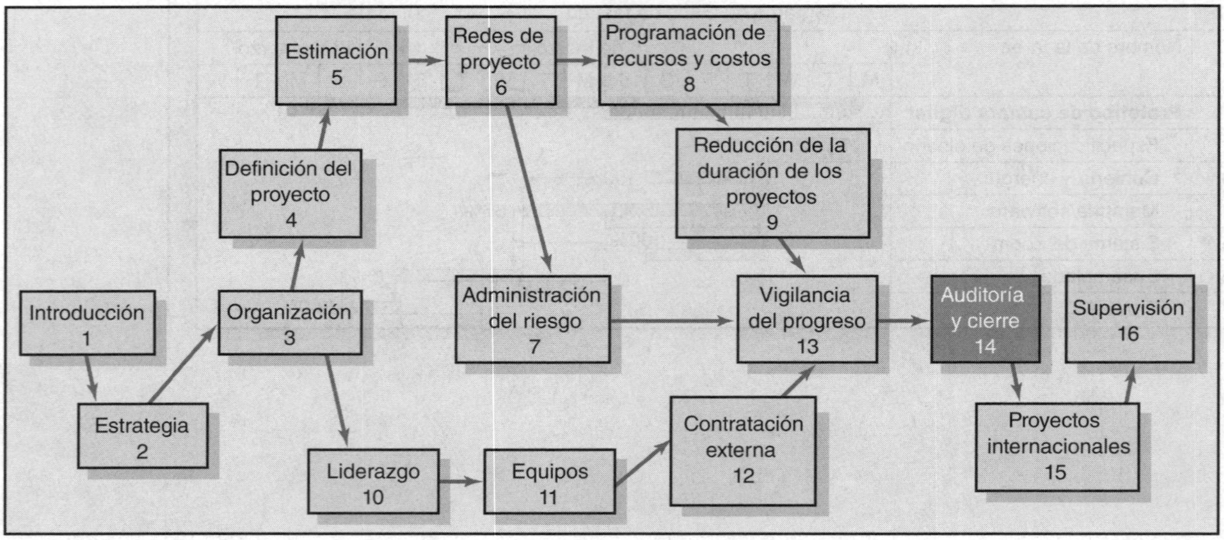

Introducción
1

Estrategia
2

Organización
3

Definición del proyecto
4

Estimación
5

Redes de proyecto
6

Administración del riesgo
7

Programación de recursos y costos
8

Reducción de la duración de los proyectos
9

Liderazgo
10

Equipos
11

Contratación externa
12

Vigilancia del progreso
13

Auditoría y cierre
14

Proyectos internacionales
15

Supervisión
16

Auditoría y cierre de proyectos

Auditorías de proyectos

El proceso de auditoría de un proyecto

Cierre del proyecto

Equipo, miembros del equipo y evaluaciones del administrador de proyectos

Resumen

Apéndice 14.1: Lista de verificación del cierre del proyecto

CAPÍTULO CATORCE

Auditoría y cierre de proyectos

Un proyecto está completo cuando empieza a trabajar para ti, más que tú trabajar para él.

— *Scott Allen*

Se cometen errores; sucede lo inesperado; cambian las condiciones. En las organizaciones que tienen varios proyectos en marcha es prudente tener revisiones periódicas de los proyectos actuales y de los recién completados y su papel en el futuro de la organización. La auditoría del proyecto incluye tres tareas importantes:

1. Evaluar si el proyecto entregó los beneficios esperados a todos los interesados. ¿Se manejó bien el proyecto? ¿El cliente quedó satisfecho?
2. Evaluar lo que se hizo mal y lo que contribuyó a los éxitos.
3. Identificar los cambios para mejorar la entrega de los proyectos futuros.

La auditoría y reporte del proyecto son instrumentos para respaldar la mejora continua y la administración de la calidad. Aprendemos de los errores pasados y de lo que hicimos bien.

Por desgracia, se calcula que alrededor de 90 por ciento de todos los proyectos no se revisan o auditan en forma estricta. La razón más común es que "estamos demasiado ocupados para detenernos y evaluar qué tan bien manejamos los proyectos". Éste es un gran error. Sin una evaluación reflexionada, se olvidan las lecciones valiosas y se repiten los errores. Es triste, pero esos proyectos que son auditados tienden a ser fallas o desastres importantes. Éste es otro error grande. Uno tiende a aprender nada más lo que *no* se debe hacer con los errores, no lo que sí se debe hacer. Al examinar los éxitos y los fracasos, es posible incorporar las mejores prácticas en el sistema de administración de proyectos de una organización.

Hemos observado que las organizaciones que auditan en forma seria sus proyectos, son líderes en sus campos. Estas organizaciones están comprometidas de manera vigorosa con la mejora continua y el aprendizaje organizacional.

En este capítulo comenzamos por analizar distintos tipos de auditorías de proyecto, así como el proceso de la auditoría. A continuación se aborda el surgimiento de modelos de madurez para buscar un punto de referencia en la evolución de las prácticas de administración de procesos; en seguida se tratarán los temas relacionados con el cierre del proyecto. El capítulo concluye con el examen de la evaluación del desempeño individual y de equipo en un proyecto.

Auditorías de proyectos

Las auditorías de los proyectos son algo más que los informes de avance sugeridos en el capítulo 13 que revisan el desempeño del proyecto. Las auditorías de proyecto emplean mediciones de desempeño y datos de pronóstico. Pero las auditorías de proyecto son más inclusivas. Revisan por qué se eligió el proyecto. Asimismo, incluyen una reevaluación del papel del proyecto en las prioridades de la organización.

Las auditorías de proyecto incluyen una revisión de la cultura organizacional para asegurar que ésta facilite el tipo de proyecto que se realiza. También evalúan si el equipo del proyecto funciona bien y si tiene el personal apropiado. Cuando están en proceso deben incluir una revisión de los factores externos que podrían cambiar la dirección del proyecto o su importancia; por ejemplo, tecnología, leyes gubernamentales o productos competitivos. Además, incluyen una revisión de todos los factores en relación con el proyecto y con la administración de los proyectos futuros.

Las auditorías de proyecto pueden realizarse mientras un proyecto está en proceso y luego de su culminación. Entre estas auditorías hay pocas diferencias menores.

- **Auditorías de proyecto en proceso.** Al principio de los proyectos estas auditorías permiten cambios correctivos, cuando son necesarios, en el proyecto auditado u otros en progreso. Las auditorías de proyectos en proceso se concentran en el progreso y el desempeño del proyecto; también revisan si las condiciones han cambiado. Por ejemplo, ¿han cambiado las prioridades? ¿la misión del proyecto es aún pertinente? En casos raros, el informe de auditoría puede recomendar el cierre de un proyecto que esté en proceso.
- **Auditorías posteriores al proyecto.** Éstas tienden a incluir más detalle y profundidad que las auditorías de proyectos en proceso. Las auditorías de los proyectos completados enfatizan la mejora de la administración de los proyectos futuros. Asimismo, están más orientadas al largo plazo que a las auditorías de proyectos en proceso. Las auditorías posteriores revisan el desempeño del proyecto, pero representan un punto de vista más amplio del papel del proyecto en la organización; por ejemplo, ¿los beneficios estratégicos esperados realmente se entregaron?

TABLA 14.1
Factores que influyen en la profundidad y el detalle de la auditoría

- Tamaño de la organización
- Importancia del proyecto
- Tipo del proyecto
- Riesgo del proyecto
- Tamaño del proyecto
- Problemas del proyecto

La profundidad y el detalle de la auditoría del proyecto dependen de muchos factores. Algunos están listados en la tabla 14.1. Como las auditorías cuestan tiempo y dinero, deben incluir no más tiempo ni recursos de lo necesario y suficiente. Al principio del proceso las auditorías tienden a ser más superficiales, a menos que se identifiquen problemas o preocupaciones serias. Luego, por supuesto, la auditoría se realizaría con mayor detalle. Como las auditorías de proyectos en proceso pueden ser preocupantes y destructivas para el equipo del proyecto, se debe tener cuidado de proteger la moral de éste. La auditoría debe realizarse con rapidez y el informe debe ser tan positivo y constructivo como sea posible. Las auditorías posteriores al proyecto son más detalladas e inclusivas y contienen una mayor aportación del equipo del proyecto.

En resumen, planee la auditoría y limite su tiempo. Por ejemplo, en las auditorías posteriores, para todos los proyectos menos los muy grandes, un límite de una semana es un buen punto de referencia. Más allá de este tiempo, el retorno marginal de información adicional se reduce pronto. Los proyectos pequeños pueden requerir sólo uno o dos días y una o dos personas para realizar una auditoría.

El equipo de prioridad funciona bien al elegir los proyectos y vigilar el desempeño: costo y tiempo. Sin embargo, revisar y evaluar los proyectos y su proceso de administración por lo general se delega a grupos de auditoría independientes. Cada uno de éstos se encarga de evaluar y revisar *todos* los factores pertinentes del proyecto y de manejar los proyectos futuros. El resultado de la auditoría de proyectos es un informe.

El proceso de auditoría de un proyecto

A continuación se presentan los lineamientos que se deben señalar antes de que usted realice una auditoría de proyecto. Estas directrices mejorarán sus oportunidades de lograr una auditoría exitosa.

Lineamientos para realizar la auditoría de un proyecto

1. Primero y más importante, la filosofía debe ser que la auditoría del proyecto no es una cacería de brujas.
2. En definitiva, los comentarios acerca de los individuos o grupos que participan en el proyecto no son recomendables. Manténgase en los temas del proyecto y no en qué sucedió o quién lo hizo.
3. Las actividades deben ser muy sensibles a las emociones y a las reacciones humanas. La amenaza inherente a las personas que se evalúan debe reducirse tanto como sea posible.
4. La precisión de los datos debe ser verificable o ser señalada como subjetiva, de juicio o rumores.

5. La administración superior debe anunciar respaldo para la auditoría de proyecto y ver que el grupo de auditoría tenga acceso a toda la información, los participantes del proyecto y (en la mayoría de los casos) los clientes del proyecto.
6. La actitud hacia la auditoría del proyecto y sus consecuencias depende del *modus operandi* del liderazgo del auditor y del grupo. La meta no es perseguir. El objetivo es aprender y conservar recursos valiosos de la organización donde se han cometido errores. Ser amistoso, objetivo y mostrar empatía alienta la cooperación y reduce la ansiedad.
7. La auditoría se debe terminar tan pronto como sea razonable.
8. El líder de la auditoría debe recibir acceso a la administración superior por encima del administrador del proyecto.

Con estos lineamientos en mente, el proceso de la auditoría de proyecto se divide de manera conveniente en tres pasos: iniciación y asignación de personal, recopilación de datos y análisis y reporte. Cada uno se analiza a continuación.

Paso 1: Inicio y asignación de personal

La iniciación del proceso de auditoría depende sobre todo del tamaño de la organización y del proyecto junto con otros factores. Sin embargo, se deben realizar todos los esfuerzos para que la auditoría del proyecto sea un proceso normal más que una noticia sorpresiva. En las organizaciones y proyectos pequeños donde prevalece el contacto frente a frente, una auditoría puede ser informal y sólo representar una reunión de trabajo más. Pero incluso en estos ambientes, el contenido de una auditoría de proyecto formal se debe analizar y cubrir con notas de las lecciones aprendidas. En las organizaciones medianas que tienen varios proyectos que se realizan en forma simultánea, la iniciación puede venir de un grupo de revisión de proyecto formal, del equipo de prioridad de proyecto o ser automática. Por ejemplo, en este último caso, todos los proyectos se auditan en etapas específicas de su ciclo de vida; tal vez cuando un proyecto tenga 10 o 20 por ciento de avance en tiempo o dinero, al 50 por ciento de avance y luego de la terminación. El proceso automático funciona bien porque remueve las percepciones de que un proyecto se ha señalado para evaluación y que alguien puede estar en una cacería de brujas. En los proyectos grandes, la auditoría puede planearse de acuerdo con los acontecimientos importantes.

Hay circunstancias raras que requieren de una auditoría de proyecto no planeada, pero deben ser pocas y lejanas entre sí. Por ejemplo, en un proyecto que incluyó el desarrollo de un sistema de contabilidad de costos grande para locaciones múltiples, una empresa consultora importante (de muchas) notificó su retiro del proyecto sin razón aparente. El cliente del proyecto se alarmó porque pudo haber un problema fundamental serio en el proyecto que ocasionó que la consultora grande se retirara. Una auditoría de proyecto identificó el problema. Se trataba de un acoso sexual por parte de los miembros de una empresa consultora pequeña hacia los miembros de la consultora más grande. Por tal motivo se dio por terminado el compromiso con la consultora pequeña y se le reemplazó por una empresa de experiencia similar. La empresa más grande estuvo de acuerdo en permanecer con el proyecto.

Un principio importante de la auditoría del proyecto es que el resultado debe representar un punto de vista independiente y externo. Es difícil mantener la independencia y una visión objetiva, dado que las auditorías con frecuencia son vistas como negativas por los interesados del proyecto. Las carreras y el prestigio se pueden manchar incluso en las organizaciones que toleran los errores. En empresas menos tolerantes, los errores pueden llevar al despido o al confinamiento en regiones menos significativas de una organización. Desde luego, si el resultado de una auditoría es favorable, se pueden destacar la carrera y el prestigio. Dado que las auditorías del proyecto son susceptibles a la política interna, algunas organizaciones confían en las empresas consultoras externas para realizarlas.

Paso 2: Recopilación y análisis de datos

Cada organización y proyecto son únicos. Por lo tanto, los tipos específicos de información que se recopilarán dependerán de la industria, tamaño de proyecto, novedad de la tecnología y experiencia del proyecto. Estos factores pueden influir en la naturaleza de la auditoría. No obstante, la información y los datos se recaban para responder preguntas similares a las que se sugieren a continuación.

Punto de vista organizacional

1. ¿La cultura organizacional proporcionaba apoyo y era correcta para este tipo de proyecto? ¿Por qué sí o por qué no?
2. ¿Era adecuado el respaldo de la administración superior?
3. ¿El proyecto cumplió el propósito que tenía?
    a) ¿Hay un vínculo claro con la estrategia y los objetivos de la organización?
    b) ¿El sistema de prioridad refleja importancia para el futuro de la organización?
    c) ¿El ambiente (interno o externo) ha cambiado la necesidad del cumplimiento del proyecto (si el proyecto está aún en proceso)?
4. ¿Se identificaron y se evaluaron en forma apropiada los riesgos del proyecto? ¿Se utilizaron planes de contingencia? ¿Eran realistas? ¿Han surgido riesgos que tengan un efecto mayor del anticipado?
5. ¿Se asignaron las personas y los talentos correctos a este proyecto?
6. Si se terminó el proyecto, ¿el personal se asignó en forma justa a nuevos proyectos?
7. ¿Qué sugiere la evaluación de los contratistas externos?
8. ¿El inicio y la terminación tuvieron éxito? ¿Por qué? ¿El cliente estuvo satisfecho?

Punto de vista del equipo del proyecto

1. ¿La planeación del proyecto y los sistemas de control eran apropiados para este tipo de proyecto? ¿Todos los proyectos de tamaño y tipo similar utilizan estos sistemas? ¿Por qué sí? ¿Por qué no?
2. ¿El proyecto se adaptó al plan? ¿El proyecto quedó abajo o arriba del presupuesto y del programa? ¿Por qué?
3. ¿Las interfaces y las comunicaciones con los interesados del proyecto fueron adecuadas y eficaces?
4. Si el proyecto se termina, ¿el personal ha sido asignado a nuevos proyectos en forma justa?
5. ¿El equipo tuvo un acceso adecuado a los recursos organizacionales: personas, presupuesto, grupos de respaldo, equipo? ¿Se presentaron conflictos de recursos con otros proyectos en proceso? ¿El equipo se manejó bien?
6. ¿Qué sugiere la evaluación de los contratistas externos?

El grupo de auditoría no debe estar limitado a estas preguntas. Debe incluir otras preguntas relacionadas con su organización y tipo de proyecto; por ejemplo, investigación y desarrollo, marketing, sistemas de información, construcción, instalaciones. Las preguntas genéricas anteriores, aunque se traslapan, representan un buen punto de inicio y ayudan mucho a identificar el problema del proyecto y los patrones de éxito.

Paso 3: Elaboración de informes

La meta principal de un informe de auditoría es mejorar la forma en que se manejan los proyectos futuros. De manera sucinta, el informe intenta capturar los cambios necesarios y las lecciones aprendidas de un proyecto actual o terminado. El informe sirve como instrumento de capacitación para los administradores de proyecto de los proyectos futuros.

Los informes de auditoría necesitan personalizarse para el proyecto en específico y el ambiente organizacional. Sin embargo, un formato genérico para todas las auditorías facilita el desarrollo de una auditoría de la base de datos y un esquema general común para quienes preparan los informes de auditoría y los administradores que leen y actúan en consecuencia. Un esquema muy general común a los proyectos que están en marcha sería el siguiente.

Clasificación

La clasificación de los proyectos por las características permite a los probables lectores y a los administradores de proyectos ser selectivos en el uso del contenido del reporte. Las categorías de clasificación típicas incluyen las siguientes:

- Tipo de proyecto; por ejemplo, desarrollo, marketing, sistemas, construcción.
- Tamaño: monetario.
- Número de empleados.
- Nivel de tecnología: bajo, medio, alto, nuevo.
- Estrategia o respaldo.

Se deben incluir otras clasificaciones pertinentes a la organización.

Análisis

La sección de análisis incluye declaraciones sucintas de revisión de hechos del proyecto. Por ejemplo:

- Misión y objetivos del proyecto.
- Procedimientos y sistemas utilizados.
- Recursos de la organización utilizados.

Recomendaciones

Por lo general, las recomendaciones de las auditorías representan acciones correctivas que se tienen que realizar. Vea, por ejemplo, el recuadro de Caso de práctica: Después de Katrina: Nueva Orléans anuncia nuevo plan de evacuación para la estación de huracanes del 2006. No obstante, es del mismo modo importante recomendar los éxitos positivos que se deben continuar y utilizar en los proyectos futuros. Las auditorías posteriores al proyecto pueden otorgarle crédito al equipo del proyecto por una contribución sobresaliente.

Lecciones aprendidas

Éstas no tienen que ser en forma de recomendaciones. Las lecciones aprendidas sirven como recordatorios de errores que se evitan con facilidad y acciones que se pueden tomar sin problemas para asegurar el éxito. En la práctica, los nuevos equipos de proyecto que revisan las auditorías de proyectos anteriores, similares a los que están por empezar, han encontrado que los informes de auditoría les son muy útiles. Con frecuencia, los integrantes comentarán más adelante: "Las recomendaciones eran buenas, pero la sección de 'lecciones aprendidas' de veras nos ayudó a evitar muchos errores e hizo que nuestra ejecución del proyecto fuera más suave".

Apéndice

El apéndice puede incluir datos de respaldo o detalles del análisis que permitirían a los demás dar seguimiento si quisieran. No debe ser un basurero usado como relleno; sólo se debe anexar información crucial pertinente.

Cierre del proyecto

Eventualmente, cada proyecto llega a su fin. En algunos proyectos el final puede no ser tan claro como se podría esperar. Aunque la declaración del alcance puede definir una terminación clara de un proyecto, la conclusión real puede o no corresponder. Por fortuna, la mayoría de los proyectos tienen la bendición de un final bien definido. Las auditorías regulares del proyecto y un equipo de prioridades identificarán los proyectos que deben tener finales distintos a los planeados.

Condiciones para el cierre del proyecto

Normales

La circunstancia más común para el cierre del proyecto es tan sólo un proyecto terminado. En el caso de proyectos "llave en mano", tal como la construcción de una nueva instalación de manufactura o la creación de un sistema de información personalizada, la terminación está marcada por la transferencia de la propiedad al cliente. Para muchos proyectos de desarrollo, el final incluye la terminación del diseño definitivo a producción y la creación de un nuevo producto o línea de servicio. Para otros proyectos internos, tales como ascensos en el sistema o la creación de nuevos sistemas de control de inventario, el final ocurre cuando la producción se incorpora en las operaciones

Caso de práctica

Después de Katrina: Nueva Orléans anuncia nuevo plan de evacuación para la estación de huracanes del 2006*

El 29 de agosto de 2005, el huracán Katrina, de categoría 4 con vientos superiores a 233 kilómetros por hora, golpeó la costa del golfo con un efecto devastador. Al siguiente día, dos diques en Nueva Orléans se rompieron y salió el agua, cubrió 80 por ciento de la ciudad y llegó hasta seis metros en algunas áreas. Muchas personas subieron a los techos para escapar. La tormenta terminó por matar a más de 1 300 personas en Louisiana y Mississippi.

Aunque continuarían las investigaciones a las respuestas locales, estatales y federales, la ciudad de Nueva Orléans dio a conocer un nuevo plan con base en las lecciones aprendidas de Katrina para la siguiente temporada de huracanes del 2006.

"El Superdome y el Morial Convention Center se convirtieron en escenarios de miseria durante días después del huracán del 29 de agosto, mientras que miles de evacuados, muchos de ellos enfermos o ancianos, languidecían por la escasez de comida y agua. En el futuro [el alcalde Ray] Nagin dijo, el centro de convenciones será un punto de escala y no un refugio". La ciudad negoció un trato con Seguridad Nacional para que los trenes de AMTRAK se utilizaran como complemento de los autobuses en la evacuación obligatoria de los ciudadanos.

"El nuevo plan entrará en vigor para cualquier tormenta más poderosa que una de categoría 2, que tenga vientos sostenidos de 178 kilómetros por hora o más...".

El plan también aborda problemas específicos que surgieron durante Katrina, como turistas varados en hoteles y saqueadores de tiendas y propiedades que causaron severos daños.

"Por defecto, nos guste o no, somos los más experimentados en esto [desastre] en Estados Unidos", dijo Terry Ebbert, director de seguridad nacional en Nueva Orléans.

Ebbert dijo que el plan de emergencia requiere de una central de procesamiento de huéspedes de los hoteles para asegurarse de que quienes tengan boletos de avión puedan reprogramar regresos anticipados.

Autobuses escolares, de la ciudad y de las iglesias recogerán a las personas con necesidades médicas especiales y a los ancianos para llevarlos a las estaciones de trenes o se les evacuará por autobús a refugios más al norte.

Para la seguridad, 3 000 tropas de la Guardia Nacional se podrían estacionar con la policía local a lo largo de la ciudad antes de una tormenta y se ordenaría un toque de queda del anochecer al amanecer cuando terminara la evacuación, dijo el superintendente de policía Warren Riley.

"Será una fuerza sobrecogedora", dijo Riley. "Cuando se vayan los ciudadanos, no tendrán duda de que su propiedad quedará protegida. Es evidente que es mucho más de lo que hemos hecho en el pasado".

"El nuevo plan de evacuación se aplica en una ciudad que ahora ha reducido mucho su población, menos de la mitad que tenía antes de la tormenta de 455 000".

* Bret Martel, Associated Press, "New Orleans Evacuation Plan for 2006 Hurricane Season: More Buses, No Superdome Shelter", *The San Diego Union Tribune*, 2 de mayo de 2006.

continuas. Algunas modificaciones en el alcance, el costo y el programa quizás ocurrieron durante la ejecución.

Prematuras

Algunos proyectos se pueden completar antes con la eliminación de algunas de sus partes. Por ejemplo, en un nuevo desarrollo del producto, un gerente de marketing puede insistir en modelos de producción antes de probar:

> Déme el nuevo producto ahora, como esté. La entrada temprana al mercado significará grandes utilidades. Sé que podemos vender millones de éstos. Si no lo hacemos ahora, perderemos la oportunidad.

La presión está en terminar el proyecto y enviarlo a producción. Antes de sucumbir a esta forma de presión, la administración superior y todos los interesados deben revisar y evaluar con cuidado las implicaciones y riesgos asociados con esta decisión. Con demasiada frecuencia, los beneficios son ilusorios, peligrosos y con riesgos. ¿Por qué han cambiado el alcance del proyecto y los objetivos? Un cierre anticipado del proyecto debe tener el respaldo de todos los interesados. La decisión se debe dejar al grupo de auditoría, equipo prioritario de proyecto o administración superior.

Perpetuas

Al parecer, algunos proyectos nunca terminan; es decir, parece que desarrollan vida propia. Aunque estos proyectos están plagados de retrasos, se consideran deseables cuando por fin terminan. Las características más importantes de este tipo de proyectos son los "agregados constantes". En forma continua, el dueño u otros requieren más cambios pequeños que mejorarán el resultado del proyecto, producto o servicio. Estos cambios por lo general representan los "extras" percibidos como parte de la intención original del proyecto. Los ejemplos suman características al software, al diseño de producto, a los sistemas o a los proyectos de construcción. Las constantes adiciones sugieren un alcance de proyecto muy mal concebido. Un mayor cuidado en la definición inicial del alcance del proyecto y de las limitaciones reducirá el fenómeno de las adiciones.

En algún punto, el administrador del proyecto o el grupo de auditoría necesitan hacer el llamado para el cierre del proyecto. Aunque estos proyectos muestran el alcance, el costo y los cambios inesperados al programa, enfrentar el hecho de que el proyecto debe llegar a su fin no es una tarea fácil. Un estudio interesante de Isabelle Royer relata los proyectos "perpetuos" de dos compañías francesas que duraron más de una década. Essilor, el fabricante de los lentes "progresivos" que corrigen la miopía, y Lafarge, fabricante de materiales de construcción. Cada una tenía proyectos que empezaron con mucha fanfarria sólo para fracasar al hacer un progreso significativo. Ignoraron las señales de los problemas y permitieron que sus proyectos condenados al fracaso continuaran por más de 10 años antes de matarlos. Estas empresas absorbieron millones de dólares en inversiones perdidas.

Los administradores de proyecto o los grupos de auditoría y prioridad tienen varias opciones disponibles para proyectos que muestran características de ser perpetuos. Pueden redefinir el final del proyecto o el alcance para forzar el cierre. Pueden limitar el presupuesto o los recursos. Pueden establecer un límite de tiempo. Todas las alternativas deben ser diseñadas para llevar al proyecto a un fin tan rápido como sea posible para limitar los costos adicionales y aún obtener los beneficios positivos de un proyecto completado. El grupo de auditoría debe recomendar métodos para llevar a un cierre final este tipo de proyecto. Por lo general, los proyectos fracasados son fáciles de definir y de cerrar por un grupo de auditoría. Sin embargo, se deben hacer todos los esfuerzos por comunicar las razones técnicas para la terminación del proyecto; los participantes del proyecto no se deben quedar con un estigma de vergüenza de haber trabajado en un proyecto fracasado.

Proyecto fracasado

En circunstancias raras, los proyectos tan sólo fallaron por una diversidad de razones. Por ejemplo, el desarrollo del prototipo de un producto de nueva tecnología puede mostrar el concepto original como imposible de trabajar. O en el desarrollo de un medicamento nuevo, el proyecto tendría que ser abandonado porque sus efectos secundarios son inaceptables. Vea el recuadro Caso de práctica: Proyecto cancelado.

Cambio en la prioridad

El equipo de prioridad revisa de manera permanente las prioridades de selección del proyecto para reflejar los cambios en la dirección organizacional. Por lo general, estos cambios son pequeños durante un periodo, pero en forma periódica los cambios importantes en la organización requieren variaciones dramáticas en las prioridades. En este periodo de transición, los proyectos en proceso necesitarían alterarse o cancelarse. Así, un proyecto puede empezar con una alta prioridad, pero luego ver que baja su nivel o hay una crisis durante su ciclo de vida conforme las condiciones cambian. Por ejemplo, una empresa de juegos de computadora encontró que su competidor más importante colocó en el mercado un juego de 64 bits en tercera dimensión mientras que sus proyectos de desarrollo de productos aún estaban centrados en juegos de 32 bits. Desde ese momento, los proyectos de juegos de 32 bits se consideraron obsoletos y encontraron la muerte súbita. El equipo de prioridad de esta empresa revisó las prioridades de la organización. Los grupos de auditoría encontraron fácil recomendar el cierre para muchos proyectos, pero los que estaban en el margen o en "áreas grises" aún presentaban un análisis formidable y decisiones difíciles.

En algunos casos la importancia original del proyecto se juzgó en forma equivocada; en algunos cambian las necesidades. En otras situaciones, la ejecución del proyecto es poco práctica o imposible. Dado que el grupo de auditoría y el equipo de prioridad revisan un proyecto en forma periódica, la percepción modificada de la función del proyecto (prioridad) en el esquema total de las cosas se vuelve aparente con mucha rapidez. Si el proyecto ya no contribuye en forma significativa a la estrategia de la organización, el grupo de auditoría o de prioridad necesita recomendar que se termine el proyecto. En muchas situaciones de terminación, estos proyectos se integran en proyectos relacionados u operaciones rutinarias diarias.

La terminación de los proyectos de "prioridad modificada" no es una tarea fácil. La percepción del equipo del proyecto puede ser que la prioridad aún es alta en relación con otros proyectos. Los egos y, quizás en algunos casos, los trabajos están en juego. Los individuos o los equipos piensan que el éxito está apenas arriba del horizonte. Darse por vencido es equivalente al fracaso. Por lo general, se dan recompensas por permanecer con un proyecto en tiempos difíciles, pero no por darse por vencidos. Esos temas emocionales hacen difícil la terminación del proyecto.

Caso de práctica

Proyecto cancelado*

Alemania es la encrucijada más importante de los camiones comerciales internacionales de Europa. El gobierno alemán sentía la necesidad de hacer que los camiones internacionales (de más de 12 toneladas) que usan su infraestructura de carreteras, ayuden a pagar el mantenimiento de las carreteras y la infraestructura nueva adicional. Los objetivos del proyecto eran claros: un nuevo sistema de cobro electrónico a los camiones que asegure cargos precisos y un cobro de tarifa sencillo a lo largo de las carreteras alemanas, suizas y austriacas para el 31 de agosto de 2003. La tecnología confiaba en sistemas de posicionamiento global GPS (siglas de *global positioning systems*), telecomunicaciones y software para registrar millas y cargos sin utilizar cabinas de cobro en las carreteras.

Varios problemas sabotearon el proyecto. Los vencimientos del tiempo al mercado eran imposibles de cumplir. Los retrasos en las fechas de lanzamiento fueron ocasionados por problemas técnicos con unidades de rastreo de camiones y programas que se frustraron como se esperaba. La comunicación de interfase con los interesados públicos y privados se malogró. Como resultado, la fecha límite de agosto de 2003 nunca se cumplió. El vencimiento revisado de noviembre de 2003 no se cumplió. Por último, en marzo de 2004 el gobierno alemán desconectó la clavija y canceló el proyecto.

La cancelación del proyecto tuvo secuelas graves en otros programas gubernamentales. La desventaja de no recibir ingresos del nuevo sistema de cuotas se calcula en 1 600 millones de dólares. Algunos de estos ingresos estaban destinados para un tren de alta velocidad de levitación magnética en Munich y otros proyectos de infraestructura.

Las lecciones aprendidas revelan que la falta de conocimiento en administración de proyectos era evidente. Lo más importante, el fracaso en identificar y evaluar el efecto de los riesgos de programa y de tecnología compleja ocasionaron la muerte del proyecto. Tal vez hubiese bastado un sistema de microondas más simple y económico recomendado por los suizos y los austriacos para ser puesto en marcha en 2005.

* "Case Analysis: Taking a Toll", *PM Network*, vol. 18, núm. 3, marzo de 2004, p. 1.

Hay pocas ventajas en culpar a los individuos. Deben usarse otros modos para "justificar" el cierre temprano del proyecto o para identificar un problema en el proyecto; por ejemplo, las necesidades o gustos de los clientes han cambiado, la tecnología va más adelantada que el proyecto o la competencia tiene un producto mejor y más avanzado. Estos ejemplos son externos a la organización y se perciben más allá del control de cualquiera. Otro enfoque que debilita la lealtad del equipo de cierre es cambiar a los miembros del equipo o al administrador del proyecto. Este enfoque tiende a minimizar el compromiso del equipo y a facilitar el cierre del proyecto, pero debe utilizarse sólo como último recurso. Minimizar la vergüenza debe ser una meta primaria para un grupo de revisión de proyecto que cierra un proyecto no terminado.

Señales para continuar o cierre temprano de un proyecto

Las personas que por primera vez se preparan para unirse a un grupo de auditoría de proyecto encontrarían muy gratificante leer algunos estudios que identifican las barreras para el éxito del proyecto y la antítesis, factores que contribuyen para el éxito. El conocimiento de estos factores sugerirá las áreas de revisión en una auditoría. Estos factores señalan dónde podrían existir los problemas o los patrones de éxito. En raras ocasiones, su existencia puede señalar problemas y la necesidad de que un proyecto interno se termine con anticipación.

Varios estudios han examinado esta área. Hay una conformidad sorprendente entre ellos. Por ejemplo, todos estos análisis (y otros) clasifican la mala definición del proyecto (alcance) como una barrera importante para el éxito del proyecto. No hay evidencia de que estos factores hayan cambiado al paso de los años, aunque algunas diferencias de importancia relativa se han señalado en distintas industrias. Vea el recuadro de De lo más destacado en la investigación: Caos: Proyectos de software. En la tabla 14.2 se presentan las barreras identificadas por 1 654 administradores de proyecto que participaron en una encuesta por Gobeli y Larson. Las señales de la tabla 14.2 pueden ser útiles para los grupos de auditoría en su revisión preliminar de los proyectos en proceso o incluso en las auditorías posteriores al proyecto.

La decisión de cierre

Para un proyecto incompleto, la decisión de continuarlo o cerrarlo es en esencia una decisión de asignación de recursos organizacionales. ¿La organización debe comprometer recursos adicionales para completar el proyecto y realizar los objetivos del proyecto? Ésta es una decisión compleja. Con frecuencia, la justificación para cerrar o proceder se basa en muchos factores de costos que son sobre todo subjetivos y de juicio. Así, se debe tener el cuidado de evitar inferencias relacionadas con los grupos o individuos. El informe de auditoría se debe enfocar en las metas organizacionales, condiciones cambiantes y prioridades cambiantes que requieren la reasignación de los recursos organizacionales escasos.

TABLA 14.2
Barreras para el éxito del proyecto

Actividad*	Barrera	Incidencia (%)
Planeación	Definición poco clara	16%
32%	Mala toma de decisiones	9
	Mala información	3
	Cambios	4
Programación	Horario ajustado	4
12%	No cumplir con el programa	5
	No administrar el programa	3
Organización	Falta de responsabilidad o confiabilidad	5
11%	Administrador de proyecto débil	5
	Interferencia de la administración superior	1
Selección del personal	Personal inadecuado	5
12%	Administrador de proyecto incompetente	4
	Rotación de los miembros del proyecto	2
	Mal proceso de asignación de personal	1
Dirección	Mala coordinación	9
26%	Mala comunicación	6
	Liderazgo deficiente	5
	Low Commitment	6
Control	Mal seguimiento	3
7%	Mala vigilancia	2
	Ningún sistema de control	1
	Falta de reconocimiento de los problemas	1

* Para interpretar la tabla, nótese que 32 por ciento de los 1 654 participantes reportaron las barreras bajo "planeación", 12 por ciento reportaron las barreras bajo "programación" y demás.

Cuando el grupo de auditoría o el equipo de prioridad sugieren el cierre, el anuncio puede necesitar venir de una posición de presidente y director ejecutivo, si el efecto es grande o si participan los egos clave. Pero, en la mayoría de los casos, la decisión de cierre se deja al grupo de auditoría o al equipo de prioridad. Antes del anuncio de un cierre se debe establecer un plan para la asignación futura de los miembros del equipo de proyecto.

Proceso para el cierre del proyecto

Conforme el proyecto se acerca al fin de su ciclo de vida, las personas y el equipo se dirigen a otras actividades o proyectos. El manejo cuidadoso de la fase de cierre es tan importante como otra fase del proyecto. Los desafíos importantes para el administrador del proyecto y los miembros del equipo ya terminaron. Hacer que el administrador del proyecto y los miembros del equipo concluyan las puntas y cabos del cierre del proyecto es en ocasiones difícil. Por ejemplo, tomar en cuenta al equipo y terminar los informes finales se considera aburrido por los profesionales del proyecto que se orientan a la acción. Buscan nuevas oportunidades y desafíos. Las actividades más importantes encontradas en las terminaciones del proyecto son el desarrollo de un plan, asignación de personal, comunicación del plan y su realización.

El plan de cierre típico incluye respuestas a preguntas como éstas:

- ¿Qué tareas se requieren para cerrar el proyecto?
- ¿Quién será el responsable de estas tareas?
- ¿Cuándo empezará y cuándo terminará el cierre?
- ¿Cómo se entregará el proyecto?

Por lo general, la asignación de personal no es un tema significativo si la terminación no es un trabajo súbito de corte. Si el proyecto se cancela antes en forma súbita, antes de la terminación, puede ser juicioso buscar a alguien distinto del administrador del proyecto para hacer el cierre. En los proyectos exitosos y terminados, el administrador del proyecto es la opción probable para cerrar el proyecto. En este caso, es mejor dar a conocer la siguiente asignación del administrador del proyecto;

De lo más destacado en la investigación

Caos: Proyectos de software*

The Standish Group International es una empresa de investigación de mercados y consultoría que se especializa en el software de misión crítica y en comercio electrónico. Ha realizado y publicado una extensa investigación sobre el éxito y el fracaso de los proyectos de desarrollo y aplicación de software. Su investigación, con nombre en código "Caos", muestra que un sorprendente 31 por ciento de los proyectos de software se cancelará antes de que se complete. Además, el 53 por ciento de los proyectos costará 189 por ciento de sus cálculos originales. En términos de éxito, en promedio sólo 16 por ciento de los proyectos de software termina a tiempo y dentro del presupuesto. En las empresas más grandes, la tasa de éxito es mucho peor: 9 por ciento. The Standish Group calculó que en 1995 las empresas estadounidenses y las agencias gubernamentales gastaron 81 billones de proyectos de software cancelados.

La investigación de Caos se basa en "resultados clave" de las encuestas de personal y las entrevistas de personal. Quienes respondieron son administradores ejecutivos de tecnología de la información. La muestra incluyó empresas grandes, medianas y pequeñas en segmentos importantes de la industria; por ejemplo, banca, valores, manufactura, menudeo, mayoreo, cuidados médicos, servicios de seguros y organizaciones locales, estatales y federales. El tamaño de la muestra total fue de 365 encuestados y representaron 8 380 proyectos.

Con base en una comparación profunda de proyectos de software exitosos frente a los no exitosos, Standish Group creó un diagrama potencial de éxito que identifica factores clave asociados con el éxito del proyecto. El criterio de éxito se basó en la aportación de los administradores de tecnologías de la información encuestados. El criterio más importante, "participación del usuario", recibió 19 puntos de éxito, mientras que el menos importante, "personal trabajador y enfocado", recibió tres puntos de éxito. El siguiente diagrama lista el criterio en orden de importancia:

* Usado con autorización de Standish Group International, Inc., 196 Old Town House Rd., West Yarmouth, MA 02673. Se actualizó el informe CAOS en 2001. Aunque se señaló la mejora (por ejemplo, los excedentes de costos se redujeron a 145 por ciento), la magnitud de los problemas centrales sigue siendo la misma.

Criterio del éxito	Puntos
1. Participación del usuario	19
2. Respaldo administrativo ejecutivo	16
3. Declaración clara de requisitos	15
4. Planeación adecuada	11
5. Expectativas realistas	10
6. Acontecimientos de proyecto más pequeños	9
7. Personal competente	8
8. Propiedad del equipo de proyecto	6
9. Visión y objetivos claros	3
10. Personal trabajador y enfocado	3
Total	100

esto servirá como incentivo para terminar el proyecto tan pronto como sea posible y moverse hacia nuevos desafíos.

Comunicar el plan de terminación y el programa con anticipación permite al equipo del proyecto 1) aceptar el hecho psicológico de que el proyecto terminará y 2) prepararse para seguir adelante. El escenario ideal es tener lista la siguiente asignación de los miembros del equipo cuando se anuncie la terminación. Por el contrario, un dilema importante en la fase de terminación es si los participantes esperan los proyectos futuros u otras oportunidades. El desafío del administrador del proyecto es mantener al equipo enfocado en las actividades del proyecto y la entrega al cliente hasta que éste esté completo. Los administradores de proyecto deben tener el cuidado de mantener su entusiasmo para terminar el proyecto y hacer que la gente sea responsable de los vencimientos, que son proclives a tener retrasos durante las etapas decrecientes del proyecto.

Llevar a cabo el plan de cierre incluye varias actividades de conclusión. Muchas organizaciones desarrollan listas largas de los proyectos de cierre conforme obtienen experiencia. Éstas son muy útiles y aseguran que nada pase inadvertido. La realización del cierre incluye cinco actividades importantes:

1. Obtener la aceptación de entrega del cliente.
2. Cerrar los recursos y liberarlos para nuevos usos.
3. Reasignar a los miembros del equipo de proyecto.
4. Cerrar las cuentas y ver que todas las notas se paguen.
5. Evaluar al equipo del proyecto, a los miembros de éste y al administrador del proyecto.

En la figura 14.1 se describe una lista de verificación de cierre parcial del Euro Conversion Project para una empresa espacial. Vea el apéndice 14.1 para otro ejemplo utilizado por el estado de Virginia.

Organizar el cierre de un proyecto puede ser una tarea difícil. Por lo general, la ejecución del cierre se realiza en una red emocionalmente cargada de felicidad por la terminación exitosa del proyecto y de tristeza porque las recién forjadas amistades ahora se cortan, pues los individuos van por caminos separados. Lo acostumbrado en las empresas es organizar una celebración por el desenlace del proyecto; esto puede ir desde una fiesta informal con pizza después del trabajo hasta un banquete más formal que incluya discursos y premios o certificados de reconocimiento para los participantes. Esa festividad da un sentimiento de cierre y de liberación emocional para que los participantes conformes se digan adiós. Para proyectos menos exitosos, este final puede tomar forma de un despertar ceremonial; aunque la atmósfera puede ser menos que festiva, ese hecho también brinda una sensación de cierre y ayuda a la gente para que siga adelante con su vida.

Es importante recordar que diferir el proceso de cierre del proyecto también puede extender los costos que continúan durante la vida del proyecto. Si éste no se termina y no se logran los beneficios prometidos, los costos de interés del dinero gastado para el proyecto prosiguen, junto con otros costos continuos. No sólo eso, sino que para los proyectos contratados el pago final se recibe después del cierre.

FIGURA 14.1 **Lista de verificación del cierre del proyecto Euro-Conversión**

Proyecto *Euro Conversión* Cliente *Departamento de Finanzas*

Administrador del proyecto *Hans Kramer* Fecha de cumplimiento *12 de diciembre de XX*

	Fecha de entrega	Persona responsable	Notas
1. Aceptación de documentos del departamento de finanzas	16/12	Hans	
2. Capacitación de los clientes en software Euro	28/12	Joan	Capacitar a todos los departamentos antes de la conversión
3. Archivar todo			
Programas/reales	31/12	Maeyke	
Presupuestos/costos reales	31/12	Maeyke	
Cambios	31/12	Maeyke	
4. Cerrar todas las cuentas con los proveedores	31/12	Guido	
5. Cerrar todos los pedidos de trabajo	31/12	Mayo	
6. Cerrar las cuentas de los socios	31/12	Guido	
7. Reasignar el personal del proyecto	16/12	Sophie	
8. Evaluación de proveedores	31/12	Mayo	Utilizar cuestionario estándar para los proveedores
Miembros del personal	31/12	Sophie	Hacer que el departamento de RH desarrolle y administre
9. Reporte final y reunión de lecciones aprendidas	4/1	Hans	Enviar notificación a todos los interesados
10. Archivo de lecciones aprendidas a la base de datos	10/1	Maeyke	Contactar al departamento de SI
Reconocimientos		Sophie	Notificar a todos los interesados

De lo más destacado en la investigación

Mediciones del desempeño del equipo*

Si la evaluación del equipo no se hace bien en la práctica, ¿qué tan malo es? Joseph Fusco encuestó a 1 667 administradores de proyecto que representaban 134 proyectos distintos. El 52 por ciento de los encuestados indicó que su equipo no recibía una evaluación colectiva del desempeño conjunto. Del 22 por ciento que señaló que su equipo fue evaluado, una mayor investigación encontró que su evaluación era informal, que duraba un poco más de 20 minutos. Esta aparente falta de prácticas de evaluación del equipo puede enviar la señal equivocada. Los integrantes del equipo pueden librarse de un mal desempeño conjunto al confiar en el viejo dicho "yo hice mi trabajo". Las prácticas de evaluación de equipo sólidas necesitan enfatizar que los miembros están en eso "juntos", mientras que minimizan el desempeño individual. Casi cada empresa en la encuesta de Fusco carecía de un sistema de recompensas eficaz de administración de proyectos.

* Joseph Fusco, "Better Policies Provide the Key to Implementing Project Management", *Project Management Journal*, vol. 28, núm. 3, septiembre de 1997, p. 38.

Equipo, miembros del equipo y evaluaciones del administrador de proyectos

La auditoría incluye evaluaciones de desempeño del equipo del proyecto, sus integrantes y su administrador. Vea el recuadro De lo más destacado en la investigación: Mediciones del desempeño del equipo. La evaluación del desempeño es esencial para alentar los cambios en el comportamiento y para respaldar el desarrollo de las carreras individuales y la mejora continua mediante el aprendizaje de la organización. La evaluación implica la medición con respecto al criterio específico. La experiencia corrobora que antes del inicio del proyecto se debe establecer el escenario para que todas las expectativas, estándares, cultura organizacional de respaldo y las restricciones estén en su lugar; si no, la eficacia del proceso de evaluación sufrirá.

En un sentido macro, la evidencia actual sugiere que la evaluación del desempeño en cada una de estas esferas no se hace bien. Las razones más importantes citadas por los practicantes son dos:

1. Las evaluaciones de los individuos aún se dejan a los supervisores del departamento de origen de los miembros del equipo.
2. Las mediciones típicas del desempeño se centran en tiempo, costo y especificaciones.

La mayoría de las organizaciones no van más allá de estas mediciones, aunque son importantes y críticas. Las organizaciones deben considerar la evaluación del proceso de construcción del equipo, la eficacia de la decisión de grupo y los procesos de solución de problemas. Abordar la evaluación de los equipos, de sus miembros y de los administradores de proyecto es demasiado complejo y depende del proyecto. El siguiente análisis toca algunos de los temas y enfoques más importantes que se encuentran en la práctica.

Evaluación del equipo

Antes de que una auditoría del equipo del proyecto pueda ser eficaz y útil, un centro mínimo de condiciones necesita estar establecido antes de que comience el proyecto (vea el capítulo 11). Algunas condiciones se listan aquí en forma de preguntas:

1. ¿Existen estándares para la medición del desempeño? (No se puede administrar lo que no se puede medir.) ¿Las metas son claras para el equipo y los individuos? ¿Desafiantes? ¿Alcanzables? ¿Llevarán a posibles consecuencias?
2. ¿Los integrantes conocen bien las responsabilidades individuales y de equipo y los estándares de desempeño?
3. ¿Son adecuadas las recompensas de los equipos? ¿Envían una señal clara de que la administración superior cree que la sinergia de los equipos es importante?
4. ¿Se ha establecido una ruta clara de carrera para los administradores de proyecto exitosos?
5. ¿El equipo tiene una autoridad discrecional para manejar las dificultades en el corto plazo?
6. ¿Hay un nivel relativamente alto de confianza que emana de la cultura organizacional?

TABLA 14.3
Muestra de evaluación del equipo y encuesta de retroalimentación

Por medio de la siguiente escala evalúe cada afirmación.	**En desacuerdo**				**De acuerdo**
1. El equipo compartió un sentido de propósito común y cada integrante estaba dispuesto a trabajar para lograr los objetivos del proyecto.	1	2	3	4	5
2. Se mostró respeto por otros puntos de vista. Se alentaron las diferencias de opinión y se expresaron con libertad.	1	2	3	4	5
3. Toda la interacción entre los miembros del equipo ocurrió en una atmósfera cómoda y de respaldo.	1	2	3	4	5

7. La evaluación del equipo debe ir más allá de tiempo, costo y especificaciones. ¿Hay un razonamiento más allá de esta triple amenaza de criterios? Las características de los "equipos muy eficaces" del capítulo 11 pueden adaptarse con facilidad como mediciones de la eficiencia de los equipos.

Estas "condiciones establecidas" respaldarán cualquier enfoque de evaluación para los equipos y sus miembros.

En la práctica, el proceso real de evaluación de equipos toma muchas formas, en especial cuando la evaluación va más allá del tiempo, presupuesto y especificaciones. El mecanismo típico para la evaluación de equipos es una encuesta aplicada por un consultor, un miembro del departamento de recursos humanos o vía correo electrónico. La encuesta normalmente está restringida a los integrantes del equipo; pero, en algunos casos, otros interesados del proyecto que interactúan con el equipo pueden incluirse en la encuesta. Cuando los resultados se tabulan, el equipo se reúne con la administración superior y se revisan los resultados. En la tabla 14.3 se presenta un ejemplo de una encuesta parcial.

Esta sesión es comparable a las jornadas de construcción de equipos que se describieron en el capítulo 11, excepto que el enfoque está en utilizar los resultados de la encuesta para evaluar el desarrollo del equipo, sus fortalezas y debilidades, y las lecciones que se pueden aplicar al trabajo futuro del proyecto. Los resultados de las encuestas de evaluación del equipo son útiles para cambiar el comportamiento, enfatizar la importancia de respaldar el enfoque de equipos y la mejora continua.

Evaluación de un integrante del equipo y del gerente de proyecto

La evaluación del equipo es crucial, pero hasta cierto punto es probable que se le pida a un administrador de proyecto que evalúe el desempeño por integrante. Dicha evaluación se requerirá como parte del proceso de cierre y luego se incorporará en el sistema de evaluación de desempeño anual de la organización. Estas evaluaciones constituyen un elemento importante del archivo personal de un individuo y con frecuencia forman la base para tomar decisiones acerca de las promociones, asignaciones futuras de trabajo, aumentos de sueldo por méritos y otras recompensas.

Las organizaciones varían en la medida que los administradores de proyecto participan en forma activa en la realización del proceso de evaluación. En las empresas donde los proyectos se manejan dentro de la organización funcional o la matriz funcional, el administrador de área del individuo, no el administrador de proyecto, es responsable para evaluar el desempeño. El administrador de área puede solicitar la opinión del administrador de proyecto sobre el desempeño individual en un proyecto específico; esto se factorizará en el desempeño general del individuo. En una matriz equilibrada, los administradores del proyecto y de área evalúan en forma conjunta un desempeño individual. En las estructuras organizacionales de matriz de proyectos o de proyectos donde la mayor parte del trabajo individual está relacionada con el proyecto, el administrador del proyecto es responsable de la evaluación del desempeño individual. Un nuevo proceso, que parece ganar una amplia aceptación, es la evaluación de múltiples evaluadores o "retroalimentación de 360 grados", que incluye solicitar la retroalimentación relacionada con el desempeño de los miembros del equipo, de todas las personas que son afectadas por su trabajo. Esto incluiría no sólo administradores de proyecto y de área, sino también compañeros, subordinados y hasta clientes. Vea el recuadro Caso de práctica: Retroalimentación de 360 grados.

Las evaluaciones de desempeño por lo general satisfacen dos funciones importantes. La primera es de naturaleza de desarrollo; el enfoque está en identificar las fortalezas y debilidades individuales y en desarrollar planes de acción para mejorar el desempeño. La segunda es de evaluación e incluye considerar qué tan bien se ha desempeñado la persona para determinar los ajustes salariales o de méritos. Estas dos funciones no son compatibles. Los empleados, en su ansiedad por averiguar cuánta paga recibirán, tienden a bloquear la retroalimentación constructiva acerca de cómo pueden mejorar su desempeño. De igual forma, los administradores tienden a estar más preocupados por justificar su decisión que por participar en una discusión significativa de la forma en que un empleado puede mejorar su desempeño. Es difícil ser entrenador y juez. Como resultado, varios expertos en los sistemas de evaluación de desempeño recomiendan que las organizaciones separen las revisiones de desempeño, las cuales se enfocan en una mejora individual, y las revisiones de pago, que asignan la distribución de recompensas.

En algunas organizaciones de matriz, los administradores de proyecto realizan la revisión de desempeño, mientras que los administradores de área son responsables por las revisiones de pagos. En otros casos, las revisiones de desempeño son parte del proceso de cierre del proyecto y las revisiones de pago son el objetivo primario de la evaluación de desempeño anual. Otras organizaciones evitan este dilema al asignar sólo recompensas de grupo para el trabajo del proyecto. La discusión restante se dirige a las revisiones designadas para mejorar el desempeño porque las revisiones de paga con frecuencia están fuera de la jurisdicción del administrador de proyectos.

Revisión del desempeño

Las organizaciones emplean una amplia gama de métodos para revisar el desempeño individual en un proyecto. En general, todos los métodos de revisión de desempeño se centran en las habilidades técnicas y sociales llevadas al proyecto y al equipo. Algunas organizaciones confían sólo en una discusión informal entre el administrador y el integrante del proyecto. Otras organizaciones requieren que los administradores envíen escritos que describan y evalúen el desempeño de un individuo. Muchas empresas usan escalas de evaluación similares a la encuesta de evaluación donde el administrador del proyecto califica al individuo de acuerdo con una escala (por ejemplo, del 1 al 5) en varias dimensiones de desempeño pertinentes (por ejemplo, trabajo en equipo, relaciones con los clientes). Algunas organizaciones aumentan estos esquemas de evaluación con descripciones ancladas de lo que constituye una calificación de 1, una de 2, etc. Cada método tiene sus fortalezas y debilidades y, por desgracia, en muchas organizaciones los sistemas de evaluación fueron diseñados para respaldar operaciones de flujo principal y no un trabajo de proyecto único. La línea de fondo es que los administradores de proyectos tienen que usar el sistema de revisión de desempeño ordenado por su organización lo mejor que puedan.

Sin importar el método, el administrador del proyecto necesita sentarse con cada integrante del equipo y discutir su desempeño. Aquí tenemos algunos consejos generales para realizar las revisiones de desempeño:

- Comience siempre el proceso al pedir al individuo que evalúe su desempeño personal. Primero, este enfoque puede arrojar información valiosa de la que usted no estaba consciente. Segundo, el enfoque puede proporcionar una advertencia temprana de situaciones donde haya disparidad en las evaluaciones. Por último, este método reduce la naturaleza de juicio de la discusión.
- Evite, cuando sea posible, hacer comparaciones con los demás miembros del equipo; en lugar de eso evalúe a los individuos en términos de estándares y expectativas establecidos. Las comparaciones tienden a minar la cohesión y a distraer la atención de lo que el individuo necesita hacer para mejorar su desempeño.
- Cuando tenga que ser crítico, enfóquese en ejemplos específicos de comportamiento más que en la personalidad. Describa en términos específicos cómo el comportamiento afectó al proyecto.

Caso de práctica — Retroalimentación de 360 grados

Cada vez más empresas descartan el proceso de retroalimentación de desempeño entre superior y subordinado, y lo reemplazan por sistemas de retroalimentación de 360 grados. Este enfoque de retroalimentación reúne observaciones de comportamiento de muchas fuentes dentro de la organización e incluye una autoevaluación del empleado. El individuo completa el mismo proceso de evaluación estructurada que usan los superiores, los miembros del equipo de proyecto, los compañeros y, en muchos casos, los clientes externos para evaluar un desempeño. Los cuestionarios de encuestas, aumentados por algunas preguntas de respuesta abierta, se utilizan para recopilar información.

Los resultados del resumen se comparan con las estrategias organizacionales, los valores y los objetivos de negocios. La retroalimentación se comunica al individuo con la ayuda del departamento de recursos humanos de la empresa o un consultor externo. La técnica se utiliza por un número creciente de empresas que incluyen General Electric, AT&T, Mobil Oil, Nabisco, Hewlett-Packard y Warner-Lambert.

El objetivo del proceso de 360 grados es identificar áreas para el mejoramiento individual. Cuando la retroalimentación anónima solicitada por los demás se compara con las autoevaluaciones individuales, el sujeto puede formarse una imagen más realista de sus fortalezas y debilidades. Esto puede acelerar un cambio de comportamiento si las debilidades identificadas antes eran ignoradas por el individuo. Éste parece ser el caso de Jerry Wallace, un administrador muy prometedor en General Motors. "El mensaje más fuerte que yo recibía era que necesitaba delegar más", dice. "Yo pensé que lo hacía. Pero necesito hacerlo más y más rápido. Mi gente dice, 'dame libertad'".

Muchas empresas obtienen retroalimentación de clientes internos y externos del proyecto. Por ejemplo, un cliente puede evaluar a un administrador de proyecto o miembro del equipo de acuerdo con "¿con cuánta eficacia el individuo hace las cosas sin crear relaciones adversas innecesarias?". Incorporar la retroalimentación de los clientes en el proceso de evaluación subraya la colaboración y la importancia de las expectativas de los clientes para determinar el éxito del proyecto.

William J. Miller, un director de programa en Du Pont, ayudó a instalar un sistema de retroalimentación de 360 grados para 80 científicos y personas de respaldo. "Una puntuación alta o baja no pronosticó la capacidad de un científico para inventar el teflón", dice Miller. "Pero lo que la retroalimentación hizo fue de veras mejorar la capacidad de las personas para trabajar en equipo. Su consideración por los demás y por las conductas que eran dañinas y egoístas es lo que cambió".

* Brian O'Reilly, "360 Feedback Can Change Your Life", *Fortune*, 17 de octubre de 1994, pp. 93-100; Robert Hoffman, "Ten Reasons You Should be Using 360 Degree Feedback", *HR Magazine*, abril de 1995, pp. 82-85; Dick Cochran, "Finally, a Way to Completely Measure Project Manager Performance", *PM Network*, septiembre de 2000, pp. 75-80.

- Sea congruente y justo en su trato con todos los miembros del equipo. Nada engendra más resentimiento que si, mediante el rumor, los individuos piensan que se les considera con estándares distintos que a los demás integrantes del proyecto.
- Trate la revisión como un punto único en un proceso continuo. Úsela para llegar a un acuerdo en cuanto a la forma en que el individuo puede mejorar su desempeño.

Los administradores y los subordinados pueden temer una revisión de desempeño formal. Ninguna de las partes se siente a gusto con la naturaleza evaluativa de la discusión y el potencial de malos entendidos y sentimientos lastimados. Gran parte de esta ansiedad puede aliviarse si el administrador de proyecto hace bien su trabajo. Los administradores de proyecto deben dar a los miembros del equipo una retroalimentación constante durante el proyecto para que éstos tengan una buena idea de qué tan bueno ha sido su desempeño y cómo se siente el administrador antes de su reunión formal.

Aunque, en muchos casos, el mismo proceso que se aplica para revisar el desempeño de los miembros del equipo se usa para evaluar al administrador del proyecto, muchas empresas aumentan este proceso dada la importancia de la posición con su organización. Aquí es donde realizar la revisión de 360 grados se vuelve más popular. En las organizaciones impulsadas por proyectos, los directores o los vicepresidentes de la administración de proyectos serán responsables de recopilar información acerca de un administrador de proyectos específico por parte de clientes, vendedores, miembros del equipo, compañeros y otros administradores. Este enfoque tiene una promesa enorme de desarrollar administradores de proyectos más eficaces.

Resumen

Las auditorías del proyecto ponen de relieve el cambio y las mejoras individuales y organizacionales. En este capítulo se analizaron los procesos para realizar las auditorías de proyecto y el desarrollo del informe. También se revisaron los cierres de proyecto y la importancia de efectuar evaluaciones de equipo e individuales. Los puntos clave del capítulo incluyen los siguientes:

- Es mejor tener tiempos o puntos automáticos cuando se realicen las auditorías. Se deben evitar sorpresas.

- Las auditorías de los proyectos (en especial los que están en proceso) necesitan realizarse con cuidado y con sensibilidad a las reacciones humanas. La auditoría se debe enfocar en los asuntos, problemas y éxitos; también debe evitar las referencias a grupos o individuos.
- La auditoría tiene un mejor personal con individuos independientes del proyecto.
- Los informes de auditoría deben ser utilizables y accesibles.
- Las auditorías respaldan una cultura organizacional que promueve con energía la mejora continua y el aprendizaje organizacional.
- Los cierres de proyecto deben ser planeados y ordenados sin importar el tipo de cierre.
- Ciertas "condiciones centrales" deben establecerse para respaldar la evaluación de equipo e individual.
- Se deben realizar evaluaciones individuales y de equipo, así como separar las revisiones de desempeño de las revisiones de pago o mérito.

Las condiciones competitivas parecen forzar a más empresas a adoptar la mejora continua y el aprendizaje organizacional. El uso regular de las auditorías de proyecto ha arrojado mejoras dramáticas en la forma en que se manejan los proyectos. Conforme más miembros de estas organizaciones aprenden de los errores del proyecto y de lo que contribuye a los éxitos de los proyectos, el proceso de administración de proyectos mejora en forma continua en sus organizaciones respectivas. El instrumento importante para aplicar estas ideas será la auditoría y el informe del proyecto.

Como el propósito de la auditoría es mejorar el desempeño, el modelo de madurez del proyecto es un buen enfoque para revisar el desempeño de la administración del proyecto y el mejoramiento de la organización en el largo plazo. Si se usa el modelo como un punto de referencia de inicio, las mejoras pueden rastrearse con facilidad a niveles más elevados.

Términos clave

Auditoría de proyectos en proceso
Auditoría posterior al proyecto
Cierre del proyecto
Evaluación del equipo
Informe de auditoría del proyecto
Revisión de 360 grados
Revisión del desempeño

Preguntas de repaso

1. ¿Qué diferencias hay entre la auditoría del proyecto y el sistema de control de medición del desempeño analizado en el capítulo 13?
2. ¿Qué información importante esperaría encontrar en una auditoría de proyecto?
3. ¿Por qué es difícil realizar una auditoría objetiva, de veras independiente?
4. ¿Cuáles son las cinco actividades importantes para cerrar un proyecto?
5. Dé sus comentarios sobre la siguiente declaración: "No podemos permitirnos terminar el proyecto ahora. Ya hemos gastado más de 50 por ciento del presupuesto del proyecto".
6. ¿Por qué debe separar las revisiones de desempeño de las revisiones de pago? ¿En qué forma?

Ejercicios

1. Considere un curso que usted recién terminó. Realice una auditoría del curso (el cual representa un proyecto y el plan de estudios, el plan del proyecto). Resuma los resultados de la auditoría como un informe organizado de acuerdo con el esquema general en la sección "Paso 3: Elaboración del informe".
2. Imagine que usted realiza una auditoría del proyecto de la Estación Espacial Internacional. Busque en las coberturas de prensa y en Internet para recopilar información sobre el estado actual del proyecto. ¿Cuáles son los éxitos y los fracasos hasta la fecha? ¿Qué pronósticos haría sobre la terminación del proyecto y por qué? ¿Qué recomendaciones haría a la administración superior del programa y por qué?
3. Entreviste a un administrador de proyecto que trabaje para una organización que realiza múltiples proyectos. Pregunte al administrador qué tipo de procedimientos de cierre se utilizan para completar los proyectos y si son auditados.

Referencias

Cochran, D., "Finally, a Way to Completely Measure Project Manager Performance", *PM Network*, septiembre de 2000, pp. 75-80.

Fincher, A. y G. Levin, "Project Management Maturity Model", *Proceedings of the 28th Annual PMI Symposium*, Newtown Square, PA, PMI, 1997, pp. 1028-35.

Fretty, P., "Why Do Projects Really Fail?" *PM Network*, marzo de 2006, pp. 45-48.

Gobeli, D. y E. W. Larson, "Barriers Affecting Project Success", en *1986 Proceedings Project Management Institute: Measuring Success*, Upper Darby, PA, Project Management Institute, 1986, pp. 22-29.

Hoffman, R., "Ten Reasons You Should Be Using 360 Degree Feedback", *HR Magazine*, abril de 1995, pp. 82-85.

Ibbs, W. C. y Y. H. Kwak, "Assessing Project Maturity", *Project Management Journal*, vol. 31, núm. 1, marzo de 2000, pp. 32-43.

Kwak, Y. H. y W. C. Ibbs, "Calculating Project Management's Return on Investment", *Project Management Journal*, vol. 31, núm. 2, marzo de 2000, pp. 38-47.

Pippett, D. D. y J. F. Peters, "Team Building and Project Management: How Are We Doing?", *Project Management Journal*, vol. 26, núm. 4, diciembre de 1995, pp. 29-37.

Royer, I., "Why Bad Projects Are So Hard to Kill", *Harvard Business Review*, febrero de 2003, pp. 49-56.

Software Engineering Institute (SEI). (Vea el sitio web http://www.sei.cmu/edu/activities/sema/profile.html.)

Stewart, W. E., "Balanced Scorecard for Projects", 2000 International Student Paper Award Winner, *Project Management Journal*, vol. 32, núm. 1, marzo de 2001, pp. 38-47.

Wheatly, M., "Over the Bar", *PM Network*, vol. 17, núm. 1, enero de 2003, pp. 40-45.

Yates, J. K. y S. Aniftos, "ISO 9000 Series of Quality Standards and the E/C Industry", *Project Management Journal*, vol. 28, núm. 2, junio de 1997, pp. 21-31.

Apéndice 14.1

Lista de verificación del cierre del proyecto

Sección 5: Cierre del proyecto

Lista de verificación de transición de cierre del proyecto

Proporcione información básica acerca del proyecto que incluya: título del proyecto, nombre apropiado que se utiliza para identificar este proyecto; título de trabajo del proyecto, nombre de trabajo o acrónimo que se utilizará para el proyecto; secretario proponente, secretario a quien se le asigna la agencia proponente o el secretario que patrocina un proyecto empresarial; agencia proponente, empresa que será responsable de la administración del proyecto; preparado por…, la persona o personas que preparan este documento; número de fecha/control, la fecha en que se finaliza la lista de verificación y el cambio o número de control de artículo de configuración asignado.

Título del proyecto: ________________ ***Título de trabajo del proyecto:*** ________________

Secretario proponente: ________________ ***Agencia proponente:*** ________________

Preparado por: ________________ ***Fecha/número de control:*** ________________

Complete las columnas de estatus y comentarios. En la columna de estatus indique: Sí, si el asunto se ha abordado y terminado; No, si el asunto no se ha abordado o está incompleto; N/A, si el asunto no es aplicable a este proyecto. Proporcione comentarios o describa el plan para resolver el asunto en la última columna.

	Asunto	Estatus	Comentarios/ plan para resolver
1	¿El cliente aceptó todos los productos o servicios preterminados?		
1.1	¿Hay contingencias o condiciones relacionadas con la aceptación? Si es así, describa en los comentarios.		
2	¿Se evaluó el proyecto con respecto a cada meta de desempeño establecida en el plan de desempeño del proyecto?		
3	¿Se cuadró el costo real de desempeño del proyecto y se comparó con la línea de base de costos aprobados?		
3.1	¿Se identificaron todos los cambios aprobados a la línea de base de costos y se documentó su efecto en el proyecto?		
4	¿Se compararon los hechos importantes reales de las fechas de terminación con el programa aprobado?		
4.1	¿Se identificaron todos los cambios aprobados a la base de línea del programa y se documentó su efecto en el proyecto?		
5	¿Se identificaron todos los cambios aprobados al alcance del proyecto y se documentó su efecto en el desempeño, costo y líneas de base de programa?		
6	¿La administración de operaciones aceptó de manera formal la responsabilidad de operar y mantener los productos o servicios entregados por el proyecto?		
6.1	¿La documentación relativa a la operación y el mantenimiento de los productos o servicios se le entregó a la administración de operaciones y ésta la aceptó?		
6.2	¿Se terminó la transferencia de capacitación y conocimiento de la organización de operaciones?		
6.3	¿Hay diferencias entre el costo anual proyectado para operar y mantener los productos o servicios y el cálculo proporcionado en la propuesta del proyecto? Si es así, señale y explique la respuesta en la columna de comentarios.		
7	¿Se transfirieron los recursos utilizados por el proyecto a otras unidades dentro de la organización?		
8	¿Se archivó la documentación del proyecto o se eliminó de alguna otra forma como se describió en el plan de proyecto?		
9	¿Se documentaron las lecciones aprendidas de acuerdo con los lineamientos de la comunidad internacional en administración de proyectos?		
10	¿Se fijó la fecha para la revisión posterior a la realización?		
10.1	¿Se identificó a la persona o la unidad responsable de realizar la revisión posterior a la realización?		

Firmas

Las firmas de las personas que están abajo transmiten una comprensión de que los elementos clave dentro de la sección de la fase de cierre están completos y que el proyecto ha sido cerrado con formalidad.

Posición/título	Nombre	Fecha	Número telefónico

Fuente: http://www.vita.virginia.gov/projects/cpm/cpmDocs/CPMG-SEC5-Final.pdf

Caso

Maximum Megahertz Project

Olaf Gundersen, presidente y director ejecutivo de Wireless Telecom Company, está en un dilema. El año pasado aceptó el Maximum Megahertz Project sugerido por seis jóvenes estrellas corporativas de investigación y desarrollo. Aunque Olaf no entendió en realidad la importancia técnica del proyecto, los creadores de éste necesitaban tan sólo 600 000 dólares, así que parecía un buen riesgo. Ahora el grupo pide 800 000 dólares más y una extensión de seis meses en un proyecto que ya tiene cuatro meses de retraso. No obstante, el equipo confía en que puede cambiar las cosas. El administrador del proyecto y el equipo piensan que si aguantan un poco más podrán superar los obstáculos que han encontrado, en especial los que reducen la energía, aumentan la velocidad y utilizan una nueva batería tecnológica. Otros administradores familiarizados con el proyecto dan a entender que el problema del paquete de energía se podría resolver, pero que "el dilema de batería nunca se disipará". Olaf cree que está atrapado en este proyecto; su intuición le dice que nunca se materializará y que debe salir. John, su gerente de recursos humanos, le sugirió llevar un consultor para deshacerse del proyecto. Olaf piensa que tal vez debe hacer esto en el proyecto si se debe terminar.

Olaf llamó a su amigo Dawn O'Connor, presidente y director ejecutivo de una empresa de software de contabilidad. Le preguntó: "¿Qué haces cuando los costos de los proyectos y los vencimientos escalan de manera drástica? ¿Cómo manejas proyectos dudosos?" Su respuesta fue: "Dejo que otro administrador vea el proyecto. Pregunto 'si te hicieras cargo mañana de este proyecto, ¿podrías regresarlo al programa y al presupuesto con la extensión de tiempo y el dinero adicional?' Si la respuesta es no, llamo a mi equipo de administración superior y les pido que revisen el proyecto dudoso en relación con los demás proyectos en el portafolio de proyectos." Olaf piensa que éste es un buen consejo.

Por desgracia, el Maximum Megahertz Project no es un ejemplo aislado. Durante los últimos cinco años ha habido tres proyectos que nunca fueron terminados. "Parecía que sólo vaciábamos dinero en ellos, aunque teníamos ya una idea bastante sólida de que los proyectos morían. El costo de esos proyectos fue alto; esos recursos pudieron haberse utilizado mejor en otros." Olaf se pregunta: "¿Aprenderemos alguna vez de nuestros errores? ¿Cómo podremos desarrollar un proceso que identifique los proyectos erráticos a temprana hora? Lo más importante, ¿cómo retiramos a un administrador de proyecto y a su equipo de un proyecto errático sin causar vergüenza?" Ciertamente, Olaf no quiere perder a las seis estrellas en el Maximum Megahertz Proyect.

Olaf observa cómo su compañía de telecomunicaciones en crecimiento debe manejar el problema de identificar proyectos que deben terminar de manera anticipada, cómo permitir que los buenos administradores cometan errores sin que sea una vergüenza pública y cómo pueden todos aprender de sus errores.

Dé a Olaf un plan de acción para el futuro que ataque el problema. Sea específico y proporcione ejemplos que se relacionen con Wireless Telecom Company.

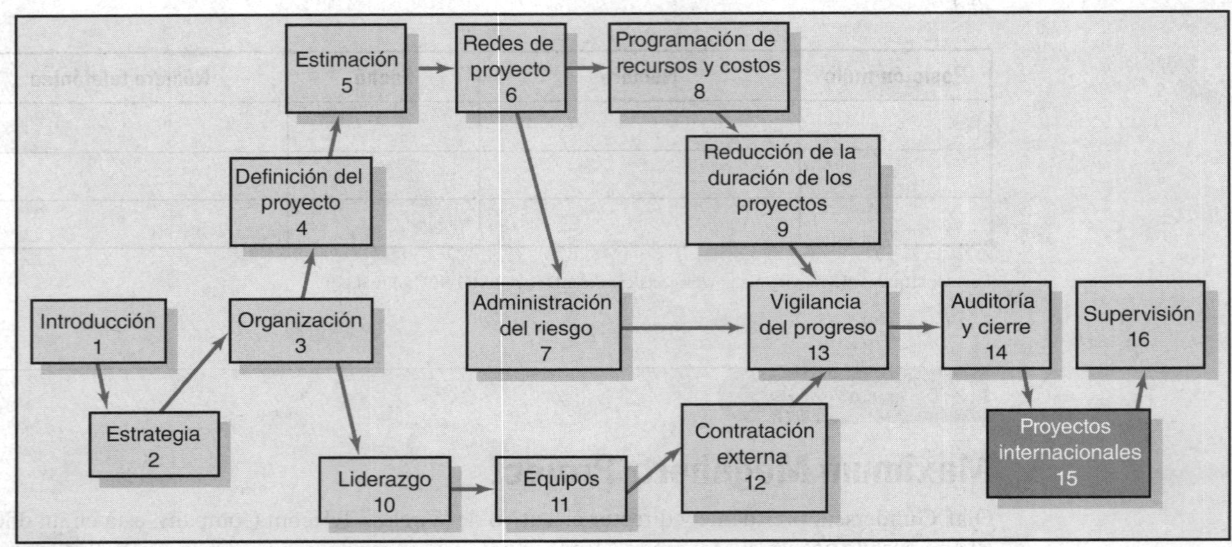

Proyectos internacionales

Factores ambientales

Selección del sitio para el proyecto

Consideraciones interculturales: un análisis más profundo

Selección y capacitación para proyectos internacionales

Resumen

CAPÍTULO QUINCE

Proyectos internacionales

El beneficio principal de vivir en el extranjero es que nos permite obtener aspectos de nosotros como nos ven los demás y percatarnos de que sus puntos de vista son más precisos que los nuestros. El progreso comienza con obtener la verdad acerca de nosotros mismos, sin importar lo desagradable que sea.

—Russel Ackoff, The Wharton School, University of Pennsylvania

Con frecuencia, los proyectos se clasifican como nacionales, en el extranjero, foráneos o globales. Un proyecto nacional es el que se realiza en su país natal para una empresa residente (una constructora que edifica un puente en su estado). Un proyecto en el extranjero es el que se ejecuta en otro país para una empresa local (una empresa sueca que construye una fábrica de camiones en Estados Unidos para su compañía originaria). Un proyecto foráneo se ejecuta en otro país por una empresa extranjera (una compañía estadounidense que desarrolla un sistema de información en Malasia para bancos malasios). Un proyecto global consiste en equipos formados por profesionales de diversos países, continentes y culturas con su trabajo integrado para toda la empresa (por ejemplo, una multinacional que desarrolla un sistema de distribución global). Los equipos globales son un entrecruzado de funciones, trabajo local, mercados, cultura y productos. En la actualidad, estas distinciones se difuminan conforme la economía mundial y las organizaciones se integran cada vez más.

En este capítulo nos enfocamos en el administrador de proyectos internacionales que debe establecerse en un ambiente del extranjero para administrar el proyecto. El capítulo también incluye información útil para los profesionales de proyectos que trabajan en el extranjero, así como los que trabajan en proyectos virtuales que incluyen colegas de diferentes países.

No hay un marco de referencia aceptado en lo general o un mapa de ruta para los administradores de proyectos que reciben asignaciones internacionales. Estos administradores de proyectos suelen enfrentar un conjunto difícil de problemas; por ejemplo, alejamiento del hogar, los amigos y, en ocasiones, de la familia; riesgos personales; pérdida de oportunidades profesionales; idioma, cultura y leyes extranjeras; condiciones adversas. Desde luego, tiene sus aspectos positivos, como ingresos superiores, mayores responsabilidades, oportunidades profesionales, viajes al extranjero, nuevos amigos. Con frecuencia, la forma en que el administrador de proyectos internacionales se adapte y aborde los problemas que encuentre en el país anfitrión determina el éxito o el fracaso del proyecto.

Este capítulo se enfoca en cuatro temas importantes que rodean a la administración de los proyectos internacionales. Primero, los factores ambientales más importantes que repercuten en la selección del proyecto y la ejecución se destacan en forma breve. Segundo, se proporciona un ejemplo del modo en que las organizaciones deciden dónde expandirse. Tercero, el desafío de trabajar en una cultura desconocida y extranjera. Por último, se analiza la forma en que las empresas eligen y capacitan a los profesionales para proyectos internacionales. Aunque de ninguna manera es exhaustivo, en este capítulo se intenta proporcionar una comprensión sólida de los temas importantes y los desafíos que confronta el administrador de proyectos internacionales.

Factores ambientales

El mayor desafío que enfrentan los administradores de proyectos internacionales es la realidad de que lo que funciona en casa puede fracasar en un ambiente extranjero. Con demasiada frecuencia, los administradores imponen prácticas de su país, que consideran superiores, a los ciudadanos del país anfitrión sin cuestionar la aplicabilidad al nuevo ambiente. Aunque hay similitudes entre los proyectos domésticos e internacionales, es un hecho que las buenas prácticas administrativas varían entre naciones y culturas. Estas diferencias pueden convertir en pesadilla a un proyecto en el exterior. Si los administradores de proyectos internacionales son conscientes de las diferencias entre el ambiente externo y el propio, se pueden reducir o evitar los peligros y obstáculos del proyecto global. Hay varios factores básicos en el ambiente del país anfitrión que pueden alterar la forma en que los proyectos se realizan: legales y políticos, seguridad, geográficos, económicos, de infraestructura y culturales (vea la figura 15.1).

Legales y políticos

Los administradores de proyectos expatriados deben operar bajo las leyes y las regulaciones del país anfitrión. La estabilidad política y las leyes locales tienen una gran influencia en la forma en que se ejecutan los proyectos. Por lo general, estas leyes favorecen la protección de los trabajadores, los proveedores y el ambiente local. Por ejemplo, ¿cuánto control imponen las dependencias gubernamentales? ¿Cuál es la actitud de las burocracias federales y estatales hacia las regulaciones y las políticas de aprobación que pueden ocasionar retrasos en el proyecto? ¿Cuánta interferencia o respaldo gubernamental se puede esperar? Un administrador de proyecto expatriado en la ciudad de Ho Chi Minh dijo:

> Hay un dicho entre los parroquianos de bares sobre hacer negocios en Vietnam: "El gobierno interpreta la ley para sus amigos y la aplica a los extranjeros." Vietnam no es un lugar para que los extranjeros hagan negocios. La ley de inversión extranjera está personalizada para aprobar inversiones basadas en el punto de vista del gobierno, de la forma en que una empresa y su proyecto asegurarán los objetivos económicos y sociales.

Se deben identificar y respetar las limitaciones impuestas por las leyes nacionales y locales. ¿Las leyes ecológicas locales son restrictivas? ¿La fabricación de un nuevo producto en una planta de chips de cómputo requerirá la exportación de materiales tóxicos de desperdicio? ¿Cuáles son los estándares de contaminación? ¿Cómo afectarán las leyes laborales el uso de trabajadores indígenas para terminar el proyecto?

Dado que las leyes que inciden en los negocios varían mucho entre los países, es esencial una asistencia legal calificada.

La corrupción del gobierno es una parte muy real de los negocios internacionales. En China se han reportado diversas formas que obligan a "repartir utilidades" entre los funcionarios de la provincia de Hainan. El empleo de parientes, donativos y otros "favores" son un costo esperado para hacer negocios en esa región. *The Wall Street Journal* informa que Rusia se ha vuelto un país donde la corrupción es dominante y arbitraria: "Sin la estructura que proporcionaba el Partido Comunista la gente no sabía a quién pagar y muchos cobradores anárquicos de sobornos levantaron la mano."

La estabilidad política es otro factor clave para decidir la realización de un proyecto en un país extranjero. ¿Cuáles son las oportunidades de que se transforme el partido en el poder durante el proyecto? ¿Las provisiones fiscales y las regulaciones gubernamentales son estables o están sujetas

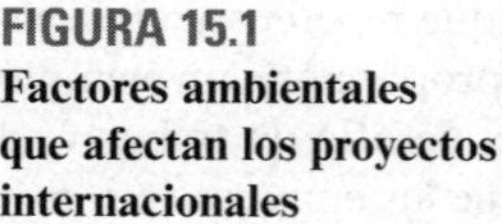
FIGURA 15.1
Factores ambientales que afectan los proyectos internacionales

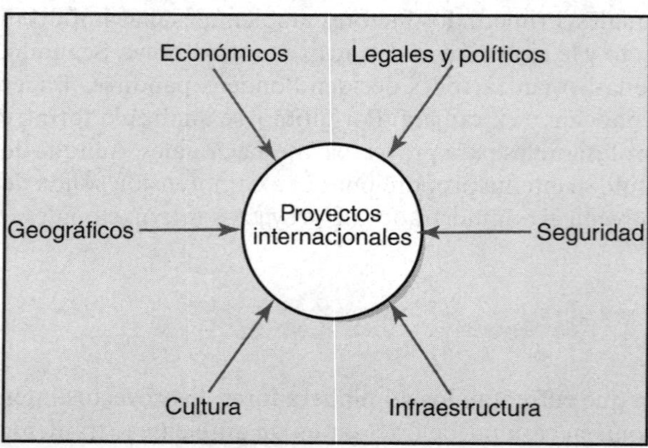

a modificaciones con los vientos de cambios políticos? ¿Cómo se hacen las reglas? Y ¿cuál es el historial de justicia? ¿Cómo se trata a los sindicatos laborales en el plano político? ¿Existen los disturbios laborales? ¿Existe la posibilidad de un golpe de Estado? Se deben establecer planes de contingencia para responder a las emergencias.

Seguridad

El terrorismo internacional es un hecho de la vida en el mundo actual. Tim Daniel, director de operaciones de International SOS Assistance, Inc., informó que el número de clientes de su empresa se duplicó después del 11 de septiembre de 2001. SOS es una empresa de seguridad que se especializa en evacuar a los expatriados en situaciones peligrosas alrededor del mundo. La compañía cita a PricewaterhouseCoopers, Nortel Networks Corp., y Citigroup entre sus clientes.

Mientras que los ataques del 11 de septiembre magnificaron el hecho de que los estadounidenses son vulnerables al terrorismo en casa, también destacaron las preocupaciones de trabajar en el extranjero. Por ejemplo, después del 11 de septiembre, varias empresas estadounidenses cancelaron o disminuyeron proyectos en lugares conflictivos como Paquistán y Filipinas. Otros informaron de mayores presiones de los expatriados que querían regresar a casa con sus familias. El 3 de junio de 2004, la agencia de socorro ganadora del Premio Nobel de la Paz Médecins Sans Frontierès (Médicos sin Fronteras) suspendió todos sus proyectos en Afganistán después de que cinco de sus trabajadores fueron asesinados en una emboscada que se adjudicó el antiguo régimen talibán.

El crimen es otro factor. La presencia creciente de la mafia rusa ha desalentado a muchas empresas extranjeras de establecer operaciones en la antigua Unión Soviética. El secuestro de ejecutivos estadounidenses también es una amenaza muy real en muchas partes del mundo.

La seguridad nacional incluye la capacidad de que las fuerzas castrenses y policiales de un país prevengan y respondan a los ataques. En muchos países, las empresas estadounidenses tendrán que aumentar el sistema de seguridad local. Por ejemplo, es una práctica común contratar guardaespaldas tribales en lugares como Angola y Uzbekistán.

Otro costo real asociado con el terrorismo internacional es la facilidad del comercio entre las fronteras. Mayores medidas de seguridad han creado congestiones en las fronteras que han aumentado el tiempo y el costo de mudar personal, materiales y equipo de un país a otro. Se deben factorizar estas limitaciones en el presupuesto y programa de los proyectos.

La administración de riesgos es siempre una parte vital de la administración de proyectos. Tiene un papel mucho mayor en la administración de proyectos en el extranjero. Por ejemplo, Strohl Systems Group, líder global en software y servicios de recuperación y planeación, incluye las siguientes preguntas que utiliza para evaluar la vulnerabilidad al terrorismo: ¿Ha incluido posibles objetivos terroristas (instalaciones y personal) en su análisis de riesgos y vulnerabilidad? ¿Ha realizado un ejercicio completo antiterrorista con la participación administrativa de la policía, bomberos, urgencias médicas y emergencias? ¿Cuál debe ser la política de su empresa en la negociación con una persona que amenaza con un acto terrorista?

La administración de proyectos en un mundo peligroso es una asignación difícil. Las precauciones de seguridad son consideraciones de costos importantes, no sólo en dólares y centavos, sino también en el bienestar psicológico del personal que se envía al extranjero. Una administración eficaz de riesgos es crucial para el éxito.

Geografía

Un factor que con frecuencia se subestima hasta que el personal de proyecto llega al destino extranjero es la geografía del país. Imagine lo que es bajar de una moderna aeronave y encontrar un calor de 40°C y 90 por ciento de humedad en Yakarta, Indonesia, o cinco pies de nieve fresca y temperaturas de −85°C en Kokkla, Finlandia. Se trate del viento, la lluvia, el calor, la selva o el desierto, más de un administrador de proyectos ha dicho que su mayor desafío fue superar los "elementos". No se puede ignorar a la madre naturaleza.

La planeación y ejecución de un proyecto debe considerar el efecto que la geografía del país tendrá en él. Por ejemplo, una operación de salvamento en la costa de Groenlandia sólo puede programarse un mes del año porque los canales de navegación están congelados el resto del año. Los proyectos de construcción en el sureste de Asia tienen que acomodar la estación del monzón, cuando la precipitación puede llegar a 1 270 milímetros por mes. La geografía no sólo afecta los proyectos exteriores. Puede tener un efecto indirecto en los proyectos "cubiertos". Por ejemplo, un especialista en sistemas de información reportó que su desempeño en un proyecto en el norte de Suecia declinó debido a la falta de sueño. Atribuyó sus problemas a las 20 horas de luz por día que esta parte del mundo experimenta en verano. Por último, las condiciones climáticas extremas pueden propiciar demandas extraordinarias de equipo. Los proyectos pueden llegar a detenerse por descomposturas de equipo bajo el embate de los elementos. Trabajar bajo condiciones extremas por lo general requiere de equipo especial, lo cual incrementa costos y complejidad del proyecto.

Antes de empezar un proyecto en otro país, los planeadores y administradores de proyectos deben estudiar con cuidado las características únicas de la geografía de ese país. Necesitan factorizar en los planes y programas del proyecto asuntos como el clima, las estaciones, altitud y obstáculos geográficos naturales. Vea el recuadro Caso de práctica: La filmación de *Apocalypse Now* para ver un ejemplo de una empresa mal planeada en Filipinas.

Economía

La manera de realizar los negocios en el país anfitrión puede influir en el éxito del proyecto. Los factores económicos básicos en los países y regiones extranjeros influyen en las opciones de selección del sitio y cómo se harán los negocios para los proyectos potenciales. El producto interno bruto (PIB) de un país sugiere su nivel de desarrollo. Una economía titubeante puede indicar menos fuentes de fondos de capital. Por ejemplo, los cambios en estrategias proteccionistas de un país anfitrión, como aranceles y tarifas de importación, pueden alterar pronto la viabilidad de los proyectos. Otros factores como el equilibrio de pagos, fluctuaciones de la moneda, hiperinflación, crecimiento de la población, nivel académico de la fuerza laboral y tamaño del mercado pueden influir en las alternativas y las operaciones del proyecto. Por ejemplo, la recesión económica en el sureste de Asia durante la parte final de la década de 1990 hizo que se devastaran las economías locales en Tailandia, Malasia e Indonesia por las tasas de inflación superiores a 60 por ciento. Una empresa puede protegerse de las fluctuaciones de la moneda con garantías o al vincular los costos a una moneda fuerte, como el dólar estadounidense, la libra británica o el euro. De todos modos, la agitación social ocasionada por sucesos económicos dramáticos como esos no puede ser subestimada.

El intercambio o trueque es una forma de compensación que aún utilizan algunos países y organizaciones. Por ejemplo, un proyecto en África se pagó con pieles de cabra. Éstas se le vendieron después a un fabricante italiano de guantes. Otro proyecto en el mar Caspio se pagó con petróleo. Hay un pequeño grupo de empresas que se especializan en la preparación de trueques para contratistas de proyectos. Estos intermediarios cobran una comisión por vender los productos intercambiados (digamos, petróleo) por el contratista. Sin embargo, tratar con productos de consumo puede ser una empresa arriesgada.

Las habilidades, el nivel educativo y el suministro de mano de obra que existen en el país anfitrión pueden determinar la alternativa de un sitio de proyecto. ¿La selección del proyecto está impulsada por bajos niveles salariales o por la disponibilidad de talento técnicamente hábil? Por ejemplo, usted puede contratar tres programadores de cómputo en la India por el precio de uno de Estados Unidos. Por el contrario, muchas empresas de alta tecnología están dispuestas a soportar el gasto adicional de establecer proyectos conjuntos en Suiza y Alemania para aprovechar sus proezas en ingeniería.

Infraestructura

La infraestructura se refiere a la capacidad de un país o comunidad de proporcionar los servicios requeridos para un proyecto. Las necesidades de infraestructura de un proyecto podrían ser comunicación, transportación, energía, tecnología y sistemas educativos. Por ejemplo, el desarrollo de una planta de acero eléctrica cerca de un mercado importante requiere de un suministro confiable de electricidad. Si la energía confiable no es suficiente, se deben considerar otras opciones. Los proyectos de software transfronterizos son comunes en la actualidad; sin embargo, dependen de las redes de telecomunicación confiables. Éstas simplifican y facilitan la coordinación del proyecto y la administración entre los interesados en distintas locaciones. Si el proyecto depende de una proporción elevada de proveedores, buenos caminos y otros modos de transportación, como aire y puertos, será imperativo tener una buena infraestructura.

Un ejemplo de un proyecto que falle en considerar las necesidades y la infraestructura de la nación huésped incluyó a una empresa estadounidense que recibió el contrato para construir un hospital en un país africano. Los funcionarios africanos querían una instalación de cuidados médicos de

Caso de práctica — La filmación de *Apocalypse Now**

En febrero de 1976, Francis Ford Coppola llevó a su equipo de filmación de Hollywood a Filipinas para filmar *Apocalypse Now*, una adaptación de *Heart of Darkness*, de Joseph Conrad, en el contexto de la guerra de Vietnam. Se eligió Filipinas porque el terreno era similar al de Vietnam y el gobierno estaba dispuesto a rentar su fuerza de helicópteros para la película. En ese tiempo, los militares estadounidenses no estaban dispuestos a cooperar con una película que hablara de Vietnam. Una ventaja adicional era la mano de obra barata. Coppola pudo contratar más de 300 trabajadores con una paga de uno a tres dólares diarios para construir escenografías, incluido un impresionante templo de Camboya. *Apocalypse Now* estaba programada para 16 semanas de filmación con un presupuesto de 12 a 14 millones de dólares.

Meses antes, George Lucas, famoso por *Star Wars*, advirtió a Coppola sobre la filmación en Filipinas. Le dijo: "Una cosa es ir allá por tres semanas con cinco personas y tratar de conseguir cosas prestadas de la armada filipina para la filmación; pero si vas allá con una gran producción de Hollywood, entre más tiempo te quedes ahí, estarás en mayor peligro de que te absorba el pantano." Sus palabras resultaron proféticas.

Había una guerra civil entre las fuerzas gubernamentales y los rebeldes comunistas. La filmación se interrumpía en forma repetida porque los militares filipinos ordenaban a sus pilotos de helicópteros que dejaran la filmación y volaran a las montañas para combatir a los rebeldes.

En mayo de 1976, un tifón golpeó a las islas filipinas y destruyó la mayoría de las escenografías. El equipo de filmación se vio forzado a suspender su trabajo y volver a Estados Unidos durante dos meses.

El personaje principal lo interpretaba Martin Sheen, quien sufrió un serio ataque al corazón debido al estrés y el calor de la filmación, por lo que debió regresar a Estados Unidos. Coppola intentó mezclar las escenas para filmar las que no requerían a Sheen, pero al cabo del tiempo la producción se detuvo hasta el regreso de éste, nueve semanas más tarde.

El proyecto completo demostró ser una experiencia traumática para Coppola, quien había disfrutado el éxito del reconocimiento de la Academia con sus películas anteriores de *Godfather*. "Hubo ocasiones en que pensé que iba a morir, por la incapacidad de mover los problemas que tenía. Me iba a la cama a las cuatro de la mañana con un sudor frío."

La producción terminó en mayo de 1977 después de más de 200 días de filmación. El costo final fue de casi 30 millones de dólares. A la fecha, *Apocalypse Now* ha ganado más de 150 millones de dólares en todo el mundo.

* *Hearts of Darkness: A Filmmaker's Apocalypse*, Paramount Pictures, 1991.

"baja tecnología" que considerara las tradiciones locales. Como por lo general los parientes acompañaban a los enfermos, también se tenía que considerar espacio para ellos. La electricidad no se suministraba de manera confiable y estaba en duda si los médicos bien educados querían pasar sus carreras lejos de la ciudad. En consecuencia, la comunidad quería un hospital para cuidados básicos con el mínimo de tecnología. Por otro lado, la constructora que hizo el edificio tenía una noción preconcebida de lo que debe ser un hospital y no iba a ser acusada de construir una instalación de segunda clase. Edificó un hospital moderno que pudo haber estado en cualquier ciudad estadounidense. El edificio se terminó; sin embargo, después de varios años no se utilizó porque la electricidad era insuficiente, el aire acondicionado no funcionaba y los médicos se negaban a vivir en áreas rurales.

Las organizaciones deben considerar las necesidades de las familias del personal que envían al extranjero. ¿Las instalaciones y las condiciones de vida son incómodas para las familias expatriadas? ¿Habrá escuelas para los niños? ¿El bienestar y la comodidad de las familias expatriadas tienen un papel importante para retener a buenos administradores de proyecto y promover su buen desempeño?

Cultura

Los administradores de proyecto visitantes deben aceptar y respetar las costumbres, los valores, la forma de pensar y los estándares sociales del país anfitrión. Los administradores globales reconocen que si las costumbres y las dimensiones culturales sociales del país anfitrión no se consideran, los proyectos fracasarán. Demasiadas auditorías e informes finales de los proyectos internacionales reflejan los cambios y los problemas vinculados con las diferencias culturales.

Para casi todos los administradores de proyecto, la mayor diferencia al administrar un proyecto internacional es operar en una cultura donde las cosas se hacen de manera diferente. Por ejemplo, en su mayoría las naciones desarrolladas utilizan las mismas técnicas de administración de proyecto (CPM, análisis de riesgo, análisis de concesiones). No obstante, la forma en que se realiza el trabajo de actividades puede ser muy diferente en el país anfitrión.

¿El inglés será el idioma operativo o el administrador de proyecto deberá hablar con fluidez la lengua extranjera? ¿Habrá servicios de traducción y serán suficientes? Los problemas de comunicación, debido a las diferencias de idioma, suelen agravarse hasta para las tareas simples. Aunque el uso de traductores puede ayudar mucho, su uso no resuelve por completo el problema de comunicación porque algo se pierde en la traducción. Por ejemplo, considere las consecuencias desastrosas de las diferentes interpretaciones y expectativas entre brasileños y estadounidenses que se destacan en el recuadro de Caso de práctica: Río de dudas.

Río de dudas*

Luego de su aplastante derrota en las elecciones de 1912 como candidato independiente, el ex presidente Theodore ("Teddy") Roosevelt estableció su visión en una gran aventura, el primer descenso en rápidos que no estaban en el mapa de los afluentes del Amazonas, bien llamado el "río de dudas". Junto con el explorador brasileño más famoso, Candido Mariano da Silva Rondon, Roosevelt logró una proeza que pertenece a los anales de las grandes expediciones.

En el camino, Roosevelt y sus hombres enfrentaron una increíble serie de adversidades, perdieron sus canoas y suministros en el agua blanca y aplastante de los rápidos y soportaron la inanición, los ataques de los indios, enfermedades, ahogamientos y hasta asesinatos en sus filas. Candice Millard revive estos sucesos extraordinarios en su historia de suspenso real *The River of Doubt*. Mientras que en su historia se detalla el desventurado viaje, también revela los conocimientos de la administración de proyectos internacionales, ya que describe la colaboración entre los grupos estadounidenses y brasileños. Aunque al final cada parte obtuvo el respeto y la admiración de la otra, la fricción entre ambas se dio desde el inicio.

Una fuente de consternación era la cantidad de suministros y equipaje que los estadounidenses requerían en el viaje. Advertido de que las necesidades de equipaje del ex presidente y su comitiva serían extensas, el comodoro brasileño Rondon ordenó 110 mulas y 17 bueyes de carga para usarlos en el viaje a través de los montes de Brasil hasta el gran río. De seguro sentía que esto sería más que suficiente para tal viaje.

Los brasileños estaban asombrados por el gran volumen de equipaje que se descargó del barco de Roosevelt, el *Vandycks*.

Había montañas de cajas de embalajes: pistolas y municiones, sillas y mesas, tiendas y catres, equipo para recopilar especímenes en preservación, tomar muestras del río y cocinar alimentos. Un estibador agotado obtuvo una carcajada de la multitud cuando anunció: "Sólo falta el piano."

Más que arriesgarse a la vergüenza de decirle a Roosevelt que no estaban preparados para llevar tanto equipaje, Rondon luchó por conseguir más animales. Se localizaron más bueyes y mulas, pero no estaban domesticados. Cargados con los suministros, los bueyes daban saltos y lanzaban los paquetes. La expedición se retrasó hasta que los gauchos se encargaron de domesticar a los animales tan rápido como les fue posible.

Durante los días que por fin cruzaban los montes, Roosevelt y sus hombres comenzaron a experimentar las duras realidades que plagarían la expedición. Luego de pasar por un cementerio lleno de huesos de bueyes y mulas que habían muerto de hambre o que habían sido comidos durante expediciones anteriores, quedaron sorprendidos al ver en el suelo las cajas de madera sin abrir, todas marcadas con "expedición sudamericana de Roosevelt". Los animales de carga, que caminaban cansados a través de la meseta delante de ellos, habían comenzado a tirar sus pesadas cargas.

Conforme los oficiales pasaban despacio junto a las cajas, se preguntaron qué dejaban atrás y qué tan valioso se volvería en los meses por venir. Poco sabían lo ciertos que serían esos temores.

---

* Candice Millard, *The River of Doubt*, Nueva York, Doubleday, 2005.

¿Los factores religiosos influirán en el proyecto? Por ejemplo, los factores religiosos tocaron a la esposa de un administrador de proyectos escandinavo responsable de la construcción de una planta desalinizadora de agua marina en un país de Medio Oriente. Ella estaba restringida al complejo de apartamentos para familias de los trabajadores extranjeros. Ir de allí a una ciudad cercana significaba cubrir su cabeza, brazos y piernas, y tener que ir acompañada por otra mujer u hombre de preferencia. Los altercados físicos en la ciudad relacionados con su ropa fueron traumáticos para ella. Pronto volvió a casa. Tres meses después, el esposo solicitó una transferencia de vuelta a su país. La pérdida del administrador original del proyecto requirió que su relevo estableciera relaciones con el equipo del proyecto y los anfitriones locales para lograr que el proyecto se moviera con suavidad una vez más.

No sólo los administradores se tienen que adaptar a la cultura del país anfitrión, sino que muchas veces los proyectos en el extranjero exigen trabajar con personas de distintos países. Por ejemplo, en un proyecto de tren ligero en Filipinas se contrató a una empresa estadounidense para vigilar los intereses de las compañías de bienes raíces locales que aportaban fondos al proyecto. El administrador del proyecto estadounidense tuvo que trabajar con los representantes checos que proporcionaban el equipo del tren, los ingenieros japoneses responsables de la construcción del tren, los banqueros australianos que facilitaban el financiamiento adicional, una empresa india que contribuía con los arquitectos principales, así como los empleados filipinos.

De todos los factores, trabajar en un ambiente multicultural suele ser el mayor desafío de los administradores de proyectos. Esto se tratará con mayor detalle más adelante en el capítulo.

Selección del sitio para el proyecto

Conforme el administrador estudia los factores que contribuyen a la selección del sitio, verá que el riesgo que la administración superior y los administradores están dispuestos a aceptar por las recompensas potenciales de un proyecto internacional es inherente a todos estos factores. Un enfoque para que el administrador de proyecto digiera, aclare y entienda los factores que llevan a la selección de un proyecto en específico es utilizar una matriz de riesgo similar a la que se encuentra en el capítulo 7. La diferencia más importante reside en la selección de los factores de riesgo para los distintos sitios del proyecto.

En la figura 15.2 se presenta una matriz truncada para elegir el sitio del proyecto de una fábrica de impresoras láser en Singapur, India o Irlanda. En este ejemplo, la estabilidad política, la habilidad y suministro de los trabajadores, la compatibilidad de la cultura, la infraestructura, el respaldo del gobierno y la ventaja del producto al mercado fueron los principales factores de evaluación. Cada sitio del proyecto se compara con cada factor. En la figura 15.3 se describe un mayor desglose del factor de evaluación de infraestructura. En este ejemplo, la transportación, fuerza de trabajo educada, servicios, telecomunicaciones y proveedores se consideran importantes para evaluar la infraestructura de cada sitio.

FIGURA 15.2
Matriz de evaluación Selección del sitio del proyecto

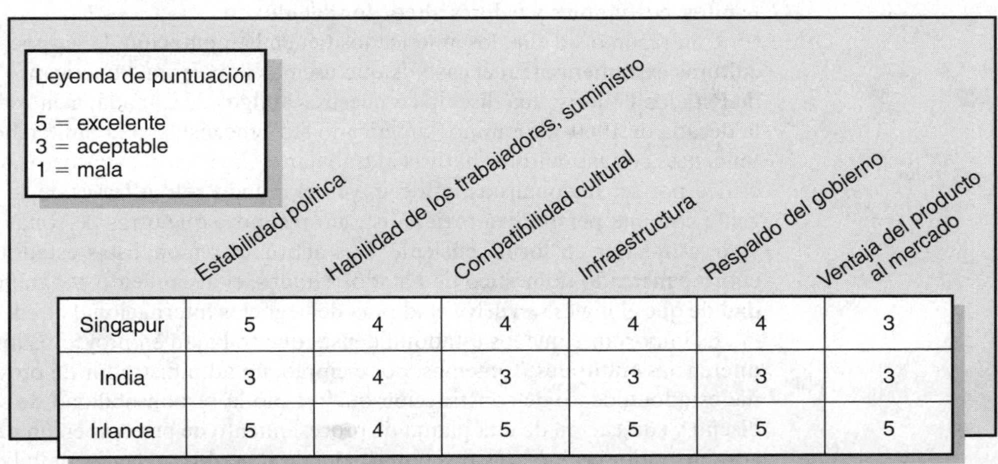

Leyenda de puntuación

5 = excelente
3 = aceptable
1 = mala

	Estabilidad política	Habilidad de los trabajadores, suministro	Compatibilidad cultural	Infraestructura	Respaldo del gobierno	Ventaja del producto al mercado
Singapur	5	4	4	4	4	3
India	3	4	3	3	3	3
Irlanda	5	4	5	5	5	5

FIGURA 15.3
Matriz de evaluación Desglose de infraestructura

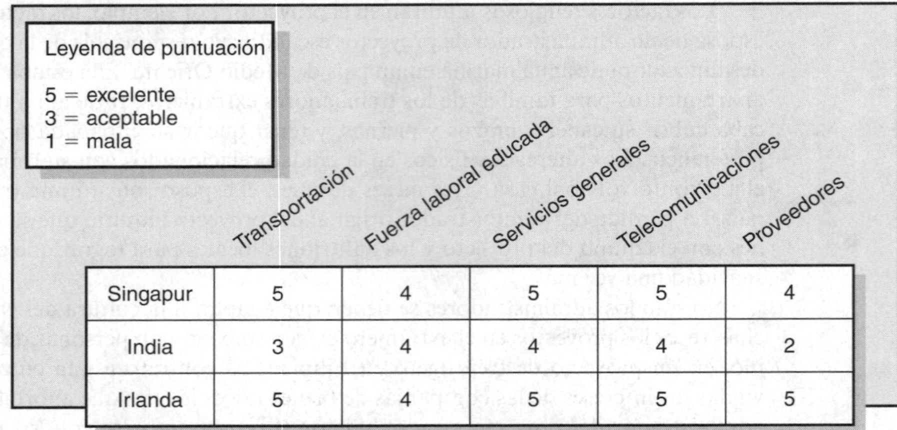

	Transportación	Fuerza laboral educada	Servicios generales	Telecomunicaciones	Proveedores
Singapur	5	4	5	5	4
India	3	4	4	4	2
Irlanda	5	4	5	5	5

Las puntuaciones dadas en la figura 15.3 se utilizan para asignarle los valores al factor infraestructura de la matriz de evaluación, (figura 15.2). En este proyecto, Irlanda era la opción. Es claro que Singapur e Irlanda estaban muy cerca en términos de infraestructura y otros factores. Sin embargo, el factor de evaluación más importante de utilizar a Irlanda para ingresar a la Comunidad Económica Europea (ventaja de producto al mercado) cambió la decisión.

Dados los factores macroeconómicos, la postura estratégica de la empresa ante los proyectos globales y las consideraciones importantes para seleccionar este proyecto, es imperativo que el administrador de proyectos se sensibilice pronto a los factores culturales extranjeros que puedan determinar el éxito o el fracaso del proyecto.

Consideraciones interculturales: un análisis más profundo

El concepto de cultura se presentó en el capítulo 3 como referencia a la personalidad única de una empresa en particular. En forma más específica, la cultura se definió como un sistema de normas compartidas, creencias, valores y costumbres que unen a la gente, crean un significado compartido y una identidad única. La *cultura* es un concepto creado para fines descriptivos y depende del grupo que sea el enfoque de atención. Por ejemplo, dentro de un contexto global, la cultura se puede referir a ciertas regiones (por ejemplo europeos, árabes), a naciones específicas (como la francesa o la tailandesa) o a ciertos grupos étnicos o religiosos (por ejemplo, kurdos y afroestadounidenses). En este capítulo se analizan las culturas nacionales; reconocemos que muchas características culturales no tienen fronteras y que hay una variación considerable dentro de cualquier país. De cualquier modo, las culturas nacionales proporcionan un punto de referencia útil para entender los distintos hábitos, costumbres y valores alrededor del mundo.

Con razón o sin ella, los americanos tienen la reputación de ser poco capaces de trabajar en las culturas extranjeras. (En el caso de que usemos la palabra "americanos" nos referimos a personas de Estados Unidos; una disculpa a nuestros amigos de Canadá, Centroamérica y Sudamérica.) En la década de 1960, el término "americano feo" encapsulaba la indiferencia aparente de los estadounidenses con las culturas nativas al trabajar o viajar en el extranjero. A los estadounidenses se les critica por ser regionalistas; es decir, ven el mundo sólo a través de su mirada y perspectivas. La gente con una perspectiva regionalista no reconoce que otras personas tienen distintas formas de vivir y trabajar en forma eficiente. Las actitudes regionalistas estadounidenses quizá reflejen el enorme mercado doméstico de Estados Unidos, el aislamiento geográfico de dicho país y la realidad de que el inglés se vuelve el idioma de negocios internacional alrededor del mundo.

Es importante que los estadounidenses que trabajan en proyectos internacionales anticipen las diferencias culturales. Tomemos, por ejemplo, un administrador de proyectos de una gran compañía estadounidense de construcción que recibió la responsabilidad de seleccionar un sitio para el diseño y edificación de una planta de procesamiento de pescado en un país de África occidental. El administrador evaluó los sitios potenciales de acuerdo con la disponibilidad de la energía confiable,

De lo más destacado en la investigación

Orientaciones interculturales*

Los antropólogos Kluckhohn y Strodtbeck aseveran que las variaciones culturales reflejan cómo las sociedades han respondido a los asuntos o problemas comunes a través del tiempo (vea la figura 15.4). Cinco de los temas que se presentan en su marco de referencia comparativo se analizan aquí.

- *Relación con la naturaleza.* Este tema refleja cómo las personas se relacionan con el mundo natural que les rodea, así como con lo sobrenatural. ¿La gente debe dominar su ambiente, vivir en armonía con él o dejarse subyugar por él? Los estadounidenses se esfuerzan por dominar las fuerzas de la naturaleza y cambiarlas según sus necesidades. Otras sociedades, como la hindú, luchan por vivir en armonía con la naturaleza. Algunas se ven a merced de las fuerzas físicas o sujetas a la voluntad de un ser supremo. En este contexto, la vida se ve como predeterminada, preordenada o como un ejercicio fortuito.
- *Orientación del tiempo.* ¿La cultura se enfoca en el pasado, en el presente o en el futuro? Por ejemplo, muchos países europeos se concentran en el pasado y enfatizan la supervivencia de la tradición. Por otro lado, los estadounidenses están menos preocupados por la tradición y tienden a inscribirse en el presente y el futuro cercano. En forma paradójica, la sociedad japonesa, aunque es rica en tradiciones, tiene un horizonte temporal mucho más grande.
- *Orientación a la actividad.* Este tema se refiere a un enfoque deseable del comportamiento. Algunas culturas enfatizan "estar" o vivir en el momento. Esta orientación resalta el experimentar la vida y buscar una gratificación inmediata. Otras culturas destacan "hacer" y posponer la gratificación inmediata para un logro mayor. Una tercera expectativa es la orientación al "control", donde las personas restringen sus deseos al desprenderse de los objetos. La dimensión de la actividad afecta la forma en que las personas aborden el trabajo y el placer, y el grado en el que las preocupaciones relacionadas con el trabajo impregnan sus vidas. Se refleja en la antigua pregunta "¿vivimos para trabajar o trabajamos para vivir?"
- *Naturaleza básica de las personas.* ¿Una cultura ve a la gente como buena, mala o como una mezcla de ambas? En muchos países del Tercer Mundo, la gente se percibe como honesta y digna de confianza. Por el contrario, algunas culturas mediterráneas se han caracterizado por ver a la naturaleza humana como maligna. Los estadounidenses se encuentran en un punto intermedio. Ven a la gente como básicamente buena, pero mantienen la guardia para que no se aprovechen de ellos.
- *Las relaciones entre las personas.* Este tema trata de la responsabilidad que uno tiene con los demás. Los estadounidenses, por ejemplo, tienden a ser muy individualistas y creen que todos deben cuidar de sí mismos. En contraste, muchas sociedades asiáticas enfatizan la preocupación por su grupo o comunidad. Una tercera variación es jerárquica, similar al grupo, excepto que en estas sociedades los grupos tienen un orden jerárquico y la participación se estabiliza con el paso del tiempo. Ésta es una característica de las sociedades aristocráticas y los sistemas de castas.

El marco de referencia de Kluckhohn y Strodtbeck brinda las bases para una mayor comprensión de las diferencias culturales. Asimismo, advierten que no todos los miembros de una cultura practican el mismo comportamiento todo el tiempo y, al igual que en Estados Unidos, es probable que haya una variación considerable dentro de una cultura dada.

* F. Kluckhohn y F. L. Strodtbeck, *Variations in Value Orientations*, Evanston, IL, Row, Peterson, 1961.

FIGURA 15.4 Marco de referencia intercultural de Kluckhohn-Strodtbeck

Nota: La línea indica dónde Estados Unidos tiende a fallar en esos temas.

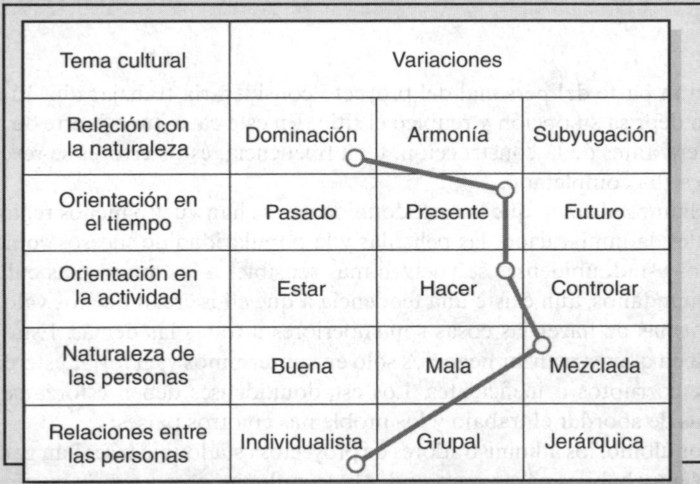

Tema cultural	Variaciones		
Relación con la naturaleza	Dominación	Armonía	Subyugación
Orientación en el tiempo	Pasado	Presente	Futuro
Orientación en la actividad	Estar	Hacer	Controlar
Naturaleza de las personas	Buena	Mala	Mezclada
Relaciones entre las personas	Individualista	Grupal	Jerárquica

transportación cercana, vecindad con el río para darle acceso a los barcos pesqueros desde el océano Atlántico, proximidad con los principales mercados y disponibilidad de vivienda y empleados. Luego de evaluar las opciones de los sitios, el administrador del proyecto eligió la ubicación óptima. Justo antes de solicitar ofertas de los contratistas locales para un segmento de la preparación del terreno, el administrador descubrió, al hablar con los contratistas, que el sitio era sagrado para la población local, pues se le consideraba el lugar donde residían sus dioses. Ninguno de los habitantes

De lo más destacado en la investigación

Orientaciones interculturales*

El marco de referencia de Hofstede creció a partir de un estudio de 88 000 personas que trabajaban en subsidiarias de IBM en 50 países y tres regiones de múltiples países. Con base en las respuestas a un cuestionario de 32 preguntas, el científico social holandés Geert Hofstede desarrolló distintas dimensiones para examinar las culturas:

1. Individualismo frente a colectivismo. Identifica si una cultura responsabiliza a los individuos o a los grupos por el bienestar de cada miembro.
2. Distancia al poder. Describe el grado en que una cultura acepta las diferencias de estatus y poder entre sus integrantes.
3. Evasión de la incertidumbre. Identifica la disposición de una cultura a aceptar la incertidumbre y la ambigüedad acerca del futuro.
4. Masculinidad-feminidad. Describe el grado en que la cultura enfatiza el comportamiento orientado a la competitividad y al logro, o si muestra preocupaciones por las relaciones.

En la figura 15.5 se muestra cómo clasificó a los países seleccionados de acuerdo con el colectivismo-individualismo y la distancia respecto del poder. La riqueza parece influir en ambos factores. La distancia al poder está correlacionada con la inequidad de los ingresos en un país, mientras que el individualismo está vinculado a la riqueza nacional (producto interno bruto per cápita).

Como resultado, una elevada distancia respecto del poder y el colectivismo con frecuencia aparecen juntos, como lo están la distancia baja al poder y el individualismo. Esto puede afectar la toma de decisiones en los equipos de proyectos. Por ejemplo, aunque un elevado colectivismo puede llevar a un equipo de proyecto en Tailandia a operar en forma de consenso, una distancia del poder elevada puede ocasionar que las decisiones estén muy influidas por los deseos del administrador del proyecto. Por el contrario, un equipo similar que opera en una distancia baja del poder y es más individualista, como Gran Bretaña o Estados Unidos, podría tomar decisiones con un debate más abierto, incluido el desafío a las preferencias del administrador del proyecto.

* *Culture's Consequences: Comparing Values, Behaviors, Institutions and Organizations Across Nations*, 2a. edición, Thousand Oaks, CA, Sage Publications, 2001, http://www.geerthofstede.nl

FIGURA 15.5 Grupos de países muestra en las dimensiones de Hofstede de individualismo, colectivismo y distancia del poder

Colectivismo		Colombia, Perú, Tailandia, Singapur, México, Turquía, Indonesia
Individualismo	Israel, Finlandia, Alemania, Irlanda, Nueva Zelanda, Canadá, Gran Bretaña, Estados Unidos	España, Sudáfrica, Francia, Italia, Bélgica
	Distancia baja del poder	Distancia elevada del poder

que eran parte del personal del proyecto consideraría trabajar ahí. El administrador del proyecto revisó deprisa su opción y reubicó el sitio. En este caso, tuvo suerte de que el desliz cultural se descubriera antes de la construcción. Con frecuencia, estos errores se revelan después de que un proyecto se ha completado.

Algunos afirman que los estadounidenses se han vuelto menos regionalistas. Los viajes internacionales, la inmigración, las películas y la popularidad de sucesos como las olimpiadas han hecho que los estadounidenses se vuelven más sensibles a las diferencias culturales. Aunque puedan ser más mundanos, aún existe una tendencia a que ellos crean que los valores culturales de su patria y sus formas de hacer las cosas son superiores a todas las demás. Esta perspectiva etnocéntrica se refleja en querer realizar negocios sólo en sus términos y en forjar estereotipos de otros países de ser flojos, corruptos o ineficientes. Los estadounidenses deben esforzarse mucho por apreciar otras formas de abordar el trabajo y los problemas en otros países.

Por último, los administradores de proyectos estadounidenses han ganado en el extranjero la fama de ser muy hábiles para comprender la tecnología, pero no muy buenos en comprender a la gente. Como lo dijo un ingeniero de Indonesia: "Los estadounidenses son maravillosos para resolver los problemas técnicos, pero tienden a ignorar el factor gente." Por ejemplo, los estadounidenses tienden a subestimar la importancia que tiene la construcción de relaciones al realizar negocios en otros países. Asimismo, tienden a ponerse a trabajar y que la amistad evolucione en el curso de su trabajo. En la mayoría de las culturas sucede lo opuesto. Antes de que un extranjero trabaje con usted, quiere conocerlo como persona. No se establece la confianza por las credenciales, sino que evoluciona merced a una interacción personal. Los tratos de negocios requieren de un cortejo largo y elaborado. Por ejemplo, pueden pasar de cinco a ocho reuniones antes de que los administradores árabes estén apenas dispuestos a discutir detalles de los negocios.

Ajustes

Por lo general, dos de los ajustes más grandes que los estadounidenses tienen que hacer cuando trabajan en el extranjero es adaptarse al ritmo general de vida y a la puntualidad de las personas. En Estados Unidos "el tiempo es dinero" y el trabajo oportuno tiene una recompensa. Otras culturas no comparten el sentido de urgencia de los estadounidenses y están acostumbrados a un ritmo de vida mucho más lento. No pueden entender por qué los estadounidenses siempre tienen tanta prisa. La puntualidad varía entre las culturas. Por ejemplo, los estadounidenses tolerarán a alguien que se retrase cinco o 10 minutos. En contraste, entre los peruanos, el periodo para que se pueda esperar una disculpa o explicación por un retraso ¡es de 45 minutos a una hora!

Cuando trabajan en proyectos multiculturales, los administradores enfrentan dilemas éticos que están relacionados con la cultura. Por ejemplo, el escándalo de la selección del sitio de la olimpiada de 1999 presentó los detalles sórdidos de los miembros del comité cuando incurrieron en tráfico de influencias al comprometer sus votos a cambio de una amplia gama de regalos (por ejemplo, becas universitarias para sus hijos y viajes extravagantes). En muchas sociedades ese tipo de "sobornos" o "tributos" son esperados y son la única forma de realizar negocios significativos. Es más, muchas culturas no le darán el mismo respeto a un administrador de proyecto mujer que a un hombre. ¿La administración estadounidense debe aumentar el riesgo de su proyecto o violar su política de no discriminación sexual?

Estas diferencias culturales son sólo la punta del iceberg. Hay muchos libros de "cómo hacer negocios en…" escritos por personas que han viajado y trabajado en el extranjero. Aunque estos libros pueden carecer de rigor, por lo general hacen un buen trabajo al identificar las costumbres locales y los errores comunes cometidos por la gente de fuera. Por otro lado, los antropólogos han hecho contribuciones significativas a nuestra comprensión de por qué y cómo las culturas de las sociedades son distintas (véanse los recuadros de Punto destacado en la investigación). Los estudiantes de la administración de proyectos internacionales son alentados a estudiar estos trabajos para obtener una comprensión profunda de las causas de raíz de la diversidad cultural.

Así que, ¿qué se puede decir para preparar a la gente a fin de que trabaje en los proyectos internacionales? El mundo es demasiado diverso como para hacer justicia en un capítulo a todas las variaciones culturales que los administradores pueden encontrar al trabajar en proyectos internacionales. En lugar de eso, una muestra de algunas de estas diferencias se destacará al analizar el trabajo en proyectos de cuatro países distintos: México, Francia, Arabia Saudí y China. Nos disculpamos con nuestros lectores fuera de Estados Unidos porque los resúmenes se presentan desde el punto de vista de un administrador de proyectos estadounidense en estos países. De todos modos, en un esfuerzo por no ser etnocéntricos, presentamos un quinto escenario para los administradores de proyectos foráneos que sean asignados a trabajar en Estados Unidos. Aunque de ninguna manera son exhaustivos, estos resúmenes proporcionan una prueba de lo que es trabajar en estos países y con personas de ahí.

Trabajar en México

Desde el punto de vista histórico, Estados Unidos se desarrolló en un ambiente donde era importante que los extranjeros se llevaran bien, interactuaran e hicieran negocios. En la frontera estadounidense, casi todos eran extranjeros y la gente tenía que cooperar y, al mismo tiempo, mantener su distancia. El sentimiento yanqui de Nueva Inglaterra de que "las buenas cercas hacen buenos vecinos" expresa muy bien este valor cultural. Por el contrario, México se desarrolló en forma histórica en un ambiente donde las únicas personas en las que se podía confiar eran la familia y los amigos cercanos y, por extensión, los amigos de la gente ya conocida. Como consecuencia, las relaciones personales dominan todos los aspectos de los negocios mexicanos. Mientras que a los estadounidenses se les enseña a no hacer negocios con amigos, a los mexicanos y otros latinoamericanos se les enseña a no hacer negocios más que con amigos.

El significado de las relaciones personales ha creado un sistema de *compadrazgo* en el que los mexicanos se sienten obligados a dar preferencia a parientes y amigos cuando contratan personal, firman contratos, compran o comparten las oportunidades de negocios. Los estadounidenses se quejan de que esas prácticas contribuyen a la ineficiencia en las empresas mexicanas. Aunque esto puede o no ser el caso, los estadounidenses valoran la eficiencia mientras que los mexicanos dan un mayor valor a la amistad.

Los mexicanos tienden a percibir a los estadounidenses como "fríos". También creen que los estadounidenses los menosprecian. Entre las cosas más eficaces que puede hacer un estadounidense para evitar ser visto como el típico *gringo*, es darse tiempo y esforzarse al inicio de una relación de trabajo para conocer de veras a sus contrapartes mexicanas. Como la familia es algo importante para los mexicanos, una buena manera de desarrollar una relación personal es intercambiar información acerca de sus familias. Los mexicanos evalúan la honradez de las personas por la lealtad y atención que dedican a sus familias.

El síndrome de *mañana* refleja otra diferencia cultural entre los estadounidenses y los mexicanos. Los mexicanos tienen un concepto distinto del tiempo que los estadounidenses. Los mexicanos se sienten confinados y presionados cuando reciben fechas de vencimiento; prefieren los programas de terminación abierta. Por lo general consideran que los individuos son más importantes que el apego a un programa. Si un amigo pasa por su trabajo, la mayoría de los mexicanos se detienen y platican, sin importar cuánto tiempo les toma e incluso si esta conversación atrasa su trabajo. Esto a veces contribuye a la percepción errónea de que los mexicanos carecen de una ética laboral. Por el contrario, con un incentivo mínimo, los mexicanos pueden ser muy trabajadores y ambiciosos.

Por último, como en muchas otras culturas, los mexicanos no comparten la confianza de los estadounidenses de que controlan el propio destino. Mientras que a los estadounidenses se les enseña "cuando las cosas se complican, los duros se aplican", a los mexicanos se les enseña que "tomar acción sin saber lo que se espera o lo que se desea puede tener consecuencias peligrosas". Los mexicanos tienden a ser más cautos y quieren pasar más tiempo en el análisis de los riesgos y los problemas potenciales que los estadounidenses podrían desechar como improbables o irrelevantes.

Otros lineamientos útiles para trabajar con mexicanos en los proyectos incluyen los siguientes:

1. Los estadounidenses tienden a ser impersonales y prácticos cuando discuten; los mexicanos son muy apasionados y emocionales al discutir; disfrutan un debate animado.
2. Los estadounidenses tienden a usar las reuniones como el lugar para solucionar las cosas en público; los mexicanos tienden a ver las reuniones como el lugar donde las personas con autoridad ratifican lo que ya se ha analizado en las polémicas privadas informales.
3. Aunque los mexicanos pueden ser emocionales, tienden a avergonzarse y alejarse de cualquier tipo de confrontación o crítica. Un silencio prolongado con frecuencia indica displicencia o desacuerdo.
4. El lenguaje en México con frecuencia es indirecto. Rara vez la gente dice no en forma directa, sino que tiene una mayor probabilidad de responder al decir quizá o "lo voy a pensar", o cambian el tema. Sí, es más probable que signifique "te entiendo" que "sí".
5. En México los títulos son demasiado importantes y siempre se utilizan cuando una persona se presenta o cuando alguien lo hace. Preste mucha atención en recordar el título de la persona, lo mismo que su nombre.

En la actualidad, con el tratado de libre comercio y una mayor actividad de negocios internacionales en México, poco a poco desaparecen las viejas tradiciones. Los administradores estadounidenses informan que las diferencias culturales son menos evidentes en el norte de México donde operan muchas empresas multinacionales. Aquí se tiende a utilizar más la *hora estadounidense* que la mexicana, cuando se trata con los extranjeros. Los administradores de proyectos deben dedicar un esfuerzo inicial para entender qué tanto de las costumbres de la cultura mexicana aplican en su proyecto.

Trabajar en Francia

Algunos estadounidenses consideran a los franceses como los más difíciles para trabajar entre todos los europeos. Quizá este sentimiento se derive de un reflejo de la cultura francesa, que es muy diferente a la estadounidense.

En Francia, la clase social de una persona es muy importante. Las interacciones sociales están restringidas por la clase social y durante su vida la mayor parte de los franceses no encuentran mucho cambio en su estatus social. A diferencia de los estadounidenses, que mediante el trabajo duro y el éxito pueden moverse desde el estrato económico más bajo hasta el más alto, un francés exitoso podría, cuando mucho, escalar uno o dos peldaños en la escala social. Además, los franceses están muy conscientes de su estrato y les gusta proporcionar señales de su nivel, como el conocimiento de la literatura y las artes; una casa bien diseñada y decorada con buen gusto y un alto grado de educación.

Los franceses tienden a admirar o a fascinarse con las personas que están en desacuerdo con ellos; en contraste, los estadounidenses son atraídos más por quienes están de acuerdo con ellos. Como resultado, los primeros están acostumbrados al conflicto y, durante las negociaciones, aceptan el hecho de que algunas posiciones son irreconciliables y deben aceptarse como tal. Por otro lado, los estadounidenses tienden a creer que los conflictos pueden resolverse si ambas partes hacen un esfuerzo adicional y están dispuestos a comprometerse. También, los franceses con frecuencia determinan la honradez de una persona con base en su primera evaluación personal de su carácter. En contraste, los estadounidenses tienden a evaluar la honradez de una persona con base en sus logros y en sus evaluaciones de los demás.

A los franceses se les acusa de carecer de una ética de trabajo intensa. Por ejemplo, muchos trabajadores franceses no se alegran con el tiempo extra y en promedio tienen una de las vacaciones más largas del mundo (de cuatro a cinco semanas al año). Por otro lado, los franceses son conocidos por su trabajo productivo, resultado de la tradición francesa de los artesanos. Esto le otorga mayor importancia a la calidad que a lograr las cosas con rapidez.

La mayoría de las organizaciones francesas tiende a estar muy centralizada con estructuras rígidas. Como resultado, le toma más tiempo realizar las decisiones. Como este arreglo es muy diferente al de las organizaciones más descentralizadas en Estados Unidos, muchos administradores de proyectos estadounidenses encuentran que los trámites burocráticos son una fuente considerable de frustración.

En países como Estados Unidos se deriva una gran motivación de los logros profesionales. Los franceses no tienden a compartir este mismo punto de vista. Mientras que admiran lo trabajadores que son los estadounidenses, piensan que la calidad de vida es lo que importa en realidad. Como resultado, le dan mucho más importancia al tiempo libre y muchos no están dispuestos a sacrificar el goce de la vida por dedicarse a un proyecto de trabajo.

Las precauciones que se deben recordar con los franceses son las siguientes:

1. Los franceses valoran mucho la puntualidad. Es muy importante estar a tiempo para las reuniones y las ocasiones sociales.
2. Se les da una gran importancia a la limpieza y al gusto. Al interactuar en negocios con franceses, preste mucha atención a su apariencia profesional y aparezca como culto y sofisticado.
3. Los franceses pueden ser muy duros para negociar. Con frecuencia ignoran los hechos, no importa cuán convincentes puedan ser. Asimismo, pueden ser muy reservados acerca de su posición. Es difícil obtener información de ellos, aun en el respaldo de su posición. La paciencia es esencial para negociar con ellos.
4. Los administradores franceses tienden a ver su trabajo como un ejercicio intelectual. No comparten el punto de vista de los estadounidenses sobre la administración como un ejercicio interpersonal demandante, donde los planes tienen que "venderse" de manera constante, ascendente y descendente, por medio de las habilidades personales.
5. Los franceses consideran que los administradores son los expertos. Los primeros esperan que los administradores den respuestas precisas a las cuestiones relacionadas con el trabajo. Para preservar su reputación, algunos administradores franceses actúan como si conocieran todas las respuestas a las preguntas, incluso cuando no es así.

Trabajar en Arabia Saudí

La administración de proyectos tiene una larga tradición en Arabia Saudí y otros países árabes. Financiados por el dinero del petróleo, las empresas europeas y estadounidenses han contribuido en gran medida a la modernización de dichas naciones. A pesar de esta tradición, los extranjeros encuentran muy difícil el trabajo de los proyectos en Arabia Saudí. Se pueden citar varias diferencias culturales que ocasionan esta dificultad.

Una es la perspectiva de los árabes acerca del tiempo. En Estados Unidos es común el dicho "el pájaro que madruga se lleva la lombriz". En Arabia Saudí una expresión favorita es "*bukra insha Allah*", que significa "mañana si Dios dispone", lo cual refleja dicho enfoque. A diferencia de los occidentales, que creen que controlan su tiempo, los árabes consideran que Alá controla el tiempo. Como resultado, cuando los árabes se comprometen a una fecha en el futuro y si no se presentan, no tienen ninguna culpa o preocupación por su parte, ya que ellos no controlan el tiempo, en primer lugar. En la planeación de los sucesos futuros con los árabes es rentable mantener un tiempo de tolerancia de una semana, o menos, ya que otros factores pueden intervenir o tener preferencia.

Una creencia cultural asociada es que el destino depende más de la voluntad de un ser supremo que del comportamiento de los individuos. Un poder más elevado dicta el resultado de los sucesos importantes, así que la acción individual es de poca relevancia. Como resultado, el progreso o la falta de él en un proyecto se consideran más una cuestión del destino que del esfuerzo. Esto lleva a los saudís a confiar menos en los planes y programas detallados para cumplir con los proyectos que los estadounidenses.

Otro contraste cultural importante entre los árabes y los estadounidenses es la emoción y la lógica. Los saudís suelen actuar con base en la emoción; en contraste, a los anglosajones se les enseña a actuar con lógica. Durante las negociaciones, es importante no sólo compartir los hechos, sino también hacer apelaciones emocionales que demuestren que su sugerencia es la correcta.

Los saudís también usan formas rituales elaboradas de saludos y despedidas. Un ejecutivo de negocios puede esperar mucho tiempo después de la hora asignada antes de entrar en una oficina saudí. Una vez adentro, el individuo puede encontrar una comitiva de otras personas, las reuniones de uno por uno son raras. Es más, durante las reuniones puede haber interrupciones constantes. Llegan visitantes y empiezan a hablar con el anfitrión y los mensajeros entran y salen en forma regular. Se espera que el ejecutivo de negocios tome toda esta actividad como algo normal, que guarde la compostura y esté listo para continuar las discusiones en cuanto el anfitrión esté dispuesto a hacerlo.

Por lo general, las reuniones iniciales se usan para conocer a la otra parte. Las discusiones relacionadas con los negocios no ocurren sino hasta la tercera o cuarta reunión. Las juntas de negocios concluyen con una oferta de café o té. Ésta es una señal de que el encuentro ha terminado y que se deben acordar las reuniones futuras, en caso de que se vayan a realizar.

Estatus y rango tienen una gran importancia para los saudís. Cuando se reúna con ellos, muestre deferencia con la persona de mayor edad. También es importante no criticar nunca o recriminar a nadie en forma pública. Esto ocasiona que la persona sea humillada y lo mismo le sucede a la persona que hace estos comentarios. En todo momento se espera el respeto mutuo.

Otros lineamientos útiles para trabajar en las culturas árabes, como la de Arabia Saudí, incluyen lo siguiente:

1. Es importante no mostrar nunca sentimientos de superioridad porque esto hace sentir inferior a la otra parte. No importa lo bien que alguien se desempeñe, el individuo debe dejar que las acciones hablen por sí mismas y no presumir ni atraer la atención.
2. Mucho de lo que se hace se deriva de ir por los canales administrativos del país. Con frecuencia es difícil hacerse a un lado de la burocracia y los esfuerzos por lograrlo pueden considerarse como una falta de respeto a las instituciones legales y gubernamentales.
3. Las conexiones son demasiado importantes para realizar negocios. Lo más relevante es que la gente obtiene un servicio rápido de personas menos importantes. Los parientes cercanos tienen absoluta prioridad; los que no son familiares se dejan en espera.
4. La paciencia es crucial para el éxito de los tratos de negocios. El tiempo para las deliberaciones debe construirse en todas las negociaciones para evitar que una persona ceda demasiado en un esfuerzo por alcanzar un acuerdo rápido.
5. Las decisiones importantes se toman en persona y no por correspondencia o teléfono. Aunque los saudís buscan consejo de muchas personas, el poder final para tomar una decisión reside en la persona de más alto nivel y este individuo confía mucho en las impresiones personales, la confianza y la comunicación.

Trabajar en China

En los últimos años, la República Popular China (RPC o China, para abreviar) se ha movido del aislamiento para alentar más negocios con el resto del mundo. Aunque China es una gran promesa, muchas empresas occidentales han encontrado que trabajar en proyectos de China es un proceso largo y penoso que con frecuencia termina en fracaso. Una de las principales fuentes de problemas es el fracaso en apreciar la cultura china.

La sociedad china, como la de Japón y Corea, está influida por las enseñanzas de Confucio (551-478 a.C.). A diferencia de Estados Unidos, que depende de las instituciones legales para regular el comportamiento, en las sociedades de Confucio el principal elemento disuasivo ante el comportamiento impropio o ilegal es la vergüenza o la humillación. La dignidad no es más que un simple prestigio. Hay un proverbio chino que dice "la dignidad es como la corteza del árbol; sin su corteza, el árbol muere". La pérdida de la dignidad no sólo trae vergüenza a los individuos, sino también a su familia. Las acciones de uno de sus integrantes pueden avergonzar a la familia completa, lo cual obstaculiza que ésta trabaje de manera eficaz en la sociedad china.

En China, "a quién conoces es más importante de lo que sabes". El término *guanxi* se refiere a las conexiones personales con las autoridades o los individuos apropiados. Los observadores chinos afirman que el *guanxi* es crucial para trabajar con los chinos. A éstos se les enseña a desconfiar de los extraños, en particular de los extranjeros. La confianza se transmite via *guanxi*. Es decir, un asociado de negocios de confianza debe pasarlo a usted con sus socios de confianza. Mucha gente de fuera critica al *guanxi*, ya que lo consideran como nepotismo donde las decisiones relacionadas con los contratos o los problemas se toman con base en los vínculos familiares o las conexiones, en lugar de una evaluación objetiva de la capacidad.

Muchos creen que la forma más rápida de construir relaciones de *guanxi* es mediante favores. La dádiva de regalos, entretenimientos en lujosos banquetes, pagos cuestionables y viajes al extranjero son comunes. Mientras que los occidentales ven esto muy cerca del soborno, los chinos lo consideran esencial para los buenos negocios. Otro método común para que la gente de fuera adquiera *guanxi* es contratar intermediarios locales que utilizan sus conexiones para hacer contacto con funcionarios chinos y gente de negocios.

Al tratar con los chinos, usted se debe percatar de que son una sociedad colectiva donde la gente se enorgullece de pertenecer a un grupo. Por esta razón, usted nunca debe destacar a un solo chino para un halago personal porque esto avergonzará al individuo frente a sus compañeros. Asimismo, usted debe evitar usar el término "yo" porque significa que el orador atrae la atención a su persona.

Los chinos no aprecian un comportamiento escandaloso y presumido, y cuando hablan entre ellos, mantienen una distancia física mayor que la acostumbrada en Estados Unidos. Otras precauciones incluyen las siguientes:

1. Una vez que los chinos deciden quién y qué es lo mejor, tienden a apegarse a sus decisiones. Así que, aunque puedan ser lentos para elaborar un plan, una vez que empiezan hacen un buen progreso.
2. La reciprocidad es importante en las negociaciones. Si los chinos dan concesiones, esperan algo a cambio.
3. Los chinos tienden a estar menos animados que los estadounidenses. Evitan los despliegues de afecto y el contacto físico; son más reticentes y reservados que los segundos.
4. Los chinos valoran menos el significado del tiempo y con frecuencia logran que los estadounidenses hagan concesiones mediante retrasos.
5. En las sociedades confucianas, quienes detentan posiciones de poder y autoridad están obligados a ayudar a los desafortunados. A cambio, ganan dignidad y una buena reputación.

Para más aportaciones acerca de la cultura china, vea el recuadro Caso de práctica: Archivos X de la administración de proyectos.

Trabajar en Estados Unidos

En el mundo de los proyectos internacionales, los profesionales de otros países irán a Estados Unidos a administrar proyectos. Para ellos, Estados Unidos es una asignación extranjera. Tendrán que adaptar su estilo administrativo al ambiente que encontrarán en dicho país.

La inmigración ha hecho que Estados Unidos sea un crisol de culturas. Aunque muchos son rápidos para señalar las diferencias entre el norte y el sur, Silicon Valley y Wall Street, los antropólogos han identificado algunas características culturales que moldean la forma en que los estadounidenses realizan los negocios y administran los proyectos.

En general, la población estadounidense se motiva por los logros y las hazañas. Su identidad y, hasta cierto grado, su valía personal se mide por lo que han logrado. A los extranjeros les sorprende la riqueza material acumulada por los estadounidenses y las comodidades modernas que goza la mayoría. También se apresuran a señalar que los estadounidenses parecen muy ocupados para de veras disfrutar lo que han logrado.

Los estadounidenses tienden a idolatrar a las personas autosuficientes que se levantan de la pobreza y la adversidad para volverse ricos y exitosos. La mayoría de los estadounidenses está

Los estadounidenses tienden a subestimar el significado de la suerte y creen que, por lo general, la buena fortuna es resultado de un trabajo duro. En otras culturas, la suerte adquiere un significado mayor y tiene ramificaciones sobrenaturales. Por ejemplo, en muchas culturas asiáticas ciertos números se consideran de buena suerte, mientras que otros son de mala. En Hong Kong, los números 7, 3 y, en especial, el 8 (que suena como una palabra de prosperidad) son considerados de la buena suerte, mientras que el 4 se considera de mala suerte (porque se pronuncia como la palabra "muerte"). La gente de negocios de Hong Kong recorre grandes distancias por evitar el número 4. Por ejemplo, no hay cuarto piso en los edificios de oficinas y hoteles. Se sabe que los ejecutivos de negocios rechazan sitios ideales en áreas muy congestionadas de Hong Kong porque su dirección contiene el número 4. Pagan precios elevados por sitios adecuados que contengan direcciones con los números de la suerte. De igual forma, los administradores de negocios de Hong Kong evitan programar sucesos importantes en el cuarto día de cada mes y prefieren arreglar las reuniones más importantes en el octavo día.

Hong Kong también es un lugar donde se practica el arte antiguo del *Feng Shui* ("viento agua" en traducción literal). Esto incluye asegurarse de que un sitio y los edificios estén alineados en armonía con las fuerzas de energía de la Tierra para que la ubicación sea propicia. Con frecuencia se les llama a los practicantes del Feng Shui a los proyectos de construcción para asegurarse de que el edificio esté alineado en forma adecuada en el sitio. En algunos casos, el diseño técnico del edificio se cambia para acomodar las recomendaciones de dichos expertos. Asimismo, se sabe que se ha llamado a expertos del Feng Shui cuando los especialistas pasan por problemas. Sus recomendaciones pueden incluir reposicionar el escritorio del administrador del proyecto o colgar espejos para reflejar el flujo de las influencias poco armoniosas lejos del sitio o edificio del proyecto.

Rob Brimson/Taxi/Getty Images.

En las culturas donde se cree que la suerte tiene una función en los negocios, los escépticos no sólo podrían insultar a los creyentes, sino que también corren el riesgo de ser vistos como negligentes por no ponerle suficiente atención a una de las preocupaciones legítimas del negocio.

convencida de que puede influir y crear su futuro con trabajo duro e iniciativa, y alcanzar lo que se proponga. La autodeterminación y el pragmatismo dominan su enfoque en los negocios.

Aunque a los estadounidenses les gusta establecer objetivos precisos, ven la planeación como un medio y no un fin. Valoran la flexibilidad y están dispuestos a desviarse de los planes y a improvisar si creen que el cambio llevará a los logros. Los obstáculos en un proyecto se superan, no se rodean. Asimismo, creen que pueden lograr casi todo, dado el tiempo, el dinero y la tecnología.

Los estadounidenses hicieron una revolución y emprendieron guerras subsecuentes para preservar su concepto de democracia, así que resienten mucho el control o la interferencia, en especial por parte del gobierno. Aunque es más un ideal que una práctica, existe la creencia muy arraigada en el pensamiento administrativo estadounidense de que la gente que será afectada por las decisiones debe participar en la toma de éstas. Muchas personas de negocios extranjeros se sorprenden por la cantidad de autonomía y autoridad en la toma de decisiones que se otorga a los subordinados. El personal extranjero debe aprender a interactuar con los profesionistas estadounidenses que se encuentran abajo de su nivel en sus organizaciones.

Los ejecutivos de negocios de distintos países africanos, asiáticos y de Latinoamérica se sorprenden y a veces se angustian por el rápido ritmo de Estados Unidos. "Hacer las cosas" es una característica estadounidense. Éstos son muy eficientes y conscientes del tiempo. Esperan que las reuniones empiecen a tiempo. Experimentan con aparatos y sistemas tecnológicos en su búsqueda constante de formas más fáciles, mejores y más eficientes de hacer las cosas. Los profesionistas estadounidenses con frecuencia son implacables al perseguir los objetivos del proyecto y esperan el mismo comportamiento de los demás.

En los juegos o los negocios, los estadounidenses son muy competitivos en lo general, lo cual refleja su deseo de lograr y tener éxito. Aunque la cultura estadounidense contiene mensajes contradictorios sobre la importancia del éxito (por ejemplo, "no se trata de ganar o perder, sino de la

Caso de práctica

Tratar con las costumbres

¿La corrupción influirá en el proyecto? Los sobornos son ilegales en Estados Unidos, pero en algunos países son la forma normal de hacer negocios. Por ejemplo, un administrador de proyectos estadounidense en un país extranjero solicitó que el embarque de un equipo valioso del proyecto se enviara "con urgencia al día siguiente". Dos días después, investigaciones con el remitente confirmaron que los materiales habían sido entregados al aeropuerto cercano. Investigaciones posteriores revelaron que el embarque estaba "en espera de pasar la aduana". Los locales informaron al estadounidense que si se pagaba dinero al inspector en jefe de la aduana se aceleraría el trámite. La respuesta del administrador de proyecto estadounidense fue: "No me harán su rehén, los sobornos son ilegales." Dos días de pláticas con funcionarios del gobierno no sacaron el embarque de la aduana. En una celebración social, el administrador le contó su problema a un amistoso hombre de negocios de la nación anfitriona. Éste le dijo que vería si podía ayudar. El embarque llegó la siguiente mañana a las diez. El estadounidense llamó a su amigo local y le agradeció en forma efusiva. "Te debo una." "No —le respondió—. Me debes una cena de 50 dólares cuando te visite en Estados Unidos." El uso de un intermediario en esas situaciones puede ser el único camino para que un administrador reduzca el estrés y los conflictos personales con el sistema estadounidense de valores.

forma en que se juega" en contraste con "los tipos agradables terminan al final"), valora mucho ganar y ser el número uno. A los extranjeros les sorprende la forma tan decidida en que los estadounidenses abordan los negocios con actitudes de adversarios frente a sus competidores y el deseo no sólo de cumplir, sino de exceder las metas y objetivos del proyecto.

Otros lineamientos y precauciones para trabajar con estadounidenses en proyectos incluyen:

1. Más de la mitad de las mujeres estadounidenses trabajan fuera de casa; tienen una considerable oportunidad de crecimiento personal y profesional garantizada por la ley. No es raro encontrar mujeres en posiciones de proyectos clave. Las profesionistas esperan ser tratadas como iguales. Un comportamiento tolerado en otros países estaría sujeto a leyes de acoso en Estados Unidos.
2. En Estados Unidos, los regalos otorgados por los visitantes en una situación de negocios son raros.
3. Los estadounidenses tienden a ser bastante amistosos y abiertos cuando conocen a alguien. Los extranjeros suelen confundir esta entrada fuerte con el inicio de una amistad recíproca sólida. Esto contrasta con otras culturas donde hay más reserva inicial en las relaciones interpersonales, en especial con los extraños. Para muchos extranjeros, los estadounidenses empiezan demasiado fuerte, demasiado pronto y luego fallan en darle seguimiento a la amistad implícitamente prometida.
4. Aunque en comparación con el resto del mundo, los estadounidenses tienden a ser informales al saludar y vestirse; pertenecen a una cultura de poco contacto (por ejemplo, evitan abrazarse en público) y mantienen cierta distancia psicológica y física con los demás (alrededor de 61 centímetros) en las conversaciones.
5. La toma de decisiones de los estadounidenses está orientada a resultados. Las decisiones tienden a basarse en hechos y resultados esperados, no en la trascendencia social.

Comentarios finales sobre el trabajo en diferentes culturas

Estos resúmenes subrayan la complejidad de trabajar en los proyectos internacionales. Es una práctica común confiar en los intermediarios (con frecuencia personas que fueron educadas en el extranjero) como puentes entre las culturas. Estos intermediarios realizan una diversidad de funciones. Actúan como traductores. Utilizan sus conexiones sociales para acelerar las transacciones y proteger al proyecto de obstrucciones indebidas. Se utilizan para esquivar el delicado dilema de los sobornos y regalos (vea el recuadro de Instantánea de la práctica). Sirven como guías culturales, ayudan a los extranjeros a entender e interpretar la cultura foránea. En el mundo actual hay un número creciente de empresas consultoras que realizan las funciones de ayudar a los clientes extranjeros a trabajar en proyectos en su país.

Los resúmenes internacionales destacan también la importancia de que los administradores de proyecto hagan su tarea y se familiaricen con las costumbres y hábitos del país anfitrión donde van a trabajar. Tanto como sea posible, el proyecto se debe administrar de tal forma que se respeten las normas y costumbres locales. Sin embargo, hay límites del grado en que usted debe recibir las culturas extranjeras. Por lo general, *volverse nativo* no es una alternativa. Después de todo, a un ruso le toma la vida entera aprender a ser ruso. Sería tonto pensar que un extranjero pueda aprender a ser uno en seis meses, dos años o, quizá, alguna vez.

El resto del capítulo se enfoca en la selección y capacitación de personal para proyectos internacionales. Pero antes de que estos temas se analicen, en esta sección se concluye con una discusión del fenómeno del choque cultural, que puede tener un efecto profundo en el desempeño de un extranjero en un proyecto de una cultura ajena.

Choque cultural

> Mis primeras semanas en Chiang Mai [Tailandia] estaban llenas de emoción. Estaba impresionado por el desafío de construir una planta de tratamiento de basura en un país extranjero. Estaba fascinado por las costumbres y tradiciones tailandesas, los olores y las vistas del mercado nocturno. Pronto me di cuenta de un cambio distinto en mi actitud y mi comportamiento. Empecé a tener problemas para dormir y me faltaba energía. Me volví irritable en el trabajo, me frustraba por el largo tiempo que tardaba en cumplir con las cosas y en cómo parecía que no lograba nada. Empecé a quedarme despierto hasta tarde mientras veía CNN en mi habitación del hotel.

Este ingeniero experimenta lo que muchos llamarían "choque cultural". El *choque cultural* es una desorientación psicológica natural que casi todas las personas sufren cuando se van a una cultura ajena a ellas. El ciclo de choque cultural tiene cuatro etapas (vea la figura 15.6):

1. *Luna de miel.* Usted empieza su trabajo en el extranjero con emoción. Lo nuevo y lo inusual es bienvenido. Al principio hace gracia no entender o no ser entendido. Pronto se empieza a tener un sentimiento de frustración.
2. *Irritabilidad y hostilidad.* Se acaba el entusiasmo inicial y usted empieza a darse cuenta de que las diferencias son mayores de lo que había imaginado. Se frustra por su incapacidad de hacer las cosas como estaba acostumbrado. Empieza a perder confianza en sus capacidades de comunicar y trabajar de manera eficiente en otra cultura.
3. *Ajuste gradual.* Empieza a superar su sentido de aislamiento y se da cuenta de cómo hacer las cosas en una cultura distinta. Usted adquiere una nueva perspectiva de lo que es posible y recupera la confianza en su capacidad de trabajar en dicha cultura.
4. *Adaptación.* Usted se recupera del sentimiento de desorientación y empieza a funcionar y comunicar en la nueva cultura.

El choque cultural no es una enfermedad, sino una respuesta natural a sumergirse en un nuevo ambiente. Resulta de una pausa en su percepción selectiva y en su sistema de interpretación eficaz. En un plano subliminal, sus sentidos son bombardeados por una amplia diversidad de sonidos, visiones y olores extraños. Asimismo, ya no son aplicables las suposiciones normales que acostumbra utilizar en su cultura para interpretar las percepciones y comunicar las intenciones. Cuando esto sucede, ya sea en un contexto de negocios o en intentos normales por socializar, llegan la confusión y la frustración. El comportamiento local no tiene sentido y, lo que es más importante, su conducta personal no produce los resultados esperados. Hay frustración porque usted está acostumbrado a ser competente en esas circunstancias y ahora descubre que no puede operar con eficiencia.

Por lo general, el choque cultural se considera una señal positiva de que el profesional participa en la nueva cultura en lugar de permanecer aislado en un gueto de expatriados. La pregunta

FIGURA 15.6
Ciclo del choque cultural

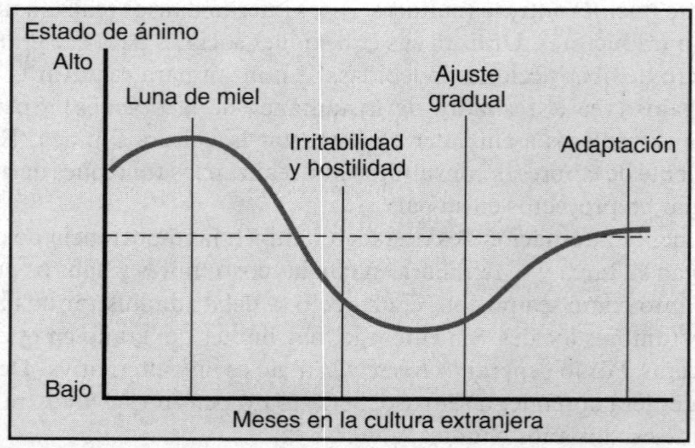

significativa es cómo manejar mejor el choque cultural, no cómo evitarlo. Al parecer, la clave es el manejo del estrés junto con el choque cultural.

Éste, cuando se relaciona con el estrés, toma muchas formas: decepción, frustración, aislamiento, ansiedad y respuestas psicológicas como fatiga, somnolencia y dolores de cabeza. El estrés se induce al estar sobrecogidos los sentidos por estímulos externos y la incapacidad de funcionar en forma eficaz en una tierra extraña. El estrés se exacerba cuando uno encuentra situaciones molestas que, como extranjero, ni se entienden ni se condonan. Por ejemplo, a muchos estadounidenses les impresiona la pobreza y el hambre que sufren muchos países subdesarrollados.

Enfrentar el choque cultural

Hay una amplia gama de técnicas de manejo del estrés para enfrentar el choque cultural. Un método no necesariamente funciona mejor que otro, el éxito depende del individuo en particular y la situación de que se trate. Algunas personas participan en programas de ejercicio físico regulares, otras practican la meditación y ejercicios de relajación, y en otros casos es sano llevar un diario.

Muchos administradores internacionales eficientes crean "zonas de estabilidad". Pasan la mayor parte del tiempo inmersos en la cultura extranjera, pero luego se retiran de manera breve a un ambiente (zona de estabilidad) que recrea su hogar muy de cerca. Por ejemplo, uno de los autores vivió en Cracovia, Polonia, con su familia, y de manera rutinaria iban a los cines polacos a ver películas estadounidenses con subtítulos en polaco. Las dos horas que pasaban escuchando inglés y viendo un ambiente familiar en la pantalla tenía un efecto relajante en todos.

En el proyecto, los administradores pueden reducir el estrés ocasionado por el choque cultural al reconocerlo y modificar sus expectativas y comportamiento según las necesidades. Pueden redefinir las prioridades y desarrollar expectativas más realistas en cuanto a lo que es posible. Pueden enfocar su energía limitada sólo en las tareas más importantes y apreciar los pequeños logros.

Después de tres o seis meses, según el individuo y la asignación, la mayoría de las personas salen bien de su choque cultural y comienzan a tener una vida más normal en el país extranjero. Hablan con conocidos del país de origen y personas experimentadas de su cultura para averiguar cómo comportarse y qué esperar. Poco a poco aprenden a darle sentido al nuevo ambiente. Descifran cuándo "sí" significa "sí", cuándo significa "tal vez" y cuándo "no". Comienzan a dominar el lenguaje para que puedan darse a entender en las conversaciones cotidianas.

Casi todas las personas se ajustan con el tiempo, aunque algunas se tardan más de tres o seis meses. Un pequeño número nunca se recupera y su experiencia internacional se vuelve una pesadilla. Algunos presentan severos síntomas de estrés (por ejemplo, alcoholismo, abuso de drogas, ataques de nervios) y deben volver a casa antes de terminar su compromiso.

Los profesionales pueden utilizar el trabajo del proyecto como puente hasta que se ajustan a su nuevo ambiente. Por desgracia, las esposas que no trabajan no tienen esta ventaja. Cuando enfrentan solas este ambiente extraño, con frecuencia les es más difícil superar el choque cultural. No se puede subestimar el efecto en las esposas. La principal razón por la que los administradores expatriados regresan a casa es que sus esposas fracasan en adaptarse al nuevo ambiente.

Los profesionales de proyectos que trabajan en el extranjero aceptan que están en una situación difícil y que no actuarán en forma tan eficaz como en casa, en especial durante las etapas iniciales. Reconocen la necesidad de tener buenas técnicas de manejo del estrés, incluidas las zonas de estabilidad. También reconocen que no es un problema individual e invierten tiempo y energía adicionales para ayudar a sus esposas y familias a manejar la transición. Asimismo, aprecian que sus colegas experimentan problemas similares y son sensibles a sus necesidades. Trabajan juntos para manejar el estrés y salir del choque cultural tan pronto como les sea posible.

De alguna manera es irónico, pero la gente que trabaja en los proyectos en el extranjero experimenta dos veces el choque cultural. Muchos profesionales viven el mismo tipo de desorientación y estrés cuando regresan a casa, aunque por lo general es menos severo. Para algunos, su trabajo actual tiene menos responsabilidad y es aburrido en comparación con el desafío de su asignación en el extranjero. Otros tienen problemas para ajustarse a cambios hechos en la organización de origen cuando estuvieron fuera. Esto se complementa con el choque financiero cuando el salario y las prestaciones a las que se acostumbraron en la asignación extranjera ahora se pierden y es difícil ajustarse a un estándar de vida más bajo. Por lo general, toma de seis meses a un año para que los administradores vuelvan a operar con total eficiencia luego de una asignación larga en el extranjero.

Selección y capacitación para proyectos internacionales

Cuando se eligen profesionales para proyectos en el extranjero y no funcionan, los costos generales pueden ser alarmantes. No sólo el proyecto experimenta un retroceso serio, sino que el prestigio de la empresa se daña en la región. Por esta razón, muchas empresas han desarrollado procedimientos de examinación, lo cual ayuda a efectuar una selección cuidadosa del personal para los proyectos internacionales. Las organizaciones exploran varias características para determinar si un individuo es apropiado para un trabajo en el extranjero. Pueden buscar su experiencia en otras culturas, viajes al extranjero, buena salud física y emocional, y conocimiento del idioma de la nación anfitriona, incluso antecedentes de inmigración recientes o herencias. Los candidatos y sus familias con frecuencia son entrevistados por psicólogos capacitados que evalúan su facilidad de adaptación y funcionamiento en una cultura distinta.

Aunque hay una apreciación creciente por examinar a la gente para asignaciones en el extranjero, la razón principal es que el personal sea el mejor para los desafíos técnicos del proyecto. El conocimiento técnico toma precedencia sobre la sensibilidad intercultural o la experiencia. Como consecuencia, la capacitación es crucial para llenar las brechas y preparar a los individuos para trabajar en el extranjero.

La capacitación varía mucho de acuerdo con el individuo, la empresa, la naturaleza del proyecto y las culturas con las que se va a trabajar. Los profesionales de proyectos asignados en otros países deben tener una comprensión mínima de las siguientes áreas:

- Religión
- Código de atuendo
- Sistema educativo
- Días festivos, nacionales y religiosos
- Patrones diarios de alimentación
- Vida familiar
- Protocolos de negocios
- Etiqueta social
- Igualdad de oportunidades

Un ejemplo de un programa de capacitación a corto plazo es el que desarrolla Underwriter Laboratories, Inc., para instruir al personal que viaja a Japón para trabajar con clientes en los proyectos. El programa está diseñado alrededor de una serie de minilecturas que abarcan temas que van desde cómo manejar presentaciones hasta la forma apropiada de intercambiar regalos e interpretar el comportamiento social y de negocios japonés. El programa de dos días consiste en discursos, casos de estudio, interpretación de funciones, práctica del lenguaje y una breve prueba en la terminología cultural; concluye con un periodo de preguntas y respuestas de 90 minutos. Al final del programa, los participantes tienen una comprensión fundamental de cómo comunicarse con los japoneses. Lo más importante, conocen los tipos de información de que carecen y cómo aprender más para convertirse en comunicadores interculturales eficaces.

Otros programas de capacitación son más extensos. Por ejemplo, los voluntarios de los cuerpos de paz pasan por un programa de entrenamiento rápido de dos a cuatro meses en su país de servicio. Esto incluye clases de la historia y las tradiciones del país, instrucción intensiva de lenguaje y capacitación intercultural, así como estancias en hogares con familias del lugar. Muchas empresas contratan de manera externa los servicios de alguna de las muchas compañías que se especializan en capacitación internacional e intercultural.

En la figura 15.7 se intenta vincular la duración y el tipo de capacitación con la fluidez cultural que se requiere para completar el proyecto en forma exitosa. Se destacan tres enfoques de aprendizaje:

1. El enfoque de "proporcionar información"; es decir, el aprendizaje de la información o las habilidades desde una orientación tipo discurso.
2. El enfoque "afectivo". Es el aprendizaje de las habilidades de información que eleva las respuestas afectivas por parte del estudiante y ocasiona un entendimiento cultural.
3. El enfoque "comportamiento y experiencia", variante de la técnica de enfoque afectivo que proporciona al estudiante simulaciones o escenarios realistas.

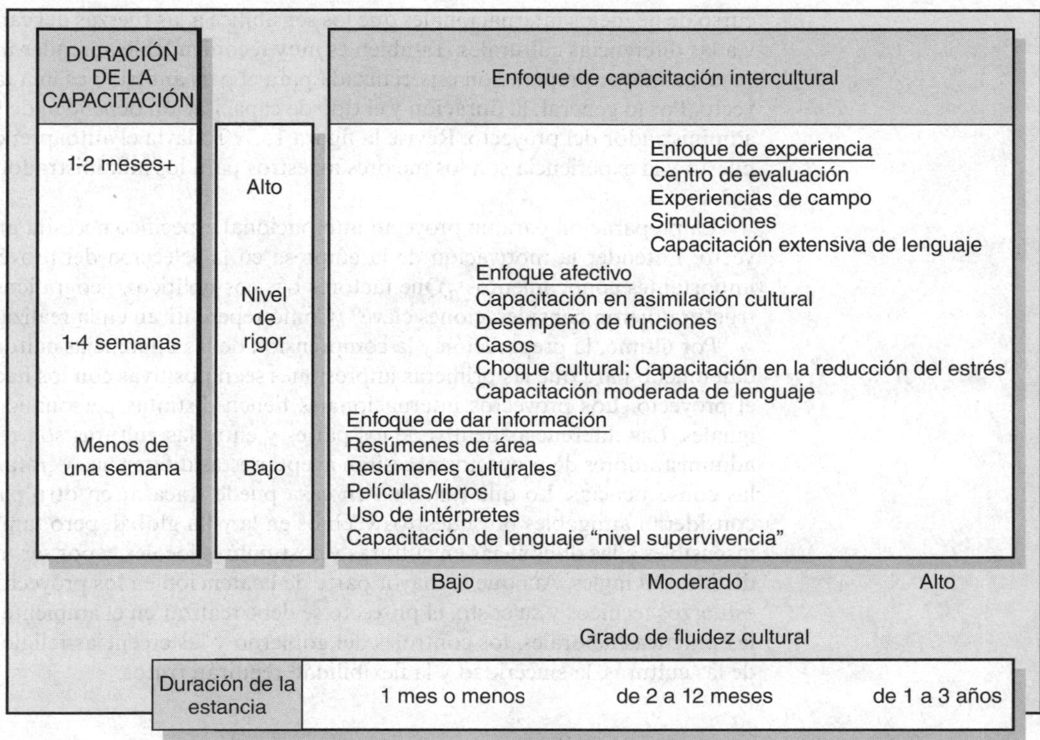

FIGURA 15.7
Relación entre longitud y rigor de la capacitación y fluidez cultural requerida

De acuerdo con este marco de referencia, la duración y el grado de capacitación dependerían de la fluidez cultural que se requiera para ser exitoso. En general, entre más tiempo se espere que la persona va a trabajar en el país extranjero, más intensiva debe ser la instrucción. Su duración no debe ser lo único que se tome en cuenta; se pueden requerir niveles altos de fluidez cultural, y por lo tanto, una capacitación más extensa para realizar proyectos intensos a corto plazo. Además, la ubicación es importante. Trabajar en Australia quizá requiera de una menor fluidez cultural que trabajar en un proyecto en Pakistán.

Aunque muy pronto el inglés se vuelva el idioma internacional para los negocios en muchas partes del mundo, no se debe subestimar el valor de poder hablar la lengua del país anfitrión. Como mínimo usted debe ser capaz de intercambiar expresiones comunes en el idioma nativo. La mayor parte de los extranjeros consideran esto como una señal de respeto, incluso si usted tiene un tropiezo, ellos aprecian el esfuerzo.

En muchas situaciones se utilizan intérpretes para facilitar la comunicación. Aunque consume mucho tiempo, ésta es la única forma de comunicarse con el personal que no habla inglés. Sea cuidadoso en la selección de los traductores, no sólo asuma que son competentes. Por ejemplo, uno de los autores contrató la ayuda de un traductor polaco para realizar una junta con varios administradores polacos. Luego de la reunión, el traductor, que enseñaba inglés en una universidad local, le preguntó al autor "si había tenido un buen tiempo". Contesté que las cosas habían resultado bien. El traductor repitió su pregunta. Confundido, reafirmé que sentí que las cosas habían salido bien. Luego de que el intercambio se repitió en varias ocasiones, el traductor por último tomó mi muñeca, señaló mi reloj y de nuevo preguntó "si había tenido un buen tiempo". Surgieron dudas sobre la exactitud de la traducción en la reunión.

Resumen

El número de proyectos continúa en aumento y nada en el horizonte sugiere que las cosas cambiarán en el nuevo milenio. Cada vez se necesitarán más administradores de proyectos para ejecutar los proyectos internacionales. Hay pocos lineamientos para los nuevos administradores de proyecto internacionales. La preparación de los proyectos internacionales se puede resaltar mediante la capacitación. Como antecedente general, los administradores de proyecto pueden beneficiarse de un curso de negocios internacionales que los sensibilice a las fuerzas del cambio en la economía global y a las diferencias culturales. También es muy recomendable aprender un idioma extranjero.

Una mayor preparación especializada para el país anfitrión es una tarea previa muy útil al proyecto. Por lo general, la duración y el tipo de capacitación dependen de la ciclo de la asignación del administrador del proyecto. Revise la figura 15.7. Todavía el autoaprendizaje, la capacitación en el puesto y la experiencia son los mejores maestros para los administradores de proyectos internacionales.

La preparación para un proyecto internacional específico necesita una tarea seria previa al proyecto. Entender la motivación de la empresa en la selección del proyecto y su sitio proporciona importantes conocimientos. ¿Qué factores básicos políticos, geográficos, económicos y de infraestructura fueron consideraciones clave? ¿Cómo repercutirán en la realización del proyecto?

Por último, la preparación y la comprensión de las diferencias culturales del país anfitrión ayudan mucho para que las primeras impresiones sean positivas con los nacionales y para administrar el proyecto. Los proyectos internacionales tienen distintas personalidades. Las personas no son iguales. Las diferencias dentro de los países y entre las culturas son numerosas y complejas. Los administradores de proyectos necesitan aceptar estas diferencias y tratarlas como reales o vivir con las consecuencias. Lo que funciona en casa puede fracasar en otro país. Los estadounidenses se consideran amigables por nuestros vecinos en la villa global, pero también son conocidos por ser insensibles a las diferencias en culturas y costumbres locales, y por ser torpes en el uso de lenguajes distintos al inglés. Aunque la mayor parte de la atención en los proyectos foráneos se enfoca en los esfuerzos técnicos y su costo, el proyecto se debe realizar en el ambiente de las costumbres sociales, las prácticas laborales, los controles del gobierno y las creencias religiosas del país. En la mayoría de las culturas, la sinceridad y la flexibilidad rendirán frutos.

Términos clave

Choque cultural
Cultura
Infraestructura
Orientaciones interculturales
Proyectos internacionales

Preguntas de repaso

1. ¿Cómo afectan los factores ambientales la realización del proyecto?
2. ¿Qué papel desempeñan los intermediarios locales en ayudar a un foráneo a terminar un proyecto?
3. ¿Por qué es importante respetar las costumbres y las tradiciones de un país cuando se trabaja en un proyecto internacional?
4. ¿Qué es el choque cultural? ¿Qué se puede hacer para reducir los efectos negativos del choque cultural?
5. ¿Cómo se debe preparar para un proyecto internacional?

Ejercicios

1. Entreviste a alguien que haya trabajado o vivido en un país extranjero durante más de seis meses.
   a) ¿Cuál fue su experiencia con el choque cultural?
   b) ¿Qué aprendió acerca de la cultura del país en el que vivió?
   c) ¿Qué consejo daría a alguien que trabajara en algún proyecto en ese país?
2. Trate de aplicar, lo mejor que pueda, el marco de referencia intercultural de Kluckhohn-Strodtbeck a los cuatro países analizados en este capítulo: México, Francia, Arabia Saudí y China. ¿Dónde cree que se ubiquen estos países en cada uno de los temas culturales?
3. Desde su perspectiva personal, ordene los siguientes países en términos del menos al más corrupto:

   Estados Unidos, Finlandia, Arabia Saudí, Rusia, Australia, Hong Kong, Brasil, China, Kenia, Indonesia, Alemania, Chile.

   Utilice un motor de búsqueda de Internet para encontrar el índice de percepciones de corrupción internacional (CPI, siglas de *International Corruptions Perceptions*) que publica la organización Transparencia Internacional con sede en Berlín.
   a) Compare sus pronósticos con el índice.
   b) ¿Qué tan bien lo hizo? ¿Qué países le sorprendieron? ¿Por qué?

Referencias

Ackoff, R. L., *Ackoff's Fables: Irreverent Reflections on Business and Bureaucracy*, Nueva York, Wiley, 1991, p. 221.

Alder, N., *International Dimensions of Organizational Behavior*, 2ª edición, Boston, PWS-Kent Publishing, 1991.

Borsuk, R., "In Indonesia, a Twist on Spreading the Wealth: Decentralization of Power Multiplies Opportunities for Bribery, Corruption", *The Wall Street Journal*, 29 de enero de 2003, p. A16.

Contingency Planning and Management.com., "Strohl Systems Offers Terrorism Readiness Questionnaire", 24 de septiembre de 2001.

Deneire, M. y M. Segalla, "Mr. Christian Pierret, Secretary of State for Industry (1997-2002), on French Perspectives on Organizational Leadership and Management", *Academy of Management Executive*, 16, 4, noviembre de 2002, pp. 25-30.

Doh, J. P., P. Rodriguez, K. Uhlenbruck, J. Collins and L. Eden, "Coping with Corruption in Foreign Markets", en *Academy of Management Executive*, 17, 3, agosto de 2003, pp. 114-127.

Graham, J. L. y N. M. Lam, "The Chinese Negotiation", *Harvard Business Review*, 1 de octubre de 2003, pp. 82-91.

Graham, S., "Relief Agency Suspends Afghan Operations", www.guardian.co.uk, 3 de junio de 2004.

Hallowell, R., D. Bowen, y C-I. Knoop, "Four Seasons Goes to Paris", *Academy of Management Executive*, 16, 4, noviembre de 2002, pp. 7-24.

Henry, W. L. y J. J. DiStefano, *International Project Management*, 2ª edición, Boston, PWS-Kent Publishing, 1992.

Hodgetts, R. M. y F. Luthans, *International Management: Culture, Strategy and Behavior*, 5ª edición, Boston, McGraw-Hill/Irwin, 2003.

Hofstede, G., *Cultures Consequences: International Difference in Work-Related Values*, Beverly Hills, CA, Sage Publishing, 1980.

Hooker, J., *Working across Cultures*, Stanford, CA, Stanford Business Books, 2003.

Kluckhohn, F. y F.L. Strodtbeck, *Variations in Value Orientations*, Evanston, IL, Row, Peterson, 1961.

Krane, J., "Intelligence Companies Help Overseas Business Travelers", *The Cincinnati Enquirer*, 2 de abril de 2002, sitio de Internet.

Kras, E., *Management in Two Cultures: Bridging the Gap between U.S. and Mexican Managers*, ed. rev., Yarmouth, ME, Intercultural Press, 1995.

Lieberthal, K. y G. Lieberthal, "The Great Transition", *Harvard Business Review*, 1 de octubre de 2003, pp. 71-81.

Mendenhall, M. E., E. Dunbar y G. R. Oddou, "Expatriate Selection, Training, and Career-Pathing: A Review and Critique", *Human Resource Management*, 26, 3, otoño de 1987, pp. 331-45.

Milosevic, D. Z., "Echoes of the Silent Language of Project Management", *Project Management Journal*, 30, 1, marzo de 1999, pp. 27-39.

Ricks, D. A., *Blunders in International Business*, London: Blackwell, 2000.

Saunders, C., C. Van Slyke, y D. R. Vogel "My Time or Yours? Managing Time Visions in Global Virtual Teams", *Academy of Management Executive*, 18, 1, 2004, pp. 19-31.

Scown, M. J., "Managers Journal: Barstool Advice for the Vietnam Investor", *Asian Wall Street Journal*, 15 de julio de 1993.

Tung, R. L., "Expatriate Assignments: Enhancing Success and Minimizing Failure", *Academy of Management Executive*, 1, 2, 1987, pp. 117-26.

Yeung I. y R. L. Tung, "Achieving Business Success in Confucian Societies: The Importance of Guanxi (Connections)", *Organizational Dynamics*, 25, 2, otoño de 1996, pp. 54-65.

Caso

AMEX, Hungría

Michael Thomas gritó "Sasha, Tor-Tor, tenemos que irnos. El chofer nos espera". Las dos hijas de Thomas peleaban por quién se comería la última naranja del almuerzo ese día. Victoria ("Tor-Tor") ganó cuando tomó la naranja y salió corriendo al Mercedes Benz que esperaba por ellas. La pelea continuó en el asiento de atrás mientras manejaban a la ciudad de Budapest, Hungría. Por fin Thomas volteó, tomó la naranja y les anunció que él se la comería en el almuerzo. El asiento trasero cayó en un profundo silencio conforme avanzaron a la escuela llamada American International School of Budapest.

Después de dejar a las niñas en el colegio, llevaron a Thomas a su oficina en el área de Belvéros en Budapest. Thomas trabajaba para AMEX Petroleum y había sido enviado a Budapest cuatro meses antes para organizar operaciones de negocios en el centro de Hungría. Su trabajo era establecer de 10 a 14 estaciones de gasolina en la región al comprar estaciones existentes, construir nuevas o negociar arreglos de franquicias con los dueños de las estaciones ya existentes. Thomas saltó con este proyecto. Se dio cuenta de que su carrera en AMEX no iba a ninguna parte en Estados Unidos y que si pretendía realizar sus ambiciones, tendría que lograrlas en el salvaje oriente del antiguo imperio soviético. Además, la madre de Thomas era húngara y hablaba el idioma. Al menos eso pensó hasta que llegó a Budapest y se dio cuenta de que había exagerado mucho en cuanto a sus capacidades.

Cuando entró a las oficinas poco amuebladas de AMEX, se percató de que sólo había tres empleados. Nadie sabia dónde estaba Miklos, mientras que Margit reportó que ella no estaría en el trabajo ese día porque tenía que quedarse en casa y cuidar a su madre enferma. Thomas preguntó a Béla por qué los trabajadores no habían llegado para terminar la oficina. Béla le informó que el trabajo se tuvo que detener hasta que recibieran aprobación del historiador de la ciudad. Budapest, ansioso por preservar su herencia histórica, requería que todas las renovaciones de edificios fueran aprobadas por el historiador de la ciudad. Cuando Thomas le preguntó a Béla cuánto tiempo tomaría, Béla respondió: "Quién sabe… días, semanas, tal vez hasta meses." Thomas murmuró "grandioso" para sí mismo y concentró su atención en el negocio matinal. Tenía programado entrevistar posibles empleados que actuarían como administradores de estación y personal.

La entrevista con Ferenc Erkel era como las muchas que tuvo esa mañana. Erkel estaba muy bien vestido, era un profesionista desempleado de 42 años que podía hablar un inglés limitado. Tenía una maestría en economía internacional y había trabajado 12 años en el Instituto de Comercio Exterior, propiedad del Estado. Desde que lo despidieron dos años antes, había trabajado como chofer de taxi. Al preguntarle acerca de su trabajo en el instituto, Erkel sonrió apenado y le dijo que sólo movía papeles y que pasaba la mayor parte del tiempo jugando cartas con sus colegas.

A la fecha, Thomas había contratado 16 empleados. Cuatro renunciaron con tres días en el puesto y seis fueron despedidos después de un periodo de pruebas, por faltar al trabajo, por no hacer bien sus labores o por mostrar una falta de iniciativa. Thomas pensó que a este ritmo le tomaría más de un año contratar a su personal.

Thomas tomó un descanso del programa de entrevistas para revisar el *Budapest Business Journal*, un periódico inglés que cubría las noticias de negocios en Hungría. Dos artículos llamaron su atención. Uno hablaba de la amenaza creciente de la mafia ucraniana en Hungría y reseñaba los intentos de extorsión en Budapest. La segunda historia era que la inflación había aumentado a 32 por ciento. Este último tema molestaba a Thomas porque, en ese momento, sólo una de cada cinco familias en Hungría poseía un automóvil. La estrategia de AMEX en Hungría dependía de un auge de dueños primerizos de automóviles.

Thomas recogió sus cosas y sacó unas aspirinas para el dolor de cabeza que empezaba a padecer. Caminó varias cuadras al restaurante Kispipa donde tenía una reunión de cena con el empresario húngaro Zoltán Kodaly. Había conocido a Kodaly de manera breve en una recepción patrocinada por el consulado estadounidense para hombres de negocios estadounidenses y húngaros. Le informaron que Kodaly tenía tres estaciones de gasolina en las que Thomas estaba interesado.

Mientras Thomas esperaba, le tomó 25 minutos beber una botella de agua. Kodaly apareció con una joven que no podía tener más de 19 años. Como resultó, Kodaly había llevado a su hija Annia, estudiante universitaria, para que fungiera como intérprete. Aunque Thomas hizo un intento por hablar en húngaro al principio, Kodaly insistió en que utilizaran a Annia para la traducción.

Después de ordenar la especialidad de la casa, *szekelygulas*, Thomas de inmediato pasó a los negocios. Le dijo a Kodaly que AMEX estaba dispuesto a hacerle dos ofertas. Les gustaría comprar dos de sus estaciones a un precio de 150 000 dólares cada una o podían trabajar en un contrato de franquicia. Thomas le dijo que AMEX no estaba interesado en la tercera estación ubicada cerca de Klinikak porque sería demasiado costoso modernizar el equipo. Annia tradujo, y por lo que Thomas podía opinar, hacía muy buen trabajo. Al principio, Kodaly no respondió y sólo participó en conversaciones laterales con Annia e intercambiaba bromas con personas que pasaban por ahí. Thomas se frustró y reiteró su oferta. Más adelante, Kodaly preguntó lo que quería decir con "franquicia" y Thomas trato de utilizar el McDonald's local como un ejemplo de la forma en que funcionaba. Mencionó que Kodaly sería el dueño de las estaciones, pero que tendría que pagar una cuota de franquicia, compartir las utilidades con AMEX y adherirse a los procedimientos y prácticas de AMEX. A cambio, AMEX le daría el petróleo y los fondos para renovar las estaciones para cumplir con los estándares de AMEX.

Al final de la cena, Kodaly preguntó qué pasaría con las personas que trabajaban en las estaciones. Thomas le dijo que de acuerdo con sus cálculos, las estaciones tenían 70 por ciento de exceso de personal y que para tener utilidades se tendría que despedir al menos a 15 empleados. Esta afirmación se recibió en silencio. En seguida, Kodaly cambió la conversación al balompié y le preguntó a Thomas si era verdad que en Estados Unidos las chicas jugaban dicho deporte. Thomas le dijo que sus dos hijas lo practicaban en Estados Unidos y esperaba que también lo hicieran en Hungría. Kodaly le dijo que las niñas no jugaban balompié en Hungría y que Annia era muy buena en el volibol. Thomas presionó a Kodaly para recibir una respuesta a su oferta, pero éste se levantó y le agradeció la invitación a cenar. Le dijo que pensaría la oferta y que lo contactaría más adelante.

Thomas dejó el Kispipa y se preguntó si volvería a ver a Kodaly. Regresó a su oficina donde un mensaje urgente de Tibor lo esperaba. Tibor era el responsable de acondicionar la primera estación que Thomas había comprado para AMEX. Los nuevos tanques no habían llegado de Viena y el personal de construcción había pasado el día entero sin hacer nada. Luego de varias llamadas se enteró de que el tanque estaba retenido en la aduana de la frontera. Esto lo irritó porque los funcionarios locales le dijeron que se habían encargado de todo. Le pidió a su secretaria que le programara una cita en la oficina de comercio húngara lo más pronto posible.

Al final del día revisó su correo electrónico de Estados Unidos. Había un mensaje de la oficina matriz en el que se pedía el estatus del proyecto. Para esta hora, había esperado tener su oficina con personal y listos para trabajar, así como al menos tres estaciones aseguradas. Hasta ese momento, sólo tenía un tercio del personal, su oficina estaba hecha un caos y nada más una estación estaba siendo acondicionada. Thomas decidió esperar al día siguiente para responder el correo.

Antes de volver a casa, Thomas pasó por un bar inglés (*pub*), el lugar de reunión preferido por los expatriados en Budapest. Ahí conoció a Jan Krovert, quien trabajó para una empresa holandesa que construía una gran tienda de descuento al menudeo en las afueras de Budapest. Thomas y Krovert a menudo hablaban en el pub de ser "extraños en tierra de extraños". Thomas habló sobre las entrevistas y de cómo podía ver en sus ojos que no tenían el impulso ni la iniciativa de ser exitosos. Krovert respondió que Hungría tiene un desempleo elevado, pero una escasez de trabajadores motivados. Krovert le confió que ya no entrevistaba a nadie mayor de 30 años, al afirmar que el fuego que tuvieron dentro se había apagado luego de años de trabajar en empresas paraestatales.

1. ¿Cuáles son los temas que confronta Thomas en este caso?
2. ¿Qué tan bien enfrenta Thomas estos asuntos?
3. ¿Qué sugerencias tendría usted para Thomas al administrar este proyecto?

Caso

Historias de fantasmas

El 26 de diciembre de 2004, un terremoto de 9.1 grados en la escala de Richter desencadenó una serie de tsunamis en la costa de Indonesia. Se dispersaron a lo largo del océano Índico y mataron una gran cantidad de personas, se inundaron comunidades costeras en el sur y sureste de Asia, incluidas partes de Indonesia, Sri Lanka, India y Tailandia. El tsunami de Asia ocurrido en 2004 fue una de las catástrofes más mortíferas en la historia moderna, con más de 220 000 vidas perdidas.

Nils Lofgrin, quien había administrado varios proyectos de construcción en Australia y Nueva Guinea fue enviado por su empresa de construcción a reparar un centro turístico de cinco estrellas en la costa Andaman en el sur de Tailandia que había sido devastado por el tsunami. Los muertos en el centro vacacional incluyeron 12 empleados y 37 huéspedes. Ésta fue la primera asignación de Nils en Tailandia.

Nils voló y recorrió el sitio. Su evaluación del daño fue que no era tan severo como lo había temido. La infraestructura básica estaba intacta, pero los escombros se tenían que limpiar y volver a amueblar el centro. Reportó a la casa matriz que con un poco de suerte haría que el centro vacacional funcionara en cuestión de meses. No se dio cuenta de que pronto se arrepentiría de haber hecho esa promesa.

Los problemas comenzaron de inmediato cuando fue incapaz de reclutar trabajadores que ayudaran a limpiar los destrozos en el centro. Los trabajadores migrantes birmanos, que formaban una parte significativa en esta región, habían huido hacia las montañas por los temores de ser arrestados y deportados. Incluso cuando ofreció duplicar los salarios no pudo reunir tantos tailandeses. Al principio atribuyó su renuencia al choque causado por la devastación del tsunami. Todos parecían conocer a alguien que había muerto o, peor aún, que había desaparecido. Pero pronto se dio cuenta de que se trataba de algo más que un choque.

Nils almorzaba en un restaurante con un amigo tailandés cuando una discusión animada surgió entre otros clientes tailandeses que estaban por ahí. Le preguntó a su amigo qué sucedía. Éste dijo que alguien contaba la historia de un taxista local que había recogido a tres turistas extranjeros y los llevaba a Kata Beach cuando de pronto volteó y vio que su taxi estaba vacío. Otro narró la historia de una familia local cuyo teléfono sonaba en forma constante durante el día y la noche. Cuando descolgaban, las voces de amigos y parientes perdidos lloraban y pedían ayuda.

Nils se hundió en su silla cuando se dio cuenta de que nadie quería trabajar para él porque los posibles trabajadores pensaban que la región y su centro vacacional estaban hechizados por fantasmas.

1. ¿Qué opciones tiene Nils?
2. ¿Qué haría usted y por qué?

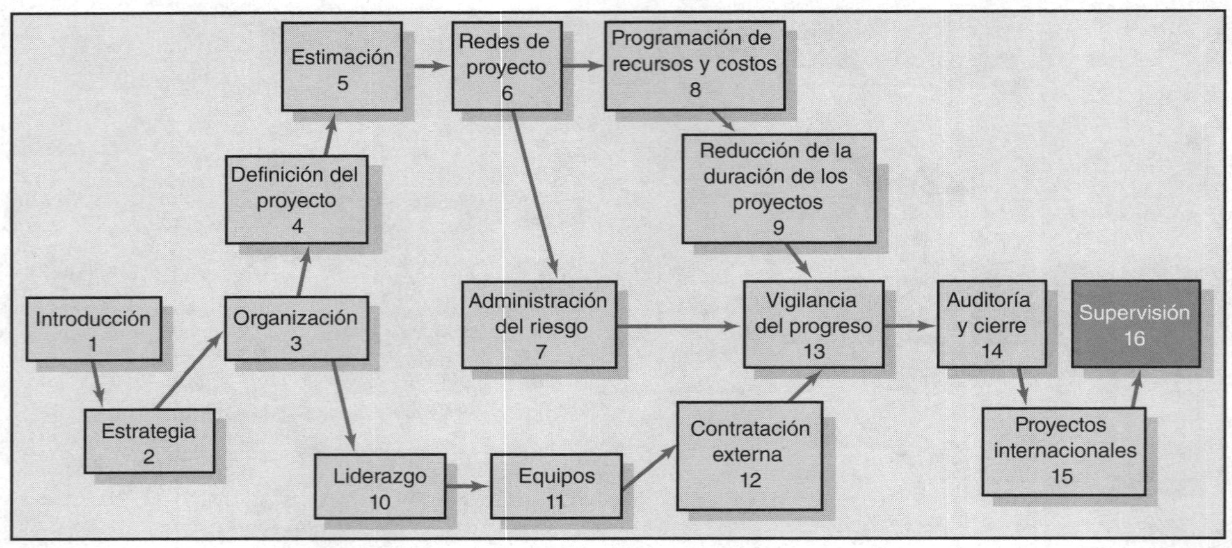

Supervisión

Supervisión del proyecto

Asuntos no resueltos

Aspectos y trayectorias profesionales

Resumen

Conclusiones

CAPÍTULO DIECISÉIS

Supervisión

Sin un crecimiento y progreso continuo, las palabras como logro y éxito no significan nada.

—Benjamín Franklin

Hasta ahora, este texto ha estado dedicado sobre todo a tener herramientas y técnicas para administrar con éxito proyectos específicos. Es importante detenernos y ver la imagen completa para observar cómo encajan estas metodologías en la capacidad de una organización que administra proyectos para lograr los objetivos estratégicos. *Supervisión* es el término que ha surgido para reflejar la forma en que las organizaciones vigilan sus sistemas de administración de proyectos.

En este capítulo se identifican algunas prácticas de supervisión y esfuerzos actuales para mejorar la administración de los proyectos de largo plazo. También se identifican y analizan temas no resueltos que se presentan en este campo. Como la premisa es que la administración de proyectos tenga un futuro brillante, el capítulo concluye de manera apropiada con sugerencias de cómo hacer una carrera en administración de proyectos.

Supervisión del proyecto

En los últimos años, el cambio de paradigma hacia la supervisión y control de los proyectos ha sido profundo. La supervisión del proyecto se puede definir como *un conjunto de principios y procesos para guiar y mejorar la administración de los proyectos*. La intención es asegurarse de que los proyectos cumplan con las necesidades de la organización mediante estándares, procedimientos, responsabilidad, asignación eficiente de recursos y mejora continua en la administración de proyectos. Un segundo propósito es respaldar al administrador de proyectos. Calculamos que más de 95 por ciento de las organizaciones orientadas a los proyectos han realizado alguna forma de supervisión durante varios años. El progreso ha sido rápido y constante. Las actividades típicas de la supervisión del proyecto abarcan dos dimensiones: la organización y el proyecto. He aquí algunas de las actividades de supervisión más importantes que se utilizan:

Al nivel de la organización

- Selección del proyecto.
- Manejo del portafolio.
- Perfeccionamiento del manejo de todos los proyectos al paso del tiempo.
- Consideración y evaluación del grado de madurez del sistema de administración de proyectos de la organización.
- Uso del enfoque del método del cuadro de mando integral (*balanced scorecard*) para revisar el progreso en las prioridades estratégicas.

Al nivel de proyecto

- Revisión de los objetivos del proyecto.
- Decisión sobre los temas propuestos por el administrador del proyecto; por ejemplo, necesidades de recursos y ascensos.
- Rastreo y asistencia al proyecto para resolver los cuellos de botella.
- Revisión de los informes de avance del administrador del proyecto.

- Auditoría y revisión de las lecciones aprendidas.
- Autorización de cualquier desviación del alcance original.
- Cancelación del proyecto.

Todas estas actividades están diseñadas para darle consistencia, estructura, responsabilidad y mejoramiento a la administración de los proyectos. En la actualidad, la supervisión de proyectos, mediante un comité ejecutivo, grupo de supervisión o una oficina de proyecto, abarca cada aspecto de la administración de proyectos en la organización.

Importancia de la supervisión para el administrador de proyectos

¿Qué significa este cambio sólido de paradigma para un administrador de proyectos que por lo general está a cargo de sólo uno o dos proyectos? Cuatro cosas. Primero, en casi todos los casos, la supervisión se ocupa de respaldar y ayudar al administrador de proyectos donde sea necesario. Ésta es una mejora sobre el pasado. Segundo, la función de supervisión determina el ambiente donde el administrador del proyecto ejecutará su proyecto. Esto puede afectar la administración de un proyecto en una forma positiva o negativa. Tercero, según el tamaño y la complejidad del proyecto, los métodos utilizados para hacer responsable al administrador del proyecto influirán en la forma en que se mida el desempeño. Por último, el administrador del proyecto, que es responsable de la administración diaria, quizá le informe a este grupo de supervisión en fases predeterminadas en el proyecto. En resumen, la supervisión respalda la administración de proyectos en los niveles de la organización y del proyecto.

Como administrador de proyectos, usted debe estar consciente de la forma en que estas actividades de supervisión pueden influir en la administración de sus proyectos. A continuación presentamos una breve descripción de cada una de estas actividades de supervisión.

Administración del portafolio de proyectos

Cuando un esfuerzo de proyectos se mueve de lo táctico a lo estratégico, la selección del proyecto, los procesos de proyectos y los recursos se llevan bajo un sistema conocido como administración del portafolio de proyectos. Recuerde del capítulo 2 que la administración del portafolio integra proyectos con las prioridades actuales, empuje estratégico y asignación general de los recursos escasos de la organización. Aquí tenemos una definición típica:

> La *administración del portafolio de proyectos* es la administración centralizada de éstos para asegurarse de que la asignación de recursos a los proyectos esté dirigida a los proyectos que contribuyan con el mayor valor a las metas de la organización.

La administración del portafolio de proyectos respalda la administración coordinada de múltiples proyectos para obtener beneficios no disponibles para ser administrados en forma individual. El desarrollo de la administración del portafolio de proyectos se complementa con el movimiento al uso de oficinas administrativas de proyectos.

Oficina de proyectos

La mayoría de las organizaciones orientadas a los proyectos han establecido oficinas de proyectos. La aparición de una de éstas con frecuencia sigue a la realización de esfuerzos de administración del portafolio de proyectos. La oficina de proyectos es el vehículo para respaldar y administrar las actividades de supervisión. Aquí tenemos una definición:

> La *oficina de proyectos* (OP) es la unidad responsable del respaldo continuado de una aplicación consistente de selección de criterios, estándares y procesos; capacitación y asistencia general a los administradores de proyectos y mejora continua, y el uso de las mejores prácticas.

Con frecuencia, la oficina de proyectos incluye la administración del portafolio de proyectos. El portafolio y las oficinas de proyectos logran una función de integración de la planeación y el control. La OP también respalda la integración de los procesos de administración de proyectos en el ambiente social y cultural de la organización. Las empresas de alta tecnología como Hewlett-Packard (HP), International Business Machines (IBM) y Dell usan oficinas de proyectos para coordinar los proyectos y asegurarse de que se utilizan las mejores prácticas para administrar éstos. Por ejemplo, HP tiene oficinas de proyectos en Europa y Medio Oriente, América, Asia/Pacífico y Japón, con muchas otras

Caso de práctica

La oficina de proyectos*

Mientras que cada vez más empresas dan la bienvenida a la administración de proyectos como un vehículo crítico para realizar los objetivos corporativos, se crean oficinas de proyecto centralizadas (OP) para supervisar y mejorar la administración de los proyectos. Las funciones de las OP varían mucho de acuerdo con la organización y sus necesidades. En algunos casos, sirven como un simple centro de proceso de información de la administración de proyectos. En otros, reclutan, capacitan y asignan administradores a proyectos específicos. Conforme las OP maduran y evolucionan con el paso del tiempo, se vuelven proveedores de tiempo completo de la experiencia en administración de proyectos dentro de una empresa. Entre los distintos servicios que proporciona una OP pueden estar los siguientes:

- Creación y mantenimiento del sistema de información de administración de proyectos.
- Reclutamiento y selección de administradores de proyectos, dentro y fuera de la organización.
- Establecimiento de planeación estandarizada de proyectos y metodologías de información.
- Capacitación del personal en las técnicas y herramientas de administración de proyectos.
- Auditorías de proyectos actuales y recién completados.
- Desarrollo de programas de la administración detallada del riesgo.
- Servicios de consultoría y tutoría interna de administración de proyectos.
- Mantenimiento de una biblioteca de administración de proyectos internos que contenga documentos fundamentales, como los planes de proyectos, papeleo de fondos, planes de pruebas, informes de auditorías y demás.
- Establecimiento y comparación de las mejores prácticas de administración de proyectos.
- Mantenimiento y rastreo del portafolio de proyectos dentro de una organización.

Un buen ejemplo de la forma en que evolucionan las oficinas de proyectos es la oficina global de proyectos (GPO) en Global Corporate Bank (Banco Corporativo Global) de Citibank. El GPO se originó a nivel subterráneo dentro del pequeño mundo del Operations and Technology for Global Cash Management (Operaciones y Tecnología para la Administración Global del Efectivo). Comprometidos con poner orden en el caos de la administración de proyectos, GPO instituyó programas de capacitación y prácticas profesionales de administración de proyectos a una escala muy pequeña. Pronto, el éxito de los proyectos respaldados por GPO llamó la atención de la administración superior. En tres años, el departamento se expandió para ofrecer una gama completa de servicios de OP en toda la operación de banca de Citibank. La misión de GPO es establecer la administración de proyectos como una competencia central en toda la organización de Citibank.

---

* T. R. Block y J. D. Frame, "Today's Project Office: Gauging Attitudes", *PM Network*, agosto de 2001; W. Gradante y D. Gardner, "Managing Projects from the Future, Not from the Past", *Proceedings of the 29th Annual Project Management Institute 1998 Seminars and Symposium*, Newtown Square, PA, Project Management Institute, 1998, pp. 289-94.

FIGURA 16.1 **Informe de resumen de costos del portafolio de proyectos para la administración superior**

Net Services, Inc. View Cost Resumen de costos del portafolio de proyectos (000) Fecha:

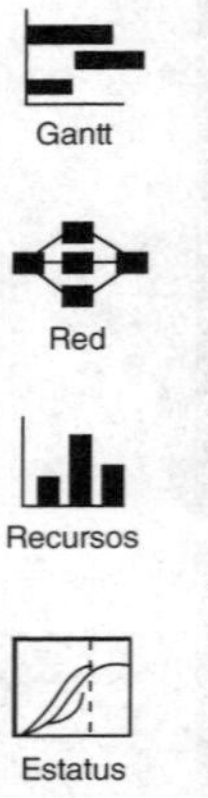

Ubicación	Identificación del proyecto	Descripción	PV	EV	AC	CPI	SPI	PCIB	BAC	EAC	VAC
Resumen	Todo	Portafolio							**$18 120**		
Estados Unidos									**$10 500**		
	01-003	Digitalización de huellas digitales, FBI	3 000	3 500	3 230	1.08	1.17	97.2%	3 600	3 322	278
	01-011	Encriptación	270	250	250	1.00	0.93	71.4%	350	350	0
	01-002	Protocolo de Internet, CIA						0.0%	950		
	01-009	Socios de cadena de suministro	90	90	80	1.00	1.00	16.7%	540	640	0
	01-012	Bono de recompensas de millas						0.0%	630		
	01-005	Reclamaciones de ventas electrónicas	150	140	150	0.93	0.93	35.0%	400	429	−29
	01-011	Red de compras	400	340	380	0.89	0.85	27.6%	1 230	1 375	−145
	01-008	Rastreo de tarjetas inteligentes	850	900	900	1.00	1.06	32.1%	2 800	2 800	0
Asia/Pacífico									**$2 800**		
	02-007	Conversión de monedas	125	120	120	1.00	0.96	80.0%	150	150	0
	02-002	Sistema de facturación	280	280	280	1.00	1.00	70.0%	400	400	0
	02-006	Flujo de efectivo con base en la red	210	220	200	1.10	1.05	73.3%	300	273	27
	02-004	Simulación olímpica						0.0%	1 950		
EEC									**$4 820**		
	03-008	Tarjeta inteligente	145	110	140	0.79	0.76	18.3%	600	764	−164
	03-003	Garantía						0.0%	70		
	03-004	Simulación, ESA						0.0%	800		
	03-005	Red de reservación aérea	510	490	520	0.94	0.96	35.0%	1 400	1 486	−86
	03-007	Sistema de registro de Internet piloto	540	490	550	0.89	0.91	57.6%	850	954	−104
	03-006	Sistema de teléfono de Internet	850	850	860	0.99	1.00	77.3%	1 100	1 113	−13

Gantt
Red
Recursos
Estatus
WBS
Patrocinador
Equipo
Prioridad
Aspectos

LEYENDA
Abajo del presupuesto
Dentro del presupuesto
Arriba del presupuesto

en curso. Como los proyectos se utilizan para ejecutar la estrategia, HP ha creado una nueva posición: el vicepresidente de oficinas de proyectos. Estas oficinas aseguran un enfoque coherente para los proyectos en todas las ubicaciones. Vea el recuadro de Instantánea de la práctica: La oficina de proyectos.

Las figuras 16.1 y 16.2 proporcionan un ejemplo de un informe que la oficina de proyectos da a la administración superior de una organización internacional. Observe que dicho informe requiere un formato estándar para todos los proyectos. En la figura 16.1 se describe un informe de resumen de costos del portafolio de proyectos desarrollado para la administración superior. En la figura 16.2 se presenta el mismo informe para los programas de proyectos. La información adicional detallada de cualquier proyecto destacado, como el programa del proyecto, el informe del estado de costos, el equipo de proyectos, está a un doble clic de distancia. Por ejemplo, el proyecto de tarjeta inteligente en la comunidad económica europea (EEC) parece tener un retraso en el programa. La causa se puede identificar al buscar en el programa del proyecto, WBS, recursos o temas. Los formatos de proyectos estándar como éstos proporcionan una riqueza de información en las organizaciones de proyectos múltiples.

Las oficinas de proyectos son conocidas por lograr beneficios positivos como los siguientes:

- Sirven como un puente entre la administración superior y los administradores de proyectos.
- Respaldan la integración de todos los procesos de administración de proyectos desde la selección hasta el cierre del proyecto y las lecciones aprendidas.
- Mediante la capacitación respaldan el movimiento de la organización a un nivel más elevado de madurez de administración de proyectos.

El crecimiento en la aplicación de la administración del portafolio y las oficinas de proyectos continuará. La administración de estos dos aspectos influye mucho en la forma en que un administrador maneja su respectivo proyecto. Una actividad de supervisión más reciente ha sido la realización rápida de revisiones de *phase gate*.

FIGURA 16.2 **Informe de resumen de programas del portafolio de proyectos acerca de los programas de proyectos**

Net Services, Inc. — View: Schedule — Resumen de programas del portafolio de proyectos — Fecha:

Ubicación	Identificación del proyecto	Descripción	Administrador del proyecto	Fecha de inicio	Fecha de terminación	SPI
Resumen	Todo	Portafolio				
Estados Unidos						
○	01-003	Digitalización de huellas digitales, FBI	Beth Gage	11/15	8/15	1.17
●	01-011	Encriptación	Alfonso Buco	1/1	9/25	0.93
◍	01-002	Protocolo de Internet, CIA		10/1	6/1	
◍	01-009	Socios de cadena de suministro	Mike Chow	6/5	11/16	1.00
◍	01-012	Bono de recompensas de millas	Sally Peters	8/1	2/12	
●	01-005	Reclamaciones de ventas electrónicas	Kevin Lee	2/4	11/15	0.93
●	01-011	Red de compras	Tzvi Jafarri	5/5	12/30	0.85
○	01-008	Rastreo de tarjetas inteligentes	Jan Snyder	3/1	12/4	1.06
Asia/Pacífico						
◍	02-007	Conversión de monedas	Jeff Bush	2/1	7/10	0.96
◍	02-002	Sistema de facturación	Kia Wong	10/7	10/5	1.00
○	02-006	Flujo de efectivo con base en la red	Naoki Oshima	2/15	9/15	1.05
◍	02-004	Simulación olímpica		7/12	2/10	
EEC						
●	03-008	Tarjeta inteligente	Ido Alons	4/16	9/15	0.76
◍	03-003	Garantía	Connor Gage	8/11	12/12	
◍	03-004	Simulación, ESA	Ib Ericson	9/15	2*13	
◍	03-005	Red de reservación aérea	Oragan Milosovik	3/22	1/12	0.96
●	03-007	Sistema de registro de Internet piloto	Ken Thompson	3/1	10/3	0.91
◍	03-006	Sistema de teléfono de Internet	Ann McGraddy	8/10	9/29	1.00

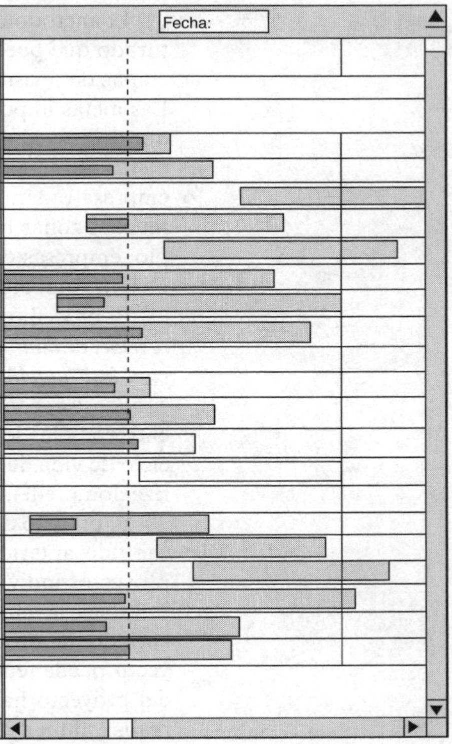

Gantt · Red · Recursos · Estatus

WBS · Patrocinador · Equipo · Prioridad · Aspectos

LEYENDA
○ Abajo del presupuesto
◍ Dentro del presupuesto
● Arriba del presupuesto

Metodología de *phase gate*

Después del surgimiento de la oficina de proyectos y del portafolio de proyectos vino el uso de la metodología de *phase gate*. Proporciona una revisión profunda de los proyectos individuales en *fases específicas* en el ciclo de vida del proyecto. Estas revisiones abarcan evaluaciones para continuar o eliminar el proyecto, una reevaluación de la asignación de recursos, otra de la asignación de prioridades y evaluación del progreso en la ejecución, así como las decisiones de alineación estratégica. El proceso de revisión de fases sirve a la organización ya que tiene encargados (que por lo general se seleccionan de diversas áreas de la empresa) que efectúan la revisión. El proceso de *phase gate* también se designa para respaldar al administrador de proyectos en las decisiones y otros temas, como ascensos y necesidades de recursos. La idea de una metodología de *phase gate* encaja sin problema en la función de supervisión de la oficina de proyectos. En su origen, esta metodología se diseñó para el desarrollo de productos, pero su aplicación ha crecido más allá del desarrollo de productos nuevos para incluir todos los proyectos del portafolio. Un estudio de Morris y Jamieson mostró que 85 por ciento de los encuestados utiliza revisión de *phase gate*, mientras que 85 por ciento de quienes no las utilizaban, pensaban que deberían hacerlo.

El modelo original *Stage-Gate*™ fue introducido por primera vez hace varias décadas por Robert G. Cooper para mejorar la administración del desarrollo de productos nuevos. El modelo original incorpora cinco etapas: investigación preliminar, investigación detallada, desarrollo, prueba y validación y producción total y lanzamiento al mercado. Éstas preceden a las "puertas" y representan información desarrollada para permitir a los vigilantes tomar la decisión correcta en la siguiente puerta. Estos puntos de decisión en cada puerta son conocidos como decisiones de continuar, eliminar, de espera o reciclar. Dada la información desarrollada para cada etapa, los vigilantes (el equipo de supervisión) pueden decidir si se debe continuar con el proyecto, abortarlo o revisar y reciclar.

En la actualidad, las variaciones del modelo original se utilizan en todas las industrias para ayudar a manejar el portafolio de proyectos. Estas variaciones no se limitan a un nuevo desarrollo de proyectos. El número de etapas y "puertas" varía. Pero la idea de las revisiones de supervisión repetidas en el ciclo de vida del proyecto aparece en todos los modelos. Cada revisión de puerta, como mínimo, siempre revisará el proyecto frente a la alineación con las metas estratégicas actuales.

La metodología de las *phase gate* es atractiva porque brinda un proceso bien definido y estructurado que puede aplicarse de manera consistente en todos los proyectos del portafolio. Distintas etapas de revisión y "puertas" para continuar o eliminar comprenden esta función de supervisión. Las metas importantes para las *phase gate* son asegurar la supervisión y el respaldo al administrador de proyectos y al equipo de proyectos, a fin de dirigir los recursos de la organización hacia las metas estratégicas y reducir el número de proyectos que no respaldan el rumbo de progreso de la empresa-organización. Es rara una organización de proyectos múltiples que tiene empleados en muchas zonas horarias que no utilice alguna forma de metodología de revisión de fases. Por ejemplo, empresas como 3M, General Motors, Norhtern Telecom, DuPont, Intel, Hewlett-Packard y Dell utilizan alguna forma de *phase gate* para administrar sus proyectos.

El procedimiento de revisión de *phase gate* se puede definir como *un proceso estructurado para revisar, evaluar y documentar resultados en cada fase de los proyectos y proporcionar a la administración información para guiar el despliegue de recursos hacia las metas estratégicas.* La actividad de supervisión comienza con la selección del proyecto y el rastreo del ciclo de vida del proyecto hasta el cierre y las lecciones aprendidas. Las *phase gate* tienen que ocurrir en puntos consistentes en el ciclo de vida del proyecto para que cada proyecto encuentre "puertas" similares en puntos de autorización predefinidos.

El proceso de revisión de fases puede parecer similar a la auditoría del proyecto analizada en un capítulo anterior. Ocurre cierto traslape, pero aquí el enfoque es más integrado y holístico. Los proyectos individuales se revisan como parte de un portafolio total. Por ejemplo, ¿las prioridades estratégicas han cambiado la importancia del proyecto? Si las prioridades de la organización han variado, un proyecto que va a tiempo, dentro del presupuesto y que cumple con las metas del proyecto puede tener que "eliminarse". La revisión de fases se realiza en cada fase desde la selección del proyecto hasta las lecciones aprendidas, a diferencia de la auditoría, que con frecuencia se realiza al final del proyecto. Las *phase gate* proporcionan una mayor perspectiva para la administración de proyectos múltiples de un portafolio de proyectos. Los vigilantes primero se enfocan en las necesidades de la organización y, luego, en los requerimientos del proyecto.

La figura 16.3 es un diagrama de flujo de una variación genérica y condensada de la metodología de *phase gate* que se aplica a todo tipo de proyectos.

Las "puertas" de decisión se enfocan en continuar o eliminar con base en preguntas importantes, como las que se muestran en las "puertas" 1 y 2 a continuación (vea la referencia "desconectar el cable"). Como mínimo, cada puerta debe incluir tres componentes:

1. Productos a entregar solicitados (por ejemplo, metas de proyecto, progreso, variaciones).
2. Criterios de "puertas" y resultados específicos (por ejemplo, ajuste del alcance del proyecto, programa).
3. Una decisión clara de sí y no acerca de seguir adelante.

El criterio de todas las "puertas" durante el proyecto se elige antes del inicio del proyecto.

El valor de los métodos de *phase gate* reside con firmeza en tener información suficiente para respaldar la decisión de las "puertas". Deben recopilarse cantidades significativas de datos para responder las preguntas cruciales de "puertas". Por fortuna, se puede discernir con facilidad que si se siguen las mejores prácticas que se presentaron en los capítulos anteriores, esto le preparará para responder sin problema a las preguntas de las "puertas" críticas. Las preguntas frecuentes de la práctica de cada "puerta" se presentan aquí.

Puerta 1: Decisión de propuesta

- ¿Qué problema de negocios resuelve el proyecto propuesto?
- ¿Este proyecto se alinea con nuestra dirección estratégica?
- ¿Qué tipo de proyecto es este? ¿Estratégico? ¿De mantenimiento organizacional? ¿"Obligado"?, etcétera.
- ¿Se debe considerar el proyecto?

Esta fase de *propuestas* responde una pregunta fundamental: ¿Es el proyecto una buena idea y resuelve algún problema o tema de negocios? En esencia, cualquiera puede proponer un proyecto. Sin

FIGURA 16.3
Diagrama condensado resumido del proceso de *phase gate*

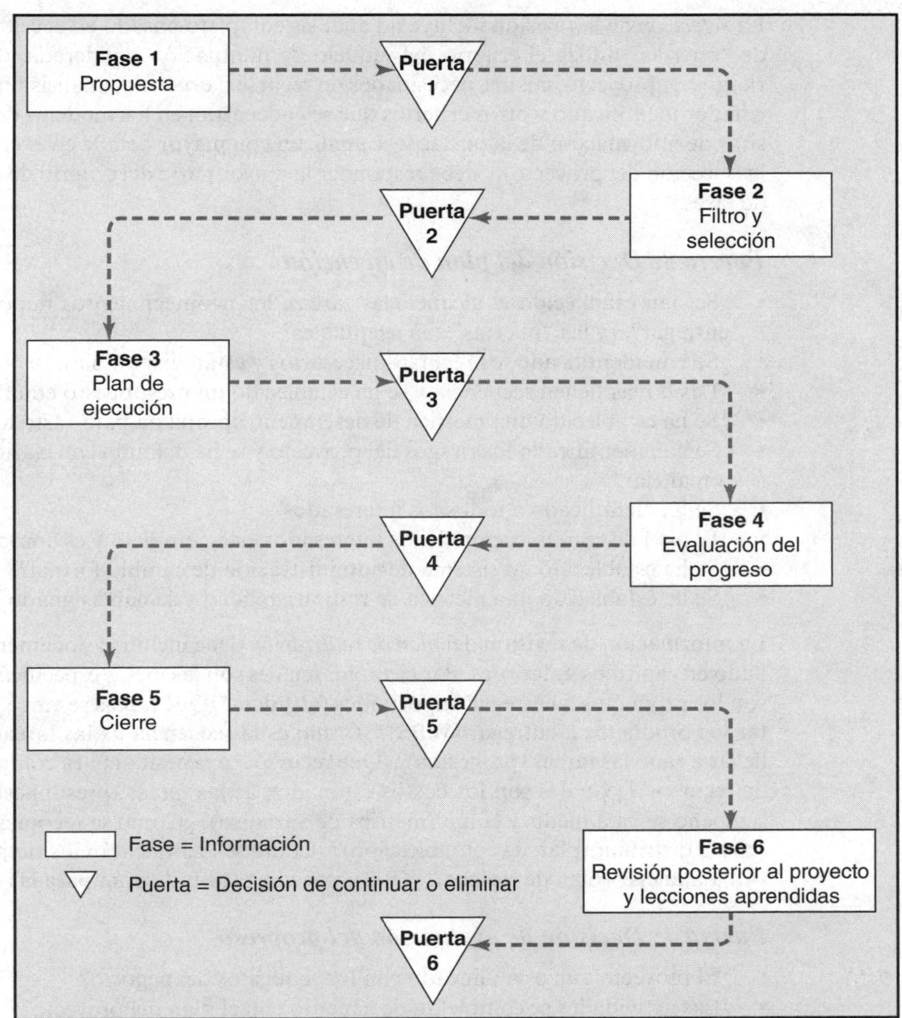

embargo, la propuesta debe brindar suficiente información clave para permitir a un equipo de supervisión decidir si la propuesta debe considerarse con mayor detalle. Por ejemplo, la información podría incluir el problema de negocios que resolverá el proyecto propuesto, la urgencia del proyecto y los objetivos claros y pertinentes del proyecto. La puerta 1 proporciona información a un gasto mínimo del costo y recursos, y en un corto tiempo para que el proyecto pueda ser reevaluado con mayor profundidad si se percibe con suficientes méritos.

Puerta 2: Decisión de la selección

- ¿Se ha identificado al patrocinador y éste proporciona respaldo?
- ¿Se debe seleccionar y ejecutar este proyecto?
- ¿En qué forma el proyecto respalda la estrategia y las metas de la organización?
- ¿Es importante realizar este proyecto ahora? ¿Por qué?
- ¿Cuál es el efecto o el riesgo de no llevar a cabo este proyecto?
- ¿Cuál es el retorno de la inversión y los beneficios no financieros de este proyecto?
- ¿Cómo encaja este proyecto en nuestras habilidades y cultura?
- ¿Qué métrica se utilizará para medir el progreso? ¿El éxito?
- ¿Cuáles son los riesgos más importantes de este proyecto?
- ¿Este proyecto se va a ejecutar en forma interna o se le contratará en forma externa?
- ¿Nuestra cultura de negocios respaldará este proyecto?
- ¿Qué tan largo y tan grande es este proyecto?

La *selección* de la revisión incluye un análisis completo basado en el criterio de selección. El grupo de "puertas" utiliza el criterio del modelo de puntuación ponderada, que por lo general incluye riesgos de proyecto, costos, necesidades de recursos, urgencia, análisis financiero, beneficios, patrocinador identificado y otros criterios que se encuentran en los modelos de selección. Muchos requisitos de información de la puerta 2 se analizan con mayor detalle en el capítulo 2 (vea la sección de la selección del proyecto) y debe responder la mayor parte del criterio de decisión para esta revisión de fases.

Puerta 3: Decisión del plan de ejecución

- ¿Se han establecido el alcance, las tareas, los acontecimientos importantes y los productos a entregar?, ¿y las "puertas" son aceptables?
- ¿Se han identificado los recursos necesarios y están disponibles?
- ¿Las tareas tienen secuencia y se ha establecido un presupuesto con fases de tiempo?
- ¿Se ha establecido una métrica de desempeño apropiada para rastrear el proyecto?
- ¿Se han identificado los riesgos del proyecto y se ha definido con claridad la forma en que se van a manejar?
- ¿Se ha identificado a todos los interesados?
- ¿El plan de comunicación de los interesados está completo y es apropiado?
- ¿Se ha establecido un sistema de administración de cambio formal?
- ¿Se ha establecido una métrica de responsabilidad y se han asignado las responsabilidades?

La información de revisión del *plan de realización* debe incluir el documento de planeación desarrollado en capítulos anteriores. Por ejemplo, ¿cuáles son las metas específicas para el proyecto y cuáles son los productos a entregar importantes (alcance)? ¿Qué tareas se van a desempeñar para completar los productos a entregar (WBS)? ¿Cómo es la secuencia de las tareas (red)? ¿Cuándo se van a llevar a cabo las tareas (programa)? ¿Qué recursos se necesitan para completar las tareas (programa de recursos)? ¿Cuáles son los costos estimados de las tareas (presupuesto cronológico)? ¿Qué desempeño se va a medir y cómo (métrica de varianza)? ¿Cómo se recopilará la información y cómo se va a distribuir (plan de comunicación)? ¿Cómo se identificarán los riesgos del proyecto y cómo se van a manejar (plan de riesgos)? ¿Qué proveedores se utilizarán para las compras?

Puerta 4: Decisión de evaluación del progreso

- ¿El proyecto aún está alineado con los requisitos del negocio?
- ¿Las actividades se completan de acuerdo con el plan del proyecto?
- ¿Se satisfacen los requisitos técnicos del proyecto?
- ¿Los contratistas cumplen con los requisitos de desempeño definidos?
- ¿Hay acciones correctivas que se deben tomar con rapidez?
- ¿El desempeño de tiempos, costos y alcance están dentro de límites aceptables?
- ¿Han cambiado los objetivos del proyecto?
- ¿Qué riesgos pueden ser retirados?

Su revisión de *evaluación del progreso* abarca las actividades de control de rastreo del avance, identificación de las variaciones de su plan y la toma de acciones correctivas. Una pieza importante de los requisitos de datos para la revisión de fases son simples mediciones frente al plan de proyecto. El rastreo del progreso y la identificación de variaciones frente al alcance, tiempo, presupuesto y control de cambios y riesgos identificados se cumplen con facilidad por medio del software disponible (véanse los capítulos 7 y 13). Por ejemplo, si el proyecto no va de acuerdo con el plan, su plan de evaluación de riesgos puede ayudarle a decidir sobre la acción que se debe tomar. Más allá de estas mediciones cuantitativas, siempre hay "aspectos" que merecen atención. Además, la prioridad del proyecto se debe revisar frente a la estrategia para determinar si esta medición aún es válida. Si no es así, podría necesitarse un cambio en el alcance o la eliminación del proyecto. Don Kingsberry, director de Global Program Management Office de HP, describe la revisión de fases de progreso de HP de manera sucinta: Tenemos "42 revisiones de la salud en los proyectos actuales. Observamos los riesgos, temas, análisis de ruta crítica, análisis de recursos, patrocinio, alineación con la estrategia, métrica de valor ganado, dependencia y otros factores que repercuten en las restricciones triples de la administración de proyectos: tiempo, costo y alcance". (Vea a Boyer para más información acerca de los esfuerzos de HP.)

Caso de práctica — Beneficios laterales de las *phase gate*

Un administrador de una empresa de alta tecnología relató a los autores que "las *phase gate* son lo mejor que le ha sucedido a la (su) empresa, mejor que un pastel de manzana. Rotamos a los administradores medios para que participen en el comité de vigilancia del proyecto a fin de darles tanta participación como sea posible". Servir en el comité de supervisión tiene grandes recompensas para la organización y el individuo. A continuación se reseña lo principal de su conversación:

Primero, el proceso pone a todos en la misma línea. Se les recuerda en forma constante la visión estratégica de la empresa y la forma en que el proyecto respalda la visión. Segundo, servir en un comité de revisión proporciona un conocimiento más holístico que crea una mayor comprensión y tolerancia a los cambios que deben ocurrir. Servir en el comité de supervisión es el vehículo más económico de capacitación que hemos tenido. Lo mejor de todo, la capacitación perdura y el punto de vista holístico se transfiere a los demás. El costo de servir en el comité de supervisión es casi cero. Los miembros tienen una mayor probabilidad de respaldar y ayudar a observar un proyecto hasta una terminación rápida y exitosa. Después, el uso del enfoque de fases limita los cambios al alcance, lo cual ha sido un tema constante en todos nuestros proyectos. Por último, la línea de fondo es que el número de proyectos inservibles de hecho ha desaparecido, los proyectos favoritos están a la luz, los recursos se utilizan en forma más eficiente y la mayoría de los proyectos vienen a tiempo y dentro del presupuesto. Las *phase gate* han cambiado la cultura completa de nuestra empresa y la forma en que se manejan los proyectos.

Puerta 5: Cierre

- ¿El proyecto entregó los resultados del negocio? ¿Se utilizó la métrica y los beneficios para justificar el proyecto alcanzado?
- ¿Se cumplieron los objetivos de alcance del proyecto?
- ¿Se cumplió con el costo y el programa del proyecto?
- ¿Se cerraron los contratos?
- ¿Los usuarios finales están satisfechos?
- ¿Se ha reconocido al personal y se le ha reasignado?
- ¿Fue correcta la cultura organizacional para este tipo de proyecto?
- ¿Fue adecuado el respaldo de la administración superior?
- ¿Se asignaron al proyecto las personas adecuadas?
- ¿Los riesgos del proyecto fueron identificados y evaluados en forma realista?
- ¿La tecnología extendió nuestras habilidades?
- ¿Cómo se entregará el proyecto?

Las actividades de *cierre* y las lecciones aprendidas siguen de cerca las actividades de cierre que se encuentran en el capítulo de auditoría. Algunas organizaciones han unido las fases 5 y 6, cierre y lecciones aprendidas en una sola puerta.

Puerta 6: Lecciones aprendidas

- ¿Hemos identificado qué salió mal y qué contribuyó al éxito?
- ¿Se han comunicado y archivado los cambios para mejorar la entrega de los proyectos futuros?
- ¿Qué obstaculizó o contribuyó a la entrega del retorno de la inversión o los resultados de negocios esperados?
- ¿Pueden otros aprender de esta experiencia?
- ¿Qué cambios se hicieron en alcance o calidad?
- ¿Quién será el responsable de archivar las lecciones aprendidas?

Las preguntas anteriores para cada fase sólo tocan la superficie de las que se encuentran en la práctica. Algunas son formalizadas, otras son muy porosas y estructuradas, pero todos los modelos de revisión de fases están diseñados para examinar la administración de un proyecto desde la selección hasta las lecciones aprendidas. Los beneficios fundamentales del uso de *phase gate* son:

- Proporcionan una capacitación excelente para el personal funcional que sirve en los grupos de supervisión.
- Alientan una mayor perspectiva y función de los proyectos dentro de la organización.
- Constituyen un proceso claro, de fácil comprensión y aplicable a todos los proyectos del portafolio.
- Proporcionan un proceso estructurado para que una oficina de proyectos les dé seguimiento a todos los proyectos.
- Eliminan los proyectos de poco valor.
- Respaldan una toma de decisiones más rápida con productos por entregar para cada puerta.

Vea el recuadro Caso de práctica: Beneficios laterales de las *phase gate* para ver la opinión de un administrador acerca de los beneficios de las *phase gate*.

Otra función clave de la supervisión es establecer puntos de referencia de la madurez de la administración de su proyecto comparados con otros en su industria.

Madurez de la organización en la administración de proyectos

Las auditorías individuales y las revisiones de *phase gate* pueden arrojar lecciones valiosas que los integrantes de los equipos pueden aplicar al trabajo de proyectos futuros. Una visión más completa, desde el punto de vista de toda la organización, utiliza un modelo de madurez de proyectos que lucha por una meta sin fin por mejorar en forma continua la administración de los proyectos. Está bien establecido que las empresas orientadas a los proyectos con mayores niveles de madurez son más exitosas en la administración de proyectos que las que carecen de programas de madurez de proyectos. Esta madurez se ha vuelto una ventaja competitiva. Las empresas incrementan el empleo de contratistas externos o de *outsourcing* y solicitudes de propuestas para buscar contratistas que hayan alcanzado niveles de madurez elevados. Harold Kerzner, un consultor de administración de proyectos y profesor, dice en forma elocuente por qué una empresa debe buscar la madurez:

> Dado el hecho de que muchos ejecutivos en la actualidad ven a su empresa como un flujo de proyectos, la administración de proyectos penetra en toda la organización, lo cual implica que la madurez es necesaria. Así que sólo las empresas que quieren continuar en el negocio y seguir siendo competitivas deben buscar la madurez. La alternativa es muy desagradable. (Citado en Mueller.)

El propósito de todos los modelos de madurez, y muchos están disponibles, es permitir a la organización evaluar su progreso en la realización de las mejores prácticas en su industria y moverse en forma continua hacia la mejora. Es importante entender que el modelo no asegura el éxito; sirve sólo como un medidor y un indicador del progreso.

El término *modelo de madurez* fue acuñado a finales de 1980 en un estudio de investigación realizado por el gobierno de Estados Unidos y el Software Engineering Institute (SEI) en la Carnegie Mellon University. El gobierno quería una herramienta para pronosticar el desarrollo exitoso de software por parte de los contratistas. El resultado de esta investigación fue el modelo de madurez de capacidad (CMM, por sus siglas en inglés). El modelo se enfoca en guiar y evaluar a las organizaciones cuando aplican mejores prácticas concretas de administración de proyectos de desarrollo de software. Desde su aparición, el modelo se utiliza en todas las industrias.

Un modelo más reciente ha recibido una gran cantidad de publicidad. En enero de 2004, después de ocho años de desarrollo, el Project Management Institute (PMI) emitió su segunda versión del modelo de madurez de proyectos organizacionales. La versión más reciente se llama OPM3 (vea

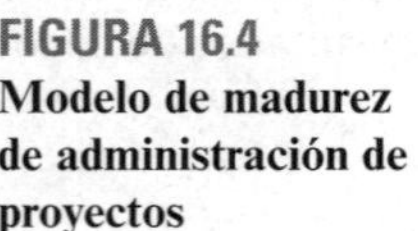

FIGURA 16.4
Modelo de madurez de administración de proyectos

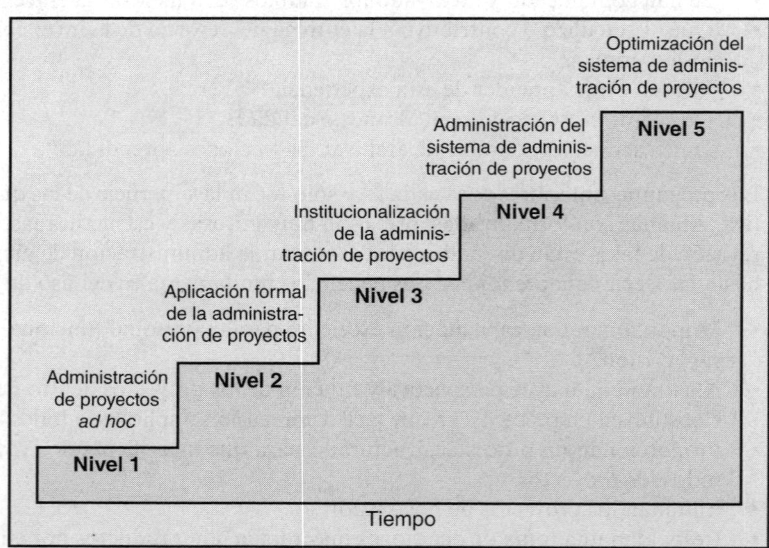

www.pmi.org/opm3). Por lo general, estos modelos se dividen en un continuo de niveles de crecimiento: inicial, repetible, definido, administrado y optimizado. En la figura 16.4 se presenta nuestra versión, que toma conceptos de otros modelos en forma libre.

***Nivel 1: Administración de proyectos* ad hoc** No se ha establecido ningún proceso de administración de proyectos. La forma en que se administra un proyecto depende de los individuos que participan. Las características de este nivel incluyen:

- No existe ningún sistema de selección de proyectos, los proyectos se realizan porque la gente decide utilizarlos o porque un administrador de nivel alto ordena que se realicen.
- La forma en que un proyecto se administra varía según el individuo y, por lo tanto, es impredecible.
- No se invierte en capacitación de la administración de proyectos.
- Trabajar en los proyectos es una lucha porque va en contra de las políticas y procedimientos establecidos.

Nivel 2: Aplicación formal de la administración de proyectos La organización aplica procedimientos y técnicas establecidos de administración de proyectos. Este nivel con frecuencia está marcado por la tensión entre los administradores de proyectos y de línea que necesitan redefinir sus funciones. Las características en este nivel incluyen:

- Se utilizan enfoques estándar para la administración de proyectos, incluidas las declaraciones de alcance, WBS y listas de actividades.
- El énfasis en la calidad está en el producto o en el resultado del proyecto y se inspecciona en lugar de venir incluido.
- La organización se mueve hacia una matriz más fuerte con los administradores de proyecto y los de línea al desempeñar sus funciones respectivas.
- Va en aumento el reconocimiento de la necesidad del control de costos, no sólo la administración del alcance y el tiempo.
- No se ha establecido ningún sistema formal de selección de prioridad de proyectos.
- Se proporciona una capacitación limitada en la administración de proyectos.

Nivel 3: Institucionalización de la administración de proyectos Se establece un sistema de administración de proyectos en toda la organización, hecho a la medida de las necesidades específicas de la organización con la flexibilidad de adaptar el proceso a las particularidades únicas del proyecto. Las características de este nivel incluyen:

- Un proceso establecido para la administración de proyectos es evidente en formatos de planeación, sistemas de informe de estatus y listas de verificación para cada etapa del ciclo de vida del proyecto.
- Se utiliza un criterio formal para elegir los proyectos.
- La administración de proyectos se integra con la administración de calidad y la ingeniería concurrente.
- Los equipos de proyectos tratan de construir la calidad y no sólo inspeccionarla.
- La organización se mueve hacia un sistema de recompensas basado en equipos para reconocer la ejecución de los proyectos.
- Se establece una evaluación de riesgos derivada del análisis WBS y técnico y de las aportaciones de los clientes.
- La organización ofrece capacitación ampliada en administración de proyectos.
- Se utilizan los presupuestos cronológicos para medir y vigilar el desempeño con base en un análisis de valor ganado.
- Se desarrolla un sistema de control de cambios específico para los requisitos, costos y programa para cada proyecto y se establece un sistema de autorización de trabajo.
- Las auditorías de proyectos tienden a realizarse sólo cuando falla un proyecto.

Nivel 4: Administración del sistema de administración de proyectos La organización desarrolla un sistema para administrar los múltiples proyectos que están en línea con las metas estratégicas de la organización. Las características de este nivel incluyen:

- Se practica la administración del portafolio de proyectos; se eligen los proyectos con base en la capacidad de recursos y la contribución a las metas estratégicas.

- Se establece un sistema de prioridad de proyectos.
- El trabajo de proyectos se integra con operaciones continuas.
- Se designan las iniciativas de mejoramiento de la calidad para mejorar tanto la calidad del proceso de administración de proyectos como la calidad de los productos y servicios específicos.
- Se utiliza el establecimiento de puntos de referencia para identificar las oportunidades de mejoramiento.
- La organización ha establecido una oficina de administración de proyectos o un centro de excelencia.
- Se realizan auditorías de proyecto en todos los proyectos significativos y las lecciones aprendidas se registran y se utilizan en proyectos subsecuentes.
- Se establece un sistema de información integrador para rastrear el uso de recursos y el desempeño de todos los proyectos significativos. Vea el recuadro Instantánea de la práctica: Acer ataca los costosos retrasos.

Nivel 5: Optimización del sistema de administración de proyectos El enfoque está en la mejora continua mediante los avances incrementales de las prácticas existentes y de las innovaciones que usan nuevas tecnologías y métodos. Las características incluyen:

- El sistema de información de la administración de proyectos está afinado: se proporciona información específica y acumulada a los distintos interesados.
- Una cultura informal que aprecia la mejora impulsa a la organización, no a las políticas y procedimientos.
- Hay una mayor flexibilidad al adaptar el proceso de administración de proyectos a las demandas de un proyecto en específico.

El progreso de un nivel al siguiente no ocurrirá de la noche a la mañana. El Software Engineering Institute considera los siguientes tiempos promedio para el cambio:

- Nivel de madurez del 1 al 2 es de 22 meses.
- Nivel de madurez del 2 al 3 es de 29 meses.
- Nivel de madurez del 3 al 4 es de 25 meses.
- Nivel de madurez del 4 al 5 es de 13 meses.

¿Por qué toma tanto tiempo? Una razón es tan sólo la inercia organizacional. Es difícil para las organizaciones sociales instituir los cambios significativos mientras se mantiene la eficacia de negocios. "¿Cómo encontraremos el tiempo para cambiar cuando estamos tan ocupados en sólo mantener la cabeza fuera del agua?"

Una segunda razón significativa es que no podemos omitir ningún nivel. Tal como un niño no puede evitar las pruebas y tribulaciones de ser adolescente, la gente dentro de la organización debe trabajar a través de los desafíos únicos y los problemas de cada nivel para pasar al siguiente. Por supuesto, un aprendizaje de este nivel toma tiempo y no puede evitarse al utilizar arreglos rápidos o remedios simples.

Nuestros mejores estimados son que la mayoría de las empresas están en el difícil trance de moverse del nivel 2 al 3 y que menos de 10 por ciento de las empresas que practican en forma activa la administración de proyectos están en el nivel 4 o 5. Recuerde que la madurez de proyectos no es un fin, sino un proceso sin fin de mejora continua. A continuación se analiza el punto de vista adicional del éxito de los proyectos que usted ha elegido al paso del tiempo.

Evaluación de la eficacia de la selección de proyectos de largo plazo: modelo del cuadro de mando integral (*balanced scorecard*)

Los modelos de selección de prioridad de proyectos eligen las acciones (proyectos) que respaldan mejor la estrategia organizacional. El modelo de puntuación difiere de los de selección al revisar los proyectos durante un horizonte más largo, entre cinco y 10 años de que el proyecto se haya ejecutado. Tiene una mayor perspectiva que los modelos de selección de proyectos. Este modelo mide los resultados de las actividades importantes que se toman para respaldar la visión general, la misión y las metas de la organización. Ayuda a responder dos preguntas: ¿Elegimos los proyectos correctos? ¿Los proyectos contribuyeron a la dirección estratégica a largo plazo de la empresa? American Express, el Departamento de Transporte Estadounidense, ExxonMobil, Kaiser Permanente, National

Caso de práctica

Acer ataca los costosos retrasos*

Tom Wagner/Corbis.

En el mundo cambiante actual, el riesgo de no desarrollar a tiempo productos nuevos para el mercado es la diferencia entre el éxito y el fracaso. La unidad llamada Mobile Systems Unit (MSU) de Acer, empresa de computadoras de Taiwán que produce ordenadores portátiles, opera bajo presiones extremas de tiempo en el mercado. Para 1998 los ciclos de desarrollo de MSU se habían acordado a ocho meses. De todos modos, perder la ventana de introducción al mercado por un solo mes en cualquier modelo dado, eliminaba el potencial de utilidad de la unidad de ese modelo.

MSU hizo un análisis en toda la empresa sobre las causas de los costosos retrasos en sus proyectos. Descubrió que la variación en el programa era una función de causas múltiples. En ocasiones, los proveedores no entregaban a tiempo los volúmenes suficientes de los componentes nuevos prometidos. Los clientes importantes, como IBM, cambiaban sus requerimientos. Los problemas de diseño con la tarjeta madre ocasionaban un lazo de diseño adicional. Las negociaciones entre múltiples partes cambiaban las especificaciones internas. La presión administrativa en los ingenieros y los procedimientos mal documentados llevaba a tomar atajos en las pruebas, lo cual ocasionaba rehacer trabajos en una etapa más costosa.

Acer atacó las múltiples causas en los diversos frentes. Primero, la administración de MSU creó una reserva de recursos en forma de capacidad de tolerancia al cancelar dos proyectos que ya tenían atraso. Esto no fue fácil, porque uno iba a ser una obra maestra, un modelo de primer nivel y la decisión de eliminarlo fue muy mal recibida. Entonces, MSU se concentró en mejorar la documentación de los procedimientos de operación a fin de aumentar la cobertura de pruebas y facilitar la capacitación de los jóvenes ingenieros. Estos pasos redujeron el número de lazos de corrección durante el desarrollo del producto y mejoraron la calidad de la base de manufactura de la empresa. Acer también concentró la responsabilidad de las especificaciones de producto en un grupo al reducir con eso los lazos de negociación y ocasionar cambios en las especificaciones en forma interna. Durante los dos años siguientes, MSU más que duplicó sus ventas y ganó una participación de mercado significativa.

* B. Einhorn, "Acer's About Face", *BusinessWeek*, Edición Internacional, 23 de abril de 2000.

Semiconductor y otros son conocidos por utilizar sus modelos personalizados del *balanced scorecard*. (Vea a Kaplan y Norton.)

El modelo del *scorecard* limita las mediciones del desempeño a las metas en cuatro áreas principales: *cliente*, *interna*, *innovación y aprendizaje*, y *mediciones financieras*. Por ejemplo, una medición de desempeño para un cliente podría ser la posición en la industria en cuanto a ventas, calidad o proyectos puntuales. Las mediciones internas que influyen en las acciones de los empleados podrían significar el tiempo de mercado o la reducción del tiempo de diseño para el producto final. Las mediciones de innovación y aprendizaje suelen tratar con la innovación y mejoramiento de los procesos y el producto. Por ejemplo, el porcentaje de ventas, o la utilidad de productos nuevos, con frecuencia se utiliza como una meta y medición del desempeño. Los ahorros en la mejora de proyectos de los acuerdos de sociedades son otro ejemplo de una medición de innovación y aprendizaje. Por último, las mediciones financieras, como el retorno de la inversión, flujo de efectivo y proyectos dentro del presupuesto, reflejan mejoras y acciones que contribuyen al valor de la línea de fondo.

Estas cuatro perspectivas y mediciones de desempeño mantienen una visión y una estrategia en el primer plano de las acciones de los empleados. La suposición básica subyacente en el modelo del *balanced scorecard* es que la gente realice las acciones necesarias para mejorar el desempeño de la organización en las mediciones y metas dadas. El modelo del *balanced scorecard* y los modelos de selección de prioridad nunca deben entrar en conflicto. Si existe alguno, deben revisarse ambos modelos para eliminar los conflictos. Cuando éstos se utilizan en las organizaciones orientadas a los proyectos se refuerza el enfoque en la visión, la estrategia y la ejecución. Ambos modelos alientan a los empleados a determinar las acciones necesarias para mejorar el desempeño.

En resumen, todas las prácticas de supervisión se dirigen a mejorar la forma en que la organización administra todos sus proyectos. La manera en que los proyectos son manejados en su organización dependerá mucho del nivel de la supervisión y madurez de los proyectos. Conforme la supervisión continúa su evolución, usted necesitará ver su trabajo como administrador de proyectos en una forma más amplia, la administración de proyectos de arriba abajo en su organización y hasta en el campo total de la administración de proyectos.

Asuntos no resueltos

Aunque tenemos mucha confianza en nuestras observaciones e inferencias resultantes, aún hay asuntos no resueltos que enfrenta la administración de proyectos. Dos de ellos son la administración de proyectos virtuales y la administración de proyectos bajo niveles elevados de incertidumbre:

- ¿Qué tanto puede evolucionar la administración de proyectos virtuales?

En el capítulo 11 presentamos el tema de los equipos de proyectos virtuales donde los miembros interactúan en forma electrónica sobre todo. En la actualidad, la mayor parte de la comunicación de proyectos se limita al correo electrónico, las teleconferencias, faxes y, en algunos casos, las videoconferencias. Conforme los sistemas de telecomunicación se vuelvan más confiables en el plano mundial y se generalicen las videoconferencias de alta definición, los equipos de proyectos también serán capaces de sostener reuniones donde miembros separados por la distancia interactúen en forma visual; el correo electrónico se ampliará con los mensajes en video. Asimismo, las conversaciones telefónicas se reemplazarán por interacciones directas en video por medio de las computadoras.

Algunas empresas con acceso a la tecnología más reciente experimentan con equipos de diseño de productos de 24 horas. Estos equipos tienen miembros esparcidos en zonas horarias para que el trabajo en un proyecto no se detenga nunca. Por ejemplo, los equipos de proyectos trabajan durante las horas normales en Nueva York y luego en forma electrónica pasan su trabajo a los integrantes ubicados en Hawai, que empiezan su día de trabajo cuando el equipo de Nueva York está a punto de irse a casa. El equipo hawaiano pasa su trabajo a un equipo en Bangkok, Tailandia que, a su vez, pasa su labor a un equipo situado en Copenhague, Dinamarca. El equipo danés pasa su trabajo al equipo de Nueva York y se repite el ciclo. Aunque es muy pronto para decir qué tan exitoso será este enfoque de equipos compuestos para la administración de proyectos, ejemplifica el potencial que existe dada la tecnología de la información actual.

Es claro que en el mundo del futuro los profesionales de proyectos tendrán acceso a la tecnología para reducir la distancia y el tiempo, y mejorar su capacidad para interactuar en un dominio virtual. Entonces uno se pregunta: ¿Cuáles son los límites de la administración de proyectos virtuales? ¿En qué tipos de proyectos y bajo qué circunstancias funciona mejor la administración de proyectos? ¿O en cuáles no funciona? ¿Se requerirán distintos conjuntos y características personales para trabajar en un ambiente virtual? ¿Qué protocolos, hábitos y procedimientos se deben desarrollar en forma exitosa para administrar un equipo virtual de proyectos? ¿La interacción visual en video resaltará el desarrolló de la confianza entre miembros de equipos físicamente separados? Por el contrario, la tecnología produce efectos colaterales no intencionales (como el humo en el caso de los motores de gasolina; el túnel carpiano en el caso de las computadoras). ¿Cuáles son los efectos colaterales potenciales negativos físicos y psicológicos de trabajar en un ambiente virtual? ¿Cómo

Caso de práctica

Cosechar líderes de proyectos*

Los ejecutivos "no tienen ni idea de cómo cultivar administradores de proyectos", dice Gopal Kapur, presidente del Centro para la Administración de Proyectos, una agencia de consultoría en San Ramón, California. "Los administradores de proyectos no crecen en los árboles. Usted debe entender el proceso de la jardinería antes de cultivar algo." Kapur defiende que las corporaciones desarrollen programas internos para el desarrollo de administradores de proyectos.

El Banco de la Reserva Federal de Saint Louis ha tenido ese programa por más de un año y le ha ayudado a cultivar 45 nuevos administradores de proyectos. Combina el trabajo participativo en los proyectos de medio a bajo riesgo con capacitación en el salón de clases. Un nuevo administrador de proyectos es guiado por un líder veterano que actúa como entrenador o mentor. Gary Arnold, administrador de servicios de aprendizaje y desarrollo, dice que ésa es una parte crucial del programa. El entrenador o mentor puede ofrecer consejos con base en su experiencia.

Por lo general, dice Arnold, los aspirantes a administradores de proyectos son enviados a un salón de clases durante varios días antes de poder aplicar algunas habilidades. Pero el Banco de la Reserva Federal descubrió que lo opuesto funciona mejor y los inicia en las trincheras. De esta forma, experimentan de primera mano la necesidad de dominar los conceptos y las herramientas clave de administración de proyectos.

* Rick Saia, "Harvesting Project Leaders", *Computerworld*, Vol. 31, Núm. 29, 21 de julio de 1997, p. 1.

responderán los trabajadores si su sueño es interrumpido en forma periódica por llamadas urgentes de Cracovia, Polonia, o si tienen que asegurarse de regresar del cine y estar en casa a las 11 de la noche para que puedan participar en una videoconferencia de un proyecto?

Las respuestas a éstas y otras preguntas surgirán conforme las organizaciones experimenten con la administración de proyectos virtuales.

- ¿Cómo manejamos los proyectos bajo elevados niveles de incertidumbre?

La investigación sobre el éxito y el fracaso de los proyectos señala en forma coherente que la mala planeación es la causa principal de los fracasos de los proyectos. La recomendación general es que se debe dedicar más tiempo y atención a definir con claridad el alcance y el desarrollo del plan del proyecto. No obstante, la mala planeación no es sólo el resultado de una falta de esfuerzo, sino más bien de la dificultad inherente de la planeación de proyectos bajo condiciones de gran incertidumbre. Por ejemplo, los proyectos de desarrollo de software son notorios porque se materializan muy por arriba del presupuesto y con retraso en el programa. ¿Es éste el resultado de una mala planeación? ¿O una característica innata del trabajo de proyecto que incluye actividades muy vinculadas, solución de problemas con prueba y error y el cambio de los parámetros de diseño?

Las actuales herramientas y técnicas de planeación administrativa de proyectos son muy apropiadas para cumplir proyectos donde se define bien el alcance. Son menos adecuadas para administrar proyectos con un alcance poco definido o inestable. Los puristas afirmarían que éste es un punto discutible porque, por definición, la administración de proyectos incluye sólo empresas con objetivos bien definidos. Aunque ésta es una buena solución "académica" al problema, no refleja la realidad de la administración actual de proyectos. Cada vez más personas participan en proyectos donde el alcance inicial está bastante definido o sujeto a un cambio relevante. Las necesidades de los clientes varían. Las estrategias de la administración superior y las prioridades se transforman. Las innovaciones crean lo imposible. Los competidores suplen el campo de juego. En el mundo de negocios actual, la certidumbre es un lujo y se le da mucha importancia a la flexibilidad.

La pregunta clave es cómo manejar en forma eficaz los proyectos con un *alcance inseguro*, o poco definido, en medio de elevados niveles de incertidumbre. ¿Cómo planean los administradores un proyecto del que no están seguros cuál será el resultado final? ¿Cómo desarrollan un sistema de control de proyectos que sea flexible y sensible y, a la vez, que garantice responsabilidad y arroje proyecciones confiables? ¿Cómo evitan la inmovilización por un análisis excesivo y, al mismo tiempo, participan en una administración de riesgos prudente? ¿Cómo saben cuándo es apropiado congelar el alcance o el diseño del proyecto y comenzar la ejecución formal? Por el contrario, usar la incertidumbre como una excusa para la falta de planeación y dejarse llevar por el viento es una invitación al desastre.

En la siguiente década debe darse un caudal de atención al problema de la administración de proyectos con alcances de proyecto mal definidos y las incertidumbres de los proyectos. Las respuestas al problema no son evidentes. Algunas de las ideas y técnicas serán modas pasajeras de corta duración. Otras resistirán la prueba del tiempo y harán contribuciones significativas al cuerpo del conocimiento de la administración de proyectos.

Aspectos y trayectorias profesionales

Trayectorias profesionales

No hay una trayectoria profesional para volverse administrador de proyectos. Las rutas profesionales varían entre las industrias, las organizaciones y las profesiones. Se puede decir que el avance ocurre en forma incremental. Uno no se gradúa y se convierte en un administrador de proyectos. Como en otras carreras, se tiene que trabajar en el ascenso hasta lograr la posición. Por ejemplo, en organizaciones basadas en los proyectos, como las empresas de construcción, usted puede empezar a trabajar en diversos proyectos como asistente de ingeniero, luego tomar una asignación como analista de proyectos. De ahí, usted es promovido a ingeniero principal, avanza como asistente del administrador de proyectos, asume el puesto de administrador de proyectos en un proyecto pequeño y luego continúa a otros más grandes y con mayor riesgo. En otras organizaciones, las carreras de administración de proyectos van paralelas al avance funcional con muchas transiciones. Por ejemplo en Intel, un especialista en administración de sistemas de la información (MIS, *management information systems*) podría empezar su carrera como diseñador, luego tomar una asignación como especialista de proyectos, más tarde trabajar como administrador de proyectos y luego volver a una posición funcional como jefe de un departamento o administrador de producto.

Otras personas encuentran que sus responsabilidades de administración de proyectos se expanden conforme ascienden en la jerarquía de la empresa-organización. Por ejemplo, una antigua estudiante de marketing comenzó su carrera como compradora asistente de una empresa minorista grande. Luego se convirtió en gerente del área de ventas en una tienda específica y participó en una serie de proyectos, en labor de medio tiempo, y actuó como facilitadora de grupos de enfoque. Fue promovida a compradora y más tarde se volvió gerente de tienda. En su posición actual coordina una diversidad de proyectos que van desde la mejora de la sagacidad de su fuerza de ventas hasta la modificación de la disposición física de la tienda. Aunque el título de administradora de proyectos no aparece en su cuadro de puestos, más de 50 por ciento de su trabajo incluye la administración de proyectos.

Asignaciones temporales

Un aspecto exclusivo de la administración de proyectos es la naturaleza temporal de las asignaciones. Con designaciones de línea, casi todas las promociones son permanentes y hay una progresión natural y jerárquica a las posiciones con mayor autoridad y responsabilidad. En el ejemplo de la estudiante de marketing, ella pasó de compradora asistente a gerente de ventas y de compradora a gerente de tienda. Sólo en circunstancias muy inusuales ella volvería a ser compradora. Por el contrario, rara vez se otorga una titularidad a los administradores de proyecto. Una vez que el proyecto se completa, el administrador puede regresar a su departamento anterior, tal vez a una posición inferior. O según los proyectos disponibles, puede ser asignado para administrar un proyecto más o menos significativo. El trabajo futuro depende de los proyectos disponibles al momento en que el individuo esté listo para trabajar y lo bien que haya salido su proyecto anterior. Una carrera prometedora puede descarrilarse por un proyecto que haya fracasado.

Seguir una carrera

Si usted considera hacer carrera en la administración de proyectos, primero debe averiguar qué oportunidades hay en su empresa de trabajar en proyectos específicos. Usted debe hablar con las personas en las posiciones de administración de proyectos y averiguar cómo llegaron a donde están y qué consejos le pueden dar. Debido a que las trayectorias profesionales, como ya se dijo, varían de una organización a otra, usted debe adecuarse a las rutas únicas que hay dentro de su empresa. Por ejemplo, las compañías de ventas al menudeo instalan, en forma natural, a los gerentes de marketing en los proyectos.

Una vez que usted haya concluido que desea enfilar su carrera en la administración de proyectos, o a ésta la ve como una avenida para el avance, debe compartir sus aspiraciones con su superior inmediato. Éste puede defender sus ambiciones, pedir una capacitación adicional en administración de proyectos y asignar trabajo inmediato que contribuya a su base de habilidades en proyectos.

Capacitación y certificación profesional

En su mayoría, los administradores de proyectos nunca han recibido capacitación formal en esta materia. Dominan el puesto merced a la capacitación en el trabajo, respaldada por talleres ocasionales en temas de proyectos específicos, como programación de proyectos o negociación de contratos. No fue sino hasta hace poco que las universidades comenzaron a ofrecer cursos sobre la administración de proyectos fuera de las escuelas de ingeniería; a la fecha hay pocos programas de licenciatura en administración de proyectos. Sin importar su grado de capacitación, quizá usted necesite complementar su educación. Muchas empresas grandes tienen programas internos de entrenamiento en administración de proyectos. Por ejemplo, Hewlett-Packard tiene más de 32 módulos de capacitación en su currículo de administración de proyectos que se organizan en cinco niveles de experiencia: equipo de proyectos, administrador de proyectos nuevos, administrador de proyectos, administrador de proyectos experimentados y gerente de administradores de proyectos. Aproveche los talleres profesionales, que pueden abarcar una gama de herramientas y temas de administración de proyectos específicos. La educación continua no debe restringirse a la administración de proyectos. Muchos profesionistas técnicos regresan a las universidades a realizar una maestría o a tomar clases nocturnas en administración para expandir sus antecedentes generales de negocios.

Muchos profesionales encuentran que es benéfico unirse al Project Management Institute (PMI). La membresía le da derecho a suscribirse a las publicaciones de PMI, incluidos *Project Management Journal* y *PM Network*, una revista comercial. El PMI patrocina talleres y foros nacionales sobre la administración de proyectos. Cuando usted se une a PMI, también se vuelve miembro de una de las más de 200 subsidiarias locales en Estados Unidos. Éstas se reúnen en forma mensual y proporcionan a los administradores de proyectos oportunidades de hacer redes y aprender entre ellos. Además, el PMI, como parte de su esfuerzo por hacer que la profesión avance, certifica el dominio de la competencia en administración de proyectos mediante un examen formal que abarca el cuerpo completo del conocimiento en administración de proyectos. Aprobar el examen y estar certificado como profesional de la administración de proyectos (PMP) o asociado certificado en administración de proyectos (CAPM) es una forma muy visible de señalar su competencia e interés.

Logro de visibilidad

Conforme usted acumule conocimiento y técnicas, debe aplicarlas a su situación laboral inmediata. La mayor parte de los trabajos de las personas incluye alguna forma de proyecto, ya sea realizar un objetivo obligatorio o tan sólo descifrar formas de mejorar la calidad del desempeño. Los diagramas de Gantt, las matrices de responsabilidad, las redes de CPM y otras herramientas de proyectos pueden utilizarse para planear y llevar a cabo estas empresas. También puede ser inteligente buscar fuera del trabajo oportunidades para lograr destreza en administración de proyectos. Una participación activa en su comunidad puede proporcionar muchas oportunidades de administrar proyectos. Organizar un torneo local de balompié, administrar un acto de caridad para recaudar fondos o coordinar la renovación del parque vecinal pueden darle práctica en la administración de proyectos. Además, dada su naturaleza voluntaria, estos proyectos pueden brindarle un excelente terreno de capacitación para afinar su capacidad de ejercer influencia sin ninguna autoridad formal.

Sin importar lo valioso y competente que sea usted, sus habilidades en la administración de proyectos deben ser visibles a los demás para ser reconocido. Muchas carreras en administración de proyectos comenzaron al ofrecerse como voluntario en fuerzas de tareas y proyectos pequeños. De manera ideal, usted debe elegir fuerzas de tareas y proyectos que le brinden acceso a personas de mayor jerarquía y a otros departamentos en su organización, lo cual le proporcionaría las oportunidades para ganar contactos.

Esto fue en particular verdadero para un antiguo estudiante nuestro, llamado Bob, quien escapó a las trincheras de una corporación grande al ofrecerse como voluntario para dirigir la campaña anual de la organización United Way. Aunque era una causa importante, la dirección de dicha campaña se le daba a alguien que fuera prescindible. Esto era cierto para Bob, cuya carrera se había estancado. Entonces, aprovechó la fuerza de tareas de United Way para presumir sus habilidades en administración de proyectos. Mediante el reclutamiento de participantes clave, el establecimiento de una visión compartida, el manejo de acontecimientos importantes y un entusiasmo contagioso, la campaña fue un gran éxito y rompió con todos los récords anteriores. Los esfuerzos de Bob llamaron la atención de la administración superior y fue recompensado con más trabajo de proyectos.

Mentores

En pro de su ambición, usted debe hacer una búsqueda continua de mentores. La mayoría de los administradores de avance acelerado reconocen que los mentores desempeñaron un papel significativo en su avance. Por lo general, los mentores son jefes en la empresa que toman un interés especial en usted y su carrera. Utilizan su autoridad para defender sus ambiciones y actúan como entrenadores personales, le enseñan los "tejes y manejes". Este tratamiento especial tiene un precio. Por lo general, los mentores requieren lealtad ferviente y un desempeño superior; después de todo, la reputación del mentor se basa en el desempeño de usted. ¿Cómo encontrar un mentor? La gente dice que tan sólo sucede. Pero no les pasa a todos. Los mentores buscan trabajadores de excelencia, no mediocres, y usted debe hacer que los demás conozcan sus habilidades.

Muchas organizaciones han instituido programas formales de mentores en los que administradores de proyectos experimentados son asignados a jóvenes administradores que prometen mucho. Aunque quizá la relación no evolucione en el plano personal que se experimenta con un mentor informal, los mentores designados tienen una función muy similar al entrenamiento y defensa del progreso profesional del individuo. Usted debe aprovechar la oportunidad de aprender tanto como pueda de estos expertos veteranos.

Como gran parte del trabajo de proyectos es temporal y de naturaleza contractual, es importante hacer contactos profesionales que puedan llevar a un trabajo futuro. Asistir a conferencias, ferias comerciales y talleres proporciona buenas oportunidades para hacer "redes" y establecer conexiones sociales que puedan precipitar las asignaciones de proyectos. Estas redes sociales y profesionales pueden proporcionar una red de seguridad para el trabajo de proyectos durante las épocas de recortes y despidos.

Éxito en proyectos clave

Por último, su meta es acumular un portafolio de experiencias en administración de proyectos que amplíe su base de habilidades y prestigio. Al principio usted debe elegir, cuando sea posible, proyectos con las mayores oportunidades de aprendizaje. Seleccione proyectos más por la calidad de la gente que trabaja en ellos que por su alcance. No hay mejor forma de llegar a ser un administrador de proyectos eficiente que observar cómo trabaja uno de ellos. Mantenga un diario de sus observaciones y revise y refine las lecciones aprendidas. Más tarde, cuando su confianza y competencia crezcan, debe tratar de participar en proyectos que resalten su prestigio en la empresa. Recuerde los comentarios sobre la satisfacción del cliente. Usted quiere exceder las expectativas de sus superiores. Evite los proyectos o asignaciones mediocres. Busque proyectos de alto perfil que tengan algunos riesgos y beneficios tangibles. Asimismo, tenga cuidado de participar en proyectos que vayan de acuerdo con sus capacidades.

Por último, a pesar de sus esfuerzos, puede descubrir que no logra un progreso satisfactorio en sus metas profesionales. Si ésta es su evaluación, puede considerar moverse a una empresa distinta e incluso a otra industria que le proporcione más oportunidades en la administración de proyectos. Esperamos que haya acumulado la suficiente experiencia en administración de proyectos que le ayude en su búsqueda de empleo. Una ventaja del trabajo de proyectos sobre la administración general es que por lo regular es más fácil destacar y "vender" sus logros. Una segunda ventaja es que la administración de proyectos es un conjunto de habilidades portátil, aplicable a una amplia gama de industrias y situaciones.

Resumen

El siglo XXI debe ser la era dorada de la administración de proyectos. No sólo habrá una mayor demanda de habilidades en administración de proyectos y conocimiento, sino que las organizaciones continuarán su evolución y cambiarán para respaldar una administración de proyectos más eficaz. La supervisión de proyectos será una fuerza impulsora detrás de estos cambios. En lugar de tratar de hacer los proyectos a pesar de todo lo demás, la cultura, la estructura, los sistemas de recompensas y administrativos de la organización experimentarán una reingeniería para respaldar la administración exitosa de proyectos. El dominio de la organización de la administración de proyectos será crucial para el crecimiento y la supervivencia de la empresa.

El administrador de proyectos del nuevo milenio será una persona de negocios con responsabilidades que abarquen a toda la organización. En los últimos 30 años hemos visto la transición de un administrador de proyectos técnicamente orientado a las capacidades en todos los aspectos del negocio. La competencia en el mundo dirigirá los proyectos directos a una transferencia de tecnología, infraestructura, productos al consumidor, recuperación ambiental y ecológica, defensa y necesidades fundamentales. El administrador de proyectos del futuro se sentirá cómodo en entornos foráneos o domésticos, y entenderá las necesidades de la gente en todos los entornos sociales. La organización orientada a los proyectos reconocerá al administrador de proyectos como un agente del cambio y, de sus filas, elegirá a los administradores superiores del mañana.

Dentro de 20 años, las rutas profesionales en la administración de proyectos deberán estar definidas con mayor claridad. Hasta entonces, la gente que busca una carrera en administración de proyectos debe tomar la ventaja de la transición e improvisar dentro de las restricciones de su situación para desarrollar sus habilidades en esta materia. Deben ofrecerse como voluntarios para trabajar en fuerzas de tareas, aprovechar las oportunidades de capacitación y aplicar las herramientas y técnicas de administración de proyectos a su trabajo. Deben comunicar a sus superiores su interés en la administración de proyectos y acumular asignaciones de proyectos. Al paso del tiempo deben acumular un portafolio de experiencias en administración de proyectos que establezcan la base de su habilidad y prestigio como alguien que hace las cosas rápido y bien.

Conclusiones

Al estudiar este texto, usted ha estado expuesto a los principales elementos del proceso de la administración de proyectos. Cuando aplique estas ideas y técnicas a situaciones de proyectos reales, le ofrecemos dos sugerencias:

1. Mantenga un sentido de la imagen total. Participe de manera regular en lo que algunos hemos llamado "administración de helicóptero", lo cual significa que expanda su perspectiva más allá de las preocupaciones inmediatas y evalúe cómo encaja el proyecto en el esquema más grande de las cosas. Los administradores de proyectos deben evaluar en forma constante la manera en que satisface el proyecto la misión y la estrategia de la empresa, cómo afecta el proyecto al resto de la organización, ya sea que cambian las expectativas de los interesados y qué interfaces clave de proyecto se deben manejar.
2. Recuerde que una administración exitosa de proyectos es en esencia un acto de malabarismo. Los administradores de proyectos deben equilibrar el lado suave de la administración de proyectos (las personas) con el lado duro (técnico), las demandas de la administración superior con las necesidades de los miembros del equipo, las ganancias de corto plazo con las de largo plazo, etcétera.

Términos clave

Administración del portafolio
Balanced scorecard
Madurez de la administración de proyectos
Mentor
Oficina de proyectos (PO)
Phase gate
Supervisión

Preguntas de repaso

1. ¿Cuáles son las fuerzas económicas más importantes que le dan ímpetu al uso de herramientas y procesos de supervisión y control?
2. El presidente de Super Web Design le pidió justificar las actividades actuales y futuras de supervisión. Responda a su solicitud.
3. ¿Cuáles son las tres ventajas principales para una organización que usa un modelo de madurez?
4. "No somos tan grandes como para tener una oficina de proyectos, pero necesitamos la disciplina de los métodos y estándares de la administración de proyectos." ¿Qué consejo le daría al presidente y director ejecutivo de esta organización? Dé sus razones.
5. ¿Cómo puede un mentor contribuir al avance de la carrera de alguien en la administración de proyectos?
6. Los expertos pronostican que casi todas las personas pasan al menos por tres cambios de carrera en su vida profesional. Si es así, ¿por qué es tan importante dominar la habilidad de la administración de proyectos?

Ejercicios

1. Vuelva a leer el caso "Día en una vida" en el capítulo 1. ¿Cómo evaluaría su eficacia ahora que usted ha estudiado administración de proyectos? ¿Qué parte de la experiencia de Rachel contribuye a su éxito?
2. Entre a la página del Project Management Institute en www.pmi.org. Revise las cualidades necesarias para obtener una certificación como profesional y asociado certificado en administración de proyectos. Si es posible, realice el examen de práctica. ¿Qué tan bien le fue?

Referencias

Baker, B., "The Nominees Are…", *PM Network*, vol. 18, núm. 6, junio de 2004, p. 23.

Boyer, C., "Make Profit Your Priority", *PM Network*, vol. 17, núm. 10, octubre de 2003, p. 40.

Cochran, D., "Finally, A Way to Completely Measure Project Manager Performance", *PM Network*, vol. 14, núm. 9, septiembre de 2000, pp. 75-80.

Cooper, R. G., *Winning at New Products: Accelerating the Idea from Idea to Launch*, Cambridge, MA, Perseus Publishing, 2001.

Cooper, R.G., *Product Leadership: Creating and Launching Superior New Products*, Cambridge, MA, Perseus Publishing, 2000.

Cooper, R. G., S. J. Edgett y E. J. Kleinschmidt, *Portfolio Management for New Products*, Reading, MA, Addison-Wesley, 1998.

Dinsmore, P. C., "Toward a Corporate Project Management Culture: Fast Tracking into the Future", *Proceedings of the Project Management Institute 28th Annual Seminars and Symposium*, Newton Square, PA, Project Management Institute, 1997.

Ibbs, C. W. y Y. H. Kwak, "Assesing Project Maturity", *Project Management Journal*, vol. 31, núm. 1, marzo de 2000, pp. 32-43.

Kaplan, R. S. y D. Norton, "The Balanced Scorecard-Measures that Drive Performance", *Harvard Business Review*, enero-febrero de 1992, pp. 73-79. Nota: existe un disco compacto de simulación de Harvard Customer Service, producto 8387. Esta simulación interactiva proporciona experiencia directa para aprender más acerca de este método.

Lientz, B. P. y K. P. Rea, *Project Management for the 21st Century*, San Diego, Academic Press, 1995.

Mackay, H., *Dig Your Well before You're Thirsty*, Nueva York, Doubleday, 1997.

Martin, P. y K. Tate, *Getting Started in Project Management*, Nueva York, Wiley, 2004.

Morris, P. W. y A. Jamieson, "Moving from Corporate Strategy to Project Strategy", *Project Management Journal*, vol. 36, núm. 4, diciembre de 2005, pp. 5-18.

Mueller, E. "Maturity, Do or Die?", *PM Network*, vol. 20, núm. 2, febrero de 2006, p. 32.

Norrie, J. y D. H. T. Walker, "A Balanced Scorecard Approach to Project Management Leadership", *Project Management Journal*, vol. 35, núm. 4, diciembre de 2004, pp. 47-56.

"Pull the Plug", *PM Network*, vol. 20, núm. 6, junio de 2006, pp. 39-42.

Rover, I., "Why Bad Projects Are So Hard to Kill", *Harvard Business Review*; febrero de 2003, pp. 49-56.

Stewart, W. E., "Balanced Scorecard for Projects", *Project Management Journal*, vol. 32, núm. 1, marzo de 2001, pp. 38-47; 2000 International Student Paper Award Winner.

Caso

No me digas lo que has hecho. Dime lo que vas a hacer

La empresa se ha fusionado con otra más grande que lleva una línea de productos similar de tecnología de la información al consumidor y productos de la industria. Una meta importante de la fusión era ahorrar costos al eliminar la duplicación y mejorar la administración. Semanas antes de la fusión, Lauren (no es su nombre real) había sido promovida a directora de la oficina de proyectos de la empresa más pequeña. Supuso que su posición sería absorbida en la oficina de proyectos de la empresa más grande. Mentalmente, Lauren estaba preparada para empezar a buscar empleo. Tal vez haría un cambio de carrera y regresaría a un trabajo donde utilizara su título en ciencias políticas. Dos semanas después de que finalizó la fusión, otros, incluida ella, recibieron una carta para reportarse a una entrevista con el nuevo vicepresidente de "conversión" de la administración superior de la empresa. Lauren pasó tres días en la recopilación de material para sustanciar todos sus logros anteriores, a fin de demostrar sus habilidades administrativas y mostrar su valor potencial para la nueva empresa. Cuando llegó el gran día, Lauren entró en la oficina del entrevistador con 25 centímetros de material sustancial. Estaba preparada.

Los primeros minutos pasaron con su explicación de funciones pasadas en la empresa, la nueva oficina de proyectos y otras sutilezas. Explicó al vicepresidente que tenía todos los materiales para respaldar sus afirmaciones y que se podía quedar con ellos si así lo deseaba. Él le contestó: "No estoy tan interesado en sus resultados pasados como en sus logros futuros. Aquí está la necesidad. Los proyectos consumen alrededor de 40 por ciento de nuestros gastos anuales. Necesitamos recortar 10 millones de esos gastos. En cinco minutos dime cómo lo harás y cómo se podrá verificar."

Su última afirmación al final de los cuatro minutos fue: "Le puedo dar cinco millones dentro del siguiente año. Diez millones es demasiado."

Su respuesta fue: "Lauren, ¿puede usted obtener cinco millones en seis meses?"

(Pasó saliva) "Estoy muy segura de que puedo hacerlo", respondí.

"Felicidades Lauren, ahora es usted la nueva directora de la oficina de proyectos de esta división continental."

En 500 palabras o menos, escriba lo que usted cree que Lauren pudo haber utilizado como puntos clave para obtener el puesto.

APÉNDICE UNO

Ejercicios prácticos del SimProject*

En esta sección se presentan ejercicios prácticos del SimProject. El escenario de simulación será diferente para cada clase. El uso en el aula de una simulación de computadora, del SimProject en particular, es un método único para aprender los fundamentos y las complejidades de la administración de proyectos.

La simulación no es una pedagogía nueva, sino que ha existido durante muchos años. Tanto usted como su instructor pueden utilizar una simulación, ya sea en forma pasiva o activa. Los ejercicios prácticos de simulación en esta sección le permiten usar el SimProject en forma activa al hacerle participar en la operación de un proyecto, desde la consecución de personas hasta la administración del proceso de un equipo y el contenido del proyecto.

Los ejercicios prácticos de simulación (SEE, por sus siglas en inglés) que siguen están diseñados para coordinarse con su libro y están numerados por capítulo para que usted les dé seguimiento de manera fácil. La simulación de computadora proporcionará detalles específicos acerca del escenario real donde usted se encuentra. Los SEE pueden darle información adicional del capítulo y la simulación que le ayudará a completar el ejercicio de experiencia.

En este proyecto participan dos equipos: el del *proyecto* y el de su *clase*. El equipo del *proyecto* es el grupo virtual de individuos elegidos del "conjunto común" de recursos disponibles para usted en la simulación. Ésta dará descripciones. Las decisiones que usted y su equipo de la *clase* hagan en la simulación representan al *equipo* del proyecto y al proyecto *simulado*. Su equipo de la *clase* consistirá de personas reales dentro de su clase con las cuales usted forma su equipo.

El instructor elegirá los SEE y será específico en cuanto a si usted debe utilizar su equipo del *proyecto* o de *clase*.

Después de leer el texto, aplicar los principios al *proyecto de simulación* mediante los ejercicios prácticos de simulación y participar en el SimProject, usted debe estar preparado para aplicar sus habilidades en una situación del mundo real.

Notas a los instructores

La clave para un uso pedagógico de las simulaciones de cómputo es integrarlas en la "tela" de la clase. La simulación es una fuente de ejercicios y problemas para aplicar los principios en el texto y en las clases, así como aterrizar la aplicación de las herramientas y las técnicas de la administración de proyectos. Esta serie de ejercicios está vinculada con el texto y la simulación para ayudarle a utilizar la simulación en forma eficiente en su clase.

Usted puede elegir tantos ejercicios prácticos de simulación como desee. Cada uno tiene objetivos de aprendizaje específicos y está vinculado a un capítulo en específico (señalado por el primer número en el esquema de numeración).

Ejercicios prácticos de simulación

Ejercicio práctico de simulación 1-1: Definición de un proyecto

Propósito

Proporcionar la oportunidad de identificar la forma en que el ejercicio de proyecto de simulación califica como un proyecto. {*Equipo del proyecto*}

* Preparado por Diane Parente, Penn State, Erie.

Instrucciones

Use la descripción del proyecto proporcionada por el montaje de simulación e identifique las cinco características principales de este proyecto.

Producto a entregar

Breve descripción de su proyecto, seguida de los detalles de las cinco características más importantes de este proyecto.

Ejercicio práctico de simulación 1-2: Ciclo de vida del proyecto

Propósito

Proporcionar el vehículo para que el equipo mire hacia delante y anticipe algunas de las actividades en las diversas etapas del ciclo de vida del proyecto (PLC). {*Equipo del proyecto*}

Instrucciones

Revise las cuatro etapas del ciclo de vida del proyecto. Adapte las tareas en cada etapa para reflejar su proyecto de simulación. Identifique la categoría de recursos (por ejemplo, ingeniero, programador, carpintero) que sea apropiada para cada una de las actividades importantes.

Producto a entregar

El documento debe incluir las etapas PLC, actividades componentes y el tipo de recurso planeado.

Ejercicio práctico de simulación 2-1: Adecuación del proyecto

Propósito

La intención de este ejercicio es describir la "adecuación" del proyecto con la misión de la organización. {*Equipo del proyecto*}

Instrucciones

Paso 1: Identifique a los interesados del proyecto y describa los intereses de cada grupo de interesados (por ejemplo, ¿cuáles son los intereses de los integrantes del equipo del proyecto para el éxito de éste?)

Paso 2: Use la misión de la organización proporcionada en la descripción de su escenario de simulación (o uno que usted desarrolle) y analice las consistencias e inconsistencias entre la misión de la organización y las prioridades de los interesados.

Producto a entregar

Reseña breve que incluye declaración de misión, lista de interesados y sus correspondientes intereses, así como el análisis de consistencias e inconsistencias.

Ejercicio práctico de simulación 2-2: Objetivos de escritura

Propósito

Practicar la escritura de "buenas" metas. {*Equipo del proyecto* o *de la clase*}

Instrucciones

Escriba tres metas, ya sea para su equipo del proyecto o de la clase (según lo indique su instructor). Asegúrese de que las metas estén en formato SMARTc3.

Nota: Específico, mensurable, alcanzable, pertinente, tiempo medido, advertencia o limitación, tres niveles. Por ejemplo: aumentar las ventas 10% dentro del siguiente año sin disminuir el precio (satisfactorio = 10%; bueno = 13%; sobresaliente = 15%).

Producto a entregar

Tres metas en formato SMARTc3.

Ejercicio práctico de simulación 2-3: Análisis SWOT

Propósito

Aprender a hacer un análisis SWOT. {*Equipo del proyecto* o *de la clase*}

Instrucciones

Identificar fortalezas, debilidades, oportunidades o amenazas para su proyecto, al menos tres de cada una.

Producto a entregar

Lista de tres fortalezas, tres debilidades, tres oportunidades y tres amenazas para su proyecto.

Ejercicio práctico de simulación 2-4: Evaluación financiera del proyecto

Propósito

Determinar el periodo de devolución y el valor neto actual del proyecto. {*Equipo del proyecto*}

Instrucciones

Identificar los costos y los beneficios de su proyecto simulado durante la vida del proyecto. Calcule el periodo de devolución y el valor neto actual del proyecto. ¿Este proyecto es aceptable? ¿Cuál es el criterio para determinar la factibilidad?

Producto a entregar

Costos, beneficios, flujo de efectivo, periodo de devolución y cálculo de valor neto actual del proyecto. Incluye un párrafo que describe la factibilidad del proyecto.

Ejercicio práctico de simulación 2-5: Propuestas de proyecto

Propósito

Preparar una propuesta de proyecto. {*Equipo del proyecto*}

Instrucciones

Con base en la información disponible, prepare una propuesta de proyecto en el formato de la figura 2.4A.

Producto a entregar

Propuesta del proyecto para su proyecto de simulación.

Ejercicio práctico de simulación 2-6: Riesgo y respuesta al riesgo

Propósito

Identificar el riesgo en forma apropiada y desarrollar planes para responder. {*Equipo del proyecto*}

Instrucciones

Identificar las fuentes de posibles riesgos para su proyecto de simulación. Use la técnica mostrada en la figura 2.4B en su texto para desarrollar una matriz de evaluación de riesgos y una respuesta a una matriz de riesgo.

Producto a entregar

Documento de análisis de riesgo.

Ejercicio práctico de simulación 3-1: Estructura de la organización del proyecto

Propósito

Analizar la estructura de la organización del proyecto. {*Equipo del proyecto*}

Instrucciones

Con base en la información disponible de SimProject, prepare una recomendación para la administración acerca de la estructura organizacional más apropiada para su *equipo del proyecto*. Haga el diagrama de su estructura propuesta y analice las fortalezas, las debilidades y los aspectos potenciales con su estructura recomendada.

Producto a entregar

Recomendación formal a la administración en relación con la estructura de la organización del proyecto incluida una carga cubierta, diagrama de estructura de proyecto y la explicación.

Ejercicio práctico de simulación 3-2: Cultura organizacional del proyecto

Propósito

Entender los elementos de la cultura organizacional en un equipo del proyecto. {*Equipo de la clase*}

Instrucciones

Mediante las características primarias de la cultura organizacional descritas en su texto, evalúe a su *equipo de clase* en cada una de las dimensiones y ponga su evaluación en un diagrama (figura 3.6). Su texto también le da ideas para identificar estas características culturales. Prepare una hoja de trabajo de diagnóstico cultural (figura 3.7). Haga un diagrama de los resultados de su evaluación cultural y compare el diagrama en la figura 3.8 para una organización que respalde la administración de proyectos. Analice las diferencias y los ajustes potenciales que podría hacer su equipo.

Producto a entregar

Evaluación de las dimensiones culturales, gráfica de barras, diagnóstico de la cultura de la organización y análisis de comparación, todo basado en el *equipo de clase*.

Ejercicio práctico de simulación 4-1: Alcance del proyecto

Propósito

Escribir una declaración de alcance de proyecto. {*Equipo del proyecto*}

Instrucciones

Mediante el uso de las instrucciones y ejemplos en su texto, escriba una declaración de alcance del proyecto para su simulación. Como en un proyecto real, necesitará extrapolar parte de la información (por ejemplo, requisitos y limitaciones) y usar la declaración de alcance del proyecto para obtener una aclaración del cliente y una aprobación previa al proyecto.

Producto a entregar

Declaración del alcance del proyecto que incluya objetivos, productos a entregar, acontecimientos importantes, requisitos técnicos, límites, exclusiones y revisión de clientes conforme se necesite.

Ejercicio práctico de simulación 4-2: Costos del proyecto

Propósito

Identificar el costo de los productos a entregar del proyecto y el proyecto total. {*Equipo del proyecto*}

Instrucciones

Identificar cada uno de los productos a entregar del proyecto y desarrollar el costo total de cada uno. Calcule el costo del proyecto total y compárelo con su presupuesto. Identifique las acciones que usted puede realizar para corregir cualquier problema identificado.

Producto a entregar

Comparación de costos presupuestados con respecto a los probables por producto a entregar. Plan de acción para las deficiencias.

Nota: Los costos probables son los que se realizarán dado el plan actual. Por lo general, incluye gastos anticipados a la fecha más los gastos adelantados hasta la terminación del proyecto.

Ejercicio práctico de simulación 4-3: Matriz de responsabilidad del proyecto

Propósito

Crear una matriz de responsabilidad del proyecto. {*Equipo de la clase* o *del proyecto*}

Instrucciones

Identificar las tareas de proyectos para su *equipo de la clase* o *del proyecto*. Crear una matriz de responsabilidad para su proyecto durante el semestre. Asegúrese de asignar responsabilidades primarias y de respaldo.

Producto a entregar

Matriz de responsabilidad de proyecto para su *proyecto de clase* o SimProject.

Ejercicio práctico de simulación 4-4: Matriz de prioridad de proyecto

Propósito

Entender las prioridades relativas de un proyecto. {*Equipo del proyecto*}

Instrucciones

El éxito del proyecto en su organización simulada estará basado en las prioridades contrapuestas. Con base en la información disponible para usted, relacionada con su proyecto a la fecha, ¿cómo calificaría la importancia relativa de tiempo, costo, funcionalidad y calidad (satisfacción del interesado)?

Complete una matriz de prioridad de proyecto para su proyecto de simulación. Divida 100 puntos entre las cuatro prioridades contrapuestas anteriores. Analice en forma breve la justificación para su asignación de puntos.

Producto a entregar

Matriz de prioridad de proyecto. También, cada uno de los cuatro componentes (tiempo, costo, funcionalidad y satisfacción del interesado) tendrán una asignación de puntos y una declaración breve de la razón de la asignación.

Ejercicio práctico de simulación 5-1: Presupuesto del proyecto

Propósito

Crear un presupuesto de proyecto detallado y compararlo con el presupuesto a nivel macro. {*Equipo del proyecto*}

Instrucciones

Con base en la información de su escenario de simulación, debe crear un presupuesto de proyecto detallado. Compárelo con el producto a entregar de SEE 4-2 y concilie las diferencias. Defina su plan de acción para resolver los enfoques descendentes y ascendentes a la estimación del proyecto. ¿Cuál es mejor?

Producto a entregar

Estimado de proyecto ascendente y comparación con el enfoque descendente. Plan de acción para resolver las diferencias y breve análisis de la elección de enfoques.

Ejercicio práctico de simulación 5-2: Método de prorrateo de asignación de costos del proyecto

Propósito

Entender el prorrateo de los costos de proyecto. {*Equipo del proyecto*}

Instrucciones

Preparar un diagrama de componentes importantes del WBS para su escenario de SimProject (como se muestra en la figura 5.1).

Producto a entregar

Asignación de costos de proyecto en un diagrama de WBS.

Ejercicio práctico de simulación 6-1: Análisis de red de proyecto

Propósito

Preparar y analizar la red de proyecto. {*Equipo del proyecto*}

Instrucciones

Después de asignar al personal y estimar los tiempos de tareas, desarrolle e imprima la red del proyecto para su proyecto de simulación. Identifique áreas de problemas potenciales que usted pueda ver como resultado del análisis de la red del proyecto.

Producto a entregar

Diagrama de red de proyecto y lista de temas relacionados con el plan.

Ejercicio práctico de simulación 6-2: Comparación de red del proyecto frente al diagrama de Gantt

Propósito

Comparar el valor del diagrama de Gantt y la red del proyecto. {*Equipo del proyecto*}

Instrucciones

Prepare un diagrama de Gantt para su proyecto de simulación. Compárelo con el resultado del SEE 6-1 y analice las ventajas y desventajas de cada uno

Producto a entregar

Diagrama de Gantt y análisis de comparación entre el diagrama de Gantt y la red del proyecto.

Ejercicio práctico de simulación 7-1: Administración de riesgos

Propósito

Entender y manejar la administración de proyectos. {*Equipo del proyecto* o *de la clase*}

Instrucciones

Prepare una lista de sucesos de riesgo potencial y desarrolle un formato de evaluación de riesgos (figura 7.6). También prepare una matriz de severidad de riesgos (figura 7.7). Prepare una evaluación de modo de falla y efectos (FMEA) para estratificar los riesgos.

Producto a entregar

Evaluación de riesgos, matriz de severidad de riesgos y FMEA.

Ejercicio práctico de simulación 7-2: Respuesta de riesgos y mitigación

Propósito

Entender la respuesta a los riesgos.

Instrucciones

Prepare una matriz de respuesta a los riesgos como se muestra en la figura 7.8.

Producto a entregar

Matriz de respuesta a los riesgos.

Ejercicio práctico de simulación 7-3: Administración de control de cambios

Propósito

Reforzar la importancia de la administración de control de cambios. {*Equipo del proyecto*}

Instrucciones

Diseñe un proceso y la documentación apropiada para el control de cambios en su proyecto de simulación.

Producto a entregar

Procedimiento para el control de cambios incluidas las formas, pantallas, posibilidades e instrucciones paso a paso para la forma en que se inicia, se aprueba y se efectúa el cambio.

Ejercicio práctico de simulación 8-1: Limitaciones de recursos

Propósito

Entender las limitaciones de recursos. {*Equipo del proyecto*}

Instrucciones

Una vez que haya revisado el fondo común de recursos y que desde el principio haya ofrecido por los servicios, usted encontrará que en algunos casos ha cumplido con la "contratación" del recurso y en otros no lo ha hecho. Responda las siguientes preguntas acerca del proceso:

1. ¿Cuál fue su estrategia para la selección de recursos?
2. ¿Cuáles son las implicaciones de no alcanzar sus objetivos de contratación en términos de tiempo, costo, funcionalidad y satisfacción de los interesados?
3. ¿Cuáles son sus planes de contingencia?

Producto a entregar

Evaluación escrita del proceso de selección de recursos.

Ejercicio práctico de simulación 8-2: Limitaciones de tiempo no planeadas

Propósito

Evaluar la forma de responder a una limitación de tiempo no planeada. {*Equipo del proyecto*}

Instrucciones

Su simulación ha demostrado un suceso especial en el que ahora hay una limitación de tiempo. Identifique y ejecute su plan de acción para manejar esta limitación.

Producto a entregar

Descripción del efecto del tiempo en el proyecto simulado y un plan para abordar el tema.

Ejercicio práctico de simulación 8-3: Limitaciones de recursos no planeadas

Propósito

Evaluar la forma de responder a una limitación de recursos no planeada. {*Equipo del proyecto*}

Instrucciones

Su simulación ha demostrado que hay una limitación de recursos. Identifique y ejecute su plan de acción para manejar esta limitación.

Producto a entregar

Descripción del efecto de recursos del proyecto simulado y plan para abordar este tema.

Ejercicio práctico de simulación 9-1: Acortamiento del proyecto

Propósito

Entender la trascendencia del "acortamiento". {*Equipo del proyecto*}

Instrucciones

Su fecha de vencimiento de simulación se ha adelantado. Haga los cambios apropiados en su plan de proyecto para cumplir con la reducción de programa requerida. Analice las áreas del proyecto que tienen mayor probabilidad de ser impactadas por el "acortamiento".

Producto a entregar

Nuevo plan de proyecto y lista de acciones que se van a emprender. Evaluación de los resultados potenciales de las acciones.

Ejercicio práctico de simulación 9-2: Resultados del acortamiento del proyecto

Propósito

Evaluar los resultados del acortamiento del proyecto. {*Equipo del proyecto*}

Instrucciones

La reducción de tiempo en SEE 9-1 ha tenido diversos resultados. Evalúe los diversos temas del proyecto que han surgido como resultado de sus acciones. Incluya tiempo, costo, dinero, cohesión de equipo, satisfacción de los interesados y funcionalidad.

Producto a entregar

Revisión escrita del efecto del acortamiento del proyecto.

Ejercicio práctico de simulación 10-1: Interesados del proyecto

Propósito

Entender la relación entre los diversos interesados del proyecto. {*Equipo del proyecto*}

Instrucciones

Dibuje la red de interesados para su proyecto de simulación. Identifique si el efecto potencial del interesado en el éxito del proyecto es directo o indirecto.

Producto a entregar

Diagrama de red con interesados identificados como efecto directo o indirecto al proyecto.

Ejercicio práctico de simulación 10-2: Monedas organizacionales

Propósito

Identificar y entender las monedas organizacionales. {*Equipo de la clase*}

Instrucciones

Prepare ejemplos específicos de cada una de las monedas organizacionales en la tabla 10.1.

Producto a entregar

Diagrama de monedas organizacionales.

Ejercicio práctico de simulación 10-3: Redes sociales

Propósito

Entender cómo construir y utilizar una red social. {*Equipo del proyecto* o *de la clase]*

Instrucciones

Dibuje un mapa de dependencias como el de la figura 10.2. Responda las preguntas acerca de las dependencias como se muestran después de la gráfica. Diseñe un plan para tratar con su red social.

Producto a entregar

Diagrama de red social con análisis.

Ejercicio práctico de simulación 11-1: Modelo de desarrollo del equipo

Propósito

Aplicar dos modelos de desarrollo de equipo. {*Equipo de la clase*}

Instrucciones

Analice su equipo de clase dentro del marco de referencia del modelo de cinco etapas y también el modelo de puntuación equilibrada. Sea específico al identificar las características y el tiempo oportuno de cada etapa por las que pasó el equipo, así como el desempeño final de éste en el proyecto. Analice dónde se debieron hacer las mejoras para facilitar el proceso de construcción de equipos.

Producto a entregar

Revisión escrita del desarrollo del equipo.

Ejercicio práctico de simulación 11-2: Conflicto

Propósito

Informar sobre el conflicto en el equipo. {*Equipo de la clase*}

Instrucciones

Analice un ejemplo de conflicto funcional y disfuncional dentro de su equipo. Identifique su método para tratar cada tipo de conflicto dentro de su equipo.

Producto a entregar

Breve reporte escrito que informe acerca del conflicto.

Ejercicio práctico de simulación 11-3: Evaluación del equipo virtual

Propósito

Informar de la operación de un equipo de clase virtual. {*Equipo de la clase*}

Instrucciones

Si su equipo de la clase ha sido virtual, revise los mecanismos utilizados para administrar y comunicarse en forma eficaz (o ineficaz) con su equipo.

Producto a entregar

Breve informe escrito que describa la operación del equipo de la clase virtual.

Ejercicio práctico de simulación 12-1: Contratación externa del proyecto

Propósito

Evaluar la contratación externa potencial del proyecto. {*Equipo de clase* o *equipo del proyecto*}

Instrucciones

Identifique las áreas de su proyecto de simulación que usted pudo haber contratado en forma externa con otra organización. Escriba una propuesta formal para la administración que solicite la aprobación para un arreglo de contratación externa. Analice los términos que usted propone para el arreglo y evalúe los beneficios y riesgos de su propuesta.

Producto a entregar

Propuesta de negocios formal que incluya un memorándum a la administración y un análisis de costo beneficio de la propuesta.

Ejercicio práctico de simulación 13-1: Comparación de costo frente al tiempo

Propósito

Estimar los gastos de costo frente al tiempo. {*Equipo del proyecto*}

Instrucciones

Construir una gráfica del costo presupuestado del trabajo programado (PV) frente a los periodos del proyecto. Analice cualquier tema evidente que encuentre con el proyecto como está planeado.

Producto a entregar

PV frente al diagrama de tiempo y análisis breve de los temas.

Ejercicio práctico de simulación 13-2: Informe de avance del proyecto

Propósito

Crear un informe de avance del proyecto. {*Equipo del proyecto*}

Instrucciones

Desarrolle un informe de avance del proyecto para su proyecto de simulación como el que está en la figura 13.10. Incluya un diagrama de valor adquirido y otro de rastreo de Gantt. Asegúrese de incluir un reporte que informe acerca de los costos reales, varianza del presupuesto y explicaciones de las variaciones.

Producto a entregar

Informe completo y formal del avance del proyecto.

Ejercicio práctico de simulación 13-3: Informe de avance mensual

Propósito

Aprender cómo hacer un informe de avance mensual. {*Equipo del proyecto*}

Instrucciones

Desarrolle un informe de avance mensual para su proyecto de simulación como se muestra en la figura 13.1. Asegúrese de pronosticar los costos restantes y el tiempo, así como proporcionar explicaciones y planes para regresar al presupuesto en tiempo o costos o ambos.

Producto a entregar

Informe de avance mensual que incluya análisis de varianza y explicaciones.

Ejercicio práctico de simulación ejercicio 14-1: Informe de auditoría del proyecto

Propósito

Preparar un informe de auditoría del proyecto. {*Equipo de la clase* o *del proyecto*}

Instrucciones

Su instructor determinará si utilizará su *equipo de la clase* o el del *proyecto* en la simulación para terminar este ejercicio. Con base en los lineamientos del capítulo, prepare un informe de auditoría del proyecto. Asegúrese de incluir una clasificación del proyecto, un análisis de la información recopilada, recomendaciones y lecciones aprendidas. También puede incorporar un apéndice de la documentación apropiada.

Producto a entregar

Informe de proyecto final que analiza todas las fases del proyecto.

Ejercicio práctico de simulación 14-2: Sistema de evaluación del desempeño individual

Propósito

Ejecutar un proceso de evaluación de desempeño. {*Equipo de la clase*}

Instrucciones

Mediante el proceso desarrollado en el SEE 2-3 realice evaluaciones de desempeño individual para todos los miembros del equipo. Escriba una descripción breve de la eficacia del proceso.

Producto a entregar

Evaluaciones del desempeño individual de cada miembro del equipo y una evaluación breve del proceso.

Ejercicios del proyecto de computadora

Al desarrollar los ejercicios, se tuvieron que hacer concesiones para enriquecer la experiencia de aprendizaje. Uno de los principales problemas que los estudiantes encuentran al principio es la sobrecarga de datos y detalles. Esto reduce su capacidad para identificar los problemas del proyecto y de los datos, y de comparar las opciones. Aunque el proyecto que se encontró en los ejercicios es real, se redujo y se eliminó el detalle en diversas ocasiones para concentrarse en la aplicación de los principios de la administración de proyectos y en entender los vínculos. Además, se hicieron otras suposiciones de simplificación para que los estudiantes y los instructores pudieran rastrear los problemas y analizar los resultados. Estas suposiciones demeritan la realidad, pero mantienen el enfoque en los objetivos de los ejercicios y reducen la frustración del estudiante con las complejidades del software. El movimiento de estos ejercicios a los proyectos reales sobre todo implica cada vez más detalles. A continuación se dan suposiciones de simplificación (asegúrese de que estén incluidas en las secciones "default", "preferences" u "options" del software que se utilice):

Proyecto Blue Zuma

ARC Company se especializa en el desarrollo y venta de una amplia gama de patinetas de alta calidad. Los representantes de ventas informan que hay una creciente demanda de patinetas de carreras. El presidente de ARC, Robin Lane, está emocionado por las posibilidades y pronostica que algún día este tipo de patinetas se presentará en competiciones de juegos extremos. ARC es una pequeña empresa y utiliza una matriz fuerte para emplear en forma óptima la mano de obra limitada.

La matriz de prioridad del proyecto Blue Zuma es:

	Tiempo	Alcance	Costo
Limitar		X	
Resaltar	X		
Aceptar			X

Parte 1

Usted es miembro de un equipo de proyecto asignado para desarrollar la nueva patineta de cuchilla de nombre código "Blue Zuma". La tabla A2.1 contiene la información necesaria para crear un programa de proyecto. Para el propósito de este caso, suponga lo siguiente:

1. El proyecto comienza el 2 de enero de 2008.
2. Se toma nota de los siguientes días de fiesta: 1 de enero, Día de los Caídos (último lunes de mayo), 4 de julio, Día del Trabajo (primer lunes de septiembre), Día de Acción de Gracias (cuarto jueves de noviembre), 25 y 26 de diciembre.
3. Si un día de fiesta cae en sábado, entonces se dará el viernes como día libre adicional, y si cae en domingo, se dará el lunes como día libre.
4. El equipo del proyecto trabaja jornadas de ocho horas, de lunes a viernes.

TABLA A2.1 Proyecto Blue Zuma

ID	Nombre de la tarea	Duración	Predecesores	Recursos
1	Proyecto de desarrollo de producto			
2	Análisis de mercado	25 días		Marketing (4)
3	Diseño de producto	40 días	2	Marketing (1) Diseño (4) Desarrollo (2) Industrial (1) Compras (1)
4	Estudio de manufactura	20 días	2	Industrial (4) Desarrollo (2)
5	Selección de diseño de producto	10 días	3, 4	Marketing (2) Diseño (3) Desarrollo (2) Industrial (2) Compras (.25)
6	Plan de marketing detallado	15 días	5	Marketing (4)
7	Proceso de manufactura	30 días	5	Diseño (1) Desarrollo (2) Industrial (4)
8	Diseño de producto detallado	50 días	5	Marketing (2) Diseño (4) Desarrollo (2) Industrial (2) Compras (.25)
9	Prototipo de pruebas	10 días	8	Diseño (3) Desarrollo (2)
10	Diseño de producto finalizado	25 días	7, 9	Marketing (2) Diseño (3) Desarrollo (3) Industrial (2)
11	Ordenar componentes	7 días	10	Compras (1)
12	Ordenar equipo de producción	14 días	10	Compras (1)
13	Instalar equipo de producción	35 días	11 F-S + 20 días 12 F-S + 40 días	Desarrollo (3) Industrial (4) Diseño (1)
14	Celebrar	1 día	6, 13	Desarrollo (4) Industrial (4) Diseño (4) Marketing (4) Compras (1)

Construya un programa de red para este proyecto y prepare un memorándum que responda las siguientes preguntas:

1. ¿Cuándo se calcula que el proyecto esté terminado? ¿Cuánto tiempo tomará el proyecto?
2. ¿Cuál es la ruta crítica del proyecto?
3. ¿Qué actividad tiene el mayor tiempo de tolerancia?
4. ¿Qué tan sensible es esta red?
5. Identifique dos acontecimientos importantes sensibles y explique sus opciones.
6. Compare las ventajas y desventajas de mostrar el programa como una red frente a un diagrama de Gantt.

Incluya las siguientes impresiones:

- Diagrama de Gantt.
- Diagrama de red que resalte la ruta crítica.
- Tabla de programa que reporte el ES, LS, EF, LF y tiempo de tolerancia para cada actividad.

Parte 2

El siguiente personal ha sido asignado al equipo de proyecto de Blue Zuma:

- 4 especialistas de marketing
- 4 ingenieros de diseño
- 4 ingenieros de desarrollo
- 4 ingenieros industriales
- 1 agente de compras

Utilice el archivo de la parte 1 y la información contenida en las tablas A2.1 y A2.2 para asignar los recursos al programa del proyecto.

TABLA A2.2
Recursos proyecto Blue Zuma

Recurso	$/hora	Número disponible
Especialista en marketing	$60	4
Ingeniero en diseño	$90	4
Ingeniero en desarrollo	$80	4
Ingeniero industrial	$70	4
Agente de compras	$50	1

Parte A

Prepare un memorándum que aborde las siguientes preguntas:

1. ¿Cuál de los recursos tiene una asignación en exceso?
2. ¿Qué actividades incluyen recursos con asignación en exceso?
3. Asuma que el proyecto tiene limitaciones de tiempo y trate de resolver cualquier problema de asignación en exceso al nivelar dentro del tiempo de tolerancia. ¿Qué sucede?
4. ¿Cuál es el efecto de la nivelación dentro del tiempo de tolerancia en la sensibilidad de la red?

Incluya un diagrama de Gantt con la tabla del programa después de nivelar dentro del tiempo de tolerancia.

Parte B

Prepare un memorándum que aborde las siguientes preguntas:

1. Asuma que el proyecto tiene restricción de recursos y ningún personal adicional está disponible. ¿Cuánto tomará el proyecto dados los recursos asignados? (Pista: deshaga la nivelación realizada en la parte A antes de responder esta pregunta.)

Nota: No se permite la división de las actividades.

2. ¿Cómo se compara la nueva duración con la fecha de cumplimiento estimada generada de la parte 1? ¿Qué le dice esto acerca del efecto que los recursos pueden tener en un programa?

Incluya un diagrama de Gantt con una tabla de programa que describa el programa con limitaciones de recursos.

Parte 3

La administración superior no está feliz con el programa de limitaciones de recursos generados al final de la parte 2. Robin Lane, el presidente, ha prometido a los minoristas que la producción de las nuevas patinetas comenzará el 1 de febrero de 2009.

1. ¿Qué opciones están disponibles para cumplir con este nuevo vencimiento si el proyecto no tiene limitaciones de recursos?
2. ¿Qué opciones están disponibles para cumplir con este vencimiento si el proyecto tiene limitaciones de recursos?

Dewey Martin, director de desarrollo de producto, se ha encargado de tener disponible al siguiente personal para trabajar en actividades específicas del proyecto. Como hay una grave escasez de personal en ARC, solicita que usted sólo utilice mano de obra adicional que ayude a cumplir con el nuevo vencimiento. Su objetivo es desarrollar un programa que satisfaga el vencimiento con el mínimo uso de recursos adicionales. El personal disponible y el efecto en la duración de la actividad se presentan en la tabla A2.3.

Prepare un memorándum que aborde las siguientes preguntas:

1. ¿Qué asignaciones de personal adicional elegiría para completar el proyecto dentro del vencimiento original? Explique sus elecciones, así como las razones para no elegir otras opciones.
2. ¿Cómo han afectado estos cambios la sensibilidad de la red?

Incluya un diagrama de Gantt con una tabla de programa que presente el nuevo programa.

TABLA A2.3
Opciones de acortamiento del proyecto Blue Zuma

Actividad	Recursos adicionales	Estimados de duración revisados
Plan de marketing detallado	Marketing (2)	10 días
Diseño de producto detallado	Diseño (1) Desarrollo (1)	42 días
Instalación de equipo de producción	Industrial (1) Desarrollo (1)	27 días

Tarifas de pago para personal adicional: marketing, 70 dólares/hora; diseño, 100 dólares/hora; desarrollo, 90 dólares/hora e industrial, 80 dólares/hora.

Nota: No puede regresar y renivelar los recursos. Estos nuevos recursos sólo están disponibles para las tareas específicas afirmadas de acuerdo con el programa creado al final de la parte 2.

Parte 4

Robin Lane y la administración superior han aprobado el programa al final de la parte 3. Guarde el archivo que contiene este programa como un programa de línea de base.

Prepare un memorándum que contenga las siguientes preguntas:

1. ¿En cuánto se calcula el costo del proyecto?
2. ¿Cuál es la actividad de mayor costo para la conclusión?
3. ¿Cuál es el recurso que se lleva el mayor costo total?
4. ¿En qué meses del proyecto se esperan los costos más elevados y más bajos?
5. ¿Qué costos podrían quedar fuera de este presupuesto?

Incluya una tabla que contenga los costos estimados para cada actividad y un programa de flujo de efectivo para cada mes del proyecto.

Parte 5

Hoy es 16 de agosto de 2008. En la tabla A2.4 se resume la información relacionada con las actividades terminadas hasta la fecha.

Robin Lane ha solicitado un informe de avance escrito para el proyecto Blue Zuma.

1. Su informe de avance debe incluir una tabla que contenga el PV, EV, AC, BAC, EAC, SV, CV y CPI para cada actividad y el proyecto completo. El informe también debe abordar las siguientes preguntas:
   a) ¿Cómo progresa el proyecto en términos de costo y programa?
   b) ¿Qué actividades han salido bien? ¿Qué actividades no han terminado bien?
   c) ¿Qué indican el PCIB y el PCIC en términos de qué cantidad del proyecto se ha cumplido hasta la fecha?
   d) ¿Cuál es el costo estimado al cumplimiento (EAC_F)? ¿Cuál es el VAC_f?
   e) Informe e interprete el TCPI para el proyecto en este punto en el tiempo.
   f) ¿Cuál es la fecha estimada de terminación?
   g) ¿Qué tan bien va el proyecto en términos de sus prioridades?

TABLA A2.4
Actualización del proyecto Blue Zuma

Actividad	Fecha de inicio	Fecha de terminación	Duración real	Duración restante
Análisis del mercado	1/2/08	2/1/08	23	
Diseño de producto	2/4/08	3/20/08	34	
Estudio de manufactura	3/21/08	4/22/08	23	
Selección de diseño de producto	4/23/08	5/13/08	15	
Proceso de manufactura	8/1/08		11	25
Diseño de producto detallado	5/14/08	7/31/08	55	
Prototipo de prueba	8/1/08	8/15/08	11	

Intente presentar la información anterior en una forma digna de consideración por parte de la administración superior. Incluya un diagrama de rastreo de Gantt con su informe.

Nota: Ingrese el 15 de agosto como la fecha del informe de avance, ya que usted prepara el informe el 16.

2. Mientras prepara su informe, usted recibe un telefonema de Jim Keltner, un colega administrador de proyectos. Llama para ver si uno de los ingenieros industriales asignados a su proyecto estará disponible para trabajar en su proyecto del 22 al 27 de agosto de 2008. ¿Qué le diría?

Parte 6

Robin Lane ha autorizado el uso de reservas administrativas para acelerar el envío de componentes a un costo adicional de 50 000 dólares. Ella le ha pedido que actualice los estimados de terminación y de costos para el proyecto Blue Zuma. En la tabla A2.5 se presentan los estimados generados por el equipo del proyecto de Zuma.

Con base en esta nueva información prepare un memorándum que responda las siguientes preguntas:

1. ¿Cuándo se terminará el proyecto? ¿Cómo se compara con la fecha de terminación de la línea de base?
2. ¿Cuál es este nuevo costo estimado a la terminación (EAC)? ¿Cuál es este nuevo VAC? ¿Cómo se compara con el VAC con base en el EAC_F generado en la parte 5? ¿En cuál de los dos VAC tendría usted una mayor confianza y por qué?
3. ¿Cómo cree usted que Robin reaccionará dadas las prioridades de este proyecto?

Incluya un diagrama de Gantt de rastreo con una tabla de costos para el programa de terminación estimado.

Proyecto de banda transportadora

Parte 1

Descripción del proyecto

La nueva banda transportadora controlada por computadora es un proyecto emocionante que mueve y coloca los productos en la banda transportadora dentro de <1 milímetro. El proyecto producirá un nuevo sistema para instalaciones futuras y para reemplazar las que están en el campo a un bajo costo. La banda transportadora controlada por computadora tiene el potencial de ser una

TABLA A2.5
Proyecto Blue Zuma Estimados revisados a la terminación

Actividad	Fecha de inicio	Fecha de terminación	Duración real
Análisis de mercado	1/2/08	2/1/08	23
Diseño de producto	2/4/08	3/20/08	34
Estudio de manufactura	3/21/08	4/22/08	23
Selección de diseño de producto	4/23/08	5/13/08	15
Plan de marketing detallado	10/28/08	11/24/08	20
Proceso de manufactura	8/1/08	9/18/06	34
Diseño de producto detallado	5/14/08	7/31/08	55
Prototipo de pruebas	8/1/08	8/15/08	11
Diseño de producto finalizado	9/19/08	10/16/08	20
Ordenar componentes	10/31/08	11/6/08	5
Ordenar equipo de producción*	10/17/08	11/3/08	12
Instalar equipo de producción	12/9/08	1/22/09	30
Celebrar	1/23/09	1/23/09	1

* Agregar 50 000 dólares en costos de aceleración.

unidad crucial en 30 por ciento de los sistemas instalados en las fábricas. El nuevo sistema también es más fácil de actualizar con las tecnologías futuras.

La matriz de prioridad para el proyecto de banda transportadora (CBP) es de:

	Tiempo	Alcance	Costo
Limitar	X		
Resaltar		X	
Aceptar			X

Se ha desarrollado la tabla A2.6 para que usted la utilice en la terminación de los ejercicios del proyecto.

Asignación

Desarrolle el panorama general de WBS mediante el software disponible para usted.

Pregunta

¿Esta información (WBS) le permite definir los acontecimientos importantes del proyecto? ¿Por qué sí o por qué no? ¿Cuáles son?

Recuerde: Guarde su archivo para futuros ejercicios.

Parte 2

Utilice su archivo de la parte I y la información que se proporciona a continuación para completar este ejercicio. (Véase la tabla A2.7.)

1. Cada paquete de trabajo representará una actividad.
2. El proyecto comienza el 4 de enero de 2010.

TABLA A2.6
Proyecto de banda transportadora; WBS

Proyecto de banda transportadora	
Hardware	Especificaciones de hardware
	Diseño de hardware
	Documentación de hardware
	Prototipos
	Ordenar tableros de circuitos
	Ensamblar modelos de preproducción
Sistema operativo	Especificaciones del módulo central del sistema operativo
	Controladores
	Controladores de disco
	Controladores seriales I/O
	Administración de memoria
	Documentación de sistema operativo
	Interfaz de red
Servicios	Especificaciones de servicios
	Servicios rutinarios
	Servicios complejos
	Documentación de servicios
	Cubierta
Integración del sistema	Decisiones de arquitectura
	Primera fase de integración
	Prueba de sistema de hardware/software
	Documentación de proyecto
	Prueba de aceptación de integración

3. Se consideran los siguientes días de fiesta: 1 de enero, Día de los Caídos (último lunes de mayo), 4 de julio, Día del Trabajo (primer lunes de septiembre), Día de Acción de Gracias, (4o. jueves de noviembre), 25 y 26 de diciembre.
4. Si un día de fiesta cae en sábado, entonces se dará el viernes como día libre adicional, y si cae en domingo, se dará el lunes como día libre.
5. El equipo del proyecto trabaja jornadas de ocho horas, de lunes a viernes.

Advertencia: la experiencia ha enseñado a los estudiantes a hacer archivos de respaldo separados para cada ejercicio. El software nunca es tan amigable como esperan los usuarios.

Construya un programa de red para el proyecto de banda transportadora y prepare un memorándum que aborde las siguientes preguntas:

1. ¿Cuándo se estima que el proyecto se ha terminado? ¿Cuánto tiempo tomará el proyecto?
2. ¿Cuál es la ruta crítica del proyecto?
3. ¿Qué actividad tiene el mayor tiempo de tolerancia?
4. ¿Qué tan sensible es esta red?
5. Identifique dos acontecimientos importantes sensibles y explique sus opciones.
6. Compare con un diagrama de Gantt las ventajas y desventajas de mostrar el programa como una red.

Incluya las siguientes impresiones:

- Un diagrama de Gantt.
- Un diagrama de red que resalte la ruta crítica.
- Una tabla del programa que reporte el ES, LS, EF, LF y el tiempo de tolerancia de cada actividad.

Pista: El proyecto debe terminarse en 530 días.
Recuerde: Guarde su archivo para ejercicios futuros.

TABLA A2.7 Proyecto de banda transportadora; programa

Actividad	Descripción	Recurso	Duración (días)	Actividad precedente
1	Decisiones de arquitectura	Diseño	25	—
2	Especificaciones de hardware	Desarrollo, diseño	50	1
3	Especificaciones del módulo central del sistema operativo	Diseño	20	1
4	Especificaciones de servicios	Desarrollo, diseño	15	1
5	Diseño de hardware	Diseño, desarrollo	70	2
6	Controladores de disco	Ensamblado, desarrollo	100	3
7	Administración de memoria	Desarrollo	90	3
8	Documentación del sistema operativo	Diseño, documentación	25	3
9	Servicios de rutina	Desarrollo	60	4
10	Servicios complejos	Desarrollo	80	4
11	Documentación de servicios	Documentación, diseño	20	4
12	Documentación de hardware	Documentación, diseño	30	5
13	Primera fase de integración	Ensamblado, desarrollo	50	6,7,8,9,10,11,12
14	Prototipos	Ensamblado, desarrollo	80	13
15	Controladores seriales I/O	Desarrollo	130	13
16	Prueba de sistema de hardware y software	Ensamblado	25	14,15
17	Ordenar tableros de circuitos	Compras	5	16
18	Interfaz de red	Desarrollo	90	16
19	Cubierta	Desarrollo	60	16
20	Documentación de proyecto	Documentación, desarrollo	50	16
21	Ensamblar modelos de preproducción	Ensamblado, desarrollo	30	17 F-S, retraso de 50 días
22	Prueba de aceptación integrada	Ensamblado, desarrollo	60	18,19,20,21

Parte 3

Recuerde el viejo dicho "un plan de proyecto no es un programa hasta que no estén comprometidos los recursos". Este ejercicio ilustra esta diferencia sutil, pero muy importante.

Parte A

Con sus archivos de la parte 2 ingrese los recursos y sus costos si no lo ha hecho aún. Toda la información se encuentra en las tablas A2.7 y A2.8.

Prepare un memorándum que aborde las siguientes preguntas:

1. ¿Cuál de los recursos, si acaso, tiene una asignación en exceso?
2. Suponga que el proyecto tiene limitaciones de tiempo y trate de resolver cualquier problema de asignación en exceso al nivelar dentro del tiempo de tolerancia. ¿Qué sucede?
3. ¿Cuál es el efecto de nivelar dentro del tiempo de tolerancia en la sensibilidad de la red?

Incluya un diagrama de Gantt con la tabla del programa después de nivelar dentro del tiempo de tolerancia.

4. Suponga que el proyecto tiene limitantes de recursos y resuelva cualquier problema de asignación en exceso al nivelar fuera del tiempo de tolerancia. ¿Qué sucede? ¿Cuáles son las implicaciones administrativas?
5. ¿Qué opciones están disponibles en este momento?

Incluya un diagrama de Gantt con la tabla del programa después de nivelar fuera del tiempo de tolerancia.

Nota: No se permite la división de actividades.

Nota: No hay asignaciones parciales (por ejemplo, de 50 por ciento). Todos los recursos se deben asignar al 100 por ciento.

Parte B

Cuando usted muestra la red de limitaciones de recursos a la administración superior, es notorio que quedan impresionados. Después de algunas explicaciones y negociaciones, hacen con usted el siguiente compromiso:

- El proyecto debe terminarse no después del 2 de febrero de 2012 (530 días).
- Usted puede asignar dos equipos de desarrollo adicionales.
- Si esto no es suficiente, usted puede contratar equipos de desarrollo externos. Contrate lo menos que le sea posible porque cuestan 50 dólares más por hora que su gente interna de desarrollo.

Desarrollo interno

Agregue tantas unidades de desarrollo (equipos) como sean necesarios para permanecer dentro de los 530 días. Si usted necesita más de dos unidades, examine todas las posibilidades. Elija las más económicas. Cambie las actividades lo menos que le sea posible. Se recomienda que usted mantenga paquetes de trabajo que requieran cooperación de varias unidades organizacionales dentro de su empresa. Usted decide cómo hacer esto de la mejor manera.

Pista: Deshaga la nivelación antes de agregar recursos nuevos.

Una vez que haya obtenido un programa que cumpla con las limitaciones de tiempo y recursos, prepare un memorándum que aborde las siguientes preguntas:

TABLA A2.8
Recursos organizacionales

Nombre	Grupo	Costo ($/hr)
Diseño	R&D (2 equipos)	$ 100
Desarrollo	R&D (2 equipos)	70
Documentación	R&D (1 equipo)	60
Ensamblado/prueba	R&D (1 equipo)	70
Compras	Compras (1 equipo)	40

1. ¿Qué cambios hizo usted y por qué?
2. ¿Cuánto tiempo tomará el proyecto?
3. ¿Cómo afectarán estos cambios a la sensibilidad de la red?

Incluya un diagrama de Gantt con una tabla de programa que presente el nuevo programa.

Parte 4

Con base en el archivo creado al final de la parte 3, prepare un memorándum que aborde las siguientes preguntas:

1. ¿Cuánto costará el proyecto?
2. ¿Qué le dice el estado de flujo de efectivo acerca de cómo se distribuyen los costos durante la vida de un proyecto?

Incluya un flujo de efectivo mensual y una tabla de costos para el proyecto.

Cuando esté seguro de tener el programa final, guarde el archivo como línea de base.

Pista: Guarde un archivo de respaldo en caso de que se quede sin línea de base.

Parte 5

Proporcione los informes de estatus para cada uno de los primeros cuatro trimestres del proyecto dada la información proporcionada aquí. Esto requiere guardar su programa de recursos como línea de base e insertar la fecha de informe de avance apropiada en el programa. Asuma que no se ha terminado ningún trabajo al día del informe de avance.

Su informe de avance debe incluir una tabla que contenga el PV, EV, AC, BAC, EAC, SV, CV y CPI para cada actividad y el proyecto completo. El informe también debe abordar las siguientes preguntas:

1. ¿Cómo progresa el proyecto en términos de costo y programa?
2. ¿Qué actividades han salido bien? ¿Qué actividades no han resultado bien?
3. ¿Qué indican el PCIB y el PCIC en términos de qué cantidad del proyecto se ha cumplido hasta la fecha?
4. ¿Cuál es el costo estimado al cumplimiento (EAC_F)? ¿Cuál es el VAC_f?
5. Reporte e interprete el TCPI para el proyecto en este momento.
6. ¿Cuál es la fecha estimada de terminación?
7. ¿Qué tan bien va el proyecto en términos de sus prioridades?

Trate de presentar la información anterior en una forma digna de consideración por parte de la administración superior. Incluya un diagrama de Gantt de rastreo con cada informe.

Primer trimestre, 1 de abril de 2010

En la tabla A2.9 se resume la información relacionada con las actividades logradas a la fecha. Asegúrese de guardar su archivo después de cada informe trimestral y utilícelo para construir su siguiente informe.

TABLA A2.9
1 de abril de 2010

Actividad	Fecha de inicio	Fecha de terminación	Duración real	Duración restante
Especificaciones de hardware	2/9/10		37	8
Especificaciones del módulo central del sistema operativo	2/8/10	3/12/10	25	0
Controladores de disco	3/15/10		13	87
Administración de memoria	3/15/10		13	77
Documentación de sistemas operativos	3/15/10		13	7
Especificaciones de servicios	3/8/10	3/29/10	16	0
Servicios complejos	3/30/10		2	85
Decisiones de arquitectura	1/4/10	2/5/10	25	0

Segundo trimestre, 1 de julio de 2010

En la tabla A2.10 se resume la información relacionada con las actividades terminadas desde el último informe.

Tercer trimestre, 1 de octubre de 2010

En la tabla A2.11 se resume la información relacionada con las actividades terminadas desde el último informe.

Cuarto trimestre, 1 de enero de 2011

En la tabla A2.12 se resume la información relacionada con las actividades terminadas desde el último informe.

TABLA A2.10
1 de julio de 2010

Actividad	Fecha de inicio	Fecha de terminación	Duración real	Duración restante
Especificaciones de hardware	2/9/10	4/12/10	45	0
Diseño de hardware	4/13/10		56	11
Especificaciones del módulo central del sistema operativo	2/8/10	3/12/10	25	0
Controladores de disco	3/15/10		77	33
Administración de memoria	3/15/10		77	19
Documentación de sistemas operativos	3/15/10	4/16/10	25	0
Especificaciones de servicios	3/8/10	3/29/10	16	0
Servicios rutinarios*	4/26/10		47	18
Servicios complejos	3/30/10		66	25
Documentación de servicios	5/3/10	6/2/10	22	0
Decisiones de arquitectura	1/4/10	2/5/10	25	0

*El administrador del proyecto del equipo de desarrollo externo, que fue contratado para realizar servicios de rutina, informó que debido a compromisos con otros clientes podrían empezar esa actividad el 26 de abril de 2010.

TABLA A2.11
1 de octubre de 2010

Actividad	Fecha de inicio	Fecha de terminación	Duración real	Duración restante
Especificaciones de hardware	2/9/10	4/12/10	45	0
Diseño de hardware	4/13/10	7/16/10	67	0
Documentación de hardware	7/19/10	8/24/10	27	0
Especificaciones del módulo central del sistema operativo	2/8/10	3/12/10	25	0
Controladores de disco	3/15/10	8/17/10	110	0
Administración de memoria	3/15/10	7/30/10	98	0
Documentación de sistemas operativos	3/15/10	4/16/10	25	0
Especificaciones de servicios	3/8/10	3/29/10	16	0
Servicios de rutina	4/26/10	7/27/10	65	0
Servicios complejos	3/30/10	6/11/10	95	0
Documentación de servicios	5/3/10	6/2/10	22	0
Decisiones de arquitectura	1/4/10	2/5/10	25	0
Primera fase de integración	8/25/10		26	24

TABLA A2.12
1 de enero de 2011

Actividad	Fecha de inicio	Fecha de terminación	Duración real	Duración restante
Especificaciones de hardware	2/9/10	4/12/10	45	0
Diseño de hardware	4/13/10	7/16/10	67	0
Documentación de hardware	7/19/10	8/24/10	27	0
Prototipos	11/11/10		34	44
Especificaciones del módulo central del sistema operativo	2/8/10	3/12/10	25	0
Controladores de disco	3/15/10	8/17/10	110	0
Controladores seriales de I/O	11/11/10		34	119
Administración de memoria	3/15/10	7/30/10	98	0
Documentación de sistemas operativos	3/15/10	4/16/10	25	0
Especificaciones de servicios	3/8/10	3/29/10	16	0
Servicios de rutina	4/26/10	7/27/10	65	0
Servicios complejos	3/30/10	8/11/10	95	0
Documentación de servicio	5/3/10	6/2/10	22	0
Decisiones de arquitectura	1/4/10	2/5/10	25	0
Primera fase de integración	8/25/10	11/10/10	55	0

Parte 6

Usted ha recibido cálculos para las actividades restantes al final del cuarto trimestre:

- Los prototipos se terminarán el 8 de marzo de 2011.
- Los controladores I/O se terminarán el 30 de junio de 2011.
- La prueba de sistema de hardware y software comenzará el 1 de julio de 2011 y tardará 25 días.
- El pedido de los tableros de circuito comenzará el 8 de agosto de 2011 y tardará cinco días.
- El ensamblado del modelo de preproducción comenzará el 14 de octubre de 2011 y tardará 18 días.
- Se espera que la documentación del proyecto empiece el 8 de agosto de 2011 y tarde 55 días.
- Se espera que la interfaz de red empiece el 8 de agosto de 2011 y tarde 99 días.
- Se espera que la cubierta inicie el 8 de agosto de 2011 y tarde 55 días.
- Se espera que las pruebas de aceptación integrada empiecen el 29 de diciembre de 2011 y tarden 54 días.

Prepare un memo que aborde las siguientes preguntas:

1. ¿Cuál es el nuevo EAC del proyecto? ¿Cuánto tiempo debe tomar el proyecto dados estos cálculos revisados?
2. ¿Qué tan satisfecha estará la administración superior con estos pronósticos dadas las prioridades del proyecto?
3. ¿Qué recomendaciones haría usted?

Incluya un programa revisado, un diagrama de Gantt y una tabla de costos con su memorándum.

GLOSARIO

A

acontecimiento importante (*milestone*) Suceso que representa un logro importante e identificable para la terminación del proyecto.

actividad Tarea del proyecto que consume tiempo mientras las personas o el equipo trabajan o esperan.

actividad de estallido Actividad a la que de inmediato sigue más de una actividad.

actividad ficticia Actividad que no consume tiempo; se le representa en la red AOA como una línea punteada. Una actividad ficticia se utiliza para garantizar un número único de identificación para actividades paralelas y se le utiliza para mantener dependencias entre actividades en la red de proyectos.

actividad de fusión Actividad a la que le precede de inmediato más de una actividad.

actividad de hamaca Actividad agregada, de propósito especial, que identifica el uso de recursos o costos fijos en un segmento del proyecto, por ejemplo, un consultor. Deriva su duración del lapso de tiempo entre otras actividades.

actividad paralela Una o más actividades que se pueden llevar a cabo en forma concurrente o simultánea.

administración de portafolio Selección y administración centralizada de un portafolio de proyectos para garantizar que la asignación de recursos sea directa y equilibrada para el enfoque estratégico de la organización.

administración del proyecto La aplicación de conocimiento, habilidades, herramientas y técnicas a las actividades del proyecto a fin de satisfacer los requerimientos del proyecto.

administración por recorridos (MBWA, por sus siglas en inglés, o APR) Estilo administrativo en el que los gerentes dedican la mayor parte de su tiempo a permanecer fuera de sus oficinas en interacción con personas clave.

amortiguador de tiempo Cantidad de tiempo de contingencia para una actividad a fin de cubrir la incertidumbre, por ejemplo, la disponibilidad de un recurso clave o de un acontecimiento de fusión.

análisis de escenarios Proceso en el que se identifican y se analizan los acontecimientos de riesgo potencial.

análisis de modo y efecto de falla (AMEF) Se hace una evaluación de cada uno de los riesgos potenciales en términos de la gravedad del impacto, la probabilidad de que se presente el evento y la facilidad de detección.

AOA Siglas en inglés para el método de la actividad en la flecha para dibujar redes de proyectos. La actividad se indica como una flecha.

AON Siglas en inglés para el método de la actividad en el nodo para dibujar redes de proyectos. La actividad está en el nodo (rectángulo).

asociación Véase asociación en proyectos.

asociación para el proyecto Método no obligatorio de transformación de las relaciones contractuales en un equipo integrador y cooperativo de proyecto con un solo conjunto de metas y procedimientos establecidos para resolver disputas de manera oportuna.

atenuación del riesgo Acción que se realiza ya sea para reducir la probabilidad de que se presente un riesgo y/o el impacto que tenga el riesgo en el proyecto.

auditoría de proyectos en proceso Auditorías tempranas en los proyectos que permiten realizar cambios correctivos si se les necesita en el proyecto auditado o en otros en progreso.

aumento en el enfoque Tendencia expansiva del enfoque de un proyecto una vez que se ha iniciado.

B

bases de datos de tiempo y costo Recopilación de tiempos reales contra estimados y costos de los paquetes de trabajo sobre muchos proyectos que se utilizan para calcular las nuevas tareas de proyecto y su error posible esperado.

BATNA Siglas en inglés para "mejor alternativa para un acuerdo negociado" (lo que en español podría ser MAAN nota de la traductora). Un BATNA fuerte o débil indica el poder que se tiene para negociar con la contraparte.

C

cálculo de fases Este método de estimación comienza con una estimación macro del proyecto y luego refina los estimados para las fases del proyecto a medida que se le pone en práctica.

carta de asociación Documento formal en el que se establecen metas comunes y procedimientos de cooperación que se utilizan para alcanzar estas metas y que firman todas las partes que trabajan en un proyecto.

choque cultural Desorientación psicológica natural que casi todas las personas padecen cuando se mueven a una cultura diferente de la propia.

ciclo de vida del proyecto Las etapas que se encuentran en todos los proyectos: definición, planeación, ejecución y entrega.

compartir riesgos Asignación de proporciones de riesgo a distintas partes.

conflicto disfuncional Desacuerdo que no mejora el desempeño del proyecto.

conflicto funcional Desacuerdo que contribuye a los objetivos del proyecto.

construcción de un equipo Proceso diseñado para mejorar el desempeño de un equipo.

construcción de una red social Proceso de identificación y construcción de relaciones cooperativas con personas clave.

construir-poseer-operar-transferir (BOOT, por sus siglas en inglés) Provisión para el manejo de riesgos donde el principal contratista no sólo construye las instalaciones, sino también asume la propiedad hasta que su capacidad de operación se ha comprobado antes de la transferencia final de la propiedad al cliente.

contrato Acuerdo formal entre dos partes en el cual una de ellas (el contratista) se obliga a sí misma a desempeñar un servicio y la otra (el cliente) se obliga a hacer algo en contrapartida, por lo general en la forma de un pago al contratista.

contrato de costo-adicional Contrato en el que al contratista se le regresan todos los costos asignables directos (materiales, mano de obra, viaje) más una cuota adicional para cubrir los gastos incidentales y las utilidades.

contrato de precio fijo o "cantidad establecida" Contrato en el que el contratista está de acuerdo en desempeñar todo el trabajo que se especifica en el contrato a un precio fijo predeterminado.

contratación externa (*outsourcing*) Contratación para el uso de recursos (habilidades) externos para ayudar en la terminación de un proyecto.

control de cambios Proceso de documentación, revisión, aceptación o rechazo del cambio y documentación de cualquier modificación en la línea base del proyecto.

costo del proyecto – gráfica de duración Gráfica que despliega el costo del proyecto contra el tiempo; incluye costos directos, indirectos y totales para un proyecto a lo largo de un rango relevante de tiempo.

costo estimado en la terminación (CET) La suma de los costos reales hasta el momento más los costos estimados corregidos para el trabajo que está pendiente en la EDT. En el texto se emplea (CET_{re}) para representar las revisiones que han hecho expertos y practicantes en relación con el proyecto. En los proyectos grandes se utiliza un segundo método en el que el presupuesto original resulta menos confiable. En este método se utilizan los costos reales hasta la fecha, además de un índice de eficiencia (IDC = VA/CR) que se aplica al trabajo restante del proyecto. Cuando en el estimado para la terminación se utiliza el IDC como base para predecir el costo en la terminación, se utiliza el acrónimo CET_f, donde CET_f = costos estimados en la terminación. Se incluyen costos a la fecha, además de los costos estimados corregidos para el trabajo restante. (Se utiliza la fórmula para calcular el CET.) || Costo estimado para terminar (**$CEPT_f$**) (utiliza fórmula para calcular los estimados). || Costo estimado para terminar (**$CEPT_{re}$**) (utiliza estimados especializados).

costo real del trabajo terminado (AC, por sus siglas en inglés, o CR) Suma del costo en que se incurre para terminar el trabajo. Antes se le denominaba costo real del trabajo realizado (ACWP, por sus siglas en inglés o CRTR).

costo presupuestado del trabajo realizado (BCWP, por sus siglas en inglés, o CPTR) El valor para el trabajo terminado medido en términos del presupuesto planeado para el trabajo. El valor ganado o el costo presupuestado original por el trabajo que se terminó efectivamente.

costo real del trabajo realizado (ACWP, por sus siglas en inglés, o CRTR) Costo real del trabajo realizado en un periodo determinado. La suma de los costos en que se incurre para terminar un trabajo.

costos directos Costos que se cargan con claridad a un paquete específico de trabajo, en general, mano de obra, materiales o equipos.

costos indirectos Costos típicos de organización que no se relacionan en forma directa con un proyecto específico. Estos costos cubren gastos generales, como los de la alta dirección, los legales, los de promoción de mercado y contabilidad. En general, se cargan costos indirectos por unidad de tiempo o como un porcentaje de los costos de mano de obra o materiales.

cuenta de costos Punto de control de uno o más paquetes de trabajo que se utiliza para planear, programar y controlar el proyecto. La suma de todas las cuentas de costos del proyecto representa el costo total de éste.

cultura La totalidad de los patrones de comportamiento que se han transmitido socialmente, creencias, instituciones, y todos los demás productos del trabajo y del pensamiento humano característicos de una comunidad o país.

cultura organizacional Sistema de normas, creencias, valores y suposiciones compartidas por los miembros de una organización.

curvas de aprendizaje Curva matemática que se utiliza para predecir un patrón de reducción de tiempo a medida que una tarea se repite una y otra vez.

D

declaración del enfoque Definición del resultado final o de la misión de un proyecto. Por tradición, las declaraciones de alcance incluyen objetivos, productos o tareas a entregar, momentos significativos, especificaciones y límites y exclusiones.

desahogo de fases Proceso estructurado para revisar, evaluar y documentar los resultados en cada fase del proyecto, así como para proporcionarle a la administración la información necesaria para orientar el despliegue de recursos para la consecución de las metas estratégicas.

división Técnica de programación en la que se interrumpe el trabajo en una actividad y se asigna el recurso a otra actividad por un periodo y luego se reasigna a trabajar en la actividad original.

duración (DUR) Tiempo necesario para completar una actividad, una ruta o un proyecto.

duración de la actividad Cálculo de tiempo (horas, días, semanas, meses, etc.) necesario para terminar una tarea del proyecto.

E

entrega del proyecto en fases Entrega de partes útiles de un proyecto en fases y no cuando el proyecto se ha terminado por completo.

equipo de prioridades El grupo (a veces la oficina de proyectos) responsable de seleccionar, supervisar y actualizar los criterios de selección de prioridades del proyecto.

equipo dedicado al proyecto Estructura organizacional donde todos los recursos que se necesitan para completar un proyecto se asignan en tiempo completo a éste.

equipo virtual de proyecto Equipo de proyecto con separación espacial cuyos miembros son incapaces de comunicarse cara a cara. En general, la comunicación se hace por medios electrónicos.

escalamiento Mecanismo de control para resolver problemas en el que las personas de un nivel bajo en la organización intentan resolver un problema dentro de un límite fijo de tiempo, y al no lograrlo "escala" al siguiente nivel de la administración.

estimación abajo-arriba Estimados en detalle de los paquetes de trabajo que en general realizan quienes están más familiarizados con la tarea (también se les denomina microestimados).

estimados de acolchonamiento Añadir un factor de seguridad a un estimado de tiempo o costo para garantizar que se cumpla el estimado cuando se ejecute el proyecto.

estimados de arriba-abajo Estimados aproximados que utilizan sustitutos para estimar el tiempo y el costo de un proyecto (también se les denomina macroestimados).

estructura de descomposición de la organización (EDO) Estructura que se utiliza para asignar responsabilidad por paquetes de trabajo.

estructura de división de procesos (EDP) Agrupamiento con orientación a las fases de las actividades de un proyecto que define el alcance total de éste. Cada nivel descendente representa una descripción cada vez más detallada del trabajo del proyecto.

estructura de división de riesgos (EDR) Representación jerárquica de los riesgos identificados del proyecto que se han dispuesto por categoría y subcategoría de riesgo, lo cual identifica las diversas áreas y las causas de los riesgos potenciales.

estructura de división del trabajo (EDT) Método jerárquico que subdivide en forma sucesiva el trabajo del proyecto a menor detalle.

evaluación conjunta Proceso donde las distintas partes involucradas en un proyecto evalúan qué tan bien trabajan juntas.

evaluación del equipo Evaluación del desempeño del equipo de proyecto mediante un núcleo de condiciones mínimas antes de que el proyecto inicie. Las prácticas de evaluación deben poner énfasis en el equipo en su totalidad, al mismo tiempo que minimizan el desempeño individual.

evento Momento en el tiempo en que una(s) actividad(es) comienzan o se terminan. No consume tiempo.

evitar riesgos Eliminar lo que causa el riesgo antes de que inicie el proyecto.

F

flotación Véase retraso.

fondo de contingencia Véase reserva de contingencia.

G

gerente de proyecto Individuo responsable de administrar un proyecto.

gerente funcional Gerente responsable de las actividades en un departamento o función especializada (por ejemplo, ingeniería, comercialización, finanzas).

gráfica de barras Representación gráfica de las actividades del proyecto en barras con escala de tiempo (también se le denomina gráfica de Gantt).

gráfica de cuentas Sistema jerárquico de numeración que se utiliza para identificar tareas, artículos por entregar (entregables), y la responsabilidad organizacional en la estructura de descomposición del trabajo.

gráfica de Gantt Véase gráfica de barras.

H

Heurística Regla básica que se utiliza para tomar decisiones. Con frecuencia se encuentra en los proyectos calendarizados Por ejemplo, primero se programan las actividades críticas, luego, aquellas que tienen la menor duración.

I

índice de desempeño del costo (CPI, por sus siglas en inglés) La proporción entre el trabajo desempeñado y los costos reales (TD/CR).

índice de desempeño del programa (IDP) Es la proporción de trabajo desempeñado y trabajo programado (VA/VP).

Infraestructura Servicios básicos (por ejemplo, comunicación, transportación, poder) necesarios para apoyar la terminación de un proyecto.

ingeniería concurrente o simultánea Trabajo de equipo interfuncional en los proyectos de desarrollo de nuevos productos que proporciona diseño de productos, ingeniería de calidad e ingeniería del proceso de manufactura, todo al mismo tiempo.

inicio tardío (IT) Lo más tarde que puede iniciar una actividad sin retrasar la actividad siguiente. Es la terminación tardía más larga (TT) de todas las actividades que le preceden de manera inmediata (IT = IT – DUR).

inicio temprano (IT) Lo más pronto que puede iniciar una actividad. Es la terminación temprana más larga de todos sus predecesores inmediatos (IT = TT – DUR).

inteligencia emocional (IE) La capacidad o habilidad para percibir, valorar y manejar las emociones propias y de los demás.

interesados en el proyecto Individuos y organizaciones que participan de manera activa en el proyecto, o cuyos intereses podrían ser afectados positiva o negativamente como resultado de la ejecución o terminación del proyecto. También pueden influir sobre el proyecto y sus resultados.

interfases del proyecto Son las intersecciones entre un proyecto y otros grupos de personas tanto dentro como fuera de la organización.

ISO 9000 Conjunto de estándares que gobiernan los requerimientos para la documentación de un programa de calidad.

L

ley de la reciprocidad La gente está obligada a conceder un favor comparable al que recibieron.

liderazgo mediante el ejemplo Exhibir los comportamientos que quieres ver en los demás.

línea base Un documento y un compromiso concretos; representa el primer plan real con asignación de costos, programas y recursos. El desempeño de los programas y los costos planeados se utilizan para medir el desempeño real de costos y programas. Sirve como referencia para medir el desempeño.

línea base con fases de tiempo Una línea base de costos que se deriva de la EDT y del programa del proyecto. Los costos presupuestados se distribuyen para reflejar el programa del proyecto.

M

matriz Cualquier estructura organizacional donde el administrador de proyecto comparte responsabilidad con los gerentes funcionales para asignar prioridades y dirigir el trabajo de los individuos que se asignan al proyecto.

matriz de gravedad de riesgos Herramienta que se utiliza para evaluar las repercusiones de los riesgos en un proyecto.

matriz de prioridades Matriz que se dispone antes de que el proyecto comience y que establece qué criterio, entre los de costo, tiempo y alcance, será resaltado, limitado o aceptado.

matriz de responsabilidad Matriz cuyo punto de intersección muestra la relación entre una actividad (paquete de trabajo) y la persona o grupo responsable de su terminación.

matriz de separación de proyectos Se utiliza una matriz para evaluar y comparar el valor relativo de los proyectos que se consideran para su realización.

matriz débil Estructura matricial donde los gerentes funcionales tienen el control primario sobre las actividades del proyecto y el gerente de proyecto coordina el trabajo.

matriz equilibrada Estructura matricial donde el administrador del proyecto y los gerentes funcionales comparten más o menos la misma autoridad sobre el proyecto. El administrador del proyecto decide lo que hay que hacer; a los gerentes funcionales les preocupa cómo se logrará esto.

matriz fuerte Estructura matricial donde el gerente de proyecto tiene el control más importante de las actividades del proyecto y los gerentes funcionales apoyan el trabajo en el proyecto.

mentor Por tradición, un administrador con más experiencia que actúa como entrenador personal y defiende las ambiciones de una persona.

método de compensación El tiempo que se necesita para recuperar la inversión en el proyecto (inversión/ahorros anuales netos). El método no considera el valor cronológico del dinero ni la vida de la inversión.

método de diagrama de precedencia Método que se utiliza para construir una red de proyectos donde se utilizan nodos (por ejemplo, un rectángulo) para representar actividades y conectar flechas para indicar dependencias.

método de distribución Los costos se asignan a un segmento específico del proyecto al utilizar un porcentaje del costo total planeado; por ejemplo, para enmarcar una casa quizá se necesite 25 por ciento del costo total, o bien, para codificar un módulo de enseñanza, 40 por ciento del costo total.

método de la plantilla Uso de una forma preparada para desarrollar redes, costos y estimados de tiempo de los proyectos.

método de la ruta crítica (MRC) Método de programación que se basa en la estimación del tiempo necesario para terminar actividades en la ruta crítica. El método calcula los tiempos tempranos, tardíos y de retraso para cada actividad en la red. Establece una duración planeada para el proyecto, si no hay una que se le haya impuesto.

método del cuadro de mando integral o tablero de control (*balanced scorecard*) Modelo que mide los resultados a largo plazo de las principales actividades del programa en cuatro áreas: clientes, interna, innovación y aprendizaje, y financiera.

métodos de proporción (paramétricos) Utiliza la proporción de los costos reales pasados para un trabajo semejante a fin de estimar el costo de un proyecto potencial. Este método macro de pronosticar costos no proporciona un fundamento sólido para el control de costos del proyecto, pues no reconoce las diferencias entre los proyectos.

modelo de capacidad y madurez (CMM, por sus siglas en inglés, o MCM) Marco en el que se describen las etapas evolutivas de los sistemas de administración de proyectos.

modelo de expectativas cubiertas La satisfacción del cliente es una función del punto hasta donde el desempeño percibido excede las expectativas.

modelo de madurez Modelo que se utiliza para evaluar las prácticas administrativas del proyecto con respecto a otros en la misma industria y para guiar y esforzarse, de manera constante, por mejorar la administración de los proyectos. En la mayor parte de los modelos de madurez se reconocen los niveles de madurez de tal manera que las organizaciones puedan medir su madurez relativa en relación con la de otros en su industria.

monedas organizacionales Conjunto de monedas que se utilizan como medio de intercambio dentro de las organizaciones para influir en el comportamiento.

N

negociación de principios Proceso de negociación que busca lograr resultados de ganar/ganar.

nivelación (suavizado) Técnica que se utiliza para reducir la demanda máxima de un recurso mediante el uso de los tiempos inactivos para realinearlo.

O

objetivo Un fin que se busca crear o adquirir. Debe ser específico, mesurable, realista, asignable, e incluir un marco de tiempo para lograrse.

oficina del proyecto (OP) Unidad centralizada dentro de una organización o departamento que supervisa y mejora la administración de proyectos.

organización de red Alianza de diversas organizaciones que se ha hecho para crear productos y servicios para los clientes.

organización del proyecto Estructura organizacional donde los equipos de proyecto llevan a cabo el trabajo central.

organización funcional Estructura de una organización jerárquica donde los departamentos representan disciplinas individuales tales como ingeniería, comercialización, compras.

P

paquete de trabajo Tarea en el nivel más bajo de la EDT. La responsabilidad del paquete debe asignarse a una persona y, de ser posible, limitarse a 80 horas de trabajo.

pase hacia atrás Método que se utiliza para calcular los tiempos de un comienzo y una terminación tardíos para cada actividad en la red del proyecto.

paso hacia delante Método para determinar los tiempos tempranos de comienzo y terminación para cada actividad en la red de proyectos.

patrocinador de proyecto En general, un gerente de alto rango que promueve y apoya un proyecto.

pensamiento de sistemas Enfoque holístico para considerar los problemas que subrayan el entendimiento de las interacciones entre diversos factores problema.

pensamiento grupal (*groupthink*) Tendencia de los miembros de grupos muy integrados a perder sus capacidades de evaluación crítica.

perfil de recursos Gráfica que muestra el uso de un recurso en un proyecto a lo largo del tiempo. Es común intentar reducir el momento más fuerte de uso de recursos mediante la nivelación o suavizado, con lo cual se mejora la utilización del recurso.

perfil de riesgos Lista de preguntas que cubre las áreas tradicionales de incertidumbre en un proyecto.

perspectiva sociotécnica Un enfoque en la interacción entre herramientas/métodos y personas.

plan de comunicaciones Plan que define la información a recopilar y distribuir entre los que tienen intereses en la empresa y/o proyecto con base en sus requerimientos.

plan de contingencia Plan que abarca los posibles riesgos que se identifican en el proyecto, los cuales se pueden materializar durante la vida del proyecto.

plan de registro El plan oficial actual para el proyecto en términos de alcance, presupuesto y programación.

política organizacional Acciones de individuos o de grupos de individuos para adquirir, desarrollar y utilizar el poder y otros recursos para obtener resultados preferidos cuando existe incertidumbre o desacuerdo respecto a las elecciones.

portafolio de proyecto Grupo de proyectos que se ha seleccionado para su ejecución, a los cuales se ha equilibrado por tipo de proyecto, riesgo y clasificación mediante criterios seleccionados.

presupuestos con fases de tiempo Costos planeados que se descomponen por periodos definidos (por ejemplo, 5 000 dólares por semana) para un paquete de trabajo, a diferencia de un presupuesto para todo un trabajo o proyecto (seis meses para un total de 130 000 dólares). El establecimiento de fases de tiempo permite controlar mejor los costos al medir la tasa real de gastos en contraste con la tasa planeada de gastos en pequeñas piezas en el proyecto.

presupuesto en la terminación (BAC, por sus siglas en inglés, o PET) Costo presupuestado en la terminación. El costo presupuestado total de la línea base o de las cuentas del costo del proyecto.

proactivo Trabajar dentro de tu esfera de influencia para lograr algo.

producto a entregar (*entregable*) Producto o resultado fundamental que debe terminarse para completar el proyecto.

profesional en dirección de proyectos (PDP) (*Project Management Professional*, PMP) Individuo que ha satisfecho requerimientos específicos de educación y experiencia que ha establecido el Project Management Institute (PMI), y que ha aceptado adherirse a un código de conducta profesional, y ha aprobado un examen diseñado para evaluar y medir de manera objetiva el conocimiento de la dirección de proyectos. Además, un PMP (o PDP) debe satisfacer requerimientos de educación continua pues, de lo contrario, perdería su certificación.

pronóstico en la terminación (PET) El costo que se pronostica en la terminación, con el uso de una ecuación de pronóstico.

proyectitis Fenómeno social en el que los miembros del proyecto muestran una lealtad intensa e inapropiada con el proyecto.

proyecto Un esfuerzo complejo, no rutinario y único para crear un producto o servicio que está limitado por el tiempo, el presupuesto y las especificaciones.

proyecto con limitación de recursos Proyecto que supone que los recursos son limitados (fijos) y, por lo tanto, el tiempo es una variable.

proyecto con limitación de tiempo Proyecto que supone que el tiempo es fijo y que, si se necesitan recursos, se les añadirá.

proyecto internacional Proyecto que comprende tareas que se terminarán en países distintos.

punto de choque Lo más que el tiempo de actividad en un proyecto puede comprimirse en forma realista con los recursos disponibles para la organización.

puntos de función Los puntos que se derivan de proyectos de software anteriores para estimar el tiempo y el costo del proyecto, dadas las características específicas de éste.

R

rastreo de Gantt Gráfica de Gantt que compara la información planeada del programa con la real.

rastreo rápido (*fast-tracking*) Aceleración de la terminación del proyecto que, por lo general, se hace con un reacomodo del programa de la red y utilizando huecos entre los inicios.

recurso Cualquier persona, grupos, habilidad, equipo o material que se utiliza para lograr una tarea, un paquete de trabajo o una actividad.

red Diagrama lógico que se dispone en un formato prescrito (por ejemplo, AOA o AON) y que consiste en actividades, secuencias, interrelaciones y dependencias.

red insensible Red donde la ruta crítica podría permanecer estable durante la vida del proyecto.

reforzamiento negativo Técnica motivacional en la que los estímulos negativos se retiran una vez que se muestra un comportamiento deseado.

regla de oro Haz a los demás lo que quisieras que te hicieran a ti.

relación de retraso Relación entre el comienzo y/o terminación de una actividad del proyecto y el comienzo y/o terminación de otra actividad. Las relaciones más comunes de retraso son: 1) terminación a comienzo, 2) terminación a terminación, 3) comienzo a comienzo, y 4) comienzo a terminación.

reporte de auditoría de proyectos Reporte que incluye la clasificación del proyecto, el análisis de la información recopilada, las recomendaciones, las lecciones aprendidas y el apéndice de la información de respaldo.

reserva de administración Porcentaje del presupuesto total del proyecto que se reserva para contingencias. El fondo existe para cubrir problemas nuevos e imprevistos, no necesariamente por excesos. La reserva se diseña para reducir el riesgo de retrasos en el proyecto. En general, las reservas administrativas están bajo el control del propietario o del administrador del proyecto. Véase reserva presupuestal.

reserva de contingencia En general, una cantidad de dinero o de tiempo que se separa para cubrir riesgos identificados y no previstos en el proyecto.

reserva del presupuesto Disposición de reserva para cubrir riesgos identificados que puedan presentarse e influir en las tareas o costos de la línea base. Por lo común, el administrador del proyecto y el equipo de proyecto controlan estas reservas. Véase reserva de administración.

restricción triple Consiste en las demandas competidoras de tiempo, costo y enfoque. Con frecuencia, estas limitaciones representan decisiones de compensación con las que el gerente de proyecto y/o patrocinador tendrá que enfrentarse.

retraso Cantidad de tiempo entre la terminación de una actividad y el comienzo de otra. Duración que se le asigna a la dependencia de la actividad. La cantidad mínima de tiempo que debe retrasarse una actividad dependiente para que comience o termine.

retraso gratuito La máxima cantidad de tiempo que es posible retrasar una actividad desde su inicio temprano.

retraso total (RT) Cantidad de tiempo que es posible retrasar una actividad sin afectar la duración del proyecto (RT = IT – IT o TT = IT).

retroalimentación de 360 grados Sistema de evaluación de calificaciones múltiples que se fundamenta en la información de desempeño que se recopila a partir de múltiples fuentes (superiores, iguales, subordinados, clientes).

reunión para dar inicio al proyecto (reunión de *Kick off*) Por tradición, la primera reunión del equipo del proyecto.

revisión del desempeño En general, todos los métodos de revisión del desempeño individual se centran en las habilidades técnicas y sociales que se llevan al proyecto y al equipo. Estas revisiones ponen el acento en la mejora personal y a menudo se utilizan para tomar decisiones respecto a salarios y promociones.

riesgo Es la posibilidad de que se presente un acontecimiento indeseable en un proyecto y las consecuencias de todos sus resultados posibles.

rituales de equipo Acciones ceremoniales que refuerzan la identidad y los valores del equipo.

ruta Secuencia de actividades conectadas.

ruta crítica La(s) ruta(s) más larga(s) de las actividades a través de la red. La ruta crítica se puede distinguir con la identificación de la recopilación de actividades que tienen el mismo retraso mínimo.

S

sensibilidad de la red La probabilidad de que la ruta crítica cambie en un proyecto.

sensibilidad de una red Probabilidad de que la ruta crítica se modifique una vez que comience la ejecución del proyecto.

simulación Monte Carlo Método para simular las duraciones de las actividades del proyecto mediante el uso de probabilidades. El método identifica el porcentaje de tiempos, actividades y rutas que son cruciales para miles de simulaciones.

sinergia positiva Una característica de los equipos de alto desempeño en la que el trabajo del grupo es mayor que la suma de las contribuciones individuales.

sistema de administración del cambio Proceso definido para autorizar y documentar modificaciones en el alcance de un proyecto.

sistema de prioridades Proceso que se utiliza para seleccionar proyectos. El sistema utiliza criterios seleccionados para evaluar y elegir proyectos que se relacionen de manera poderosa con estrategias y objetivos de nivel superior.

supervisión Conjunto de principios y procesos para orientar y mejorar la administración de proyectos. La intención es asegurar que los proyectos cubran las necesidades de una organización a través de las normas, procedimientos, rendición de cuentas, asignación eficiente de recursos y mejora continua en la administración de proyectos.

supervisión de proyectos Véase supervisión.

T

tarea Véase actividad.

Técnica Delphi Método de grupo para predecir acontecimientos futuros, por ejemplo, tiempo y costo.

técnica nominal de grupo (TNG) Proceso estructurado para la solución de problemas donde los miembros clasifican en privado las soluciones preferidas.

terminación tardía (TT) Lo más tarde que puede terminar una actividad sin retrasar la actividad que siga (TT = IT + DUR).

terminación temprana (TT) Lo más pronto que puede terminar una actividad si todas las actividades que le preceden terminan en sus primeros tiempos de terminación (TT = IT + DUR).

tiempo de choque El menor tiempo en que una actividad puede ser completada (si se supone un nivel razonable de recursos).

toma de decisiones por consenso Llegar a una decisión con la que todas las partes involucradas básicamente están de acuerdo y apoyan.

tormenta de ideas Generación del mayor número posible de ideas o soluciones sin un juicio crítico.

transferencia de riesgo Desplazar la responsabilidad de un riesgo a otra parte.

U

ubicación simultánea Situación donde los miembros del proyecto, entre ellos los que proceden de distintas organizaciones, trabajan de manera conjunta en el mismo lugar.

V

"Vaca sagrada" Proyecto que es el favorito de una figura poderosa de la administración que por lo general es el defensor del proyecto.

vacío de implementación Falta de consenso entre las metas que establece la alta dirección y las que fijan los niveles más bajos de dirección de manera independiente. Esta falta de consenso propicia confusiones y una deficiente asignación de los recursos de la organización.

valor adquirido (VA) El trabajo físico que se logra más el presupuesto autorizado para este trabajo. Antes, a esto se le denominaba costo presupuestado del trabajo realizado (BCWP, por sus siglas en inglés).

valor planeado (VP) La línea base planeada con fases de tiempo del valor del trabajo programado. Antes, a esto se le denominaba costo presupuestado del trabajo programado (CPTP).

valor presente neto (VPN) Tasa mínima deseada de descuento de recuperación (por ejemplo, 1 por ciento) que se utiliza para calcular el valor presente de todas las entradas y salidas futuras de efectivo.

varianza de programación (VP) Diferencia entre el valor planeado en dólares del trabajo que se terminó efectivamente y el valor del trabajo programado para completarse en un momento determinado del tiempo (VP = VA − VP). La varianza en el programa no contiene información de la ruta crítica.

varianza del costo (VC) Diferencia entre el VG y el CR (VC = VG − CR). Esto indica si el costo del trabajo realizado es más o menos lo planeado en cualquier momento durante la vida del proyecto.

varianza en la terminación (VET) Indica el costo real esperado antes o después de la terminación (VET = PET − CET)

visión de proyecto Imagen de lo que se logrará con el proyecto.

volverse nativo Adoptar las costumbres, valores y prerrogativas de una cultura extranjera.

ACRÓNIMOS

AC Costo real del trabajo terminado (CR)

ACWP Costo real del trabajo realizado (CRTR)

AOA Actividad en la flecha (AEF)

AON Actividad en el nodo (AEN)

BAC Presupuesto en la terminación (PET)

BATNA Mejor alternativa para un acuerdo negociado (MAAN)

BCWP Costo presupuestado del trabajo desempeñado (CPTD)

BCWS Costo presupuestado del programa de trabajo (CPPT)

BOOT Construir-poseer-operar-transferir (CPOT)

CAPM Asociado certificado en administración de proyectos (ACAP)

CCPM Enfoque de cadena crítica a la planeación y administración de proyectos (CCAP)

CPI Índice de desempeño del costo (IDC)

CPM Método de la ruta crítica (MRC)

CV Varianza de costo (VC)

DUR Duración

EAC Estimado en la terminación (con estimados corregidos de costo)

EF Terminación temprana (TT)

EQ Inteligencia emocional (IE)

ES Inicio temprano (IT)

ETC Estimación para terminar (ET)

EV Valor adquirido (VA)

FAC Pronóstico en la terminación (PET)

FF Flotación libre (FL)

IFB Invitación a presentar una postura (IPP)

KISS Mantenlo simple, tonto (MST)

LF Terminación tardía (TT)

LS Inicio tardío (IT)

MBWA Administración por recorridos (APR)

NIH No se inventó aquí (NIA)

NPV Valor neto presente (VNP)

OBS Estructura de descomposición de la organización (EDO)

PBS Estructura de descomposición del proceso (EDP)

PCI Índice de porcentaje completo (IPC)

PCIB Índice de porcentaje completo: costos presupuestales (IPCP)

PCIC Índice de porcentaje completo: costos reales (IPCC)

PDM Método de diagramación por precedencia (MDP)

PERT Técnica de revisión para la evaluación del proyecto (TREP)

PO Oficina del proyecto (OP)

PMP Project Management Professional (PAP, Profesional en la administración de proyectos)

PV Valor planeado del trabajo presupuestado (VPTP)

RBS Estructura de descomposición del riesgo (EDR)

RM Matriz de responsabilidades (MR)

SL Retraso (R)

SPI Índice de desempeño del programa (SPI)

SV Varianza de programación (VP)

TCPI Para completar el índice de desempeño (PCID)

VAC Varianza en la terminación (VET)

WBS Estructura de división del trabajo (EDT)

$$PCIB = \frac{EV}{BAC}$$

$$CV = PV - AC$$

$$CPI = \frac{EV}{AC}$$

$$EAC_f = \frac{(BAC - EV)}{\left(\frac{EV}{AC}\right)} + AC$$

$$EAC_{re} = AC + ETC_{re}$$

$$t_e = \frac{a + 4m + b}{6}$$

$$\sigma_{te} = \left(\frac{b - a}{6}\right)$$

$$TCPI = \frac{(BAC - EV)}{(BAC - AC)}$$

$$PCIC = \frac{AC}{EAC}$$

$$SV = EV - PV$$

$$SPI = \frac{EV}{PV}$$

$$VAC_f = BAC - EAC_f$$

$$VAC_{re} = BAC - EAC_{re}$$

$$\sigma_{T_E} = \sqrt{\Sigma \sigma t_e^2}$$

$$Z = \frac{T_S - T_E}{\sqrt{\Sigma \sigma t_e^2}}$$

ÍNDICE TEMÁTICO

A

B

C

D

F

G

K

L

M

N

Q

R

S

T